SV

Eine Edition des Niklas Luhmann-Archivs
der Universität Bielefeld in Kooperation mit dem
Cologne Center for eHumanities

Niklas Luhmann
Systemtheorie der Gesellschaft

Herausgegeben von
Johannes F. K. Schmidt und André Kieserling

Unter Mitarbeit von Christoph Gesigora

Suhrkamp

Bibliografische Information der Deutschen Nationalbibliothek
Die Deutsche Nationalbibliothek verzeichnet diese Publikation
in der Deutschen Nationalbibliografie;
detaillierte bibliografische Daten sind im Internet
über http://dnb.d-nb.de abrufbar.

2. Auflage 2018

Erste Auflage 2017

Satz: le-tex, Leipzig
Druck und Bindung: Pustet, Regensburg
Printed in Germany
ISBN 978-3-518-58705-8

Inhalt

Einführung

Der Begriff Gesellschaft soll hier nicht nur als Sammelbezeichnung für die Totalität sozialer Beziehungen dienen, sondern als Bezeichnung eines sozialen Systems unter anderen. In der Tradition dieses Begriffs war diese Alternative offengeblieben. Die alteuropäische Tradition der politischen Gesellschaft (*societas civilis*) hatte ihren Gesellschaftsbegriff zunächst allgemein gefaßt (*koinonía*, *communitas*, *societas*) als jede Art Gemeinschaft um gemeinsamer Vorteile willen, hatte ihn aber für den *besonderen* Fall des *umfassenden* Gesellschaftssystems durch einen *einschränkenden* Zusatz definiert: als *civitas sive societas civilis*. In der neuzeitlichen Tradition der wirtschaftlichen Gesellschaft (bürgerlichen Gesellschaft) blieb ein Anspruch auf Totalität erhalten. Gleichwohl wurden auch hier begriffliche Elemente, die man nicht einordnen konnte, ausgestoßen und als ein Gegenüber fixiert – so in der Unterscheidung von Gesellschaft und Staat oder in der Unterscheidung von Gesellschaft und Gemeinschaft. Oder die Einschränkungen wurden zur Kritik der gegenwärtigen Gesellschaft als einer Klassengesellschaft benutzt und der Anspruch auf Totalität in die Zukunft einer klassenlosen Gesellschaft verlagert, das heißt: der Widerspruch von Ganzem und Teil in die Zeitdimension verlegt und als Übergang begriffen. Welchen Lösungsansatz man auch wählte – und davon hing alles Weitere ab –, der Gesellschaftsbegriff blieb doppeldeutig, indem er zugleich das Ganze und einen Teil des Ganzen vertreten mußte.

In die Prämissen der Gesellschaftstheorie war demnach eine logische Unbestimmbarkeit eingebaut gewesen (ohne daß man diesen Nerv jemals gezielt angebohrt hätte). Diese Unbestimmbarkeit ist nur zu rechtfertigen, wenn man in ihr ein strukturelles Erfordernis der Gesellschaft selbst sieht – und nicht einfach nur einen Theoriefehler. In der Tat muß die Gesellschaft paradox konstituiert sein, weil es sonst Unwahrheit gar nicht gäbe. Der logische Schematismus ist selbst erst ein Produkt der gesellschaftlichen Entwicklung. Ob man gerade ihm jemals die Identifikation des Gesellschaftssystems im ganzen wird überlassen können – so wie einst der Politik und dann der Wirtschaft –, dürfte letztlich eine Frage der zunehmenden Konvergenz von gesellschaftlicher und wissenschaftlicher Entwicklung sein. Der Gesellschaftstheorie kommt dafür die Funktion eines Katalysators zu.

Auf Aspekte dieser Unbestimmbarkeitsproblematik, die in der bürgerlichen Gesellschaft im neuartigen Primat ihrer Wirtschaft und vor allem in der Form ihrer politischen Revolution und Instabilität sichtbar geworden war, hatte bereits Hegel reagiert durch Einbau des Prinzips der Reflexion in die Gesellschaftstheorie. Die Unbestimmbarkeit wurde damit als Selbstbestimmung reformuliert und als historischer Prozeß begriffen. Die Einheit von Gesellschaft und Gesellschaftstheorie war noch metaphysisch garantiert, aber zugleich schon, wie im vorigen Absatz angedeutet, ein Entwicklungsproblem. So mußte die politische Revolution letztlich die Logik revolutionieren oder zumindest auf diese Konsequenz hin zu Ende gedacht werden. Verzeitlicht wird das Problem der Unbestimmtheit (von Gesellschaft und Gesellschaftstheorie zugleich), weil es für andere Darstellungsformen zu komplex geworden ist. Seitdem muß man Gesellschaft als Aspekt der Selbstselektion des Seins begreifen. Metaphysische Titel wie »Vernunft« oder »Materie« dienen, wie immer adaptiert, eine Zeitlang noch als Garanten der Einheit von Denken und Sein (oder marxistisch: von Theorie und Praxis) und verdecken damit zugleich die nicht voll begriffenen Strukturprobleme dieser Selbstselektion. Hinter diesen Gedanken der im Gesellschaftssystem zur Reflexion gebrachten Verzeitlichung kann keine Theorie der Gesellschaft zurückfallen, die der Komplexität ihres Gegenstandes gerecht werden will. Die wissenschaftlichen Entwicklungsmöglichkeiten liegen im begrifflichen Material, mit dem dieses Prinzip zur Darstellung kommt – oder genauer gesagt: als sich selbst darstellend begriffen wird. Und es ist dieser begriffliche Ansatz, der über Hegel und Marx hinaus abstrahiert werden muß.

Hegel hatte sich an die im 18. Jahrhundert eingeführte Dichotomie von Natur und Freiheit gehalten, und er hatte begriffen, daß sowohl Natur als auch Freiheit für die neue Gesellschaft Begriffe der Selbstdistanzierung von der Tradition waren.[1] Um dieser Entzweiung (und zugleich dem Primat der Ökonomie und der Nichtrestaurierbarkeit der Politik im ethisch-institutionellen Sinne) Rechnung zu tragen, hatte er die Gesellschaft auf die menschliche Bedürfnisnatur gegründet und gerade darin, daß sie nur dies sei, eine Bedingung der Freiheit gesehen. Damit bezeichnete der Gesellschaftsbegriff die Gesellschaft indes nur noch als ein Moment des konkreten Ganzen; *ihre* Abstraktion war gerade nicht die Leitstruktur der Selbstselektion des Seins, sondern mußte in der konkreten Sittlichkeit aufgehoben werden. Im Wettkampf der metaphysischen Titel konnte die Gesellschaft dann auch nicht als vernünftig behauptet werden – und man sah ja auch, daß sie es nicht war –, sondern eben nur als materiell. Da aber Vernunft und Materie letztlich nur Chiffren für jene Unbestimmbarkeit sind, in der Gesellschaft und Gesellschaftstheorie konvergieren, blieb ein Streit auf die-

1 Daran erinnert Joachim Ritter, *Hegel und die französische Revolution*, Köln, Opladen 1957.

ser Ebene ohne Bezug zum Problem. Nachdem Hegel nur den Ausweg gesehen hatte, jenseits aller Konstruktionsprobleme des politischen Systems der bürgerlichen Gesellschaft im Staatsbegriff einen sozusagen revolutionsfreien Primat der politischen Ethik zu erneuern,[2] und Marx dem nur die Verabsolutierung eines primär ökonomisch begriffenen Gesellschaftssystems entgegensetzen konnte,[3] ist es notwendig geworden, die Gesellschaftstheorie neu zu begründen. Die marxistisch konservierten Restbestände bieten dafür wenig Anregungen, wohl aber Mindestforderungen an Blickweite und Reflexionsvermögen, die nicht unterschritten werden sollten.

Aufgenommen und kombiniert werden müssen, wenn man überhaupt Wert darauf legt, an bisheriges Denken über Gesellschaft anzuschließen,[4] die folgenden Momente: (1) das traditionelle Problem der Einheit des Gesellschaftssystems, das als umfassendes zugleich nur ein Sozialsystem unter an-

2 Zum Anachronismus des daran anschließenden spezifisch deutschen Staats- und Politikverständnisses vgl. Manfred Riedel, »Der Staatsbegriff der deutschen Geschichtsschreibung des 19. Jahrhunderts in seinem Verhältnis zur klassisch-politischen Philosophie«, in: *Der Staat* 2 (1963), S. 41-63.

3 In bezug darauf kann man dann auch mit Joachim Ritter (in einer Diskussionsbemerkung von Ernst-Wolfgang Böckenförde, *Die verfassungstheoretische Unterscheidung von Staat und Gesellschaft als Bedingung der individuellen Freiheit*, Opladen 1973, S. 60) von einer »hypertrophischen Verwendung des Begriffs der Gesellschaft« sprechen. Diese Hypertrophie ist aber, gemessen an dem Anspruch der Umfassendheit, der die Tradition mit dem Gesellschaftsbegriff verbindet, nichts, was zurückzunehmen wäre, sondern nur das erst noch einzulösende Versprechen einer Gesellschaftstheorie.

4 *Daß* man darauf Wert zu legen hat, ergibt sich aus der Charakterisierung der Wissenschaft als einer selbstsubstitutiven Ordnung, und diese Charakterisierung ergibt sich daraus, daß die Wissenschaft selbst Teilsystem der Gesellschaft ist. Dazu näher unten, Teil 5, Kap. II.

deren ist, und (2) die moderne (bürgerliche) Fassung dieses Problems als Notwendigkeit der Selbstselektion des Gesellschaftssystems, die (a) Reflexivität der Selbstbestimmung impliziert als Bedingung der Möglichkeit des Wechsels derjenigen Teilsysteme, die durch Realisierung eines funktionalen Primats eine Pars-pro-toto-Funktion übernehmen, und (b) eine Verzeitlichung von Komplexität erfordert in dem genauen Sinne, daß durch Einbau von »historischem Bewußtsein« in die Gesellschaftsstruktur Unbestimmtheit der Möglichkeiten und Bestimmtheit der Realisierungen im Nacheinander kompatibel werden.

Analysiert man aus größerer Distanz, dann zeigt sich, daß jene Begriffsbildungsprobleme der Gesellschaftstheorie unlösbar waren aus mehrfachen Gründen, die sich wechselseitig stabilisieren. Man hatte sich (1) aus plausiblen Gründen zu der Auffassung bekannt, das Ganze sei mehr als die Summe der Teile, obwohl Gesellschaftstheorien der skizzierten Art eher Anlaß gegeben hätten, die Gegenthese anzunehmen und zu sagen, das Ganze sei weniger als die Summe der Teile, es sei Ordnung als Reduktionsleistung. Man hatte, wie in bestimmten evolutionären Lagen von faszinierender Neuartigkeit verständlich, (2) die Gesellschaft als Ganzes durch Merkmale ihres jeweils wichtigsten Teilsystems charakterisiert und ihren Begriff dadurch konkretisiert – zunächst als politische, dann als wirtschaftliche Gesellschaft. Dadurch blieb das Ganze mit Merkmalen infiziert, die nicht für die Gesamtheit der unter ihm zusammengefaßten Elemente repräsentativ sein konnten. Man sah (3) die zweiwertige Logik nicht nur als begrenzt funktionsadäquaten Schematismus, sondern als Abbild eines wirklichen Unterschiedes von Sein und Nichtsein und konnte infolgedessen (4) weder selbstreferentielle Prozesse noch Intersubjektivität, noch Systeme mit strukturimmanentem Umweltbezug, noch Systeme mit strukturimmanentem

Zeitbezug denken. Und man hatte (5) zwischen verschiedenen Systembildungsebenen, vor allem zwischen Gesellschaftssystem und organisierten Sozialsystemen, nicht ausreichend unterschieden und infolgedessen eine Pars-pro-toto-Technik, die in Organisationen ohne weiteres möglich ist, auf das als Korporation vorgestellte Gesellschaftssystem übertragen. All diese Optionen sind aus den historischen Lagen und den evolutionären Perspektiven vergangener Gesellschaftssysteme heraus verständlich. In all diesen Hinsichten könnte man heute anders urteilen.

Die Hauptdifferenz, die uns von den Anfängen der Soziologie und von den Gesellschaftstheorien des 19. Jahrhunderts, also auch von der Marxschen Theorie trennt, liegt im systemtheoretischen Ansatz. Dieser ist nicht nur eine bestimmte, konkurrierende Fassung der Gesellschaftstheorie. Geht man von einer Theorie sozialer Systeme aus, analysiert man von einer Begriffsebene aus, die höher aggregiert ist als die Theorie der Gesellschaft. Soziologie ist dann nicht mehr nur Gesellschaftstheorie (bzw., wie im Ostblock, empirische Hilfswissenschaft der Gesellschaftstheorie). Die Theorie des *umfassenden* Systems der sozialen Wirklichkeit ist für sie nur eine *Teil*theorie. Mit anderen Worten: Die Soziologie braucht zur Integration ihrer Erkenntnisse eine andere, abstraktere Sinnebene, als die Gesellschaft sie braucht zur Integration ihrer selbst. Man muß daher, wie die Skizze verdeutlichen soll, zwischen der theoretischen (analytischen) und den gesellschaftlichen (realen) Inklusionsverhältnissen unterscheiden – und dies, obwohl die Soziologie sich selbst als Teilsystem der Gesellschaft begreifen kann.

Nur so können die »Totalisationen« der gesellschaftlichen Realität in der Theorie nochmals überboten werden, kritisiert werden, relativiert werden und auf Variationsmöglichkeiten hingewiesen werden.

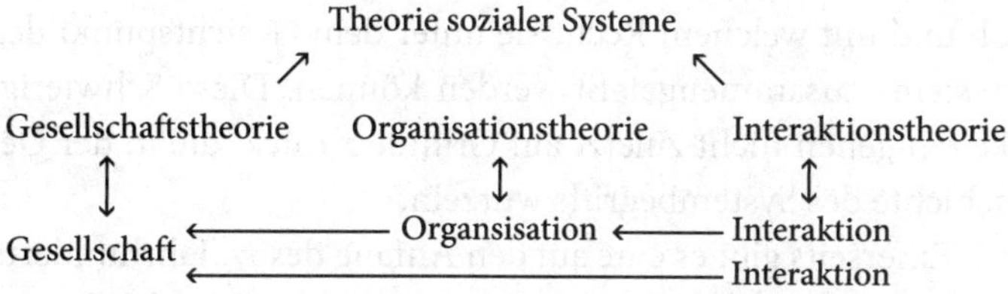

Eine weitere Implikation verdient besondere Hervorhebung: Dem (für die Soziologie) höchsten Gegenstandsbegriff entspricht kein einheitlicher Gegenstand mehr.[5] Die systemtheoretische Soziologie setzt keine ihren analytischen Bedürfnissen entsprechende Realsynthese in der sozialen Wirklichkeit voraus. Sie kann, muß aber nicht notwendig ihre Aussagen mit Bezug auf die Systemreferenz formulieren, die in der sozialen Wirklichkeit zur umfassenden Vereinheitlichung dient. Das heißt nicht, daß der soziologischen Synthesis im Begriff des sozialen Systems ein Gegenstand überhaupt fehle, es fehlt nur die entsprechende Totalsynthese. Die allgemeine Theorie sozialer Systeme bietet nicht nur ein (wohl mögliches normatives) Ideal. Sie stellt begriffliche Minimalmittel für die Analyse eines *jeden* Sozialsystems bereit. Sie kann infolgedessen auch hypothetisch formuliert werden: Immer wenn sich soziale Systeme bilden, kommt es zur Reduktion auf Handlung, zur Bildung von Erwartungsstrukturen, zur Kommunikation, zur Orientierung an Innen/Außen-Differenzen usw.

Allerdings sind die dazu notwendigen analytischen Instrumente Stück für Stück umstritten, und umstritten ist auch,

5 Am Beispiel der Systemtheorie von Talcott Parsons kann man beobachten, wie ein quasi neukantianischer Ausgangspunkt hier weitere Fragen abschneidet. Parsons begnügt sich mit der Feststellung, daß seiner allgemeinen Theorie des Handlungssystems ein »analytisches System« entspreche.

ob und mit welchem Recht sie unter dem Gesichtspunkt des Systems zusammengefaßt werden können. Diese Schwierigkeiten gehen nicht zuletzt auf Gründe zurück, die in der Geschichte des Systembegriffs wurzeln.

Einerseits gibt es eine auf den Anfang des 17. Jahrhunderts zurückreichende Tendenz, den Systembegriff auf Erkenntnisse und Erkenntnisdarstellungen (zum Beispiel Lehrbucheinteilungen) zu beziehen und ihn in dieser Funktion zu idealisieren.[6] Die Gründe dafür scheinen teils in Krisen der Theologie, insbesondere in der Unlösbarkeit des Problems der Glaubensgewißheit und der anschließenden Problematisierung von Gewißheit schlechthin, teils in Verselbständigungstendenzen anderer Fächer gelegen zu haben. Auf dieser Linie findet sich, wie schon angedeutet, noch heute der »analytische« Systembegriff von Talcott Parsons,[7] der

6 Vgl. dazu Otto Ritschl, *System und systematische Methode in der Geschichte des wissenschaftlichen Sprachgebrauchs und der philosophischen Methodologie*, Bonn 1906; Alois von der Stein, »Der Systembegriff in seiner geschichtlichen Entwicklung«, in: Alwin Diemer (Hg.), *System und Klassifikation in Wissenschaft und Dokumentation*, Meisenheim am Glan 1968, S. 1-13; Mario G. Losano, *Sistema e struttura nel diritto*, Bd. I, Turin 1968; Hans Erich Troje, »Wissenschaftlichkeit und System in der Jurisprudenz des 16. Jahrhunderts«, in: Jürgen Blühdorn, Joachim Ritter (Hg.), *Philosophie und Rechtswissenschaft: Zum Problem ihrer Beziehungen im 19. Jahrhundert*, Frankfurt/M. 1969, S. 63-88; Friedrich Kambartel, »›System‹ und ›Begründung‹ als wissenschaftliche und philosophische Ordnungsbegriffe bei und vor Kant«, in: Blühdorn, Ritter (Hg.), *Philosophie und Rechtswissenschaft*, S. 99-113. Bemerkenswert auch Erwin Fahlbusch, »Konfessionalismus«, in: *Evangelisches Kirchenlexikon*, Bd. II, Göttingen 1958, Sp. 880-884, für Systematisierungstendenzen in der Theologie nach Differenzierung der Glaubensbekenntnisse durch die Reformation.

7 Vgl. insb. Charles Ackerman, Talcott Parsons, »The Concept of ›Social System‹ as a Theoretical Device«, in: Gordon J. DiRenzo (Hg.), *Concepts, Theory and Explanation in the Behavioral Sciences*, New York 1966, S. 19-40.

in neukantianischer Manier Gegenstand und Erkenntnis identifiziert und, dann konsequent, die systemtheoretische Analyse der Gesellschaft auf die These stützt, daß diese ein analytisches System sei. Diese Konzeption bleibt aber an eine bestimmte erkenntnistheoretische Position gebunden, die von manchen, etwa von Marxisten, schon auf dieser Ebene bestritten wird.

Andere Vorbehalte lassen sich zusammenfassen unter der These, daß nie die Totalität, also auch nicht die gesellschaftliche Totalität menschlicher Interessen, sondern immer nur ein Teil als System begriffen werden könnte. So formuliert Hobbes: »By Systems; I understand any numbers of men joyned in one Interest; or one Business«.[8] Nach Fusion mit der erkenntnistheoretisch-idealisierenden Strömung liegt es heute nahe, diesen Systembegriff als Kategorie für Teile oder Aspekte des gesellschaftlichen Ganzen auf Ideen oder auf Instrumente zu beschränken und für die Totalität des menschlichen Lebens, die Gesellschaft im Vollsinne oder die begriffliche Artikulation des Mündigkeitsinteresses oder der Subjektheit der Individuen andere Ausdrucksformen zu suchen.[9]

8 Vgl. *Leviathan*, Teil II, Kap. 22, zit. nach der Ausgabe der Everyman's Library, London, New York 1953, S. 117.

9 So formuliert z.B. ein einflußreiches Lehrbuch, Ralph Linton, *The Study of Man: An Introduction*, New York 1936, S. 253, kurz und bündig: »A society is an organization of individuals; a social system is an organization of ideas.« Auch Jürgen Habermas, »Theorie der Gesellschaft oder Sozialtechnologie? Eine Auseinandersetzung mit Niklas Luhmann«, hat mit einer für viele Sozialphilosophen bezeichnenden Gleichsetzung von Individuum und Subjekt solchen Vorbehalten gegen die Auffassung der Gesellschaft als System Ausdruck gegeben im Diskussionsband Jürgen Habermas, Niklas Luhmann, *Theorie der Gesellschaft oder Sozialtechnologie – Was leistet die Systemforschung?*, Frankfurt/M. 1971, S. 142-290.

In diesen Vorbehalten gegen die Systemtheorie findet die bereits analysierte Unbestimmbarkeitsproblematik erneut Ausdruck, und es wiederholt sich auch die Neigung »bürgerlicher« Denker, das Problem durch Dichotomisierung und Dialektisierung zu lösen. So wie einst der »Staat« und dann die »Gemeinschaft« scheint heute das »System« das erforderliche Gegenüber der Gesellschaft zu sein; zumindest formulieren diejenigen es so, die zur Systemkritik oder zur Systemüberwindung aufrufen. Dabei bleibt dunkler als je zuvor, was denn Gesellschaft sei, wenn nicht System. Diese Frage wird – und wiederum haben wir ein bürgerliches Denkmotiv und bürgerliche Reflexivität vor uns – in ein Zeitverhältnis aufgelöst: Das System ist die Gesellschaft in ihrer (kapitalistischen) Gegenwart, die eigentliche Gesellschaft ist das, was nach der Systemüberwindung kommt.

Für ein politisches Interesse an dieser Debatte mag die Erläuterung genügen, daß die Gesellschaft der Zukunft das von den Systemüberwindern beherrschte System sein wird. Dann gilt es, Partei zu ergreifen. Für ein wissenschaftliches Interesse ist die Frage vorrangig, ob das analytische Potential der Systemtheorie mit dieser Kontrastierung adäquat benutzt – oder nicht vielmehr verschenkt wird.

Die These der folgenden Abhandlung ist, daß gerade der Systembegriff sich zur Lösung jenes Unbestimmbarkeitsproblems eignet. Er postuliert – als System*begriff* –, daß die Gesellschaft die Lösung ihres eigenen Unbestimmbarkeitsproblems leistet, dadurch daß sie sich als *System* konstituiert; dadurch daß sie durch Grenzziehung eine für sie unbestimmbare Komplexität reduziert und, im Wissenschaftsbereich zum Beispiel, unter dem Gesichtspunkt von Wahrheit/Unwahrheit schematisiert. Die Systemtheorie geht, mit anderen Worten, davon aus, daß ihre Gegenstände sich selbst als Systeme organisieren, sich selbst in ihren Möglichkeiten ermöglichen und einschränken; und daß sie nur deshalb als Systeme begreifbar sind.

Wir ersetzen für die Zwecke dieser Analyse jene Dichotomien der früh-, anti- oder sonstwie bürgerlichen Gesellschaftstheorie durch die abstraktere, dem Systembegriff inhärente Dichotomie von System und Umwelt. Durch diese Differenz wird Komplexität konstituiert, die zugleich als letzter Bezugs- und Integrationspunkt für funktionale Analysen dient. Im Falle sozialer Systeme haben wir es mit einer besonderen Form der Verarbeitung von System/Umwelt-Differenzen zu tun, nämlich mit Sinn. Auf Sinn beruht die Möglichkeit, Komplexität als unbestimmte Bestimmbarkeit zu begreifen – ebenjenes Problem, das der Tradition durch Metaphysik verdeckt vorausliegt und das explizit in die Gesellschaftstheorie einzuführen ist.

An diese scheinbar einfachen Ausgangspunkte[10] läßt sich eine Reihe von Folgetheorien anknüpfen, deren Interdependenzen eine ziemlich komplexe Gesellschaftstheorie ergeben. Jeder der folgenden Teile geht von einer direkten Anknüpfung an die Differenz von System und Umwelt aus und behandelt sie zunächst in evolutionstheoretischer (Teil 2) und in kommunikations- und motivationstheoretischer Perspektive (Teil 3), schließlich unter dem Gesichtspunkt der Komplexitätssteigerung durch Ausdifferenzierung und durch Innendifferenzierung (Teil 4) und der dadurch ermöglichten Reflexion und Rationalisierung des Gesellschaftssystems (Teil 5). Erst im letzten Teil können wir auf wissenschaftstheoretische Probleme zurückkommen. Bevor wir in diese Untersuchungen eintreten, die sich speziell auf das Gesellschaftssystem beziehen, müssen wir jedoch verschiedene *Ebenen der Systembil-*

10 Siehe dazu Teil 1, Kap. I und II.

dung analytisch auseinanderziehen.[11] Auch das geschieht in Anknüpfung an die Differenz von System und Umwelt, denn die Ebenen der Systembildung unterscheiden sich durch die Art der Behandlung der Differenz von System und Umwelt. Eine solche Ebenenunterscheidung gibt uns zugleich die Möglichkeit, verschiedene Typen sozialer Systeme zu unterscheiden und zu begründen, wie eines von ihnen, die Gesellschaft, zugleich das Ganze sein kann.

11 Vgl. Teil 1, Kap. III und IV.

Teil 1

Soziale Systeme: Interaktion, Organisation, Gesellschaft

Die Charakterisierung eines wissenschaftlichen Unternehmens als Systemtheorie und die Charakterisierung ihrer Gegenstände als Systeme soll und kann nicht besagen, daß aus dem Begriff des Systems alles abgeleitet werden könne, was an der Realität wissenschaftlich (hier: soziologisch) bemerkenswert sei. Eine derart globale Bezeichnung kann ferner nicht in Anspruch nehmen, einen Satz von Hypothesen zu besitzen, die erklären und begründen könnten, warum etwas ist und nicht nicht ist. So stringente Prätentionen sind (zumindest beim gegenwärtigen Stande des Wissens und auf eine absehbare Zukunft) nicht kompatibel mit der hohen Spannweite des theoretischen Bezugsrahmens.

Angesichts dieser Diskrepanz von Präzision und Spannweite, die als solche wiederum systemtheoretischer Analyse zugänglich wäre,[1] wählen wir folgende Art und Weise des Vorgehens: Wir werden zunächst in einer uns ausreichend erscheinenden Abstraktionsstufe einige Angaben machen über Systeme schlechthin. Diese Angaben müssen auf der Ebene einer allgemeinen Systemtheorie kompatibel sein mit den Eigenarten von Systemen jeder Art, seien es physische Systeme, selbstreproduktive Systeme primitivster Art, Organismen, Populationen von Organismen, psychische Systeme, soziale Systeme, informationsverarbeitende Maschinen und all das mit zahlreichen Untertypen; sie bleiben deshalb hochgradig abstrakt und informationsarm. Dieser Nachteil kann

1 Vgl. Charles Ackerman, Talcott Parsons, »The Concept of ›Social System‹ as a Theoretical Device«, in: Gordon J. DiRenzo (Hg.), *Concepts, Theory, and Explanation in the Behavioral Sciences*, New York 1966, S. 19-40.

nicht behoben, wohl aber kompensiert werden durch Präzisierungsregeln, die angeben, wie man unter Verzicht auf Spannweite zu deutlicher konturierbaren Aussagen kommt. Das sind Regeln der Typenbildung. Diese können keine Deduktionsregeln sein, da der allgemeinere Begriff die dafür nötige Information nicht hergibt. Statt dessen soll hier versucht werden, auf jeder Allgemeinheitsstufe, zunächst also auf der der allgemeinen Systemtheorie, *Probleme* zu formulieren – und offenzuhalten.

Im Problembegriff ist impliziert, daß das Problem auf mindestens eine, zumeist mehrere, jedenfalls aber nicht beliebige Weise gelöst werden kann. Diese Vorbedingung führen wir mit Hilfe des Begriffs der *Limitationalität* ein. Dieser Begriff, den wir weiter unten als »Kontingenzformel« des Wissenschaftssystems ausführlicher behandeln werden, soll besagen, daß durch Eliminierung einer Variante die Wahrscheinlichkeit für andere steigt – sei es nun je nach Kontext die Wahrscheinlichkeit des Vorhandenseins, der Erkenntnis, der Richtigkeit. Auf diese Voraussetzung muß sich jede Gattungslogik und alle Dialektik einlassen.[2] Auch der »kritische Rationalismus« eines Popper kann nur unter dieser Voraussetzung Falsifikation als sinnvolle Eliminierungsstrategie empfehlen. Offenbar handelt es sich um Grundbedingungen sinnvoller Verwendung von Negationen. Jedenfalls findet der Funktionalismus sich in der guten Gesellschaft aller seiner Kritiker, wenn er sich ebenfalls darauf einläßt.

Ob Problemlösungen als sich wechselseitig limitierende Varianten bekannt sind oder nicht, ist eine zweite Frage. In dem Maße, als die Problemformulierung Konturen möglicher

2 Zum Vergleich von Gattungslogik und Dialektik unter diesem Gesichtspunkt Hans Wagner, *Philosophie und Reflexion*, München, Basel 1959, S. 108ff.

Lösungen erkennen läßt,[3] kann sie als Suchregel benutzt werden, also als Regel der Suche oder Herstellung von Lösungsformen, die andere, funktional äquivalente Möglichkeiten neben sich haben können.

Wenn es nun ein zentrales Problem der Systembildung und Systemerhaltung gibt, und das behaupten wir, führt dieses Verfahren zur Bildung von Systemtypen. Die primäre Leistung der allgemeinen Systemtheorie besteht dann in der Ausarbeitung des Grundproblems der Systembildung – und das heißt zugleich: in der Präzisierung von Bedingungen möglicher Systemtypen. Dies Verfahren läßt sich wiederholen auf verschiedenen Stufen der Konkretion. Wir werden es zweifach anwenden: Auf einer ersten Ebene[4] werden wir diejenigen Grundbegriffe der Systemtheorie ausarbeiten, die wir benötigen, um zur Ebene der sozialen Systeme zu kommen (und das heißt in umgekehrter Blickrichtung: um zu begründen, inwiefern soziale Systeme *Systeme* sind). Das Kapitel II behandelt sodann die Theorie sozialer Systeme in ihren Grundzügen. Auf dieser Ebene können diejenigen Probleme ausgearbeitet werden, die, wenn sie unterschiedlich gelöst werden, zur Bildung unterschiedlicher Typen sozialer Systeme führen. Wir benötigen diese Analyse also, um von der Ebene sozialer Systeme im allgemeinen zu den besonderen Typen Interaktion, Organisation und Gesellschaft zu gelangen, die wir in Kapitel III und IV unserer Untersuchungen

3 Mit der Formulierung »in dem Maße« soll angedeutet sein, daß es mehr oder weniger gut definierte Probleme gibt in dem Sinne, daß die Kriterien der Beurteilung der Eignung oder Nichteignung von Problemlösungen mehr oder weniger eindeutig vorformuliert sein können. Es liegt auf der Hand, daß besser definierte Probleme erst auf dem Wege der Typenbildung gewonnen werden können. Das schließt es aber nicht aus, auch auf der allgemeinsten Ebene für Systeme schlechthin die dort sinnvollen Klärungsmöglichkeiten auszuschöpfen.

4 Siehe Kap. I.

behandeln werden (und das heißt in umgekehrter Blickrichtung: um zu begründen, inwiefern Interaktion, Organisation und Gesellschaft *soziale Systeme* sind).

Beide Komplexe zusammen dienen einer gestuften Einführung in das Thema: Gesellschaftstheorie. Sie entlasten zugleich die folgenden Teile von Ausführungen, die in einen höher abstrahierten Bezugsrahmen gehören.

Kapitel I
Grundbegriffe der Systemtheorie

1. Komplexität

(1) Im gegenwärtigen Schrifttum sehr verschiedener Disziplinen wird der Begriff der Komplexität häufig, zumeist aber undefiniert gebraucht.[5] Auch ohne Definition suggeriert der Begriff schon seine eigene Bedeutung. Da vieles als komplex angesehen oder bezeichnet wird, scheint ihm eine theoretisch zentrale Stellung zuzukommen. Die Ausnutzung der damit verbundenen Chancen hängt aber von einer zureichenden Klärung des Begriffs und von einer Explikation und Kontrolle der im Begriffsfeld liegenden Optionen ab.[6]

Aus einer sehr kursorischen Einführung des Begriffs ergeben sich zunächst in den einzelnen Disziplinen oder Forschungszweigen recht heterogene Verwendungen, obwohl offenbar ein einheitliches Phänomen anvisiert wird. In der

5 Siehe z. B. Warren Weaver, »Science and Complexity«, *American Scientist* 36 (1948), S. 536-544; Helmut Klages, Jürgen Nowak, »The Mastering of Complexity as a Problem of the Social Sciences«, *Theory and Decision* 2 (1971), S. 193-212; F. A. von Hayek, *Die Theorie komplexer Phänomene*, Tübingen 1972; Renate Bartsch, »Gibt es einen sinnvollen Begriff von linguistischer Komplexität?«, *Zeitschrift für germanistische Linguistik* 1 (1973), S. 6-31, als Beispiele für thematisch zentral gewählte Verwendungen.

6 Diese Forderung ist mit Recht auch in bezug auf meinen eigenen Begriffsgebrauch erhoben worden. Die folgenden Überlegungen setzen zu dem Versuch an, dieser Kritik Rechnung zu tragen und Richtungen der Begriffserklärung anzugeben. Es liegt auf der Hand, daß dabei nicht in jeder Hinsicht Konsistenz mit eigenen früheren Formulierungen gewahrt werden kann.

psychologischen Forschung über »kognitive Komplexität«[7] dient der Begriff zur Bezeichnung der Struktur von Persönlichkeitssystemen unter dem Gesichtspunkt ihrer Fähigkeit, Umweltinformationen unter differenzierten und auf einem abstrakten Niveau integrierten Kategorien zu verarbeiten und sich dadurch von allzu konkreten Umweltbindungen zu lösen. In der Organisationstheorie braucht man den Begriff der Komplexität als Maß für den Grad arbeitsteiliger Differenzierung; er wird dann in bezug auf Rollen oder Stellen als Einheiten ausgearbeitet.[8] In der Theorie soziokultureller Evolution wird Komplexität entweder stillschweigend mit »struktureller Differenzierung« gleichgesetzt,[9] oder der Begriff bezeichnet schlicht die Evolution selbst, soweit sie mit Guttman-Skalen zu messen ist.[10] Die Formalwissenschaften denken bei Komplexität zumeist an die Zahl und die Verschiedenartigkeit der Relationen, die auf Grund einer

7 Siehe nur Thomas B. Seiler (Hg.), *Kognitive Strukturiertheit: Theorien, Analyse, Befunde*, Stuttgart 1973, mit weiteren Hinweisen auf einen sehr umfangreichen Forschungszweig.

8 Vgl. z. B. Richard H. Hall, Eugene J. Haas, Norman J. Johnson, »Organizational Size, Complexity, and Formalization«, *American Sociological Review* 32 (1967), S. 903-912; Frederick L. Campbell, Ronald L. Akers, »Organizational Size, Complexity, and the Administrative Component in Occupational Associations«, *The Sociological Quarterly* 11 (1970), S. 435-451.

9 Kritisch dazu Anthony D. Smith, *The Concept of Social Change: A Critique of the Functionalist Theory of Social Change*, London 1973.

10 Siehe etwa Linton C. Freeman, Robert F. Winch, »Societal Complexity: An Empirical Test of a Typology of Societies«, *American Journal of Sociology* 62 (1957), S. 461-466; Richard D. Schwartz, James C. Miller, »Legal Evolution and Societal Complexity«, *American Journal of Sociology* 70 (1964), S. 159-169, und, etwas eingeschränkter, Mark Abrahamson, »Correlates of Political Complexity«, *American Sociological Review* 34 (1969), S. 690-701. Für diese Forschung gilt in besonderem Maße, daß die Begriffsentscheidungen in den Operationalisierungen stecken.

gegebenen Zahl von Elementen in einem System seiner Struktur nach möglich sind.[11] Und auch sonst stößt man häufig auf mehrdimensionale, mehrere Variable einfach addierende Definitionen, die das innere Gefüge des Komplexitätsbegriffs auf ein bloßes »und« reduzieren.[12]

Neben knappen und theoretisch unzureichenden und unabgestimmten Begriffsverwendungen dieser Art gibt es Versuche, den Begriff durch Rückzug auf eine epistemologische oder methodologische Ebene zu präzisieren. Die bestimmenden Merkmale liegen dann in der Messung von Bemühungen um die Erkenntnis komplexer Sachverhalte, etwa im Aufwand an benötigter Information oder Informationsverarbeitung,[13] oder in den zur Operationalisierung nötigen Reduktionen. Auf diesem Wege gelangt man aber besten-

11 So z. B. Georg Klaus, *Wörterbuch der Kybernetik*, Berlin 1968, Stichwort »Komplexität«. Ähnlich auch Werner Fuchs-Heinritz (Hg.), *Lexikon zur Soziologie*, Opladen 1973, Stichwort »Komplexität, strukturelle«.

12 Siehe als Beispiele Daniel F. Berlyne, *Conflict, Arousal, and Curiosity*, New York 1960, S. 38 ff.; Andrew S. McFarland, *Power and Leadership in Pluralist Systems*, Stanford 1969, S. 16; Gerd Pawelzik, *Dialektik der Entwicklung objektiver Systeme*, Berlin 1970, S. 136; Donald W. Ball, »Control *versus* Complexity: Continuities in the Scaling of Gaming«, *Pacific Sociological Review* 17 (1974), S. 167-184.

13 Siehe grundsätzlich J. W. S. Pringle, »On the Parallel between Learning and Evolution«, *Behaviour* 3 (1951), S. 174-215, neu gedruckt in: *General Systems* 1 (1956), S. 9-110. Pringle geht vom Informationsbegriff aus. Eine Alternative dazu bieten neuere simulationstechnisch vorgehende Versuche, die zur Rekonstruktion der Sachkomplexität erforderliche »computational complexity« zu messen. Siehe J. Hartmanis, J. E. Hopcroft, »An Overview of the Theory of Computational Complexity«, *Journal of the Association for Computing Machinery* 18 (1971), S. 444-475; Hannu Nurmi, »On the Concept of Complexity and its Relationship to the Methodology of Policy-oriented Research«, *Social Science Information* 13 (1974), S. 55-80; Hans W. Gottinger, »Complexity and Information Technology in Dynamic Systems«, *Kybernetes* 4 (1975), S. 129-141.

falls zu einer operativen, nicht auch zu einer theoretischen Klärung des Begriffs, die sich auf die Komplexität des Gegenstandes der Forschung beziehen müßte.

Will man all dies auf einen übergreifenden Leitgedanken bringen, so bleibt in der letzten Generalisierungsstufe das klassische Problem der Einheit des Mannigfaltigen zurück. »Complexity is only of importance if in a certain respect there is a high degree of complexity and in another respect there is unity.«[14] Ein einheitlicher Begriff ist ja nur sinnvoll, wenn die Vielfalt unter irgendeinem Gesichtspunkt als Einheit behandelt werden kann. Der Begriff der Komplexität formuliert so zunächst einmal die Intention, Mannigfaltiges unter dem Gesichtspunkt seiner Einheit zu sehen.[15] Der komplexe Gegenstand muß Mannigfaltiges und Einheit zugleich sein.

Mit diesem Problem hat man nun Erfahrungen, und die können wir uns zunutze machen. Schon an Hand der Begriffsgeschichte von *complexum, complexio* kann man sehen, daß diese Problemstellung Modalisierungen und damit *Simultanpräsentation in mehreren Ebenen* erzwungen hat. Dies waren in der Tradition teils möglichkeitstheoretische (*complexio contingens*!), teils erkenntnistheoretische (*complexe significabile*!) Modalisierungen.[16] Anders ließ sich die Einheit des

14 So E. Leeuwenberg, »Meaning of Perceptual Complexity«, in: Daniel B. Berlyne, Knut B. Madsen (Hg.), *Pleasure, Reward, Preference: Their Nature, Determinants and Role in Behavior*, New York, London 1973, S. 99-114 (111).

15 Siehe z. B. Karl Marx, »Zur Kritik der politischen Ökonomie«, in: Karl Marx, Friedrich Engels, *Werke*, Bd. 13, Berlin 1961, S. 613-642 (632): »Das Konkrete ist konkret, weil es [sic!] die Zusammenfassung vieler Bestimmungen ist, also Einheit des Mannigfaltigen«.

16 Vgl. namentlich Hubert Elie, *Le complexe significabile*, Paris 1937. Ferner Maria Elena Reina, »Il problema del linguaggio in Buridano«, *Rivista critica di storia della Filosofia* 14 (1959), S. 367-417, 15 (1960), S. 141-165 (159 ff.), und, speziell mit Bezug auf das Kontingenzproblem,

Mannigfaltigen nicht auf *einen* Ausdruck bringen.[17] Je nach modaltheoretischem Bezugsrahmen erscheint dieser Einheitsbezug teils als konkomitierende Notwendigkeit im kontingent Zusammengesetzten,[18] teils als Frage der Sicherung der kategorialen Übereinstimmung von Sein und Erkennen beim Zugriff auf Inhaltsgesamtheiten.[19] (Heutigen Vorstellungen entspräche es eher, auf eine Mehrheit von »Sprachebenen« abzustellen.)[20] Immer scheint es undiskutierte Voraussetzung der Problemstellung gewesen zu sein, *daß es um die Einheit des Komplexen selbst gehe.* Genau darin wurde die dem Gegenstand spezifische Perfektion gesehen, daß er Vielheit und Unterschiedenheit (*multitudo et distinctio*) zur geordneten Einheit bringe – durch den Willen des Schöpfers oder durch die Funktion der Vorstellung des transzendentalen Subjekts. Und zugleich war die Einheit des komplexen Gegenstandes Garantie für die Entscheidbarkeit der Frage, ob Aussagen sich widersprechen, also Vorbedingung des Prinzips der Widerspruchsfreiheit. Sie bot schließlich der älteren Lehre den Ausgangspunkt für kosmologische Erklärungen, über deren Grundlagen die Wissenschaft nicht voll disponieren kann.

T.K. Scott, »John Buridan on the Objects of Demonstrative Science«, *Speculum* 40 (1965), S. 654-673.

17 Dies Ergebnis hatten übrigens auch Spekulationen über den Begriff der Einheit selbst, die dazu führten, ihn entweder als ein transzendentes Prinzip oder als *modus* (!) *entis* zu fassen.

18 Siehe z. B. Johannes Duns Scotus, »Ordinatio I dist 39«, in: *Opera Omnia*, Bd. VI, Civitas Vaticana 1963, S. 414ff.

19 Siehe etwa Mario dal Pra, »La teoria del ›significato totale‹ della propositione nel pensiero di Gregorio da Rimini«, *Rivista critica di storia della Filosofia* 11 (1956), S. 287-311.

20 So definieren A. I. Berg, J. I. Tschernjak, *Information und Leitung*, Berlin 1969, S. 19: »Als ein kompliziertes System bezeichnen wir ein solches System, das in mindestens zwei Sprachen ausgedrückt werden kann.«

Bricht man mit dieser Prämisse: daß es um die Einheit des Komplexen selbst gehe und daß Komplexität etwas sei, was einer vorauszusetzenden Einheit als Eigenschaft zugehöre, kommt viel in Bewegung. Neuere Begriffsentwicklungen und Forschungserfahrungen tendieren aber deutlich dazu, die Einheit des Komplexen nur noch als eine Art fokussierende Relation zu denken und nicht mehr als eine Art Wesenskonzentrat. In der Philosophie kündigt sich das an in der Neigung Kants zu »sofern«-Abstraktionen.[21] Wissenschaftliche Erfahrungen, die ohne Zusammenhang damit gewonnen sind, deuten in die gleiche Richtung. So lehren psychologische Forschungen über kognitive Komplexität, daß Systemkomplexität, wie immer begriffen und operationalisiert, nur situativ eingesetzt wird oder sogar überhaupt kein prozessual wirksamer Faktor ist, sondern nur ein strukturell zur Verfügung stehendes Potential, das situationsweise oder sektoral mehr oder weniger stark aktiviert werden kann.[22] Komplexere Systeme haben durch ihre Struktur die Wahl, komplex oder nichtkomplex zu erleben und zu handeln; fehlt es an Komplexität, bleibt nur die Möglichkeit einfacher Umweltbeziehungen. Zu ähnlichen relationistischen Folgerungen sieht sich im Anschluß an Entwicklungen in der modernen Physik

21 Rüdiger Bubner, *Dialektik und Wissenschaft*, Frankfurt/M. 1973 S. 112f., macht in kritischen Ausführungen zu meinem systemtheoretischen Komplexitätsbegriff darauf aufmerksam, daß dessen relationale Problematisierung bereits bei Rickert zu finden sei. Mit Recht! Und bei vielen anderen auch!

22 Siehe z.B. Joseph S. Vannoy, »Generality of Cognitive Complexity – Simplicity as a Personality Construct«, *Journal of Personality and Social Psychology* 2 (1965), S. 385-396; Harold M. Schroder, Michael J. Driver, Siegfried Streufert, *Human Information Processing*, New York 1967; Michael J. Driver, Siegfried Streufert, »Integrative Complexity: An Approach to Individuals and Groups as Information-Processing Systems«, *Administrative Science Quarterly* 14 (1969), S. 272-285.

offenbar auch die Mathematik veranlaßt.[23] Auch die Einsicht, daß Komplexität ein allenfalls mehrdimensional meßbarer Sachverhalt ist, besagt im Effekt, daß es nicht möglich ist, Komplexes ohne Informationsverlust zur Einheit zu aggregieren; man muß dann vorweg wissen bzw. entscheiden, für welche Zwecke man welche Aggregationsweise wählen und welche Informationsverluste in Kauf nehmen will.

Erfahrungen und Entwicklungstendenzen dieser Art kann man heute nicht mehr ignorieren. Sie sollten aber auch nicht vorschnell einen epistemologischen, analytischen, modelltheoretischen, konstruktivistischen Relativismus stimulieren, der in bekannte Sackgassen führt und entweder Minimal-Aprioris unterstellen[24] oder ganz darauf verzichten muß, Rechenschaft darüber abzulegen, in welchem Sinne sich Erkenntnis auf Realität bezieht. Statt dessen wollen wir uns im folgenden um ein Sachkonzept bemühen, das die angedeuteten Probleme aufnimmt und zugleich diejenigen Theorieentscheidungen verdeutlicht, mit denen der Begriff der Komplexität für andere Theoriekomplexe relevant wird.

(2) Unser Ausgangspunkt ist die durchaus übliche Unterscheidung zwischen der Zahl der *Elemente* eines Systems und der Zahl und Verschiedenartigkeit der zwischen ihnen möglichen *Beziehungen*.[25] Gewiß kann man nicht einfach voraussetzen, daß es so etwas wie Elemente und Beziehungen in einem

23 Siehe Jiří Bečvář, »Probleme der Komplexität in der Theorie der Algorithmen und Automaten«, in: 3. *Colloquium Automatentheorie Hannover 1965*, Basel, Stuttgart 1967, S. 142-157, in Reaktion auf die Schwierigkeit, einen festen Begriff des Elements vorauszusetzen.

24 So bekanntlich der »analytische Realismus« Talcott Parsons'. Zu den Konsequenzen vgl. Harold Bershady, *Ideology and Social Knowledge*, Oxford 1973.

25 Die Terminologie, in der diese Unterscheidung präsentiert wird, schwankt. Häufig unterscheidet man Größe und Komplexität. So in

schlichten Sinne als Vorhandenes gibt. Wir werden diese Annahme sogleich problematisieren. Unabhängig davon aber gilt, was immer als Element und als Beziehung fungiere, daß bei Zunahme der Zahl der Elemente die Zahl der zwischen ihnen abstrakt möglichen (denkbaren) Beziehungen überproportional ansteigt und sehr rasch Größenordnungen erreicht, die nicht mehr nutzbar, nicht mehr realisierbar sind.[26] In größeren Systemen kann dieses abstrakte Relationierungspo-

der Organisationstheorie z.B. James D. Thompson, *Organizations in Action: Social Science Bases of Administrative Theory*, New York 1967, S. 74; Wolf Heydebrand, *Hospital Bureaucracy: A Comparative Study of Organizations*, New York 1973, S. 38ff. Klaus, *Wörterbuch der Kybernetik*, s.v. »Komplexität«, und andere Kybernetiker sprechen von Kompliziertheit und Komplexität oder von Komplikation und Komplexität (so Gotthard Günther, »Kritische Bemerkungen zur gegenwärtigen Wissenschaftstheorie«, *Soziale Welt* 19 (1968), S. 328-341 (355)). Ähnliches meint die Unterscheidung von konstruktioneller und instrumenteller Komplexität bei André A. Moles, »Über konstruktionelle und instrumentelle Komplexität«, in: Max Bense (Hg.) *Grundlagenstudien aus Kybernetik und Geisteswissenschaft*, Stuttgart 1960, S. 33-36, die für die Reduktion intern möglicher Relationen auf instrumentelle Verwendbarkeit abstellt.

26 Sozialwissenschaftliche Auswertungen dieser elementaren mathematischen Einsicht sind über ein Anfangsstadium bisher nicht hinausgekommen. Siehe z.B. V.A. Graicunas, »Relationship in Organization«, in: Luther Gulick, Lyndall Urwick (Hg.), *Papers on the Science of Administration*, New York 1937, S. 183-187; James H.S. Bossard, »The Law of Family Interaction«, *American Journal of Sociology* 50 (1945), S. 292-294; William M. Kephart, »A Quantitative Analysis of Intragroup Relationships«, *American Journal of Sociology* 55 (1950), S. 544-549. Auch die spätere, vor allem auf Kleingruppen und Organisationen bezogene empirische Forschung, die mit Größe als Variable korreliert, hat es nicht zu einer Theorie gebracht, die angeben könnte, welche Strukturveränderungen aus rein quantitativen Veränderungen ableitbar sind. Andererseits gibt es eine Fülle soziologischer Forschungen, die aus einer Orientierung an diesem Grundproblem wichtige strukturelle und verhaltensbezogene Erkenntnisse gewinnen. Siehe für nur einen Forschungsbereich etwa Robert Dreeben, *On What is Learned in Schools*,

tential, diese volle Interdependenz von allem mit allem, daher nur noch wie etwas weder als Ordnung noch als Chaos qualifizierbares Unbestimmbares fungieren: als Hintergrund mit der Funktion, Selektionsbewußtsein zu erzeugen.[27] Das erfordert Bildung von Systemen in Systemen, die unbestimmbar Gewordenes wieder selektiv bestimmen können.

Demnach ergibt sich *aus Größenzunahme für jedes System der Zwang, aber auch die Chance, mit eigenen Möglichkeiten der Relationierung selektiv zu verfahren und sich bei Bedarf zu differenzieren.* Die Selektion aus eigenen Möglichkeiten ist nicht per Zufall, nicht nur ad hoc möglich, wenn Systeme entstehen und Grenzen gegenüber einer Umwelt invariant gehalten werden. Sie wird durch Strukturen gesteuert, die die Nichtbeliebigkeit und die Anschlußfähigkeit der Selektionen gewährleisten, also trotz und durch Selektion das Entstehen von Interdependenzen ermöglichen. Der Grundvorgang, der Komplexität ermöglicht, ist der Zusammenhang von kombinatorischen Überschüssen und struktureller Selektion.

Diesen Sachverhalt gilt es zunächst deutlicher vor Augen zu führen. Bereits Spencer unterscheidet deutlich zwischen »growth« (als »increase of mass«) und »development« (als »increase of structure«).[28] Die Schwierigkeiten und die theoretische Weichenstellung liegen im Begriff des »increase of

Reading 1968, und Philip W. Jackson, *Life in Classrooms*, New York 1968.

27 Zu einer darauf abgestellten Theorie des Bewußtseins siehe Gotthard Günther, »Bewußtsein als Informationsraffer«, *Grundlagenstudien aus Kybernetik und Geisteswissenschaft* 10 (1969), S. 1-6. Das Argument läßt sich transponieren auf das Verhältnis der Wissenschaft zu bewußtseinshaltigen Gegenständen.

28 Siehe etwa Herbert Spencer, *The Principles of Biology*, Bd. I, London 1898, S. 162. Zur Problematik dieser Unterscheidung (ohne Rückgriff auf Spencer) J. D. Gould, *Economic Growth in History: Survey and Analysis*, London 1972, S. 1ff.

structure«. Wie kann Struktur zunehmen in einem anderen Sinne als Systemgröße? Im Anschluß an Spencer hat die Soziologie vor allem im Bereich der Gesellschaftstheorie Strukturzunahme zunächst als Zunahme struktureller Differenzierung interpretiert. Das hat sich jedoch nur begrenzt bewährt. Man kann Differenzierung ohne nähere Qualifikation – und jede Qualifizierung würde zu sehr einschränken – kaum eindimensional messen, da es schon in der Systemdifferenzierung unterschiedliche Typen der Differenzierung (segmentär/schichtenmäßig/funktional) gibt, die ihrerseits mit möglicher Systemgröße korrelieren, aber sehr unterschiedliche strukturelle Konsequenzen haben. Außerdem ist strukturelle Differenzierung nur sehr begrenzt steigerbar. Wir werden daher Strukturzunahme anders definieren, nämlich als *Zunahme der Selektivität einer Struktur*.

Bei Größenzunahme auf der Ebene der Elemente, die die kombinatorischen Möglichkeiten eines Systems überproportional wachsen lassen, kommt es nämlich zwangsläufig zu größerer Selektionsschärfe jeder bestimmten Relation und jeder strukturellen Disposition über Zulässigkeit oder Wahrscheinlichkeit von Relationierungen nach Maßgabe engerer, systemspezifischer Bedingungen des Möglichen. Mit der positiven Zunahme der Elemente wächst die negative, eliminierende Selektivität in bezug auf die nichtrealisierbaren Beziehungen. Differenzierung ist, in diesem Kontext gesehen, eine Form der Ermöglichung hoher Selektivität; sie ermöglicht beispielsweise, daß ein Richter während des Beweistermins tatsächlich Zeugen vernimmt, obwohl er damit auf sehr viele andere Aktivitäten und Kontakte, die auch möglich wären, verzichten muß.

Das versteht sich nun keineswegs von selbst. Eine Steigerung struktureller Selektivität ist in dieser Kombination von Spezifikation und Negation vielmehr nur unter besonderen, zunehmend unwahrscheinlichen Bedingungen möglich. Bekanntlich profilieren Institutionen sich gegenüber zunehmenden Möglichkeiten als Willkür; löst wachsende Prosperität, nicht Mangel, Revolutionen aus.[29] Diese Einsicht führt zu der These, daß mit der Zunahme struktureller Selektivität *sowohl die Kontingenz als auch die Nichtbeliebigkeit der Strukturwahl zunimmt*. Da solche Strukturen wenige unter vielen möglichen Relationen auszeichnen, wird immer deutlicher sichtbar, daß sie auch anders möglich wären; und zugleich stellt genau diese Bedingung ganz spezifische Anforderungen an die Strukturbildung, für die nur ein sehr begrenztes Repertoire von Problemlösungen zur Verfügung steht. Um diesen Sachverhalt formulierungsmäßig zu fassen, brauchen wir bereits eine mehrstufige Modalisierung: Es handelt sich um eine hochkontingente Reduktion der Kontingenz von Selektionen.

Hier liegen nun Ausgangspunkte für wichtige Theorieanschlüsse. Es läßt sich einerseits festhalten, daß eine Bereicherung der Möglichkeiten zugleich den dispositionellen Spielraum einschränkt. Dieser Befund ähnelt »Cope's Rule«, die in etwa besagt, daß Organismen unterhalb ihrer möglichen Größe in die Evolution eintreten, dann in evolutionären und umweltspezifischen Anpassungsprozessen ihr Wachstumspotential ausschöpfen und genau dadurch evolutionsunfähig werden, weil der Koordinationsaufwand jeder Änderung zu hoch wird.[30] Der gleiche Gesichtspunkt erklärt, daß mit dem Aufbau selektionsscharfer Strukturen die Abhängigkeit von der eigenen Geschichte zunimmt und das System sich sozusagen in seiner eigenen Geschichte festwächst, obwohl zugleich

29 Erinnert sei an Alexis de Tocqueville, *L'Ancien régime et la révolution*, Paris [5]1866, S. 249ff.

30 Siehe dazu Steven M. Stanley, »An Explanation of Cope's Rule«, *Evolution* 27 (1973), S. 1-26.

ein hohes operatives Potential für interne und extern gerichtete Prozesse zur Verfügung steht. Dieses Konzept der Strukturzunahme läßt sich ferner mit einer Theorie der Nebenfolgen und Folgeprobleme von Komplexitätssteigerungen verknüpfen; denn es liegt auf der Hand, daß die benötigte Selektionsschärfe der Strukturen die Koordinationslast erhöht und im übrigen bestimmte problematische Anforderungen an das Erleben und Handeln (oder abstrakter: an die Prozesse, die Relationen realisieren) stellt, die sehr leicht in Kritik umschlagen können.

Die entscheidenden Vorzüge dieser gegenüber Spencer variierten Fassung des Begriffs der Strukturzunahme liegen aber darin, daß sie dem Phänomen der Komplexität eine einheitlichere Bestimmung gibt. Komplexität ist dann nicht einfach nun die Menge der strukturell ermöglichten Relationen, sondern deren Selektivität; auch nicht nur ein (empirisch gesicherter) Erkenntniszusammenhang zwischen den Variablen Größe und Strukturiertheit, sondern die Relation zwischen positiver Bestimmung der Größe und negativer Bestimmung des Ausscheidungseffekts der Struktur. Die Komplexität hat ihre Einheit also in der Form einer *Relation*: in der Relation wechselseitiger Ermöglichung von Elementmengen und reduktiven Ordnungen. Als Einheit eines Systems ist Komplexität in sich selbst relationaler Natur. Besonders dem Steigerungsproblem wird man besser gerecht, wenn man die Komplexität letztlich als eine Relation begreift, in der das, was aufeinander bezogen wird, unterschiedliche Werte annehmen kann. Von höherer Komplexität kann man in bezug auf Systeme dann sprechen, wenn die Selektivität der nach der Größe und der Struktur des Systems möglichen Beziehungen zunimmt. Das heißt: Steigerung der Komplexität erfordert nicht nur Wachstum, sondern auch schärfere strukturelle Selektion und damit bei deren Nachvollzug in den

Prozessen des Systems laufende Reduktion der Komplexität angesichts anderer Möglichkeiten. Könnte man diese Selektivität messen, so hätte man ein Maß für das, was der Begriff der Systemkomplexität letztlich meint: für das Bedingungs- und Steigerungsverhältnis von Mengen und Ordnungen, von abstrakten Potentialen und selektiven Reduktionen – oder klassisch gesprochen: von Materie und Form.

(3) Hegel hatte von »Maß« gesprochen, um die Einheit qualitativer und quantitativen Seinsbestimmungen zu bezeichnen. Das Maß hatte Hegel gedacht als die unmittelbare Einheit von Quantität und Qualität im Quantum, die sich als Einheit in ihrer Negation durchhält und wiederherstellt.[31] Wir finden uns in der Nähe dieses Begriffs. Daher lohnt ein kurzer Vergleich. Als Seinsbestimmung ist Maß ein weltbezogener Begriff, an dem Seiendes, sofern es ist, nur partizipiert. Wir hatten dagegen Komplexität mit Systemreferenz eingeführt. Systeme implizieren zwar Welt, und wir werden auch einen Begriff der Weltkomplexität bilden müssen; aber das Weltverhältnis der Systeme ist nicht als Sein des Seienden gedacht oder gar als Partizipation an Realperfektion, sondern als Kontinuität in der Diskontinuität von System und Umwelt.

Der Weltbezug erfordert bei Hegel die Transformation schlechter in erfüllte, unbestimmter in bestimmte Unendlichkeit. Das garantieren Annahmen über Dialektik – nicht: über funktionale Äquivalenzen –, die das Maßlose rein quantitativer Vermehrung immer wieder qualifizieren, also ins

31 Vgl. *Wissenschaft der Logik*, Bd. 1 (in: Georg Lasson (Hg.), *Sämtliche Werke*, Bd. 3, Leipzig 1948), S. 336ff., unter Substitution der Kategorie des Maßes für die Kategorie der Modalität, die seit Kant den Gegenstand nur noch in Beziehung auf das Erkenntnisvermögen bezeichnet hatte. Zugleich soll, aber das ist gedanklich nicht geleistet, der Begriff des Maßes das alte Prinzip der Mitte zwischen Extremen aufnehmen.

Maß bringen, und dies in unendlichem Progreß[32] und so, daß dadurch die konkrete Wahrheit des »Seins« an sich ihre Bestimmtheit erfährt. Diese Dialektik läßt aber keine Zeitbestimmung erkennen. Gerade dadurch, daß sie sich selbst als Prozeß setzt, hat sie sich die Möglichkeit verbaut, das Zeitproblem zu thematisieren. Wann und wie schnell erfolgt dieses Hinausgehen über das Maß und seine Wiederherstellung? In diesem Punkte wird die Dialektik des reflexionslogischen Prozessierens begrifflicher Bestimmungen selbst negierbar – durch Politik. So meinte dann Lukács,[33] daß es für die Opfer der Quantifikation, für die Arbeiterklasse, zur Lebensfrage werden würde, diese Dialektik zu bemerken, um den Umschlag selbst bewußt zu vollziehen. Es ist ein symptomatisches Detail, daß jetzt, nach dem Rückgriff auf Aktivität, von Maß nicht mehr die Rede ist. Die im Maß gewonnene Bestimmtheitsleistung und Negativität wird nicht bewahrt.

Man könnte diese dialektische Politisierung der Dialektik leicht kritisieren, etwa auf die Gefahr einer regressiven Entwicklung mit Verlust an Differenzierung und Bestimmtheit hinweisen. Aber eine Rückkehr zu Hegel wäre auch nicht ohne Problem. Ein Vergleich von »Maß« und »Komplexität«

32 Vgl. *Encyclopädie der philosophischen Wissenschaften*, § 109 (in: Georg Lasson, Johannes Hoffmeister (Hg.), *Sämtliche Werke*, Bd. 5, Leipzig [5]1949, S. 122): »Das *Maßlose* ist zunächst dies Hinausgehen eines Maßes durch seine quantitative Natur über seine Qualitätsbestimmtheit. Da aber das andere quantitative Verhältnis, das Maßlose des ersten, ebensosehr qualitativ ist, so ist das Maßlose gleichfalls ein Maß; welche beide Übergänge von Qualität in Quantum und von diesem in jene wieder als *unendlicher Progreß* vorgestellt werden können – als das sich im Maßlosen Aufheben und Wiederherstellen des Maßes.« Das Argument und das Vertrauen in unendlichen Progreß beruht klar auf der Prämisse der Dialektik: daß Negation notwendig und in der Lage sei, Bestimmtheitsgewinne zu übertragen.

33 Georg Lukács, *Geschichte und Klassenbewusstsein: Studien über marxistische Dialektik*, Berlin 1923, insb. S. 180ff.

läßt dagegen erkennen, daß es andere Auswege der begrifflichen Disposition gibt. Dazu kehren wir zur Analyse des Komplexitätsbegriffs zurück.

(4) Der Begriff des Maßes hatte einen Direktzugriff auf Welt impliziert. Die Fassung des Komplexitätsbegriffs, die wir zunächst entwickelt haben, hängt dagegen ab von einer (jeweils zu bestimmenden) Systemreferenz. Sie bezeichnet Systemkomplexität. Durch diese Beschränkung gewinnen wir die Möglichkeit, zwei Negationsrichtungen zu unterscheiden und mit deren Nichtidentität zu operieren, nämlich (1) die systemimmanente Selektivität der Struktur im Verhältnis zu den kombinatorischen Möglichkeiten der Elemente und (2) die Diskontinuität zwischen System und Umwelt. In dieser Differenzierung, die mit Hilfe des systemtheoretischen Instrumentariums gewonnen wird, sehen wir einen ausschlaggebenden theoretischen Fortschritt, der es ermöglicht, die weltbezüglichen Aussagen, die mit dem Begriff des Maßes intendiert waren, in Aussagen über Relationierung von Relationen zu transformieren.

Bevor wir dieses Ziel verfolgen, müssen wir jedoch die systemimmanente Analyse von Komplexität in einer wichtigen Hinsicht ergänzen und vertiefen. Wir hatten vorläufig vorausgesetzt, daß es Elemente und Beziehungen gibt als Gegenstand selektiver Behandlung. Das, was als Element fungiert, ist jedoch nicht unabhängig von seiner selektiven Behandlung bestimmbar. Erst die Selektion für bestimmte präferentielle Relationierungen »qualifiziert« ein Element, in dem es ihm eine Umwelt gibt, in der es spezifische eigene Merkmale entwickeln kann. Will man erkennen, wie es sich qualifizieren läßt und welchen Widerstand es solchen Qualifizierungen oder zugemuteten Relationen entgegensetzt, muß man das Element nicht nur als formale Identität, sondern als System-in-einer-eigenen-Umwelt behandeln, also die Systemreferenz wechseln. Dabei kann man auf Systeme stoßen, die sehr viel komplexer sind (also auch: auf der Basis anderer Elemente sehr viel größer sind) als diejenigen Systeme, in denen sie als Element fungieren. Es gibt also kein Komplexitätskontinuum vom letzten Element bis zur Welt im ganzen.

Damit ist nicht gesagt, daß die Festsetzung dessen, was als Element und was als System betrachtet wird, allein im analytischen Interesse getroffen wird.[34] Die Wahl der Systemreferenz ist natürlich freigestellt als Aspekt wissenschaftlicher Themenwahl, aber mit dieser Entscheidung ist zugleich darüber disponiert, was in diesem System und seinen Umweltbeziehungen als ein nicht weiter auflösbares Element fungiert. Es ergibt zum Beispiel für die Analyse sozialer Systeme keinen Sinn, die Einheit des kommunikativen Aktes weiter aufzulösen in ein System nervlicher oder gar elektrischer Prozesse, so wie umgekehrt von der Ebene dieser Prozesse aus die emergenten Eigenschaften sozialer Systeme, nämlich die über Sinn gesteuerten Umweltbeziehungen, nicht begriffen werden können. Jedes System hat nicht nur einen Umwelthorizont, sondern auch einen Innenhorizont mit beliebig weiter auflösbaren Strukturen und beliebig weitertreibbaren Möglichkeiten der Analyse. Aber diese Beliebigkeit ist nur gegeben, wenn man diese Horizonte jeweils für sich betrachtet. Werden sie relationiert, limitieren sie sich wechselseitig

34 Das dürfte auch Parsons nicht ernstlich meinen, obwohl seine Ausführungen über die Relativität der Unterscheidung von »unit« und »system« eine solche Interpretation offenlassen. Siehe z. B. *The Structure of Social Action*, Glencoe ²1949, insb. S. 35 Anm. 1, S. 43ff.; ders., Robert F. Bales, Edward A. Shils, *Working Papers in the Theory of Action*, Glencoe 1953, S. 106f., 168, 172ff. Dazu auch Enno Schwanenberg, *Soziales Handeln: Die Theorie und ihr Problem*, Bern 1970, S. 131f. Vgl. ferner zum Problem allgemein Knut Erik Tranöy, *Wholes and Structures: An Attempt at a Philosophical Analysis*, Kopenhagen 1959, S. 20ff.

durch Begrenzung der für ein System relevanten Umwelt und durch Festlegung der dafür relevanten, in einer spezifischen Systemreferenz nicht weiter auflösbaren Elemente.

Wir nennen diese Festlegung Bestimmung oder Konstitution bestimmter (bzw. bestimmbarer) Komplexität. Ein System ist unbestimmt, wenn die Elemente nur abstrakt als Einheiten gezählt werden und nicht bekannt bzw. dem Zufall überlassen ist, welche Relationen hergestellt bzw. eliminiert werden.[35]

Die Bestimmung erfolgt im selbstselektiven Aufbau von Systemen, wobei mit zunehmender Größe und Abgrenzbarkeit gegenüber der Umwelt die Erhaltung von Unbestimmtheit zunehmend unwahrscheinlich wird und ersetzt werden muß durch strukturell garantierte Flexibilität (Unterbestimmtheit).[36] Insofern ist Komplexitätsbildung in einem

35 In diesem Sinne unterscheidet die Systemtheorie auch zwischen organisierter und nichtorganisierter Komplexität. Vgl. z. B. Weaver, »Science and Complexity«, S. 536-544, unter methodischen Gesichtspunkten. Ferner Ludwig von Bertalanffy, »General System Theory: A Critical Review«, *General Systems* 7 (1962), S. 1-20 (2); ders. *Robots, Men, and Mind: Psychology in the Modern World*, New York 1967, S. 57f.; Walter Buckley, *Sociology and Modern Systems Theory*, Englewood Cliffs 1967, S. 33, 46f.

36 Diese Vorstellung der selbstselektiven Strukturierung von Systemkomplexität ließe sich vergleichen mit zwei Fassungen der Parsonsschen Theorie des allgemeinen Handlungssystems, nämlich

(a) der Vorstellung, daß Ordnung auf der Basis von gänzlich unstrukturierten, chaotischen, zufälligen Motivdispositionen des Individuums (das so aber gar nicht Person sein kann) entstehe durch Institutionalisierung und Internalisierung von Werten und Normen; und

(b) der Vorstellung der kybernetischen Kontrollhierarchie, die das Aktionssystem bestimmt durch Vermittlung von Kontrollen und Konditionierungen in Kommunikationsprozessen einer Mehrheit von analytischen Teilsystemen (Kultur, Sozialsystem, Persönlichkeit, Organismus).

Die Entwicklung der Parsonsschen Theorie von (a) nach (b) war ein irreversiblen Sinne historisch, ohne daß dies notwendigerweise Strukturänderungen und Reaktivierung kombinatorischer Potentiale ausschlösse. Der Rückgang zur Unbestimmtheit und die Wiederholung der Geschichte ist ausgeschlossen, schon weil tieferliegende Systembildungen organischer bzw. chemischer bzw. physischer Art die Umwelt binden. So ist zum Beispiel eine Neuformierung des genetischen Potentials durch dessen umweltbezogene Komplexität ausgeschlossen. Beim Aufbau sinnhafter Systeme impliziert dieser Prozeß selbstselektiver Bestimmung die ständige Mitpräsentation jener Unbestimmtheitshorizonte externer und interner Art, in die das System hineinwächst. In komplexeren Gesellschaften entsteht so ein Weltbewußtsein, gegen das sich jede Bestimmung als kontingente Selektion profiliert. Unbestimmtheit hat dann ihre Realität nicht nur als längst vergangener Anfang des historischen Prozesses, sondern als Gegenwart, als Welthorizont, der jede Bestimmung nach innen und nach außen als kontingent erscheinen läßt.

(5) Daß eine rein systeminterne Betrachtung der Komplexität nicht ausreicht, dürfte inzwischen deutlich geworden sein. Der Grund dafür ist, daß wir Komplexität als Relation, und zwar als zweiseitig variable Relation, definiert hatten, und solche Relationen sind in sich selbst nicht zureichend bestimmt. Es gibt weder einen festen Wert für die Zahl der Elemente

Weg der Präzisierung und des Einbaus kritisierbarer, angeblich a priori denknotwendiger Prämissen. Der hier vorgeschlagene Begriff der Komplexität ist auf Grund von Erfahrungen mit der Parsonsschen Theorie zunächst formaler und voraussetzungsärmer angelegt. Das erfordert einen größeren Aufwand an Anschlußoperationen zu seiner Präzisierung für spezifische Systemtypen, gibt ihm aber auch bessere Möglichkeiten des Vergleichs mit biologischen Systemen, chemischen Systemen, Maschinen usw.

noch einen festen Wert für die strukturell zugelassenen Beziehungen. Deshalb determiniert auch die Systemgröße allein nicht die Systemstruktur. Offensichtlich ist beides nicht unabhängig voneinander möglich. Bekannt ist auch, daß die Formen struktureller Selektion mit Größe variieren; daß also Wachstum bestimmte Strukturtypen ausschließt, weil sie dem Druck der Selektionsanforderungen nicht mehr genügen, und andere erst ermöglicht.[37] Schon die einfache Relationierung reduziert also die völlig unbestimmte Kontingenz der abstrakt denkbaren Größenverhältnisse bzw. Strukturtypen durch Bedingungen der Kompatibilität, und diese Reduktion (also nicht Größe allein) ist ihrerseits Vorbedingung für emergente, evolutionär voraussetzungsreiche Strukturen. Diese setzen durch Wachstum erzwungene Selektivität voraus und beziehen sich funktional, wenn nicht gar bewußt, auf dieses Problem.[38] Aber damit ist die Frage nicht beantwortet, wie

37 Überlegungen dieser Art sind zum Beispiel in bezug auf die demographischen Bedingungen der zivilisatorischen Entwicklung angestellt worden. Hinreichende Bevölkerungszahlen und vor allem hinreichende Kontaktdichte sind Voraussetzung aller zivilisatorischen Errungenschaften, die ihrerseits dann weiteres Wachstum des Gesellschaftssystems nach außen (Expansion) und nach innen (Verdichtung der Kommunikation) ermöglichen. Vgl. dazu etwa D. E. Dumond, »Population Growth and Cultural Change«, *Southwestern Journal of Anthropology* 21 (1965), S. 302-324; Robert L. Caneiro, »On the Relationship between Size of Population and Complexity of Social Organization«, *Southwestern Journal of Anthropology* 23 (1967), S. 234-243; Ester Boserup, »Environnement, population et technologie dans les sociétés primitives«, *Annales E. S. C.* 29 (1974), S. 538-552. Vgl. auch dies., *The Conditions of Agricultural Growth: The Economics of Agrarian Change under Population Pressure*, London 1965, und Brian Spooner (Hg.), *Population Growth: Anthropological Implications*, Cambridge (Mass.) 1972

38 So Michael J. Harner, »Population Pressure and the Social Evolution of Agriculturalists«, *Southwestern Journal of Anthropology* 26 (1970), S. 67-86, unter dem etwas einseitig betonten, aber sicher zentralen Gesichtspunkt der Knappheit. Zu dessen Konsequenzen in der Formierung von

es zu dieser Einschränkung der kombinatorischen Möglichkeiten kommt und ob und unter welchen diskriminierenden Bedingungen diese Kontingenz des Systems beim Aufbau höherer Komplexität zunimmt oder abnimmt.

Es ist die zentrale These der neueren Theorie umweltoffener Systeme, daß interne Relationen an externen Relationen ausgerichtet werden. Üblicherweise wird das so verstanden, daß die Umwelt als Komplex unabhängiger Variablen gesehen wird, die den Spielraum der Systemvariablen beschränken. Das bleibt selbstverständlich richtig. Andererseits muß man auch dem Umstande Rechnung tragen, daß Systeme ihre Umwelt seligieren oder gar verändern können und dadurch, bewußt oder unbewußt, diejenigen Bedingungen herstellen, denen sie sich anpassen können. Eine Person sucht Kontakt mit den Personen, an denen sie ihre Vorurteile und Reaktionsgewohnheiten ausleben kann. Ein politisches System kann den Versuch machen, seine gesellschaftliche Umwelt so weit zu vereinfachen, daß sie mit einfachen Mitteln und letztlich mit Gewalt regiert werden kann.[39] Diese zweiseitige *Interdependenz* korrespondiert mit einem *asymmetrischen* Verhältnis von System und Umwelt; denn nur bei Asymmetrie kann Interdependenz entstehen.

Diese Asymmetrie von System und Umwelt kann nur mit Aussagen über das System als Einheit und über die Umwelt als Einheit formuliert werden. Das erfordert den Begriff für die

Religionen und Moralen vgl. auch George M. Foster, »Peasant Society and the Image of Limited Good«, *American Anthropologist* 67 (1965), S. 293-315 – zugleich als gutes Beispiel für die Vielzahl der mit dieser Bedingung kompatiblen Strukturen.

39 Dies Beispiel bei Richard Münch, »Evolutionäre Strukturmerkmale komplexer sozialer Systeme am Beispiel des Wissenschaftssystems«, *Kölner Zeitschrift für Soziologie und Sozialpsychologie* 26 (1974), S. 681-714.

Einheit des Mannigfaltigen, den Begriff der Komplexität, *in doppelter Verwendung*: in Anwendung auf ein jeweils gemeintes Bezugssystem und in Anwendung auf dessen Umwelt. Die Asymmetrie von System und Umwelt läßt sich dann als Differenz zweier Komplexitätsverhältnisse, nämlich als Komplexitätsgefälle begreifen. Die Komplexität der Umwelt ist größer als die Komplexität des Systems. Sie umfaßt mehr Elemente mit schärferer Selektion dessen, was als Umwelt-des-Systems strukturell relevant ist. Diese Differenz der Komplexitätsverhältnisse ist das Grundproblem der Systemtheorie, das letzte Bezugsproblem aller funktionalen Analysen. Es tritt im Layout der hier vorgeschlagenen Systemtheorie an die Stelle der alten Problemformeln *conservatio* – Beharrung, Bestandserhaltung.[40]

Diese Doppelverwendung des Komplexitätsbegriffs steht nicht in Widerspruch zum Erfordernis einer Systemreferenz; dies Erfordernis war nicht nur ein Hilfsmittel zur Einführung des Komplexitätsbegriffs, eine Krücke, die wir jetzt fallen lassen könnten. Vielmehr ist diese Doppelverwendung durch den Systembegriff selbst gefordert, wenn man Systeme hinreichend radikal auf die Umwelt bezieht und Umwelt als Bedingung der Möglichkeit von Systemen ansieht. Ein System ist seine Differenz zur Umwelt, ist eine grenzdefinierende, grenzerhaltende Ordnung. Zur Bestimmung der systemeigenen Komplexität, zur Bestimmung dessen, was als nicht weiter auflösbares Element fungiert und zur Qualifizierung der Elemente durch strukturelle Selektion der zwischen ihnen zu

40 Zu deren Begriffs- und Metapherngeschichte Hans Blumenberg, *Selbsterhaltung und Beharrung: Zur Konstitution der neuzeitlichen Rationalität* (*Akademie der Wissenschaften und der Literatur in Mainz. Abhandlungen der geistes- und sozialwissenschaftlichen Klasse* (1969), 11) Wiesbaden 1970.

realisierenden Beziehungen – zu alldem ist der Bezug auf die Umwelt und die Überbrückung der Komplexitätsdifferenz erforderlich.

Auch sinngemäß läßt der Komplexitätsbegriff sich auf die Systemumwelt anwenden, wenn man ein System voraussetzen kann. Auch die Umwelt weist, relativ auf ein bestimmtes Systembildungsniveau, Einheiten auf, die sich relationieren lassen. Auch sie wäre bei vollständiger Interdependenz, wenn jederzeit alles sich auf alles bezieht und alles mit allem variiert, keine mögliche Umwelt für Systembildung, sondern absolute Ordnung oder absolutes Chaos. Auch ihre Komplexität erfordert als offene Relation einen externen Faktor der Kontingenzverringerung. Dieser Faktor aber ist für unsere Theorie kein transzendenter und kein transzendentaler, sondern das System, dessen Umwelt jeweils in Frage steht. Nur in der Relation auf ein System gewinnt dessen Umwelt bestimmbare Komplexität. So besteht für den kranken Menschen die Nahumwelt aus Tabletten, Tropfen und Zäpfchen, die mit bestimmten Relationen zueinander und zu ihm relevant bzw. irrelevant werden; nicht aber aus den physischen oder chemischen Elementen, die das Wirkungssystem dieser Komplexeinheiten hervorbringen. Es gibt ein auf diese Komplexitätsbestimmung abgestelltes Auflöse- und Rekombinationsvermögen und entsprechende Entscheidungsregeln wie: Rat des Arztes, Erstattungsbereitschaft der Kassen oder einfach Erfahrung *ex iuvantibus*; und all das in einem mitpräsentierten Horizont weiterer, immer weiterer Möglichkeiten, der zur Bestimmung aber nichts mehr beiträgt und insofern wie eine Grenze fungiert.

Als Steigerungsrelation formuliert, besagt dies, daß mit der systemeigenen Komplexität die Bestimmbarkeit der Umweltkomplexität zunehmen kann. Die Umwelt komplexerer Systeme expandiert sozusagen in die Tiefe der Welt. Diese oft formulierte These[41] setzt jedoch Asymmetrie voraus und muß entsprechend verfeinert werden durch genauere Analyse der Mechanismen wie Generalisierung, Zentralisierung, Differenzierung, Lernfähigkeit, reflexive Leistungsverstärkung, die eine Erhöhung interner Komplexität mit einer Erhöhung der bestimmbaren Umweltkomplexität verbinden können. Und dies bedeutet zugleich, daß die theoretisch unterstellte Kontinuität der Steigerbarkeit durch intern bedingte Strukturbildungsniveaus gebrochen wird.

Jede Bestimmung von Umweltkomplexität erfolgt und gilt danach nur systemrelativ. Nur systemrelativ kann man überhaupt von Umwelt sprechen. Dieser Relativismus kann nur in Richtung auf Unbestimmtheit überwunden werden, also in eine Richtung, die zugleich die Differenzierbarkeit von System und Umwelt aufhebt, weil sie die Qualifizierbarkeit der Elemente und damit ihre Zurechnung zum System oder zur Umwelt gefährdet. Die letztlich unbestimmte Komplexität ist die Welt, jene Gesamtheit möglicher Ereignisse, jene Totalität aller Innen- und Außenhorizonte, gegen die sich jede Differenz von System und Umwelt und damit jede Bestimmung als kontingent profiliert. Angaben über die Komplexität der Welt haben daher eine sachbedingte Unbestimmtheit, die nicht, es

41 Siehe z. B. John Dewey, *Logic: The Theory of Inquiry*, New York 1938, S. 25ff.; F. E. Emery, »The Next Thirty Years: Concepts, Methods and Anticipations«, *Human Relations* 20 (1967), S. 199-237 (219ff.). Speziell für psychische Systeme etwa O. J. Harvey, David E. Hunt, Harold M. Schroder, *Conceptual Systems and Personality Organization*, New York 1961; Harry Munsinger, William Kessen, »Uncertainty, Structure, and Preference«, *Psychological Monographs* 78 (1964), No. 9, S. 1-24; Edward L. Walker, »Psychological Complexity as a Basis for a Theory of Motivation and Choice«, in: David Levine (Hg.), *Nebraska Symposium on Motivation 1964*, Lincoln 1964, S. 47-95. Sehr kritisch Uriel G. Foa, Terence R. Mitchell, Fred E. Fiedler, »Differentiation Matching«, *Behavioral Science* 16 (1971), S. 130-142.

sei denn systemrelativ,[42] zu beheben ist, aber gleichwohl Realität hat als Letzthorizont, der an allem, was wirklich oder möglich ist, Kontingenz erscheinen läßt.

Mit diesen Ergebnissen einer systemtheoretischen Komplexitätsanalyse wird es schwierig, Traditionen fortzusetzen, die eine optimal durchdefinierte Komplexität, sei es als Maxime der Schöpfung,[43] sei es als Resultat eines welthistorischen Prozesses, vorsehen. Die Entwicklung der Welt kann weder als Bewegung vom Einfachen zum Komplexen noch als Bewegung vom Unbestimmten zum Bestimmten begriffen werden. Unser Begriff der Komplexität ist in seiner relationalen Struktur zu komplex, um im Einfachen sein Minimum oder seinen Gegensatz zu haben;[44] es kann nur mehr oder

42 Hier wäre vor allem an die Funktion von Religionssystemen zu denken. Dazu näher Niklas Luhmann, »Religiöse Dogmatik und gesellschaftliche Evolution«, in: Karl-Wilhelm Dahm, Niklas Luhmann, Dieter Stoodt, *Religion – System und Sozialisation*, Darmstadt, Neuwied 1972, S. 15-132.

43 Noch Leibniz hatte bekanntlich das Kriterium für die Selektion der besten der möglichen Welten unter dem Gesichtspunkt *perfekter Komplexität* formuliert. Die beste Welt sei die, »qui est en même temps le plus simple en hypothèses et le plus riches en phénomènes« (Gottfried W. Leibniz, »Discours de Métaphysique«, § 6, in: Hans Heinz Holz (Hg.), *Kleine Schriften zur Metaphysik*, Darmstadt 1965, S. 49-172 (70)), oder, in anderer Formulierung, die, »où il y ait la plus grand variété avec le plus grand ordre« (*Principes de la Nature et de la Grâce, fondés en raison*, § 10, in: C. J. Gerhardt (Hg.), *Die philosophischen Schriften von Gottfried Wilhelm Leibniz*, Bd. 6, Berlin 1885, Neudruck Hildesheim 1965, S. 589-606 (603)). Die Beziehung zwischen Mengen und Ordnung wird hier noch kosmologisch gedacht, also auf ein umweltlos gedachtes Weltsystem bezogen und zugleich als Optimierungsaufgabe, also als Form höchster Rationalität gesehen, für deren Ausrechnung dem Menschen die Kapazität fehlt. Entsprechend werden die die Welt als ganze betreffenden Relationen als Repräsentation gedacht – und nicht als Prozeß der Steigerung oder Bestimmung.

44 Siehe auch die Kritik dieses Denkschemas und seiner Anwendung auf

weniger befriedigende Lösungen des Selektionsproblems für unterschiedliche Größen geben. Und bestimmte bzw. unbestimmte Komplexität bedingen sich im Bereich sinnhaften Erlebens wechselseitig, da alles Bestimmte sich in unbestimmt bleibenden Horizonten konstituiert.

Statt dessen bietet sich ein Forschungsprogramm an, das versucht, die Entwicklung real fungierender Weltvorstellungen mit der Entwicklung des Gesellschaftssystems und seiner Umweltbeziehungen zu korrelieren. Im Raum des europäischen Gesellschaftssystems läßt sich ein Weltbegriff verfolgen, der mit deutlich lokalisierbaren Wendungen im 4. Jahrhundert vor Christus und im 18./19. Jahrhundert nach Christus sich von einem relativ konkret gemeinten Begriff für Ordnung zu einem universalen, »mundanen« Konzept der Realitätsgesamtheit und schließlich bis zum modernen Begriff eines offenen Möglichkeitsraums entwickelt und damit von Bestimmtheit zu Unbestimmtheit tendiert.[45] Im gleichen Entwicklungsgang wird das Gesellschaftssystem selbst durch Änderung seiner Differenzierungsformen komplexer. Damit nimmt sowohl dessen Ausdifferenzierung als spezifisch soziales System aus der Umwelt als auch die für die Gesellschaft bestimmbare Komplexität dieser Umwelt zu mit der Folge, daß übergreifende Weltvorstellungen generalisiert

linguistische Probleme bei Bartsch, »Gibt es einen sinnvollen Begriff von linguistischer Komplexität?«, S. 6-31.

45 Zur ersten Wende innerhalb von »kósmos« vgl. Walther Kranz, *Kosmos*, Bonn 1958; A.P. Orbán, *Les dénominations du monde chez les premiers auteurs chrétiens*, Nijmegen 1970, S. 1ff., mit weiteren Hinweisen; zur zweiten Wende etwa Ingetrud Pape, »Von den ›möglichen Welten‹ zur ›Welt des Möglichen‹: Leibniz im modernen Verständnis«, in: *Studia Leibnitiana Supplementa I, Akten des Internationalen Leibniz-Kongresses Hannover 1960*, Wiesbaden 1968, S. 266-287. Siehe auch Alexandre Koyré, *Von der geschlossenen Welt zum unendlichen Universum*, Frankfurt/M. 1969.

werden müssen.[46] Die heutige Weltgesellschaft hat in all diesen Richtungen Extremwerte erreicht: Sie faßt alles sozial über Kommunikation erreichbare Erleben und Handeln zu einem Sozialsystem zusammen, neben dem es keine anderen (unerreichbaren) Gesellschaften mehr gibt. Sie präsentiert sich im physisch-chemischen, organischen und personalen Bereich eine Umwelt von äußerster Komplexität mit je teilsystemspezifisch relevanten Facetten. Die große, im alltäglichen Leben durchgehend brauchbare Einigungsformel dafür ist die Weltform Raum, die die Struktur von Komplexität auf der Basis der Einheit des Punktes oder der Stelle genau wiedergibt: Eine unendliche Vielfalt kombinatorischer Möglichkeiten, die aber von jedem Standpunkt aus durch Bewegung nur sehr begrenzt, nur sehr selektiv genutzt werden kann.[47]

All dies läßt sich nur noch in einem Weltbegriff zusammenfassen, der mit der Kontingenz der Realität zusammenfällt und das Unbestimmtheitskorrelat aller Bestimmungen bedeutet. Nur in dieser Gesellschaft kann ein Begriff der Komplexität artikuliert werden, der alle Bestimmungen relativiert und Kontingenz nur über Relationierung von Relationen limitiert.

46 Selbstverständlich gibt diese Skizze nur einen äußerst groben Leitfaden. Erwähnenswert ist noch, daß man immer wieder versucht hat, den Generalisierungsdruck statt durch Ausweichen ins Unbestimmte durch Dichotomisierungen abzufangen – etwa durch die Unterscheidung von *kósmos horatós kósmos noetós*, durch pejorative Bewertung »dieser Welt«, der eine zu erwartende bessere gegenübergestellt wurde, durch Unterscheidung einer ausgedehnten und einer mentalen, sie und sich selbst vorstellenden Gesamtheit und schließlich durch Duplikation der Welt im Bewußtsein des transzendentalen Subjekts. Dabei blieb dann jeweils die Relation der beiden Welten das Problem.

47 Zur Begriffs- und Abstraktionsgeschichte des Raumes, die den skizzierten Linien etwa folgt, vgl. den knappen Überblick von Max Jammer, *Das Problem des Raumes: Die Entwicklung der Raumtheorien*, Darmstadt 1960.

(6) In ältere Vorstellungen über Weltkomplexität als *rationabilis varietas* waren Maßstäbe der Perfektion und der Rationalität eingebaut, die zugleich in der Form eines Kapazitäts- oder Potenzbegriffs unter dem Titel »Vernunft« vertreten wurden. Mit den begrifflichen Dispositionen, die in den vorangegangenen Abschnitten angedeutet wurden, gehen die traditionellen Prämissen und Anschlüsse für Vernunft verloren. Besonders Jürgen Habermas befürchtet, daß dies ein ersatzloser Verlust, ein Verzicht zu Gunsten rein technischer Rationalität werden könne.[48] Aber auch technische Rationalität im Sinne eines bestimmten Anforderungen genügenden Arrangements von Zwecken und Mitteln ist auf den angegebenen Grundlagen nicht leicht zu rekonstruieren – zumindest nicht ohne Einführung weiterer einschränkender Annahmen über Systemstrukturen.[49] Beide Aspekte müßten Anlaß genug sein, den Begriff der Rationalität neu zu durchdenken.

Wir greifen zunächst zurück auf die eingangs gestellte Frage, ob es um die Einheit des Komplexen selbst gehe. Wird diese Frage im Sinne der *complexio contingens* gestellt – so Habermas auf dem Gebiet der Interessen und der kommunikativ aufgestellten Geltungsansprüche –, dann kommt es darauf an, die Einheit in den implizierten Notwendigkeiten zu finden, die mit aller Kontingenz mitbehauptet werden müssen; denn »si aliquod ens est contingens, ergo aliquod ens est necessarium«.[50] Die Einheit des Komplexen, die »kollektive Identität« wird in ihrer selbstimplikativ erfahrbaren Notwen-

48 Vgl. Jürgen Habermas, »Können komplexe Gesellschaften eine vernünftige Identität ausbilden?«, in: ders., Dieter Henrich, *Zwei Reden*, Frankfurt/M. 1974, S. 92-126.

49 Hierzu Niklas Luhmann, *Zweckbegriff und Systemrationalität: Über die Funktion von Zwecken in sozialen Systemen*, Neudruck Frankfurt/M. 1973.

50 So zitiert Duns Scotus, »Ordinatio I dist 39 n 13«, S. 414.

digkeit begründet.[51] Nach allen Erfahrungen mit Scholastik und Transzendentalphilosophie weiß man jedoch, daß solche Denknotwendigkeiten nicht in Richtung Erde zu bewegen sind.[52]

Sieht man die Einheit des Komplexen als zweiseitig variable Relation, erfordert das andere Relationen, um den offenen Variationsspielraum zu limitieren. Das aber heißt: Das Komplexe ist nur eine in relationaler Hinsicht bestimmbare Einheit: ein System nur in bezug auf seine Umwelt, die Umwelt nur in bezug auf das System. Ist Komplexität schon in sich selbst ein nur relational zu begreifender Sachverhalt, so geht es jetzt um Relationierung der Relationen. Die in sich selbst offenen Relationen zwischen möglichen Elementmengen und möglichen Ordnungen werden ihrerseits begrenzt (was nicht notwendig heißt: auf Notwendiges reduziert), wenn man sie auf Bedingungen der Kompatibilität mit einer Umwelt bezieht. Nicht jede denkbare Konstellation von Elementen und strukturierenden Ordnungen ist auch in bezug auf eine Umwelt möglich. Die Umwelt »verlangt« sozusagen, von internen Reduktionen und Mengensteigerungen in spezifischer Weise Gebrauch zu machen, und zwar deshalb, weil die Umwelt komplexer ist als das System. Die Komplexität der Umwelt läßt sich zu der des Systems nicht auf beliebige Weise in Beziehung setzen, weil sie anders gebaut ist; weil sie keine Grenze hat, statt dessen aber durch Horizonte strukturiert ist,

51 Bei dieser Struktur seines eigenen Arguments dürfte Habermas sich eigentlich nicht gegen selbstreferentielle »Zirkel« im Duktus anderer Theorien wenden.

52 Siehe dazu auch Willi Oelmüller, »Zu einer nichttranszendentalphilosophischen Deutung des Menschen«, *Philosophisches Jahrbuch* 82 (1975), S. 103-128 (105 f.), und allgemeiner die immer wieder aufkommenden Tendenzen zur »Anthropologisierung« der hier erörterten Fragestellungen.

die zwischen relevanter Bestimmbarkeit und unbestimmten, als irrelevant unterstellbaren weiteren Möglichkeiten differenzieren; weil sie dadurch schärfere Selektivität der für das System relevanten Ereignisse und zugleich mehr Möglichkeiten bei geringeren Anforderungen an die Gesamtordnung vorsehen kann.

Im Begriff der Komplexität ist demnach eine Struktur gegeben, die sie mit bekannten Modellen der Rationalität vergleichbar macht. Gerechtigkeit war immer schon nicht die bloße Maximierung einer Wertbeziehung, sondern eine Beziehung solcher Beziehungen. Auch die ökonomische Rationalität ist in der Neuzeit in diesem Sinne transformiert worden; es geht ihr nicht um maximale Erträge bei der Ausbeutung von Ressourcen und nicht um Minimierung des Aufwandes eigener Mittel, sondern um eine Relation des Vergleichs verschiedener Relationen zwischen Aufwand und Ertrag: um optimale Wirtschaftlichkeit.[53] Beide Modelle verlagern die Formel für Rationalität auf die Ebene der Relationierung von Relationen, wo sie mit rationalen Unentscheidbarkeiten in den Einzelrelationen kompatibel wird; denn bekanntlich ist, wie eine lange Tradition von Bemühungen lehrt, weder das Prinzip der Gerechtigkeit noch das Prinzip der Wirtschaftlichkeit hinreichende Bedingung für eine Deduktion von Entscheidungen. Die gleiche Verschiebung mit den gleichen Folgen versucht im Bereich des Kommunikationsmediums Wahrheit die funktionale Analyse zu erreichen. Ihre eigene Rationalität hat sie nicht in den Erklärung oder Prognose tragenden Primärrelationen kausaler oder korrelativer Art, sondern in einer Relation zwischen

53 Zu diesem Vergleich von Gerechtigkeit und Wirtschaftlichkeit näher: Niklas Luhmann, »Gerechtigkeit in den Rechtssystemen der modernen Gesellschaft«, *Rechtstheorie* 4 (1973), S. 131-167.

solchen Relationen, in ihrem Vergleich. Auch hier kann daraufhin das Folgeproblem rationaler Unentscheidbarkeiten ausgearbeitet werden.[54]

Solche Koinzidenzen sind, soziologisch gesehen, kein Zufall, sondern Symptome für Funktionsanpassungen in gesellschaftlichen Teilsystemen an die zunehmende Komplexität des Gesellschaftssystems. Eine allgemeine Theorie der Gesellschaft oder gar eine allgemeine Theorie komplexer Systeme wird heute dahinter nicht zurückbleiben dürfen, sondern wird versuchen müssen, entsprechende Rationalitätsanforderungen unabhängig von spezifischen gesellschaftlichen Funktionsbereichen wie Politik und Recht, Wirtschaft oder Wissenschaft am Begriff der Komplexität zu formulieren.

Sicher kann das Problem nicht in der Weise gelöst werden, daß man nun Komplexität selbst für rational hält oder gar annimmt, der Weltlauf erreiche durch Steigerung von Komplexität auf naturgesetzliche Weise höhere Rationalität. Man kann geringere bzw. höhere Komplexität nicht einfach mit geringerer und höherer Rationalität gleichsetzen. Jedes Entwicklungsniveau von System/Umwelt-Beziehungen hat spezifische Chancen der Rationalität, je nachdem, wie die Komple-

54 Das geschieht in zahlreichen kritischen Äußerungen zum Wissenschaftsanspruch des Funktionalismus, auf die an dieser Stelle nicht zureichend eingegangen werden kann. Siehe Günther Schmid, *Funktionsanalyse und politische Theorie: Funktionalismuskritik, Faktorenanalyse, Systemtheorie*, Düsseldorf 1974, mit einem umfassenden Überblick; ferner etwa Jochen Hofmann, *Die Theorie sozialer Systeme von Niklas Luhmann in Diskussion und Kritik*, Diplomarbeit München 1974, Ms., insb. S. 87ff.; Klaus Grimm, *Niklas Luhmanns »soziologische Aufklärung« oder Das Elend der aprioristischen Soziologie: Ein Beitrag zur Pathologie der Systemtheorie im Lichte der Wissenschaftslehre Max Webers*, Hamburg 1974; Helmut M. Artus, »Über die Unmöglichkeit von Systemtheorie: Entwurf einer grundsätzlichen Kritik von Funktionalismus und Systemtheorie am Beispiel Niklas Luhmann«, Ms., Münster 1974 [unveröffentlicht].

xitätsdifferenz zur Umwelt behandelt wird. Das Problem der Rationalität liegt letztlich in der Verknüpfung von Selektionen, und der Bedarf dafür variiert mit der Komplexität des Systems.

Wie seit Durkheim oft betont, sind für archaische Gesellschaften mythische und magische Formen der Umweltbehandlung nicht weniger rational als für komplexere Gesellschaften Logik und Technik. Der Vergleichspunkt dürfte in der eigentümlichen Struktur von Komplexität liegen, nämlich darin, daß Wachstum Selektionsbedarf steigert und daß dieser in einer Weise gesteuert werden muß, die zwar größenabhängig bleibt, aber durch das Wachstum allein nicht vorgeschrieben ist. Offene Relationalität ist also nur der Rahmen für Rationalitätsbedingungen. Man verfehlt das Thema der Rationalität, wenn man diese Struktur verkennt. Aber die Rahmenbedingung allein garantiert nicht, daß Strukturen und Prozesse den Titel der Rationalität verdienen. Sie ist eher ein Suchmuster für das Aufspüren sinnvoller Anforderungen an und Beschränkungen auf Formeln für Rationalität.

Reformulierungen des Rationalitätsbegriffs, die hier anschließen, müßten es sich also vornehmen, Selektionsleistungen kritisch zu thematisieren. Das kann sowohl auf struktureller als auch auf prozessualer Ebene geschehen und führt entsprechend zu Theorien über Systemrationalität bzw. Entscheidungsrationalität. Hoher Komplexität und struktureller Selektivität wird ein Rationalitätsbegriff am besten gerecht, der auf die Konsistenz zahlreicher Selektionsleistungen abstellt. Wenn nämlich, und das sieht man am Begriff der Komplexität, im Prozeß des Wachstums strukturell erforderliche Selektionsleistungen sich verschärfen und die Negierbreite aller Selektionen zunimmt, wird deren Konsistenz problematisch. Über Techniken der Rationalisierung müssen dann diese durch den Strukturwandel anfallenden

Folgen kompensiert werden, zumindest in einem Umfang, der dem System weiterhin einen Ausgleich heterogener Umweltbeziehungen ermöglicht.[55] Dafür ist nicht die Identität des jeweils Bevorzugten oder dessen Begründung durch immer gleiche Werte entscheidend, sondern die Konsistenz der Negationsleistungen: daß man nicht abweist oder verbaut, was man im nächsten Moment doch wollen möchte oder anerkennen muß.

In entscheidungstheoretischen, organisationstheoretischen, politologischen oder planungstheoretischen Überlegungen deuten sich Fragestellungen bereits an, die sich hier einbauen und auswerten ließen. Aber fertige Konzepte liegen nicht vor. Wenn man von Erhöhung des Werteberücksichtigungspotentials der Entscheidung spricht, scheint dies gemeint zu sein. Dabei geht es letztlich um die Frage, ob und wie sich Entscheidungen noch ermöglichen lassen, wenn man die Zahl der Beschränkungen (»constraints«) erhöht, denen sie genügen müssen.[56] Andere Überlegungen beziehen sich auf Techniken des gestuften Zugriffs auf große Entscheidungsmengen durch Entscheidung über Entscheidungsprämissen. Dieser Zugriff kann in der Wahl von mit rationalem Entschei-

55 Im Vergleich zu Max Weber heißt dies, daß wir den abendländischen Rationalismus nicht so sehr als motivationalen Antriebsfaktor des Umbaus zur neuzeitlichen Gesellschaft ansehen, sondern eher als Kompensation für zunehmende Größe und für den Übergang zu funktional orientierter Differenzierung.

56 Für die politikwissenschaftliche Diskussion wird dies zur Schlüsselfrage einer an Reformen interessierten Demokratietheorie. Siehe z.B. Frieder Naschold, »Demokratie und Komplexität: Thesen und Illustrationen zur Theoriediskussion in der Politikwissenschaft«, *Politische Vierteljahresschrift* 9 (1960), S. 494-518; ders., »Die systemtheoretische Analyse demokratischer politischer Systeme: Vorbemerkungen zu einer systemanalytischen Demokratietheorie als politischer Wachstumstheorie mittlerer Reichweite«, in: *Probleme der Demokratie heute (Sonderheft 2 der Politischen Vierteljahresschrift)*, Opladen 1971, S. 3-39.

den kompatiblen Organisationsstrukturen, aber auch in der Wahl von Entscheidungsstrategien liegen.[57] Er hat seine eigene Rationalität in dem Umfange, in dem er die Konsistenz künftigen Entscheidens sicherstellt, ohne die Entscheidungen selbst antizipieren zu können. Die gleiche Funktion erfüllen auf ganz andere Weise Vorsichtsstrategien, wie sie besonders in der Gerichtspraxis üblich sind: Unter Entscheidungszwang gesetzt, muß man hier versuchen, den Bindungs- und Ausschließungseffekt der Fallentscheidung zu minimieren, also den Anteil an Nichtentscheidung im Entscheiden zu erhöhen, um so Konsistenz mit unübersehbaren künftigen Entscheidungsanforderungen wahrscheinlicher zu machen.[58] Eine offene Frage ist schließlich, ob nicht auch opportunistische Entscheidungsstrategien, die sich auf einen (kontrollierten) Wechsel der Ziele, Werte, Präferenzen einstellen, Anerkennung als rational verdienen in dem Maße, als es gelingt, den Wechsel der relativen Prioritäten selbst als konsistent praktiziertes Verfahren durchzuführen.

57 Vgl. James G. March, Herbert Simon, *Organizations*, New York 1958, S. 136ff.; Herbert A. Simon, »The Architecture of Complexity«, *Proceedings of the American Philosophical Society* 106 (1962), S. 467-482.

58 In der juristischen Methodenlehre bleiben diese praktisch wichtigen Reduktionstechniken auch heute noch zumeist unerwähnt und treten hinter den inhaltlich-exegetischen Fragen der Normgewinnung und Norminterpretation zurück (was bedeutet, daß die Rationalitätsgarantie letztlich immer noch in den Werten selbst gesehen wird, die es richtig auszulegen und anzuwenden gilt). Siehe etwa Josef Esser, *Vorverständnis und Methodenwahl in der Rechtsfindung: Rationalitätsgarantien der richterlichen Entscheidungspraxis*, Frankfurt/M. 1970; Rudolf Westerhoff, *Methodische Wertung im Recht*, Berlin 1974; Friedrich Müller, *Fallanalysen zur juristischen Methodik*, Berlin 1974. Ähnliches gilt für bewußt entscheidungstheoretisch formulierte Ansätze (etwa Wolfgang Kilian, *Juristische Entscheidung und elektronische Datenverarbeitung: Methodenorientierte Vorstudie*, Frankfurt/M. 1974), die von der Entscheidungs*begründung* und ihrer rationalen Kontrolle ausgehen.

Gemeinsame Komponente dieser höchst verschiedenartigen Rationalitätskonzepte ist eine Mehrstufigkeit des Ansatzes, die die Analyse befähigen soll, Kriterien der Selektion von Selektionen von den (wie immer lobenswerten) Selektionsintentionen zu unterscheiden, ohne diese dadurch zu »entwerten«. Das ist ein Fortschritt, zunächst ein Fortschritt an Theoriekomplexität gegenüber Versuchen von Max Weber und Karl Mannheim, Formen der Rationalität nur zu typisieren und gegeneinander abzugrenzen im Sinne von formaler/materialer oder funktioneller/substantieller Rationalität.[59]

Wenn Konzepte der Rationalität mehrstufig gedacht sind und die in der Intention liegende Begründungsrationalität transzendieren, lassen sie sich zurückbringen in den Kontext der soziologischen Einsicht (die Parsons Hobbes zuschreibt), daß Rationalität auf der Ebene individuellen Handelns und Entscheidens nicht zureichend gesichert werden kann, sondern sozusagen als Qualität der Ordnung »emergent property« eines sozialen Systems ist.[60] Dies gilt auch und erst recht in Gesellschaften, die die gesellschaftsstrukturelle Relevanz individuellen Entscheidens (individueller Glaubensentscheidung, individueller Kapitalinvestition, individueller Wahl unter mehreren politischen Programmen und Parteien) akzentuieren. Diese *Individualisierung* von Selektionen mit *bleibender gesellschaftsstruktureller Relevanz* ermöglicht ein Abstrakterwerden der Elemente, aus denen das Gesell-

59 Max Weber, *Wirtschaft und Gesellschaft*, Tübingen ³1948, z. B. S. 58f.; Karl Mannheim, *Mensch und Gesellschaft im Zeitalter des Umbaus*, Darmstadt ²1958, S. 61ff.

60 Neben dem von Hobbes gestellten Problem der Möglichkeit politischer Ordnung war die Kritik der individualistischen Prämissen der ökonomischen Theorie rationalen Handelns für die Soziologie Anlaß eigener Theoriebildung.

schaftssystem gebildet wird, und damit eine Steigerung des Auflösevermögens nach innen – des Auflösevermögens in bezug auf allzu kompakte Sinnträger. Sie steigert in ihrer Funktion die Komplexität des Gesellschaftssystems. Individualisierung beruht in dieser ihrer Funktion nicht darauf, daß »vernünftige« Vorstellungen über kollektive Identität in den Köpfen der Individuen ausgebildet werden; sie macht es aber möglich, ja drängt es auf, hierin ein Problem und ein Desiderat zu sehen.

Verwendet man »Komplexität« als kontextierenden Begriff, in dessen Rahmen Rationalität sich zu profilieren hat, tritt diese individualisierende (oft auch »subjektive« genannte) Begründung von Rationalität zurück; sie wird nicht annulliert, aber in einem Sinne aufgehoben, der sie als Antwort auf gesellschaftsstrukturelle Entwicklungen verständlich macht. Der Bezug auf Komplexität übernimmt dann zugleich die Aufklärung über Rationalität, und dies in doppeltem Sinne: (1) strukturell durch Klärung formaler Isomorphien zwischen der relationalen Struktur von Komplexität und den Rationalitätskonzepten; und (2) funktional dadurch, daß Komplexität als Bezugsproblem dient, im Hinblick auf welches Anforderungen an Rationalisierungsleistungen geklärt und historisch variiert werden können.

2. Prozeß und Struktur

Wenn wir den Begriff der Komplexität anreichern durch die Zeitdimension, gewinnen wir die Differenz von Prozeß und Struktur.

Der Prozeßbegriff bezeichnet die Zeitform einer Relation in dem Sinne, daß sie Relation ist, obwohl die Elemente, die verknüpft werden, nicht im gleichen Zeitpunkt auftreten, sondern eines vor (bzw. nach) dem anderen. Prozesse sind also Relationen, die in der Lage sind, Zeitdistanzen zu überbrücken. Die in Prozessen fungierenden Elemente nennen wir »Ereignisse«. Elemente sind Ereignisse nur dank ihrer Stellung im Prozeß, das heißt nur mit Bezug auf das, was sich vor ihnen und was sich nach ihnen ereignet. Ähnlich wie in der statischen Betrachtungsweise Elemente keine Qualität haben, es sei denn durch selektive Realisierung einiger der zwischen ihnen abstrakt möglichen Relationen, sind auch Ereignisse qualitativ unterscheidbar nur im Verlauf von Prozessen, die sie als selektiv konstituieren und verknüpfen. Dabei lassen sich weder Ereignisse von Prozessen noch Prozesse von Ereignissen trennen. Deshalb hat es keinen Sinn, die Frage weiter zu verfolgen, ob die Ereignisse oder die Prozesse das Primäre sind. Entscheidend ist, daß Selektivität in einem zeitbezogenen Sinne nur als Prozeßzusammenhang von Ereignissen konstituiert werden kann. Dadurch wird Kontingenz als Prozeß an Ereignissen sichtbar.

Zeitabhängigkeit besagt, daß Prozeßrelationen vergehen. Ihr Bestand kann nur durch Wiederholung, durch Reproduktion in einem anderen Zeitpunkte sichergestellt werden. Ereignisse sind demnach »einmalig« in einem Sinne, der ihre Wiederholbarkeit nicht ausschließt, sie aber von besonderen Bedingungen abhängig macht. Unter systemtheoretischen Gesichtspunkten beurteilt, hat Prozeßwiederholung im Vergleich zu bloßem Kontinuieren die größere Anpassungselastizität: Durch Transformation von Bestands- in Reproduktionsprobleme gewinnt ein System die Chance der Wahl des Zeitpunkts und der Bedingungen und Modalitäten für die Lösung von Systemproblemen im Hinblick auf wechselnde Umweltlagen. Auch wenn die Wiederholung – zum Beispiel der Nahrungsaufnahme durch einen Organismus – erhaltungsnotwendig ist, erreicht das System auf diese Weise durch Disposition über Zeit höhere Kompatibilität mit komplexen Umweltzuständen. Systemkomplexität wird zum Teil in die Zeit, in die Verschiedenartigkeit des Nacheinander verlagert, und dadurch kann das System sich auf eine komplexere Umwelt einstellen.

Man kann Systeme als Gesamtheit all ihrer Prozesse beschreiben. Die Prozeßlage definiert dann den jeweiligen Systemzustand und ändert sich von Ereignis zu Ereignis.[61] Da Prozesse in Systemen sich aufeinander beziehen, also Relationen bilden und im Hinblick auf Relationierbarkeit selektiert werden, entstehen mit Systembildung abstraktere Muster der Beziehungen zwischen Prozessen (die als solche schon Relationen zwischen Elementarereignissen sind). Prozesse werden zu »Mechanismen« in dem Maße, als sie in solch einem Beziehungsgefüge für andere Prozesse verläßlich ablaufen. Die zwischen Prozessen bestehenden Beziehungen (die in sozialen Systemen zum Beispiel deren Erwartbarkeit gewährleisten) nennen wir Strukturen. Strukturen erfordern, da sie Prozesse überdauern müssen, um sie auswählen zu können, andere Beziehungen zur Zeitdimension als Prozesse. Normalerweise wird gesagt, Strukturen seien im Vergleich zu Prozessen relativ konstant. Systemtheoretisch interessiert jedoch weniger die bloße Konstanz der Strukturen im Verhältnis zu den Prozessen, also die bloße Tatsache, daß es vergleichsweise länger dauert, bis Strukturen sich ändern. Wichtiger ist, daß genau dieser Umstand Konsequenzen hat für die Beziehungen zur Zeit und für die Beziehungen zur Umwelt.

61 Sehr anspruchsvolle Systemtheorien versuchen bereits für diese Ebene der Betrachtung formale Kalküle zu entwickeln. Vgl. z. B. Hans W. Gottinger, »Computable Organizations-Representation by Sequential Machine Theory«, *Annals of Systems Research* 3 (1973), S. 81-108; ders., »Complexity and Information Technology in Dynamic Systems«, *Kybernetes* 4 (1975).

Im Verhältnis zur Zeit bedeutet die relative Konstanz der Strukturen, daß Strukturen chronologisch sozusagen überlappen. Anders als Ereignisreihen erhalten sie ihren Sinn nicht aus der Sequenz, in der sie sich ablösen, sondern sie schieben sich übereinander, synchronisieren sich und machen dadurch Gleichzeitigkeit möglich, *und dies im Prinzip unabhängig von der Länge ihrer Dauer*.[62] Sie unterscheiden sich von Ereignissen durch die Bezugspunkte ihrer Selektivität.[63] Dies zeigt sich auch in den Beziehungen der Differenz von Prozeß und Struktur zu der Umwelt des Systems, um dessen Prozesse und Strukturen es jeweils geht. Für die Aktivierung von Prozessen sind andere, häufigere, rascher wechselnde Ereignisfrequenzen in der Umwelt erforderlich als für die Erhaltung bzw. Änderung von Strukturen. Nur wenn die Umwelt selbst hinreichend differenzierte Frequenzen aufweist, können sich Systeme bilden, die Struktur und Prozeß differenzieren und damit entsprechend unterschiedliche Ereigniskomplexe ihrer Umwelt ansprechen und ausnutzen. Diese schon recht komplizierte Beziehung zwischen internen und externen Zeitverhältnissen ist Voraussetzung dafür, daß Systeme von Punkt-für-Punkt-Korrelationen mit Ereignissen ihrer Umwelt relativ unabhängig werden. Auf der gleichen Voraussetzung beruht jeder Versuch einer teleologischen oder quasiteleologischen »Erklärung« des Systemverhaltens; er setzt nämlich zumindest dies voraus, daß Zwecke oder

62 Reinhart Koselleck, »Darstellung, Ereignis und Struktur«, in: Gerhard Schulz (Hg.), *Geschichte heute: Positionen, Tendenzen, Probleme*, Göttingen 1973, S. 307-317, folgert daraus, daß Strukturen eine andere Zeit haben als Ereignisse.

63 Diese Aussage impliziert unter anderem, daß Prozesse bzw. Ereignisse nicht etwa konkreter sind als Strukturen, also Strukturen auch nicht, wie oft angenommen, als Abstraktion aus Ereignissen oder als Menge ähnlicher Ereignisse begriffen werden können. Der Unterschied liegt in der Form der Relationierung von Elementen.

sonstige Sollwerte eine geringere Zeitempfindlichkeit in bezug auf die Umwelt haben als andere zu erklärende oder zu prognostizierende Aspekte des Systems.[64]

Einen weiteren Zugang zum Strukturproblem finden wir, wenn wir genauer analysieren, was als Einheit eines Prozesses gemeint sein könnte. Werden Prozesse in der angegebenen Weise als Relationen zwischen zeitverschiedenen selektiven Ereignissen definiert, abstrahiert der Prozeßbegriff vom klassischen Merkmal der Kontiguität, vom Merkmal der kontinuierlichen, jeweils unmerklich-unmittelbar anschließenden Bewegung und damit von der Metapher des »Flusses«. Flüsse oder Bewegungen sind Prozesse besonderer Art, die für soziale Systeme kein ausreichendes Prozeßmodell abgeben. Auf den für soziale Systeme spezifischen Prozeßbegriff »Kommunikation« werden wir weiter unten[65] zurückkommen. Schon hier sei aber klargestellt, daß dieser Systemtyp, der Kommunikation als Prozeßform verwendet und gerade dadurch höhere Freiheitsgrade in der Einstellung auf Umwelt erreicht, einen Prozeßbegriff erfordert, der von Kontiguität abstrahiert und statt dessen das abstraktere Merkmal des Zeitbezugs der Selektionen verwendet. Das bedeutet einerseits, daß die unmittelbar anschauliche Verlaufseinheit nicht mehr gegeben ist und die Prozeßeinheit nur noch mit Hilfe eines Strukturverständnisses identifizierbar ist. Ein Erziehungsprozeß etwa ist nur in diesem Sinne »ein« Prozeß, als er eine Vielzahl von Lernereignissen, die durch Ereignisse anderer Art unterbrochen

64 Diese Behandlung des Problems teleologischer Erklärung setzt sich ab gegen alle Versuche, die Möglichkeit solcher Erklärung auf den Typus des zu erklärenden Prozesses selbst, also zum Beispiel auf die konstitutiven Merkmale und immanenten Qualitäten intentionalen Handelns zu gründen. So z. B. Charles Taylor, *The Explanation of Behaviour*, London 1964.

65 Vgl. in diesem Teil, Kap. II.8.

werden, unter dem Gesichtspunkt einer Funktion zusammenfaßt. Andererseits ermöglicht genau dieser Typus intermittierender Prozesse mehr Verknüpfung, also höhere Komplexität in einem System, als wenn Anschlußselektionen nur sofort – oder überhaupt nicht erfolgen könnten.

Danach ist es eine in unserem Prozeßbegriff offengelassene Frage, wieviel Zeit von einem selektiven Ereignis zum anderen vergeht. Wir gewinnen damit die Möglichkeit, die Frage zu stellen, wie groß solche Zeitdistanzen werden können, ohne daß die Prozeßeinheit verlorengeht. Offensichtlich gibt es in der Interaktion unter Anwesenden sehr enge Grenzen der Erträglichkeit von Pausen, in denen überhaupt nichts geschieht, andererseits in Gerichtsverfahren oft sehr weite Zeitdistanzen zwischen einzelnen Terminen. Man kann ferner untersuchen, wie mit zunehmender Zeitdistanz der Direktionswert abnimmt, den Ereignisse füreinander haben, und wie diesem sozusagen naturzeitlichen Bedeutungsverlust durch Strukturierung der Prozesse entgegengewirkt werden kann.

Für einen so gebildeten Prozeßbegriff ist demnach der Strukturbegriff ein unerläßliches Korrelat. Ohne Strukturen gäbe es, läßt man das Merkmal der Kontiguität einmal fallen, keine Möglichkeit, sprunghafte Prozesse über Zeitdistanzen hinweg zu identifizieren, und erst recht keine Möglichkeit, die noch erträglichen Zeitdistanzen zwischen den Prozeßereignissen zu steigern – etwa ein kirchliches Leben zu reduzieren auf Taufe, Firmung, Hochzeit und Begräbnis.

Strukturen sind Prämissen übergreifender Relationierbarkeit selektiver Ereignisse, die den Prozessen zugrunde liegen. Die Relationierbarkeit wird durch Herstellung von Beziehungen zu anderen Beziehungen garantiert. Strukturen beruhen nicht notwendigerweise auf der Ähnlichkeit oder Wesensgleichheit der Ereignisse. Sie garantieren nur, daß ein Ereignis für die Selektion anderer etwas bedeutet. Sie können während des Prozesses durchaus in Frage gestellt werden, also in ihrer Funktion als Struktur reflektiert werden; aber sie können nicht ersatzlos aufgegeben werden, ohne daß der durch sie ermöglichte Prozeß selbst aufhörte. Wenn etwa Geschichte als Prozeß der politischen Taten von Herrschern begriffen wird, hört sie einfach auf, wenn es keine Nachfolger und auch keine Bemühungen um Nachfolge in der politischen Funktion des Herrschers gibt. Für solche Sukzession aber muß ein Mindestmaß an politischer Struktur vorausgesetzt werden.

Wie Parsons[66] immer wieder betont hat, setzt der Prozeßbegriff nicht voraus, daß Strukturen ganz oder zumindest in Kernelementen unabänderlich seien. Man muß deshalb die Unterscheidung von Struktur und Prozeß und die von Stabilität und Wandel begrifflich trennen: Prozesse können wiederholt, Strukturen können geändert werden. Unverzichtbar ist nur die Funktionsbedingung von Strukturen: daß sie in Prozessen, die sie strukturieren, tatsächlich zugrunde gelegt werden. Gleichwohl reicht diese Form der Problembehandlung nicht aus, da sie die Funktion und die Kontingenz von Strukturen nicht hinreichend konzeptualisiert.[67] Erfaßt man im Begriff der Struktur deren Funktion mit, unbestimmte Komplexität und Kontingenz auf bestimmte (oder doch praktisch bestimmbare) zu reduzieren, wird deutlich, daß dies nicht durch kontingenzlose und in diesem Sinne notwendige Strukturen geschehen kann; denn diese könnten ihre eigene

66 Vgl. insb. Talcott Parsons, »Some Considerations on the Theory of Social Change«, *Rural Sociology* 26 (1961), S. 219-239.

67 Dies zeigt sich im übrigen schon daran, daß trotz dieser Konzession in Richtung Änderbarkeit Strukturen gleichwohl durch relative (oder kurzfristige) Invarianz definiert werden. Damit wird nur das teilweise wieder zurückgenommen, was das Wesensmerkmal des Begriffs ausmachen soll.

Negation nicht strukturieren, wären aber im sinnhaften Erleben und Kommunizieren immer noch negierbar, *und das wäre ein zu leichter Weg, Unbestimmtheit wiederherzustellen.* Die Funktion, die Strukturen zu erfüllen haben, kann nur dadurch sicher erfüllt werden, daß die Kontingenz in die Strukturen eingearbeitet und sozusagen als ihr Funktionsmodus benutzt wird.

Vom vorherrschenden Strukturbegriff aus kann die Kontingenz der Strukturen nur begriffen werden als Möglichkeit, sie in Geltung zu setzen und zu ändern bzw. außer Geltung zu setzen. Es gibt aber zwei verschiedene Arten von Strukturkontingenz, und erst die genauere Analyse ihres Zusammenspiels gibt uns einen ausreichenden Einblick in das Verhältnis von Struktur und Prozeß.

Zunächst und vor allem sind Strukturen dadurch kontingent, daß sie in Prozessen aktiviert bzw. inaktiviert werden können.[68] In gegebenen Momenten werden sie ja nach den ablaufenden Prozessen teils benutzt, teils nicht benutzt. So können nervliche Prozesse unterschiedliche Frequenzen haben, die für das System organischen Informationsaustausches etwas besagen. Eine Frequenz schließt andere aus, obwohl das System über mehr als eine Möglichkeit verfügt. So ermöglicht die Sprache es, aus einem sehr reichen Repertoire an Möglichkeiten jeweils Satzsequenzen zu bilden und dadurch Strukturen zu aktivieren bzw. zu inaktivieren, ohne daß die Strukturen als solche zur Disposition gestellt würden. Das Prinzip der Vertragsfreiheit wäre ein weiteres Beispiel. Um Aktivierungs-/Inaktivierungskontingenz zu ermöglichen,

68 Deshalb hat Talcott Parsons sich genötigt gesehen, das Problem des »latent pattern maintenance« aufzugreifen. Dessen Ausarbeitung mit Hilfe von Wert- und Normbegriffen würde dann aber gerade dieser Form von Kontingenz nicht gerecht.

muß ein System sich auf zwei Ebenen strukturieren: auf der Ebene möglicher und auf der Ebene jeweils verwirklichter Strukturen. Auf beiden Ebenen muß die Komplexität limitiert sein, sonst ließen sie sich nicht verknüpfen, aber die Komplexität des Möglichen kann sehr viel höher sein als die Komplexität des Wirklichen, weil sie nicht Rücksicht nehmen muß auf das sehr begrenzte Selektionspotential in gegebenen Zeitpunkten. Die Aktivierung von Strukturen ist dann selbst ein Vorgang der systeminternen Reduktion von Komplexität. Erst das Zusammenspiel beider Ebenen, erst die Ausnutzbarkeit eigener Möglichkeiten ergibt diejenige Komplexität, die ein System seiner Umwelt gegenüber in die Waagschale zu werfen hat. Sie ist, wenn überhaupt, nur relativ auf eine anzugebende Zeitstrecke zu messen, da sie durch einen Wechsel von Aktivierungen und Inaktivierungen fungiert.

Ein ganz anderer Modus der Strukturkontingenz liegt vor, wenn es um die Möglichkeit geht, Strukturen selbst zu schaffen, zu ändern oder von ihnen abzuweichen. Dieser Modus dürfte vor allem dann in Betracht kommen, wenn den Prozessen die Freiheit genommen werden soll, Strukturen zu aktivieren oder zu inaktivieren, sondern die Verwendung von Strukturen normiert wird. Die dann intendierte starre Entsprechung von Struktur und Prozeß bringt die Strukturkontingenz in zwei nun noch mögliche Fassungen: Konformität oder Abweichung des Prozesses und Erhaltung oder Änderung der Struktur. Der Bedarf für Kontingenz wird dann gleichsam in die Abweichung oder in die Strukturänderung weggedrückt.

Überblickt man diese Mehrheit von Möglichkeiten, Strukturen als kontingent fungieren zu lassen, nämlich Aktivierung/Inaktivierung auf der einen Seite und Änderung bzw. Abweichung auf der anderen, dann drängt sich die Folgerung auf, daß kein soziales System auf eine dieser Formen ganz verzichten kann. Aber sie leisten Verschiedenes, und es bedürfte genauerer Untersuchung auf konkreteren Ebenen der Analyse, welche Kontingenzformen in welchen Zusammenhängen bevorzugt werden. Die Normierung von Sprache durch Zusatzregeln guten (zum Beispiel schichtspezifischen) Sprachgebrauchs ist sicher eine späte Errungenschaft, die sich auf eine vorgegebene Aktivierungs-/Inaktivierungskontingenz gerade bezieht. Und ebenso ist die Normierung der Vertragsfreiheit,[69] der Einbau von Aktivierungs-/Inaktivierungskontingenz in Rechtsstrukturen, die zunächst so normiert sind, daß man nur befolgen oder abweichen kann. Im übrigen wird man vermuten dürfen, daß das hochgetriebene Struktur- und Strukturänderungsbewußtsein, das die moderne, von Europa ausgehende Gesellschaft kennzeichnet, historisch gesehen ein Resultat eines sehr ausgeprägten religiös/moralisch/rechtlichen Normativismus ist, der zum Beispiel in den eher situativ und relationistisch denkenden fernöstlichen Kulturen kaum Parallelen findet.

3. System und Umwelt

Strukturen und Prozesse werden dadurch zu Systemen, daß sie sich selbst gegen eine Umwelt von nichtdazugehörigen Strukturen und Prozessen abgrenzen. Nur durch diese Abgrenzung entsteht Komplexität im Sinne eines limitierten Repertoires an Relationierungsmöglichkeiten, und infolge dieser Abgrenzung entsteht Komplexität in doppelter Weise: als Systemkomplexität und als Komplexität der für das System relevanten Umwelt.

69 Darauf kommen wir unten (Teil 2, Kap. III.2) unter dem Gesichtspunkt evolutionärer Errungenschaften nochmals zurück.

System und Umwelt werden durch *Grenzen* getrennt.[70] Der Begriff der Grenze bezieht sich auf die *Elemente*, durch deren Relationierung Systeme gebildet werden. Dabei hängt die Bestimmung dessen, was jeweils als Element fungiert, vom System ab, und zwar sowohl bei systemeigenen Elementen als auch bei Umweltelementen. Allerdings bleibt das System und wiederum in beiden Hinsichten in dieser Bestimmung gebunden an Bedingungen der Möglichkeit, die aus jeweils unteren Ebenen der Systembildung (zum Beispiel physischer, chemischer, mikrobiologischer, organischer Art) resultieren und das limitieren, was genug Eigensystematik und Stabilität hat, um in anderen Systemen die Funktion eines Elementes erfüllen zu können.[71]

Nur sekundär und nur im Zusammenhang mit der Zuordnung von Elementen zum System oder zur Umwelt bezieht der Begriff der Grenze sich auch auf die Relationen selbst. Elemente müssen, wenn Grenzen definiert sind, jeweils dem System oder dessen Umwelt zugeordnet werden können. Relationen können auch zwischen System und Umwelt be-

70 Theoretische Behandlungen des Begriffs der Grenze sind selten und zumeist unbefriedigend. Für ältere Quellen siehe Guillaume de Greef, *La structure générale des sociétés*, Brüssel, Paris 1908, Bd. II und III. Ferner etwa Roy R. Grinker (Hg.), *Toward a Unified Theory of Human Behavior. An Introduction to General Systems Theory*, New York, London 1956, insb. S. 278ff., 307ff.; Stanford L. Optner, *System Analysis for Business Management*, Englewood Cliffs 1960, S. 20ff.; P. G. Herbst, »A Theory of Simple Behaviour Systems«, *Human Relations* 14 (1961), S. 71-94, 193-239 (insb. 78ff.); Gabriel A. Almond, »A Developmental Approach to Political Systems«, *World Politics* 17 (1965), S. 183-214 (187ff.); David Easton, *A Framework for Political Analysis*, Englewood Cliffs 1965, insb. S. 24f., 60ff.; Vilhelm Aubert, *Elements of Sociology*, New York 1967, S. 74ff.

71 Hier schließen die Ausführungen unter Abschnitt 4 über Interpenetration an, die diesen Gesichtspunkt speziell für systeminterne Elementfunktionen ausarbeiten.

stehen. Das gleiche gilt, mutatis mutandis, für Ereignisse und Prozesse. Mit der Zuordnung von Elementen differenzieren Grenzen zugleich Relationierungserfordernisse und Relationierungsformen. Sie schließen grenzüberschreitende Relationen und Prozesse nicht aus, implizieren vielmehr gerade diese Möglichkeit. Im Grenzbegriff ist die Möglichkeit des Transzendierens und die Realität des Jenseits vorausgesetzt.[72] Ebendeshalb können Grenzen wie Filter wirken, die nur Relationen zulassen, die sich internen und externen Relationierungsmöglichkeiten fügen.[73] Die »Offenheit« bzw. Durchlässigkeit von Grenzen hängt also ab von der Komplexität des Systems und der Umwelt einerseits und von dem Ausmaß an struktureller Kompatibilität auf beiden Seiten andererseits. Theoretisch setzt der Grenzbegriff damit Diskontinuität und Kontinuität zugleich voraus; die Vorstellung einer hermetisch abschließenden, nichts durchlassenden, nichts verbindenden Grenze führt ins Unmögliche. Sie widerspricht auch dem Begriff der Interpenetration, den wir anschließend erörtern werden. Demgemäß bezieht sich die Theorie »geschlossener Systeme« auf Modelle, denen keine Realität entsprechen kann.

Als *System*grenzen können nur Grenzen gelten, die durch die Struktur des Systems selbst erzeugt werden. Roger G. Barker[74] spricht glücklich von »self-generated boundaries«. Davon zu unterscheiden ist der Fall, daß Sachbereiche lediglich ausgegrenzt werden durch Abstoßeffekte der Umwelt,

72 Siehe nur Descartes, *Les Principes de la philosophie*, II, 21 (Ausgabe der Bibliothèque de la Pléiade, Paris 1952, S. 623).

73 Siehe etwa Optner, *System Analysis for Business Management*, S. 26ff.; George J. McCall, J. L. Simmons, *Identities and Interactions*, New York 1966, S. 26f.

74 Siehe: *Ecological Psychology: Concepts and Methods for Studying the Environment of Human Behavior*, Stanford 1968, S. 11f.

durch Verweigerung der Aufnahme und Amalgamation. Hier geht der Grenzbildungseffekt auf diejenigen Umweltsysteme zurück, die dies bewirken, und kann nicht dem ausgegrenzten Bereich zugerechnet werden. Die Mülldeponie ist kein System. (Die Nichtzufälligkeit ihrer Zusammensetzung ist nicht durch die Relationierbarkeit ihrer Elemente bestimmt.) Sehr typisch bilden sich Grenzen in der Realität durch ein Zusammenwirken von selbsterzeugten Diskontinuitäten mit solchen, die auf Abstoßeffekte der Umwelt zurückgehen. Faktische Grenzen werden daher häufig aus heterogenen Gesichtspunkten generiert, bleiben unklar oder widerspruchsvoll definiert und erfordern, sollen sie ihre Funktion erfüllen, eine Abstimmung von System und Umwelt derart, daß das System sich entweder in dem ihm durch die Umwelt zugewiesenen Raum konsolidiert mit sozusagen nachträglich selbsterzeugten Grenzen oder in die Umwelt expandiert nach Maßgabe eigener Relationierungsbedürfnisse.

Im Unterschied zu älteren Systemlehren, die die Fundierungsverhältnisse in den Beziehungen zwischen dem Ganzen und seinen Teilen suchten, begreift die System/Umwelt-Theorie das Umweltverhältnis als konstitutiv für die Systembildung schlechthin. Systeme unterhalten nicht nur gelegentliche, in Anbetracht ihres »Wesens« *akzidentelle* Beziehungen zur Umwelt. Auch ist die Umwelt nicht nur für die *Erhaltung* des Systembestandes unentbehrlich insofern, als das System auf Nachschub von Energie und Information angewiesen ist.[75] Ihre radikalste Fassung gewinnt die System/

75 Diese Auffassung wird in der sog. Theorie »offener Systeme« vertreten. Vgl. Ludwig von Bertalanffy, »Zu einer allgemeinen Systemlehre«, *Biologia Generalis* 19 (1949), S. 114-129, und zur Übernahme in die Sozialwissenschaften etwa David Easton, *A Systems Analysis of Political Life*, New York 1965; Daniel Katz, Robert L. Kahn, *The Social Psychology of Organizations*, New York 1966; Walter Buckley, *Sociology and Modern*

Umwelt-Theorie, indem sie der Tatsache Rechnung trägt, daß ein System seine *Identität* nur im Bezug auf seine Umwelt bestimmen kann. Daraus ergeben sich nicht nur für den Systembegriff, sondern auch für den Umweltbegriff bestimmte Konsequenzen.

Die Umwelt kann nicht, wie es sehr oft geschieht, als ein anderes, ein umfassenderes System begriffen werden, in dem das System als Teil fungiert;[76] denn ein System kann sich zwar als Teil eines umfassenderen Systems oder auch, wenn es ein solches nicht gibt, als Teil der Welt begreifen, nicht aber als Teil seiner Umwelt. Überhaupt vermag ein System seine eigene Identität nicht als »Teil von ...« gewinnen, sondern nur in der »Abstandnahme von ...«, in der Diskontinuität, im Anderssein. In der hier vertretenen Systemtheorie müssen also die Begriffe »umfassendes System«, »Welt« und »Umwelt« sorgfältig unterschieden werden. Die Umwelt, im Hinblick auf die ein System seine Identität gewinnt, ist ihrerseits Teil der Welt und ist möglicherweise teilweise kongruent mit einem umfassenderen System, das sich seinerseits im Hinblick auf die eigene Umwelt identifiziert. Sie fungiert als Umwelt jedoch nur durch Reduktionen, die das System, dessen Umwelt sie ist, ausschließen und die Systemidentität in der Nichtidentität mit der Systemumwelt begründen. Die Umwelt hat ihre je besondere Relevanz in den Hinsichten, in denen sie das System angeht bzw. nicht angeht. Die bloße Tatsache, daß es Welt oder daß es umfassende Systeme gibt, reicht demnach

Systems Theory, Englewood Cliffs 1967; F. Kenneth Berrien, *General and Social Systems*, New Brunswick 1968.

76 Vgl. die Kritik dieser Auffassung durch R. C. Buck, »On the Logic of General Behavior Systems Theory«, in: Herbert Feigl, Michael Scriven (Hg.), *The Foundations of Science and the Concepts of Psychology and Psychoanalysis, Minnesota Studies in the Philosophy of Science*, Bd. I, Minneapolis 1956, S. 223-238 (234f.).

nicht aus, um Systemidentität zu begründen; es muß vielmehr zusätzlich erklärt werden, wie in einem solchen Rahmen eine Nichtidentität, eine vollständige Disjunktion von System und Umwelt möglich ist.

Ebensowenig wie ein System als Teil seiner Umwelt kann die Umwelt als Teil des Systems begriffen werden – und zwar weder in einem subjektiven Sinne als bloße Vorstellung oder bloßes Implikat systemspezifischer Operationen noch in einem objektiven Sinne als Einheit des konkret Allgemeinen. Wollte man die Theorie Hegels in Systemtheorie übersetzen, käme man zu diesem letztgenannten Ergebnis – zumindest für den Fall des perfekten Systems konkretisierter Allgemeinheit, für den Staat. Das System wäre dann zu bestimmen nach dem Grade, in dem es fähig ist, seine Einheit darin zu konstituieren, daß es die Negation, nicht Umwelt zu sein, rücknegiert und so mit seiner Umwelt unter Negation der Nichtidentität eine den Bestimmungseffekt der Negationen »aufhebende« Einheit eingeht. Diese Identität des Nichtidentischen kann aber nur am Begriff und an der Bestimmungsgeschichte, die ihn definiert, festgehalten werden. Sie diskriminiert nicht mehr in bezug auf die selektiven Operationen, die in der Realität Geschichte machen. Sie negiert nämlich genau das Prinzip der Diskontinuität, das Selektion überhaupt erst ermöglicht. Das im Verhältnis zur Umwelt Etwas-anderes-Sein-und-Bleiben ist unaufgebbare Bedingung dafür, daß mit relativ einfachen, relativ voraussetzungslosen operativen Schritten bestimmte Komplexität erzeugt werden kann.[77]

Andererseits behält der Systembegriff einen *generalisierten Umweltbezug*, der im »System der Bedürfnisse«, im Gesellschaftsbegriff Hegels, nicht vorgesehen ist. Er läßt sich

77 Vgl. dazu Herbert A. Simon, *The Sciences of the Artificial*, Cambridge (Mass.) 1969.

nicht reduzieren auf eine Summe von Beziehungen zwischen Einzelsystemen, die sich wechselseitig auf der Basis verschiedener Bedürfnisse eigensinnig negieren. Wenn überhaupt, wird also im Begriff der Umwelt die Andersheit der Systeme »aufgehoben«, und dies insofern generell, als alle Systeme füreinander Umwelt sind und dies, sofern sie Sinnsysteme sind, im Prozeß ihrer Selbstthematisierung reflektieren. Damit gewinnt die Frage Bedeutung, wie das Verhältnis der Umwelt zu den Systemen, aus denen sie besteht, zu denken ist.

So wenig wie die Umwelt als umfassendes System begriffen werden kann, so wenig ist sie ein anderes System (»eco-system«, wie man heute sagt).[78] Sie ist überhaupt kein System und ebensowenig die bloße Menge der anderen Systeme. Die Umwelt hat ihre Einheit nur durch das System, dessen Umwelt sie ist. Der Einheit eines Systems korrespondiert die Einheit einer Umwelt. Ein System hat nur eine Umwelt. Wenn wir von mehreren Umwelten sprechen, sind damit Umweltausschnitte gemeint. Auch dann bezeichnet der Begriff nicht die Einheit eines anderen Systems oder einer anderen Systemmenge. Die Beziehungen zwischen System und Umwelt werden daher nicht angemessen begriffen, wenn man sie als Intersystembeziehungen auffaßt.[79] Zur Umwelt gehören nämlich auch die für das System nichtrelevanten

78 Für diese heute verbreitete Auffassung siehe etwa Karl W. Deutsch, »On the Interaction of Ecological and Political Systems: Some Potential Contributions of the Social Sciences to the Study of Man and His Environment«, *Social Science Information* 13 (1974), 6, S. 5-15, sowie weitere Beiträge in diesem Heft.

79 Dieser Vorschlag findet sich bei Heinz Hartmann, »Stand und Entwicklung der amerikanischen Soziologie«, in: ders. (Hg.), *Moderne amerikanische Soziologie. Neuere Beiträge zur soziologischen Theorie*, Stuttgart 1967, S. 1-92 (85ff.), im Interesse der Vermeidung eines allzu diffusen Umwelt-Begriffs und besserer Möglichkeiten zu empirischer Operationalisierung.

Sachverhalte, weil sich die Grenze zwischen Relevanz und Irrelevanz in Abhängigkeit sei es von Systemänderungen, sei es von Umweltänderungen verschieben kann. Zur Umwelt gehören außerdem die Beziehungen, die zwischen den Beziehungen zu anderen Systemen gegeben sind – etwa daß sie nur kumulativ möglich sind oder einander ausschließen oder ganz bzw. teilweise füreinander substituierbar sind. Merkmal der Umwelt ist mit alldem, daß Beziehungen zu ihr stets selektiv eingegangen werden unter Ausscheidung anderer Möglichkeiten. Nur in diesem Sinne und nicht etwa als bloße Menge ist die Umwelt komplexer als das System. Und gerade in diesem Sinne von Umwelt ist ihre Nichtidentität im Verhältnis zu dem System, dessen Umwelt sie ist, dialektisch nicht aufhebbar (sondern allenfalls in der Form von Begriffsbildung negierbar).

Wenn der Umweltbegriff nicht auf den Begriff »andere Systeme« zurückgeführt werden kann, heißt dies, daß erst recht keine einzelne Außenbeziehung, und sei sie noch so wichtig, zu dominierenden anderen Systemen oder »Bezugspersonen« die Umwelt ganz erschöpfen kann. Die Identität eines Systems kann nicht von einem anderen abhängen, sonst wären beide ein System und ununterscheidbar. Die Differenz von Umwelt und Umweltsystemen ist vielmehr immer schon vorausgesetzt, wenn man von relativ starker Abhängigkeit oder von Dominieren spricht, und das Maß der Abhängigkeit bzw. Dominanz ist der Grad, in dem ein Umweltsystem die Umwelt repräsentiert und den Zugang zu ihr vermittelt und damit Identität zu definieren in der Lage ist. Aber man kann von Abhängigkeit oder Dominanz nur sprechen unter der Voraussetzung, daß diese Beziehung kontingent bleibt, das heißt in der Umwelt noch anderen Möglichkeiten ausgesetzt ist.

Auf seiten der Umwelt eines Systems erfordern diese Analysen die Einführung einer Unterscheidung *innerhalb* der

Umwelt, also zwei Umweltbegriffe, nämlich (1) die für das System relevante, durch es bestimmte oder doch bestimmbare, für es phänomenale Umwelt auf der einen Seite und (2) die weitere »ökologische« Umwelt, die die *Möglichkeiten* des Relevantwerdens und Bestimmens *systemunabhängig konditioniert* und vom System aus nur als Welt, als Horizont weiterer Exploration begriffen werden kann.[80] Die Beziehungen zwischen der systemspezifischen und der weiteren ökologischen Umwelt können nicht nach Art einer (überschreitbaren) Grenze begriffen werden, sondern nur nach Art eines Horizontes, der sich im Prozeß des Thematisierens und Bestimmens von Umwelt ebenso wie im Prozeß der räumlichen Bewegung und Weltexploration des Systems laufend verschiebt. Die Differenz zwischen ökologischer und systemspezifischer Umwelt bedeutet ferner, daß die systemspezifische Umwelt Merkmale hat, die nicht auf das System zurückgeführt bzw. auf Grund der Kenntnis des Systems nicht prognostiziert werden können. Das heißt vor allem, daß die Struktur auch der systemspezifischen Umwelt nicht als eine solche begriffen werden kann, die dem System von sich aus »entgegenkomme«, also eine natürliche Bestimmung habe, passendes Handeln des Systems zu evozieren und zu belohnen und unpassendes zu bestrafen.[81]

80 Mit einer ähnlichen Unterscheidung kritisiert Roger G. Barker, »On the Nature of Environment«, *Journal of Social Issues* 19 (1963), 4, S. 17-33, die Tendenz der Levinschen Psychologie, die Autonomie psychologischer Forschung dadurch zu garantieren, daß nur die psychisch relevante Umwelt in Betracht gezogen und alles, was darüber hinausgeht, als prinzipiell chaotisch und begrifflich unvergleichbar abgewiesen wird.

81 An dieser Stelle wird sichtbar, daß wir eine wichtige kosmologische Prämisse aufgeben, die im Naturbegriff der alteuropäischen Tradition impliziert war. Eine Natur, die vorweg garantiert, daß alles Seiende seine Form des Passens zu anderem finden kann, vermag als *instrumen-*

Auf seiten des Systems erfordert diese radikalisierte Version von System/Umwelt-Theorie, daß alle Strukturen und alle Prozesse des Systems direkt oder indirekt auf dessen Umwelt bezogen werden. Denn das System ist seine Differenz zur Umwelt. Entsprechend muß diese Theorie zwei verschiedene Modelle für System/Umwelt-Beziehungen, die häufig in der Form entgegengesetzter, konkurrierender Theorien präsentiert werden,[82] zusammenfügen. Das erste Modell geht von einer *strukturellen* Charakterisierung aus und vergleicht System und Umwelt unter Verwendung *gleicher* Begriffe. Man sagt zum Beispiel: Jedes System habe einen höheren Organisationsgrad als die Umwelt im ganzen (nicht natürlich: als jedes andere System in der Umwelt). Oder: Das System habe geringere Komplexität als die Umwelt im ganzen (und wiederum: nicht als jedes andere System in der Umwelt). Das zweite Modell stellt die Beziehungen zwischen System und Umwelt als *Prozesse* dar, etwa als Lernprozesse (Kybernetik) oder als Prozesse, die Input in Output transformieren, oder einfacher als die Befriedigung von Bedürfnissen, die Lösung von Problemen, die Erfüllung von Erwartungen des Systems durch seine Umwelt. Solche Modelle werden als dynamische Modelle begriffen. Sie setzen voraus, daß System und Umwelt mit Hilfe *ungleicher* Begriffe erfaßt werden.

tum Dei selbst zu belohnen und zu bestrafen, zu heilen oder krank zu machen, Erfolge und Mißerfolge vorzuzeichnen. An sie können dann *direkt* Moralen und Erziehungslehren angeschlossen werden. Dieser Naturbegriff wird gesprengt durch das Bewußtwerden der Differenz von System und Umwelt, die jede Passung und jede strukturelle Kompatibilität auf Bedingungen ihrer Möglichkeit und Bedingungen ihrer evolutionären bzw. genetischen Wahrscheinlichkeit hin befragen und erklären will.

82 Zum *Theorien*gegensatz einige Bemerkungen bei David E. Hunt, *Matching Models in Education: The Coordination of Teaching Methods with Student Characteristics*, Toronto 1971, S. 6.

Es liegt auf der Hand, daß anspruchsvollere Theorien beide Modelle verwenden und integrieren müssen. Die Theorieleistung liegt in der Art, in der diese konzeptuelle Integration geleistet wird. Komplizierter ausgedrückt: Die Beziehung zwischen System und Umwelt ist sowohl auf struktureller als auch auf prozessualer Ebene zu begreifen, und zwar genau durch die Art, in der Struktur und Prozeß aufeinander bezogen werden. Die Differenz von System und Umwelt wird damit durch die Differenz von Struktur und Prozeß auf beiden Seiten erhellt; und umgekehrt wird die Differenz von Struktur und Prozeß konzipiert unter der Aufgabe, die Möglichkeit einer Differenz zwischen System und Umwelt zu erklären. Nur so kann die leidige Kontrastierung von Bestand und Wandel, von Statik und Dynamik überwunden werden.[83]

Die im folgenden skizzierten Überlegungen gewinnen ihren Ausgangspunkt und ihre erste Prägung durch die Art des Zugriffs auf dieses noch recht unbestimmt formulierte Problem, und zwar durch den Versuch, es durch theoretische Reduktion auf eine relativ einfache Fassung zu bringen. Für den strukturellen Vergleich von System und Umwelt verwenden wir den im ersten Abschnitt erläuterten Begriff der Komplexität. Der Begriff ist immer dann anwendbar, wenn eine Mannigfaltigkeit als Einheit relevant wird. Wie immer man ihn genauer faßt und operationalisiert – und das ist eine Wissen-

83 Zur Vereinfachung der Darstellung lassen wir an dieser Stelle noch außer acht, daß auch Strukturen in ihrer eigenen Prozeßhaftigkeit analysiert werden können; daß zum Beispiel Komplexität nicht nur als Gesichtspunkt des Vergleichs von System und Umwelt, sondern in beiden Hinsichten auch als Entwicklungsvariable gesehen werden muß. Dieses Erfordernis wird uns im folgenden zwingen, einen *dreifachen* Forschungsansatz zu verwenden – nämlich eine Strukturtheorie der Systemdifferenzierung, eine Kommunikationstheorie für den Prozeßaspekt sozialer Systeme und eine Evolutionstheorie für das Problem strukturellen Wandels.

schaft für sich –, es wird herauskommen, daß die Gesamtumwelt komplexer ist als jedes einzelne System. Man kann daher das Verhältnis zwischen Umwelt und System strukturell als Komplexitätsdifferenz oder als Komplexitätsgefälle charakterisieren.

Damit ist eine abstrakte Problemformel geliefert, die für jedes System zutrifft. Sie ist deswegen nicht inhaltsleer, wie Kritiker gemeint haben,[84] aber natürlich kompatibel mit jeder Art von System, also nicht geeignet, Aussagen über bestimmte Systeme im Unterschied zu anderen zu begründen. Sie fixiert einen fachspezifischen Sonderhorizont der Problemstellung, in dem alles, was an Systemen vorkommt, im Hinblick auf seine Funktion der Komplexitätsreduktion analysiert und im Hinblick auf funktionale Äquivalente überprüft werden kann; letzteres natürlich nur, wenn zusätzlich zur abstraktesten Funktionsbestimmung jeweils Systemstrukturen angegeben und konstantgehalten werden, die ihrerseits ebenfalls auf ihre Funktion hin befragt werden könnten, denn der Begriff der funktionalen Äquivalenz setzt zusätzlich zur Funktionsangabe eine Begrenzung des Möglichen, nämlich ein Verhältnis der Limitationalität unter den Äquivalenten voraus.[85]

Von dieser Problemformel her können nun Prozesse, die Umwelt und System verbinden oder im System im Hinblick auf diese Differenz ablaufen, als Selektionsprozesse begriffen werden – sei es als Zufuhr einer begrenzten Menge von Energie (nicht zu wenig, nicht zu viel), sei es als Zufuhr von Information. Die Problemformel der Komplexitätsdifferenz

84 Zum Beispiel Rüdiger Bubner, »Wissenschaftstheorie und Systembegriff: Zur Position von N. Luhmann und deren Herkunft«, in: ders., *Dialektik und Wissenschaft*, Frankfurt/M. 1973, S. 112-128; Rainer Prewo, Jürgen Ritsert, Elmar Stracke, *Systemtheoretische Ansätze in der Soziologie: Eine kritische Analyse*, Reinbek 1973, S. 29ff.

85 Vgl. oben in diesem Kap., S. 22.

dient uns mithin als Scharnier, das Strukturaspekt und Prozeßaspekt in System und Umwelt verbindet. Der Begriff der Selektivität bekommt dadurch eine zentrale Stellung. In allen Folgeaussagen muß daher Kontingenz mitgedacht werden. Sowohl Strukturen als auch Prozesse des Systems gewinnen ihren spezifischen Sinn aus den Bedingungen, unter denen andere Möglichkeiten zugänglich sind. Das ist auch impliziert, wenn wir von Problem und Problemlösung sprechen; denn der Problembegriff impliziert eine Mehrheit möglicher Lösungen – Problematisierung ist in diesem Sinne Überschußproduktion – und die Bezeichnung einer Struktur als Problemlösung impliziert, daß auch andere Lösungen möglich wären.

4. Interpenetration

Die beiden vorangegangenen Abschnitte geben uns die Möglichkeit, den Begriff der Interpenetration zu präzisieren mit dem Ziel, Voraussetzungen für eine Klärung des Verhältnisses von Mensch und Gesellschaft zu schaffen.

Interpenetration soll eine besondere Form des Verhältnisses von System und Umwelt bezeichnen. Dabei denken wir nicht an den Fall, daß verschiedene Systeme in bestimmten Zusammenhängen wie eines wirken.[86] Vielmehr benötigen

86 Hierfür stellt Charles P. Loomis, *Social Systems: Essays on Their Persistance and Change*, Princeton 1960, S. 32ff., den Begriff »systemic linkage« zur Verfügung, der vor allem der Behandlung von Konfliktsproblemen dient. Siehe z. B. Charles P. Loomis, »Systemic Linkages of El Cerrito, New Mexico«, *Rural Sociology* 24 (1959), S. 54-57; ders., »Tentative Types of Directed Change Involving Systemic Linkages«, *Rural Sociology* 24 (1959), S. 383-390; ders., »In Praise of Conflict and Its Resolution«, *American Sociological Review* 32 (1967), S. 875-890; Cal-

und rezipieren wir diesen Begriff zur Bezeichnung desjenigen Falles, *daß Systeme in anderen Systemen nicht als Teilsysteme fungieren*, aber gleichwohl zu Prozessen beitragen, die als system*intern* angesehen werden und ohne die das höhere System weder existieren noch verstanden werden könnte. So sind Atome für Moleküle, Moleküle für Zellen, Neuronen für Nervensysteme, Organismen für Populationen, Menschen für soziale Systeme nicht eigentlich Teilsysteme, die über funktionale Spezifikation gebildet werden, sondern Einheiten der Produktion von systeminternen Prozessen mit der Besonderheit, *daß diese Einheiten, wenn man sie als eigene Systeme analysiert, als Umwelt des jeweiligen Relationierungssystems begriffen werden müssen.*

Für das Verständnis des Begriffs der Interpenetration und damit für das Verständnis der Aufbauweise aller Systeme höherer Ordnung ist ausschlaggebend, daß man *interpenetrierende Systeme* und *funktionale Elemente* (oder »units«) unterscheidet und begreift, daß *beides* erforderlich ist. Von interpenetrierenden Systemen wird verlangt, daß sie ihre Zustände ständig wechseln und gerade dadurch das höhere System mit Reaktionspotential gegenüber dessen Umwelt ausrüsten. Sie können ihre Zustände ständig wechseln, ohne Struktur und Identität zu verlieren, weil sie selbst Systeme sind. Sie können aber ebendeshalb kein funktionales Element eines übergeordneten Systems sein, weil sie die dafür notwendige Stabi-

vin Redekop, Charles P. Loomis, »The Development of Status-roles in the Systemic Linkage Process«, *Journal of Human Relations* 8 (1960), S. 276-283. Parsons gebraucht den Begriff der Interpenetration in etwa diesem Sinne, wenn er betont, daß Teilsysteme verschiedener Systeme in der Weise interpenetrieren, daß sie »crosscut one another and constitute one subsystem« (Talcott Parsons, Gerald M. Platt, *The American University*, Cambridge (Mass.) 1973, S. 36). Die zugrundeliegenden Vorstellungen sind jedoch bisher nicht näher ausgearbeitet worden.

lität nicht aufbringen. Das Relationierungsgefüge des höheren Systems, also dessen Struktur, baut sich durch Prozesse selektiver Reaktivierung erst auf der Grundlage eines ständigen Changierens der Zustände interpenetrierender Systeme auf. Das höhere System belegt also gleichsam die interpenetrierenden Systeme mit Elementfunktionen dadurch, daß es sie nach bestimmten Regeln aktiviert.

Die Behandlung als interpenetrierendes bzw. als übergeordnetes System ist abhängig von der Wahl einer Systemreferenz und von der Tiefenschärfe des analytischen Interesses.[87] Die Analyse kann jedoch nicht beliebig verfahren, sondern bleibt ihrerseits an die Realstrukturen gebunden, auf die sie stößt. Bei jeder Analyse komplexer Systeme trifft man auf interpenetrierende Systeme, deren interne Prozesse mit den in dieser Systemreferenz sinnvollen Relationierungen nicht mehr erfaßt werden können. Weitere Analyse würde dann nur möglich sein, wenn diese Systeme der Umwelt des Systems zugerechnet werden, weil sie andersartige (etwa: elektrische, oder: psychosomatische) Beziehungen in der Umwelt aktualisieren als das Bezugssystem selbst. Dieser Sachverhalt ist die bloße Kehrseite der Tatsache, daß durch Aufbau komplexerer Systeme mit selektiver Relationierung auf ständig wechselnden Grundlagen »emergent properties« entstehen, nämlich für das höhere Systembildungsniveau spezifische Relationen zwischen System und Umwelt.[88]

87 Vgl. dazu Talcott Parsons, Robert F. Bales, Edward A. Shils, *Working Papers in the Theory of Action*, Glencoe 1953, insb. S. 172ff., ohne Auswertung *dieser* Überlegungen für den *späteren* Begriff der Interpenetration.

88 Mit diesem Argument setzen zum Beispiel Parsons und Shils die Theorie des Handlungssystems gegen die auf elementarere Ebenen vorausgesetzten System/Umwelt-Vorstellungen der biologischen Theorie des Organismus ab: »The most obvious difference is the *explicit* concern

Man kann auch sagen: Die Systematizität der interpenetrierenden Systeme eines übergeordneten Systems stellt eine Kontinuität von System und Umwelt her, die eine Diskontinuität höherer Arrangements und systemspezifischer Grenzen trägt und erst ermöglicht. Interpenetration wäre danach derjenige Begriff, an dem die Differenz von Kontinuität und Diskontinuität ambivalent wird. Jedes System errichtet zwar Grenzen zur Umwelt und damit Diskontinuität, das ist seine Eigenleistung im Aufbau von Komplexität; aber dies geschieht nur auf der Basis einer durch Interpenetration gesicherten andersartigen Kontinuität, die einerseits das System sozusagen in der Umwelt hält, andererseits aber im System als »nur« interpenetrierend behandelt und bei der Entscheidung über kontingente Selektionsleistungen unberücksichtigt gelassen werden kann.

Es böte sich an, diese Überlegungen zu verwenden, um den Begriff des Subjekts zu reetablieren unter Rückgriff auf die alte Vorstellung des »zugrunde Liegenden« (*hypokeimenon, subiectum*). Subjektität wäre danach, jeweils systemspezifisch gesehen, die Funktion interpenetrierender Systeme für Relationierungen, also wahlweise Elektrizität oder Menschlichkeit. Das »Individuum« wäre eine der Inkarnationen der Subjektität. Angesichts absehbarer Verwirrungen werden wir diesen Vorschlag nicht weiter verfolgen; er steht hier nur als Antwort auf die oft zu hörende Frage, wo die Systemtheorie das Subjekt läßt.[89]

of our theory with *selection* among alternative possibilities and hence with the evaluative process and ultimaltely with value standards« (in: Talcott Parsons, Edward A. Shils (Hg.), *Toward a General Theory of Action*, Cambridge (Mass.) 1951, S. 63).

89 Siehe nur Willi Oelmüller, *Was ist heute Aufklärung?*, Düsseldorf 1972, insb. S. 68ff.

Wichtiger ist es festzuhalten, daß Interpenetration auf den einzelnen Systembildungsniveaus verschieden ausgeführt wird, und zwar deshalb, weil die Form von Selektivität von Systemtyp zu Systemtyp variiert. Das für die Gesellschaftstheorie wichtige Verhältnis von Mensch und Gesellschaft bzw. von personalem System und sozialem System ist in einem abstrakten Sinne zunächst ein Fall von Interpenetration, insofern die Person in sozialen Systemen als Bezugspunkt für ausgewählte Relationen, in ihrer Systematizität dagegen als Umwelt des sozialen Systems behandelt werden muß. Genau dies nennt Simmel soziales Apriori (und sieht darin die Bedingung der Möglichkeit von Gesellschaft): »daß jedes Element[90] einer Gruppe nicht nur Gesellschaftsteil, sondern außerdem noch etwas ist«[91] und daß auch dieses »Außerdem« im sozialen Verkehr – wie wir sagen würden: als Umwelt – thematisiert werden kann. Im besonderen muß die Theorie sozialer Systeme sich dann aber damit beschäftigen, wie diese doppelte interne bzw. externe Verwendung von Personalität als Adresse bzw. als System der Umwelt durch den spezifischen Selektionsmodus sozialer Systeme, nämlich durch Sinn, ermöglicht wird. Wir kommen im Anschluß an die Erörterung des Handlungsbegriffs auf Probleme der sachlichen und der sozialen Interpenetration unter Kapitel II.4 bzw. II.5 und im Zusammenhang mit der Erörterung von Systemgrenzen als Sinngrenzen unter Kapitel II.7 auf das Thema der personalen Umwelt sozialer Systeme zurück.

90 Der hier eingesetzte Elementbegriff weicht, wie leicht zu sehen, von unserem Ansatz ab. Interpenetrierende Systeme und Systemelemente werden nicht unterschieden mit der Folge, daß Simmel in einer bloßen »Außerdem«-Formulierung steckenbleibt.

91 Siehe den Exkurs über das Problem: »Wie ist Gesellschaft möglich?«, in: Georg Simmel, *Soziologie: Untersuchung über die Formen der Vergesellschaftung*, München, Leipzig ²1922, S. 21-30 (26).

5. Kategoriale und forschungstechnische Probleme

Systeme können wir nunmehr definieren als strukturierte Prozeßzusammenhänge, die sich gegenüber einer nichtdazugehörigen Umwelt abgrenzen, die also (zum Teil) anderen Regeln der Selektion folgen als die Umwelt und dadurch Komplexität reduzieren. Diese Definition des Grundbegriffs der folgenden Analysen ist bewußt selbstimplikativ gebildet. Pointierter könnte man auch formulieren: Systeme differenzieren sich aus und identifizieren sich durch Herstellung einer Diskontinuität zwischen sich selbst und ihrer Umwelt; ihr Systemcharakter ist diese Differenz.

Wir müssen diese Selbstimplikation akzeptieren und offenlegen, weil in den Grundfragen der Systemtheorie *kategoriale* Probleme auftauchen, das heißt solche, die Sachverhalte und Denkmöglichkeiten zugleich betreffen.[92] Wir wollen uns nicht mit Parsons auf die neukantianische Lösung dieses Problems festlegen und postulieren, daß die »an sich« unerkennbare Realität den kategorialen Strukturen der Systemtheorie entspricht.[93] Ebensowenig wollen wir behaupten, daß der Sy-

92 Das gleiche gilt übrigens für den Begriff der Komplexität, der im übrigen schon in der Urteilslehre der Spätscholastik diese Stellung gewonnen hatte, seit dem 16. Jahrhundert aber vernachlässigt (vielleicht durch den Systembegriff abgelöst?) worden ist. Dazu Hubert Elie, *Le complexe significabile*, Paris 1937.

93 Parsons hält diese Ausgangsposition, die sich am deutlichsten in der Charakterisierung von »facts« als »statements« zeigt, allerdings nicht konsequent durch; er sabotiert sie vor allem durch die Unterscheidung analytischer und empirischer Systeme. Siehe dazu auch Martin U. Martel, »Academentia Praecox: The Aims, Merits, and Scope of Parsons' Multisystemic Language Rebellion (1958-1968)«, in: Herman Turk, Richard L. Simpson (Hg.), *Institutions and Social Exchange: The Sociologies of Talcott Parsons and George C. Homans*, Indianapolis, New York 1971, S. 175-211.

stem*begriff* die Synthese von Sein und Denken leistet. Die folgenden Überlegungen laufen eher auf eine Fortentwicklung der Marxschen Theorie hinaus mit der These, daß die Systematizität der gegenständlichen Realität zugleich sich selbst und ihre Erkennbarkeit ermöglicht. Die im Systembegriff erscheinende Selbstimplikation führt dann zu der These, daß das Gesellschaftssystem ein Subsystem Wissenschaft bildet, für das die Umwelt des Gesellschaftssystems und die Gesellschaft selbst als Umwelt des Wissenschaftssystems zum Gegenstand werden in einer Weise, die die Wissenschaft immer auch auf ihre Grenzen hinweist. Begriffe instrumentieren diese Erkenntnis und erzeugen zugleich im Wissenschaftssystem jene formulierbaren Reflexionsprobleme, von denen wir eines vor uns haben.

In einer solchen selbstreferentiellen Fassung eignet sich der Systembegriff selbstverständlich nur für metalogische Verwendung. Die Bedingungen der Möglichkeit zweiwertiger, widerspruchsfreier, gegenstandsbezogener Logik müssen *innerhalb* der Systemtheorie geklärt werden, und erst danach kann eine logisch einwandfreie (aber ebendeshalb auch: nur begrenzt verwendbare) Fassung der Systemtheorie ausgearbeitet werden – zum Beispiel durch die Annahme der Umwelt als Komplex unabhängiger Variablen. Will man dagegen die Ermöglichung logischer Operationen selbst noch kontrollieren,[94] empfiehlt es sich, zunächst bei der metalogischen Fassung des Systembegriffs zu bleiben.

Um gleichwohl angebbare Operationen der Bestimmung und der Reduktion völlig unbestimmter Komplexität durchführen zu können, gehen wir davon aus, daß die Differenz von System und Umwelt für ein System zum Problem werden kann. Dieses Problem hatten wir bereits abstrakt charakteri-

94 Vgl. dazu näher unten, Teil 5, Kap. II.

siert als Relation zwischen Sachverhalten von unterschiedlicher Komplexität, das heißt als »Komplexitätsgefälle«. Die Umwelt ist auch für jedes Einzelsystem komplexer als es selbst.[95] Selektivität ist daher nicht nur eine analytische, sondern eine systemimmanente Bestimmung. Selbst wenn es beliebige Möglichkeiten der Systembildung und der Entstehung von residualen Umwelten gäbe, ließen sich System und Umwelt, wenn das System irgendeine bestimmte Struktur gewinnt, nicht beliebig zueinander in Beziehung setzen. Jedes Verfahren der Systembildung ist, weil es eine Relationierung erfordert, reduktiv und schränkt den Horizont völlig unbestimmter Möglichkeiten ein. Auch Sachverhalte von beliebiger Kontingenz ließen sich nicht beliebig zueinander in Beziehung setzen, weil *jede* Bestimmung die Möglichkeiten der Relationierung zu anderem einschränkt.

Diese Einsicht können wir für das Prozedere der Theoriebildung auswerten; sie orientiert als Problemformel das Suchverhalten und die induktive Rezeptionsbereitschaft der wissenschaftlichen Analyse. *Jede* Systembildung läßt sich danach abstrakt als Reduktion von Komplexität begreifen. Unter diesem letzten Bezugsgesichtspunkt sind *alle* Systeme vergleichbar bei jedem Grad sachlicher Verschiedenheit.[96]

95 Diese Aussage gilt auf Grund von Annahmen über Systembildung durch Ausdifferenzierung und unabhängig von einer genaueren Fassung des Begriffs der Komplexität und der Art, wie man Komplexität mißt und wie man die Mehrheit ihrer Dimensionen zur Einheit aggregiert. Wir nehmen an: bei jedem Verfahren der Messung und bei jedem Verfahren der Aggregation würde sich die Umwelt im Vergleich zu jedem Einzelsystem als komplexer erweisen.

96 Dies ist, methodisch gesehen, ein Korrelat der Generalisierung des vergleichenden Erkennens. In dem Maße nämlich, als der Vergleich zum Grunderfordernis wissenschaftlicher Methodik schlechthin avanciert, muß er jede Art von Unterschiedlichkeit übergreifen können. Die Generalisierung der vergleichenden Methode destruiert das Denken in

Gleichwohl ist die Formel nicht inhaltsleer, weil es unterschiedliche Ausmaße der Komplexität und des Komplexitätsgefälles zwischen System und Umwelt gibt, denen unterschiedliche Strategien der Komplexitätsreduktion entsprechen. So stellt zunehmende Systemkomplexität zugleich zunehmende Anforderungen an die Komplexität der Umwelt. Hochkomplexe Systeme müssen zum Beispiel die Reduktionen ihrer Umwelt auflösen, ihre Umwelt analysieren, wenn nicht gar in Unordnung bringen können, um genügend Selektionsfreiheiten zu haben für die Erhaltung spezialisierter Unwahrscheinlichkeiten. Je nach der dimensionalen Aufgliederung des Problems der Komplexität (zum Beispiel schon mit der Unterscheidung von sachlicher (simultaner) und zeitlicher Komplexität) ergeben sich weitere Möglichkeiten der Spezifikation. So kann kein System ausschließlich aus Punkt-für-Punkt der Umwelt entsprechenden Prozessen bestehen, aber das Ausmaß, in dem für das Vermeiden solcher Entsprechungen Zeit (und damit: Verschiedenheit von Zuständen im Nacheinander) in Anspruch genommen wird, variiert von Systemtyp zu Systemtyp.[97]

Man kann mit Fug und Recht bezweifeln, ob es je möglich sein wird, eine abstrakte (und entsprechend formalisierte) Theorie möglicher Komplexitätsverhältnisse auszuarbeiten, denn auch zum Denken hin besteht ja jenes Komplexitätsgefälle. Als System wie als Akt ist das Denken selbst Reduktion. Jedenfalls steht uns eine solche Theorie möglicher Komple-

»Ähnlichkeiten«. Dazu (in bezug auf Descartes) Michel Foucault, *Die Ordnung der Dinge: Eine Archäologie der Humanwissenschaften*, Frankfurt/M. 1971 (dt. Übers.), S. 83ff.

97 Vgl. dazu Talcott Parsons, »Some Problems of General Theory in Sociology«, in: John C. McKinney, Edward A. Tiryakian (Hg.), *Theoretical Sociology: Perspectives and Developments*, New York 1970, S. 28-68 (30f.).

xitätsverhältnisse nicht zur Verfügung. Wir müssen daher »Entscheidungen«, die im Laufe der Evolution gefallen sind, als Reduktionshilfe verwenden, und das heißt: induktiv vorgehen und an die Systemtypen anschließen, die durch Evolution gebildet worden sind. Innerhalb dieser Typen läßt sich dann das Problem des Komplexitätsgefälles zwischen Umwelt und System rekonstruieren, und zugleich läßt sich deutlicher erkennen, wie es unter Ausschluß anderer Möglichkeiten gelöst wird.

Soziale Systeme sind ein sehr spätes Produkt der Evolution. Sie konstituieren sich über sehr hohen Selektionsfreiheiten anderer Systeme, die vorher ermöglicht sein mußten, und unterliegen insofern zugleich allgemeinen und spezifischen Bedingungen der Systembildung. Das Problem des Komplexitätsgefälles wird für sie durch Konstitution von Sinn zur eigenen Struktur, und das gibt ihnen die Möglichkeit, auf das Problem als Problem schon zu reagieren. Das Problem der Selbstimplikation wird für sie zur Möglichkeit der Selbstthematisierung, zur Möglichkeit sinnhafter Erfassung ihrer eigenen Identität als Selektion, die auf andere Möglichkeiten verweist. Bevor wir in die Analyse sozialer Systeme eintreten, müssen wir daher zu klären versuchen, was vor dem Hintergrund allgemeiner Systembildungsprobleme diese besondere Strukturform Sinn besagt und was sie leistet.

Kapitel II
Konstitution sozialer Systeme

1. Sinn

Mit dem Begriff Sinn soll eine bestimmte Selektionsweise bezeichnet werden, nämlich eine Selektion, die das »Woraus« der Wahl präsent hält und dadurch die Möglichkeit hat, ihre eigene Selektivität zu kontrollieren. Sinn ist punktualisierter Ausdruck für Komplexität, ist Reduktion und Erhaltung zugleich und genau dadurch für Systembildung adäquat, daß die Totalität des Möglichen nicht aufgegeben, aber rekonstruiert wird als dies(-und-anderes): als Selektion von Relevanz. Man kann sich vorstellen, daß diese Struktur sich einlebt als Konsequenz organisch bedingter kontinuierlicher Input-Überlastung. Sie bedarf jedoch sozialer Unterstützung bei der Genese anspruchsvollerer Formen wie bei deren Reproduktion.

Sinn ist in dieser Fassung des Begriffs weder ein *Zeichen*, wenngleich es natürlich Zeichensinn geben kann. Das unterscheidet uns von der *Semantik*. Noch ist Sinn definiert als Bezugspunkt von *Interpretationen*, die ihrerseits als bestimmende Aneignung durch ein Subjekt begriffen werden. Das unterscheidet uns von der *Hermeneutik*.[98] Wir gehen

98 Zum Vorwurf eines »Kategorienfehlers« kommt es, wenn man diese Unterscheidung nicht akzeptiert oder nicht für möglich hält und unterstellt, der Sinnbegriff werde zugleich als objektive Selektion und als subjektive Interpretation definiert. Vgl. die Kritik von Jürgen Habermas in: ders., »Theorie der Gesellschaft oder Sozialtechnologie? Eine Auseinandersetzung mit Niklas Luhmann«, in: ders., Niklas Luhmann,

davon aus, daß kontrollierte Selektion aus mitgesehenen anderen Möglichkeiten immer schon vorliegen muß, wenn es zu anspruchsvolleren (also nicht universell praktizierten) Sinnverwendungen kommen soll, nämlich zum Heranholen von nicht unmittelbar Gegebenem oder nicht unmittelbar Einsichtigem über Zeichen oder über Interpretation. Selektion ist für beides der ursprünglichere, der fundierende Prozeß. Nur die allem Sinn immanente Selektivität distanziert das Erleben von der Welt in einer Weise, die dann benutzt werden kann, um Sinn in der kontingenten Funktion eines Zeichens einzusetzen. Und nur jenes Abstoßen anderer Möglichkeiten im selektiven Prozeß, das immer und auch ohne Interpretation schon geschieht, bildet das Problem und die Thematik für besondere interpretative Leistungen. Wenn Sinn als Zeichen benutzt wird, heißt dies, daß seine Nichtidentität mit anderem und seine Verweisung auf anderes funktional wird. Wenn Sinn interpretiert wird, heißt dies, daß die selektiv eliminierten anderen Möglichkeiten mitherangeholt und in der Form der Negation appräsentiert werden, um gerade in der Differenz zu ihnen den Sinn als bestimmten zu gewinnen. Im einen Falle interessiert das Andere als Anderes, im anderen Falle interessiert es als Folie der Bestimmung des jeweils intendierten Sinnes. Im Normalfalle aber fungiert Sinn ganz ohne jene Intentionalität, die für den Nachvollzug der Relation zwischen Zeichen und Bezeichnetem oder für Interpretationen erforderlich ist. Und nur durch dieses Intentionslos-fungieren-Können ist Sinn als universeller und selbstbezüglicher Selektionsmodus überhaupt möglich.

Theorie der Gesellschaft oder Sozialtechnologie – Was leistet die Systemforschung?, Frankfurt/M. 1971, S. 146ff., und Friedhelm Schneider, *Systemtheoretische Soziologie und dialektische Sozialphilosophie: Ihre Affinität und Differenz*, Meisenheim am Glan 1976.

Die Eigentümlichkeit sinnhafter Selektion besteht, genauer gefaßt, in der *simultanen* Präsentation von (mindestens) zwei Ebenen, deren eine einen Horizont von Möglichkeiten, deren andere das selektiv Realisierte bezeichnet. Auf der Ebene des Möglichen ist jeweils mehr möglich, als realisiert werden kann, so daß die Realisation den Charakter einer (mehr oder weniger »mitgesehenen«) Selektion hat. Diese Möglichkeitsverweisungen sind für Sinnbildung konstitutiv und in sinnhafter Erlebnisverarbeitung daher nicht eliminierbar.[99] Sie sind selbstbezüglich insofern, als sie immer wieder nur auf Sinn verweisen; und dies so, daß die Verweisung auch als unbestimmte fungiert und auch dann, wenn für ihren Nachvollzug kein Interesse und keine Intentionalität in Anspruch genommen werden kann. Jene Verweisungen transzendieren damit alle Kapazitätsschranken sinnverarbeitender Prozesse, alles Erleben und alles Handeln, aber genau dies wird im Prozessieren von Sinn als Selektionsbewußtsein zum Mitfungieren gebracht. Obwohl evolutionäre Errungenschaft und insofern kontingent erworben, setzt das erhöhte Selektionspotential, weil es die Selektivität selbst betrifft, die darüber verfügenden Systeme unter Benutzungszwang. Ihr Können ist ein Können-Müssen.[100] Dadurch entsteht der Schein, daß alles an sich Sinn hat, obwohl es nur für sinnkonstituierende Systeme Sinn hat. Und es entsteht durch

99 Hinweise dazu in dem Sammelband George P. Adams u. a. (Hg.), *Possibility: Lectures Delivered Before the Philosophical Union of the University of California 1933*, Berkeley 1934. Vgl. auch Max Black, *Models and Metaphors: Studies in Language and Philosophy*, Ithaca 1962, S. 140ff.

100 Dies schließt es aus, sich die Lebenswelt (im Sinne Husserls) als eine Welt ohne Möglichkeiten, als gänzlich kontingenzfrei vorzustellen. So Hans Blumenberg, »The Life-World and the Concept of Reality«, in: Lester Embree (Hg.), *Life-World and Consciousness*, Evanston 1972, S. 425-444, der jedoch für das Vorkommen von Enttäuschungen eine bezeichnende, theoretisch nicht begründbare Ausnahme machen muß.

Simultanpräsentation unerfaßbarer Komplexität der Schein des Unbestimmten des in Wirklichkeit Bestimmten – ein Schein, der als Unbestimmbarkeit reflektiert werden und als Horizont der Bestimmung operative Funktionen gewinnen kann.[101]

Die Unbestimmtheit aller Sinnhorizonte, letztlich die Unbestimmtheit der Welt des Möglichen, erscheint demnach nur am Sinn selbst, kommt nur am Sinn selbst zur Realität. Sie dient als Verschiebungsraum für Sinnbestimmungen. Sie begründet die Kontingenz allen Sinnes, begründet aber nicht die Bestimmtheit bestimmten Sinnes. Daher gibt es auch keinen methodischen Weg, der etwa in der Form dialektischen Prozessierens von Negationen vom Unbestimmten zum Bestimmten führte. Erst recht ist dies nicht die Sinnrichtung der historischen Zeit. Vielmehr wächst mit Bestimmungen in Anbetracht von Zeit der Bedarf für Umbestimmungen und damit der Bedarf für entsprechende Unbestimmtheiten. Bestimmtes und Unbestimmtes kann, das formuliert unser Begriff der Komplexität, nur miteinander zunehmen.

Wenn Sinn zwangsläufig an diese Doppelstruktur der Selektion gebunden ist, heißt dies, daß sich mit aller sinnhaften Betätigung (Erleben und Handeln) immer auch diese Differenz herstellt – gleichgültig, auf welcher Ebene der Abstraktion und auf welcher Stufe der Reflexivität von Prozessen man

101 Solchen sinnkorrelativen Schein kann man nicht beseitigen, aber durchschauen und als perspektivische Beschränkung sinnkonstituierender Systeme reflektieren – was man in der Philosophie seit Leibniz und Kant an der kopernikanischen Wende zu illustrieren pflegt. Vgl. Jürgen Nieraad, *Standpunktbewußtsein und Weltzusammenhang: Das Bild vom lebendigen Spiegel bei Leibniz und seine Bedeutung für das Alterswerk Goethes*, Wiesbaden 1970, insb. S. 77ff.; Friedrich Kaulbach, »Die copernicanische Wende als philosophisches Prinzip nachgewiesen bei Kant und Nietzsche«, in: ders. u.a. (Hg.), *Nicolaus Copernicus zum 500. Geburtstag*, Köln, Wien 1973, S. 26-62.

ansetzt, ja sogar bei Beschränkung auf bloßes Negieren. Weder durch Abstrahieren noch durch Rückwendung auf sich selbst, noch durch Negieren läßt die Struktur von Sinn sich transzendieren, denn all dies sind wiederum sinnhafte Operationen. Diese Bedingung gilt für den gesamten Gegenstandsbereich der Soziologie, sie gilt erst recht für diese selbst (wie übrigens für jede Wissenschaft).

Der Sinnbegriff hat damit für uns die gleiche Extension wie der Komplexitätsbegriff. Der Komplexitätsbegriff bietet eine rationale (speziell für Zwecke des Wissenschaftssystems geeignete) Fassung des Sinnproblems, indem er zeigt, wie Relationierungsmöglichkeiten überproportional wachsen, so daß sie schließlich nur noch als praktisch unbestimmbare fungieren können. Der Sinnbegriff andererseits macht verständlich, wie die in den Begriffen Einheit/Komplexität nur formal angezeigte Problematik der Selbstreferenz für Systeme, die Sinn konstituieren, an jedem ihrer Einzelthemen zugänglich wird.[102] Sinn ist insofern immer komplex, ist immer Darstellung von Komplexität, weil am Sinn die Differenz eines Überschusses von Möglichkeiten und ausgewählten hier und jetzt relevanten Inhalten als Einheit fungiert. Diese Form der Repräsentation interessiert, wenn man Sinnsysteme mit anderen vergleicht, in ihren spezifischen Vorteilen und Nachteilen.

Die Simultanpräsentation jener beiden Ebenen macht vor allem die Selektivität der Selektion bewußt und damit im Prinzip kontrollierbar. Sinn ermöglicht es daher, auch die Selekti-

102 Daß wir gleichwohl Komplexität und Sinn begrifflich unterscheiden, gibt uns zwar nicht die Möglichkeit, »sinnlos« von Komplexität zu reden; wohl aber die Möglichkeit, sinnhaft von Systemen zu sprechen, für die Komplexitätsverhältnisse nicht in der Form von Sinn zugänglich sind: von physischen Systemen, organischen Systemen, Maschinen usw.

onsfelder noch zu wählen, weil sie mehr Möglichkeiten bieten – etwa die Jagdreviere zu wechseln. Dadurch wird die bei geringer Kapazität unausweichliche *serielle* Form der Informationsverarbeitung zwar nicht aufgehoben, aber in ihrer Effektivität potenziert und schneller und zufallsunabhängiger gemacht.[103] Das Nebeneinander kann benutzt werden, um Situationen erst zu finden oder zu schaffen, in denen man wählt. Das setzt nicht nur Stabilität, sondern auch Mitpräsentation der Stabilität des Systems in der Zeit, also ein Thematischwerden von Zeit im Informationsverarbeitungsprozeß voraus.

Simultanpräsentation zweier Ebenen ist insofern »schwierig«, als sie der thematischen Konzentration bewußter Aufmerksamkeit widerspricht. Man kann nicht in einer Vorstellung faktisch zusammenziehen, was alles an Stelle des Baumes im Garten sein könnte, was alles mit dem Baum geschehen könnte, welche Gründe es gibt, daß der Baum eher ist, als daß er nicht ist. Die Lösung dieses Problems liegt darin, *daß Unbestimmtheit funktionell ausreicht, um Selektivitätsbewußtsein zu erzeugen.* Beispielsweise genügt unbestimmte Negation: dies und nichts anderes. Gewonnen wird damit die Möglichkeit, dies Unbestimmte zu bestimmen, die reflektiert und im Hinblick auf Prozesse mit begrenzter Kapazität operationalisiert werden kann. Unbestimmtheit der Ebene des Möglichen ist, mit anderen Worten, ausreichende »take off«-Bedingung für Prozesse der Bestimmung, die durch ihre mitbewußte Selektivität gesteuert werden können.

Selbstverständlich können diese Prozesse das Unbestimmte nicht aufarbeiten, da sie es als Korrelat ihrer selbst laufend

103 Vgl. dazu etwa die Bemerkungen über das *einheitliche* Fungieren seriell geordneter Informationsmengen im Gedächtnis bei Frederic C. Bartlett, *Remembering: A Study in Experimental and Social Psychology*, Cambridge 1932, Neudruck 1964, S. 201ff.

neu konstituieren. Aber die Funktion sinnorientierter Selektion ist ja auch nicht, Unbestimmtheit zu vernichten, sondern, Selektivität zu verstärken, und dafür ist eine mitpräsentierte Unbestimmtheit des »Woraus« der Selektion Funktionsbedingung – selbst dann, wenn der Prozeß sich in Reflexionen über das Unbestimmbare auf ebendiese Bedingung selbst richtet.[104]

Die systemartikulierende Funktion dieses Selektionsmodus Sinn zeigt sich daran, daß er *immer zugleich einen Innenhorizont und einen Außenhorizont konstituiert*, und zwar den einen nicht ohne den anderen.[105] Diese Horizontstruktur macht es unausweichlich, daß Inneres immer auch auf Äußeres verweist und umgekehrt; daß also jede Analyse systemspezifischen Sinnes sich aus dem Unterschied zur Umwelt und aus den Beziehungen zu ihr mitbegründen muß und umgekehrt. Die Horizontstruktur allen Sinnes erfordert demnach, wenn man sie auf Systeme bezieht, jene Radikalisierung des Verständnisses der System/Umwelt-Beziehung, die wir oben[106] bereits vollzogen haben.

Innen- ebenso wie Außenhorizont verschieben sich in dem Maße, als man sich in sie hineinbewegt; wie weit man auch kommt, sie bleiben erhalten als Anzeige der Möglichkeit weiterer Schritte. Weder nach außen noch nach innen

104 Wir werden dieses Thema weiter unten in Analysen der Horizonthaftigkeit aller Sinngegenstände und des Konstitutionszusammenhanges von Welt und Gesellschaft wiederaufgreifen.

105 Die philosophische Tradition hat dieses Phänomen des Doppelhorizontes zuerst am Fall des Raumes entdeckt, den man von jeder Raum füllenden Stelle aus ins immer Größere und ins immer Kleinere weiterdenken kann. Edmund Husserl verdanken wir entsprechende Analysen der Ding-Konstitution. Unter dem umfassenden Gesichtspunkt einer Mehrheit von Weltdimensionen kommen wir unten (Teil 4, Kap. I.3) auf dieses Phänomen zurück.

106 Vgl. oben, Kap. I.3.

gibt es ein »natürliches Ende« (*telos*) der Progressionen. Die Aussicht auf Abschluß ist kein Erfordernis des Operierens. Im Gegenteil: Die Unabschließbarkeit der Progression ist Bedingung der sinnhaften Selektivität aller Operationen. Doppelhorizonte sind universelles Implikat allen sinnhaften Erlebens und Handelns. Sie werden in allem Sinn mitkonstituiert, sie erscheinen an allen Gegenständen, aber auch an dem sinnkonstituierenden System selbst, sofern es sich selbst zu thematisieren sucht. Auch Reflexion hat kein Ende, sie hört nur, wie jede Exploration, irgendwann einmal auf; aber ihr Abschluß ist keine Frage der Logik oder der Ontologie, sondern eine Frage der Motivation.

Ohne diese Grundbedingung des Zugleich von Innen- und Außenhorizont aufzuheben, die Systembildungsmöglichkeiten erst konstituiert, verwenden alle Systeme diese Differenz *asymmetrisch* in bezug auf sich selbst und auf anderes. Sie artikulieren ihre Umwelt im Hinblick auf die eigenen Strukturen und Prozesse, durch die sie über Aufmerksamkeit disponieren. Dies geschieht jeweils systemrelativ – also in gewisser Weise anders, als es durch andere Systeme geschieht. Die Bestimmtheit der Umwelt, die zu unterscheiden ist von der Bestimmtheit, die jedes System an und für sich erreicht, differiert daher für jedes System in dem Maße, als systemspezifische Strukturen und Prozesse differieren. Dies gilt, obwohl, ja gerade weil alle Systeme für jedes von ihnen Umwelt sind.[107] Ebenso und aus dem gleichen Grunde differiert für jedes System die Umweltkomplexität, in Beziehung auf welche es die eigene Komplexität bestimmt.

Diese Simultaneität verschiedener System/Umwelt-Referenzen, die sich wechselseitig ineinander verschränken derart,

107 Daß diese Aussage im Hinblick auf Systemdifferenzierung noch modifiziert werden muß, sei an dieser Stelle nur angemerkt.

daß die System/Umwelt-Differenzen anderer Systeme für jedes System Umwelt sind, läßt sich in der herkömmlichen Subjekt/Objekt-Terminologie nicht angemessen darstellen.[108] Ebensowenig wäre es in dieser Terminologie möglich, von *Korrelationen* zwischen der Variation von Sinnstrukturen des Systems und seiner Umwelt zu sprechen. Das transzendentale Subjekt etwa dupliziert nur die Welt in sich selbst, aber es kennt keine Entwicklung, die mit derjenigen der Welt in wechselseitiger Limitierung korreliert. Um von Korrelationen sprechen zu können, muß man nämlich voraussetzen, daß System und Umwelt unabhängig voneinander, aber in Abhängigkeit voneinander variieren; daß also die Sinnhaftigkeit der Umwelt nicht eine bloße Aneignungsform des Subjekts ist, wohl aber in ihren Bestimmungen und in der Strukturierung ihrer Kontingenzen durch das System bedingt ist, dessen Strukturen und Prozesse sich jeweils mit dem Sinn befassen. Auch wenn die Umwelt eigensinnig variiert, hängt die Tiefenschärfe, in der Sinn als identischer angesetzt wird, und damit das Auflöse- und Relationierungsvermögen ab von dem System, das jeweils Sinn zur Einheit seiner Umwelt

108 Dies jedenfalls dann nicht, wenn man »subjektiv« und »objektiv« als diskriminierende Prädikate verwendet und womöglich mit der Differenz von System und Umwelt gleichsetzt (was im übrigen voraussetzen würde, daß man die Differenz selbst suprasubjektiv oder supraobjektiv konstruieren kann). Bei solchen Voraussetzungen erscheinen dann Systeme als Subjekte, die sich ihre Umwelt qua Sinnerfassung und -interpretation aneignen und internalisieren und so in sich selbst die Totalität rekonstruieren, während sie objektiv und technologisch immer nur partiell betreffbar sind und auch nur partiell mit der Umwelt hantieren können. Kritiker, die diese grob vereinfachende Terminologie beibehalten, können im hier vertretenen Sinnbegriff dann nur noch Kategorienfehler, Begriffsüberlastungen oder Paradoxien feststellen. Dies gilt in charakteristischer Weise für Schneider, *Systemtheoretische Soziologie und dialektische Sozialphilosophie*.

zusammenfaßt und das durch diese Einheit der für es möglichen Umwelt auf die eigene Identität als System verwiesen wird.

Sowohl die Darstellung jener perspektivischen Verschränkungen als auch das Auffinden von Korrelationen sprengen einen rein subjektbezogenen Sinnbegriff. Sie erfordern einen Sinnbegriff, der genau diese systemtheoretisch ableitbare Relativität und Korrelativität aufnimmt, nämlich (1) Bestimmtheit und Unbestimmtheit, Identität und Horizont, als komplementär voraussetzt, (2) Sinnthemen als kontingente Selektionen begreift und so (3) offen ist für Bestimmung in unterschiedlichen System/Umwelt-Referenzen, die jeweils über Sinn füreinander zugänglich sind und so eine Welt des Möglichen konstituieren, ohne daß dies Identität der Bestimmtheiten für alle Systeme voraussetzte.

Für alle sinnkonstituierenden Systeme ist daher in der Sinnform des Seligierens impliziert ein nichteliminierbares Zugleich von Innen und Außen sowohl an sich selbst als auch an anderem. Dieses »Zugleich« wird erfahrbar als Simultaneität von *Möglichkeiten*, so daß es kompatibel ist mit Gleichzeitigkeit und Ungleichzeitigkeit von Beständen der Innenwelt und der Umwelt. Mit Orientierung von Sinn kann man also simultaneisieren, kann vergleichzeitigen, indem man für einen gegebenen Innenzustand einen adäquaten Umweltzustand sucht oder herstellt und umgekehrt; und dies wiederum: für sich selbst und für anderes. Erst auf diese Weise wird Zeit zur Präsenz gebracht und wird damit zur Darstellung von Komplexität im Nacheinander verfügbar. Und erst auf diese Weise wird Sozialität zur Präsenz gebracht in dem Bewußtsein, daß das Innen des einen Systems das Außen des anderen ist und umgekehrt; und wiederum: nicht nur in der Form von Beständen, sondern auch in der Form von Möglichkeiten des einen wie des anderen Systems.

2. Soziale Kontingenz und Selektivität

Soziale Systeme entstehen immer dann und nur dann, wenn Personen zusammentreffen, die in Doppelhorizonten erleben müssen und sich daher wechselseitig selektives Erleben und Handeln zuschreiben. Dies ist bei allen menschlichen Begegnungen der Fall und hängt, wie gesagt, mit der sinnhaften Konstitution menschlichen Erlebens und Handelns zusammen. Sobald Gegenstände oder Ereignisse, und sei es in der einfachsten Wahrnehmung, bewußt erfaßt werden, tritt ein Horizont der Verweisung auf andere Möglichkeiten mit in Funktion, gegen den sich das Erfaßte als so-und-nicht-anders profiliert. Der Zugang zu anderem ist dabei unabwerfbar mitgegeben, mitpräsentiert; er kann nicht schlechthin, sondern nur in bestimmten Hinsichten negiert werden. Durch solche Verweisungen hängt die Welt in sich zusammen und wird Erleben und Handeln zum Prozeß, der eine Möglichkeit nach der anderen ergreift unter Auswahl aus einer Vielzahl weiterer Möglichkeiten.[109] Das Erleben von Sinn ist daher immer schon selbst selektiv und eröffnet zugleich Zugang und Zwang zu Anschlußselektionen.

Dieser Zusammenhang von Sinn und Selektivität ließe sich phänomenologisch durch Prozeßanalysen (etwa im Anschluß an das Kapitel »Die sinnliche Gewißheit« in Hegels

109 Vgl. auch Jürgen Frese, »Sprechen als Metapher für Handeln«, in: Hans-Georg Gadamer (Hg.), *Das Problem der Sprache: VIII. Deutscher Kongreß für Philosophie, Heidelberg 1966*, München 1967, S. 45-55: »Der Sinn eines Aktes ist das als eine bestimmte Situation gegebene Ensemble der Möglichkeiten, an diesen Akt weitere Akte anzuschließen; d.h. Sinn eines Aktes ist die Mannigfaltigkeit der Anschließbarkeit, die er eröffnet. Das ist gleichbedeutend mit: Der Sinn eines Aktes ist sein Bezug auf eine oder mehrere Stellen in dem System, in dem er sich als Funktion erfüllt« (51).

Phänomenologie des Geistes)* oder durch Gegenstandsanalysen im Sinne der Phänomenologie Husserls ausarbeiten. Auch systemtheoretische Parallelen liegen in Ansätzen vor.[110] Wir setzen solche Ausarbeitungs- und Erläuterungsmöglichkeiten an dieser Stelle voraus. Für eine Theorie sozialer Systeme interessiert der besondere Fall, daß mehrere Personen als selbständige Selektionszentren einander begegnen und beachten. Dann ergibt sich für jeden Beteiligten die Notwendigkeit, die Selektivität der anderen bei der Steuerung der eigenen Selektionen zu berücksichtigen. Es entstehen also nicht nur Wechselwirkungen in dem Sinne, daß das Verhalten des einen zur Ursache wird für das Verhalten eines anderen und umgekehrt. Nicht die reine Faktizität, sondern die Selektivität des Faktischen kommt zum Tragen: daß dies-und-nicht-jenes geschieht, daß Regungen unterdrückt, Fragen in einem bestimmten Sinne beantwortet, Wünsche abgelehnt, Initiativen unterlassen werden.

Im Anschluß an Talcott Parsons, aber unter Abwandlung der von ihm gemeinten Bedeutung, kann man diese Grundbedingung, aus der soziale Systeme entstehen, als *doppelte Kontingenz*[111] bezeichnen. Kontingenz soll dabei nicht nur heißen, daß Partner im Befriedigungswert ihres Handelns voneinan-

* Vgl. G. W. F. Hegel, *Phänomenologie des Geistes*, Berlin ²1841, S. 71-82.

110 Vgl. Donald M. MacKay, *Information, Mechanism and Meaning*, Cambridge (Mass.), London 1969; Niklas Luhmann, »Sinn als Grundbegriff der Soziologie«, in: Habermas, Luhmann, *Theorie der Gesellschaft oder Sozialtechnologie*, S. 25-101.

111 Vgl. Parsons, Shils (Hg.), *Toward a General Theory of Action*, S. 16; ders., *The Social System*, Glencoe 1951, S. 10, 36ff., und als vielleicht differenzierteste Darstellung, die das Problem der Interpretation der Kontingenz herausstellt, ders., »The Theory of Symbolism in Relation to Action«, in: Parsons, Bales, Shils, *Working Papers in the Theory of Action*, S. 31-62 (35ff.), oder als eine spätere Formulierung ders., »Interaction I. Social Interaction«, *International Encyclopedia of the Social Sciences*, Bd. 7, New York 1968, S. 429-441 (436f.).

der *abhängen*, sondern auch, daß ihr wirkliches bzw. ihr mögliches Verhalten jeweils *auch anders möglich ist*. Wir greifen dabei auf den alten modaltheoretischen Begriff des »contingens« als negierte Notwendigkeit zurück.[112] Doppelte Kontingenz in diesem modaltheoretischen Sinne ist mit jeder sozialen Situation gegeben – sowohl wenn die Beteiligten ihr Handeln voneinander abhängig machen oder machen sollen, als auch, wenn sie genau dies verweigern. Kontingenz ist Bedingung der Möglichkeit für Abhängigkeit und Unabhängigkeit innerhalb eines Systems. Abhängigkeit ist also nicht gleichbedeutend mit Kontingenz, sondern ist schon eine Option angesichts von Kontingenz.

Nimmt man doppelte Kontingenz in diesem Sinne, muß man beachten, daß für *jeden* der Partner – wir sprechen künftig vereinfachend von Ego und Alter – Kontingenz sich *verdoppelt*: Ego sieht sein eigenes Verhalten und das des Alter als kontingent, und ebenso sieht Alter sein eigenes Verhalten und das des Ego als kontingent.[113] Auf *beiden* Seiten werden also

112 Vgl. u.a. Martha Freundlieb, *Studie zur Entwicklung des Kontingenzbegriffs*, Würzburg 1933; dies., »Zur Entstehung des Terminus ›contingens‹«, *Philosophisches Jahrbuch* 47 (1934), S. 432-440; Albrecht Becker-Freyseng, *Die Vorgeschichte des philosophischen Terminus »contingens«: Eine Untersuchung über die Bedeutung von »contingere« bei Boethius und ihr Verhältnis zu den Aristotelischen Möglichkeitsbegriffen*, Heidelberg 1938; Heinrich Barth, *Philosophie der Erscheinung: Eine Problemgeschichte*, Teil I, Basel, Stuttgart ²1966, S. 326ff.; Hans Blumenberg, »Kontingenz«, in: *Die Religion in Geschichte und Gegenwart*, Bd. III, Tübingen ³1959, Sp. 1793f.; Heinrich Schepers, *Möglichkeit und Kontingenz: Zur Geschichte der philosophischen Terminologie vor Leibniz*, Turin 1963, und ders., »Zum Problem der Kontingenz bei Leibniz: Die beste der möglichen Welten«, in: *Collegium Philosophicum: Studien J. Ritter zum 60. Geburtstag*, Basel, Stuttgart 1965, S. 326-350.

113 Auf diese Komplikation zielt auch Parsons, »Interaction I. Social Interaction« mit der Formulierung, »that each actor is *both* acting agent and object of orientation *both* to himself and to the others« (436).

laufend *je zwei* (oder mehr) selektive Prozesse ins Auge gefaßt und recht oder schlecht kontrolliert. Damit entsteht das Problem, wie und in welchem Sinne eine solche zweifach gedoppelte Selektivität noch koordiniert werden kann.

Von sehr verschiedenen Ausgangspunkten her haben sich bisher vor allem Psychologen mit diesem Problem oder mit Einzelaspekten dieses Problems befaßt; es wurde dabei von der Struktur und der Kapazität einzelner psychischer Systeme her gesehen.[114] Genaueres Zusehen führt aber auf eine sehr

114 Ein vollständiger Überblick über alle direkt oder indirekt relevanten Ansätze ist hier selbstverständlich nicht möglich, zumal eine umfassende theoretische Behandlung der Einstellung auf doppelte Kontingenz auch in der Psychologie fehlt. Zur Illustration seien hier nur einige Beispiele für die Verschiedenartigkeit der Ausgangspunkte erwähnt: (1) James Olds, *The Growth and Structure of Motives: Psychological Studies in the Theory of Action*, Glencoe 1956 – eine explizite Behandlung des Problems der Umweltkontingenzen im Hinblick auf Anforderungen an Generalisierung von Motiven. Daran ließe sich anschließen eine Interpretation des Begriffs der Libido bei Freud. (2) Robert B. Zajonc, »The Process of Cognitive Tuning in Communication«, *Journal of Abnormal and Social Psychology* 61 (1960), S. 159-167 – eine Theorie kognitiver Anpassung in Prozessen selektiver Kommunikation mit unterschiedlichen Komplexitätsanforderungen an Sender und Empfänger. (3) O. J. Harvey, David E. Hunt, Harold M. Schroder, *Conceptual Systems and Personality Organization*, New York, London 1961 – eine Theorie kognitver Komplexität psychischer Systeme, die Hypothesen über Korrelationen zwischen hoher kognitiver Komplexität und Fähigkeit der Verarbeitung von Umweltkontingenzen nahelegt. (4) Jack W. Brehm, *A Theory of Psychological Reactance*, New York, London 1966 – eine zusammenfassende Behandlung der Reaktionsweisen auf erlebte Freiheits-(= Selektions-)Einschränkungen. (5) Harold H. Kelley, »Attribution Theory in Social Psychology«, in: David Levine (Hg.), *Nebraska Symposium on Motivation 1967*, Lincoln 1967, S. 192-238 – eine Theorie, die ihren Ausgangspunkt in Unterschieden der Zurechnung von Selektionen (bei Kelley: »dispositional properties«) hat und in der weiteren Forschung zu einem wichtigen Verbindungsstück zwischen kognitiver Psychologie und motivationaler Psychologie geworden ist.

viel generellere Struktur, die wir unter dem Gesichtspunkt der *nicht oder weniger kontingenten Beziehung zwischen Kontingentem* begreifen müssen. Wir stoßen damit auf einen Sachverhalt, für den auf der Basis von Freiheit die Kantische Theorie der Moral und des Rechts das Modell geliefert hat.[115]

Selbst Beliebiges könnte nicht beliebig kombiniert werden. Sobald Kontingentes zu anderem in Beziehung gesetzt wird, reduzieren sich seine anderen Möglichkeiten auf das, was mit dieser Beziehung noch kompatibel ist. Durch Relationierung werden die »an sich« vorhandenen Möglichkeiten des Andersseins beschränkt. Dies gilt, wie immer man jenes »An sich« interpretiert, für alle vorkonstituierten Kontingenzen, gleichgültig, wie sie zustande gekommen sind und wovon sie abhängen.[116] Jede Relationierung von Kontingentem wirkt mithin selbstselektiv in bezug auf die eigenen Möglichkeiten. Sie ist notwendig weniger beliebig als die Kontingenzen, die sie aufeinander bezieht; sie zügelt sie durch Bedingungen der Verknüpfbarkeit. Dies gilt auch dann, wenn die Beziehung selbst kontingent gewählt ist, und selbst dann, wenn ihre Funktion für die Reduktion des Kontingenten reflektiert und als Ge-

115 Zugleich impliziert die Kantische ebenso wie unsere Fragestellung eine Umkehrung des scholastischen Problems der *complexio contingens*. Es geht nicht um den Einsatz von Kontingenz bei der Verknüpfung der notwendig-einfachen Termini (vgl. z. B. Johannes Duns Scotus, »Ordinatio I dist 39 n 7 und 13«, in: *Opera Omnia*, Bd. VI, Civitas Vaticana 1963, S. 406f., 414f.), sondern umgekehrt um die Reduktion der ursprünglichen Kontingenzen durch Relationierung. Infolgedessen gilt auch nicht »ex multis contingentibus non potest fieri unum necessarium« (Thomas von Aquino, *Summa contra Gentiles*, III. 86), sondern das Umgekehrte: Nur so kann, wenn man einmal von einer Art supramodalen Notwendigkeit der Kontingenz selbst absieht, Notwendiges (oder sagen wir: erschwert Negierbares) als System entstehen.

116 Das Argument präjudiziert mithin, zur Vermeidung von Mißverständnissen sei dies noch angeführt, nichts in der Frage des Ursprungs, des Anfangs der Welt oder des letzten Grundes der Freiheit.

sichtspunkt der Ermöglichung gesteigerter Kontingenzen benutzt und gerechtfertigt wird[117] – so zum Beispiel in dem weiter unten[118] zu erörternden Konzept der »Stelle«.

Unsere These ist, daß hier die Ausgangsbedingungen für die Bildung und die Funktion sozialer Systeme lokalisiert sind. Unter den angegebenen Bedingungen doppelter Kontingenz entstehen mit jeder Aufnahme von Kontakt *Beziehungen zwischen Selektionsleistungen* in dem Sinne, daß der Möglichkeitsraum einer Selektion durch bereits erfolgte oder antizipierte andere Selektionen *konstituiert* und *reduziert* wird. Beim Zusammentreffen mehrerer Partner bilden diese daher zwangsläufig ein System im Sinne einer Interdependenz ihrer Möglichkeitsräume und ihrer Selektionen. Selbst schärfste wechselseitige Negation setzt eine Überschneidung und wechselseitige Bestimmung des Möglichen voraus.[119]

Es ist wichtig, die Zwangsläufigkeit zu erkennen, die darin liegt. Sie beruht auf der Existenz eines Überschusses an Möglichkeiten, der mit allem intersubjektiv konstituierten und apperzipierten Sinn gegeben ist. Niemand kann *alle* seine Möglichkeiten realisieren (niemand kann zugleich in all die Richtungen laufen, in die er laufen könnte), zumal jeder Selektionsschritt neue Möglichkeiten eröffnet. Man muß an Selektionen anknüpfen, um überhaupt wählen zu können – sei es an schon erfolgte, sei es an antizipierte. Es ist nicht

117 Die logische Struktur dieses Arguments erfordert mithin eine Relativierung des Begriffs der Kontingenz auf (möglicherweise verschiedene) Bedingungen der Möglichkeit.

118 Siehe dazu Teil 2, Kap. III.2(c).

119 »In certain contexts, two such characters may confront each other as bluntly as yes and no, thus ›negating‹ one another. But they can do so only insofar as they share some field in common, thus overlapping in a Realm of Maybe«, formuliert Kenneth Burke, »A Dramatistic View of the Origins of Language«, *The Quarterly Journal of Speech* 38 (1952), S. 251-264, 446-460; 39 (1953), S. 79-92, 209-216 (91).

möglich, Entscheidungen zu treffen, ohne Entscheidungen zu akzeptieren. Bis zu einem gewissen Grade muß man daher hinnehmen, *was* andere gewählt haben, einfach *weil* andere gewählt haben. Das Bewußtsein kann seine eigene Selektivität nur in bezug auf Selektionen anderer organisieren. Die Unmöglichkeit der Wahl aller Möglichkeiten macht eine Isolierung und Autarkie einzelner Selektionen unmöglich. Selektivität steht, einmal konstituiert, unter Organisationszwang.

Erst *innerhalb* von zwangsläufig konstituierten Sozialsystemen kann sich dann das engere Problem der Abstimmung von Selektionsleistungen im Interesse der Fortsetzung des Systems unter für alle erträglichen Bedingungen stellen. Der organisch nicht ausreichend koordinierte Überschuß an Selektionsmöglichkeiten bildet die Voraussetzung für die Entstehung eines neuen Systemtyps »soziales System«, in dem dann sehr unterschiedliche Anspruchsniveaus in bezug auf Koordination, Integration, Wertkonsens gebildet werden können – und irgendwelche Anspruchsniveaus in dieser Hinsicht sich einspielen müssen. Der Überschuß an Möglichkeiten zwingt mithin, wo immer soziale Kontakte stattfinden, zu abgestimmter Selektivität und damit zur Konstitution neuartiger Reduktionsweisen. Unter dieser Voraussetzung setzt jeder »Zufall« einer sozialen Begegnung einen Prozeß »selektiver Akkordierung«[120] in Gang, der situationsweise abgebrochen oder fortgesetzt werden kann, bei Fortsetzungen aber zwangsläufig unter Bedingungen operiert, die er auf angebbare Weise selbst konstituiert. Aus Zufall entsteht somit wie durch Katalyse eine überlagernde Ebene der In-

120 Diese Formulierung auf Grund von Beobachtungen im besonderen Milieu der Verwaltung bei Fritz Morstein Marx, *Das Dilemma des Verwaltungsmannes*, Berlin 1965, S. 198.

teraktion, die als mindestes Geschichte erzeugt, nämlich die Geschichte dieser Interaktion – Sozialsystemgeschichte.[121] Mit einer eigenen Geschichte erzeugt das so entstehende System zugleich eigene Relevanzen und grenzt sich gegenüber einer Umwelt ab. Was so entsteht, ist jedenfalls eine Diskontinuität zwischen System und Umwelt – konkret begriffen zunächst vielleicht nur als hier und dort, dieses und jenes, wir und andere.

Diese *genetische* Hypothese, wonach unter den angegebenen Bedingungen in Zufallssituationen zwangsläufig Systeme entstehen, läßt sich auch als *funktionaler* Zusammenhang formulieren und dadurch präzisieren. Im Übergang von einer genetischen zu einer funktionalen Betrachtungsweise wird postuliert, daß Zufall der Entstehung nicht auch Zufall der Erhaltung ist, daß vielmehr in der Erhaltung eines Sozialsystems mit doppelkontingenter Selektivität ein Problem liegt, an dessen Lösung ein Interesse besteht. Dabei bezieht sich das Erhaltungsproblem nicht ausschließlich auf die Struktur des jeweiligen Sozialsystems – so die sogenannte strukturell-funktionale Theorie –, sondern vorgängig auf die *Erhaltung jener doppelkontingenten Selektivität*. Denn darin liegt die *Bedingung der Regenerationsfähigkeit sozialer Systeme*.[122] Über die Erhaltung doppelkontingenter Selektivität kann im Prinzip die Neuerzeugung des Systems, also die Auswechselbarkeit je-

121 Hierzu und zum späten, voraussetzungsvollen Charakter von »Weltgeschichte« Niklas Luhmann, »Weltzeit und Systemgeschichte: Über Beziehungen zwischen Zeithorizonten und sozialen Strukturen gesellschaftlicher Systeme«, in: Peter Christian Ludz (Hg.), *Soziologie und Sozialgeschichte (Sonderheft 16 der Kölner Zeitschrift für Soziologie und Sozialpsychologie)*, Opladen 1973, S. 81-115.

122 Mit der Formulierung »Bedingung der Regenerationsfähigkeit sozialer Systeme« ersetzen wir die im 19. Jahrhundert übliche, von Marxisten noch heute benutzte Vorstellung von der »Reproduktion«, die auf den Gattungsbegriff Menschheit bezogen war.

der Struktur ermöglicht werden. Multizentrische Freiheit der Selektion ist eine gleichsam substrukturelle Vorbedingung, die im System als strukturelle Errungenschaft erhalten werden kann und zugleich die Regenerationsfähigkeit des Systems, also die Bedingungen ihrer eigenen Erhaltung fundiert.[123]

3. Handlung als Reduktion

Ein erster Schritt zur Systembildung besteht – für psychische Systeme ebenso wie für soziale Systeme – in der Reduktion auf Handlung. Das ist zunächst nur eine tautologische Bestimmung, denn unter Handeln soll hier und im folgenden jeder sinnorientierte selektive Prozeß verstanden werden, sofern er einem System zugerechnet wird.[124] Handlungen sind in diesem Verständnis mithin nicht natürliche Vorgegebenheiten der Systembildung, gleichsam Material, das zur Kombination von Systemen verwendet oder auch als unbrauchbar verworfen werden kann.[125] Vielmehr ist Handlung ohne Zurechnung auf Systeme gar nicht denkbar, die Frage »wer handelt?« muß schon in der Vorstellung des Handelns mitbeantwortet sein; und umgekehrt erfordern Systembil-

123 Auf die Bedeutung von Sprache (bzw. Erhaltung von Sprache) als einer Bedingung der Regenerationsfähigkeit sozialer Systeme, die sich aus diesen Überlegungen ergibt, soll an dieser Stelle nur hingewiesen werden. Mehr dazu unten in Teil 2, Kap. II.2.

124 Auf die Problematik des Zurechnens kommen wir unten im Zusammenhang der Theorie generalisierter Kommunikationsmedien (in Teil 3, Kap. II) ausführlich zurück.

125 Einen solchen Handlungsbegriff hatte die frühe Theorie der bürgerlichen Gesellschaft zugrunde gelegt. Vgl. dazu Friedrich Jonas, »Zur Aufgabenstellung der modernen Soziologie«, *Archiv für Rechts- und Sozialphilosophie* 52 (1966), S. 349-375 (363ff.). Er hing zusammen mit der Interpretation von Kontingenz als (natürlicher) Freiheit.

dungen eine Klärung der Zurechnungsfrage, um selektive Prozesse entweder im System oder in der Umwelt verankern zu können.[126]

Ein über Zurechnung definierter Handlungsbegriff setzt einen Gegenbegriff voraus, nämlich einen Begriff für Selektionen, die nicht dem System, sondern der Welt zugerechnet werden. Wir wollen weltzugerechnete Selektionen *Erleben* nennen.[127] Reduktion auf Handlung erfordert somit eine

126 In der Parsonsschen Theorie des Handlungssystems wird dieses Problem durch Verlagerung auf die analytische Ebene »gelöst«, nämlich dadurch, daß Parsons System durch Handlung definiert und bei der Definition des Handlungsbegriffs einen nur analytischen Begriff des »actors« einführt, dem keine Realität entspricht. Real findet sich jeder Handelnde immer in einer Situation, und nur Beziehungen zwischen Handelnden-in-Situationen können als Systeme behandelt werden. So besonders klar in: »An Approach to Psychological Theory in Terms of the Theory of Action«, in: Sigmund Koch (Hg.), *Psychology: A Study of a Science*, Bd. III, New York u. a. 1959, S. 612-711 (614): »The actor is not conceived as *one* system which acts in relation to a situation (or environment) which is then treated as another system; actor and situation *together* constitute the system of reference. This is as much the case for a psychological system, as a system, as for the other types.« Deshalb ist Parsons genötigt, zwischen Situation und Systemumwelt begrifflich zu unterscheiden, und genau darin sieht er einen Fortschritt im Vergleich zu älteren behavioristischen Organismus/Umwelt-Konzepten. Offen bleibt dabei der Realitätsbezug der Identität dessen, was Parsons »actor« nennt. Einen Ausweg aus diesem Problem suchen wir mit der These der Simultankonstitution von System und Handlung. Ähnliche Schwierigkeiten mit einem systemfrei konzipierten Handlungsbegriff tauchen auf, wenn man nach der Identität (Einheit) einer Einzelhandlung fragt. Auch hier ist es kein befriedigender Ausweg, dem Forscher die Festlegung des »unit act« im analytischen Interesse zu überlassen – siehe außer Parsons z. B. Georg Karlsson, *Adaptability and Communication in Marriage*, Totowa [2]1963, S. 14ff. –, da ja auch die Handelnden selbst wissen müßten, wann eine Handlung anfängt bzw. aufhört.

127 Vielleicht befremdet an dieser Definition neben der formalen Gegenüberstellung, die bereits Kritik gefunden hat (Habermas, »Theorie der

Differenzierung von Erleben und Handeln durch unterschiedliche Zurechnungen und unterschiedliche Folgenanknüpfungen. Sie ist außerdem darauf angewiesen, daß im sozialen Verkehr ein ausreichender Zurechnungskonsens laufend hergestellt werden kann.

Dies vorausgeschickt, läßt sich nunmehr zeigen, daß die Zurechnung als Handlung in bestimmter Weise »verdient« wird, und zwar dadurch, daß die Handlung Komplexität reduziert. Sie ordnet ihren eigenen Sinn – anders als das Erleben den erlebten Sinn – einem System (oder auch mehreren Systemen zugleich) zu. Damit erfüllt das Handeln in der Bestimmung des eigenen Sinnes jene doppelrelationale Funktion, jenes Relationieren von Relationen, das wir im Abschnitt über Komplexität[128] erörtert hatten. Jede Handlung ist gehalten, aus den Möglichkeiten des Systems, dem sie sich zuordnet, auszuwählen; das heißt insbesondere: qualifiziertes Element zu sein, das sich auf eine oder einige andere Handlungen im System bezieht, nicht aber auf alles, was möglich ist. Diese Selbstrelationierung des Handelns erfordert immer eine Art Kompromiß mit der Umwelt des sozialen Systems, zumindest mit der eigenen psychischen Struktur der Per-

Gesellschaft oder Sozialtechnologie?«, S. 202ff.; Werner Loh, *Kritik der Theorieproduktion von N. Luhmann und Ansätze für eine kybernetische Alternative*, Frankfurt/M. 1972, S. 48ff., 66ff.), die Definition von Erleben durch Selektion – statt etwa durch Rezeption. Dafür ist bestimmend, daß wir nur Ereignisse, nicht Bestände für erlebbar halten, also nur Veränderungen (einschließlich Sedimenten von Veränderungen), an denen die Kontingenz noch ablesbar ist. Ferner muß beachtet werden, daß die Begriffe System und Welt nicht (wie System und *Umwelt) wechselseitig exklusiv sind.* Wir halten damit die Möglichkeit offen, daß ein System sich selbst erlebt, wenn und soweit es in der Lage ist, seine Selektionen als Weltgeschehen zu objektivieren. Dazu näher unten, Teil 3, Kap. II.2.

128 Vgl. oben, Kap. I.1.

son des Handelnden, die auch über andere Möglichkeiten und Handlungsbereitschaften verfügt, zumeist aber auch mit Strukturen der physisch-organischen Umwelt, mit zeitlichen Beschränkungen, mit weiteren externen Sozialsystemen usw. Handeln wird, mit anderen Worten, identifizierbar und zurechenbar dadurch, daß es sowohl internen als auch externen Bedingungen der Möglichkeit genügt.

In sozialen Systemen ergibt sich die besondere Lage, daß mit einer Mehrheit von psychisch schon konstituierten Zurechnungseinheiten zu rechnen ist. Das Handeln des Alter ist, gerade wenn es ihm zugerechnet wird, für Ego bloß Erleben und umgekehrt. Ego kann sich selbst mithin durch Zuschreibung von Handlung an sein Gegenüber Alter von Selektionsverantwortung entlasten und damit zugleich die effektive Selektionsleistung des Partners überschätzen. In der psychologischen Forschung hat man denn auch festgestellt, daß Beobachter zur »overattribution« von Handlung neigen, nämlich häufiger internal zuschreiben als Handelnde in bezug auf sich selbst.[129] Das mag mehrere, teils kognitive, teils motivationale Gründe haben. Im Ergebnis wird jedenfalls der Kausalkontext möglicher Zurechnungen durch solche Reduktion auf Handlung erheblich vereinfacht.

Dieser Effekt der Überschätzung der Handlungsförmigkeit selektiver Prozesse verstärkt sich, wird nämlich wechselseitig forciert, wenn es zur Interaktion kommt. Dann sind beide Seiten als Beobachter und als Verhaltende beteiligt. Es wird auf beiden Seiten zugleich erlebt und gehandelt, aber gerade dieses Zugleich setzt die Differenzierung von Erleben

129 Vgl. zusammenfassend Edward E. Jones, Richard E. Nisbett, »The Actor and the Observer: Divergent Perceptions of the Causes of Behavior«, in: Edward E. Jones u. a. (Hg.), *Attribution: Perceiving the Causes of Behavior*, Morristown 1971, S. 79-94.

und Handeln voraus.[130] Eben deshalb kann man sich darauf beschränken, das Handeln zu regulieren und das Erleben gleichsam folgen zu lassen. Eine für Systembildung ausreichende Reduktion liegt bereits darin, daß man das selektive Geschehen multizentrisch verorten, es Personen als Selektionszentren zurechnen, es daher auch erwarten und mit Folgen verknüpfen kann. Konstitutionsbedingung ist hier nur die *Möglichkeit, Selektionen als Handeln behandeln zu können.* Ein soziales System braucht nicht selbst als Zurechnungseinheit zu fungieren, nicht selbst handlungsfähig zu sein. Andererseits gibt es durchaus handlungsfähige Sozialsysteme. Wir wollen sie im Anschluß an Parsons Kollektive nennen. Aber das ist ein Unterfall, der nur unter besonderen Bedingungen realisiert werden kann. Ein Kollektiv liegt nur vor, wenn Handlungen (nicht notwendig: alle Handlungen im System) dem sozialen System selbst und nicht nur den teilnehmenden Personen zugerechnet werden können, und das setzt besondere Vorkehrungen über Zurechnungskonsens, Bindungswirkungen, praktisch also Organisation und ein Mindestmaß an Wertkonsens voraus.[131] Die alteuropäische

130 Daß unter der Voraussetzung von Reflexivität die Verhältnisse noch komplizierter werden, daß man miterleben kann, wie andere das eigene Handeln erleben, dann auch das eigene Handeln erleben kann, sei vorerst nur angedeutet. Daß daraus kein Einwand gegen die Unterscheidung hergeleitet werden kann, sollte klar sein.

131 Bei Parsons schwanken die Definitionen von »collectivity« zwischen Wertkonsens und Handlungsfähigkeit. Vgl. z. B. *The Social System*, S. 41, 96ff., einerseits und Talcott Parsons, Neil J. Smelser, *Economy and Society*, Glencoe 1956, S. 15, andererseits. Diese Mehrdeutigkeit in einem engeren Begriff für »verdichtete« soziale Systeme findet sich bereits bei Robert Park, an den Parsons vermutlich anschließt. Vgl. Robert Park, »Reflections on Communication and Culture«, *American Journal of Sociology* 44 (1938), S. 187-205, und ders., »Symbiosis and Socialization: A Frame of Reference for the Study of Society«, *American Journal of Sociology* 45 (1939), S. 1-25.

Tradition hatte ihren Begriff der Gesellschaft auf das Faktum politischer Organisation gestützt und deshalb Handlungsfähigkeit der Gesellschaft unterstellen können. Genau dies ist jedoch schon für die bürgerliche Gesellschaft und erst recht für das heutige Gesellschaftssystem fragwürdig geworden.[132] Um die Frage der Handlungsfähigkeit sozialer Systeme formulieren zu können, brauchen wir einen »weicheren«, nicht schon definitionsmäßig auf Handlungsfähigkeit festgelegten Begriff des sozialen Systems. Er bezeichnet die Notwendigkeit, bei Eintreten in Situationen mit doppelkontingenter Selektivität sich durch Prozesse selektiver Akkordierung von einer Umwelt nichteinpaßbarer Möglichkeiten abzusetzen.

Im Anschluß an diese Klärung der Relevanz des Handelns für den Aufbau sozialer Systeme können wir die oben[133] abgebrochenen Überlegungen zur Interpenetration von Personen in soziale Systeme wiederaufnehmen und fortsetzen. Wir sehen nun deutlicher, daß die Reduktion auf Handlung Zurechnungsadressen erfordert und Personen in dieser Funktion in Anspruch nimmt, ohne sie damit als psychische Systeme total zu inkorporieren. Daß dies geschieht, um soziales Handeln zu ermöglichen, gibt uns den Leitfaden für die beiden folgenden Abschnitte; und zwar werden wir uns zunächst der sachlich-inhaltlichen Bestimmung des Handelns (4) und sodann unter dem Titel Moral (5) der spezifisch sozialen Ordnung seiner Selektivität zuwenden.[134]

132 Das betont in einer Kritik der Gleichsetzung von »society« und »collectivity« bei Parsons auch M. H. Lessnoff, »Parsons' System Problems«, *The Sociological Review* 16 (1968), S. 185-215 (186).

133 Vgl. Kap. I.4.

134 Die Unterscheidung von Sachdimension und Sozialdimension wird erst später eingehend erörtert werden können, weil dies Vorklärungen über Weltkonstitution durch Gesellschaft voraussetzt. Vgl. unten, Teil 4, Kap. I.2 und I.3.

4. Wert, Programm, Rolle, Person

In der Frage, wie es zur selektiven Bestimmung des sachlichen Sinnes von Handlungen kommt, genügt es nicht, die konkreten Merkmale aller vorkommenden Handlungen zusammenzustellen und zu häufig vorkommenden, allgemeinen oder gar notwendigen Wesensmerkmalen zu aggregieren. Man muß vielmehr verschiedene Ebenen der Sinnbestimmung unterscheiden, die in je verschiedener Weise Aspekte des Handelns festlegen und, zumindest in komplexeren Sozialsystemen, normalerweise nicht alle zugleich benutzt werden. In dieser Auffassung konvergieren eine Reihe neuerer Theorieansätze, allerdings mit erheblichen Divergenzen in der Definition der Ebenen selbst.[135] Unser Vorschlag ist, nach Maßgabe von Graden der Abstraktion Werte, Programme, Rollen und Personen im Sinne von biographisch bestimmten, gelernten Verhaltensprämissen zu unterscheiden und mit diesen Begriffen Ebenen angemessener Negierbarkeit und damit möglicher Bestimmbarkeit zu bezeichnen. Der Unterschied der Ebenen liegt dann darin, daß die Negation auf der einen Ebene entsprechende Kontrastbegriffe erfordert (Werte erfordern zum Beispiel Unwerte, aber nicht Unpersonen)[136] und

135 Talcott Parsons unterscheidet bekanntlich im Rahmen des Konzeptes der Kontrollhierarchie »values, norms, collectivities, roles«. Vgl. z. B. »Durkheim's Contribution to the Theory of Integration of Social Systems«, in: Kurt H. Wolff (Hg.), *Emile Durkheim 1858-1917*, Columbus 1960, S. 118-153 (122ff.). Neil J. Smelser, *Theory of Collective Behavior*, New York 1963, S. 34ff., unterscheidet »values, norms, mobilization into organized roles, situational facilities«. Theodore M. Mills, *The Sociology of Small Groups*, Englewood Cliffs 1967, S. 57ff., unterscheidet »values, goals, norms, emotion, behavior«.

136 Siehe dazu die Ausführungen über »levels of contrast« am Beispiel von Krankheitsterminologien bei Charles O. Frake, »The Diagnosis of Dis-

daß Negationen auf der einen Ebene nicht ohne weiteres auch Negationen auf der anderen Ebene implizieren. Zwischen den Ebenen bestehen dann nur limitationale Verhältnisse in dem Sinne, daß die Negationen der einen Ebene nur deren Handlungsaspekte bestimmen und zugleich einschränken, welche Bestimmungen auf den anderen Ebenen dann noch möglich sind.

Werte sind abstrakte Gesichtspunkte des Bevorzugens von Handlungen. In sozialen Situationen fungieren sie, wenn institutionalisiert, als fraglos voraussetzbare Prämissen der Kommunikation, für die man Übereinstimmung auch bei unbekannten Kommunikationspartnern unterstellen kann. Das muß auf doppelte Weise bezahlt werden: mit Lockerung des Handlungsbezuges und mit Verzicht auf Konsistenzkontrolle im Verhältnis der vielen Werte zueinander.[137] Handeln kann deshalb einem Wert genügen und andere Werte verletzen. Die »Wertordnung« schließt das nicht aus. Deshalb kann man unter Berufung auf Werte allein keine Handlungsselektion begründen.

Programme formulieren mit Hilfe von Zwecken oder Bedingungen Regeln für die Bestimmung der Richtigkeit oder Brauchbarkeit des Handelns. Sie erreichen durch die Prätention, Wertungsdiskrepanzen zum Ausgleich zu bringen, größere Konkretheit, allerdings unter Verzicht auf universelle Verwendbarkeit und unter Verzicht auf natürlich-fraglose Geltung. Ihre Geltung wird, wenn bestritten, auf Entscheidungen zurückgeführt, hat also den Modus der Positivität. Die für diese Ebene der Programme geltende allgemeine Wertidee, die die für Werte selbst nicht erreichbare Konsistenz des Ne-

ease Among the Subanun of Mindanao«, *American Anthropologist* 63 (1961), S. 113-132.

137 Dazu näher Luhmann, *Zweckbegriff und Systemrationalität*, S. 33ff.

gierens ihrerseits bewertet, ist die Idee der Gerechtigkeit.[138] Das erklärt ihre seit Aristoteles vieldiskutierte Ausnahmestellung, ihre Funktion des Maßes im Reich der Werte, die sie gerade als Wert wiederum nicht erfüllen kann.

Rollen sind nochmals konkreter zugeschnittene Handlungsbestimmungen, die auf das mögliche Verhaltensrepertoire einer Einzelperson in standardisierten sozialen Situationen bezogen sind. Die Bedeutung gerade dieses Identifikationsgesichtspunktes ist maßlos überschätzt worden.[139] Nur ein geringer Bereich des Alltagsverhaltens ist tatsächlich rollenspezifisch festgelegt. Es handelt sich keineswegs, wie besonders Parsons gemeint hat, um die universale Kategorie der Interpenetration, um den Elementbegriff sozialer Systeme schlechthin.[140] Aber Rollen bieten, ähnlich wie Programme, eine Chance zu weitgehender struktureller Differenzierung und zugleich einen Fixpunkt für die Rekrutierung und Mobilisierung von Personen, der für den strukturellen Aufbau besonders der modernen Gesellschaft unentbehrlich ist.[141]

Personen schließlich sind, wenn man von ihrem Charakter als Systeme eigener Art abstrahiert, im Kontext sozialer Systeme Komplexe von biographisch aufgebauten, gelernten Verhaltensprämissen, die für andere Teilnehmer an sozialer Kommunikation zum Orientierungsfaktor werden. Personen sind in diesem Sinne zunächst ein sachlicher Orientierungs-

138 Hierzu auch Luhmann, »Gerechtigkeit in den Rechtssystemen der modernen Gesellschaft«.

139 Einen Eindruck von der kulturellen Variationsbreite des Ausmaßes der Festlegung durch Rollenerwartungen vermittelt John F. Embree, »Thailand – a Loosely Structured Social System«, *American Anthropologist* 52 (1950), S. 181-193.

140 Siehe namentlich Parsons, *The Social System*, z. B. S. 25 f., 38 ff.

141 Zur Besonderheit von Rollen, die als Stellen im Hinblick auf die Mobilisierung der Personen und der Programme rationalisiert werden, siehe unten, Teil 2, Kap. III.2(c).

faktor, der sowohl die Kommunikation mit ihnen als auch die Kommunikation über sie limitiert und dadurch zur Handlungsbestimmung beiträgt.

Die Orientierungsfunktion von Personalität erfordert konkrete Stereotypisierungen, die das psychische System, das gemeint ist, wie ein Korsett einfassen können; vorliegende Erfahrungen mit bestimmten Personen gerinnen zur Regel, und weder Fremdeinschätzung noch Selbsteinschätzung können unter dem Zwang, eigene Selektionen einzuschließen, das genau und wirklichkeitsgerecht erfassen, was an systematisierter psychischer Wirklichkeit vorliegt.[142] Diese Festlegung durch das, was die Person zu zeigen gelernt hat, ist nicht zu verwechseln mit der Festlegung durch Rollen. Sie erfordert gerade Distanz von und Spielraum in Rollen,[143] wirkt dann aber sehr viel drückender und verpflichtender, weil individueller zugeschnitten und mit eigener Beteiligung zustande gekommen.

Die Spezifikation dieser Ebenen ist, wie einleitend angedeutet, vor allem eine solche möglicher Negationen. Diese Spezifikation orientiert, ohne festzulegen: Man kann den Wert der Gesundheit zurücksetzen oder die Rolle als Mutter ablehnen. Jede solcher Negationen führt dann aber in einen sehr begrenzten Optionsraum, dessen Antizipation den Wert bzw. die Rolle schützen und halten kann (aber nicht muß). Und obwohl Gesundheit oder Mutter keine Person ist, läßt

142 Siehe hierzu auch den Begriff des »Individualitätsmusters« bei Heinrich Popitz, *Der Begriff der sozialen Rolle als Element der soziologischen Theorie*, Tübingen 1967, S. 15f. Zum Grade der Selbstbindung an die eigene Biographie und zu Dispositionsfreiheiten in Ausnahmesituationen vgl. auch Erving Goffman, *The Presentation of Self in Everyday Life*, Garden City [2]1959, insb. S. 218ff., und Sherri Cavan, *Liquor License: An Ethnography of Bar Behavior*, Chicago 1966.

143 Dazu als Forschungsüberblick Lothar Krappmann, *Soziologische Dimensionen der Identität*, Stuttgart 1971, S. 133ff.

Bejahung ebenso wie Verneinung dieser Gesichtspunkte nicht mehr beliebig viele Möglichkeiten offen, Person zu sein.

Auf allen diesen Ebenen, also auch durch das Personsein, werden nur Verhaltens*prämissen* festgelegt und nicht die Handlungen selbst. Die konkreten Handlungen werden erst in der Situation »ausgehandelt«, und dabei kann die Situation Verstöße gegen die Prämissen nahelegen. Werte, Programme, Rollen und Personen präformieren die Sinnhaftigkeit eines Handlungsrahmens in zumeist normativer oder quasinormativer Weise, aber sie schließen weder je für sich noch insgesamt abweichendes Verhalten zwingend aus – ganz abgesehen davon, daß es zumindest in allen komplexeren Gesellschaften auch Sinngebung für abweichendes Verhalten durch »subkulturelle« Werte, Programme, Rollen oder Persontypisierungen (»Stigmatisierungen«) gibt.[144] Diese Feststellung ist nur ein Korollarium der These, daß personales und soziales System nicht kongruent, sondern wechselseitig füreinander Umwelt sind. Werte, Programme, Rollen und Personen leisten nur die Interpenetration zurechenbaren Handelns in das soziale System, nicht aber ohne weiteres auch die volle »Sozialisation« bzw. soziale Integration der psychischen Systeme in dem Sinne, daß diese dann das entsprechende Verhalten ohne weiteres als eigenes wollen.[145]

144 Unsere Analyse führt uns demnach nicht zu der gelegentlich vertretenen Auffassung, daß die Grenzen des sozialen Systems auf der Schnittlinie zwischen konformem und abweichendem Verhalten verliefen. So z. B. Kai T. Erikson, »Notes on the Sociology of Deviance«, *Social Problems* 9 (1962), S. 307-314 (309); ders., *Wayward Puritans: A Study in the Sociology of Deviance*, New York u. a. 1966, insb. S. 9 ff.

145 Hier liegt eine grundsätzliche Differenz zur Parsonsschen Theorie. Für Parsons ist die Hierarchie von Wert/Norm/Kollektivität/Rolle nicht nur eine solche der Sinnbestimmung des Handelns, sondern damit zugleich, ja unterschiedslos, auch die Sozialisation psychischer Systeme selbst mit der Folge, daß Sozialisationseffekte überschätzt oder jeden-

Und auch diese Aussage müssen wir nochmals einschränken. Weil nämlich sachlicher Sinn Handlungsselektionen nicht determiniert, wird selbst dann, wenn man die situativ in Frage kommenden Werte, Programme, Rollen und Personen kennt oder zu kennen meint, immer noch eine zweite, spezifisch soziale Sinndimension relevant. Sie bezieht sich auf das Problem doppelter Kontingenz und steckt in der Frage, zu welchem Erleben und Handeln der jeweils andere sich in einer solchen Lage faktisch motivieren läßt. Erst in dieser Dimension wird Freiheit thematisch – auch und gerade dann, wenn man Zwang auszuüben versucht. Die Interpenetration über sachlich-sinnhafte Identifikationsgesichtspunkte besagt nämlich nur, daß nach Maßgabe des Abstraktionsgrades der jeweils gewählten Sinnebene Wahlfreiheiten möglich sind; erst in der Sozialdimension werden sie als Verhaltenskontingenz des jeweils anderen zugeschrieben und konkret in Anspruch genommen. Und *beides* ist Voraussetzung für Interpenetration. Und *beides* führt nicht zu einer sozialen Determination oder Inkorporation psychischer Systeme.

5. Moral

Der Begriff der Interpenetration auf der Basis der bleibenden (nicht: aufgehobenen!) Unterscheidung personaler und sozialer Systeme einerseits und die Unterscheidung von sachlich-sinnhafter und sozial-kontingenter Interpenetration andererseits bieten uns den Ausgangspunkt für eine soziologische Behandlung von Moralen. Im Gegensatz zur Durkheim-Parsons-Tradition grenzen wir den Moralbegriff deutlich

falls in ihrem Erklärungswert für den Bestand komplexer Sozialordnungen überschätzt werden.

ab sowohl gegen Prozesse der Sozialisation, mit denen soziale Systeme, und dies keineswegs nur als Moralen, sondern zum Beispiel auch als Sprachen, die Strukturbildung in psychischen Systemen beeinflussen; und ferner gegen diejenigen Sinnstrukturen wie Werte oder Normen oder Rollen, die Handlungsintentionen inhaltlich vorprägen, um sie zu differenzieren und situativ anwendbar zu machen. Wir beziehen den Begriff der Moral statt dessen auf die spezifische Funktion, Interpenetration personaler in soziale Systeme in sozialer Hinsicht, also mit Rücksicht auf doppelkontingente Selektivität, zu ermöglichen.

Sobald Ego und Alter aus welchen (zufälligen) Gründen immer in eine Beziehung mit doppelkontingenter Selektivität geraten, sich wechselseitig Handlungen zurechnen und infolgedessen jeweils füreinander Alter Ego sind, wird für die Orientierung in diesem Selektionszusammenhang und für dessen Fortsetzung die Frage relevant, wie die Beteiligten je für sich ihr Ego-und-Alter-und-Alter-Ego-Sein integrieren. Mead hatte diesen Prozeß »taking the role of the other« genannt.[146] Jeder ist gehalten, die Selektivität des anderen in die eigene Identitätsformel einzubauen, denn nur so kann er seine Operationen in dieser Beziehung fortsetzen. Das kann auf sehr verschiedene, sehr individuelle Weise geschehen je nach den Ausgangsbedingungen in der psychischen Struktur und ihrer persönlichen Geschichte. Zugleich ist aber die Frage, wie der einzelne dieses Problem löst, von eminent so-

146 Siehe George H. Mead, *Mind, Self and Society from the Standpoint of a Social Behaviorist*, Chicago 1934, insb. S. 254, 354ff.; ders., *The Philosophy of the Act*, Chicago 1938, passim. Vgl. auch Ralph Turner, »Role-Taking: Process Versus Conformity«, in: Arnold M. Rose (Hg.), *Human Behavior and Social Process: An Interactionist Approach*, Boston 1962, S. 20-40. Inzwischen hat sich in der Soziologie jedoch ein andersartiges Verständnis des Rollenbegriffs durchgesetzt.

zialem Interesse. So ist es nahezu unvermeidlich, daß darüber direkt oder indirekt kommuniziert wird.

Das Problem ist aber infolge der perspektivischen Verschränkung für Kommunikation, ja zumeist sogar für Bewußtseinsleistungen viel zu komplex. Es wird für die Beteiligten so nicht zugänglich. Viel mehr als die einfache Relativität von Ich/Du-Bezeichnungen, die klarstellt, daß jeder weiß, wer gemeint ist, kann man einem normalen Kommunikationsprozeß nicht zumuten. Daher wird über die Integration der wechselseitig verschränkten Perspektiven und Identitäten nur in vereinfachter Form kommuniziert. Als Indikator für einen akzeptierbaren Einbau des Ego als Alter und als Alter Ego in die Sichtweise und Selbstidentifikation seines Alter dient der Ausdruck von *Achtung* und die Kommunikation über Bedingungen wechselseitiger Achtung. Das Gelingen perspektivisch integrierter Kommunikation wird mit Achtung entgolten, was durchaus kompatibel sein kann mit Vorteilen und mit Nachteilen auf der Ebene der Interessen.[147] Ego achtet Alter und zeigt ihm Achtung, wenn er sich als Alter im Alter wiederfindet, wiedererkennen und akzeptieren kann oder doch entsprechende Aussichten zu haben meint. Mit Hilfe einer derart vereinfachten Kommunikation über Achtung kann man dann neue Ebenen der Subtilität erreichen, kann direkt sagen oder auch andeuten oder erraten lassen, welches Erleben und Handeln Achtung einträgt und mit welchen Graden der Relevanz, der Dauer, Gewöhnlichkeit oder der Außergewöhnlichkeit.

147 Anders ein in der angelsächsischen Literatur verbreiteter Moralbegriff, der bei gelungener reziproker Gratifikation von Interessen ansetzt und dann nicht mehr verständlich machen kann, wie es zu altruistischen Moralen oder gar zur Moralisierung von Ungleichverteilungen kommen kann. Ein typisches Beispiel: Alvin W. Gouldner, *The Coming Crisis of Western Sociology*, London 1971, insb. S. 266ff., trotz einer eingehenden Erörterung der soziologischen Kritik des Utilitarismus!

Moral ist danach für Personen ebenso wie für soziale Systeme verfügbar nur auf Grund eines Mindestmaßes an Kompetenz zur Herstellung und gedanklichen Kontrolle von Relationen zwischen kontingenten Sachverhalten. Diese Einsicht in »kognitive«, wenn nicht »rationale« Gehalte der Moral ist namentlich durch die neuere Entwicklungspsychologie gefördert worden.[148] Sie läßt sich sehr gut mit einem funktionalen Moralbegriff in Einklang bringen, der zugleich Nebenbedeutungen und Fehlassoziationen im Bereich der Begriffe »kognitiv« und »rational« eliminiert und das zu lösende Problem schärfer fixiert.

Die Gesamtheit von Bedingungen wechselseitiger Achtung oder Nichtachtung macht die Moral einer Gesellschaft aus. Über Moral reduziert ein Sozialsystem mithin für sich selbst die Komplexität doppelter Kontingenz in einer Weise, die im Verhältnis zur Umwelt personaler Systeme scharf selektiert. Die dabei thematisierten Achtungsbedingungen können mehr oder weniger erwartbar vorformuliert sein. Sie brauchen dann nicht fallweise im Interaktionskontext erfunden, entwickelt und plausibel gemacht zu werden. Sie können standardisiert und aufgezeichnet werden. Sie können gruppenspezifischen Konsens erreichen, aber auch gesellschaftsweit institutionalisiert sein und dann auch für Kommunikation mit Unbekannten gelten. Sie sind in dieser formulierten Fassung selbst wieder mögliche Themen der Kommunikation, schließlich sogar Themen »praktischen« Philosophierens. Derart verfestigte, tradierbare Sinnkomplexe einer vertexte-

148 Vgl. im Anschluß an Jean Piaget, *Le jugement moral chez l'enfant*, Paris 1927, Lawrence Kohlberg, »Stages of Moral Development as a Basis for Moral Education«, in: C. M. Beck u. a. (Hg.), *Moral Education: Interdisciplinary Approaches*, Toronto 1971, S. 23-92; ferner David P. Ausubel, »Psychology's Undervaluation of the Rational Components in Moral Behavior«, in: Beck u. a. (Hg.), *Moral Education*, S. 200-227.

ten Moral dürfen jedoch nicht darüber hinwegtäuschen, daß es letztlich die kommunikative Verwendung ist, die einem Sinngehalt oder Zeichen eine moralische Qualität verleiht, es gleichsam als Indikator für den Indikator kompatibler Ego/Alter-Integrationen fungieren läßt. Moral ist ein Prozeß. Wir werden daher bevorzugt von »Moralisierung« von Themen, Symbolen, Strukturen sprechen, um das Ausmaß zu bezeichnen, in dem Sinngehalte zur Kommunikation oder Metakommunikation der Bedingungen menschlicher Achtung verwendet werden.[149]

Wenn Themen in dieser Weise im Kommunikationsprozeß als Achtungsbedingungen fungieren, ist zu erwarten, daß ein Zusammenhang besteht zwischen der Form, in der Ego und Alter sich wechselseitig auffassen, und der Form des moralischen Urteils. Ein solcher Zusammenhang läßt sich in der Tat aufdecken, und zwar nicht nur als schlichter Bedingungs-, sondern als Variationszusammenhang. Einfache Moralen beurteilen die Tat als solche. Ihre Themen sind Tatbilder, die moralisch qualifiziert werden. Der Schritt zu komplexeren, rationaleren Moralen liegt im Übergang von solchen einfachen Relationen zur Form der Relationierung von Relationen. Die Tatbilder werden aufgelöst in Relationen zwischen Intention und Verhalten. Das moralische Urteil bezieht sich auf diese Relation, es relationiert diese Relation in Richtung auf Achtungserweis oder Achtungsentzug. Dabei wird unterstellt, daß Intention und Verhalten unabhängig voneinander variieren können; daß die Intention ohne entsprechendes Verhalten vorkommen, aber auch dem Verhalten die Intention fehlen kann. Die Erscheinungstypik der Intentionen bzw. Verhaltensweisen wird durch Relationierung selektiv behandelt, das heißt abstrahiert. Nur der Fall der Entsprechung zählt. So-

149 Vgl. für weiterführende Analysen unten, Teil 3, Kap. II.12.

bald das moralische Urteil mitsamt seinen Konsequenzen auf einen solchen Grundtatbestand bezogen wird, muß der moralische Code selbst abstrahiert werden. Er bezieht sich dann, wie der klassische Kanon der Ethik lehrt, auf ein frei gewähltes, intentionales Handeln.

Erst mit dieser Relationen relationierenden Form von Moral wird eine Reflexion auf die Bedingungen der Moralität, wird eine moralische Theorie möglich. Im Unterschied zu den »kleinen Traditionen« der Volksmoral entsteht die »große Tradition« der literarisch formulierten Ethik, die sich in einer vom faktischen Verlauf des moralischen Urteilens mehr oder weniger abgehobenen Weise mit kosmologischen, religiösen und politischen Symbolbeständen verbindet. Gegen sie kann mit innovativem Anspruch auf eine neue Moral rebelliert werden. Im Anschluß daran läßt sich auch eine reine Gesinnungsethik formulieren, die den relationalen Bezug auf Verhalten wieder negiert. Da aber Intentionen und Gesinnungen, die sich im Handeln nicht äußern, erfragt werden müssen, bleibt sie Stückwerk ohne soziale Relevanz. Die bloße Absicht, den Heldentod zu sterben, sein Vermögen an die Armen zu verschenken oder das Haus des Nachbarn anzuzünden, gibt allenfalls Anlaß, vorläufige, aber suspendierte moralische Urteile zu bilden und für den Fall in Aussicht zu nehmen, daß ein entsprechendes Verhalten erfolgt.

Mit diesen Ausführungen ist ein Moralbegriff skizziert, der in einigen Punkten von üblichen Moralvorstellungen abweicht. Es lohnt sich daher, einige weitere Aspekte dieser Konzeption im Verfahren der Kontrastierung zu verdeutlichen. Zunächst und vor allem: Moral wird hier nicht auf der Basis eines Normbegriffs definiert als ein Bestand von Normen besonderer Art.

Moralische Sinngehalte sind, wenngleich keine Moral ganz ohne Normen auskommen wird, nicht notwendig normativ abgefaßt; sie werden nicht notwendigerweise als kontrafaktische Verhaltenszumutungen abgefaßt, die auch im Enttäuschungsfalle durchgehalten werden sollen.[150] Eine besonders hohe Korrelation von normativer Erwartungsform und Moralisierung ist zwar gerade für die europäische Tradition bezeichnend gewesen. Aber es gibt nicht nur moralfreie Normen, sondern auch moralische Gesichtspunkte, die nicht die Form von Normen annehmen. So werden immer auch meritorisch formulierte Gesichtspunkte moralisiert, nämlich Möglichkeiten, sich durch »supererogatorische« Leistungen Achtung zu verdienen, deren Realisierung nicht erwartet werden kann und die, wenn sie ungenutzt bleiben, auch nicht enttäuschen.[151] Ein Grundmotiv dafür scheint die Möglichkeit zu sein, durch Vorleistung zu Dankbarkeit zu verpflichten.

Während die genaue Form der Symbolstruktur von Moralen wechseln oder auch unklar bleiben kann, ist für Moral immer ein hohes Maß an *Normalisierung* erforderlich, und daran hängen implizite, nicht kommunikationsbedürftige Sanktionen. Die Differenz von normalem/anormalem Verhalten betrifft nicht die bloße Häufigkeit der Fälle und auch nicht die Proportion der Verteilung auf normal und anormal im Rahmen eines bestimmten Verhaltenstyps. Gewiß

150 Zu diesem Normbegriff näher Niklas Luhmann, *Rechtssoziologie*, Bd. I, Reinbek 1972, S. 40ff.

151 Der Begriff der »opera supererogationis« entstammt theologischen Traditionen, die an Interpretationen des Todes Jesu anknüpfen. Für neuere Behandlungen des Verhältnisses von supererogatorischen Leistungen und normativ regulierter Moral vgl. Roderick M. Chisholm, »Supererogation and Offence: A Conceptual Scheme for Ethics«, *Ratio* 5 (1963), S. 1-14; Michael Stocker, »Supererogation and Duties«, in: Nicholas Rescher (Hg.), *Studies in Moral Philosophy: Essays*, Oxford 1968, S. 53-63; Joel Feinberg, *Doing and Deserving: Essays in the Theory of Responsibility*, Princeton 1970.

wird Normalität und Anormalität nur an bestimmten Verhaltensweisen erkennbar; es ist zum Beispiel normal, daß man im Winter seine Wohnung heizt, um nicht zu frieren, und man würde es als anormal empfinden, wenn Leute lieber frieren als heizen. Die Etikettierung als normal/anormal hat aber nicht den Sinn, diese Häufigkeit festzustellen und das Verhalten ihr zuzuordnen; sie regelt vielmehr *Vermutungen für andere Fälle*. Wer sich in einer Hinsicht anormal verhält, wird dies vermutlich auch in anderen Hinsichten tun – es sei denn, daß er Gründe produzieren kann, die den Bereich seiner Anormalität einschränken.[152] Normalität/Anormalität ist mithin ein Schema der Generalisierung quer zu den Situations- und Verhaltenstypen, ein Schema der Generalisierung von Erwartungen. Normalisierung stützt nun wie durch eine Art Terrainvorbereitung Moralisierungen – aber nicht durch Kongruentsetzung der beiden Schematisierungen, sondern in der Weise, daß das vom Normalen aus gesehen Anormale entweder Mißachtung (Unfähigkeit, Delinquenz) oder Hochachtung (Heldentum, Askese) einträgt und darüber die Moral entscheidet. Im Kontrast dazu erscheint dann das Normale als gut und als »gewöhnlich«.[153]

152 Siehe hierzu das Beispiel der Versuche zur Normalisierung von Symptomen psychischer Erkrankungen bei Charlotte G. Schwartz, »Perspectives on Deviance: Wives' Definitions of Their Husbands' Mental Illness«, *Psychiatry* 20 (1957), S. 275-291. Vgl. auch Fred Davis, »Deviance Disavowal: The Management of Strained Interaction by the Visibly Handicapped«, *Social Problems* 9 (1961), S. 120-132.

153 Strenggenommen führt diese Analyse bereits über die allgemeine Theorie sozialer Systeme hinaus. Erst in hochkulturellen Gesellschaftsordnungen scheint es zu einer nennenswerten Inkongruenz von Normalisierungen und Moralisierungen und zu einer entsprechenden Ambivalenz der Bewertung des Normalverhaltens als einerseits gut und in Ordnung und andererseits nur normal, nur gewöhnlich zu kommen.

Weiter ist zu beachten, daß die Funktion und die Reduktionsleistung von Moralisierungen zunächst nicht in der Motivation zu moralischem im Gegensatz zu unmoralischem Verhalten besteht, sondern in der Orientierung an der Disjunktion von Moral und Unmoral.[154] Daß man überhaupt auf Achtungsbedingungen achtet, strukturiert die Situation, wie immer man sich dann konkret verhält. Dies festzuhalten ist gerade für eine Gesellschaftstheorie wichtig, weil Formveränderungen der Moral im Laufe der gesellschaftlichen Evolution sicher nicht als zunehmend moralisches oder als zunehmend unmoralisches Verhalten begriffen werden können – die Menschen werden nicht immer besser, aber auch nicht immer schlechter –, sondern nur als zunehmende Ausdifferenzierung, Generalisierung und Spezifikation derjenigen Bedingungen, von denen Achtung und Mißachtung abhängig gemacht wird.[155]

154 So auch einer der wichtigsten Beiträge zu einer soziologischen Theorie der Moral: Jan J. Loubser, »The Contribution of Schools to Moral Development: A Working Paper in the Theory of Action«, *Interchange* 1 (1970), S. 99-117, insb. S. 99, 103. Auch hier finden wir übrigens jene Eigentümlichkeit wieder, die uns schon am Begriff der Komplexität aufgefallen war: daß der Moralbegriff eigentlich nicht als Gattungsbegriff – Loubser sagt »generic term« – zu Moral und Unmoral interessiert, sondern als Relation (hier: Disjunktion) zwischen Moral und Unmoral, die beide erst von der Relation zwischen ihnen ihre Qualität erhalten.

155 Die auf Parsonsschen Grundlagen entwickelte Moraltheorie von Loubser muß entsprechend relativiert werden. Sie bezeichnet diejenige Kombination von »pattern variables«, die noch möglich, aber zunehmend schwierig zu erreichen ist, wenn man wechselseitige Achtung unter Menschen mit den Orientierungsrichtungen »quality« (nicht: »performance«) und »diffuseness« (nicht »specificity«) sicherstellen will, zugleich aber in der modernen Gesellschaft eine durchgehende moralische Integration nur erreichen kann, wenn die Orientierung im Hinblick auf die Gefühlslage neutral (nicht affektiv) und universalistisch (nicht partikular) ausfällt.

Ferner kappen wir die begriffliche Assoziation von Moral und Konsens. Eine normative Moral muß sozusagen Konsens mitnormieren; denn es hat keinen Sinn, die Befolgung einer Norm zu verlangen, der zuzustimmen man nicht gehalten ist. Geht man dagegen von Bedingungen wechselseitiger Achtung aus, dann ist die Nichtidentität der Selektionsstandpunkte und Perspektiven konstitutiv in die Moral eingebaut. Mit Achtung wird nicht Konsens honoriert – das wäre überflüssig und banal –, sondern der gelungene Einbau des jeweiligen Alter in die operative Identität des eigenen Ich. Dieser Begriff der Moral läßt mithin die Frage des Umfangs erreichbaren Konsenses offen. Man kann sehr wohl verstehen und achten, ohne selbst die entsprechenden Meinungen oder Handlungsweisen zu akzeptieren. Moral ist ein für alle Schattierungen von Konsens und Dissens empfindliches Instrument, aber kompatibel mit Situationen, in denen Konsens oder Dissens gegen Null tendieren.

Gegenüber einer vorherrschenden, allzu friedlich gestimmten Moralauffassung fallen somit eher die »polemogenen«,[156] Streit entfachenden Züge der Moral ins Auge. Wenn schon Ansatzpunkte für Konflikte vorhanden sind, tendiert eine Moralisierung zur Generalisierung des Konfliktsstoffs (während die Bezugnahme auf Recht ihn einschränkt).[157] Denn die Frage der Achtung auch nur als Frage zu stellen treibt die Probleme auf die Spitze und tendiert zum Konflikt. Sie

156 Vgl. Julien Freund, Madrider Vortrag [Druck: Julien Freund, »Le droit comme motif et solution des conflicts«, in: Luis Legaz y Lacambra (Hg.), *Die Funktionen des Rechts. Vorträge des Weltkongresses für Rechts- und Sozialphilosophie, Madrid, 7.IX.-12.IX.1973 (Beiheft 8 des Archivs für Rechts- und Sozialphilosophie)*, Wiesbaden 1974, S. 47-84].

157 Siehe als ein anschauliches Beispiel Troy Duster, *The Legislation of Morality: Law, Drugs, and Moral Judgment*, New York, London 1970.

bezieht das jeweilige Thema auf personale Identität, die wiederum mit anderen Themen verwachsen ist. Deshalb wählt der moralische Impuls zumeist den Weg der indirekten Kommunikation, der bloßen Anspielung, des Wissenlassens, daß bei bestimmten Themen Achtungsfragen involviert sind. Eine offene Moralisierung, die im gleichen Zuge auch die Bedingungen der Selbstachtung festlegt und den Sprecher engagiert, ist immer auch ein (mehr oder weniger gewagtes) Konfliktangebot.

Ebensowenig wie Normativität und Konsens impliziert unser Moralbegriff Gleichheit derjenigen, die einander Bedingungen wechselseitiger Achtung zuflaggen. Es gibt durchaus hierarchisch strukturierte Moralen, die die wechselseitige Achtung auf Über- bzw. Unterordnung gründen, und zwar nicht nur auf einem entsprechenden Arrangement von Stellen und Aufgaben, sondern auf einer Über- bzw. Unterordnung der Personen selbst.[158] Diese identifizieren sich selbst dann als jemand, der seinen Alter über bzw. unter sich hat, und machen Achtungserweise abhängig davon, daß der andere sich dem im Selbstidentifikationsprozeß zugewiesenen Rang entsprechend verhält. Es gibt dann durchaus moralische Argumente gegen den Herrn, der sich gemein macht. Daß solche Kommunikationsmoralen vorkommen, kann nicht gut be-

158 Zu hierarchisch moralisierter Kommunikation siehe auf Grund literarischer Quellen Hugh Dalziel Duncan, *Communication and Social Order*, New York 1962. Eine der wichtigsten Fragen in diesem Zusammenhang bleibt, ob man unsere christliche Tradition zu der *empirischen* Aussage verallgemeinern darf, daß hierarchische Kommunikation immer die Metakommunikation einer die Hierarchie transzendierenden Gleichheit, also eine Art transzendentale Egalisierung der Partner voraussetzt, oder ob dies nur ein Erfordernis der Perfektion und Selbstbegründung hierarchischer Kommunikation ist.

stritten werden,[159] das Gleichheitspostulat kann deshalb nicht empirisch, sondern nur normativ eingeführt werden, setzt also einen normativen Moralbegriff voraus.

Andererseits hat unser Moralbegriff Merkmale, die ihn im Vergleich zu den Moralvorstellungen heutiger Moralisten nicht nur ausweiten, sondern auch einengen. Während Normen zu gelten beanspruchen, ob man sie befolgt oder nicht, kommt es auf Achtung mehr oder weniger an – je nach Maßgabe näher zu erforschender Umstände. Sicher ist eine Integration des Alter in die jeweils fungierende Ich-Formel am wichtigsten und unentbehrlichsten in der unmittelbaren Interaktion unter Anwesenden. Hier wird sehr rasch sichtbar, ob die Integration gelingt oder nicht, und die Reaktion darauf bestimmt den weiteren Verlauf der Interaktion. Entsprechend ist die Interaktion abhängig von laufendem Achtungserweis und laufender Metakommunikation über Achtung. Selbst im Interaktionssystem eines physischen Kampfes bringt man noch zum Ausdruck, ob man den Gegner als kräftig und geschickt achtet oder nicht. Für interaktionsferne Sozialbeziehungen gilt dies dagegen nicht in gleichem Maße. Hier lockert sich das Erfordernis, die räumliche und zeitliche Unmittelbarkeit der Moral, sie verliert ihre Zwangsläufigkeit und gewinnt dafür an Reichweite unter Einbeziehung von Abwesenden und von noch unbekannten Situationen. Im Anschluß an diese Überlegungen werden wir weiter unten Thesen zum Gestaltwandel der Moral im Laufe der gesellschaftlichen Entwicklung formulieren.[160]

159 Eine ganz andere Frage ist, wieweit solche Moralen auch zur gesamtgesellschaftlichen Legitimation des Weltbildes und der Rechtfertigungsmythen herrschender Schichten führen. Dies ist vermutlich in jeweils sehr viel geringerem Umfange der Fall gewesen.

160 Vgl. Teil 1, Kap. IV.3; Teil 3, Kap. II.12.

6. Generalisierung von Verhaltenserwartungen

Ist gewährleistet, daß Selektionen die Form autorisierten, zurechenbaren Handelns annehmen, sind in sozialen Systemen weitere Ordnungsleistungen möglich, die der Erhaltung doppelkontingenter Selektivität dienen. Das Strukturproblem kann auf die Ebene generalisierter Verhaltenserwartungen und Erwartungserwartungen verlagert werden, die Differenz zwischen System und Umwelt kann als Sinngrenze zur Regelung eines Komplexitätsgefälles benutzt werden, und Systemprozesse können zu Kommunikationsprozessen werden, die (absichtlich oder unabsichtlich) über Selektionen informieren, wenn vorausgesetzt werden kann, daß alldem ein letztlich klärbarer Handlungsbezug zugrunde liegt. Wir wenden uns zunächst dem Strukturproblem zu.

Die Verlagerung des Strukturproblems auf die Ebene *generalisierter Verhaltenserwartungen oder Erwartungserwartungen* erbringt einen größeren Reichtum an Ordnungsmöglichkeiten und wird damit zur Grundlage des Aufbaus komplexer Systeme und des Ablaufs entsprechender Kommunikationsprozesse.[161] Bei Systemen, die sich durch Erwartungen strukturieren, kann die Struktur nicht mehr als bloße Häufigkeitsverteilung[162] oder gar als Kausalbeziehung faktischer Vorkommnisse ausgedrückt werden. Über Erwartungen kann

161 Die folgenden Ausführungen bringen eine abstraktere Fassung eines früheren Entwurfs. Siehe Niklas Luhmann, »Soziologie als Theorie sozialer Systeme«, in: ders., *Soziologische Aufklärung 1: Aufsätze zur Theorie sozialer Systeme*, Opladen ³1972, S. 113-136 (120ff.).

162 Einen Strukturbegriff, der auf Häufigkeitsverteilungen abstellt, bevorzugt z.B. Peter M. Blau, »Structural Effects«, *American Sociological Review* 25 (1960), S. 178-193; ders., *Exchange and Power in Social Life*, New York u.a. 1964, z.B. S. 13 oder S. 254, mit dem Argument, daß es in Sozialordnungen auch andere Regelmäßigkeiten gäbe als die, die

das System sich auch auf bloße Möglichkeiten einstellen, und erwarten kann man auch, daß etwas nicht geschieht. Durch Virtualisierung und durch Negation wird für den Prozeß der selektiven Abstimmung ein größerer thematischer Einzugsbereich gewonnen. Ego kann zum Beispiel anbieten, eine bestimmte Möglichkeit nicht zu verwirklichen, damit Alter eine bestimmte Möglichkeit verwirklicht. Eine Verständigung darüber setzt voraus, daß beide beides und anderes erwarten können.

Diese Steigerung sachlicher Kombinationsmöglichkeiten hängt offensichtlich zusammen mit der Ausdehnung des Zeithorizontes, genauer gesagt: mit der Aufnahme nichtaktueller Zeiträume in die *gegenwärtige* Struktur. In der Struktur eines sozialen Systems werden Vergangenheit und Zukunft »vergegenwärtigt«, das heißt zur Gegenwart gemacht. In diesem Sinne ist sowohl gemeinsame Erinnerung als auch gemeinsame Erwartung ein je gegenwärtiges Funktionserfordernis. Es gibt keine funktionsfähigen sozialen Systeme ohne ein Minimum an Erinnerung und Erwartung, und dies setzt wiederum eine bewußte Verfügung über Negationen voraus, nämlich die Fähigkeit, sich gegenwärtig an etwas zu orientieren, was (gegenwärtig) nicht gegeben ist. Die strukturelle Stabilisierung eines Sozialsystems erstreckt sich mithin auch auf seine gegenwärtige (erinnerbare) Vergangenheit und seine gegenwärtige (erwartbare) Zukunft – was nicht auch heißt: auf vergangene bzw. zukünftige Gegenwarten.[163] Damit wird unter anderem die Möglichkeit

in Erwartungen, Normen oder Werten zum Ausdruck kommen. Das soll natürlich nicht bestritten werden. Wir sehen jedoch, da wir den Strukturbegriff auf Reflexionsmöglichkeiten im System selbst beziehen wollen, davon ab, jede Regelmäßigkeit als Struktur zu bezeichnen.

163 Zu dieser Unterscheidung und zur in ihr vorausgesetzten Reflexivität von Zeitbestimmungen Luhmann, »Weltzeit und Systemgeschichte«.

normativer (kontrafaktischer und insofern zeitfester) oder kognitiver (lernfähiger und insofern zeitlich anpassungsfähiger) Stabilisierung von Erwartungen gewonnen.[164]

Diese ausweitenden Generalisierungen in sachlicher und zeitlicher Hinsicht erfordern korrespondierende Problemlösungen in der Sozialdimension. Sie lassen sich als Komplexitätsgewinne nur halten und ausbauen, wenn die Erwartungen in *sozialer* Hinsicht *reflexiv* werden, wenn also Egos Erwartungen sich nicht nur auf das Verhalten, sondern auch auf die Erwartungen Alters erstrecken können, und dies nicht nur auf dessen Erwartungen im allgemeinen, sondern auch und speziell auf dessen Erwartungen in bezug auf das Verhalten von Ego selbst. Nur unter dieser Voraussetzung, daß jeder erwarten kann, was andere von ihm erwarten, läßt sich eine sachlich und zeitlich ausgeweitete Selektivität sozial abstimmen: Nur so hat die Antizipation genug reduzierende Kraft, indem sie dem eigenen Verhalten nicht nur am unsicheren, durch die Freiheit des Gegenhandelns anderer unberechenbaren *Zukunfts*erfolg Grenzen setzt, sondern zusätzlich auch an den *gegenwärtig* erwartbaren Erwartungen der anderen. Und nur so kann die Komplementarität des Erwartens *verschiedenartiger* Verhaltensweisen von Ego und Alter (im Unterschied zu bloß gemeinsam-gleichartigem-gegenwärtigem Handeln) sichergestellt werden.[165] »Kategorisch« kann dann nur noch ein

Angemerkt sei noch, daß die Verfügung über Leistungen dieser Art, nicht aber auch die Verfügung über das Bewußtsein von Leistungen dieser Art oder gar über eine entsprechende theoretische Konzeption zu den Konstitutionsvoraussetzungen sozialer Systeme gehört.

164 Zu dieser Unterscheidung näher Luhmann, *Rechtssoziologie*, S. 40ff.

165 Der Sache nach war dies ein Zentralthema der Freiheitsphilosophie des deutschen Idealismus – nicht zufällig in einer Zeit, in der die bürgerliche Gesellschaft organisierte Arbeit und Tausch in neuen, abstrakteren Formen integrieren mußte. In der Soziologie wird dieses Problem der

Imperativ sein, der die Erwartungsposition anderer einnimmt und generalisiert.

In dem Maße, als dieses *Potential* zur sachlichen, zeitlichen und sozialen Generalisierung von Verhaltenserwartungen Informationen über eine mit dem System nicht identische Umwelt ausgesetzt wird,[166] entstehen bestimmte Systemstrukturen, die die Möglichkeiten selektiver Akkordierung begrenzen und bestimmen. Auf Grund dieser Entstehungsweise sind solche Strukturen selbst immer schon Selektion mit der Funktion, weitere Selektionen zu steuern. Das System operiert seiner Umwelt gegenüber mithin in der Form *doppelter Selektivität* durch Struktur *und* Prozeß. Es kann seine Selektivität der Umwelt gegenüber dadurch immens verstärken, sich also einer komplexeren Umwelt aussetzen. Im System selbst kann die Selektivität der Struktur zunächst in bloßem *Erleben* – daß es so und nicht anders ist – registriert werden. Eine Selektion von Strukturen durch systemeigene *Handlung*, also zurechenbare Strukturselektion etwa in der Form von Rechtsetzung, erfordert besondere Vorkehrungen, die nicht für soziale Systeme allgemein vorausgesetzt werden können.

Komplementarität des Erwartens verschiedenartigen Verhaltens heute vor allem im Anschluß an Formulierungen von Parsons diskutiert. Vgl. Parsons, *The Social System*, S. 38ff.; ders., Shils (Hg.), *Toward a General Theory of Action*, S. 14ff. Vgl. dazu Johan Galtung, »Expectations and Interaction Processes«, *Inquiry* 2 (1959), S. 213-234; Alvin W. Gouldner, »The Norm of Reciprocity: A Preliminary Statement«, *American Sociological Review* 25 (1960), S. 161-178; ferner z. B. Ragnar Rommeveit, *Social Norms and Roles: Explorations in the Psychology of Enduring Social Pressures*, Oslo 1955, S. 44ff.; John P. Spiegel, »The Resolution of Role Conflict Within the Family«, *Psychiatry* 20 (1957), S. 1-16; Siegfried F. Nadel, *The Theory of Social Structure*, Glencoe 1957, S. 50ff.

166 Dazu näher im folgenden Abschnitt 7.

Was im Vorstehenden zunächst als funktionale *Strukturerfordernisse*[167] dargestellt worden ist, werden wir im Folgenden unter dem Gesichtspunkt von *Dimensionen der Steigerungsfähigkeit* der Komplexität sozialer Systeme behandeln, also als Variablen, die in sozialen Systemen verschiedener Art sehr verschiedene Werte annehmen können. Nur Nullwerte dieser Variablen wären, so lautet die Hypothese, mit dem Bestand sozialer Systeme unvereinbar. Eine nur rudimentäre Verwirklichung liegt bei jedem sozialen System immer schon vor. Es hängt im einzelnen von den Anforderungen der kommunikativen Prozesse und damit letztlich von den Anforderungen der Umwelt und für den besonderen Fall des Welt konstituierenden Gesellschaftssystems von der evolutionären Lage des Systems ab, in welchem Maße Erwartungen auf diesen Dimensionen generalisiert werden. Dieser Übergang von der »Erfordernis«-Sprache zur »Variablen«-Sprache ist notwendig, um Aussagen über die Struktur sozialer Systeme mit Aussagen über kommunikative Prozesse und über System/Umwelt-Beziehungen verbinden zu können.

7. Abgrenzung der Umwelt

Die bisherige Darstellung hatte sich auf die Selektionsvorgänge konzentriert, die ein soziales System konstituieren. Aber wieso und in welchem Sinne konstituieren sie ein System?

Die Systembildung beruht darauf, daß Selektionen nicht beliebig aufeinander bezogen werden können und daß des-

167 Zur Rolle dieser Vorstellung in älteren strukturell-funktionalen Ansätzen vgl. etwa D. F. Aberle u. a., »The Functional Prerequisites of a Society«, *Ethics* 60 (1950), S. 100-111, und die Ausarbeitung bei Marion J. Levy, Jr., *The Structure of Society*, Princeton 1952.

halb, immer wenn eine solche Beziehung sich herstellt, zugleich ein Unterschied zwischen System und Umwelt entsteht. Zur Umwelt gehören nicht die nichtrealisierten Möglichkeiten der Verknüpfung von Elementen des Systems selbst, wohl aber die Systemeigenschaften der Selektionsträger – also zum Beispiel zur Umwelt organischer Systeme die chemischen Eigenschaften von Molekülen, die diese in bestimmter Weise »bindungsfähig« machen; zur Umwelt sozialer Systeme die psychischen Eigenschaften personaler Systeme. Systeme »bestehen« also nicht aus der Gesamtheit ihrer Existenzbedingungen. Ihre Erhaltung ist stets eine Frage der Reproduktion von kontextualisierten Selektionsleistungen. Somit bleiben Systeme stets riskierte Leistungen. Sie bestehen letztlich aus Selektionen. Deren Relationierung differenziert ein System aus, wann immer und wie immer sie zustande kommt. Sie schafft damit eine Situation, in der ihre eigene Reproduktion angewiesen ist auf bestimmte Bedingungen im Verhältnis von System und Umwelt.

Wie in Kapitel I.1 und I.3 ausgeführt, läßt ein Verhältnis von System und Umwelt sich durch zwei allgemeine Merkmale charakterisieren: durch *Diskontinuitäten* und durch ein *Komplexitätsgefälle.* Von Diskontinuität wollen wir sprechen, wenn und soweit Grenzen gezogen sind, die Strukturen oder Prozesse unterbrechen, so daß das, was im System gilt oder vor sich geht, nicht ohne weiteres auch in der Umwelt gilt oder vor sich geht – und umgekehrt.[168] Diskontinuität heißt,

168 Schwieriger ist es, positiv zu definieren, was Kontinuität heißen soll. Aristoteles (*Metaphysik*, 1069 a 5-8) hatte auf Verbundensein und Zusammengehaltensein durch ein und dieselbe Grenze abgestellt. Weder in der philosophischen Diskussion noch in der politischen Theorie ist man auf dieser Basis zu einer klaren begrifflichen Fassung des Problems der Kontinuität und des Problems der Grenze gekommen. Zur philosophischen Diskussion vgl. Arthur O. Lovejoy, *The Great Chain*

mit anderen Worten, daß es bloßer Zufall ist, wenn in System und Umwelt dasselbe gilt oder geschieht, und daß Einschränkungen des Zufalls daher entweder systeminterne oder, für die Umwelt, systemexterne Strukturen sein müssen.[169] Als Komplexitätsgefälle wollen wir die Tatsache bezeichnen, daß die Umwelt immer komplexer ist als das System selbst, das heißt Bestände und Ereignisse produzieren kann, für die es im System keine Äquivalente oder keine Entsprechungen gibt. Ein solches Komplexitätsgefälle mit der Möglichkeit, daß Umweltereignisse im System keine Entsprechung finden, muß für das System in spezifischen Hinsichten zum Problem werden. Strukturen und Prozesse des Systems lassen sich deshalb als Reaktionen auf dieses Problem funktional analysieren.

Schon diese sehr allgemeinen Überlegungen ergeben erste Anhaltspunkte für eine Theorie sozialer Systeme. Diskontinuität und Komplexitätsgefälle schließen es aus, daß ein System sich durch Punkt-für-Punkt-Reaktionen auf Ereignisse der Umwelt erhalten kann. Anstelle dessen kann ein System Reaktionsmuster sachlich generalisieren, das heißt in verschiedenen Situationen gleiche Muster anwenden, und es kann zeitbrauchende Prozesse der Problemlösung ansetzen, wenn gesichert ist, daß das System durch kritische Ereignisse nicht sofort ganz funktionsunfähig wird. Ferner gewinnen unter der Bedingung von Diskontinuität Grenzen selbst eine ursächliche Funktion und ermöglichen eine

of Being: A Study of the History of an Idea, Cambridge (Mass.) 1936. Zur gesellschaftlich/politischen Behandlung (bzw. Nichtbehandlung) des Problems vgl. Guillaume de Greef, *La structure générale des sociétés*, 3 Bde., Brüssel, Paris 1908.

169 Talcott Parsons hat in einer Vorlesung einmal definiert: »Boundary is the dual fact that (1) it is simply chance, if it happens that interior and exterior facts coincide, and (2) that the internal state is stable, independent of variations between internal and external states.«

Selektion von Ursachen bzw. Wirkungen, indem sie für Prozesse unterschiedliche Angriffspunkte bieten.[170] Darüber hinaus verändert jedoch die für soziale Systeme charakteristische Kondition doppelkontingenter Selektivität nicht nur die Funktion von Strukturen, sondern auch die Funktion der Umweltgrenzen des Systems.

Eine weitere Klärung können wir durch einen Vergleich der Begriffe *Horizont* und *Grenze* gewinnen. Der Horizontbegriff bezeichnet ein Erlebniskorrelat, das die in allem Sinn implizierten Weiterverweisungen ins Endlose abschneidet und es erlaubt, Unbestimmtes als bestimmt oder doch bestimmbar zu behandeln.[171] Horizonte sind unbesetzbar und unüberschreitbar, weil sie sich mit jeder Annäherung verschieben. Genau das unterscheidet den Horizont von der Grenze. Grenzen werden standort- und bewegungsunabhängig festgelegt, so daß man sich ihnen nähern und sie

170 Vgl. Magoroh Maruyama, »The Second Cybernetics: Deviation-Amplifying Mutual Causal Processes«, *General Systems* 8 (1963), S. 233-241.

171 Vgl. andeutungsweise bereits oben in diesem Kapitel den Abschnitt 1. Phänomenologische Analysen des Horizont-Phänomens hat Edmund Husserl angeregt. Siehe *Ideen zu einer reinen Phänomenologie und phänomenologischen Philosophie: Buch 1: Allgemeine Einführung in die reine Phänomenologie*, Den Haag 1950, insb. S. 57ff.; ders., *Erfahrung und Urteil: Untersuchungen zur Genealogie der Logik*, Hamburg 1948, S. 26ff. Vgl. ferner Helmut Kuhn, »The Phenomenological Concept of ›Horizon‹«, in: Marvin Farber (Hg.), *Philosophical Essays in Memory of Edmund Husserl*, Cambridge (Mass.) 1940, S. 106-123; C.A. van Peursen, »L'horizon«, *Situation* 1 (1954), S. 204-234; Carl F. Graumann, *Grundlagen einer Phänomenologie und Psychologie der Perspektivität*, Berlin 1960, insb. S. 66ff.; Ludwig Landgrebe, *Der Weg der Phänomenologie*, Gütersloh 1963, S. 41ff., 181ff.
Daß im Horizontbegriff eine Stellungnahme zum Kontingenzproblem liegt, wird im übrigen bereits bei Husserl deutlich. Vgl. die Beilage »Das Problem der Möglichkeit der Wirklichkeit der Welt«, in: Edmund Husserl, *Erste Philosophie (1923/24): Teil 2: Theorie der phänomenologischen Reduktion*, Den Haag 1959, S. 380ff.

überschreiten kann. Sie werden gegen die Bewegung identisch gehalten, nicht als ihr Korrelat erlebt. Grenzstabilisierung (»boundary maintenance«) dient demnach nicht der Verhinderung von Überschreitungen, sondern ihrer Ermöglichung, ihrer Markierung, ihrer Regulierung. Ein System bildet und erhält Grenzen zur Umwelt, um im Hinblick auf eigene Probleme Prozesse kontrollieren zu können, die System und Umwelt verbinden.

Soziale Systeme müssen ihre Grenzen außerdem benutzen, um ihre eigene, ungewöhnlich hohe, multizentrische Kontingenz zu regulieren. Sie sind deshalb nicht ausreichend charakterisiert, wenn man sie – wie üblich und an sich richtig – nach dem Vorbild organischer Systeme als »offene« Systeme mit selektiv durchlässigen Grenzen beschreibt. Die Erhaltung doppelkontingenter Selektivität setzt vielmehr voraus, *daß Personen, die als hochautonome psychische Systeme Umwelt des einzelnen Sozialsystems sind und bleiben, partiell, nämlich mit Teilen ihres Erlebens und Handelns, in das System inkorporiert werden.*[172] Dies ist ein Sonderfall von »Interpenetration« im oben[173] erörterten Sinne.

Personen gehören zur Umwelt eines jeden Sozialsystems allein schon deshalb, weil ihr Erleben und Handeln durch kein soziales System voll zu regulieren ist.[174] Darauf sind so-

172 In Parsons' Systemtheorie läuft dieses Problem unter dem Titel »Institutionalisierung«. Vgl. Parsons, *The Social System*, S. 36ff.

173 Siehe Kap. I.4.

174 Allenfalls für das Gesellschaftssystem könnte man daran denken, diese These zu bestreiten. Aber auch hier ist evident, daß es zwar eine durchgehend nachweisbare gesellschaftliche *Verursachung* allen sinnhaften Erlebens und Handelns gibt, aber keine vollständige gesellschaftliche *Kontrolle*. Das hängt mit der Tatsache zusammen, daß komplexe Verhältnisse aus genetisch einfachen Bedingungen entstehen können. Als Grund für die Gegenmeinung wird denn zumeist auch kein Argument, sondern nur ein Interesse angegeben – das Interesse an einer humane-

ziale Systeme weder strukturell noch ihren Prozessen nach eingestellt, ihr kommunikativer Apparat wäre dafür viel zu schwerfällig. Soziale Systeme entstehen überhaupt erst auf der Basis der Nichtidentität von Personen, und diese Basis läßt sich nicht durch Identifikation mit dem Sozialsystem aufheben. Die Ordnungsform sozialer Systeme beruht auf der Nichtidentität der Personen untereinander und mit dem System. Sie setzt ebendeshalb eine Form von Inkorporation von selbstselektiver Umwelt in das System voraus, für die es in organischen und auch in psychischen Systemen keine Parallelen gibt. Das ist nur eine andere, konkretere Formulierung für das Problem doppelkontingenter Selektivität.

Unter diesen Umständen müssen Systemgrenzen *Sinngrenzen* sein; sie müssen in der Abgrenzung des Systems das Selektionspotential sinnhafter Orientierung einsetzen können; sie müssen durch Simultanpräsentation von Innen und Außen aus dem weiten Bereich des überhaupt Möglichen einen engeren Bereich des im System Möglichen herausschneiden. Die Systemgrenze trennt dann Außenhorizont und Innenhorizont als unterscheidbare Regionen der Verweisung auf weitere Möglichkeiten und unterscheidbare Richtungen weiterer Exploration. Aber sie verbindet zugleich auch Innen und Außen, indem sie durch ihren Sinn als Grenze beide Bereiche füreinander zugänglich macht, indem sie die Bedingungen des Überschreitens mitdefiniert.

Damit ist nicht ausgeschlossen, daß Systemgrenzen an physischen Sachverhalten festgemacht und verdeutlicht werden, etwa als territoriale Grenzen. Funktional gesehen sind

ren Gesellschaft der Menschen. Man kann jedoch bestreiten, daß diese Vorstellung einer umfassenden Vergesellschaftung des Menschen seinen Möglichkeiten gerecht wird, und man kann sich fragen, was die Vorstellung einer solchen Versklavung soll, wenn dann doch der Aufstand gepredigt wird.

das jedoch nur Vorstellungshilfen, denn auch solche Grenzen fungieren nicht durch ihre physischen, sondern durch ihre symbolischen Qualitäten. Nur so wird zum Beispiel das Risiko interpretierbar, auf das politisch konstituierte Gesellschaften sich einlassen mußten, wenn sie ihre Grenzen von unwirtlichen, mehr oder weniger unbewohnten Gebieten auf linear gezogene, leicht überschreitbare Trennlinien umstellen mußten.[175]

Erreicht wird durch sinnförmige Grenzkonstitution eine Universalisierung der Beziehungsmöglichkeiten und in diesem Sinne eine permanente »Gefährdung« der Grenzen. Obwohl Innen und Außen auf der Basis von (wie auch immer bestimmten) Elementen unterscheidbar bleiben und diese Unterscheidung für jedes System konstitutiv bleibt, gewinnt als Sinn *jedes* Umweltelement ein mögliches systeminternes Korrelat, kann also auf das System selbst bezogen werden; so wie umgekehrt *jedes* Systemelement extern relationierbar wird. Für sinnhaft konstituierte psychische Systeme heißt dies, daß alles, was im Bereich der phänomenalen Umwelt dieser Systeme auftaucht, Anlaß geben kann zu erleben, daß man es erlebt, also Anlaß geben kann, einen systeminternen Zustand bewußtzumachen und daran Konsequenzen anzuschließen. Für soziale Systeme heißt dies, daß alles, was ihre Teilnehmer erleben, mögliches Thema der Kommunikation werden kann, weil es als Sinn schon auf diese Möglichkeit verweist. Und auch hier ist die Aktivierung interner kommunikativer Prozesse das Vehikel, externe Elemente in interne Selektions-

175 Untersuchungen darüber gibt es für das mittelalterliche Frankreich und für die Feudalreiche des alten China. Siehe Jean-François Lemarignier, *Recherches sur l'hommage en marche et les frontières féodales*, Lille 1945; Roger Dion, *Les frontières de la France*, Paris 1947; Hans Stumpfeldt, *Staatsverfassung und Territorium im antiken China: Über die Ausbildung einer territorialen Staatsverfassung*, Düsseldorf 1970.

sequenzen zu überführen. Sinn schließt aus, daß es hierfür prinzipielle Unmöglichkeitssperren gibt, es sei denn solche, die sich aus jener weiteren, jenseitigen Umwelt ergeben, die für Sinnsysteme nicht bzw. noch nicht relevante Umwelt ist.[176] Sinngrenzen garantieren, daß trotz dieser universellen Relationierbarkeit interner und externer Sinnelemente die Diskontinuität von System und Umwelt erhalten bleibt und die Grenze selbst eine Filterfunktion ausüben kann. Gegen eine solche Universalisierung möglicher Relationierungen gewinnen Grenzen, wenn sie definiert werden können, schärfere Selektivität.

Im Vergleich zu allen anderen Systemen erreichen soziale Systeme ein Höchstmaß an *Verschachtelungsfähigkeit*. Mit Verschachtelung ist gemeint, daß die Elemente der Systeme teilweise sich überschneidende Mengen bilden. Psychische Systeme binden sich, obwohl bereits Sinnsysteme, immer noch an die Einheit eines Organismus und grenzen sich durch Miterleben »ihrer« organischen Prozesse gegen die Umwelt ab. Dadurch sind sie gegeneinander exklusiv. Sozialsysteme können sich dagegen durchdringen und teilweise überschneiden. Es gibt zum Beispiel Interaktionssysteme im Verkehr zwischen Organisation und Publikum, bei denen das Handeln in der einen Rolle der Organisation zugerechnet wird, das Handeln in der anderen Rolle dagegen nicht und beide Rollen in ihrer Komplementarität gleichwohl ein eigenes Interaktionssystem bilden. Auch komplexe Interaktionssysteme

176 Vgl. zu diesem doppelten Umweltbegriff oben, Kap. I.3. Hier ließe sich der von Parsons mit Bezug auf Paul Tillich benutzte Begriff der »ultimate reality« anwenden zur Bezeichnung jener noch transzendenten Umwelt, in die hinein Sinnkonstitution expandieren kann. Vgl. dazu auch Robert N. Bellah, »The Place of Religion in Human Action«, *Review of Religion* 22 (1958), S. 137-154, mit der Unterscheidung eines soziologischen und eines theologischen Grenzbegriffs.

können sich in der Weise zerlegen, daß unter Anwesenden mehrere Systeme zugleich gespielt werden (der Verlierer der Skatrunde bestellt als Kunde beim Kellner das Bier). Es gibt multinationale Konzerne, internationale Konferenzen, Verkehrssysteme, die unter verschiedenen Rechtssystemen operieren, Familienbetriebe, die zugleich familiale und ökonomische Funktionen erfüllen, usw.

Solche Tatbestände werden oft kritisch gegen die Systemtheorie oder gegen den Grenzbegriff eingewandt; sie setzen diese Begriffe jedoch voraus. Verschachtelung ist nur möglich, wenn für jedes der beteiligten Systeme eine eindeutige System/Umwelt-Differenz feststellbar ist. Es muß, mit anderen Worten, nur für jedes Einzelsystem klar sein, welche Elemente zum System und welche Elemente zur Umwelt gehören. Unter dieser Voraussetzung systemspezifischer Grenz- und Umweltdefinitionen ist akzeptierbar, daß die Grenzen verschiedener Systeme einander überschneiden und es Elemente (Ereignisse, Handlungen, ja sogar Rollen) gibt, die mehreren Systemen zugleich angehören. Das ist keine theoretische Unmöglichkeit, wohl aber unter Umständen eine operative Schwierigkeit für die Systeme selbst, vor allem ein Problem der Wahrnehmung von Grenzen und des Konsenses darüber[177] sowie eventuell ein Problem der Entscheidung zwischen konfligierenden Loyalitäten.

In dem Maße, als innerhalb von Systemgrenzen ein engerer Bereich des hier Möglichen (bzw. Unmöglichen) bestimmbar wird, übernimmt die Systemreferenz die Funktion einer »Bedingung der Möglichkeit/Unmöglichkeit« – eine Funktion, die bisher eigentlich nur in erkenntnistheoreti-

177 Siehe dazu Donald T. Campbell, »Common Fate, Similarity, and Other Indices of the Status of Aggregate Persons as Social Entities«, *Behavioral Science* 3 (1958), S. 14-25, als eine der wenigen expliziten Behandlungen des Problems.

schen Zusammenhängen diskutiert worden ist.[178] Dadurch werden systeminterne Möglichkeiten/Unmöglichkeiten in Abweichung von der Umwelt bestimmbar, gegen sie variierbar. Im System gilt eine »Sonderwelt« des Möglichen, die enger, vielleicht in spezifischen Hinsichten aber auch weiter ist als das, was in der Umwelt möglich ist. Bedingung der Bestimmbarkeit dieses inneren Möglichkeitshorizontes ist jene Zurechenbarkeit von Selektionen, die wir oben[179] als Reduktion auf Handlung charakterisiert hatten. Diese Reduktion konstituiert Handlung als Element des Systems, indem sie sie zugleich qualifiziert, typisiert und erwartbar macht unter Abschöpfung jener unfaßbaren Fülle von Relationierungsmöglichkeiten, die zwischen Handlungen zunächst vorstellbar wären. Handlung ist demnach in jenem doppelbezogenen Sinne Reduktion von Komplexität, den wir erörtert

178 Dies seit Kant, der erstmalig *alle* Modalitäten auf Erkenntnisvermögen als Grund ihrer Bedingtheit bezogen hatte. Vgl. insb. *Kritik der reinen Vernunft*, B; *Kritik der Urteilskraft*, § 76. Danach ist nicht nur das Mögliche/Unmögliche bzw. das Notwendige/Kontingente im alten Sinne einer Seinsweise problematisiert, vielmehr Modalität im Sinne einer Form der Erlebnisverarbeitung als bedingt postuliert. Daraus folgt, daß es keine Begründungen mehr geben kann – es sei denn solche, die als reflexiver Prozeß ihre eigenen Bedingungen mitsetzen. Diese Einsicht sprengt die Grenzen einer Erkenntnistheorie, die auf erkennbare Bedingungen der Erkenntnis rekurriert. Als Antwort darauf haben Hegel und Marx den reflexiven Prozeß – sei es als Bewußtsein, sei es als Materie – absolut gesetzt. Dahinter kann keine Wissenschaft zurückfallen, die mit Modalkategorien arbeitet. Und eine Gesellschaftstheorie kommt darüber nur hinaus, wenn es ihr gelingt, das Problem der Reflexivität aufzunehmen und ihm eine adäquatere Lösung zu geben. Diese Absicht steht hinter der These, daß Systemreferenzen als »Bedingung der Möglichkeit/Unmöglichkeit« und ebenso als »Bedingung der Notwendigkeit/Kontingenz« fungieren. Daß auch die marxistische Diskussion in diese Richtung geht, zeigt Gerd Pawelzig, *Dialektik der Entwicklung objektiver Systeme*, Berlin 1970.

179 Vgl. in diesem Kapitel in Abschnitt 3.

hatten:[180] Sie ist Selektion aus systemeigenen Möglichkeiten mit Hilfe einer Relationierung auf Umwelt, die als Relationierung ihrerseits Selektion aus Möglichkeiten der Umwelt ist – hier in erster Linie natürlich aus denjenigen Möglichkeiten, die von der Struktur des psychischen Systems des Handelnden her möglich sind.

Den Prozeß, der dies in sozialen Systemen typisch leistet, hatten wir selektives Akkordieren genannt. Er bringt das Handeln auf erwartbare Formen – in dem, was er möglicherweise selektiert, ebenso wie in dem, woraus er selektiert, und in dem, was er möglicherweise nicht selektiert. Zugleich ermöglicht diese Reduktion auf Handlung, über Erwartungsfestlegung zu definieren, welche Handlungen zum System gehören, und in einer Restkategorie Umwelt all das zusammenzufassen, was nicht zum System gehört. Selektives Akkordieren dient dem Erzeugen und Testen der spezifischen Möglichkeiten und Unmöglichkeiten des Systems und enthält eben damit dasjenige Selektionsprinzip, dessen Realisierung in sozialen Systemen als Möglichkeiten ermöglichende Bedingung fungiert, ohne damit jenen weiteren Horizont des in der Umwelt Möglichen auszuschließen.[181] Ebendeshalb lassen sich System und Umwelt nur durch Sinngrenzen abgrenzen, die Verweisungen nach innen mit Verweisungen nach außen verknüpfen.

Mit dem Begriff soziales System soll nach alldem ein Sinnzusammenhang von Handlungen bezeichnet werden, die, durch wechselseitige Erwartbarkeit verknüpft, aufeinander verweisen, ihre Selektivität wechselseitig bestimmen und dadurch von einer nichtdazugehörigen Umwelt abgrenzbar

180 Vgl. oben, Kap. I.1.

181 Der Vergleichspunkt im Bereich der transzendentalen Erkenntnistheorie wären die von Kant unterstellten *Erkenntnisvermögen* (als Bedingung nicht nur möglicher Erkenntnis, sondern auf nicht ganz geklärte Weise zugleich als Bedingung der Erkenntnis des Möglichen).

sind. Ähnlich wie bei der Erörterung des Strukturproblems sozialer Systeme müssen wir auch ihr Umweltverhältnis abschließend als Variable kennzeichnen. Das Ausmaß, in dem zwischen System und Umwelt Kontinuitäten bzw. Diskontinuitäten bestehen, kann sehr verschieden sein. Wir sprechen von Graden der Ausdifferenzierung sozialer Systeme[182] und sehen darin einen Schlüsselbegriff der Gesellschaftstheorie.

8. Kommunikation

Ausgangspunkt der folgenden Überlegungen ist die Einsicht, daß das Sinnerleben mehrerer Personen unaufhebbar divergiert – und zwar originär divergiert und nicht erst als Folge von Kommunikationsfehlern. Diese Divergenz ist Bedingung der Möglichkeit von Kommunikation, und erst vor diesem Hintergrund läßt sich die Funktion eines operativen Partialkonsenses verstehen.

Um dieses Divergieren und damit die doppelkontingente Selektivität sozialer Beziehungen überbrücken zu können, nehmen *alle* Prozesse, die soziale Systeme bilden, die Form von Kommunikation an. Damit soll gesagt sein, daß sie die Beteiligten über Selektionen im System oder in der Umwelt informieren. Beide Begriffe, Information und Kommunikation, müssen auf unsere Problemstellung eingestellt und deshalb komplizierter als üblich gefaßt werden. Sie bezeichnen im folgenden nicht einfach Daten bzw. Datentransport. Vielmehr soll mit Information die durch die Selektivität von Ereignissen ausgelöste Selektion von Systemzuständen bezeichnet

182 Buckley, *Sociology and Modern Systems Theory*, S. 42, spricht auch von »varying degrees of systemness« bzw. von »varying degrees of entitivity«. In der Sache stimme ich zu und vermeide diese Ausdrucksweise lediglich aus sprachlichen Gründen.

werden[183] und mit Kommunikation der Prozeß, der dies, absichtlich oder unabsichtlich, mit personalen Ausdrucksmitteln bewirkt.

Die Komplikation dieser Begriffsbildung liegt auf zwei Ebenen. Zunächst kommt es zur Information nur bei mindestens *zweifacher* Selektivität[184]: Ein Ereignis – es fängt an zu regnen –, das auch anders ausfallen könnte, wird wahrgenommen durch jemanden, der auch anderes wahrnehmen könnte. Diese zweifache Selektion ist nicht, wie ältere Wahrheitslehren suggerieren könnten, bloße Faktenverdoppelung durch Abbildung (die zudem mißlingen kann); sie verwirklicht vielmehr eine *punktuelle, momentane Synchronisation unterschiedlicher Möglichkeitshorizonte.* Das Ereignis, daß es regnet, wählt aus anderen »andere Möglichkeiten« aus als meine Wahrnehmung: Statt des Regens könnte die Sonne scheinen, statt der Wahrnehmung des Regens könnte ich lesen. Genau darin besteht die Funktion von Information, daß

183 Gegenüber der vorherrschenden Beachtung nur der Selektivität von Nachrichten (Ereignissen) war es bereits ein Fortschritt, daß man auf die Selektion von Systemzuständen bzw. die Änderung von Systemzuständen abstellte. So z. B. Donald M. MacKay, *Information, Mechanism and Hearing*, Cambridge (Mass.) 1969; Harold M. Schroder, Michael J. Driver, Siegfried Streufert, *Human Information Processing*, New York 1967. Zu einer befriedigenden Darstellung von Informationsprozessen kommt man jedoch erst, wenn man *beide* Selektivitäten in ihrer *Unterschiedlichkeit* berücksichtigt.

184 Diese zweifache Selektivität kann bereits im Wahrnehmungsprozeß (in allerdings engen Grenzen) verlängert werden, und zwar durch Wahrnehmung von Kausalität. Man nimmt dann nicht nur die Selektivität des Ereignisses, sondern zugleich die Abhängigkeit der Selektivität des Ereignisses von einem anderen (wahrnehmbaren oder nichtwahrnehmbaren) selektiven Ereignis wahr. Vgl. als Ausgangspunkt zahlreicher psychologischer Forschungen Albert Michotte, *La perception de la causalité*, Louvain ²1954 (zuerst 1943), und Fritz Heider, »Social Perception and Phenomenal Causality«, *Psychological Review* 51 (1944), S. 358-374.

sie solche Differenzen – nicht nur der Sinngehalte, sondern ihrer Kontingenz und Selektivität – überbrückt.[185]

Man kann diesen Informationsbegriff auf organische oder auf maschinenprogrammgesteuerte Prozesse beziehen. Bei sinngesteuerter Information kommt hinzu, daß das Woraus der Selektion und damit auch die Selektivität der Information mitpräsentiert wird – zumindest in der rudimentären Form einer Verweisung auf unbestimmt bleibende andere Möglichkeiten. Damit sind zugleich Freiheiten fundiert, Informationen nicht zu akzeptieren.

Diese Informationsfunktion wird durch Kommunikation verstärkt und auf Fälle übertragen, in denen sie sich nicht durch Wahrnehmung gleichsam von selbst ergibt. Von Kommunikation wollen wir nur dann sprechen, wenn Ego eine *eigene* Information auf Alter überträgt, sei es absichtlich, sei es unabsichtlich. Dies kann eine Umweltinformation, aber auch eine Selbstinformation des Ego sein – etwa die Mitteilung einer Wahrnehmung oder eines Entschlusses oder der Selbstwahrnehmung eines eigenen Zustandes. Es genügt aber nicht, daß Ego für Alter einfach Information ist, etwa mit bestimmten überraschenden Merkmalen im Wahrnehmungsfeld von Alter auftaucht. Vielmehr kommt Kommunikation nur zustande, wenn der Empfänger die Möglichkeit hat, die Information selbst und das Verhalten, durch das sie kommuniziert wird, zu unterscheiden.[186] Das bedeutet vor allem,

185 Diese Fassung des Informationsbegriffs präzisiert und problematisiert zugleich die häufig formulierte Ansicht, daß die Information trotz Übertragung identisch bleibt. Vgl. etwa Karl W. Deutsch, *Politische Kybernetik: Modelle und Perspektiven*, Freiburg (Brsg.) 1969, S. 133ff.

186 Auch Fachleute für Sprach- und Kommunikationswissenschaft sehen die Notwendigkeit, entsprechend zu differenzieren. Vgl. z. B. W. Barnett Pearce, »Consensual Rules in Interpersonal Communication: A Reply to Cushman and Whiting«, *The Journal of Communication*

daß der Zeitpunkt der beiden Selektionen differieren kann; und ferner für die soziale Beziehung, daß die Differenz dem Kommunizierenden Möglichkeiten der Manipulation[187] und dem Empfänger Möglichkeiten der Kontrolle an die Hand gibt; und schließlich: daß der Empfänger die Möglichkeit hat, den sachlichen Sinn von Mitteilung und Mitteilungsverhalten getrennt zu negieren. All das zusammen ergibt einen Abstand zum unmittelbaren Informationsdruck der Welt: Man ist zwar dem kommunikativen Verhalten relativ unmittelbar ausgesetzt, hält dafür aber die Welt auf Distanz. Wenn schon Information eine mindestens zweistellige Selektivität ist, dann Kommunikation eine mindestens dreistellige: Ego informiert Alter über ein selektives Ereignis, das für Ego selbst schon Information ist.[188] Kommunikation ist mithin ein Prozeß, der auf Selektionen selektiv reagiert: ein Prozeß der Selektivitätsverstärkung. Ein solcher Prozeß impliziert

23 (1973), S. 160-168, mit Hinweisen auf die (nicht ganz deckungsgleichen) Unterscheidungen von »performative« und »constative utterances« (Austin), »signification« und »significance« (Morris) und »content« und »relationship levels« (Watzlawick/Beavin/Jackson). Nur so läßt sich erklären, daß es nahezu informationslose Kommunikation gibt und andererseits nahezu kommunikationslose Übermittlung wichtigster Informationen. Zu Anforderungen an die Analyse des Kommunikationsprozesses, die daraus folgen, vgl. auch Keith R. Stamm, W. Barnett Pearce, »Communication Behavior and Coorientational Relations«, *The Journal of Communication* 21 (1971), S. 208-220.

187 Siehe hierzu den Essay »Expression Games«, in: Erving Goffman, *Strategic Interaction*, Philadelphia 1969, S. 1-82 (1ff.).

188 Um eine genaue Abgrenzung von bloß informativem und kommunikativem Verhalten bemüht sich auch Donald M. MacKay, »Formal Analysis of Communications Processes«, in: R.A. Hinde (Hg.), *Non-verbal Communication*, Cambridge 1972, S. 3-25. MacKay stellt auf erkennbare Beteiligung einer evaluativen Funktion im Kommunikanten ab. Das ist ein etwas engerer Begriff. Wenn Evaluation erkannt und dem Kommunikanten zugerechnet wird, ist der Empfänger immer auch in der Lage, zwischen Information und Verhalten zu unterscheiden.

Kontingenz, sowohl in seinen Themen als auch in seinen Personen; und er produziert Kontingenz, wenn er nur lange genug läuft, so daß seine Implikationen bewußt werden. Er produziert damit im Laufe der gesellschaftlichen Evolution schließlich unsere voll kontingente, theologisch so schwierige Welt.

Erst mit Hilfe dieser etwas komplizierten Vorstellung von Selektionsverschachtelungen lassen sich die evolutionären und systembezogenen Vorteile kommunikativer Beziehungen deutlich machen. Es handelt sich in der unmittelbaren Kommunikation um eine Beziehung, die sich selbst immer nur auf Beziehungen bezieht: um eine Relationierung von Relationen. Erst die Unterscheidung der Information von dem sie übermittelnden Verhalten macht es möglich, zwischen diesen beiden Selektionen Beziehungen herzustellen und in bezug auf diese Beziehung dann kritisch sich einzustellen, also nochmals auf Distanz zu gehen. Erst in dieser Distanz kann die Möglichkeit der Abwendung und des Ablehnens abstrahiert werden zur Freiheit des Negierens trotz faktisch vorliegender Kommunikation.

Dreistufige Selektionsverkettung mit selektivem Verhalten zu Selektionen setzt die Konstitution von Sinn voraus. Nur an identisch gehaltenem Sinn wird Information und informierendes Verhalten differenzierbar und aufeinander beziehbar. Nur an Sinn kann man Eigenbeiträge ablesen und zugleich verknüpfen mit Anschlüssen an die objektiv gesicherte Welt. Nur Sinn macht Selektionsfehler anderer erkennbar und korrigierbar – im Unterschied zum Signalaustausch in Tierpopulationen, der prompt funktioniert. Kommunikation dieses anspruchsvollen Stils kann mithin nur zusammen mit Sinnkonstitution entstehen, wobei man annehmen darf, daß der kommunikative Prozeß die Evolution führt; daß die Elaboration des Kommunikationsnetzes für zunehmend anspruchsvolle Selektionsverhältnisse Sinn in dem Maße konstituiert hat, als sie ihn für Integrationszwecke brauchte.

Was kann aber die übliche Formulierung »Informationsübertragung« bedeuten, wenn man davon ausgehen muß, daß beide Partner einer Kommunikationsbeziehung durch Sinn verbunden sind, *also beide selektiv erleben bzw. handeln*? Diesen Punkt müssen wir mit der nötigen Tiefenschärfe klären, weil die für Späteres wichtige Unterscheidung von Sprache und Kommunikationsmedien daran anknüpft.

Als Informationsempfänger – und wir gehen davon aus, daß der Empfang nicht schon an Übertragungsstörungen oder Unverständlichkeit scheitert – übernimmt Alter die Selektionsleistung von Ego zunächst unverbindlich, sozusagen in hypothetischer Form. Er transformiert sie in die Form einer Möglichkeit, zu der er noch ja oder nein sagen kann. Diese Modalisierung entsteht erst durch Kommunikation, nämlich dadurch, daß man mit fremder Selektion konfrontiert wird.[189] Sie ist als Technik der Absorption von Risiken zu begreifen: Alter profitiert von fremder Erfahrung, von fremden Selektionsleistungen, indem er sie in der gerafften Form einer Information zu sich nimmt. Er braucht die originäre Selektion nicht zu wiederholen, sie wird ihm fertig angeboten. Das ist die Grundlage der immensen Wirklichkeitserweiterung durch Kommunikation,[190] die Grundlage für »vicarious

189 Vgl. dazu René Spitz, *Nein und Ja: Die Ursprünge der menschlichen Kommunikation*, Stuttgart 1957, mit der wichtigen These, daß das zugleich das Entstehen einer neuen Organisationsebene für die eigene Erfahrung bedeutet.

190 So z. B. Donald M. MacKay, »The Informational Analysis of Questions and Commands«, in: Colin Cherry (Hg.), *Information Theory: Fourth London Symposium*, London 1961, S. 469-476 (471), neu gedruckt in: ders., *Information, Mechanism and Meaning*, S. 94-104.

learning«[191]. Andererseits ist eben damit gegenüber originärer Informationsaufnahme und Entschlußfassung ein gesteigertes Risiko verbunden. Die eigene Freiheit, anzunehmen oder zu verwerfen, die sich an diesem Risiko ausbildet, dient (wie selten auch immer sie als Wahl faktisch bewußt wird und ausgeübt wird) der Kontrolle dieses Risikos.

Kommunikation führt daher zunächst nur zur Übertragung von Sinn als einer (und genau das ist ja Sinn!) verkürzt angebotenen Selektionsmöglichkeit; sie führt nicht ohne weiteres auch zur Reproduktion von Selektionsleistungen. Zur Reproduktion kommt es erst, wenn Alter die Selektionsofferte sich zu eigen macht, indem er sie als Prämisse eigener weiterer Selektionen übernimmt. Und erst durch Anschlußselektionen entstehen die soziologisch so wichtigen Bindungseffekte.

Selbstverständlich braucht die Unterscheidung von Empfang und Annahme nicht in jedem Fall bewußt durchgeführt zu werden. Daß sie auch unscharf funktioniert, ist eine Bedingung ihrer Entwicklung ebenso wie ein Erfordernis der Praktikabilität. Unterscheidungsschärfe wird durch Zuwendung von Aufmerksamkeit erzeugt, und die hängt ab von situativen Interessenlagen.

Die Möglichkeit für Alter, jene Unterscheidung von vorgeschlagener und akzeptierter Selektion durchzuführen, kann erst mit der Verwendung von Sprache zusammen entwickelt werden. Die Sprachform von Kommunikationen drängt es geradezu auf, die bloße Mitteilung von der Sache selbst zu unterscheiden; die bloße Möglichkeit dieser Unterscheidung, die, wie oben gesagt, mit jeder Kommunikation verbunden ist,

191 Für Forschungsübersichten siehe Albert Bandura, »Vicarious Processes: No Trial Learning«, in: Leonard Berkowitz (Hg.), *Advances in Experimental Social Psychology*, New York 1965, S. 1-56; Justin Aronfreed, *Conduct and Conscience: The Socialization of Internalized Control over Behavior*, New York 1968, S. 76ff.

wird zur Wahrscheinlichkeit, wird geläufig.[192] Sprache legt es nahe, die Selektionssequenz des Kommunikationsprozesses um eine wichtige Stufe zu erweitern.

Kommunikation kann zwar in gewissem Umfange in der unmittelbaren Interaktion unter Anwesenden auch durch Wahrnehmung des Wahrnehmens erbracht werden: Alter sieht, daß Ego vor dem Hund erschrickt. Dazu bedarf es gewisser Gemeinsamkeiten der Situationsdefinition, nicht notwendig einer ausgebildeten Sprache. Sprache dient jedoch der Durchführung von Kommunikation unter anspruchsvolleren Voraussetzungen. Sie benutzt ein aus Wahrnehmungen herausdestilliertes Repertoire von Zeichen, mit dem sie die unterschiedlichen und unterschiedlich bleibenden Selektionshorizonte der Beteiligten zunächst auf die gemeinsame Formel des sprachlich Möglichen bringt und sie so nicht nur, wie in der Information, punktuell, sondern auch strukturell integriert. Dadurch wird zusätzlich zur mehrfachen Selektion im Fluß der Informationen, also in der Verkettung von Ereignissen, noch eine Funktionsverdoppelung von struktureller und prozeßmäßiger Selektion erreicht: Der Informationsprozeß kommt erst auf Grund einer Vorauswahl des sprachlich Möglichen zum Zuge. Er informiert unmittelbar nur noch über Wort- und Satzselektionen und nur mittels dieser über die Welt.[193]

192 Im Anschluß daran werden wir unten in Teil 2, Kap. II die evolutionären Funktionen der Sprache und der Kommunikationsmedien, die die Reproduktion von Sinn steuern, unterscheiden können.

193 Anzumerken bleibt, daß Sprache nicht nur kommunikative (Informationen übermittelnde), sondern als Ausdrucksverhalten auch direkt informierende Funktionen übernehmen kann. So kann zum Beispiel unabhängig vom Informationsgehalt schon die Wortselektion oder die Art sprachlicher Präsentation Beachtung finden oder zur Überzeugung beitragen: Frisch gesagt, ist halb gewonnen. Außerdem führt Sprache zu einer immensen Erweiterung der Gedächtnisfunktion. Und beides,

Sprache besteht aus Symbolen und aus Regeln zu ihrer Kombination. Jede sinngemäße Verwendung sprachlicher Mittel stellt Relationen sprachlicher Art (Sätze) her, bei denen vorausgesetzt und per Voraussetzung produziert wird: daß (1) die Relata auch anders verwendet werden könnten und daß sie deshalb (2) jeweils nur selektiv und in diesem Sinne abstrakt benutzt werden. Diese relationale Gebrauchsweise (und nicht etwa schon die bloße Zeichenfunktion der Symbole) distanziert den Sprechkontext von seiner unmittelbaren Umwelt und macht eine weitere Umwelt bedeutsam, indem sie an den Symbolen Kontingenzen erscheinen läßt, die auf jeweils nicht vor Augen Liegendes verweisen. Solche Verweisungen lassen sich dann mit weiteren Symbolen zusammenfassen, neu formieren oder weiterbilden, und im Anschluß daran können besondere Symbole für Abwesendes, für immer Abwesendes, für Unanschauliches entwickelt werden. Letztlich beruht diese Umwelterweiterung auf relationaler Binnenselektivität und erzeugt dann einen Informationsdruck, dem die Sprache durch Abstraktion auch der symbolischen Mittel zu entsprechen hat.

Die wichtigste Funktion der Sprache liegt in dieser Möglichkeit, durch Relationierung von Symbolisierung auch Abwesendes in den Kommunikationsprozeß einzuführen. Man kann über räumlich und zeitlich Entferntes reden, über Vergangenes und über Zukünftiges, über bloß Mögliches und über Nichtwirkliches. Auf diese Weise wird zum Beispiel die Zeitpunktunabhängigkeit der Außenkoordination des Systems gewonnen: Man kann lange nach dem Ereignis reagieren, sozusagen mit Verzögerung lernen, und man kann

Bereicherung von Ausdrucksmöglichkeiten und Erweiterung von Gedächtnisleistungen, wirkt wiederum auf den Kommunikationsprozeß zurück.

vor dem Ereignis reagieren, kann sich auf das Ereignis vorbereiten. Dadurch wird das soziale System unabhängig von Punkt-für-Punkt-Korrelationen mit der Umwelt. Intern entsteht damit die Möglichkeit der Bildung langer Selektionsketten, die das Erleben und Handeln auf räumlich-zeitlich entfernte Ziele hin koordinieren. Die Ketten werden außerdem unterbrechungsfähig: Man sitzt nicht kontinuierlich an der Arbeit für ein einziges Ziel, sondern verfolgt mehrere simultan. Schließlich kann man auch auf vorgestellte Möglichkeiten reagieren – zum Beispiel um zu verhindern, daß sie Wirklichkeit werden, oder um sich vorzubereiten für den ungewissen Fall, daß sie Wirklichkeit werden. Für all dies stellt erst die Sprache soziale Koordinationsfähigkeit bereit.

Allerdings nicht ohne Kosten und nicht ohne spezifische Folgeprobleme. Die wichtigste Hypothek besteht darin, daß Sprache wegen ihrer hohen Komplexität und Indirektheit auf *absichtsvolle* Verwendung angewiesen ist. Sie ist notwendig Handlung dessen, der kommuniziert, nicht nur Erleben dessen, der eine Kommunikation empfängt. Will man sich der damit gegebenen Zurechnung und ihren Konsequenzen entziehen, muß man unter Ausnutzung der Sprache selbst die eigentliche Absicht verschleiern, ohne damit die Absichtlichkeit des Sprachhandelns ablegen zu können. Wie unklar immer die Absicht, im sozialen Verkehr wird sie unterstellt, und diese Unterstellung leitet nicht nur die Reaktion auf gesprochene Mitteilungen, sondern sie wird auch antizipiert und bei der Vorauswahl dessen, was man gefahrlos sprechen kann, in Rechnung gestellt. Die Zurechnung auf Absicht hat schon als solche und vor aller expliziten Normierung eine Funktion sozialer Kontrolle. Mit dieser Zurechnung auf Absicht, die Folgen hat, verbindet sich eine über die Leiblichkeit hinausgehende *Individualisierung* der Kommunikationspartner. Der Kommunikationsprozeß basiert auf organisch vorgegebener

Individualisierung, aber er konstituiert erst die biographische, moralische, reflexiv thematisierbare Identität der Beteiligten.[194] Schließlich ermöglicht die Unterstellung von Absicht eine verdichtete Integration des Kommunikationssystems: *Wer absichtlich angesprochen wird, kann die eigene Situation als mitgemeint in die des anderen hineininterpretieren.* Zurechnung auf Absicht, was immer das psychologisch sein mag, ist mithin eine wesentliche Voraussetzung für die Bildung komplementärer Erwartungen. Wenn es Absicht nicht gäbe, müßte man sie erfinden.

Wir können an dieser Stelle keine zu unserem Informationsbegriff passende Sprachtheorie ausarbeiten. Festzuhalten bleibt jedoch, daß Sprache weder in der Lage ist noch die Funktion hat, die Identität oder Gleichheit von Erleben und Handeln verschiedener Personen zu bewirken. Sie dient der Koordination selektiver Prozesse, und ihre Leistung besteht gerade darin, hohe Unterschiede der Selektivität zu ermöglichen und zu überbrücken. Die Mitteilung »es regnet« kann dann informieren über den Wunsch: Lege die Zeitung weg und hole die Liegestühle aus dem Garten herein! Durch strukturelle Vorselektion eines Sprachcodes und durch *Reduktion* von Kommunikation auf das Sprachlich-Mögliche wird mithin die Komplexität von noch abstimmbaren nichtidentischen Selektionen *immens erweitert.* Damit werden Möglichkeiten für intersubjektiven Konsens und Dissens, für Verständigungen und für Mißverständnisse zugleich vermehrt. Wir werden sowohl in der Evolutionstheorie als auch

194 Mit dieser Auffassung hängt zusammen, daß wir den Begriff »Mensch«, der diese Selbstidentifikation, dieses »An und für sich Sein«, einschließt, nicht als theoretischen Grundbegriff verwenden können, also Gesellschaftstheorie auch nicht als Theorie der Gattungsgeschichte der Menschheit formulieren können.

in der Theorie der Kommunikationsmedien auf diesen Punkt zurückkommen.

Bei Informationsübermittlungen ist es häufig wichtig zu wissen, wer informiert ist und wer kommuniziert. Es müssen daher Zurechnungsfragen geklärt sein bzw. geklärt werden können.[195] Kommunikation ist zwar nicht notwendig, aber zumeist absichtliches Handeln, so daß nicht nur das Informiertsein, sondern auch die Kommunikation selbst als Handlung zugerechnet werden kann. Das heißt: Die Reduktion auf Handlung muß als Möglichkeit bereitstehen, damit sich Kommunikation entwickeln kann, so wie andererseits, genetisch gesehen, zurechenbare Kommunikation Prototyp für Handlung gewesen sein mag.

Kommunikation in dem hier angedeuteten außersprachlichen wie sprachlichen Sinne ist der Prozeß, in dem selektive Ereignisse in einer für soziale Systeme adäquaten Weise durch Verkettung dynamisch werden. Durch Kommunikation können Selektionsketten gebildet werden, die aus Umweltereignissen und Systemereignissen und in beiden Fällen aus »natürlichen« Informationen und kommunizierten Informationen zusammengesetzt sind. Kommunikationsprozesse können somit Sozialsysteme und Umwelten verknüpfen – mag nun mit der Umwelt kommuniziert, im System über die Umwelt kommuniziert oder schließlich mit der Umwelt

195 Hierfür ist übrigens die im folgenden (s. Kap. III) zu entwickelnde Typenunterscheidung sozialer Systeme von Bedeutung: Während im einfachen Kontakt von Angesicht zu Angesicht normalerweise nicht zweifelhaft sein kann, wer kommuniziert (sondern höchstens: mit welchem Sinn und mit welcher Absicht), ist für organisierte Sozialsysteme die Zurechnung von Kommunikationen ein Problem. Eine besondere Erörterung des Problems der Authentizität bzw. Authentifikation von Kommunikationen findet sich daher hauptsächlich in der organisationswissenschaftlichen Literatur. Vgl. z. B. Chester I. Barnard, *The Functions of the Executive*, Cambridge (Mass.) 1938, S. 180 f.

über das System kommuniziert werden. Im Unterschied zu einer verbreiteten Auffassung setzen wir nicht voraus, daß Kommunikationen innerhalb des Systems häufiger sind als mit der Umwelt;[196] nicht einmal, daß sie leichter und wirksamer abgewickelt werden können.[197] Der Zusammenhang von Systembildung und Kommunikation ist funktional zu sehen, und die Funktionalität ergibt sich aus dem Problem der sinnorientierten, doppelkontingenten Selektivität. Eine Erhaltung dieser Bedingung als Entstehungs- und Regenerationsprinzip sozialer Systeme setzt neben der Reduktion auf Handlung, der Strukturgeneralisierung und der sinngesteuerten Abgrenzung gegen eine Umwelt die durch all dies mitgetragene Prozeßform der Kommunikation voraus.

Weil Kommunikation (mindestens) zwei Selektionsakte verbindet und deren Kontingenz durch Beziehung auf den jeweils anderen einschränkt, führt sie *zwangsläufig zur Strukturbildung*,[198] nämlich zu einer Ausgrenzung unbestimmter Möglichkeiten im Hinblick auf bestimmte. Die Genesis von Struktur ist weder dem einzelnen Selektionsakt noch dem einzelnen Selektionshorizont allein zurechenbar. Sie kann und sie wird normalerweise den Bewußtseinshorizont der Beteiligten überschreiten. Sie führt auf diese Weise zum Aufbau komplexer Systeme mit hohen Gehalten an unvermeidbarer Latenz, zu Sinngehalten, die sich der vollen Aktualisierung im

196 Vgl. z. B. John B. Knox, *The Sociology of Industrial Relations*, New York 1955, S. 133.

197 So z. B. Deutsch, *Politische Kybernetik*, S. 283. Vgl. auch Robert K. Merton, »Insiders and Outsiders: A Chapter in the Sociology of Knowledge«, *American Journal of Sociology* 78 (1972), S. 9-47, für wissenschaftliche Kommunikation.

198 Dieses Prinzip – »any communication process, once initiated and maintained, leads to the genesis of social structure« – hat Klaus Krippendorf, »Communication and the Genesis of Structure«, *General Systems* 16 (1971), S. 171-185, herausgearbeitet.

Bewußtsein und im Kommunikationsprozeß entziehen. Obwohl alle Struktur aus Kommunikationsprozessen entsteht, heißt das nicht, daß sie durch Kommunikationsprozesse thematisierbar oder kontrollierbar wäre; das Gegenteil ist wahrscheinlich. In der Entstehungsweise liegt keine Garantie der Re-Aktualisierbarkeit.

Rückblickend können wir von hier aus erkennen, weshalb Strukturen sozialer Systeme für die Beteiligten die Form generalisierter Verhaltens- oder Erwartenserwartungen annehmen.[199] Durch Generalisierung und Reflexivität kann dieses Problem unvermeidlicher Latenz in Annäherung gelöst bzw. entschärft werden. Mit der Form der Generalisierung und des Rechnens mit bloßen Möglichkeiten wird erreicht, daß eine Struktur sich ins reflexive (und sich somit als unterschiedlich bewußtmachende) Bewußtsein der Beteiligten annähernd adäquat übersetzt. Diese können ihr Erleben und Handeln auf diese Weise an Strukturen orientieren. So erreicht das soziale System über Strukturbildung doppelte Selektivität: zunächst die Selektion der Struktur selbst aus einer unbestimmt hohen Zahl möglicher Verhaltenskombinationen und sodann die strukturabhängige (aber keineswegs: strukturell determinierte) Selektion des Verhaltens selbst.

Eine weitere Konsequenz jener Grundvoraussetzung doppelkontingenter Selektivität ist die prinzipielle *Unwiederholbarkeit und Irreversibilität* aller Kommunikationsprozesse.[200] Dadurch, daß eine Selektion zur Prämisse für andere wird, wird der Kommunikationsprozeß von selbst asymmetrisch, wie immer gleichberechtigt und »zwanglos« die

199 Vgl. oben in diesem Kapitel, Abschnitt 6.

200 Dies betont z. B. auch Dean C. Barnlund, »A Transactional Model of Communication«, in: Kenneth K. Sereno, C. David Mortensen (Hg.), *Foundations of Communication Theory*, New York u. a. 1970, S. 83-102 (92f.).

Beteiligten zu kommunizieren meinen. Kommunikationsprozesse strukturieren sich selbst durch die Geschichte ihres Verlaufs, und sie können sich gegen die Gefahr des Festfahrens in immer engeren Themen nur schützen durch die mit allem Sinn gegebene Möglichkeit der Re-Thematisierung vergangener Strukturbildungsleistungen, eine Möglichkeit, die indes Zeit und Aufmerksamkeit und gegebenenfalls auch Durchsetzungskraft erfordert, also nur begrenzt aktualisiert werden kann. Wiederholungen und problematisierende Re-Thematisierungen sind nicht prinzipiell unmöglich, setzen aber als Normalleistungen besondere Systemstrukturen voraus, die ihre Wahrscheinlichkeit erhöhen.

9. Konflikte

Die komplizierte Darlegung eines auf doppelkontingenter Selektivität aufgebauten Kommunikationsbegriffs zahlt sich aus, wenn wir gleich im Anschluß daran zwei Themen erörtern, die noch in den Zusammenhang einer allgemeinen Theorie sozialer Systeme gehören, nämlich Konflikte und reflexive Prozesse (10). Beide Themen behandeln wir nicht polemisch als Alternativen zur Systemtheorie, wie das in literarischen Kontroversen zuweilen geschieht (Konfliktstheorie versus Systemtheorie; kritische Theorie versus Systemtheorie),[201]

201 Vgl. z. B. Ralf Dahrendorf, »Out of Utopia: Toward a Reorientation of Sociological Analysis«, *American Journal of Sociology* 64 (1958), S. 115-127; auch in ders., *Pfade aus Utopia: Arbeiten zur Theorie und Methode der Soziologie*, München 1967; Lewis A. Coser, *Theorie sozialer Konflikte*, Neuwied 1965, Neudruck 1972 (dt. Übers.); Irving L. Horowitz, »Consensus, Conflict and Cooperation: A Sociological Inventory«, *Social Forces* 41 (1962), S. 177-188; Randall Collins, »A Comparative Approach to Political Sociology«, in: Reinhard Bendix (Hg.),

sondern sehen in ihnen strukturell besonders wichtige Sonderformen der Kommunikation in Systemen. Erst der soeben dargestellte Kommunikationsbegriff erschließt den Zugang zu dieser Auffassung.

Kommunikation kommt nur bei nichtidentischer Selektivität zustande und kann nur bei nichtidentischer Selektivität fortgesetzt werden; sie ist damit schon strukturell gegen volle Harmonie, sei es als Vorbedingung, sei es als Resultat, geschützt. Sie hat weder das Ziel noch die Funktion, Konsens herzustellen, verläuft andererseits normalerweise aber auch nicht streitig. Sie verbindet unterschiedliche Selektionsakte, stellt Selektionssequenzen her. In ihre Prozeßstruktur ist die Möglichkeit der Negation uneliminierbar eingebaut; ein Negationspotential ist schon mit der bewußten Nichtidentität selbst gegeben und ist überdies, wie wir gesehen haben, ein notwendiges Korrektiv der Kettenbildung.

Diese Nichtidentität ist Grundbedingung der Möglichkeit von Konflikten, aber nicht selbst schon ein Konflikt. Von Konflikten wollen wir nur dann sprechen, wenn *die Reproduktion von Selektionsleistungen verweigert und diese Verweigerung ihrerseits zum Gegenstand der Kommunikation gemacht wird.* Konflikte setzen mithin das Verstehen einer angetragenen Selektionsleistung voraus, sie setzen ferner die Fähigkeit voraus, Zumutung und Annahme zu unterscheiden, und sie treten

State and Society, Boston 1968, S. 42-67; T. B. Bottomore, »Sociological Theory and the Study of Social Conflict«, in: John C. McKinney, Edward A. Tiryakian (Hg.), *Theoretical Sociology: Perspectives and Developments*, New York 1970, S. 137-153. Dazu kritisch: A. L. Jacobson, »A Theoretical and Empirical Analysis of Social Change and Social Conflict Based on Talcott Parsons' Ideas«, in: Herman Turk, Richard L. Simpson (Hg.), *Institutions and Social Exchange: The Sociologies of Talcott Parsons and George C. Homans*, Indianapolis, New York 1971, S. 344-360.

dann aktuell auf, wenn über die Verweigerung der Annahme kommuniziert wird.

Diese den Konflikt aktualisierende Kommunikation braucht nicht notwendig Sprachform anzunehmen, obwohl das naheliegt. Sie kann auch in einem für beide Seiten bewußten Wahrnehmen absichtlicher Verweigerung, also etwa tätlichen Ungehorsams oder Unglaubens, liegen.[202] Entscheidend ist, daß die Verweigerung als zurechenbarer selektiver Akt rückkommuniziert wird und damit für das soziale System, in dem dies stattfindet, Geschichte macht.

Keineswegs impliziert dieser Konfliktsbegriff, daß ein Konflikt sich immer unter Inanspruchnahme von Macht abspielt. Diese oft vertretene Auffassung[203] ist viel zu eng. Die Verweigerung der Reproduktion von Selektionsofferten kann sich im Bereich eines jeden gesellschaftlichen Kommunikationsmediums abspielen, kann etwa auch zu einem Wahrheitskonflikt führen, indem jemand bestreitet, daß eine Information stimmt, oder zu einem Liebeskonflikt, indem jemand sich selbst dem anderen verweigert und ihn doch liebt. Überhaupt brauchen Konflikte durchaus nicht in dieser Form an bestimmten gesellschaftlichen Kommunikationsmedien orientiert zu sein; Konflikt ist gegenüber derart spezialisierten Ausprägungen ein sehr viel allgemeineres alltägliches Phänomen.

Es ist üblich, manifeste und latente Konflikte zu unterscheiden. Diese Unterscheidung kann jetzt präzisiert werden.

202 Gerade ein demonstrativer Tatkonflikt, mit dem die Sprachebene als nutzlos mitverweigert wird, hat oft eine besondere Schärfe. Sie kann zum Beispiel auch die Konfliktform dessen sein, der sich argumentativ von vornherein unterlegen fühlt und Angst davor hat, »überredet« zu werden.

203 Vgl. z. B. Kurt Holm, *Verteilung und Konflikt: Ein soziologisches Modell*, Stuttgart 1970.

Eine rückkommunizierte Annahmeverweigerung kann mitsamt ihren Folgen für das System antizipiert und ebendeshalb vermieden werden. Orientiert ein soziales System sich an solchen Vermeidungsantizipationen, handelt es sich, je nachdem, um einseitig oder beidseitig latente Konflikte.[204] Latent bleibt zum Beispiel ein Konflikt, wenn Ideologen wissen, daß ihre Wahrheitsprätention nicht akzeptiert wird, den Partnern aber die Sprache oder der Mut für eine offene Annahmeverweigerung fehlt; oder wenn aus Furcht vor Ungehorsam gar nicht mehr befohlen wird. Ehen stecken voller latenter Konflikte dieser Art, auch museumsreife Kunstrichtungen oder Kirchen, die es nicht wagen, den Glauben ihrer Mitglieder auf die Probe zu stellen.

Konfliktswahrscheinlichkeiten hängen ab von Systemgröße und Komplexität. Wenn es in einem System Personen, Gärten und Schweine gibt, wächst mit der Zahl der Personen, die Gärten und Schweine haben, die Wahrscheinlichkeit, daß die Schweine des einen den Garten eines anderen ver-

204 Ich vermeide damit bewußt einen sehr weiten Begriff von latentem Konflikt, der auf die bloße Existenz struktureller Widersprüche, unterschiedlicher Wertungen oder divergierender Aktivitäten abstellt, also auf Bedingungen, die in jedem Sozialsystem gegeben sind. So z. B. Lars Dencik, »Plädoyer für eine revolutionäre Konfliktforschung«, in: Dieter Senghaas (Hg.), *Kritische Friedensforschung*, Frankfurt/M. 1971, S. 247-270 (254). Diese Begriffsbildung ist vor allem deshalb unzweckmäßig, weil man als Soziologe weiß, daß die Themen offener Konflikte solchen latenter Problemlagen keineswegs zu entsprechen brauchen. Zweifel an dem Nutzen einer solchen Unterscheidung äußert auch Hans Jürgen Krysmanski, *Soziologie des Konflikts: Materialien und Modelle*, Reinbek 1971, S. 222. Für die Bezeichnung des allgemeinen Tatbestandes struktureller bzw. prozessualer Inkompatibilitäten stehen im übrigen andere Ausdrücke wie »strains«, »tensions«, Spannungen zur Verfügung, deren Benutzung man kaum – wie Coser, *Theorie sozialer Konflikte*, S. 19ff. – als Ausweichen vor dem Konfliktsproblem deuten darf.

wüsten.[205] Es steigt der »Irritationskoeffizient« des Systems, das Verhältnis von Konfliktswahrscheinlichkeit und Größe, wenn nicht darauf abgestellte strukturelle Korrekturen einspringen, die entweder mögliche Relationen verhindern oder verhindern, daß sie Konfliktform annehmen. Mit zunehmender Größe und Komplexität können Konflikte nicht mehr dem Zufall ihrer Entstehung überlassen, sie können erst recht nicht unterdrückt werden, sondern müssen ihrerseits selektiv behandelt werden.[206] Wir werden noch sehen,[207] daß die Selektion von Konflikten für ernsthafte Durchführung und Entscheidung dann nicht mehr den Interaktionssystemen überlassen bleiben kann.

Im Unterschied zur großen, dramatischen Attitüde mancher Konfliktstheorien setzt dieser Konfliktsbegriff im Kleinen und Okkasionellen an: in der laufenden selektiven Nichtakkordierung. Konflikte werden damit als gleichsam zufällig auftretende, zumeist folgenlose Phänomene angesehen, die nach den ersten Kommunikationsschritten in sozialen Systemen selektiver Behandlung unterliegen, sei es, daß sie bagatellisiert und absorbiert,[208] sei es, daß sie generalisiert und verstärkt werden. Dieses Konzept bietet einen Ausgangspunkt

205 Dieses Beispiel bei Roy R. Rappaport, *Pigs for the Ancestors: Ritual in the Ecology of a New Guinea People*, New Haven, London 1967, S. 116f.

206 Siehe als einen ersten Ansatz die Unterscheidung von Bagatellkonflikten und ernsten Konflikten bei den Tsembaga nach Rappaport, *Pigs for the Ancestors*, S. 119ff.

207 Vgl. in diesem Teil das Kap. IV.

208 Hierzu gibt es Forschungen über Formen der Entschuldigung oder der Rechenschaftslegung und über Bedingungen ihres Konflikte bereinigenden Erfolgs. Vgl. insb. Marvin B. Scott, Stanford M. Lyman, »Accounts«, *American Sociological Review* 11 (1968), S. 46-62; Elaine Walster, Ellen Berscheid, G. William Walster, »The Exploited: Justice or Justification«, in: Jacqueline Macaulay, Leonard Berkowitz (Hg.), *Altruism and Helping Behavior: Social Psychological Studies of Some Antecedents and Consequences*, New York, London 1970, S. 179-204; Philip W.

für die Ausarbeitung spezieller Konfliktstheorien, etwa von Theorien über konfliktverstärkende soziale Bewegungen[209] oder von Theorien über interaktionelles Verhalten in auf Streit spezialisierten Sozialsystemen. Auf dieser Grundlage kann der Konfliktsbegriff in die Evolutionstheorie eingearbeitet werden. Konflikte sind vor allem als Komponenten der evolutionären Mechanismen für Variation und für Selektion zu berücksichtigen.[210] Schließlich ermöglicht es diese Konzeption, im Ausgang von Interaktionssystemen zu klären, daß und wie die Freisetzung und Hemmung von Konflikten auf den einzelnen Ebenen der Systembildung variiert. Das wird dann die Hypothese stützen, die wir im Abschnitt 2 des Kapitels IV dieses Teils ausarbeiten wollen: daß mit zunehmender Ebenendifferenzierung das Konfliktspotential einer Gesellschaft steigt.

10. Reflexivität

Doppelkontingente Selektivität ermöglicht Konflikte, formuliert und absorbiert ihr strukturelles Risiko in Kommunikationsprozessen, die Ablehnungen thematisieren, mit denen man dann irgendwie fertig werden muß. Den gleichen Ausgangspunkt haben Prozesse, die wir unter dem Begriff der Reflexivität zusammenfassen wollen. Es liegt deshalb nahe, in der Notwendigkeit der Unterdrückung oder Absorption von Konflikten einen wichtigen Anlaß zur Ausbildung reflexiver Mechanismen zu sehen, deren Funktion dann freilich nicht

Blumstein u. a., »The Honoring of Accounts«, *American Sociological Review* 39 (1974), S. 551-566.

209 Vgl. als ein theoretisch durchdachtes Beispiel Smelser, *Theory of Collective Behavior*.

210 Vgl. unten, Teil 2, Kap. II.

an den Entstehungsanlaß gebunden ist und sich nicht in der Regelung von Konflikten erschöpft, sondern weit darüber hinausgreift.

Unter der strukturellen Bedingung doppelkontingenter Selektivität kann jeder Teilnehmer sich zu Selektionen selektiv verhalten und ist damit in der Lage, die Selektivität von Selektionen zu thematisieren. Er kann Selektionen durch Zurechnung im System »lokalisieren«, kann sie im Interesse anderer Möglichkeiten negieren, und die Sprache gibt ihm dazu die Möglichkeit, über das Gesprochensein des Gesprochenen wieder zu sprechen. Diese Möglichkeit beruht unter anderem darauf, daß man anderen gegenüber größere Negationsfreiheiten hat als gegenüber sich selbst.[211] Nur in bezug auf andere (und in bezug auf sich selbst nur, wenn man sich in der Reflexion objektiviert) kann man erlebten oder handelnd intendierten Sinn negieren, *obwohl* er intendiert war. Diese Möglichkeit ist, wenn es überhaupt zur Kommunikation kommt, als Möglichkeit nicht eliminierbar, sondern allenfalls unterdrückbar. Ein System, in dem unter der Bedingung doppelkontingenter Selektivität kommuniziert wird, kann deshalb prinzipiell nicht ausschließen, daß der Kommunikationsprozeß sich auf sich selbst bezieht: auf seinen Anfang und sein Ende, auf seine Vergangenheit und seine Zukunft, auf seine Themen, auf die Beiträge der Teilnehmer oder gar auf die Einheit (Identität) des Kommunikationssystems.[212] Bei einer Kommunikation über Kommunikation

211 Vgl. dazu Niklas Luhmann, »Über die Funktion der Negation in sinnkonstituierenden Systemen«, in: Harald Weinrich (Hg.), *Positionen der Negativität*, München 1975, S. 201-218, Wiederabdruck in: Niklas Luhmann, *Soziologische Aufklärung 3: Soziales System, Gesellschaft, Organisation*, Opladen 1981, S. 35-49.

212 Eine gute Behandlung dieses Problems unter dem Titel »formulations« ist: Harold Garfinkel, Harvey Sacks, »On Formal Structures of Practical

wird deren Thema (vorläufig) neutralisiert und statt dessen die Kommunikation selbst unter dem einen oder anderen Gesichtspunkt zum Thema gemacht. Diese Möglichkeit soll – als ein Fall der allgemeineren Form der Selbstreferenz – *Reflexivität der Kommunikation* genannt werden.

Gesichtspunkte reflexiver Thematisierung von Kommunikationen sind stets selektiv, nie total auf die thematisierte Kommunikation bezogen. Sie erfassen Äußerlichkeiten oder Gründe für Selektionen, Zulassung von Teilnehmern oder Abgrenzung möglicher Themen, Zeit- oder Raumbestimmungen oder was sonst unter Steuerungsgesichtspunkten relevant wird – aber nie alles auf einmal. Totalthematisierung würde vielmehr die Differenz zwischen der Kommunikation als Prozeß und der Kommunikation, über die kommuniziert wird, zum Verschwinden bringen, man könnte dann wieder nur einfach kommunizieren. Reflexivität führt aus der Totalität des unmittelbar-gemeinsamen Kommunizierens hinaus und kann sie dann nur in der Form der Identifikation wiederherstellen – als Thematisierung des Systems, das kommuniziert.

Auf konkreteren Stufen der Analyse könnte man für bestimmte soziale Systeme (bzw. für Typen sozialer Systeme) näher ausarbeiten, welche Funktionen solche Reflexivität hat, auf welche Aspekte des Kommunikationsprozesses sie sich vorzugsweise bezieht, aus welchen Anlässen und mit welchen Folgen für die Fortsetzung der Kommunikation sie faktisch vorkommt. Solche Fragen müssen wir hier zurückstellen. Von allgemeiner Bedeutung ist jedoch die Tatsache, daß unter den angegebenen Bedingungen die Möglichkeit des Reflexivwerdens kommunikativer Prozesse als *Möglichkeit* nicht

Actions«, in: John C. McKinney, Edward A. Tiryakian (Hg.), *Theoretical Sociology: Perspectives and Developments*, New York 1970, S. 337-366.

eliminiert werden kann. Ob sie und in welchen Hinsichten sie in faktischer Kommunikation realisiert wird oder nicht – sie ist und bleibt eine wirkliche Möglichkeit. Sie gehört als Möglichkeit zur Struktur sozialer Systeme. Ihr Ergreifen wird laufend nahegelegt – zum Beispiel durch die Grenze zur Umwelt mit der Möglichkeit, das System von außen zu sehen; durch den sprachlichen Gebrauch von sogenannten »indexical expressions« wie »ich«, »du«, »hier«, »gestern«, »bald«, die nur aus der Kommunikationslage heraus verständlich sind und diese appräsentieren; oder auch durch Zurechnungen und Adressierungen kommunikativer Akte. Sie ist ein Aspekt dessen, was wir oben[213] Regenerationsfähigkeit sozialer Systeme genannt hatten.

Die Bedeutung dieser Möglichkeit läßt sich an einem Sonderproblem von erheblicher Tragweite illustrieren. Nicht selten wird in sozialen Interaktionen der Selektivität des anderen dadurch Rechnung getragen, daß man ihm eine Alternative zur Auswahl vorschlägt und implizit oder explizit andere Möglichkeiten ausschließt. Der andere kann sich dann auf diese Alternative einlassen und wählen; oder er kann gerade die Alternative als solche zur Diskussion stellen. Jeder Alternativenkonstruktion kann mithin im weiteren Verlauf der Interaktion die Basis wiederum entzogen werden.[214] Vorgeschlagene Selektionsbeschränkungen bleiben mithin bestreitbar – und dies auch und vielleicht gerade dann, wenn ihr Konstruktionsprinzip oder ihr Grund kenntlich gemacht wird. Binäre Schematismen von Dauergeltung (zum Beispiel zweiwertige Logik, Recht/Unrecht, Eigentum/Nicht-

213 Vgl. Kap. II.2 (S. 107).

214 Vgl. dazu (und zugleich zur Tragweite dieses Problems der Alternativenkonstruktion) George A. Kelly, »Man's Construction of His Alternatives«, in: Gardner Lindzey (Hg.), *Assessment of Human Motives*, New York 1958, S. 33-64.

eigentum) müssen deshalb »höher abgesichert« und relativ kontextfrei institutionalisiert werden, so daß ein Interesse an einem Bestreiten der Disjunktion selbst (im Unterschied zu einem Interesse an Wahrheit, an Recht, an Eigentum) sich nicht so leicht formieren und verständlich machen kann.

Dieses Beispiel zeigt zweierlei: die spezifischen Chancen reflexiver Kommunikation bei der Wiederherstellung von Beweglichkeit, beim Gegenwirken gegen den historischen Prozeß der Sedimentierung von Sinn, und die spezifischen Anforderungen an Strukturen, die einer solchen Dauerreflexivität gewachsen sind. Auch dies scheint, wie im Falle von Struktur und Umweltabgrenzung, nicht nur ein Erfordernis, sondern zugleich eine Variable sozialer Systeme zu sein. Ihr Potential für Reflexivität ist strukturabhängig und wiederum strukturformend und kann in sehr verschiedenen Ausprägungen vorliegen. Über das bloße Aufzeigen dieses Problems kommen wir an dieser Stelle daher nicht hinaus. Alles Weitere hängt zu sehr davon ab, auf welcher Ebene der Systembildung ein soziales System sich realisiert.

Kapitel III
Ebenen der Systembildung

Die Frage, ob die Gesellschaft ein soziales System sei oder ob sie es nicht sei, war vielleicht zu radikal und zu undifferenziert gestellt worden. Verbunden mit der Annahme, daß die Gesellschaft das umfassende System sei, das alle anderen in sich begreife und global reguliere, zielte sie auf eine Totalität – auf eine notwendige Totalität mit einer gewissen Indifferenz gegen das Detail, gegen Abweichungen, gegen Änderungen. Dem entsprach die Vorstellung einer ethisch-normativen Vorbestimmung des menschlichen Zusammenlebens, nicht jedoch ein Systembegriff, der heutigen Ansprüchen an wissenschaftliche Verwendungsfähigkeit genügen würde.

Ein gewisses Korrektiv gegen solche Totalisierung lag immer schon in der Einsicht, daß die Gesellschaft nur als differenziertes System existieren könne. Damit konnte, wenn auch in logisch fragwürdiger Weise, dem Umstande Rechnung getragen werden, daß die Teile des Ganzen immer auch ihre besonderen Merkmale aufweisen und gerade durch das Zusammenspiel ihrer Besonderheiten sich zum Ganzen ergänzen. In der Theorie der bürgerlichen Gesellschaft des 19. Jahrhunderts wurde dieses Moment verstärkt und unter dem Gesichtspunkt der Arbeitsteilung ausgebaut. Es wurde nicht nur als Merkmal des Gesellschaftssystems schlechthin, sondern darüber hinaus noch als evolutionär sich verstärkendes Merkmal gesehen. Die Gesellschaft wurde, mit anderen Worten, als ein soziales System gesehen, das ein in ihm angelegtes Differenzierungsschema zunehmend entfaltet und darin seine Entwicklung hat.[215] Dieser Begriffsansatz mußte angesichts einer Gesellschaft, die sich faktisch zunehmend differenzierte und dabei die Strukturlast zunehmend auf Teilsysteme für Politik, Wirtschaft, Wissenschaft usw. abwälzte, die Gesellschaftstheorie aushöhlen:[216] Die Gesellschaftstheorie konnte sich darauf beschränken, die Vorteilhaftigkeit eines Differenzierungsschemas und einen Zusammenhang von Differenzierung und Integration (oder: Differenzierung und Generalisierung) zu postulieren. Die andere Möglichkeit war, das Differenzierungsprinzip *polemisch* zu rekonstruieren, es in Formalisierung alteuropäischer Schichtungs- und Herrschaftsstrukturen als »Klassenherrschaft« zu sehen, nicht seine Vorteilhaftigkeit, sondern seine Nachteilhaftigkeit zu betonen und die Gesellschaftstheorie im Dienste von Kritik, wenn nicht Revolution zu instrumentalisieren. *Innerhalb* der Theorie der bürgerlichen Gesellschaft kann zwischen diesen beiden gegenläufigen Reaktionen auf das Problem der Differenzierung nicht entschieden werden.[217]

215 Vgl. z. B. Herbert Spencer, *The Principles of Sociology*, Bd. I, London, Edinburgh ³1885, Bd. II, London, Edinburgh 1893; Émile Durkheim, *De la division du travail social*, Paris 1893, ⁷1960. Auch die Theorie des allgemeinen Handlungssystems von Talcott Parsons behandelt das soziale System der Gesellschaft noch primär unter dem Gesichtspunkt der Differenzierung in Teilsysteme, die als Differenzierung dann »Interchange«-Beziehungen, Generalisierung von Tauschmedien, Kriterien usw. erforderlich macht.

216 Als systemtheoretisches Gesetz findet man diesen Befund formuliert bei Ackerman, Parsons, »The Concept of ›Social System‹ as a Theoretical Device«, S. 36 ff.

217 Zu anderen Aspekten dieser »Krisis« der Theorie der bürgerlichen Gesellschaft vgl. Niklas Luhmann, »Selbst-Thematisierungen des Gesellschaftssystems«, in: *Zeitschrift für Soziologie* 2 (1973), S. 21-46, Wiederabdruck in: ders., *Soziologische Aufklärung 2: Aufsätze zur Theorie der Gesellschaft*, Opladen 1975, S. 72-102.

Es ist bei der gegebenen Komplexität und Differenziertheit des Gesellschaftssystems sicher nicht sinnvoll, hinter diesen Diskussionsstand zurückzufallen und wieder konkretere, voraussetzungsreichere moralhaltige Annahmen über die Gesamtgesellschaft einzuführen. Das könnte nur kontrafaktisch, also normativ geschehen. Eher wird man die Gesellschaftstheorie von dem Anspruch auf Gesamtbehandlung der sozialen Phänomene entlasten müssen, und zwar noch mehr, als dies durch das Differenzierungskonzept schon geschehen ist. Dessen Leistung muß nicht unterboten, sondern überboten werden, will man eine adäquate Theorie für höchstkomplexe Gesellschaften formulieren.

Um diesen Erfordernissen Rechnung zu tragen, greifen wir auf die Überlegungen zur allgemeinen Theorie sozialer Systeme (Kapitel II) zurück und fragen *vor* jeder Überlegung zur System*differenzierung* nach unterschiedlichen Ebenen der System*bildung* (Kapitel III). Es gibt nämlich eine Mehrzahl typmäßig unterscheidbarer Möglichkeiten, das allgemeine Problem der Ausdifferenzierung eines Sozialsystems zu lösen, das wir im vorigen Kapitel behandelt haben. Wir unterscheiden Interaktion als einfache Sozialsysteme unter Anwesenden, Organisation und Gesellschaft. In allen drei Fällen werden die Probleme der strukturellen Rekonstruktion von Kontingenz und der Regelung des Komplexitätsgefälles zur Umwelt auf verschiedene Weise gelöst. Erst in bezug auf soziale Systeme, die auf einer dieser Ebenen mit ihren spezifischen Merkmalen gebildet sind, kann man in einem zweiten Schritt der Analyse sinnvoll nach Differenzierung fragen (Kapitel IV).

Durch die zusätzliche Einführung dieser Unterscheidung von Ebenen der Systembildung wird das theoretische Instrumentarium im Vergleich zur klassischen Gesellschaftstheorie reichhaltiger, aber auch komplexer. Man muß jetzt innerhalb der Gesellschaft nicht nur nach gesellschaftlichen Teilsystemen und Teilsystemen von Teilsystemen fragen, sondern auch nach andersartigen Ebenen der Systembildung, also nach andersartigen Systemtypen, denen besondere Systeme mit Teilsystemen entsprechen. Der eine Gesichtspunkt ist auf den anderen nicht zurückführbar. Die Teilsysteme der Gesellschaft haben, trotz funktionaler Spezifikation, immer noch gesamtgesellschaftliche Relevanz. Sie bilden sich im Hinblick auf Probleme von universeller, die gesamte Gesellschaft durchziehender Bedeutung. Dies gilt nicht, zumindest nicht in unmittelbarem Sinne, für Interaktionssysteme und Organisationssysteme. Die Unterscheidung dieser beiden Gesichtspunkte – Ebenen der Systembildung und Systemdifferenzierung – ermöglicht es erst, kompliziertere Analysen anzusetzen – zum Beispiel nach der unterschiedlichen Affinität gesellschaftlicher Teilsysteme für Organisation zu fragen oder nach den Möglichkeiten, die Differenzierung des Gesellschaftssystems durch Bildung von Interaktionssystemen zu überbrücken. Schon hier wird erkennbar, daß die Integration des gesellschaftlichen Handelns keineswegs nur von gesamtgesellschaftlich funktionsfähigen, notwendigerweise hochabstrakten Symbolen abhängt, sondern auch im Rekurs auf andere Möglichkeiten der Systembildung liegen kann, die zum Gesellschaftssystem und zu seinen Teilsystemen in einem komplizierten, evolutionär variablen Verhältnis wechselseitiger Ermöglichung und Interferenz, wechselseitiger Abhängigkeit und Unabhängigkeit stehen.

Bevor wir solche Zusammenhänge klären können, müssen wir genauer angeben, worin diese Ebenen der Systembildung sich unterscheiden. Das kann im Rahmen einer Gesellschaftstheorie, die auf eine dieser Ebenen zugeschnitten ist, allerdings nur sehr kursorisch geschehen. Ausgearbeitet wird im folgenden dann nur eine Theorie für Systeme, die sich als gesamtgesellschaftliche bilden. Die Ausarbeitung einer entsprechenden Interaktionstheorie und einer entsprechenden Organisationstheorie muß späteren Publikationen vorbehalten bleiben.[218]

1. Interaktionssysteme

Interaktionssysteme entstehen, sobald mehrere Personen gemeinsam anwesend sind und einander erkennen. Konstitutionsbedingung ist das Erscheinen im wechselseitigen Wahrnehmungsfeld mit der Maßgabe, daß Ego wahrnimmt, daß Alter ihn wahrnimmt und umgekehrt. Dann ist kaum zu vermeiden, daß über das Erkennen fremder Selektionen auch das eigene Verhalten als selektiv begriffen wird; mit der Evidenz wahrnehmbarer Personenunterschiede entstehen Zurechnungen, über Zurechnungen konstituieren sich Handlungen in einer Weise, die vom Kontext der durch Anwesenheit definierten und umgrenzten Situation getragen wird und von ihm abhängig bleibt.

Anwesenheit ist das Prinzip der Selbstselektion von Systemen elementarer Interaktion. Sie erzwingt Reduktion auf zurechenbares Handeln. Man kann in Gegenwart anderer nicht – oder nur in ganz besonderen Situationen, etwa als Kranker – handlungslos dahindösen. Selbst reines Erleben, etwa aufmerksames Betrachten des anderen, wird zur Handlung. Wie in keinem anderen Typ sozialer Systeme steht man in der elementaren Interaktion unter Handlungszwang.[219]

218 Siehe einstweilen für Interaktion Niklas Luhmann, »Einfache Sozialsysteme«, *Zeitschrift für Soziologie* 1 (1972), S. 51-65, Wiederabdruck in: ders., *Soziologische Aufklärung* 2, S. 21-38, und für Organisation ders., *Funktionen und Folgen formaler Organisation*, Berlin 1964.

219 Das hat auch gesellschaftstheoretisch weittragende Bedeutung – etwa für die Diskussion des Problems der »Öffentlichkeit«. Im Postulat der

In Interaktionssystemen wird nämlich durch die Bedingung der Anwesenheit und die entsprechende Vermutung wechselseitiger Aufmerksamkeit *Verhalten als Kommunikation interpretiert*. Das soll nicht heißen, daß außerhalb von Interaktionssystemen keine Kommunikation möglich sei. Aber die Bildung von Interaktionssystemen *forciert* diesen Prozeßtyp der Kommunikation. (Wir werden noch sehen, daß Entsprechendes für Organisation und Entscheidung gilt.) In Interaktionssystemen wird mehr zur Kommunikation, als es den spezifischen Mitteilungsintentionen der Beteiligten entspricht. Selbst Nichtkommunikation wird zur Kommunikation der Absicht, nicht kommunizieren zu wollen; Schweigen kann Provokation, kann Zustimmung, kann Unfähigkeit kommunizieren je nach Struktur und Vorgeschichte des Interaktionssystems. Jeder Teilnehmer fühlt diese eigene Ausstrahlung, diese Multiplikation von Wirkungen, dieses Wachsen oder auch Auseinanderfließen in eine Fülle von beabsichtigten und unbeabsichtigten Äußerungen und reagiert darauf durch den Versuch, soviel wie möglich davon zu kontrollieren und in konsistente oder doch vertretbare Verhaltenszusammenhänge einzufangen. Darauf beruhen Chancen und Strapazen der Interaktion.

Darauf beruhen ferner die Probleme, die im Sozialsystem der Interaktion auftreten und durch Strukturen dieses Systems zu lösen (also nicht nur: von den Personen zu verkraften) sind. In die Sprache des Komplexitätsbegriffs rückübersetzt, mit dem wir unsere Überlegungen eingeleitet hatten,

Öffentlichkeit wird der Handlungszwang elementarer Interaktionen von Angesicht zu Angesicht und die dafür spezifische Verantwortlichkeit auf das Gesellschaftssystem übertragen mit bewußter Verwischung des Unterschieds dieser Ebenen der Systembildung. Interaktionen sind per definitionem öffentlich, Gesellschaften können es nicht sein.

heißt dies: Element des Interaktionssystems ist das unter Anwesenden als Einheit erlebte Kommunikationsereignis, also die Verhaltensselektion, die eine Information übermittelt. Die Struktur des Sozialsystems garantiert eine relationale Beziehung zwischen solchen Ereignissen und seligiert dadurch das, was im System Kommunikationswert gewinnt. Das kann sowohl durch Anschließbarkeit an das gerade dominierende Thema geschehen als auch durch Merkmale einer überrollenden Dringlichkeit, die eine Themenunterbrechung oder einen mehr oder weniger abrupten Themenwechsel ermöglichen. Beide Formen der Selektion sind nicht beliebig und schließen zahllose denkbare Kommunikationsimpulse sowie eine Vielzahl von psychisch bedingten Kommunikationsbereitschaften und Anwartschaften aus dem Bereich des sozial Realisierbaren aus.

Mit dieser Forcierung von Kommunikation durch Anwesenheit hängt eine weitere Besonderheit von Interaktionssystemen zusammen. In der Interaktion unter Anwesenden spielt die an sich asoziale Wahrnehmung eine den Kommunikationsprozeß mittragende Rolle. Sie zwingt zum Handeln – auch wenn man nicht angesprochen wird. Sie ermöglicht und ergänzt verbale Kommunikation, und sie hat im Vergleich zur verbalen Kommunikation spezifische Vorteile, die deren Schwächen ausgleichen. Sie ist schnell, bezieht sich nicht notwendig (aber möglicherweise) auf ein gemeinsames Thema, und sie ist nicht so leicht wie das Sprechen rechenschaftspflichtig zu machen. Jede verbale Äußerung ist im Wahrnehmungshorizont der sozialen Situation daher zwangsläufig selektives Ereignis. Diese Kombination von Wahrnehmung und verbaler Kommunikation gibt einen Reichtum an unmittelbarer Information über den Partner an die Hand, der in den Dienst sozialer Reflexivität und wechselseitiger Erwartungserwartung gestellt werden kann. In keinem Typ sozialer

Systeme kann die Erfahrung und die Antizipation der Selektivität des anderen so dicht, so lebendig, so ergiebig sein wie in der Interaktion von Angesicht zu Angesicht.[220] Um so weniger braucht man für die Fortsetzung der unmittelbaren Interaktion eine Reflexion auf Einheit, Sinn und Zweck des Systems. Das Interaktionssystem ist durch Sinngehalte identifizierbar, die zugleich Komplementarität des Erwartens symbolisieren: Tausch, Kampf, Wette, Warteschlange, Gruß usw.[221] Interaktionssysteme sind mithin – im Unterschied zu Gesellschaftssystemen – Sozialsysteme par excellence. Sie haben ihren Funktionsschwerpunkt in der Sozialdimension, können Hochleistungen in reflexiver sozialer Abstimmung der Selektivität des Erlebens und Handelns erreichen, sind aber zugleich wegen dieser Spezialisierung weniger geeignet, auch zeitliche Ordnungsgarantien und sachliche Strukturierungsleistungen zu erbringen.

Dank der hohen Komplexität der auf Wahrnehmung und Handlung beruhenden Interaktionsprozesse kann das Prinzip der Anwesenheit benutzt werden, um sich selbst zu definieren. Das Konstitutionsprinzip der Systembildung dient dann zugleich der Grenzziehung und der selektiven Reduktion. Mit der selbstselektiven Systembildung unter Anwesenden wird zugleich entschieden, daß nicht alles Anwesende als anwesend zu behandeln ist. Die entsprechenden Bestimmungen laufen ein, ohne daß dazu Reflexion, also Identitätsbewußtsein auf der Ebene des Interaktionssystems, erforderlich wäre. Es gibt Gegenstände und Ereignisse, die, obwohl sichtbar, als

220 Vgl. dazu Alfred Schütz, *Der sinnhafte Aufbau der sozialen Welt: Eine Einleitung in die verstehende Soziologie*, Wien 1932, S. 192ff., der von einem »Maximum der Symptomfülle« (193) spricht.

221 So Herbert Blumer, »Psychological Import of the Human Group«, in: Muzafer Sherif, M. O. Wilson (Hg.), *Group Relations at the Crossroads*, New York 1953, S. 185-202 (195).

nicht zum System gehörig behandelt werden können. Selbst Personen können auftreten, die im System als Umwelt oder gar als Nichtpersonen behandelt werden – etwa Diener, die bedienen; Fensterputzer, die während der Sitzung die Fenster putzen; Passanten, die vorübergehen, während man mit einem Bekannten sich unterhält. Die Anstrengung solcher Definition ist dem System in bezeichnender Weise anzumerken, etwa als Disziplinierung gegen Ablenkung, als verstohlene Unaufmerksamkeit. Anwesenheit ist, mit anderen Worten, ein selbstreferentielles Systembildungsprinzip, das die Grundlagen seiner eigenen Definition liefert.[222]

Diesen evidenten Vorzügen stehen Nachteile gegenüber, die auf dem gleichen Prinzip der Anwesenheit beruhen. Die Systemgrenzen sind als bloße Grenzen der Anwesenheit und des Wahrnehmungsraumes nur roh und wenig »sinnvoll« festgelegt.[223] Sie geben nur wenig Anhaltspunkte für die selektive Behandlung von Umweltereignissen – es sei denn im unmittelbar-gemeinsamen Aufmerksamkeitsraum des Systems: so bei den Gegenständen gemeinsamer Arbeit,

222 Eine Theorie, die diesen Sachverhalt so beschreibt, ist nicht deswegen fehlerhaft, weil sie die Selbstreferenz in ihre eigene Begrifflichkeit übernimmt. Sie bringt vielmehr gerade darin ihren Realitätsbezug zum Ausdruck. Es wäre ein leichtes, diese oft »Tautologie« genannte Begriffsbildung durch Distinktionen oder Ebenenunterscheidungen zu vermeiden. Das mag nötig werden, wenn der Übergang zu strikt logischen Operationen die Eliminierung von Selbstreferenz erzwingt. Das aber sollte ein in der Theorieentwicklung kontrollierbarer Schritt sein und als Verlust an Realitätsbezügen gebucht werden. In der Realität konstituieren Systeme sich bereits auf dieser elementaren Ebene selbstreferentiell.

223 Zu Komplikationen, Ausschnitt-Techniken und kunstvoller Manipulation von Regeln der Relevanz und Irrelevanz innerhalb des Wahrnehmungsraums, aber außerhalb des Systems, siehe Erving Goffman, *Behavior in Public Places: Notes on the Social Organization of Gatherings*, New York, London 1963.

gegenüber neu hinzutretenden Personen oder bei anderen unübersehbaren Auffälligkeiten. Daher bleibt die Umwelt für das einzelne Interaktionssystem ein Horizont von unbestimmter und unbestimmbarer Kontingenz – eine Quelle möglicher Überraschungen, die jenseits des Wahrnehmbaren lauern.[224] Dies hängt zusammen mit dem äußerst geringen Potential für gemeinsame Informationsverarbeitung, dem geringen Abstraktions- und Kontrollvermögen solcher Systeme. An differenziertere Grenzen und komplexer angelegte Informationsfilter könnten intern gar keine Prozesse anschließen; also werden sie nicht entwickelt.

Als Struktur elementarer Interaktionen dient im wesentlichen das jeweils gemeinsame *Thema* der Interaktion – der Gegenstand, zu dem die Beteiligten nacheinander verschiedene Beiträge beisteuern und der dadurch den Zusammenhang ihrer Selektionsleistungen herstellt. Zwar bildet nicht notwendig jede Interaktion gemeinsame Themen, aber alle anspruchsvolleren Formen menschlichen Interagierens sind darauf angewiesen, daß die Beteiligten ihre Aufmerksamkeit »konzentrieren« und einem gemeinsamen Mittelpunkt zuwenden.[225] Dessen Entwicklung bildet dann zugleich den selektiven Prozeß des Systems. Systemgeschichte ist und bleibt auf dieser Ebene Themengeschichte.

Durch Orientierung an einem Thema gewinnen Interaktionssysteme ihre innere Komplexität – nämlich jene strukturierte Komplexität, die das unter Anwesenden an sich mögliche Kommunizieren auf wenige, übersehbare, für die

224 Dies wird freilich anders in Gesellschaften, die Ordnung anders als auf der Basis von Interaktionssystemen garantieren und ihren Interaktionssystemen daher eine strukturierte Umwelt vorgeben können.

225 Zur Besonderheit von »focused interactions« vgl. Erving Goffman, *Encounters: Two Studies in the Sociology of Interaction*, Indianapolis 1961.

Beteiligten bestimmbare Formen reduziert.[226] Genau darauf beruht die eigentümliche Spannung, in die ein Sinnkomplex gerät, wenn er als Thema in Interaktionssystemen figuriert: Er evoziert Beiträge, ermöglicht sie, wird aber durch sie auch gefährdet und unter Änderungsdruck gesetzt. Themen, wie etwa das Schachspiel, können trotz sehr scharfer Reduktion eine sehr hohe Zahl möglicher Beiträge zulassen. Und immer ist es nicht eine Art immanente Qualität, sondern die *Relation* zwischen Reduktion und Ermöglichung, die ein Thema »interessant« macht.

Diese Komplexitätsrelation muß ihrerseits auf der Ebene der Interaktionssysteme angebbaren Anforderungen genügen. Sie muß »interaktionsfähig« sein, muß zum Beispiel fast pausenlos Beiträge inspirieren können.[227] Das kann in gewissem Umfange, aber nie vollständig, auch durch eine Art zentralisierte Betriebsverantwortung (zum Beispiel: Rolle des Gastgebers, Rolle des Lehrers) gewährleistet werden. An die Stelle oder neben thematische Zentrierung tritt damit die rollenmäßige Zentrierung des Interaktionssystems, also Steigerung der Systemkomplexität durch Rollendifferenzierung. In jedem Falle gibt es untere und obere Schwellen adäquater Systemkomplexität.

Themen und Rollendifferenzen sind demnach intern benutzte Reduktionen, die jedoch kaum ohne Kontakt mit der Umwelt gefunden und akzeptiert werden können. Mögliche

226 Wir schließen hier an die Erörterung des Komplexitätsbegriffs in Kap. I.1. an.

227 Die prekäre Lage, in die Interaktionen durch Pausieren des Kommunikationsflusses geraten, ist allgemein bekannt, aber kaum je wissenschaftlich beachtet worden. Ein Beispiel: Cavan, *Liquor License*, insb. S. 56f. Die Gefahr ist, daß Pausen als das Ende des Systems interpretiert werden. Man kann generell vermuten, daß Interaktionssysteme um so weniger Pausen vertragen können, je geringer oder je unbestimmter ihre Komplexität ist.

Themen und erwartbare Rollen stehen zumeist schon fest, bevor die Interaktion beginnt. Man muß sich an einer Interaktionstypik schon orientieren können, wenn man anfängt; sonst würde der Reduktions- und Strukturbildungsprozeß zu viel Zeit in Anspruch nehmen. Wie bereits im Komplexitätsbegriff impliziert, ist es die Komplexitätsdifferenz zur Umwelt, die die interne Relation von Reduktion und Ermöglichung strukturiert. Ein System hat Struktur nur dadurch, daß es geringere Komplexität hat als die Umwelt. Insofern bleibt die interne Komplexität abhängig vom Umweltkontext, in dem die Partner zur Interaktion kommen, indem sie diese (und nicht eine andere) unter möglichen Typen wählen.

Darüber hinaus gibt es aber auch im Interaktionssystem selbst Ansätze zur Festigung von Erwartungsstrukturen, wenn die Interaktion länger dauert. Man kann, muß aber auch, mehr als bei anderen Systemtypen ein gemeinsames Gedächtnis voraussetzen, in dem die unmittelbar vorangegangene Systemgeschichte festgehalten wird. Vorformen von Rollendifferenzierung bilden sich aus, zum Beispiel auf Grund von Unterschieden der Dominanz oder der Schönheit oder anderer situationsrelevanter Eigenschaften einzelner Anwesender. Auf all das ist jedoch kein Verlaß. Die nächsten Schritte werden mehr durch das gesteuert, was einzelne Teilnehmer wollen, oder durch das, was unmittelbar vorausging, als durch eine soziale Struktur.

Unter solchen Umständen ist die Flüchtigkeit des Bestandes solcher Interaktionssysteme das Normale und Sinnvolle. Das soziale Leben besteht zwar für jeden einzelnen aus einer Kette von Teilnahmen an Interaktion. Alles soziale Handeln muß faktisch durch dieses Nadelöhr hindurch und wird durch die Eigengesetzlichkeit der Interaktionssysteme deformiert. Gleichwohl kann die Erfüllung gesellschaftlicher Funktionen nicht von dem Bestand einzelner Interaktionssysteme abhängig gemacht werden. Auch unter evolutionstheoretischen Gesichtspunkten ist es wichtig, daß Interaktionssysteme – ähnlich wie auf ihrer Ebene systematisch gut integrierte Moleküle – massenhaft vorkommende Bagatellen sind. Nur so kann das Gesellschaftssystem gleichzeitig auf sie angewiesen und gegen sie indifferent sein. Nur so kann in der gesellschaftlichen Evolution, um es paradox zu formulieren, der Zufall eine Chance erhalten. Nur so ist eine Selektion prominenter Interaktionen möglich, die ihre Funktionsgarantie als Interaktion mitbringen, weil sie selbst Systeme sind.

Allerdings ist der Zusammenhang von Gesellschaftssystem und Interaktionssystemen als eine Variable zu sehen, deren Ausformung vom Stande der Evolution des Gesellschaftssystems abhängt. Beziehungen zwischen den Ebenen Gesellschaft und Interaktion lassen sich in doppelter Hinsicht erfassen. Einerseits entwickeln Interaktionssysteme selbst Abstraktionstendenzen in dem Maße, als sie beim Auseinandergehen nicht beendet, sondern nur unterbrochen und nach zwischenzeitlichen anderen Tätigkeiten der Beteiligten wiederaufgenommen werden. Dann müssen besondere Vorkehrungen für die Anschließbarkeit weiteren Handelns getroffen werden, die sich nicht mehr unmittelbar aus der Situation ergibt; man muß Sinn und Zweck, Ort und Zeit, eventuell auch Ernsthaftigkeit des Fortsetzungswillens und Teilnehmer eines Wiedersehens klären und muß für eine hinreichende Identifizierbarkeit des Systems sorgen. Erst intermittierende Systeme scheinen ein Interesse an der Festlegung abstrakterer Verhaltensregeln zu entwickeln.[228] Tendenzen zur Selbstabstraktion des Systems entstehen mithin aus dem

228 Eine gute Illustration bietet die von Louis A. Zurcher, Jr., »The ›Friendly‹ Poker Game: A Study of an Ephemeral Role«, *Social Forces* 49 (1970), S. 173-186, untersuchte Kartenspielerrunde.

Erfordernis der *Zeitüberbrückung*, des Festhaltens von Identität trotz zwischenzeitlich anderer Engagements. Und aus gleichem Grunde kommt es auch in der Sozialdimension – trotz aller Hochleistungen sozialer Reflexivität – erst durch die Zeitdauer zu zusätzlichen Problemen, nämlich solchen der Teilnahmemotivation.

Zum anderen sind und bleiben Interaktionssysteme auf gesellschaftliche Strukturvorgaben angewiesen.[229] Man tritt mit immer schon vordefinierten Eigenschaften in eine Situation ein – ist zum Beispiel Pfarrer, der einen Krankenbesuch macht – und macht ihre Anerkennung zur Voraussetzung für die Aufnahme der Beziehung. Die Einleitungsphase des Interaktionssystems dient zumeist der Klärung dieser Vorgaben.[230] Auf ihrer Basis kann ein Interaktionssystem einen Grad an Spezifikation gewinnen, den es aus eigener Kraft wegen der sehr geringen Strukturbildungskapazität elementarer Interaktion nie realisieren könnte.

Das relative Gewicht des Intermittierens mit Ansätzen zur Selbstabstraktion auf der einen Seite und gesellschaftlichen Strukturvorgaben auf der anderen wird von Gesellschaft zu Gesellschaft sehr unterschiedlich verteilt sein. Primitive Gesellschaften konstituieren sich primär in der Form der Verflechtung intermittierender Interaktionssysteme und bleiben deshalb weitgehend an deren Merkmale, Kapazitätsschranken, Umweltverhältnisse gebunden. Das läßt sich unter anderem an den für sie typischen Formen der Religiosität deutlich

229 Von solchen *Strukturvorgaben*, die im System selbst als Verhaltensprämissen operativ werden, zu unterscheiden ist die allgemeine Prämisse einer gesellschaftlich geordneten *Umwelt* der Interaktion.

230 Oft in extrem abgekürzter Form, zum Beispiel beim Antreten einer Taxifahrt nach den Beobachtungen von James M. Henslin, »Trust and the Cab Driver«, in: Marcello Truzzi (Hg.), *Sociology and Everyday Life*, Englewood Cliffs 1968, S. 138-158.

ablesen. Ein höherer Entwicklungsstand der Gesellschaft ist nur zu erreichen, wenn die Gesellschaft über Strukturvorgaben – zum Beispiel durch gesellschaftsweite Schichtendifferenzierung, durch Rollendifferenzierung, durch Spezifikation von Zwecksystemen – einen höheren Grad an Spezifikation und Differenzierung von Interaktionssystemen erreicht. Eine weitere immense Ausdehnung dieser Möglichkeit von Strukturvorgaben für Interaktion wird erreicht, wenn und soweit sich zwischen das Gesellschaftssystem und die Systeme elementarer Interaktion eine evolutionär neuartige Ebene der Systembildung dazwischenschiebt, nämlich die Ebene der Organisation.

2. Organisierte Sozialsysteme

Während Interaktion und Gesellschaft universelle Systembildungen sind, die sich notwendig konstituieren, wenn immer Menschen sich begegnen, handelt es sich bei Organisationen um einen Systemtyp, der unter stark *restriktiven* Bedingungen um *besonderer Leistungen* willen eingerichtet wird. Nur ein Teil des gesellschaftlichen und interaktionellen Handelns verläuft daher innerhalb organisierter Sozialsysteme. Der Anteil variiert von Gesellschaft zu Gesellschaft; sein Ausmaß in der modernen Gesellschaft ist ohne historische Parallelen. Der Grund dieses Erfolgs liegt im Prinzip der Systembildung, das hier zum Zuge kommt.

Es genügt nicht, dieses Prinzip mit einem der Handlungstheorie entnommenen Begriff als Ausrichtung an Zielen zu beschreiben.[231] Auch Interaktionen können mehr oder

231 Diese Auffassung herrscht in der betriebswirtschaftlichen Organisationstheorie vor und ist von dort in die Organisationssoziologie über-

weniger zielorientiert ablaufen. Entscheidend neuartig ist an Organisationen die Art, in der sie ihr Umweltverhältnis regeln.[232] Ein organisiertes Sozialsystem entsteht, wenn *Verhaltenserwartungen und Mitgliedschaften als disponibel behandelt und zueinander in Beziehung gesetzt werden.*

In diesem Systembildungsprinzip sind mithin zwei Formen der Kontingenz vorausgesetzt; in zweifacher Weise wird Seiendes mit Blick auf die Möglichkeit seines Nichtseins modalisiert. Organisationen beruhen nicht auf natürlicher Sittlichkeit, sondern das Verhalten in ihnen wird durch Erwartungen reguliert, die man befolgen oder nicht befolgen kann. Außerdem wird die Mitgliedschaft kontingent gesetzt: Man kann Mitglied sein oder nicht sein, eintreten und austreten. Die Mitgliedschaft wird als eine Beziehung einer Person zu einer Rolle begriffen.[233] Die Nichtmitglieder im Rekrutierungsfeld der Organisation sind mögliche Mitglieder, die Mitglieder sind mögliche Nichtmitglieder. Diese beiden Kontingenzen der Erwartungen und der Mitgliedschaften lassen sich als Relationen begreifen und zueinander in Beziehung setzen. Organisierte Sozialsysteme bilden ihre Struktur mit-

nommen worden. Vgl. z.B. Amitai Etzioni, *Soziologie der Organisationen*, München 1967, S. 12; Renate Mayntz, Rolf Ziegler, »Soziologie der Organisation«, in: *Handbuch der empirischen Sozialforschung*, Bd. II, Stuttgart 1969, S. 444-513 (468).

232 Diese Auffassung kann als die heute herrschende bezeichnet werden. Vgl. z.B. Paul R. Lawrence, Jay W. Lorsch, *Organization und Environment: Managing Differentiation and Integration*, Boston 1967, mit Rückblick auf die ältere Literatur. Ferner und für neuere Hinweise Dieter Grunow, Friedhart Hegner, »Überlegungen zur System-Umwelt-Problematik anhand der Analyse des Verhältnisses zwischen Organisation und Publikum«, *Zeitschrift für Soziologie* 1 (1972), S. 209-224; Ray Jurkovich, »A Core Typology of Organizational Environments«, *Administrative Science Quarterly* 19 (1974), S. 380-394.

233 Diese Prämisse kann auch mit dem Begriff der »achieved role« im Gegensatz zu »ascribed role« gekennzeichnet werden.

hin in der Form der *Relationierung von Relationen*. Diese Relationierung erfolgt in der Form wechselseitiger Konditionierung. Die Erwartungen, die im System gelten, werden benutzt, um die Bedingungen für Erwerb und Verlust der Mitgliedschaft zu fixieren. Umgekehrt gelten diese Erwartungen nur rollenspezifisch, das heißt nur, wenn und solange eine Mitgliedschaftsrolle übernommen wird. Diese Möglichkeit der Konditionierung von Mitgliedschaft und Erwartungsanerkennung kann dann zu künstlichen Kombinationen von Vorteilen und Nachteilen, von Rechten und Pflichten benutzt werden. Auf diese Weise können Verhaltenserwartungen mit Mitgliedschaften verknüpft werden. Die Öffnung der *Alternative*, drinnen oder draußen zu sein, *sowohl* für die Personen *als auch*, in bezug auf sie, für das organisierte Sozialsystem, erschließt den Zugang zu neuartigen kombinatorischen Strukturen und Strategien.[234] Gerade die Tatsache, daß auf Grund dieser bei *gegenläufigen* Interessen *gemeinsamen* Alternative alles als selektiv erscheint, zeichnet Organisationssysteme aus und macht sie zum Beispiel abhängig von gesamtgesellschaftlich bedingten Schwankungen des Interesses bzw. der Kosten für Mitgliedschaft bzw. Nichtmitgliedschaft der Mitglieder und der Nichtmitglieder. Gerade die *Mobilität* von Eintritt und Austritt, die bloße Möglichkeit des Eintretens und Austretens bzw. des Rekrutierens und Entlassens, tritt dann in den Dienst der Festigung von mehr oder weniger unwahrscheinlichen Systemstrukturen. Organisationen »mo-

234 Siehe hierzu besonders Albert O. Hirschman, *Exit, Voice and Loyalty: Responses to Decline in Firms, Organizations, and States*, Cambridge (Mass.) 1970, ferner die daran anschließende Diskussion mit Beiträgen von Hirschman, »›Exit, Voice and Loyality‹: Further Reflections and a Survey of Recent Contributions«, S. 7-26, und Stein Rokkan, »Entries, Voices, Exits: Towards a possible Generalization of the Hirschman Model«, S. 39-53, in: *Social Science Information* 13 (1974), 1.

dalisieren« alle in ihnen ablaufenden Interaktionen durch die gemeinsame Voraussetzung, daß im Falle offener Ablehnung die Beendigung der Mitgliedschaft möglich ist.

Im Vergleich zu Systemen elementarer Interaktion lassen sich sowohl die hochgetriebenen Voraussetzungen als auch die Vorteile dieser organisatorischen Lösung des Problems der Systembildung verdeutlichen. An die Stelle von Anwesenheit tritt Mitgliedschaft als Prinzip der Ausdifferenzierung und der Konstitution von Grenzen. Das System ist in seiner Funktionsfähigkeit nicht an die simultane Präsenz der Beteiligten und nicht an den engen Spielraum ihrer gemeinsamen Aufmerksamkeit gebunden; es kann wachsen, kann an Komplexität zunehmen, bis eigene Schranken dieses Systemtyps, etwa Schranken der Koordinationsfähigkeit, wirksam werden. Dazu kommt (und dazu ist erforderlich), daß die doppelte Kontingenz der elementaren Interaktion überformt wird durch ein abstrakteres Prinzip doppelter Kontingenz, das die *Bedingungen* selektiver Akkordierung betrifft. Wie bereits skizziert, werden die Regeln abgestimmter Interaktion – man bedenke das Wagnis! – kontingent gesetzt und auf eine ebenfalls kontingente Mitgliedschaft bezogen. Wiederum entsteht, auf abstrakterer Ebene, eine doppelkontingente Relation, die ihrerseits im System als nichtkontingent behandelt wird: *eine nichtkontingente Verknüpfung kontingenter Sachverhalte.* Die Relation der Interaktion wird nochmals relationiert, auf Doppelkontingenz wird nochmals Doppelkontingenz angewandt, bevor man Nichtnegierbarkeit fixiert. Der Vorteil liegt im größeren Reichtum kombinatorischer Möglichkeiten und in der Ermöglichung von Strukturänderungen. Die Erhöhung der Kontingenz im System erlaubt es, eine in größerem Umfange kontingente Umwelt anzuerkennen und sich ihr anzupassen. Sie kann außerdem benutzt werden, um organisierte Sozialsysteme gegeneinander zu differenzieren und zu spezifizieren, bis schließlich in der Gesellschaft durch Organisation eine durch Organisation nicht mehr kontrollierbare Vielfalt entsteht. Dann fragt man nach den »limits to growth«.

Die vielleicht wichtigste Errungenschaft organisierter Sozialsysteme bezieht sich auf Systemdifferenzierungen. Im Unterschied zu Interaktionssystemen ermöglicht Organisation die Kooperation mit Nichtanwesenden. Es können Teilsysteme gebildet werden, die jeweils voraussetzen und ausnutzen können, daß andere Teilsysteme vorher, gleichzeitig oder nachher komplementäre Leistungen erbringen. Im Unterschied zu gesellschaftlicher Differenzierung, die wir im Teil 4 ausführlicher behandeln werden, hat organisatorische Differenzierung die wichtige Eigenschaft, *selbstkompensatorische Funktionen übernehmen zu können*. Sie kann Leistungsbereitschaften so spezifisch und so genau einregulieren, daß sie auch auf Folgeprobleme der Systemdifferenzierung selbst gerichtet werden können. Es können, mit anderen Worten, im Rahmen von Organisationssystemen besondere Teilsysteme gebildet werden, die Konflikte zwischen den übrigen Teilsystemen entscheiden oder auf andere Weise Störungen beseitigen, die das System bei notwendigen Änderungen koordinieren, die Außenbeziehungen zentral verwalten bzw. Ressourcen beschaffen und verteilen, und anderes mehr. Sehr oft handelt es sich dabei um Teilfunktionen, die hierarchisch übergeordneten Teilsystemen zugewiesen werden; aber keineswegs alle Selbstkompensierungen setzen ein hierarchisch geordnetes Machtgefälle voraus.

Selbstkompensation über Zusatzdifferenzierung setzt die durch Wachstum und Differenzierung entstandene historische Problemlage als Gegebenheit voraus. Sie befaßt neue Organisationseinheiten mit diesen Problemen, um sie einer Lösung oder zumindest laufender Behandlung zuzuführen; sie erreicht aber nicht und strebt auch nicht an, die

Gründe für die Entstehung der Probleme zu beseitigen. Wenn bloße Anbaumöglichkeiten genutzt werden, kommt es also zu neuartigen Prozessen des Wachstums, die auf rationale Problemlösungsstrategien zurückgehen, gute Absichten und gute Gründe für sich mobilisieren und doch die im Effekt entstehende Systemkomplexität nicht begründen und nicht kontrollieren können.

Weitere Besonderheiten organisierter Sozialsysteme ergeben sich aus der Art, wie sie die für sie spezifischen Prozesse auffassen und strukturieren. So wie in der Interaktion Verhalten als Kommunikation, wird es in der Organisation als Entscheidung thematisiert. Die Elemente, aus denen Organisationssysteme bestehen und die sie durch selektive Relationierung zu konsistenten Mustern verknüpfen, sind demnach Entscheidungen. Auch dies heißt selbstverständlich nicht, daß außerhalb von Organisationen kein Entscheiden vorkommt. Aber der jeweilige Systemtyp forciert den jeweiligen Prozeßtyp. In Organisationen wird mehr zur Entscheidung, als es einem natürlichen Verhaltensverlauf entsprechen würde, und ein entsprechendes Begleitbewußtsein wird nachentwickelt. Wieweit dies Thematisieren von Verhalten als Entscheiden wirklich durchgreift und zur bewußten Kontrolle von Alternativen führt, können wir offenlassen. Jedenfalls ist das die Perspektive, unter der das Organisationssystem die auf dieser Ebene der Systembildung typischen Strukturen konstituiert. Organisationsstrukturen werden als Entscheidungsprämissen in Geltung gesetzt. Sie ermöglichen neuartige Formen des Entscheidens, vor allem reflexive Entscheidungsprozesse, nämlich Entscheidungen über die Frage, ob entschieden oder nicht entschieden werden soll, sowie Planung im Sinne von Entscheidungen über Entscheidungsprämissen, das heißt Entscheidungen über die Organisationsstrukturen selbst.

Die Konsequenzen für Theorie und Technik der Strukturvariation auszuarbeiten muß der Organisationstheorie überlassen bleiben. In unserem Zusammenhang ist vor allem von Bedeutung, daß die Mitgliedschaftsrolle formuliert werden kann als *Stelle* (Position), in der (änderbare) *Aufgaben* sich in nahezu beliebiger Spezifikation verknüpfen lassen mit (änderbaren) Anforderungen an Fähigkeiten und Leistungen von (wechselnden) *Personen* und mit (änderbaren) *Kommunikationsmustern.* All diese Änderungen müssen und können auf einer Steuerungsebene der Organisation laufend koordiniert werden. Dadurch erreicht die Strukturbildung des Organisationssystems eine in Interaktionssystemen unerreichbare Kontingenz und Komplexität, weicht also in systemtheoretisch zentralen Hinsichten ab von dem, was in der Interaktion sinnvoll und möglich ist – und dies, obwohl Organisationen aus Interaktionen bestehen.

In den drei zentralen Hinsichten, in bezug auf *Programme*, in bezug auf *Personal* und in bezug auf die *Organisation der Kommunikationsmöglichkeiten*, setzen organisierte Sozialsysteme ihre Struktur als *Restriktion von Normalitätsbedingungen elementarer Interaktion.* Interaktionssysteme besitzen eine arrangierfähige Situationsmoral, die auch dazu benutzt werden kann, Normen mit Konsens zu unterlaufen. Programme des Organisationssystems fixieren dagegen (zumindest bis auf offiziellen Widerruf) die Bedingungen der Richtigkeit des Entscheidens und stellen sie damit unabhängig vom Entscheidungsprozeß sicher. Interaktionssysteme behandeln die Anwesenden als durch Präsenz engagierte, empfindliche, konkrete Personen, deren Willen zur Verhandlung steht. Für Organisationssysteme ist die Person ein Satz von Entscheidungsprämissen, der im System im Rahmen einer Karriere von Position zu Position bewegt werden kann mit absehbaren Konsequenzen für Effizienz und Effektivität der Leistung. Interaktionssysteme ordnen ihre Kommunikation als »all channel net«: Im Prinzip kann jeder mit jedem jederzeit reden, nur eben nicht alle auf einmal. Das Kommunikationsnetz der Organisation strukturiert sich als Einschränkung dieser Bedingung und besitzt darin seine komplexe Leistungsfähigkeit. Auf der Variabilität von Programmen, Personaleinsatz und organisierter Kommunikation, die im Konzept der »Stelle« zusammengefaßt und integriert wird, beruht die Leistungs- und Anpassungsfähigkeit organisierter Sozialsysteme, und genau dies erfordert eine Umkehrung dessen, was auf der Ebene elementarer Interaktion gilt.[235]

Nach diesen Vorklärungen läßt sich zeigen, daß und wie über Organisationssysteme Komplexität im oben[236] erläuterten relationalen Sinne aufgebaut und reduziert wird. Die Ausdifferenzierung dieses Systemtyps eröffnet zunächst, analytisch gesehen, einen Freiraum unbestimmter Komplexität zur Kombination disponiblen Mitgliederverhaltens. Jedes Verhalten, zu dem motiviert werden könnte, ist auf dieser Ebene der Betrachtung »Element« des Systems. Durch das selektive Ausdefinieren der Stellen mittels Programmierung, personaler Besetzung und organisatorischer Verknüpfung wird jenes unbestimmte Netz von möglichen Relationierungen dann reduziert auf ein erwartbares Format. Diese Reduktion muß ihrerseits mit der Umwelt »ausgehandelt«

235 Daß diese Gegenüberstellung in der Praxis wieder vermittelt werden muß, da Organisation erst über Interaktion zum Handeln kommt, liegt auf der Hand. Sicher kann dies aber nur unter Erhaltung der Differenz geschehen – und nicht dadurch, daß man die Eigenarten der Interaktion mit Schlagworten wie »human relations«, »Emanzipation«, »Demokratisierung« der Organisation aufdrängt. Eine Gesellschaft, die die Lebensführung von organisierten Sozialsystemen abhängig macht, wird sich Kontrastprimitivität nur in sehr begrenztem Umfange leisten können.

236 Vgl. Kap. I.1.

werden – zum Beispiel mit verfügbaren Ausbildungen und Eintrittsbereitschaften auf dem Sektor des Personals, mit erreichbaren Inputs, Informationen, Materialien und mit Absatzbedingungen auf dem Sektor der Programmierung, mit Wartefähigkeit der Umwelt auf dem Sektor organisatorischer Verknüpfung. Nicht jede Strukturentscheidung, die von den abstrakten Prämissen einer organisatorischen Stellenordnung her möglich wäre, wird von der Umwelt akzeptiert oder ist ihr gegenüber sinnvoll. Und zu alldem kommt das Geschichte-geworden-Sein des Organisationssystems selbst mit der Folge, daß die abstrakte Kombinatorik nie zur Realität wird, sondern immer nur punktuell in der Form der Möglichkeit, Vorhandenes zu ändern, sich präsentiert.[237]

Für eine Gesellschaftstheorie ist neben dem Komplexitätsgewinn durch Organisation vor allem wichtig, daß über Organisation die Handlungsfähigkeit sozialer Systeme begründet werden kann, indem man unter die Mitgliedschaftsregeln aufnimmt, daß ein Teil für das Ganze zu handeln befugt ist. Durchweg sind organisierte Sozialsysteme denn auch Kollektive im oben[238] definierten Sinne, was man weder von Interaktionssystemen noch von Gesellschaften ohne weiteres sagen kann. Organisationen können, mit anderen Worten, durch Handeln einzelner Stellen – und das brauchen gar nicht einmal Führungsstellen zu sein – Selektionen treffen, die dem System als ganzem, und das heißt allen Mitgliedern, zugerechnet werden. Sie können diesen Effekt unabhängig machen von den besonderen Biographien, Motiven und besonderen Beziehungen der jeweils handelnden Personen und ihn der Umwelt

237 Auf dieses Problem der Reaktivierung latenter, durch Geschichte verschenkter Potentiale bezieht Philip Selznick, *Leadership in Administration: A Sociological Interpretation*, Evanston, White Plains 1957, die Funktion der Führung.

238 Siehe Kap. II.3 (S. 112).

gegenüber abstrakt gewährleisten. Sie können in diesem Sinne bindend entscheiden, sich selbst verpflichten, vertreten werden, ohne alle an allem zu beteiligen. Das ist eine unabdingbare Voraussetzung der Bewegungs- und Anpassungsfähigkeit komplexer, differenzierter Systeme in einer komplexen Gesellschaft.

Schließlich unterscheiden organisierte Sozialsysteme, da sie über explizit erfaßte Kontingenzrelationen im Verhältnis zur Umwelt überhaupt erst konstituiert werden, sich von anderen Sozialsystemen durch zwangsläufige Grenzschärfe und selbstreferentielle Strukturbildung. Es ist durchweg klar oder zumindest klärbar, welche Mitgliedschaftsbedingungen man beim Eintritt in eine Organisation akzeptiert; und es ist festgelegt, welche Stellen zur Organisation gehören und welches Handeln demzufolge »im Dienst« oder in Ausführung einer zugewiesenen Arbeit erfolgt und welches nicht. Diese Klarheit beruht darauf, daß die Organisation ihre Identität und ihre Differenz zur Umwelt kennt.[239] Organisation nimmt also, was notwendige Selbstbezüglichkeit angeht, den Platz ein, den in der Theorie Hegels das Recht innehatte – aber natürlich ohne dessen gesellschaftsweite Universalität. Der späteste und voraussetzungsreichste Typus sozialer Systeme wird mit diesen Eigenschaften zugleich ihr Prototyp. Dabei ist jedoch weder Grenzschärfe noch Selbstbezüglichkeit eine Garantie für Rationalität. Garantiert ist auf diese Weise nur die Möglichkeit, eine eigene selbstselektive Systemgeschichte zu haben, die im Verhältnis zur Umwelt diskontinuierlich verlaufen kann und deshalb keineswegs ein ausgewogenes Verhältnis zu *späteren* Umwelten garantiert.

239 Theodore Caplow, *Principles of Organization*, New York 1964, S. 1, definiert sogar: »An organization is a *social system* that has an *unequivocal collective identity*, an *exact roster of members*, a *program of activity*, and procedures for replacing members.«

3. Gesellschaftssysteme

Gesellschaft ist das jeweils umfassende Sozialsystem aller kommunikativ füreinander erreichbaren Erlebnisse und Handlungen. Sie entsteht mit der Konstitution von Sinn, nämlich dadurch, daß jeder Sinngehalt auf mögliche Auffassungen und Anschlußselektionen fremden Erlebens und Handelns verweist (und nur dadurch Sinn ist).[240] Gesellschaft ist daher in transzendentaltheoretischer Sprache das Sozialapriori genannt worden.[241] Sie ist der stets apperzipierte Sozialhorizont aller Kommunikation, der die aktuellen und die möglichen Teilnehmer zusammenschließt. Sie setzt die jeweils Anwesenden der Orientierung an möglichen Kommunikationen Nichtanwesender aus (die zu ignorieren oder zu umgehen oder abzuweisen man sich natürlich entschließen kann – aber eben auch entschließen muß). Die Gesellschaft ist mithin nicht an Anwesenheit gebunden. Sie expandiert automatisch in dem Maße, als Kommunikationsmöglichkeiten in Sicht kommen. Sie regelt dabei zugleich die Bedingungen der Möglichkeit von Kommunikation, also die Bedingungen ihrer eigenen Expansion.

Für die Konstitution und Umgrenzung des Gesellschaftssystems ist mithin ausschlaggebend, daß in allen Interaktionssystemen *mögliche andere Kommunikationen* mit in Betracht gezogen und mit den laufenden Kommunikationen integriert werden; und dies in einer Weise, die *nicht voraussetzt, daß*

240 Vgl. Edmund Husserl, *Cartesianische Meditationen und Pariser Vorträge*, Den Haag 1950, S. 137ff. Siehe auch René Toulemont, *L'Essence de la société selon Husserl*, Paris 1962; Michael Theunissen, *Der Andere: Studien zur Sozialontologie der Gegenwart*, Berlin 1965.

241 Von Max Adler, *Das Rätsel der Gesellschaft: Zur erkenntnis-kritischen Grundlegung der Sozialwissenschaften*, Wien 1936.

über diese anderen Kommunikationen in der Interaktion aktuell kommuniziert wird, daß sie also zum Thema gemacht werden. Der das Gesellschaftssystem bestimmende Prozeßbegriff ist daher die *sinnhafte Verarbeitung sozial möglicher, sei es aktueller, sei es »bloß möglicher« Kommunikationen.* Der Konstitutionsraum der Gesellschaft ist die Modalität, ihre Prozeßform der Umgang mit Modalitäten, und zwar speziell mit denen, die auf soziale Bedingungen zurückgehen.

Auch das Gesellschaftssystem forciert diesen seinen spezifischen Prozeßtyp. Es forciert nicht Kommunikativität und Kommunikationskontrolle im eigenen Verhalten und nicht ein unnormal hohes Entscheidungsbewußtsein; das leisten Interaktionssysteme und Organisationssysteme in der Gesellschaft. Ausgebaut wird über Gesellschaftsbildung vielmehr jenes Inbetrachtziehen anderer Möglichkeiten: früheren oder späteren aktuellen oder bloß möglichen Verhaltens der eigenen Person oder anderer Personen. Daß und in welchen Formen dies Inbetrachtziehen möglich ist und wie es praktisch aufgedrängt wird, das hängt von den Strukturen des Gesellschaftssystems ab und variiert mit gesellschaftlicher Evolution.

Im Unterschied zu Interaktionssystemen und Organisationssystemen beruhen Gesellschaftssysteme deshalb auf unsicheren Grenzen und auf unsicherer Übereinstimmung in der Wahrnehmung von Grenzen. Ihr Systembildungsprinzip ist die bloße *Möglichkeit*, daß jemand selbst oder kommunikativ erreich*bare* andere mit anderen kommunizieren. Die aktuale Existenz einer Gesellschaft ist mithin die Wirklichkeit von Möglichkeiten, ja von Möglichkeiten in mehrfacher Modalisierung (Möglichkeiten von Möglichkeiten). Will man dieser Tatsache auf der Ebene wissenschaftlicher Erkenntnis Rechnung tragen, muß man mit dem Gesellschaftsbegriff auch die Probleme der Modaltheorie übernehmen, muß man vor allem akzeptieren, daß Möglichkeitsaussagen hochgradig unbestimmt sind und nur durch Relativierung auf Bedingungen der Möglichkeit präzisierbar sind. Diese Bedingungen der Möglichkeit von Kommunikationen müssen ihrerseits als gesellschaftliche Fakten erforscht werden. Es kann sein, daß sich schon hier nur minimale Übereinstimmungen ergeben und daß selbst in gefestigt und monolithisch erscheinenden Gesellschaften wie im klassischen China wandernde Mönche, reisende Kaufleute, Generäle und landansässige Bauern Kommunikationsmöglichkeiten kaum unter gleichen Gesichtspunkten abschätzen.

Ebenso wie die Bedingungen der Möglichkeit können auch die Anforderungen an die Sicherheit des Möglichen und die Wahrscheinlichkeit des Eintreffens divergieren. Gleichwohl treffen die durch mehr oder weniger fernliegende andere Möglichkeiten gesteuerten Selektionen der einzelnen im gesellschaftlichen Leben laufend aufeinander, da sie mitbestimmen, was in Interaktionen geschieht. Gerade wenn man nun damit rechnen muß, daß realistische Möglichkeitsprojektionen der Teilnehmer inhaltlich und in der Bezugsweise ihrer Modalisierung divergieren, kann ihre Koordination, kann die selektive Akkordierung der Selektionen nicht mehr allein dem jeweiligen Interaktionssystem überlassen bleiben. Die Systembildung auf der Ebene der Gesellschaft hat deshalb eine in Interaktionssystemen nicht erfüllbare Funktion. Sie ermöglicht erst Interaktionen durch eine gewisse Vorwegkoordination der anderen Möglichkeiten und Möglichkeitseinschätzungen, die die Partner in jeweilige Interaktionen einbringen. Die Gesellschaft hat nicht nur ihre Realität, sie hat auch ihr Problem in einer Koordination des Möglichen. Und sie benutzt dafür eine eigene System/Umwelt-Differenzierung. Sie kann zum Beispiel politische (territoriale) Grenzen ziehen und die Vermutung institutionalisieren, daß Kommunikationsmöglichkeiten mit anderen Partnern innerhalb dieser Grenzen gesellschaftlich und interaktionell relevant sein können, darüber hinausreichende Kommunikationsmöglichkeiten dagegen gleichsam Privatsache des einzelnen sind.

Nach dieser Auffassung kann die Gesellschaft nicht als eine bloße Summe aller Interaktionssysteme begriffen werden und auch nicht als Gesamtheit der (externen) Beziehungen zwischen Interaktionssystemen. Ihr umfassender Charakter ist als Einheit einer Menge nicht zureichend beschrieben, vor allem nicht in seinem dynamisch-expansiven Grundzug. Ebensowenig genügt die klassische Interpretation der Umfassendheit durch den politischen Begriff der Autarkie, der auf Selbstbestimmung abstellte.[242] Die Gesellschaft hat ihre Einheit vielmehr als Sonderhorizont sinnhaften Erlebens und Handelns, und sie hat ihre Umfassendheit darin, daß dieser Sonderhorizont für sinnhaftes Erleben und Handeln konstitutiv ist.

Wenn alles Erleben und Handeln Gesellschaft konstituiert und also in der Reflexion Gesellschaft immer schon vorfindet, gibt es keinen externen Standpunkt, den man der Gesellschaft gegenüber einnehmen könnte. Gesellschaft muß dann als eine *selbstsubstitutive Ordnung* begriffen werden. Sie kann nicht durch etwas anderes, sondern nur durch sich selbst ersetzt,

242 Für die Schwierigkeiten, in die ein funktionalistischer und systemtheoretischer Ansatz gerät, der am Autarkie-Begriff als Definitionsmerkmal der Gesellschaft festhält, bildet die Gesellschaftstheorie von Talcott Parsons ein Beispiel. Vgl. sein Buch *Societies: Evolutionary and Comparative Perspectives*, Englewood Cliffs 1966, S. 9ff., mit der Abschwächung, daß es nur um den relativ höchsten Grad an Selbstgenügsamkeit unter den sozialen Systemen gehe. Ähnlich auch Edward Shils, »Society and Societies: The Macro-Sociological View«, in: Talcott Parsons (Hg.), *American Sociology: Perspectives, Problems, Methods*, New York, London 1968, S. 287-303.

das heißt: nur entwickelt werden.[243] In der Gesellschaftstheorie kann diesem selbstsubstitutiven Charakter durch Annahme von Unnegierbarkeiten Rechnung getragen werden – alteuropäisch zum Beispiel durch die Vorstellung der Realperfektion (*realitas sive perfectio*) der Gesellschaft, neuzeitlich durch Nachfolgebegriffe wie Entwicklung oder Reflexion oder schließlich selbstreferentielle (dialektische) Negation.

Damit ist noch nicht geklärt, ob und in welchem Sinne Gesellschaft als ein System begriffen werden kann, das sich auf einer besonderen Ebene der Systembildung konstituiert. Wir sehen, wie erinnerlich,[244] Systembildung als Variable an und behandeln das Problem der Grenzsetzung als Problem der Stabilisierung eines Komplexitätsgefälles. Der Sonderhorizont des Sozialen, die allgemeine Verweisung auf das kommunikativ erreichbare Miterleben anderer ist zunächst keine Systemgrenze. Die Gesellschaft differenziert sich aus in dem Maße, als dieser Sozialhorizont zur Grenze wird. Zur Umwelt wird dann alles, was nicht Kommunikation ist: der physische, der organische und der psychische Systemaufbau. Personale Systeme rechnen daher zur Umwelt des Gesellschaftssystems.[245] Das erfordert eine De-Sozialisation der Umwelt.[246] Nur so kann die Grenze zwischen Sozialem und Nichtsozialem stabil gehalten werden in dem Sinne, daß sie

243 Dazu näher Teil 2, Kap. III.1.

244 Vgl. oben, Kap. I.

245 Eine sehr umstrittene These. Der Gegeneinwand lautet, daß personale Systeme ohne Gesellschaft gar nicht möglich sind. Aber das gilt auch für große Bereiche der physischen und organischen Umwelt: für schmutzige Flüsse und saubere Straßen, Kühe und Schafe usw. Niemand wird all das zum System der Gesellschaft rechnen. Interdependenz ist kein ausreichendes Argument für Inklusion.

246 Dieser Begriff bei Thomas Luckmann, »On the Boundaries of the Social World«, in: Maurice Natanson (Hg.), *Phenomenology and Social Reality: Essays in Memory of Alfred Schutz*, Den Haag 1970, S. 73-100.

auch beim Überschreiten dieselbe bleibt und nicht, wie ein Erlebnishorizont, sich im Voranschreiten verschiebt.

Eine ausführlichere Behandlung der Ausdifferenzierung der Gesellschaft als eines Handlungssystems verschieben wir auf den Teil 4. Hier kommt es zunächst nur auf den Vergleich mit den anderen Ebenen der Systembildung an. Im Falle des Gesellschaftssystems dient weder Anwesenheit noch disponible Mitgliedschaft als Prinzip der Systembildung; vielmehr dienen die Grenzen des Gesellschaftssystems der Transformation unbestimmt bleibender anderer Möglichkeiten in kommunikablen Sinn, an dem man ablesen kann, »wer dahintersteht«. Das Gesellschaftssystem leistet – in allen uns bekannten historischen Formationen zunächst in religiöser Form – die Überführung unbestimmter in bestimmte oder doch bestimmbare Kontingenz, eine Leistung, die vorausgesetzt werden muß, wenn man sich zu Interaktionen oder Organisationen zusammenfindet. Sie garantiert damit nicht nur eine geordnete Umwelt aller übrigen Sozialsysteme und nicht nur die Möglichkeit eines Wechselns zwischen den Systemen, sondern zugleich auch das, was wir oben[247] ihre »Regenerationsfähigkeit« genannt hatten. Die Regenerationsfähigkeit der Sozialsysteme ist im selbstsubstitutiven Charakter der Gesellschaft verankert.

Mit diesen Eigenschaften ist die Gesellschaft das jeweils komplexeste aller sozialen Systeme. Oder anders formuliert: Das jeweils komplexeste aller sozialen Systeme übernimmt für die anderen die Funktion von Gesellschaft, die Funktion der Weltkonstitution und der Garantie einer sozial schon strukturierten (gesellschafts-)internen Umwelt. Die Möglichkeitsebene dieses Systems ist die aller möglichen Kommunikationen. Sie korreliert mit der Welt als dem letztumfassenden

247 Vgl. dazu oben, Kap. II.2 (S. 107).

Sinnhorizont. Die reduktive Struktur dieses Systems hatte bis in die neuere Zeit immer ein Fundament, das als Religion begriffen wurde. Sie wird jedenfalls auch durch das Differenzierungsschema und die Systemgeschichte des Gesellschaftssystems erfüllt. Im Laufe der gesellschaftlichen Evolution nimmt die Komplexität möglicher Kommunikationen zu. Damit wird die *Unmöglichkeit des Möglichen* bewußt: Man kann gar nicht so kommunizieren, wie man könnte. Darauf reagiert die Gesellschaft mit dem Bewußtsein der *Notwendigkeit kontingenter Reduktionen.* Diese Entwicklung, die Mögliches als unmöglich und Notwendiges als kontingent entlarvt, sprengt die Prämissen der alteuropäischen Modaltheorie, die *possibile/impossibile* und *necessarium/contingens* durch einfache Negation zu trennen gewohnt war. An die Stelle tritt relationierende soziologische Reflexion, und zwar nicht als unabhängige Betrachtung des Gegenstandes Gesellschaft, die ebensogut auch unterbleiben könnte, sondern als Reflexionsmoment des Gesellschaftssystems selbst.

Wird auf diese Weise die Kontingenz reduktiver Strukturen – sei es Religion, Systemgeschichte, Differenzierungsschematik – bewußt, öffnet sich die Zukunft für andere Möglichkeiten. Deren Bestimmung erfordert wiederum Relationierungen, und zwar solche, die die Komplexität des Gesellschaftssystems mit der seiner Umwelt verbinden. Mit diesen Anforderungen findet sich die Gesellschaftstheorie heute konfrontiert. Eben dadurch wird ein relational gebauter Komplexitätsbegriff erforderlich, der Limitationalität begründet mit der These, daß auch Beliebiges, für sich selbst Unbestimmbares, sich nicht beliebig verknüpfen läßt. Diese Überlegung macht die Gesellschaftstheorie, obwohl nur Teiltheorie der Systemtheorie, zu dem Ort, an dem ein solches Fundierungsversprechen im Detail eingelöst werden muß.

Kapitel IV
Ebenendifferenzierung

Wir haben drei Ebenen der Systembildung zunächst analytisch unterschieden und einander gegenübergestellt. Jetzt wird uns die Frage beschäftigen, wie eine solche Ebenendifferenz faktisch erreicht werden kann. Selbstverständlich gibt es diese Differenzierung nicht a priori in der Form frei schwebender logischer oder natürlicher Möglichkeiten, die aller Systembildung vorausgehen. Sie wird in der Gesellschaft selbst erzeugt dadurch, daß unter angebbaren Bedingungen Systembildungen bestimmten Typs Erfolgschancen haben.

Wenn diese These zutrifft, dann müßten sich Zusammenhänge zwischen gesellschaftlicher Evolution und Ebenendifferenzierung nachweisen lassen. Das ist in der Tat der Fall. Ebenendifferenzierung ist ein Produkt, ist eine Errungenschaft gesellschaftlicher Evolution, wie wir im ersten Abschnitt zeigen wollen. Außerdem müßten die Bedingungen der Möglichkeit und der Erhaltung von Ebenendifferenzierung sich aus dem gesellschaftlichen Systemaufbau erklären lassen. Wir wollen dies in weiteren Abschnitten am Verhältnis von Untersystembildung zu Ebenendifferenzierung zu belegen versuchen und tragen damit zugleich der Kritik Rechnung, die wir oben in Kapitel I gegen eine Gesellschaftstheorie formuliert hatten, die allein mit dem Konzept zunehmender Systemdifferenzierung auszukommen versucht. Im einzelnen läßt sich die Bedeutung der Ebenendifferenzierung am Beispiel der Konfliktsaffinität komplexer Gesellschaften (Abschnitt 2) und der sich aus der Ebenendifferenzierung ergebenden Generalisierung der Moral (Abschnitt 3) demonstrieren. Auf dieser Basis ergeben sich zudem Anhaltspunkte für eine Theorie sozialer Bewegungen, die wir im vierten Abschnitt skizzieren werden. Im fünften Abschnitt fragen wir nach dem grundsätzlichen Verhältnis von System- und Ebenendifferenzierung mit Blick auf die gesellschaftliche Differenzierung, bevor wir das Kapitel mit einigen systemtheoretischen Folgerungen für die Gesellschaftstheorie abschließen (Abschnitt 6).

1. Evolutionäre Aspekte

Alle uns bekannten Gesellschaften differenzieren zumindest in einfachster Form Interaktionssysteme und Gesellschaftssystem. Diese Differenz setzt Sprache voraus und stellt sich mit der Evolution von Sprache wohl zwangsläufig ein. Durch Sprache läßt sich der gemeinsame Wahrnehmungshorizont Anwesender transzendieren, und dies nicht nur in der individuellen Erinnerung und Erwartung der einzelnen, sondern im sozialen Prozeß. Es wird über Nichtanwesendes oder Nichtanwesende gesprochen: über räumlich und/oder zeitlich entfernte Ereignisse.[248] Dadurch differenziert sich das System der Anwesenden von dem Gesamtsystem der Anwesenden und Abwesenden, wobei das Gesamtsystem zunächst noch ganz im Bereich der für jeden Teilnehmer naheliegenden, praktisch erreichbaren, alltäglichen Interaktionen liegt. Die Differenzierung erfordert zugleich, daß jedes Interaktionssystem sich durch seine Thematik, sofern sie Abwesendes impliziert, in das Gesamtsystem integriert.

248 Die evolutionäre Diskontinuität dieser »time-binding«-Funktion von Sprache betont James E. Goggin, »An Evolutionary Analysis and Theoretical Account of the Discontinuous Nature of Human Language«, *The Journal of Communication* 23 (1973), S. 169-186.

Wir werden im nächsten Teil noch ausführlich begründen, daß nur das Sozialsystem der Gesellschaft die komplexen Voraussetzungen für Evolution realisieren kann. Soziokulturelle Evolution bezieht sich daher immer auf diese Systemreferenz, verändert zunächst und direkt nur die Strukturen des Gesellschaftssystems und nur über dieses die umweltmäßigen Bedingungen für Interaktion. Langfristig gesehen muß eine solche Einseitigkeit Differenzierungswirkungen auslösen. Daher hat im Laufe der gesellschaftlichen Evolution die Differenzierung von Ebenen der Systembildung zugenommen. Die ältesten für uns erkennbaren Gesellschaftssysteme[249] hatten sich als Abstammungs-, Lebensführungs- und später Siedlungsgemeinschaften auf der Basis intermittierendverflochtener Interaktionssysteme einfachster Art gebildet. Ein Moment von Organisation dürfte ebenfalls präsent gewesen sein in dem Sinne, daß der Zugang zu gemeinsamen Unternehmungen auch für Stammesmitglieder nicht beliebig offenstand, sondern von der Erfüllung gewisser Bedingungen abhing.[250] Auch die Mechanismen kollektiver Verantwortlichkeit setzen die Möglichkeit voraus, Mitglieder auszusto-

249 Wir meinen hier und im folgenden im Zusammenhang von evolutionstheoretischen Erörterungen immer die historisch ältesten Gesellschaftssysteme. Die zeitgenössischen Restbestände primitiver Gesellschaften können eine *Erkenntnishilfe* sein, können aber den Prozeß der gesellschaftlichen Evolution, der an ihnen vorübergegangen ist, nicht erklären.

250 Mit den ausgearbeiteten Weberschen Kriterien rationaler Organisation dürfte diese Einmischung organisatorischer Elemente in Interaktion und Gesellschaft nicht zureichend zu erfassen sein. Die Weberschen Kategorien verwendet für eine Aufarbeitung ethnologischen Materials Stanley H. Udy, *The Organization of Work*, New Haven 1959; ders., »Preindustrial Forms of Organized Work«, in: Wilbert E. Moore, Arnold S. Feldman (Hg.), *Labor Commitment and Social Change in Developing Areas*, New York 1960, S. 78-91.

ßen, enthalten also ein organisationsartiges Element.[251] Bei so geringem Grade der Differenzierung können aber die Systemtypen nicht in selbständiger Ausprägung erwartet werden; sie vermischen ihre Eigenarten, färben aufeinander ab. Es gibt zwar Gesellschaft im Sinne der Relevanz des Erlebens und Handelns von Nichtanwesenden, aber deren Relevanz reduziert sich auf mögliche Anwesenheit – auf Hilfe oder Störung in der Interaktion. Es gibt regulierte Zugangsbedingungen zur Interaktion, etwa Regeln der Beuteverteilung, die anerkannt werden müssen, aber sie dienen nicht dem Aufbau komplexer, langkettiger Interaktionszusammenhänge, sondern sie dienen direkt der selektiven Akkordierung. Die Außengrenzen des Gesellschaftssystems lassen sich infolgedessen von denen der Interaktionssysteme nicht trennen.[252] Sie werden nur situationsweise (also: interaktionsabhängig) aktualisiert – ebenso wie Stammesnamen, Mythen, Zusammengehörigkeitsgefühle über engste Gruppierungen hinaus – und sind daher auch wissenschaftlich schwer identifizierbar.[253] Sie lei-

251 »Expulsion is a qualifier of collective liability«, formuliert Sally F. Moore, »Legal Liability and Evolutionary Interpretation: Some Aspects of Strict Liability, Self-Help and Collective Resposibility«, in: Max Gluckman (Hg.), *The Allocation of Responsibility*, Manchester 1972, S. 51-107 (90). Vgl. im übrigen oben, Kap. I.2.

252 Zur prekären »unboundedness« primitiver Gesellschaftssysteme als Entwicklungshindernis und zur Errungenschaft der Festigung territorialer Grenzen vgl. Parsons, *Societies*, S. 37f., 42f.; Morton H. Fried, *The Evolution of Political Society: An Essay in Political Anthropology*, New York 1967, S. 94ff. Auf Grund neuerer Forschungen kann man allerdings nicht mehr von einem Nacheinander von primitiven Verwandtschaftsgesellschaften und archaischen Territorialgesellschaften ausgehen, sondern eher von einem Nebeneinander mit unterschiedlichen Entwicklungschancen.

253 Vgl. die Analyse des Begriffs »tribe« im Hinblick auf sein Gegenstandskorrelat bei Fried, *The Evolution of the Political Society*, S. 154ff.; siehe auch ders., »On the Concepts of ›Tribe‹ and ›Tribal Society‹«, *Trans-*

sten keine De-Sozialisation und Versachlichung der Umwelt. Die Zeithorizonte sind so kurz wie das in der Interaktion aktivierbare gemeinsame Gedächtnis. Im wesentlichen ist die Zeit Gegenwart, bestimmt durch die soziale Simultaneität der Interaktion.[254] So fehlt der Zeitraum für die Bildung langer, heterogener Ketten von Interaktionssystemen durch Organisation oder Gesellschaft. Jenseits des Interaktionsraums mit seinen übersehbaren sachlichen, zeitlichen und sozialen Strukturen beginnt eine mythische Umwelt ohne deutliche zeitliche und räumliche Beziehung zur Gesellschaft.[255] Die mythische Umwelt wird durch Erzählung in das System ein-

actions of the New York Academy of Sciences, Series II, 28 (1966), S. 527-540; Raoul Naroll, »On Ethnic Unit Classification«, *Current Anthropology* 5 (1964), 283-291; Fredrik Barth (Hg.), *Ethnic Groups and Boundaries: The Social Organization of Culture Difference*, Bergen, Oslo u. a. 1969, zur sozialen Definition ethnischer Grenzen.

254 Einen Vergleich mit Zeitvorstellungen späterer Hochkulturen unter diesem Gesichtspunkt schlägt Marian W. Smith, »Different Cultural Concepts of Past, Present, and Future: A Study of Ego Extension«, *Psychiatry* 15 (1952), S. 395-400, vor.

255 Zur Differenz von Interaktionsgeschichte und mythischer (unstrukturierter, mit der Gegenwart nicht kontinuierlich verknüpfter) Zeit in einfachen Gesellschaften vgl. etwa Ian Cunnison, *History on the Luapula: An Essay on the Historical Notions of a Central African Tribe*, Cape Town, London u. a. 1951; Paul Bohannan, »Concepts of Time Among the Tiv of Nigeria«, *Southwestern Journal of Anthropology* 9 (1953), S. 251-262; Nicholas J. Gubser, *The Nunamiut Eskimos: Hunters of Caribou*, New Haven, London 1965, S. 28ff.; John Middleton, *The Lugbara of Uganda*, New York 1965, S. 18ff.; Charles Hudson, »Folk History and Ethnohistory«, *Ethnohistory* 13 (1966), S. 52-70 (56ff.); Ernst Jenni, *Das Wort »'ōlām« im Alten Testament*, Berlin 1953. Im Übergang zur Hochkultur setzt sich dagegen – bei aller Fortsetzung des Denkens in zwei Zeitebenen bis zur Neuzeit hin – ein Interesse durch, größere Zeitstrecken kontinuierlich mit der Gegenwart zu verknüpfen, ein Interesse, das nicht mehr als ein solches elementarer Interaktionssysteme erklärt werden kann. Vgl. dazu etwa Silvio Accame, »La concezione del tempo nell'etá arcaica«, *Rivista di filologia e di istruzione classica* 39

geführt, aber nicht durch selektiv kontrollierende Grenzen mit ihm verbunden. Der Mythos dient als bloße Interpretation dessen, was als Ereignis unbestimmbar bleibt.

Diese Ausgangslage in kleinen, wenig komplexen Sozialsystemen, in denen es ansatzweise schon möglich, für die normale Lebensführung aber nicht nötig ist, zwischen Interaktionssystem und Gesellschaftssystem zu unterscheiden, erklärt die besondere Stellung der Familie (oder, ökonomisch gesprochen, des Haushaltes) im Prozesse der gesellschaftlichen Differenzierung. Die Familie bildet für ihre eigene Lebensweise also zunächst gar keine Systemreferenz aus, die sich vom Modus der Interaktion unterscheiden und eine besondere Funktionszuweisung tragen könnte. Es genügt nicht, diese Ausgangslage (und damit die Familie) als »funktional diffus« zu charakterisieren, wie es häufig geschieht;[256] denn das ist eine nur negative, aus der Erwartung funktionaler Differenzierung stammende, gegenbegriffliche Charakterisierung. Nicht die Funktionsverschmelzung, sondern die interaktive Struktur von Gesellschaftlichkeit prägt den Anfang. Daraus hatte sich auf eine gleichsam natürliche Weise ergeben, daß immer der Haushalt, personal vertreten durch den Hausvater, die kleinste Einheit des Gesellschaftssystems war. Erst die neueste Zeit, erst die revolutionäre bürgerliche Gesellschaft verfiel auf die Idee, diese Stellung der kleinsten, für das Gesellschaftssystem nicht weiter auflösbaren Einheit dem Menschen als Menschen zuzuweisen, womit die Familie unter die Funktionssysteme einrangiert wurde als eines unter anderen, an denen Individuen in jeweils einigen ih-

(1961), S. 359-394; François Châtelet, *La naissance de l'histoire: La formation de la pensée historienne en Grèce*, Paris 1962, insb. S. 28ff.

256 Vgl. etwa Talcott Parsons, »Introduction to Part Two«, in: ders. u. a. (Hg.), *Theories of Society: Foundations of Modern Sociological Theory*, New York 1961, Bd. I, S. 239-264.

rer gesellschaftlichen Rollen teilnehmen können. An diesem Endpunkt der bisherigen Entwicklung wird daher konsequent und über alle Funktionssysteme hinweg zwischen der funktional differenzierten Gesellschaft und den Interaktionssystemen differenziert. Die neu entdeckte Subjektivität des individuellen Menschen ist die Formel, in deren Namen diese Revolution sich politisch, ökonomisch und pädagogisch etabliert.

Aber wir greifen vor. Schon der Übergang von der Archaik zur Hochkultur hatte jene gesellschaftlich-interaktive Ausgangslage in wesentlichen Hinsichten verändert, und zwar auf Grund von Veränderungen im Gesellschaftssystem. Mit den Anfängen der Hochkultur expandiert der Bereich möglicher Kommunikation und ist – hier dürfte der Entwicklung der Schrift die auslösende Bedeutung zukommen[257] – nicht mehr auf Anwesenheit, also nicht mehr auf die Bildung von Interaktionssystemen angewiesen. Jetzt werden neue Freiheiten gegenüber Kommunikationen möglich und damit zugleich neuartige Zusatzeinrichtungen zur Sprache, die wir unter dem Titel »Kommunikationsmedien« ausführlich behandeln werden. Gesellschaftssystem und Interaktionssysteme können deutlicher unterschieden werden. Die evolutionsträchtigen Gesellschaftssysteme werden größer, komplexer und verstärken spätarchaische Ansätze zur funktionalen Differenzierung von Teilsystemen. Innerhalb ihrer militärischen, politisch-administrativen, religiösen und ökonomischen Bereiche entstehen Ansätze zur Organisation komplexerer Organisationseinheiten. Sie sind weit davon entfernt, das oben skizzierte Prinzip der Kontingenz von Rekrutierung und

257 Vgl. Jack Goody, Jan Watt, »The Consequences of Literacy«, *Comparative Studies in Society and History* 5 (1963), S. 304-345; Jack Goody, »Evolution and Communication: The Domestication of the Savage Mind«, *The British Journal of Sociology* 24 (1973), S. 1-12.

Regelbildung und der Rationalisierung dieses Zusammenhanges zu verwirklichen; sie bleiben in der Rekrutierung mehr oder weniger an die Schichtenstruktur, in der Programmierung an die kosmisch-moralische Weltprojektion der Gesamtgesellschaft und in der Organisation der Kommunikation an das Zeremoniell gebunden.[258] Dies gilt vor allem für Organisationen im Bereich des evolutionär führenden po-

258 Ein gutes Beispiel bietet die Stadt- und Palast-Organisation in China und in Südostasien. Vgl. dazu Sybille van der Sprenkel, *Legal Institutions in Manchu China: A Sociological Analysis*, London 1962, S. 28ff. (45); André Leroi-Gourhan, *Le geste et la parole*, Bd. II, Paris 1965, S. 159ff.; Paul Wheatley, *The Pivot of the Four Quarters: A Preliminary Inquiry into the Origins and Character of the Ancient Chinese City*, Edinburgh 1971; Fred W. Riggs, *Thailand: The Modernization of a Bureaucratic Polity*, Honolulu 1966; Robert Heine-Geldern, »Conceptions of State and Kingship in Southeast Asia«, in: Shmuel N. Eisenstadt (Hg.), *Political Sociology: A Reader*, New York, London 1971, S. 169-177. (Zum auch sonst nachweisbaren Zusammenhang von Weltsymbolisierung und Hausbau vgl. Marcel Griaule, »L'image du monde au Sudan«, *Journal de la société des Africanistes* 19 (1949), S. 81-87.) Bemerkenswert für den chinesischen Kulturkreis ist, daß relativ hohe Freiheiten der Personalrekrutierung und Personalbewegung im Sinne einer Unabhängigkeit von schichtenmäßiger Determination – dazu z. B. E. A. Kracke, Jr., *Civil Service in Early Sung China*, 960-1067, Cambridge (Mass.) 1953; Robert M. Marsh, *The Mandarins: The Circulation of Elites in China 1600-1900*, New York 1961; Ping-Ti Ho, *The Ladder of Success in Imperial China*, New York, London 1962 – kompensiert werden durch um so stärkere Bindungen in kosmologischer, literarisch-traditionaler, juristischer und zeremonieller Hinsicht, also auf den Sektor Programmierung und Organisation der Kommunikation. Die Komplexität dieser Bürokratie führt dann mangels ausreichender Differenzierung von Organisation und Gesellschaft zur Konservierung der vorhandenen Struktur. Vgl. dazu James T. C. Liu, »Sung Roots of Chinese Political Conservativism: The Administrative Problems«, *Journal of Asian Studies* 26 (1967), S. 457-463. Relativ hohe Rationalität allein auf dem Gebiet der Personalselektion ist kein ausreichender Innovationsfaktor. Eine volle Freigabe von Personalpolitik, Programmpolitik und Organisations-

litischen Teilsystems der Gesellschaft. Immerhin distanziert das Dazwischentreten von Organisation zusammen mit einer ausgeprägten Schichtendifferenzierung die Ebene der Gesellschaft und die Ebene der Interaktionssysteme so stark, daß die Gesellschaft sich unabhängig von den Restriktionen des Systemtyps Interaktion entwickeln kann. Andererseits bleibt das Gesellschaftssystem noch so »interaktionsnah« konstituiert, daß man sich eine *moralische* Integration der Gesellschaft, das heißt eine Integration durch Kommunikation der Bedingungen wechselseitiger menschlicher Achtung, in stark generalisierter Form noch vorstellen und schichtenspezifisch wohl auch erreichen kann.

Wenn Interaktion und Gesellschaft in dieser Weise auseinandertreten, kommt es zu einem Bedarf für Symbole, die die Einheit des Getrennten manifestieren. Für diese Funktion bilden sich zum Beispiel im Mittelalter die Begriffe der *Repräsentation* und der *Partizipation* aus.[259] Beide zielen auf

politik für eine rationale wechselseitige Determination auf der Organisationsebene findet sich in den älteren Hochkulturen nirgends.

259 Begriffsgeschichtliche Analysen zu diesen beiden zentralen Konzepten sind zumindest entweder mehr organisationsgeschichtlich (z. B. parlamentsgeschichtlich) oder mehr geistesgeschichtlich-intuitiv angelegt; sie müßten mit moderneren, gesellschaftstheoretischen Mitteln wiederholt werden. Vgl. zu Repräsentation: Carl Schmitt, *Verfassungslehre*, München, Leipzig 1928, S. 206 ff.; Gerhard Leibholz, *Das Wesen der Repräsentation und der Gestaltwandel der Demokratie im 20. Jahrhundert*, Berlin ²1960; Hans J. Wolff, *Organschaft und Juristische Person*, Bd. 2, Berlin 1934, S. 16-91, neu gedruckt in: Heinz Rausch (Hg.), *Zur Theorie und Geschichte der Repräsentation und Repräsentativverfassung*, Darmstadt 1968, S. 116-208; Christoph Müller, *Das Imperative und freie Mandat: Überlegungen zur Lehre von der Repräsentation des Volkes*, Leiden 1966; Eberhard Schmitt, *Repräsentation und Revolution: Eine Untersuchung zur Genesis und Praxis parlamentarischer Repräsentation aus der Herrschaftspraxis des Ancien Régime*, München 1969; Hasso Hofmann, *Repräsentation: Studien zur Wort- und Begriffsgeschichte von*

ausgezeichnete Interaktionen, in denen das Ganze, das als Ganzes unmöglich anwesend sein, dennoch zur Erscheinung gebracht werden kann. Die Begriffe können mehr existentiell und statisch oder mehr prozeßmäßig und dynamisch interpretiert werden, sie können eine Seinsweise oder eine Handlungsweise ausdrücken. Diese Ambivalenz erleichtert ihre Überführung in die politischen Organisationsformen der bürgerlichen Gesellschaft und ihre Deformierung zu Legitimationsbegriffen eines gesellschaftlichen Subsystems; sie übernehmen die Funktion der Legitimierung (oder auch: der Kritik der Legitimation) organisierten politischen Entscheidens.

Durchbrüche zu größerer gesellschaftsstruktureller Autonomie der Organisationsebene finden sich auf Grund von Sonderbedingungen einmalig im Religionssystem des frühen Christentums mit einer Koppelung von Eintritt/Austritt und Glaubensbekenntnis[260] und dann wieder im Bereich

der Antike bis ins 19. Jahrhundert, Berlin 1974, und zum Verlust der Repräsentativität des Staates Ernst Forsthoff, *Der Staat der Industriegesellschaft: Dargestellt am Beispiel der Bundesrepublik Deutschland*, München 1971. Zu Partizipation gibt es kaum historisch reflektierte Literatur. Vgl. aber Cornelio Fabro, *La nozione metafisica di partecipazione secondo S. Tommaso d' Aquino*, Turin ²1950; ders., *Participation et causalité selon S. Thomas d'Aquin*, Louvain, Paris 1961, insb. S. 509 ff.; Ottheín Rammstedt, »Partizipation und Demokratie«, *Zeitschrift für Politik* 17 (1970), S. 343-357.

260 Diese ausgeprägte Affinität eines *gesellschaftlichen* Teilsystems für Religion zur *Organisation* konnte in Gesellschaften mit relativ geringer Ebenendifferenzierung hingenommen werden und wurde im übrigen in der Ekklesiologie eher verdunkelt als erhellt. Sie wird problematisch in dem Maße, als in der Neuzeit Gesellschaftssysteme und Organisationssysteme sich immer schärfer voneinander abheben und man immer deutlicher erfährt, wie wenig auf der Ebene von Organisation gesamtgesellschaftliche Funktionen erfüllt werden können. Vgl. dazu Niklas Luhmann, »Die Organisierbarkeit von Religionen und Kirchen«, in:

des Wirtschaftssystems der europäischen Neuzeit, dessen Großmärkte, dessen Geldmechanismus und dessen technische Entwicklung der Organisation ganz neuartige Chancen eröffnen.[261] In der bürgerlichen Gesellschaft – vor allem im Jahrhundert der Freiheit und der Organisation[262] – schiebt sich Organisation in nahezu allen Funktionsbereichen der Gesellschaft zwischen das Gesellschaftssystem und seine Interaktionssysteme. Die Diskrepanzen der Systemanforderungen nehmen zu und finden zum Beispiel Ausdruck in einer Negativwertung des literarischen Topos »Bürokratie«.[263]

Je spezifischer nun der Organisationsmechanismus ausgebildet und in Anspruch genommen wird, desto deutlicher wird zugleich, daß er auf nichtorganisierbare Grundlagen angewiesen ist, namentlich auf Mobilität und Disponibilität der kognitiven und motivationalen Strukturen möglicher Mitglieder und auf weitere Umweltvoraussetzungen, die die Spezifikation der Zwecke tragen. In beiden Hinsichten

Jakobus Wössner (Hg.), *Religion im Umbruch: Soziologische Beiträge zur Situation von Religion und Kirche in der gegenwärtigen Gesellschaft*, Stuttgart 1972, S. 245-285.

261 Zum Zusammenhang mit einer stärkeren funktionalen Differenzierung des Gesellschaftssystems Neil J. Smelser, *Social Change in the Industrial Revolution: An Application of Theory to the Lancashire Cotton Industry 1770-1840*, London 1959.

262 Nach dem Buchtitel von Bertrand Russell, *Freiheit und Organisation: 1814-1914*, Berlin 1948 (dt. Übers.).

263 Einer der Ausgangspunkte war die Behandlung der Bürokratien von Hochkulturen unter dem Gesichtspunkt des Despotismus und Verfalls bei Adam Ferguson, *Essay on the History of Civil Society*, 1767 (dt. Übers.: *Abhandlungen über die Geschichte der bürgerlichen Gesellschaft*, Jena 1904). Vgl. als nachträgliche Würdigungen Alvin Gouldner, »Metaphysical Pathos and the Theory of Bureaucracy«, *American Political Science Review* 49 (1955), S. 496-507; Shmuel N. Eisenstadt, »Bureaucracy and Bureaucratization«, *Current Sociology* 7 (1958), S. 99-164.

setzt jedes einzelne Organisationssystem Kontingenzen voraus, die es nicht selbst geschaffen hat, etwa: Mobilität von Ressourcen, Substitutionsmöglichkeiten, Spezifikation von Interessen. Ebenso verstärkt aber auch die Tatsache, daß überhaupt Organisationen gebildet werden, diese Kontingenz und Komplexität der Umwelt, die weitere Organisationsbildungen ermöglicht. So wie der benötigte Sauerstoff erst durch die organische Evolution, so wird auch die benötigte Komplexität der Gesellschaft erst durch Organisationsbildung erzeugt. Organisation wird damit eine nicht (oder nur in der Form von Katastrophen) reversible Errungenschaft – dies aber in der Form der Interdependenzen von Organisationssystemen und gesellschaftlicher Umwelt und nicht in der Weise, daß die Gesellschaft selbst oder die wichtigsten ihrer Funktionsbereiche allmählich und unwiderruflich die Form eines organisierten Sozialsystems annehmen.

Zugleich mit dieser wachsenden Relevanz der Organisationsbildung wirkt sich aus, daß das Gesellschaftssystem selbst nun primär nach Funktionen differenziert ist.[264] Erst die Funktionssysteme vermitteln der Gesellschaft den Zugang zum Organisationsmechanismus. Funktionen sind aber in sehr verschiedenem Ausmaß und nur unter jeweils mehr oder weniger einschneidenden Reduktionen organisationsfähig. Das besagt, daß die Relevanz von Organisation für die Gesellschaft von Funktionsbereich zu Funktionsbereich variiert und damit den Einzelfunktionen des Gesellschaftssystems sehr unterschiedliche Ausbauchancen zuspielt. Organisation wirkt damit diskriminierend auf die gesamtgesellschaftlichen Chancen der einzelnen Funktionen, so wie umgekehrt die Funktionen Organisationsmöglichkeiten selektieren – und dies deshalb, weil die Systemdifferenzierung des Gesell-

264 Dazu näher unten, Teil 4, Kap. II.

schaftssystems nicht identisch ist mit der Differenzierung von Systembildungsebenen im Gesellschaftssystem.[265]

Die den Erdball überspannende Weltgesellschaft, die im Zuge der Selbstrealisierung des »bürgerlichen« Gesellschaftssystems entstanden ist, erreicht schließlich ein Ausmaß an Differenzierung von Interaktion, Organisation und Gesellschaft, das historisch ohne Parallelen ist und Folgen von unübersehbarer Tragweite haben kann. Nachdem alles menschliche Erleben und Handeln kommunikativ füreinander erreichbar geworden ist, kann es nur noch ein welteinheitliches Gesellschaftssystem geben. Damit setzt die Nichtidentität von Gesellschaft und Organisation sich definitiv durch. Während in politisch konstituierten Territorialgesellschaften älteren Typs immer noch Verbannungen, Emigrationen und Immigrationen möglich waren, deren »natürlicher« und naturrechtlicher Rahmen nur unter Gattungs-, nicht unter Systemgesichtspunkten begriffen wurde, muß heute jede mögliche Interaktion innerhalb der Weltgesellschaft vollzogen werden. Eintritt und Austritt ist auf Gesellschaftsebene nicht mehr möglich und kann daher auch nicht, wie für Organisationen typisch, normativ konditioniert werden. In eins damit ist die Weltgesellschaft in bezug auf Größe, Vielfältigkeit und Interdependenzen bei zunehmender Weite des Zeithorizontes und hochgeschraubten, nicht mehr schichtenmäßig regulierbaren Konsensanforderungen über alles organisierbare Format hinausgewachsen. Alle Hochleistungen auf dem Gebiet der Organisation und alle theoretischen

265 Klaus Hartmann, »Gesellschaft und Staat – Eine Konfrontation von systemtheoretischer Soziologie und kategorialer Sozialphilosophie«, in: Dieter Henrich (Hg.), *Ist systematische Philosophie möglich? Stuttgarter Hegel-Kongreß 1975 (Hegel-Studien, Beiheft 17)*, S. 465-486, verwendet diese Komplikationen zu einer Kritik der Theorie, die sie formuliert.

und praktischen Entwicklungen auf dem Gebiet der Rationalisierungstechnik machen dies nur um so deutlicher. Weniger denn je zuvor ist es in der heutigen Weltgesellschaft möglich, das Gesellschaftssystem unter dem Gesichtspunkt organisierter Handlungsfähigkeit zu begreifen. Erst recht haben die Eigenarten elementarer Interaktion unter Anwesenden ihren Richtwert für Gesellschaft und Organisation verloren. Die Komplexität der Gesellschaft ist so groß, daß *nahezu alle* Interaktionssysteme *innerhalb* des Gesellschaftssystems für *jeden* einzelnen unzugänglich sind. Die Undurchschaubarkeit der Gesellschaft prägt die Bewußtseinslage unserer Zeit,[266] und weder im Sinne von Förderung noch im Sinne von Bedrohung kann Gesellschaft auf die Interaktionen bezogen werden, in denen man laufend lebt.

Unter diesen Umständen ist nicht mehr nur simultane Anwesenheit aller – etwa auf öffentlichen Plätzen – ausgeschlossen, sondern auch die Integration der Gesellschaft unter dem Gesichtspunkt möglicher Anwesenheit – sei es in der Form von Anwesenheitsketten, sei es in der Form der Anwesenheit von Repräsentanten – wird unmöglich. Selbst die kommunikative Verknüpfung der einzelnen ausdifferenzierten Funktionssysteme überfordert die Möglichkeiten der Systembildung auf der Interaktionsebene – sosehr gerade in diese immer wieder Hoffnungen gesetzt werden.[267] Gesell-

266 Vgl. dazu etwa Norbert Elias, *Was ist Soziologie?*, München 1970, S. 73f.

267 So zum Beispiel für das Verhältnis von Politik und Verwaltung Niklas Luhmann, »Politische Planung«, in: ders., *Politische Planung: Aufsätze zur Soziologie von Politik und Verwaltung*, Opladen 1971, S. 66-89 (81ff.), oder für die Beziehung der Wissenschaft zu Wissensanwendern Karl-Martin Bolte, »Wissenschaft und Praxis – Möglichkeiten ihres Verhältnisses zueinander«, *Mitteilungen aus der Arbeitsmarkt- und Berufsforschung* 4 (1971), S. 356-365.

schaftsstrukturell bedingte Probleme lassen sich nicht mehr ohne weiteres auf der Interaktionsebene lösen. Gesellschaftliche Relevanzen nehmen die Form funktionaler Interdependenzen/Independenzen und struktureller Kompatibilitäten/Inkompatibilitäten an, die sich interaktionsspezifisch nicht mehr ausdrücken und daher auch nicht mehr direkt normieren lassen. Die Gesellschaft läßt sich daher auch weder als Summe von Interaktionen noch als ein Grundbestand an Normen für Interaktionen adäquat begreifen, geschweige denn planen.

Dadurch, daß Organisationssysteme sich einschieben zwischen das Gesellschaftssystem und die Interaktionssysteme, entsteht ein bedeutsamer Unterschied in den Möglichkeiten der Interaktion. Es gibt dann »freie« und organisationsabhängige Interaktionssysteme. In den ersteren kann das Interaktionssystem über die Teilnahme disponieren, kann Teilnehmer rekrutieren oder abweisen, in den letzteren dagegen nicht, da jeder, der in die Organisation eintritt, nach Maßgabe ihrer Regeln auch zur Teilnahme an Interaktionen verpflichtet ist, ob ihm die Partner nun passen oder nicht. Diese Unterscheidung führt dazu, daß interaktionelles Raffinement, Einfühlungsvermögen, Verhaltensgeschick und Selbstdarstellung unter sehr heterogene Perfektionsbedingungen gesetzt sind und in sehr verschiedene Richtungen gesteigert werden können. Nahezu unvermeidlich muß dann auch die Einzelpersönlichkeit wählen, ob sie mehr in der Liebe oder mehr in der Karriere den Horizont ihrer Selbstverwirklichung sieht.

Auf Grund dieser in der Evolution des Gesellschaftssystems erreichten Lage können Gesellschaft, Organisation und Interaktion sich schärfer unterscheiden als je zuvor. Sie können durch unterschiedliche Systemtypik je spezifische Funktionen übernehmen. So kann das Raffinement von interaktionsspezifischer sozialer Reflexivität, etwa im Rahmen von

Intimbeziehungen, ins Ungewöhnliche gesteigert werden,[268] wenn die Interaktion nicht mehr mit gesellschaftlich durchgehenden Normalitätserwartungen belastet ist. Das gleiche gilt für Steigerungen in entgegengesetzte Richtung: für Motive, die nur bei extremer Flüchtigkeit, Unpersönlichkeit und Folgenlosigkeit der Begegnung in Anspruch genommen werden können. Im Bereich von Organisationen läßt die Spezifikation des Verhaltens sich immens steigern, wenn auf andere gesellschaftliche Rollen des Handelnden keine Rücksicht genommen werden muß. Und die Gesamtgesellschaft kann zu äußerster Komplexität gesteigert werden, wenn sie nicht auf durch Organisation oder Interaktion vermittelte Reduktionen angewiesen ist. Jede Ebene der Systembildung leistet dann das ihre, und entsprechend verschärfen sich die Probleme der Vermittlung zwischen den Ebenen: Das organisatorisch Mögliche ist in der Interaktion nicht mehr durchzusetzen, wird durch Interaktionssysteme unterlaufen und zum Entgleisen gebracht.[269] Das gesellschaftlich Mögliche ist weder mögliches Ziel noch Formel, noch Reflexionsbestimmung für Organisationen; es kann auf der Ebene von Profit, Wahlerfolg, wissenschaftlicher Anerkennung usw. nicht angemessen ausgedrückt werden.

268 Mit entsprechenden Risiken! Siehe dazu Sasha R. Weitman, »Intimacies: Notes Toward a Theory of Social Inclusion and Exclusion«, *Europäisches Archiv für Soziologie* 11 (1970), S. 348-367. Vgl. auch Majorie F. Lowenthal, Clayton Haven, »Interaction and Adaptation: Intimacy as a Critical Variable«, *American Sociological Review* 33 (1968), S. 20-30; Barry Schwartz, »The Social Psychology of Privacy«, *American Journal of Sociology* 73 (1968), S. 741-752; Hanns Wienold, *Kontakt, Einfühlung und Attraktion: Zur Entwicklung von Paarbeziehungen*, Stuttgart 1972.

269 In der Organisationssoziologie ist vor allem dieses Problem gesehen und als Unterschied von formaler und informaler Organisation diskutiert worden.

Vor allem an Organisationssystemen lassen sich Konsequenzen dieser Freisetzung und typmäßigen Spezifikation durch Vergleich mit historischen Bürokratien belegen. Diese unterlagen in allen drei Hinsichten[270] der Binnenstrukturierung gesellschaftlichen Einschränkungen bzw. Voraussetzungen: (1) Die *Personalrekrutierung und -verwendung* war schichtenspezifisch vorgezeichnet; (2) die *Programmierung* war kosmologisch gebunden; (3) *die Organisation der Kommunikationsbahnen und der Kompetenzen* war zeremoniell limitiert. Und all dies war durch kulturelle Selbstverständlichkeiten gehalten, die auch außerhalb der Organisationen galten.[271] Dem entsprach eine letztlich religiöse Beschränkung der Vorstellungen über mögliche Variation und (in Europa) eine lediglich juristische (vor allem kirchenrechtliche) Thematisierung des Amtsbegriffs.[272]

Auch wenn einige dieser Umweltbindungen, so namentlich die schichtendifferente Rekrutierung des Personals,[273]

270 Vgl. oben, Kap. III.2 (S. 190f.).

271 Im einzelnen bieten diese Bürokratien ein sehr vielgestaltiges, hier nicht referierbares Bild. Einer der Hauptunterscheidungsfaktoren ist das Ausmaß der Eingliederung in den Haushalt des Herrschers bzw., als Alternative dazu, der Abhängigkeit von den höheren Schichten der Gesellschaft.

272 Die terminologischen Konturen verschwimmen im Mittelalter bei einer Vielzahl von Begriffen (*munus, functio, professio, vocatio, mandatum, officium, beneficium, jurisdictio, dignitas*) und greifen in die allgemeine Lehre der gesellschaftlichen Berufe und Stände über. Das primär juristische Interesse an der Klärung von Streitfragen führt jedenfalls nicht zu einer planungstechnisch brauchbaren Begrifflichkeit; es mündet schließlich in der generellen Unterscheidung von Planstelle und konkreter Aufgabe oder Position. In dieser modernen, in der Staatsorganisation entwickelten Form ist der Stellenbegriff auch noch nicht planungstechnisch instruktiv gefaßt (weil er keine Regel für die Variation von Entscheidungsprämissen formuliert), aber er hat jedenfalls die erforderliche Abstraktion.

273 Kaum dagegen noch die Schichtenabhängigkeit der Personalbewegun-

nach wie vor festzustellen sind, haben sie, soweit sie überleben, ihre Legitimierbarkeit als Beschränkungen des Möglichen verloren. Statt dessen strukturiert eine Organisation sich selbst durch die Geschichte der Festlegung ihrer Entscheidungsprämissen, durch Besetzung von Stellen für bestimmte Aufgaben mit bestimmten Personen in bestimmten organisatorischen Zuordnungen. Das bedeutet nun aber keineswegs, daß die so freigesetzten Organisationssysteme sich auf den von Max Weber idealtypisch gezeichneten Linien bewegen in Richtung auf höchste Rationalität, Lenkbarkeit und Umstellfähigkeit. Im Gegenteil: Sie verstrickten sich in Bindungen, die um so fester sitzen, als es die der eigenen Systemgeschichte sind, die man interaktionell nicht wieder auflösen kann. Die strukturell vorgesehene Kontingenz der Mitgliedschaftsregeln und Stellen bleibt im Modus der Geschichte, im Modus der Reformbedürftigkeit, im Modus des Unbehagens erhalten; sie wird auf der Ebene stellenmäßig fixierter Entscheidungsprämissen nicht mehr oder nur noch unter größten Schwierigkeiten aktuell verfügbar.[274] Neugründungen haben zwar freie Bahn, aber nehmen mit anderen Prämissen den gleichen Weg hi-

gen *innerhalb* der Organisation. Siehe z. B. Niklas Luhmann, Renate Mayntz, *Personal im öffentlichen Dienst: Eintritt und Karrieren*, Baden-Baden 1973, S. 140; Gerald Bernbaum, »Headmasters and Schools: Some Preliminary Findings«, *The Sociological Review* 21 (1973), S. 463-484. Eine gewisse Differenz zwischen Schichtenabhängigkeit der Rekrutierung und (geringerer) Schichtenabhängigkeit der Aufstiegschancen findet man im übrigen bereits in älteren Bürokratien. Vgl. Robert M. Marsh, *The Mandarins: The Circulation of Elite in China 1600-1900*, Glencoe 1961, S. 187f. Zur abnehmenden Schichtabhängigkeit der Rekrutierung selbst auch Maurice A. Garnier, »Changing Recruitment Patterns and Organizational Ideology: The Case of a British Military Academy«, *Administrative Science Quarterly* 17 (1972), S. 499-507.

274 Vgl. dazu Überlegungen zu einem Rhythmus von Routinephasen und Krisen mit Änderungsmöglichkeiten bei Michel Crozier, *Le phénomène bureaucratique*, Paris 1963, S. 259f., 291ff., 360f.; Mauk Mulder, Jan R.

storischer Konkretisierung.[275] Oft wird deshalb ein Rückgriff auf die primäre Kontingenzrelation, auf die Mitgliedschaftsbedingungen, erforderlich sein, um personelle und programmatische Prämissen der Organisationspraxis zugleich ändern zu können.

Da Systembildung als Mechanismus der Erzeugung von Komplexität angesehen werden kann, dürfte die Komplexität der Gesellschaft wesentlich davon abhängen, welche Möglichkeiten der Systembildung in der Gesellschaft eröffnet werden. Mit stärkerer Differenzierung der Systembildungsebenen nehmen diese Möglichkeiten zu. Wir behaupten mithin einen Zusammenhang zwischen zunehmender Differenzierung der Systembildungsebenen und zunehmender Komplexität der Gesellschaft. Im geschichtlichen Rückblick läßt Evolution sich demnach unter anderem beschreiben als wachsende Distanzierung jener drei Ebenen der Systembildung. Als Theorie sind solche Aussagen deshalb möglich, weil die heutige Gesellschaftsordnung es ermöglicht, die Unterschiede dieser Ebenen zu erkennen. Erst vom Ende her gesehen gewinnt die Geschichte diese besondere Struktur. Aber damit allein sind weder Einsichten über die Bedingungen von Evolution gewonnen noch Klarheit darüber, welche Probleme ein so stark auseinandergezogener Systemaufbau mit sich bringt und wie sie gelöst werden können, da ja doch alle Systemarten aus dem gleichen Material, aus den gleichen Handlungen gebildet sind. Wir benötigen fünf weitere Unterabschnitte, um unsere Überlegungen zur Verortung des Gesellschaftssystems

Ritsema van Eck, Rendel D. de Jong, »An Organization in Crisis and Non-crisis Situations«, *Human Relations* 24 (1971), S. 19-41.

275 Siehe hierzu das von Hubert Raupach, Bruno W. Reimann, *Hochschulreform durch Neugründungen? Zu Struktur und Wandel der Universitäten Bochum, Regensburg, Bielefeld*, Bonn 1974, über »Reformuniversitäten« ausgebreitete Material.

im Gesamtaufbau sozialer Systeme abzurunden, und können erst danach die weiteren Untersuchungen speziell auf das Gesellschaftssystem einschränken.

2. Konfliktspotentiale

Die Bedeutung evolutionärer Ebenendifferenzierung läßt sich konkreter vorführen an Hand eines Sonderproblems, nämlich der Steigerung der Konfliktsträchtigkeit und Konfliktsfähigkeit in komplexen Gesellschaften. Wir greifen dafür auf die unter Kapitel II.9 skizzierte Konfliktskonzeption zurück.

Die Rückkommunikation der Weigerung, Selektionsofferten zu übernehmen (und das nennen wir Konflikt), stößt in Systemen der Interaktion unter Anwesenden auf besondere Schwierigkeiten. Sie ist hier aus strukturellen Gründen besonders prekär – nämlich deshalb, weil diese Systeme zu thematischer Konzentration neigen, also jeweils nur ein Leitthema traktieren können. Wird der Konflikt zum Thema gemacht, strukturiert das Gesamtsystem sich entsprechend um. Es entsteht Streit mit mehr oder weniger scharfer Limitation dessen, was dann im System noch möglich ist. Interaktionssysteme können offene Konflikte schlecht nebenherlaufen lassen, dazu sind sie nicht komplex genug. Sie haben nur die Wahl, Konflikte zu vermeiden oder Konflikte zu sein.

Interaktionsnah strukturierte Gesellschaften finden sich den entsprechenden Beschränkungen ausgesetzt. Sie stehen kontinuierlich vor der Alternative der Konfliktsunterdrükkung oder des gewaltnahen Ausbruchs von Streit. Darauf sind ihre pressionsreichen Schlichtungsverfahren abgestellt.[276]

276 Vgl. z.B. R.F. Barton, »Ifugao Law«, *University of California Publications in American Archaeology and Ethnology* 15 (1919), S. 1-186. Auch

Entsprechend verbreitet ist latente Feindseligkeit, die jedoch in der Anonymität verbleibt und den offenen Streit scheut. Solche Lebensgemeinschaften archaischen oder dörflichen Typs können deshalb nur primitive Formen der Differenzierung entwickeln, die einerseits in der Konfliktsunterdrückung effektiv sind und andererseits gegen Gewaltakte und Sezessionen relativ immun; das sind Formen der segmentären Differenzierung nach Häusern, Geschlechtern, Wohngemeinschaften und Formen der askriptiven Differenzierung nach Geschlechts- und Altersrollen.[277] Alle weitere Entwicklung setzt eine Steigerung des Konfliktspotentials voraus in der Doppelform der Möglichkeit, Konflikte durch Rückkommunikation von Verweigerungen zu erzeugen und Konflikte zu ertragen.

In dem Maße, als Kommunikation vermehrt und thematisch stärker differenziert wird, wachsen auch die Möglichkeiten der Negation und damit die Möglichkeiten des Konflikts. Besonders im Zuge der Entwicklung funktionaler Systemdifferenzierung müssen Ablehnungspotentiale gestärkt werden, weil anders die Autonomie und Rationalisierbarkeit von Funktionsbereichen nicht gesichert werden kann. Diese brauchen eine Art »Grenzschutz«, um Interferenzen abwehren zu

in den Dörfern entwickelterer Gesellschaftssysteme findet man entsprechende Mechanismen der Konfliktsunterdrückung, weil auch hier die Interaktion unter Anwesenden dominiert. Vgl. dazu Ronald Frankenberg, *Village on the Border*, London 1957; Asen Balikci, »Quarrels in a Balkan Village«, *American Anthropologist* 67 (1965), S. 1456-1469 (1466 f.); Elliott Leyton, »Conscious Models and Dispute Regulation in an Ulster Village«, *Man* 1 (1966), S. 534-542.

277 Ein bemerkenswertes Detail zur Geschlechtsrollendifferenzierung: Balikci, »Quarrels in a Balkan Village«, S. 1466, berichtet aus der *zadruga* (Großfamilienhaushalt) des Balkans, daß die Frauen die Konflikte, die sie untereinander haben, ihren Ehemännern verschweigen, weil andernfalls eine zu explosive Entwicklung zu befürchten ist.

können. Nur so kann die Gesellschaft an Größe und Komplexität zunehmen.

Die Lösung dieses Wachstumsproblems liegt in einer stärkeren Differenzierung von Interaktionssystemen und Gesellschaftssystem, so daß die Gesellschaft vom Konfliktsmodus der Interaktion nicht mehr so unmittelbar abhängig ist. Die Differenzierung hat in mehreren Hinsichten Vorteile und kann deshalb auf verschiedenen äquifinalen Wegen allmählich entwickelt werden. Sie ermöglicht eine stärkere Unabhängigkeit der Gesellschaft vom Abbruch einzelner Interaktionsketten als einer Form der Konfliktslösung. Sie ermöglicht die Einrichtung besonderer Interaktionssysteme, die auf die Behandlung von Streitfällen spezialisiert sind, und im Anschluß daran die Ausdifferenzierung eines Rechtssystems. Und sie ermöglicht neue Formen der Aktualisierung von Konflikten ohne unmittelbare Interaktion – zum Beispiel anonyme oder technisch-einseitige Kommunikation von Kritik oder spezialisiertes innovatives Handeln unter bewußter Ablehnung von Traditionsmustern. All das ist mit Ansätzen zur Differenzierung von Interaktion und Gesellschaft auch in den einfachsten Gesellschaften schon rudimentär vorhanden; schließlich gehen auch sie nicht in der unmittelbaren Interaktion unter Anwesenden auf. Der Ausbau solcher Ansätze ist jedoch nur möglich, wenn das Gesellschaftssystem so komplex geworden ist, daß es nicht mehr mit den Grenzen der möglichen Interaktionen des einzelnen zusammenfällt.

Im großen und ganzen kann man sagen, daß steigende Konfliktsfähigkeit über Verstärkung von Negationspotentialen erreicht wird. Sie ist insofern das genaue Gegenstück zu dem Gesamtkomplex, den wir in Teil 3 unter dem Titel »symbolisch generalisierte Kommunikationsmedien« erörtern werden. Bei den Medien geht es um Übertragungserleichterungen, bei Konflikten um Ablehnungserleichterungen.

Beide Verstärkungen nehmen im Laufe der gesellschaftlichen Evolution zu, was, da sie gegenläufig gebaut sind, komplizierte Verzahnungen erfordert. In beiden Fällen impliziert die Entwicklung eine stärkere Differenzierung von Interaktionsebene und Gesellschaftsebene – nicht zuletzt deshalb, weil das jetzt erforderliche Kombinationsniveau von Annahme- und Ablehnungserleichterungen nicht auf der Ebene der Interaktion gesichert werden kann.

Die Verstärkung der Möglichkeit, allem Interaktionsdruck zum Trotz Selektionszumutungen abzulehnen, ist ein sehr allgemeines Erfordernis zunehmender Differenzierung und rationaler Selektion in zunehmend spezialisierten Teilbereichen der Gesellschaft. Man muß Verhaltenszumutungen ablehnen können, will man sich im Hinblick auf spezifische Funktionen rational verhalten. Unerläßliche Grundvoraussetzung hierfür ist Rechtsschutz und Rechtssicherheit, und dies für mehr oder weniger willkürlich formbare Positionen.[278] Unter dem Schutze des Rechts kann man ablehnen, kann man sich Folgekonflikten stellen, weil die wichtigsten Sanktionsmechanismen der anderen Seite, namentlich physische Gewalt, ausgeschaltet sind.

Allerdings hängt es von zahlreichen weiteren Bedingungen ab, ob rechtlich gestützte Konfliktsbereitschaft faktisch ausgenutzt wird.[279] Das Recht allein setzt keinen Automatismus in Gang, der gesellschaftliche Differenzierung aufbaut. Es muß in der Regel die Möglichkeit hinzukommen, interak-

278 Damit hängt die Bedeutung der Vertragsfreiheit zusammen. Dazu näher unten, Teil 2, Kap. III.2.

279 Vgl. hierzu Stewart Macaulay, *Law and the Balance of Power: The Automobile Manufacturers and Their Dealers*, New York 1966; Pyong-Choom Hahm, *The Korean Political Tradition and Law*, Seoul 1967; Volkmar Gessner, *Recht und Konflikt: Eine soziologische Untersuchung privatrechtlicher Konflikte in Mexiko*, Tübingen 1976.

tionelle Beziehungen auch faktisch beenden zu können, um diffusen, vom Recht nicht erfaßbaren Sanktionen ausweichen zu können. Im übrigen gibt es natürlich bereichsspezifische Voraussetzungen weiterer Art, etwa für die Möglichkeit, anerkannte Wahrheiten zu bestreiten, oder für die Möglichkeit, aller Not anderer und allem Abgabedruck zum Trotz Kapitalien zu sammeln.

Ungeachtet all dieser Probleme, die Genesis und Realisierungsausmaß betreffen, produziert allein schon die Tatsache, daß Konfliktsfähigkeit über Negationsmöglichkeiten erhöht wird, Folgestrukturen, die eigene Konsequenzen haben. Wer hungert, hat nichts davon, daß die Gesellschaft sein Negationspotential steigert. Ablehnungspotentiale begünstigen jeweils diejenigen, die in der besseren Position sind: die Eigentümer im Verhältnis zu den Nichteigentümern, die gefragten Handwerker und Künstler im Verhältnis zu denen, die sich erst bekanntmachen müssen, die schönen Frauen im Verhältnis zu den weniger schönen. Auf diese Weise werden bestehende Differenzen, Ungleichheiten, Abweichungen verstärkt. Langfristig gesehen unterstützt damit die Steigerung der Konfliktsfähigkeit den Aufbau von Schichtungsstrukturen.

Bei hoher Konfliktsträchtigkeit dieses Typs, die zugleich interaktionell gehemmt und/oder in die Kanäle rechtlich regulierter Verfahren abgeleitet wird, kann es zu typischen Folgeerscheinungen kommen, die eine Tendenz zeigen, sich moralisch auszudrücken. Ablehnbare Zumutungen werden dann auf der Interaktionsebene moralisch modalisiert mit der Metazumutung, Zumutungen nicht abzulehnen. Darüber hinaus läßt sich vor allem seit dem 19. Jahrhundert beobachten, wie vor diesem Hintergrund gegenstrukturell konstruierte Themenkomplexe moralfähig werden: Entfremdung, Kritik als Diskussion, Demokratie als Partizipation sind Beispiele dafür. Kein Zufall auch, daß der Weltkonflikt dann als Klassenkonflikt gesehen und moralisch wie sentimental ausgebeutet wird. Innerhalb moralischer Haltungen dieses Typs kann der Funktionszusammenhang, der eine Steigerung von Negationspotentialen erforderte, thematisch nicht reproduziert werden. Geschichtlich gesehen, hängen solche Remoralisierungen sich mit Direktwertungen an Folgeprobleme sehr komplexer Strukturentwicklungen an und tendieren dazu, diese in Frage zu stellen, ohne sie ersetzen zu können.

Vor diesen Remoralisierungen kann das Recht allein nicht schützen, denn es löst sie ja gerade aus. Ein spezielles darauf bezogenes Systemmodell ist das der *Konkurrenz*. Konkurrenz hat drei zusammenhängende Funktionen, die sich nur in größeren, letztlich nur in funktional differenzierten Gesellschaftsordnungen voll realisieren lassen. Konkurrenz *kompliziert* (1) eine Konfliktslage dadurch, daß sie die divergierenden Interessen auf einen dritten Partner hinlenkt, mit dem in der Interaktion nicht Konflikt, sondern gerade Einvernehmen gesucht werden muß:[280] Jeder Produzent versucht für sich, seine Waren auf dem Markt zu verkaufen; jede politische Partei versucht für sich, Wählerstimmen zu gewinnen; jeder Student versucht für sich, im »concours« eine möglichst gute Platzziffer zu erreichen; jeder Arbeitswillige versucht für sich, eine Anstellung und im System dann eine bessere Position zu erreichen. Diese Komplikation und Umleitung der Interessenverwirklichung ermöglicht es (2), *Konkurrenz als solche moralisch zu bewerten* und sowohl zur Regulierung als auch zur Rechtfertigung des Verhaltens zu verwenden: Was in der Konkurrenz erreicht worden ist, erscheint eben dadurch als

280 Peter M. Blau, W. Richard Scott, *Formal Organizations: A Comparative Approach*, San Francisco 1962, S. 217ff., charakterisieren diesen Komplexitätsgewinn als Differenzierung von Konkurrenz- und Tauschverhältnissen.

verdienter, berechtigter Besitz.[281] Beides zusammen, Komplikation und Moralisierung der Konkurrenz als solcher, ermöglicht es (3), die Interaktionen zwischen den Opponenten entweder überhaupt *einzusparen oder von Konflikten zu entlasten.* Sie brauchen sich wechselseitig nicht zu negieren.[282]

Was mit alldem *nicht* garantiert werden kann, ist: höhere Leistung, höhere Rationalität des Verhaltens, höhere Innovationsbereitschaft.[283] Erst recht kann Konkurrenz nicht im Sinne des ökonomischen Liberalismus oder im Sinne des Sozialdarwinismus die fortschrittliche Entwicklung des Gesellschaftssystems gewährleisten. So hochgespannte Erwartungen haben zu Enttäuschungen geführt und belasten heute das Prinzip. In Wirklichkeit ist Konkurrenz, ähnlich

281 Zur ideologischen Benutzung dieses Arguments als Rollenrechtfertigung siehe etwa Francis X. Sutton, Seymour E. Harris, Carl Kaysen, James Tobin, *The American Business Creed*, Cambridge (Mass.) 1956, insb. S. 364, 366ff.

282 Viel gerühmt werden die in Systemen mit fairer Konkurrenz trotzdem noch möglichen »guten persönlichen Beziehungen«. Siehe nur Seymour M. Lipset, Martin A. Trow, James S. Coleman, *Union Democracy: The Internal Politics of the International Typographical Union*, Glencoe 1956, S. 284ff.

283 Diese Einsicht scheint sich allmählich gegenüber allzu diffusen Hoffnungen auf die Vorteile von Konkurrenzsystemen durchzusetzen. Vgl. z. B. L. Keith Miller, Robert L. Hamblin, »Interdependence, Differential Rewarding, and Productivity«, *American Sociological Review* 28 (1963), S. 768-778; Theodore J. Lowi, »Toward Functionalism in Political Science: The Case of Innovation in Party Systems«, *American Political Science Review* 57 (1963), S. 570-583. Für das Wissenschaftssystem wird ein Zusammenhang von Konkurrenz und Innovation vielfach vermutet – siehe Joseph Ben-David, *The Scientist's Role in Society: A Comparative Study*, Englewood Cliffs 1971, z. B. S. 123; Warren O. Hagstrom, »Competition in Science«, *American Sociological Review* 39 (1974), S. 1-18 (16). Aber hierfür fehlen noch empirisch überzeugende Beweise. Außerdem ist das Wissenschaftssystem in unserem Zusammenhang weniger wichtig, weil hier Konkurrenz sich nicht zur Vermeidung direkter Konflikte entwickelt hat.

wie Recht, eine Komplementäreinrichtung, die ausgebaut werden kann, wenn die Gesellschaft in stärkerem Maße Ablehnungspotentiale und damit Konflikte zulassen muß. Und sie erreicht dieses Ziel der Entlastung des Gesellschaftssystems von konfliktsträchtigen Interaktionen nur unter zwei Bedingungen: wenn (1) die Ebene der Interaktionssysteme bereits ausreichend differenziert ist, so daß über Konkurrenz auch die Beziehung der Partner geordnet werden kann, die *nicht* in Interaktion treten; und wenn (2) das Gesellschaftssystem bereits in erheblichem Umfange funktional differenziert ist, so daß der Kontext, in dem man konkurriert, Interaktionen in anderen Hinsichten nicht ausschließt.[284]

In gewissem Sinne gleicht das Konkurrenzprinzip noch, mutatis mutandis, älteren Formen der Konfliktsrepression – insofern nämlich, als es latente, zurückgestaute Feindseligkeit hinterlassen kann, die den offenen Streit scheut, aber gleichwohl Ausdrucks- und Wirkungsbahnen sucht. Ein Konkurrenzsystem ist daher vermutlich auf eine erhebliche Erfolgschance angewiesen.[285] Akkumulieren sich Mißerfolge für zu

284 Bemerkenswert sind in diesem Zusammenhang die in umgekehrter Perspektive gewonnenen Ergebnisse von John C. Wahlke, Heinz Eulau, William Buchanan, LeRoy C. Ferguson, *The Legislative System: Explorations in Legislative Behavior*, New York, London 1962, S. 95ff., daß in stärker an Konkurrenz orientierten politischen Systemen auf der Ebene der Einzelstaaten in den USA die Abgeordneten der Parlamente in höherem Maße spezifisch politische Karrieren aufweisen und in geringerem Maße auf Forderungen von außen angewiesen sind und in geringerem Umfange persönliche Ziele verfolgen.

285 »Konkurrenz kann nur in Systemen getrieben werden, in denen ein Überfluß von Ressourcen herrscht«, formuliert Otthein Rammstedt, *Konkurrenz: Zur Genesis einer sich universalwissenschaftlich gebenden Formel*, Ms. 1974, S. 72 [in gekürzter Fassung abgedruckt in: (o. Hg.), *Politische Psychologie*, Wien 1974, S. 217-248 (244)]. Hier hat im übrigen auch der Anomiebegriff von Robert K. Merton, *Social Theory and Social Structure*, Glencoe 1957, S. 131-194, seine Wurzeln.

viele Beteiligte, wird ihnen die Interaktionsenthaltung nicht mehr einleuchten, die das Konkurrenzsystem von ihnen verlangt. Konkurrenz hat mit alldem sehr spezifische Funktionsbedingungen, wird also kaum die einzige Form sein, in der die Gesellschaft steigende Konfliktswahrscheinlichkeiten abzufangen sucht.

Ein weiterer Gesichtspunkt bringt uns zu unserem Hauptthema, zur Differenzierung der Ebenen für Systembildung, zurück. In der neuzeitlichen Gesellschaft schieben sich in weitem Umfange zwischen Gesellschaftssystem und Interaktionssystemen organisierte Sozialsysteme ein. Deren Modus der Konfliktserzeugung und Konfliktsbehandlung ist besonders effektiv. Ein deutliches Symptom dieser Steigerungsleistung ist die für Organisationen typische Mitgliederpflicht, intern erzeugten Dissens nach außen hin zu verbergen.[286] Organisationssysteme unterwerfen alle Mitglieder einem Modus der hierarchischen Konfliktsbehandlung und -entscheidung, dessen Anerkennung sie zur Mitgliedschaftsbedingung machen. Die Entscheidbarkeit von Konflikten wird damit vom Recht unabhängig gemacht, nur eine formale rechtliche Legitimation der Möglichkeit, Organisationen zu bilden, ist erforderlich. Darin liegt erneut eine immense Steigerung des Konfliktspotentials der Gesellschaft. Auch die Differenzierung und Komplementarisierung von (erleichterten) Ablehnungsmöglichkeiten und (erleichterten) Einwirkungsmöglichkeiten wiederholt sich auf der Ebene organisierter Sozialsysteme in einer für sie typischen Weise.[287] Die Schranken dieses Mechanismus liegen in seinen Bezügen zu den anderen Ebenen der Systembildung: Auch innerhalb von Organisatio-

286 Siehe dazu die Beobachtungen von Harold E. Dale, *The Higher Civil Service of Great Britain*, London 1941, S. 86ff., 105f., 141, 170f. u. ö.

287 Vgl. hierzu Hirschman, *Exit, Voice, and Loyalty*.

nen gibt es wiederum interaktionelle Gesetzlichkeiten, die die Artikulation von Ablehnung unterdrücken oder kanalisieren;[288] nicht jeder Konflikt eignet sich für eine Behandlung auf dem Dienstweg. Auf der anderen Seite zur Gesellschaft hin können Bedingungen der Mitgliedschaft in Organisationen nicht völlig beliebig definiert werden, sondern müssen mit den strukturellen Erfordernissen der gesellschaftlichen Funktionssysteme für Politik, Wirtschaft, Erziehung, Recht, Forschung, Kriegführung usw. kompatibel sein.

Diesen Feststellungen über größere Konfliktstoleranz hochkomplexer Gesellschaften widerspricht nicht die Beobachtung, daß diese Gesellschaften von bestimmten Konflikten bzw. von der Vermeidung bestimmter Konfliktsarten (zum Beispiel Kriege) verstärkt abhängig werden. Interaktionelle Konflikte gewinnen mithin in Organisationssystemen und in Gesellschaften eine selektive Relevanz, wobei die Gesichtspunkte der Selektion sich aus den strukturellen Erfordernissen der höheren Systemebenen ergeben. Aus der Masse möglicher und täglich vorkommender Konflikte können dann einige selektiv unterdrückt, andere für eine organisations- oder gesellschaftspolitische Karriere auserwählt werden, während die meisten für die höheren Systemebenen belanglos und folgenlos bleiben.

Analysen dieser Art können hier nicht vertieft werden. Es muß uns genügen, ihre Möglichkeit anzudeuten und festzuhalten, daß Gesellschaften mit ausgeprägter Ebenendifferenzierung verschiedene Formen der Erleichterung und

288 Dazu sehr anschaulich Rue Bucher, »Social Process and Power in a Medical School«, in: Mayer N. Zald (Hg.), *Power in Organizations*, Nashville 1970, S. 3-48. Vgl. auch Tom Burns, »Micropolitics: Mechanisms of Institutional Change«, *Administrative Science Quarterly* 6 (1961), S. 257-281. Überwiegend behandelt die sehr reichhaltige Forschung über Konflikte in Organisationen mehr deren strukturelle Ursachen.

Hemmung des Konfliktsausdrucks nebeneinander einrichten können. Sie werden damit relativ unabhängig von den Restriktionen einzelner Ebenen, dafür abhängig von deren Interdependenzen. Eine weitere prinzipielle Frage ist daher, wie die Zusammenhänge der ebenenspezifisch gebildeten Systeme und die Übergänge von der einen zur anderen Ebene geregelt werden.

3. Generalisierung der Moral

Die Geschichte der Moral kann auf der Ebene der moralischen Ideen verfolgt und nachvollzogen werden – etwa als Übergang vom archaischen zum politischen Ethos.[289] Bei einer solchen Betrachtungsweise bleibt jedoch die Beziehung zu den simultan ablaufenden Prozessen gesellschaftsstrukturellen Wandels äußerlich. Greift man statt dessen auf die oben[290] skizzierte genetisch-funktionale Theorie der Moral zurück, gewinnt man die Möglichkeit, von einer Ideengeschichte in eine Problemgeschichte überzuleiten und diese zur gesellschaftlichen Entwicklung in Beziehung zu setzen.

Wenn Moral Kommunikation oder Metakommunikation über Bedingungen wechselseitiger Achtung betrifft und wenn sie Achtungserweise letztlich davon abhängig macht, ob es den Partnern gelingt, die Perspektive des anderen in die eigene situativ fungierende Identität einzubauen und seine Erwartungen mitzuerwarten, dann muß für Form und Entwicklung der Moral von Bedeutung sein, welche Interaktionskonstellationen eine Gesellschaft vorsieht. Solange

289 Vgl. Joachim Ritter, *Metaphysik und Politik: Studien zu Aristoteles und Hegel*, Frankfurt/M. 1969, insb. S. 106ff., 133ff.

290 Siehe Kap. II.5.

die Gesellschaft nichts weiter ist als die Reihe der für die Teilnehmer sich ergebenden Interaktionen, entsteht kein besonderes Problem. Die Achtung wird nur in der Interaktion selbst erwiesen oder entzogen, und die Partner wissen warum. Bezugspersonen sind die Interaktionspartner selbst oder Partner, die zwar im Moment abwesend sind, mit denen man aber demnächst in Interaktion treten, die man kennt und wiedersehen wird. Die Mechanismen des Erwerbs besonderer Achtung sind sehr konkret institutionalisiert, sie laufen über Reputation für besondere Taten oder über Vorleistung und Dankbarkeit. Moralisiert wird eine relativ direkte Reziprozität,[291] nicht zuletzt mit der Funktion des zeitlichen Ausgleichs von Bedürfnissen.[292] Natürlich weiß, wer gibt oder empfängt, was damit ausgelöst wird, und kann es sich konkret am Partner veranschaulichen.

Diese Ausgangslage ändert sich in dem Maße, als Interaktionssysteme und Gesellschaftssysteme sich differenzieren und

291 Vgl. z.B. Marcel Mauss, *Die Gabe: Über Formen und Funktionen des Tausches in archaischen Gesellschaften*, Frankfurt/M. 1968 (dt. Übers.); Bronislaw Malinowski, *Sitte und Verbrechen bei den Naturvölkern*, Wien o.J. (dt. Übers.), S. 28ff.; Claude Lévi-Strauss, *Les structures élémentaire de la paranté*, Paris 1949, insbs. S. 78ff.; Marshall D. Sahlins, »On the Sociology of Primitive Exchange«, in: *The Relevance of Models for Social Anthropology*, London 1965, S. 139-236. Aus der strukturellen Relevanz dieses Prinzips der Reziprozität kann natürlich nicht auf adäquate Formuliertheit in einem Moralcode archaischer Gesellschaften geschlossen werden.

292 Dazu und zugleich als Analyse des Wandels gesellschaftsstruktureller Kontexte einer moralischen Idee Niklas Luhmann, »Formen des Helfens im Wandel gesellschaftlicher Bedingungen«, in: Hans-Uwe Otto, Siegfried Schneider (Hg.), *Gesellschaftliche Perspektiven der Sozialarbeit*, Berlin 1973, S. 21-43, Wiederabdruck in: Luhmann, *Soziologische Aufklärung* 2, S. 134-149. Zu den moralischen Problemen der Identitätszumutung im unerbetenen Schenken vgl. ferner Barry Schwartz, »The Social Psychology of the Gift«, *American Journal of Sociology* 73 (1967), S. 1-11.

sich nach je eigenen Gesichtspunkten strukturieren. Dann wird, wie man oft formuliert hat, für das Gesellschaftssystem eine generalisierte Moral erforderlich.[293] Nach unserem theoretischen Modell müßte ein doppelter Anstoß zu Generalisierungen zu erwarten sein, und das ermöglicht eine schichtenmäßige Differenzierung auch des Moralcodes der Gesellschaft:

Einerseits muß Ego in Betracht ziehen, daß Alter in einem komplexen Netz von Interaktionen steht, die für Ego nur teilweise zugänglich sind. Alter braucht daher eine Identität, die er mitnehmen kann, wenn er mit anderen interagiert. Denn seine anderen Partner werden ihn fragen, wie er sich Ego gegenüber verhalten hat. Anders formuliert: Alter ist in der Formulierung seines Verhaltensprinzips durch eine Mehr-

293 Einen Überblick über die vieldiskutierten Implikationen und Konsequenzen eines nicht mehr durch Interaktionsmöglichkeiten gedeckten Gesellschaftssystems vermittelt Clyde Kluckhohn, »The Moral Order in the Expanding Society«, in: Carl H. Kraeling, Robert M. Adams (Hg.), *City Invincible*, Chicago 1960, S. 391-404. Als typische Äußerungen zum allgemeinen soziologischen Bedingungszusammenhang von Differenzierung und Generalisierung vgl. ferner Talcott Parsons, »Durkheim's Contribution to the Theory of Integration of Social Systems«, in: Kurt H. Wolff (Hg.), *Emile Durkheim 1858-1917*, Columbus 1960, S. 118-153; ders., »Some Considerations on the Theory of Social Change«, *Rural Sociology* 26 (1961), S. 219-239; Shmuel N. Eisenstadt, »Social Change, Differentiation and Evolution«, *American Sociological Review* 29 (1964), S. 375-386. Inzwischen mehren sich allerdings die Stimmen, die vor einer Überschätzung der faktischen Vereinheitlichung und Relevanz solcher Generalisierungen warnen. Vgl. z.B. Barbara E. Ward, »Varieties of the Conscious Model: The Fishermen of South China«, in: Michael Banton (Hg.), *The Relevance of Models for Social Anthropology*, London 1965, S. 113-137, oder (im Sinne von »Herrschaftskritik«) Stanley Diamond, »The Rule of Law Versus the Order of Custom«, in: Robert P. Wolff (Hg.), *The Rule of Law*, New York 1971, S. 115-144; ferner manche Beiträge in Reinhard Bendix (Hg.), *State and Society*, Boston 1968.

heit von Bezugsgruppen getragen, die ihm möglicherweise verschiedenartiges Verhalten abverlangen oder ihm gar verschiedenartige Achtungsbedingungen oktroyieren. Und obwohl Alter stets nur sektoral engagiert wird, kann er psychisch nicht völlig zerlegt werden, und auch die sozialen Relevanzen überschneiden sich, denn in Interaktionssystemen kann das frühere bzw. spätere Verhalten der Anwesenden Abwesenden gegenüber abgefragt, thematisiert und in Pflicht genommen werden. Diese Gesamtstruktur limitiert die Möglichkeiten, Ego/Alter-Integrationen und Achtungsbedingungen interaktionsspezifisch zu handhaben. Ego muß das berücksichtigen, wenn er die Identitätsformel Alters moralisch qualifizieren und Achtungserweise von ihr abhängig machen will. Das aber heißt: Ego muß Partner Alters in Betracht ziehen, die für ihn möglicherweise nie Interaktionspartner werden können, die er nicht kennt und nicht einschätzen kann.

Andererseits findet Ego sich selbst in der gleichen Situation. Er muß die Art, wie er Alter achtet oder mißachtet, in Situationen vertreten können, in denen Alter abwesend ist. Er kann sich nicht in die Perspektive eines bestimmten Alters einschleichen, wenn andere ihm das verübeln, kann nicht Liebe und Konsens suchen, wo Führung und Härte von ihm verlangt wird. Beide Seiten sind nicht mehr frei, sich der selbstselektiven Geschichte ihres jeweiligen Interaktionssystems einfach hinzugeben, sondern müssen auf je verschiedene Abwesende Rücksicht nehmen, und sie *wissen das voneinander*.

Für die damit sich anbahnende Problemlage gibt es eine Mehrzahl recht verschiedenartiger Lösungen. Eine von ihnen liegt in der Sklaverei, mit der das Problem moralisch qualifizierbarer Achtung institutionell wegfingiert wird. (Man kann darin natürlich auch eine Extremform abstrakter moralischer Generalisierung sehen, und die Übergänge zur Sklaverei sind ja auch unscharf.) Eine andere Lösung bietet eine Freigabe der Pflege idiosynkratischer Achtungsinteressen in Zweierbeziehungen, wie sie in archaischen Gesellschaften mehr oder weniger verpönt waren,[294] eine Lizenz zur moralisch folgenlosen *folie à deux*, die später zu einem Sondercode für passionierte Liebe und Ehegründung aufgewertet wird.[295] Die größte Breiten- und Dauerwirkung erreicht jedoch ein dritter Ausweg: die Generalisierung und binare Codierung moralischer Gesichtspunkte vor allem durch neuartige Synthesen von Moral und Religion.[296]

Wenn beide Seiten einer Interaktionsbeziehung in der Definition ihrer Achtungsansprüche und Achtungsbereitschaften von (je verschiedenen) Abwesenden abhängen, deren simultane Präsenz nicht mehr herstellbar ist, liegt es nahe, dieses Prinzip der Abwesenheit zu generalisieren. Der »generalized other« ist und bleibt abwesend. Er kann daher auch nur relativ unspezifisch binden. Das impliziert neue Formen der Freiheit und der Bindung ihm gegenüber. Seine Moral läßt sich binär codieren mit der Folge, daß Verstöße gegen Achtungsbedingungen als »abweichendes Verhalten« klassifiziert und behandelt werden können.[297] Sie wird in den

294 Vgl. Shmuel N. Eisenstadt, »Ritualized Personal Relations«, *Man* 96 (1956), S. 90-95; Kenelm O.L. Burridge, »Friendship in Tangu«, *Oceania* 27 (1957), S. 177-189.

295 Dazu näher im Zusammenhang mit einer Theorie voll entwickelter Kommunikationsmedien unten, Teil 3, Kap. II.2.

296 Dies ist übrigens ein wichtiges Beispiel dafür, daß auch *Entdifferenzierungen*, nämlich Verschmelzungen früher getrennter Funktionsbereiche, wichtige Funktionen in der gesellschaftlichen Evolution erfüllen, wenn sie auf einer höheren Ebene der Systemintegration neue Problemlösungsmittel aktivieren.

297 Wie stark selbst die »akademische Soziologie« mit ihrem Devianzbegriff diese Auffassung noch teilt, zeigt Alvin W. Gouldner, *The Coming Crisis of Western Sociology*, London 1971, S. 425ff.

Sozialbeziehungen der täglichen Interaktion nur noch erfüllt oder nicht erfüllt, man kann sie nicht spontan variieren. Man ist in der Formulierung und Kommunikation von Achtungsinteressen abhängiger und unabhängiger zugleich.

Mit Zunahme der Größe und Komplexität des gesellschaftlich erreichbaren Handelns treten demnach die auf Interaktion unter Anwesenden gegründeten Formen der moralischen Kommunikation und sozialen Kontrolle zurück. Sie lassen jetzt Raum für Schichtungsdifferenzen, für politisch-administrative Rollenkomplexe und für Recht, für Sinngehalte also, die nun ihrerseits moralisiert werden müssen. Die Moralvorstellungen werden generalisiert und vertextet. Neben die »kleinen Traditionen« der Volkskultur tritt dann die »große Tradition« der kanonisierten Moral. Diese erreicht gegenüber gesellschaftlichen Veränderungen eine gewisse Eigenständigkeit, die auf internen Nichtbeliebigkeiten beruht. Zu den Problemen, die gelöst werden müssen, gehört die sinnhafte Vermittlung von Differenzierung, Generalisierung und Respezifikation, die relationale Auflösung des Handelns durch Differenzierung von Intention und Verhalten, die Freistellung des moralischen Urteils von allzu direkter Abhängigkeit von Erfolg und Mißerfolg, die Interpretation von Kontingenz, die Differenzierung kanonisierter und exegetischer Texte als Mechanismus der Verbindung von Konstanz und Elastizität, die Schulenbildung im Rahmen eines gemeinsamen Lehrgebäudes – und all dies in die Gesellschaft integrierenden und doch interaktionell ausspielbaren, achtungsbezogenen Begriffen. Ein Vorstellungssyndrom, das dies leistet, ist nicht in beliebiger Form möglich und gewinnt, wenn aufgebaut, eben dadurch jene Autonomie, Unnachgiebigkeit und Eigengeschichtlichkeit, die nicht auf jede Veränderung in anderen Funktionsbereichen der Gesellschaft reagiert.

Die »große Tradition« der kanonisierten Moral erleichtert, externalisiert sozusagen die Kommunikation über Achtung und Moral, erweitert damit aber auch die Konfliktsmöglichkeiten einer solchen Kommunikation. Moralisierte Themen können sich jetzt gegenüber dem Interaktionssystem, seiner Geschichte, seiner jeweiligen Lage verselbständigen. Sie werden nicht mehr nur benutzt, wenn es akut darum geht, die eigene Perspektive in die Ego/Alter-Formel des anderen einzuklinken, sondern ihre Benutzung hat zur Folge, daß ein solches Problem erst entsteht und den Fluß der Interaktion stört. Moral wird selbstprovokativ: Jemand nennt seinen eigenen Vorschlag »demokratisch« oder den eines anderen »undemokratisch« – und schon ist die Situation moralisch polarisiert, ohne daß dies vom Hauptthema her erforderlich wäre.

Andererseits nehmen im gleichen Zuge auch die Möglichkeiten des Ausweichens vor solchen Konflikten zu. So bieten sich in einer stärker differenzierten Gesellschaft mehr und verschiedenartigere Möglichkeiten der Partner-, Interaktions- und Rollenwahl. Motivationsprobleme können dann zusätzlich auch durch Rekrutierung recht motivierter Partner gelöst werden und nicht nur durch interaktionell forcierten Mißachtungsdruck. Es ergeben sich neuartige Chancen für bewußte Selbstthematisierung, biographische (also nicht nur organische!) Individualisierung und Systematisierung der Einzelpersönlichkeit[298] und damit wiederum neuartige Bedingungen für die Weiterentwicklung einer damit kompa-

298 So z. B. Durkheim, *De la division du travail social*, S. 336ff., 398ff.; Hans Gerth, C. Wright Mills, *Character and Social Structure: The Psychology of Social Institutions*, New York 1953, S. 100ff.; Talcott Parsons, »The Position of Identity in the General Theory of Action«, in: Chad Gordon, Kenneth J. Gergen (Hg.), *The Self in Social Interaction*, Bd. I, New York u. a. 1968, S. 11-23. Vgl. auch Dorothy Lee, »Notes on the Conception of Self among the Wintu Indians«, *Explorations* 3 (1954), S. 49-58.

tiblen, internalisationsfähigen Kultur und Moral – etwa für den Komplex »Scham und Schuld«. Die Generalisierung der Moral gleitet also nicht über die Köpfe der Beteiligten hinweg. Sie bezieht sich gerade auf deren Individualität in einer Weise, die den Bezug auf andere Individuen mit der Doppelmöglichkeit des Guten und Bösen zum Angelpunkt des individuellen Schicksals werden läßt.

Trotz dieses Bezugs auf Individuen und individuelles Handeln behalten generalisierte moralische Symbole diejenigen Eigenschaften bei, auf denen ihre Funktion im Kommunikationsprozeß beruht. Sie dienen als Kürzel für Ego/Alter-Integration und als Substitut für soziale Exploration. Die Tugendlisten und die Grundbegriffe einer theoretisch aufbereiteten Moral moralisieren durch Implikation und Unterstellung. Ist zum Beispiel von Vernunft die Rede, so wird vorausgesetzt, daß man vernünftig und nicht unvernünftig sein sollte; aber diese Voraussetzung selbst wird nicht zum Thema gemacht. Die Struktur komplexer Sätze bietet reichlich Möglichkeiten, in Beiworten oder Nebensinnen Moralität unterzubringen, ohne dies mittels der Satzaussage selbst zu beleuchten. Dieser implikative Gehalt wird als Basis der Moral benutzt und mitgeneralisiert. Insofern dient die Moraltheorie zugleich als eine Art Sperre gegen die Analyse der Intersubjektivität und der doppelten Kontingenz sozialer Beziehungen.

Man kann vermuten, daß genau an diesem Punkte Grenzen der Plausibilität und der Institutionalisierbarkeit überschritten werden, wenn die Gesellschaft mit Hilfe von Organisation globale Dimensionen erreicht. Dann wird das, was als Konsens der Abwesenden unterstellbar ist, trivial und außerdem als Unterstellung manipulierbar. Eine wachsende Personalisierung und Pluralisierung nicht nur der moralischen Bewertungen, sondern auch der Standards für Moral läßt sich beobachten – zumindest in industrialisierten Regionen, die den Ausdruck moralischer Überzeugungen nicht beschränken.[299] Ebenso deutlich nehmen innerhalb der Moraltheorien die »besserwisserischen« Komponenten zu, man denke an Nietzsche, und ebenso die Tendenzen, gerade das Abweichen als Abweichen zu moralisieren, um die binäre Struktur des moralischen Codes in Frage zu stellen. Eine solche Entwicklung dürfte die unbefangene Kommunikation moralischer Überzeugungen erschweren. Moral ist und bleibt jedoch auf laufende Kommunikation der Bedingungen wechselseitiger Achtung angewiesen; sie kann nicht einfach als Wert internalisiert oder durch Sozialisationsprozesse sichergestellt werden. Die damit entstehende Situation ist noch nicht zu überblicken. Einige Anzeichen sprechen für mehrstufige Problemlösungen im Sinne von hochdivergenten Gruppenmoralen, die durch Trivialkonsens und organisierte Entscheidungsprozesse integriert werden.

4. Soziale Bewegungen

Die drei bisher erörterten Thesen, (1) einer evolutionär zunehmenden Differenzierung der Systembildungsebenen Gesellschaft, Organisation und Interaktion, (2) einer Steigerung von Konfliktspotentialen über Ablehnungsmöglichkeiten und (3) einer Generalisierung der Moral, geben uns Anhaltspunkte für eine Theorie sozialer Bewegungen oder, wie man auch sagt, kollektiven Verhaltens.[300] Der Begriff soziale Be-

299 Vgl. dazu Margaret J. Zube, »Changing Concepts of Morality 1948-69«, *Social Forces* 50 (1972), S. 385-393, auf Grund einer Inhaltsanalyse von Frauenzeitschriften in den USA.

300 Für einen Überblick über aktuelle Forschungen siehe Walter R. Heinz, Peter Schöber (Hg.), *Theorien kollektiven Verhaltens*, 2 Bde., Darmstadt, Neuwied 1973.

wegung soll hier auf kollektives Verhalten bezogen bleiben, weil er sonst seine Abgrenzbarkeit verliert. Als kollektives Verhalten bezeichnet man Massenaktionen, politische Demonstrationen, öffentliche Versammlungen, Umzüge mit einem faktisch nicht limitierten Zugang für Interessenten und Entwicklungstendenzen, die sich aus der Logik der Interaktion ergeben und den Beobachtern oft als »spontan« oder als »irrational« erscheinen. Von sozialen Bewegungen wollen wir nicht bei jedem Prozeß der Verbreitung und Diffusion von Meinungen oder Verhaltensweisen sprechen – nicht bei vegetarischer Ernährung, bei der Mode, Bluejeans zu tragen, oder bei zunehmender Publizität von Pornographie –, sondern nur dann, wenn die Bewegung mit Bewußtsein wenn nicht aller, so doch einiger Teilnehmer zu kollektivem Verhalten tendiert. Dadurch wird soziale Bewegung zum Begriff für intermittierendes kollektives Verhalten. Dieses mag gleichwohl spontan ablaufen oder als spontan inszeniert sein; es wird durch die Zusammenfassung zu einer sozialen Bewegung unter abstraktere Sinnbestimmungen gezwungen, an denen es seine Einheit, seine Fortsetzbarkeit in anderen Situationen, seine eigene Tradition wahrnehmen kann. Solche Themen müssen bestimmte Eigenschaften haben, durch die sie in kollektiven Interaktionen leben und diese stimulieren können; sie müssen heute vor allem über Massenmedien verbreitbar sein, so daß jedermann auch Unbekannten gegenüber die Bekanntheit des Themas und die Bekanntheit der Lage unterstellen kann und darüber gar nicht mehr kommuniziert werden braucht, so daß Situationen mit unterstelltem Konsens und mit dem »Ziehen der Konsequenzen« eröffnet werden können. Dies gilt beispielsweise für Streiks oder für politische Demonstrationen, in denen man »aus Anlaß von ...« eine bereits vorher bekannte Front aktualisiert.

Nicht zum kollektiven Verhalten und damit auch nicht

zum Bereich der sozialen Bewegungen rechnen wir organisatorisch voll durchprogrammierte Kollektivaktionen, selbst bei noch so massenhaftem Aufwand, etwa Sportfeste, Staatsparaden und dergleichen. In solchen Fällen ist die gesellschaftliche Relevanz der Interaktion durch Organisation gebrochen und vermittelt. Die Interaktion sucht nicht mehr als Interaktionssystem gesellschaftliche Relevanz, sondern nur noch als expressives Moment organisierter Prozesse, in denen nicht zuletzt gerade die Einheit von Organisation und Interaktion, das »Klappen« des planmäßigen Ablaufs, mit dargestellt wird. Die Erklärung solchen Geschehens muß in jedem Falle über die Erklärung leistungsfähiger Organisation erfolgen.

Soziale Bewegungen sind dagegen ein besonderer Systemtyp. Sie lassen sich charakterisieren als *Versuche, durch Interaktionssysteme vom Typ kollektiven Verhaltens etwas zu erreichen, was in der gegebenen Lage des Gesellschaftssystems durch Interaktion gar nicht mehr erreichbar ist*. Die Ausgangslage besteht in einer bereits beträchtlichen Divergenz von gesellschaftsstrukturell bedingten Problemen auf der einen Seite und Gestaltungsmöglichkeiten in Interaktionssystemen auf der anderen. Zum Beispiel mag ein System mit starker sozialer Schichtung zu extrem ungleicher Verteilung der Güter führen, ein System mit politisch fundierter Justiz zu überrechtlicher Despotie, ein System mit rational geführter Wirtschaft zur Verödung der Almen oder der Altstädte, ein System, das höhere Ausbildung ausgiebig belohnt und zugleich langwierig macht, zu einer beträchtlichen Altersverzögerung des Berufseintritts und der anerkannten persönlichen Selbständigkeit. Solche Probleme liegen nicht auf der Strukturebene von Interaktionssystemen und können auch durch Interaktion nicht gelöst werden. Gleichwohl können sie, situativ zugespitzt, kollektives Verhalten auslösen und damit Anlaß geben für das Entstehen sozialer Bewegungen wie Streikwellen, Meutereien, Häuserbesetzungen, Demonstrationen gegen Tariferhöhungen, Sturmlaufen gegen ein politisches Regime.

In ihrer eigenen Systematizität und Interaktionstypik sind solche Bewegungen unfähig, das sie auslösende Problem selbst zu lösen; sie können es nur für sich selbst und für andere sichtbar machen. Gerade diese strukturelle Verspätung, diese Unfähigkeit zur Problemlösung mag der Bewegung eine gewisse Dauer und Verstärkung sichern; gerade wenn sich nichts ändert, wenn sich nichts bessert, liegt es für sie nahe, die Interaktion, ihr einziges Mittel, zu intensivieren: mehr Teilnehmer anzuziehen und gewaltsamere Formen des Verhaltens zu suchen. Das Problem wird dann stärker handlungsbezogen definiert, es kommt zu einer externalen Zurechnung des eigenen Mißerfolgs auf mögliche Opfer kollektiver Aktion, es kann zu einer »Teleologisierung der Krise« kommen.[301] Die Differenz der Systembildungsebenen Gesellschaft und Interaktion setzt sich in Dynamik um.

Ist das Phänomen sozialer Bewegungen nach Entstehung und Dynamik durch Differenzierung der Systembildungsebenen bedingt, so verstärkt der Eindruck eines solchen Zusammenhangs sich noch, wenn man zwei flankierende

301 So am Beispiel der Wiedertäufer Otthein Rammstedt, *Sekte und soziale Bewegung: Soziologische Analyse der Täufer in Münster (1534/35)*, Köln, Opladen 1966, S. 48ff. Der von Rammstedt analysierte Fall ist auch deshalb besonders interessant, weil er zeigt, wie Endzeit-Erwartungen (hier: Chiliasmus) die Kluft zwischen Gesellschaftssystem und Interaktionssystem verringern: Für die nur noch kurze Weile irdischen Lebens konnte die Bewegung der Täufer ihre eigenen Interaktionsformen als die Gesellschaft selbst setzen. Auch säkularisierte soziale Bewegungen machen sich mit Vorstellungen Mut, die über Verkürzung der Zeithorizonte die Distanz zur Gesellschaft verringern – so mit Vorstellungen wie: die Zeit sei reif für eine Revolution, die Gesellschaft nähere sich unaufhaltsam einer Krise.

Bedingungen beachtet: Soziale Bewegungen werden einmal dadurch begünstigt, daß komplexer werdende Gesellschaften ihre Konfliktspotentiale steigern müssen. Wir setzen Konflikte dabei im Sinne des oben[302] definierten Begriffs als Interaktionsgeschehen voraus; eben darauf beruht ihre Bedeutung für die Auslösung kollektiven Verhaltens in sozialen Bewegungen.[303] Steigerung des Konfliktspotentials ist allerdings eine nur indirekt begünstigende Bedingung. Die Begünstigung besteht nicht darin, daß soziale Bewegungen als Form des Konfliktsverhaltens – zum Beispiel als »friedliche Demonstrationen« – zugelassen werden; sie besteht vielmehr darin, daß Konfliktsfähigkeiten in der Form von Ablehnungspotentialen gesteigert werden. Die soziale Bewegung richtet sich dann gegen die berechtigte Ablehnung ihrer Ziele: gegen »orthodoxe« Brandmarkung ihrer Vorstellungen als »Häresie« und »Fanatismus«,[304] gegen berechtigte Ablehnung von Lohnerhöhungen, gegen berechtigte Maßnahmen der Regierung, gegen berechtigte Zugangssperren durch Eigentümer usw. Ihr Bezugspunkt ist: daß die Konfliktsfähigkeit durch Negationspotentiale *auf der anderen Seite* erhöht worden ist. Sie muß deshalb eine gewisse Bagatellschwelle überfluten können, um dem berechtigten Nein in der Konfrontation standhalten zu können. Sie muß die Konfliktsfähigkeit der anderen Seite kompensieren können.

302 Siehe dazu Kap. II.9.

303 Häufig wird viel abstrakter auf objektive und empfundene Benachteiligungen, relative Deprivation, sozialen Abstieg und dergleichen abgestellt. Dies mögen Vorbedingungen für die Aussortierung derjenigen Konflikte sein, die kollektives Verhalten auslösen können.

304 Genau dies entspricht übrigens der Begriffsgeschichte von »fanatisch, Fanatismus«. Vgl. den entsprechenden Artikel von Robert Spaemann im *Historischen Wörterbuch der Philosophie*, Bd. 2, Basel, Stuttgart 1972, Sp. 904-908.

Das geschieht nicht selten durch Moral. Insofern kann auch die zweite Folge zunehmender Ebenendifferenzierung, die Generalisierung von Moralen, in den Dienst sozialer Bewegungen treten. Die Begriffe einer generalisierten Moral, etwa Postulate der Gleichheit und Gerechtigkeit, können immer gegen die Gesellschaft gewandt werden, die sie praktiziert. Als Moral sind sie außerdem in der Interaktion nicht zu bestreiten. Sie eignen sich mit alldem, die Distanz zwischen Gesellschaft und Interaktion verkürzt zu reproduzieren und zu begründen, warum man sich in der Gesellschaft gegen sie wenden muß. Dieses Erfordernis eines »system of generalized beliefs« wird in der einschlägigen Literatur vielfach betont;[305] aber man muß es zunächst auf der Ebene sozialer Kommunikation ansiedeln; wieweit dem psychische Realitäten des Überzeugtseins entsprechen, ist eine ganz andere Frage.

Mit alldem sind nur einige Rahmenbedingungen der, um mit Smelser[306] zu formulieren, »structural conduciveness« genannt, die zu sozialen Bewegungen führen kann. Wir brechen damit ab, denn unser Interesse geht nur dahin, die Anschließbarkeit einer Spezialtheorie sozialer Bewegungen aufzuweisen. Im einzelnen hätte eine solche Theorie noch weitere Vorbedingungen auf der Ebene des Interaktionssystems zu benennen (etwa: Gelegenheit zu hinreichend offenen Zusammenkünften; Zeitverhältnisse, wie sie für Interaktion typisch sind, nämlich Zwang zu Kontinuität und Tempo; thematische Fokussierung mit Aufmerksamkeitskonzentration und entsprechendem Rückstau von Aktivitäten, die für Führungsdispositionen oder Signale dann verfügbar wer-

305 Mit dieser Formulierung zum Beispiel bei Joseph R. Gusfield, »Social Movements: The Study«, *International Encyclopedia of the Social Sciences*, New York 1968, Bd. 14, S. 445-452 (446).

306 Siehe Neil J. Smelser, *Theory of Collective Behavior*, London 1962, S. 15, 383f.

den; hinreichende Rollentrennung bzw. Rekrutierung aus Teilnehmern, denen wenig andere Rollen zur Verfügung stehen). Und selbst mit solchen Zusatzbedingungen hätte man noch keine erklärungskräftige Theorie in der Hand, aber immerhin ein hinreichend durchstrukturiertes Konzept, so daß man die Frage anschließen könnte, welches die Variablen für historische Ereignisse sind, die unter solchen Bedingungen diskriminieren.

5. Interdependenzen und Übergänge

Gesellschaft, Organisation und Interaktion unterscheiden sich durch die nach dem Systembildungsprinzip mögliche Komplexität. Die Vermittlung von einer Ebene zur anderen wird dadurch ermöglicht, daß in Systemen des jeweils komplexeren Typs Teilsysteme von geringerer Komplexität gebildet werden. Die Organisationsfähigkeit der Gesellschaft hängt mithin ab von der Möglichkeit, Gesellschaft in Teilsystemen zu differenzieren. Ohne Differenzierung der Gesellschaft in Teilsysteme von geringerer Komplexität, etwa Systeme für Wirtschaft oder für Politik, für Erziehung oder für Kriegführung, gäbe es keine Eigenständigkeit von Organisationen. Ebenso hängt auch die relative Distanzierung von Organisationsebene und Interaktionsebene davon ab, daß Organisationssysteme Teilsysteme ausdifferenzieren – etwa in der Form von Behörden, Abteilungen, Referaten, Industriewerken und Werksabteilungen, Schulen, lokalen Büros usw. Nur mittels einer Technik der Systemdifferenzierung kann die Komplexitätsdifferenz zwischen Gesellschaft und Organisationssystemen und Interaktionssystemen so gesteigert werden, daß die drei Ebenen in ihrer spezifischen Eigenart ausgeprägt werden und doch zueinander vermittelt werden können. Durch Teilsystembildung auf der Ebene der Gesellschaft kann eine sehr komplexe Gesellschaft aufgebaut und können zugleich in den Teilsystemen Bedingungen höherer Affinität für Organisation geschaffen werden. Dasselbe gilt für das Verhältnis von Organisation und Interaktion.

Diese Einsicht ist nur zu gewinnen, wenn man zwischen *Ebenendifferenzierung* und *Systemdifferenzierung* sorgfältig unterscheidet. Während es bei der Ebenendifferenzierung um die Entwicklung und simultane Verwendung verschiedenartiger Prinzipien der Systembildung in der Gesellschaft geht, betrifft Systemdifferenzierung die Ausdifferenzierung von Teilsystemen innerhalb einzelner Systeme. Wir werden auf die Theorie der Systemdifferenzierung für den Sonderfall der Gesellschaft in Teil 4 ausführlicher zurückkommen. Hier sei zunächst nur gesagt, daß es sich um die Wiederholung des Systembildungsvorganges innerhalb von Systemen handelt, also um Reflexivität der Systembildung im Sinne von Anwendung auf sich selbst. Durch Ausdifferenzierung von Teilsystemen werden innerhalb von Systemen wiederum Diskontinuitäten geschaffen im Sinne von Differenzen zwischen System und Umwelt. Die Vorteile der Systembildung werden in verkleinertem Format nochmals gewonnen. Durch diesen Prozeß der Reduktion von Komplexität können die Voraussetzungen für den Übergang zu einem andersartigen Systembildungsprinzip geschaffen werden, also die Voraussetzungen für Organisation innerhalb der Gesellschaft und die Voraussetzung für Interaktion innerhalb von Organisationen bzw. innerhalb der Gesellschaft.

Weil diese Annäherung auf erneuter Differenzierung zwischen System und Umwelt beruht, hat sie einen Doppelaspekt: Sie schafft einerseits Problemstellungen kleineren Formats, die in Teilsystemen bzw. Teilsystemen von Teilsystemen schließlich den Sprung zu einem anderen Prinzip der Systembildung ermöglichen. Sie schafft andererseits Voraussetzungen dafür in der Form einer schon domestizierten, geordneten, in relevanten Hinsichten voraussehbaren systeminternen Umwelt der Teilsysteme – etwa in der Form funktionsfähiger Märkte oder in der Form von zur Kooperation verpflichteten anderen Abteilungen des gleichen Organisationssystems. Beides zusammen macht jene Simultaneität heterogen gebildeter Systeme im gleichen Handlungsfeld faktisch möglich – wenngleich nicht ohne Spannungen, Dysfunktionen und wechselseitige Abstriche an dem, was rein gesellschaftlich, rein organisatorisch, rein interaktionell an sich möglich wäre.

Einige Beispiele aus dem Bereich *gesellschaftlicher Differenzierung* sollen dazu beitragen, diesen abstrakt formulierten Gedankengang zu erläutern. Das gegenwärtige Gesellschaftssystem ist so komplex und ist unter so abstrakten Gesichtspunkten differenziert,[307] daß keiner der zentralen gesellschaftlichen Funktionsbereiche als Einheit organisationsfähig ist. Aus im einzelnen sehr verschiedenen Gründen ist keines der primären gesellschaftlichen Teilsysteme als Organisation konstituiert. Erst durch nochmalige Differenzierung innerhalb funktionsspezifischer gesellschaftlicher Teilsysteme kommt man zu organisationsfähigen Größenordnungen. Am deutlichsten ist das am Falle der Wirtschaft zu erkennen. Die Ausdifferenzierung eines hinreichend großräumigen Wirtschaftssystems mit Distanzierung von primär religiösen, politischen oder familiären Interessen ist eine wichtige, allein aber nicht ausreichende Voraussetzung für den Aufbau von spezifisch ökonomischen Organisationen. Sie ermöglicht zum Beispiel eine hinreichende Mobilisierung von Ressourcen für Verwendung nach Maßgabe ökonomischer

307 Dazu näher unten, Teil 4, Kap. III.

Kalkulation und eine hinreichende Mobilität der Arbeitskräfte, wie der Motivationsmechanismus von Organisationen sie voraussetzt. Hinzu kommt die interne Differenzierung des Wirtschaftssystems unter den Gesichtspunkten von Produktion, Markt und Konsum, die gewährleistet, daß hinreichend spezifizierbare Produktionsaufgaben in organisationsfähigen Größenordnungen gestellt werden können und zugleich eine systeminterne Umwelt voraussetzen können, deren Kontingenz so weit vorstrukturiert ist, daß rationale Organisations- und Entscheidungstechniken angesetzt werden können.

Ähnlich ist es im Falle von Politik. Unter dem Gesichtspunkt von Politik ist das ehemals die Gesellschaft definierende Moment der Sicherung kollektiver Handlungsfähigkeit und der Herstellung bindender Entscheidungen ausdifferenziert und einem Teilsystem der Gesellschaft übertragen worden. Dabei wurde unter »government« bzw. unter »Staat« der Versuch verstanden, dieses Teilsystem als Einheit zu organisieren. Wie wir schon für den Fall des Religionssystems und der Kirche notiert hatten,[308] wird der Versuch, schon auf der ersten Stufe gesellschaftlicher Primärdifferenzierung Organisationen zu bilden, in dem Maße problematisch, als die Gesellschaft komplexer wird und durch stärkeres Auseinanderziehen von Ebenen der Systembildung an Leistungsfähigkeit gewinnen könnte. Wie die Kirche ist auch der Staat als Organisationseinheit mit Anspruch auf ein gesamtgesellschaftliches Funktionsmonopol unglaubwürdig geworden. Faktisch hat sich demgegenüber eine Innendifferenzierung des politischen Systems in Politik und Verwaltung durchgesetzt,[309] die im Bereich der Politik den Parteien und

308 Vgl. oben, S. 210, Anm. 260.

309 Hierzu näher Luhmann, »Politische Planung«, insb. S. 66ff., und ders., »Opportunismus und Programmatik in der öffentlichen Verwaltung«, in: ders., *Politische Planung*, S. 165-180 (165ff.).

Interessenorganisationen, im Bereich der Verwaltung den Staats- und Kommunalorganen je unterschiedliche Organisationsmöglichkeiten gibt. Politik und Verwaltung bleiben komplementär aufeinander verwiesen und intensiv voneinander abhängig; ihre Leistungsfähigkeit beruht aber gerade darauf, daß sie nicht durch ein einheitliches Organisationssystem koordiniert werden. Eine Organisationsbildung, die die für sie typischen Chancen der Rationalisierung und Detailregulierung des Verhaltens ausnutzt, ist bei einem hohen gesellschaftlichen Anspruchsniveau in bezug auf Politik erst in einer dritten Stufe gesellschaftlicher Differenzierung möglich.

Ausreichende Eigenkomplexität und, damit zusammenhängend, die Möglichkeit, ihre spezifische Funktion als gesamtgesellschaftliche zu erfüllen, gewinnen die Teilsysteme für Wirtschaft und für Politik (und das gleiche könnte man für den Fall der Wissenschaft und der Religion ausführen) nur durch eigene weitere Differenzierung und nur dadurch, daß sie auf organisatorische Vereinheitlichung zur Koordination ihrer Teilsysteme verzichten. Sie müßten nämlich andernfalls Mitgliedschaften konditionieren und regulieren und entsprechend Mitglieder nicht aufnehmen bzw. abstoßen können – eine Art der Kontingenzregulierung, die in einem Gesellschaftssystem, das im Prinzip keine Nichtmitglieder mehr kennt, mit einem Anspruch auf ein gesamtgesellschaftliches Funktionsmonopol nicht zu vereinbaren ist.[310]

310 Hier liegen im übrigen wichtige Gründe, neben einem an sich vorherrschenden Schema *funktionaler* Differenzierung der Gesellschaft zugleich eine *segmentäre* Differenzierung beizubehalten – so eine Mehrheit gleicher Territorialstaaten als politischer Systeme oder eine Mehrheit unterschiedlicher, aber funktional äquivalenter Religionen der Weltgesellschaft. Die einfache Segmentierung spezifischer Funktionen ermöglicht noch eine Differenzierung von Mitgliedern und Nichtmit-

Wir können dieses Problem schärfer beleuchten, wenn wir die formale Unterscheidung mehrerer Stufen der Differenzierung des Gesellschaftssystems durch eine inhaltliche ergänzen. Wir hatten oben die Gesellschaft als eine selbstsubstitutive Ordnung charakterisiert, und diese Charakterisierung muß auch auf die notwendigen gesellschaftlichen Funktionen ausgedehnt werden. Recht zum Beispiel kann nur durch anderes Recht ersetzt werden – nicht durch besseres Wirtschaften, bessere Erziehung, bessere Politik. Es liegt nahe, einen gleichsam natürlichen Übergang von der Gesellschaftsebene zur Organisationsebene dort anzunehmen, wo die Einheit der Funktionserfüllung durch ein selbstsubstitutives Subsystem aufhört und daher auch der Anschlußzwang bei Veränderungen aufhört. Selbstverständlich kann auch das Amtsgericht in X oder die Schule in Y nicht ersatzlos aufgehoben werden, selbstverständlich können bei einem bestimmten Stande technischer und ökonomischer Entwicklung Glühbirnenfabriken nur durch Glühbirnenfabriken ersetzt werden. Der Anschlußzwang ist hier aber kein automatischer mehr, und er beruht nicht auf dem Organisationssystem selbst; es wird nicht notwendig durch sich selbst ersetzt.

Organisationssysteme, die gleichwohl – etwa unter dem Anspruch, der Staat zu sein oder die Kirche zu sein – dazu tendieren, gesamtgesellschaftliche Funktionen zu monopolisieren und eine selbstsubstitutive Ordnung im Rahmen von Organisation zu errichten, geraten deshalb in einer Gesellschaftsordnung mit starker Ebenendifferenzierung in kennzeichnende Schwierigkeiten. Sie sehen sich nicht nur Motivations-, sondern auch Legitimationsproblemen gegen-

gliedern – allerdings nur in einer altertümlichen Weise mit so geringer Mobilität, daß sie als Motivationsmechanismus der Organisation nicht effektiv genutzt werden kann.

über. Sie können den Motivationsmechanismus der Organisation nicht ausnutzen, weil sie nicht über Mitgliedschaften disponieren können, und sie können den Anforderungen einer selbstsubstitutiven Ordnung nicht genügen, weil sie in einer rapide sich ändernden Gesellschaft sich nicht rasch genug anpassen können. Damit soll nicht behauptet werden, daß die gesellschaftliche Entwicklung ein Ende dessen erzwingt, was man sich unter Staat und Kirche vorgestellt hatte. Aber die Krise dieser Organisationsformen ist eines der Symptome dafür, daß die Ebene der Gesellschaftsbildung und die Ebene der Organisationsbildung weiter auseinanderliegen als je zuvor.

Selbstverständlich gibt es neben den weitläufigen, durch Differenzierung des Gesellschaftssystems und Differenzierung von Organisationssystemen vermittelten Beziehungen zwischen Globalgesellschaft und Interaktion nach wie vor auch direktere Zusammenhänge, so besonders im Bereich des Familienlebens und persönlicher Freundschaftsverhältnisse, in Überresten einer schichtspezifischen Geselligkeit und in den flüchtigen und doch erwartungssicher regulierten unpersönlichen Kontakten des öffentlichen Verkehrs. Hier beruht die Simultaneität von Gesellschaft und Interaktion nicht auf Zwischensystemen, sondern vornehmlich auf *Regeln der Irrelevanz*, nämlich des Ausschaltens gesellschaftlicher Bezüge aus der Interaktion. Dies kann auf doppelte Weise erreicht werden: durch Personalisierung der Interaktion im Sinne einer vertieften, individuell-persönlichen Bindung der Beteiligten ungeachtet Herkommen, Vermögen, Konfession usw.; oder gerade gegenteilig durch vollständige Unpersönlichkeit der Beziehung, die es gleichgültig werden läßt, wer der andere über seine momentane Interaktionsbereitschaft hinaus ist. Beide Lösungen sind, obwohl konträr gebildet, funktional äquivalent. Sie setzen beide Freiheit der Rekrutierung zur

Interaktion, das heißt gesellschaftsstrukturelle Zufälligkeit der Kontakte, voraus. Die Erfüllung dieser Voraussetzungen von Irrelevanzregeln setzt ihrerseits wiederum voraus, daß zentrale gesellschaftliche Funktionsbereiche durch Systemdifferenzierung und Organisation versorgt sind.

Damit ist zugleich die heutige Problematik des Postulats der Partizipation scharf beleuchtet. Partizipation soll eine für jedermann zugängliche und gesellschaftlich *relevante* Interaktion sein. Wenn aber Regeln der gesellschaftlichen Irrelevanz notwendig sind, um unvermittelte gesellschaftliche Interaktion zu ermöglichen, zielt das Postulat der Partizipation auf die Negation der Bedingungen seiner Möglichkeit. Nicht zufällig assoziiert es dann die Zielvorstellung der Emanzipation und den Trägerbegriff des Subjekts und die formulierte Absicht einer Kritik der Gesellschaft. Ein solches Programm scheint geradezu darauf angelegt zu sein, seine Effekte unabsichtlich in die Welt zu setzen. Und es muß diese Unverantwortlichkeit wollen, wenn es sich selbst reflektiert.

6. Systemtheoretische Folgerungen

Stellt man Voraussetzungen, Implikationen und Ergebnisse der vorangegangenen Überlegungen zusammen, dann ergeben sich einige Fragen an das systemtheoretische Instrumentarium, mit dem wir im folgenden arbeiten wollen. Wir haben zumindest skizzenhaft zu zeigen versucht, daß die Komplexität der heutigen Gesellschaft nicht nur aus der bloßen Zahl, Verschiedenartigkeit und Interdependenz ihrer Teilsysteme resultiert, sondern zusätzlich durch die gleichzeitige Verwendung verschiedenartiger Prinzipien der Systembildung erreicht und erhalten wird. Je weiter diese Ebenen auseinandergezogen werden, desto weniger limitieren die auf ihnen gebildeten Systemtypen sich wechselseitig und desto komplexer kann die Gesellschaft werden, weil sie ihr Potential zu unterschiedlicher Systembildung besser ausschöpfen kann. Die Ebenendifferenzierung selbst ist aber wiederum ein gesellschaftliches Phänomen, ein Produkt gesellschaftlicher Evolution, also gar nicht unabhängig von sich selbst denkbar. Der Prozeß der gesellschaftlichen Evolution ist demnach ein Prozeß der Selbsterzeugung von Komplexität – das kann man sagen, ohne damit viel begriffen zu haben.

Eine alte Frage stellt sich jetzt komplizierter. Die alteuropäische Gesellschaftslehre hatte sich bereits in das Problem verstrickt, wie ein System (eine *koinonía, communitas, societas*) unter anderen, nämlich die politische *societas civilis*, zugleich das umfassende und autarke sein könne. Sie hatte dieses Problem durch Hinweis auf die Vorteilhaftigkeit des Gutes, das mit politisch integrierter Lebensführung erreichbar sei, zu lösen versucht und darauf die Existenz und Legitimation hierarchischer Herrschaft gegründet.[311] Dem lag eine Steigerungslogik der Perfektion zugrunde, die im *ens perfectissimum* als einer nicht mehr steigerbaren Perfektion abschloß. Damit war gesagt, daß der vornehmste, beste, perfekteste Teil des Ganzen das Ganze sei. Das Ganze mußte so als eine Menge erscheinen, die sich selbst qua Perfektion als Teil enthielt. Man kann diese Logik kritisieren und nach Typendifferenzierung oder Metaebenen verlangen. Man kann die Ideologie analysieren, die die Herrschaft der *maiores partes* gestützt hat. Beides zu Recht, aber wie reagiert die Gesellschaftstheorie auf den ohnehin evidenten Zusammenbruch dieser Logik der Perfektion?

311 Vgl. die Einleitungssätze der Politik des Aristoteles, hinführend auf »diejenige Gemeinschaft, welche die herrlichste (*kyriotate*) von allen ist und (!) alle anderen in sich enthält: die Stadt genannte politische Gemeinschaft« (1252 a 5-7).

Wenn die Logik der Perfektion zusammengebrochen ist und nicht erneuert werden kann, läßt die Gesellschaftstheorie sich nicht länger auf die Voraussetzung des Primats eines Teilsystems gründen und als Theorie der politischen (zivilen) oder als Theorie der wirtschaftlichen (bürgerlichen) Gesellschaft ausformulieren. Weder Frieden und Gerechtigkeit noch wirtschaftlicher Fortschritt sind als Teilsystemziele ohne weiteres die Perfektion der Gesellschaft. Man muß die Bedingungen der Kompossibilität der Erfüllung aller Funktionen in Betracht ziehen. Das besondere »Kolorit« der Gesellschaftstheorie kann demnach nicht aus den Eigentümlichkeiten eines ihrer Teilsysteme gewonnen werden, weder aus den spezifischen Abstraktionschancen noch aus den Konkretisierungen, die sich aus solchen Blickbegrenzungen ergeben. Deshalb versuchen wir, mit einer Unterscheidung von Ebenen der Systembildung einen abstrakteren theoretischen Ausgangspunkt zu gewinnen. Zugleich kann damit verdeutlicht werden, daß die Gesellschaft als das umfassende Sozialsystem zwar in besonderer, einzigartiger Weise gebildet wird, daß sie aber deswegen nicht als das herrlichste Sozialsystem angesehen werden kann noch einen angebbaren Wertvorrang vor anderen Sozialsystemen genießt, vielmehr auch alle mögliche Schlechtigkeit – vor allem alle Disjunktionen von gut/böse, rechtmäßig/rechtswidrig, wahr/unwahr, schön/häßlich – selbst konstituiert.

Erst relativ auf einzelne ebenenspezifisch gebildete Sozialsysteme kann sinnvoll von Systemdifferenzierung gesprochen werden. Dies ist eine erste Relativierung des klassischen Denkschemas vom Ganzen und seinen Teilen. Zwei weitere kommen hinzu: eine Relativierung im Hinblick auf die Differenz von System und Umwelt und eine Relativierung im Hinblick auf die Differenz von Möglichkeit und Wirklichkeit.

Nicht nur Einzelteile des Systems erfüllen spezifische

Funktionen, sondern auch die Differenzierung als solche hat eine erkennbare Funktion für die Erhaltung und Entwicklung eines Systems in einer übermäßig komplexen Umwelt. Je höher die innere Differenzierung und damit die Eigenkomplexität des Systems, desto komplexer kann die Umwelt sein, auf die ein System sich einstellen kann. Dies ist heute Gemeingut sehr verschiedener Varianten von Systemtheorie.[312] Die Differenzierung des Ganzen in Teile wird mithin im Hinblick auf eine Funktion als Variable gesehen. Weniger beachtet wird, daß in sinnkonstituierenden Systemen, also namentlich in Gesellschaftssystemen, mit einer Differenzierung von Kommunikationsebenen des Wirklichen und des bloß Möglichen zusätzliche Komplikationen auftreten. Für Wirkliches gilt, daß ein Teil, der im Ganzen enthalten ist, immer weniger ist als das Ganze, denn es gibt noch andere Teile neben ihm. Darüber ist die Logik gestolpert beim Problem der Menge, von der gilt, daß sie sich selbst als Teil enthält. Meint man dagegen nicht Wirkliches, sondern Mögliches (ungeachtet der Frage, ob es auch wirklich ist oder nicht), kann dieses Verhältnis sich umkehren. Die Möglichkeiten eines Teiles können, wenn man von seinen konkreten Existenzbedingungen im System abstrahiert, reicher sein als die Möglichkeiten des Ganzen. Was alles wäre zum Beispiel pädagogisch möglich, müßte man nicht ökonomische, zeitliche, politische, familiäre, rechtliche Rücksichten nehmen? Je nachdem, ob der Ansatz von Bedingungen der Möglichkeit bzw. Unmöglichkeit in der isolierten Perspektive eines Teilsystems oder im Gesamtsystem

312 Selbstverständlich ist damit nicht behauptet, daß Differenzierung der *einzig mögliche* Erhaltungsmechanismus in einer immer komplexer werdenden Welt sei, so daß kraft natürlicher Auslese *alle* Systeme immer stärker differenziert werden müßten. Das Gegenteil trifft ganz offensichtlich zu. Es gibt funktionale Äquivalente für Differenziertheit, zum Beispiel Indifferenz oder massenhafte Reproduktion.

gesehen wird, ist der Möglichkeitsraum und damit die Selektivität des Erlebens und Handelns unterschiedlich groß. Für Möglichkeiten kann mithin gelten, daß das Ganze weniger ist als die Summe seiner Teile, weil es zusätzliche, restriktive Bedingungen der Kompossibilität des für Teilsysteme Möglichen auferlegt. Systemdifferenzierung ermöglicht, mit anderen Worten, die Konstitution von Teilsystemperspektiven, die abstraktere Bedingungen der Möglichkeit im System verankern und sich dann nur negativ durch wechselseitige Limitation koordinieren lassen. Die Zusammenfassung zum Gesamtsystem, das in einer gegebenen Umwelt lebensfähig ist, erfolgt dann im Wege der Reduktion selbsterzeugter Komplexität. Übersetzt man diese abstrakten Überlegungen in die Sprache von Erwartungen und Enttäuschungen, sieht man sofort, was sie für die Gesellschaftstheorie bedeuten.[313]

Akzeptiert man diese Kritik der einfachen Rede vom Ganzen und seinen Teilen, dann ergeben sich Hinweise und Ansprüche für den Aufbau einer begrifflich komplexer angesetzten Gesellschaftstheorie. Sie wird Annahmen über die besondere Ebene der Systembildung spezifizieren müssen, auf der sich Gesellschaftssysteme konstituieren. Dabei wird sie sowohl das besondere Umweltverhältnis des Gesellschaftssystems als auch die für das Gesellschaftssystem typische Art der Konstitution und Restriktion von Möglichkeiten des Erlebens und Handelns ausarbeiten müssen.

313 Diese Überlegungen beziehen sich, das sei im Vorgriff auf spätere Erörterungen vorsorglich angemerkt, auf die sozialen Systeme selbst, also auf den Bereich, den die Soziologie als Gegenstand vorfindet. Die Abstraktion von Möglichkeiten ist ein gesellschaftliches Faktum, nicht erst eine Leistung der Erkenntnis. Daß die Gesellschaftstheorie ihrerseits noch mehr Möglichkeiten konzipieren kann, als sie in ihrem Gegenstand vorkonstituiert findet, liegt auf der Hand. Aber sie kann dies faktisch wiederum nur als Teil des gesellschaftlichen Teilsystems Wissenschaft.

Trotz dieser Präzisierungen und gerade mit ihrer Hilfe kann man daran festhalten, daß die Gesellschaft das umfassende Sozialsystem ist, das alle anderen Sozialsysteme als Teilsysteme einschließt. Allerdings darf man sich den Gesamtaufbau nicht nach der Art eines Systems chinesischer Kästchen vorstellen oder nach Art einer transitiven Hierarchie mit eindeutiger Zuordnung jedes Teilsystems zu einem und nur einem größeren System.[314] Die gesellschaftliche Wirklichkeit ist weitaus komplexer, und sie kann deshalb komplexer sein, weil sie eine Mehrheit von Prinzipien der Systembildung nebeneinander verwendet. Sie kann, von gesamtgesellschaftlichen Funktionsbereichen wie Religion, Wirtschaft, Politik, Familienleben ausgehend, gesellschaftliche Teilsysteme bilden, diese erneut differenzieren usw., ohne alle Interaktionen oder alle Organisationen diesen primären oder sekundären Teilsystemen zuordnen zu müssen. Es gibt Organisationen mit mehrfacher Zuordnung – man denke an die politischen, wirtschaftlichen und sogar bildungsmäßig-erzieherischen Funktionen von Gewerkschaften, und erst recht gibt es Interaktionen, die sich den zentralen gesellschaftlichen Funktionssystemen überhaupt nicht oder nicht eindeutig zuordnen lassen. Und nur weil diese Möglichkeit besteht, kann das Gesellschaftssystem überhaupt eine überaus künstliche und abstrakte funktionale Differenzierung institutionalisieren. Sie braucht nicht die gesamte Lebensführung in dieses Korsett zu zwingen. Nur in älteren, segmentär differenzierten

314 Die Problematik eines derart rigiden Systemaufbaus läßt sich am analytischen Modell der Parsonsschen Theorie des Aktionssystems ablesen. Parsons wendet ein einfaches Vier-Funktionen-Schema der Systemdifferenzierung repetitiv auf Subsysteme und Subsubsysteme an. In dem Maße der Verkleinerung und Vervielfältigung der Systemreferenzen und des Anwachsens der vom Modell postulierten Zwischensystembeziehungen geht dabei auch die Plausibilität der Interpretation verloren.

Gesellschaftssystemen mit geringerer Ebenendifferenzierung findet man relativ starre gesamtgesellschaftliche Hierarchien. Eine funktionale Differenzierung erzeugt aus sich selbst heraus eine größere Autonomie der Systembildung unterhalb der Gesellschaftsebene und damit hinreichende Elastizität. In dem Maße, als funktionale Differenzierung zur zentralen Gesellschaftsstruktur wird, muß auch die Möglichkeit von Systembildungen geschaffen werden, die zwischen funktional spezifizierten Systemen vermitteln. Mit den Vorteilen einer eindeutigen Zuordnung zu spezifischen systembildenden Funktionen wachsen auch die Vorteile der Unbestimmtheit der Zuordnung, die man mit Hilfe des Übergangs zu anderen Ebenen der Systembildung erreichen kann.

Organisationen und Interaktionen sind und bleiben, bei aller Lockerheit der Zuordnung, gesellschaftliche Teilsysteme allein schon deshalb, weil sie ihrer Struktur nach auf Ordnungsvorgaben durch die Gesellschaft und auf Möglichkeiten der Kommunikation mit einer erwartbaren Umwelt angewiesen sind. Würden sie als Organisation oder als Interaktionssystem aus der Gesellschaft emigrieren, dann würden sie – Beispiele aus der neuzeitlichen Besiedlung Nordamerikas drängen sich auf – zur Gesellschaft werden. Trotz dieses Zusammenhanges aller Ebenen der Systembildung wird es zweckmäßig sein, die Gesellschaftstheorie im engeren Sinne auf diejenigen Teilsysteme zu beschränken, die gesamtgesellschaftlich relevante Funktionen erfüllen. Eine solche Selektion aus der Gesamtheit der sozialen Phänomene ist unerläßlich, denn »while it is possible to study a total society, it is not possible to study a total society totally«.[315] Daneben

315 Ithiel de Sola Pool, »Computer Simulations of Total Societies«, in: Samuel Z. Klausner (Hg.), *The Study of Total Societies*, Garden City 1967, S. 45-65 (45).

müßte dann eine Theorie organisierter Sozialsysteme und eine Theorie der Interaktionssysteme ausgearbeitet werden; denn es gibt allgemeine Eigenarten von Organisation oder von Interaktion, die sich nicht aus dem gesellschaftlichen Funktionskontext ergeben, sondern aus dem besonderen Systembildungsprinzip. Schließlich sind auch Forschungen möglich, die an konkret abgegrenzten Gegenständen Gesellschaftstheorie, Organisationstheorie und Interaktionstheorie aufeinander beziehen.[316]

Im folgenden werden wir uns auf die allgemeinsten Grundzüge einer Gesellschaftstheorie beschränken. Dabei wird das Differenzierungsprinzip und der Ansatz für die Teilsystembildung eine wichtige Rolle spielen. Wir werden jedoch nicht einmal für die primären Teilsysteme der Gesellschaft einen hinreichend ausgearbeiteten Theorieansatz liefern können, geschweige denn für andere Teilsysteme. Die Grenze der Betrachtung wird spätestens dort gezogen werden, wo man nicht mehr sinnvoll von einer selbstsubstitutiven Ordnung sprechen kann.

316 Als einen solchen Versuch siehe Niklas Luhmann, *Legitimation durch Verfahren*, Neuwied, Berlin 1969.

Teil 2

Gesellschaftliche Evolution

Die ältere, vielfach in polemischem Stil geschriebene soziologische Literatur hatte Statik und Dynamik, Bestand und Wandel, Struktur und Prozeß, Systemerhaltung und Evolution einander entgegengesetzt und gegeneinander ausgespielt. Das bot die Chance einer leichtgängigen Theoriebildung, die die Behauptung des jeweils einen Aspekts auf die Kritik der Absolutsetzung des anderen gründete. Die Absicht der folgenden drei Teile geht auf eine Überwindung solcher Kontrastierungen. Sie bilden insofern eine Einheit. Und sie versuchen, die Einheit dieser Gegensätze nicht nur abstrakt zu behaupten, sondern sie in der Theorie selbst auszuarbeiten.

Generelle Theorien auf der Basis von Begriffen wie System, Evolution, Kommunikation sind notwendigerweise unspezifisch. Notwendigerweise: das heißt, daß es nicht möglich ist, zum Beispiel die Evolutionstheorie im Rahmen ihrer eigenen Begriffe zu spezifizieren. Ihre Allgemeinheit, die den historisch und zugleich theoretisch interessierten Evolutionstheoretikern so viel Kopfzerbrechen bereitet und so viel Anlaß zur Kritik gegeben hat,[1] kann nicht durch die

1 Vgl. z.B. Julian H. Steward, *Theory of Culture Change: The Methodology of Multilinear Evolution*, Urbana 1955; ders., »Evolutionary Principles and Social Types«, in: Sol Tax (Hg.), *Evolution After Darwin*, Bd. 2, Chicago 1960, S. 169-186 – leider geprägt durch die Annahme, daß *allgemeine* evolutionistische Theorien sich im Unterschied zu den spezielleren, kulturhistorischen, auf Aussagen über biochemische und psychische Prozesse reduzieren ließen (1955, S. 8); Heinz Hartmann, »Stand und Entwicklung der amerikanischen Soziologie«, in: ders. (Hg.), *Moderne amerikanische Soziologie: Neuere Beiträge zur soziologischen Theorie*, Stuttgart 1967, S. 1-92 (70ff.); Dietrich Rüschemeyer, »Reflections on Structural Differentiation«, *Zeitschrift für Soziologie* 3 (1974), S. 279-294 (292). Indes: Der Gegensatz von generell und

Evolutionstheorie selbst und auch nicht durch theoretisch ungesteuerte Induktion korrigiert werden. Die Spezifikation besonderer Bedingungen für Epochen- und Typenbildung und die Angabe der jeweiligen »Sollzustände« und der kritischen Probleme des Gesellschaftssystems erwarten wir in diesem Falle von der Systemtheorie bzw. der Kommunikationstheorie. Das gleiche gilt vice versa für diese Theorien, zumindest im Bereich des Gesellschaftssystems. Erst die Bezugnahme dieser je für sich überabstrakten Theorien aufeinander setzt einen Erkenntnisprozeß der wechselseitigen Konkretisierung in Gang.[2]

Die Durchführung dieser Absicht wird dadurch ermöglicht, daß sich schon auf der allgemeinen theoretischen Ebene begriffliche Interdependenzen nachweisen lassen. In der *Evolutionstheorie* geht es primär darum, zu zeigen, daß Evolution Systembildung ist; daß der Evolutionsbegriff eine Differenz von System und Umwelt voraussetzt und daß Systemdifferenzierung die Form ist, in die Evolution gerinnt und in der sie sich differentiell weitersteuert. In der *Theorie der Systemdifferenzierung* geht es primär darum, die These des Dynamischwerdens von Differenzierung auszuarbeiten.

Diese Einheit läßt sich allerdings nicht für alle Systeme behaupten, da nicht jedes System Träger evolutionärer Veränderungen ist – im Bereich sozialer Systeme nämlich nur die Gesellschaft. Deshalb läßt sich, was den *sachlichen* Ausdehnungsbereich angeht, die Systemtheorie genereller for-

speziell eignet sich kaum als Dimension, auf der man theoretisch Meinungsverschiedenheiten austragen könnte.

2 Auf offene Probleme dieser Art hat Klaus Eder, »Komplexität, Evolution und Geschichte«, in: Franz Maciejewski (Hg.), *Theorie der Gesellschaft oder Sozialtechnologie: Beiträge zur Habermas-Luhmann-Diskussion*, Supplement I, Frankfurt/M. 1973, S. 9-42, hingewiesen.

mulieren als die Evolutionstheorie. Umgekehrt hat Evolution immer schon stattgefunden, bevor es zu Systemen bestimmter Typik, etwa sinnkonstituierenden Systemen, kommt, über die sich systemtheoretische Aussagen formulieren lassen. Insofern hat die Evolutionstheorie den größeren *zeitlichen* Ausdehnungsbereich. In beiden Theoriekomplexen gibt es mithin Generalisierungsmöglichkeiten, die die des jeweils anderen überschreiten, ungeachtet ihrer konkreten und begrifflichen Interdependenz.

Für den Bereich der Gesellschaft kommt als drittes, gleichrangiges Moment die Theorie der Kommunikation hinzu. Sie setzt die Evolutionstheorie voraus, insofern, als die Ausdifferenzierung von Sprache und von Medien als evolutionäre Errungenschaft der Gesellschaftsentwicklung anzusehen ist auf dem Boden einer weiterhin fungierenden, relativ problemlosen wahrnehmungsdurchsetzten Alltagskommunikation. Und sie bleibt in der Erklärung des evolutionären Erfolgs auf systemtheoretische Konzeptionen angewiesen. Andererseits wird die Theorie der Kommunikationsmedien uns dazu dienen, die Richtung evolutionärer Systemdifferenzierung auf der Ebene des Gesellschaftssystems zu erklären. Außerdem wird sie es ermöglichen, im Komplex der evolutionären Mechanismen den Faktor Variation durch Sprache und den Faktor Selektion durch Mediencodes zu interpretieren.

Geht man vom Gedanken der Evolution aus, muß man mithin die Systemtheorie und, für den Bereich der gesellschaftlichen Evolution, die Kommunikationstheorie in die Evolutionstheorie einbauen. Mutatis mutandis gilt das gleiche für die Theorie der Kommunikationsmedien und für die Systemtheorie. Die Gesamttheorie spiegelt sich damit in ihren eigenen Teiltheorien, und jede Teiltheorie erweist sich als zugehörig (was nicht heißen soll: als begründet!) dadurch, daß sie eine Perspektive auf die umfassende Theorie und Zugang zu ihren anderen Teiltheorien eröffnet.[3] Diese Interdependenzen begrifflicher und, wenn die Theorie stimmt, realer Art lassen sich durch Rückbezug auf den Sinnbegriff näher begründen. Dazu dient uns das im Teil 5 zu behandelnde Konzept einer Mehrzahl von gleichrangigen Dimensionen sinnhafter Weltkonstitution, die in allem Sinnerleben notwendig appräsentiert sind. Sinn hat immer einen zeitlichen, einen sachlichen und einen sozialen Horizont der Verweisung auf andere Möglichkeiten. Eine sinnhafte Selbstthematisierung der Gesellschaft (bzw. nach Ausdifferenzierung eines Wissenschaftssystems: eine Theorie der Gesellschaft) kann nur vollständig sein, wenn sie ihren Gegenstand auf alle drei Horizonte projiziert.[4] *In zeitlicher Hinsicht handelt es sich um Evolution, in sachlicher Hinsicht um Systemdifferenzierung, in sozialer Hinsicht um Kommunikation.*

Diese Zusammenhänge, die zur Erleichterung des Überblicks in einer Skizze abgebildet sind, werden durch die eigentümliche Reflexivität der Sinnbildung nochmals kompliziert. Sinn als solcher ist eine evolutionäre Errungenschaft, die jedoch den Selektionsstil selbst betrifft, der System und Umwelt verbindet und der daher für Systeme, die sich sinnhaft orientieren, universell und ausnahmslos relevant wird: Alles hat

3 Hieraus ergibt sich für die Darstellung im folgenden eine Art Wiederholungszwang. Wenn die Theorie zu komplex ist, um sich in linearen Sequenzen arrangieren zu lassen, kann ihr inneres Bezugsnetz als Wiederholung gleicher Komponenten und Materialien in verschiedenen Kontexten erscheinen. Wir werden davon bewußt Gebrauch machen bis hin zu wiederholten Hinweisen auf dieselbe Literatur, dieselben historischen Zusammenhänge, dieselben evolutionären Errungenschaften.

4 Genau genommen handelt es sich, wie wir in Teil 4, Kap. I zeigen werden, jeweils um Doppelhorizonte. Vergangenheit/Zukunft; Innen/Außen; Ego/Alter.

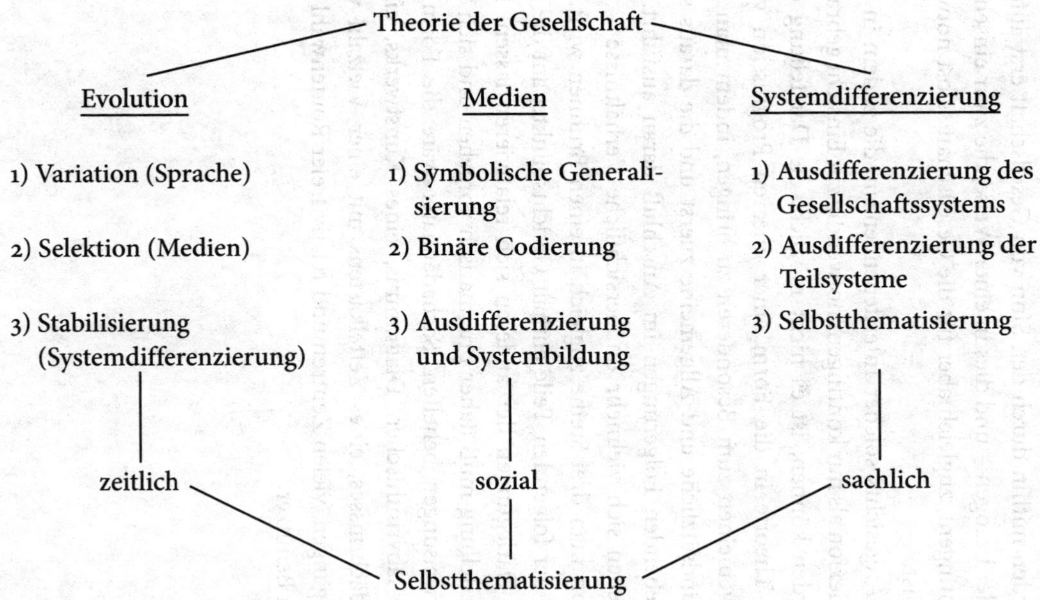
Theorie der Gesellschaft
Evolution
Medien
Systemdifferenzierung
1) Variation (Sprache)
2) Selektion (Medien)
3) Stabilisierung (Systemdifferenzierung)
1) Symbolische Generalisierung
2) Binäre Codierung
3) Ausdifferenzierung und Systembildung
1) Ausdifferenzierung des Gesellschaftssystems
2) Ausdifferenzierung der Teilsysteme
3) Selbstthematisierung
zeitlich
sozial
sachlich
Selbstthematisierung

für sie Sinn. Sie stehen, wie oben[5] bereits gesagt, unter Benutzungszwang. Evolution, Kommunikation und Systembildung werden mithin durch den Sinn von Gesellschaft erst aufeinander bezogen – und dies in einer Weise, die zwar einsehbar kontingent, zugleich aber für die Gesellschaft selbst notwendig ist.

Angesichts solcher Interdependenzen, die zudem in der Reflexion als nur kontingent notwendig zur Einsicht gebracht werden können, ist es nicht möglich, die Darstellung dieser Theorie in die Form einer linearen Progression vom Allgemeinen zum Besonderen zu bringen, indem man das Grundsätzliche und Allgemeine zuerst und die daraus sich ergebenden Folgerungen im Anschluß daran ausführt. Es ergeben sich vielmehr unübersichtliche Verhältnisse – wie wenn man drei Steine zugleich in einen Brunnen wirft. Jeder der folgenden Teile enthält Gesichtspunkte, auf die hin die Darlegungen der anderen sich relativieren lassen. Die Darstellung muß daher pragmatisch vorgehen und sich mit Verweisungen behelfen. Sachadäquater wäre die Form eines labyrinthischen Diagramms, eines Kunstwerks, eines Gedächtnisses, eines Zettelkastens mit einer Vielzahl von Eingängen, vielen Zentren und relativ freier Routenwahl für den Benutzer.

5 Vgl. Teil 1, Kap. II.1.

Kapitel I

Evolutionstheorie

1. Alte Konzeptionen und neue Ansätze

Die Wiederbelebung evolutionstheoretischer Fragestellungen in der Gesellschaftstheorie der letzten 15 Jahre hat zu Kontroversen darüber geführt, ob es sich einfach um eine Rückkehr zu Darwin und Spencer handele oder ob der Neo-Evolutionismus etwas Neues zu bieten habe. Von seinen Vertretern wird dies behauptet, von kritischen Betrachtern verneint.[6] Typisch liegen diesen Kontroversen überzogene Kontrastierungen zugrunde,[7] was bei der Unübersichtlichkeit der einschlägigen Literatur verständlich ist. Immerhin hat die Diskussion dazu geführt, einige Gesichtspunkte (wieder)[8] ins Bewußtsein zu rufen: Evolution ist kein unilinearer

6 So etwa von Robert A. Nisbet, *Social Change and History: Aspects of the Western Theory of Development*, London u. a. 1969, insb. S. 209ff. Einen knappen Überblick findet man auch bei Hartmann, »Stand und Entwicklung der amerikanischen Soziologie«, S. 70ff. Beide Autoren kommen darin überein, den Fortschritt in einer Zurückstellung globaler, gesamtgesellschaftlicher Problemstellungen zu sehen, in einer Art Mikroevolutionismus einzelner Völkerschaften oder einzelner Institutionen, der mit funktionaler Analyse und mit historischer Forschung – den traditionellen Hauptgegnern des Evolutionismus – besser kompatibel sei.

7 Dazu kritisch z. B. Leonhard Adam, »Functionalism and Neo-Functionalism«, *Oceania* 17 (1946), S. 1-25; Kenneth E. Bock, *The Acceptance of History: Toward a Perspective for Social Science*, Berkeley 1956.

8 Als ältere Kritiken evolutionistischer Naivitäten vgl. z. B. Herbert Spencer, *Principles of Sociology*, Bd. I, London, Edinburgh [3]1885, S. 93ff.; L. T. Hobhouse, G. C. Wheeler, M. Ginsberg, *The Material Culture and So-*

Prozeß. Evolution ist kein zeitlich kontinuierlich verlaufender Prozeß. Evolution ist kein zwangsläufig progressiver Prozeß, denn es gibt zumindest in der soziokulturellen Evolution Beispiele für regressive Entwicklungen. Und Evolution ist kein notwendiger Prozeß: Sie kann stattfinden oder auch nicht stattfinden, erreicht aber, wenn sie stattfindet, Ergebnisse, die in Systembildungen so stabilisiert werden können, daß sie nur schwer reversibel sind.

Davon muß man angesichts des Diskussionsstandes und angesichts des überwältigenden empirischen Materials ausgehen. Die Verzichte auf so einfache und klare Grundannahmen wie Unilinearität, Kontinuierlichkeit, Irreversibilität und Notwendigkeit haben indes Konsequenzen für die Theorie. Einigen mag es so scheinen, daß das, was danach noch bleibt, als amorphe Masse kontingenten historischen Materials überhaupt nicht mehr theoriefähig ist und den Historikern überlassen bleiben sollte; schließlich hatte deren Kritik der »conjectural history« überzeugt. Zumindest entfällt die Möglichkeit, allein auf Grund der Evolutionstheorie bestimmte konkrete historische Verläufe zu erklären oder vorauszusagen (und damit nach Ansicht mancher die Qualität der Wissenschaftlichkeit).[9] An die Stelle von Notwendigkeiten,

cial Institutions of the Simpler Peoples: An Essay in Correlation, London 1915, Neudruck 1965, S. 1ff. Andererseits ist gerade bei älteren Autoren häufig eine abgeleugnete Konzeption – sei es organismischer, sei es unilinearer Art – gleichwohl wirksam. Vgl. dazu J. D. Y. Peel, »Spencer and the Neo-Evolutionists«, *Sociology* 3 (1969), S. 173-191. Als eine heute typische Äußerung siehe etwa Shmuel N. Eisenstadt, »Social Change and Social Development«, in: ders. (Hg.), *Readings in Social Evolution and Development*, Oxford u. a. 1970, S. 3-33, insb. S. 17ff.

9 Vgl. zu dieser im Prinzip unbestrittenen, aber natürlich in bezug auf »Wissenschaftlichkeit« umstrittenen Einsicht Michael Scriven, »Explanation and Prediction in Evolutionary Theory«, *Science* 130 (1959), S. 477-482; Donald T. Campbell, »Blind Variation and Selective Reten-

wie sie für solche Wissenschaftsleistungen vorausgesetzt werden müssen, setzt die Evolutionstheorie eine Kombination von Möglichkeit, Zufall und Zeit. Wir lassen vorerst offen, unter welchen Voraussetzungen der Titel »wissenschaftlich« verliehen werden darf, vermuten aber eine weittragende Krise zu einfach angesetzter Evolutionstheorien, die eine prinzipielle Besinnung auf die zugrundeliegenden Vorstellungen und auf ihr Verhältnis zur Zeit erfordert.

Dafür gibt es Vorbilder. Der Begriff der Entwicklung ist bereits einmal grundlegend verändert worden als Folge der sich ausbildenden bürgerlichen Gesellschaft und ihrer Tendenz zur Verzeitlichung von Komplexität.[10] Die ältere Lehre von der Entwicklung[11] (der Begriff selbst ist eine relativ junge Prägung) hatte aus beobachteten Interdependenzen (zum Beispiel von Materie und Form oder von Leib und Seele) auf

tion in Creative Thought as in Other Knowledge Processes«, *Psychological Review* 67 (1960), S. 380-400; Adolf Grünbaum, »Temporally Asymmetric Principles, Parity Between Explanation and Prediction, and Mechanism Versus Teleology«, *Philosophy of Science* 29 (1964), S. 146-170; ders., *Philosophical Problems of Space and Time*, London 1964, S. 281ff.; F. A. Hayek, »The Theory of Complex Phenomena«, in: Mario Bunge (Hg.), *The Critical Approach to Science and Philosophy: In Honor of Karl R. Popper*, New York 1964, S. 332-349; Peel, »Spencer and the Neo-Evolutionists«; Norbert Elias, *Was ist Soziologie?*, München 1970, S. 178ff.

10 Dazu Wolf Lepenies, »Verzeitlichung und Enthistorisierung: Über einen möglichen Beitrag der Geschichte der Anthropologie und der historischen Anthropologie zur Bestimmung der Neuzeit als Epochenschwelle«, Ms., 1973 [Druck: Wolf Lepenies, »Das Ende der Naturgeschichte und der Beginn der Moderne: Verzeitlichung und Enthistorisierung in der Wissenschaftsgeschichte des 18. und 19. Jahrhunderts«, in: Reinhart Koselleck (Hg.), *Studien zum Beginn der Modernen Welt*, Stuttgart 1977, S. 317-351].

11 Einen knappen Überblick über die Begriffsgeschichte und weitere Literaturhinweise bei Klaus Weyand, »Entwicklung«, *Historisches Wörterbuch der Philosophie*, Bd. 2, Basel, Stuttgart 1972, S. 550-558.

mehr oder weniger gleichzeitige Entstehung geschlossen[12] und demzufolge Entwicklung als Entfaltung von präformierten Essenzen begriffen. Die Präformation schloß die Vernunft selbst ein. Bis weit ins 18. Jahrhundert hinein gab es viele Varianten, aber keine wirklichen Alternativen zu dieser Vorstellung der Entfaltung des im Keim Angelegten. Zeugung war das Modell des Anfangs. Erst unter dem Druck zunehmender Komplexität der erkannten Welt und zunehmenden Vergleichs- und Auflösungsvermögens der Forschung wird der Entwicklungsbegriff transformiert und die Vorstellung eines »natürlichen« Kausalprozesses durchgesetzt, der nicht etwa die Natur des Menschen entfaltet, sondern ihr Freiheit läßt.[13] Der Vorteil war, daß damit Freiheit und wissenschaftliche Erforschbarkeit kompatibel zu sein schienen und daß man nicht mehr alles, was ist, auf einen (durch Gott geschaffenen) Anfang zurückführen mußte, sondern daß man Zeit als Prozeßstruktur mit zur Erklärung heranziehen konnte. Andererseits blieb nach dieser Auffassung der Entwicklungsprozeß sozusagen auf sich selbst angewiesen: auf eine Antriebsimmanenz, die nur der Prozeßstruktur nach als Kausalgesetz oder als Dialektik beschrieben werden konnte, nämlich als gesetzmäßiger Zusammenhang früherer und späterer, durch jene bewirkter Zustände. Ebendeshalb kam man von Vorstellungen wie Unilinearität, Kontinuierlichkeit, Irreversibilität, Notwendigkeit nicht los, auch wenn man ihnen abschwor. Denn was letztlich ist ein Kausalprozeß, wenn man ihm diese Stützen entzieht?

12 Vgl. Hans Meyer, *Geschichte der Lehre von den Keimkräften von der Stoa bis zum Ausgang der Patristik*, Bonn 1914. Siehe auch ders., *Der Entwicklungsgedanke bei Aristoteles*, Bonn 1909.

13 Zur tragenden Vorstellung der »natural causation« bei Spencer vgl. John W. Burrow, *Evolution and Society: A Study in Victorian Social Theory*, Cambridge 1966, S. 205ff.

Genau parallel zu diesen Zweifeln liegt eine in der Wissenssoziologie verbreitete Kritik an monokausalen »Ein-Faktor-Theorien«. Dem 19. Jahrhundert war es noch möglich gewesen, Kausalität als Bewegung zu denken. Seitdem hat die Ausarbeitung von Systemtheorien auf im einzelnen sehr verschiedenen Grundlagen dazu beigetragen, den grundbegrifflichen Stellenwert der Vorstellung eines Kausalgesetzes, das bestimmte Ursachen mit bestimmten Wirkungen zu einer notwendigen Bewegung verknüpft, in Frage zu stellen.[14] Damit fallen allzu einfach gesetzte Garantien der Wiederholbarkeit der gesamten Evolution. Die Frage der Wiederholbarkeit bleibt – als unentscheidbar aus Gründen der Komplexität – der Theologie und der Philosophie überlassen. Für Forschungszwecke empfiehlt es sich, diese Frage offenzulassen[15] und die Evolutionstheorie von einem kausalbegrifflichen in einen systembegrifflichen Boden zu verpflanzen – mit besseren Wachstumshoffnungen.

Dieser Umgründungsprozeß macht rückblickend eine weitere Prämisse des traditionellen Denkens über Entwick-

14 Vgl. Niklas Luhmann, *Zweckbegriff und Systemrationalität: Über die Funktion von Zwecken in sozialen Systemen*, Tübingen 1968, Neudruck Frankfurt/M. 1973. Kybernetiker versuchen darüber hinaus zu zeigen, daß damit noch keine Entscheidung zwischen Determinismus und Indeterminismus gefallen ist. Vgl. dazu W. Ross Ashby, »The Effect of Experience on a Determinate Dynamic System«, *Behavioral Science* 1 (1956), S. 35-42; Donald M. MacKay, *Freedom of Action in a Mechanistic Universe*, Cambridge (Mass.) 1967.

15 Es ist nämlich voreilig, aus der unbestreitbaren Konditionalität der Evolution auf Einmaligkeit und Unwiederholbarkeit zu schließen – so aber O. H. Schindewolf, »Phylogenie und Anthropologie aus paläontologischer Sicht«, in: Hans-Georg Gadamer, Paul Vogler (Hg.), *Neue Anthropologie*, Bd. I, Stuttgart 1972, S. 230-292 (258) –, da logisch nicht ausgeschlossen werden kann, daß alle evolutionär relevanten Ereignisse kausalgesetzlich determiniert sind und neu verursacht werden könnten.

lung/Evolution bewußt. Man konnte sich Entwicklung nur als »Bewegung« vorstellen. Bewegung bedeutet in der philosophischen Tradition: Einheit in der Mannigfaltigkeit, Kontinuität über Diskontinuitäten hinweg, wie immer das dann im einzelnen interpretiert wurde.[16] Die Konsequenz, die Bewegung selbst zum *Subjectum* zu erklären (oder, was dasselbe ist: das Subjekt zur Bewegung), wird zwar von Kant und Hegel gezogen, aber fast unvermeidlich mißverstanden in dem Sinne, daß das Subjekt sich bewegt. Darin zeigen sich Symptome einer Überforderung der Bewegungsmetapher. Man kann sich Bewegung nur vorstellen als Attribut von etwas, was sich bewegt. Diese Schwierigkeit hat den auf der Basis des Bewegungsgedankens entworfenen Evolutionsbegriff des 19. Jahrhunderts und mit ihm die Statik/Dynamik-Dichotomie bestimmt und in dem Maße oberflächlich werden lassen, als die Vorstellung einer transzendentalen Bewegung als Bedingung der Möglichkeit bewegter oder unbewegter Gegenstände schlechthin verlorenging. Die Frage, wer oder was sich entwickelt, war von der älteren Lehre substantivisch beantwortet worden – etwa: der Weltgeist oder die Menschheit als Gattung oder, darwinistisch, als Population.[17] Die Prämissen der Evolutionstheorie mußten, mit anderen Worten, die Attributionsfähigkeit der Evolution gewährleisten – und nicht so sehr die Bedingungen ihrer Möglichkeit explizieren. Die Systemtheorie steht natürlich vor den gleichen Sprachproblemen – »Reifikation« wird ihr oft genug vorgeworfen –,

16 Vgl. Friedrich Kaulbach, *Der philosophische Begriff der Bewegung: Studien zu Aristoteles, Leibniz und Kant*, Köln, Graz 1965.

17 Die gleiche (ontologische) Limitation galt übrigens für das Denken über Raum und Zeit, die nur als Attribute der Welt vorstellbar waren. Aus diesem Grunde hatten die Erfordernisse eines abstrakteren (mathematischen) Denkens über Raum und Zeit in der frühen Neuzeit zugleich deren Substanz, die Welt, revolutioniert.

aber sie hat bessere Möglichkeiten, die Funktion bestimmter Systeme als Bedingung der Möglichkeit (und nicht einfach: als Gegenstand) der Evolution zu explizieren.

Im Unterschied zur räumlichen Bewegung, die relational präzisierbar ist und von dem, was sich bewegt, absehen kann, war die evolutionäre Bewegung charakterisiert worden als Wandel dessen, was sich bewegt – im Falle der Gesellschaft: als sozialer Wandel. Die Mathematisierung des (Welt-) Raumes in der frühen Neuzeit läßt es nicht mehr zu, diesen Unterschied zu verwischen. Das Festhalten der Bewegungsmetapher als Ausdruck für die Einheit von Mannigfaltigkeit, nicht zuletzt bei Hegel und Marx, erfordert jedoch die Angabe eines Woher und eines Wohin der Bewegung gemäß der Zeit. Im Zuge der Temporalisierung des alten Problems der Einheit der Mannigfaltigkeit[18] fand man dafür die Formel der Bewegung vom Einfachen zum Komplexen. Diese ließ sich in empirische und historische Forschung überführen und in ihr bewähren. Sie blieb jedoch nur ein Rahmenkonzept, das unbestimmt wurde in dem Maße, als jene Prozeßkategorien der Unilinearität, der Kontinuierlichkeit, der Irreversibilität und der Notwendigkeit fielen. Sie erscheint auch deshalb unzureichend, weil Einfaches und Komplexes in abstracto nicht inkompatibel sind, sondern in einer komplexeren Welt auch Einfaches erhalten bleiben kann. An diesen Schwierigkeiten mußte schließlich die Vorstellung eines unveränderlichen Substrats der Dynamik, das die Einheit und Kontinuität des Evolutionsprozesses garantiert, zerbrechen – genauso übrigens wie in der Geschichtsphilosophie.[19] Die Gesellschaft

18 Zum »Temporalizing of the Chain of Being« im 18. Jahrhundert Arthur O. Lovejoy, *The Great Chain of Being: A Study of the History of an Idea*, Cambridge (Mass.) 1950, S. 242ff.

19 Vgl. dazu Hans Michael Baumgartner, *Kontinuität und Geschichte: Zur Kritik und Metakritik der historischen Vernunft*, Frankfurt/M. 1972.

ist soziokulturelle Evolution, und es ist lediglich ein Reflex sprachlicher bzw. analytischer Erfordernisse, wenn man ihr Evolution-Sein und ihr System-Sein trennt.[20]

Nach wie vor ist aber zunehmende Komplexität das einzig erkennbare und auch weithin akzeptierte Richtungskriterium der Evolution.[21] Ohne Richtungsangabe hätte Evolution kein mögliches Verhältnis zur Zeitdimension. Aber der Begriff der Komplexität und seine Verwendung bedürfen der Präzisierung, und dafür reicht die bloße Vorstellung eines Bewegungsziels, bezogen auf eine universale Einheit wie Welt oder Menschheit nicht aus. Vielmehr können nur systemtheoretische Analysen die Nichtbeliebigkeiten einer möglichen Steigerung von Komplexität (oder mit einer moderneren Formel: die Grenzen des Wachstums) klären.

2. Systemtheoretische Grundlagen

Die folgenden Überlegungen beruhen auf einer Kombination von systemtheoretischen Vorstellungen mit solchen der Genetik. Jene betreffen die Ermöglichung von Variationen und Selektionen, diese die Steuerung von Selektionen im Aufbau komplexer Systeme.

20 Siehe im Anschluß hieran die Ausführungen über »selbstsubstitutive Ordnungen« unter Kap. III.1 in diesem Teil.

21 Vgl. als Beispiele für viele andere: J. W. S. Pringle, »On the Parallel between Learning and Evolution«, *Behaviour* 3 (1951), S. 174-215 (175, 180); E. Adamson Hoebel, *The Law of the Primitive Man: A Study in Comparative Legal Dynamics*, Cambridge (Mass.) 1954, z. B. S. 289, 327; Cyril S. Belshaw, *Traditional Exchange and Modern Markets*, Englewood Cliffs 1965, S. 145f.; Walter Buckley, *Sociology and Modern Systems Theory*, Englewood Cliffs 1967, S. 50f., 62ff.; Gerd Pawelzig, *Dialektik der Entwicklung objektiver Systeme*, Berlin 1970, S. 135ff.

Die Systemtheorie ist für die Evolutionstheorie bereits mit ihrem Grundprinzip von Bedeutung: mit der Differenz von System und Umwelt. Dem tragen neuere »ökologisch« orientierte Evolutionstheorien explizit und auch auf der Ebene soziokultureller Evolution Rechnung.[22] Ohne Berücksichtigung dieser Differenz von System und Umwelt, allein auf der Basis der neo-darwinistischen Mechanismen der Variation, Selektion und Stabilisierung, ist Evolution nicht zu erklären; der Prozeß würde sich in gut angepaßten Systemen festlaufen, wenn nicht die Umwelt stets anders variierte als das jeweils betrachtete System.[23] Sobald in eine diffuse, unbestimmt vorgegebene »Materie« Diskontinuitäten, also Grenzen eingeführt werden,[24] besteht die Möglichkeit, daß *einheitliche* Ereignisse gleichzeitige, aber *divergierende* Wirkungsreihen (bzw. als Grenzfall: die Differenz von Wirken und Nichtwirken) in Lauf setzen.[25] Sie haben diesseits der Grenze andere Wirkungen als jenseits der Grenze, und dies

22 Siehe z.B. Robert McC. Adams, *The Evolution of Urban Society: Early Mesopotamia and Prehispanic Mexico*, London 1966; William T. Sanders, Barbara J. Price, *Mesoamerica: The Evolution of a Society*, New York 1968. Der Vorteil dieser ökologischen Perspektive ist es, ältere theoretische Kontroversen (etwa Diffusionismus versus Evolutionismus) zu relativieren und zugleich differente, multilineare Systementwicklungen mit einem theoretischen Bezugrahmen fassen zu können.

23 Dazu treffende Bemerkungen bei C.H. Waddington, »The Principles of Archetypes in Evolution«, in: Paul S. Moorhead, Martin M. Kaplan (Hg.), *Mathematical Challenges to the Neo-Darwinian Interpretation of Evolution*, Philadelphia 1967, S. 113-115 (113).

24 Vgl. dazu die Modellüberlegungen von Magoroh Maruyama, »The Second Cybernetics: Deviation-Amplifying Mutual Causal Processes«, *General Systems* 8 (1963), S. 233-241; ferner ders., »Postscript to the Second Cybernetics«, *American Scientist* 51 (1963), S. 250-236.

25 An dieser zentralen Stelle darf man getrost empfehlen, Herbert Spencer zu lesen, insb. die *First Principles*, London, Edinburgh [5]1887, § 93ff., namentlich das Kapitel »The Multiplication of Effects«.

um so mehr und um so wahrscheinlicher, je stärker Grenzen sachlich differenzieren, je deutlicher sie systembildend wirken. Differenzierung bewirkt also zunächst einen größeren Reichtum an Möglichkeiten für Anschlußereignisse, deren Eintreten damit allein indes nicht gewährleistet ist, sondern von Bedingungen abhängt. Das Eintreten solcher Bedingungen wird jedoch mit größerem Reichtum und größerer Dichte der Möglichkeiten pro Zeiteinheit wahrscheinlicher, so daß schließlich Systeme gebildet werden können, deren Erhaltung von dem wahrscheinlichen Eintreten von Ereignissen bestimmter Art, etwa Regenfall, abhängt, obwohl dieses Eintreten mit den Systemerfordernissen nicht koordiniert ist und vom System aus auch nicht bewirkt werden kann.

Aus der Umweltsicht spezifischer Systeme kann dem gleichen Gedanken die Formulierung gegeben werden, daß Evolution das *Auflösevermögen der Systeme in bezug auf ihre Umwelt steigert*, nämlich die Möglichkeit, ihre Umwelt in Unordnung zu versetzen durch Selektionen oder durch Eingriffe. Dies gilt in besonders auffälliger Weise für organische und für soziokulturelle Evolution übereinstimmend. Die Abweichungen, Diskontinuitäten, Ungleichgewichte, die ein System in seiner Umwelt erzeugt, dienen dem System selbst zur Rekombination von Ressourcen und eröffnen für die Umwelt zugleich Chancen zum Aufbau höherer und bestimmterer Komplexität. Schädigungen begründen auf indirekte Weise Möglichkeiten für neue Entwicklungen.

Aufgrund einer angenommenen Differenz von System und Umwelt können wir dann auch den Begriff des *Entwicklungspotentials* (oder für Gesellschaften: Evolutionspotentials) eines Systems schärfer fassen.[26] Damit ist gemeint die

26 Um zu zeigen, daß auch ältere Evolutionstheorien an dieser Stelle System/Umwelt-Differenzierungen voraussetzen, ohne sie theoretisch

Struktur eines Systems, die bei Hinzutreten weiterer externer oder interner Ursachen ihre eigene Änderung bewirkt. Das Entwicklungspotential eines Systems enthält für sich allein also keine Entwicklungsgarantie, ja nicht einmal eine Entwicklungswahrscheinlichkeit, die allenfalls durch externe Umstände an ihrer Selbstverwirklichung noch gehindert werden kann (*dynamis*). Vielmehr bezeichnet der Begriff nur eine strukturell stabilisierte, wartefähige Anlage, die zur Realisierung einer Strukturänderung eines (von ihr aus gesehen: »zufälligen«) Anstoßes bedarf. Jede Entwicklung setzt mithin ein Zusammenwirken von System und Umwelt, ein Überbrücken der Diskontinuität durch Kausalität voraus.

Wenn Evolution stets das Produkt eines Zusammenwirkens von System und Umwelt ist, muß es als Bedingung der Synchronisierbarkeit von System/Umwelt-Interdependenzen eine *einheitliche Weltzeit* geben, die unabhängig ist vom Werden und Vergehen der Einzelsysteme, von unterschiedlichen Entwicklungstempi und Änderungsrhythmen. Eine solche

einzubauen, zitiere ich Morris Ginsberg, »The Concept of Evolution in Sociology« (1932), in: ders., *On the Diversity of Morals*, Melbourne u. a. 1956, S. 180-198 (192): »Theories of evolution, in fact, hover between epigenesis and pre-formation. Nontheless, a meaning can perhaps be attached to the term potential which is helpful in characterizing evolution. A thing exists potentially when conditions are present which will lead to its occurrence providing certain other specifiable conditions are superadded. Not all the cause-factors of an occurrence can, however, be described as containing it potentially. Whether they can or not depends on their importance relatively to the superadded conditions which are necessary for the completed occurrence. The superadded conditions, in short, must not be of such high magnitude as to destroy the individuality of the thing, or to break its continuity.« Diese Überlegungen geben noch kein klares Kriterium der Unterscheidung wesentlicher und nur hinzutretender, auslösender Ursachen. Solche Kriterien können nicht aus der Kausalität selbst, sondern nur aus strukturellen Erfordernissen des Systemaufbaus abgeleitet werden.

Vorstellung von Zeit geht konstitutiv in jede Evolutionstheorie ein, die sich auf die Differenz von System und Umwelt stützt. Eine solche Synchronisationszeit muß, wiederum infolge der Differenz von System und Umwelt, irreversibel sein, weil sie auf Einheit Divergenz folgen läßt (aber nicht umgekehrt).

Zieht man zusätzlich in Betracht, daß die Umwelt nur für das System eine Residualkategorie (»Nicht-Ich«) ist, in Wirklichkeit aber ihrerseits aus Systemen (oder genauer: aus Systemen-mit-Umwelten) besteht, kann man den gleichen Sachverhalt auch wie folgt formulieren: Durch Einführung einer Differenz zwischen System und Umwelt bekommt jedes Ereignis einen doppelten Stellenwert: Es verändert (mindestens) ein System und damit zugleich die Umwelt anderer Systeme. Als Umweltänderung kann es für bestimmte andere Systeme relevant oder nicht relevant sein (und dies unabhängig davon oder abhängig davon, wie das System selbst auf seine Änderung im nächsten Schritt reagiert). Im Falle von Strukturänderungen, die im geänderten System selbst fortwirken (zum Beispiel Masseverdichtungen, Mutation, kulturelle Errungenschaften), kann damit der Vorteil eines Systems zum Problem, nämlich zum Anpassungsproblem, aber auch zur Chance für andere Systeme werden, nämlich zur Chance eigener Spezialisierung, eigener Entlastung, eigener Umwelteingriffe. Systemänderungen verändern in ihrer Vermittlung als Umwelt anderer Systeme demnach deren Möglichkeitshorizonte und Anschlußselektionen und damit Verlaufswahrscheinlichkeiten, die wiederum Umweltänderungen für andere Systeme auslösen. Die aus der Differenz von System und Umwelt folgende Nichtidentität von Wirkungsreihen bedeutet mithin, daß die Welt aus sich heraus dynamisch wird, und zwar gerade mangels vorgängiger Koordination oder gar prädestinierter Reihenförmigkeit der

Ereignisketten. Voraussetzung von Evolution ist also eine leibnizsche Monadenwelt ohne prästabilisierte Harmonie, aber mit genau darauf eingespielten Systemstrukturen.[27]

In einer solchen Umwelt bilden Einzelsysteme sich durch codegesteuerte Selbstselektion aus Materialien (im weitesten, Informationen einschließenden Sinne) ihrer Umwelt. Den Vorgang der Selbstselektion kann man sich an ihrem einfachsten Fall, der chemischen Autokatalyse, verdeutlichen.[28] In der Autokatalyse dient die im Aufbau befindliche Substanz selbst als Katalysator, das heißt als Substanz, die chemische Transformationen (Herbeiführung, Beschleunigung, Verlangsamung von Veränderungen) mitbewirkt, ohne selbst dabei verbraucht zu werden.[29] Autokatalyse hat den Vorteil eines Zeitgewinns relativ zum Variationstempo der Umwelt

27 Um mit einem Beispiel zu erläutern: Wenn es keine gesamtweltlich koordinierte Prozeßstruktur gibt, müssen Systeme gewährleisten können, daß ihre eigenen Prozesse im Funktionsniveau variiert oder gar unterbrochen und nach Unterbrechung fortgesetzt werden können. Kognitive Prozesse, und Denken insbesondere, sind zum Beispiel von vornherein gar nicht auf kontinuierliches Funktionieren abgestellt und sind gerade deshalb für Umgang mit einer erratisch variierenden Umwelt geeignet. Dazu und zur Funktion von Gefühlen als Unterbrechungsmechanismen Herbert A. Simon, »Motivational and Emotional Controls of Cognition«, *Psychological Review* 74 (1967), S. 29-39.

28 Melvin Calvin, »Chemical Evolution and the Origin of Life«, *American Scientist* 44 (1956), S. 248-263, interpretiert Autokatalyse nach dem Darwin-Modell als den Selektionsmechanismus der chemischen Evolution. Vgl. ferner allgemein und zu einer Mehrzahl von Modellen der Autokatalyse Manfred Eigen, »Selforganization of Matter and the Evolution of Biological Macromolecules«, *Die Naturwissenschaften* 58 (1971), S. 465-523, insb. S. 471 ff., 490 ff.

29 Allgemeiner gesehen, sind Katalysatoren mithin die seit langem gesuchten unbewegten Beweger (Aristoteles, *Physik*, VIII, 267 b 2 ff., mit der daran anschließenden theologischen Diskussion). Auch dieser Vergleich beleuchtet, in welchem Sinne die Evolutionstheorie die Theologie der Schöpfung ablöst.

beim Aufbau von Systemen mit Hilfe einer im entstehenden System eingebauten (also nicht direkt umweltabhängigen) Kontrolle des Nacheinanders und des Tempos der Genese, die als solche natürlich von Umweltbedingungen abhängig bleibt.

Diese Leistungen sind bei höheren Formen der Evolution erst recht erforderlich.[30] Sie werden von den genetischen Codes der organischen Evolution und den symbolischen Codes der soziokulturellen Evolution übernommen. Der Begriff des Code ist nicht nur hier, sondern auch im folgenden für die Theorie der Sprache (Negation) und die Theorie der Kommunikationsmedien (binäre Schematisierung) von grundlegender Bedeutung und bedarf daher einer kurzen Erläuterung. Als Code soll eine Struktur mit einer besonderen Eigenschaft bezeichnet werden, und zwar mit der Eigenschaft, *für jedes beliebige Item in ihrem Relevanzbereich ein komplementäres anderes zu suchen und zuzuordnen.* Man kann sich das am Fall derjenigen Codes illustrieren, die zur Übertragung von Nachrichten mittels technischer Informationsträger entwickelt worden sind. Der Koppelungsschematismus von Codes hat aber sehr viel allgemeinere Bedeutung. Er ist ein Selektionsmechanismus von hoher Leistungsfähigkeit, der Systeme unter eine Art Suchzwang setzt und damit auf Verteilungen gründen kann, die unabhängig sind von Verteilungen in der Umwelt.

Solche Codes entstehen auf der Basis von Enzymen bereits im Beginn der organischen Evolution.[31] Sie differenzieren Reproduktionsmechanismus und organische Erhaltung. In höherentwickelten Systemen entstehen Codes, welche dazu dienen, in der Form aktiver Suchmuster die Relevanz/Irrele-

30 Vgl. dazu für den Fall komplexer Systeme Herbert A. Simon, *The Sciences of the Artificial*, Cambridge (Mass.), London 1969.

31 Vgl. dazu Eigen, »Selforganization of Matter and the Evolution of Biological Macromolecules«, S. 492 ff.

vanz von Energien, Stoffen, Informationen für den strukturellen Aufbau des Systems zu differenzieren und dabei zugleich Abfolge und Tempo der Selektionsschritte zu regulieren. Das System eignet sich an und baut sich ein, was es von seiner Ausgangsstruktur her verwenden kann. Im Bereich sinnhafter (psychischer ebenso wie sozialer) Systeme fungiert zum Beispiel das Gedächtnis als Regulativ für Selbstselektion; es ermöglicht die *strukturelle* Verwendung von *Informationen*, nachdem diese ihren Überraschungseffekt ausgelöst und verloren haben. Sie sind in ihrem Überraschungswert sozusagen verbraucht und können ebendeshalb, wenn im Gedächtnis festgehalten, für weitere Prozesse der Informationsverarbeitung wie Katalysatoren dienen, die durch ihre Transformationsfunktion nicht mehr verbraucht werden. Diese Funktion des Gedächtnisses war – zwar nicht als Funktion, wohl aber als heilig zu haltender Sinn – bereits in frühen Hochkulturen bewußt und bewußt gepflegt worden.[32] Selbstselektion ist also zunächst eine Funktion von Tradition.

Mit diesem Konzept der Selbstselektion, letztlich also mit der Differenz von System und Umwelt, hängen die zentralen methodologischen Schwierigkeiten der Evolutionstheorie zusammen.[33] Aus durch Systemgrenzen differenzierten Wir-

32 Und zwar besonders dort, wo die Gedächtnisentlastung durch Schrift noch nicht voll wirksam ist. Vgl. dazu J. L. Myres, »Folkmemory«, *Folk-Lore* 37 (1926), S. 12-34; James A. Notopoulos, »Mnemosyne in Oral Literature«, *Transactions of the American Philological Association* 69 (1938), S. 465-493. Siehe ferner Jean-Pierre Vernant, *Mythe et pensée chez les grecs: Etude de psychologie historique*, Paris 1965, S. 51ff.; P. A. H. de Boor, *Gedenken und Gedächtnis in der Welt des Alten Testaments*, Stuttgart 1962; Brevard S. Childs, *Memory and Tradition in Israel*, London 1962; Willy Schottroff, »*Gedenken*« *im alten Orient und im Alten Testament*, Neukirchen-Vluyn 1964.

33 Siehe die Literaturhinweise oben, Anm. 9, vor allem die Beiträge von Grünbaum.

kungsreihen resultierende Ereignisse, also die selbstselektiven Prozesse, lassen sich nicht konkret, sondern allenfalls statistisch vorhersagen. Das Einzelereignis selbst erlaubt mithin nur eine rückblickende Erklärung; es läßt sich nicht prognostizieren. Und diese Sperre bedeutet wiederum, daß erst recht im normalen, außerwissenschaftlichen Sozialleben Zukunft und Vergangenheit unterschiedliche kognitive Einstellungen erfordern.

Wenn und soweit Gedächtnisse der sozialen Systeme die Strukturform eines Codes annehmen und insoweit als Duplikationsregel fungieren, erzeugen auch sie im Bereich sozialer Systeme Umverteilungen, und das heißt: Ausdifferenzierungen aus der Umwelt. Die Sprache wird dadurch zum Code, daß sie sich Negationsmöglichkeiten schafft und damit Kommunikationen in eine Positivfassung und eine Negativfassung duplizieren kann. Daran schließen Kommunikationsmedien an, deren Codes regeln, wie trotz universeller Negierbarkeit Kommunikationen unter Gesichtspunkten wie Wahrheit/Unwahrheit, Recht/Unrecht, Haben/Nichthaben als Selektionsofferten angenommen oder abgewiesen werden können.[34] Sprache bildet somit keineswegs die Umwelt getreulich ab im Sinne von Punkt-für-Punkt-Relationen zwischen Vorkommnissen und Kommunikationen oder auch nur entsprechenden Häufigkeitsverteilungen oder Wahrscheinlichkeiten. (Es wäre schlimm, wenn immer, wenn es stinkt, jemand sagen würde: »Es stinkt«.)[35] Die Kommunikationen werden vielmehr systemimmanent selektiert innerhalb des durch die Duplikationsregel des Codes eröffneten Spielraums, ja oder nein zu sagen. Entsprechend verändern die Mediencodes

34 Ausführlicher hierzu Teil 3.

35 Hier schließen wir an den relativ komplizierten Kommunikationsbegriff an, den wir in Teil 1, Kap. II.8 eingeführt hatten.

die natürlich-spontanen Selektionsimpulse durch Duplikation und Selektion des Erlebens bzw. Handelns. Insgesamt kommt es dadurch im sozialen System der Gesellschaft zu einer Umverteilung von Informationen und von Motivationen im Vergleich zu dem, was von der physisch-organisch-psychischen Umwelt aus an sich zu erwarten wäre. Die Gesellschaft differenziert sich als System unter autonom fungierenden Selektionsgesichtspunkten aus.

Diese Überlegungen betreffen den sachlichen Aspekt der Erzeugung von Unterschieden und Ausdifferenzierungen durch Codes. Der zeitliche Aspekt des gleichen Problems läßt sich verdeutlichen an Hand der Eigentümlichkeit genetischer Codes, die im Gegensatz zu einer erst im 19. Jahrhundert aufgegebenen Ansicht keine *Präformation* des aufzubauenden Systems enthalten. Ein genetischer Code ist nicht schon das spätere System in nuce, sozusagen die volle Komplexität in winziger, komprimierter Form. Der Code ist weder ein Abbild noch eine Art Karte, noch ein Plan des Systems, das mit seiner Hilfe durch Katalyse von Zufällen aufgebaut wird.[36] Codegesteuerte Selbstselektion ermöglicht vielmehr den Aufbau komplexer Systeme, die unter gleichen Bedingungen einander ähnlich werden, *aber weder der Umwelt noch ihrem eigenen Code ähnlich sind*. Aus *einfachen* Codes und aus Umweltbedingungen entsteht so *Vielfältigkeit*. *Causa non aequat effectum*. Damit ist zugleich gesagt, daß die Verwendung von Gedächtnis (Systemgeschichte, Tradition, *memoria*) als Selektionscode nicht bedeutet, daß nur das der Tradition

36 Diese theoretische Wendung hat, wie hier nur angedeutet werden kann, Konsequenzen für den Begriff der Negation. Geht man von Präformation aus, muß Negation als Privation gedacht werden, als Verhinderung eines an sich keimhaft angelegten Werdegangs. Für eine Theorie selbstselektiver Prozesse müßte dagegen ein Negationsbegriff gefunden werden, der in den Begriff der Selektion eingeht.

Entsprechende wahrgenommen und ausgewählt wird. Das Gedächtnis befähigt auch und gerade, Kontraste zu sehen, Gefahren zu erkennen, Fragen an eine diskrepante Umwelt zu stellen und auf die damit aktualisierte Problemlage innovativ zu reagieren. Das ist besonders an interaktionsnah gebildeten archaischen Gesellschaftssystemen deutlich festzustellen.[37] Ihr Problem liegt nicht in der Blockierung von möglichen und aussichtsreichen Neuerungen, sondern im geringen Abstraktionsvermögen des Gedächtnisses in der zu geringen Differenzierung seligierender und stabilisierender Mechanismen: Die Systemgeschichte leistet beide Funktionen zugleich.

Nicht jede Selbstselektion ist Evolution. Es sind selbstselektive Prozesse, ist aber keine Evolution, wenn ein Baum wächst, jemand Autofahren lernt oder eine Familie durch Fleiß und Sparsamkeit wohlhabend wird. Selbstselektive Prozesse bauen Systeme in der Weise auf, daß die zeitliche *Folge* der Selektionsschritte zugleich die sachliche *Ordnung* einschränkt und bestimmt, die entsteht; daß also Geschichte Struktur festlegt, in ihr gleichsam gefriert. Evolution erreicht dagegen, obwohl in gewissem Sinne Selbstselektion umfassenderer Systeme, einen höheren Grad der Freiheit gegenüber der eigenen Geschichte.[38] Von Evolution kann man nur sprechen, wenn die *Bedingungen* selbstselektiver Prozesse sich ändern in eine Richtung, die höhere Komplexität der Systembildung ermöglicht.[39]

37 Vgl. Siegfried F. Nadel, »Social Control and Self-Regulation«, *Social Forces* 31 (1953), S. 265-273.

38 Siehe auch unten, Abschnitt 4, über die Neutralisierung von Ursachen im evolutionären Prozeß.

39 Entsprechend zweistufig wird die moderne Theorie der organischen Evolution aufgebaut: Zunächst muß Materie auf Selektivität hin organisiert sein, dann erst kann Evolution im Rahmen dieser Selektionskriterien bestimmte Werte optimieren. So Eigen, »Selforganization of Matter and the Evolution of Biological Macromolecules«, insb. S. 517f.

Solche Bedingungsänderung ist selbst ein Systemprozeß höherer Ordnung. Sie verläuft in weiteren Zeitspannen und ist relativ unabhängig von den Zufällen des Gelingens oder Mißlingens der Systembildung im einzelnen. So sind zum Beispiel Populationen, die sich in einer für sie günstigen Umwelt halten können, evolutionsträchtige Makrosysteme. Dasselbe gilt im Falle der soziokulturellen Evolution für Gesellschaftssysteme – und nur für Gesellschaftssysteme. Das Ingangkommen soziokultureller Evolution hängt daher davon ab, daß Interaktionssysteme und Gesellschaftssysteme sich, wie in Teil 1 erörtert, auf unterschiedlichen Ebenen der Systembildung trennen; und das Tempo der Evolution wird unter anderem vom Ausmaß dieser Differenzierung abhängen. Die Gesellschaft ist, um mit Aristoteles zu formulieren, dasjenige Sozialsystem, welches das herrlichste von allen ist und alle anderen in sich schließt;[40] dies aber nicht, weil sie präformiert ist, nach dem besten Gut zu streben (Entwicklung ist kein handlungsanaloges Streben), sondern weil sie die Bedingungen selbstselektiver Systembildung aller Sinnsysteme kontrollieren und variieren kann.

Nimmt man den Gedanken der Selbstselektion auf dieser höheren Ebene evoluierender Systeme wieder auf, dann kann man Evolution – ebenso wie Systemgenese – als Bewegung vom Einfachen zum Komplexen beschreiben – beschreiben, aber nicht begreifen! Man muß dabei eine voreilige Gleichsetzung vermeiden, die in der alten Vorstellung einer kausalgesetzlichen Evolutionsbewegung impliziert war. Die Mechanismen, die im Ergebnis eine Bewegung vom Einfachen zum Komplexen *erzeugen*, sind nicht solche, die zwischen Einfachem und Komplexem *wählen*.[41] Der evolu-

40 *Politik*, 1252 a 5-6.

41 Dies gilt bereits für die physich-chemische und die organische Evo-

tionäre Prozeß ist, mit anderen Worten, kein teleologischer Prozeß. Er folgt nicht etwa einer eingebauten Präferenz für Komplexität – weder »blind« noch bewußt. Er schließt das Einfache nicht aus, und zwar weder die Fortexistenz des (relativ) Einfachen noch die Neuentwicklung von (relativ) Einfachem.[42] Deshalb ist es ein Fehlschluß, aus der Evolutionstheorie eine Bewertung von Komplexität ableiten zu wollen oder umgekehrt im Kriterium der Komplexität ein Steuerungsprinzip oder gar ein Planziel der Evolution zu sehen.[43] Um Evolution begreifen zu können, muß man deshalb das Zusammenwirken einer Mehrheit von Mechanismen in Betracht ziehen, die jeder für sich nicht auf Selektion des Komplexeren gerichtet sind, aber in ihrem Zusammenwirken die Erzeugung höherer Komplexität ermöglichen und, langfristig gesehen, realisieren.

3. Variation – Selektion – Stabilisierung

An die Stelle eines einheitlichen welthistorischen Kausalgesetzes, das den Zusammenhang von Anfang, Verlauf und

lution. Vgl. z.B. Melvin Calvin, »Origin of Life on Earth and Elsewhere«, in: *The Logic of Personal Knowledge: Essays Presented to Michael Polanyi*, London 1961, S. 207-231 (214). Man hat, bisher jedenfalls, keine Anhaltspunkte dafür, daß dies sich im Bereich der soziokulturellen Evolution geändert hätte, obwohl nach Konsolidierung der Weltgesellschaft das Problem im Hinblick auf Planung erneut gestellt werden muß.

42 Hieraus ergeben sich Probleme für die Fassung eines Begriffs der Komplexität, der Einfaches nicht ausschließt, also, wenn überhaupt, jedenfalls nicht in Richtung auf Einfaches hin negiert werden kann.

43 In die gleiche Richtung zielt ein anderes, sozusagen selektionstechnisches Argument: Komplexität ist ein zu allgemeiner Gesichtspunkt, um als Selektionskriterium fungieren zu können.

Ende des Evolutionsprozesses beschreibt, (und an die Stelle bloßer Abschwächungen dieser Grundannahme) haben wir systemtheoretische Unterscheidungen gesetzt, und zwar die Differenz von System und Umwelt, die Differenz von Struktur (bzw. Code) und Prozeß und die Ebenendifferenz von Interaktion und Gesellschaft. Damit sind zunächst allgemeine Bedingungen der Möglichkeit von Selektion angegeben. Wenn und in dem Maße als diese Voraussetzungen realisiert sind, können mehrere evolutionäre Mechanismen auseinandertreten, die unterscheidbare Funktionen erfüllen und erst in ihrem Zusammenwirken Evolution bewirken. In der biologischen Evolutionstheorie ist die Mehrzahl solcher evolutionärer Funktionen und Mechanismen heute durchgehend anerkannt;[44] man spricht – stolz auf die Überwindung älterer Vereinseitigungen – von *synthetischer* Evolutionstheorie. Dabei werden im Prinzip Variation, Selektion und Stabilisierung (oder auch: Retention) unterschieden.[45] Evolutionsfähige Systeme sind danach nur solche, die die Trennung, funktionale Spezifikation und Interdependenz dieser drei Mechanismen erzeugen und regulieren können – im Bereich organischer

44 Für einen Überblick siehe z. B. Verne Grant, *The Origin of Adaptation*, New York, London 1963.

45 Zur Übertragung dieses Konzepts auf die soziokulturelle Evolution vgl. Donald T. Campbell, »Variation and Selective Retention in Socio-Cultural Evolution«, in: Herbert R. Barringer u.a. (Hg.), *Social Change in Developing Areas: A Reinterpretation of Evolutionary Theory*, Cambridge (Mass.) 1965, S. 19-49; auch in: *General Systems* 14 (1969), S. 69-85. In ähnlicher Weise unterscheidet Alvin Boskoff, »Functional Analysis as a Source of a Theoretical Repertory and Research Tasks in the Study of Social Change«, in: George K. Zollschan, Walter Hirsch (Hg.), *Explorations in Social Change*, London 1964, S. 213-243, drei Phasen sozialen Wandels. Ältere Beispiele sind: Albert G. Keller, *Societal Evolution: A Study of the Evolutionary Basis of the Science of Society*, New Haven ²1931, und V. Gordon Childe, *Soziale Evolution* (1951), Frankfurt/M. 1968 (dt. Übers.), S. 180ff.

Evolution Populationen, im Bereich der soziokulturellen Evolution Gesellschaften. Dieses theoretische Konzept enthält noch keine Limitationen möglicher Evolution, sondern beschreibt relativ einfache Mechanismen, deren Zusammenwirken im Prinzip in der Lage ist, eine unendliche Vielfalt spezieller Ergebnisse zu erzeugen. Limitationen im Sinne von Engpässen, »evolutionary constraints«[46] oder Organisationsprinzipien[47] der Gesellschaft müssen auf konkreteren Theoriestufen, nämlich durch Analyse bestimmter Evolutionssysteme eingeführt werden und können prinzipiell nicht als unüberwindbar gelten.

Die Besonderheiten einzelner Arten von Evolution liegen nicht in diesen Funktionen, sondern in den dafür ausdifferenzierten Mechanismen, die dem jeweiligen Systemtypus – etwa der Eigenart von Organismen – entsprechen. Im Bereich organischer Evolution wird zum Beispiel die Funktion der Variation durch Prozesse der *Mutation* (Genmutation, Änderungen in Struktur und Zahl der Chromosomen, genetische Rekombination) erfüllt. Die relative Selbständigkeit dieses Mechanismus ist unter anderem daran zu erkennen, daß Mutationen nicht durch die Überlebensbedingungen in der jeweiligen Umwelt ausgelöst werden (nämlich einen Code und System/Umwelt-Differenzierung voraussetzen!) und es eine Fülle von selektiv neutralen Mutationen gibt.[48] Die Selektion obliegt der *natürlichen Auslese*, die Stabilisierung im

46 Vgl. z. B. Ludwig von Bertalanffy, *Robots, Men and Minds: Psychology in the Modern World*, New York 1967, S. 86.

47 So Jürgen Habermas, *Legitimationsprobleme im Spätkapitalismus*, Frankfurt/M. 1973, S. 18f., 30ff.

48 Vgl. dazu Ernst Mayr, »Selektion und die gerichtete Evolution«, *Die Naturwissenschaften* 52 (1965), S. 173-180; Jack Lester King, Thomas H. Jukes, »Non-Darwinian Evolution«, *Science* 164 (1969), S. 788-798.

Sinne einer Retention brauchbarer Merkmale der *reproduktiven Isolation* von Populationen.[49] In der soziokulturellen Evolution sind, wie wir noch ausführlich zeigen werden,[50] die *entsprechenden* Funktionen *anders* besetzt.

Unter *Variation* ist zu verstehen die Veränderung struktureller Bedingungen des Möglichen in Systemen – also die Veränderung von Systemstrukturen, sofern sie als Bedingungen von Möglichkeiten des Systems fungieren. Variation setzt System- und Strukturbildung voraus, setzt an vorhandenen Strukturen bzw. im Prozeß des selbstselektiven Strukturaufbaus an und findet bei größerem Strukturreichtum um so mehr Ansatzpunkte. Sie besteht in der Lösung primärer Bindungen und in der damit erreichten Bindungsfähigkeit (Rekombinationsfähigkeit) für komplexere Zusammenhänge – etwa in der Brechung primärer molekularer Bindungen und der Freisetzung aktiver Elemente in der chemischen Evolution oder in der dem Soziologen geläufigen Lösung askriptiver, vor allem verwandtschaftlicher Bindungen in der soziokulturellen Evolution. Im System erfordert sie Interdependenzunterbrechungen in dem Sinne, daß nicht jede Veränderung alles verändert bzw. den Gesamtbestand des Systems in Frage stellt.[51] Wie das Beispiel der Mutation darüber hinaus zeigt, ist ferner eine gewisse Nichtkoordiniertheit von System und Umwelt wesentlich; es kann sich nicht einfach um einen Schlag der Umwelt, um eine Kommunikation von außen handeln. Variation ist eine mit oder ohne unmittelbaren Umweltanlaß erfolgende Selbständerung des

49 So George Ledyard Stebbins, *Evolutionsprozesse: Einzelvorgänge im Wandel der Organismen*, Stuttgart 1968, S. 2.

50 Vgl. Kap. II in diesem Teil.

51 Wie W. Ross Ashby, *Design for a Brain*, London ²1954, gezeigt hat, ist das eine Bedingung des Aufbaus komplexer Systeme überhaupt.

Systems. Diese Überlegung präzisiert zugleich den Begriff der Bedingungen von Möglichkeiten des Systems: Es handelt sich nicht um Möglichkeiten, die die Umwelt dem System bietet – etwa die Möglichkeit, zu baden –, sondern um Möglichkeiten, die dem System selbst zuzurechnen sind und die auch in ungünstigen Umwelten, die ihre Aktualisierung nicht erlauben, erhaltbar sind – etwa das Schwimmenkönnen. All diese Voraussetzungen eines Variationsmechanismus erfüllt im Bereich der Gesellschaft die Sprache.

Damit Evolution stattfinden kann, müssen solche an Einzelsystemen möglichen Variationen in dem evoluierenden Gesamtsystem eine gewisse Eintrittswahrscheinlichkeit haben, die synchronisiert sein muß mit der Zeitstruktur der Welt, mit Häufigkeit und Tempo sonstiger Veränderungen. Der Mechanismus der evolutionären (im Unterschied zur sonstigen) *Selektion* bezieht sich auf die Auswahl unter diesen Variationen. Die Auswahl erfolgt durch Reproduktion. Evolutionäre Selektion ist also nicht in den variierten Einzelsystemen möglich, die, wenn es zur Variation kommt, ja immer schon variiert sind, sondern nur in einem sie übergreifenden System, das von Bestand und Veränderung der Einzelsysteme relativ unabhängig ist. Auch der Selektionsmechanismus setzt mithin eine Ebenendifferenz voraus. Er präferiert Variationen, die die System/Umwelt-Lagen der variierten Systeme verbessern in Richtung auf Erhaltungsmöglichkeiten, bei Sinnsystemen auch Erhaltung nach Maßgabe eines bestimmten Anspruchsniveaus. Damit werden keineswegs ausschließlich die komplexeren, möglichkeitsreicheren Systeme bevorzugt, denn es gibt durchaus auch Erhaltungsmöglichkeiten auf Grund von Primitivität; und es gibt jene sogenannten »Nischen« der Evolution, also Sonderumwelten, in denen sich Untypisches erhalten oder gar neu bilden kann. Evolution verändert also keineswegs die Gesamtheit der Systeme in Richtung auf höhere Komplexität.[52] Sie ermöglicht jedoch die Bildung von Systemen mit höher organisiertem Möglichkeitsreichtum – Entwicklungen, die Talcott Parsons »adaptive upgrading«[53] genannt hat. Und langfristig gesehen übernehmen diese die Führung der Evolution im evoluierenden System, indem ihre Strukturen Voraussetzung werden für die Entwicklung höherer evolutionärer Errungenschaften.

Das erfordert die *Stabilisierung* derjenigen Strukturen, die durch Variation erzeugt und selektiert worden sind. Auf der Ebene der Einzelsysteme sind Selektion und Stabilisierung mehr oder weniger eng verknüpft – nämlich dadurch, daß Erhaltbarkeit zugleich als Selektionsprinzip wirkt. Erst im übergreifenden System kann unter weiteren Bedingungen erreicht werden, daß eine Veränderung vom Zufall ihres ersten Auftretens unabhängig wird. Das geschieht durch Ursachensubstitution. Das erste Auftreten muß unter veränderten Bedingungen, in anderen Systemen und möglichst auch in vereinfachter Form reproduziert werden.[54] Unter

52 Das ist ein Haupteinwand gegen jeden Versuch, die Evolutionstheorie auf der Grundlage von Gattungsbegriffen zu formulieren, etwa mit Bezug auf die Menschheit im Sinne eines Satzes von Merkmalen *aller* Menschen. Auch die Menschheit reproduziert Primitivismen – was natürlich nicht verwechselt werden darf mit reflektierten Formen bloßer Kontrastprimitivität. Zu Konsequenzen für die Fassung des Begriffs »Steigerung der Komplexität« siehe den übernächsten Abschnitt.

53 *Societies: Evolutionary and Comparative Perspectives*, Englewood Cliffs 1966, S. 22; *The System of Modern Societies*, Englewood Cliffs 1971, S. 26ff.

54 Die Ende des 18. Jahrhunderts aufkommende Kategorie der Reproduktion bezeichnet mithin einen *Teilprozeß* der Evolution und darf nicht mit dieser gleichgesetzt werden. Diesen Fehler scheint mir Eder, »Komplexität, Evolution und Geschichte«, zu begehen. Eder nimmt deshalb an, daß die Evolution als Reproduktionsprozeß durch Sollwerte gesteuert werde, und fragt die Systemtheorie nach den Sollvorstellungen ihres Evolutionskonzepts – vergeblich, da zumindest die hier vertretene Sy-

Stabilisierung verstehen wir demgemäß nicht die schlichte Kontinuität der einmal geschaffenen Fakten und Bestände,[55] sondern die *Reproduzierbarkeit der Problemlösungen.*[56] Im Unterschied zur faktischen Reproduktion, welche die Selektion durchführt, geht es hier um unterstützende Strukturen und Prozesse, die eine Reproduktion zunehmend komplexer Systeme ermöglichen. Systemreferenzen für die darin steckende Möglichkeitsaussage – »Reproduzier*barkeit*« – ist demnach das übergreifende System. Auch der Mechanismus der Stabilisierung setzt also Ebenendifferenzierung voraus, und zugleich ist Ebenendifferenzierung damit Bedingung der Differenzierung und funktionalen Spezifikation von selektiven und stabilisierenden Mechanismen.

Mit der Umstellung von »zufälliger« (nämlich für die variierten Systeme zufälliger) Variation auf Reproduktion von Problemlösungen ist ein *Zeitvorteil* verbunden, von dem alle weitere Evolution abhängt. Das sich entwickelnde System wird unabhängig von dem »Warten auf Zufall«, und das ist eine unabdingbare Voraussetzung für den Aufbau komplexer, differenzierter Systeme, die nicht mehr alles zugleich ändern können und unterschiedliche Zeitrhythmen ihrer Prozesse synchronisieren müssen, also auf ein gewisses Tempo in der Abfolge von Ereignissen als auch auf eine

stemtheorie einen sollfreien, nichtteleologischen Evolutionsbegriff benutzt.

55 So die ältere Evolutionstheorie. Vgl. auch noch Thomas G. Harding, »Adaptation and Stability«, in: Marshall D. Sahlins, Elman R. Service (Hg.), *Evolution and Culture*, Ann Arbor 1960, S. 45-68.

56 Diese Formulierung sucht etwas schärfer und abstrakter (und damit weiter) zu fassen, was in der älteren Evolutionstheorie in Anlehnung an Darwin unter Begriffen wie »heredity« oder »transmission« verstanden worden war. Vgl. z. B. Albert G. Keller, *Societal Evolution: A Study of the Evolutionary Basis of the Science of Society*, New Haven ²1931, S. 287ff.

gewisse Zeitpunktkontrolle zu Synchronisationszwecken angewiesen sind.[57]

Variation, Selektion und Stabilisierung lassen sich rein analytisch als notwendige Prozeßphasen der Evolution unterscheiden, konkret lassen sie sich jedoch nicht in dieser Weise trennen, weil die entsprechenden Mechanismen sowohl eine gemeinsame Systemgrundlage als auch einander wechselseitig voraussetzen und weil sie nicht als Teilsysteme ausdifferenziert werden können. Ihre Reihenfolge läßt sich umkehren – und muß umgekehrt werden, wenn man zum Ausdruck bringen will, daß Variationsmechanismen nicht einfach im Leeren beginnen können, sondern stabilisierte Invarianzen immer schon voraussetzen.[58] Fruchtbarer ist es daher, diese wechselseitigen Implikationen selbst zu untersuchen und danach zu fragen, wie stark in bestimmten Evolutionssystemen diese Mechanismen verflochten sind, oder umgekehrt: wieweit sie operativ verselbständigt, funktional spezifiziert und nur noch über Resultate re-integriert werden. Wir nehmen an und werden im folgenden zu zeigen versuchen, daß das Ausmaß der Differenzierung evolutionärer Mechanismen bestimmt wird

57 Dieses »Unabhängigwerden vom Zufall« ist übrigens ein sehr früher Topos auch im Denken über Evolution. Für Beispiele aus der chinesischen Legistik siehe *The Book of Lord Shang: A Classic of the Chinese School of Law*, übers. von J. J. L. Duyvendak, London 1928, S. 109 ff. (mit Folgerungen für die rechtlich-politische Reproduzierbarkeit von Problemlösungen durch Zwang). Auch das antike Nebeneinander zweier Zeitbegriffe – *kairos* und *chronos* – könnte vor diesem Hintergrund interpretierbar sein, nämlich als eine Zeit für Zufall und eine Zeit für Synchronisation.

58 Jacques Monod, *Zufall und Notwendigkeit: Philosophische Fragen der modernen Biologie*, München 1971 (dt. Übers.), spricht deshalb von (invarianter) Replikation, Mutation und Selektion (wobei der Stabilisierungsmechanismus hier auf der unteren Ebene der Zellsysteme genannt und auf der höheren Ebene der Populationen unerwähnt gelassen wird).

durch die Komplexität des Evolutionssystems – in unserem Falle also durch die Gesellschaft – und insofern durch die Evolution selbst.[59] Ferner kann man vermuten, daß das Ausmaß der funktionalen Differenzierung dieser Mechanismen zur Beschleunigung der Evolution beiträgt. Zumindest im Bereich der soziokulturellen Evolution ist ein Zusammenhang zwischen dem Tempo der Evolution und der Komplexität des Gesellschaftssystems in der bisherigen Gesellschaftsentwicklung offensichtlich – aber ebenso sicher ist, daß dieser Zusammenhang nicht einfach in der Form einer kontinuierlichen Exponentialkurve in die Zukunft verlängert werden kann. Es kommt mithin darauf an, genauer zu sehen, durch welche Mechanismen die evolutionären Funktionen im Falle der soziokulturellen Evolution ausgeführt werden und welche Schranken sich daraus sowie aus sonstigen strukturellen Beschränkungen des Gesellschaftssystems ergeben.

Mit solchen Analysen kann der Bewegungsbegriff als theorietragende Vorstellung verabschiedet bzw. auf eine Ergebnisse zusammenfassende Kategorie ohne Forschungswert reduziert werden. Im Vergleich zu älteren Vorstellungen von welthistorischer Bewegung (Hegel) oder von Evolution als naturgesetzlichem Kausalprozeß (Darwin) oder von Geschichte als sich selbst steigernder Kontinuität (Droysen) hat die Unterscheidung von mehreren Funktionen und kooperierenden Mechanismen, die Evolution erzeugen, einen wesentlichen Vorteil: Sie ermöglicht es, auch nach der *Evolution der Evolution* noch zu fragen, nämlich zu untersuchen,

59 Für den Fall des Rechts habe ich einen solchen Zusammenhang zu skizzieren versucht in: Niklas Luhmann, »Evolution des Rechts«, *Rechtstheorie* 1 (1970), S. 3-22, Wiederabdruck in: ders., *Ausdifferenzierung des Rechts: Beiträge zur Rechtssoziologie und Rechtstheorie*, Frankfurt/M. 1981, S. 11-34. Ausführlicher ders., *Rechtssoziologie*, 2 Bde., Reinbek 1972.

wie die Evolution selbst Bedingungen erzeugt, die eine höhere Variation, eine schärfere Selektion auch des relativ Unwahrscheinlichen und eine Stabilisierung auch des Komplexen und dann trotz der damit verbundenen Gefährdungen wieder höhere Variation usw. ermöglichen. Auch evolutionäre Veränderungen in den einzelnen evolutionären Mechanismen und in ihrem Verhältnis zueinander werden damit erforschbar. Erst dadurch wird die den denkenden Historiker faszinierende Beobachtung einer sich selbst steigernden Kontinuität forschungsreif.

4. Neutralisierung von Ursachen

Kein komplexes System ist ausschließlich von einem Faktor abhängig. Schon für Großmoleküle, für Organismen und erst recht für Sinnsysteme lassen sich eine Vielzahl unverzichtbarer Existenzbedingungen angeben, deren Entzug das Ende bedeuten würde. Der Kausalbezug komplexer Systeme kann theoretisch weder in Richtung auf monokausalen Determinismus noch in Richtung auf Indeterminismus vereinfacht werden. Evolution ist weder eine monokausale Bewegung noch Genese absoluter Freiheit.

Der Kausalbezug komplexer Systeme ist im übrigen selbst ein Resultat von Evolution. Nur so kann er als Kausalstruktur komplex sein (bzw. werden). Das bedeutet, daß die Evolution in dem Maße, als sie komplexere Systeme mit Fähigkeit zur Selbstorganisation aufbaut, die Ausgangsursachen sei es ersetzen, sei es in neue Wirkungsmuster einbauen muß. Für solche Systeme differieren dann Entstehungserklärung und Betriebserklärung. »Such a system may be compared to a closed loop. Although it is evident that the line from which the loop is formed must have originated somewhere, the starting point will have lost all its importance as soon as the circle is closed.«[60] Die Evolution generell – und nicht erst die bürgerliche Revolution – macht Systeme von ihrer »Herkunftswelt« unabhängig.

Das wiederum ist nur möglich dadurch, daß Evolution sowohl Abhängigkeiten als auch Unabhängigkeiten herstellt und steigert. In komplexen Systemen kann nicht alles von allem abhängen, das würde Immobilität oder, im Falle von Änderungen, Chaos oder doch Entscheidungsunfähigkeit bedeuten.[61] Evolution ist daher nur möglich, wenn und soweit mit der Zunahme von Existenzvoraussetzungen zugleich Interdependenzunterbrechungen eingeführt und Ursachen neutralisiert werden.

Bei genauerem Zusehen lassen sich mehrere Arten der Interdependenzunterbrechung unterscheiden. Die Neutralisierung von Ursachen kann auf verschiedene Weise erreicht werden, nämlich durch Selbstselektion, durch Äquifinalität und durch Unabhängigwerden von der Ausgangssituation.

Kybernetiker und Biologen pflegen heute sehr pointiert herauszustellen, daß Zufall ausreicht, um Ordnung herzustel-

60 Eigen, »Selforganization of Matter and the Evolution of Biological Macromolecules«, S. 467, in bezug auf das Zusammenspiel von Nukleinsäuren und Proteinen.

61 Vgl. z. B. Jean Ray, *Essai sur la structure logique du code civil*, Paris 1926, S. 245 ff.; W. Ross Ashby, *Design for a Brain*, London ²1954; Robert Redfield, »Societies and Cultures as Natural Systems«, *The Journal of the Royal Anthropological Institute of Great Britain and Ireland* 85 (1955), S. 19-32; Alvin Gouldner, »Reciprocity and Autonomy in Functional Theory«, in: Llewellyn Gross (Hg.), *Symposium on Sociological Theory*, Evanston, White Plains 1959, S. 241-270; O. J. Harvey, David E. Hunt, Harold M. Schroder, *Conceptual Systems and Personality Organization*, New York, London 1961, S. 63 f., 75; Christopher Alexander, *Notes on the Synthesis of Form*, Cambridge (Mass.) 1964, als Beispiele für die Behandlung dieses Problems in sehr verschiedenen Disziplinen.

len:[62] Ordnung entstehe kontingent; es sei nicht notwendig, eine notwendige Beziehung etwa zwischen Ursache und Wirkung von Mutationen anzunehmen. »Zufall« ist jedoch ein relationaler Begriff. Daher bedarf die Aussage einer Klärung und Relativierung, und zwar mit Hilfe von Begriffen wie Autokatalyse oder Selbstselektion.[63] In allen Arten von Evolution gibt es Katalysatoren, die Bedingungen invariant setzen, unter denen durch sie nicht beeinflußbare (und insofern »zufällige«) Umweltereignisse an selbstselektiven Systemen Veränderungen auslösen, die ohne Katalyse nicht auftreten würden. Die Systemgenese beruht, mit anderen Worten, auf Unterbrechung und selektiver Wiederherstellung von Kausalbeziehungen zwischen System und Umwelt, sie wird vom System aus konditioniert durch Fixierung von Regeln für mögliches Zusammenwirken von System und Umwelt.

Ein Sonderfall dieses allgemeinen Prinzips, der in höheren Entwicklungsstufen in bezug auf eine komplexere

62 Vgl. z. B. Ernst Mayr, »Zufall oder Plan, das Paradox der Evolution«, in: Gottfried Kurth (Hg.), *Evolution und Hominisation*, Stuttgart [2]1968, S. 17-31; François Jacob, *Die Logik des Lebendigen: Von der Urzeugung zum genetischen Code*, Frankfurt/M. 1972, S. 11, und in geradezu beschwörender Form Monod, *Zufall und Notwendigkeit*, S. 141 f. Im allgemeinen lassen diese Autoren im dunkeln, was sie unter Zufall verstehen. Man gewinnt den Eindruck, daß nichts weiter gemeint ist als die Differenzierung von Variations- und Selektionsmechanismen in dem Sinne, daß die Variation nicht schon im Hinblick auf Selektion erfolgt oder durch die Ursachen der Selektion sozusagen parallel laufend mitverursacht wird. So explizit z. B. Sewall Wright, »Comments on the Preliminary Working Papers of Eden and Waddington«, in: Paul S. Moorhead, Martin M. Kaplan (Hg.), *Mathematical Challenges to the Neo-Darwinian Interpretation of Evolution*, Philadelphia 1968, S. 117-120 (117). Damit wäre nicht viel mehr als die Existenz von Diskontinuitäten bestimmter Art behauptet.

63 Vgl. dazu oben, in diesem Teil, Kap. I.2 (S. 279).

Umwelt Bedeutung gewinnt, heißt *Äquifinalität*.[64] Durch Selbstselektion wird es möglich, auch aus verschiedenartigen Ausgangskonstellationen die gleiche Struktur aufzubauen. Hier liegt der Anlaß für die bereits in der organischen Evolution hin und wieder zu beobachtenden Konvergenzen. So lernen Kinder in verschiedenartigen Familien auf verschiedenartige Weise ein gleichartiges Schema der Zeit,[65] und Gesellschaften sehr verschiedener Art entwickeln aus sehr verschiedenen Anlässen ähnliche Rechtsinstitutionen – etwa Strafe, Eigentum, testamentarische Erbfolge, Vertrag.[66] Dem liegt das bekannte »Prinzip begrenzter Möglichkeiten« zugrunde, das besagt, daß strukturierte Systeme nicht mehr beliebige, sondern nur noch wenige brauchbare Lösungen ihrer Probleme entwickeln können.[67] Ebendeshalb müssen sie eine ausreichende Unabhängigkeit von Ausgangslagen gewinnen, weil sonst die Chance der Problemlösung zu gering wird. Evolutionstheoretisch gesehen liegt mithin in der Äquifinalität die Wahrscheinlichkeit, daß auch bei zunehmender Komplexität der Systeme neue Problemlösungen entwickelt

64 Vgl. Ludwig von Bertalanffy, »Zu einer allgemeinen Systemlehre«, *Biologie Generalis* 19 (1949), S. 114-129 (123ff.). Der gleiche Gedanke bereits bei Émile Boutroux, *De la contingence des lois de nature*, Paris [8]1915, S. 13. Siehe ferner Ashby, »The Effect of Experience on a Determinate Dynamic System«. Wichtig ist die seit Bertalanffy mit dem Begriff verbundene Einsicht, daß Äquifinalität nur in offenen (umweltverbundenen) Systemen möglich ist.

65 Vgl. Jean Piaget, *Die Bildung des Zeitbegriffs beim Kinde*, Zürich 1955, passim, insb. S. 368.

66 Ein in der Rechtsethnologie vieldiskutiertes Thema. Vgl. statt anderer Robert Redfield, »Primitive Law«, in: Paul Bohannan (Hg.), *Law and Warfare: Studies in the Anthropology of Conflict*, Garden City 1967, S. 3-24 (21f.).

67 Vgl. Alexander A. Goldenweiser, »The Principle of Limited Possibilities in the Development of Culture«, *Journal of American Folk-Lore* 26 (1913), S. 259-290, als die am meisten zitierte Darstellung.

werden können und die Evolution weiterläuft. Auch in dieser Hinsicht gerät die soziokulturelle Evolution allerdings in eine völlig neuartige Lage dadurch, daß die Gesellschaftssysteme sich zur Weltgesellschaft zusammenschließen, so daß für weitere Entwicklungen sehr bald nur noch eine einzige Ausgangslage zur Verfügung stehen wird.

In Hinblick darauf dürfte eine weitere Form der Neutralisierung von Ursachen um so bedeutsamer werden, nämlich die *Ursachensubstitution*, die es ermöglicht, im Laufe der Entwicklung eines Systems dieses auch von der eigenen Ausgangskonstellation unabhängig zu machen, sozusagen genetische Ursachen gegen Erhaltungs- oder Reproduktionsursachen auszutauschen, die »billiger« und weniger zufällig verfügbar sind. Das allmähliche Unabhängigwerden der Kultur von Mythen und Religionen ist ein Beispiel dafür, die Produktionstechnik ein anderes, die relative Unabhängigkeit wissenschaftlicher Theorien von Entstehungskontext und Begriffsgeschichte ein drittes.

Will man diese aufeinander aufbauenden Formen der Ursachenneutralisierung auf einen gemeinsamen Nenner bringen, so kann man sagen, daß Selektions*regeln* es einem System (unter bestimmten Umweltvoraussetzungen) ermöglichen, von Prozeß*anfängen* unabhängig zu werden. Regeln haben ihre Funktion im Bezug auf die Kontingenz von Prozessen; sie sind insofern mit der Willkür des Anfangens kompatibel. Sie gewinnen ihre Bestimmtheit nicht durch den Anfang, sondern durch die Fortsetzbarkeit der Prozesse. Darin, daß sie das reflektiert, unterscheidet sich die moderne genetische Evolutionstheorie von der Schöpfungstheorie, die den Grund und die Richtung aller Entwicklung (*explicatio*, Entfaltung) in ihrem Anfang gewährleistet sah. Das Prinzip der Evolution konnte daher auch erst in einer Gesellschaft formuliert werden, die so komplex ist, daß sie sich nicht mehr an der Bestimmtheit ihrer Vergangenheit, sondern an der Bestimmbarkeit ihrer Zukunft orientiert (und ebendeshalb keine externe Determination mehr akzeptieren kann).

5. Steigerung der Komplexität

Trotz hochdifferenzierter Analysen hatte Herbert Spencer schließlich gemeint, »that evolution can end only in the establishment of the greatest perfection and the most complete happiness«.[68] So huldigt ein unbestreitbares analytisches Talent dem Geist der Zeit. Man kann jedoch ein solches Bekenntnis, Spencer selbst spricht von »belief«, nicht einfach streichen, ohne im theoretischen Konzept eine Lücke zu reißen, die schwer wieder zu schließen ist. Was sonst gibt der Evolution ihre Einheit, wenn nicht ein solches Ende?

Fragen wir zunächst unseren Zeitgeist. Wenn unsere Gesellschaft sich auf ein Symbol einigen müßte, so würde es vermutlich nicht der Kreis, nicht das Kreuz, nicht die Linie sein, sondern die schwindelerregende Exponentialkurve. Exponentialkurven, die zunehmend beschleunigte Zunahmen von was auch immer ausdrücken, symbolisieren gegenwärtig die Einheit von Wunsch und Krisenerwartung. Da die bisherige Evolution sich als Bewegung zum Komplexen hin zugleich beschleunigt, liegt es auf der Hand, sie als Exponentialkurve zu extrapolieren und die Zeichen der Zeit als Symptome der Überforderung durch Komplexität zu deuten.

Im Prinzip ist diese Auffassung zu bejahen. Sie ist der Extrakt der Evolutionstheorie selbst. Innerhalb der Evolutionstheorie zeichnet sich kein anderes Verständnis der Beziehung von Zeit und Weltgeschichte ab. Ebendeshalb ist es wich-

68 *First Principles*, S. 517.

tig, voreilige Schlußfolgerungen zu vermeiden. Es kommt alles auf die Kommentierung an, mit der wir die bisherigen Analysen zusammenfassen. Letztlich sind die Bedingungen der Steigerung von Komplexität zugleich die Bedingungen weiterer Evolution. Zunächst wäre zu rekapitulieren, daß Evolution nicht als von sich aus notwendiger, kontinuierlicher, unilinearer und irreversibler Prozeß zu begreifen ist. Wenn es Evolution gibt, beruht sie auf Konditionalisierungen im Sinne einer kontingent eintretenden (mit anderen Worten: nicht systemspezifisch determinierten) Kombination von Struktur und Ereignis.

Diese Einsicht schließt es nicht aus, Evolution auf der Ebene ganzer Gesellschaftssysteme oder einzelner ihrer Teilsysteme mit Hilfe von Guttman-Skalen zu untersuchen.[69] Die Frage ist nur, was damit gewonnen wird. Weder beweist noch widerlegt die Guttman-Skalierung die historische Sequenz in der Entstehung von aufeinander aufbauenden

69 Als Beispiel für solche Versuche siehe etwa Linton C. Freeman, Robert F. Winch, »Societal Complexity: An Empirical Test of a Typology of Societies«, *American Journal of Sociology* 62 (1957), S. 461-466; Robert L. Carneiro, Stephen F. Tobias, »The Application of Scale Analysis to the Study of Cultural Evolution«, *Transactions of the New York Academy of Sciences* 26 (1963), S. 196-207; Richard D. Schwartz, James C. Miller, »Legal Evolution and Societal Complexity«, *American Journal of Sociology* 70 (1964), S. 159-169; Robert K. Leik, Merlyn Mathews, »A Scale for Developmental Processes«, *American Sociological Review* 33 (1968), S. 72-75; Gary L. Buck, Alvin L. Jacobson, »Social Evolution and Structural-Functional Analysis: An Empirical Test«, *American Sociological Review* 33 (1968), S. 351-352; Mark Abrahamson, »Correlates of Political Complexity«, *American Sociological Review* 34 (1969), S. 690-701; Joseph P. Farrell, »Guttman Scales and Evolutionary Theory: An Empirical Examination Regarding Differention in Educational Systems«, *Sociology of Education* 42 (1969), S. 271-283; Fred W. Riggs, »The Comparison of Whole Political Systems«, in: Robert T. Holt, John E. Turner (Hg.), *The Methodology of Comparative Research*, New York 1970, S. 73-121.

Gesellschaftszuständen. Sie muß ferner von Phänomenen absehen, die es im evolutionären Prozeß zweifellos auch gibt, nämlich vom Wegfall genetisch wichtiger Ursachen. Sie setzt in der Beweistechnik außerdem eine Mehrheit unabhängiger Gesellschaftssysteme voraus und wird mit zunehmend weltweiten Interdependenzen fragwürdig. Das schließt Erfolge in bezug auf eigens dafür ausgesuchte, einander voraussetzende evolutionäre Errungenschaften nicht aus. Damit lassen sich Nichtzufälligkeiten der Evolution und spezifische Trends zur Akkumulation von voraussetzungsvollen Errungenschaften nachweisen, die keine Evolutionstheorie übersehen darf. Andererseits täuscht die Skala die Einheit einer Entwicklungslinie vor, die ihr selbst nicht entnommen und auch nicht ohne weiteres als Eigenschaft des evoluierenden Systems interpretiert werden darf.[70] Allenfalls wird man sagen dürfen, daß voraussetzungsreiche Errungenschaften, etwa solche der funktionalen Differenzierung, ihrerseits Voraussetzungen dafür sind, daß die Gesellschaft höhere Komplexitätsniveaus erreicht und halten kann.

Eine zweite Modifikation älterer Positionen betrifft die begriffliche Seite von Aussagen über Steigerungsfähigkeit. Die Hauptkategorien der Evolutionslehre des 19. Jahrhunderts – Bestand, Fitneß, Anpassung – bezeichnen gar keine steigerungsfähigen Sachverhalte und eignen sich schon deshalb nicht als Kriterien der Evolution.[71] Diese Voraussetzung erfüllt dagegen der Begriff der Komplexität, und zwar in mehreren Dimensionen: im Hinblick auf Größe, im Hinblick auf Verschiedenartigkeit, im Hinblick auf Interdependenz und, von alldem abhängig, im Hinblick auf Anforderungen an

70 Explizit ablehnend bereits Spencer, *Principles of Sociology*, S. 223.

71 Dies wendet Peel, »Spencer and the Neo-Evolutionists«, S. 175, gegen Spencer ein.

Generalisierungs-, Integrations- und Respezifikationsleistungen.

Hieraus ergeben sich Folgeprobleme. Zum einen muß nach Ablehnung von Kriterien wie Bestand, Fitneß, Anpassung neu überlegt werden, auf welche Einheit sich Aussagen über Evolution eigentlich beziehen.[72] Zum anderen werden infolge der Mehrdimensionalität des Komplexitätsbegriffs Vergleiche unscharf und Fragen des Mehr oder Weniger zum Teil unentscheidbar. Es mag Systeme mit hoher Verschiedenartigkeit und geringer Interdependenz geben, aber auch umgekehrt Systeme mit geringer Verschiedenartigkeit und hoher Interdependenz, so daß auf der Ebene eines allgemeinen Begriffs der Komplexität offenbleiben muß, welche Systeme die komplexeren sind. Multidimensionale Konzepte lassen sich eben nicht ohne Informationsverlust aggregieren.

Mit der Multidimensionalität von Komplexität hängt ein weiterer Gesichtspunkt eng zusammen. Man muß die Vorstellung aufgeben, daß Einfachheit und Komplexität auf einer Dimension lägen, die vom Einfachen zum Komplexen führe. Vielmehr bezeichnen beide Begriffe etwas qualitativ Verschiedenes. Das ist schon daran erkennbar, daß Einfachheit sich überhaupt nicht steigern läßt. Im übrigen zeigen neuere Forschungen über Komplexität auf verschiedenen Gebieten,[73] daß Begriffe wie Einfachheit und Komplexität stets eine operative Einheit suchen müssen, die je nach Prozeßform (zum Beispiel Wahrnehmen, Sprechen, Denken) und je nach Komplexitätsgrad sehr verschiedenen Anforderungen genügen muß. Das heißt: Eine Dimension kann nur im Sinne von

72 Auf diese Frage stößt auch J. Maynard Smith, »Time in the Evolutionary Process«, *Studium Generale* 23 (1970), S. 266-272, und vermutet, daß als Bezugseinheit von Aussagen über zunehmende Komplexität nur umfassende Eco-systems in Frage kommen.

73 Vgl. die Literaturhinweise in Teil 1, Kap. I.1, Anm. 5 bis 14.

niedrigerer und höherer Komplexität mit je unterschiedlichen Anforderungen an hineinspielende Einfachheit begriffen werden. Und das entspricht auch der Beziehung des Begriffs auf Systeme wie auf Umwelten, die beide nicht als Einfaches gedacht werden können.

Im Anschluß an die Ausarbeitung des Komplexitätsbegriffs[74] müssen wir diesen Bedenken dadurch Rechnung tragen, daß wir Systemkomplexität als eine Relation zwischen Elementen und Ordnungen begreifen, deren Steigerbarkeit darin besteht, daß unter bestimmten, voraussetzungsvollen Anforderungen an reduktive Ordnung ein System in der Lage ist, mehr Elemente vielfältiger miteinander zu verknüpfen. »Every now and then an evolutionary advance is rewarded by a very large increase in numbers.«[75] Ausschlaggebend ist dabei nicht die schiere Zahl der Elemente und die dadurch fixierte Zahl der zwischen ihnen möglichen Beziehungen, sondern nur das damit gegebene interne Selektionspotential, und dies auch nur dann, wenn es sich gegenüber der Umwelt als Systemeinheit (zum Beispiel als Zusammenhang spezifizierter Reproduktionschancen) zur Wirkung bringen läßt.

Daraus ergibt sich, wie ebenfalls durch unseren komplexen Komplexitätsbegriff präformiert, daß Evolution nicht Komplexität schlechthin und in beliebiger Weise vermehrt, sondern daß dies geschieht im Hinblick auf die Ermöglichung höhergestufter Wechselbeziehungen zwischen System und Umwelt in den für künftige Evolution wichtigen Fällen.[76]

74 Siehe dazu oben, Teil 1, Kap. I.1.

75 Eine Formulierung von J. B. S. Haldane, *The Causes of Evolution*, New York, London 1932, S. 153, die George G. Simpson, »The Concept of Progress in Organic Evolution«, *Social Research* 41 (1974), S. 28-51 (46), zitiert.

76 Zur Parallelargumentation in der Theorie organischer Evolution vgl. Jacob, *Die Logik des Lebendigen*, S. 334ff. Dem entspricht der bekannte

Nicht die Vermehrung der Zahl und Verschiedenartigkeit von Rollentypen in der Familie scheint sich in zunehmend komplexeren Gesellschaften zu bewähren, sondern ein generelleres und zugleich systemspezifischeres Integrationsprinzip (Liebe), das mit einem höheren Grad personaler Individualisierung und mit mehr verschiedenartigen Umweltbeziehungen dieser Teilsysteme der Gesellschaft kompatibel ist.[77]

Diese Modifikationen der alten Vorstellung einer Bewegung vom Einfachen zum Komplexen kann man in einer Evolutionstheorie heute nicht mehr übergehen, und es genügt auch nicht, sie verbal zu überspielen durch Verwendung eines inhaltlich unbestimmt bleibenden Begriffs der Komplexität. Die Kritik selbst weist den Weg für ihre Berücksichtigung. Zunächst muß die Systemreferenz angegeben werden, die man im Auge hat, wenn man von Evolution spricht, da nicht alle Systeme evolutionsfähig sind. Für den Fall der soziokulturellen Evolution ist das Bezugssystem die Gesellschaft. Evolutionstheorie und Gesellschaftstheorie müssen deshalb sehr viel enger verbunden werden, als dies dem 19. Jahrhundert im Anschluß an entweder Spencer oder Darwin möglich war. Soziokulturelle Evolution ist Steigerung der Komplexität des jeweils als Gesellschaft fungierenden Sozialsystems – und nicht etwa Steigerung der Komplexität von Interaktionen, Grammatiken, Taktgefühlen, Kunstfertigkeiten, Verwandt-

Begriff der »dominant types« von Julian S. Huxley, *Evolution: The Modern Synthesis*, London [2]1963, mit den beiden Untertypen: höhere Kontrolle der Umwelt und höhere Unabhängigkeit von der Umwelt – beides Fällle von »relativ unabhängiger Variabilität«.

77 Siehe hierzu mit weiteren Beispielen auch Eric R. Wolf, »The Study of Evolution«, in: Eisenstadt (Hg.), *Readings in Social Evolution and Development*, S. 179-191 (186).

schaftsbeziehungen, Speisekarten usw. für sich genommen.[78] Größenveränderungen zum Beispiel erfolgen hier durch Bevölkerungsvermehrung und/oder durch Systemexpansion.[79] Reduktionsweisen werden durch Strukturen von gesamtgesellschaftlicher Relevanz (zum Beispiel Recht) verändert. Daraus folgt, daß Operationalisierungen dessen, was mit »Steigerung der Komplexität« gemeint ist, eine Theorie der Gesellschaft voraussetzen (zu deren Ausarbeitung die evolutionstheoretische Fragestellung beiträgt). Damit stoßen wir erneut auf die Selektionsform Sinn, die auf der Ebene des Gesellschaftssystems konstituiert wird und die soziokulturelle Evolution als besondere auszeichnet.

Da wir unter Sinn Simultanpräsentation von Horizont und Identität, von Möglichem und Wirklichem verstehen, doppelt sich das Problem der Komplexität. Höherentwickelte Gesellschaften sind in zweifacher Hinsicht komplexer: ihre Möglichkeiten und ihre Wirklichkeit betreffend. Geht man vom Begriff der Handlung als letzter, für die Gesellschaftsanalyse nicht mehr reduzierbarer Einheit aus (wobei zu beachten ist, daß das, was jeweils eine Einzelhandlung ist, selbst einer sozialen Definition unterliegt), sind demnach höherentwickelte Gesellschaften insofern komplexer, als (1) mehr und verschiedenartigere Handlungen mit weitläufigeren Interdependenzen gewählt werden können und (2) faktisch mehr und verschiedenartigere Handlungen mit weitläufigeren Interdependenzen auch vorkommen.

78 Nicht einmal die Sprache selbst wird im Laufe der Evolution komplexer. Es war jedoch ein Fehlschluß, allein deshalb die Evolution von Sprache zu verneinen; vielmehr mußte die Frage nach der Funktion der Sprache in bezug auf eine evolutionär komplexer werdende Gesellschaft gestellt werden. Vgl. dazu Joseph H. Greenberg, *Essays in Linguistics*, New York 1957, S. 56ff.

79 Hierzu unten, Kap. II.7.

Das heißt selbstverständlich nicht, daß jedermann jederzeit aus einem gesteigerten Handlungsrepertoire wählen könnte und faktisch auch stärker beschäftigt ist. Evolution heißt, mit anderen Worten, weder zwangsläufige Zunahme von Freiheit noch zwangsläufige Zunahme von Arbeit. Die Aussage betrifft aggregierte Effekte auf der Ebene des Gesamtsystems, hängt also ab von der Systemreferenz Gesellschaft.[80] Sie setzt einen hohen »Organisationsgrad« des Gesellschaftssystems voraus, durch den die Komplexität als Möglichkeit und als Wirklichkeit sozusagen verteilt wird. Daß die gesellschaftliche Evolution es ermöglicht, zum Mond zu fliegen, ist und bleibt ein Faktum im Möglichkeitshorizont des gesellschaftlichen Erlebens und Handelns, das als Handlung oder als Unterlassung zur Disposition steht, auch dann, wenn nicht jedermann darüber entscheiden und erst recht nicht jedermann zum Mond fliegen kann. Und daß selbst höchste Machthaber in demokratischen Verfahren ausgewechselt werden können, bleibt in gleicher Weise auch dann ein Faktum, wenn nicht jedermann darüber entscheiden, geschweige denn jedermann seine konkreten Interessen damit fördern kann.

80 Darauf hat Frieder Naschold, »Die systemtheoretische Analyse demokratischer politischer Systeme: Vorbemerkungen zu einer systemanalytischen Demokratietheorie als politischer Wachstumstheorie mittlerer Reichweite«, in: Erwin Faul (Hg.), *Probleme der Demokratie heute: Tagung der Deutschen Vereinigung für Politische Wissenschaft in Berlin, Herbst 1969 (Sonderheft 2 der Politischen Vierteljahresschrift)*, Opladen 1971, S. 3-39, hingewiesen. Damit ist eine wichtige Implikation der Systemreferenz von Bestimmungen wie Komplexität und Kontingenz beleuchtet, nicht aber auch die theoretische Verwendung dieser Begriffe kritisiert. Daß Vorgänge auf jeweils niedrigeren Ebenen der Aggregation, Situationen oder gar Handlungen damit nicht zureichend bestimmt sind, ist mit dem Begriff der Systemkomplexität gerade behauptet, kann also nicht gegen ihn eingewandt werden. Möglich wäre die Wahl einer engeren Systemreferenz, die Naschold selbst aber für sein Problem der Demokratie kaum in Betracht ziehen würde.

Die Konsequenz ist, daß die Selektivität aller Einzelfestlegungen steigt – was aber nur in einer mehrschichtigen Analyse und mit Wechsel von Systemreferenzen präzise nachvollziehbar ist. Komplexe Gesellschaftssysteme erzeugen, wie wir im Teil 4 über Systemdifferenzierung genauer zeigen werden, in ihren Weltprojektionen einen immensen Überschuß an Möglichkeiten über das hinaus, was sie selbst insgesamt verwirklichen können. Aber auch ihre Wirklichkeit ist nach Zahl, Varietät und Interdependenz der vorkommenden Handlungen hoch komplex und wird dadurch in sich selbst nochmals möglichkeitsreich insofern, als sie für alle Teilsysteme und schließlich für das Einzelhandeln selbst Möglichkeiten bietet. Daß ein funktionierendes Verkehrssystem besteht, bietet anderen die Möglichkeit zu reisen. Selbst systemrelative Unmöglichkeiten – etwa die Unmöglichkeit, wirklich politischen Einfluß zu gewinnen, die Unmöglichkeit, handwerksgerechte Arbeiten ausgeführt zu erhalten, oder die Unmöglichkeit, eine umfassende Systemtheorie mit logischen und empirischen Erfordernissen in Einklang zu bringen – sind Teilsystemunmöglichkeiten vor dem Hintergrund gesellschaftlich projektierter Möglichkeiten. Evolutionäre Steigerung von Komplexität läuft mithin darauf hinaus, daß die Selektivität dessen, was faktisch geschieht, zum Problem wird.

Faßt man diese Analysen zusammen, dann drängt es sich auf, die Aussagen über »Steigerung der Komplexität« nicht auf Zustände, sondern auf Relationen zu beziehen, und zwar auf Komplexitätsdifferenzen. Diese ergeben sich zwangsläufig – teils evolutionstheoretisch, teils begriffslogisch, jedenfalls ohne Notwendigkeit exakter Messung – in zwei Hinsichten: Die Gesamtumwelt ist immer komplexer als jedes einzelne System für sich genommen. Und das Mögliche insgesamt ist notwendig komplexer als das Wirkliche, weil alles Wirkliche auch möglich ist, aber nicht umgekehrt alles Mögliche wirklich. Mit der Evolution sinnkonstituierender Systeme entsteht somit ein Komplexitätsgefälle in diesen beiden Hinsichten. Soziokulturelle Evolution kann daher charakterisiert werden als Wandel dieses Komplexitätsgefälles, als Veränderung durch Ausbildung institutioneller Selektoren (Reduktionsmechanismen), die in der einen oder anderen Hinsicht mit höheren Komplexitätsdifferenzen kompatibel sind. Dies könnte auch Parsons meinen, wenn er vor einem wenig artikulierten grundbegrifflichen Hintergrund Evolution durch »adaptive upgrading« oder »greater generalized adaptive capacities« charakterisiert.

Man muß demnach die klassische Formel der Bewegung vom Einfachen zum Komplexen unter die qualifizierende Bedingung setzen, daß sie (aus systemtheoretisch angebbaren Gründen) nicht jede Art des Beisammenseins von Vielfältigem meint, über die das pure Faktum des *survival* entscheidet, sondern eine Konvergenz voraussetzt in Richtung auf eigene Steigerung der Selektivität kritischer Selektionsleistungen, die Aufbau, Erhaltung und Reproduktion hochkomplexer Systeme erst ermöglicht. Letztlich bezieht sich Evolution mithin auf die Leistungsfähigkeit von Selektionskriterien; sie verändert diese Leistungsfähigkeit in Richtung auf Kompatibilität mit höheren Komplexitätsdifferenzen.

Ohne späteren Analysen vorzugreifen, können wir hier abschließend festhalten, daß in genau dieser Problematik die Evolution von Sinn sich realisiert. Durch Konstitution von Sinn läßt sich die Differenz von Möglichem und Wirklichem (bzw. zu Verwirklichendem) mit sehr rascher Reduzierbarkeit und sehr hoher Selektionsschärfe ausstatten.[81] Mit diesen

81 Erneut frappiert die Parallele zur Stellung der Proteine, besonders der Enzyme, in der organischen Evolution. Für diese Ebene der Evolution formuliert Eigen, »Selforganization of Matter and the Evolution of Bio-

Eigenschaften bietet Sinn ein eigenartiges Potential für den Aufbau komplexer Systeme, das selbstverständlich auf das Fortbestehen organischer Grundlagen angewiesen ist, *nicht jedoch darauf, daß die organische Evolution in Richtung auf das Entstehen immer komplexerer Organismen weiterläuft.* Was Sinn ermöglicht, wird daher im Laufe der Zeit, und zwar im Laufe relativ kurzer Zeit, durch eine besondere Art von Evolution Wirklichkeit.

logical Macromolecules«, S. 518: »Evolution may involve an increase in selective value as well as utilization of a larger information content.« In der soziokulturellen Evolution wird diese Möglichkeit zur Frage der Evolution selbst.

Kapitel II

Mechanismen soziokultureller Evolution

1. Soziokulturelle Evolution

Die Theorie soziokultureller Evolution beruht nicht auf einer (wie immer vorsichtigen, vagen, entfernten) Analogie von Organismus und Gesellschaft. Ganz im Gegenteil: Gerade die fortentwickelte Evolutionstheorie schließt eine solche Parallele heute wohl definitiv aus.[82] Keinem Organismus kann man Evolution zuschreiben. Organische Evolution ist Entwicklung des Lebens schlechthin (wie immer man die dafür zentralen Prozesse autokatalytischer Reproduktion gegenüber chemischen Prozessen abgrenzen mag). Sie betrifft *ausschließlich* den Mechanismus genetischer Reproduktion, wozu sie Organismen nur intermediär – als Durchgangsstation gleichsam, nämlich als Reproduktions- und als variables (!) Stabilisierungsmittel – ausgliedert.

Vergleiche zwischen organischem Bereich und Sinnbereich sind demnach in zweifacher Hinsicht möglich, und

82 Insofern haben denn auch die Kritiker der Organismusanalogie recht, als sie für die Gesellschaft sehr viel höhere Variationsmöglichkeiten in Anspruch nehmen bis hin zu vollständigem Typenwandel. Im übrigen ist die unmittelbare (d.h. nicht durch eine allgemeine Systemtheorie vermittelte) Analogie Organismus/Gesellschaft so verfehlt, daß selbst ihre Kritik unfruchtbar geblieben ist. Vgl. z.B. Paul Kellermann, *Kritik einer Soziologie der Ordnung: Organismus und System bei Comte, Spencer und Parsons*, Freiburg 1967; A. James Gregor, »Political Science and the Uses of Functional Analysis«, *The American Political Science Review* 62 (1968), S. 425-439. Ferner Kurt W. Back, »Biological Models of Social Change«, *American Sociological Review* 36 (1971), S. 660-667.

beide Möglichkeiten müssen sorgfältig getrennt werden, nämlich (1) im Rahmen einer allgemeinen Systemtheorie unter dem Gesichtspunkt unterschiedlicher Formen der Systembildung und (2) im Rahmen einer allgemeinen Evolutionstheorie unter dem Gesichtspunkt unterschiedlicher Realisationsformen der allgemeinen evolutionären Mechanismen Variation, Selektion und Stabilisierung. Nur mit der letzten Frage sind wir an dieser Stelle befaßt.

Jene Kombination von stabilisierten Möglichkeiten, Zufallsereignissen und Zeit, die zur Evolution führt, ist ihrerseits nur unter bestimmten Bedingungen möglich. Es ist diese Ebene der ermöglichenden Bedingungen, auf der sich organische und soziokulturelle Evolution, auf der sich Proteine und Sinn letztlich unterscheiden. Die Feinregulierung mutativer Vorgänge bezieht sich ausschließlich auf diejenigen Kleinsysteme, die die spezifische Funktion der genetischen Reproduktion tragen, und damit ausschließlich auf eine spezifische Gen-Umwelt im Inneren der Zelle.[83] Sie ist im Hinblick auf die Bestandsfähigkeit der Organismen Zufall. Da die organische Evolution insofern auf blinder, mutativer Variation beruht, ist sie angewiesen auf große Zahlen und/oder lange Zeiträume. Sie hat deshalb für komplexere Organismen den Abkürzungsmechanismus von Zeugung, Geburt und Tod »erfunden«, der zugleich die Selektions- und Stabilisierungsleistungen auf dem Niveau höherer Komplexität vermittelt, aber, wie man heute weiß, ohne Einfluß auf die Variationschance ist.[84] Die Erwartbarkeit von evolutiven Veränderungen beruht damit auf statistischen Wahrscheinlichkeiten, nicht auf

83 Das schließt nicht aus, daß die Reguliertheit schon dieses Vorgangs für die Erklärung der Gerichtetheit der Evolution wichtig ist. Dazu Mayr, »Selektion und die gerichtete Evolution«.

84 Dies ist ein erster Hinweis auf das später ausführlich zu behandelnde Gesetz, daß Evolution auf Stufen höherer Komplexität eine stärkere

einem Plan und auch nicht auf zweckgerichteter Steuerung. Damit ist und bleibt organische Evolution an das Gesetz der großen Zahl gebunden, und das limitiert die auf ihrer Ebene erreichbare Komplexität von Einzelsystemen.

An diesem Punkte setzt die soziokulturelle Evolution an. Diese Limitation wird durch Sinn aufgehoben. Sinn ermöglicht durch Simultanpräsentation von Selektionsbereich und Selektion neuartige Systembildungen und damit neuartige Formen der Selbststeuerung, die sich schließlich (und zwar thematisch zuerst in einigen Hochkulturen) auch auf die Evolution selbst beziehen können; die Evolution selbst bekommt Sinn. Die dadurch ausgelösten Veränderungen setzen einen neuartigen evolutionären Prozeß in Gang, der sich der organischen Evolution überlagert, ohne sie mit ihren Mitteln kontinuierlich fortzusetzen. Im einzelnen lassen sich die kritischen Divergenzen zum Modus der organischen Evolution in folgenden Gesichtspunkten zusammenfassen:

(1) Auch soziokulturelle Evolution kann sich des Zufallsmechanismus bedienen in dem Sinne, daß sie Ereignisse benutzt, die von dem evoluierenden System aus nicht produziert werden können. Aber ihr Variationsmechanismus ist *nicht mehr notwendig zufällig*. Vielmehr können Variationen ebenso wie Selektionen auch im Hinblick auf einen evolutionären Kontext im Sinne eines erkannten Fortschritts vollzogen werden – was natürlich Fehler (im Sinne von Nichtstabilisierbarkeit, Nichtreproduzierbarkeit) nicht ausschließt, sondern nur auf eine andere Ebene bringt und auf andersartige Korrekturmechanismen verweist.

Differenzierung und Spezialisierung der Mechanismen für Variation, Selektion und Stabilisierung erfordert.

(2) Auch soziokulturelle Evolution bleibt auf Selektion angewiesen, muß also ein »Woraus« der Selektion voraussetzen können. Aber ihr Selektionsmechanismus *kann nicht nur unter Wirklichem, sondern auch unter Möglichem wählen*. Er setzt nicht voraus, daß das Selektionsfeld schon existiert, nämlich durch mutative Variation schon geschaffen ist und dann wieder vernichtet bzw. ausnahmsweise erhalten wird; sondern er präsentiert in der Form von Sinn zugleich ein Feld möglicher Anschlußselektionen, nämlich wirklicher Möglichkeiten, unter denen gewählt werden kann, ohne daß zuvor alles Wählbare realisiert werden muß. Damit werden unnötige Produktionsumwege vermieden. Zugleich wird eine erhebliche Beschleunigung erreicht. Der weitere Verlauf sowie das Tempo der soziokulturellen Evolution sind deshalb wesentlich dadurch bestimmt, was an wirklichen Möglichkeiten zur Disposition steht (entsprechend dem, was wir oben in Kapitel I.5 über Steigerung der Komplexität des Möglichen ausgeführt hatten).

(3) Auch soziokulturelle Evolution stabilisiert ihre Errungenschaften in der Form von Systemen; aber ihre Variations- und Selektionsmechanismen sind *nicht mehr darauf angewiesen, daß dies* (aus statistisch rekonstruierbaren Gründen) *durch eine sehr große Zahl von Systemen geschieht*. Damit wird die soziokulturelle Evolution als Evolution *typenabhängig* (was die organische Evolution entgegen früheren Annahmen nicht ist). Typenabhängig heißt, daß die weitere Entwicklung von Bedingungen der funktionalen und strukturellen Kompatibilität im evoluierenden System (und nicht nur: im Reproduktionsmechanismus) abhängig wird, daß mit anderen Worten der Strukturtypus einzelner Systeme ausschlaggebend dafür ist, ob und in welcher Richtung es weitere Evolution gibt.

Schon die Vielzahl archaischer Gesellschaftssysteme ist, statistisch und im Vergleich zu den Bedingungen organischer Evolution gesehen, eine relativ kleine Menge. Die Phase der Hochkultur wird nur in wenigen, abzählbaren Fällen mit hohem Individualisierungsgrad erreicht. Die heute sich bildende Weltgesellschaft ist ein einziges Gesellschaftssystem. Die soziokulturelle Evolution läuft mithin am Ende auf *Evolution in einem Falle* hinaus. Die kleine Zahl, schließlich die Einzahl, muß mithin in ihrem Nachteil durch Sinn immanent kompensierbar sein. Daß dies für Territorialgesellschaften alten Stils möglich war, beweisen die Sinnbildungen, die den Durchbruch zur bürgerlichen Gesellschaft und damit zur Weltgesellschaft getragen haben. Für die Weltgesellschaft selbst, für die kritische Frage weiterer Evolution in einem Falle, steht der Beweis der Möglichkeit aus.

(4) Diese Veränderungen, die in den folgenden Abschnitten noch spezifischer zu belegen sein werden, haben zusammengenommen erwirkt, daß Evolution mehr und mehr reflexiv geworden ist im Rahmen einiger weniger und schließlich eines einzigen Gesellschaftssystems, das mittels seiner Selbstselektion die Evolution steuert. Das Kriterium der Evolution, Komplexitätssteigerung, wird damit – wenn nicht Ziel, so doch – Funktionsbedingung ihrer Mechanismen. In sinnhaftem Erleben und Handeln kann Zeit als Horizont erscheinen[85] und damit Evolution als Kontext von Selektionen begriffen und projektiert werden; es

85 Zur Entwicklung und zu gesellschaftsstrukturellen Korrelationen dieses Zeithorizontes siehe Niklas Luhmann, »Weltzeit und Systemgeschichte: Über Beziehungen zwischen Zeithorizonten und sozialen Strukturen gesellschaftlicher Systeme«, in: Peter Christian Ludz (Hg.), *Soziologie und Sozialgeschichte (Sonderheft 16 der Kölner Zeitschrift für Soziologie und Sozialpsychologie)*, Opladen 1973, S. 81-115, Wiederab-

wird zum Beispiel denkbar, strukturelle Voraussetzungen für Erfolgschancen von Zufallsvariationen zu schaffen. Evolution setzt sich selbst jetzt nicht mehr nur blind voraus im Sinne von evolutionär schon erreichten Organisationsniveaus der Materie als differentielle Bedingung weiterer Evolution; sie impliziert sich selbst im Horizont ihrer eigenen Selektivität als Bedingung der Veränderung ihrer eigenen Möglichkeiten.

Mit all diesen Eigenschaften ist soziokulturelle Evolution (ebenso wie im übrigen organische Evolution) selbst eine evolutionäre Errungenschaft. An allen Unterschieden zwischen organischer und soziokultureller Evolution läßt sich ablesen, daß diese neuartige Möglichkeit nicht auf sofortige Perfektion angewiesen war, sondern sich allmählich aufbauen konnte: Unnotwendigkeit der Zufallsvariation schließt Benutzung des Zufalls keineswegs aus; die Möglichkeit, unter Möglichem zu wählen, schließt die Möglichkeit, unter Wirklichem zu wählen, nicht aus; die Verkleinerbarkeit der Zahl stabilisierender Systeme erfordert nicht die sofortige Reduktion auf eines; und die soziokulturelle Evolution ist auch nicht auf sofortige Selbstthematisierung angewiesen, sondern kann ihren eigenen Fortschritt sozusagen als Anschauungsmaterial benutzen in der Weise, daß statt Evolution zunächst Systemgeschichte bewußt wird. Nach Konsolidierung der Weltgesellschaft wird sich indes die Frage stellen, ob die Einheit des evoluierenden Systems nicht alle Zwischenlösungen obsolet werden läßt und man, wenn man weitere Evolution will, sie auch planen muß.

druck in: Niklas Luhmann, *Soziologische Aufklärung 2: Aufsätze zur Theorie der Gesellschaft*, Opladen 1975, S. 103-133.

2. Sprache

Daß die genannten Unterschiede von organischer und soziokultureller Evolution sich realisiert haben, ist einer bestimmten evolutionären Errungenschaft zu danken: der Sprache. Als erstes müssen uns daher die evolutionären Funktionen der Sprache interessieren im begrifflichen Kontext von Variation, Selektion und Stabilisierung. Die Evolution der Sprache selbst (über die man so gut wie nichts weiß) dient uns nur als Ausgangspunkt.

Vorsprachlich zusammenlebende Populationen kennen bereits rudimentäre Formen von Sinn, nämlich Kontextbezug von Selektionen, der in gewissem Umfange gegen Veränderungen immunisiert werden kann (zum Beispiel gegen Änderungen des Wetters). Sie kennen individuelles Lernen. Sie kennen außerdem einen Signalaustausch, mit dem sie wechselseitig Selektionen beeinflussen. Diese Leistungen werden durch Sprache zusammengefaßt und in einzigartiger Weise gesteigert. Das geschieht dadurch, daß Sinn mit kommunizierbaren Zeichen verknüpft und so in den Kommunikationsprozeß selbst verlagert wird. Nicht nur die Wahrnehmungsdaten selbst haben ihren unmittelbaren Realitätssinn, sondern zusätzlich gewinnen besondere, nämlich zu Kommunikationszwecken produzierbare Wahrnehmungsdaten – obwohl auch Wahrnehmungsdaten! – einen besonderen Sinn, der sich der Wahrnehmungswelt überlagert und sie repräsentiert. Die Zeichenfunktion wird dadurch nicht erst konstituiert – ein Büffel kann sehr wohl Zeichen dafür sein, daß noch mehr Büffel vorhanden sind; aber sie wird generalisiert und kommunikativ praktikabel gemacht auch für Situationen, in denen weder das Ding noch seine Naturzeichen vorkommen. Das Wort »Büffel« braucht nicht neben dem Büffel zu stehen wie ein anderer

Büffel; man kann es gleichwohl als Zeichen verwenden, aber nur in kommunikativem Handeln und nur wenn man weiß, daß man das Wort »Büffel« weder jagen noch essen kann.[86]

Mit Hilfe des Zeichensystems der Sprache kann ein neuartiger Code gebildet werden, indem die Fähigkeit zu Negation entwickelt und auf die Sprachzeichen bezogen wird. Ein Code ist, wie erinnerlich,[87] eine Struktur mit der Fähigkeit, für jedes beliebige Item in ihrem Relevanzbereich ein komplementäres anderes zu suchen und zuzuordnen. Die Fähigkeit zu Negation garantiert für sinnhaftes Erleben und Handeln nun genau dies, nämlich für jeden Sinn die Möglichkeit der Selektion eines genau komplementären anderen. Dazu ist erforderlich, daß die Sinngleichheit beim Suchen und Finden des Komplements nicht verlorengeht, daß also die Negation das Negierte nicht verändert. Dies leistet die Identität der Sprachzeichen. Erst durch Kombination von Negationsfähigkeit und Sprache entsteht mithin eine Struktur mit Codefunktionen, und zwar für den spezifischen Relevanzbereich doppelkontingenter Kommunikation. Der Sprachcode ermöglicht es, Worten und Sätzen bei Bedarf das genaue Komplement für gegenteiligen Gebrauch zuzuordnen. Auf diese Weise können soziale Situationen konstruiert und reproduziert werden, in denen die Möglichkeit unterschiedlich-selektiven Erlebens und Handelns mehrerer Beteiligter geordnet werden muß. Die Codeform der Sprache verhindert, daß diese Möglichkeit

86 Vgl. dazu Kenneth Burke, »A Dramatistic View of the Origin of Language (Part I-III)«, *The Quarterly Journal of Speech* 38 (1952), S. 251-264, 446-460; 39 (1953), S. 79-92; ders., »Postscripts on the Negative«, *The Quarterly Journal of Speech* 39 (1953), S. 209-216, neu gedruckt: ders., »A Dramatistic View of the Origin of Language and Postscripts on the Negative«, in: ders., *Language as Symbolic Action: Essays on Life, Literature, and Method*, Berkeley, Los Angeles 1966, S. 419-479.

87 Vgl. oben, in diesem Teil, Kap. I.2 (S. 280f.).

unterschiedlicher Selektion sich in Erfolgen festfährt, in Konsens aufgehoben und dadurch annuliert wird. Der Sprachcode reproduziert sie immer wieder neu. Sein Doppelungsschematismus garantiert so die Möglichkeit, Selektionsleistungen intersubjektiv zu differenzieren, sie einem Partner zuzurechnen und als genau diese zu bestreiten, also Selektionsfehler des anderen zu korrigieren, Selektionsabsichten zu durchkreuzen usw. Die Nichtidentität der Selektionen bleibt als Grundlage des Aufbaus komplexer Sozialsysteme und der Erhaltung eines differenzierten Umweltkontaktes verfügbar. Ohne einen solchen Code wäre gesellschaftliche Evolution nicht möglich.

Sprache reproduziert mithin für das Sozialsystem Gesellschaft die doppelkontingente Selektivität, die Pluralität von Selektionszentren, und dies mit Hilfe von Internalisierung, Generalisierung und Spezifikation der Zeichenfunktion für nahezu beliebige Gelegenheiten. Damit verbinden sich angebbare Vorteile, und zwar:

(1) Ein sehr wesentlicher *Zeitgewinn* in doppelter Hinsicht: Man braucht nicht auf Zeichen zu warten, man kann sie nach Bedarf produzieren und wird insofern von Zufällen unabhängig.[88] Und man ist, anders als bei Signalaustausch unter Tieren, nicht auf prompte Anschlußselektion beschränkt, sondern kann die Reaktion hinauszögern.[89] Man spart Zeit, nämlich Wartezeit, und gewinnt Zeit,

88 Anmerkenswert ist, in welchem Maße daraufhin die Religion Warten auf Zeichen und Produktion von Zeichen verquickt, ohne sich auf eine dieser Möglichkeiten allein stützen zu können.

89 Selbstverständlich nicht beliebig und, vor allem in Interaktionssystemen unter Anwesenden, nur unter stark einschränkenden Bedingungen. Diese Zwischenerwägung zeigt erneut die Wichtigkeit der Differenzierung von Gesellschaftssystem, Organisationssystemen und Interaktionssystemen, deren Auseinandertreten diesen Effekt verstärkt.

nämlich Reaktionszeit, in einem Zuge. Wie oben (unter Kapitel I.3) ausgeführt, hat ein solcher Zeitgewinn mit der Möglichkeit eines »rate control« im Hinblick auf Dauer und Wahrscheinlichkeit grundlegende Bedeutung für alle höhere Evolution.

(2) In der *Sachdimension* eine wesentliche Steigerung der Komplexität der fungierenden Sinnzeichen, und auch dies in doppelter Weise: einmal durch (codemäßig regulierte) Bildung von Zeichenketten (Texten) und zum anderen dadurch, daß das Kommunikationssystem von Selektion aus Wirklichem auf Selektion aus Möglichem umgestellt werden muß. Beides hängt insofern zusammen, als sprachliche Texte als Zeichen*folgen* ihre Bestimmtheit nur durch wechselseitig-selektive Koppelung von Einheiten, also durch mehrfache Selektion aus anderen (sprachlichen) Möglichkeiten gewinnen und so den Modalhorizont geradezu oktroyieren. Wechselseitige Selektivität der Termini ist Voraussetzung dafür, daß hochgradig Unbestimmtes (zum Beispiel »sehr«) als ausreichend Bestimmtes (zum Beispiel in: »hat sehr gut geschmeckt«) fungieren kann und trotzdem seine Unbestimmtheit sozusagen als Verwendungsrisiko und als Möglichkeit anderer Verwendung behält. So konstituiert Sprache einen Überhang an Möglichkeiten, der dann auch in Sinnzeichen festgehalten und in Modalformen ausgedrückt werden kann und schließlich als generalisierte Kontingenzhypothese alles Erleben und Handeln umfärbt.

(3) In der *Sozialdimension* schließlich eine wesentliche Steigerung sowohl von Konsens- als auch von Dissensmöglichkeiten dadurch, daß die Textbildung Zeichenketten benutzt, die das Erleben mehrerer Menschen übergreifen und mit dem Sinnerleben der Beteiligten nicht identisch sind. Gleiche Zeichen evozieren bei verschiedenen Men-

schen notwendig unterschiedliches Erleben und regulieren eben dadurch doppelkontingente Selektivität.[90] Die Partner sprachlicher Kommunikation können ihre wechselseitige Selektivität erfahren und kontrollieren dadurch, daß sie sie als Selektion einer Kommunikation unterscheiden von der Selektivität der Welt, über die sie sprechen. Dadurch wird es möglich, über je individuelles Lernen hinauszugehen und Beziehungen des Lehrens und Lernens, der selektiven Übertragung von Selektionsleistungen und der Korrektur etwaiger Fehler des anderen zu entwickeln.

Diese Beschleunigungs- und Steigerungsleistungen beruhen auf der systeminternen Differenz von Code und Prozeß und auf der Unabhängigkeit dieser Differenz von der Umwelt, also auf Ausdifferenzierung eines sprechfähigen Kommunikationssystems. Sie werden durch Systematisierung der Sprechmöglichkeiten auf der Ebene des Codes ermöglicht, das heißt durch spracheigene Verwendungsbeschränkungen, die nicht aus den Themen, über die man spricht, abgeleitet sind, sondern hinzutreten. Sprachlich korrekt gebildete Sätze sind ein erster Schritt der Reduktion überkomplexer Möglichkeiten, nämlich jenes Unbestimmtheitshorizontes, der mit der Struktur der Sprache selbst konstituiert wird; sie stellen Sinn in Aussicht, mit dem man sich dann konkret näher befassen kann.

Diese Eigenschaften ermöglichen es der Sprache, auf einem neuen, Sinn voraussetzenden Niveau der Evolution *alle evolutionären Funktionen selbst wahrzunehmen.* Sie ist ein Mechanismus der Variation und der selektiven Retention

90 Das heißt: Ich bestreite, daß sprachliche Kommunikation das Ziel hat, Konsens oder auch nur gleichartige Zustände der kommunizierenden Personen herzustellen, wie man häufig ohne nähere Begründung unterstellt.

zugleich. Sie erlaubt es, eingefahrene Muster sinnvoll zu variieren – nämlich buchstäblich: in Frage zu stellen. Und sie instrumentiert das Gedächtnis – sowohl der Einzelperson als auch des sozialen Systems – und ist damit Grundlage des Behaltens und der Reproduktion erworbener Verhaltensprämissen. Sprache dient also nicht nur als höherstufiges, wirksameres Anpassungsmittel im Verhältnis von System und Umwelt; sie ist überdies eine Grundlage weiterer Evolution. Diese weitere Entwicklung hängt dann aber davon ab, daß die evolutionären Funktionen der Variation, Selektion und Stabilisierung stärker als durch Sprache allein differenziert und mit funktionsspezifischen Mechanismen ausgestattet werden.

3. Variation

In dem Maße, als die Sprache von den übrigen evolutionären Funktionen der Selektion und der Stabilisierung entlastet werden kann – und das geschieht, wie wir sehen werden, durch Medienbildung und durch Systemdifferenzierung –, kann sie auf der Ebene des Gesellschaftssystems auf die Funktion eines Mechanismus der Variation konzentriert werden. Das heißt nicht, daß Sprache nur diese Funktion erfüllt, wohl aber, daß die Sicherung ausreichender Variabilität als Voraussetzung gesellschaftlicher Evolution, als Voraussetzung vor allem der Selektion neuer Problemlösungen primär auf Sprache beruht.

Die Parallele zur Mutation im Bereich der organischen Evolution ist in mehr als einer Hinsicht lehrreich, wenngleich natürlich kein beweiskräftiges Argument. Entgegen früheren Annahmen ist Mutation keineswegs ein plötzlicher und drastischer Umsprung der Erbanlagen mit Auswirkungen im Phänotyp des Organismus, sondern sie ist ein biochemisch aufs feinste durchregulierter, zumeist minimaler Effekt von

Fehlselektionen im Reproduktionsprozeß; sie ereignet sich in einem ziemlich komplexen System, das zugleich Nebenwirkungen mutativer Änderungen abfängt.[91] Schon Mutation setzt Selektionsregeln voraus, die Positionen von relativer Vorteilhaftigkeit gegen nutzlose Positionen differenzieren und dadurch den Prozeß der Zufallsselektion abkürzen.[92] Sie produziert als Einzelereignis ungünstigere oder günstigere Reproduktionschancen und nicht ohne weiteres komplette neue Eigenschaften, die im Kampf ums Dasein sich bewähren bzw. nicht bewähren. Ihre evolutionäre Funktion beruht auf einer Positivauslese, nicht auf einer Negativauslese. Mutation muß, um überhaupt möglich zu sein, sehr komplizierte Invarianzen und Harmonisierungsleistungen biochemischer Art schon voraussetzen, ist also selbst eine hochorganisierte Systemleistung – genauso wie die Sprache.

Das alles legt den Vergleich mit einzelnen Sprachakten im Bereich der soziokulturellen Evolution nahe. Wohlgemerkt beruht der Vergleich nicht auf Fehlselektionen in Sprachsequenzen, auf Versprechen oder Verschreiben; das wäre zu selten erfolgreich. Wir wollen deshalb nicht von Sprachmutationen sprechen. Nicht die analoge Erscheinungsform, sondern die Funktion trägt den Vergleich. Im Bereich sinnhafter Kommunikation stellt die Sprache selbst Mittel der Variation von Erwartungsmustern zur Verfügung, deren Gebrauch sie allerdings nicht determiniert, sondern, sprachlich gesehen, dem Zufall überläßt, nämlich: Fragen, gezielte Verneinungen,

91 Man kann diese Harmonisierungsleistung ihrerseits unter dem Gesichtspunkt von Selektionen behandeln – freilich auf einer anderen Systemebene. So z. B. Lancelot L. Whyte, *Internal Factors in Evolution*, London 1965; Eigen, »Selforganization of Matter and the Evolution of Biological Macromolecules«, S. 465-523.

92 Vgl. dazu Eigen, »Selforganization of Matter and the Evolution of Biological Macromolecules«, insb. S. 467ff.

sprachliche Hinweise auf unrealisierte Möglichkeiten, die in der einen oder anderen Hinsicht ein Erwartungsmuster ändern. Wie im Falle von Mutationen determiniert die Sprache nicht das Vorkommen, aber sie reguliert die Möglichkeit und die relative Unschädlichkeit der Ereignisse. Sie kürzt durch den spracheigenen Selektionscode (Wortschatz, Grammatik, Syntax) den Prozeß der Zufallsselektion ab, ohne ihm seine Zufälligkeit im Sinne struktureller Indeterminiertheit und Außenanregbarkeit zu nehmen; sie verbindet also wie der Mutationsmechanismus Offenheit für unbestimmte Variationen mit Beschleunigung durch Verdichtung von Selektionschancen. Diese Verdichtung erscheint dann als *Verständlichkeit* der Sprache. Auch hier sind die Effekte des Einzelereignisses minimal und werden normalerweise in der Interaktion rasch und folgenlos absorbiert; aber sie können unter besonderen Umständen in Kombination mit selektiven und stabilisierenden Mechanismen Kumulativeffekte auslösen bis hin zur Umstellung institutionalisierter Erwartungsstrukturen.

Die Sprachmittel, die hauptsächlich in Betracht kommen: Frage, Verneinung, Möglichkeitsprojektion, hatte ich schon erwähnt. Es gibt keine Sprache, in der auch nur eines dieser Mittel fehlt. Daß sie untereinander zusammenhängen und sich wechselseitig bedingen, ist offensichtlich. Vermutlich sind sie verschiedene Ausdrucksformen jenes Distanzierungsmechanismus, der Sprache in dem in Abschnitt 2 geschilderten Sinne überhaupt erst ermöglicht. Die logische Struktur ihres Zusammenhangs ist noch völlig ungeklärt, deren Kenntnis ist für den Gebrauch von Sprache jedoch nicht erforderlich. Wir lassen ferner dahingestellt sein, wie die Verwendung dieser Sprachmittel in den Einzelsprachen organisiert ist (obwohl dies für die Evolutionsfähigkeit der entsprechenden Gesellschaftssysteme von Bedeutung gewesen sein kann). Dagegen interessieren soziologisch die spezifisch sozialen Verwendungs- und Verstärkungsbedingungen, auf die wir am Beispiel der Negation kurz eingehen müssen.

Ein Mensch für sich allein hätte kaum Anlaß, mit Negationen oder mit unrealisierten Möglichkeiten zu leben; er würde zwar Enttäuschungen erleben, würde sich aber anpassen. Er hätte keinen Grund, dauernd mit dem falschen, durch die Realität widerlegten Bewußtsein herumzulaufen. Nur im Hinblick auf das Erleben anderer und in Kommunikation mit anderen wird es sinnvoll, Erlebnisinhalte oder Handlungsintentionen zu negieren und die Negation gegen den anderen durchzuhalten. So kann man zum Beispiel – und das unterscheidet die Kommunikation unter Menschen vom Signalaustausch unter Tieren – Fehler des anderen korrigieren, auch wenn der andere bei seiner Fehlselektion bleibt. Man kann dem anderen andere Möglichkeiten, ein falsches Bewußtsein, schlechte Absichten usw. unterstellen. Die automatische Synchronisation von Erwartungsenttäuschung und -änderung, die für individuelles Erleben gilt, ist auf soziale Systeme nicht übertragbar. Kommunikation führt vielmehr zu einer immensen Steigerung und Perpetuierung von Negationsleistungen und Möglichkeitszuschreibungen und damit zu einer Steigerung des Selektivitätsbewußtseins. Wir hatten oben[93] gesehen, daß das damit verbundene Steigerungsrisiko durch Freigabe von Konflikten kompensiert wird. Dafür müssen in Gesellschaftssystemen emergente Strukturen aufgebaut werden, die speziell dieses konfliktsträchtige Negationspotential abfangen, und zwar: nicht eliminieren, sondern kanalisieren und als Horizont eines gesteigerten Selektionspotentials verwenden. Für diese Funktion bilden alle Gesellschaftssysteme normative Strukturen zur kontrafaktischen Stabilisierung von Verhaltenserwartungen aus, vor allem Recht.

93 Vgl. Teil 1, Kap. II.9.

In konkreteren Analysen ließe sich zeigen, daß diese Funktion und die auf sie bezogenen Einrichtungen mit wachsenden Negationspotentialen variieren, sich also im Laufe der gesellschaftlichen Entwicklung verschieben. Archaische Gesellschaften kennen beispielsweise Ansätze zu einer Differenzierung von mehr erfolgsbezogenen und mehr mißerfolgs- oder unglücksbezogenen Rollen. Die ersteren werden mehr in der offiziellen Struktur und ihren Prominenzrollen verankert, die letzteren in Annahmen über Hexerei.[94] Diese Differenzierung muß zurückgenommen werden in dem Maße, als ein politisches System ausdifferenziert wird, dessen Prominenzrollen sowohl für Erfolg als auch für Mißerfolg (wie immer unsicher die kausale Zurechnung erfolgt) verantwortlich gemacht werden. Daraus ergaben sich, zuerst wohl in Mesopotamien, Anforderungen an eine Umstrukturierung des Verhältnisses von Gesellschaftssystem und Religion.[95] Zwischen religiösen Mächten und politischer Führung mußte eine sowohl strikte als auch kontingente, mit Ereignissen in der Zeit wechselnde Beziehung vorgestellt werden, in der Raum war für Anstrengung, Erfolg und Mißerfolg, Schuld und Sühne, Lohn und Strafe und für Zurechnung von Ereignissen entweder auf göttlichen Willen oder auf menschliches Fehlverhalten.[96]

94 Vgl. z. B. Mary Douglas, *Purity and Danger: An Analysis of the Concepts of Pollution and Taboo*, London 1966, S. 111 ff.

95 Vgl. Madeleine David, *Les dieux et le destin en Babylonie*, Paris 1949. Zu den spezifisch zeitdimensionalen Aspekten auch John G. Gunnell, *Political Philosophy and Time*, Middletown 1968, insb. S. 39 ff.

96 Ein anderes Beispiel wäre die Entstehung der Variabilität von Normgeltung, etwa am Beispiel der Umstellung des griechischen Rechtsdenkens von *Thesmos* auf *Nomos*. Dazu Martin Ostwald, *Nomos and the Beginnings of the Athenian Democracy*, Oxford 1969. Vgl. auch Niklas Luhmann, »Die juristische Rechtsquellenlehre aus soziologischer Sicht«, in: Günter Albrecht, Hansjürgen Daheim, Fritz Sack (Hg.), *Soziologie*.

Solche Entwicklungen signalisieren immer zugleich Sprachregelungen für den Umgang mit gesteigerten Negations- und Möglichkeitspotentialen. Bei zunehmender Komplexität der Gesellschaft braucht man abstraktere Nichtnegierbarkeiten, weil in stärkerem Maße Integration nur noch im Negativen oder nur noch im bloß Möglichen erreicht werden kann.[97] Für Zwecke einer negationsreicheren Kommunikation müssen jeweils neue Nichtnegierbarkeiten geschaffen werden, die schon nach der Struktur sprachlicher Kommunikation immer vorausgesetzt werden müssen und die Verwendung von Negationen sprachintern regulieren. Beispiele dafür bieten die verbreitete Voraussetzung des Mengenkonstanzprinzips (Logik der Knappheit)[98] und, in interessanter Parallele dazu, das gegenläufige Prinzip der Steigerung, das in einem Höchsten, jenem viel erörterten *ens quo maius cogitari nequit*, mündet (Logik der Perfektion).[99] Ein Indiz für die

Sprache, Bezug zur Praxis, Verhältnis zu anderen Wissenschaften. René König zum 65. Geburtstag, Opladen 1973, S. 387-399, Wiederabdruck in: Luhmann, *Ausdifferenzierung des Rechts*, S. 308-325.

97 Eine alte soziologische Einsicht. Vgl. Georg Simmel, *Soziologie: Untersuchungen über die Formen der Vergesellschaftung*, München, Leipzig ²1922, S. 359 ff.

98 Dazu George M. Foster, »Peasant Society and the Image of Limited Good«, *American Anthropologist* 67 (1965), S. 293-315; Jochen Röpke, *Primitive Wirtschaft, Kulturwandel und die Diffusion von Neuerungen: Theorie und Realität der wirtschaftlichen Entwicklung aus ethnosoziologischer und kulturanthropologischer Sicht*, Tübingen 1970, S. 38 ff.

99 Arthur O. Lovejoy, *The Great Chain of Being: A Study of the History of an Idea*, Cambridge (Mass.) 1936; Anneliese Maier, »Diskussionen über das aktuell Unendliche in der ersten Hälfte des 14. Jahrhunderts«, *Divus Thomas* 25 (1947), S. 147-166, 317-337 (bemerkenswert für den Beginn der Auflösung des Denkens in Perfektionen und für die damit verbundenen Thematisierungsschwierigkeiten im Bereich von Negationen); Kenneth Burke, *The Rhetoric of Religion: Studies in Logology*, Boston 1961. Für Anschauungsmaterial vgl. auch Robert N. Flew, *The Idea of Perfection in Christian Theology*, London 1934.

Elastizität und Evolutionsfähigkeit der Symbolstruktur eines Gesellschaftssystems liegt unter anderem darin, daß diese beiden entgegengesetzten Regulierungen des Negierens durch Nichtnegierbarkeiten, nämlich Knappheit und Perfektion, also Konstanz und Steigerbarkeit, nebeneinander institutionalisiert werden konnten. In dieser Doppelorientierung hatte jedenfalls die alteuropäische Tradition die Möglichkeit, jedem Negationsbedarf Rechnung zu tragen, ohne die gesellschaftliche Integrierbarkeit der Kommunikationsprozesse zu gefährden; Negationen konnten wahlweise als Konsequenz von Knappheit oder als Konsequenz von Endlichkeit und Imperfektion begründet werden – das eine mehr im politisch-ökonomischen Bereich, das andere mehr im religiösen und ethisch-politischen Bereich.

Wenn Nichtnegierbares die Funktion haben soll, Negationsverwendungen in Interaktionen zu regulieren, muß es *normalisierbar* sein, nämlich in reguläre Erwartungsstrukturen eingehen können.[100] Normalisierung erfolgt einerseits mit sprachlichen Mitteln, zum Beispiel durch grammatische Möglichkeiten des Ausdrucks von Steigerungen (wobei auffällt, daß weder Verben noch Substantive regulär steigerbar sind) oder durch evaluative Aufladung bestimmter Worte wie König, Nation, Reform; und andererseits durch moralische Mittel, nämlich durch Verbindung der Erwartung oder des Ausdrucks von Achtung bzw. Mißachtung mit bestimmten Verhaltensweisen. Durch Normalisierung wird der Mechanismus evolutionärer Variation gleichsam domestiziert, interaktionsfähig gemacht, unter die Gesetze des Erwartbaren und Verständlichen gebeugt und so im we-

100 Das Konzept der »Normalisierung« ist bisher vorwiegend im Hinblick auf die Behandlung von Auffälligkeiten und Enttäuschungen in Interaktionen diskutiert worden. Vgl. dazu Niklas Luhmann, *Rechtssoziologie*, Bd. I, Reinbek 1972, S. 46f., mit weiteren Hinweisen.

sentlichen zurückgenommen. Dadurch kommt es, obwohl man sprachlich über alles reden, alles bestreiten, alles als möglich bezeichnen kann, gleichwohl zu gerichteter Evolution. Erste Kontrollen und Harmonisierungsmechanismen setzen also schon bei der Variation an, nicht erst bei der Selektion oder der Stabilisierung; schon Variation ist also erwartungsgesteuert, erfolgt im Hinblick auf Möglichkeiten und Folgen in sozialen Reaktionen; schon hier wird eine subtile Balance von Flexibilität und Inflexibilität erreicht, die dafür sorgt, daß Aussichtsloses gar nicht erst aus dem Munde kommt und daß die Selektionsmechanismen nicht überlastet werden, sondern ihre eigene Funktion im Hinblick auf wirklich Mögliches ausführen können. Die Bedingungen und Mechanismen solcher Normalisierung sind selbst evolutionär variabel. Sie ändern sich, vor allem was Moralisierung betrifft, mit der Zunahme der Negationspotentiale in der Gesellschaft (zum Beispiel im Bereich von Knappheit mit der Entwicklung exklusiven Eigentums; im Bereich des Rechts mit der Institutionalisierung von Rechtsänderungsmöglichkeiten).[101] Eine stärkere Abstraktion der Bedingungen von Normalisierung wird vor allem dadurch begünstigt, daß Religionssysteme ausdifferenziert werden und daß Gesellschaftssystem und Interaktionssysteme, wie in Teil 1, Kapitel IV erläutert, stärker

101 Man denke etwa an die Schwierigkeiten in griechischen Stadtdemokratien bei dem Problem, Anträge auf Rechtsänderung zu erlauben, ohne sie als Verstoß gegen geltendes Recht, als Aufwiegelung oder dergleichen behandeln zu müssen. Vgl. Polybios, *Historíai*, Buch XII, 16. Zu Spätformen Ulrich Kahrstedt, »Untersuchungen zu athenischen Behörden«, *Klio* 31 (1938), S. 1-32 (19ff.); K. M. T. Atkinson, »Athenian Legislative Procedure and Revision of the Laws«, *Bulletin of the John Rylands Library* 23 (1939), 1, S. 107-150 (130ff.); A. R. W. Harrison, »Law-Making at Athens at the End of the Fifth Century B. C.«, *Journal of Hellenic Studies* 75 (1955), S. 27-35; W. G. Forrest, »Legislation in Sparta«, *Phoenix* 21 (1967), S. 11-19.

auseinandertreten. Man denke, um ein historisches Beispiel zu bringen, an die Fragen, die die biblischen Propheten stellen konnten.

Die Art, wie Negationspotentiale durch Nichtnegierbares reguliert werden, hat Folgen, die über unser augenblickliches Thema weit hinausreichen. Sie prägt zum Beispiel Formen und Möglichkeiten der Rationalität. An dieser Stelle interessiert ihr Zusammenhang mit Sprache als Mechanismus evolutionärer Variation. Indem man spricht, läßt man sich auf Prämissen ein, die in bezug auf Negation und Position nicht qualifiziert werden; indem man mit anderen spricht, unterstellt man, daß diese zwar negieren können, aber ihrerseits in der Verwendung von Negationen beschränkt sind und gewisse gemeinsame Voraussetzungen nicht negieren werden – etwa die Sprache selbst oder die Richtung der Steigerungslinien, auf denen man über ein Mehr oder Weniger verhandelt, oder die Bedingungen der Möglichkeit, die man zugrunde legt, wenn man sagt, etwas sei möglich oder sei unmöglich. Derartige Negationsregulative halten sprachliche Vorkommnisse normalerweise auf den Bahnen dessen, was eine Sozialordnung verkraften kann.[102] Fragen, Negationen und Möglichkeitshinweisen gegenüber stehen annehmende und abweisende Reaktionstypen schon bereit. Ansätze zu Va-

102 Daß und wie diese Grenzen übertreten werden können – und zwar durchaus mit sprachlichen Mitteln übertreten werden können, zeigen, vor allem an Hand von Fragen, die Experimente von Harold Garfinkel, »Studies of the Routine Grounds of Everyday Activities«, *Social Problems* 11 (1964), S. 225-250, neu gedruckt in: ders., *Studies in Ethnomethodology*, Englewood Cliffs 1967, S. 35-75. Die Ergebnisse dieser Experimente zeigen zugleich, wie wenig mit ungewöhnlichen Fragen praktisch erreicht werden kann und wie sehr auch diese Art von »Mutationen« die größte Chance haben, sofort unschädlich gemacht zu werden.

riationen von Erwartungsmustern sind schon sprachlich und dann nochmals verhaltenstypologisch hochgradig normalisiert. Aber sie bleiben möglich. Ob und in welchem Umfange und in welchem Tempo sie Evolution auslösen, hängt (wenn man von Problemen der Selektion und der Stabilisierung einmal absieht) wesentlich davon ab, wie Nichtnegierbares seine regulative Funktion in bezug auf Negationen, Fragen und Bedingungen der Möglichkeit erfüllt.

Knappheit und Perfektion sind zwei prominente Beispiele dafür mit Schwerpunkt in vorneuzeitlichen Gesellschaftssystemen. Die neueste Nichtnegierbarkeit tritt unter dem Namen »Kritik« auf. Das ist die Nichtnegierbarkeit der Negation selber. Unter dem Titel »Dialektik« hat man ihre regulative Funktion zu denken versucht. Damit ist eine Form anvisiert, in der man das Problem der Kohärenz von Negationsleistungen stellen kann. Das muß nicht zugleich ein historisches Gesetz mit Anspruch auf notwendige Geltung sein. Dialektik ist nicht, wie Marxisten meinen, schon das Gesetz der Evolution. Man könnte in ihr aber, Bachelards Wendung zum Begriff der »Dialektisierung« aufgreifend,[103] eine Regulierung von Fragestellungen sehen, die ebenfalls geeignet ist, evolutionäre Variationen zu normalisieren – und ebendeshalb nicht zugleich als Selektions- und als Stabilisierungsanleitung dienen kann. Eine ausgearbeitete, von übertriebenen Ansprüchen gereinigte Methodik der Dialektisierung könnte zur Normalisierung eines extrem hohen Negationspotentials nützlich sein und damit Teilfunktionen in der Planung von Evolution übernehmen.

103 Gaston Bachelard, *La philosophie du non: Essai d'une philosophie du nouvel esprit scientifique*, Paris 1940. Vgl. auch ders., *La formation de l'esprit scientifique: Contribution à une psychanalyse de la connaissance objective*, Paris 1938.

Erst in sehr komplexen Gesellschaften gewinnt der Mechanismus evolutionärer Variation eine hohe Eigenständigkeit, eine fast rollenhafte Institutionalisierbarkeit in der Gestalt des *Intellektuellen.* Intellektuelle sind in ihrer Funktion hier zu verorten. Sie lassen sich charakterisieren durch einen relativ ungebundenen – nicht durch Macht und nicht einmal durch Wahrheit gebundenen –, gleichwohl aber harmonischen Gebrauch von Sprache.[104] Die Funktion ihrer Har-

104 In dieser Richtung scheinen die wichtigsten Arbeiten zur Soziologie des Intellektuellen übereinzustimmen – mit der einen Einschränkung, daß Intellektuelle sehr oft (und das stimmt mit ihrem Selbstverständnis überein) als Wissensspezialisten angesehen werden. Demgegenüber wird hier Wert auf die Feststellung gelegt, daß es Intellektuellenfunktionen in der Richtung auf evolutionäre Variation gibt, die sich den strikten Regeln der Selektion von wissenschaftlichen Wahrheiten nicht fügen.

Vgl. zur Soziologie des Intellektuellen insb.: Florian Znaniecki, *The Social Role of the Man of Knowledge*, New York 1940; Karl Mannheim, *Ideologie und Utopie*, Frankfurt/M. [3]1952, insb. S. 134ff.; ders., *Mensch und Gesellschaft im Zeitalter des Umbaus*, Darmstadt 1958, insb. S. 94ff.; Joseph A. Schumpeter, *Kapitalismus, Sozialismus und Demokratie*, Bern 1946, S. 235ff., der mit der Auffassung der Intellektuellen als Störfaktor der hier vertretenen Funktionszuweisung besonders nahekommt; ferner Theodor Geiger, *Aufgaben und Stellung der Intelligenz in der Gesellschaft*, Stuttgart 1949; Edward Shils, »The Intellectuals in the Political Development of New States«, *World Politics* 12 (1960), S. 329-368; ders., »Intellectuals«, *International Encyclopedia of the Social Sciences*, Bd. 7, New York 1968, S. 399-415; M. Rainer Lepsius, »Kritik als Beruf: Zur Soziologie des Intellektuellen«, *Kölner Zeitschrift für Soziologie und Sozialpsychologie* 16 (1964), S. 75-91; David Apter, *The Politics of Modernization*, Chicago, London 1965, insb. S. 75ff., 152ff.; Horst Baier, »Bewußtsein als Sozialphänomen: Zur Soziologie der Intellektuellen in der wissenschaftlichen Zivilisation«, *Archiv für Rechts- und Sozialphilosophie* 56 (1970), S. 163-179; ferner die Hefte Frühjahr und Sommer des Jahrgangs 101 (1972) der Zeitschrift *Daedalus.* Als eine für diesen Problemkreis aufschlußreiche Fallstudie vgl. Bernard Willms, *Kritik und Politik: Jürgen Habermas oder das politische Defizit der »Kritischen Theorie«*, Frankfurt/M. 1973.

monisierungsleistungen ist auf den Variationsmechanismus beschränkt, übergreift aber ebendeshalb alle spezifischen Selektionsmechanismen. Wahrheit ist, wie wir im nächsten Abschnitt sehen werden, nur einer der Selektoren, die Kommunikationserfolg ermöglichen. Am Beispiel des »kritischen« Intellektuellen bestätigt sich erneut, daß die Funktion der Variation auch in stark ausdifferenzierter Form noch eingebaute Harmonisierungen erfordert – wenngleich nicht solche, die mit den Mechanismen für Selektion und für Stabilisierung identisch sind.

Sprache und die Normalisierung ihres Gebrauchs erklären nur die *Möglichkeit* relativ harmonischer Variation von Erwartungsmustern. Es ist eine zweite Frage, in welcher Richtung ein Gebrauch dieser Möglichkeit wahrscheinlich ist. Diese Wahrscheinlichkeit wird dadurch mitbestimmt, daß in aller sinnhaften Kommunikation ein Antizipieren der Reaktion und der Gegenerwartungen des anderen unvermeidlich ist. Dadurch wird hier, anders als bei der organischen Evolution, ein Vorgriff auf Selektion und Stabilisierbarkeit in die Variation selbst eingebaut, und es bedarf eines zweiten Ansatzes, um zu klären, daß und wie es trotzdem zu Überschußvariationen und damit zu einer gewissen Differenzierung der Mechanismen für Variation, Selektion und Stabilisierung kommt. Das Problem ist, mit anderen Worten, wie der Variationsmechanismus des normalisierten Sprachgebrauchs an einer allzu genauen Antizipation von Selektion und Stabilisierung gehindert wird.

Die Erklärung dafür bieten – und hier müssen wir selbst auf spätere Erörterungen vorgreifen – die Mechanismen für Selektion und Stabilisierung, und zwar dadurch, daß sie mit einer gewissen Unbestimmtheit und Erwartungsunsicherheit ausgestattet sind. Der Selektionsmechanismus der Kommunikationsmedien, der für Übertragungsmöglichkeiten sorgt, indem er sozial erfolgreiche Kommunikationen selektiert, operiert unter mehr oder weniger hoch generalisierten Codes. Der Stabilisierungsmechanismus der Systemdifferenzierung erzeugt in sich selbst strukturelle Widersprüche in und zwischen den einzelnen Teilsystemen.[105] Beide Unbestimmtheiten sind evolutionär variabel. Sie nehmen mit steigender Komplexität der Gesellschaft zu. Insofern führt zunehmende Komplexität der Gesellschaft im Laufe der Evolution auch zu einer stärkeren Differenzierung der evolutionären Mechanismen. Der Sprache wird in stärkerem Maße freigegeben, Variationen zu erzeugen, die nicht vorweg schon als sozial übertragbar und systemmäßig stabilisierbar geprüft sind. Und das bedeutet, daß auch die Mechanismen für Selektion und für Stabilisierung sich stärker auf ihre spezifische Funktion einstellen können.

Wie die Gründung des Variationsmechanismus auf individuell unterschiedliches Situationserleben und auf Sprache deutlich macht, verfügen alle Gesellschaften über Möglichkeiten der Variation von Erwartungsmustern. Die Beschrän-

105 Häufig werden diese Widersprüche selbst bereits als »variety pool« oder als Antrieb für evolutionäre Variation angesehen, so namentlich von Dialektikern, aber auch von Strukturalisten und Systemtheoretikern. Vgl. z. B. Oskar Lange, *Wholes and Parts: A General Theory of System Behaviour*, Oxford, Warschau 1965, S. 1f., 72ff.; Claude Lévi-Strauss, »La notion de structure en Ethnologie«, in: ders., *Anthropologie Structurale*, Paris 1958, S. 303-351 (342ff.); Talcott Parsons, »Some Considerations on the Theory of Social Change«, *Rural Sociology* 26 (1961), S. 219-239; Ronald Cohen, »Conflict and Change in a Northern Nigerian Emirate«, in: George K. Zollschan, Walter Hirsch (Hg.), *Explorations in Social Change*, London 1964, S. 495-521; Walter Buckley, *Sociology and Modern Systems Theory*, Englewood Cliffs 1967, insb. S. 50ff. Demgegenüber ist die Primärerklärung von Variabilität durch Sprache wichtig, um zu zeigen, daß die Möglichkeit von Evolution relativ unabhängig von historischen institutionellen Ausprägungen sichergestellt ist.

kungen des Gebrauchs von Variation hängen zusammen mit den Notwendigkeiten der Normalisierung und mit dem Ausmaß an Differenzierung der evolutionären Mechanismen. Diese Beschränkungen finden in religiösen Vorstellungen Ausdruck, werden durch sie symbolisiert und dadurch verstärkt. Insofern hat die Religion in allen vorneuzeitlichen Gesellschaften einen kritischen Einfluß auf die soziokulturelle Evolution. Sie ist andererseits nie der einzige Faktor. Selbst in archaischen Gesellschaften unterliegen die Möglichkeiten der Variation keiner vollständigen religiösen Kontrolle. »After all, variation is not completely spirited away«, bemerkt Goldenweiser in einem für diese Frage auch sonst lesenswerten Essay.[106] Die Verankerung in sinnhafter Doppelkontingenz und Sprache garantiert die Permanenz dieser Ausgangsbedingung jeder Evolution unabhängig von den jeweiligen Institutionen und unabhängig insbesondere von der Religion. Evolution kann daraufhin nicht mehr entmöglicht, sondern nur noch verhindert werden.

4. Selektion

Nicht alle Varianten von Wirklichkeiten oder wirklichen Möglichkeiten, die der Variationsprozeß erzeugt, haben die gleiche Chance, reproduziert zu werden. Denn sie entstehen in einer historischen und selbstselektiven, anziehenden und abstoßenden Welt. In ihrer evolutionären Funktion dienen Variationsmechanismen dazu, einen Überschuß zu erzeugen, aus dem dann ausgewählt werden kann – und ausgewählt

106 Alexander A. Goldenweiser, »Loose Ends of Theory on the Individual, Pattern, and Involution in Primitive Society«, in: Robert Harry Lowie (Hg.), *Essays in Anthropology Presented to A. L. Kroeber*, Freeport 1936, S. 99-104 (99).

werden muß. Selektive Prozesse treten in dem Maße, als Überschuß erzeugt wird, zwangsläufig hinzu.

Die Mechanismen evolutionärer Selektion liegen in denjenigen Systemprozessen, die eine Reproduktion von Selektionsleistungen ermöglichen, also in einer höherstufigen Selektion von Selektionen zur Reproduktion. Reproduktion heißt dabei je nach Systemtyp und Evolutionsebene Verschiedenes. Im Bereich der soziokulturellen Evolution geht es nicht mehr um die Reproduktion von Zellen oder Organismen, sondern um die Reproduktion von Sinn.[107] Diese setzt Kommunikation voraus. Die Übermittlung von Signalen (das, was man gemeinhin als Übertragungsleistung der Kommunikation bezeichnet) ist dazu nur das Mittel, die Funktion der Kommunikation liegt darin, den gerafften Nachvollzug entsprechender (oder: ungefähr entsprechender, ähnlicher, vielleicht auch nur angeregter, aber diskrepanter) Selektionsleistungen an anderer Stelle zu ermöglichen.[108] Reproduzierbarer Sinn muß also zunächst und vor allem kommunikabel sein. Insofern dient die Sprache nicht nur als Variations-, sondern auch als Selektionsmechanismus der Evolution.

Ein Kommunikationsempfänger hat jedoch immer die Möglichkeit zu negieren – sei es Kommunikation nicht fortzusetzen, sei es anschließend, aber diskrepant, zu seligieren. Er kann Selektionsofferten – und nichts anderes ist Kommunikation – verstehen und ablehnen. Man muß daher zwischen Verständlichkeit und Annahme von Kommunikationen unterscheiden. Kommunikationen des Alltagslebens suchen im

107 Auch Anatol Rapoport, »Mathematical, Evolutionary, and Psychological Approaches to the Study of Total Societies«, in: Samuel Z. Klausner (Hg.), *The Study of Total Societies*, Garden City 1967, S. 114-143 (133 ff.), sieht Möglichkeiten, sich mit Hilfe des Sinnbegriffs gegen Darwins Vorstellung von »natural selection« abzusetzen.

108 Vgl. dazu oben, Teil 1, Kap. II.8.

allgemeinen nicht nur Verständlichkeit, sondern auch Annahme ihrer Selektionsofferten zu erreichen und werden auf Annahmemöglichkeiten hin vorseligiert. Schon der Sprecher und erst recht der Empfänger einer Kommunikation vollziehen also eine selektive Funktion in Richtung auf erfolgreiche Reproduktion von Sinn. Diese selektive Behandlung von Kommunikationen ist massenhaftes, alltägliches Geschehen. Man kann es durch Garfinkeleien testen.[109] Als Dauererscheinung des menschlichen Zusammenlebens durch den Variationsmechanismus der Sprache erzwungen, bleibt es zunächst ohne größere kulturhistorische Bedeutung und nahezu ohne Risiko. Vom Annehmen oder Verwerfen im Einzelfall hängt für die Gesellschaft selbst und für ihre Evolution so gut wie nichts ab. Gleichwohl liegt hier in bezug auf die selektive Funktion der Evolution das Evolutions*potential*, nämlich die Möglichkeit, eigenständige selektive Mechanismen auszubilden, die die Bedingungen selektiven Erfolgs ändern und der Entwicklung des Gesellschaftssystems anpassen. Erst die selektive Verwirklichung der Gesichtspunkte selektiven Erfolgs von Kommunikationen steuert die Evolution.

Evolution ist demnach nur dadurch möglich, daß der Anteil der angenommenen und insofern effektiven Kommunikationen an den insgesamt stattfindenden verständlichen Kommunikationen variabel ist. Ein nicht zu niedriger Anteil dürfte für Interaktionssysteme Bedingung der Fortsetzung der Interaktion sein. Insofern tendieren Interaktionssysteme dazu, den Anteil nichteffektiver Kommunikation klein zu halten. Für evolutionsfähige Gesellschaftssysteme gilt – und insofern ist wiederum die behandelte Ebenendifferenzierung[110]

109 Vgl. Harold Garfinkel, *Studies in Ethnomethodology*, Englewood Cliffs 1967.

110 Siehe oben in Teil 1, Kap. IV.

bedeutsam – diese Tendenz nicht mehr ohne weiteres. Sie scheint in gewissen Grenzen sogar umkehrbar zu sein. Auf der Ebene der gesellschaftlichen Evolution markiert die Differenz zwischen verständlicher und angenommener Kommunikation den Unterschied der Mechanismen für Variation und für Selektion. Je größer die Differenz, desto größer der Auswahlbereich und damit die Selektivität der evolutionären Selektion (was etwas ganz anderes ist als die Selektivität der Einzelkommunikation und die Wahrscheinlichkeit ihrer Annahme).

Es ist möglich, diese Auffassung im Anschluß an Teil 1, Kapitel II.9 auch konfliktstheoretisch zu formulieren. Das bringt zusätzliche Gesichtspunkte in den Blick, die zur Theorie evolutionärer Selektion beitragen können (und widerlegt zugleich die viel zu einfache sozialdarwinistische These, daß der soziale Konflikt als Kampf ums Dasein der evolutionäre Selektionsmechanismus sei). Die Ablehnung von Selektionsofferten kann zu Konflikten führen, wenn sie als Ablehnung zum Thema der Interaktion gemacht wird. Die Konfliktstoleranz von Interaktionssystemen ist jedoch gering. Weil sie jeweils nur ein Leitthema haben können, müssen sie sich im Konfliktsfalle in ein Streitsystem verwandeln, was den weiteren Verlauf der Interaktion sachlich und zeitlich umstrukturiert; sie können sich Konflikte nicht leisten, sie können Konflikte nur sein. Das Konfliktspotential von Gesellschaftssystemen kann dagegen sehr viel höher liegen, weil sie sich von einzelnen Interaktionssystemen unabhängig machen, ja sogar Systeme für Streitbehandlung speziell ausdifferenzieren können. Eine Steigerung der Konfliktsfähigkeit durch Ebenendifferenzierung ist demnach eine der wichtigsten Voraussetzungen für ein stärkeres Auseinanderziehen der evolutionären Mechanismen für Variation und Selektion. Die Refüsierbarkeit von Kommunikationen muß zunächst trotz Konfliktsgefahr gesteigert und erleichtert werden, bevor besondere Selektionskriterien, etwa Wahrheit oder Recht, entwickelt werden können. Daß die Möglichkeit, Konflikte in Rechtsform zu bringen und bindend zu entscheiden, in diesem Zusammenhang besondere Bedeutung gewinnt, liegt auf der Hand.

Evolutionäre Selektion erfolgt demnach durch Reproduktion unter mehr oder weniger erschwerenden Bedingungen. Ebenso wie Variation ist auch Selektion ein zunächst interaktionell massenhaft auftretendes Phänomen ohne große historische Bedeutung. Die Ansprüche an sozialen Erfolg von Kommunikationen sind minimal, heterogen, kurzfristig relevant und leicht zu erfüllen; wie sonst könnte man zusammenleben. Erst auf dieser Basis kommt durch Veränderung ihrer Bedingungen Evolution zustande. Wie im Falle der Variation unterliegt auch der Selektionsmechanismus selbst wiederum der Evolution. Er verändert sich mit der gesellschaftlichen Entwicklung. In älteren Gesellschaftssystemen bleibt die Anregung zur Variation und damit auch die Selektion an Interaktion gebunden und so auf ein relativ konkretes Niveau beschränkt – ohne gesteigertes Auflösungsvermögen in bezug auf Natur, Religion, gesellschaftliche Struktur oder Motivation des einzelnen. Die Umwelt der Gesellschaft wird soziomorph erlebt, das heißt: auf der Basis einer geringen Ausdifferenzierung des Gesellschaftssystems.[111] In den sehr kleinen Gesellschaften sind Interaktion und Gesellschaft als Systemebenen noch kaum getrennt. Gesellschaft ist Fortsetzbarkeit der Interaktion, und die Sprache dient wesentlich dem Ausdruck der Bereitschaft zur Fortsetzung der Interaktion, damit der Variation, Selektion und Stabilisierung

111 Dieser Gesichtspunkt wird in Teil 4, Kap. II näher ausgearbeitet werden.

zugleich.[112] In solchen Gesellschaften wird die kommunikative Reproduktion von Sinn wort- und sprachnah durch eine gemeinsame »Realitätskonstruktion«[113] getragen. Es gibt keine auf Sinnübertragung und damit auf evolutionäre Selektion *spezialisierten* Mechanismen. Solche Spezialisierungen bilden sich erst im Laufe der gesellschaftlichen Evolution aus.

Einrichtungen, die auf Übertragung und Reproduktion sinnhafter Selektionsleistungen spezialisiert sind, nennen wir *symbolisch generalisierte Kommunikationsmedien.* Sie bestehen aus Symbolcodes, die als Zusatzeinrichtungen zur Sprache die Bedingungen regeln, unter denen Kommunikationen als Selektionsofferten nicht nur zu verstehen sind, sondern auch akzeptiert werden. Durch Kommunikationsmedien wird erreicht, daß fremde Selektionen als eigene Entscheidungsprämissen übernommen werden und daß in diesem Sinne reduzierte Komplexität übertragen wird. Kommunikationsmedien steuern somit über den bloßen Informationsfluß hinaus zugleich Annahmemotive – sei es dadurch, daß sie Motivationsstrukturen beeinflussen, sei es dadurch, daß sie zur Selektion von schon motivierten Partnern verhelfen. Wichtige Beispiele für solche Medien sind Wahrheit, Liebe, Geld und Macht, in begrenzterem Umfange auch Kunst, religiöser Glaube, Wertbeziehungen.

Die systematische Ausarbeitung einer Theorie der Kommunikationsmedien stellen wir bis Teil 3 zurück. Im Vorgriff

112 Vgl. Bronislaw Malinowski, »The Problem of Meaning in Primitive Languages«, in: C. K. Ogden, I. A. Richards (Hg.), *The Meaning of Meaning*, London [10]1960, S. 296-336; Lorna Marshal, »Sharing, Talking, and Giving: Relief of Social Tensions among !Kung Bushmen«, *Africa* 31 (1961), S. 231-249.

113 Dieser Begriff im Sinne von Peter L. Berger, Thomas Luckmann, *Die gesellschaftliche Konstruktion der Wirklichkeit: Eine Theorie der Wissenssoziologie*, Frankfurt/M. 1969 (dt. Übers.).

darauf muß an dieser Stelle jedoch festgehalten werden, daß durch Ausdifferenzierung und Institutionalisierung besonderer Kommunikationsmedien für je bestimmte, unterschiedliche Problemlagen zugleich ein besonderer Mechanismus für evolutionäre Selektion geschaffen wird, der stärker als Sprache und Wirklichkeitskonstruktion im allgemeinen auf diese spezifische Funktion zugeschnitten ist. Kommunikationsmedien regeln die Selektion von sozial erfolgreicher Kommunikation, die zu wirklicher Reproduktion führt. Sprache allein kann das nicht gewährleisten, da sie zugleich die Funktion der Variation erfüllen muß.

Den wohl wichtigsten Anstoß zur Ausdifferenzierung besonderer Kommunikationsmedien geben Veränderungen im Kommunikationswesen selbst, die durch die Erfindung der Schrift ausgelöst worden sind. Schrift macht die Kommunikation unabhängig von der Interaktion unter Anwesenden. Selbstverständlich wird die Kommunikation unter Anwesenden durch Schrift nicht beseitigt. Sie behält, wie gerade neuere Forschungen zeigen, auch heute ihre fundamentale Bedeutung.[114] Aber die *Möglichkeiten* der Kommunikation (und damit die Grenzen des Gesellschaftssystems) werden über die Grenzen möglicher Interaktion hinaus erweitert, und zwar sowohl in zeitlicher als auch in sachlicher, als auch in sozialer Hinsicht.[115]

114 Nämlich Forschungen, die unter den Schlagworten »opinion leader« und »two step flow of communication« die Grenzen der Wirksamkeit von Techniken der Massenkommunikation aufzeigen. Vgl. z. B. Elihu Katz, Paul F. Lazarsfeld, *Persönlicher Einfluß und Meinungsbildung*, München 1962 (dt. Übers.).

115 Im einzelnen ist vor allem umstritten, wie stark das Entstehen von Geschichtsbewußtsein mit größerer Objektivität und Tiefenschärfe durch Schrift bedingt ist. Über die Diskussion unterrichtet Rüdiger Schott, »Das Geschichtsbewußtsein schriftloser Völker«, *Archiv für Begriffsgeschichte* 12 (1968), S. 166-205. Vgl. auch – speziell für den Fall einer

Schrift entwickelt sich schrittweise durch Reflexion auf die Bedingungen von Kommunikation, also durch Selbstproblematisierung des Sozialsystems Gesellschaft: zunächst in der Form einer bloßen Abbildung von Aspekten der Umwelt, dann durch Abschleifen der Bilder im Reproduktionsprozeß, durch Nicht-mehr-verstehen-Können (und: Nicht-mehr-verstehen-Müssen!) der Bilder und schließlich durch Auflösung in wenige, generell verwendbare bloße Lautzeichen, die keine direkte Außenreferenz mehr haben, sondern nur noch sequentielle Einheiten des Kommunikationsprozesses selbst symbolisieren. Durch Ablösung von der Umwelt, Internalisierung und Generalisierung werden auf der Grundlage einfachster Mittel reichste (nur durch die Sprache selbst begrenzte) Kombinationsmöglichkeiten gewonnen. Lesen und Schreiben kann sich dann in der ganzen Gesellschaft verbreiten, wird aus einer kunstvollen Spezialistenrolle – Parsons[116]

Gesellschaft mit voller Verfügung über alphabetische Schrift – François Chatelet, *La naissance de l'histoire: La formation de la pensée historienne en Grèce*, Paris 1962.

Sicher ist, daß narrative Geschichtsinteressen auch in schriftlosen Gesellschaften gepflegt werden, etwa in der Form von Genealogien im Zusammenhang mit komplexer werdenden Verwandtschaftsstrukturen, und sicher ist, daß mündliche Überlieferung einen erheblichen Umfang und erhebliche Traditionskonstanz erreichen kann. Gleichwohl bleibt die mündliche Tradition, allein schon mnemotechnisch, erheblichen Beschränkungen unterworfen; und sie kann jedenfalls nicht, was für das im Text gestellte Problem entscheidend ist, einen Bedarf nach besonderen, dem Erzählstoff gegenüber verselbständigten Selektionskriterien wecken. Vgl. hierzu J. L. Myres, »Folk-Memory«, *Folk-Lore* 37 (1926), S. 12-34; James A. Notopoulos, »Mnemosyne in Oral Literature«, *Transactions of the American Philological Association* 69 (1938), S. 465-493; Marie-Louise Tenèze, »Introduction à l'étude de la littérature orale: le conte«, *Annales E. S. C.* 24 (1969), S. 1104-1120.

116 Parsons, *Societies*, S. 52.

spricht von »craft literacy« – zur Voraussetzung der Teilnahme an gesellschaftsweiter Kommunikation schlechthin.

Die Folgen dieser evolutionären Errungenschaft lassen sich kaum überschätzen.[117] Sie ermöglicht eine zuvor unerreichbare Differenzierung von Gesellschaftssystem und Interaktionssystemen, da Kommunikation nicht mehr auf Anwesenheit angewiesen ist, und sie ermöglicht eine neuartige Differenzierung der evolutionären Mechanismen für Variation und für Selektion. Denn in dem Maße, als für die Verwendung von Sprache die konkreten und dichten Kontrollen und Selbstdarstellungspflichten der Interaktion unter Anwesenden entfallen, sobald man, mit anderen Worten, nicht mehr unmittelbar sehen kann, ob eine Kommunikation ankommt und übernommen wird oder nicht, müssen ersatzweise Selektionskriterien eingeführt werden, an denen die Kommunikationspartner sich abstrakt orientieren können, auch ohne sich zu sehen, ja sogar ohne sich zu kennen. *Das ist der historische Anlaß für die Ausbildung besonderer Kommunikationsmedien.*

So ist es kein Zufall, daß in den griechischen Städten mit erstmals weiter Verbreitung der alphabetischen Schrift die klassischen Codemuster für Kommunikationsmedien entwickelt werden und mit den realen Folgeproblemen der Schrift zugleich das evolutionäre Risiko bewußt wird.[118] Die Offenbarkeit des Seienden, seine Qualität als Unverborge-

117 Vgl. dazu Jack Goody, Ian Watt, »The Consequences of Literacy«, *Comparative Studies in Society and History* 5 (1963), S. 304-345; vgl. auch Jack Goody, »Evolution and Communication«, *The British Journal of Sociology* 24 (1973), S. 1-12.

118 Vgl. Platon, *Phaedrus*, 274c ff. Siehe dazu auch Notopoulos, »Mnemosyne in Oral Literature«, S. 475 ff.; Goody, Watt, »The Consequences of Literacy«, S. 326 ff. Die Kritik der Schriftlichkeit zielt vor allem auf ihre Folgen für Interaktion und für Gedächtnis, ist also an den Funktionsbedingungen mündlicher Überlieferungen orientiert.

nes (*alethes*), wird zur Wahrheit (*aletheia*) im Sinne der Richtigkeit des Vorstellens generalisiert.[119] Die Kriterien der Wahrheit müssen in der Form von Regeln oder Ideen von der Quelle (und der Kenntnis der Quelle) der Kommunikation unabhängig gemacht,[120] *épistémè* und *doxa* müssen unterschieden werden. Die soziale Nähe und Zugehörigkeit mit Möglichkeiten interaktioneller Kontrolle als eine Qualität von Personen und Dingen (*philos*) wird sprachlich substantiviert und generalisiert zu *philia*: zum ethischen Prinzip der Liebe bzw. Freundschaft.[121] Die politische Macht wird, nicht zuletzt als Folge der Technik schriftlicher Abstimmungen, in ihren Möglichkeiten des unberechenbaren Fluktuierens zum Problem und in die Form des Codes rechtsförmiger Ämterverfassungen gebracht.[122] Das Geld wird als Medium für

119 Diese Wende ist bekanntlich einer der Anknüpfungspunkte für Heideggers Kritik der ontologischen Metaphysik. Vgl. Martin Heidegger, *Vom Wesen der Wahrheit*, Frankfurt/M. ^{2}1949; ders., *Platons Lehre von der Wahrheit*, Bern ^{2}1954.

120 Zur Ungewöhnlichkeit und evolutionären Unwahrscheinlichkeit einer solchen Ablösung vgl. Tamotsu Shibutani, *Society and Personality: An Interactionist Approach to Social Psychology*, Englewood Cliffs 1961, S. 589ff.; Ithiel de Sola Pool, »The Mass Media and Politics in the Modernization Process«, in: Lucian W. Pye (Hg.), *Communications and Political Development*, Princeton 1963, S. 234-253 (242f.). Für eine Bekräftigung der Notwendigkeit, sich von Wissensquellen abzulösen, vgl. vom Standpunkt der Wissenschaftstheorie aus Karl R. Popper, »On the Sources of Knowledge and of Ignorance«, *Proceedings of the British Academy* 46 (1960), S. 39-71, neu gedruckt in: ders., *Conjectures and Refutations*, London, New York 1963.

121 Vgl. dazu Franz Dirlmeier, *ΦΙΛΟΣ und ΦΙΛΙΑ im vorhellenischen Griechentum*, Diss., München 1931.

122 Gerade hier gibt es sicher Vorläufer in den Machtcodes altorientalischer Bürokratien mit Schriftlichkeit voraussetzenden, Zeitdistanzen, Raumdistanzen und soziale Distanzen überbrückenden Machtketten. Demgegenüber wird in der griechischen Polis die spezifisch politische Natur der Macht zur Geltung gebracht.

Tausch und Kredit (mit wichtigen Einschränkungen in bezug auf Arbeit und Grundbesitz) ausgebaut. Von da ab sind nur noch Probleme der weiteren Entwicklung, der gesellschaftsweiten universellen Relevanz und der Stabilisierung durch Teilsystembildung zu lösen. Darauf kommen wir zurück.

Über die Ausdifferenzierung und funktionale Verselbständigung solcher Mediencodes werden zugleich Erwartungen und Erwartungsantizipationen generalisiert. Der Kommunikationserfolg wird auch unabhängig von konkreter Interaktion taxierbar, wird unter Inkaufnahme höherer Risiken durch abstraktere Symbolinstitutionalisierungen wiederum erwartbar gemacht. Auch das trägt zur Stabilisierung einer größeren wechselseitigen Unabhängigkeit von Variation und Selektion bei, ohne daß der Variationsmechanismus auf jeden Vorgriff auf möglichen sozialen Erfolg verzichten müßte.

Es ist möglich, daß mit der Realisierung der bürgerlichen Gesellschaft im neuzeitlich-ökonomischen Sinne sich diese Situation abermals grundlegend verändert, und zwar wiederum im Anschluß an Veränderungen im Kommunikationswesen. Jetzt dürfte die Zunahme der sogenannten Massenkommunikation ein ausschlaggebender Faktor sein. Schon Schrift macht Kommunikation aus technischen Gründen einseitig, schließt aber eine Antwort nicht definitiv aus. Diesen Effekt haben die modernen Mittel der massenhaften Kommunikationsverbreitung: Druck und Funk. Die Situation, die dadurch entsteht, ist zu neu, um übersehbar zu sein, zumal sie jetzt das System der Weltgesellschaft betrifft. Deutlich erkennbar sind Überlastungssymptome in allen klassischen Mediencodes einerseits und hohe Korrelationen zwischen der Entwicklung des Massenkommunikationswesens und der politisch-ökonomischen Entwicklung im allgemeinen.[123] Ob

123 Vgl. z. B. Marvin E. Olsen, »Multivariante Analysis of National Polit-

diese Tendenz die Differenz zwischen Variations- und Selektionsmechanismen auf der Ebene des Gesellschaftssystems weiter verschärfen wird, ist jedoch nicht sicher auszumachen, da Massenkommunikation Organisation voraussetzt und damit auf der Ebene organisierter Sozialsysteme an enge Selektionskriterien gebunden ist, die eine freie intellektuelle Variabilität zwar nicht ausschließen, aber auch nicht ohne weiteres fördern.

5. Stabilisierung

Überwiegend wurde bisher Selektion mit Stabilisierung nahezu gleichgesetzt. Man sprach von adaptiver Stabilisierung oder von selektiver Retention. Im Anschluß an Darwin wurde der Stabilisierungsmechanismus zum Beispiel in der Vererbung bzw. in der kulturellen Transmission vermutet.[124] Die Selektionsrichtung wurde auf diese Weise durch Bestandsinteressen und Erhaltungsmöglichkeiten erklärt – in eigentümlichem Kontrast zu der Gepflogenheit, Evolution selbst nicht durch Bestands-, sondern durch Steigerungskriterien zu definieren.[125] Diese Auffassung wird mit steigender Komplexität der Evolutionssysteme zunehmend inadäquat. Neuere Ent-

ical Development«, *American Sociological Review* 33 (1968), S. 699-711 (708).

124 So ausführlich Albert G. Keller, *Societal Evolution: A Study of the Evolutionary Basis of the Science of Society*, New Haven ²1931, S. 287ff.

125 Das Problem ist nicht unbemerkt geblieben. Marshall D. Sahlins, Elman R. Service (Hg.), *Evolution and Culture*, Ann Arbor 1960, versuchen z. B., es durch die Unterscheidung von spezifischer und genereller Evolution zu lösen. Aber das bleibt eine bloße Begriffsunterscheidung, die im übrigen – vgl. Hartmann, »Stand und Entwicklung der amerikanischen Soziologie«, S. 74ff. – dazu verführt, aus forschungspraktischen Gründen sich nur noch der speziellen Evolution zuzuwenden.

wicklungen in der Theorie organischer Evolution machen zum Beispiel darauf aufmerksam, daß die selektive Auslese von Organismen, deren genetische Anlage faktisch zur Reproduktion kommt, unterschieden werden muß vom ökologischen Gleichgewicht ganzer Populationen, das die Bedingungen für das Überleben auch hochkomplexer Organismen relativ langfristig einspielt. Entsprechend muß man zwischen selektiven und stabilisierenden Mechanismen unterscheiden.

Das gilt erst recht für die soziokulturelle Evolution. Der kommunikative Erfolg, die reproduktive Übertragung von Selektionsleistungen ruht selbst wiederum auf sehr komplexen Systembedingungen auf und kann nicht als bloße Summe von Zufallserfolgen begriffen werden. In dem Maße nämlich, als die selektive Funktion der Reproduktion selbst als Produkt der Evolution ausdifferenziert wird – etwa in der Gestalt von symbolisch generalisierten Kommunikationsmedien –, entstehen Stabilisierungsprobleme neuer Art, die mit dem Selektionsmechanismus selbst nicht identisch sind und nicht allein in der Form von selektiver Reproduktion gelöst werden können. Es gibt einerseits in der organischen ebenso wie in der soziokulturellen Evolution zahllose Akte der Reproduktion, die für die Evolution selbst keinerlei Bedeutung haben, sondern eben nur vorkommen. Und es gibt andererseits Probleme der Stabilisierung evolutionärer Errungenschaften, die nicht einfach durch den Selektionsmechanismus gelöst werden können, vielmehr gerade die Möglichkeit von Variation und von Selektion unter den anspruchsvollen Bedingungen einer bereits fortgeschrittenen Evolution betreffen. Hier sehen wir Evolution als abhängig von der Ausdifferenzierung einer weiteren Funktion: von der Stabilisierung erreichter Problemlösungen. In den Bedingungen der Stabilisierung liegt zugleich die Erklärung dafür, daß die Evolution auf dem Wege der Variation und der Selektion nicht einen beliebigen

Formenreichtum erzeugt, daß sie weder die Möglichkeiten der Proteine oder der Photosynthese noch die Möglichkeiten von Sinn und Sprache voll ausschöpft, sondern nur eine begrenzte Typenvielfalt hervorgebracht hat.[126]

Die Funktion der Reproduktionserleichterung für komplexe Systeme erfordert jeweils ein Suprasystem, nämlich ein System, das gewisse Voraussetzungen für komplexe Systeme und deren Umwelt zugleich gewährleistet, zum Beispiel Möglichkeiten bisexueller Reproduktion durch Wahrscheinlichkeit des Treffens entsprechender Partner. Die Funktion der Stabilisierung bestimmt letztlich die Größenordnung der Systemreferenz, in der Evolution möglich wird. Im Bereich soziokultureller Evolution ergibt sich erst aus dieser Funktion die Notwendigkeit von Gesellschaft als Reproduktionsbedingung komplexer Sinnsysteme jeder Art, psychisch und sozial. Erst über das Suprasystem Gesellschaft kann zum Beispiel die erleichterte Reproduktion derjenigen Strukturen gesichert werden, welche die anderen evolutionären Mechanismen tragen, insbesondere Sprache, Realitätskonstruktionen, Mediencodes.

Stabilisierung erfolgt im Prinzip durch Systembildung: durch Ausdifferenzierung und Innendifferenzierung von Systemen. Letztlich ist alle Evolution selbst Systembildung – aber jeweils in der Differenz von System und Umwelt, das heißt: für bestimmte Systeme und in ihren Umwelten zugleich. Dadurch ergeben sich im Laufe der Evolution Stabi-

126 Für die organische Evolution vgl. dazu unter den (wenig glücklichen) Bezeichnungen Epigenese und Archetypen C. H. Waddington, »Epigenetics and Evolution«, in: *Evolution. Symposia of the Society for Experimental Biology*, Nr. VII, Cambridge 1953, S. 186-199, und ders., »The Principle of Archetypes in Evolution«. Für die Theorie soziokultureller Evolution fehlt bisher die Möglichkeit von entsprechend präzisierten Fragestellungen.

lisierungsprobleme auf höheren Niveaus, nämlich in bezug auf ein größeres Komplexitätsgefälle zwischen System und Umwelt. Von deren erfolgreicher Lösung hängt die weitere Entwicklung ab. Es müssen dabei Problemlösungen gefunden werden, die ein System in verschiedenartigen Lagen wiederholen oder durch äquivalente Problemlösungen ersetzen kann.[127] Die Wiederholbarkeit bzw. Substituierbarkeit der Lösung gleicher Probleme unter verschiedenartigen Bedingungen wird durch Spezialisierung ermöglicht. Spezialisierung wird durch Systemdifferenzierung getragen, indem ein System durch Innendifferenzierung den Teilfunktionen eine reduzierte, domestizierte »interne Umwelt« garantiert.

Die genauere Analyse dieses Mechanismus der Systemdifferenzierung stellen wir bis zum Teil 4 zurück. Hier genügt es festzuhalten, daß Systemdifferenzierung unentbehrliche Voraussetzung ist für die Reproduzierbarkeit von Problemlösungen und im Laufe der Evolution unter veränderten Anforderungen entsprechenden Verfeinerungen unterworfen wird. In der soziokulturellen Evolution kommt es daher nicht nur (1) auf Ausdifferenzierung eines Gesellschaftssystems aus einer natürlichen Umwelt und nicht nur (2) auf Ausdifferenzierung auf einer gesellschaftsspezifischen Ebene der Systembildung (vgl. Teil 1) an, sondern auch auf Innendifferenzierung des Gesellschaftssystems, und zwar (3) nach Ausmaß und (4) nach Art der Differenzierung. Die im 19. Jahrhundert verbreitete Gleichsetzung von Evolution mit zunehmender Differenzierung muß demnach rekonstruiert werden als Hypothese eines Variationszusammenhanges dieser vier Arten von Differenzierung.

127 Hier fügt sich ein, was Talcott Parsons »adaptive upgrading« oder auch »greater generalized adaptive capacity« nennt. Vgl. z. B. *Societies*, S. 22, 110; *The System of Modern Societies*, S. 3, 26f.

In der Blickrichtung der Stabilisierungsfunktion interessiert aus diesem Variationszusammenhang vor allem die interne Differenzierung des Gesellschaftssystems in Teilsysteme. Durch sie schafft das Gesellschaftssystem in sich selbst eine »interne Umwelt«, in der es voraussetzungsvollere Teilleistungen ermöglichen und zuverlässig einrichten kann. Bestimmte Vorteile des Zusammenlebens können dadurch auf der Ebene des Gesellschaftssystems vom »Zufall« ihres Auftretens in den Interaktionen, das heißt von ihrer Motivierbarkeit nach der Maßgabe jeweils ablaufender konkreter Interaktionssysteme unter Anwesenden, unabhängig gemacht und auch für Nichtanwesende verfügbar oder doch erwartbar gemacht werden. Man weiß etwa, auch ohne situativ konkret beteiligt zu sein, daß es Rechtsschutz gibt.

Für interne Differenzierung gibt es zwei entgegengesetzte Möglichkeiten: Die Differenzierung kann auf der Basis der Gleichheit der Teilsysteme wie eine Art Zellteilung oder auf der Basis der Ungleichheit der Teilsysteme erfolgen. Im ersteren Falle spricht man von segmentärer Differenzierung, im zweiten von funktionaler Differenzierung.[128] Schon segmentäre Gesellschaftsdifferenzierung etwa in der Form gleichartiger Familien, Geschlechterlinien oder dörflicher Wohngemeinschaften schafft für die Teilsysteme eine besondere Umwelt, in der es höhere Grade von Sicherheit und Verläßlichkeit, gemeinsame Mythen und Erzählungen, Hilfe und Dankbarkeit, Regeln der Politisierung von Konflikten und, vor allem infolge des Inzesttabus, Überschneidung von Verwandtschaftsrollen gibt. Erst auf dem Wege der funktionalen Differenzierung, die sich über Ausdifferenzierung von Situationsarten mit besonderen Rollenprominenzen, von

128 Grundlegend Émile Durkheim, *De la division du travail social*, Paris 1893, [7]1960.

besonderen Rollen, von besonderen Rollensystemen und schließlich von teilsystemspezifischen Verhaltenscodes allmählich entwickelt, kommt es zu größeren und komplexeren Gesellschaftssystemen, die auch unwahrscheinlichere, das heißt für Interaktionssysteme unnatürliche Leistungsvoraussetzungen gewährleisten können, zum Beispiel dauerhafte Asymmetrien in den Rollenbeziehungen. Erst bei relativ hochentwickelter funktionaler Differenzierung wird es möglich, symbolisch generalisierte Kommunikationsmedien auszudifferenzieren und mit spezifischen Teilsystemen zu integrieren derart, daß es Teilsysteme gibt, die sich auf Produktion und Verwendung von Macht, von Wahrheit, von Geldwerten, von Liebesbindungen usw. spezialisieren.

Nachdem wir diese Entwicklung heute überblicken, ist es möglich, in der funktionalen Gesellschaftsdifferenzierung (und genauer: in all dem, was zu ihrer Erhaltung und Weiterentwicklung notwendig ist) den primären Stabilisierungsmechanismus der gesellschaftlichen Evolution zu sehen. Die für sie notwendigen Errungenschaften werden als Funktionen ausgewiesen und durch ihnen zugeordnete Teilsysteme stabilisiert. Hieraus ergeben sich Konsequenzen für eine Analyse (1) sekundärer Stabilisierungen, nämlich solcher, die funktionale Differenzierung ermöglicht haben, vor allem Schichtung; (2) für evolutionäre Überstabilisierungen und adaptive Verhärtungen; und (3) für Rückkoppelungen in dem Sinne, daß gerade in der funktionalen Differenzierung wiederum Motive der Möglichkeitsprojektion und der Variation ausgebrütet werden, die den Variationsmechanismus trotz hoher Stabilisierung unwahrscheinlicher Errungenschaften in Gang halten.

(1) Alle Differenzierung setzt zu ihrer eigenen Stabilisierung Mechanismen voraus, die das Getrennte selektiv verbinden;

andernfalls führte Differenzierung zur Teilung, zur Sezession. Die selektive Verbindung von Teilsystemen soll im folgenden pauschal als Integration bezeichnet werden.[129] In segmentären Gesellschaften bot das Verwandtschafts- oder das Territorialsystem selbst diese Möglichkeit, indem es kleinere Einheiten (gleicher Art) zu größeren Einheiten (auch gleicher Art) zusammenfaßte, etwa Familien zu Geschlechtern, zu Stämmen, zu Völkern. In dieser Wiederholung des Kleinen im Großen lagen zum einen Möglichkeiten der Expansion ohne wesentliche Strukturänderung, auf die wir zurückkommen werden, zum anderen die Ausgangspunkte für eine allmähliche Entwicklung hierarchischer Ordnungsmodelle.[130] Bei zunehmender funktionaler Differenzierung reicht jedoch die okkasionelle Integrationsleistung dieser bloßen Wiederholung des Kleinen im Großen nicht mehr aus, weil es jetzt darauf ankommt, funktional und strukturell verschiedenartige Einheiten mit je unterschiedlichen Selek-

129 Der Begriff ist bewußt lediglich funktional definiert und entsprechend allgemein gefaßt. Er impliziert weder Konsens (so z. B. Talcott Parsons, »Durkheim's Contribution to the Theory of Integration of Social Systems«, in: Kurt H. Wolff (Hg.), *Emile Durkheim, 1858-1917*, Columbus 1960, S. 118-153) noch Konstitution eines neuen handlungsfähigen Systems (so Johan Galtung, »A Structural Theory of Integration«, *Journal of Peace Research* 5 (1968), S. 375-395).

130 Die »Hierarchien« segmentärer Gesellschaften müssen, obwohl sie den Übergang erleichtern, von den späteren Formen hierarchischer Differenzierung streng unterschieden werden, da sie die Ebenen wiederum nur auf der Basis der Gleichheit des Kleinen und des Großen differenzieren und die Gesellschaft darauf einstellen, daß eine operative Zusammenfassung nur situationsweise und nur mit geringer Effektivität und Zuverlässigkeit möglich ist. Seit Aidan W. Southall, *Alur Society: A Study in Processes and Types of Domination*, Cambridge o. J. (1953), nennt man diese Organisationsform Pyramiden – im Unterschied zu Hierarchien im strengeren Sinne einer auch funktionalen Differenzierung von Aufgaben und Kompetenzen, Rechten und Pflichten, Ressourcen und Risiken in der Vertikale.

tionstendenzen aufeinander abzustimmen – zum Beispiel Religion und Politik oder Wirtschaft und Rechtsprechung. Die darauf abgestellte Integrationsform ist zunächst: *Schichtung*.

Soziale Schichtung hebt sich deutlich von den Rangunterschieden archaisch-segmentärer Gesellschaften ab als Indiz einer höheren Entwicklungsstufe.[131] Ein Gesellschaftssystem ist geschichtet, wenn und soweit es Familien Schichten zuordnet, die nach gemeinsamem Verständnis einander über- bzw. untergeordnet sind. Die »Operationalisierung« dieser vertikalen Differenz und die für sie leitenden Gesichtspunkte können variieren: Schichtung kann mehr expressiv oder mehr instrumentell, mehr über Differenzen im sozialen Ansehen und der Selbstdarstellung oder mehr über Differenzen in der Ausstattung mit Ressourcen etabliert sein, erfordert aber in allen Fällen eine hohe Korrelation dieser beiden Variablengruppen. Ihr Ausgangspunkt kann mehr militärisch, mehr agrarisch, mehr mobil-ökonomisch, mehr politisch gewesen sein, erfordert aber in allen Fällen ein Mindestmaß an Statuskongruenz. Ungeachtet dieser sehr wichtigen Unterschiede der historischen Genese und der expressiven bzw. instrumentellen Sonderfärbung des jeweiligen Schichtungssystems ist seine evolutionäre Funktion jedenfalls die einer integrativen Stabilisierung als Kompensation für funktionale Differenzierung.[132]

131 Morton H. Fried, *The Evolution of Political Societies: An Essay in Political Anthropology*, New York 1967, unterscheidet entsprechend »rank societies« und »stratified societies«.

132 Daß eine so komplexe Einrichtung nicht monofunktional und nicht aus dem Gesichtspunkt einer einzigen Systemreferenz erklärt werden kann, ist selbstverständlich. Ob Schichtung darüber hinaus Funktionen der Leistungsauslese für spezifische Teilsysteme der Gesellschaft übernehmen kann, wie die ältere funktionalistische Schichtungstheorie behaup-

Schichtung erfüllt diese integrative Funktion nicht etwa durch Herstellung eines gesamtgesellschaftlichen Konsenses mit den Werten der herrschenden Schicht; ein solcher Konsens dürfte empirisch kaum nachweisbar und soziologisch geradezu unwahrscheinlich sein, besonders, wo die herrschende Schicht sich auf die Aufrechterhaltung eines »census-tax-conscription system« beschränkt.[133] Die Integrationsleistung liegt vielmehr in der Bereitstellung *schichtspezifischer Interaktionsmöglichkeiten quer zur funktionalen Differenzierung der Gesellschaft*.[134] Vor allem in den höchsten Schichten des Gesellschaftssystems dürfte es zu schichtspezifischen Interaktionsverdichtungen kommen – schon allein deshalb, weil hier die Möglichkeit des prestigebringenden Kontaktes mit noch höheren Schichten ausfällt.[135] Und höchste Schichten sind

tet hatte, ob sie motivationale Funktionen für einzelne Persönlichkeiten erfüllte, ob sie zur Ausweitung der Zeithorizonte in bestimmten Gesellschaftsschichten beitrug usw., wäre weiterer Untersuchungen wert.

133 So Stanley Diamond, »The Rule of Law Versus the Order of Custom«, in: Robert P. Wolff (Hg.), *The Rule of Law*, New York 1971, S. 115-144, mit allerdings sehr einseitiger Auswahl der Belege und Argumente aus den dafür bekannten westafrikanischen Königreichen. Vgl. ferner Wolfram Eberhard, *Conquerors and Rulers: Social Forces in Medieval China*, Leiden ²1965; Robert Eric Frykenberg, »Traditional Processes of Power in South India: An Historical Analysis of Local Influence«, in: Reinhard Bendix (Hg.), *State and Society: A Reader in Comparative Political Sociology*, Boston 1968, S. 107-125; Gerd Spittler, »Probleme bei der Durchsetzung sozialer Normen«, *Jahrbuch für Rechtssoziologie und Rechtstheorie* 1 (1970), S. 203-225.

134 In gewissem Sinne ist also Schichtung in funktional differenzierten Gesellschaften das Äquivalent zum Inzesttabu in segmentierten Gesellschaften. In beiden Fällen geht es um Erschließung von Interaktionsmöglichkeiten, die das dominante Differenzierungsmuster des Gesellschaftssystems übergreifen und kompensieren.

135 Vgl. hierzu die Ergebnisse bei Edward O. Laumann, *Prestige and Association in an Urban Community: An Analysis of an Urban Stratification System*, Indianapolis, New York 1966.

zugleich tonangebende Schichten, in denen Kontakte, sei es kooperativer, sei es konfligierender Art, die größte Breitenwirkung und mehr als nur zufällige Folgen haben können.

Es ist zu vermuten, daß diese integrative Funktion von Schichtung mit *städtischen* Lebensformen korreliert.[136] Nur in Städten erreicht man hohe Interaktionsdichte trotz hoher Differenzierung. Zugleich machen Städte die sozialen Distanzen zwischen den Schichten, gerade weil sie interaktionell überbrückbar wären (aber nicht, wie im Hause, überbrückt werden) verstärkt sichtbar. Der Integrationsmodus innerhalb der höheren Schichten nimmt mögliche Konflikte zwischen den Schichten in Kauf und muß versuchen, diese zu institutionalisieren. Im Selbstverständnis geschichteter Gesellschaften erscheint dann oft Schichtung – und nicht funktionale Differenzierung – als dominante Struktur.

In gewissem Sinne ersetzt Schichtung bei zunehmender Komplexität der Gesellschaft die alles umspannende Relevanz des Verwandtschaftsnetzes archaischer Gesellschaften. Familie kann damit ihrerseits ein funktionales Subsystem unter anderen werden. Ihre integrierende Funktion gibt sie an schichtspezifische Interaktionssysteme ab.[137] Mit Hilfe von Schichtung kann das Differenzierungsprinzip des Gesellschaftssystems auf der Ebene der Interaktionssysteme gleichsam unterlaufen und konterkariert werden. Auf der Basis von Schichtung müssen in spezifischen Funktionsrollen nicht nur die eigenen anderen Rollen des Rollenträgers, sondern auch seine schichtspezifischen Kontakte sowie die seiner Verwandten mitberücksichtigt werden. Über Schich-

136 Hierzu ausführlich Gideon Sjoberg, *The Preindustrial City: Past and Present*, Glencoe 1960.

137 Für den Substitutionsvorgang ist natürlich wichtig gewesen, daß Schichtung sich ihrerseits auf Familien bezieht und nicht auf Einzelpersonen.

tung können so in die Politik Rücksichten auf Wirtschaft, in die Religion Rücksichten auf militärische Erfordernisse usw. eingebaut werden. Schichtspezifische Interaktion heißt dabei keineswegs nur Kooperation, sondern ebensosehr auch Konflikt. Stabilisierend wirkt nämlich die Interaktionsfähigkeit als solche: nicht nur, daß der Politiker sich die nötigen Auspizien bei seinen Vettern bestellen konnte, sondern ebensosehr, daß Konflikte innerhalb höherer Schichten interaktionelle Form annehmen und damit auf einer Systemebene strukturiert und ausgetragen werden konnten, die als subgesellschaftlich nicht von vornherein einem der großen Funktionskontexte verpflichtet ist, sondern genug Okkasionalität besitzt.

Diese Analyse verdeutlicht zugleich Problemfälle und evolutionäre Sackgassen, die die Entwicklung zu stärkerer funktionaler Spezialisierung hemmen. Schichtungssysteme, die sich selbst (wie es historisch zunächst naheliegt) unter dem Gesichtspunkt unterschiedlicher Funktionen der einzelnen Schichten definieren und zugleich das Prinzip der Endogamie strikt durchführen, stehen vor dem Problem, ob und wie sie Interaktionen zwischen den Schichten als Funktionsvermittlung (also nicht etwa nur: als Dienstleistung) ermöglichen und restringieren können. Der Zölibat hat für das mittelalterliche Ständewesen genau hier seine Funktion, indem er der Bildung von Familieninteressen im Klerus Motive entzog, ohne Interaktion zu unterbinden oder zu ritualisieren.[138] Auch der Ritualismus des indischen Kastenwesens könnte unter diesem Blickwinkel ein Symptom sein für eine Zuspitzung, die man nicht mehr der offenen Interaktion überlassen kann. Der Ausbau funktionaler Gesellschaftsdifferenzierung dürfte

138 Vgl. Lewis A. Coser, »Greedy Organizations«, *Europäisches Archiv für Soziologie* 8 (1967), S. 196-215. Für ältere Grundlagen dieser Erfindung siehe ders., »The Political Functions of Eunuchism«, *American Sociological Review* 29 (1964), S. 880-885.

in solchen Fällen wesentlich davon abhängen, ob es gelingt, entweder Endogamie oder Funktionsdefinition der Schichten abzuschwächen bzw. zu überholen. In der europäischen Neuzeit traf beides zusammen.[139]

(2) An komplizierten Schichtungssystemen in Hochkulturen, aber auch an komplizierten Verwandtschaftssystemen spätarchaischer Gesellschaften oder an den Riesenstädten der modernen Gesellschaft und an vielen anderen Beispielen kann man ablesen, daß funktional sinnvolle Stabilisierungen sich »involutiv« entwickeln und verhärten können.[140] Solche Überstabilisierungen können wabenförmig durch bloßes Wiederholen des gleichen Anpassungsmusters entstehen (Komplikation); sie können sich aber auch daraus ergeben, daß Folgeprobleme eines dominanten Anpassungsmusters gelöst werden, dieses also mit Zusatzeinrichtungen und Stützen versehen wird.

Die Erscheinung ist nicht auf gelegentliche »Mißgriffe« der Evolution beschränkt, sondern hat allgemeine Bedeutung. Ihr liegen zwei Unausweichlichkeiten zugrunde: die zwangsläufige Irreversibilität der Evolution (die die Möglichkeit regressiver Entwicklungen natürlich nicht ausschließt) und die Umweltrelativität aller Systemstrukturen und -prozesse.

139 So bekanntlich vor allem in England. Vgl. dazu Richard H. Brown, »Social Mobility and Economic Growth«, *The British Journal of Sociology* 24 (1973), S. 58-66.

140 Für ein unter diesen Gesichtspunkten analysiertes Beispiel siehe Clifford Geertz, *Agricultural Involution: The Process of Ecological Change in Indonesia*, Berkeley 1963. Dazu auch Elman R. Service, *Cultural Evolutionism: Theory in Practice*, New York 1971, insb. S. 10ff., 32f., 97f. Vgl. ferner Goldenweiser, »Loose Ends of Theory on the Individual, Pattern, and Involution in Primitive Society«, S. 102ff., mit der Charakterisierung von Involution als »progressive complication«, »variety within uniformity«, »virtuosity within monotony«.

Alle Anpassungen, Spezialisierungen und Verfeinerungen werden dadurch auf eine bestimmte Umwelt hin gesteuert und können, wenn die Umwelt sich ändert, sich als zu stabil erweisen.

Es bedarf sehr viel konkreterer Analysen, wenn man feststellen will, wie solche Verhärtungen sich wieder auflösen lassen. Denn anders als die organische Evolution ist die soziokulturelle Evolution nicht an den einen, einzigen Weg des Reproduktionsfehlers gebunden. Sie erscheint nicht notwendig in der Form des abweichenden Verhaltens, sondern kann je nach Ausgangslage verschiedene Wege nehmen. Es kann sein, daß sich neben der dominanten Struktur neuartige Symbiosen zwischen veränderten Umwelten und bisher latenten Möglichkeiten des Gesellschaftssystems ergeben. Es kann sein, daß gerade überstabilisierte Strukturen, solange sie noch stehen, Chancen für taktischen Mißbrauch oder auch Vorschaltziele bieten, die die Überleitung in eine neue Ordnung ermöglichen – so in der frühen Neuzeit die ständische Ordnung, die Attribute für einen erfolgreichen sozialen Aufstieg neuer, ökonomisch fundierter Familien und damit Motive für Leistung, die am Anfang der bürgerlichen Gesellschaft nicht allein in der erst zu schaffenden Möglichkeit profitabler Kapitalinvestition liegen konnten,[141] bereithielt.

(3) Mit der neuartigen Schärfe und Radikalität, mit der die bürgerliche Gesellschaft die funktionale Differenzierung des Gesellschaftssystems realisiert und zugleich Schichtung als Interaktionsmodus (nicht notwendig zugleich: als Verteilungsmodus) abbaut, bahnt sich eine neuartige Lage an, die in der bisherigen Gesellschaftsevolution kaum Parallelen hat. Der Stabilisierungsmechanismus funktionaler Differenzie-

141 Dazu Brown, »Social Mobility and Economic Growth«, S. 58-66.

rung wirkt zugleich als Motor der Variation,[142] indem er sektoral abstrahierte Möglichkeitsprojektionen und Änderungsmotive freisetzt und, buchstäblich, zur Sprache bringt, nämlich in dauernde Änderungskommunikation, dauernde Negierungen, dauernde Kritik umsetzt.

Schichtung kann um so eher abgebaut oder zurückentwickelt werden in bloße Unterschiede des Ranges und der expressiven und instrumentellen Ressourcen, als diese Spannungen ohnehin nicht mehr in schichtspezifischen Interaktionssystemen übergriffen und situationsweise gelöst werden können. Es gibt einige Ersatzlösungen von begrenzter Funktionsfähigkeit – zum Beispiel der Mechanismus der Erzeugung wissenschaftlicher Reputation, der Adressen für interaktionelle Kontakte zwischen anderen Teilsystemen und der Wissenschaft bereitstellt (aber nur sehr begrenzt in der Interaktion auch zur Problemlösung beitragen kann).[143] Im ganzen operiert das heutige Gesellschaftssystem jedoch auf einem äußerst niedrigen Integrationsniveau. Die durchgehend betonte Relevanz, die heute der Zukunft beigemessen wird, ist dafür symptomatisch.

Wenn die Stabilisierungsmechanismen der Systembildung selbst dynamisch werden und in den Variationsmechanismus übergreifen, stellt sich die Frage, ob es in bezug auf Stabilisierung Grenzwerte gibt, bei deren Unterschreiten Evolution nicht mehr möglich ist, weil die Differenz ihrer Funktionen und Mechanismen kollabiert; es könnte ebenso wie Übersta-

142 Dieser Gedanke findet sich auch bei Michael Fullan, Jan J. Loubser, »Education and Adaptive Capacity«, *Sociology of Education* 45 (1972), S. 271-287 (281f.).

143 Siehe dazu und zur Verbindung mit Problemen wissenschaftlicher Methodologie Stefan Jensen, Jens Naumann, »Methodologische Probleme der Bildungsökonomie«, *Zeitschrift für Pädagogik* 18 (1972), S. 45-61 (54ff.).

bilisierungen Unterstabilisierungen geben. Man hat ganz allgemein von Grenzen des Wachstums gesprochen.[144] Speziell für das Gesellschaftssystem läßt diese Frage sich auf Grund der vorangegangenen Überlegungen präzisieren. Dazu müssen wir deren Grundzüge nochmals zusammenfassen und sie explizit unter dem Gesichtspunkt der Differenzierung evolutionärer Funktionen reformulieren.

6. Differenzierung der evolutionären Mechanismen

Evolution erfordert die Aufrechterhaltung einer hinreichenden Trennung der evolutionären Funktionen und Mechanismen innerhalb des Gesellschaftssystems. Dabei muß deren Eigenständigkeit ihrerseits entwickelt und stabilisiert werden, die Evolution muß also ihre eigenen Bedingungen aufbauen. Das Tempo der Evolution nimmt, wenn man dies aus der bisherigen Geschichte der soziokulturellen Entwicklung extrapolieren darf, mit zunehmender Differenzierung der Mechanismen zu. Dieser Differenzierung sind jedoch Schranken gesetzt – sicher irgendwelche absoluten Schranken, vor allem aber historische Schranken, die sich aus der historisch eingeführten Besetzung der Funktionen ergeben. Diejenige Primärbesetzung, die die bisherige Evolution ermöglicht und vor allem im Durchbruch zur bürgerlichen Gesellschaft eine neuartige, scharf differenzierte Ausprägung erfahren hat, erzielt Variation durch Sprache, Selektion durch ausdifferenzierte Kommunikationsmedien und Stabilisie-

144 Vgl. bereits lange vor der gegenwärtigen Aktualität dieses Themas Kenneth E. Boulding, »Toward a General Theory of Growth«, *Canadian Journal of Economics and Political Sciences* 19 (1953), S. 326-340 (339); Knut Erik Tranöy, *Wholes and Structures: An Attempt at a Philosophical Analysis*, Kopenhagen 1959, S. 18.

rung durch funktionale Systemdifferenzierung. Ihre innere Kompatibilität war durch den Modus ihrer Entwicklung gewährleistet, nämlich dadurch, daß Kommunikationsmedien sich als Zusatzeinrichtungen zur Sprache aus Anlaß angebbarer Potenzerweiterungen (Schrift) gebildet hatten und daß zwar nicht alle, aber die zentralen Systemdifferenzierungen der Gesellschaft sich an die Ausdifferenzierung der Kommunikationsmedien angeschlossen hatten: das politische System an Macht, das Wirtschaftssystem an das Geldwesen, das Wissenschaftssystem an die Wahrheit und schließlich die Familie im neuzeitlichen Sinne an das Kommunikationsmedium Liebe.

Daneben gab es durchaus Funktionssysteme, die sich dieser Gruppierung zwar angliedern ließen, in ihr aber nicht aufgingen, so vor allem die Systeme für Recht (Macht), für Erziehung (Wahrheit) und für Religion, die sich in einem sehr vagen Sinne unter dem Gesichtspunkt von Generalisierung und Respezifikation zusammenfassen lassen. Auch das ist für Evolution typisch, daß ihr Fortgang nicht auf exklusive Verwirklichung ihres Prinzips im gesamten Entwicklungssystem angewiesen ist. Es genügt, wenn es Funktionsbereiche gibt, in denen die evolutionären Mechanismen zum Zuge kommen, und wenn die Interdependenzen hoch genug sind, daß andere Funktionsbereiche entweder nachziehen oder sich abkapseln müssen.

Ganz allgemein kann man sagen, daß die soziokulturelle Evolution wesentlich schneller läuft als die organische Evolution. Sie hat ihre eigene Temporegelung erreicht, nachdem sie sich von der organischen Evolution abgelöst hatte, genauer: nachdem die organischen Voraussetzungen für Sprache der Sprachevolution parallel laufend nachentwickelt waren. Mit zunehmender Differenzierung der evolutionären Mechanismen auf der neuen Ebene soziokultureller Evolution wird deren Transformationsprozeß beschleunigt und hat heute ein Entwicklungstempo ohne jede historische Parallele erreicht. Man möchte fast sagen: Nur das Denken kommt noch mit.

Niemand kann sicher wissen, ob dies nur Aspekte einer Umbruchsituation in der Entwicklung von regionalen Hochkulturen zur industriellen Weltgesellschaft sind oder ob dieses Tempo selbst zu den evolutionären Errungenschaften gehört. Die hier skizzierte Theorie evolutionärer Mechanismen könnte zur Analyse dieser Frage beitragen. Es käme danach darauf an, ob das gegenwärtige Ausmaß an Differenzierung der evolutionären Mechanismen sich halten läßt oder an seinen eigenen Folgen bzw. an den Folgen des ausgelösten Evolutionstempos scheitert.

Wenn wir von der gegenwärtigen Besetzung der evolutionären Funktionen ausgehen – funktionale Äquivalente wären ausdenkbar, aber es hätte wenig Sinn, derart geschichtsfrei zu spekulieren –, dann lassen sich einige Streßerscheinungen lokalisieren. Die vielleicht wichtigsten gehen darauf zurück, daß der Mechanismus der Stabilisierung Variationen nicht mehr blockiert, sondern gerade propelliert. Die »natürliche« Reihenfolge von Variation, Selektion und Stabilisierung wird dadurch unterlaufen, daß der Stabilisierungsmechanismus der funktionalen Systemdifferenzierung durch Abstraktion von Perspektiven die Variation selbst antreibt. Damit wird zugleich die Ordnung der Antizipation aufgehoben: daß Sprache und Intelligenz als Variationsmechanismus das Seligierbare und das Stabilisierbare voraussehen konnten und darin ihre Vernunft hatten, gleichwohl aber im Entwurf von Möglichkeiten daran nicht gebunden waren. Vernunft im evolutionstheoretischen Sinne war die Möglichkeit dieses Durchgriffs durch die evolutionären Funktionen und Mechanismen. Sie wird aufgehoben in einer zirkulären Bewegung, wenn der Durchgriff auf Seligierbares und Stabilisierbares nur wieder auf Variationsmöglichkeiten zurückführt; wenn er die Welt nur wieder in der Perspektive ihrer Änderungsmöglichkeiten erscheinen läßt. Die Vernunft wird durch Rückkoppelung von Stabilisierung und Variation zum Zirkel. Sie wird verzeitlicht – eine Veränderung, die Kant und Hegel für die bürgerliche Gesellschaft noch mit Hilfe des Begriffs der Bewegung interpretieren.[145]

Im rückläufigen Verhältnis von Stabilisierung und Variation fehlt die Zwischenschaltung eines Selektionsmechanismus. Was immer in der Form funktionaler Differenzierung stabilisiert wird, stabilisiert abstrakte Perspektiven der Variation. Es ist nicht eine Selektion, sondern eine Abstraktion, die die Beziehung vermittelt. Das erschwert die Differenzierung der evolutionären Mechanismen an dieser Stelle: im Verhältnis von Stabilisierung und Variation.

Diese Einsicht läßt sich verallgemeinern: Mit dem Ausmaß der Differenzierung evolutionärer Mechanismen wechseln die Problemschwerpunkte und die Trennungsschwierigkeiten in ihren Beziehungen, wobei jeder Problemschwerpunkt unterschiedliche Folgeprobleme nach sich zieht.[146] In den relativ möglichkeitsarmen archaischen Gesellschaften muß es bereits schwierig gewesen sein, Variation und Selektion zu differenzieren. Wenn überhaupt, stellt die Umwelt, aber nicht die Systemstruktur, Alternativen bereit, aus denen

145 Hier lassen sich Forschungen zur Begriffsgeschichte von *ratio*, Vernunft, anschließen, die gerade deshalb fruchtbar sein können, weil die Vernunft nicht die Evolution ist; weil die theoretische Struktur des Evolutionskonzepts und die jeweilige Interpretation von Vernunft nicht identisch sind, sondern Hypothesen über ihr Korrespondieren aufgestellt und verifiziert werden müssen.

146 Wir werden diese Hypothese weiter unten noch in Beziehung setzen zum Wechsel der funktionalen Primate der Teilsysteme der Gesellschaft.

man auswählen konnte. Es gab keine Subkulturen, keine verselbständigte Intelligenz. Die Reproduktion des Gleichen war beherrschendes Lebenserfordernis.

Darüber gelangten nur wenige territorial begrenzte Hochkulturen der alten Welt hinaus. Wie oben gezeigt, schaffen sie in ersten Ansätzen spezialisierte Selektionscodes in der Form symbolisch generalisierter Kommunikationsmedien und erreichen durch diesen Einschub eine stärkere Differenzierung von Variation, Selektion und Stabilisierung. Dadurch wird die Trennschwierigkeit verschoben in das Verhältnis von Selektion und Stabilisierung. Es erscheint als natürlich, die selektive Transmission von Sinnbildungsleistungen auf stabile Strukturen zu gründen: auf die Evidenzen der Wahrheit, auf die religiöse bzw. naturrechtliche Legitimität der Macht, auf einen festen Ordnungsplan der Welt.

Während es der Vernunft dieser klassischen Prägung schwerfiel, Selektion und Stabilisierung auseinanderzuhalten – sie antizipierte Selektion im Durchblick auf Stabilität, suchte deshalb nach dem Sein des Seienden, nach Notwendigkeiten, nach festen Gründen, nach Invarianzen –, liegt heute in einer zukunftsoffenen Gesellschaft das Problem eher darin, Stabilisierung und Variation auseinanderzuhalten – zum Beispiel: unter anderen Gesichtspunkten als dem künftiger Änderbarkeit zu stabilisieren.[147] Alle Rechtfertigungsmöglichkeiten werden damit aus der Vergangenheit in die Zukunft, also aus dem Sicheren ins Unsichere verschoben. Damit gewinnen die Selektionsmechanismen der

147 Ein Beispiel: die »demokratische« Legitimation des positiven Rechts durch jederzeitige Änderbarkeit. Dazu Niklas Luhmann, »Positivität des Rechts als Voraussetzung einer modernen Gesellschaft«, *Jahrbuch für Rechtssoziologie und Rechtstheorie* 1 (1970), S. 175-202, Wiederabdruck in: ders., *Ausdifferenzierung des Rechts*, S. 113-153. Vgl. auch ders., *Rechtssoziologie*, Bd. I, S. 190 ff.

Kommunikationsmedien jene für die Neuzeit kennzeichnende Vorläufigkeit und Beliebigkeit, wie sie unter Titeln wie »Hypothese«, »Souveränität«, »Passion« angezeigt wird.

Wenn in dieser Weise das Verhältnis von Stabilisierung und Variation problematisch wird dadurch, daß die dominierende Form der Stabilisierung funktionell in den Dienst der Variation tritt, sind angebbare Folgeprobleme vor allem im Bereich der Zeitdimension zu erwarten. Sie lassen sich durch direkten Zugriff mit Aussagen über das Verhältnis von Statik und Dynamik nur unzulänglich erfassen. Das Hauptproblem besteht nämlich darin, daß schnellere Evolution nicht einfach alles beschleunigt – das würde man vielleicht gar nicht merken –, sondern daß sie schnellere und langsamere Prozesse zugleich ermöglicht und so in hochdifferenzierten, stark interdependenten Gesellschaftssystemen zu zahllosen Synchronisationsschwierigkeiten führt. Diese zwingen zu zunehmender Planung und damit ihrerseits zur Veränderung der Systeme in Richtung auf Organisation, ohne daß derzeit gesichert oder auch nur geklärt wäre, in welchem Umfange und in welchen Zeithorizonten gesellschaftsweite Planung und Durchorganisation der Gesellschaft überhaupt möglich sind.

Darüber hinaus läßt sich allgemein festhalten, *daß die Orientierung an der Zukunft entdifferenzierend wirkt*. Im Horizont der Zukunft, in dem die Interdependenzen mit unrealisierten und möglicherweise nicht zu realisierenden Möglichkeiten hinzukommen, lassen sich Systemgrenzen nicht mit der je gegenwärtigen Eindeutigkeit festhalten, ihre Veränderung (zum Beispiel: eine zunehmende Politisierung der Wirtschaft, eine zunehmende Edukationalisierung der Familie) gehört mit zu den künftigen Möglichkeiten. Zumindest kann systemeigene Planung wegen bestehender Interdependenzen eine Prognose des Verhaltens anderer Systeme nicht missen, und die ersetzt man am besten durch Absprachen.

So ist es kein Zufall, daß sich in einer hochdifferenzierten, zukunftsorientierten Gesellschaft starke Symptome der Entdifferenzierung zeigen (was natürlich kein Einwand gegen die *Theorie* der Systemdifferenzierung ist, vielmehr nur auf ihrer Grundlage formuliert werden kann).

Wenn eine »dialektische« Kritik der bürgerlichen Gesellschaft mit modernen Mitteln neu formuliert werden müßte, so könnte sie demnach lauten: Die bürgerliche Gesellschaft beruht als System auf funktionaler Innendifferenzierung; sie erzeugt auf Grund dieser Differenzierungsform abstrakte Erwartungs- und Steigerungsperspektiven, die den zeitlichen Bezugspunkt der Orientierung in die Zukunft verlagern, und die sich realisierende Zukunftsausrichtung korrodiert dann die funktionale Systemdifferenzierung, auf der sie beruht.

7. Diffusion und Expansion

Die evolutionären Mechanismen können nur systemabhängig auftreten. Sie werden in der organischen Evolution durch unterschiedliche Systemreferenzen getrennt: Die Zelle, in der Mutationen stattfinden können, ist ein anderes System als der Organismus, der in der Umwelt überlebt und seinen Typ reproduziert, und beide sind zu unterscheiden von der Population, die bestimmte Reproduktionsmöglichkeiten stabilisieren. Auf der Ebene sinnkonstituierender Systeme und soziokultureller Evolution werden derartige Unterschiede verwischt. Wir können auch hier zwar Systembildungsebenen unterscheiden: Interaktion, Organisation, Gesellschaft. Aber es ist kaum möglich, die evolutionären Mechanismen entsprechend zuzuordnen, weil die Evolution selbst die Differenzierung dieser Ebenen erst erzeugt. Auch durch den Selektionsmodus Sinn sind Systeme, die an soziokultureller

Evolution teilhaben, untereinander in viel stärkerem Maße verbunden als organische Systeme. Soziokulturelle Evolution hat daher eine eindeutige Systemreferenz; sie ist gesellschaftliche Evolution, während man organische Evolution nur mit vielen Vorbehalten als Evolution von Populationen charakterisieren könnte.

Damit kehren wir nicht zurück zu älteren Vorstellungen einer rein endogenen Evolution. Ebenso unhaltbar ist die Gegenüberstellung von Evolution und Diffusion als konkurrierenden Erklärungsansätzen.[148] Davor bewahrt uns die System/Umwelt-Theorie. Ein Gesellschaftssystem ist die Basis und die Bedingung der Möglichkeit der evolutionären Mechanismen soziokultureller Evolution. Es ist die Struktur des Gesellschaftssystems, die das Ausmaß möglicher Differenzierung dieser Mechanismen reguliert und die Folgeprobleme dieser Differenzierung resorbiert. Aber all diese Einrichtungen fungieren nicht rein systemimmanent, sie haben in der Differenz von Gesellschaftssystem und Umwelt ihre operative Prämisse. In der Sprache zum Beispiel spricht man zunächst über irgendwelche Gegenstände der gesellschaftlichen Umwelt und über das Kommunizieren selbst nur sekundär und nur insofern, als man auch über etwas anderes kommunizieren kann.

In unserer Darstellung der evolutionären Mechanismen ist dieser Umweltaspekt bisher zu kurz gekommen. Diese Einseitigkeit müssen wir nunmehr korrigieren, indem wir den Blick auf die Umwelt des Gesellschaftssystems lenken. Diese Korrektur wird zugleich zeigen, daß und weshalb die Evolution nicht in umweltspezifischen Anpassungen (Involu-

148 Vgl. dazu, eine ältere Diskussion abschließend, Leslie A. White, »Diffusion vs. Evolution: An Anti-Evolutionist Fallacy«, *American Anthropologist* 47 (1945), S. 339-356.

tionen) steckengeblieben ist. Das hat in einer hinreichenden Zahl von Fällen die Differenzierung der Umwelt verhindert, die unterschiedliche und unterschiedlich variierende Anforderungen stellte. Dabei müssen wir zwei Arten von Umwelt unterscheiden: die nichtsprechende (»natürliche«) und die sprechende (»soziale«) Umwelt eines Gesellschaftssystems.

Ohne Zweifel gibt es allgemeine ökologische Bedingungen soziokultureller Evolution, deren Bedeutung vor allem auf dem Gebiet der Erstentwicklung neuer Errungenschaften oder neuer Ebenen gesellschaftlicher Integration liegen dürfte. So können die ökologischen Gegebenheiten in Mesopotamien und in Mittelamerika als eine (jeweils verschiedenartige) »natürliche« Verlockung zu arbeitsteiliger Landwirtschaft angesehen werden, die im Effekt zur Stadtbildung führte.[149] Wiederholungen dieses Musters machen sich dann von den Ausgangsbedingungen unabhängig. Diese natürliche Umwelt setzt sich in gesellschaftliche Evolution jedoch nur dadurch um, daß im sozialen System der Gesellschaft über sie kommuniziert wird. Insofern reicht es für soziologische Zwecke aus, sie als Parameter in eine Theorie sinnhaft kommunizierender Systeme einzuführen; sie wirken nur, sofern sie als Chancen wahrgenommen und explizit oder implizit mitgeteilt werden.

Die sprechende Umwelt dagegen kommuniziert selbst und drängt sich in der Form von selbstproduziertem Sinn der Gesellschaft auf. Sie nimmt insofern im Evolutionsprozeß eine andere Stellung ein, die mit Modellen rein endogener Evolution nicht zureichend erfaßt werden kann. Wir wollen hierfür die Begriffe *Diffusion* und *Expansion* bereitstellen. Beide Begriffe bezeichnen Prozesse im Verhältnis von Gesellschaftssystem und anderen gesellschaftlichen Umwelten. Diffusion ist die Übertragung evolutionärer Errungenschaften auf andere

149 Vgl. Adams, *The Evolution of Urban Society*, insb. S. 48f., 51f.

Gesellschaftssysteme, Expansion ist das Hinausschieben von Grenzen in den Bereich anderer Gesellschaften.[150] In keinem Falle ist der Bezug zu nichtsozialen Umweltsystemen gemeint, also nicht etwa Prozesse zunehmender Sozialisation der Psyche oder Prozesse der »Kultivierung« der Natur.

Für die frühen Phasen der soziokulturellen Evolution muß es entscheidend gewesen sein, daß die Größe des bewohnten Erdballs den Erlebnishorizont der Menschen bei weitem überschritt, so daß sie zahlreiche Gesellschaftssysteme bildeten, die voneinander keine oder nur marginale Kenntnis hatten. Auf diese Weise entstand ein großes Experimentierfeld soziokultureller Evolution. Eine Mehrheit von Gesellschaften konnte die ökologischen Gegebenheiten des Erdballs differenziert abtasten und sich mit je besonderen Einrichtungen ihnen anpassen. Das Risiko der Vernichtung einzelner Gesellschaftssysteme enthielt nicht schon eine Entscheidung über die Evolution im ganzen.

Aus dieser Ausgangslage ergab sich jene Differenz von natürlicher und sozialer Umwelt, die um so bedeutsamer wurde, je mehr die fortgeschritteneren Gesellschaftssysteme sich mit spezifisch sozialen Institutionen aus ihrer Umwelt ausdifferenzierten.[151] Vielleicht kann man sogar sagen, daß der Unterschied von Gesellschaft und Natur sich den Gesellschaftssystemen zunächst nicht reflexiv an sich selbst, sondern als Differenz in ihrer Umwelt aufdrängte. Die Kommunikation

150 Während der Gesichtspunkt der *Diffusion* sozusagen polemisch und schulenmäßig zur Geltung gebracht worden ist, fehlt für *Expansion* eine vergleichbare Emphase. Zahlreiche Beiträge hierzu enthält das Symposium über »Urbanization and Cultural Development in the Ancient Near East«. Siehe Carl H. Kraeling, Robert M. Adams (Hg.), *City Invincible: A Symposium on Urbanization and Cultural Development in the Ancient Near East*, Chicago 1960.

151 Hierauf kommen wir in Teil 4, Kap. II ausführlicher zurück.

mit Gesellschaften ihrer Umwelt bot andere Bedingungen im Guten wie im Schlechten, stellte andere Anforderungen an die eigene institutionelle Entwicklung. Tiere gab es schon immer. Aber die Auswahl einzelner Arten, etwa des Pferdes, zur Zähmung und Züchtung, das Reitenkönnen oder gar das Im-Galopp-schießen-Können – das waren Sachverhalte, die man nur an anderen Gesellschaften beobachten und im Kontext ihrer Verwendung verstehen konnte. Regen und Sonnenschein haben, auch wenn sie bestandswichtiger sind, als Umweltsachverhalte nicht den gleichen Reizwert wie zum Beispiel Schrift, moralisch gebundene Gottheiten, Computer usw., die man mitsamt Verwendungserfahrungen in anderen Gesellschaften beobachten kann. Die Reproduzierbarkeit solchen Sinnes, der Einbau in das eigene System oder die Entwicklung von Gegeneinrichtungen warf dann besondere Probleme auf oder löste besondere Transformationen aus. Erst die kulturelle Entwicklung, und zwar die *unterschiedliche* kulturelle Entwicklung einzelner Gesellschaftssysteme, brachte einen Kommunikationsprozeß in Gang, den man als *Erleichterung* einer zugleich *folgenreichen* strukturellen Transformation begreifen muß.

Diese Ausbreitung von evolutionären Errungenschaften kann zwar systemtheoretisch aus der System/Umwelt-Perspektive des jeweils aufnehmenden Systems heraus analysiert werden. Sie setzt in diesem System die Mechanismen Variation, Selektion und Stabilisierung in Gang (während die Systemreferenz der ausstrahlenden Gesellschaft für diese Fragestellung uninteressant ist). Eine solche Analyse allein bietet jedoch kein vollständiges Bild. Die Erleichterung einer folgenreichen Transformation ergibt sich vor allem aus der Herauslösung aus dem Entstehungskontext, dem Abstreifen historischer Bindungen und Zufälligkeiten und den neu hinzutretenden Reproduktionsvereinfachungen, die mit solchen

Übertragungsprozessen verbunden sein konnten. Das erklärt die oft beobachtete Tatsache, daß erst die aufnehmenden Gesellschaften einer Errungenschaft die perfekte Form gegeben haben, zum Beispiel haben erst die Phönizier und die Griechen, damals Randvölker der entwickelten Welt, die Schrift auf das Alphabet reduziert.

Die Annahme einer Kommunikation zwischen Gesellschaften widerspricht, strenggenommen, unserem Gesellschaftsbegriff, der das System aller kommunikativ erreichbaren Erlebnisse und Handlungen bezeichnet. Dahinter steckt indes kein einfach zu korrigierender Definitionsfehler, sondern ein Sachproblem, das in der neueren Forschung über frühe Hochkulturen zunehmend Aufmerksamkeit findet.[152] Ältere Gesellschaftssysteme haben – und das korreliert mit einer noch nicht vollen Ausdifferenzierung aus der Welt im übrigen – unscharfe Grenzen. Sie finden sich umgeben von mehr oder weniger breiten Kontaktzonen, die für sie noch einsehbar und mit mehr oder weniger Tiefenschärfe noch verständlich sind und hinter denen erst die gänzlich unbekannte Welt beginnt.[153] Sie können in ihrer Selbstvorstellung expansiv diese Grenzvölker einbeziehen als Randerscheinun-

152 Vgl. Owen Lattimore, *Studies in Frontier History*, London 1962; Marshall G. S. Hodgson, »Interrelations of Societies in History«, *Comparative Studies in Society and History* 5 (1962-63), S. 227-250; Pedro Armillas, »Condiciones ambientales y movimientos de pueblos en la frontera septentrional de Mesoamerica«, in: *Homenaje a Fernando Márquez-Miranda*, Madrid, Sevilla 1964, S. 62-82; Wolfram Eberhard, *Conquerors and Rulers: Social Forces in Medieval China*, Leiden ²1965, insb. S. 2ff., 106ff. u. ö.; Adams, *The Evolution of Urban Society*, S. 58ff.; Frederick Barth (Hg.), *Ethnic Groups and Boundaries: The Social Organization of Culture Difference*, London 1969.

153 Diesem doppelstufigen Raumverhältnis entspricht im übrigen in vielen Gesellschaften ein (mit räumlichen Vorstellungen durchsetztes und artikuliertes) doppelstufiges Zeitverhältnis, in dem Nahzeit und Fernzeit (und nicht: Vergangenheit und Zukunft) die primäre Differenz aus-

gen, die sich dann im Dunkel des Unbekannten verlieren, oder sie aussteuern als nicht zum eigenen System gehörig.

Für die erstere Lösung ist die chinesische Gesellschaft ein repräsentatives Beispiel. Eine Wendung von jener ersten, selbstzentrierten zur zweiten, umweltbewußten Gesellschaftsvorstellung läßt sich an den Wandlungen des Konzepts der *societas christiana* (Gesellschaft als *corpus Christi*, *instrumentum Christi*) im Hochmittelalter beobachten.[154] In jedem Falle haben diffuse Grenzzonen eine Funktion der Filterung des Unbekannten und Unbestimmbaren über das Fremdartige zum eigenen System hin. Eine solche »diffuse« Lösung des Grenzproblems ist plausibel für Gesellschaften, die ohnehin unter dem Gesichtspunkt von (städtischen) Zentren und (ländlicher) Peripherie geordnet sind.[155] Sie ordnen Güteraustausch, Bevölkerungsbewegungen und gelegentliche Kommunikation nach dem Modell von Wohnsitz und Umland, später: Stadt und Land und bedürfen dazu keiner eindeutig fixierten Außengrenzen.

Eine schärfere Fassung können wir diesem Problem geben mit Hilfe der Prozeßbegriffe Diffusion bzw. Expansion. Diffusion ist der Einbau fremder Errungenschaften, Expansion der Einbau fremder Gesellschaften oder Gesellschafts-

machen. Vgl. Luhmann, »Weltzeit und Systemgeschichte«, S. 88, mit weiteren Hinweisen.

154 Dazu etwa Michael Wilks, *The Problem of Sovereignty in the Later Middle Ages: The Papal Monarchy with Augustinus Triumphus and the Publicists*, Cambridge 1963, S. 15ff., 411ff.

155 Siehe hierzu den einflußreichen Essay von Edward Shils, »Centre and Periphery«, in: *The Logic of Personal Knowledge*, S. 117-131; ferner ders., »Society and Societies: The Macrosociological View«, in: Talcott Parsons (Hg.), *American Sociology: Perspectives, Problems, Methods*, New York, London 1968, S. 287-303 (293ff.), und mit Bezug auf die soziale Schichtung Shmuel N. Eisenstadt, *Social Differentiation and Stratification*, Glenview, London 1971.

teile, markiert als Stämme oder als bewohnte Gebiete, in die eigene Gesellschaft. Diese Unterscheidung kann man mit der Theorie der evolutionären Funktionen und Mechanismen verbinden. *Diffusion* ist ein Prozeß der *Variation*, der gesellschaftsinterne Mechanismen für Selektion und für Stabilisierung voraussetzt. Die in der Umwelt beobachtete, an das System herangetragene Errungenschaft, Technik, Erfindung, auffallende Form usw. regt zur Änderung der eigenen Struktur an, sofern Aufnahmebedingungen erfüllt werden können, das Angebot brauchbar und reproduzierbar ist. *Expansions*prozesse haben ihren Schwerpunkt umgekehrt in Funktionen der *Selektion* und der *Stabilisierung*. Das Gesellschaftssystem erweitert sich, wenn die Kommunikation über Grenzen hinaus normal wird und unter beidseitig akzeptierte Kriterien für Erfolg und Mißerfolg gesetzt wird oder wenn Strukturänderungen nur zusammen mit Größenänderungen reproduzierbare Problemlösungen ergeben, zum Beispiel bei Intensivierung der Arbeitsteilung oder bei Kapitalbildungen, die Massierung von Verteidigungsanstrengungen erfordern.[156] Auch diese Verteilung der evolutionären Mechanismen zeigt, daß weder Diffusionstheorien noch Expansionstheorien Evolution ausschließlich zu erklären vermögen.

Die Abgrenzung dieser beiden Prozeßtypen ist dementsprechend schwierig. So wie Variationen bei massiertem Auftreten Selektions- und Stabilisierungsmechanismen tangieren und eventuell ändern, kann auch Diffusion in Expansion übergehen je nachdem, wie das Gesellschaftssystem seine

156 Ein erster Weg zum Gewinnen der erforderlichen Größe dürfte eine Art »Expansion nach innen« sein: *Stadtbildung*. Erst danach kommt es zu beträchtlichen regionalen Erweiterungen des Gesellschaftssystems, die nur von Städten als Kommunikationszentren aus zusammengehalten werden können. Vgl. dazu Sjoberg, *The Preindustrial City*.

Identität und seine Grenzen begreift. Ein hohes Maß an Diffusion technischer und lebenspraktischer Errungenschaften ist schon unter archaischen Gesellschaften normal gewesen.[157] Mit der Entstehung von Hochkulturen und Ansätzen zu funktionaler Gesellschaftsdifferenzierung kommen funktionsspezifische Diffusionsprozesse hinzu, die eigene Rollenträger benutzen. Das muß die Diffusion selektiv beschleunigt haben. So breiten sich jetzt Konsumluxus, technische, kommerzielle und rechtliche Errungenschaften eines *ius gentium* vor allem über Handelswege aus, ungeachtet politischer Grenzen. Die Ausbreitung von Ritualen, Kulten, Hochreligionen, moralisierten Gottheiten oder metaphysischen Symbolen, etwa die Ausbreitung des Buddhismus nach China und Japan, folgt eigenen Wegen, wenn auch, wie man aus der hellenistischen Welt und dem Römischen Reich weiß, in Abhängigkeit von kommerziell, militärisch oder politisch bedingten Personenbewegungen.[158] Sogar politische Diffusion gibt es ohne Verschiebung von Gesellschaftsgrenzen – etwa die Nachahmung der großen Hofhaltung, ihres Zeremoniells und ihrer bürokratischen Einrichtungen bei Randvölkern der Hochkulturen. Solche Diffusion auf Teilsystembasis kann durch soziale Schichtung unterstützt werden, die eine größere Häufigkeit von Fernkontakten in höheren Schichten ermöglicht.

157 Zu Diffusionsprozessen der jüngeren Steinzeit vgl. Munro S. Edmonson, »Neolithic Diffusion Rates«, *Current Anthropology* 2 (1961), S. 71-102, und die an diesen Artikel anschließende Diskussion. Vgl. ferner Harold Driver, »An Integration of Functional, Evolutionary and Historical Theory by Means of Correlations«, *Indiana University Publications in Anthropology and Linguistics* 22 (1956), S. 1-35, mit Material aus Indianerstämmen Nordamerikas.

158 Vgl. statt anderer A. D. Nock, *Conversion: The Old and the New in Religion from Alexander the Great to Augustinus of Hippo*, London 1933, Neudruck 1961.

Diffusion auf Teilsystem- und/oder Schichtenbasis ist nicht gebunden an den sehr viel schwierigeren Prozeß der Expansion ganzer Gesellschaftssysteme. Die Übergänge sind jedoch fließend. Diffusion kann in sehr unterschiedlichem Maße Kommunikation erfordern: vom bloßen Absehen von Praktiken oder Abnehmen von Gütern und Mustern bis hin zu laufenden Kontakten mit Rückfragen, Schulung und Fernbetreuung des Übernehmers. Der Kommunikationsanteil wird mit zunehmender Unwahrscheinlichkeit der evolutionären Errungenschaft wachsen.[159] Durch Kommunikation aber stellt sich Gesellschaft immer schon her, erweitert sie implizit ihr System. Es ist dann nur die Frage, welche Faktoren regeln, ob und wann dieses Faktum der expandierenden Gesellschaft im Prozeß der Selbstthematisierung registriert und in Identitäts- und Grenzdefinitionen umgesetzt wird. Bis in die jüngste Zeit hinein wird dieser Prozeß verzögert, wenn nicht verhindert durch einen Primat des politischen Teilsystems in der Bestimmung der Einheit und der (demzufolge vor allem territorialen) Grenzen eines Gesellschaftssystems. In gleiche Richtung wirkt eine unvollständige Durchführung der Differenzierung von Gesellschaftsebene und Organisationsebene, so daß die Gesellschaft ausdehnungsgleich erlebt wird mit der Reichweite der Entscheidungs- und Wirkungseinheit organisierter Herrschaft. Der Expansionsprozeß scheint dann Annexionen zu erfordern, etwa nach dem Vorbild des Römischen Reiches, und damit kommt man natürlich nicht sehr weit.

159 Das gibt allerdings nur einen ersten, sehr groben Anhaltspunkt. Es gibt nämlich kontrierende Gründe, die eine an sich nötige Lehr- und Betreuungskommunikation verhindern – so vor allem das Souveränitätsproblem bei der Übernahme rechtlicher und politischer Einrichtungen. Die Übernahme moderner, abstrakt kodifizierter Gesetzbücher in sich modernisierende Staaten erfolgte beispielsweise mit nur geringem und nur kurzfristigem Kommunikationsaufwand.

Es wird nützlich sein, an dieser Stelle nochmals eine begriffliche Überlegung einzuschieben. Einer unserer Ausgangspunkte war, daß jeder Kommunikationsprozeß, sofern er nicht einmaliges Ereignis bleibt, Strukturen erzeugt. Das führte uns zu einem Gesellschaftsbegriff, der dieses Faktum abdeckt und als System des kommunikativ erreichbaren Erlebens und Handelns definiert werden mußte. Daraus folgt, daß die Gesellschaft mit ihren grenzüberschreitenden Kommunikationen expandiert, soweit daraus Strukturen entstehen, die Fortsetzungserwartungen tragen. Hinter dieser Expansion bleibt die faktische Selbstthematisierung historischer Gesellschaftssysteme in der Regel – eine Ausnahme bildet zum Beispiel China – zurück. Dieses Zurückbleiben läßt sich operativ erklären durch den Primat des politischen Teilsystems und die unvollständige Differenzierung von Gesellschaft und Organisation. Funktional gesehen ermöglicht dieses Zurückbleiben eine *Kombination von Pluralität und Expansivität der Gesellschaftssysteme.* Als Kommunikationssystem in einer (unter anderem auch) sozialen Umwelt war jedes Gesellschaftssystem auf zwangsläufige Expansion hin strukturiert und damit im Keim angelegt als Weltgesellschaft. Damit blieb, wie typisch für Evolution, vom Standpunkt jedes Einzelsystems aus unentschieden und der Zeit und den Zufällen überlassen, welches System seine grenzüberschreitenden Kommunikationsstrukturen so umfassend in der Welt festmachen kann, daß es die Weltgesellschaft aktualisiert. Das gelang – erstmalig und zwangsläufig einmalig – der bürgerlichen Gesellschaft des neuzeitlichen Europa. Unser Begriff der Gesellschaft macht diese Entwicklung interpretierbar, indem er sie vorwegnimmt. Systemtheorie und Evolutionstheorie liefern die begrifflichen Mittel der Geschichtskonstruktion des Weltgesellschaftssystems.

8. Devolution

Im Zusammenspiel der evolutionären Mechanismen liegt keine Garantie dafür, daß die Menschen im Laufe der Zeit glücklicher werden oder tugendhafter oder intelligenter. Evolution ist nicht notwendig *Fortschritt* auf irgendeiner vor aller Evolution feststehenden, von ihr unabhängigen Skala der Bewertung. Sie ist Progression im Sinne von zusammenhängender, auf vorheriges aufbauender Veränderung, nicht im Sinne von Verbesserung der Lage (die natürlich trotzdem in vielen Hinsichten unbestreitbar vorliegt, aber durch Evolution nicht prinzipiell garantiert wird).[160] Die Evolutionstheorie gewinnt ihre moderne Form und ihre Freiheit als empirische Theorie durch Verzicht auf die Notwendigkeit, Fortschritt erklären oder gar begründen zu müssen.

Diese Freiheit wurde indes nicht sofort genutzt; das Interesse an Geschichte und der Druck, sie zu moralisieren, waren zu stark. So produzierten Theorien der Gesellschaftsentwicklung im 19. Jahrhundert immer noch moralisch verstehbare Nebengeräusche mehr optimistischer oder mehr pessimistischer, die Gesellschaft bejahender oder sie ablehnender Art. Der vieldiskutierte Begriff der *Entfremdung* hat hier seine Motivation. Wie immer er gefaßt wird: Er drückt menschliches Schicksal aus und enthält damit den an alle gerichteten Appell, daran nicht gelassen vorüberzugehen.[161] Wenn der

160 Siehe die Unterscheidung von »progression« und »progress« bei George G. Simpson, »The Concept of Progress in Organic Evolution«, *Social Research* 41 (1974), S. 28-51.

161 Vgl. als Überblick Richard Schacht, *Alienation*, Garden City 1970, und Joachim Israel, *Der Begriff Entfremdung. Makrosoziologische Untersuchung von Marx bis zur Soziologie der Gegenwart*, Reinbek 1972; ferner namentlich Friedrich Jonas, *Sozialphilosophie der industriellen Arbeits-*

Begriff moralisch gemeint ist, muß Entfremdung als nicht-notwendiges Korrelat gesellschaftlicher Entwicklung gedacht sein; zumindest als eine nur vorübergehende Folgeerscheinung, die man in Zukunft werde vermeiden können. Damit wird aber nur eine Hypothek gegen eine andere ausgewechselt: An die Stelle der Notwendigkeit, Fortschritt zu begründen als Aussicht auf Realisation menschlicher Anlagen, tritt die Notwendigkeit, Entfremdung und Aufhebung von Entfremdung zu begründen als Derealisation und Aussicht auf De-Derealisation menschlicher Anlagen.

Ohne die Vorteile einer solchen Umkonstruktion näher zu diskutieren – sie liegen in einem stärker differenzierbaren, komplexeren Verhältnis zur Zeitdimension –, gehen wir mit dem Begriff der *Devolution* einen Schritt darüber hinaus. Auch dieser Begriff soll im Anschluß an Charles Tilly[162] den Verlustaspekt gesellschaftlicher Evolution bezeichnen, und zwar Begleiterscheinungen, die mit der Evolution selbst verbunden sind und mit ihr kontinuieren.[163] Gemeint ist also nicht etwa Rückentwicklung (Regression) und auch nicht Verlust von Errungenschaften oder Wiederkehr früherer Zustände (etwa Reagrarisierung der Gesellschaft), sondern eine Art *Selbstschwächung des evoluierenden Systems*, die im Effekt der Komplexitätssteigerung widerspricht. Tilly selbst

welt, Stuttgart 1960, S. 9-68; Friedrich Müller, *Entfremdung: Zur anthropologischen Begründung der Staatstheorie bei Rousseau, Hegel und Marx*, Berlin 1970.

162 »Clio and Minerva«, in: John C. McKinney, Edward A. Tiryakian (Hg.), *Theoretical Sociology: Perspectives and Development*, New York 1970, S. 433-466; dt. Übers. in: Hans-Ulrich Wehler (Hg.), *Geschichte und Soziologie*, Köln 1972, S. 97-131.

163 Der Bedarf für solche Bilanzierungen hat auch in der durch Tönnies ausgelösten Diskussion über »Gemeinschaft und Gesellschaft« einen – freilich allzu direkten und begrifflich unsicheren – Ausdruck gefunden.

faßt im Begriff der Devolution Konträrerscheinungen wie Dedifferenzierung, Disintegration und Partikularisierung zusammen, die dem dominanten evolutionären Trend widersprechen und ihn aufheben können. Es bleibt jedoch auf theoretischer Ebene ungeklärt, wie in einem System Evolution und Devolution gleichzeitig möglich sind und sich zudem noch wechselseitig bedingen.

Den Ausweg aus diesen Konstruktionsschwierigkeiten bietet die Unterscheidung verschiedener Ebenen der Bildung sozialer Systeme, die Unterscheidung von Interaktion, Organisation und Gesellschaft.[164] Diese Unterscheidung steht quer zur Unterscheidung evolutionärer Funktionen und Mechanismen: Variation, Selektion, Stabilisierung. Und genau diese Nichtidentität führt auf das hier zu erörternde Problem der Devolution: daß die Interaktionssysteme evolutionsmäßig nicht mitkommen und in der Gesellschaft dann devolutionäre Effekte auslösen.

Nur einer jener Systemtypen, nur das Gesellschaftssystem, kann evoluieren. Nur das Gesellschaftssystem hat hinreichende Komplexität und einen hinreichend ausgeweiteten Möglichkeitshorizont, um eine Differenzierung evolutionärer Mechanismen institutionalisieren zu können. Evolution ist daher eine für dieses System spezifische Art der Strukturänderung. Sie führt ebendeshalb, weil sie nur dieses System betrifft, im Laufe der Zeit zu einer schärferen Differenzierung von Interaktion, Organisation und Gesellschaft.[165] Andererseits sind und bleiben Interaktionssysteme und die hinzukommenden Organisationssysteme auf Gesellschaft als ihre soziale Umwelt angewiesen. Die Evolution der Gesellschaft verändert somit die Bedingungen für Interaktion in einer Weise,

164 Siehe dazu oben, Teil 1, Kap. III.

165 Vgl. oben, Teil 1, Kap. IV.

die nicht aus den Interaktionen selbst stammt und die das Verhalten unter Anwesenden von außen tangiert.

Von daher liegt es nahe, Devolution im ersten Anlauf zu begreifen als Entleerung der Interaktion von gesellschaftsbezogenem Sinn, als Austrocknung ihrer gesellschaftlichen Gehalte. Was in der Interaktion geschieht, hat keine nennenswerte gesellschaftsstrukturelle Bedeutung mehr, und was an gesellschaftsstrukturell bedingten Prämissen (etwa: Autorität, schichtenmäßiges Prestige, statusbedingte Führungsansprüche) in die Interaktion eingeht, wird in ihr unglaubwürdig.[166] Interaktionssysteme werden ersetzbar – sei es für die Beteiligten durch Abbrechen und Eingehen anderer Kontakte, sei es für die Gesellschaft selbst oder für ihre Organisationen durch Austausch ganzer Interaktionssysteme. Diese Ersetzbarkeit wird als Bewußtsein der Flüchtigkeit, Unwesentlichkeit, Kontingenz zum Strukturmoment der Interaktionen selbst. Es bestimmt die Grenzen dessen, was man in Interaktionen noch anzubringen, noch zu realisieren sich getraut, und andererseits das, was man aus der Sicherheit heraus, abbrechen zu können, wagt oder als Wagnis vorwegnimmt.

Nun darf man freilich diese Entwicklung und damit das Verhältnis von Evolution und Devolution nicht einfach unter die Prämisse einer Mengenkonstanz subsumieren, so als ob eine gegebene Menge von Sinnbeständen und Erfüllungsmöglichkeiten jetzt auf die Systeme des Typs Gesellschaft, Organisation und Interaktion verteilt werden müßte und infolgedessen für keines mehr reichte. Die Sinnkonstitution selbst und die Komplexität des verfügbaren Sinnes ändern sich – wir hat-

166 »Kritik«, »kritisch« ist ein auf diese Lage reagierender Slogan für Interaktionen. Das erklärt die Verbreitung und die Moralisierung dieses Schlagwortes ebenso wie seine Ohnmacht. Wenn »Kritik« einen Effekt hat, so den der Diffusion des Nicht-mehr-akzeptieren-Wollens.

ten unter dem Titel Generalisierung der Moral oben[167] dafür ein Beispiel gegeben – im Zuge einer solchen Umstrukturierung der Gesellschaft. Auf diese Konstitutionsveränderungen und nicht auf bloße Entzugserscheinungen muß die »Phänomenologie« der Devolution daher zurückgeführt werden.

Alle Versuche, diese Veränderungen an deutlich faßbaren sinndimensionalen Strukturen abzulesen, sind über gewisse Angangsplausibilitäten nicht hinausgekommen.[168] Die Schwierigkeiten der Konzeptualisierung eines evidenten Grundsachverhalts sind darauf zurückzuführen, daß es sich um systemvermittelte Konstitutionsleistungen handelt und daß von Veränderungen der Konstitutionsbedingungen nicht direkt auf »entsprechende« Sinnfiguren geschlossen werden kann. Außerdem müssen strukturelle Bedingungen und historische Tendenzen schärfer unterschieden und nicht, wie bisher, auf eine Grundtypologie zurückgeführt werden. Dieser Forderung entsprechen wir durch die These, daß die Systembildungstypik Gesellschaft, Organisation, Interaktion nicht zugleich historische Epochen bezeichnet (wie: Entwicklung von Gemeinschaft zu Gesellschaft), sondern

167 Vgl. Teil 1, Kap. IV.3.

168 Siehe zunächst Ferdinand Tönnies, *Gemeinschaft und Gesellschaft*, Berlin 1887, und dazu namentlich Alfred Vierkandt, *Gesellschaftslehre*, Stuttgart ³1961 S. 233ff.; René König, »Die Begriffe Gemeinschaft und Gesellschaft bei Ferdinand Tönnies«, *Kölner Zeitschrift für Soziologie und Sozialpsychologie* 7 (1955), S. 348-420; David B. Clark, »The Concept of Community: A Re-examination«, *The Sociological Review* 21 (1973), S. 397-416. Siehe ferner die Ausarbeitung eines Kontinuums von »folk society« zu »urban society« durch Robert Redfield, *The Little Community: Viewpoints for the Study of a Human Whole*, Chicago 1955, und ders., *Peasant Society and Culture: An Anthropological Approach to Civilization*, Chicago 1956. Die abstrakteste Ausarbeitung derartiger Konzeptionen ist Parsons' Theorie der »pattern variables«. Siehe besonders Talcott Parsons, »Pattern Variables Revisited«, *American Sociological Review* 25 (1960), S. 467-483.

nur im Grade ihrer Differenzierung evolutionär variiert. Im Anschluß daran kann das Problem der Devolution mit der Doppelfrage neu gestellt werden: Welche Veränderungen zeigt der Erfahrungshorizont von Interaktionssystemen bei zunehmender Differenzierung von Gesellschaft, Organisation und Interaktion? Und welche gesellschaftsstrukturelle Bedeutung kommt diesen Veränderungen zu?

Damit ist ein vielseitiges empirisches Forschungsprogramm bezeichnet, dessen Ergebnisse nicht einmal hypothetisch vorweggenommen werden können. Jedenfalls ist, will man zu verallgemeinerungsfähigen Aussagen kommen, eine weitere theoretische Dekomposition des Systemtyps der Interaktion erforderlich. Als Folge hoher Differenzierung der Systembildungsebenen nimmt nämlich auf der Ebene der Interaktionssysteme die Typenvielfalt beträchtlich zu. Zwei Typenunterscheidungen dürften für das Verhältnis von Evolution und Devolution besonders wichtig sein: Es gibt in hochkomplexen, interaktionsfern strukturierten Gesellschaften sehr viel stärker *unpersönliche* und sehr viel stärker *personalisierte* Interaktionssysteme. Reibungslos abgewickelte Kontakte zwischen Personen, die sich gänzlich unbekannt sind und bleiben, sind in größter Vielfalt und Massenhaftigkeit ebenso wichtig für die Erhaltung des Gesellschaftssystems wie psychisch hochsensibilisierte, biographisch vertraute, autonom sich selbst bestimmende Intimkontakte. Die zweite Unterscheidung betrifft nicht die personale, sondern die gesellschaftliche Relevanz. Es gibt in sehr viel größerem Umfange *Bagatellinteraktionen*, deren Abwicklung keinerlei Folgen hat für gesellschaftlich relevante Fragen. Ob junge Männer im Bus aufstehen, um einer Dame Platz zu machen, hat keinerlei Folgen mehr, außer der einen: zu entscheiden, wer sitzt und wer steht. Andererseits gibt es aber auch, und zwar vor allem im Kontaktbereich zwischen den Funktionssystemen oder zwischen den Großorganisationen, *Interaktionen von größtem Ausstrahlungsbereich* und von einer Verantwortung, die die sozialen Möglichkeiten eines Interaktionssystems weit überfordert, also interaktionsmäßig gar nicht wahrgenommen werden kann, Interaktionen, die daher soziotechnisch wie eine Art Zufallsmechanismus wirken. Beide Formen, Bagatellinteraktionen und verantwortungsmäßig überforderte Interaktionen, sind gesellschaftsstrukturell bedingte *Normal*erscheinungen, die in dieser Form in einfacheren Gesellschaftsordnungen nicht (oder extrem selten) vorkommen.

Wenn diese Beschreibung zutrifft, wird es nicht möglich sein, das Phänomen devolutiver Begleiterscheinungen der Evolution mit einer Art Gegenbuchung unter Rubriken wie Entfremdung, Sinnleere, Entpersönlichung abzutun. Aber es liegt auf der Hand, daß die gesellschaftliche Evolution besonders in den letzten beiden Jahrhunderten die Möglichkeiten, Interaktionssysteme zu bilden, bis an unüberschreitbare Grenzen strapaziert. Dies gilt in doppelter Hinsicht: in dem, was in einem einzelnen Interaktionssystem überhaupt möglich ist angesichts der für solche Systeme typischen strukturellen Rahmenbedingungen und in der Art, wie Teilnahme an Interaktionen als zeitliche Abfolge von Situationen des täglichen Lebens zugemutet wird. Leistung und Sequenzierung von Interaktionssystemen haben sicher Grenzen des Möglichen, die sich nicht in gleicher Weise wie die Strukturen des Gesellschaftssystems von anthropologischen Grundbedingungen ablösen lassen. Da alles gesellschaftliche Leben in Interaktionen abläuft, stößt die Gesellschaft selbst damit auch an Grenzen der Systemzustände, die durch Evolution erreichbar sind.

Eine Mehrheit von Engpässen weiterer Komplexierung des Gesellschaftssystems lassen sich damit auf ein gemeinsames Grundproblem zurückführen. Ein erstes Problem betrifft die Tendenz, strukturell ungelöste Probleme funktional differenzierter Gesellschaften auf Interaktionssysteme zu überwälzen (in denen sie aus anderem Gründen ebenfalls unlösbar sind). Dies Problem gewinnt an Bedeutung in dem Maße, als soziale Schichtung nicht mehr in der Lage ist, integrative Querkommunikation zu garantieren.[169] So werden zum Beispiel Fragen der Anwendung wissenschaftlichen Wissens[170] oder Fragen der politischen Planung[171] in Probleme des interaktionellen Kontaktes umformuliert, ohne daß geklärt wäre, wie sie auf dieser Ebene lösbar sind.[172] Devolutiv wirken weiter Folgeprobleme der Vielfältigkeit von Interaktionssystemen. Dies sind einerseits Fragen des Zugangs zu gesellschaftlich bedeutsamen Interaktionen angesichts der Massenhaftigkeit bloßer Bagatellinteraktionen, die den Teilnehmer gleichsam von einer Bedeutungslosigkeit in die andere weiterreichen; oder auch Fragen des Zugangs zu emotional und persönlich bedeutsamen Situationen angesichts eines Alltags, der weitgehend aus unpersönlichen und anschließenden wiederum unpersönlichen Situationen besteht. Andererseits entstehen aus dem Wechsel solcher Interaktionsteilnahmen Probleme der personalen Identität, Probleme der Vorbereitung auf und Probleme der Weiterverfolgung von nur momenthaft aktuellen Interaktionsthemen. Diese

169 Vgl. dazu unten, Teil 4, Kap. III.

170 Siehe etwa die Beiträge in den *Mitteilungen aus der Arbeitsmarkt- und Berufsforschung* 4 (1971), Heft 4.

171 Siehe Niklas Luhmann, »Politische Planung«, in: ders., *Politische Planung: Aufsätze zur Soziologie von Politik und Verwaltung*, Opladen 1971, S. 66-89 (81ff.).

172 Eine einfache Kalkulation hierzu bei Martin Shubik, »Information, Rationality and Free Choice«, in: Daniel Bell (Hg.), *Toward the Year 2000*, Boston 1968.

Probleme der Sicherstellung von Sequenzen können durch Organisation in gewissem Umfange gelöst werden; aber Organisation ist ihrerseits ein hochgradig selektives Instrument, das seinerseits devolutive Effekte produziert.

All dies erlaubt keine Prognosen. Die Rückwirkung devolutiver Effekte der Evolution auf die Differenzierbarkeit und das weitere Zusammenspiel evolutionärer Mechanismen läßt sich mit den gegenwärtig verfügbaren theoretischen Konzepten nicht antizipieren. Und darüber hinaus ist ungeklärt, ob überhaupt diese gleichsam materialmäßigen Grenzen der Komplexitätssteigerung durch Evolution den entscheidenden Engpaß des Nicht-Weiterkönnens bilden werden oder ob nicht ganz andere Probleme vorher und einschneidender limitieren: nämlich die Begrenztheit der Umweltressourcen und das zu hohe Risiko der Weltgesellschaft als »Evolution in einem Falle«. Wäre das so, dann könnten der Glaube an Fortschritt ebenso wie die Klage über Entfremdung beide eines Tages als Ausdruck eines unangebrachten Optimismus erscheinen.

Kapitel III
Gesellschaftsformationen

1. Gesellschaft als selbstsubstitutive Ordnung

Unter dem Titel »Gesellschaftsformationen« wollen wir die Aufmerksamkeit auf die Tatsache lenken, daß es Gesellschaftssysteme sehr unterschiedlicher Typik gibt: primitive Lebensgemeinschaften, die vielleicht noch nicht einmal lineare Familienstrukturen und ein ausgearbeitetes, tiefenscharfes System von Verwandtschaftsbezeichnungen kennen; weiträumige agrarisch fundierte Hochkulturen mit städtischen Zentren für Politik, Verwaltung, Religion; polyzentrische Stadtgesellschaften; Nationalstaatsgesellschaften mit »internationalen Systemen« im Übergang zur Neuzeit; und schließlich die heutige technisch-industriell fundierte Weltgesellschaft – und all das in komplizierten Zusammenhängen der Gleichzeitigkeit und des Nacheinander. Die Evolutionstheorie hat eine (oft abgeleugnete) Tendenz, diese Vielfalt als ein Nacheinander zu ordnen und das Überleben von typmäßig »älteren« Gesellschaftsformationen als »unzeitgemäß« zu behandeln. Auch wenn man auf Annahmen über eine notwendig lineare Evolution verzichtet, wird schwerlich zu bestreiten sein, daß einige Entwicklungen Vorbedingung für andere sind, so daß Reihenfolgen unter den empirisch nachweisbaren Gesellschaftsformationen nicht beliebig sein können.[173] Wir hatten deshalb an einer Dachformel für diese Einsicht, an

173 Einige elegante Andeutungen hierzu bei Wilbert E. Moore, »Toward a System of Sequences«, in: John C. McKinney, Edward A. Tiryakian (Hg.),

der klassischen Vorstellung der Entwicklung von einfacheren zu komplexeren Systemen festgehalten.

Nun ist Evolution nur nach dem »Prinzip der kleinen Schritte«[174] möglich. Sie führt aber andererseits zu markanten Typendifferenzen in den Gesellschaftsformationen. Diesen scheinbaren Widerspruch müssen wir aufzulösen versuchen. Er ist in der philosophischen Diskussion des Problems der Bewegung aufgetreten und dann angesichts der Schwierigkeiten von Epochenbildung in der Geschichtstheorie unter dem Gesichtspunkt der Einheit von Kontinuität und Diskontinuität erörtert worden,[175] ohne daß sich eine den Soziologen befriedigende Lösung abzeichnete. Diese Lösung kann soziologisch nur im Begriff der Gesellschaft gefunden werden. Die Einheit von Kontinuität und Diskontinuität ist die Gesellschaft selbst. Diese These soll mit Hilfe des Begriffs der *selbstsubstitutiven Ordnung* erläutert werden.

Als selbstsubstitutiv wollen wir Ordnungen bezeichnen, die nicht durch etwas anderes, sondern nur durch sich selbst ersetzt werden können. Diese Formulierung ist bewußt ambivalent gehalten, und gerade diese Ambivalenz macht den Charakter selbstsubstitutiver Ordnungen aus. Es handelt sich um Ordnungen, die zugleich Subjekt und Objekt von Substitutionsvorgängen sind, die also Substitutionen in sich selbst vollziehen. Sie können sich ändern, können sich fort-

Theoretical Sociology: Perspectives and Developments, New York 1970, S. 156-166.

174 Vgl. Dieter Claessens, *Instinkt, Psyche, Geltung: Zur Legitimation menschlichen Verhaltens. Eine soziologische Anthropologie*, Köln, Opladen ²1970, S. 122ff.

175 Vgl. Hans Michael Baumgartner, *Kontinuität und Geschichte: Zur Kritik und Metakritik der historischen Vernunft*, Frankfurt/M. 1972. Siehe ferner Hans Trümpy (Hg.), *Kontinuität, Diskontinuität in den Geisteswissenschaften*, Darmstadt 1973.

entwickeln, lassen sich aber nicht gegen andere Ordnungen austauschen. Eine Gesellschaft kann nicht durch eine Maschine oder einen Organismus oder durch ein Sozialsystem vom Typus Organisation ersetzt werden, *aber auch nicht durch eine andere Gesellschaft*. Es fehlt ein Agent für einen solchen Austausch, ein archimedischer Punkt, ein Zweck des Vollzugs. Die Gesellschaft kann sich nur selbst »revolutionieren«, muß also in der Revolution kontinuieren. Sie setzt im Änderungsprozeß sich selbst in einem Doppelsinne voraus: als Gegenstand der Änderung und als Bedingung des Änderungsprozesses, seiner Konzipierbarkeit, seiner Zielrichtung, seiner Durchführbarkeit.

Systeme vom Typus selbstsubstitutiver Ordnungen haben, weil ein Gesamtaustausch nicht möglich ist, einen bestimmten Änderungsstil. Sie können sich nicht auf ein Bestandskriterium, etwa Zahlungsfähigkeit oder Scheidungsgründe, zurückziehen, das ihnen gegenüber Änderungszumutungen Distanz und Sicherheit gibt; sie geraten also, gerade weil ihr Bestand nicht in Frage steht, unter einen unbestimmten Änderungsdruck. Dazu kommt, daß in selbstsubstitutiven Ordnungen alle Änderungen (nicht nur Versuche eines »Identitätswechsels« oder einer Totalrevision) unter *Anschlußzwang* stehen. So ist zum Beispiel im Bereich des Wissens die Gesellschaft eine selbstsubstitutive Ordnung in dem Sinne, daß sie zwar Wahrheiten zur Evidenz bringen, sie aber nicht absolut gegen Enttäuschungen absichern kann, dafür aber vorsieht, daß man auf Enttäuschungen im Rahmen von Wahrheitsmöglichkeiten durch »Sinnesmodifikationen« (Husserl) reagiert, also Enttäuschungen überhaupt nur erlebt und sie als Änderungsanlässe nur zu akzeptieren hat, wenn der Anlaß andere Wahrheiten substituiert – und nicht etwa Rechtsnormen oder Liebesbeweise oder Abfindungen in Geld. »Selbst eine sich als apodiktisch ausgebende Evidenz kann sich als Täuschung enthüllen und setzt doch dafür eine ähnliche Evidenz voraus, an der sie ›zerschellt‹.«[176] Evidenz ist nichts anderes als diese Sicherheit, daß Wahrheiten nur durch Wahrheiten abgelöst werden können, so wie auch Rechtsgeltung Rechtsänderung nicht ausschließt, aber dafür die Form geltenden Rechts voraussetzt.

Hinter dem, was Husserl in dem eben zitierten Satz eine »ähnliche Evidenz« nannte, steckt eine Variable, die im Kontext einer Gesellschaftstheorie mit anderen Variablen korreliert werden müßte. Die Reichweite möglicher Änderungen hängt ab von der Abstraktheit, mit der Anschlüsse definiert werden. Die Möglichkeit alter Evidenzen, an neuen zu zerschellen, wird zum Beispiel durch Theoriebildung erheblich gesteigert, und damit wird zugleich das Umschlagstempo von Wahrheiten innerhalb der Gesellschaft beschleunigt. In diesem Sinne fällt die Entscheidung über die Verteilung von Kontinuität bzw. Diskontinuität in änderungsträchtigen Situationen mit Hilfe von Abstraktionen, letztlich also auf Grund derjenigen Strukturen, von denen das Abstraktionspotential einer Gesellschaft abhängt.

Von allen Typen sozialer Systeme ist nur die Gesellschaft selbst mitsamt ihren funktionalen Subsystemen eine selbstsubstitutive Ordnung. Interaktionen können mit oder ohne Ersatz abgebrochen, Organisationen können aufgelöst und neu gegründet werden. Über den Wechsel befinden externe Instanzen, zum Beispiel einzelne Personen. Die Kontinuität der Gesellschaft ist jedoch eine unerläßliche Voraussetzung für das Diskontinuieren dieser anderen Systeme. Soweit Organisationen wie »Staat« und »Kirche« Gesellschaftsfunktionen zu monopolisieren trachten, nehmen sie selbst am Charak-

176 Edmund Husserl, »Formale und transzendentale Logik«, *Jahrbuch für Philosophie und phänomenologische Forschung* 10 (1929), S. 1-298 (140).

ter der selbstsubstitutiven Ordnung teil. Sie geraten gerade dadurch, daß sie nicht konkursfähig sind, unter Änderungsdruck. Der unbestimmte Änderungsdruck selbstsubstitutiver Ordnungen fällt dann mit den Steuerungsimperativen einer Organisation zusammen und muß die Form bindender Entscheidungen finden. In die gleiche Lage würde ein Wirtschaftssystem geraten, das für seine gesamtgesellschaftlichen Funktionen die Form einer einheitlichen Organisation sucht.

Alle sozialen Systeme stehen in gewissem Umfange vor der Notwendigkeit, Bestand und Änderungen, Kontinuieren und Diskontinuieren zu koordinieren. Sie können sich dabei an Grenzen des Fortsetzungsinteresses, an Grenzen ihrer Attraktivität orientieren. Im Falle selbstsubstitutiver Ordnungen entfällt jedoch diese Möglichkeit, das eigene Ende als Entscheidungskriterium zu verwenden. In den einfachsten Gesellschaftssystemen gibt es die akute Gefahr des ersatzlosen Ausgelöschtwerdens durch Naturkatastrophen oder durch Feinde, gegen die man sich wehrt. In Hochkulturen mit kosmisch orientierter Selbstthematisierung findet man zuweilen die Identifikation des eigenen Endes mit dem Ende der Welt, dem Ende der Zeiten.[177] In der heutigen entwicklungsbewußten Gesellschaft tritt an die Stelle solcher Projektionen die Annahme von Zivilisationsniveaus oder (wie immer »gemessenen«) Lebensqualitäten, die man nicht unterschreiten möchte. Die Alternative ist Regression, Verfall, kurvenmäßig erfaßbare Katastrophe, die sich in Werten bestimmter Variablen ausdrücken läßt.[178] Erst damit wird das Problem der Selbstsubstitution zum Selbststeuerungsproblem

177 Die theoretischen Grundlagen dieser These werden wir in Teil 4, Kap. II, unter dem Gesichtspunkt unvollständiger Ausdifferenzierung des Gesellschaftssystems behandeln.

178 Symptomatisch dafür der Publizitätserfolg von: Dennis Meadows, Donella Meadows, Erich Zahn, Peter Milling, *Die Grenzen des Wachstums:*

des Gesellschaftssystems. Und damit wird es nötig, in der Gesellschaftstheorie mehr zu erreichen als nur Gesellschaftstypen oder Epochen der gesellschaftlichen Entwicklung zu kontrastieren, nämlich diejenigen evolutionären Errungenschaften zu bestimmen, von denen das Entwicklungsniveau der Gesellschaft abhängt.

2. Errungenschaften und Überleitungen

In der Evolutionstheorie gibt es verschiedene Bezeichnungen für einen Begriff, der es ermöglicht, die Frage von Kontinuität und Diskontinuität von der Ebene ganzer Systeme auf die Ebene einzelner Systemprobleme hinunterzuspielen. Sahlins und Service sprechen von »adaptive advances« oder auch – auf Grund eines paläontologischen Sprachgebrauchs – von »dominant types«.[179] Bei Parsons finden sich die Begriffe »evolutionary universals« und »adaptive upgrading«.[180] Coleman nennt ähnliche Sachverhalte »social inventions«.[181] Wir wollen im folgenden von evolutionären Errungenschaften sprechen.

Trotz der weiten Verbreitung einer solchen Vorstellung sind die theoretischen Konturen des Begriffs wenig geklärt. Die Minimalelemente des Begriffs umfassen (1) den Bezug

Bericht des Club of Rome zur Lage der Menschheit, Reinbek 1973 (dt. Übers.).

179 Vgl. Marshall D. Sahlins, Elman R. Service (Hg.), *Evolution and Culture*, Ann Arbor 1960, S. 25, 69 ff.

180 Vgl. Talcott Parsons, »Evolutionary Universals in Society«, *American Sociological Review* 29 (1964), S. 339-357, neu gedruckt in: ders., *Sociological Theory and Modern Society*, New York, London 1967, S. 490-520; ders., *Societies*, S. 22.

181 James S. Coleman, »Social Inventions«, *Social Forces* 49 (1970), S. 163-173.

auf Folgeprobleme, die (2) nur eine begrenzte Zahl von Lösungsmöglichkeiten offenlassen;[182] (3) die Entwicklung einer Problemlösung, die nach ihrer Entstehung leichter und unabhängig von den Ausgangsbedingungen reproduzierbar ist und (4) evolutionäre Vorteile mit sich bringt, die (a) in einer besseren Kompatibilität mit anderen Problemlösungen des Systems und/oder (b) in einer besseren Anpassung an die Umwelt (oder auch: an mehr mögliche Umwelten) des Systems bestehen können.[183] So ist, um Parsons' Ausgangsbeispiel zu übernehmen, das Sehvermögen eine evolutionäre Errungenschaft, die den gesteigerten Orientierungsbedarf komplexer, selbstbeweglicher Organismen voraussetzt, die nur in wenigen physiologischen Varianten möglich ist, auf verschiedenen organischen Grundlagen entwickelt worden ist und die Bedingungen für interne Kompatibilität von Funktionen ebenso wie für Umweltanpassung wesentlich verbessert.

Im Begriff der evolutionären Errungenschaften stecken mithin zwei verschiedene Bewertungsebenen, und deren Differenz macht den Begriff fruchtbar: Eine Problemlösung muß

182 Nach dem berühmten »Goldenweiser principle«. Siehe Goldenweiser, »The Principle of Limited Possibilities in the Development of Culture«. Vgl. auch Pitirim Sorokin, *Social and Cultural Dynamics*, Bd. IV, New York 1941, S. 76ff. In der *Begrenzung* der Zahl möglicher Lösungen für *strukturell* angelegte, also allgemeine Probleme liegt zugleich die Voraussetzung für »Äquifinalität« (siehe oben in diesem Teil, Kap. I.4 (S. 298f.)), also für die Wahrscheinlichkeit, daß eine Problemlösung von verschiedenen Ausgangslagen aus entwickelt werden kann. An diese Überlegung knüpft Parsons' Begriff der »evolutionary universals« an.

183 Zumeist wird nur dieser letzte Gesichtspunkt gesteigerter Anpassungsfähigkeit genannt – so z. B. von Parsons. Die Steigerung struktureller Kompatibilität von Problemlösungen ist indes ein mindestens gleichwertiger Gesichtspunkt, dessen Bedeutung im Laufe der Evolution zu komplexeren Gesellschaftssystemen zunimmt (wenngleich die Rückkehr zum Primat der Umweltanpassungsprobleme sich bereits abzuzeichnen beginnt).

sich einmal zur Lösung eines Problems eignen. Mit der Schrift zum Beispiel muß man wirklich schreiben können, und zwar alles, was man sprechen kann. Die Eignung kann auf mehreren Dimensionen mehr oder weniger gut ausfallen: Die Schrift kann einfach, leicht lernbar, gut lesbar, gut druckbar sein. Neben solche Fragen der Eignung tritt als zweite Bewertungsebene die evolutionäre Vorteilhaftigkeit. Diese impliziert nicht nur das Einzelproblem, sondern stets die Gesellschaft im ganzen in ihrer internen Ausgewogenheit und in ihren Umweltbeziehungen. Die Errungenschaft der Schrift bringt, um bei diesem Beispiel zu bleiben, Vorteile in der Entlastung von Gedächtnis, damit auch in der möglichen Tiefenschärfe der Geschichte; sie macht zeit- und raumüberwindende Kommunikation großen Stils möglich, macht die Erwartung solcher Kommunikationen möglich und wirft damit Motivationsprobleme auf, die alsbald durch weitere Errungenschaften, nämlich durch Kommunikationsmedien, gelöst werden.[184]

Diese Differenz von Problembezug und Systembezug trägt dazu bei, daß die evolutionären Mechanismen der Variation, Selektion und Stabilisierung innerhalb konstituierter Systeme eine gewisse Beweglichkeit haben. Auch zeichnet sich damit die Antwort auf die Frage ab, wie Kontinuität und Diskontinuität zugleich möglich sind. Nicht jede Lösung strukturell bedingter Probleme macht Evolution. Sofern ein Problem aber mehrere Lösungen finden kann, kann es solche geben, die zugleich bessere Anknüpfungspunkte für die Lösung anderer Probleme geben – »besser« nicht im Sinne ethischer oder ökonomischer Bewertung, sondern im Sinne der Ermöglichung höherer Komplexität des Systems und/oder seiner Umweltbeziehungen.

184 Hierzu bereits oben, Kap. II.4 (S. 340f.).

Diese Analyse läßt sich weiter verfeinern, wenn man die Frage nach den evolutionären »Überleitungen« stellt. Überleitungen sind erforderlich, wenn kleine Schritte zu großen, strukturellen Veränderungen führen sollen. Auch hierfür ist die Differenz von Problembezug und Systembezug wichtig. Problembezogene Einrichtungen haben ihren primären Halt in der Sicherheit der Lösung ihres Problems. Sie können auf dieser Basis Bedingungen ihrer eigenen Entwicklung nach und nach erübrigen und so eine andere Lösung anderer Probleme ermöglichen. So war, wie häufig dargestellt,[185] die christliche Religion eine Voraussetzung für die Entwicklung höherer Autonomien im politischen, wirtschaftlichen und wissenschaftlichen Bereich, die die Religion alsdann dort erübrigten und in ihrer gesamtgesellschaftlichen Funktion reduzierten. Ferner können problemspezifische Einrichtungen die Basis abgeben für die Lösung noch gar nicht existierender Strukturprobleme. So mußten die berühmten Lungenfische des Devon-Zeitalters nach Fluten und Überschwemmungen versuchen, das Wasser wieder zu erreichen – und wurden so allmählich für das Landleben trainiert.[186] Oder: Erst eine ausreichende Entwicklung der Werkzeugtechnologie in den Sammler- und Jägergesellschaften der jüngeren Steinzeit bot die Möglichkeit des Übergangs zur systematischen Produktion von Nahrungsmitteln mit all den Folgeproblemen der

185 Siehe nur Peter L. Berger, *Zur Dialektik von Religion und Gesellschaft: Elemente einer soziologischen Theorie*, Frankfurt/M. 1973 (dt. Übers.), insb. S. 107ff.

186 Dazu Alfred S. Romer, *The Vertebrate Story*, Chicago [4]1959, S. 93f. Im Anschluß daran formulieren Charles F. Hockett, Robert Ascher, »The Human Revolution«, *Current Anthropology* 5 (1964), S. 135-147 (137), das konservative Prinzip der Innovation, »Romer's principle«: »The initial survival value of a favorable innovation is conservative, in that it renders possible the maintenance of a traditional way of life in the face of changed circumstances.«

Seßhaftigkeit, der Vorratswirtschaft, der militärischen Angreifbarkeit, der dauerhaften Hierarchisierung. Ein anderes Beispiel wäre die »Vorbildwirkung« der politischen Monarchie für die Entstehung des ethisch gebundenen Monotheismus der Hochreligionen.[187] Man hat solche vorgreifenden Errungenschaften als »preadaptive advances« bezeichnet.[188] Schließlich gibt es auch die Überleitung als Sonderproblem und darauf bezogene Spezialeinrichtungen. So war in der Genealogie der Gottesvorstellung der Gedanke des »auserwählten Volkes Gottes« eine Hilfe bei der Generalisierung des Stammesgottes zum Weltgott: Er ermöglichte es, den Weltgott schon zu denken, aber den Stammesgott noch nicht ganz zu verlieren.

Im Bezugsrahmen der hier vertretenen Evolutionstheorie läßt sich das zugrundeliegende Problem wie folgt formulieren: Wenn differenzierte Systeme entstehen, wird eine erfolgreiche Zufallsvariation zunächst extrem unwahrscheinlich; sie müßte nämlich in einer Vielzahl interdependenter Teilsysteme zufällig, aber abgestimmt zugleich erfolgen. Das ist so gut wie unmöglich. Dieser Nachteil wird jedoch durch die Art der Differenzierung ausgeglichen und sogar überkompensiert. Evolutionswirksame Differenzierung ist und kann nur sein: Differenzierung in *Teilsysteme*, die sich in der internen Umwelt des evoluierenden Gesamtsystems trotz Umweltveränderungen stabil halten und, wenn die Umwelt sich ändert, neue Funktionen übernehmen können. So haben sich in vorherrschend religiös bestimmten Gesellschaften Gilden zunächst in der Form religiöser Bruderschaften gebildet, die beim Übergang zu einer primär politisch konstituierten Ge-

187 Siehe dazu Erik Peterson, *Theologische Traktate*, München 1951, S. 45ff.; James H. Breasted, *Die Geburt des Gewissens*, Zürich 1950, S. 265ff.

188 So Robert McC. Adams, *The Evolution of Urban Society: Early Mesopotamia and Prehispanic Mexico*, London 1966, S. 41.

sellschaft die Innenfunktion der Knappheitsregulierung und der Kontrolle des Mitgliederverhaltens konstant halten, aber die Außenfunktion in Richtung auf Anpassung an und Einfluß auf die politischen Mächte ändern konnten. Umgekehrt war, wie besonders das Beispiel China zeigt,[189] ein erleichterter Aufbau politisch-bürokratischer Herrschaft mit hoher Indifferenz gegen ökonomisches Detailgeschehen möglich, wenn diese Funktion als erfüllt vorausgesetzt werden konnte. Evolution erfordert zum Aufbau komplexer Systeme mithin Teilsystembildungen, die sozusagen überangepaßt sind und dadurch die Chance erfolgreicher Mutationen in Systemen ihrer Umwelt erhöhen. Dies gilt nochmals verstärkt, wenn »preadaptive advances« in Steuerungssystemen ausgebildet werden.[190] Erst Systemdifferenzierung mit entsprechenden Diskontinuitäten und Interdependenzunterbrechungen gibt, um es paradox zu formulieren, dem Zufall eine Chance.

Nach alldem bieten Gesellschaftssysteme, die infolge ihrer Struktur hinreichend komplex sind und hinreichende Interdependenzunterbrechungen zwischen Problemlösungen vorsehen können, so daß nicht alles von allem abhängt, die *Chance von Zeitverschiebungen*. Sie können, auch ohne zu planen, vorbauen und nachschieben, können Neuerungen vorläufig abstützen und Konstellationen nutzen, die nachträglich entbehrlich werden – all dies aber nicht in beliebigen Sequenzen, sondern im Rahmen begrenzter Kombinationsmöglichkeiten, über deren Nutzung die evolutionären Mechanismen mit einer Art Dauerbereitschaft zur Selektion

189 Vgl. dazu und zum Vergleich mit England Hosea Ballou Morse, *The Gilds of China: With an Account of the Gild Merchant of Co-Hong of Canton*, London 1909.

190 Diesen Fall behandelt Karl R. Popper, »Evolution and the Tree of Knowledge«, in: ders., *Objective Knowledge: An Evolutionary Approach*, Oxford 1972, S. 256-284.

entscheiden. Evolutionäre Errungenschaften sind relative Verfestigungen in diesem Prozeß, die sich im Hinblick auf strukturabhängige Problemkonstellationen bewähren. Die theoretische Formulierung des Konzepts der evolutionären Errungenschaften ist also ohne Bezugnahme auf die Systemtheorie gar nicht möglich. Die Annahme eines Gegensatzes von Evolutionismus und Systemfunktionalismus gehört, vermutlich auch wissenschaftsgeschichtlich, in das Reich der Legenden.[191]

Aber diese Einsicht ist noch zu allgemein formuliert. Darüber hinaus müßte die Systemtheorie diejenigen Strukturprobleme konstruieren können, an die die Entwicklung evolutionärer Errungenschaften anknüpft. Die Ausgangspunkte dafür liegen in der allgemeinen Theorie sozialer Systeme (Teil 1, Kap. I und II), zum Beispiel in Problemen der Konfliktsregulierung, in der Differenzierung unterschiedlicher Systemtypen (Teil 1, Kap. III und IV), in der Theorie der Ausdifferenzierung und der Innendifferenzierung des Gesellschaftssystems und daran anschließend in der Reflexions- und Integrationsproblematik (Teil 4) sowie schließlich in der Theorie der symbolisch generalisierten Kommunikationsmedien (Teil 3). Dies Gesamtkonzept kann an dieser Stelle nicht eingespiegelt und auf das Sonderproblem evolutionärer Errungenschaften bezogen werden. Einige Beispiele für Möglichkeiten weiterführender Analysen müssen genügen:[192]

191 Vgl. dazu Leslie A. White, »History, Evolutionism and Functionalism: Three Types of Interpretation of Culture«, *Southwestern Journal of Anthropology* 1 (1945), S. 222-248; Leonhard Adam, »Functionalism and Neo-Functionalism«, *Oceania* 17 (1946), S. 1-25.

192 Beispiele, die ich in anderen Publikationen behandelt habe, insb. die Institution des Verfahrens, die Figur des subjektiven Rechts, die Ausdifferenzierung einer besonderen Ebene der Rechtsgeltung, die monotheistische Gottesvorstellung, greife ich an dieser Stelle nicht erneut

(a) Kollektiv bindende Entscheidungen

Zu den wichtigsten evolutionären Errungenschaften, die den Übergang von frühen archaischen Gesellschaftsformationen zu Hochkulturen ermöglicht haben, gehört die Fähigkeit des Gesellschaftssystems, kollektiv bindende Entscheidungen zu treffen. Sie wird oft auch als korporative Verfassung beschrieben. Das Bezugsproblem dieser Errungenschaft ist die Handlungsfähigkeit des sozialen Systems. Diese versteht sich nicht von selbst, sie hat vielmehr, wie alle evolutionären Errungenschaften, etwas Unwahrscheinliches an sich. Da alles menschliche Handeln am einzelnen Organismus erscheint und ihm zugerechnet wird, muß ein Handeln des sozialen Systems kontraphänomenal institutionalisiert werden. Das geschieht in der Weise, daß Einzelhandlungen unter bestimmten Bedingungen als Handeln für alle erlebt und behandelt werden. Eine solche Institutionalisierung kann an Einflußpositionen anknüpfen. In der gesellschaftlichen Entwicklung setzt sie herausgehobene Rollen mit regelmäßig beachtetem Einfluß voraus: ein Fall von »preadaptive advances«.[193] Sie erfordert aber mehr als nur (statistisch gesehen:

auf. Siehe dazu: *Legitimation durch Verfahren*, Neuwied, Berlin 1969; »Zur Funktion der ›subjektiven Rechte‹«, *Jahrbuch für Rechtssoziologie und Rechtstheorie* 1 (1970), S. 321-330, Wiederabdruck in: ders., *Ausdifferenzierung des Rechts*, S. 360-373; »Die juristische Rechtsquellenlehre aus soziologischer Sicht«; »Religiöse Dogmatik und gesellschaftliche Evolution«, in: Karl-Wilhelm Dahm, Niklas Luhmann, Dieter Stoodt, *Religion – System und Sozialisation*, Neuwied, Berlin 1972, S. 15-132 (insb. S. 57ff.).

193 Solche Rollen gibt es teils auf mehr persönlicher, teils auf institutioneller Basis auch in Gesellschaften, die die Vorstellung bindender Entscheidungsautorität noch nicht kennen. Siehe z.B. Walter B. Miller, »Two Concepts of Authority«, *The American Anthropologist* 57 (1955),

häufiges) Durchsetzungsvermögen. In entwickelten Gesellschaften wird die kollektive Bindung als solche normiert, die Beteiligten werden gleichsam verpflichtet, kollektiv bindende Entscheidungen wie feststehende Tatsachen zu behandeln.

Man kann vermuten, daß die Entstehung gesellschaftlicher Einrichtungen für kollektiv bindendes Entscheiden mit dem laufenden Entstehen von Konflikten auf der Interaktionsebene zusammenhängt.[194] Das machte Einrichtungen der Konfliktsentscheidung vorteilhaft, die nicht nur wie Sieg oder Niederlage als Fakten die Beteiligten banden, sondern zugleich auch alle Dritten zur Anerkennung der Lösung und zu korrespondierendem Verhalten verpflichteten. Außerdem brauchten soziale Systeme im Falle eines externen Konfliktes eine wirksame Außenvertretung mit Fähigkeit zu interner Vollzugsgarantie, um die Folgen kollektiver Verantwortlichkeit abzuwenden oder doch zu lindern. Die historischen Übergänge von Einflußpositionen auf der Basis eines »großen Hauses« zu Positionen mit bindender Entscheidungsautorität sind fließend und sicher nicht immer bewußt vollzogen worden.[195] Die göttliche Stiftung des Areopag durch einen Akt ist eine retrospektive Legende.

S. 271-289; Leopold Pospisil, *Kapauku Papuans and Their Law*, New Haven 1958; Lorna Marshall, »!Kung African Bands«, *Africa* 30 (1960), S. 325-355. Für evolutionäre Steigerungsmöglichkeiten siehe z. B. Marshall D. Sahlins, »Poor Man, Rich Man, Big-Man, Chief: Political Types in Melanesia and Polynesia«, *Comparative Studies in Society and History* 5 (1962-1963), S. 285-303.

194 Vgl. oben, Teil 1, Kap. II.9.

195 Vgl. z. B. Julius Georg Lautner, *Die richterliche Entscheidung und die Streitbeendigung im altbabylonischen Prozeßrechte*, Leipzig 1922; Hans Julius Wolff, »Der Ursprung des gerichtlichen Rechtsstreits bei den Griechen«, in: ders., *Beiträge zur Rechtsgeschichte Altgriechenlands und des helenistisch-römischen Ägypten*, Weimar 1961, S. 1-90. Beide Unter-

Wenn kollektive Bindung normativ institutionalisiert werden soll, ist es zunächst nötig, *Handeln als Entscheiden zu thematisieren* und dabei von den situativen und körpergebundenen Aspekten des Vollzugs zu abstrahieren. Die bloße Signalwirkung und Nachahmung des konkreten Verhaltens genügt nicht, die Bindung des Systems bezieht sich auf die Selektion, die als solche dem maßgeblichen Verhalten entnommen werden muß. In sozialen, das heißt kommunikativen Systemen kann ein Bindungseffekt nur durch selektives Entscheiden ausgelöst werden. Das heißt nicht zuletzt, daß ein höheres Risiko übernommen werden muß. Im Unterschied zu Fakten binden Entscheidungen nicht zwangsläufig, sondern nur in dem Maße, als sie zu Prämissen weiteren Verhaltens werden, und es kann sein, daß derjenige, der dies auf Grund kollektiver Bindung mit Recht erwartet, sich trotzdem getäuscht sieht.

Bindende Entscheidungen haben ihre unmittelbar intendierten Effekte. Ihre strukturelle Bedeutung reicht jedoch weit darüber hinaus. Sie beruhen auf Bedingungen der Möglichkeit, die, wenn Bedarf für bindende Entscheidungen auftritt, mitentwickelt oder nachentwickelt werden müssen. Bindende Entscheidungen erfordern eine Differenzierung von Sinnebenen in der Art, daß die Entscheidungen mitsamt den Anstrengungen zu ihrer Durchführung von den Gründen

suchungen legen die Annahme nahe, daß die archaischen Schlichtungsverfahren zwar Vorbilder abgaben, die politisch eingesetzte Justiz aber gleichwohl ein Bruch mit der Tradition und sozusagen eine Rechtsanmaßung war. Kontinuität und Diskontinuität schließen sich auch hier nicht aus. Für den Übergang mag die Vorstellung hilfreich gewesen sein, daß die politisch instituierte Autorität den Streit zwar beendet – aber nicht eigentlich über Recht und Unrecht entscheidet. Vgl. dazu Louis Gernet, »Sur la notion du jugement en droit Grec«, in: ders., *Droit et société dans la Grèce ancienne*, Paris 1955, S. 61-81.

unterschieden werden können, auf denen Selektion und Bindungswirkung beruhen. In der Sprache von Parsons sind dann »scope of authority« und »amount of power« wie *code* und *message* zu unterscheiden.[196] Religion oder kultureller Bezugskontext und politische Entscheidungspraxis heben sich voneinander ab – und dies genau deshalb, weil sie zueinander in Beziehung gesetzt werden müssen. Unabhängig davon, wie bindend entschieden wird, kommen dadurch, daß bindend entschieden wird, weitreichende Umstrukturierungen in den symbolischen Orientierungen der Gesellschaft in Gang, vor allem natürlich in der Religion, in der Moral, im Recht und in Mediencodes.

Soweit in soziale Systeme eine Ebene für kollektiv bindende Entscheidungsprozesse eingezogen wird, muß man die Selektionsprozesse dieser Ebene von dem unterscheiden können, was man jetzt »Privathandeln« der Beteiligten nennen kann. Zurechnungen müssen entsprechend differenziert, Symbole für rasches Erkennen von Absichten und Folgenkanalisierungen müssen verfügbar sein. All das verändert die Machtlage im System[197] und das Anspruchsniveau in bezug auf Wertkonsens.[198] Erfolge in der Umstrukturierung von Machtverhältnissen – vor allem in der Ausdifferenzierung eines bürokratisierbaren politischen Systems – und in der gesellschaftlichen (mindestens in den Oberschichten akzeptierten) Moralisierung von Wertkonsens sind dann die Ausgangspunkte für die Entwicklung weiterer Errungen-

196 Talcott Parsons, »Polity and Society: Some General Considerations«, in: ders., *Politics and Social Structure*, New York 1969, S. 473-522 (481ff.).

197 Vgl. hierzu James Coleman, »Loss of Power«, *American Sociological Review* 38 (1973), S. 1-17.

198 Dies letztere ist ein Definitionselement im Begriff der »collectivity« bei Parsons. Vgl. ders., *The Social System*, Glencoe 1951, S. 41, 96ff.

schaften – zum Beispiel Ausdifferenzierung eines Rechtssystems, Garantie der Sicherheit für Kapitalbildung –, die auf der Fähigkeit der Gesellschaft zu kollektiv bindenden Entscheidungen aufbauen und sie praktisch irreversibel festschreiben.

Etablierte Kompetenz zu kollektiv bindendem Entscheiden (oder politische Autorität) und eine entsprechende normative Ausstattung sind ein, wenn nicht das definierende Merkmal hochkultivierter Gesellschaften gewesen. Andere Errungenschaften, zum Beispiel Generalisierung und Moralisierung religiöser Vorstellungen, verfeinerte kasuistische oder dogmatische Rechtstechnik, Mobilisierung eines Überschusses an ökonomischen Ressourcen, erhielten von daher ihre Entwicklungsmöglichkeiten vorgezeichnet, die sie teils mehr, teils weniger ausschöpften. Auch die neuere Entwicklung zum Weltgesellschaftssystem stellt diese Errungenschaft nicht in Frage, reduziert aber ihre Bedeutung und »überholt« sie gleichsam auf anderen Gebieten, und dies aus mehreren Gründen: Sie läßt diese Kompetenz auf der Ebene regional begrenzter politischer Systeme zurück, obgleich die Gesellschaftssysteme zur Weltgesellschaft zusammengewachsen sind. Sie überlastet die Entscheidungsmechanismen mit informations- und wertmäßig so komplexen Anforderungen, daß nicht mehr so sehr die Bindungswirkung als vielmehr die Grenzen der Entscheidungskapazität zum Engpaß werden. Und sie stellt die Entscheidungskompetenz in den Horizont einer offenen, möglichkeitsreichen Zukunft, so daß alle Bindung mit dem Bewußtsein der Vorläufigkeit und Änderbarkeit zugemutet und übernommen werden muß, also nicht mehr kosmisch, sondern nur noch pragmatisch legitimiert werden kann. Mit alldem zeichnet sich ab, daß die »Führung« der Evolution auf andere, vermutlich eher kognitive Errungenschaften übergegangen ist.

(b) Professionen

Unter dem Titel »Professionen« behandeln wir eine bestimmte Art von Berufsrollen wie Priester, Ärzte, Juristen, Offiziere im Hinblick auf gemeinsame Merkmale.[199] Ihr Bezugsproblem sind marginale Situationen mit besonderen Risiken und besonderen Anforderungen. Nicht alle gesellschaftlichen Werte können über bindende Entscheidungen realisiert werden, und nicht alle lassen sich kommerzialisieren. Es gibt Kombinationen von hohem Individualisierungsgrad des Interesses, hoher Mißerfolgswahrscheinlichkeit und hoher Relevanz, die weder durch politisch-administrative noch durch ökonomische Normalprozeduren abgedeckt werden. In solchen Situationen wächst mit dem sachlichen Risiko auch das soziale Risiko des Handelns, nämlich die Gefahr, daß ein Scheitern in der Sache zur Bestrafung, Ausstoßung oder Ablehnung dessen führt, der gehandelt und dadurch Aufmerksamkeit auf sich gezogen hatte. In dem Maße, als die technischen Möglichkeiten der Risikobearbeitung zunehmen, aber doch das sachliche Risiko nicht beseitigen können, entsteht deshalb ein Bedarf für evolutionäre Errungenschaften, die Befugnisse, Entlastungen und Bereitschaften zu riskantem

199 In der Berufssoziologie wird häufig ein etwas weiterer Begriff der Profession mit umstrittenen Konturen und expansiven Tendenzen vertreten. Vgl. z. B. Joseph Ben-David, »Professions in the Class System of Present-day Societies«, *Current Sociology* 12 (1963-1964), S. 247-330; Howard M. Vollmer, Donald L. Mills (Hg.), *Professionalization*, Englewood Cliffs 1966; Hans Albrecht Hesse, *Berufe im Wandel: Ein Beitrag zur Soziologie des Berufs, der Berufspolitik und des Berufsrechts*, Stuttgart [2]1972; Philip Elliott, *The Sociology of the Professions*, London 1972; Jean-Michel Chapoulie, »Sur l'analyse sociologique des groupes professionnels«, *Revue française de Sociologie* 14 (1973), S. 86-114.

Individualhandeln gewährleisten und aus dem Gesamtrisiko wenigstens das soziale Risiko eliminieren.

Obwohl diese Situationen Aspekte wie Streit, Krankheit und Tod enthalten, die für alle Gesellschaftssysteme relevant sind, verändert sich ihre Bedeutung und ihre Behandlungsfähigkeit im Laufe der gesellschaftlichen Entwicklung; sie werden vor allem durch zunehmende Sachkenntnisse und durch steigende Anspruchsniveaus an sachgerechte Problemlösung und durch Ausdifferenzierung, Generalisierung und Moralisierung der Religion zu offenen Problemen, auf die dann eine besondere evolutionäre Errungenschaft antwortet: die professionelle Rolle.

In diesem Lösungsmuster werden folgende Merkmale kombiniert:

(1) Freiwillige Übernahme und Bearbeitung hoher Risiken, die dem einzelnen normalerweise nicht zugemutet werden können: Risiken des nicht eindämmbaren Streites, der allseitigen Verfeindung durch Unparteilichkeit, der Angst, der Fehlstimulation der Götter, des Verfehlens der Wahrheit, der Krankheit, des Todes. Die professionelle Rolle ermöglicht den Übergang vom bloßen Erleiden zur Bearbeitung durch Nichtbetroffene, den Übergang von Passivität zu Aktivität und damit zu neuen Lernmöglichkeiten und zu institutioneller und technischer Entwicklungsfähigkeit.

(2) Einheitliche Ausbildung und Sozialisation in der Anerkennung bestimmter Werte und Nebenbedingungen des Handelns und Bewußtseins dieser Gemeinsamkeit. Ein institutionalisierter Rollentyp und bereitstehende Ausbildungsmöglichkeiten ermöglichen dann auch Prozesse der Selbstselektion im Hinblick auf den Beruf.

(3) Besitz von nicht allgemein zugänglichen Ressourcen, ins-

besondere Wissen und Sozialprestige, die in Frühformen zunächst durch Mystifikation und Geheimhaltungstechniken, später durch Langwierigkeit und Kostspieligkeit der Ausbildung und Zugangskontrollen formaler oder informaler Art geschützt werden.

(4) Umsetzung allgemein anerkannter gesellschaftlicher Werte in ein rollenspezifisches Berufsethos, das sich als Wertpflege – und nicht als Interessenvertretung – stilisiert und nicht gekauft, sondern nur »honoriert« werden kann. Bei dieser Umsetzung von Werten in Berufsethos werden situationsnahe Rechtfertigungsvorstellungen und praxisnahe Doktrinen ausgebildet.[200] Vor aller Wissenschaft wird zunächst *ex iuvantibus* argumentiert.

(5) Beträchtliche Freiheiten in der Wahl von Problemlösungen, deren Ausübung nicht von Außenstehenden und nicht von den Betroffenen, sondern nur von den fachlich kompetenten Kollegen beurteilt und kontrolliert werden kann.[201]

(6) Ausschluß der Haftung für die faktischen Folgen des Handelns im Einzelfall unter Übernahme der Verantwortung für Kunstfehler: Der Arzt haftet nicht für den Tod seines Patienten, der Anwalt nicht für den verlorenen Prozeß – es sei denn, daß ihm schuldhafter Verstoß gegen Regeln der Berufsausübung nachgewiesen wird.

(7) Ein mehr oder weniger enger kollegialer Zusammenhalt, in manchen Fällen (aber nicht notwendigerweise) ausgeformt zu einer korporativen Verfassung des Berufs.

200 Dazu speziell Philip Elliott, »Professional Ideology and Social Situation«, *The Sociological Review* 21 (1973), S. 211-228.

201 Zur Schwäche solcher Kontrollen vgl. Eliot Freidson, Buford Rhea, »Processes of Control in a Company of Equals«, *Social Problems* 11 (1963), S. 119-131; dies., »Knowledge and Judgment in Professional Evaluations«, *Administrative Science Quarterly* 10 (1965), S. 107-124.

In diesem Syndrom sind Motive und Werte, Freiheiten und Sicherheiten, Bedürfnisse und Argumentationsweisen so zusammengeschmolzen, daß hohe Risiken »sozialisiert« und auf *Einzel*rollen übertragen werden können. Das Ausmaß der Realisierung der Einzelaspekte ist von Profession zu Profession unterschiedlich und differiert zudem von Gesellschaft zu Gesellschaft. Deshalb variieren auch die Entwicklungsanstöße und die Engpässe, an denen die Verselbständigung einer Profession scheitern kann. Bei den Priestern war zum Beispiel die Distanzierung zum konkreten Erfolgs-/Mißerfolgs-Denken der magischen Praxis ein Entwicklungsproblem.[202] Die Professionalisierung der Rechtsberufe ist zuweilen an einem unüberwindbaren Mißtrauen gegen bezahlte (und deshalb Streit schürende) Rechtsberatung gescheitert. Die Medizin scheint wegen ihrer engen Assoziation mit Krankenpflege vor allem für höhere Schichten ein wenig attraktiver Beruf gewesen zu sein; sie fehlt deshalb im mittelalterlichen Katalog der *partes seu officia*, der die gesellschaftliche Ordnung der Professionen und der Unterschichtenberufe reflektiert.[203]

Gerade mit dieser Vielfalt von Gestaltungsmöglichkeiten hat sich die Professionalisierung jedoch als ein sehr anpassungsfähiges, auf historische Entwicklungen reagierendes Muster erwiesen. Erst im 20. Jahrhundert scheint diese soziale Form im Kern bedroht zu werden. Es wird schwierig, gesellschaftliche Probleme als solche des »Helfens« zu definieren und auf Einzelrollen zu übertragen. Die Professionen werden in zunehmendem Maße wissenschafts-, technik- und

202 Darin sieht Johannes Hempel, *Geschichte und Geschichten im Alten Testament bis zur persischen Zeit*, Gütersloh 1964, S. 76ff., ein Motiv der prophetischen Kultpolemik.

203 Vgl. z.B. Marsilius von Padua, *Der Verteidiger des Friedens (Defensor Pacis)*, Darmstadt 1958, Teil I, Kap. V, der unter den Honoratioren der *communitas civilis* nur Priesterstand, Wehrstand und Richter aufführt.

organisationsabhängig, ihre Vorrechte werden bestritten oder auf das unmittelbar Leistungsrelevante zurückgeschraubt, und zugleich werden ihre Attribute von anderen Berufsgruppen als Grundlage für Ansprüche usurpiert.[204] Dies Beispiel lehrt besonders deutlich, daß bei aller Spezifikation des Problembezugs evolutionäre Errungenschaften kontextabhängig fungieren und damit gesellschaftlichem Wandel unterliegen auch dann, wenn die Bezugsprobleme kontinuieren.

(c) Stellen

Als nächstes Beispiel wählen wir eine Errungenschaft, die direkt auf die Vermittlung von Kontinuität und Diskontinuität zielt: die Vorstellung eines Amtes, einer Position, einer Stelle, deren Inhaber wechseln kann. Das Problem der Kontinuität im Wechsel wird dabei nicht pauschal für soziale Systeme oder Gesellschaften schlechthin gestellt, sondern mit bestimmten Beschränkungen anvisiert, die das Problem präziser definieren und seine Lösung ermöglichen: Es wird reduziert auf die Ebene von Rollen, und es wird nur auf bestimmte, vorqualifizierte Änderungsmöglichkeiten, vor allem auf den Wechsel von Personen, bezogen. Stellen sind demnach Rollen besonderer Art, nämlich solche, deren Identität als Einzelrolle einen regulierbaren Wechsel überdauert.[205]

204 Dazu Harold L. Wilensky, »The Professionalization of Everyone?«, *American Journal of Sociology* 70 (1964), S. 137-158; Richard H. Hall, »Professionalization and Bureaucratization«, *American Sociological Review* 33 (1968), S. 92-104.

205 Die Qualifikation »als Einzelrolle« ist wichtig. Es handelt sich nicht um den viel allgemeineren Fall, daß man sich einen Rollentyp, etwa Vater, Kaufmann, Schachspieler, mit unterschiedlichen Personenbesetzungen vorstellen kann, sondern darum, daß eine konkrete Rolle, etwa die des Bischofs einer bestimmten Diözese, wechselnd besetzt sein kann. Die

Die Genealogie des Amtsgedankens wird man in den Großbürokratien der alten Welt vermuten müssen. Als Starthilfe mögen Vorstellungen wie Vertretung des Herrschers gedient haben, als Personen zunächst die Angehörigen seines »Hauses«. Mangels sorgfältiger Untersuchungen sind wir auf Spekulationen angewiesen. Erkennbar ist jedenfalls, daß die Übertragung des Stellengedankens auf den Herrscher selbst Schwierigkeiten bereitete, so daß sich für Nachfolgeprobleme keine »konstitutionell« geregelten Routinen entwickeln konnten.[206] Man wird davon ausgehen können, daß sich das Stellenkonzept des Unterbaus nur allmählich auf die politische Leitung selbst übertragen ließ, nachdem es sich vorstellungsmäßig etabliert und administrativ bewährt hatte, und daß in dieser Übertragung eine besondere Errungenschaft liegt, die wohl erstmals einigen griechischen Stadtstaaten und dann in Rom gelang.[207] Anscheinend haben sich also Hierarchiegedanke und Stellengedanke wechselseitig Entwicklungshilfe geleistet. Die Kontinuität auch der Spitze ergab sich schließlich aus der Logik der bestehenden Stellenorganisation ihres Unterbaus.

Unterscheidung entspricht der in der antiken Wissenschaftstheorie geläufigen Unterscheidung von *divisio* und *partitio* (dazu am Beispiel der Rechtsquellenlehre Dieter Nörr, *Divisio und Partitio*, Berlin 1972).

206 Vgl. Jack Goody (Hg.), *Succession to High Office*, Cambridge 1966, für ethnologische Analysen dieses Problems. Zu den Schwierigkeiten, sich die Kontinuität des Staatsdienstes und die Identität politischer Gewalt beim Wechsel von Herrschern oder gar Dynastien vorzustellen, vgl. für den Fall des älteren China Léon Vandermeersch, *La formation du légisme: Recherches sur la constitution d'une philosophie politique caractéristique de la Chine ancienne*, Paris 1965, S. 175ff. Die gleichen Probleme ergaben sich im Mittelalter bei der Beurteilung eines »interregnum« sowie angesichts der Notwendigkeit, die paktierten rechtlichen Bindungen des Feudalsystems beim Herrscherwechsel überzuleiten.

207 Vgl. zu diesem Punkt: Franz Leifer, *Studien zum antiken Ämterwesen*, Leipzig 1931, Neudruck Aalen 1963, insb. S. 52ff.

Mit dem Stellenkonzept ist die Neutralisierung des Eigeninteresses des Stelleninhabers keineswegs notwendig verknüpft und sicher nicht gleichzeitig entstanden. Diese Forderung dürfte ihre Wurzeln im Rechtssystem haben, wo Neutralität als Unparteilichkeit für die Funktion wesentlich war. Aber bis in die Neuzeit hinein gab es käufliche Ämter, wurde ein legitimes Interesse des Vormundes am Vermögen und an der Arbeitskraft seines Mündels nicht bestritten und wurde auch sonst Eigeninteresse als Motivfaktor bei der Amtsausübung in Anspruch genommen. Die Ablösung dieses Motivs und damit die Vollentwicklung des funktionalen Stellenbegriffs hängt ab von einer hochentwickelten Geldwirtschaft, ist also erst spät möglich.

Eine differenzierte Amtsterminologie mit Unterscheidungen wie *potestas* (Gewalt), *munus* (Aufgabe), *mandatum* (Auftrag), *officium* (Pflicht) und *ministerium* (Dienst) entsteht erst in der kirchenrechtlichen Diskussion des Mittelalters.[208] Schon in der antiken Kirche hatte sich an Hand der Aufgabe, eine historisch abgeschlossene Offenbarung zu überliefern, eine Amtshierarchie mit artikuliertem Sukzessionsbewußtsein entwickelt.[209] Auch später wurde die Kontinuität des Amtes im allgemeinen von der Aufgabe (etwa: *cura animarum*) her begriffen. Die unterschiedlichen Aspekte des Amtes wurden allenfalls juristisch unterschieden, jedoch nicht ausformuliert zu Dimensionen der Variation von Entscheidungsprämissen. Ins weltliche Amtsrecht übernommen und geblieben ist vor allem die Unterscheidung eines Amtes im statusrechtlichen (die Person sicherstellen-

208 Vgl. Ralf Dreier, *Das kirchenrechtliche Amt: Eine kirchenrechtstheoretische Studie*, München 1972, insb. S. 116ff., mit weiteren Hinweisen.

209 Dazu Hans Freiherr von Camphausen, *Kirchliches Amt und geistliche Vollmacht in den ersten drei Jahrhunderten*, Tübingen ²1963, S. 163ff.

den) und eines Amtes im dienstrechtlichen (die Aufgabe sicherstellenden) Sinne. Sie drückt die beiden möglichen Identifikationsgesichtspunkte aus, die in Betracht kommen, wenn man Personen gegen Aufgaben variiert.

Die weitere Ausarbeitung des Stellenkonzepts als eines Gesichtspunktes der Verknüpfung von Variationsmöglichkeiten in personeller, programmatischer und organisatorischer Hinsicht ist ein Desiderat der Organisationstheorie. In der Gesellschaftstheorie interessieren die aggregierten Effekte der Tatsache, daß das Problem der Funktionskontinuität trotz Personalwechsels auf der Ebene von Einzelrollen in Organisationen gelöst werden kann. Damit ist eine Voraussetzung geschaffen für die Entwicklung der Fähigkeit, zwischen *rollen*bezogenen und *personen*bezogenen Erwartungen zu differenzieren; und zwar nicht nur im Sinne einer allgemeinen Logik von Gattungsmerkmalen und Individuen (Königen im allgemeinen und Ferdinand VI. im besonderen), sondern im Hinblick auf die konkreten Interaktionspartner selbst, die ihre Rolle und außerdem noch ihre Person zur Geltung bringen. Eine generalisierte Fähigkeit zu Unterscheidungen dieser Art ist wiederum Voraussetzung für die Ausbreitung universalistischer Orientierungen in der Gesellschaft, namentlich im Bereich von Wirtschaft und Recht, wo »ohne Ansehen der Person« kalkuliert werden muß. Außerdem kann man in der Möglichkeit, zwischen Rollen und Personen zu differenzieren, eine Art Vorleistung im Sinne eines »preadaptive advance« für die Entwicklung neuer Steuerungsmechanismen erkennen, die Entscheidungen über Stellen und Kriterien zentralisieren, Personalentscheidungen dagegen delegieren. Mit alldem werden Voraussetzungen für die gesellschaftsweite Ausbreitung des Organisationsmechanismus geschaffen und zugleich Bedingungen der Kompatibilität gesellschaftlicher Funktionen verändert.

(d) Vertragsfreiheit

Die Entwicklungsgeschichte der Rechtsinstitution des Vertrages zeigt, daß das Problem kollektiver Bindungen vordringlich war und gelöst sein mußte, bevor es möglich war, eine von der Moral des täglichen Lebens sich abhebende und daher kontingente individuelle Bindung zu institutionalisieren.[210] Der Übergang zu voller Vertragsfreiheit wurde von da ab schrittweise unter Übernahme immer größerer Vertrauensrisiken vollzogen; er kam nach kühnen römischen Vorleistungen (Überführung des *Sach*kaufs ins *Obligationen*recht, Konsensualvertragstypen)[211] endgültig und mit voller Breitenwirkung erst in der Neuzeit zustande – mit Hilfe des Naturrechts und des Geschäftsverkehrs.[212] Die Vorstellung, daß jemand durch bloße Erklärung sich selbst verpflichten und derart binden könne, daß er nicht durch einfache Änderung seiner Meinung wieder freikomme, ist in der Tat

210 So Marcel Mauss, *Manuel d'ethnographie*, Paris 1947, S. 150. Vgl. ferner George Davy, *La foi jurée: Etude sociologique du problème du contrat: La formation du lien contractuel*, Paris 1922; Émile Durkheim, *Leçons de sociologie: physique des mœurs et du droit*, Paris 1950, S. 201ff.

211 Eindrucksvoll charakterisiert Fritz Pringsheim, »L'origine des contrats consensuels«, in: ders., *Gesammelte Abhandlungen*, Bd. 2, Heidelberg 1961, S. 179-193 (179), die Fortschritte im römischen Recht: »Le fait que deux personnes puissent passer un contrat de vente sur une marchandise qui n'est pas délivrée de suite, qui ne doit pas être nécessairement présente, ni même existante, et que cette marchandise soit vendue contre une somme d'argent sans que le paiement ait lieu, qu'il résulte au contraire de pareils contrats des obligations exigibles pour la livraison et le paiements ultérieurs, signifie une libération de la conception populaire et de la réalité concrète que seule une jurisprudence courageuse ose risquer.«

212 Vgl. Stig Jørgensen, *Vertrag und Recht*, Kopenhagen 1968.

eine kühne, eine unwahrscheinliche evolutionäre Errungenschaft. Denn wenn das Individuum die einzige Quelle der Bindung ist, warum soll es dann nicht darüber disponieren können. Durkheims bekannte These, daß im Vertrag nicht der individuelle Wille, sondern in Wahrheit die Gesellschaft den einzelnen binde, ist noch keine Antwort auf diese Frage, sondern läßt offen, warum und in welchen Kontexten dies geschieht.[213] Die genauere Fassung der »nichtvertraglichen Grundlagen vertraglicher Bindung« bleibt ein Problem.

Was der Vertrag abgesehen vom konkreten Vollzug eines Austausches von Gütern oder Leistungen gesellschaftsstrukturell leistet, liegt auf einer allgemeineren Ebene. Der Vertrag institutionalisiert die *Fähigkeit, für primär ökonomische Zwecke politisch zu binden*. Der gesellschaftsstrukturelle Kontext, der die Entwicklung und Institutionalisierung von Vertragsfreiheit aus sich hervortreibt, liegt daher in der Differenzierung von Ökonomie und Politik. In der Form des Vertrages und im Rahmen der Vertragsfreiheit kann ein einzelner beliebige *ökonomische* Ziele verfolgen – er braucht nur einen Partner dazu – und gleichwohl das *politische* System mit seinem Rechtsapparat zu bestimmten Entscheidungen verpflichten. Der Vertrag ist eine Art Normsetzung ohne Beteiligung des Herrschers, eine Art Inanspruchnahme öffentlicher Gewalt für private Zwecke. Steht diese Form zur Verfügung und ist sie in hinreichender Unbestimmtheit institutionalisiert, wird eine große Zahl möglicher Zustände und Ereignisse des wirtschaftlichen Systems und des politischen Systems kompatibel. Die Kombinationen können zudem mit den Vertragsinhalten wechseln, ohne daß dies die Bedingungen der Kombinierbarkeit zerstörte. Erreicht wird also auch

213 Siehe z. B. Durkheim, *De la division du travail social*, z. B. S. 82.

die Integration von *Bestand* und *Veränderung*, und zwar jeweils in *beiden* Systemen.[214]

Daß man für die Lösung dieses Problems der Institution des Vertrages vertraut, dürfte in der gesellschaftlichen Entwicklung eher die Ausnahme als die Regel gewesen sein. Die Regel ist eher, daß die Beziehungen zwischen Wirtschaft und Politik in dem Maße, als sie problematischer werden, zu Verbandsbildungen (Innungen, Gilden) Anlaß geben, die nach innen regulieren und nach außen vertreten. Das war eine für zahlreiche Stadtkulturen typische Lösung, besonders für China, aber auch für das europäische Mittelalter charakteristisch. Und gerade am Fall der fernöstlichen Rechtskulturen läßt sich zeigen, daß die Gilden die Wirtschaft gleichsam gegen Kontakt mit dem politisch gesetzten Recht abschirmen und daß der Vertrag daher nicht in die Richtung eines individuell einklagbaren Instruments ausgebaut werden kann.

Demgegenüber bietet der Vertrag die Vorteile der von Parsons so genannten »greater generalized adaptive capacities« – und zwar gerade deshalb, weil er im Einzelfall ein nur minimales, situatives Interaktionssystem erfordert und nicht erstarrt zu einem auf Dauer gestellten, rollendifferenzierten System wie Innungen. Die Kehrseite ist, daß vom Vertrag aus die Beziehungen zwischen Wirtschaft und Politik nicht kontrollierbar sind. Vor allem ist der Vertrag nicht ganz neutral in bezug auf das Verhältnis von Wirtschaft und Politik. Die Initiative zur Inhaltsbestimmung liegt bei den wirtschaftlichen

214 Dabei muß die Freiheit zu andersartigen Entscheidungen nicht nur auf seiten des Wirtschaftssystems, sondern auch auf seiten des politischen Systems und des Rechtssystems gewürdigt werden. »The advantage of negotiated solutions is that they need not leave any marks on the normative order of society. The solution does not become a precedent for later solutions to similar conflicts«, formuliert Vilhelm Aubert, *Elements of Sociology*, New York 1967, S. 133.

Interessen. Ebendeshalb konnte das Prinzip der Vertragsfreiheit für das aufsteigende Bürgertum der europäischen Neuzeit zugleich das Ende Alteuropas und einen neuen Primat der Ökonomie über die Politik symbolisieren. Die Gesellschaft selbst wurde als Vertrag hypostasiert. Inzwischen mehren sich Anzeichen für eine Umkehrung, zumindest für eine Rückkehr zu einem besser ausbalancierten Verhältnis von Ökonomie und Politik. Die politische Planung setzt voraus, daß ökonomisches Geschehen sich in der Form von Verträgen bestimmt, und benutzt ebendiese Form zur Regulierung unter selektiven Gesichtspunkten.[215] Auf diese Weise wird der Vertrag zu einer Art Gelenk zwischen Wirtschaftssystem und politischem System, das Zusammenhänge vermittelt und zugleich Detailkorrelationen Punkt-für-Punkt entbehrlich macht. Für die meisten wirtschaftlichen Operationen genügt die Gewißheit der bloßen Möglichkeit, Entscheidungen im politischen System herbeiführen zu können, und die stellt das Prinzip der Vertragsfreiheit für eine ausreichende Bandbreite von Selektionen sicher.

3. Strukturelle Kompatibilität

Vom Begriff der evolutionären Errungenschaften ausgehend, nähern wir uns dem Problem der Einteilung der gesellschaftlichen Entwicklung in Epochen, Perioden oder historisch aufeinanderfolgenden Gesellschaftsformationen. Es hat sich nicht bewährt, dabei von einer immanenten Logik des Entwicklungsprozesses auszugehen, so als ob »die Geschichte« oder gar die Zeit selbst eine bestimmte Abfolge erforderten.

215 Vgl. Henri Deguillem, *La socialisation du contrat: Etude de sociologie juridique*, Diss., Paris 1944.

Weder aus dem Begriff der Bewegung noch aus dem Begriff der Zeit läßt sich ein bestimmtes Nacheinander von Gesellschaftstypen deduzieren. Diese Schwierigkeit hat morphologische Hilfsvorstellungen angeregt, etwa zur Vorstellung der wesensnotwendigen Entfaltung der im Keim angelegten Charakterzüge, die jedoch ihrerseits einer überzeugenden Begründung entbehren. Weithin gelten heute deshalb Probleme der Epochenbildung als unlösbar und Gesellschaftsmorphologien oder Ablauftypologien als spekulativ.

Angesichts dieses Forschungsstandes wird es zweckmäßig sein, zunächst eine systemtheoretische Überlegung einzuschieben.[216] Denn immer, wenn es gilt, historische Gesellschaftsformationen zu unterscheiden, muß man in der einen oder anderen Form auf Strukturmerkmale des Gesellschaftssystems rekurrieren. Die Erfassung von Entwicklungsphasen muß Interdependenzen in den Strukturmerkmalen der Systeme voraussetzen, und ebenso besagt die Annahme solcher Interdependenzen, daß Transformationen ein Gesamtsystem in nichtbeliebige Richtungen verändern.[217] Zumeist fehlt aber im historischen oder im evolutionstheoretischen Forschungszusammenhang die Kapazität zu Abklärung der systemtheoretischen Prämissen. So spricht mit einiger Plausi-

216 Auch Morris Ginsberg, *A Note on the Conception of Stages in Social Evolution* (1932), in: ders., *On the Diversity of Morals*, Melbourne u. a. 1956, S. 200-210, schließt seine Überlegungen zu Phasen der soziokulturellen Evolution mit dem Ruf nach einer vollständigen sozialen Morphologie.

217 Mit diesem Argument begründet Linton C. Freeman, »Conflict and Congruence in Anthropological Theory«, in: Anthony F. C. Wallace (Hg.), *Men and Cultures*, Philadelphia 1960, S. 93-97 (95f.), die These eines notwendigen Zusammenhanges von Evolutionismus und Funktionalismus. Vgl. auch Leslie A. White, »History, Evolutionism, and Functionalism: Three Types of Interpretation of Culture«, *Southwestern Journal of Anthropology* 1 (1945), S. 221-248.

bilität Carlton S. Coon von »levels of complexity«,[218] Julian H. Stewart von »levels of integration«,[219] Jürgen Habermas von »Organisationsprinzipien«,[220] ohne daß die Darstellung dieser Begriffe ausreichte, um ihre Übereinstimmung und ihre systemtheoretischen Implikationen kontrollierbar zu machen. Statt Einzelfunktionen (und seien sie noch so wichtig und noch so unentbehrlich) wie Integration oder Identitätssicherung durch Lernbeschränkungen zu betonen, dürfte es außerdem richtiger (weil »systemgerechter«) sein, von den Bedingungen der Kompatibilität der Erfüllung aller jeweils zu erfüllenden Funktionen auszugehen.

Nun ist es bisher nicht gelungen, ein Kriterium für strukturelle Kompatibilität – geschweige denn für Integration, Harmonie, Schönheit – anzugeben, weder für Systeme schlechthin noch für soziale Systeme, noch für Gesellschaften.[221] Auch die Versuche, Gleichgewichtsmodelle zur Abbildung

218 *A General Reader in Anthropology*, New York 1948, S. 611ff. Vgl. auch Theodore C. Schneirla, »The Concept of Levels in the Study of Social Phenomena«, in: Muzafer Sherif, Carolyn W. Sherif (Hg.), *Groups in Harmony and Tension: An Integration of Studies on Intergroup Relations*, New York 1953, S. 54-75, mit kritischen Bemerkungen zum Abstellen auf bloße Komplexität ohne Rücksicht auf die Art der adaptiven Prozesse.

219 *Theory of Culture Change*, Washington, D.C., 1955. Vgl. auch ders., »Evolutionary Principles and Social Types«, in: Sol Tax (Hg.), *Evolution after Darwin*, Bd. II, Chicago 1960, S. 169-186.

220 *Legitimationsprobleme des Spätkapitalismus*, insb. S. 18ff., mit der knappen, aber instruktiven Erläuterung: »Unter Organisationsprinzipien verstehe ich hochabstrakte Regelungen, die in unwahrscheinlichen Evolutionsschüben als emergente Eigenschaften entstehen und ein jeweils neues Evolutionsniveau kennzeichnen. Organisationsprinzipien begrenzen die Kapazität einer Gesellschaft, zu lernen, ohne ihre Identität zu verlieren« (S. 18).

221 Siehe dazu in bezug auf Parsons: William C. Mitchell, *Sociological Analysis and Politics: The Theories of Talcott Parsons*, Englewood Cliffs 1967, S. 66f.

realer Systeme zu konstruieren, haben vor die gleiche Schwierigkeit geführt.[222] Statt einen weiteren Versuch in Richtung auf eine positive Bestimmung von Kompatibilität zu unternehmen, erscheint es daher als sinnvoller, in Anknüpfung an genetische, evolutionstheoretische und designtechnische Überlegungen den Umweg über die Negation von Negationen zu nehmen.[223] Auf logischer Ebene würde dem die Definition der Kompatibilität durch Negation der Notwendigkeit von Widersprüchen entsprechen.[224]

Zumeist läuft der autokatalytische, selbstselektive oder auch herstellerische Prozeß des Aufbaus komplexer Systeme nämlich nicht unter Kontrolle durch ein zentrales, systemeinheitliches Prinzip der Kompatibilität - so wie die Kirche die ausdrückliche Bejahung einer Bekenntnisformel verlangt, wenn jemand eintreten will. Vielmehr genügen für Angliederungen, Erweiterungen, Umbauten im allgemeinen lokale *match/mismatch*-Verfahren, deren Effekte im System dann absorbiert - oder auch nicht absorbiert werden können. Es genügt für den Aufbau komplexer Systeme mit anderen Worten, wenn Inkompatibilitäten als Störungen feststellbar and eliminierbar sind - etwas läßt sich nicht anmontieren, fällt ab, schmerzt, wirkt disharmonisch. Solche »Feststellungen« können von Stelle zu Stelle nacheinander nach verschiedenen Kriterien getroffen werden, wenn zum Beispiel das Akzeptieren einer Neuerung an einer Stelle Konsequenzen für andere hat. Bei hohem Organisiertheitsgrad des Systems

222 Vgl. nur die Kritik von Renate Mayntz, »On the Use of the Equilibrium Concept in Social System Analysis«, in: *Transactions of the Fifth World Congress of Sociology, Washington D. C. 1962*, Bd. 4, 1964, S. 133-153.

223 Siehe dazu und zum folgenden Christopher Alexander, *Notes on the Synthesis of Form*, Cambridge (Mass.), 1964.

224 So z.B. für das Gerechtigkeitskriterium des Rechtssystems Enrico di Robilant, *Sui principi di giustizia*, Mailand 1961, S. 122.

sind auch zentralisierte Entscheidungen mit vorgeschaltetem multifunktionalem Prüfverfahren möglich. Das alles setzt differenzierte, zumeist dezentralisierte Fähigkeiten zum Erkennen von Inkompatibilitäten voraus, nicht jedoch ein operables Kriterium der Kompatibilität. Es gibt viele Krankheiten und eine höchst differenzierte Krankheitsterminologie. Man kann heilen und auch vorbeugen, wenn sich Mangelerscheinungen spezifizieren lassen. Aber es ist unmöglich, etwas »für die Gesundheit« zu tun.[225] Gesundheit ist kein eigenständiges Selektionskriterium, sondern nur die Summe der bisher vermiedenen Krankheiten.

Wüßte man, was gut ist, und hätte man ein positives Kriterium der Systemkompatibilität, brauchte man keine Zeit. In den Umweg über die Negation des Negativen geht dagegen die Zeit konstitutiv ein. Die Fähigkeit eines Systems, Negatives eine Weile zu ertragen oder auch auf Risiko hin sich festzulegen, gehört mit zu den Vorkehrungen, die das Vermeiden oder Ausmerzen von Inkompatibilitäten ermöglichen, als funktional äquivalente Strategie für den Aufbau komplexer Systeme zu dienen. Nur mit Hilfe der Zeit läßt sich Negatives und Positives symmetrisieren;[226] nur mit Hilfe der Zeit läßt sich, theologisch gesprochen, das Problem der Theodizee lösen.

Genau hier liegt nun systemtheoretisch der Grund, der eine Trennung von Epochen nach Maßgabe von Systemstruk-

225 Damit ist nicht bestritten, daß es möglich ist, unter einer solchen Illusion zu handeln – besonders in kommerziell hochentwickelten Gesellschaften.

226 Auf andere, funktionsspezifische Lösungen dieses Problems kommen wir im Zusammenhang mit der Theorie der Kommunikationsmedien zurück (vgl. unten, Teil 3). Wir müssen dann diese auf das System als ganze gezielte Aussage relativieren und anerkennen, daß es für Teilsysteme so etwas wie von Zeit abstrahierende Logik gibt.

turtypen ausschließt. Gesellschaftssysteme testen die Inkompatibilität von Neuerungen oder gar Neuerungsketten oft über erhebliche Zeitstrecken. Das Testen der Konsequenzen der Erfindung der Schrift für die Reorganisation der Einflußprozesse nahm zwei- bis dreitausend Jahre in Anspruch.[227] Die Kompatibilitätsprobleme des Gebrauchs antikonzeptioneller Techniken zeichnen sich in den Familiensystemen erst im 19. Jahrhundert allmählich ab, etwa in Form einer neuartigen Sentimentalisierung des Verhältnisses zum Kinde. Sie sind in ökonomischer und politischer Hinsicht völlig offen. Ähnliches wird man für die Erfindung des Systemtyps Organisation sagen müssen, für die Verlagerung der Statuszuweisung von Schichtung auf Schule und für vieles andere. Die letztgenannte Errungenschaft zum Beispiel setzt als »preadaptive advance« den Abbau der kirchenreligiösen Bestimmung und Kontrolle des Erziehungssystems voraus;[228] sie erzeugt einen schulbezogenen Leistungsdruck in den Familien, eine strukturelle Unterversorgung der Wirtschaft mit Fachkräften unterhalb der akademischen Ausbildung und möglicherweise ein akademisches Proletariat, sie verlagert die Funktion von Schichtung aus der Erleichterung von Erwachsenenkontakten in die Kleinkindsozialisation – und all das mit unübersehbaren Folgewirkungen und Anpassungsproblemen in den verschiedensten Funktionsbereichen. Es wird mithin schwierig sein, im Zeitschnitt festzustellen, wann diese Errungenschaft sozialer Gerechtigkeit irreversibel resorbiert ist und das Zeitalter der verschulten Gesellschaft beginnt.

227 Vgl. dazu oben in diesem Teil, Kap. II.4 (S. 341f.).

228 Siehe zu dem in Frankreich besonders markanten Umbruch etwa Ernest Allain, *L'œuvre scolaire de la révolution, 1789-1802: Etudes critiques et documents inédits*, Paris 1891; Charles Hunter van Duzer, *Contribution of the Ideologues to French Revolutionary Thought*, Baltimore 1935.

4. Kriterien der Typen- und Epochenbildung

Nach all diesen Überlegungen wird es im Laufe der gesellschaftlichen Evolution nicht regulär, sondern allenfalls ausnahmsweise zur Ausdifferenzierung scharf geschnittener Systemtypen und damit zur deutlichen Markierung von Epochenschwellen kommen. Dies wird nur dann der Fall sein, wenn *einzelne* evolutionäre Errungenschaften eine strategische Bedeutung für das *gesamte* Gesellschaftssystem gewinnen und dadurch eine definierende Prominenz erhalten. Dazu kann es kommen, wenn sich vor evolutionären Engpässen gleichsam Stauungen bilden und die Gesellschaft in fast allen ihren Bereichen keine Entwicklungsmöglichkeiten mehr hat, bevor nicht jenes strategisch liegende Problem in Richtung auf höhere Kombinations- und Anpassungsfähigkeit besser gelöst wird. Allgemeine Voraussetzung dafür ist eine hohe strukturelle Interdependenz im System. Es bedürfte detaillierter systemtheoretischer Analysen, wollte man genauer zeigen, wann welche Probleme in eine solche Stellung bugsiert werden.

Weder aus der Systemtheorie noch aus der Evolutionstheorie im allgemeinen kann man deduzieren, daß und wann eine solche Situation entsteht. Es ist auch nicht ausgemacht, daß es überhaupt dazu kommen muß und daß dies ein Erfordernis von Evolution schlechthin sei. Man kann jedoch sagen: *Wenn* es dazu kommt, ist die Wahrscheinlichkeit hoch, daß das Problem direkt oder in symbolischer Vermittlung die Bewußtseinsschwelle überschreitet und Anlaß gibt zu gezielten Innovationen und zu Prozessen gesellschaftlicher Selbstthematisierung. Deren Sedimente wirken dann traditionsbildend, definieren die Gesellschaft für die Folgezeit und wirken so weit über den historischen Anlaß hinaus. In diesem

Sinne feiern die Hebräer die Generalisierung ihres Stammesgottes zum Weltgott, dessen Wirken mit einer größeren Zahl von Zuständen des Gesellschaftssystems kompatibel ist, vor allem mit gutem und sündhaftem Verhalten der eigenen Leute und mit politischem Glück und Unglück. Für die Griechen war die Etablierung bindend entscheidender Ämter über den Haushalten der Geschlechter diejenige Errungenschaft, die Stadtbildung in Recht und Frieden ermöglichte und deshalb die »politische« Gesellschaft definierte. Aus diesen beiden Interpretamenten fügt sich dann die alteuropäische Tradition zusammen und hält, bis die wirtschaftliche Entwicklung des frühneuzeitlichen Bürgertums einen neuen Problemschwerpunkt schafft: den der »politischen Ökonomie«.

Angesichts einer solchen Verzahnung von evolutionären Errungenschaften, Systementwicklungen und Selbstthematisierungen ist jede Typen- oder Epochenbildung im Bereich der Gesellschaftstheorie gezwungen zu abstrahieren.[229] Sie wird bestimmte evolutionäre Errungenschaften auswählen, auf die es ihr bei der Bestimmung von Diskontinuitäten vornehmlich ankommt – also, wenn man die Funktion des Erziehungssystems betonen will, zu der Unterscheidung Gesellschaft ohne Schulen/Gesellschaft mit Schulen/verschulte Gesellschaft kommen, vielleicht im Sinne einer Fortschrittslinie. Es bringt begriffstechnisch wenig ein, wenn man solche Gesichtspunkte einfach setzt oder sie als Prinzip bezeichnet.[230] Die Beliebigkeit solcher Gesichtspunkte müßte sich

229 Und selbst das führt bei relativ enger Epochenbildung in nahezu unlösbare Zuordnungsprobleme. Vgl. dazu V. Gordon Childe, *Soziale Evolution*, Frankfurt/M. 1968 (dt. Übers.), S. 166ff. Vgl. zu Gesellschaftstypologien ferner Walter Goldschmidt, *Man's Way: A Preface to the Understanding of Human Society*, New York 1959; Gerhard Lenski, *Human Societies*, New York 1970, S. 118ff.

230 In der Art zum Beispiel, in der Daniel Bell, *The Coming of Post-Indus-*

systemtheoretisch kontrollieren lassen. Die Typologie darf nicht allein davon abhängen, ob der Theoretiker bestimmte Errungenschaften – etwa: Schulen, Produktionsformen, Wissensformen, Reichsbildungen – für wichtig hält;[231] sie muß darauf abgestellt werden, ob bestimmte Errungenschaften wichtiger sind als andere. Das kann nur an Hand von Kriterien geprüft und entschieden werden, die unabhängig sind von den Einzelfunktionen, sich also nicht mit dem Hinweis begnügen, daß so etwas wie Erziehung, Produktion, rechtliche Integration von Erwartungen, kognitive Verarbeitung von Erfahrungen, Herstellung bindender Entscheidungen in jeder Gesellschaft notwendig ist. Die Kriterien dürfen, mit anderen Worten, nicht selbst schon Partei ergreifen für oder gegen die eine oder die andere Funktion; sie dürfen nicht selbst schon politische oder ökonomische Kriterien sein.

Auf Grund von Überlegungen, die ich erst in den Teilen 4 und 5 systematisch entwickeln kann, bieten sich hierfür zwei Gesichtspunkte an, nämlich:

(1) Der Zusammenhang von evolutionären Errungenschaften mit der *Ausdifferenzierung von Teilsystemen*, die für die weitere Evolution ein »Engpaßproblem« bilden, nämlich die jeweils wichtige Voraussetzung für die strukturelle Kompatibilität von Innovationen in anderen Funktions-

trial Society: A Venture in Social Forecasting, New York 1973, S. 9ff., 112ff. u. ö., von »axial principle« spricht.

231 In solchen Präferenzen kann sich die Nähe des theoretischen Interesses zu bestimmten Teilsystemen der heutigen Gesellschaft ausdrücken; aber auch die Reaktion auf die Tatsache, daß bestimmte Teilsysteme heute wichtiger sind als andere und deshalb für universell wichtig gehalten werden. In diesem Sinne geht zum Beispiel die Marxsche Theorie gesellschaftlicher Entwicklung vom Primat der Ökonomie und von der primären Relevanz der Errungenschaften aus, die die Produktionsverhältnisse bestimmen.

bereichen darstellen. Die Frage wäre dann jeweils: In welchem Maße sind funktionsspezifische Errungenschaften in bestimmten Bereichen zugleich »preadaptive advances« für andere.[232]

(2) Die Bedeutung für die *Selbstthematisierung des Gesellschaftssystems*, das heißt die Frage, wieweit ein bestimmter Komplex von Errungenschaften und Ausdifferenzierungen mehr als andere die Vorstellungen über die Identität und die Grenzen des Gesellschaftssystems prägt.

Die beiden Kriterien hängen miteinander zusammen durch die Hypothese, die empirisch zu testen wäre, daß evolutionäre Relevanz und Selbstthematisierung korrelieren; daß zumindest in evolutionär erfolgreichen Gesellschaftssystemen die Selbstthematisierung den Engpaßproblemen der Evolution folgt.

Zu diesen systemtheoretischen Gesichtspunkten müssen nun spezifisch evolutionstheoretische noch hinzugenommen werden, wenn man die *Abfolge* evolutionärer Ausdifferenzierungen und Epochenbildungen erklären will. Der Begriff des Engpaßproblems ist dafür zu unscharf. Wir müssen zusätzlich beachten, daß der Evolutionsprozeß selbst sich die Voraussetzungen einer Weiterentwicklung schafft, indem er die evolutionären Mechanismen Variation, Selektion und Stabilisierung differenziert. Jedes Gesellschaftssystem muß ja zahlreiche Funktionen erfüllen und könnte zahlreiche evolutionäre Errungenschaften ausbilden. Aus der Logik des

232 Ich formuliere absichtlich: »in welchem Maße«. Es soll nicht vorausgesetzt sein, daß ein solcher Primat evolutionärer Relevanz jeweils eindeutig in einem und nur einem Teilsystem liegen muß. Es wird demnach auch nicht behauptet, daß die gesellschaftliche Entwicklung nach irgendeiner vorauszusetzenden Notwendigkeit immer in typenscharf abgrenzbaren Epochen ablaufen muß.

Systembedarfs folgt noch keine Reihenfolge der Entwicklung. Womit fängt sie an?

Zieht man Systemtheorie und Evolutionstheorie zusammen in den Blick, dann drängt sich die Hypothese auf, daß diejenigen Funktionsbereiche und Errungenschaften den Anfang bilden, die sehr geringe Anforderungen an die Differenzierung der evolutionären Mechanismen stellen. Um überhaupt menschliche Gesellschaft zu bilden auf früharchaischen Stufen gemeinsamer Lebensführung, ist zunächst nur Sprache erforderlich, ohne daß innerhalb der Sprache variierende, selektive und stabilisierende Funktionen differenziert und auf unterschiedliche Symbolgruppen, Rollen oder gar Sozialsysteme verteilt werden müßten. Die Ausdifferenzierung spezifischer gesellschaftlicher Zentralfunktionen beginnt in Gesellschaftssystemen, in denen eine solche Differenzierung in begrenztem Umfange schon vorausgesetzt werden muß und etwa in der Form kontingenten Verhaltens und sozialer Konflikte bewußt wird. Im Anschluß daran kommt es im Laufe der gesellschaftlichen Evolution, wie oben im Kapitel II unter Abschnitt 6 gezeigt, zu einer zunehmenden Differenzierung der evolutionären Mechanismen, die sozusagen im Nebeneffekt die Epochen oder Typen der gesellschaftlichen Entwicklung produziert. Ausdifferenzierung von Politik und Religion ist schon möglich, wenn die evolutionären Mechanismen noch durch gemeinsame Grundvorstellungen zusammengehalten werden und Selektion und Stabilisierung noch diffus verschmolzen sind, also nur im Stabilisierungsinteresse seligiert wird. Ausdifferenzierung von Wirtschaft, Wissenschaft und Erziehung ist dagegen erst möglich auf Grund einer sehr viel stärkeren Trennung der evolutionären Mechanismen. Deren »kosmologische« Bindung wird gesprengt, Selektion gewinnt im Ziel der sozialen Übertragung, also in den Kommunikationsmedien, Eigenständigkeit, und Stabilisierung wird zu einem nur noch abstrakt formulierbaren Erhaltungs- und Reproduktionsproblem (wofür es in der Ideengeschichte von *creatio*, *conservatio* usw. genaue Korrelate gibt). Damit hätte man nicht anfangen können, weil die Evolution in dieser Phase ein Ausmaß an Differenzierung ihrer Mechanismen erfordert, das frühere Phasen der Evolution voraussetzt.

Erst dieses Konzept der Differenzierung evolutionärer Mechanismen liefert zusammen mit der systemtheoretischen These unterschiedlicher Eignung von Funktionen für Ausdifferenzierung ein Raster für Typen- und Epochentheorien – ein Raster, aus dem sich dann mit Hilfe genauerer systemtheoretischer Analysen die Engpaßprobleme, evolutionären Errungenschaften und prominenten Kulturfiguren ableiten lassen. Erst solche Ausarbeitung vermag ein detaillierteres Urteil über Erhaltungs- und Evolutionsfähigkeit bestimmter Gesellschaftsformationen zu begründen. Die Evolutionstheorie allein ist dazu nicht imstande. (Sie impliziert in ihrer theoretischen Struktur daher auch keine gesetzmäßige Garantie des Weiterlaufens der soziokulturellen Evolution.)

Die Anwendung jener abstrakten system- und evolutionstheoretischen Kriterien erlaubt demnach nur eine sehr grobe Typisierung. Damit wird zugleich dem Umstande Rechnung getragen, daß das Auspendeln struktureller Kompatibilitäten Zeit braucht und schwer klassifizierbare Zwischenlösungen erfordert, und zwar vermutlich um so mehr, je bedeutsamer die evolutionäre Relevanz einer Errungenschaft ist. Wir unterscheiden deshalb nur: archaische Gesellschaften (Abschnitt 5), Hochkulturen (6) und Weltgesellschaft (7).[233] Damit ist die Möglichkeit einer verfeinerten Typenbildung (etwa im Sinne von *clan/tribe* in archaischen Gesellschaften oder im

233 So z. B. Sjoberg, *The Preindustrial City*.

Sinne von Feudalsystem/Staat in Hochkulturen) nicht bestritten; die gegebenen Beispiele deuten aber bereits auf bekannte, vieldiskutierte Schwierigkeiten der Abgrenzung hin.

5. Archaische Gesellschaften

Als archaisch wollen wir alle Gesellschaftssysteme bezeichnen, deren primäre Innendifferenzierung dem Prinzip der Segmentierung folgt, also gleichartige Einheiten bildet. Das kann in Anlehnung an das Prinzip der Abstammung geschehen, also auf der Basis von realer oder unterstellter Verwandtschaft, oder in Anlehnung an Siedlungs- oder Wohngemeinschaften, also unter räumlichen Gesichtspunkten. Zumeist findet man Mischformen der Art, daß Verwandte zusammenleben und daß bei Siedlungsgemeinschaften Verwandtschaft unterstellt wird. Beide Differenzierungsformen stellen sich auf natürliche Weise gleichsam von selbst ein; sie haben keinen Bezug auf spezifische Teilfunktionen innerhalb des Gesellschaftssystems, sondern strahlen in alle Relevanzbereiche aus.

Segmentäre Differenzierung bedeutet für die Strukturen des täglichen Erlebens und Handelns eine Primärorientierung am Unterschied der eigenen Gruppe, besonders der eigenen Familie, zu anderen näher oder ferner stehenden Gruppen in einem gemeinsamen Raum natürlicher und sozialer Relevanzen. Diese Grundorientierung benötigt und verträgt keine Differenzierung von öffentlich und privat; sie läßt keine Subkulturen zu[234] und erst recht keine Sonderwelten. Sie ermöglicht keine intensivierten Zweierbeziehungen innerhalb der klein-

234 So Julian H. Steward, *Theory of Culture Change: The Methodology of Multilinear Evolution*, Urbana 1955, S. 44f.

sten Segmente.[235] Entsprechend einfach ist die Reproduktion der Gesellschaft.

Die soziokulturelle Evolution beginnt mit segmentär differenzierten Gesellschaften, weil diese auf Grund der Entwicklung von Sprache ohne komplizierte evolutionäre Errungenschaften entstehen können. Damit ist jedoch kein eindeutiger Stellenwert in einer historischen Reihenfolge von Gesellschaftsformationen behauptet. Auch nach der Entstehung von regional konstituierten Hochkulturen gibt es noch segmentäre Gesellschaften, und selbst nach der Entwicklung einer den Erdball umspannenden Weltgesellschaft gibt es eine Zeitlang noch Gesellschaftssysteme, die für sich selbst archaisch sind und zugleich für die Weltgesellschaft als unentdeckte Volksstämme oder als ethnologisches Forschungsobjekt fungieren.

Kein Gesellschaftssystem kommt mit einer einzigen Differenzierungsform aus: Differenzierung nach Gleichheit erfordert Komplementierung durch Differenzierung nach Ungleichheit und umgekehrt. Die Segmentierung archaischer Gesellschaften bezieht sich auf die Grundeinteilung des Gesellschaftssystems in Teilsysteme, auf das primäre Prinzip der Differenzierung. Unterhalb der Haupteinteilung nach Dörfern, Geschlechtern usw. findet man eine andersartige Tiefengliederung, nämlich eine funktionale Differenzierung typisierter sozialer Situationen, standardisierte Formen der Arbeitsteilung, vor allem auf »natürlicher« Basis nach Geschlechts- und Altersrollen, und, je nach Entwicklungsstand,

235 Man sieht das schlagend daran, daß die Kinder der Tallensi nicht von »meiner Mutter« sprechen, sondern von »unserer Frau« – so Meyer Fortes, *Social and Psychological Aspects of Education in Taleland*, London 1938, S. 47. Sie wachsen so in eine Welt hinein, die konkret nach Personen- und Gütergruppierungen geordnet ist und fraglos als gemeinsame soziale Sphäre bewußt wird.

auch Ausdifferenzierung funktionsspezifischer Rollen, etwa für Häuptlinge, Medizinmänner usw. Ferner entsteht auf der Basis des Verwandtschaftsprinzips eine zuweilen hochkomplexe Rollenterminologie, sobald es notwendig wird, sich zur Abgrenzung der Stämme aus heirats- und erbfolgetechnischen Gründen auf Linien und Genealogien festzulegen. Es muß dann gesellschaftseinheitlich, also strukturell, entschieden werden, ob der für Wohnzwecke und Zugang zu ökonomischen Chancen relevante Verwandtschaftszusammenhang über die Mutter oder über den Vater vermittelt wird.

Die zentrale evolutionäre Errungenschaft archaischer Gesellschaftssysteme bleibt sprachliche Kommunikation und dadurch erreichte Koordinierfähigkeit des Handelns – eine Koordinierfähigkeit, die Abwesendes appräsentieren und einbeziehen kann. Entsprechend strukturiert das Gesellschaftssystem sein Umweltverhältnis unter dem Gesichtspunkt von nah und fern,[236] ein Schema, das die einzelnen Teilsysteme der Gesellschaft nur zu wiederholen brauchen vom Standpunkt ihres Ortes, ihres Hauses, ihres Geschlechts aus. Das Erleben von Sinn folgt der Problematik interaktiver sozialer Kommunikation. Die Umwelt wird gesehen als beherrscht durch miterlebende Kräfte, Geister, Tote usw., die kommunikativ zu beeinflussen sind und ähnlich wie Menschen reagieren. Das Gesellschaftssystem wird nicht als im Vergleich zur Umwelt andersartig, als spezifisch sozial begriffen, so wenig wie sein Gegenüber als Natur. Der Primat der Sozi-

236 Dazu unter mehr politischen und rechtlichen Gesichtspunkten z.B. Lloyd Fallers, »Political Sociology and the Anthropological Study of African Polities«, *Europäisches Archiv für Soziologie* 4 (1963), S. 311-329; unter mehr ökonomischen Gesichtspunkten Marshall D. Sahlins, »On the Sociology of Primitive Exchange«, in: Michael Banton (Hg.), *The Relevance of Models for Social Anthropology*, London 1965, S. 139-236.

aldimension des Sinnerlebens bedeutet also gerade, daß diese selbst nicht ausdifferenziert werden kann.

Kommunikation ist das autokatalytische Potential, das bei gegebenen Umweltchancen deren Nutzung beschleunigt, sozial stabilisiert und Verbesserungen der Nutzung eine soziale Breitenwirkung verleiht, ja sie schließlich unabhängig macht von den Ausgangsbedingungen, in denen sie sich zunächst aufdrängten. So wurde Produktion von Nahrungsmitteln mit allen Konsequenzen für die soziale Struktur (Seßhaftigkeit, kriegerische Angreifbarkeit und Verteidigungsnotwendigkeit, Vorratsbildung, Kompensationsfähigkeit, Wohlstandsdifferenzen innerhalb eines Gesellschaftssystems usw.) zu einer verbreiteten Errungenschaft, ohne notwendigerweise das Prinzip segmentärer Differenzierung zu sprengen. Produktion von Nahrungsmitteln ist, mit anderen Worten, eine evolutionäre Errungenschaft mit weittragenden strukturellen Konsequenzen, die jedoch noch innerhalb des Formtypus archaischer Gesellschaften verkraftet werden kann; denn sie setzt nicht voraus, daß zu ihrer Stabilisierung als einer *sozialen* Errungenschaft besondere funktionsspezifische Teilsysteme gebildet werden. Sie ist eine unerläßliche Voraussetzung, ein »preadaptive advance« für den Übergang zu funktionaler Differenzierung des Gesellschaftssystems, sie erzwingt ihn aber nicht. Gerade Landwirtschaft bietet die Möglichkeit für »involutive« Entwicklungen, für eine Stabilisierung von Komplikationen in den Verwandtschaftsterminologien, Rechtsregeln und Besitzverhältnissen, die evolutionär nicht weiterführen.[237] Die Entwicklung von Hochkulturen läßt archaische Verhältnisse auf dem Lande zunächst intakt, ja nahezu unberührt und fängt das Innovationsrisiko durch Differenzierung von Stadt und Land, von »centre« und »peri-

237 Vgl. dazu Geertz, *Agricultural Involution*.

phery«[238] ab. Hier liegt denn auch die »Sicherheitsbasis« für den Übergang zur Hochkultur, die Möglichkeit der Rückentwicklung auf funktionsfähige archaische Lebensformen für den Fall der Zerschlagung oder des Untergangs städtischer Kulturzentren.[239]

Direkt oder indirekt (nämlich vermittelt durch kriegerische Überlagerungen) entsteht auf der Grundlage ökonomischer Überschußproduktion in spätarchaischen Gesellschaften soziale Schichtung, das heißt rangmäßige Einstufung von Familien oder Geschlechtern (nicht: Individuen!) nach einem Modell wechselseitiger Über- und Unterordnung.[240] Auf Verwandtschaft bezogen, verstärkt Schichtung also zunächst die Bedeutung der Familienordnung archaischer Gesellschaften,

238 So die Terminologie von Shils, »Centre and Periphery«. Vgl. auch Shmuel N. Eisenstadt, »General Introduction: The Scope and Development of Political Sociology«, in: ders. (Hg.), *Political Sociology: A Reader*, New York 1971, S. 3-21 (16ff.), und zur Anwendung auf das Problem sozialer Schichtung ders., *Social Differentiation and Stratification*, Glenview, London 1971.

239 So für den Fall der spanischen Invasion Südamerikas Steward, *Theory of Culture Change*, S. 56ff.

240 Ein interessantes Spekulationsfeld für Entwicklungshypothesen bieten die melanesisch-polynesischen Inselkulturen mit einem Nebeneinander von ungeschichteten und geschichteten Gesellschaftsformationen. Vgl. Irving Goldman, »Status Rivalry and Cultural Evolution in Polynesia«, *American Anthropologist* 57 (1955), S. 680-690; ders., »Cultural Evolution in Polynesia«, *Journal of the Polynesian Society* 66 (1957), S. 157-164; Marshall D. Sahlins, *Social Stratification in Polynesia*, Seattle 1953. Zum besonderen Typus spätarchaischer »rank societies« als Vorläufer der Staatsbildung siehe ferner Fried, *The Evolution of Political Society*. Parsons' Darstellung eines solchen Zwischentyps geschichteter archaischer Gesellschaften (*Societies*, S. 42ff.) stützt sich sehr stark auf Forschungen über afrikanische Königreiche, deren Entwicklung jedoch vom Einfluß der seit der Antike bestehenden Hochkulturen Vorderasiens und des Mittelmeerraums abhängt.

nach »Romer's principle«[241] ein konservatives Motiv mit innovativem Effekt.

Schichtung beruht, welchen symbolischen Ausdruck immer sie findet, auf ungleicher Verteilung ökonomischer Ressourcen und auf dadurch eröffneter Fähigkeit zu kompensatorischen Leistungen, die zur Machtbildung führt. Es ist wenig wahrscheinlich, daß Schichtung durch Generalisierung und Routinisierung archaischer Führungsfunktionen entstanden ist; die ökonomische Entwicklung wird entscheidend gewesen sein. Wie auch immer entstanden, ermöglicht Schichtung es, Individuen nicht nur von bestimmten Ressourcen, sondern auch von sozialen Interaktionen wirksam auszuschließen. Die Gesellschaft expandiert nach struktureller Komplexität und zumeist auch nach regionaler Reichweite über den Bereich der für den einzelnen zugänglichen Interaktion hinaus.[242] Eine beträchtliche Erweiterung strukturell ermöglichter Negationspotentiale – nicht zuletzt auch: Zunahme von Gewaltsamkeit – ist die Folge. Auch hier ist, was zunächst der Stabilisierung von Schichtenunterschieden dient, Vorbereitung für strukturelle Innovationen, die erst in komplexeren Gesellschaftssystemen realisiert werden können.

So wesentlich ökonomische Entwicklungen nach alldem sind: das Problem, das in der weiteren Evolution zunächst gelöst werden mußte, war kein ökonomisches, sondern ein politisches. Es bestand in der strukturellen Domestikation und laufenden Behandlung jenes durch Differenzierung von

241 Vgl. oben, Anm. 186.

242 Hier wäre anzuschließen eine Analyse der besonderen Rolle der frühen Städte, die mit hoher struktureller Komplexität und ohne regionale Reichweite (das heißt: ohne natürliche Interaktionsbarrieren) die Negationsprobleme komplexerer Gesellschaften und ihre strukturellen Erfordernisse in besonders verdichteter Weise zur Erscheinung bringen mußten.

Interaktion und Gesellschaft freigesetzten Negationspotentials. Negationen mußten selbst wiederum negiert, Konflikte mußten entschieden werden. Die Fähigkeit des Negierens mußte als Antrieb der Evolution, als ihr Variationsmechanismus erhalten und zugleich selektiv behandelt werden. Es traten neuartige Ordnungsmotive auf, die für dieses Problem symptomatisch sind – so die Notwendigkeit, den Armen gegen den Reichen oder sogar den Rechtsbrecher gegen die Rache des Berechtigten in Schutz zu nehmen. Die Lösung dieses Problems erforderte eine Errungenschaft, die nur durch Übergang zu einer anderen Differenzierungsform zu stabilisieren war: durch Institutionalisierung der Fähigkeit, für das Gesellschaftssystem bindende Entscheidungen zu treffen.

6. Hochkulturen

Von Hochkulturen wollen wir immer dann sprechen, wenn einem Gesellschaftssystem der Durchbruch von segmentärer zu funktionaler, problemspezifischer Primärdifferenzierung gelungen ist, wenn also mindestens eines der primären Teilsysteme sich nicht mehr dem alten Muster der Siedlungen und Geschlechter fügt, sondern auf der Basis einer besonderen Funktion gebildet wird. Die Entwicklung geht von Gleichheit zu Ungleichheit der Systemdifferenzierung und damit zu profilierteren Ausdifferenzierungen innerhalb des Gesellschaftssystems. Die Übergänge sind schwer zu lokalisieren. Sie sind in den frühen mesopotamischen Städten mit der Etablierung der Monarchie, im chinesischen Feudalreich des Jahrtausends vor der Zeitwende mit dem Zerfall in die »kämpfenden Reiche« und mit der Wiedervereinigung durch die Ch'in- und die T'ang-Dynastie verbunden gewesen. In den griechischen Stadtstaaten muß man die Brechung der Adelsherrschaft durch Ämterreformen mit Wahlen und nur periodischer Besetzung für ausschlaggebend halten. Es kommt uns auf die Schärfe der Zäsur nicht an. Ohnehin vollzieht sich die Entwicklung problemnah und allmählich und wird erst in historischer Perspektive, etwa von den mesopotamischen Mythologen, den chinesischen Legisten, den griechischen Ethikern, trennscharf interpretiert.

Ebenso ist zu beachten, daß die Umstellung von segmentärer auf funktionale Differenzierung nicht nach Art eines Reformprogrammes planmäßig vollzogen werden konnte – sosehr sie es von Fall zu Fall erforderte, Probleme auf die historische Lage des gesamten Gesellschaftssystems zu beziehen. Vor allem tauchen die relevanten Funktionsbezüge, die sich zur Autokatalyse von Teilsystemen der Gesellschaft eignen, im Laufe der gesellschaftlichen Entwicklung erst nach und nach auf; sie sind selbst Produkt der Evolution und nicht (wie in der Darstellung von Talcott Parsons) Korrelat eines begrifflichen Schemas. Die Unterscheidung von segmentärer und funktionaler Differenzierung stellt sich daher zu keinem Zeitpunkt als strukturelle Alternative, als Entscheidungsfrage. Faktisch sind die Hochkulturen der alten Welt durch ein Neben- und Gegeneinander nicht nur von Stadt und Land, sondern auch von einzelnen Funktionszentren und von als Lebensform erhaltenen Siedlungs- und Geschlechterdifferenzierungen geprägt. Man kann den (im einzelnen sehr umstrittenen) Typus des Feudalreichs als eine Kompromißlösung hier verorten. Erst der Institution des »Hofes« des politischen Souveräns des neuzeitlichen Staates und der mit ihr verbundenen »Oberschichtenreform« ist eine Aufhebung jener alten Balancierung von segmentärer und funktionaler Differenzierung gelungen.

Mit dem Umbau von segmentärer zu funktionaler Differenzierung verlieren Gesellschaften die Möglichkeit einfacher

Umzentrierung.[243] Segmentäre Gesellschaftssysteme hatten die Möglichkeit, führende Segmente, bedeutende Familien, dominierende Siedlungen im Verfallsfall durch andere gleiche Systeme zu ersetzen. Sie hatten darin einen bei geringer Umweltbeherrschung erforderlichen Modus der eigenen Elastizität. In funktional differenzierten Systemen werden dagegen, wie wir noch ausführlicher zeigen werden,[244] alle ausdifferenzierten Funktionsbereiche zu Zentralfunktionen und werden als solche unersetzbar. Sie können allenfalls unterschiedlich gewichtet werden. Ein solches System muß dann höhere Gefährdung in einer Vielzahl von Hinsichten durch höhere Eigenkomplexität kompensieren können. Es gerät damit zugleich in stärkerem Maße unter evolutionären Druck. Funktionale Differenzierung setzt sich als Modus der Stabilisierung stärker ab von den Mechanismen für Variation und für Selektion, und zugleich verliert das Gesellschaftssystem die Ausweichmöglichkeit der Umzentrierung. Jetzt gibt es nur noch Umbauten im Schema der funktionalen Differenzierung – sei es Neuausdifferenzierung weiterer Zentralfunktionen, sei es Umbau ihrer Beziehungen zueinander oder Umthematisierung der Gesellschaft selbst durch Umbewertung zentraler Funktionen.[245] Diese Umbauten markieren dann zugleich Epochen der Evolution (ohne daß aus der Art der Epochenbildung zu folgern wäre, daß es nur eine Epochenfolge geben könne).

Nach diesen Vorüberlegungen wird erkennbar sein, welche Bedeutung der Problemstellung und der evolutionären

243 Ein Begriff von Jürgen Frese, *Prozesse im Handlungsfeld*, Ms., Bielefeld 1974, S. 208ff. [Druck: Jürgen Frese, *Prozesse im Handlungsfeld*, München 1985].

244 Vgl. unten, Teil 4, Kap. III.

245 Hierzu näher unten, Teil 5, Kap. I.2 unter dem Gesichtspunkt der Rückprojektion funktionaler Primate auf das Gesellschaftssystem.

Errungenschaft zukommt, die den Durchbruch zur funktionalen Differenzierung ermöglicht hatte. Das Problem war die Herstellung der Handlungsfähigkeit der Gesellschaft als eines sozialen Systems in der Form kollektiv bindender Entscheidungen, und dieses Problem lag im Bereich der Politik, für die es auch in archaischen Gesellschaften schon ausdifferenzierte Situationen, Rollen oder gar privilegierte soziale Schichten gegeben hatte. Zu beantworten ist mithin die Frage, warum gerade dieses Problem »Epoche macht«.

Die Erklärung liegt nicht in einem wie immer gefaßten allgemeinen geschichtsmetaphysischen Gesetz der historischen Bewegung. Sie ergibt sich auch nicht aus der bloßen Notwendigkeit der Erfüllung spezifischer – etwa: ökonomischer, politischer, religiöser – Funktionen allein. Vielmehr müssen wir systemtheoretische Annahmen evolutionstheoretisch relativieren.

In den Skizzen zur allgemeinen Theorie sozialer Systeme hatten wir dargestellt, daß die Selbstselektion eines jeden sozialen Systems über Reduktion auf Handlung zustande kommt und daß in den Selbstthematisierungsprozessen sozialer Systeme Handeln das Erleben führt.[246] Daß gehandelt wird und daß die Kontingenz des Handelns kontrolliert werden muß, ist der zunächst augenfällige Tatbestand, wie immer unterschiedlich die am System Beteiligten das Handeln oder sonstige Ereignisse erleben und deuten. Auf Normierung und Motivierung des Handelns sind die Ordnungsmittel sozialer Systeme spezialisiert. An einem Bedarf für Handlung lassen sich daher am leichtesten neuartige Systeme entwickeln – während ein Bedarf für Erlebnisstrukturierung – für Deutung, Erziehung, Forschung – nicht so evident »behandelbar« ist, sondern erst einmal in Handlungsmöglichkeiten um-

246 Siehe dazu Teil 1, Kap. II.3.

gedacht werden muß. Die Ausdifferenzierung besonderer Funktionsbereiche beginnt daher noch im Kontext spätarchaischer Gesellschaften jeweils dort, wo mit direktem Problembezug relativ voraussetzungslos gehandelt werden kann: für das Wirtschaftssystem in der Produktion, vor allem mit Sonderrollen für Ton- und Metallbearbeitung; im Religionssystem mit magischer Praxis und Kult; in der Politik mit Führungsaufgaben im Krieg oder in der Streitschlichtung. Das alles braucht jedoch keine weitläufigen Systematisierungen. Diese werden erst erforderlich, wenn ein generalisiertes *Handlungs*potential für das kollektive *Handeln* des Gesellschaftssystems bereitgestellt, wenn sozusagen Handeln für Handeln organisiert werden muß. Dann wird es notwendig, für die politische Funktion bindenden Entscheidens ein neuartiges Handlungs*system* auszudifferenzieren.

Dieses Erfordernis der *Systematisierung* des Apparats für *eine* Funktion hängt mit der *Generalisierung* ihrer Inanspruchnahme zusammen. Wenn das Gesellschaftssystem expandiert und komplexer wird und wenn zugleich für jeden Konfliktsfall, *wann immer* er auftritt, *um was immer* es geht und *wer immer* beteiligt ist, kollektive Handlungsbereitschaft als Potential verfügbar sein muß, kann dies nicht mehr durch Einzelpersonen gewährleistet werden, sondern nur noch durch ein nach Regeln aktivierbares Netz von Handlungsmöglichkeiten, durch ein im Hinblick auf die Funktion besonders organisiertes Sozialsystem, etwa durch eine Reichsbürokratie mit lokal verzweigtem Unterbau oder durch das Ämtergefüge einer Stadtgesellschaft.

Die gleiche Überlegung kann man durch einen Vorgriff auf die Theorie der Kommunikationsmedien (Teil 3) untermauern. Von allen Kommunikationsmedien, die die Übertragung von Selektionsleistungen regeln, wird zuerst dasjenige sozial sichtbar ausdifferenziert, das den handlungsmäßigen

Einfluß auf Handeln steuert: das *Medium Macht*. Macht ist, weil auf beiden Seiten der Einflußbeziehung handlungsbezogen, das Medium mit der stärksten Reduktionswirkung. Macht wird in ihrer eigenen Kontingenz schon dann sichtbar, wenn im Erlebnishorizont der Gesellschaft erst wenige Alternativen sich abzeichnen und der Informationswert von Ereignissen noch gering ist und wenn die Selektivität von Theorien, Dogmatiken, »Weltanschauungen« und dergleichen noch in weiter Ferne liegt. Solange die Kontingenz der Macht nicht geordnet, das heißt auf erwartbare Bahnen gelenkt ist, ist eine weitere Evolution nicht möglich, ist es zum Beispiel nicht möglich, daß Wahrheit oder Geld eigene, machtfrei fungierende Relevanz gewinnen. Dazu muß *ausreichend übermächtige* (kollektiv bindende) *Macht in der Form begrenzter Macht* verfügbar sein.

Von der Theorie sozialer Systeme und ebenso von der Theorie der Kommunikationsmedien her ist mithin Reduktion auf Handlung derjenige Prozeß, der der Ausdifferenzierung des politischen Teilsystems in der Evolutionsgeschichte Priorität gibt. Damit beginnt die Hochkultur, das ist ihr unerläßliches Minimum, das sie von archaischen Gesellschaften abhebt. Mit der Sicherstellung der Kompetenz zu Entscheidungen, die die Gesellschaft binden, werden neuartige Evolutionsbedingungen für andere Teilsysteme der Gesellschaft geschaffen. Es ändern sich die Bedingungen der Kompatibilität und die Möglichkeiten weiterer funktionaler Differenzierung. Und zwar profitieren nicht die segmentär gebildeten Dörfer oder Geschlechter, die dadurch nicht besser werden als zuvor,[247] sondern die überall vorhandenen An-

247 Daß sich in der Binnenstruktur der Geschlechter und Dörfer allmählich Änderungen einspielen, soll damit nicht bestritten sein. Zum Beispiel wird die in archaischen Gesellschaften übliche und zu Disziplinierungs-

sätze zu funktionaler Differenzierung gewinnen die Chance, voraussetzungsvollere Errungenschaften zu entwickeln und sich dadurch zu systematisieren. Zum Beispiel wird der Zeitdistanzen überbrückende Konsensualvertrag möglich, wenn dauerhaft mit Interpretations- und Entscheidungskompetenzen gerechnet werden kann,[248] und diese Errungenschaft ermöglicht es, den Markt, den man auch in archaischen Gesellschaften zur Vermittlung von Produktionsleistungen und Konsumbedürfnissen schon findet, über die Interaktion unter Anwesenden (Handtausch) hinaus zeitlich zu generalisieren und die Unsicherheit der künftigen Bedürfnisbefriedigung in der Neuzeit schließlich durch die Sicherheit der Möglichkeit künftiger Bedürfnisbefriedigung (Geld) zu ersetzen.

Eine einheitliche Charakterisierung von Hochkulturen ist von hier ab schwer möglich, weil das Ausmaß, in dem solche Entwicklungschancen in den einzelnen Funktionsbereichen genutzt werden, von Gesellschaftssystem zu Gesellschaftssystem stark variiert. Es scheint jeweils historische Gründe zu geben, die den Prozeß der Selbstsubstitution in bestimmte Richtungen lenken und damit die Realisierung einiger Entwicklungsmöglichkeiten vorantreiben, andere dagegen blockieren. In China beispielsweise erreicht das Erziehungssystem (zum Teil Schulen, aber auch Privatlehrer) eine ungewöhnliche Bedeutung für den Zugang zu politischen Ämtern und damit für gesellschaftliche Mobilität mit

zwecken unentbehrliche kollektive Verantwortlichkeit in dem Maße, als die Durchgriffsmacht der politischen Zentren zunimmt, allmählich durch eine individuelle Verantwortlichkeit ersetzt. Vgl. dazu Max Gluckman (Hg.), *The Allocation of Responsibility*, Manchester 1972. Damit entfällt der Bedarf und die Rechtfertigung für Disziplinierungsmittel in den Dörfern und Häusern – für die »Despotie« der Hausherren.

248 So z. B. Louis Gernet, *Droit et société dans la Grèce ancienne*, Paris 1955, S. 76ff.; Walter Ruben, *Die gesellschaftliche Entwicklung im alten Indien*, Bd. II, Berlin 1968, S. 144f.

der Folge, daß die soziale Schichtung von der Stabilität des Ranges der einzelnen Familien unabhängig, nämlich gerade mittels Aufstieg und Abstieg erhalten wird.[249] Die Examen des Erziehungssystems sind für Unterschichten natürlich nur ausnahmsweise und mit Schwierigkeiten zugänglich. Sie konvertieren typisch Reichtum in gesellschaftliches Prestige und politische Macht. Eben damit wird das Prüfungswesen mit seinen klassischen Inhalten aber auch zum Engpaß weiterer Entwicklung und zur Sperre gegen Lernprozesse, die Erfahrungen in strukturelle Innovation umsetzen könnten. Die uns vertrauteren Gesellschaften Vorderasiens und des antiken Mittelmeerraumes zeichnen sich aus durch Schwerpunkte im Bereich der Religion oder im Bereich des Rechts. In jedem Falle werden Möglichkeiten struktureller Kompatibilität (was keineswegs heißen muß: sachlicher Übereinstimmung) mit dem politischen System der Gesellschaft ausgebaut mit der Folge, daß das politische System dann seinerseits adäquat generalisierte religiöse Legitimation oder Kritik und/oder eine rechtsförmige Schematisierung politischer Macht gewinnen kann.

Typisch für Hochkulturen dürfte schließlich sein, daß der gesellschaftsstrukturelle Primat der Politik in Prozessen der Selbstthematisierung anerkannt und zum Merkmal der Identität des Gesellschaftssystems gemacht wird. Damit verbindet sich zugleich ein Bewußtsein des historischen und des zivilisatorischen Abstandes – sei es zur eigenen Vergangenheit, sei es zum Entwicklungsstand der Randvölker. Die die alteuropäische Überlieferung bis zur Französischen Revolution hin prä-

249 Vgl. dazu Ping-ti Ho, *The Ladder of Success in Imperial China: Aspects of Social Mobility 1368-1911*, New York 1962. Siehe ferner E. A. Kracke, Jr., *Civil Service in Early Sung China, 960-1067*, Cambridge (Mass.) 1953; Robert M. Marsh, *The Mandarins: The Circulation of Elites in China 1600-1900*, Glencoe 1961.

gende Formel ist die griechische Bestimmung der Stadtgesellschaft als politisch konstituierter Gemeinschaft, als *koinonía politiké*, als jener schönsten und herrlichsten Errungenschaft, im Vergleich zu der selbst die Großreiche der Barbaren ihre Herkunft aus despotisch regierten Häusern und Dörfern nicht leugnen können.[250] Zugleich versteigt diese am klarsten explizierte Konzeption der politisch-rechtlich konstituierten und insofern überlegenen Gesellschaft sich in jenes Paradox, das nicht bzw. nur über Hierarchie- und Repräsentations-/Partizipationskonzeptionen wieder aufgelöst werden kann: daß diese politisch konstituierte Gemeinschaft die herrlichste von allen ist und zugleich alle anderen in sich begreift. Die Formel bestimmt das Ganze nach seinem wichtigsten Teil, nach der rechtlich geordneten politischen Herrschaft, weil nur dieser Teil das Ganze befähigt, ein dem Menschen adäquates, Gutes erstrebendes Leben zu ermöglichen.

Ein weiterer Aspekt dieser problematischen Selbstthematisierung pars pro toto zeigt sich in der Bestimmung der Grenzen des Gesellschaftssystems. Gesellschaftsgrenzen werden als politische Grenzen, als Grenzen des Herrschaftsbereichs gesehen, also territorial fixiert, möglicherweise mit Unbestimmtheitszonen der Zugehörigkeit/Nichtzugehörigkeit für locker assoziierte, tributpflichtige Randvölker.[251] Darüber hinausreichende Kommunikationsmöglichkeiten werden vage wahrgenommen, aber nicht in einer Weise relevant gemacht, die für die gesellschaftliche Existenz des Menschen wichtig werden könnte. Kenntnisse darüber werden »verfremdet«, werden in der Distanzierungsform des Seltsamen und Abenteuerlichen verbreitet. Bei eng gezogenen, leicht

250 Aristoteles, *Politik*, 1252 a und b.

251 Vgl. Owen Lattimore, *Studies in Frontier History: Collected Papers 1928*, Paris, Den Haag 1962.

überschreitbaren politischen Grenzen sowie bei Inkongruenz von politischen und religiösen Bezugsgruppen kommt es im spätantiken Mittelmeerraum zur Generalisierung eines Gattungsethos der Menschheit und zur Ausbildung eines vom Bürgerstatus unabhängigen *ius gentium* – Normierungen, die ihr politisches und religiöses Korrelat in einer entsprechenden Generalisierung des Gedankens der *civitas* suchen – etwa in der Doppelform der *civitas Dei* und der *civitas terrena* des Augustinus. Seitdem gibt es die Vorstellung allgemeinmenschlicher Belange auf der Grundlage einer Generalisierung der Natur des Menschen, nicht jedoch in der Form eines strukturierten Systems sozialer Interdependenzen.

7. Weltgesellschaft

Geht man aus von einem Begriff der Gesellschaft als eines sozialen Systems, das alles kommunikativ erreichbare Handeln einschließt, dann ist kein Zweifel daran möglich, daß die soziokulturelle Evolution heute die Weltgesellschaft realisiert hat. Es gibt nach diesem Begriff nur noch ein einziges, den Erdball umspannendes Gesellschaftssystem. Wer dieses Faktum bestreitet, verwendet explizit oder implizit einen anderen Gesellschaftsbegriff, bindet zum Beispiel den Begriff der Gesellschaft nach wie vor an die Vorstellung einer territorial begrenzten *civitas sive societas civilis* oder an den Gedanken des Nationalstaats und muß für das umfassende System einen anderen Begriff zur Verfügung stellen – etwa den des »internationalen Systems«.[252] Wie immer man die Freiheit in der

252 Angesichts der forschungsmäßigen Relevanz dieser Option (etwa für den Ansatz vergleichender Forschungen) und angesichts ihrer zeitgenössischen Aktualität erstaunt, daß die gestellte Frage kaum erörtert

Wahl von Bezeichnungen auszunutzen gedenkt: Epochale Neuerungen lassen sich nur auf der Ebene des umfassenden Sozialsystems angemessen begreifen. Dafür hat die Tradition den Titel der (wie auch immer bürgerlichen) Gesellschaft bereitgestellt. Wir schließen an diesen Aspekt der Tradition, also an die Funktion des Gesellschaftsbegriffs für die Selbstthematisierung des Gesellschaftssystems, an und registrieren die eingetretenen Veränderungen durch ein Auswechseln der Inhalte. Die Globalisierung des Gesellschaftssystems erfordert die Generalisierung des Konzepts, unter Bewahrung seiner Funktion.

Die Frage ist natürlich berechtigt, ob ein solcher Wandel schon vorliegt oder ob man mit dem umfassendsten soziologischen Handwörterbuch allenfalls von einem »emergent global level of social reality«[253] sprechen kann. Da es zwischen Gesellschaftstypen und Epochen der gesellschaft-

wird, geschweige denn zur Begründung der Fassung des Gesellschaftsbegriffs herangezogen wird. Überwiegend wird, von Politologen und selbst von Soziologen, dem globalen System der Titel »Gesellschaft« verweigert. Vgl. z. B. Kenneth S. Carlston, *Law and Organization in World Society*, Urbana 1962, S. 64ff. (66); Herbert J. Spiro, *World Politics: The Global System*, Homewood 1966; Wilbert E. Moore, »Global Sociology: The World as a Singular System«, *American Journal of Sociology* 71 (1966), S. 475-482; Talcott Parsons, »Systems Analysis: Social Systems«, in: *Encyclopedia of the Social Sciences*, Bd. 15, New York 1968, S. 458-473 (461f.); Leon H. Mayhew, *Society: Institutions and Activity*, Glenview, London 1971, S. 242ff.; Philippe J. Bernard, »Valeurs socio-culturelles et modèles de la société globale«, *Revue Française de Science Politique* 22 (1972), S. 108-127. Anders und mit expliziter Kritik des Titels »Internationale Beziehungen«, John W. Burton, *World Society*, Cambridge 1972. All diese Erörterungen sind nach Aufwand und begrifflicher Instrumentierung dem zu stellenden Problem nicht im entferntesten gewachsen.

253 So Leon H. Mayhew, »Society«, in: *International Encyclopedia of the Social Sciences*, Bd. 14, New York 1968, S. 577-586 (585).

lichen Entwicklung keine scharfen Zäsuren gibt, muß man bei Übergängen mit objektiver Unentscheidbarkeit in solchen Fragen rechnen. Das schließt jedoch eine genauere Analyse der historischen Situation des Übergangs zur Weltgesellschaft nicht aus. Dabei wird es sich empfehlen, erneut Überlegungen über evolutionäre Errungenschaften und Gesellschaftsdifferenzierung zugrunde zu legen. Die spektaktulärste Errungenschaft der neueren Zeit ist die industrielle Produktionsweise. Die ihr entsprechende Ausdifferenzierung betrifft das Wirtschaftssystems, das, um Industrie zu ermöglichen, wie nie zuvor aus Haus und Familie, Religion und Politik ausgegliedert werden muß. Unsere These ist, daß in diesem Bereich der Wirtschaft jene Entwicklungen stattgefunden haben, die ein neuartiges Niveau funktionaler Differenzierung des Gesellschaftssystems erzwungen haben, das nun seinerseits nur noch als Weltgesellschaftssystem stabilisiert werden kann.

Die volle Begründung dieser These müssen wir auf den Teil 4 über Systemdifferenzierung verschieben. An dieser Stelle genügt es, auf zwei Konsequenzen zunehmender Ausdifferenzierung wirtschaftlicher Prozesse hinzuweisen: Sie verändert die hochkulturelle Ausbalancierung segmentärer und funktionaler Differenzierung des Gesellschaftssystems zugunsten der letzteren, und sie macht die Grenzen des Gesellschaftssystems notwendig inkongruent. Beides zusammen erfordert eine neue Größenordnung zur Restabilisierung des Systems.

In hochkultivierten Gesellschaftssystemen war Wirtschaft nach Produktion und Konsum immer noch »Ökonomie« gewesen, also gebunden gewesen an die Organisations- und Lebensform des Hauses; nur Handel und Verkehr fanden außerhalb des Hauses statt. Zentrales Wirtschaftsmedium war und blieb zunächst das Eigentum, codiert als schlichte

Differenz von Haben und Nichthaben. Selbst Arbeit wurde in weitem Umfange eigentumsanalog bewirtschaftet in der Form von Sklaverei oder doch Landbindung der arbeitenden Bevölkerung.[254] Erst die immer umfassendere »Zweitcodierung« des Eigentums durch Geld[255] löste diejenigen Veränderungen aus, die zur bürgerlichen Gesellschaft des neuzeitlichen Europas führten. Geld ist letztlich Eigentum ohne wesentliche Merkmale des Eigentums: Eigentum an in sich nutzlosen Symbolen ohne lokale Bindung. Geld ermöglichte damit die wirtschaftliche Neutralisierung des Eigentums und eine gesamtgesellschaftliche Ausdifferenzierung und Integration des Wirtschaftssystems auf einer Ebene, die die gleiche und dann rasch eine größere Ausdehnung hatte als das politische System. Geld ermöglichte mit seiner Etablierung als universell verwendbarer Mechanismus »politische Ökonomie«, wie man zunächst paradox formulierte.

Damit ergab sich von der Wirtschaft her die Chance des Übergangs zur industriellen Produktionsweise, und zwar nicht nur für die Produktion selbst, sondern auch für immer größere Bereiche des Konsums – nämlich für alles, was der Produktionsprozeß selbst verzehrt. Damit entstehen neuartige Möglichkeiten und Folgeprobleme spezifisch wirtschaftlicher Autonomie, die die ständische Form der sozialen Schichtung zersetzen oder doch herabsetzen zu einem Mittel des Dokumentierens gesellschaftlichen Aufstiegs.

Damit wird auch das politische System zur Umstrukturierung sowohl in den Grundlagen der Rollenbesetzung als auch in den Leistungserwartungen genötigt. Diese Konse-

254 Dies bedeutete natürlich eine durchgehende Abhängigkeit der Wirtschaft von politisch kontrollierten Zwangsmechanismen, und zwar auf relativ konkreten Stufen der Interdependenz – ein Beleg mehr für den Primat der Politik in den frühen Hochkulturen.

255 Dazu näher unten, Teil 3, Kap. II.2.

quenz wird in der Französischen Revolution sichtbar. In dem Maße, als außerdem das Erziehungssystem mit Hilfe des politischen Staates aus dem Religionssystem ausdifferenziert und für primär ökonomische Aspirationen geöffnet wird und die wissenschaftliche Forschung methodische und institutionelle Eigenständigkeit gewinnt, verlagert sich der Schwerpunkt gesellschaftlicher Primärdifferenzierung von der segmentären zur funktionalen Einteilung: von der Differenzierung nach Gleichheit, die Ungleichheiten der Schichtung trug, zur Differenzierung nach Ungleichheit, die Gleichheit der Chancen erfordert.

Diese Gesamtumstellung löst einen ungeheuren Dynamismus aus. Die primären Teilsysteme der Gesellschaft können nicht mehr auf der Basis »substantieller« Gleichheit, sondern nur noch in der Interdependenz ihrer Funktionen und in der Kompatibilität ihrer Möglichkeiten integriert werden. Bei so hoher Interdependenz werden Störungen und innovative Anpassungen normal; ihre Ursachen werden unerheblich, ihre Wirkungen erheblich, die Zukunft gewinnt den Orientierungsprimat gegenüber der Vergangenheit, und in der Zukunftsvorstellung ist zunächst Perfektibilität, dann Wachstum mitgedacht. Noch bevor eine Weltgesellschaft sich über reale Prozesse absehbarer Kommunikation realisiert, ist ihr Weltbegriff konzipiert: die Einheit des Möglichen.

Aber nicht nur die Integrationsmöglichkeiten werden durch funktionale Differenzierung problematisch, auch die Systemgrenzen verlieren ihre Kongruenz. Wie schon Simmel[256] notierte, führt funktionale Differenzierung zur Angleichung nach außen und zur Unterscheidung nach innen. Damit verändert sich die Form der Grenzunsicherheit, die für die archaischen Gesellschaften und für einige Hochkulturen

256 Georg Simmel, *Über soziale Differenzierung*, Leipzig 1890.

(zum Beispiel China) typisch war: Aus einem Problem der Unschärfe, nämlich der Unsicherheit dessen, was am Rande noch dazugehört, wird ein Problem der Inkongruenz. Die Wirtschaft erfordert nach ihrer Eigenlogik und nach ihren optimalen Verwirklichungsbedingungen andere Grenzen als die Politik, die Religion andere als die Wissenschaft, und deren Grenzen sind nicht identisch mit dem Spielraum der Wahl von Partnern für Intimbeziehungen. Der noch sozialisierbare Nachwuchs mag einen anderen Umfang haben als der Bedarf für Arbeitskräfte, das touristische Interesse mag andere Grenzen haben als das militärische. Sobald einige Teilsysteme der Gesellschaft – etwa das für wissenschaftliche Forschung, das für öffentliche Kommunikation und mindestens einige Bereiche der Wirtschaft – weltweite Relevanz erfordern und gewinnen, kann ein Konvergieren der Grenzen nur noch durch ein einheitliches Weltgesellschaftssystem gewährleistet werden. Teilsysteme, die eine solche Reichweite nicht erlangen können, müssen dann innerhalb eines weltweit relevanten Funktionsbereiches segmentär rekonstruiert werden – so die Familien, die Staaten, die Einrichtungen für medizinische Versorgung und anderes mehr. Wie immer ausbalanciert, kann die Einheit dieses neuen Zusammenhanges von funktionaler und segmentärer Differenzierung nur noch welteinheitlich realisiert werden. Das hat durchgreifende Folgen für die Autonomiechancen und die Anpassungsprobleme, die sich in allen Teilsystemen stellen, und ist insofern bestimmend für einen neuartigen Gesellschaftstypus.

Die Prozesse der gesellschaftlichen Selbstthematisierung waren in der Zeit des Übergangs zur Weltgesellschaft außerordentlich komplex und sind noch keineswegs abgeschlossen. Die abstrakteste Formel für den Take-off zur Weltgesellschaft liegt im Begriff des Subjekts – im Begriff des Zugrundeliegenden (*hypokeimenon*), von dem aus alles andere als Möglichkeit des Subjekts vergewissert werden kann.[257] Im Konflikt mit diesem ambitiösen Prinzip unterschiebt die Gesellschaftstheorie der bürgerlichen Epoche dem Begriff des Bürgers einen neuen, nicht mehr politisch-civilen, sondern wirtschaftlichen Sinn und orientiert sich damit am gesellschaftsfunktionellen Primat der Ökonomie. Im Widerspruch von Subjekt und (Wirtschafts-)Bürger wiederholt sich der Widerspruch des Ganzen zu dem Teil, der das Ganze zu repräsentieren sucht, und zwar in unglücklich anthropomorph gemachten Kategorien.[258] Im Anschluß daran wird das Reflexionsproblem der gesellschaftlichen Selbstthematisierung in die Form von Anthropologien, Humanismen oder gar in bio- und doxographischen Marx-Analysen (Frühschriften!) abgeleitet und so stillgestellt. Zu schnell unterwirft sich dann die Reflexion mangels Ergiebigkeit der Politik.

Inzwischen ist jedoch erkennbar, daß die realen Probleme der Weltgesellschaft so nicht behandelt, geschweige denn in Reflexionsprozesse einbezogen werden können. In einem systemtheoretischen Bezugsrahmen lassen sich zunächst die figurativen Formen der bürgerlich-antibürgerlichen Gesellschaftstheorie, Bürger und Subjekt, umreflektieren. Der

257 Unser Gesellschaftsbegriff trägt dem Rechnung durch die Formel des kommunikativ erreich*baren* Handelns.

258 Bernard Willms, *Revolution und Protest oder Glanz und Elend des bürgerlichen Subjekts*, Stuttgart u. a. 1969, zieht dieses Problem zusammen in die Formel des »bürgerlichen Subjekts«, um sodann den Widerspruch von Universalitätsanspruch und historischer Partikularität dieses Subjekts zu analysieren. Dabei bleibt jedoch die anthropomorphe Natur der Figur als Bedingung der Identifikation von Bürger und Subjekt unanalysiert und wird sogar zu einer Art weltpolitischem Akteur hochstilisiert, dem es dann an Weitsicht in bezug auf die Probleme der Entwicklungsländer fehlt. Dem setzen wir den Versuch einer Des-Humanisierung des kategorialen Gerüstes der Gesellschaftstheorie entgegen und sehen in Formeln wie »Bürger« oder »Subjekt« daher nur figurative Hilfsvorstellungen des Selbstthematisierungsprozesses.

Begriff Bürger hat seinen Reflexionswert als Chiffre für einen evolutionären und funktionalen Primat von Teilsystemen der Gesellschaft – zunächst des Politischen, dann des Wirtschaftlichen.

Der Begriff des Subjekts hat seinen Reflexionswert als Chiffre für die Umdisposition von der Unausweichlichkeit des Wirklichen auf Sicherheit des Möglichen,[259] mit der die Gesellschaft auf ihr gestiegenes Auflösungsvermögen gegenüber ihrer Umwelt reagiert. Die eine Formel chiffriert Strukturprobleme (Differenzierungsprobleme), die andere Umweltprobleme, und daher hat die letztere den größeren Grad an Allgemeinheit.

Damit werden Bezugsprobleme substituiert, die nicht für sich allein stehen können, sondern im Systemkontext der Weltgesellschaft mit anderen Problemen zusammenhängen. Die Steigerung des Auflösungsvermögens in bezug auf Vorgaben hatten wir schon erwähnt. Sie erfordert ein strukturelles Sicheinlassen auf die Kontingenz der Welt mit Ausschluß aller kosmischen Legitimationen. Ein weiterer Gesichtspunkt ist der Verlust der Handlungsfähigkeit auf der Ebene des Gesellschaftssystems. Schon die Theorie der bürgerlichen

259 In der Dissertation von Manfred Sommer, *Die Selbsterhaltung der Vernunft: Kantianische Überlegungen zu einer kritischen Theorie der Gesellschaft*, Münster 1973 [Druck: Manfred Sommer, *Die Selbsterhaltung der Vernunft*, Stuttgart 1977], wird diese Umdisposition als Übergang von Schöpfungstheorien (Endform: *creatio continua*) zu Selbsterhaltungstheorien dargestellt und in bezug auf Kant formuliert: »Die Ablösung der göttlichen Welterhaltung durch Selbsterhaltung beinhaltet zugleich die Ablösung des unsicheren Glücks durch die sichere Möglichkeit von Glück. Man braucht sich nur daran erinnern, in welchem Ausmaß in der Philosophie Kants die Modalitäten der Möglichkeit und der Notwendigkeit gegenüber der des Daseins dominieren, um ein Bild von der Tiefe zu erhalten, in der das Selbsterhaltungsprinzip verwurzelt ist« (S. 52).

Gesellschaft hatte diesen Verlust im Bereich der Wirtschaft beobachtet und hatte ihn mit der Unterscheidung von Staat und Gesellschaft (bzw. »government and society«) registriert. Entsprechend war ihre Vorstellung des Weltverkehrs auf Privatleute bezogen gewesen, die sozusagen als Weltreisende gedeckt wurden durch ihren als Völkerrechtssubjekt handlungsfähigen Heimatstaat.[260] Mit der Konsolidierung der Weltgesellschaft in diesem Jahrhundert verdichtet sich der Eindruck, daß ein Zusammenwachsen gerade in den Kommunikationsbereichen voranschreitet, die keine gemeinsame Handlungsfähigkeit und keine Kompetenz zu kollektiv bindendem Entscheiden voraussetzen müssen. Die Weltgesellschaft ist keine Kollektivität, gleichwohl aber ein soziales System.

Dieser Verlust der Handlungsfähigkeit und damit der Systemform organisierter Kollektivität korreliert mit der Tatsache, daß es keine anderen Gesellschaften außerhalb der Weltgesellschaft mehr gibt. Sie ist ein soziales System ohne soziale Umwelt, das soziale System par excellence, das nur Systeme anderen Typs außer sich hat. Diese konkurrenzlose Einzigartigkeit des Gesellschaftssystems ist eine historisch unvergleichliche Situation, ohne jede Parallele und ohne jede erprobte Erfahrung. Die Umwelt, an die ein solches Gesellschaftssystem sich anzupassen hätte, wird durch die physischen, organischen und psychischen Ressourcen bestimmt, nicht aber durch Konkurrenzlagen, Überlegenheiten und Unterlegenheiten, Expansions- und Diffusionsmöglichkeiten im Verhältnis verschiedener Gesellschaftssysteme zueinander. In der Zukunft kann das Gesellschaftssystem daher Innen-

260 Zur Kritik dieser Konzeption (die natürlich nicht mehr die des alteuropäischen *ius gentium* war, aber auch noch nicht die der Weltgesellschaft ist) vgl. Gerhart Niemeyer, *Law Without Force: The Functions of Politics in International Law*, Princeton u. a. 1941.

probleme und Anpassungsprobleme nicht mehr in der alten Weise durch Prozesse der Diffusion und/oder Expansion lösen, sondern nur noch durch Variation von Analyse und Rekombination ihrer Ressourcen. Alle weitere soziokulturelle Evolution kann nur die eines einzigen Systems sein – und daher nicht mehr vom Zufall abhängen. Welche Systemstrukturen auf der Gesellschaftsebene dieser neuartigen Lage auf Dauer entsprechen werden, ist die derzeit zentrale Frage der Gesellschaftstheorie.

Teil 3

Kommunikationsmedien

Wir haben uns bisher im Bereich geläufiger, geradezu klassischer Themen der Soziologie aufgehalten und gehen jetzt über zu einem relativ neuartigen Forschungszweig: zur Theorie der Kommunikationsmedien. Den Begriff der »generalized media« hat Talcott Parsons eingeführt zur Bezeichnung geldanaloger symbolischer Codes, die Tauschbeziehungen zwischen Teilsystemen des allgemeinen Handlungssystems vermitteln.[1] Die Konstruktion von Parsons bleibt jedoch an ein starres Schema der Systemdifferenzierung gebunden.[2] Das hat sich nicht bewährt. Es führt zum Beispiel zu einer Art Zwangsehe von Deduktion und Evolution und zu einer Überschätzung des Tauschprinzips. Wir wollen deshalb das Medienkonzept generalisieren und es unabhängig von der Parsonsschen Architektonik auf den Kommunikationsprozeß schlechthin beziehen.

Dieser Vorschlag hat zu der Frage geführt, wie eine so allgemein angesetzte Theorie der Kommunikationsmedien sich zur Systemtheorie verhalte.[3] Diese Frage wird nicht in dem

1 Vgl. insb. »On the Concept of Political Power« und »On the Concept of Influence«, beides in: Talcott Parsons, *Sociological Theory and Modern Society*, New York, London 1967; ferner ders., »On the Concept of Value-Commitments«, *Sociological Inquiry* 38 (1968), S. 135-160, und ders., »Some Problems of General Theory in Sociology«, in: John C. McKinney, Edward A. Tiryakian (Hg.), *Theoretical Sociology: Perspectives and Developments*, New York 1970, S. 28-68, insb. 46ff.

2 Siehe als kritische Analysen z. B. M. H. Lessnoff, »Parsons' System Problems«, *The Sociological Review* 16 (1968), S. 185-215, oder Robert R. Blain, »A Critique of Parsons' Four Function Paradigm«, *The Sociological Quarterly* 11 (1970), S. 157-168.

3 Vgl. Werner Loh, *Kritik der Theorieproduktion von N. Luhmann und Ansätze für eine kybernetische Alternative*, Frankfurt/M. 1972, S. 72ff.;

Sinne beantwortet werden, daß Kommunikationsmedien eine besondere Art von Systemen seien. Der Zusammenhang mit der Systemtheorie wird also nicht in der Weise hergestellt, daß der Medienbegriff unter den Systembegriff subsumiert wird, so wie im Falle von Interaktion, Organisation, Gesellschaft. Vielmehr bezieht sich der Medienbegriff auf ein Folgeproblem der Bildung sozialer Systeme, und zwar auf ein Problem, das in jedem aus Kommunikationsprozessen bestehenden Sozialsystem auftritt und insofern gleiche Extension hat wie der Systembegriff selbst, das aber nicht in jedem Sozialsystem (sondern nur in evolutionär fortgeschrittenen Gesellschaftssystemen) in der besonderen Form symbolisch generalisierter Kommunikationsmedien gelöst wird. Die Lösungsweise ist, wie immer, weniger allgemein als die Problemstellung. Die Theorie der Kommunikationsmedien kann deshalb auch nicht aus der Systemtheorie deduziert werden, wie Parsons es zu leisten beansprucht. Sie kann aber an sie angeschlossen werden. Und sie kann nur im Anschluß an die Systemtheorie entwickelt werden, weil es ohne soziale Systeme keine Kommunikation und keine Kommunikationsmedien gibt und weil die Funktionen ebenso wie die Bedingungen der Möglichkeit von Kommunikationsmedien von den Struktuproblemen sozialer Systeme abhängen.

Im folgenden werden wir zunächst in einer allgemeinen Analyse Begriff, Funktionsweise und evolutionäre Bedingtheit der Kommunikationsmedien schlechthin zu klären suchen (Kapitel I). Diese Analyse enthält zugleich die Konstruk-

Klaus Eder, »Komplexität, Evolution und Geschichte«, in: Franz Maciejewski (Hg.), *Theorie der Gesellschaft oder Sozialtechnologie: Beiträge zur Habermas-Luhmann-Diskussion*, Supplement 1, Frankfurt/M. 1973, S. 9-42 (22f.); Klaus Hartmann, »Systemtheoretische Soziologie und kategoriale Sozialphilosophie«, *Philosophische Perspektiven* 5 (1973), S. 130-161.

tion einer Typologie gesellschaftlich erfolgreicher Medien. Daraus ergeben sich die Spezifikationsrichtungen und die Bedingungen eines Vergleichs der unterschiedlichen Kommunikationsmedien, den wir im Anschluß daran durchführen werden (Kapitel II). In dem abschließenden Abschnitt wird die Ausdifferenzierung der Kommunikationsmedien als Technisierung der Lebenswelt erörtert (Kapitel III).

Kapitel I

Grundlagen der Medienbildung

1. Kommunikation, Selektionsübertragung, Selektivitätsverstärkung

Die folgenden Ausführungen schließen an den Kommunikationsbegriff an, den wir oben[4] eingeführt hatten. Danach setzt Kommunikation doppelkontingente Selektivität sowie das beiderseitige Wissen um doppelkontingente Selektivität voraus und bezeichnet den Fall, daß die Selektion des einen Beteiligten zur Information des anderen wird. Der Kommunikationsbegriff deckt damit den Prozeß der Selektivitätsübertragung in der Form der Information. Insofern wirkt jede Kommunikation schon als Kommunikation: Der Empfang der Kommunikation ändert, wie der Empfang von Information schlechthin, den Zustand des empfangenden Systems, zumindest momentan. (Die Dauer der Erhaltung der Änderung ist dann eine Frage des Gedächtnisses.) Damit ist indes noch nicht entschieden, ob und zu welchen Anschlußselektionen die Information Anlaß gibt. Selektionsübertragung heißt im Bereich sinnkonstituierender Systeme vielmehr, daß die Selektivität der Selektion, also der Selektionshorizont und die Bewußtheit der Selektion mitübertragen wird (genau genommen: parallel erzeugt wird). Das macht die Kommunikation verständlich – und zugleich opponierbar. Die Vermittlung der Simultaneität (Apperzeption) von Möglichkeiten und Ereignis vermittelt zugleich die Bedingun-

4 Vgl. Teil 1, Kap. II.8.

gen des Verstehens und den Horizont anderer Möglichkeiten. Und umgekehrt: Verstehen kann man nur, was man nicht zu akzeptieren braucht.[5]

Bei dieser Struktur ist mit den Leistungsvorteilen sinnhafter Kommunikation zugleich ein Problem verbunden: Die Möglichkeit der Ablehnung, des Abreißens von Selektionszusammenhängen ist nun mehr als nur Zufall – sie wird geradezu aufgedrängt. Die Einbeziehung von Möglichkeiten in den Prozeß der Selektionsübertragung schafft mithin das Problem der Sicherung von Anschlußselektionen, der Bildung von Ketten aufeinander bezogener Selektionen trotz ständig irritierender anderer Möglichkeiten. Es sind nicht nur äußere Ereignisse und Eingriffe, es ist sozusagen der Kommunikationsprozeß selbst, der sich selbst ständig ablenkt.

Deshalb ist es für *alle* Kommunikationsprozesse kennzeichnend, daß sich das Wirkungsproblem doppelt stellt: als Problem des Verstehens und als Problem des Akzeptierens der kommunizierten Selektion.[6] Kommunikationen, die akzeptiert werden in dem Sinne, daß ihre Selektion als Prämisse weiterer Selektionen übernommen wird, wollen wir als *Einfluß* bezeichnen. »Einfluß« ist danach ein sehr weit gefaßter Begriff.[7] Er umfaßt nicht nur den Fall, daß die Kommunika-

5 Darin ist impliziert eine Möglichkeit der Steigerung, die für das Verhältnis der Wissenschaft zur Alltagswelt (oder: des Beobachters zum Handelnden) bedeutsam wird: Die Möglichkeit, eine Kommunikation besser zu verstehen als der Handelnde selbst, steigert zugleich die Möglichkeiten, sie abzulehnen. Deshalb ist es für Handelnde unheimlich, sich beobachtet zu wissen, ohne den Beobachter seinerseits zur Handlung, zum Commitment, zur Reduktion seiner Möglichkeiten zwingen zu können.

6 In der Kommunikationsforschung wird diese zentrale Unterscheidung wohl kaum bestritten, aber immer wieder vergessen oder überspielt.

7 Nicht also, wie bei Parsons, der Begriff für ein besonderes Kommunikationsmedium unter anderen.

tion selbst schon ein bestimmtes Handeln des Empfängers auswählt und auslöst; sondern Einfluß liegt schon dann vor, wenn irgendwelche Sachverhalte mitgeteilt und dem Handeln des Empfängers unkritisch zugrunde gelegt werden – wenn einem zum Beispiel mitgeteilt wird, der Fahrstuhl sei defekt, und man infolgedessen die Treppe benutzt. Keinen Einfluß übt eine Kommunikation aus, die überhaupt keine handlungswirksame Information vermittelt (man liest in der Zeitung, in einem Hochhaus sei der Fahrstuhl ausgefallen, die Leute hätten die Treppe benutzen müssen, und freut sich darüber), und ebensowenig kann von Einfluß gesprochen werden, wenn die kommunizierte Selektion vom Empfänger nachgeprüft, also wiederholt wird (man geht zum Fahrstuhl hin und versucht, ihn in Gang zu bringen, bevor man die Treppe benutzt).

Entsprechend dieser Unterscheidung von bloß verstandener Kommunikation und Einfluß differenzieren sich die Mittel der Problemlösung: Durch die Sprache, die ein Verstehen von Kommunikationen ermöglicht, erleichtert, wahrscheinlich macht, kann nicht in gleichem Maße auch das Akzeptieren der Kommunikationen sichergestellt werden. Unbestritten kann Sprache selbst persuasiv wirken und durch Kunst oder Technik in dieser Funktionsrichtung gesteigert werden. Aber sie hält als Sprache auf der anderen Seite immer auch die Möglichkeit des Nein bereit. Rhetorische Meisterleistungen beruhen geradezu auf einer Antizipation dieser Möglichkeit des Nein und sind in dem Maße, als sie sich daran fixieren, nur realisierbar auf Kosten anderer, etwa informierender Funktionen der Sprache. Und vielleicht ist es ein Irrweg, die Sprache einseitig in diese Funktionsrichtung hochzutreiben, wenn es andere Mittel gibt, die Annahme von Selektionsofferten zu erreichen. Diese anderen Mittel fassen wir unter dem Begriff der Kommunikationsmedien zusammen und wollen darunter Zusatzeinrichtungen zur Sprache verstehen.

Historisch gesehen fällt die Blüte der Rhetorik in die Zeit nach der Institutionalisierung und Verbreitung der Schrift und nach dem Beginn eines Prozesses der Ausdifferenzierung spezifischer Kommunikationsmedien, vor allem für Macht und für Wahrheit. Man kann darin eine gewisse Unentschiedenheit der Entwicklung erkennen, die sich in den Kontexten Politik und Wissenschaft rein sprachliche Wirkungsmöglichkeiten zunächst noch offenhielt, gleichsam als eine konkurrierende oder komplementierende Möglichkeit. Inzwischen hat die Geschichte entschieden. Es hat sich gezeigt, daß Kommunikationsmedien ein Systembildungspotential enthalten, das der Rhetorik als solcher abgeht. Die Rhetorik ist über die Ausdifferenzierung bloßer Rollen und rollenspezifischer Schulungseinrichtungen nicht hinausgekommen. Die modernen Großsysteme für Politik und für wissenschaftliche Forschung haben sich auf der Basis von Macht bzw. von Wahrheit gebildet, setzen ihre Autokatalyse also bei je besonderen Kommunikationsmedien an. Das schließt die Verwendung von suggestiver Rede in diesen Systemen nicht aus; sie ist nicht notwendig inkompatibel, bleibt aber auf eine marginale Rolle beschränkt. Sie kann zwar situative Wirkungen und gelegentlich vielleicht Schneeballeffekte erzeugen, nicht aber lange, kontrollierbare Einflußketten bilden.

Dieser Unterschied läßt sich mit Hilfe des Begriffs der *Selektivitätsverstärkung* erläutern. Selektivitätsverstärkung setzt Einfluß voraus, setzt also voraus, daß Selektionen als Prämissen weiterer Selektionen übernommen und nicht jeweils originär wiederholt werden. Das ermöglicht Kettenbildung mit der Funktion, eine Selektion für weitere fruchtbar zu machen. In der bloßen Verkettung von Einflüssen liegt aber noch keine Verstärkung der Selektionsleistung. Von Selektivitätsverstärkung wollen wir immer dann sprechen, wenn dieser

Effekt der Kettenbildung antizipiert wird und die Selektionen mitbegründet; wenn also die Vorwegnahme der Verwendung als Prämisse weiterer Selektionen die Erstselektion mitmotiviert. Das schließt die Orientierung an Bedingungen oder an Kriterien des Akzeptierens ein. Solche Antizipation eröffnet neuartige, zusätzliche Möglichkeiten der Selektion, nämlich solche, die nicht in sich, sondern nur im Hinblick auf andere Selektionen sinnvoll sind (zum Beispiel die Regelung von Verfahren, die Erfindung von Methoden, aber auch das zu Dank verpflichtende Geschenk). Selektivitätsverstärkung beruht mithin darauf, daß die Selektivität der Selektionen als Selektions- und Verkettungsgesichtspunkt in den Selektionsprozeß eingeführt wird. Sie kommt, kürzer formuliert, durch ein Reflexivwerden des Selektionsprozesses zustande.[8]

Nach diesen Vorklärungen ist es möglich, das Bezugsproblem zu formulieren, das der Ausdifferenzierung von Kommunikationsmedien vorausliegt und durch sie gelöst wird. Es geht bei allen Kommunikationsmedien darum, *Einflußprozesse mit Selektivitätsverstärkung auszustatten.*

Ein hochstilisiertes Bezugsproblem dieser Art hat einerseits bestimmte historische und evolutionäre Voraussetzungen. Es ist nicht für jede Art von Gesellschaft selbstverständlich. Erst von einem bestimmten Entwicklungsstande ab[9] wird das Problem der Selektivitätsverstärkung in Einflußprozessen *strukturell* relevant in dem Sinne, daß es durch

8 Damit ist zugleich angedeutet, daß es unter diesem Gesichtspunkt Möglichkeiten des Vergleichs mit anderen reflexiven Mechanismen gibt, die in Richtung auf allgemeine gesellschaftsstrukturelle und evolutionäre Bedingungen der Möglichkeit von Reflexivität ausgearbeitet werden könnten. Vgl. dazu auch Niklas Luhmann, »Reflexive Mechanismen«, in: ders., *Soziologische Aufklärung 1: Aufsätze zur Theorie sozialer Systeme*, Opladen ³1972, S. 92-112.

9 Wir hatten oben in Teil 2, Kap. II.4, schon angedeutet: erst nach Verbreitung der Schrift.

Ausdifferenzierung spezifischer Mechanismen gelöst werden muß oder die weitere Entwicklung blockiert. Auf diese historische Perspektive kommen wir zurück.[10]

Andererseits ergeben sich aus der Art des Problems gewisse Restriktionen für mögliche Problemlösungen – sozusagen Rudimente eines Programms, das die Bedingungen der Eignung und relativen Brauchbarkeit entsprechender Einrichtungen vorgibt. Hinzu kommen dann Probleme der Kompatibilität mit anderen strukturellen Erfordernissen entwickelter Gesellschaften, etwa mit Erfordernissen der Systemdifferenzierung oder mit Schranken der Mobilität. Alles in allem kann ein Problem wie das der Selektivitätsverstärkung in Einflußprozessen nicht auf beliebige Weise gelöst werden; es herrscht, wie immer bei Folgeproblemen struktureller Errungenschaften, das Gesetz der beschränkten Möglichkeiten.[11] Und solche Nichtbeliebigkeiten sind zugleich die Ansatzpunkte weiterer Analysen.

2. Symbolische Generalisierung und Institutionalisierung binärer Codes

Antizipationen sind Ausgriffe ins Unsichere. Sie können strukturelle Relevanz nur gewinnen, können zu erwartbaren Leistungen nur gerinnen, wenn ihre Funktionsbedingungen normalisiert und die Erwartungen ihrerseits erwartet werden können. Diese Normalisierungsleistungen lassen sich, sobald die Selektionshorizonte der Kommunikationspartner zu divergieren beginnen, nur noch durch generalisierte,

10 Vgl. unten in diesem Teil, Kap. II.7.

11 Im Sinne von Alexander A. Goldenweiser, »The Principle of Limited Possibilities in the Development of Culture«, *Journal of American Folk-Lore* 26 (1913), S. 259-290.

Divergenzen übergreifende Symbole erbringen. Mit Hilfe symbolischer Generalisierungen kann jeder Partner seine eigenen Selektionen mit einer *interpretierten* Realität und Intentionalität anderer abstimmen, in der er selbst als Objekt vorkommt. Dadurch wird die Koordination der Selektionen nicht nur sachlich und sozial generalisiert, sondern in gewissem Umfange auch zeitpunktunabhängig: das heißt als Koordinationsleistung unabhängig von den Zeitpunkten, an denen die Einzelselektionen selbst stattfinden (stattgefunden haben, stattfinden werden).

Talcott Parsons hat mit Recht seine Theorie der »media of interchange« von diesem Gedanken der symbolischen Generalisierung her aufgebaut.[12] In den späteren Darstellungen tritt dabei die Analogie zur Sprache in den Vordergrund. Medien werden als Spezialsprachen für besondere Problembereiche angesehen, die sich aus dem allgemeinen Schema der vierfachen Systemdifferenzierung ergeben. Die Bezugnahme auf Sprache trifft indes die besondere Motivlage nicht, die mit symbolisch generalisierten Kommunikationsmedien gemeistert werden soll, nämlich die Motivation zur Annahme vorentschiedener Selektionen. Der Begriff eines Codes taucht auf in Anlehnung an die wenig präzise Verwendung in der

12 Die entscheidenden Analysen finden sich nicht in den Medienaufsätzen (vgl. oben, Anm. 1), sondern in dem Essay »The Theory of Symbolism in Relation to Action«, in: Talcott Parsons, Robert F. Bales, Edward A. Shils, *Working Papers in the Theory of Action*, Glencoe 1953, S. 31-62. Vgl. ferner Talcott Parsons, Neil J. Smelser, *Economy and Society*, Glencoe 1956, S. 70ff., als Anwendung auf das Problem der »double interchanges« zwischen Teilsystemen des Gesellschaftssystems. Eine gute Darstellung für Zwecke der Medientheorie ist auch Terence S. Turner, »Parsons: Concept of ›Generalized Media of Social Interaction‹ and its Relevance for Social Anthropology«, *Sociological Inquiry* 38 (1968), S. 121-134.

Linguistik,[13] wird aber weder als Begriff geklärt noch zur Klärung der Motivationsproblematik im Kontext von Kommunikationsmedien ausgenutzt.[14] Hier sollen die folgenden Analysen weiterführen.

Allen erfolgreich ausdifferenzierten Kommunikationsmedien liegt ein Code in der Form eines binären Schematismus zugrunde. Politische Macht beispielsweise wird danach beurteilt, ob sie rechtmäßig oder rechtswidrig ausgeübt wird.[15] Im Bereich der Wissenschaft ist der Wahrheitscode logisch schematisiert worden mit der Annahme eines symmetrischen Verhältnisses von Wahrheit und Unwahrheit unter Ausschluß dritter Möglichkeiten. Beim Geld kommt es auf Haben oder Nichthaben an. Es ist zu vermuten, daß die Funktion der Motivbeschaffung in dieser Form binärer Codierung erfüllt wird – und nicht etwa, wie Parsons annimmt, durch

13 Parsons führt ihn ausdrücklich zurück auf Roman Jakobson, Morris Halle, *Fundamentals of Language*, Paris 1956, und benutzt vor allem die Unterscheidung von »code« und »message« zur Klärung der Funktionsweise des Geldes.

14 Dies dürfte vor allem an einem mangelnden Verständnis des Phänomens der Negation liegen, das die ganze Parsonssche Soziologie ins Positive koloriert und ihm den Zugang zu dem im folgenden skizzierten Codebegriff verschließt. Dazu besonders aufschlußreich Parsons' »Commentary« in: Hermann Turk, Richard L. Simpson (Hg.), *Institutions and Social Exchange: The Sociologies of Talcott Parsons and George C. Homans*, Indianapolis, New York 1971, S. 380-399 (387ff.). Diese Einseitigkeit scheint letztlich auch die (fehlgehenden, weil zu konkret formulierten) Vorwürfe unzureichender Berücksichtigung von Konflikten und sozialem Wandel zu motivieren.

15 Nach voller Positivierung des Rechts scheint sich ein neuartiger politischer Code auf der Basis der Differenz von »progressiv« und »konservativ« herauszubilden. Dazu Niklas Luhmann, »Der politische Code. ›Konservativ‹ und ›progressiv‹ in systemtheoretischer Sicht«, *Zeitschrift für Politik* (1974), S. 253-271, Wiederabdruck in: ders, *Soziologische Aufklärung 3: Soziales System, Gesellschaft, Organisation*, Opladen 1981, S. 267-286.

schlichten Konsens mit dem Sinn und Wertgehalt leitender Symbole. Um in dieser Frage weiterzukommen, müssen wir zunächst den Begriff des Codes und seine Beziehung zur binären Schematisierung von Prozessen klären.

Nicht jede konsistente Reihe von Symbolen mit Instruktionswert für kommunikatives Verhalten[16] ist schon ein Code. Als Code wollen wir eine Systemstruktur nur dann bezeichnen, wenn sie *in der Lage ist, für jedes beliebige Item in ihrem Relevanzbereich ein genau komplementäres anderes zu suchen und anzukoppeln.* Die Besonderheit eines Codes liegt demnach in bestimmten Anforderungen an Selektionsleistungen. Bekannte Beispiele sind Codes zur Übersetzung sprachlicher Texte auf einen anderen Informationsträger – etwa zur situationsunabhängigen Fixierung (Schrift), zur Übertragung, zur maschinellen Verarbeitung. Das Prinzip der binären Komplementierung hat aber eine weit darüber hinausgehende Bedeutung. Es ist schon auf der Ebene organischer Evolution für die Reproduktion des Lebens unerläßlich.[17] Die Sprache selbst dient als Code in dem Maße, als sie mit Negationsmöglichkeiten ausgestattet wird, die eine Duplikation von Kommunikationsmöglichkeiten in eine Positiv-Fassung und eine Negativ-Fassung ermöglichen.[18] Dank einer solchen Codierung

16 Vgl. dazu die Konzeption einer »Instruktionssemantik« bei Siegfried J. Schmidt, *Texttheorie: Probleme einer Linguistik der sprachlichen Kommunikation*, München 1973, S. 55ff.

17 Vgl. Manfred Eigen, »Selforganization of Matter and the Evolution of Biological Macromolecules«, *Die Naturwissenschaften* 58 (1971), S. 465-523.

18 Auf Grund einer linguistischen Diskussion, die sich im Anschluß an Vorschläge von Harald Weinrich entwickelt hat, wird man nicht davon ausgehen können, daß der gesamte Zeichenvorrat der Sprache dupliziert wird. Vielmehr dürften das Ausmaß und die Form, in der Negationsmöglichkeiten bereitgestellt werden, von der Sprachanwendung in kommunikativen Situationen abhängen. Vgl. hierzu zunächst

kann Kommunikation unter Prämissen (linguistisch: Präsuppositionen) ablaufen, die als schwebend wirksam behandelt werden, solange niemand sie thematisch aufgreift und negiert. Das Ausmaß sprachlich verfügbarer Negationsmöglichkeiten scheint denn auch abgestimmt zu sein mit dem Bedarf, Voraussetzungen zu thematisieren. Für diese Funktion stellt die Sprache syntaktisch und semantisch differenzierte Negationsmöglichkeiten bereit.[19] Dabei setzt der Gebrauch von Negationen voraus, daß das Negierte im Prozeß der Negation zunächst exakt reproduziert wird, also durch die Operation des Negierens seinen Sinn nicht ändert.

Dieses Offenhalten von Negationen bildet eine Voraussetzung für Kommunikation in Situationen mit doppelkontingenter Selektivität. Es wird dadurch möglich, unterschiedliche Selektionen laufend aufeinander zu beziehen, ohne sie vorweg auf eine einheitliche Perspektive hin zu verschmelzen. Genau dadurch wird aber ein Folgeproblem geschaffen, das nun seinerseits einer Lösung bedarf. An jenes Offenhalten

Harald Weinrich, »Linguistik des Widerspruchs«, in: *To Honor Roman Jakobson: Essays on the Occasion of his Seventieth Birthday, 11 October 1966*, Bd. 3, Den Haag, Paris 1967, S. 2212-2218; ders., »Über Negationen in der Semantik«, Vorlage zum Colloquium ›Negation und Negativität‹ der Gruppe »Poetik und Hermeneutik«, Ms., Bad Homburg 1972 [Druck: »Über Negation in der Syntax und Semantik«, in: ders. (Hg.), *Positionen der Negativität*, München 1975, S. 39-62]; G. Stickel, »Einige syntaktische und pragmatische Aspekte der Negation«, Vorlage zum gleichen Colloquium [Druck: »Einige syntaktische und pragmatische Aspekte der Negation«, in: Weinrich (Hg.), *Positionen der Negativität*, S. 17-38]; Siegfried J. Schmidt, »Texttheoretische Aspekte der Negation«, *Zeitschrift für germanistische Linguistik* I (1973), S. 178-208, mit weiteren Hinweisen.

19 Hierzu am Beispiel des Redens über Krankheiten auf verschiedenen »levels of contrast« Charles O. Frake, »The Diagnosis of Disease Among the Subanun of Mindanao«, *American Anthropologist* 63 (1961), S. 113-132.

von Negationsmöglichkeiten schließen zunächst interaktive Überredungs- und Überzeugungstechniken an und bei gesellschaftsstruktureller Erweiterung von Negations- und Konfliktspotentialen schließlich die Entwicklung eines neuen Codetyps für Kommunikationsmedien.

Durch Institutionalisierung von Kommunikationsmedien wird die sprachlich offengehaltene Negationsmöglichkeit einem weiteren Duplikationsmechanismus unterworfen, nämlich ihrerseits binär schematisiert. Man kann zwar eine angebotene Information negieren – aber nur so, daß sie, wenn nicht wahr, dann eben unwahr, oder wenn nicht unwahr, dann eben wahr ist. Die Negation ihrer Wahrheit zwingt also zur Behauptung ihrer Unwahrheit und umgekehrt. Unter genauer zu ermittelnden Bedingungen werden mit einer solchen Zusatzeinrichtung zur Sprache drei Funktionen zugleich erfüllt. Die Codierung erleichtert in der *sozialen* Dimension das Zumuten harter, aus nur zwei Elementen bestehender Alternativen.[20] Sie ermöglicht in der *Zeit*dimension ein Progressivwerden von Operationen dadurch, daß eine Selektion auf die andere aufbauen, auf sie zurückgreifen, sie unter dem gleichen Schematismus wiederholen, ersetzen, fortführen kann.[21] In der *Sach*dimension schließlich wird es durch den Mediencode möglich, lange Selektionsketten zu bilden, die sehr heterogene Situationen koordinieren – etwa aus Wahrheiten in der einen Situation für ganz andersartige Situationen

20 Zu diesem Problem vgl. George A. Kelly, »Man's Construction of His Alternatives«, in: Gardner Lindzey (Hg.), *Assessment of Human Motives*, New York 1958, S. 33-64 (insb. S. 37ff. zu den Schwierigkeiten, exklusive Zweier-Alternativen unter Ausschluß dritter Möglichkeiten zu oktroyieren).

21 Vgl. dazu speziell für den Bereich des Kommunikationsmediums Wahrheit und den logischen Schematismus Lothar Eley, *Metakritik der Formalen Logik: Sinnliche Gewißheit als Horizont der Aussagenlogik und elementaren Prädikatenlogik*, Den Haag 1969.

Schlüsse zu ziehen oder Übermacht in der einen Situation zu gebrauchen, um ganz andersartige Situationen zu beherrschen.[22] Die Anforderungen an die Institutionalisierung eines Mediencodes gehen dahin, daß all diese Funktionen integriert und in jedem Kommunikationsmedium durch nur einen Schematismus erfüllt werden. Sie stützen und ergänzen sich dann wechselseitig.

Auch hierfür ist die für Codes typische Form einer Komplementierungsinstruktion notwendig, die zu einer scheinbar sinnlosen Verdoppelung des Vorhandenen führt: zu Wahrheiten *und* Unwahrheiten, Haben *und* Nichthaben, Recht *und* Unrecht, Geliebten *und* Nichtgeliebten, Schönem *und* Häßlichem usw. Darüber hinaus bedarf nun die systembildende Funktion der Codes einer genaueren Analyse; denn diese Funktionen der Zumutungserleichterung, Progression und Kettenbildung setzen Ausdifferenzierung und Spezifikation gesellschaftlicher Teilsysteme voraus.

Codes jeder Art gewinnen ihre Funktion erst im Zusammenhang mit der Ausdifferenzierung von Systemen mit je besonderen Umweltperspektiven und Relevanzgesichtspunkten. Ist einmal eine Sonderperspektive eingeführt, kann mit Hilfe eines Codes eine Sonderverteilung erreicht werden, die von den Vorkommnissen und Häufigkeitsverteilungen der Umwelt relativ unabhängig ist, jedenfalls abweicht.[23] Der Code motiviert gleichsam die Suche nach Komplementen. So produziert etwa die Wissenschaft unter dem logischen Wahr-

22 Dazu näher unter Kap. II.7.

23 Eigen, »Selforganization of Matter and the Evolution of Biological Macromolecules«, S. 493, formuliert für den Fall lebensfähiger Makromoleküle: »The important feature of ›complementary instruction‹ is that, even in the presence of a large excess of one sort of ›digits‹, the system always has to accumulate at least two different digits which then occur in the selected species with almost equal abundance.«

heitscode Wahrheiten und Unwahrheiten unabhängig davon, wie in der gesellschaftlichen Lebenswelt Erfolg und Mißerfolg (Enttäuschung) kognitiver Erwartungen verteilt sind, ja selbst unabhängig von psychologischen Interessen und Generalisierungsbereitschaften.[24] Das kann sie natürlich nur im Kontext von Systemen, die die Erzeugung von Unwahrheiten der Beliebigkeit entziehen und (durch wissenschaftlich interessante Fragestellungen) vorregulieren. Die Gleichverteilung ermöglicht es dann, Operationen weiterer Erkenntnisgewinnung an Wahrheiten oder an Unwahrheiten anzuschließen. Damit gilt gegen Hegel: Das Wahre ist nur das Halbe!

Die besondere Leistungsfähigkeit der Selektionssteuerung durch Codes beruht auf einer Kombination von *Universalismus* und *Spezifikation* in jeweils hohen Realisierungsgraden. Im Anschluß an Parsons[25] soll unter Universalismus (im Unterschied zu Partikularismus) die Tendenz verstanden werden, Gegenstände nach bestimmten allgemeinen Merkmalen (und nicht nach ihren jeweils konkreten Beziehungen zum Handelnden) zu identifizieren; und unter Spezifikation die Tendenz, Gegenstände wegen ihrer je besonderen Bestimmtheit zu erfassen (und nicht auf Grund ihrer Nähe zu eigenen Bedürfnissen, die auch mit anderen Objekten befriedigt werden könnten). Man kann vermuten, daß heterogene

24 Die psychologische Forschung zeigt zum Beispiel, daß die Negation von Unwahrheiten keineswegs ein Äquivalent ist für Wahrheit und daß die Bereitschaft zu induktiver Generalisierung bei Unwahrheiten höher ist als bei Wahrheiten. Vgl. dazu David E. Kanouse, »Language, Labeling, and Attribution«, in: Edward E. Jones u. a. (Hg.), *Attribution: Perceiving the Causes of Behavior*, Morristown 1971, S. 121-135 (124f.).

25 Siehe vor allem Talcott Parsons, Edward Shils (Hg.), *Toward a General Theory of Action*, Cambridge (Mass.) 1951, S. 76ff.; Talcott Parsons, »Pattern Variables Revisited«, *American Sociological Review* 25 (1960), S. 467-483; neu gedruckt in: ders., *Sociological Theory and Modern Society*, New York, London 1967, S. 192-219.

Orientierungsrichtungen dieser Art sich nicht gleichzeitig maximieren lassen: Eine universelle Orientierung kann dazu tendieren, in ihrem Inhalt unbestimmt zu streuen, sozusagen als Dachformel für diffuse Objektwahlen. Eine spezifische Orientierung kann dazu tendieren, sich in der Situation auf partikulare Motive zu stützen. Die binäre Struktur von Codes dient dazu, solche Normaltendenzen zu unterbrechen und unwahrscheinliche Kombinationsgewinne in Richtung auf Universalismus *und* Spezifikation zu erzielen. Mit Hilfe eines Codes kann für *jedes* Einzelitem im Relevanzbereich des Codes ein *genau entsprechendes* anderes gewählt werden. Ein Code enthält mithin eine universell anwendbare Regel der Spezifikation (womit nicht behauptet sein soll, daß die Praxis unter dem Code in diesen Richtungen letzte Perfektion erreichen kann). Der binäre Schematismus des Codes verhindert, daß universell anwendbare Orientierungen inhaltlich diffus werden und daß spezifisch anwendbare Orientierungen sich in der Situation auf partikulare Motive stützen müssen.[26]

Durch den allgemeinen Sprachcode werden solche Kombinationen ermöglicht, erst die besonderen Mediencodes bringen sie aber auf das Niveau erwartbarer Leistungen. Im Unterschied zur Sprache im allgemeinen beruhen die Kommunikationsmedien auf *binären Codes mit eingebauter Präferenz*.[27] Mediencodes sind in allen Fällen Präferenzcodes. Ihre Duplikationsregel beruht auf der Wert/Unwert-Dichoto-

26 In der Parsonsschen Theorie bleiben mangels genauerer Analyse des Codes symbolisch generalisierter Medien die Bedingungen der Möglichkeit einer Kombination der *pattern variables* »universalism« und »specificity« letztlich ungeklärt. Die Erreichbarkeit solcher Kombinationen wird nur induktiv am Resultat gesellschaftlicher Evolution abgelesen.

27 Auch die Sprache fungiert zwar im Bereich von Ja und Nein nicht ganz präferenzlos. Man weiß zum Beispiel, daß Informationsverarbeitungen, die über sprachliche Negationen laufen, mehr Zeit kosten; daß

misierung von Präferenzen. Sie konfrontiert Vorkommnisse oder Zustände mit der Möglichkeit, positiv oder negativ bewertet zu werden, und gibt ihnen damit einen spezifizierten Informationswert.[28] Sie eröffnet die Möglichkeit, wahr oder falsch, stark oder schwach, recht oder unrecht, schön oder häßlich zu sein. Dabei legen trotz Symmetrisierung und logischer Umkehrbarkeit die Codes fest, daß Wahrheit besser sei als Unwahrheit, Eigentum besser als Nichteigentum, Schönheit besser als Häßlichkeit etc. Entsprechend wird die Motivlage kanalisiert. Immer wieder hat es zwar Denker gegeben, die sich nicht bluffen ließen und nach dem Eigenwert der Besitzlosigkeit, nach der Logik des Bösen, nach der Faszinationskraft des Häßlichen oder nach der Stärke der Schwachen suchten. Auch wurden die intrikaten Folgeprobleme der Symmetrisierung von binär strukturierten Präferenzen im Rahmen von Theodizeen und Wohlfahrtsbilanzen diskutiert – zum Beispiel, ob die Zulassung des Übels durch Vermehrung des Guten wegbilanziert werden könne; oder ob die bloße

positiv formulierte Einstellungen häufiger sind, negative dagegen relevanter. Vgl. dazu P.C. Wason, »The Processing of Positive and Negative Information«, *Quarterly Journal of Experimental Psychology* 11 (1959), S. 92-107; ders., »Response to Affirmative and Negative Binary Statements«, *British Journal of Psychology* 52 (1961), S. 132-142; David E. Kanouse, L. Reid Hanson, Jr., »Negativity in Evaluations«, in: Jones u.a. (Hg.), *Attribution*, S. 47-62; Nehemiah Jordan, »The Asymmetry of Liking and Disliking: A Phenomenon Meriting Further Reflection and Research«, *Public Opinion Quarterly* 29 (1965), S. 315-322. Aber solche Unterschiede führen nicht dazu, daß die Präferenz selbst in der Form einer binären Struktur mitreguliert wird.

28 Daß dies schon eine Reduktion ist, wird namentlich an theologischen Erörterungen deutlich, die versuchen, die Moralität und Handlungskontingenz Gottes zu retten, ihn aber einer binär spezifizierten Alternativen-Zumutung zu entziehen. Vgl. dazu Carl J. Peter, »Divine Necessity and Contingency: A Note on R.W. Hepburn«, *The Thomist* 33 (1969), S. 150-161.

Negation des Bösen schon gut, die bloße Bekämpfung des Unrechts schon Recht sei.[29] Alle Zweifel hatten jedoch, soziologisch gesehen, keinen Erfolg: Die Codierung hat gehalten.

Die Codierung von Präferenzen ist vom individuellen Akt der Wahl aus (also auch: entscheidungstheoretisch oder unter dem Gesichtspunkt der »Werte«) nicht ausreichend zu verstehen. Ebenso sprengt die Analyse von Codes den Denkrahmen einer praktischen Philosophie und die Prämissen einer Logik der Perfektion (welcher Werte immer). Systemtheoretisch gesehen besteht die Funktion codierter Werte darin, Unwerte zu suchen und umgekehrt, sich also durch Heranziehung des Gegenteils zu ergänzen. Dies geschieht nicht um der »Totalisation« willen oder gar nur gezwungenermaßen in Anerkennung der Tatsache, daß es Unwerte auch gibt, sondern um angebbarer operativer Vorteile willen. Die Codierung bringt das Entgegengesetzte in einen operativen Zusammenhang, der den Übergang von einem zum anderen erleichtert und sich damit zugleich von anderen Codes abgrenzt. Wer beispielsweise sein Recht behauptet, setzt sich damit fast schon ins Unrecht, setzt jedenfalls seinen Gegner ins Unrecht und kommt so dem Gegenwert näher als etwa

29 Im Problem der Theodizee spitzte die Fragestellung sich im Ausgang vom Problem des Leidens Unschuldiger unter dem Gesichtspunkt der moralisch codierten Allmacht und Allverantwortung Gottes zu. Vgl. dazu Georg Katkov, *Untersuchungen zur Werttheorie und Theodizee*, Brünn u. a. 1937 (zum oben genannten Problem S. 67). Im übrigen sollte nicht übersehen werden, daß die Problemstellung der Theodizee älter ist als die Ausdifferenzierung spezifischer Kommunikationsmedien (allerdings einen Zusammenhang hat mit der Ausdifferenzierung politischer Herrschaft) und sich thematisch daher auf die (Moral, Recht und Wahrheit nicht differenzierende) Gesamtordnung bezieht. Auch insoweit setzt sie – in der Problemstellung ebenso wie in den unterschiedlichen Problemlösungen – aber schon die Einheit eines Dichotomien und Perfektionsstufen übergreifenden Systems voraus.

der Schönheit oder der Wahrheit. Recht wird an Unrecht angekoppelt, was sich im gesellschaftlichen Leben zum Beispiel als Risiko oder auch als Zumutung beim Anschneiden von Rechtsfragen bemerkbar macht.[30] Der Vorteil liegt darin, daß mit einer relativ einfachen Schaltung Recht/Unrecht unterschiedliche Folgenketten ausgelöst werden können, die dann Geschichte (und nicht nur Rechtsgeschichte) machen. Das gleiche gilt für die anderen binären Schematisierungen. So ermöglicht die einfache Schaltung Eigentum/Nichteigentum, ausgeführt etwa in der Form eines Vertrages, der eine Sache aus dem Nichteigentum ins Eigentum des Erwerbers überführt, Akkumulation von Wirtschaftspotential auf der einen, Arbeitsbereitschaft und Erwerbsbereitschaft auf der anderen Seite. An die Vermehrung der Wahrheiten können beispielsweise technische Entwicklungen anknüpfen, an die Vermehrung der Unwahrheiten die Ausschaltung religiöser oder politischer Zugriffe auf den Forschungsprozeß. Der

30 Es hat daher Gesellschaften gegeben, die eine Forcierung des binären Schematismus des Rechts auf der Ebene gesamtgesellschaftlicher Moral prinzipiell diskreditierten und die schon die Alternative von Recht und Unrecht als Unglück empfanden. Das ist für fernöstliche Rechtskulturen in ausgeprägtem Maße der Fall. Auch das griechische Rechtsdenken muß in seinen (sozusagen vorjuristischen) Anfängen vor ähnlichen Problemen gestanden haben, wie die Tragödien bezeugen. Und selbst wenn dieses Problem auf der Ebene gesamtgesellschaftlicher Institutionalisierungen, etwa durch Ausdifferenzierung eines funktionsfähigen, anerkannten Rechtssystems, gelöst werden kann, kehrt es auf der Ebene einfacher Interaktionssysteme wieder in der Form von »Thematisierungsschwellen« bei der Kommunikation über Recht. Hierzu Niklas Luhmann, »Kommunikation über Recht in Interaktionssystemen«, in: Erhard Blankenburg u. a. (Hg.), *Alternative Rechtsformen und Alternativen zum Recht (Jahrbuch für Rechtssoziologie und Rechtstheorie, Bd. 6)*, Opladen 1980, S. 99-112. Erst aus den aggregierten Effekten aller Interaktionen ergibt sich dann die gesellschaftliche Wirklichkeit. Man darf also den Zugriff gesellschaftlicher Mediencodes auf die Realität weder unterschätzen noch überschätzen.

Zusammenhang beider Aspekte wird durch Codierung des Wahrheitsmediums hergestellt und ausdifferenziert.

Die Ausführung einer solchen Schaltung erfordert »Kriterien«. Im Unterschied zum allgemeinen Sprachcode setzen die Mediencodes, weil sie Präferenzen erfassen und weil sie motivieren sollen, Entscheidungsregeln voraus, die freilich nur auf konkreteren Stufen gebildet, kritisiert und unter Umständen revidiert werden können. Seit seiner Entstehung in der Antike hat der Begriff des Kriteriums (auch *regula*, *kanon*) diesen Bezug auf einen vorausgesetzten binären Schematismus.[31] Deutlicher als früher muß jedoch in der soziologischen Analyse die Instituierung eines Codes unterschieden werden von der Begründung und Anwendung zugeordneter Entscheidungskriterien. Diese Ebenendifferenzierung hat nicht zuletzt die Einsicht zur Folge, daß die Entscheidung für einen Codewert mit Hilfe eines Kriteriums den Gegenwert nicht eliminiert, sondern nur negiert und damit gerade festhält: Das Recht profiliert sich als solches erst von der Möglichkeit her, Unrecht zu sein.

Schließlich verdient eine wichtige Funktionsbedingung binärer Mediencodes besondere Hervorhebung: *Die Dichotomie eines Codes darf nicht mit anderen Dichotomisierungen, vor allem nicht mit einer sozialen Klassifikation zusammenfallen*; sie darf weder Personen noch Gruppen oder soziale Klassen bezeichnen, noch darf sie als Regel für die Erteilung von Konsens bzw. Dissens fungieren. Ältere Gesellschaftssysteme kennen zwar durchaus Zweierparadigmata, die zugleich sozialer Natur sind und von daher ihre Plausibilität beziehen. Diese Überdeckung führt aber, wie John Middle-

31 Vgl. dazu Dieter Nörr, »Spruchregel und Generalisierung«, *Zeitschrift der Savigny-Stiftung für Rechtsgeschichte (Romanistische Abteilung)* 89 (1972), S. 18-93 (31f.), mit weiteren Hinweisen.

ton an den grundlegenden Dichotomien des Weltbildes der Lugbara zeigen konnte,[32] dahin, daß Negationen im Kontext solcher Dichotomien eo ipso sozialer Natur sind, daß keine eigenständige Geschichtssicht und keine Kausalkonzeption ausgebildet werden und daß damit das Auflösevermögen und die Relationierungstechnik in zeitlicher und in sachlicher Hinsicht durch die Kongruenz mit der Sozialdimension limitiert werden. Codes müssen, gerade weil sie soziale Kommunikation steuern, sich von dieser Bindung befreien. Das gilt schon für die Sprache selbst.

Man kann die Gesellschaft nicht einteilen in eine Gruppe von Ja-Sagern und eine Gruppe von Nein-Sagern. Ebensowenig können die Mediencodes derart sozial verankert werden, daß Wahrheit und Unwahrheit, Recht und Unrecht, Eigentum und Nichteigentum bestimmten Personen zugeschrieben werden. Das würde die Funktion der Codes blockieren. Natürlich haben jeweils bestimmte Personen Eigentum an bestimmten Sachen, sprechen wahre bzw. unwahre Sätze usw. Für die Funktion eines Codes aber ist entscheidend, daß diese Attribution nicht festgeschrieben, also nicht als Eigenschaft der Person behandelt wird, sondern nach Maßgabe des Codes konditioniert werden kann. Dann folgt die Zuteilung der Codewerte Wahrheit, Eigentum usw. nicht schon aus der Existenz der Person, sondern erst aus der Erfüllung bestimmter Bedingungen.[33] Diese Distanznahme zur

32 Vgl. John Middleton, *Lugbara Religion: Ritual and Authority Among an East African People*, London, New York u. a. 1960, S. 250ff.

33 Hier wäre vielleicht ein Wort zur marxistischen Kritik der Eigentumsverfassung der bürgerlichen Gesellschaft angebracht (wobei wir beachten müssen, daß wir schon im Begriff des Eigentums als eines (gar nicht aufhebbaren!) binären Codes der Wirtschaft von Marx abweichen). Im Klassendogma des Marxismus wird behauptet, daß Eigentümer und Nichteigentümer in der bürgerlichen Gesellschaft rollenmäßig, wenn

Personbindung trotz sozialer Funktion ist ein Moment der evolutionären Unwahrscheinlichkeit und Abstraktheit der Codes.

nicht gar personal, auseinandertreten. Natürlich überzeichnet die Dogmatisierung die Realität. Außerdem verwechselt sie die Dichotomie Eigentum/Nichteigentum mit der von Reichtum/Armut und trägt so dem Umstand nicht genügend Rechnung, daß die Eigentümer im Verhältnis zueinander Nichteigentümer sind. Nach all diesen Korrekturen bleibt eine wichtige Warnfunktion. Träfe die Annahme zu, daß nur noch bestimmte Personenkreise als solche Eigentümer sind, während andere prinzipiell vom Eigentum ausgeschlossen wären, oder würde die Gesellschaft sich bereichsweise (etwa in bestimmten Sektoren der Produktion) diesem Zustande nähern, würde das Eigentum seine Codefunktion für soziale Prozesse verlieren und zum funktionslosen Privileg werden. Das hätte unter anderem auch die Folge, daß die gesellschaftliche Ausdifferenzierung des Geldcodes und des Wirtschaftssystems zurückentwickelt und die Wirtschaft – ob nun mit oder ohne »Revolution« – repolitisiert werden würde.

Kapitel II

Medientypen und Medienprobleme

1. Erleben und Handeln

Symbolische Generalisierung und binäre Codierung dürfen nicht verwechselt oder verquickt werden mit der Rollenzuweisung und der konkret sich ergebenden Verhaltenserwartung im Kommunikationsprozeß. Sie liegen auf einer höheren Ebene der Strukturbildung. Im Code kann nicht zugleich darüber entschieden werden, welcher der Kommunikationspartner wahre bzw. unwahre Sätze spricht, recht oder unrecht hat, liebt oder nicht liebt. Vielmehr strukturieren Codes Kommunikationsprozesse in der Weise, daß *beide Partner* – wir wollen, um sie idealtypisch zu bezeichnen, sie Ego und Alter nennen – *beide Möglichkeiten* haben. Es gibt zweifellos gesellschaftsgeschichtlich und strukturell sehr interessante Prätentionen des Gegenteils, die aber wie Blockierungen auf dem Wege zu höherer Komplexität gewirkt haben: etwa das Unfehlbarkeitsdogma der katholischen Kirche oder die mit römischrechtlichen Zitaten begründete spätmittelalterliche Auffassung, daß der Souverän (als Rolle oder gar als Person) kein Unrecht tun könne. Die Bedeutung solcher Prätentionen ergibt sich daraus, daß sie durch invariante Koppelung bestimmter Rollen mit bestimmten Codewerten die Differenzierung von Codeebene und Rollenebene punktuell zu verhindern suchen, ohne sie doch gesellschaftsstrukturell unterbinden zu können. Gelingt es dagegen, Wertebene und Rollenebene zu differenzieren, potenziert das System seine Kombinationsmöglichkeiten, also seine Komplexität.

Diese Differenzierung setzt voraus, daß auf der Ebene der Kommunikationsrollen eigene Ordnungsgesichtspunkte zur Geltung gebracht werden können. Deren Grundprinzip scheint die *Ordnung der Zurechnung von Selektionen* zu sein, über die wir daher relativ grundsätzliche Ausführungen einschieben müssen.[34]

Zurechnungsfragen treten auf, sobald Selektivität bewußt wird und Selektionen zu unterschiedlichen Konsequenzen führen. Dann wird es zum Erfordernis der Orientierung, daß man weiß, wo die Selektion stattfindet und gegebenenfalls zu beeinflussen ist. Solche Lokalisierungen sind zwar nicht beliebig möglich, bleiben aber in gewissem Umfange immer willkürliche Einführung von Diskontinuität in den realen Fluß der Ereignisse.[35] Sie bedürfen daher sozialer Regulierung,

34 Sachlich gehören die folgenden Überlegungen in die allgemeine Theorie sozialer Systeme, und wir hatten sie in Teil 1, Kap. II.3, schon kurz berührt. Erst an dieser Stelle benötigen wir jedoch eine genauere Ausarbeitung. Wir beziehen uns dabei auf eine hier nicht im einzelnen referierte umfangreiche sozialpsychologische Forschung. Theoretische Zwischenbilanzen und Forschungsüberblicke findet man etwa bei Edward E. Jones, Kenneth E. Davis, »From Acts to Dispositions: The Attribution Process in Person Perception«, in: Leonard Berkowitz (Hg.), *Advances in Experimental Social Psychology*, Bd. 2, New York, London 1965, S. 219-266; Herbert M. Lefcour, »Internal versus External Control of Reinforcement: A Review«, *Psychological Bulletin* 65 (1966), S. 206-220; Julian B. Rotter, »Generalized Expectancies for Internal Versus External Control of Reinforcement«, *Psychological Monographs* 80 (1966), S. 1-28; Harold H. Kelley »Attribution Theory in Social Psychology«, in: David Levine (Hg.), *Nebraska Symposium on Motivation 1967*, Lincoln 1967, S. 192-238; ders., »Attribution in Social Interaction«, in: Jones u. a. (Hg.), *Attribution*, S. 1-26; Bernard Weiner u. a., »Perceiving the Causes of Success and Failure«, in: Jones u. a. (Hg.), *Attribution*, S. 95-120. Einen Eindruck vom Grade der Ausarbeitung dieser Forschungen vermittelt auch Wulf-Uwe Meyer, *Leistungsmotiv und Ursachenerklärung von Erfolg und Mißerfolg*, Stuttgart 1973.

35 »The attribution process substitutes inferred structure for observed

soll ein funktionsnotwendiges Mindestmaß an Konsens und subjektiver Überzeugungsstärke erreicht werden. Solche Regulierungen schließen nicht aus, daß es im sozialen Leben zu tendenziellen Überzurechnungen bzw. Unterzurechnungen kommt, daß zum Beispiel Beobachter den kausalen Eigenbeitrag der Handelnden eher überschätzen, die Handelnden selbst ihn (zumindest im Falle von Mißerfolgen) eher unterschätzen.[36] Wie in anderen Hinsichten ist auch in Zurechnungsfragen nur ein begrenztes Maß an Konsens erforderlich.

Durch Zurechnungen wird der Selektionsprozeß in Stationen aufgelöst, und es werden wichtige, ausschlaggebende Entscheidungspunkte hervorgehoben, nicht aber exklusive Ursachen definiert. Wer einem anderen Verantwortung zuschreibt, behauptet nicht notwendig, daß dessen Handeln einzige oder auch nur unerläßliche Ursache war. Deshalb besteht Spielraum für *gegenphänomenale Zurechnungsverschiebungen*. Kein Gesellschaftssystem kommt mit der Zurechnung auf evident sichtbare Natur- oder Leibbewegungen aus. Es gibt Fälle, in denen einer Person ihr eigenes Verhalten nicht zugerechnet wird, und es gibt andere Fälle, in denen ihr fremdes Verhalten oder bloße Ergebnisse zugerechnet werden. Hexerei ist eines der verbreiteten Muster für Zurechnungsverschiebungen gewesen. Andere Beispiele finden sich im Bereich von Hierarchien und in Rechtssystemen. Zumeist bedürfen Zurechnungsverschiebungen, wenn ihr Grund nicht

process«, formulieren Edward E. Jones, George R. Goethals, »Order Effects in Impression Formation: Attribution Context and the Nature of the Entity«, in: Jones u. a. (Hg.), *Attribution*, S. 27-46 (27).

36 Diese Verzerrungen des Zurechnungsprozesses sind durch die Experimentalforschung gut belegt. Vgl. den Überblick von Edward E. Jones, Richard E. Nisbett, »The Actor and the Observer: Divergent Perceptions of the Causes of Behavior«, in: Jones u. a. (Hg.), *Attribution*, S. 79-94.

in sich selbst evident ist (wie zum Beispiel im Falle von Krankheit), besonderer Legitimation.

Schon auf der Basis dieser einfachen Überlegungen könnte man zu gesellschaftstheoretischen und historischen Analysen übergehen. So bot die Differenzierung von Religionssystem und politischem System in den frühen Hochkulturen des Vorderen Orients die Möglichkeit der Neuverteilung der Zurechnung von Erfolg und Mißerfolg auf jetzt *zwei* Faktoren: den Herrscher und/oder die religiösen Mächte, die jetzt *beide* entsprechend diszipliniert und zueinander in eine kontingente, also historische Beziehung gesetzt werden mußten.[37] Unabschätzbare Folgen hatte ferner in der neuzeitlichen Gesellschaft die Ausdifferenzierung großer Teilsysteme der Gesellschaft, nämlich Wirtschaft und Wissenschaft, denen, anders als der Politik, ihre Effekte nicht zugerechnet werden konnten.

Für viele weitere Zwecke und vor allem für eine Theorie der Kommunikationsmedien ist diese Frage, wem zugerechnet oder nicht zugerechnet wird, jedoch noch zu einfach gestellt. In Situationen mit doppelkontingenter Selektivität gibt es für Ego und für Alter je für sich und je für den anderen zwei Zurechnungsmöglichkeiten: Beide können entweder auf Ego bzw. auf Alter als seligierendes System zurechnen oder auf die Welt.[38] Wir wollen *Systemzurechnung* (auf welchen Niveaus

37 Henri Frankfort, *Kingship and the Gods*, Chicago 1948, hat hier den entscheidenden Unterschied altägyptischer und altmesopotamischer Königsvorstellungen gesehen. Die These ist umstritten geblieben, da das Ausmaß kultureller Diffusion zwischen beiden Kulturzentren schwer abzuschätzen ist. Vgl. auch M. David, *Les dieux et le destin en Babylonie*, Paris 1949; John C. Gunnell, *Political Philosophy and Time*, Middletown 1968, S. 34ff.

38 Zur Vereinfachung lassen wir zunächst die weitere Möglichkeit außer acht, daß beide auf ihr gemeinsames Sozialsystem zurechnen, also kollektiv handeln.

personaler oder sozialer Systembildung immer) als *Handeln*, *Weltzurechnung* dagegen als *Erleben* bezeichnen.[39]

Damit wird in der Definition der Begriffe Handeln und Erleben nicht auf ontische Merkmale abgestellt, sondern auf den intersubjektiven Konstitutionsprozeß in der sozialen Realität, also auf immer schon gesellschaftlich geprägte Bedingungen. Erst Zurechnungsprobleme sind, wenn und wo immer sie auftreten, der Anlaß, eine Differenz von Erleben und Handeln zu konstituieren und die für den sozialen Prozeß relevanten Selektionen entsprechend einzurangieren. Dabei wird zugleich über den Modus der Verteilung von Selektionsleistungen im sozialen System nach dem Schematismus von *gleich und ungleich* entschieden: Erleben muß man gleich, handeln muß man ungleich. Denn die Umweltzurechnung der Selektivität als Erlebnis kann nur als gesichert gelten, wenn unterstellt

39 Während wir die Tragweite dieser Begriffsbestimmung im Text erläutern werden, bedarf auch die Wahl der Terminologie einer Begründung. Sie nimmt den Begriffen Erleben und Handeln sozusagen den ontologischen Status. Sie geht davon aus, daß es sich nicht um Prozesse unterschiedlicher Seinsart handelt, sondern um einen erst im sozialen System konstituierten Unterschied. Denn es gibt kein ontologisches Merkmalsschema, das Erleben und Handeln befriedigend differenzierte. Weder befriedigt der Rückgang auf Potentialbegriffe wie Vernunft oder Wille, die in Fähigkeiten des Subjekts verankert werden. Noch ist es möglich, die Kriterien des Verhaltens im Enttäuschungsfalle zugrunde; dazu haben wir die Begriffe kognitiv (Lernen) und normativ (Nichtlernen). Die Kritik an ontologischen Fixierungen der Differenz von Erleben und Handeln legt es nahe, die Aufmerksamkeit auf diejenigen Prozesse zu richten, die einen solchen Unterschied erst konstituieren. Und das sind für uns nicht transzendentale Erkenntnisprozesse, sondern soziale Prozesse der Lenkung von Zurechnungen. Die Klassifikation als Erleben bzw. Handeln setzt daher immer eine Regulierung auf der Ebene sozialer Systeme voraus – auch dann, wenn sie sich auf psychische Systeme als Erlebende bzw. Handelnde bezieht.

werden kann, daß alle Gleiches erleben; sonst müßten die Unterschiede des Erlebens ja den Erlebenden selbst zugerechnet werden.[40] Für Handlungszurechnung ist dagegen erkennbare Ungleichheit wichtig. Sieht man alle im Gleichschritt marschieren, fragt man zwangsläufig nach externen Ursachen. Auch diese Überlegung zeigt wieder, daß keineswegs jedes Verhalten eindeutig als Erleben bzw. Handeln klassifiziert werden kann.

Die wechselseitige Exklusivität von Erleben und Handeln ist danach ein soziales Artefakt, mit dem elementare Bausteine für sehr komplizierte Situationsdefinitionen bereitgestellt und Reaktionen auf selektive Ereignisse höchst differenziert motiviert werden können. In jeder sozialen Situation entsteht eine Kombination aus Erleben und Handeln – gleichsam als ein Raster von Zurechnungen, mit dem Selektivität abgefangen, kontrolliert und weiterverarbeitet wird. So gibt es ziemlich komplexe Möglichkeiten der Kombination von Erleben und Handeln (und entsprechend die Notwendigkeit der Abkürzung von Verständigungsprozessen durch eine Art implikative »Metakommunikation«). Ego kann handeln und zugleich erleben, daß Alter dies Handeln erlebt. Ego mag erwarten, daß Alter auf sein Handeln handelnd reagiert, während Alter es beim Erleben beläßt. Vielleicht registriert Ego dann dieses Belassen schon als Handeln, weil er Handeln erwartet hatte und insofern eine zurechenbare Selektion wahrnimmt, während Alter, der diese Erwartung nicht teilte, auch die Zurechnung nicht teilt. Oder: Ego erlebt, daß Alter handelt. Alter seinerseits meint in seinem eigenen Verhalten primär, wenn nicht ausschließlich durch Fremdselektion dirigiert zu sein; die Selektionsleistung liegt bei ihm im Erleben.

40 Auf die Sonderregelung für den Fall der Liebe kommen wir in diesem Kapitel in Abschnitt 2(b) zurück.

Ego reagiert auf zugerechnetes Handeln dann zunächst erlebend und mit einem nur minimalen Zuschuß von Handlung, gleichsam nur die Konsequenzen ziehend, während Alter nun ein primär von Ego selektiertes Handeln erlebt, dessen Veranlassung er nicht bei sich selbst sieht. Man sieht, daß Zurechnungsdifferenzen dieser Art über einige Prozeßstufen hinweg die Tendenz wechselseitiger Reduktion auf Handlung auslösen und damit Zurechnungskonsens herstellen – freilich Zurechnungskonsens oft in bezug auf divergierende Handlungsintentionen, also ohne daß eine Übertragung von Selektionsleistungen erreicht wird. In Zurechnungsproblemen findet man die Genealogie sozialer Konflikte[41] (womit nicht ausgeschlossen sein soll, daß Zurechnungsdifferenzen ihrerseits tieferliegende Ursachen haben, die in einer Theorie sozialer Konflikte berücksichtigt werden müßten), und Konflikte blockieren die Übertragung von Selektionsleistungen.

Dieses Funktionsdefizit liegt nun genau dort, wo Kommunikationsmedien ihre Funktion haben. Diese Beobachtung stützt die Annahme, daß es für die Funktion der Kommunikationsmedien erforderlich sein könnte, die Klassifikation und Zuschreibung von Erleben und Handeln zu regeln, damit keine unnötigen (vermeidbaren) Zurechnungskonflikte entstehen. An diesem Problem zeigt sich erneut die bei aller Ebenendifferenzierung fortbestehende Interdependenz von Interaktionssystemen und Gesellschaftssystem.

Geht man von zwei Kommunikationspartnern aus, die von Alter auf Ego Selektionsleistungen übertragen, und ferner

41 Vgl. dazu auch die Ausführungen über »punctuation« und über entsprechende Konfliktslagen bei Paul Watzlawick, Janet H. Beavin, Don D. Jackson, *Pragmatics of Human Communication: A Study of Interactional Patterns, Pathologies, and Paradoxes*, New York 1967, S. 54ff., 93ff., 179ff.

von den beiden[42] Möglichkeiten der Zurechnung als Erleben und als Handeln, ergeben sich vier idealtypische Konstellationen:[43] (1) Alter überträgt Erlebnisselektionen auf Ego, der sie als eigenes Erleben übernimmt ($A_e \rightarrow E_e$); (2) Alter überträgt Erlebnisselektionen auf Ego, der sie handlungsmäßig übernimmt, das heißt entsprechend reduziert handelt ($A_e \rightarrow E_h$); (3) Alter handelt, und Ego verarbeitet diese Selektion als eigenes Erleben ($A_h \rightarrow E_e$); und (4) Alter wählt eine eigene Handlung, die eine Handlung Egos auswählt ($A_h \rightarrow E_h$). Handlung kann jeweils auch zugerechnete Unterlassung sein.

Jede Typifizierung muß eine dieser vier Konstellationen zugrunde legen, denn es gibt nur diese vier. Das heißt nicht, daß mit Hilfe von symbolisch generalisierten Kommunikationsmedien oder sonstiger Normierungen Situationen hergestellt würden, in denen festgelegt wäre, wer jeweils ausschließlich erlebt bzw. ausschließlich handelt und wie die Reduktionsrichtung läuft. Eine Typifizierung bewirkt nur, daß Übertragungsprobleme spezifiziert und daß für bestimmte Problemkonstellationen bestimmte Lösungsmuster bereitgestellt werden. Sie besagt praktisch zum Beispiel: *Wenn* das Problem darin besteht, daß das Erleben des einen Partners als Erleben des anderen rezipiert werden soll, wende den Code des Mediums X an (in diesem Falle: Wahrheit)! Mit der *Spezifikation eines Übertragungsproblems* ist also zugleich ein

42 Die Zuordnung der Bezeichnungen »Alter« und »Ego« zur Richtung der Übertragung von Selektionsleistungen ist, terminologisch gesehen, natürlich willkürlich. Wir bevorzugen es, die Empfängerseite als Ego zu bezeichnen, weil erst die Kommunikation fremdreduzierter Komplexität und die daran ablesbare Identität eines Alter Ich-Bildung ermöglicht. Diese Option verhindert zugleich, daß sich unbemerkt Assoziationen von Selektions- und Kommunikationstätigkeit mit so etwas wie originärer subjektiver Dynamik, Kraft, Ichstärke, Vernunft, Wille und dergleichen einschleichen.

43 Siehe auch die Skizze unten, S. 488.

Muster für die Behandlung von Zurechnungsproblemen verbunden im Sinne einer Restriktion und lösbaren Rekonstruktion des Problems doppelter Kontingenz. Darin liegt noch nicht notwendig eine Verhaltensnormierung; weicht man von einer spezifizierten Situationsdefinition ab, geht man jedoch zwangsläufig über in den Bereich anderer Mediencodes oder zurück in eine unspezifizierte Situation.

Ob nun eine bestimmte Problemkonstellation relevant wird oder eine andere und in welchem Umfange überhaupt Probleme auftreten, die explizit in die eine oder die andere Konstellation hineindefiniert werden, bleibt daher zunächst den Interaktionssystemen und ihrer Themengeschichte überlassen. Der Bedarf wechselt laufend. Deshalb gibt es in einfachen, interaktionsnah gebildeten Gesellschaften keine ausgearbeitete Mediendifferenzierung. Erst im Laufe der Evolution zu komplexeren Gesellschaftssystemen und erst bei stärkerer Differenzierung von Interaktionssystemen und Gesellschaftssystem wird es möglich, die Gesellschaft selbst als soziales System der Selektionsübertragung nach Medientypen zu differenzieren *und* auf der Interaktionsebene *zugleich* für Alltagsinteraktionen *und* für konstellationsspezifisch definierte Interaktionssysteme zu sorgen. Als Erscheinungsform dieses komplexen Systemaufbaus finden wir dann auch, daß es innerhalb des Gesellschaftssystems jeweils machtspezifisch gebildete Interaktionssysteme gibt im Kontext des politischen Systems und daneben gleichsam frei fluktuierende Machtmöglichkeiten, wahrheitsspezifisch gebildete Interaktionssysteme im Kontext des Wissenschaftssystems und daneben frei fluktuierende, außerwissenschaftliche Wahrheitsmöglichkeiten usw.

Nunmehr können wir die Ergebnisse der bisherigen Analyse zu einer Zwischensumme zusammenziehen: Kommunikationsmedien können sich dann und nur dann bilden, wenn für *bestimmte* Problemlagen in *spezifischen* Zurechnungskonstellationen *Präferenzen codiert* werden können. Die Mehrzahl denkbarer Präferenzcodes und die Mehrzahl von Zurechnungskonstellationen sind logisch voneinander unabhängig; sie hängen faktisch in der Weise zusammen, daß nur die Kombination evolutionären Erfolg verspricht. Es muß, mit anderen Worten, eine für spezifische Problem- und Zurechnungslagen geeignete Wert/Unwert-Dichotomisierung gefunden werden können. Das Zusammenfallen dieser Bedingungen versteht sich nicht von selbst, es wirkt im historischen Prozeß vielmehr selektiv in bezug auf Möglichkeiten der Medienbildung. Nur wenn diese Voraussetzungen zusammentreffen, läßt sich erreichen, daß die Selektionsweise selbst zum motivierenden Faktor wird und Reduktionen deshalb übernommen werden, weil sie in bestimmter, durch das Medium gesteuerter Weise zustande gekommen sind.

Im Vergleich zur Parsons' Theorie generalisierter Tauschmedien ist dieses Konzept sehr viel offener, vor allem auch für historische Forschung. Der Unterschied läßt sich in folgenden Punkten zusammenfassen:

(1) Der Ausgangspunkt ist nicht ein Tauschmodell, das Probleme der Generalisierung aufwirft, weil mehr als zwei Systeme miteinander tauschen, sondern ein Modell kontingenter Kommunikation, das aus Gründen der beiderseitigen Kontingenz Probleme der Generalisierung der Übertragung von Selektionsleistungen und der Zurechnung aufwirft.[44]

44 Die Parsonssche Theorie der doppelten Kontingenz wird hier also sehr viel direkter zur Begründung der Funktion von generalisierten Medien herangezogen und nicht erst vermittelt durch das Interchange-Modell. Vgl. dazu auch Wsevolod W. Isajiw, *Causation and Functionalism in Sociology*, London 1968, S. 83ff.

(2) Kommunikationsmedien können nicht aus einer allgemeinen Handlungstheorie deduktiv abgeleitet werden mit der Folge, daß es eine schon aus logischen Gründen feststehende Typenzahl gibt. Diese These bewirkt eine invariante Koppelung von Evolutionstheorie und Medientheorie und macht beide zu starr. Schematisch ableitbar ist nur eine Typik von Problemkonstellationen und die These, daß es unter näher angebbaren evolutionären Bedingungen vorteilhaft wird, Medien auf der Ebene des Gesellschaftssystems konstellationsspezifisch auszudifferenzieren und damit Interaktionsspezialisierungen zu ermöglichen, ohne jeweils alle Interaktionen zu präjudizieren.

(3) Die Funktion der Medien hängt nicht allein an dem Mechanismus symbolischer Generalisierung, der es ermöglicht, generell akzeptierte Ausdrucksmittel situationsweise unterschiedlich zu gebrauchen, und der damit Flexibilität und höhere Freiheiten konstituiert; sondern sie hängt zusätzlich an binären Schematismen, die Kontingenzen steigern, spezifizieren und in eine selektionsgünstige Form bringen.

(4) Die Theorie generalisierter Kommunikationsmedien steht damit sowohl zur Systemtheorie als auch zur Evolutionstheorie in sehr viel komplexeren Beziehungen, als sie möglich sind, wenn man Evolution als Systemdifferenzierung beschreibt und Medienbildung als Folge dieser Systemdifferenzierung ansieht. Bei einem problemorientierten Ansatz garantiert die Deduktion des Problems aus Systemstrukturen noch keine Lösungsmöglichkeit. Wir können damit sowohl Problemdefinitionen als auch Problemlösungsmöglichkeiten auf evolutionäre Lagen relativieren und können das Instrumentarium der Systemtheorie einsetzen, um die Bedingungen zu spezifizieren,

unter denen evolutionär erfolgreiche Medien sich entwickeln können und andere verkümmern.

Die daraus sich ergebenden weiteren Analysen teilen wir auf mehrere Abschnitte auf. Wir werden in den folgenden Abschnitten zunächst skizzieren, an Hand welcher besonderen Zurechnungskonstellationen und Sonderprobleme sich überhaupt ein Bedarf für die Ausdifferenzierung funktionsspezifischer Mediencodes ergibt. Diese Überlegungen führen zu einer Typologie medienbildender Konstellationen (Abschnitt 2). Innerhalb dieses Rasters werden zunächst die wichtigsten evolutionär erfolgreichen Kommunikationsmedien in ihrer spezifischen Funktion und in den darauf reagierenden Aufbauprinzipien dargestellt. Im Anschluß daran werden wir die Blickrichtung wechseln und zu einer vergleichenden Analyse übergehen an Hand der Fragestellung, welche Bedingungen der strukturellen Kompatibilität symbolisch generalisierte Kommunikationsmedien erfüllen müssen, um unter den wechselnden Bedingungen gesellschaftlicher Evolution erfolgreich bestehen zu können (Abschnitte 3 bis 12).

2. Medientypen

Weil zu einer regulären, erwartbaren Sicherstellung von Selektionsübertragungen Zurechnungsfragen geklärt werden müssen, liegt es nahe, die Differenzierung und Spezialisierung verschiedener Mediencodes an die soeben skizzierte Konstellationstypologie anzuschließen. Und in der Tat läßt sich zeigen, daß jedes der wichtigsten Kommunikationsmedien sich auf je eine dieser Konstellationen bezieht. Wir vermitteln den Überblick zunächst mit Hilfe einer Skizze:

	Egos Erleben	Egos Handeln
Alters Erleben	$A_e \longrightarrow E_e$ Wahrheit	$A_e \longrightarrow E_h$ Liebe
Alters Handeln	$A_h \longrightarrow E_e$ Eigentum/Geld, Kunst	$A_h \longrightarrow E_h$ Macht/Recht

Bei der Interpretation dieser Zuordnungen muß der Akzent immer auf die *zwei*seitige *Selektivität* gelegt werden. Außerdem ist zu beachten, daß Kommunikationsmedien keineswegs für jeden Fall von Selektionsübertragung benötigt und entwickelt werden. Normalerweise wird der Anschluß passender Selektionsleistungen selbstverständlich und flüssig vom konkreten Situationskontext getragen. Symbolisch generalisierte Mediencodes dienen als technische Substitute für lebensweltliche Selbstverständlichkeiten. Sie springen nur in Sonderfällen ein, nämlich wenn die Kontingenz der jeweiligen Interaktionskonstellation sehr stark gesteigert wird, so daß die Übertragung von Selektionsleistungen unwahrscheinlich wird. Dann kann nur auf dem Umweg über gemeinsam akzeptierte symbolische Generalisierungen das Unwahrscheinliche wahrscheinlich gemacht werden. Diese Sonderfälle haben eine wissenschaftlich nachkonstruierbare Typizität. Sie können als Problemspezifikation begriffen werden, und in dieser Problemspezifikation sehen wir die Bedingung der Möglichkeit der Entwicklung einer Mehrheit je besonderer Kommunikationsmedien.

Für alle Kommunikationsmedien sind mithin zwei Stufen der Ausdifferenzierung erforderlich und zu unterscheiden, nämlich (1) die Ausdifferenzierung einer besonderen Interaktionskonstellation auf der Basis unterschiedlicher Zurechnung von Selektionsleistungen und (2) im Rahmen der jeweiligen

Interaktionskonstellationen und durch sie dirigiert die Spezifikation eines Sonderproblems unwahrscheinlich hoher, die Übertragung gefährdender Kontingenz. Erst ein so komplex gewählter Ausgangspunkt ermöglicht die Verbindung von Medientheorie und Evolutionstheorie und damit eine historische Konkretisierung des hochabstrakten Ansatzes bei Begriffen wie Ego/Alter und Erleben/Handeln. Die Verbindung liegt in der Hypothese, daß bei zunehmender gesellschaftlicher Komplexität Situationen häufiger werden, in denen Zurechnungsprobleme geklärt, und zugleich Situationen häufiger werden, in denen trotz hoher Kontingenz und Spezialisierung Selektionsleistungen übertragen werden müssen. Mit der gesellschaftlichen Evolution steigt die Kontingenz, die interaktionell überbrückt werden muß, in einem Maße, daß die Lösung dieses Problems nicht mehr den lebensweltlichen Selbstverständlichkeiten und den situativen Interessenkongruenzen überlassen werden kann, sondern genau darauf spezialisierte Sondercodes erfordert.

Die Theorie symbolisch generalisierter Kommunikationsmedien hat die Aufgabe, diese Zusammenhänge durch eine hinreichend differenzierte Analytik (also: durch ausreichende Eigenkomplexität der Theorie) verständlicher zu machen. Sie will zugleich die Zusammenhänge mit den historischen Lagen gesellschaftlicher Evolution klären und Vergleiche der Medien untereinander ermöglichen. Diese Absichten führen zu weittragenden Korrekturen an geläufigen Vorstellungen über Wahrheit, Liebe, Geld und Macht.

(a) Wahrheit

Wahrheit liegt immer dann vor, wenn und soweit Kommunikationspartner sich einig sind, daß eine berichtete Selektion auf beiden Seiten als Erleben zu behandeln ist, das heißt der

Welt zuzurechnen und nicht à conto Entscheidung zu buchen ist. Die bloße Faktizität der Ereignisse ist noch keine Wahrheit. Wir verwenden den Wahrheitsbegriff also nicht zur Qualifikation des Seins des Seienden, zur Bezeichnung seiner Realität. Man muß, um Wahrheit in Funktion zu setzen, vielmehr über (wirkliche oder mögliche) *selektive* Ereignisse *selektiv* kommunizieren. Wahrheit ist eine Relation zwischen Selektivitäten, eine doppelkontingente Beziehung. Bei einer Kommunikation im Medium Wahrheit müssen die Partner ferner darüber verständigt sein, daß es sich *trotz aktiver Beteiligung am Kommunikationsprozeß und trotz erkennbarer Interessen* auf beiden Seiten um *Erleben* handelt; anders könnten sie nicht zwischen den beiden Kontingenzen, denen der Außenereignisse und denen ihres Kommunikationsprozesses, differenzieren. Die Funktion der Codesymbole im einzelnen besteht darin, diese Differenzierung sicherzustellen und für die Beteiligten erwartbar zu machen.

Die gesellschaftliche Relevanz von Wahrheit und Wissenschaft läßt sich demnach nicht, wie es neuerdings häufig geschieht,[45] als gesellschaftliche Praxis begreifen bzw. auf Praxis reduzieren (wenn auch Theorie und Praxis es beide mit dem Problem der Komplexität und mit Selektionszwängen zu tun haben). Sie wird vielmehr gerade durch Erleben unter Neutralisierung der selektiven Effekte zurechenbaren Handelns geleistet. Selbstverständlich schließt diese Zurechnungsregel faktisches Handeln im Kontext von wissenschaftlicher Forschung nicht aus; das wäre ihr Tod. So ist und bleibt vor allem die Wahl der Themen, mit denen ein Forscher sich befaßt, zu-

45 Vgl. z. B. Heinrich Hülsmann, *Argumentation: Faktoren der Denksozialität*, Düsseldorf 1971, insb. S. 20ff.; ders., »Hypothese und Strategie«, in: ders. (Hg.), *Strategie und Hypothese: Zur Beliebigkeit bürgerlicher Wissenschaftstheorie*, Düsseldorf 1972, S. 7-32.

rechenbares Handeln.[46] Gerade dadurch wird es zur Sache von Arbeit unter Regeln, die Selektivität des Anfangs durch Selektion des Ergebnisses zu neutralisieren.

Auch bei der Zurechnung als Erleben bleibt die Nichtidentität der Kommunikationsteilnehmer erhalten. Die Perspektiven der Teilnehmer werden nicht etwa zur Einheit eines »Subjektes« verschmolzen; ihre Differenz und die Konfliktsfähigkeit der Teilnehmer ist vielmehr konstitutive Bedingung für Wahrheit. Für alle Kommunikation unter dem Code der Wahrheit ist das Auseinanderhalten der Standpunkte wesentlich. Nur so können jene Tests absolviert werden, mit denen man festzustellen sucht, ob tatsächlich Weltselektion und nicht Systemselektion vorliegt. Nur so können die Beteiligten ihre Eigenbeteiligung wechselseitig als Erleben qualifizieren, das heißt die Divergenz ihrer Perspektiven neutralisieren und absetzen von der Selektivität des Wahrheitsgehaltes selbst. Gerade die bewußt gehaltene Differenz der Perspektiven produziert die Weltzurechnung – sozusagen als Ausweg aus dem Konflikt.

Genau genommen bezieht sich die Qualifikation als Wahrheit somit immer auf Informationen,[47] also auf erfahrene *und* kommunizierte oder doch kommunizierbare Informationen, sozusagen auf Neuigkeiten und nicht auf die Weltzustände oder Weltereignisse als solche. Als Information

46 Dies ist ein Gesichtspunkt, der sowohl für die politische und ökonomische Außensteuerung als auch für die Selbststeuerung des Wissenschaftssystems über den Nebencode der Reputation erhebliche Bedeutung besitzt. Entscheidend bleibt, daß die Motive der zurechenbaren Themenwahl die Wahrheit bzw. Unwahrheit der Resultate nicht präjudizieren. Siehe dazu auch Gérard Lemaine, Benjamin Matalon, Bernard Provansal, »La lutte pour la vie dans la cité scientifique«, *Revue Française de Sociologie* 10 (1969), S. 139-165.

47 Im oben, in Teil 1, Kap. II.8 erörterten Sinne.

ist Wahrheit immer Ereignis – freilich eine Art von Ereignis, die sich sowohl auf Bestände (»Hinter dem Wald fließt ein Fluß«) als auch auf Ereignisse (»Die Brücke über den Fluß ist gestern eingestürzt«) beziehen kann. Wahrheit ist mithin eine Qualität von Ereignissen im Kommunikationssystem, die den Unterschied von Beständen und Ereignissen außerhalb dieses Systems übergreift. Die Übernahme einer Selektion im Kommunikationssystem ist das entscheidende, sie ist sozusagen der kritische Engpaß. Sie kann zu derjenigen Parallelschaltung von Welt- und Systemzuständen führen, die man in den traditionellen Wahrheitslehren als *adaequatio intellectus ad rem* bezeichnet hatte. Wahr oder unwahr ist aber nur die Information und die Möglichkeit ihrer Reproduktion. Die Kontingenz von Beständen und Ereignissen ist Bedingung der Möglichkeit von Wahrheit, weil Bedingung der Möglichkeit von Selektivität. Wahrheit ist nach dieser Auffassung notwendig unnotwendig. Sie erscheint erst in einem Horizont anderer Möglichkeiten. Ihre Verfestigung zu formulierten Sätzen und die Extrapolation einer entsprechenden Kontinuität des »Seienden« sind nur Hilfsvorstellungen, die der Reproduktionserleichterung dienen. Daher müssen Wahrheitstheorien sich letztlich auf die (weltzugerechnete) Selektivität von Informationen beziehen, nicht nur auf die sekundäre Relation der Adäquation.

Geht man von diesem Wahrheitskonzept aus, lassen sich Verbindungslinien zur Systemtheorie und zur Evolutionstheorie ziehen, die durch ontische bzw. propositionale Wahrheitsbegriffe verdeckt worden waren. Auf der Ebene einfacher Interaktionssysteme stellen sich Wahrheiten rasch, leichtgängig und zwangsläufig ein – allein schon auf Grund der geringen Selektivität des Sozialsystems. Jeder Teilnehmer ist angesichts einer komplexen Umwelt auf Informationen durch andere angewiesen.[48] Das Selektionspotential der Beteiligten ist gering und wird von ihnen selbst im Vergleich zu dem, was überhaupt vorkommt, als gering eingeschätzt. Alles, was ihnen nicht selbst zugerechnet werden kann, ist für sie Weltwahrheit. Bei der faktischen Differenzierung von Weltzurechnung und Personzurechnung kommt es in erster Linie auf Glaubwürdigkeit der Berichterstattung und auf Wahrhaftigkeit der Berichterstatter an, damit auf moralische Qualitäten. Wahrheit läßt sich gegen Moral nicht differenzieren. Sie beruht auf Wahrhaftigkeit, jeder Irrtum ist Lüge und gibt Anlaß, nicht nur die Wahrheit, sondern auch den Schuldigen zu suchen; denn ohne ihn zu finden und zu bestrafen, kann man die Wahrheit nicht wiederherstellen.[49]

In dem Maße, als sich eine die Interaktionssysteme transzendierende Gesellschaft konstituiert und Moral und Erkenntnis differenziert werden können, wird das anders. Die Wahrheitschancen von Informationen reduzieren sich dann auf Fälle, in denen Anwesende und Abwesende, also jedermann in der Gesellschaft, die Selektivität des Ereignisses der Welt zurechnen würde. Jeder lernt stellvertretend für die anderen mit. Wahrheit ermöglicht es also, auf Grund *fremden* Erlebens *selbst* zu lernen.[50] Dafür müssen Coderegeln

48 Daß darin der Vorteil der Bildung kommunikativer Sozialsysteme liegt, hatten wir oben in Kap. I.1 notiert. Nur wenn Übertragungsprozesse funktionieren, kann überhaupt eine sinnhaft-komplexe Welt entstehen.

49 Zu derartigen Überlegungen in altchinesischen Theorien vgl. Léon Vandermeersch, *La formation du légisme: Recherches sur ta constitution d'une philosophie charactéristique politique de la Chine ancienne*, Paris 1965, S. 235f.

50 Die psychologische Forschung hierzu läuft unter dem Titel »vicarious learning«. Vgl. Überblicke bei Albert Bandura, »Vicarious Processes: No Trial Learning«, in: Leonard Berkowitz (Hg.), *Advances in Experimental Social Psychology*, New York 1965, S. 1-55; Justin Aronfreed,

entwickelt werden, mit deren Hilfe über Intersubjektivität in diesem universellen Sinne Gewißheit verschafft werden kann. Diese Regeln können nicht mehr auf Interaktionsmoral zurückgeführt werden, können nicht mehr von der Vertrauensgeschichte der Interaktionssysteme abhängig sein, die ja innerhalb der Gesellschaft variiert. An die Stelle dieser archaischen Wahrheitsbasis tritt der binäre Code wissenschaftlicher Wahrheit, der in der neuzeitlichen Weltgesellschaft schließlich unter dem Anspruch zwingender Gewißheit für alle Subjekte Wahrheit und Unwahrheit differenziert und den Wahrheitswert scharf reduziert auf diejenigen Fälle, in denen dies gelingt.

Ein zweiter Anlaß zur Ausbildung eines Sondercodes für Wahrheit dürfte in der Zunahme der Informationen nach Menge und Unwahrscheinlichkeit sein, die in gesellschaftlichen Kommunikationen übermittelt werden. Nicht nur die Interaktionspartner, auch die Mitteilungen werden erkennbar kontingent. An der Stelle dieser konkreten Partner könnten andere stehen, anstelle dieser Informationen könnten andere eintreffen. Das Kommunikationssystem der Gesellschaft suggeriert jetzt solche anderen Möglichkeiten und ist mit ihnen kompatibel. An den Kommunikationen selbst und ihren interaktionellen Kontrollen kann dann die Wahrheit nicht mehr abgelesen werden; sie muß in neuartiger Weise als Reduktion gesellschaftlich zugelassener Kontingenz sichergestellt werden.

Bei derart gestiegenen Ansprüchen müssen die Codesymbole verschärften Anforderungen genügen. Wir hatten gesagt, daß sie Orientierung und Kontrolle der gemeinsamen

Conduct and Conscience: The Socialization of Internalized Control over Behavior, New York, London 1968, S. 76ff. Wichtig ist vor allem die Betonung des Zeitgewinns im Aufbau von Weltkenntnis, der über stellvertretendes Lernen erreicht wird.

Voraussetzung ermöglichen müssen, daß tatsächlich Erleben vorliegt (und nicht etwa der eine auf eine Selektion hereinfällt, die er eigentlich nur dem anderen als dessen Handeln zurechnen kann). Um dieser Funktion willen wird der Code der Wahrheit »idealisiert«.[51] Es wird zum Beispiel postuliert, daß Wahrheit nur dann vorliegt, wenn die Kommunikation zeitpunktmäßig unabhängig ist von den Ereignissen bzw. den Beständen, über die kommuniziert wird. Und weiter: daß sie gleiche Ergebnisse erreichen müßte, wenn andere Partner über dieselben Selektivitäten kommunizieren würden. Sowohl Zeitpunkte als auch Partner der Kommunikation werden mithin als auswechselbar gedacht, weil ihre Eigenselektivität ausgeschaltet werden muß, und eine Kontrollüberlegung in dieser Richtung eignet sich dann als Mittel der Prüfung und Vergewisserung von Wahrheit. In einer Kurzfassung kann man daher auch sagen, daß der symbolische Code der Wahrheit deren Reproduzierbarkeit im Kommunikationssystem postuliert. Aus diesen Gründen wird Widerspruchsfreiheit zum Erfordernis und zum Bestandteil des Codes. Genauer: Die Übertragung reproduzierbarer Informationen setzt voraus, daß der Absender garantiert, daß zumindest er selbst sich zu seiner Kommunikation nicht in Widerspruch setzen wird. Die Wiederholbarkeit ließe sich nicht garantieren, wenn der Sprecher sich selbst widerspricht, und im übrigen würde das Auftreten von Widersprüchen einen Prozeß personaler Zurechnung auslösen. In all diesen Hinsichten haben die klassischen Wahrheitscodes Perfektionsvorstellungen formuliert und damit eine Art Reflexionsstop eingebaut.

51 Die Beurteilung des Stellenwerts von »Idealisierungen« bei der Charakterisierung von Wahrheit war einer der Angelpunkte einer Kontroverse mit Jürgen Habermas. Vgl. Jürgen Habermas, Niklas Luhmann, *Theorie der Gesellschaft oder Sozialtechnologie – Was leistet die Systemforschung?*, Frankfurt/M. 1971, S. 123ff., 221ff., 342ff.

Gleichwohl muß man sehen, daß die Forderung perfekter (logisch kontrollierbarer) Widerspruchsfreiheit, unbeschränkter Wiederholbarkeit und zwingend gewisser Intersubjektivität nicht Bedingungen bezeichnet, die geprüft und erfüllt sein müssen, bevor eine Kommunikation wahr sein kann. Es kann sich also nicht um Bedingungen oder um Funktionsmerkmale der Wahrheit selbst handeln, sondern nur um Bezugspunkte der Orientierung, die im Kommunikationsprozeß anvisiert und aktiviert werden können, falls die Zurechnung als Erleben zweifelhaft wird.

Neben solchen methodischen Zurechnungskontrollen verdient die Form der Codierung selbst Beachtung. Auch sie könnte dem evolutionären Wandel unterliegen. Die Codeform der klassischen Logik beruht auf den Prinzipien der Widerspruchsfreiheit und des ausgeschlossenen Dritten. Diese Prinzipien setzen einen die Aussage transzendierenden Gegenstand voraus, in bezug auf den erst entscheidbar wird, ob konträre Bestimmungen sich tatsächlich widersprechen.

Die Gesamtheit solcher Gegenstände wird als »Sein« qualifiziert. »Das eine, einheitliche *esse* ist der Grund dafür, daß zwei Begriffsinhalte in der Dimension der *essentia* sich ausschließen.«[52] Die klassische Codierung der Wahrheit hat mithin, auf welcher Ebene immer sie angesetzt wird, ontologisierende Effekte. Sie lebt von dieser »ontologischen« Referenz,

52 In der schlichten Formulierung von Karl Rahner, *Geist in Welt: Zur Metaphysik der endlichen Erkenntnis bei Thomas von Aquin*, Innsbruck, Leipzig 1939, S. 114. Martin Heidegger kann deshalb für die Tradition eine *Alternative* von ontologischer und logischer Interpretation des Satzes vom Widerspruch zurückweisen: »Der Satz vom Widerspruch hat vielmehr ontologische Bedeutung, weil er ein Grundgesetz des Logos, ein logischer Satz ist« (*Einführung in die Metaphysik*, Tübingen 1953, S. 143). In genau dieser Funktion, Widerspruch zu ermöglichen, konnte aber das Sein, wie Heidegger beklagt, nur als Sein des Seienden erscheinen.

und dies in einem doppelten Sinne: Sie setzt den Gegenstand *technisch-operativ* voraus zur Präzisierung entscheidbarer Fragestellungen, und sie *symbolisiert* in dieser Weise zugleich die Funktion des Wahrheitsmediums, Erlebnisreduktionen zu übertragen und sich darauf zu beschränken. Diese Doppelfunktion findet Ausdruck im metaphysischen Interesse am *Sein des Seienden.*

Es ist noch nicht abzusehen, ob man diese Prämissen im Interesse höherer Autonomie codierter Wahrheitskommunikation fallenlassen kann und wie sie in solchem Falle ersetzt werden könnten. Einen ausgearbeiteten Versuch in dieser Richtung bietet die Reflexionslogik Hegels, die bei Einnahme eines spekulativen Standpunktes die Bezugnahme auf einen äußeren Gegenstand als Symbolik und als Entscheidungshilfe fallenläßt, indem sie das Problem des Verhältnisses von Sein und Denken (also die Logik konstituierende Differenz) rekonstruiert als Prozeß der negierenden (limitativen) Bestimmung von Begriffen. Der Verzicht auf den (im Vergleich zu Begriffen qualitativ andersartigen) Gegenstand muß dann bezahlt werden mit restriktiven Prämissen und/oder mit Entscheidungsschwierigkeiten in den Operationen. Seit Hegel läuft die Diskussion dieser Bestimmungstechnik unter dem Titel »Dialektik«, ohne daß die Selektionsleistung des Negierens auf der Basis eines voraussetzungslosen Anfangs hätte präzisiert werden können.[53]

Jedenfalls können Anregungen Hegels in eine Theorie der Codierung des Wahrheitsmediums übernommen wer-

53 Eine ganz andere Frage ist, ob sie *begründet* worden ist. Hierüber kann man verschiedener Meinung sein, je nachdem, ob man die dialektische Rekonstruktion des Ausgangsproblems des Verhältnisses von Denken und Sein (oder der Identität des Identischen und des Nichtidentischen) und damit die Berufung auf den eigenen metaphysischen Duktus der Theorie als Begründung genügen läßt oder nicht.

den. Die Begriffsbestimmung durch dialektische Negation setzt zum Beispiel Disjunktivität der Begriffe voraus. Es ist genau diese Disjunktivität, die von der Rücksicht auf ein andersartiges Reich der Seinsgegenstände befreit. Die limitative Ausschließung, die den Begriff bestimmt, dient bei Hegel als »verständlicher *Ersatz* für die Beziehung der Andersheit zwischen einem Begriff und dem Seienden, wovon er gelten soll«.[54] Bei Hegel wird dies damit begründet, daß diese Andersheit selbst so begriffen werden kann. Daß daran ein Interesse bestehe, ergibt sich aus der Subjektivität des Bewußtseins. Eine Theorie der Wahrheitscodierung würde dagegen Disjunktivität als Duplikationsregel einführen; sie würde die Gegenstandsunabhängigkeit als Umweltunabhängigkeit sehen und dies mit der »metalogischen« Einsicht begründen, daß Duplikationsregeln zur Neuverteilung von Informationen führen.[55] Und sie würde, statt Voraussetzungslosigkeit des Anfangs als Bedingung der Selbstzurechnung von Selektionen auf das Subjekt absolut zu setzen, prinzipielle Offenheit für noch unbekannte und unerwartbare Informationen fordern. Der Code wäre in diesem Verständnis dann eine Art Abtasttechnik für alles, was als Erleben vorkommt, ohne daß die interne begriffstechnische Verarbeitung ein »Verstehen« des Außen, ein Verständnis der ontischen Faktizität voraussetzte.

Mit alldem bleibt ein »philosophisches« Interesse unbefriedigt. Wir können versuchen, es in einer Frage einzufangen, die wir auch an andere Medien stellen können: Warum hat Wahrheit eigentlich Erfolg? Daß ein Welterfolg vorliegt, daß Dinge wiederzufinden sind, Berechnungen stimmen, Ma-

54 So formuliert Klaus Hartmann, »Zur neueren Dialektik-Kritik«, *Archiv für Geschichte der Philosophie* 55 (1973), S. 220-242 (226).

55 Vgl. in diesem Teil, Kap. I.2 (S. 466f.).

schinen funktionieren, Medikamente helfen, ist weder zu bestreiten noch mit Zurechnungskonventionen zu erklären. Was sonst erklärt den Erfolg?

Wir greifen zur Erklärung auf einen Ausgangspunkt unserer Systemtheorie zurück: auf das Prinzip der Autokatalyse oder Selbstselektion. Wenn ein Kommunikationssystem unter dem Code einer strengen Zurechnung auf Erleben operiert, also Eigenhandeln als Selektionsfaktor eliminiert, eignet diese Struktur sich zum Abtasten einer unbekannten, »sinnlosen« Umwelt. Die Umwelt bleibt in dem, was sie vorgibt, sinnlos und unbekannt. Aber der Code produziert sinnhafte Vorstellungen, die sich unter systemspezifischen Bedingungen bewähren. Erfolge sind, wie bei Evolution schlechthin, Zufall. Zufälle treten aber beschleunigt und gehäuft auf, wenn sie unter autokatalytischen Codes gesucht werden, hier: unter dem Gesichtspunkt sozial übereinstimmender Erlebniszurechnung.

Warum aber nennen wir dann nicht den Erfolg der Operationen unter dem Code der Wahrheit die eigentliche Wahrheit? Die Antwort ist einfach: Weil Erfolg und Mißerfolg nicht identisch sind mit Wahrheit und Unwahrheit; weil auch die gesicherte Unwahrheit ein Erfolg ist; und weil wir uns die metaphysische Frage nach dem Realitätskorrelat der Unwahrheiten ersparen wollen.

(b) Liebe

Man kann sich in Verhältnisse hineinversetzen, in denen der Empfänger den Überbringer wahrer Nachrichten liebt bzw. haßt, je nachdem, ob die Nachricht willkommen ist oder nicht. Das ist sozusagen interaktionistisch empfunden. Unter den skizzierten Anforderungen gesellschaftlicher Expansion der Rücksicht auf Abwesende entwickelt sich jedoch eine Differenzierung der symbolischen Codes für Wahrheit und für Liebe. Beide Codes spezifizieren das Zurechnungsproblem in verschiedene Richtung. Sie setzen mithin eine jeweils unterschiedliche Problematisierung der Selektionsübertragungen voraus.

Von *Liebe* kann man sprechen, wenn Ego sein Handeln an den Erlebnisreduktionen eines Alter ausrichtet. Handlungen des Alter werden als Indikator für sein Erleben gewertet – und nicht etwa wegen ihres Nutzens tauschförmig entgolten. Ausschlaggebend für Liebe ist, daß der Liebende sein Handeln an der Sonderwelt des Geliebten (und nicht nur an dessen zufälligen, situationsmotivierten Aktionen) ausrichtet und sich damit für dessen Welt engagiert.

Eine nahestehende Auffassung von Liebe hat Swanson skizziert.[56] Sie weicht jedoch, und sei deshalb hier erwähnt, in einer kennzeichnenden Hinsicht von dem hier vertretenen Konzept ab, indem sie die Reflexivität der Liebe unberücksichtigt läßt. Nach Swanson ist Liebe das handlungsmäßige »commitment, knowingly, willingly, and responsibly to do whatever one can toward enhancing the powers, independence, and integration of another in some area of his conduct«, zusätzlich versteht er persönliche Liebe als Sonderfall mit der weitestmöglichen Referenz. Man muß jedoch zweifeln, ob es in der Liebe wirklich um die Selbstvergrößerung des Partners geht (ohne Rücksicht auf »limits to growth«?). Jedenfalls fehlt die Angabe des für eine Theorie der Kommunikationsmedien ausschlaggebend wichtigen Motivs: daß der Liebende selbst

56 Guy E. Swanson, »The Routinization of Love: Structure and Process in Primary Relations«, in: Samuel Z. Klausner (Hg.), *The Quest for Self-control: Classical Philosophies and Scientific Research*, New York, London 1965, S. 160-209.

in der Sonderwelt des Geliebten als ihn Liebender erscheint, sich selbst in seiner Liebe wiederfindend. Deshalb ist der Bezugspunkt der Liebe nicht die Steigerung der Persönlichkeit des anderen auf sein bestes Ich hin, sondern diejenige Sonderwelt (im Unterschied zur Wahrheitswelt), in der der andere sein kann, was er ist.

Damit ist indes nur eine formale Bestimmung gegeben. Wir müssen, ähnlich wie im Falle von Wahrheit und stellvertretendem Lernen, genauer analysieren, wann und warum Selektionsübertragungen dieses Typs problematisch werden.

Ähnlich wie die Erlebniskoordination funktioniert auch die Bereitstellung entsprechender Handlungen im täglichen Leben in hohem Maße selbstverständlich und automatisch, praktisch ohne Motive. Diese Übertragung kann nun dadurch problematisch werden, daß sie sich auf Sinnbereiche bezieht, in denen die personale Identität der Beteiligten als Vermittler zwischen Erleben und Handeln in Betracht kommt.[57] Jeder wird zur Bestätigung seines Erlebens (und das heißt: zur Bestätigung seiner Externalisierungen) nicht nur auf gleichsinniges Erleben, sondern auch auf entsprechendes Handeln signifikanter anderer angewiesen sein (und dies um so mehr, wenn Wahrheit unter generalisierten Codebedingungen abstrahiert wird). Außerdem muß jeder in seiner Welt Handlungen anderer erleben können, in denen er sich selbst bestätigt findet. Diese Bedingungen erfüllen nur Handlungen besonderer Art, Handlungen, die weder ertauscht noch erzwungen sind, weil das die Zurechnung der Selektion ins Externale verschiebt, sondern die ein freies Engagement im Sinne der Welt

57 Wo und in welchem Umfange das der Fall ist, ist selbstverständlich evolutionär variabel. Unsere Formulierung hält hier also die Anschlußstelle offen für Untersuchungen über Korrelationen zwischen soziokultureller Evolution und ausdifferenzierten Liebescodes.

des anderen symbolisieren.[58] Das schließt es zugleich aus, in der Beziehung unter Liebenden Zurechnungsfragen zu forcieren.[59]

Ein Bedarf für Kommunikation von Liebe nach Maßgabe der Vorschriften eines symbolisch generalisierten Codes nimmt zu in dem Maße, als infolge gesellschaftlicher Differenzierungen Erlebnisperspektiven individualisiert werden. Dann setzt sich auch die Weltperspektive des Geliebten mit besonderen, idiosynkratischen Zügen gegen die allgemeine, anonym konstituierte öffentliche Welt ab. Darauf antwortet der Code der Liebe mit einer besonderen Duplikationsregel: Die öffentliche Welt wird in der Privatwelt der Liebenden wiederholt, mit besonderen Merkmalen rekonstituiert, laufend parallel gewertet und auf diese Weise handlungswirksam gemacht.[60] Liebende leben in zwei Welten zugleich. Das ist nur in der Form einer dyadischen Beziehung möglich. Jeder Dritte würde objektivierend wirken, würde die Privatwelt der Liebenden der öffentlichen Welt annähern und zugleich die personalen Beziehungen kontingent und themenabhängig

58 Vgl. dazu Richard DeCharms, Virginia Carpenter, Aharon Kuperman, »The ›Origin-Pawn‹ Variable in Person Perception«, *Sociometry* 28 (1965), S. 241-258, mit dem Ergebnis, daß Handeln aus Zuneigung von Zurechnung nicht entlastet – trotz aller literarischen Vorstellungen, daß Liebe eine Art Krankheit oder doch eine Passion sei, für die man nichts könne.

59 Dazu Ralf H. Turner, *Family Interaction*, New York 1970, S. 237ff.

60 Die Duplikationsregel des Codes ist mithin nicht identisch mit der Zweiheit der Partner. Sie setzt aber praktisch diese Zweiheit in der Liebesbeziehung voraus. Denn wenn die Privatwelt universell sein soll, mag sie mit einer öffentlichen Welt, nicht aber zusätzlich noch mit mehreren anderen Privatwelten konfligieren. Man kann einen Zweier-Schematismus universell setzen, das heißt in *jeder* Lebenssituation präsent haben, nicht aber einen Dreier-, Vierer- oder n-zahligen Schematismus.

werden lassen. Jeder Dritte, der mit Anspruch auf Liebe mitkommuniziert, stört die Codefunktion in etwa der Art, wie die Zukunft den binären Code der Logik stört: Er verhindert die eindeutige Zuordnung von Informationen und Bewertungen zu entweder der privaten oder der öffentlichen Welt. Mit Hilfe der Errichtung einer Privatwelt der Liebenden kann die Maßgeblichkeit von Erlebnisreduktionen erhalten werden, *obwohl die für Erleben sonst geltende Gleichheitsbedingung durchbrochen wird.*[61] Auf der Basis exklusiver Zweierbeziehungen läßt sich Gleichheit und Individualisierung kombinieren. Genau darauf beruht die Möglichkeit, für Individualität Weltbezug und soziale Unterstützung zu gewinnen.

In der binären Codierung liegt übrigens hier wie bei anderen Medien auch diejenige Strukturentscheidung, die in die Säkularisation steuert. Das ist gerade hier besonders deutlich zu sehen. Auch Gottesliebe hat jene Grundstruktur der Ausrichtung des eigenen Handelns auf das Erleben eines anderen – eben Gottes. Diese Ausrichtung soll Motiv genug sein. Sie bedarf, im Unterschied zur alttestamentlichen Tradition, keiner vertraglichen Basis. Von daher kommt das unbalanciert-asymmetrische Modell einer Liebe, die sich hingibt, weil der andere als erlebend erfahren wird. Aber die Gottesliebe verträgt natürlich keine Differenzierung von öffentlicher und privater Welt. Erst recht findet sie ihr Sondermotiv und ihre Ausdifferenzierung nicht an dieser Differenz. Das erst wird durch Privatisierung des religiösen Modells erreicht. Und darin kann man die Säkularisation der Liebe sehen, wenn man unter Säkularisation die Privatisierung von vordem kollektiven Religionsbezügen in ihrer gesellschaftlichen Relevanz versteht.

61 Vgl. oben in diesem Kapitel, Abschnitt 1, S. 480.

Auf Grund des einfachen binären Schematismus, auf Grund der einfachen Kontrastierung von privater und öffentlicher Welt werden die Gefühle der Liebenden kontingent. Sie können sich gerade nicht als objektive, allgemein bekannte Fakten bewähren (obwohl es Institutionen der öffentlichen Bekundung und Festigung von Liebesgefühlen geben kann). Zur Liebe gehört diese durch den Code erzeugte Kontingenz des Gefühls auch gefühlsmäßig hinzu; man kann des Gefühls nicht mehr sicher sein, vor allem beim Partner nicht. Daher muß man selbst lieben und dies dem Geliebten verständlich machen können. Dafür braucht man Hilfen für die Definition von Situationen, für das Finden und Interpretieren von Partnern, für die überzeugende Stilisierung von Selbstdarstellungen usw.; kurz: Man braucht ein auf dieses Problem zugeschnittenes Medium symbolisch generalisierter Kommunikation.

Diese Ausgangslage erklärt zunächst die Struktur des Mediums: die Notwendigkeit einer Art Vorleistung, eines handlungsmäßigen Engagements auf die Welt des anderen hin. Die Sicherheit liegt nicht, wie im Falle der Wahrheit, in der Kontingenzreduktion durch Prüftechniken, sondern in der Selbstfestlegung. Liebe kann daher einseitig sein und bleiben: Ego liebt Alter, ohne daß Alter seinerseits die Rolle eines liebenden Ego übernimmt. Sie kann in Masochismus ausarten, wenn nur einer sein Handeln auf die Sonderwelt des anderen einstellt. Einseitige Liebe hat aber das Problem, daß der Liebende in der Welt des Geliebten sich selbst als Nichtgeliebten vorfindet – und dies durch Handeln bestätigen soll? Das führt zu einem Reflexions- und Kommunikationsstau. Der kulturelle Code der Liebe sieht daher Gegenseitigkeit und als Typus eine dyadische Beziehung vor, in der *beide* Partner Ego- *und* Alterfunktionen erfüllen, aber so jeder als Ego das Erleben des Alter handelnd verstärkt – und *nicht so*, daß jeder als Ego bloß erlebt, wie Alter handelt als ein distanzierter, hinnehmender Zuschauer.[62]

Es mag sein, daß man, um lieben zu können, Gefühl braucht – was immer das, psychologisch gesehen, ist. Jedenfalls ist es ein Moment des symbolisch generalisierten Codes der Liebe und damit eine kulturelle Vorschrift, die fordert, mit Gefühl (statt etwa: mit Verstand) zu lieben. Ein solches Klischee erklärt dem Liebenden und anderen zugleich, weshalb er sich handlungsmäßig bindet: Er ist schon gebunden.[63] Für die Theorie der Kommunikationsmedien ist also Liebe kein Gefühl[64] – sowenig wie Wahrheit eine Eigenschaft von Sätzen; das wären Formulierungen der Instruktionssprache des Codes, an dem die Liebenden bzw. die Forschenden ihre Kommunikationspraxis orientieren, während die Gesellschaftstheorie versuchen muß, die Beziehung der Kommunikation auf Codes zu thematisieren und diese Relation nochmals zu relationieren.

62 Mit Hilfe dieser Analyse differenzieren wir die Medien Liebe und Geld. *Beide* Medien erreichen ihre Perfektion erst in der Gegenseitigkeit. In beiden Fällen führt aber die Gegenseitigkeit nicht zur Aufhebung der Reduktionsrichtung zwischen Erleben und Handeln, sondern nur zur Integration mit gegenläufigen Ego- und Alterstellungen. In beiden Fällen fungieren beide Partner als Ego und als Alter; aber soweit sie als Ego (= Empfänger) fungieren, sind sie im Falle von Liebe stets Handelnde, im Falle von Geld stets Erlebende und entsprechend umgekehrt für Alter. Diese Klarstellungen zu: Hartmann, »Systemtheoretische Soziologie und kategoriale Sozialphilosophie«, S. 142.

63 Zu weiteren Aspekten des spezifisch romantischen Codes der Liebe vgl. Vilhelm Aubert, »A Note on Love«, in: ders., *The Hidden Society*, Totowa 1965, S. 201-235.

64 Um Parsons zu zitieren: »Affect in my present sense is a *medium* of interchange and not the primary bond of solidarity itself« (Talcott Parsons, »Religion in Postindustrial America: The Problem of Secularization«, *Social Research* 41 (1974), S. 193-225).

(c) Eigentum/Geld

Es ist durchaus normal, daß Ego ein Handeln Alters zunächst einmal erlebt und es dabei beläßt. Man hört jemanden auf dem Flur entlanggehen, im Nachbarzimmer wird ein Fenster geöffnet, der Gesprächspartner zündet sich eine Zigarette an, eine Frau kramt in ihrer Handtasche – und es wird erwartet, daß man das so hinnimmt. Die Selektion des anderen wird als dessen Handeln und zugleich als Weltereignis registriert und geht in dieser Form, wie immer minimal, in die Prämissen eigenen Erlebens, Handelns und Unterlassens ein. Daß Alter so und nicht anders handelt, dient zunächst der Vergewisserung der Normalität, der Bestätigung der schon bekannten Welt, in der so etwas vorkommt.[65] Es wird erwartet als Teil dieser Normalität, daß man darauf nicht speziell reagiert, sondern die Information in der Form von Erleben verarbeitet. Dazu bedarf es keines besonderen Kommunikationsmediums. Die Erwartung des Erlebens von Handlungen ist in sozialen Situationen schon deshalb zwangsläufig, weil bei einer Mehrheit von Partnern stets ein Überschuß des Handlungserlebens über das Handlungspotential besteht. Würde jeder auf jedes erlebte Handeln handelnd reagieren, käme das einer Explosion des Handlungspotentials gleich.

Unter besonderen Bedingungen wird diese Grundeinstellung jedoch problematisch, und dann bedarf es besonderer Kommunikationsmedien, um die Handlungsselektion Alters bei Ego in die Form des Erlebens zu bringen und so stillzustellen. Das Problem kann zum Beispiel darin bestehen, daß das Handeln sich in sich selbst oder in seinem Produkt als auf-

65 Vgl. Arnold Gehlen, *Urmensch und Spätkultur: Philosophische Ergebnisse und Aussagen*, Bonn 1956, S. 55ff., über »Hintergrundserfüllung«.

fällig, unwahrscheinlich und anspruchsvoll in bezug auf Erleben darstellt, sich gleichsam darauf kapriziert, unwahrscheinliches Erleben auszulösen, also die Normalitätsbedingung der $A_h \rightarrow E_e$-Konstellation explizit verletzt. An eine solche Problemlage können Überlegungen über *Kunst* als Kommunikationsmedium anschließen, die wir hier jedoch zurückstellen wollen. Uns interessiert ein anderer Fall: daß die Situation unter der Bedingung von Knappheit erlebt wird und daß es deshalb unwahrscheinlich ist, daß Ego einen kontingenten handlungsmäßigen Zugriff Alters auf knappe Güter oder Leistungen einfach hinnimmt und sich mit dem Erleben, daß es so ist, beruhigt. Auf diese Problemlage antwortet das Kommunikationsmedium *Eigentum/Geld*.[66]

Von *Eigentum* (im Unterschied zu bloßem Besitz und rein faktischer Verfügungsgewalt) kann man immer dann sprechen, wenn die Differenz von Haben und Nichthaben als Disjunktion institutionalisiert ist. Eigentum ist ein binärer Schematismus auf der Basis des Habens. Dem Haben wird das Nichthaben (derselben Sache!) gegenübergestellt. Die Relation zur Sache wird also dupliziert, in eine positive und eine negative Fassung auseinandergezogen. Das geschieht in ersten Ansätzen in spätarchaischen Gesellschaften, sobald Knappheit von Produktionsmitteln (vor allem Land, in einigen Fällen auch durch Bewässerungsanlagen disponibles Wasser) zum Problem wird. Dann entstehen unabhängig von akut empfundenen Bedürfnissen und Mangellagen allgemeinere wirtschaftliche Interessen mit eigenen Sicherheits-, Kontinuitäts- und Steigerungsmomenten, die durch Ausschluß anderer Interessenträger definiert werden. Darin entwickelt sich die ebenfalls generalisierte, bedarfsunabhängig steiger-

66 Vgl. auch Niklas Luhmann, »Knappheit, Geld und die bürgerliche Gesellschaft«, *Jahrbuch für Sozialwissenschaft* 23 (1972), S. 186-210.

bare Vorstellung, daß man die Sache des anderen nicht hat, aber auch haben könnte. Und darüber wird kommuniziert.

Eigentum ist mithin nicht die schlichte (wie immer berechtigte) faktische Gewalt über die Sache, sondern die Institutionalisierung der Disjunktion von Haben und Nichthaben. In das Haben geht das Nichthaben als definierendes Moment ein und ebenso in das Nichthaben das Haben. Als Disjunktion ist das Eigentum zwar nicht, wie Dialektiker meinen, auf »Aufhebung« angelegt, wohl aber auf Orientierung von Bewegungsvorgängen. Eigentum wird erst sinnvoll, wenn der Wechsel von Haben zu Nichthaben und von Nichthaben zu Haben in bezug auf bestimmte Güter möglich wird (was die Möglichkeit der Negation des Wechsels einschließt). Nicht im Hinblick auf bloßen Besitz und Nutzung des Eigentums, etwa im Hinblick auf die Frage, wie der andere seine Sache behandelt, seinen Wagen poliert, seinen Garten nutzt, seine Fabrik organisiert, sondern nur im Hinblick auf Eigentumswechsel wird die Konstellation $A_h \rightarrow E_e$ problematisch. Soll man tatenlos zusehen, wie der Eigentümer allein über Wechsel/Nichtwechsel entscheidet? Wie er die Hergabe verweigert, obwohl andere an der Sache interessiert sind, oder umgekehrt die Sache verschleudert, obwohl andere an ihrer Erhaltung in bestimmten produktiven Konstellationen interessiert wären? Auch am Profit oder am sogenannten Mehrwert ist sozial nicht relevant, daß der Nutzen für den Eigentümer anfällt, sondern daß er für den Eigentümer in der Form des Eigentums anfällt, also auch in bezug auf den Ertrag die Situation reproduziert, in der die Handlungsselektion des einen für die anderen als Erleben zu akzeptieren ist. Auf dieses Problem bezieht sich eine *zweite Codierung* des Kommunikationsmediums der Wirtschaft: der Geldmechanismus.[67]

67 In früheren Publikationen hatte ich Geld als das Kommunikations-

Mit Hilfe von *Geld* wird erreicht, daß jeder Zugriff auf knappe Güter an entsprechende Geldverzichte gebunden wird – sei es, daß man den Erwerb von Sacheigentum bezahlt, sei es, daß man seine Sachen behält und auf den Erwerb von Geldeigentum verzichtet. Die alleinige »Rechtfertigung« des eigentumsmäßigen Habens liegt mithin darin, daß der Eigentümer (trotz attraktiver Möglichkeiten) *nicht verkauft* – so wie die alleinige »Rechtfertigung« des geltenden Rechts darin liegt, daß es trotz legaler Möglichkeiten zur Änderung *nicht geändert* wird. Das zumindest ist der bisher nicht übertroffene Formalismus, mit dem die bürgerliche Gesellschaft durch Erweiterung von Negationspotentialen auf den Zerfall aller inhaltlichen Rechtfertigungen reagiert hat.[68]

Mit Hilfe des Geldmechanismus werden zugleich Tätigkeiten, über die man sozusagen als Eigentümer seines eigenen Leibes disponieren kann, als Arbeit in den Kommunikationsbereich der Wirtschaft eingegliedert. Die konkrete Analogie von Sacheigentum und Personeneigentum (Sklaverei)

medium der Wirtschaft schlechthin bezeichnet. Diese Auffassung ging von der vollendeten Form des Kommunikationsmediums aus; sie wird hier auf Grund einer genaueren Analyse der Funktion von Codes durch eine komplexere Darstellung des Zusammenspiels von Eigentum und Geld ersetzt. Damit gewinnen wir zugleich die Möglichkeit eines Vergleichs mit einem anderen Fall von Zweitcodierung: dem von Macht und Recht.

68 Daß dieser Formalismus als Formalismus moralisch und politisch kritisiert werden kann, liegt auf der Hand. Damit ist indes nicht gesagt, daß er durch Moral oder durch Politik auch ersetzt werden kann. Es gehört mit in dieses Bild, daß die Dimension der Kritik nicht mehr identisch ist mit der Dimension einer möglichen Verbesserung der Verhältnisse. Daß diese Einheit von Kritik und Verbesserung, die in der alteuropäischen Logik der Perfektion garantiert gewesen war, nicht mehr gegeben ist, hatte die bürgerlichen Formalismen gerade motiviert. Man kann sie daher nicht, zumindest nicht adäquat kritisieren, indem man so tut, als ob das Problem nicht existiert, auf das sie reagiert hatten.

kann der juristischen Form nach aufgegeben, der Sache nach zumindest gelockert werden. Das dient zugleich, da Sklaverei als Rechtsform immer ein politisches Fundament haben mußte, einer größeren Differenzierung von Wirtschaft und Politik. *Alle* ökonomischen Interessen können nun in Geld formuliert werden und unterscheiden sich als solche von anderen.

Diese Veränderung, mit der sich die bürgerliche Gesellschaft der europäischen Neuzeit konstituiert,[69] ist in der Form des Tausches von Ware oder Arbeit gegen Geld nicht zureichend begriffen und deshalb auch durch das Prinzip der Freiwilligkeit der Übertragungsakte allein nicht zu rechtfertigen.[70] In Tauschmodellen wird lediglich die Motivation zur Hergabe von Ware oder Arbeit, also zur Handlung erfaßt und aus wechselseitiger Konditionierung erklärt. Das gilt auch für die Erweiterung des einfachen Tauschmodells durch das Konzept der »double interchanges«, das zwar eine Generalisierung des Motivs durch Einbeziehung anderer Tauschmöglichkeiten (Eintausch von Tauschmöglichkeiten = Geld) in Rechnung stellt,[71] aber das Problem immer nur im

69 Dazu speziell Luhmann, »Knappheit, Geld und die bürgerliche Gesellschaft«.

70 Vgl. analog den Hinweis des Soziologen Durkheim auf die nichtvertraglichen Grundlagen des Vertrags in: Émile Durkheim, *De la division du travail social*, Paris 1893, [7]1960, insb. S. 189 ff.

71 Auf diesem Konzept ist bekanntlich die Theorie der »generalized media of interchange« von Talcott Parsons aufgebaut. Sie hat daher in der tauschvermittelnden Funktion des Geldes ihr Paradigma und bleibt in ihren darüber hinausgehenden Ansprüchen problematisch. Vgl. Parsons, Smelser, *Economy and Society*, insb. S. 70 ff., und Talcott Parsons, »General Theory in Sociology«, in: Robert K. Merton u. a., *Sociology Today: Problems and Prospects*, New York 1959, S. 3-38 (16 ff.), ferner etwa Isajiw, *Causation and Functionalism in Sociology*, S. 83 ff. Die geläufige Kritik greift nicht sehr tief, sondern zielt im allgemeinen nur auf die An-

Hergabemotiv, in der Motivation für Handlung sieht. Unbeachtet bleibt dabei ein vorgängiges Problem: wie es nämlich überhaupt dazu kommt, daß Zugriff auf knappe Güter und Leistungen von dadurch ausgeschlossenen Dritten akzeptiert wird – weshalb also Dritte das zustande kommende oder auch das nicht zustande kommende Tauschgeschäft als nur erlebtes Ereignis hinnehmen. Weshalb wird, mit anderen Worten, eine Disposition über knappe und für viele Menschen begehrenswerte Güter akzeptiert unter der Bedingung, daß zwei und nur zwei Beteiligte zustimmen? Wieso darf einer von dem Kuchen kaufen, wenn er nicht für alle reicht? Wieso darf einer seine Arbeitskraft einem Unternehmer zur Verfügung stellen, wenn anderswo der Bedarf vielleicht viel dringlicher wäre? Und wieso schauen andere solchen Zweier-Dispositionen teilnahmslos zu?

Eine Antwort wäre: weil sie durch politische Macht dazu gezwungen werden. Eine andere: weil sie daran glauben, daß die Verteilungsordnung grosso modo gerecht oder zumindest unter dem Gesichtspunkt der Steigerung des gemeinsamen Nutzens erfolgreich sei. Beide Antworten treffen in hochdifferenzierten Gesellschaften faktisch nicht zu. Diese Funktion wird in erster Linie durch den Geldcode erfüllt, der nur einer mehr oder weniger globalen politischen Deckung bedarf. Die Ausdifferenzierung des Geldmechanismus macht – zwar nicht die Gesellschaft im ganzen und in jeder Beziehung, wohl aber die spezifisch wirtschaftlichen Entscheidungsprozesse –

gemessenheit der Analogie zwischen Geld und anderen Medien. Siehe z. B. Lessnoff, »Parsons' System Problems«; David A. Baldwin, »Money and Power«, *The Journal of Politics* 33 (1971), S. 578-614. Vgl. auch Robert R. Blain, »An Alternative to Parsons' Four-Function Paradigm as a Basis for Developing General Sociological Theory«, *American Sociological Review* 36 (1971), S. 678-692.

unabhängig von laufenden Machtproben und von den Paradoxien distributiver Gerechtigkeit.[72]

Der Geldmechanismus setzt eine binäre Codierung der wirtschaftlichen Kommunikationsprozesse durch den Schematismus von Haben/Nichthaben (Eigentum) voraus und setzt an diese Differenz eine zweite Codierung an.[73] Mit den Geldsymbolen (Münzen, Scheine, Giralgeld) wird eine zweite, eigentlich (nämlich unter Konsumgesichtspunkten) »überflüssige«, eigentumsfähige Menge geschaffen, wird die Differenz von Haben und Nichthaben ihrerseits dupliziert.[74]

Mit Hilfe dieser scheinbar überflüssigen Duplikation – und das ist, wie wir oben gesehen haben, die Form von Codes schlechthin – läßt sich Bewegung als Äquivalententausch in Gang bringen, und die Äquivalenz neutralisiert unter näher zu erforschenden »politökonomischen« Bedingungen das Drittinteresse. Wer im Knappheitsbereich handeln will, muß zur Beruhigung aller anderen zahlen, nämlich noch unspezifizierte andere in die Lage versetzen, ebenfalls auf noch unspezifizierte knappe Mengen zuzugreifen. Das Geld ist das Opium des Volkes.

Die vollständige Realisierung dieser Zweitcodierung erfordert ihrerseits Universalismus und Spezifikation, nämlich daß sie auf alles, was wirtschaftliche Relevanz hat, einschließlich

72 Zu letzterem instruktiv die Kritik der utilitaristischen Integrationsversuche durch Nicholas Rescher, *Distributive Justice: A Constructive Critique of the Utilitarian Theory of Distribution*, Indianapolis 1966.

73 Ähnlich wie der Machtcode nochmals durch den Rechtscode gebrochen wird. Darauf kommen wir gleich zurück.

74 Funktionelle Duplikation braucht im übrigen nicht genaue quantitative Duplikation zu sein. Der technisch notwendige Umfang der Menge liquiden Geldes richtet sich nicht nach der Quantität der Wertbestände, sondern nach der Quantität des Bewegungsbedarfs. Seine Berechnung erfordert Einbeziehung der Zeitdimension, ist also nur unter Unsicherheit möglich.

Arbeit und Grundbesitz, anwendbar ist und daß gleichwohl die Verwendung von Geld nicht unerfüllbare Selektionsanforderungen stellt, sondern in stark vereinfachten Situationen sicher und rasch möglich ist. Wenn alles, was wirtschaftlich relevant werden kann, in seinen kommunikativen Aspekten monetisiert ist, lassen sich Wünsche und Interessen gesellschaftsweit zusammenfassen in einem einzigen kategorischen Optativ: Mehr Geld! Damit wird dann die Politik konfrontiert.

Da Codierung, auch zweite Codierung, eine Duplikationsregel ist, färbt die Komplementierung auf das Vorhandene ab und reorganisiert es im Hinblick auf die neue andere Möglichkeit. Die Umsetzbarkeit in Geldkomplemente verändert die Sachwerte, sie quantifiziert sie zum Beispiel, und zwar auch und gerade dann, wenn Unsicherheit über den Preis besteht oder wenn der Preis laufend schwankt. Wie schon im Falle von Wahrheit und von Liebe müssen wir auch im Falle des Geldes die Erlebnisvorschriften des symbolischen Codes unterlaufen, wenn wir die Funktion und die binäre Struktur zum Problem machen wollen. Das Geld ist nicht nur das quantitativ ausgezeichnete Komplement von Ware und Arbeit, nicht nur die jeweils liquide Menge der Münzen, Scheine und Kontensummen; vielmehr ist das Kommunikationsmedium Geld (im Unterschied zum rechnerischen Bestand der Geldsymbole) die symbolische Einheit der Disjunktion selbst, die die Tauschmöglichkeiten verdoppelt, um auf diese Weise den Zugriff auf knappe Güter und Leistungen durch gegenläufigen Transfer erlebnismäßig akzeptabel zu machen.

Schließlich ist zu beachten, daß das Stillstellen des Ego auf bloßes Erleben der Befriedigung anderer nur funktionieren kann, wenn er in dem fraglichen Kontext *nicht handeln muß*: Es muß ihm freistehen, Interaktionen abzubrechen, Zumutungen auszuweichen, Bindungen und Loyalitäten aufzugeben, seine Bedürfnisse umzuformieren oder anderweitig zu befriedigen. Er darf nicht darauf angewiesen sein, seinerseits Einfluß auf Alter ausüben zu müssen, um zum Ziele zu kommen. In der Terminologie von Hirschman[75] gesprochen, muß er etwaige Unzufriedenheit über »exit«, nicht über »voice« ausdrücken können. Wenn er sich zu komplementärem Handeln bereitfindet oder gar die Befriedigung Alters im Tausch erst ermöglicht, muß das freiwillig erfolgen – und zwar nicht nur im Sinne zurechenbaren Handelns, sondern im Sinne der Freiheit von strukturellen Zwängen und auch im Sinne der Freiheit von Not.

(d) Macht

Die letzte der Interaktionskonstellationen, die für eine Medienbildung in Betracht kommen, wird in der Form von *Macht* ausdifferenziert.[76] Hier geht es um das Problem des Aufbaus von Handlungsketten ($A_h \rightarrow E_h$). Alter wählt eine Handlung aus, und Ego akzeptiert diese Reduktion, obwohl nur durch Handlung zustande gekommen, als Prämisse seiner eigenen Handlungswahl. Solche Kettenbildung gehört zu den laufenden Selbstverständlichkeiten des täglichen Lebens: Man läßt nicht fallen, was der andere einem gibt. Auch hier entsteht ein Bedarf für die symbolische Generalisierung eines Kommunikationsmediums nur für Sondersituationen mit einer akut werdenden Problematik. Ein Problem entsteht in dem Maße, als die Handlung des Alter sich darauf spezialisiert, Vorauswahl der Handlung des Ego zu sein, und die

75 Albert O. Hirschman, *Exit, Voice, and Loyalty: Responses to Decline in Firms, Organizations, and States*, Cambridge (Mass.) 1970.

76 Vgl. hierzu als gesonderte Publikationen: Niklas Luhmann, »Klassische Theorie der Macht: Kritik ihrer Prämissen«, *Zeitschrift für Politik* 16 (1969), S. 149-170; ders., *Macht*, Stuttgart 1975.

Anschlußselektivität unabhängig gemacht werden soll vom Zufall des Konvergierens der Interessen. Spezialisierung und Unabhängigkeit (Autonomie) werden zusammen problematisch: Je mehr Alter sich darauf beschränkt, zu wählen, was Ego tun soll, desto mehr wird er abhängig vom Zufall konvergierenden Willens; desto wahrscheinlicher wird, daß die Selektionskette abreißt; desto notwendiger wird es, codierte Motivation zu substituieren.

Der Machtcode besteht in einer Ausarbeitung dieser beiden Möglichkeiten: zu folgen oder nicht zu folgen. Dazu ist es erforderlich, auf *beiden* Seiten je *zwei* Möglichkeiten der Situationsentwicklung bereitzustellen und diese Möglichkeiten in eine Ordnung relativer Präferenz zu bringen. Alter sieht die Möglichkeit, seine Machtkommunikation durchzusetzen, und alternativ dazu die Möglichkeit, Sanktionen zu verhängen für den Fall, daß Ego nicht folgt. Ego sieht die Möglichkeit, zu folgen oder nicht zu folgen und eventuelle Sanktionen zu erleiden. Der Machtcode dupliziert zunächst die geplante Kette durch eine Alternative (Ego folgt nicht, Alter verhängt Sanktionen), die *beide Seiten vermeiden wollen*. Erst diese Duplikation durch eine Vermeidungsalternative gibt den Vergleichspunkt, im Hinblick auf den sich Macht konsolidiert. Das erfordert zusätzlich, daß beide Seiten zwar die Vermeidungsalternative vermeiden wollen, daß aber die etwaige Realisierung der Vermeidungsalternative dem Alter leichter fällt als dem Ego, daß, mit anderen Worten, Alter eher bereit ist, Sanktionen zu verhängen, als Ego bereit ist, Sanktionen zu ertragen. Das Kommunikationsmedium Macht hat mithin die Struktur einer *Relationierung von Relationen* und ist deshalb hochgradig rational. Es kommt nur zum Tragen, wenn *beide* Partner die Präferenz*relation* zwischen ihren Alternativen und denen des jeweils anderen aufeinander *beziehen* können.

Für den gedanklichen Nachvollzug in der täglichen Verwendung und für die Bildung ausreichender Erwartungssicherheit in bezug auf längere Handlungsketten ist dieser Code natürlich zu komplex. So rational kann er nicht oder nur in Ausnahmefällen (etwa im Bereich internationaler Beziehungen) praktiziert werden. Die technisch erforderliche Vereinfachung wird im gesamtgesellschaftlichen Bereich über eine *zweite Codierung* erreicht: über den Code Recht/Unrecht. Es wird unterschieden, ob das machtgestützte Verlangen rechtmäßig ist oder nicht, und diese Differenz wird durch Bezug auf einen jedenfalls übermächtigen Machthaber institutionalisiert. Zu dieser Problemlösung gehört ein zureichender Realitätsgrad der Möglichkeit, rechtswidrige Macht durch Rekurs auf den übermächtigen Machthaber zu neutralisieren. Faktisch gelingt dies nur sehr begrenzt und, wie rechtssoziologische Untersuchungen zeigen, mit Einschränkungen, die sich aus Bedingungen der Kompatibilität mit anderen Gesellschaftsstrukturen ergeben, und insofern »diskriminieren« – zum Beispiel nach dem Unterschied der Schichtung und nach dem Unterschied des Wohnsitzes auf dem Land oder in der Stadt.[77]

Durch Juridifizierung (und in ähnlicher Weise: durch Transposition auf die Systembildungsebene Organisation) wird die Macht des Machthabers besonderen Bedingungen

77 Vgl. z. B. Sybille van der Sprenkel, *Legal Institutions in Manchu China: A Sociological Analysis*, London 1962; Bernard S. Cohn, »Anthropological Notes on Disputes and Laws in India«, *American Anthropologist* 67 (1965), 6, Part 2: *The Ethnographie of Law*, S. 82-122; Leon Mayhew, Albert J. Reiss, Jr., »The Social Organization of Legal Contacts«, *American Sociological Review* 34 (1969), S. 309-318; Volkmar Gessner, *Recht und Konflikt: Eine soziologische Untersuchung privatrechtlicher Konflikte in Mexiko*, Habilitationsschrift, Ms., Bielefeld 1974 [Druck: Volkmar Gessner, *Recht und Konflikt: Eine soziologische Untersuchung privatrechtlicher Konflikte in Mexiko*, Tübingen 1976].

unterworfen, die sich aus den Strukturen eines gesellschaftlichen Teilsystems ergeben. Selbst bei höchsten Freiheitsgraden der Rechtssetzung, selbst wenn das Recht seine eigene Änderung ohne Einschränkung mitlegitimiert, selbst wenn der Machthaber »souverän« über das Recht verfügt, ist Juridifizierung nicht beliebig möglich. Die Machtsteigerung über eine zweite Codierung ist mit der Übernahme von Beschränkungen verbunden. Das gilt nicht nur in dem Sinne, daß Normen nicht beliebig kombinierbar sind,[78] sondern auch in dem Sinne, daß sie nicht beliebig vollziehbar sind, da ihre Wirksamkeit durch systemstrukturelle Merkmale des Adressatenkreises und des Erzwingungsstabes vielfältig gebrochen wird.[79]

Für die rechtsförmige Zweitcodierung der Macht ist unter anderem bezeichnet, daß bei der Integration der beiden Codes eine »Abschlußproblematik« auftaucht – nämlich die, ob auch der höchste Machthaber, der das Recht ändern kann, an das Recht gebunden ist. Diese Frage kann im System selbst nicht entschieden werden. Sie kann als Rollenproblematik der Beteiligten opportunistisch behandelt[80] oder durch eine Un-

78 Konsistenzprobleme haben hier ihren klassischen Ausdruck im Postulat der Gerechtigkeit gefunden. Vgl. Niklas Luhmann, »Gerechtigkeit in den Rechtssystemen der modernen Gesellschaft«, *Rechtstheorie* (1973), S. 131-167, Wiederabdruck in: ders., *Ausdifferenzierung des Rechts: Beiträge zur Rechtssoziologie und Rechtstheorie*, Frankfurt/M. 1981, S. 374-418.

79 Vgl. z. B. Adam Podgórecki, »Dreistufen-Hypothese über die Wirksamkeit des Rechts«, in: Ernst E. Hirsch, Manfred Rehbinder (Hg.), *Studien und Materialien zur Rechtssoziologie (Sonderheft 11 der Kölner Zeitschrift für Soziologie und Sozialpsychologie)*, Köln, Opladen 1967, S. 271-283; Peter Noll, »Gründe für die soziale Unwirksamkeit von Gesetzen«, *Jahrbuch für Rechtssoziologie und Rechtstheorie* 3 (1972), S. 259-269; Niklas Luhmann, *Rechtssoziologie*, Bd. 2, Reinbek 1972, S. 267ff.

80 Vgl. als ein gutes Beispiel Karl Bünger, *Quellen zur Rechtsgeschichte der T'ang-Zeit*, Peiping 1946, S. 27f., 66ff. Zur juristischen Diskussion

terscheidung von Rechtsarten (qualitativ hochwertiges altes Recht vs. neues Recht, *ius divinum/aeternum/naturale/positivum*, normales Recht/Verfassungsrecht) oder durch Inszenierung von Paradoxien (Selbstbindung des Souveräns) verwischt, aber nicht beseitigt werden.

3. Problemstellungen

Dieser Abschnitt dient einer Zwischenbesinnung. Wir haben die Funktion von Kommunikationsmedien und ihre Grundausstattung durch symbolische Generalisierung und binäre Codierung behandelt und haben sodann das Grundproblem der Selektionsübertragung differenziert an Hand der Frage, ob Alter bzw. Ego erlebend oder handelnd an der Selektionsübertragung beteiligt sind. Daran schloß eine Typenbildung an, die in die Theorie der Systemdifferenzierung[81] überleitet. Wir werden zu zeigen versuchen, daß die Ausdifferenzierung von evolutionär erfolgreichen Kommunikationsmedien entsprechende funktionsspezifische Systembildungen voraussetzt und daß hier der Ansatzpunkt liegt für den evolutionären Übergang von segmentärer zu funktionaler Gesellschaftsdifferenzierung. Diese These schließt Systemtheorie, Evolutionstheorie und Medientheorie zusammen: von der Systemtheorie her gesehen unter dem Gesichtspunkt der Systemdifferenzierung, also sachlicher

dieses Problems im europäischen Mittelalter im Anschluß an die (mißverstandene) Maxime des »princeps legibus solutus« (D. 1.3.31) vgl. Otto Brunner, *Land und Herrschaft, Grundfragen der territorialen Verfassungsgeschichte Südostdeutschlands im Mittelalter*, Brünn u. a. ³1943, S. 442ff.; Hermann Krause, *Kaiserrecht und Rezeption*, Heidelberg 1952, S. 53ff.

81 Siehe dazu Teil 4, Kap. III.

Komplexität der Gesellschaft; von der Evolutionstheorie her gesehen unter dem Gesichtspunkt der Epochenbildung und der Schwellenprobleme, die Übergänge ermöglichen oder verhindern, also der zeitlichen Komplexität der Gesellschaft in der Verschiedenartigkeit des Nacheinander; und von der Medientheorie her gesehen unter dem Gesichtspunkt der Bedingungen höherer Problemlösungskapazität in den sozialen Prozessen, also unter dem Gesichtspunkt der kommunikativ noch überbrückbaren sozialen Komplexität des Gesellschaftssystems.

Bevor wir diese Linie weiterverfolgen, muß jedoch die Theorie der Kommunikationsmedien um Problemstellungen ergänzt werden, die sich nicht aus der Funktion selbst ergeben, sondern die Bedingungen ihrer Erfüllung betreffen. Man darf nämlich nicht davon ausgehen, daß eine Funktion notwendigerweise erfüllt wird oder daß ein jedes Problem im langen Laufe der Evolution irgendwie die Möglichkeit findet, gelöst zu werden. Weder ein teleologischer Funktionalismus, in dem die Funktion selbst als eine Art Zweckursache ihre eigene Erfüllung organisiert, noch ein wie immer langfristig konzipierter evolutionärer Fortschrittsoptimismus lassen sich theoretisch begründen. Statt dessen gehen wir davon aus, daß Funktionen wie die der Selektionsübertragung bei verschiedenen problematischen Konstellationen nur unter näher angebbaren Bedingungen erfüllt werden können, und zwar unter Bedingungen, die mit der gesellschaftlichen Evolution variieren. Daraus folgt, daß keineswegs jede Übertragungsproblematik in jeder Gesellschaftsformation die gleiche Chance hat, gelöst zu werden, und daß die Entwicklung symbolisch generalisierter Kommunikationsmedien außer der bloßen Erfüllung ihrer jeweils spezifischen Funktion weiteren Bedingungen der Kompatibilität mit anderen strukturellen Erfordernissen des Gesellschaftsaufbaus zu genügen hat.

Kommunikationsmedien sind mithin als Selektionsinstrumente gesellschaftlich erfolgreicher Kommunikation auf der einen Seite Faktoren der Evolution;[82] sie unterliegen auf der anderen Seite selbst der Evolution, indem sie sich Veränderungen in anderen Funktionsbereichen der Gesellschaft anpassen und das Risiko höherer Spezifikation, Generalisierung und Eigenkomplexität in ihren Code einarbeiten. Mit zunehmender Komplexität der Gesellschaft werden im Laufe der Evolution der Problemdruck und die Artikulierbarkeit der Probleme wachsen. Wenn dies zutrifft, müßte im Rahmen einer Theorie der Kommunikationsmedien genauer gezeigt werden können, wie die generalisierte Symbolik des jeweiligen Codes solche Erfordernisse reflektiert und ihnen gerecht zu werden sucht – bzw. ihnen in einer Weise nicht gerecht werden kann, die Rückschlüsse zuläßt auf Chancen weiterer Evolution bzw. auf Dysfunktionen oder Folgelasten innerhalb der Mediensysteme.

Diese Fragestellung enthält zugleich das Programm für die detaillierte Durchführung einer Theorie der Kommunikationsmedien, die hier natürlich nur in ersten Ansätzen skizziert werden kann. Die Zusammenfassung so verschiedener Kulturbereiche wie Wahrheit und Macht oder Geld und Liebe und in weiterem Sinne auch Kunst und Religion unter einem Konzept wird sich in dem Maße bewähren, als an alle Medien die gleichen Fragen gestellt werden und in vergleichenden Analysen beantwortet werden können. Die vergleichenden Analysen vermitteln zugleich die Möglichkeiten historisch-empirischer Verifikation, indem sie zunächst einmal verständlich machen, weshalb in den verschiedenen Mediencodes die *gleichen* Probleme in *verschiedenen* Fassungen auftreten und entsprechend verschiedene Lösungen

82 Vgl. Teil 2, Kap II.4.

erhalten. Nur mit einem solchen Ansatz, der die Gleichheit, nämlich funktionale Äquivalenz, des Verschiedenartigen begründet, kann man hoffen, die Vielfalt der historisch gegebenen Kulturmaterialien von einem theoretisch-integrierenden Gesichtspunkt aus zu interpretieren.[83]

Von folgenden Hypothesen gehen wir aus:

Wenn Komplexität, Differenziertheit und damit evolutionäre Unwahrscheinlichkeit der Gesellschaftsstrukturen zunehmen, werden Brüche zwischen verschiedenen Systemebenen wahrscheinlicher und Übereinstimmungen problematischer. Die Absicherung einer medienspezifischen Kommunikation, nämlich daß überhaupt Kommunikationen bestimmter Typik bestimmte Übertragungsfunktionen ausführen, bedarf dann besonderer Vorkehrungen. Diese erfolgen gegenüber der Ebene organischen Beisammenseins durch *symbiotische Mechanismen* (Abschnitt 4), gegenüber psychischen Systemen vor allem durch *Selbstbefriedigungsverbote* (5) und im Bereich der Gesellschaft angesichts anderer Funktionserfordernisse und Interessen durch Indifferenzen und Mobilisierungen mit der Folge, daß die *Konvertibilität* der Medien zum Problem wird und geregelt werden muß (6).

Ein zweiter Problembereich, der durch symbolisch generalisierte Mediencodes geregelt werden muß, liegt in den Kommunikationsprozessen selbst. Die wichtigsten Folgeprobleme einer Komplexitätssteigerung in diesem Bereich wollen wir behandeln unter den Gesichtspunkten der *Kettenbildung* (7), der *reflexiven Steuerung* (8) sowie der *Nebencodes*, die sozusagen die Unmöglichkeiten des Hauptcodes bedienen und dadurch zur Leistungssteigerung beitragen (9). Die

83 Vgl. an Hand eines konkreteren Problems Robert E. Cole, »Functional Alternatives and Economic Development: An Empirical Example of Permanent Employment in Japan«, *American Sociological Review* 38 (1973), S. 424-438.

Problemliste ist vermutlich ergänzungsfähig – zum Beispiel durch die Frage nach detaillierten Regeln für Konsens über Zurechnungen oder für das Behandeln von Enttäuschungen und Konflikten.

Eine letzte Problemgruppe läßt sich unter dem Gesichtspunkt von Darstellungserfordernissen zusammenfassen. Hier geht es um die *Kontingenzformeln*, mit denen Negationspotentiale rekonstruiert und als Modus der sozialen Beziehung plausibel gemacht werden (10); im einzelnen sodann um das Abfangen von Negationsmöglichkeiten in *Perfektionsvorstellungen* (11) und in *Moralisierungen* der Codes (12), die mit zunehmender Komplexität problematisch werden.

4. Symbiotische Mechanismen

Jede soziale Kommunikation und jede Gesellschaftstheorie muß mit der Tatsache rechnen, daß Menschen auch als Organismen existieren und zusammenleben. Damit ist nicht nur eine besondere Klasse von Bedürfnissen bezeichnet, die zur Erhaltung organischer Existenz gleichsam solitär befriedigt werden müssen. Vielmehr geht diese organische Existenz auf sehr vielfältige Weise als ein vorausgesetzter, interpretierter oder auch negierbarer Faktor in die Bildung sozialer Systeme ein – und sei es nur als Bedingung der Sichtbarkeit und Greifbarkeit oder als deren Negation, als Möglichkeit des Sichentziehens. Diese Tatsache braucht nicht laufend mitthematisiert zu werden, sie kann in ihrer Relevanz zurückgeschnitten werden als etwas, worauf es eigentlich nicht ankommt.[84] Sie läßt sich jedoch weder faktisch noch in den

84 So formuliert ein Mystiker des 14. Jahrhunderts im Kontext seiner Gebets- und Devotionslehre unter dem Titel *Of the Fire of Love*: »A soul

Implikationen ihres Sinnes, zum Beispiel im Problem des stets möglichen Todes, eliminieren. Ein Moment der Reflexion auf die Bedingungen organischer Existenz gehört daher mit zu den Konstituenten sozialer Systeme.

Als symbiotisch wollen wir die Tatsache organischen Zusammenlebens der Menschen bezeichnen und als symbiotische Mechanismen diejenigen Codesymbole, die sie im sozialen Verkehr reflektieren und in die Kommunikationsstruktur integrieren.[85] Es geht bei diesem Begriff also um die

may feel it [d.h. love, N.L.] in prayer, or in devotion, which soul is in the body, but he feeleth it not by no bodily wit. For though it be so, that if it work in a soul the body may turn into an heat and as it were chafen for likened travail of the spirit; nevertheless the fire of love is not bodily, for it is only in the ghostly desire of the soul« (Walter Hilton, *The Scale of Perfection*, hg. von Evelyn Underhill, London 1923, Buch I, Kap. 26, S. 59). Wie der Titel des Werkes anzeigt, ist der Parallelismus des Feuers im Leib und in der Seele gedacht im Rahmen einer aufsteigenden Ordnung der Perfektion.

85 Da wir hier bewußt einen alteuropäischen Terminus aufgreifen, erscheint ein Hinweis auf die Begriffsgeschichte angezeigt. In der Tradition hatte der Begriff des Lebens (*bios, vita*) bei Anwendung auf den Menschen die volle, Kultur und Moral einschließende »menschenwürdige« Existenz dieser Spezies bezeichnet. Diese Gattung Mensch führt qua Natur ihr Leben in Gesellschaft, und zwar, wie man seit Aristoteles betonte, in einer ethisch-politisch konstituierten Gesellschaft. Entsprechend bildeten die Begriffe *symbiosis* oder *symbioticus* nur eine sprachliche, gelehrte Variante für *communitas* oder *societas*; sie bezeichneten, etwa noch bei Althusius, die gesellschaftliche Existenz des Menschen als solche (vgl. Friedrich Merzbacher, *Der homo politicus symbioticus und das ius symbioticum bei Johannes Althusius, Festschrift für Günther Küchenhoff*, Berlin 1972, S. 107-114). Bereits in der frühen Neuzeit kam jedoch daneben eine scharfe Akzentuierung gesellschaftlicher Problemformeln auf, die vor allem auf organische Existenz bezogen waren: *metus et indigentia*, mit einer entsprechenden Anschlußdifferenzierung von Politik und Wirtschaft. Entsprechend wurde die reine Lebenserhaltung von der Sicherung des Guten Lebens unterschieden. Anscheinend wurde die alte Einheit von *symbiosis* mit dem Aufkom-

Erfassung direkter Beziehungen zwischen sozialen Systemen und Organismen, nicht um die viel engeren Beziehungen zwischen Organismen und psychischen Systemen und nicht um die dadurch vermittelten indirekten Auswirkungen auf soziale Systeme, etwa um physiologische Grenzen der Informationsverarbeitungskapazität des Menschen. Wir gehen von der Annahme aus, daß in dem Maße, als medienspezifische Kommunikationsprozesse aus der allgemeinen Menge lebensweltlich-alltäglicher Interaktionen ausdifferenziert und durch evolutionär unwahrscheinliche Erwartungsstrukturen zusammengefaßt werden, auch die Beziehungen zur Sphäre organischen Zusammenlebens neu sich formieren müssen. Für hochgradig spezifizierte Übertragungs- und Motivationslagen wird auch die symbiotische Basis der Kommunikation nur noch *ausschnitthaft*, in den Ausschnitten aber *um so dringlicher* relevant.

men der bürgerlichen Gesellschaft und der schärferen Reflexion auf Probleme gesellschaftlicher Rationalität und politischer Ökonomie aufgelöst – ein Beleg dafür, wie Begriffsgeschichte die gesellschaftliche Entwicklung widerspiegelt. Erst im Anschluß an neuere Forschungen über Tiergesellschaften kommt der Begriff in neuerer Zeit vereinzelt wieder auf und bezeichnet nun genau die Strukturen, die aus der Tatsache des organischen Zusammenlebens innerhalb der Spezies Mensch oder innerhalb anderer Gattungen folgen. So etwa Robert E. Park, »Symbiosis and Socialization: A Frame of Reference for the Study of Society«, *American Journal of Sociology* 45 (1939), S. 1-15, neu gedruckt in: ders., *Human Communities*, Glencoe 1952, S. 240-262. Park begnügt sich mit einer bloßen Kontrastierung. Ähnlich Edward Gross, »Symbiosis and Consensus as Integrative Factors in Small Groups«, *American Sociological Review* 21 (1956), S. 174-179. Wir gehen im Text mit der Begriffsbildung »symbiotische Mechanismen« darüber hinaus und versuchen, Teilmomente der alten Einheit von *symbiosis* als *Relation* zwischen organischer und soziokultureller Sphäre zu rekonstruieren, nämlich als symbolische Codierung des Problems organischer Relevanzen im Kommunikationsprozeß. Ein relationaler Begriff entspricht den Anforderungen höherer Differenziertheit besser.

Ein zweites allgemeines Moment geht darauf zurück, daß die mediengesteuerte Kommunikation stets auf die Alternative von Annahme oder Ablehnung der zugemuteten Selektionsübertragung stößt. Entsprechend sind symbiotische Problemlagen *ursprünglich ambivalent*.[86] Der Übertragungsmechanismus kann sich auf sie stützen, er kann auch durch sie gestört werden. Der symbiotische Charakter menschlicher Kommunikation ist zugleich Mittel und Hindernis ihres Erfolgs. Eben daraus folgt ein Regelungsbedarf. Es kommt darauf an, durch Arrangement der Codesymbole die eine Verwendung des symbiotischen Bezugs zu fördern, die andere zu blockieren und so die Wahrscheinlichkeit des Übertragungserfolgs nach Möglichkeit zu steigern. Die Ausdifferenzierung von Kommunikationsmedien erfordert deshalb eine Problematisierung und Präzisierung ihres Verhältnisses zu ihrem symbiotischen Substrat.

Die Entwicklung *politischer Macht* hängt schon in spätarchaischen Gesellschaften wesentlich davon ab, daß eine hinreichend überlegene *physische Gewalt* etabliert werden kann – physische Gewalt im Sinne des Zugriffs (und der Drohung mit Zugriff) auf den Leib des anderen.[87] Die »natürliche«, nämlich nahezu gleiche Verteilung der Chance eines jeden, einen anderen zu töten – »for as to the strength of body, the weakest has strength enough to kill the strongest, either by secret machination, or by confederacy with others, that

86 Anders Park, »Symbiosis and Socialization«, der die symbiotische Sphäre mit konkurrierendem, die soziale dagegen mit konsentiertem Verhalten gleichsetzt und damit der Soziologie folgenreiche Vorurteile im Sinne von Konsensüberschätzungen eingeflößt hat.

87 Zum Ansteigen der Gewaltsamkeit gerade in den entwickelteren spätarchaischen Gesellschaften siehe den Vergleich verschiedener polynesischer Inselkulturen bei Irving Goldman, »Status Rivalry and Cultural Evolution in Polynesia«, *American Anthropologist* 57 (1955), S. 680-697 (689).

are in the same danger with himselfe«[88] – muß umstrukturiert werden, damit Macht, wie erörtert, auf der Grundlage einer Vermeidungsalternative aufgebaut werden kann, die normalerweise nicht benutzt wird. Physische Gewalt trägt sodann die Ausdifferenzierung von Macht wegen eminenter technischer Vorteile. Sie ist nahezu universell verwendbar, weil weitgehend indifferent gegen Situation, Zeitpunkt und personalen Träger der Handlung, die motiviert werden soll; sie ist in ihren Erfolgschancen und Belastungsgrenzen relativ leicht einschätzbar; und sie ist auch insofern abstrakt, als sie nur von den spezifischen Gewaltmitteln, nicht aber von sonstigen Systemstrukturen wie wirtschaftlichen Überschüssen, religiösem Glauben, personaler psychischer Abhängigkeit, Funktionsinterdependenz oder ähnlichem abhängt. Wegen der strukturellen Ambivalenz dieses symbiotischen Mittels, das jedermann handhaben kann, hängt alle weitere Entwicklung davon ab, daß es dem freien gesellschaftlichen Gebrauch entzogen, konzentriert (»kaserniert«) und in seiner Verwendung konditioniert werden kann. Und gerade wegen dieser hohen Verwendungsbeliebigkeit muß der symbolisch generalisierte Code politischer Macht Gewalt nicht nur vorsehen, sondern auch »legitimieren« – sei es durch expressiven Einbau der Gewaltsymbolik in die Insignien und Zeremonien des politischen Amtes, sei es durch instrumentelles Kalkül und Belehrung über den Nutzen.

Für das Kommunikationsmedium *Wahrheit* wird die entsprechende Funktion durch den symbiotischen Mechanismus der *sinnlichen Wahrnehmung* erfüllt. Ähnlich wie die Möglichkeit physischer Gewalt ist auch Wahrnehmung im sozialen Verkehr omnipräsent und nicht eliminierbar.

88 Thomas Hobbes, *Leviathan*, Kap. 13, zit. nach der Ausgabe der Everyman's Library, London, New York 1953, S. 63.

Sie verknüpft organische und kommunikative Prozesse. Sie kann als organischer Prozeß wahrgenommen, also reflexiv werden;[89] über sie kann man sprachlich kommunizieren. Mit alldem schließt Wahrnehmung Zurechnung als Handeln recht wirksam aus und dokumentiert mit einer für soziale Zwecke ausreichenden Gewißheit den Status von Selektionen als Erleben. Wenn Alter in Gegenwart Egos sieht, daß der Krug zerbrochen ist, kann keiner von beiden diesen kontingenten Tatbestand bestreiten (obwohl beide ihn als kontingenten erleben). Wer dies gleichwohl täte, würde die Aufmerksamkeit auf sich selbst und auf die merkwürdig abweichenden Gründe seines Handelns lenken.[90]

Wie Gewalt ist auch Wahrnehmung im sozialen System der Gesellschaft zunächst annähernd gleich verteilt und unspezifisch in bezug auf Kommunikationsthemen. Sie kann den Wahrheitsanspruch einer Kommunikation bestätigen oder auch diskreditieren. Sie ist also in bezug auf die Medi-

89 Sehr bezeichnend ist, daß die philosophische Tradition dieses Moment der *sozialen* Reflexivität sinnlicher Wahrnehmung unbeachtet gelassen, ja sogar die Möglichkeit des »Sehens des Sehens« explizit bestritten und Reflexivität auf den Fall des Denkens des Denkens beschränkt hatte. Vgl. Platon, *Charmides*, 167 C ff.; Plotin, *Enneaden*, in: ders., *Die Schriften*, Bd. V, übers. von Richard Harder, Hamburg 1960, S. 139 ff., 145; ferner die bewußte Umkehrung (aber eben: bloße Umkehrung!) in der Metapher des Auges, das sich selbst sieht, als Subjektformel bei Fichte, z. B. in der *Wissenschaftslehre*, 1801, §§ 19 ff., zit. nach: ders., *Ausgewählte Werke*, Bd. IV, hg. von Fritz Medicus, Darmstadt 1962, S. 38 ff. Dem entsprach ein auf den politischen und ökonomischen Bereich beschränktes Verständnis menschlicher Sozialität, ein darauf reduzierter Gesellschaftsbegriff und eine abschätzige Einstufung der sinnlichen Fähigkeiten auf den niederen Rängen einer Ordnung der Perfektion.

90 Zum daran anknüpfenden Sanktionsmodus der Wahrheit, nämlich Ausschluß aus dem Kreis relevant miterlebender Subjekte, auch Niklas Luhmann, »Selbststeuerung der Wissenschaft«, in: ders., *Soziologische Aufklärung 1*, S. 232-252 (233 f.).

enfunktion strukturell ambivalent (weil sie ja einer anderen Ebene der Systembildung entstammt) und eignet sich ebendeshalb als »letztes Mittel« zur Entscheidung einer binär codierten Offenheit. Und schließlich: Wahrnehmung läßt sich in ihrer Einflußfunktion ähnlich wie Gewalt innerhalb gewisser Schwellen durch Häufung und Intensivierung steigern; jenseits dieser Schwellen aber hängt eine weitere Steigerung ab von anderen Leistungen symbolisch generalisierter Medien, die vorselektieren, welche spezifischen Ereignisse man mit Erfolg wahrzunehmen bzw. mit Erfolg durchzusetzen hat; die also vorselektieren, worauf es ankommt. Die weitere Karriere der Gewalt wird durch politische Organisation vermittelt, die weitere Karriere der Wahrnehmung durch Theoriebildung, die das Auflösungs- und Selektionsvermögen gegenüber der Natur steigert. Die symbolisch generalisierten Codes müssen dann neu arrangiert werden in einem Sinne, der die prekäre Funktion des jeweiligen symbiotischen Mechanismus anerkennt, aufwertet, legitimiert, aber auch gegen andere Erfordernisse im Kontext des Mediums abgrenzt. Dann kommt es zur Aufstellung jener »bürgerlichen« Dichotomien, die die Abschlußproblematik des Mediums formulieren und auf »Dialektik« verweisen: Legitimität (Konsens) und Gewalt, Theorie und Empirie!

Das Kommunikationsmedium *Liebe* findet seinen symbiotischen Mechanismus in der *Sexualität*.[91] Auch hier läßt sich die historische Entwicklung der Formierung eines Sondercodes für Liebe mit Zuordnung eines spezifischen symbiotischen Mechanismus in der europäischen Tradition gut verfolgen. Für die homerische Gesellschaft war *philos* nur ein

91 Hierzu und zu den Grenzen der auf dieser Basis möglichen Generalisierung von Solidarität Talcott Parsons, »Religion in Postindustrial America: The Problem of Secularization«, *Social Research* 41 (1974), S. 193-225 (214ff.).

Begriff für Nahestehendes, Zugehöriges, also Ausdruck einer segmentierten Gesellschaftsstruktur. In den späteren Stadtgesellschaften kam das literarische Kunstwort *philia* auf zur Bezeichnung einer öffentlichen Tugend des selbstlosen Einsatzes für andere innerhalb der Grenzen der ethisch-politisch begriffenen Gesellschaft.[92] Daran schloß die *philia/amicitia*-Tradition der Antike und des Mittelalters an,[93] die zu den ethischen zusätzlich religiöse Motive für Liebe suchte und als Gottesliebe erlebbar machte. Mit alldem blieb die Konzeption an die Ebene der Gesamtgesellschaft gebunden, wurde in Reaktion auf deren Differenzierung generalisiert und ließ infolgedessen Sexualität als eine Art erfreuliche Pathologie außer sich – oder unter sich. Das schloß überspringende Motivationen und literarische Behandlungen der Kombination von leidenschaftlicher Liebe und Sexualität nicht aus. Erst im Zuge der Säkularisierung religiösen Gedankengutes kam es im 18. und 19. Jahrhundert zu denjenigen Umdispositionen im Code der Liebe, die diese als leidenschaftliches Gefühl privatisierten und auf Sexualität als Realisierungsmittel, aber auch als Gefährdung verwiesen.[94] Mit diesem Konzept der romantischen Liebe konnte zugleich auf den Abzug ökonomischer Funktionen aus dem Hause und auf neuartige Freiheiten in der Wahl von Ehepartnern über Standesgrenzen hinweg reagiert werden. Die Familie fand – nach der Vorschrift des

92 Zur Begriffsgeschichte Franz Dirlmeier, *ΦΙΛΟΣ und ΦΙΛΙΑ im vorhellenischen Griechentum*, Diss., München 1931.

93 Als eine knappe Skizze und für weitere Literaturhinweise siehe die Artikel zum Stichwort »Freundschaft« [von A. Müller, A. Nitschke, Ch. Seidel] im *Historischen Wörterbuch der Philosophie*, Bd. 2, Basel, Stuttgart 1972, Sp. 1105-1113.

94 Zur Aufwertung der Sexualität und zu einer darauf bezogenen Steigerung von »self-awareness« seit Mitte des 18. Jahrhunderts Edward Shorter, »Illegitimacy, Sexual Revolution and Social Change in Modern Europe«, *Journal of Interdisciplinary History* 2 (1971), S. 237-272.

Codes! – in der Liebe ihr eigenes Medium: ihre Gründungsregel, ihre Verhaltensvorschrift, ihre Innenordnung, die eine elastische Einstellung auf stürmische Fluktuationen der ökonomischen und politischen Verhältnisse ermöglichte.

Dieser Umbau ermöglichte die gesellschaftliche Legitimation der Sexualität als eines symbiotischen Mechanismus mit spezifischer Funktion.[95] Die Eignung von Sexualität beruht auf ihrer Plastizität, auf ihrer Formbarkeit für unterschiedliche Individualisierungen, auf der Breite möglicher Rekrutierungen und vor allem darauf, daß sie sich bei steigenden Ansprüchen deutlich gegen Gewalt und gegen Tausch differenziert.[96] Der Bezug auf die spezifische Konstellation der Liebe – daß Ego auf das Erleben Alters hin handelt – liegt auf der Hand: Sexualität macht erlebbar, wie Handeln und Erleben, Selbstzurechnung und Fremdzurechnung verschmelzen. Die Bezugnahme auf Sexualität kanalisiert daher Kommunikation in Richtung auf Liebe.[97] Wie im Falle von Gewalt und von Wahrnehmung ist auch Sexualität nicht der Perfektionsbegriff des Mediums, nicht das, worauf es eigentlich ankommt, und trotzdem letztes Motivationsmittel. Die Bereitschaft zu sexuellen Beziehungen beweist Liebe, zumindest ist diese Frage ein Testfall. Andererseits ist aber eine Beschränkung auf die »real assets« hier wie bei den anderen Medien verbunden mit einem Verzicht auf Ausschöpfung der Möglichkeiten der Kommunikation, die das Medium durch symbolische Generalisierungen bietet.

95 Jean Guitton, *Essai sur l'amour humain*, Paris 1948, S. 9, spricht von einer »sexologie positive«, die sich seit dem 19. Jahrhundert ausbreite.

96 Gegen Tausch deshalb, weil gerade bei verfeinertem Erleben offenbleiben muß, wer mehr darauf angewiesen ist und wer mehr davon hat.

97 Die Vermeidung dieses naheliegenden Sinnzusammenhanges und die rechtzeitige Mitteilung eines Interesses an Geld gehört zu den spezifischen Lern- und Kommunikationsproblemen der Prostituiertenrolle.

Im Bereich der Wirtschaft, wo über *Eigentum und Geld* kommuniziert wird, liegt der symbiotische Bezug in den *Bedürfnissen*, die befriedigt oder nicht befriedigt werden können. Wie alle symbiotischen Mechanismen ist auch dieser in bezug auf das Kommunikationsmedium strukturell ambivalent: Bedürfnisse sind einerseits Motive dafür, Eigentum und Geld lieber zu haben als nicht zu haben; sie können andererseits die Form »kommandierender Bedürfnisse« (Gehlen) annehmen, die, wenn unbefriedigt, unmittelbar handlungswirksam werden und so die Reduktion auf bloßes Erleben verhindern. Wiederum gilt: Rein organische Bedürfnisse sind im Gesellschaftssystem annähernd gleich verteilt. Sie sind kommandierende Bedürfnisse par excellence, verlangen also immer unmittelbares Handeln und blockieren so, wenn unbefriedigt, die Überführung von Handlungsselektionen in bloßes Erleben der anderen. Anders als eine »materialistische« Wirtschaftstheorie meinen würde, ist daher im Bereich rein organischer Bedürfnisse medienspezifische (hier: wirtschaftliche) Kommunikation kaum möglich – so wenig wie Gewaltanwendung schon politische Macht ist oder die pure Faktizität der Sinnesdaten schon Wahrheit. Erst im Maße ihrer Entfernung vom symbiotischen Substrat, erst über symbolische Generalisierungen läßt sich wirtschaftliche Kommunikation als solche ausdifferenzieren. Und damit wird es notwendig, den Bezug zur symbiotischen Ebene im Kommunikationscode der Wirtschaft zu reformulieren: etwa als konditionierte Aussicht auf Bedürfnisbefriedigung nach Maßgabe individuell geordneter Präferenzen.

Die Befriedigung organischer Bedürfnisse oder ihnen nahestehender kultureller Bedürfnisse (zum Beispiel körperlicher Schmuck, Möglichkeit des Wechsels von Kleidung) läßt sich nur innerhalb eng begrenzender Schwellen steigern. Die Generalisierung der Kommunikationsmöglichkeiten über

Eigentum und Geld ermöglicht es, diese Schwelle zu überschreiten – und zwar in sachlicher Hinsicht in Richtung auf eine praktisch unbegrenzte Vielfalt von Bedürfnissen sowie in zeitlicher Hinsicht als Sicherung der Befriedigung fernliegender künftiger Bedürfnisse. Geld ermöglicht sogar eine Kombination dieser beiden Generalisierungseinrichtungen derart, daß man auch die sachliche Bestimmung des Bedürfnisses in die Zukunft vertagen und gleichwohl gegenwärtig schon sicherstellen kann. Diese Erweiterung medienspezifischer Kommunikationsmöglichkeiten ist eine – natürlich nicht die einzige! – Voraussetzung für die Transformation immer weiterer Möglichkeiten in Bedürfnisse; erst Geld macht das Elend bewußt.

Die Steigerung der Bedürfnisse und Befriedigungsmöglichkeiten hebt bereits in spätarchaischen Gesellschaften die Notwendigkeit einer annähernden Gleichverteilung auf. Die Konsequenzen können zunächst durch soziale Schichtung reguliert werden. Sobald jedoch mit dem Übergang zur bürgerlichen Gesellschaft die Wirtschaft den funktionalen Primat gewinnt und auch Schichtung nur noch ökonomisch begriffen werden kann, entfällt diese Möglichkeit. Damit gerät das Kommunikationsmedium dieses Teilsystems Wirtschaft Eigentum/Geld unter besondere Anforderungen; es wird sozusagen souverän. Im symbiotischen Mechanismus dieses Mediums zeigt sich das daran, daß die »Natur« in der Fixierung der zu befriedigenden Bedürfnisse ausfällt und durch System ersetzt werden muß.[98] Der symbiotische Mechanismus liegt jetzt in der variablen Festlegung eines Mindestmaßes an Befriedigung aller als Bedingung für Reichtumstoleranz;[99]

98 Hierzu G. W. F. Hegel, *Grundlinien der Philosophie des Rechts*, §§ 189ff.

99 Mit der Folge, daß alle ethisch-politischen Gerechtigkeitsüberlegungen in bezug auf Verteilung ihre Grenze finden an einer apodiktischen

ferner in der Notwendigkeit, den (zunächst nur fingierten) Befriedigungswert des Geldes abstrakt zu garantieren. Beides erfordert mehr als das »System der Bedürfnisse« selbst,[100] nämlich Organisation.

Mit einem solchen Überblick über verschiedenartige symbiotische Probleme und Mechanismen der verschiedenartigen Kommunikationsmedien gewinnen wir eine Plausibilitätsbasis für übergreifende Hypothesen ebenso wie für den Einstieg in historisch und medienspezifisch zu konkretisierende Untersuchungen. Durchgehend zeichnet sich vor allem der Umstand ab, daß aus dem Gesamtbereich der Interdependenzen zwischen organischer, psychischer und sozialer Systemebene im Kontext der Kommunikationsmedien vor allem hochgradig plastische, in bezug auf Sinnträgerschaft unterspezifizierte Prozesse wie Wahrnehmung oder körperliche Gewalt Relevanz gewinnen, und dies in einem strukturell ambivalenten Sinne: als mögliche Störfaktoren und als mögliche Motivationshilfen. In dem Maße, als Kommunikationsmedien ausdifferenziert werden, kann die Option zwischen diesen beiden Wirkungsrichtungen nicht mehr dem Zufall bzw. dem konkreten Interaktionsverlauf überlassen werden; sie muß trotz ihres organischen, sinndiffusen Fundaments reguliert werden. Symbiotische Mechanismen müssen im symbolischen Code der Medien anerkannt, müssen mitsymbolisiert werden, müssen gleichsam eine legitime Funktion

Vorgabe, die nicht im Kontext von Gerechtigkeit, sondern nur im Kontext von Wirtschaft variiert werden kann. Vgl. dazu Rescher, *Distributive Justice*, S. 95ff. Es mag sogar sein, daß die Wahl dieser untersten Grenzen des »notwendigen Lebensunterhalts« die Wahl von Gerechtigkeitsprinzipien beeinflußt, während das Umgekehrte nicht gilt. Damit stoßen wir auf einen weiteren Indikator für den Übergang des funktionalen Primats von der Politik auf die Wirtschaft.

100 So Hegel, *Grundlinien der Philosophie des Rechts*, § 188 A.

erhalten. Darüber hinaus wird es notwendig, ihre Anwendung zu konditionieren, also unter Bedingungen zu stellen, die die Integrierbarkeit in den Gesamtcode des Mediums gewährleisten und unbrauchbaren Gebrauch entmutigen – also etwa: Gewalt nur nach Maßgabe des Rechts, Wahrnehmung mit Wahrheitsrelevanz nur nach Maßgabe eines Theorieprogramms, Geschlechtsbeziehungen nur nach vorheriger Liebeserklärung,[101] Geldausgabe nur für sinnvolle Bedürfnisse (Sparsamkeit). Die Bedingungen selbst müssen dann offengehalten werden für Setzungen, Variationen, Interpretationen.

Eine andere durchlaufend anwendbare Fragestellung wäre die nach dem Verhältnis von symbiotischen Beziehungen und Zeithorizonten. Man kann erwarten, und es gibt in der soziologischen Forschung einige Anhaltspunkte dafür,[102] daß mit zunehmender Ausdehnung der Zeithorizonte die kommunikative Relevanz symbiotischer Beziehungen abnimmt. Die Faktizität des organischen Zusammenlebens hat in der Gegenwart ihr jeweils größtes Gewicht. Was man gerade sieht, kann man nicht bestreiten; was man gesehen hat, schon eher. Bedürfnisse verlieren an Dringlichkeit, wenn sie vertagt werden können. Einer für die ferne Zukunft in Aussicht gestellten Gewaltmaßnahme kann man vielleicht noch aus-

101 Dies übrigens selbst in Unterschichten, in denen man generell einen geringeren Grad an Nachempfinden und Durchsetzung der Mediencodes unterstellen kann. Vgl. dazu Gunter Schmidt, Volkmar Sigusch, *Arbeiter-Sexualität: Eine empirische Untersuchung an jungen Industriearbeitern*, Neuwied, Berlin 1971, insb. S. 84ff., 115f.

102 Vgl. z. B. Louis Schneider, Sverre Lysgaard, »The Deferred Gratification Pattern: A Preliminary Study«, *American Sociological Review* 18 (1953), S. 142-149; Murray A. Straus, »Deferred Gratification, Social Class, and the Achievement Syndrome«, *American Sociological Review* 27 (1962), S. 326-335; Egon Bittner, »The Police on Skid-Row: A Study of Peace Keeping«, *American Sociological Review* 32 (1967), S. 699-715.

weichen. Solche Zusammenhänge sind bisher vor allem auf der Ebene von Interaktionssystemen oder im Hinblick auf schichtspezifische Korrelationen erhoben worden. Sie haben aber auch eine gesellschaftstheoretische Konsequenz. Sie legen die Hypothese nahe, daß die Ausdehnung der relevanten Zeithorizonte, die mit zunehmender struktureller Komplexität des Gesellschaftssystems wächst, Rückwirkungen haben wird auf die symbiotischen Mechanismen der Mediencodes. In weiten Zeithorizonten wird die faktische Aktualisierung symbiotischer Prozesse sich punktualisieren, konditionieren und auf seltene Ausnahmefälle beschränken lassen.

Detailliertere Forschungen könnten bei der Analyse von Interdependenzen und Kompatibilitätsproblemen ansetzen. Es ist klar, daß tiefgreifende gesellschaftsstrukturelle Veränderungen, etwa der Übergang zur bürgerlichen Gesellschaft der Neuzeit, den Stellenwert der symbiotischen Mechanismen in den Mediencodes berühren und verändern, vielleicht in Phasen der Verunsicherung und der Überleitung verschärft akzentuieren. Der ausgeprägte Empirismus in der Wissenschaftstheorie des 18. und 19. Jahrhunderts ist ein Hinweis in diese Richtung, und er läßt sich verstärken durch die Beobachtung, daß die »Ideologen« der Französischen Revolution gerade hier Fuß gefaßt hatten.[103] Gleichzeitig kommt es zur »Neucodierung« der wirtschaftlichen Kommunikation, vor allem durch Differenzierung der Grenzbedürfnisse der Lebenserhaltung und der kulturellen Bedürfnisse des guten Lebens, die als Wünsche und Werte subjektiviert werden. Für die politische Theorie zerbricht in den konfessionellen Bür-

103 Im Zusammenhang damit die Auflösung von Perfektionsvorstellungen in den Mediencodes durch Temporalisierung und Possibilisierung, etwa durch Übergang von Perfektion (der Realität) zu Perfektibilität (des Menschen). Vgl. zu alldem Charles Hunter van Duzer, *Contribution of the Ideologues to French Revolutionary Thought*, Baltimore 1935.

gerkriegen und dann in der Französischen Revolution die rein expressive Synthese von Gewalt und Herrschaft (*imperium*, *potestas*), in der magische, rechtliche, religiöse und politische Bezüge zusammenwirken, nicht zuletzt dank des biblischen Gebrauchs von *exousia* = *potestas*. An ihre Stelle tritt eine mehr utilitätsorientierte, instrumentelle Betrachtungsweise oder, in anderen Varianten, eine zeitbezogene Ordnung, die sozusagen eine Perfektibilität der Gewalt durch das Recht voraussetzt. Details können an dieser Stelle nicht ausgearbeitet werden, und es versteht sich von selbst, daß alle Forschungen dieser Art nur zu Ergebnissen führen können, die auf Sonderbedingungen historischer und medienspezifischer Art relativiert werden müssen.

5. Selbstbefriedigungsverbote

Da an allen sozialen Kommunikationen Menschen als für sich bestehende Organismen und relativ autonom strukturierte psychische Systeme beteiligt sind, muß der Kommunikationsfluß unter Umständen gegen eine zu hohe Autarkie der Beteiligten abgesichert werden. Volle Selbstgenügsamkeit würde jedes soziale Interesse, jede Bereitschaft zur Abnahme fremdreduzierter Komplexität unterbinden; relative Selbstgenügsamkeit kann die Teilnahmebereitschaft unter diejenige Motivschwelle drücken, die Kommunikationsprozesse voraussetzen müssen, wenn sie zum Erfolg im Einzelfall und darüber hinaus zur Bildung stabiler Erwartungsstrukturen führen sollen.

In Interaktionssystemen unter Anwesenden ist es ganz normal und wird als selbstverständlich erwartet, daß geredet wird und daß jeder sich bei Gelegenheit beteiligt, sich zumindest nicht trotz Anwesenheit ostentativ schweigsam verhält.

Entsprechend kann das bloße Faktum des Schweigens dessen, der mit sich selbst beschäftigt ist, als Kommunikation aufgefaßt und als Abgabe eines Urteils über die Anwesenden gedeutet werden. Eine Pflicht zu kommunikativer Soziabilität, für die es begrenzt gültige Ausnahmen gibt, ist schon eine Vorstufe der im folgenden zu behandelnden »Selbstbefriedigungsverbote«. Sie gewährleistet, daß die generalisierte Bereitschaft zur Übernahme von Selektionsleistungen laufend bestätigt und vergewissert wird. Wenn thematisch dazu kein Anlaß besteht, muß ein solcher erfunden werden. Der Redefluß darf nicht versiegen.

Entsprechend gibt es in interaktionsnah konstituierten Gesellschaften wertbeladene Vorurteile gegen individuelle Absonderung und Privatheit – freilich auch wohl wenig Neigung dazu. In der Polis ist der sein Eigenleben vorziehende *idiotes* nicht gerade jemand, der das Menschliche voll verwirklicht, sondern einer, der das eigentliche Leben verfehlt. Im Zuge der Ausdifferenzierung besonderer Kommunikationsmedien gewinnt dieses Problem Spezialfassungen je nach Interaktionskonstellation und je nach symbiotischem Mechanismus, und entsprechend wird es dann auch unproblematisch, Privatheit als solche zu legitimieren, ja schließlich als natürliche Lebensform des Individuums aller Kollektivität vorzuordnen – sofern einige Selbstbefriedigungsverbote respektiert werden.

Im Bereich der Wahrheit muß eine Art kurzschlüssige Selbstbefriedigung durch kommunikationslose Intuition als irrelevant ausgeschieden werden. In den Code der Wahrheit werden daher Regeln aufgenommen, die es ausschließen, daß man sich auf private, anderen unzugängliche Erkenntnisquellen beruft, auf innere Gewißheiten, eigene Körper- oder Bewußtseinszustände, über die man nichts weiter sagen kann. Dieses Verbot wird teils direkt formuliert – so in der frühen Begriffsgeschichte von »Fanatismus«;[104] teils wird es in der Form codiert, daß man für wissenschaftliche Wahrheit intersubjektiv zwingende Gewißheit fordert.[105] Eine solche Vorschrift, die Wahrheit von kommunikativ erreichbarer Gleichsinnigkeit des Erlebens abhängig macht, stellt selbstverständlich hohe Anforderungen an kommunikative Prozesse und formuliert zugleich einschneidende Beschränkungen für die Wissenschaftsentwicklung. Sie setzt Schrift und Druck voraus und erfordert die Transformation von wissenschaftlicher Erkenntnis in Arbeit – in Arbeit, die anders als durch privates Evidenzerleben motiviert werden kann.[106]

Ebenso wie im Code der Wahrheit dienen auch im Code der Liebe Selbstbefriedigungsverbote dazu, Kurzschlüsse im Kommunikationsnetz zu verhindern, die in der Form der narzißtischen Selbstliebe ebenso wie in der Form sexueller Selbstbefriedigung vorkommen können. Nach der Vorschrift

104 Vgl. Robert Spaemann, *Reflexion und Spontaneität: Studien über Fénelon*, Stuttgart 1963, S. 163ff.; ders., »Fanatisch, Fanatismus«, in: *Historisches Wörterbuch der Philosophie*, Bd. 2, Sp. 904-908.

105 So hält etwa Thomas Hobbes, *Leviathan*, Kap. 5, die »signes of science« nur dann für »certain, when he that pretendeth the Science of any thing, can teach the same: that is to say, demonstrate the truth thereof perspicously to another.« Die Formulierung wehrt damals nicht so sehr die bloße Privatmeinung ab als vielmehr Übergriffe der religiösen Orthodoxie und des religiösen Obskurantismus auf wissenschaftlich zu behandelnde Themen.

106 Daraus ergibt sich für die neuere Wissenschaftssoziologie die Frage nach der strukturellen Relevanz der Motive wissenschaftlichen Erfolgsstrebens, die nach dem Code der Wissenschaft der Wahrheit irgendwie äußerlich sein müssen, gleichwohl aber die Selektion der Forschungsthemen mitbestimmen. Vgl. dazu Robert K. Merton, »Priorities in Scientific Discovery«, *American Sociological Review* 22 (1957), S. 635-659, neu gedruckt in: Bernard Barber, Walter Hirsch (Hg.), *The Sociology of Science*, New York 1962, S. 635-659; Warren O. Hagstrom, *The Scientific Community*, New York, London 1965; Norman W. Storer, *The Social System of Science*, New York 1966.

des Codes soll man sich selbst nur lieben können als jemanden, der einen anderen liebt. Eine bloße Einstellung auf sich selbst wäre nicht nur ein Hindernis für soziale Motivation, sie wäre auch als Einstellung nicht ausdifferenzierbar, insbesondere nicht unterscheidbar vom Interesse am eigenen Interesse. Die soziale Umleitung und Steigerung des Gefühls wurde unterstützt durch ein eindrucksvolles Gemisch aus Unkenntnis und Moral im Hinblick auf sexuelle Praktiken der Selbstbefriedigung. Erst in neuester Zeit bemüht sich eine engagierte Sexualforschung um Aufklärung und Entlarvung solchen Aberglaubens parallel zum Abbau bürgerlicher Romantik im Bereich der Liebe und zur Entlastung des Geschlechtsverkehrs von biologischen und sozialen Folgen. All das zusammen wird zu einer Umstrukturierung des Symbolcodes der Liebe führen, vielleicht in Richtung auf verfeinerte Psychotechnik als erwartbares Interaktionsniveau und auf gesteigerte Sprachfähigkeit,[107] in Richtung auf Bedingungen also, die sich ohnehin nur in sozialer Kommunikation verwirklichen lassen.

Daß Eigentum gegen Selbstbefriedigung in der Form eigenmächtiger Beschaffung und Geld gegen jede Art *creatio ab nihilo* empfindlich sind, bedarf keiner weiteren Erörterung. Selbst das politische System, das zur Durchsetzung dieser in Rechtsform geronnenen Codevorschriften berufen ist, muß sich entsprechenden Selbstbeschränkungen fügen, namentlich verfassungsmäßigen Beschränkungen des Rechts zur Enteignung. Korrespondierend bewirken Gesetze ökonomischer Rationalität und Rentabilität einen weitgehenden Abbau der

107 In einem Sinne, den Peter L. Berger, Hansfried Kellner, »Die Ehe und die Konstruktion der Wirklichkeit: Eine Abhandlung zur Mikrosoziologie des Wissens«, *Soziale Welt* 16 (1965), S. 220-235, vorweggenommen haben.

Produktion für den Eigenbedarf. »Do it yourself« wird zum Programm für Hobbyisten, zum folgenlosen, unökonomischen Freizeitverhalten. In entwickelten Wirtschaftssystemen sind daher nahezu alle Bedürfnisse auf Befriedigung auf dem Umwege über soziale Kommunikation angewiesen und entsprechend störungsempfindlich. Die normativen Selbstbefriedigungsverbote werden, so unentbehrlich sie bleiben, in ihren unmittelbaren Auswirkungen durch die Bedingungen ökonomischer Rationalität weit überboten: Es besteht kein rationales Interesse an ökonomischer Selbstbefriedigung.

Im Falle der Macht schließlich wird die Selbstbefriedigung in der Form des Privatgebrauchs physischer Gewalt ausgeschlossen. Dieses wohl älteste Selbstbefriedigungsverbot ist so selbstverständlich, daß es heute mit einer gewissen Toleranz gehandhabt werden kann, ohne daß man die Schwelle abschätzen könnte, jenseits deren private Schlägertrupps großer Firmen, organisierte politische Erpressung oder Gewaltakte der Studenten zum strukturellen Problem werden.

Jeder Mediencode enthält mithin, wie der Vergleich zeigt, Symbole, die gegen Selbstbefriedigung gerichtet sind. Ansatzpunkte des Problems, normativer Status und Wirkungsgrad variieren von Code zu Code, und natürlich variiert auch die Empfindlichkeit im Verlauf der Geschichte mit den Problemen. Durchgehend muß jedoch gegen Verführungen vorgesorgt werden, die Motivquellen anzapfen, welche für die Übernahme von Selektionsleistungen zur Verfügung stehen sollten. So unbestritten der Mensch ein *animal sociale* ist, so wenig sind auf dieser »natürlichen« Basis allein die Anforderungen ausdifferenzierter Mediencodes zu erfüllen. Gewiß reichen solche Vorkehrungen auf der Ebene generalisierter Symbole nicht aus, um Abweichungen definitiv zu unterbinden. Es genügt aber, daß der Code die Erwartungsbildung steuern kann, und dazu reicht es, wenn die Selbstbefriedigung als individuelle Idiosynkrasie, als Normverstoß, als Hobby auf sich selbst isoliert werden kann. Dank der Regelung im Code erscheint sie dann bei aller statistisch meßbaren Häufigkeit als Einzelfall ohne strukturelle Konsequenzen.

6. Konvertibilität der Medien

Außerhalb der Grenzen der durch Medien geregelten Kommunikationsbereiche liegen nicht nur organische und psychische Systeme, sondern auch die übrigen Sozialsysteme und vor allem solche, die durch jeweils andersartige Medien gesteuert werden. Auch in dieser Richtung entstehen daher durch Ausdifferenzierung Nichtidentitäten, denen in der Symbolstruktur der einzelnen Medien Rechnung getragen werden muß. Kommunikation ist ein endlos fließendes, vielfältig sich verzweigendes und wieder zusammenkommendes soziales Geschehen. Daher kann ein einzelnes Medium immer nur Ausschnitte des Gesamtgeschehens regeln. So entstehen Anschlußprobleme. Die gesellschaftliche Kommunikation muß eine Form annehmen, an die mediengesteuerte Kommunikation überhaupt anschließen kann; sie darf andererseits keinen Bedingungen unterliegen, die zu stark in die Kriterien bestimmter Medien übergreifen und diese außer Funktion setzen.

Gegenüber den kompakten, eingeübten Selbstverständlichkeiten des täglichen Lebens entsteht so ein Problem der *Mobilisierung von Ressourcen*: Wie bricht man in eingefahrene Glaubenssysteme und konkret-gewisse Milieukenntnisse durch neuartige analytische Fragestellungen ein? Wie bringt man jemanden dazu, zu lieben, obwohl er schon Bekannte hat, obwohl er schon in einem ausgefüllten Alltag lebt? Wie setzt man, ohne zu zerstören, in einer schon geordneten Gesellschaft politische Macht an?[108] Für sich betrachtet setzt jedes Regelwerk eines Mediums irgendwo eine »Willkür des Anfangens« von Selektionsprozessen voraus. Aber diese Voraussetzung unterliegt ihrerseits Bedingungen gesellschaftsstruktureller Kompatibilität. Sie kann nicht aufgepfropft werden, wo keinerlei Bewegung oder Kontingenz erfahrbar ist.

Sofern andere Kommunikationsbereiche schon durch eigene Kommunikationsmedien geregelt sind, kann es notwendig werden, für *Indifferenzen* zu sorgen, um zu verhindern, daß die Codes ineinander übergehen und sich wechselseitig sabotieren. So sollte es zum Beispiel bei der Ausübung politischer Macht heute nicht darauf ankommen, wen der Machthaber liebt; ja nicht einmal darauf, wer ihn liebt.[109] Wir können dieses Gebot auch als *Konvertibilitätssperre* bezeichnen und sagen: Liebe darf als solche nicht schon Macht, Macht darf als solche nicht schon Geld, Geld darf als solches nicht schon Liebe, Wahrheit darf als solche nicht schon Liebe, nicht schon Macht, nicht schon Geld einbringen, sondern all das nur in dem Maße, als der Kommunikationsprozeß einen Codewechsel durchläuft und Selektionen nach eindeutiger Diskontinuität und Anschlußprüfung nach Maßgabe eines anderen Codes weiterbehandelt werden können.

108 Vor allem die letztere Frage hat bereits systematische Beachtung gefunden. Siehe besonders Shmuel N. Eisenstadt, *The Political Systems of Empires*, New York 1963. Vgl. auch Joseph A. Schumpeter, *Die Krise des Steuerstaates*, Graz, Leipzig 1918, neu gedruckt in: ders., *Aufsätze zur Soziologie*, Tübingen 1953, S. 1-71. Für die Schwierigkeiten der Herauslösung wissenschaftlicher Analyse aus lebensweltlichen »obstacles épistémologiques« geben die Arbeiten von Gaston Bachelard reiche Anregungen. Siehe insb. *La formation de l'esprit scientifique: Contribution à une Psychanalyse de la connaissance objective*, Paris 1947.

109 Nach der bekannten Auffassung im *Principe* (Kap. 17) gilt Furcht als »sicherer«.

Schnittflächen, die zur Umwandlung eines Mediums in andere Anlaß geben könnten, unterliegen in der modernen Gesellschaft wenn nicht normativer Kontrolle, so doch einer hochentwickelten, moralisierten öffentlichen Sensibilität, die eher zunimmt als abnimmt. Die sogenannte »Technokratie«-Diskussion, bei der es um die Frage geht, ob und wieweit die Politik durch »Sachzwänge«, das heißt letztlich durch Wahrheiten, gebunden sei, ist ein guter Beleg dafür;[110] der immer wieder vermutete ausschlaggebende Einfluß der Kapitalisten auf die Politik ein zweiter. Die rechtlich nicht limitierte Möglichkeit des Staates, sich durch Macht über Steuern Geld zu verschaffen, dürfte in absehbarer Zeit ebenfalls ein Stein des Anstoßes werden. Mit solchen Sensibilitäten wird die Medien- und Systemdifferenzierung geschützt.

Die genauere Analyse zeigt nun sehr rasch, daß Konvertibilitätssperren nicht bedeuten, daß Selektionen des einen Codes für die des anderen keinerlei Bedeutung hätten, keinerlei Vorgaben lieferten, sondern Anschlüsse nur im statistischen Sinne zufällig zustande kämen. Das hieße jede teilsystemübergreifende Integration des Gesellschaftssystems leugnen. Selbstverständlich wird die Politik sich normalerweise weder über Wahrheiten (zum Beispiel: über statistische Daten) schlicht hinwegsetzen noch Massierungen von Ei-

110 Vgl. Helmut Schelsky, *Der Mensch in der wissenschaftlichen Zivilisation*, Köln, Opladen 1961. Einen neueren Überblick vermittelt Hans Lenk (Hg.), *Technokratie als Ideologie: Sozialphilosophische Beiträge zu einem politischen Dilemma*, Stuttgart u. a. 1973. Auch an anderen Stellen wird versucht, das Konvertieren von Wahrheit oder Reputation in Macht zu unterbinden – so im Abbau der Möglichkeit der Professoren, sich über Berufungsverhandlungen eine Machtstellung in der Universität aufzubauen (ein Beispiel, das Talcott Parsons als Beleg für Konvertierungen verwendet in: »Higher Education as Theoretical Focus«, in: Turk, Simpson (Hg.), *Institutions and Social Exchange*, S. 233-252 (248)).

gentum und Kapital ignorieren, und zwar gerade deshalb nicht, weil es sich um außerpolitische Phänomene handelt. Durch solche Orientierungen werden die einzelnen Codevorschriften weder aufgehoben noch faktisch neutralisiert, noch, wie manche Kritiker meinen, als bloße Ideologie entlarvt.[111] Wie immer bei Differenzierungsvorgängen muß man auch hier damit rechnen, daß Abhängigkeiten und Unabhängigkeiten zugleich zunehmen, wenn an die Stelle eines Funktionskomplexes mehrere verschiedenartige treten. Die Art der Beziehungen variiert dann mit den funktionalen Erfordernissen, hier also mit den einzelnen Medien, und läßt sich kaum noch in einer Formel zusammenfassen.

Eine Mindestforderung der Autonomie eines jeden Medienbereichs bleibt, daß Prozesse, die unter anderen Medien ablaufen, am Durchgriff bis in die binär strukturierte Entscheidung selbst gehindert werden. So ist es nicht möglich, durch Bekanntgabe von Wahrheiten allein oder durch Drohung mit Machtmitteln oder durch Bezahlung Liebe zu gewinnen, was nicht bedeutet, daß man im Prozeß des Sichverliebens nicht auch Informationen auf ihre Wahrheit prüfen und auf die Vermögensverhältnisse achten kann.[112]

111 Siehe als eine nicht untypische Stellungnahme Alvin W. Gouldner, *The Coming Crises of Western Sociology*, London 1971, S. 297ff. Bezeichnend für solche Äußerungen ist, daß sie das uns interessierende Phänomen nur punktuell, vor allem am Fall von »Kapital« und politischer Macht, in den Blick ziehen und sich dadurch ein theoretisch ausgewogenes Urteil verbauen.

112 Man denke nur an die Hinweise auf das »aus Paritätsgründen« erwünschte Vermögen in Heiratsanzeigen. Eine solche Darstellung macht die Relevanz des Geldes kompatibel mit dem Liebescode, der die Irrelevanz des Geldes für die Entscheidung zwischen Liebe und Nichtliebe postuliert. Der Partner soll Vermögen mitbringen, damit ausgeschlossen werden kann, daß er um des Geldes willen heiratet. Dies

Ebensowenig kann man durch Machteinsatz Wahrheit in Unwahrheit transformieren oder umgekehrt. Aber man kann Themenwahlen im Forschungsprozeß durch Machteinsatz unterbinden oder auch durch Bereitstellung von Finanzmitteln stimulieren. Es gibt ungeachtet aller Konvertibilitätssperren Möglichkeiten der Forschungspolitik. Ebenso kann sich Forschung bezahlt machen, kann Gewinne abwerfen oder Machtchancen verändern – im allgemeinen, wenn sie Wahrheit produziert, gelegentlich aber auch, wenn sie angenommene Wahrheiten als Unwahrheiten entlarvt.[113] Ob Wahrheiten bzw. Unwahrheiten eine politische bzw. ökonomische Bedeutung haben, ergibt sich indes nicht aus ihrem Wahrheitswert selbst, sondern aus ihrer Wertung in einem anderen Kommunikationskontext, der an die Selektionen des Wahrheitsmediums nur anschließt.

Konvertibilitätssperren, die solchen Anforderungen genügen, können auf der Ebene von Rollenvorschriften normiert werden, zum Beispiel in der Form von Normen gegen Bestechung der Verwalter öffentlicher Macht. Sie können, wie im Falle der Liebe, auf Darstellungsregeln beruhen, oder sie haben Rückhalt in den operativen Kriterien des Wahrheitsmediums. Sie sind in jedem Falle gebunden an Präzisierungsmöglichkeiten rechtlicher, taktgefühlsmäßiger, methodischer Art. *Sie sind weder gedacht dafür noch in der Lage dazu, globale Gewichtsverschiebungen in der gesellschaftlichen Relevanz und der wechselseitigen Beeinflussung von Mediensystemen zu kon-*

wenigstens ist die kommunizierte Version. Die faktische Motivlage bedürfte natürlich im Einzelfall besonderer Erforschung.

113 So ist es zum Beispiel beamtenpolitisch nicht ohne Bedeutung, wenn man feststellt, daß Beamte und Angestellte sich in ihren Einstellungen und Verhaltensweisen nicht unterscheiden, und zwar beruht der politische Effekt einer solchen Feststellung nicht auf ihrer eigenen Wahrheit, die belanglos ist, sondern auf der Unwahrheit des Gegenteils.

trollieren. In dieser Hinsicht bleibt das Gesellschaftssystem für Evolution offen.

Ungeachtet aller Vorkehrungen für operative Autonomie bedingt nämlich die Eigenart der einzelnen Medien sehr verschiedenartige Formen des Einflusses aufeinander, die außerdem mit dem Entwicklungsstand der einzelnen Medien und mit der Komplexität des Gesellschaftssystems variieren. So hat sich zum Beispiel das Verhältnis von politischem System und Wirtschaftssystem grundlegend verändert, seitdem politische Macht ihre ökonomischen Ressourcen nicht mehr über Grundeigentum, sondern über Geld (Steuern) gewinnt. Diese Veränderung geht auf die durchgehende Zweitcodierung des Kommunikationsmediums der Wirtschaft zurück. Sie bedeutet keineswegs nur, daß andere Gesellschaftsschichten mit anderen Methoden in der Lage sind, die Politik für ihre persönlichen Interessen auszubeuten; sie verändert darüber hinaus auch die Machtpraxis in ihrer inneren Struktur. Geld ermöglicht erst den Aufbau von leitbaren Großbürokratien auf der Grundlage einer Trennung von Arbeitsmitteln und Eigentum; es verändert dann aber auch die internen Mechanismen bürokratischer Koordination durch ihre Verlagerung von befehlsförmig koordinierten Aufsichts- und Eingriffstätigkeiten in budgetförmig koordinierte Verteilungen. Damit bilden sich neuartige Interessenkonstellationen, neuartige Vermeidungsalternativen mit Machtwert, neuartige Argumentationsweisen, Darstellungen guten Willens, Ideologien. Die Politik ist dann bei beliebigen Machtsteigerungen immer noch zusätzlich und verstärkt abhängig – nicht von dem »guten Rat« der Eigentümer, wohl aber von den komplizierten Funktionsbedingungen der Geldwirtschaft, insbesondere den Konjunkturen. All diese Verschiebungen vollziehen sich ohne Eingriff in die operative Autonomie des Mediums Macht/Recht. Sie erfordern nicht, daß der Machthaber oder der Rechtsanwender selbst in seiner eigenen Praxis ökonomisch kalkuliert.[114]

Ähnliche Veränderungen könnten sich im Verhältnis von Wahrheit und Macht abzeichnen in dem Maße, als die Sozialwissenschaften an Terrain gewinnen. Auch hier werden die realen Verhältnisse überzeichnet durch die schlichte These, daß die Sachzwänge und die Technokratie im Vormarsch seien; oder umgekehrt durch die These, daß die Politik durch ihre Orientierung an eigenen Interessen und durch Benutzung des Nebencodes der Reputation die autonome, selbstgesteuerte Entwicklung der Wissenschaft nach Maßgabe von Theorieproblemen behindere. Daß massive politische und ökonomische Interessen die Themenwahl der Wissenschaft beeinflussen, steht außer Frage.[115] Wieweit eine theoriegesteuerte Entwicklung dadurch beeinträchtigt wird, ist jedoch schwer abzuschätzen, zumal in den Sozialwissenschaften, in denen man noch nicht einmal sicher sein kann, ob es eine theoriegesteuerte Wissensakkumulation überhaupt gibt.

Diese Beispiele sollten genügen, um das Problem zu verdeutlichen: Erst auf der gesicherten Grundlage von funktional spezifizierter Autonomie und Inkonvertibilität der Medien können sich höherstufige Abhängigkeiten und Unabhängig-

114 Forderungen in dieser Richtung sind allerdings unverkennbar, und zwar nicht nur im Hinblick auf die Übertragung der Produktionsplanung auf die politischen Machthaber, sondern auch im Sinne einer Ausrichtung der Rechtspraxis an einem Programm des *social engineering* und der Folgenverantwortung. Hierzu Niklas Luhmann, *Rechtssystem und Rechtsdogmatik*, Stuttgart 1974.

115 Vgl. Peter Weingart, *Die amerikanische Wissenschaftslobby*, Düsseldorf 1970; ders., »Selbststeuerung der Wissenschaft und staatliche Wissenschaftspolitik«, *Kölner Zeitschrift für Soziologie und Sozialpsychologie* 22 (1970), S. 567-592.

keiten zwischen den Medienbereichen entfalten. Erst auf der Basis eines eigenständigen Beitrags zum gesellschaftlichen Selektionsprozeß wird ein Medium für andere interessant. Die autonome Funktionsfähigkeit eines jeden Mediums ist Bedingung seiner Fähigkeit, im Kontext anderer Medien als Ressource zu dienen. So mobilisieren Medien Ressourcen, die im Kontext des jeweils angewandten Kommunikationsmediums externe Bedingungen der Möglichkeit bzw. Unmöglichkeit selektiver Operationen definieren, die aber nicht die Selektion selbst motivieren oder gar vorschreiben. Medien haben füreinander mithin den Status von Ressourcen, sie garantieren sich eine alternativenreiche, beeinflußbare Umwelt, eine kontingente Vor- bzw. Nachgeschichte der Kommunikationsprozesse, ohne sich wechselseitig festzulegen. Sie definieren insgesamt damit eine aus der Alltagswelt hochgradig ausdifferenzierte Gesellschaftsstruktur, von der die Stabilisierbarkeit jedes einzelnen Mediensystems abhängt.

7. Kettenbildung

In den vergangenen Abschnitten hatten wir uns mit Anforderungen und mit Hilfestellungen beschäftigt, die von der organischen, psychischen und sozialen Umwelt ausdifferenzierter Mediensysteme ausgehen und in Mediencodes adäquat verarbeitet werden müssen. Jetzt gehen wir über zum Prozeßaspekt der Medien und kommen damit zu den zentralen Kategorien, die die Funktion und Leistungsweise ihrer gesellschaftlichen Möglichkeit, ihrer evolutionären Erreichbarkeit, ihrer strukturellen Kompatibilität betreffen. Unser Ausgangspunkt ist das Problem der Übertragung reduzierter Komplexität im Kommunikationsprozeß, mit anderen Worten: das Problem der Motivation zur Annahme von Selektionsleistungen.

Um dieses Problem zu verdeutlichen und in Unterprobleme spezifizieren zu können, sind wir zunächst vom Modell einer einfachen Interaktion ausgegangen, die zwischen einem Alter und einem Ego sich abspielt. Dies war eine künstliche Abstraktion, die wir jetzt aufgeben. In der Wirklichkeit des gesellschaftlichen Lebens haben alle Selektionen immer Vorläufer, an die sie anknüpfen, und Nachfolger, die sie auslösen. Nicht dieser Tatbestand von Selektionszusammenhängen steht zur Disposition, sondern nur die Form, in der er geordnet wird, und die Weitläufigkeit, in der man noch kennen muß, was vorher entschieden worden ist bzw. nachher entschieden werden wird.

Die Form der Selektionszusammenhänge ändert sich im Zuge der Ausdifferenzierung besonderer Kommunikationsmedien. Sobald Mediencodes besonderen Typs sichtbar werden und Verhaltenswahlen steuern, ergibt sich die Möglichkeit, mehrere Situationen unter einem Code oder gar unter einer Absicht zusammenzuschließen. Man kann dann zum Beispiel Macht, die man in einer Situation hat, ausnutzen, um andere Situationen zu gestalten, um sich für andere Situationen Macht zu schaffen, um anderen für andere Situationen Macht zu verschaffen, um die Macht anderer in anderen Situationen zu beeinflussen. Oder man kann Wahrheiten produzieren, an die weitere Wahrheitssuche anknüpfen kann; kann Eigentum an Geld übertragen und so anderen die Möglichkeit bieten, mit Hilfe des Geldes eigene Bedürfnisse zu befriedigen, indem sie wiederum anderen diese Möglichkeit gewähren.

Selektionsanschlüsse können sich zufällig und unbeabsichtigt ergeben. In engen, alternativenarmen Sozialverhältnissen geschieht dies häufig genug, so daß es genügt, sich auf den jeweiligen Partner einzustellen und die Brauchbarkeit eigener Kommunikationen an ihm abzulesen. Der Interaktionserfolg garantiert zugleich den gesellschaftlichen Erfolg. In komplexeren Gesellschaften müßte sich jedoch die Wahrscheinlichkeit von Erfolg bzw. Mißerfolg der Kommunikationen verschieben in dem Maße, als zunehmend viele und zunehmend verschiedenartige Situationen verknüpft werden müssen, die jeweils eigene Selektionsimpulse geben. Dem kann entgegengewirkt werden durch Techniken der *Selektivitätsverstärkung*, die unter spezifizierten Bedingungen die Selektion von Kommunikationen in einer Situation auf Selektionen – nicht einfach auf Fakten! – in anderen Situationen beziehen.

Derart zusammengeschlossene Selektionen wollen wir *Selektionsketten* nennen. Zur Kettenbildung kommt es immer dann, wenn die Selektionsübertragung in einer Situation durch Selektionsübertragungen in anderen Situationen ermöglicht und motiviert wird. So akzeptiert man Weisungen eines Machthabers, weil dieser seinerseits machtförmig angewiesen worden ist, und auf diese Weise wird Machtgebrauch möglich, der sich gar nicht in der unmittelbaren Anweisungssituation, sondern erst in fernerliegenden Situationen realisiert bzw. von der Illusion lebt, daß dies geschehe. Die abstrakte, für alle Medien gleiche Struktur solcher Ketten ist die der Reflexivität: daß das Gelingen von Selektionsübertragungen auf dem unterstellten, vermuteten, antizipierten Gelingen von anderen Selektionsübertragungen beruht. Nicht nur die schlichte Annahme wird durch die Selektivität der Selektion motiviert, wie das bei Medien immer der Fall ist, sondern der gesamte Übertragungsvorgang mitsamt der Ausgangsselektion ist nur möglich, weil anderswo Übertragungen funktionieren bzw. als funktionierend unterstellt werden. Wohlgemerkt: Es handelt sich nicht um die schlichte Wiederholbarkeit des Gleichen, nicht um bloße Imitation, sondern um die Ermöglichung konditionierbarer Progression zu anderen Operationen.

Die Kette wird somit durch Durchgriffsmöglichkeiten überhaupt erst konstituiert. Indem symbolisch generalisierte Mediencodes solche Durchgriffsmöglichkeiten bereitstellen, werden sie kreativ: Sie schaffen Rahmenbedingungen für Selektionen, die sonst unmöglich wären – etwa für relativ »praxisferne« wissenschaftliche Forschung oder auch für ebenso »praxisferne« politische Machtausübung oder für nicht kunden-, sondern marktbezogene Produktion. Symbolisch generalisierte Codes bieten gleichsam Take-off-Bedingungen für eine solche Struktur. Sie steuern den Kommunikationsprozeß damit aber zugleich in eine Richtung, die Folgeprobleme schafft, Risiken bewußtmacht und Zusatzeinrichtungen erfordert. Diese Probleme lassen sich dann nicht mehr für alle Medien einheitlich lösen, denn die Spezifikation der Konstellationen, Sonderprobleme und Medientypen schafft dafür sehr unterschiedliche Ausgangslagen. Dies läßt sich an drei Fragenkomplexen zeigen: an den Bedingungen antizipierender Durchgriffe, an Fragen der Technisierbarkeit von Übertragungslasten und an den Problemen des Vertrauens in die Tatsache und die Codeentsprechung von direkt nicht kontrollierbaren Selektionen.

Je heterogener die Situationen, die durch Kettenbildung zusammengeschlossen werden, desto höher die Anforderungen an durchgreifende Antizipation, an Vorstellungsvermögen, an Erwartungssicherung. Diesen Anforderungen kann jedoch durch sehr verschiedene Entlastungsmechanismen begegnet werden. Ein Teil dieser Mechanismen ist normativ, so vor allem im Kontext des Mediums Macht/Recht. Die zu befolgenden Erwartungen werden kontrafaktisch formuliert, und wenn sie enttäuscht werden, hat der andere schuld. Für den Geldmechanismus liegt die Lösung in institutionalisierter Beliebigkeit der Geldverwendung: Man braucht die Entscheidungen nicht zu kennen, die zum Erwerb von Geld geführt haben, um sinnvoll über Geld disponieren zu können; die Anschlußbedingungen sind aufs Quantitative reduziert. Wie immer Geld erworben wurde: Es regeneriert sich moralisch in den Händen des Besitzers. Erst recht hängen die Anschlußmöglichkeiten nicht von den Intentionen des Geldgebers ab, und genau darauf beruht die Motivation, Geld anzunehmen und dafür etwas zu geben bzw. zu leisten. Von Liebenden wird die volle und konkrete Übernahme der Antizipationslast erwartet; sie werden dazu befähigt durch Reduktion auf nur zwei relevante Personen, die nach Möglichkeit anwesend zu sein haben und unter thematisch nicht begrenztem Antwortzwang stehen. Im Falle wahrheitsfähiger Kommunikation wird dagegen angenommen, daß die Reduktion auf die Zurechnungsform des Erlebens unter methodischen Kautelen die Anschlußmöglichkeit für jedermann eröffnet, wer immer wann immer und wie immer ein Interesse daran gewinnt.

All dies sind natürlich symbolisch generalisierte Prämissen, denen die Wirklichkeit gesellschaftlichen Erlebens und Handelns nie voll entspricht. Den unterschiedlichen Lösungsmustern entsprechen dann jeweils unterschiedliche Formen der Devianz mit entsprechenden Strategien der Neutralisierung, der Immunisierung, der Isolierung auf Einzelfälle ohne strukturelle Bedeutung, die das Antizipationsmuster in Gang halten. Und natürlich können von hier, wenn Devianz zu stark oder strukturell relevant wird, sich Antizipationslasten aufdrängen, die die exklusive Orientierung an Mediencodes in Schwierigkeiten bringen – so zum Beispiel, wenn Geldtransfers über Organisation oder über massierten Ressourcenbesitz (heute zum Beispiel: Öl) ein Volumen annehmen, dessen Gesamteffekt nicht mehr ignoriert werden kann.

Während sich die Überlegungen des letzten Absatzes auf das Aufmerksamkeitspotential des Initiators einer Kette bzw.

des Absenders von kettengebundenen Kommunikationen bezogen, kommen wir jetzt zu dem entsprechenden Problem auf der Empfängerseite. Hier muß man fragen, welche Anforderungen an die Informationsverarbeitung des Empfängers gestellt werden müssen, wenn gewährleistet sein soll, daß dieser die Selektionsvorleistungen weitläufiger Herkunft sinnentsprechend verwendet.[116] Nach unseren Ausgangsbedingungen ist alle Übertragung letztlich Reproduktion von sinnhafter Selektion in vereinfachtem Verfahren. Deshalb ist der Grad an Vereinfachung und Technisierung der Reproduktion für Kettenbildung ein wichtiger Faktor, ja vielleicht der ausschlaggebende Engpaß.

Optimal gelöst ist auch dieses Problem im Geldcode dadurch, daß ausschließlich quantitativ definierte Selektionschancen von Hand zu Hand wandern unter voller Neutralisierung ihrer Vergangenheit: Die eigene Befriedigung ist daran gebunden, daß man Geld weitergibt und damit die entsprechende Selektionschance im anderen rekonstituiert; die Freiheit darf nicht kleiner werden, die Komplexität nicht abnehmen, das ist zugleich die Bedingung dafür, daß Dritte

116 Ein allgemeines Modell der Komplexitätsabstimmung in Kommunikationsprozessen, Robert B. Zajonc, »The Process of Cognitive Tuning in Communication«, *Journal of Abnormal and Social Psychology* 61 (1960), S. 159-167, läßt vermuten, daß die Anforderungen an den Absender (und damit auch die institutionellen Entlastungsbedürfnisse auf dieser Seite) *höher* sind als beim Empfänger. Zugleich zeigt das Experiment von Zajonc die Bedeutung eines wichtigen intervenierenden Faktors, der diesen Unterschied abschwächt, nämlich des Ausmaßes der Inkongruenz von kommunizierten Informationen. Ein Desiderat der Theorie der Kommunikationsmedien wäre es, im Anschluß an derartige Forschungen für alle Medientypen die unterschiedliche Inanspruchnahme struktureller Komplexität auf Sender- und Empfängerseite sowie die unterschiedliche Bedeutung des intervenierenden Faktors der Inkongruenz zu überprüfen und zu vergleichen.

diesen Vorgang unbeteiligt akzeptieren können. Die Technisierung der Macht ist schon problematischer. Sie erfolgt durch Programmierung, vor allem durch konditionale Programmierung, also dadurch, daß Entscheidungsprämissen fixiert werden, bei deren Vorliegen eine Entscheidung richtig und die Macht des letzten Machthabers in der Kette notfalls abrufbar ist.[117] Über konditionale Programmierung kann zentral verfügbare, jedenfalls überlegene Macht in die Gesellschaft diffundieren und in höchst verschiedenartigen Situationen ungeachtet der konkreten Machtlage zwischen den Beteiligten wirksam werden.[118] Über eine bloße Moralisierung von Zwecken wäre dies nicht möglich, da deren Technisierbarkeit geringer ist.

117 Hierzu Niklas Luhmann, »Lob der Routine«, in: ders., *Politische Planung: Aufsätze zur Soziologie von Politik und Verwaltung*, Opladen 1971, S. 113-142; ders., *Rechtssoziologie*, Bd. 2, S. 227ff.

118 Damit ist nicht geleugnet, daß aus der Sicht der konkreten Interaktionssysteme sehr verschiedenartige Bedingungen der Abrufbarkeit zentraler Macht gelten können und daß deren Akkumulation auch gesellschaftlich relevant werden kann – etwa im Sinne schichtenspezifischer oder im Sinne sektoraler Benachteiligungen. Siehe Niklas Luhmann, »Kommunikation über Recht in Interaktionssystemen«, Ms., 1973 [Druck: Niklas Luhmann, »Kommunikation über Recht in Interaktionssystemen«, in: Erhard Blankenburg u.a. (Hg.), *Alternative Rechtsformen und Alternativen zum Recht (Jahrbuch für Rechtssoziologie und Rechtstheorie 6)*, Opladen 1980, S. 99-112], und für weitere Einzelanalysen etwa Stewart Macauley, *Law and the Balance of Power*, New York 1966; Gerd Spittler, *Norm und Sanktion: Untersuchungen zum Sanktionsmechanismus*, Olten, Freiburg 1967; Leon Mayhew, Albert J. Reiss, Jr., »The Social Organization of Legal Contacts«, *American Sociological Review* 34 (1969), S. 309-318; B.S. Cartwright, R.D. Schwartz, »The Invocation of Legal Norms: An Empirical Investigation of Durkheim and Weber«, *American Sociological Review* 38 (1973), S. 340-354; Niklas Luhmann, »Wabuwabu in der Universität«, *Zeitschrift für Rechtspolitik* 8 (1975), S. 13-19, Wiederabdruck in: ders., *Universität als Milieu: Kleine Schriften*, hg. von André Kieserling, Bielefeld 1992, S. 30-48.

Am Kommunikationsmedium Wahrheit fallen vor allem die enormen Unterschiede in der Technisierbarkeit von Reproduktionen auf. Im gesamten Bereich der Formalwissenschaften, der Mathematik und der Logik, aber auch in den klassischen Naturwissenschaften sind die Bedingungen für ein kontextfreies, aus dem Erzeugungskontext herauslösbares Übernehmen von Wahrheiten in hohem Maße gegeben; zumeist ist nicht einmal eine Kenntnis der Theorie Operationsvoraussetzung, wenn man zum Beispiel eine Maschine in Gang setzt oder Kunststoffe mit industriell garantierten Eigenschaften verwendet. In der Psychologie und in den Sozialwissenschaften gibt es dagegen erst schwache Ansätze zu derartigen Technologien, und sie betreffen eher Randphänomene des Gegenstandsbereiches. Durchweg hängt ein Arbeiten mit derzeit anerkannten Wahrheiten sowohl von der Kontinuität der in ihnen unterstellten gesellschaftlichen Strukturen als auch von einem vollen Verständnis der Theorie ab. Das heißt: Die Technizität der Reproduktion ist gering, und die Anforderungen an Information und Motivation auf der Empfängerseite sind hoch und durch den Mediencode allein schwer zu gewährleisten.

In beiden Richtungen, in Hinsicht auf Antizipation und in Hinsicht auf Reproduktion, können Strukturdefizite in gewissem Umfang durch *Vertrauen* kompensiert werden.[119] Vertrauen dient, allgemein gesehen, dazu, Handeln unter Übernahme von Risiken der Enttäuschung, also Handeln auf nichtselbstverständlichen, kontingenten Grundlagen in Gang zu bringen. In Erweiterung dieses Begriffs kann man auch in bezug auf Erleben von Vertrauen sprechen im Sinne der Sicherheit, daß etwas der Fall ist oder daß man richtig

119 Hierzu ausführlicher Niklas Luhmann, *Vertrauen: Ein Mechanismus der Reduktion sozialer Komplexität*, Stuttgart ²1973.

kategorisiert hat.[120] In der konkreten Interaktionssituation und in laufend kontrollierbarer wechselseitiger Erfahrung hat Vertrauen zunächst eine relativ sichere Grundlage, und zugleich ist Mißtrauen unter solchen Bedingungen schwer zu praktizieren. Bei Erweiterung des Kommunikationsfeldes über zunehmend heterogene Situationen und bei Zuspitzung spezifischer Medienkontingenzen wie Knappheiten, Privatwelten oder Durchsetzung gegen Widerstand wird Mißtrauen gleichsam zur natürlichen Einstellung der gebotenen Vorsicht; zugleich wird Vertrauen problematisch und kann, wo es nicht abreißt oder entbehrlich wird, nur in generalisierter Form fungieren. Generalisierung des Vertrauens impliziert das Vertrauen in die Unterstellung, daß auch andere vertrauen. Reflexives Vertrauen in Vertrauen kann wohl nur noch medienspezifisch gebildet werden, etwa in der Form des Vertrauens in den Geldwert oder in politische Loyalität.[121] Damit verschiebt sich der Grund des Vertrauens in die Funktionsbedingungen sozialer Systeme, die bewirken, daß auch andere ihre Motive nicht problematisieren, sondern davon ausgehen, daß die Selektionsketten nicht abreißen werden, in die sie ihren Eigenbeitrag eingliedern. Das kann sich sehr plötzlich als Illusion herausstellen, ohne daß die Desillusionierung die Funktion des Vertrauens übernehmen könnte. Man muß dann die Geschichte des Vertrauensverlu-

120 So brauchen Psychologen den Begriff »confidence« (im Unterschied zu »trust«). Vgl. z. B. Jerome S. Bruner, Jaqueline J. Goodnow, George A. Austin, *A Study of Thinking*, New York, London 1956, S. 225ff.

121 Hierzu manches in den Medien-Aufsätzen von Parsons (s. o. Anm. 1 in diesem Teil). Vgl. ferner William A. Gamson, *Power and Discontent*, Homewood 1968. Gerade in bezug auf Politik und Geld ließe sich übrigens zeigen, wie wichtig eine *Differenzierung* der Medien ist zur *Verhinderung generalisierter Vertrauenskrisen*. Aus dem Abnehmen des Vertrauens in politische Loyalität darf nicht zugleich ein Verlust des Vertrauens in die Währung folgen und umgekehrt.

stes diskontinuieren und auf leicht variierten symbolischen Grundlagen erneut Vertrauen bilden.[122] Es bietet sich mithin an, das ohnehin zeitbezogene Funktionsproblem des Vertrauens auch in der Zeitdimension zu lösen: durch einen Wechsel von Illusionierungen und Desillusionierungen in bezug auf Symbolkomplexe mit makrosoziologischen Funktionen wie Währungen, Theorien, personale Herrschaftsapparate, die innerhalb ausdifferenzierter Mediencodes und Mediensysteme noch ausgewechselt werden können.

8. Reflexivität

Sequentielle Ordnungen stoßen in dem Maße, als sie komplexer werden und immer längere Ketten bilden, auf angebbare Probleme, die sich in Symptomen der Überlastung und Gefährdung, schließlich als Instabilität im Sinne der Wahrscheinlichkeit des Abreißens von Selektionsketten äußern können. Der Hauptnachteil liegt in der Zeitaufwendigkeit und in der Gefahr interner Verzögerungen.[123] Je weniger Zeit die Umwelt einem System läßt (das heißt: je stärker sie für das System relevante eigene Ereignisfolgen beschleunigt), desto prekärer wird eine rein sequentielle Ordnung der Informationsverarbeitung. Es müssen dann kompensatorische Behelfe

122 Unter Umständen genügt ein Auswechseln von Personen und Taktiken, wie Robert H. Guest, *Organizational Change: The Effect of Successful Leadership*, Homewood 1962, für die Organisationsebene gezeigt hat. »Währungsreformen« sind ein anderes Beispiel. Auch den seit Kuhn viel diskutierten »Paradigmawechsel« in den Wissenschaften könnte man unter diesem Gesichtspunkt analysieren.

123 Vgl. dazu Donald MacKay, »Communication and Meaning: A Functional Approach«, in: F. S. C. Northrop, Helen H. Livingstone (Hg.), *Cross-Cultural Understanding: Epistemology in Anthropology*, New York u. a. 1964, S. 162-179 (177).

eingeführt werden im Sinne involutiver Komplikation.[124] Deren Bezugsproblem liegt in der Zeit. So erfordert eine sequentielle Arbeitsweise die Existenz von Unterbrechern, die bei Ereignissen von überrollender Dringlichkeit Prozesse abbrechen und umdirigieren können.[125] Darüber hinaus gibt es Möglichkeiten, die Form einer sequentiellen Ordnung von Selektionsschritten zu bewahren, aber die Anschlußweise zu abstrahieren und unter Kontrolle zu bringen. Die Selektion von Beiträgen zu Selektionsketten muß sich dann auch auf die Verknüpfung selbst richten, die Selektion der Übertragungsweise muß mitübertragen werden.

Diese Möglichkeit der Mitüberlegung, Mitselektion und Mitübertragung von Selektionsübertragungen für andere Kettenglieder mag sich zunächst als Begleitvorstellung bei normalen Kommunikationsprozessen ausbilden im Zuge zunehmender Antizipations- und Durchgriffsinteressen. Damit gewinnen mediengesteuerte Prozesse Reflexivität. Sie können dann, indem sie diese Orientierungsweise ausdifferenzieren, sie besonders symbolisieren und ihr eine erwartbare institutionelle Form geben, die höhere Funktionsebene reflexiver Mechanismen erreichen.

Als reflexiv wollen wir Prozesse bezeichnen, die sich auf sich selbst oder auf Prozesse gleicher Art richten. Reflexivität ist nicht, wie die Tradition annahm, eine besondere Eigenschaft eines bestimmten Prozeßtyps, nämlich des Denkens, sondern eine allgemeine Möglichkeit, die unter angebbaren Voraussetzungen Prozesse sehr verschiedener Art annehmen können. Diese Einsicht zwingt uns, zwischen *Reflexivität* und *Reflexion* zu unterscheiden: Während wir den Begriff der

124 Im oben in Teil 2, Kap. II.7 erörterten Sinne.

125 Für psychische Systeme gibt Herbert A. Simon, »Motivational and Emotional Controls of Cognition«, *Psychological Review* 74 (1967), S. 29-39, Gefühlen diese Funktion.

Reflexivität auf *Prozesse* beziehen, soll der Begriff der Reflexion die Selbstthematisierung von *Systemen* bezeichnen, die an die Differenz von System und Umwelt anknüpft und mit der Thematisierung dieser Differenz einen umfassenden Welthorizont aktualisiert. Bei reflexiven Prozessen entsteht eine Abschlußproblematik in der Form der *Iteration* oder des unendlichen Regresses dadurch, daß auch reflexive Prozesse sich wiederum auf sich selbst richten können, bis solche Wiederholung keinen erkennbaren Nutzen mehr abwirft. Bei Selbstthematisierungen entsteht eine Abschlußproblematik in der Form des Welthorizontes, gegen dessen unbestimmte Kontingenz sich eine spezifische Differenz von System und Umwelt erst sinnförmig konstituieren läßt. Diese begriffliche Unterscheidung von Reflexivität und Reflexion erlaubt es, in einem zweiten Schritt die bereits empirisch überprüfbare Frage zu stellen, ob und wieweit Selbstthematisierungen reflexive Mechanismen in den Systemen voraussetzen.

Alle Probleme der Reflexion stellen wir bis zum Teil 5 zurück. Im jetzigen Zusammenhang geht es nur um die Frage, ob und unter welchen Umständen mediengesteuerte Kommunikationsprozesse reflexiv werden. Zweifellos kommt Reflexivität nicht nur im besonderen Kontext der Kommunikationsmedien vor. Schon die Sprache selbst ist reflexiv, da man über Gesprochenes, ja sogar über die Sprache selbst sprechen kann. Die Frage kann daher nur lauten, ob und unter welchen Umständen Kommunikationsmedien die Möglichkeit für zusätzliche reflexive Mechanismen in der Gesellschaft schaffen.

Die Entwicklung reflexiver Prozeßformen und ihre Institutionalisierung in sozialen Systemen hängt teils vom Bedarf, teils von ermöglichenden Bedingungen ab. Sowohl Bedarf wie auch Bedingungen ergeben sich aus dem Zusammenhang von Systemkomplexität und Leistungsspezifikation und entwickeln sich daher miteinander. Reflexive Prozeßformen entstehen nur, wenn die Situation für selektive Prozesse so komplex ist, daß sie weder uno actu noch sequentiell erfolgreich behandelt werden kann.[126] Dann bietet es sich an, den Selektionsprozeß zunächst auf sich selbst zu richten, um geeignete Selektionsweisen vorzuseligieren. So kann man sich bemühen, zunächst die Erzieher zu erziehen bzw. Lehrer zu unterrichten, bevor diese dann mit gesellschaftlicher Breitenwirkung den Erziehungsprozeß in die Hand nehmen. Ein Bedarf dafür entsteht erst mit hinreichend großen Schülerzahlen und mit hinreichend komplexem Unterrichtsstoff. Reflexive Prozesse können zwar okkasionell zustande kommen; reflexive Mechanismen, die als Dauereinrichtungen in Systeme eingebaut werden und erwartbare Leistungen erbringen, entstehen nur, wenn sie sich rentieren, wenn sie sich angesichts hoher, strukturell bedingter Komplexität als Reduktionstechniken bewähren.

Reflexivität setzt ferner als Bedingung ihrer Möglichkeit eine gewisse vorbereitende Strukturierung der entscheidenden Prozesse voraus, denn sie müssen als dieselben oder als solche gleicher Art identifizierbar sein. Das ist nicht zuletzt eine operative Voraussetzung für die reflexive Steuerung der Vorauswahl, wenn man zum Beispiel erreichen will, daß Erzieher für Erziehung erzogen werden und nicht zum Anstiften von Revolutionen oder zum Geldverdienen.

126 Nach unserer Vorstellung bildet also hinreichend bestimmbare, im direkten Zugriff nicht entwirrbare Komplexität den Anstoß zur Bildung reflexiver Mechanismen. Eine ältere Darstellung hatte sich den gleichen Vorgang in naturalen Kategorien veranschaulicht als ausgelöst durch den Widerstand der Realität. So z. B. George H. Mead, *Mind, Self, and Society From the Standpoint of a Social Behaviorist*, Chicago 1934, S. 354ff.; Arnold Gehlen, *Zeit-Bilder: Zur Soziologie und Ästhetik der modernen Malerei*, Frankfurt/M., Bonn 1960, S. 62ff., und dazu Wolf Lepenies, »Handlung und Reflexion: Aspekte der Anthropologie Arnold Gehlens«, *Soziale Welt* 18 (1967), S. 41-66.

Ein Bei-sich-selbst-Bleiben reflexiver Prozesse setzt funktionale Spezifikation voraus. Es kann aber nicht allein durch Zwecke oder intendierte Resultate gesichert werden, die ja eine Kombination ganz heterogener Mittel erfordern können, sondern erfordert zusätzlich Prozeßtypisierungen mit Hilfe einer strukturgebenden Symbolik, die selektive Prozesse ausweisen, zum Beispiel als Lieben, Forschen, Sprechen, Tauschen, Entscheiden, Glauben, Erziehen, Denken, Produzieren, Zurechnen, Darstellen, Werten usw. Wie die Beispiele zeigen, ist die Ausdifferenzierung solcher Prozeßformen, die reflexiv werden können, ein Aspekt des Komplexerwerdens der Gesellschaft. Mit zunehmender Komplexität entstehen Bedarf und Bedingungen für Reflexivität zugleich. Damit ist nicht gesagt, daß Probleme sich immer von selbst lösen, wohl aber, daß Evolution nur weiterläuft, solange durch Ausdifferenzierungen Ressourcen entstehen, die sich zu (nicht mehr beliebig wählbaren, zunehmend unwahrscheinlichen) Lösungsmustern rekombinieren lassen.

Zu den allgemeinen Erfordernissen der Institutionalisierung reflexiver Prozeßformen gehört schließlich noch eine entsprechende Erweiterung der Zeithorizonte, und zwar der normalen, in einem Gesellschaftssystem zumutbaren und kalkulierbaren zeitlichen Relevanzen. Die relevante Zeit muß zumindest so weit reichen, daß sie das Eintreten der Effekte der reflexiv gesteuerten Prozesse noch umfaßt, zum Beispiel das tatsächliche Tätigwerden der erzogenen Erzieher im Erziehungsprozeß, das Produktivwerden der produzierten Produktionsmittel oder die tauschförmige Verwertung der mit Geldsymbolen eingetauschten Tauschchancen. Das Entstehen und Expandieren eines dafür geeigneten, hinreichend offenen, aufnahmefähigen und doch bestimmbaren Zukunftshorizontes ist ebenfalls ein Resultat gesellschaftlicher Evolution mit vermutlich sehr komplexen Vorbedingungen.[127] Temporalstrukturen dieser Art dienen gerade der Synchronisation verschiedenartiger Aktivitäten, können also nicht einzelnen Funktionsbereichen isoliert zugerechnet werden, sondern nur der Art und dem Ausmaß gesellschaftlicher Differenzierung.

Diese Vorüberlegungen lassen bereits erkennen, daß das Reflexivwerden mediengesteuerter Kommunikationsprozesse von komplexen systemstrukturellen und historischen Voraussetzungen abhängt, die sich auch wechselseitig beeinflussen und sich nicht unabhängig voneinander variieren lassen. Reflexivität kann deshalb nicht plötzlich gleichsam im Wege der Erfindung, der *creatio ab nihilo* entstehen. Sie bildet sich von spezifischen Ausgangspunkten her allmählich aus in dem Maße, als Vorausgesetztes sich bewährt und Vertrauen in längerfristigen Zeithorizonten zunimmt. Bis ins 18. Jahrhundert hinein bleiben alle Ansätze zur Reflexivierung von Kommunikationsbereichen partiell, was damit zusammenhängt, daß Negationsmöglichkeiten in Perfektionsvorstellungen aufgehoben werden.[128] So lange bleibt Reflexivität ein Nebenprodukt der Kettenbildung.[129] Es gilt zum Beispiel in der

127 Zum Wandel solcher Temporalstrukturen in der beginnenden Neuzeit und dann erneut im Zuge der Realisierung der bürgerlichen Gesellschaft vgl. Reinhart Koselleck, »Vergangene Zukunft der frühen Neuzeit«, in: Hans Barion (Hg.), *Epirrhosis, Festgabe für Carl Schmitt*, Berlin 1968, S. 551-566. Zur Korrelation mit gesellschaftlicher Entwicklung vgl. ferner Niklas Luhmann, »Weltzeit und Systemgeschichte: Über Beziehungen zwischen Zeithorizonten und sozialen Strukturen gesellschaftlicher Systeme«, in: Peter C. Ludz (Hg.), *Soziologie und Sozialgeschichte (Sonderheft 16 der Kölner Zeitschrift für Soziologie und Sozialpsychologie)*, Opladen 1973, S. 81-115, Wiederabdruck in: Niklas Luhmann, *Soziologische Aufklärung 2: Aufsätze zur Theorie der Gesellschaft*, Opladen 1975, S. 103-133.

128 Dazu ausführlicher in diesem Kapitel unter Abschnitt 11.

129 In der zeitgenössischen Kosmologie zeigt sich das daran, daß die Reihe (*series*) und nicht die Reflexivität als Integrationsprinzip der Welt, als

Logik trotz aller Versuche, sie einer strengen Wissenschaft anzunähern, jenes Verdikt des Aristoteles, daß es unangebracht sei, eine Wissenschaft und zugleich ihren Modus, ihre Art und Weise, Wissenschaft zu sein, zu suchen.[130] Erst im Prozeß der Selbstthematisierung der bürgerlichen Gesellschaft entwickeln sich *totalisierende Konzeptionen* für ganze Funktionsbereiche in dem Sinne, daß *alle* Kommunikation in Bereichen wie Wahrheit, Liebe, Geld, Macht reflexiv wird, also auch Steuerungskommunikationen im gleichen Medium gesteuert werden, und jeden Anhalt an Natur und Geschichte verlieren. Erst damit wird Reflexivität als Funktionsniveau ganzer Teilsysteme der Gesellschaft behauptet und als ihr Konstitutionsprinzip etabliert.

In der transzendentalen Erkenntnistheorie postuliert das Erkennen sich selbst als Bedingung der eigenen Möglichkeit. Gleichzeitig wird im bürgerlichen Konzept der romantischen Liebe auch dieses Medium voll reflexiv in dem Sinne, daß man die Liebe liebt – und nicht etwa die Eigenschaften eines anderen, nicht eigene Interessen und auch nicht die Realisation Gottes in der Natur oder im Menschen. Liebe um der Liebe willen – damit verliert die theologische Diskussion des Unterschiedes von reiner und interessierter, begehrender Liebe ihre Relevanz.[131] Beim Gelde liegt das strukturell

Zusammenhang des Seienden mit einem zureichenden Grund in der Einheit einer *causa remota* gedacht wird. Vgl. noch Christian Wolff, *Philosophia Prima Sive Ontologia*, Francofurti, Lipsiae ²1736, § 178.

130 »ἄτοπον ἅμα ζητεῖν ἐπιστήμην καὶ τρόπον ἐπιστήμης« (*Metaphysik*, 995 a 13-14).

131 Gerade hier sind natürlich direkte literarische Einflüsse der Transzendentalphilosophie auf die Theorie der Liebe nicht auszuschließen. Man sieht das Formulierungen wie »Alle Liebe liebt nur Liebe, sie ist ihr eigener Gegenstand« (Jean Paul, »Es gibt weder eine eigennützige Liebe noch eine Selbstliebe, sondern nur eigennützige Handlungen«, in: ders., *Sämtliche Werke*, hg. von der Preußischen Akademie der Wissenschaf-

analog gebaute Problem in der sich allmählich durchsetzenden Einsicht, daß das Geld ein in sich wertloses Duplikat ökonomischer Verhältnisse ist und seinen Geltungsgrund nur im System der Zahlungsvorgänge selbst hat; Geld selbst muß, darin drückt sich seine Reflexivität aus, einen Preis haben.[132] Nicht zuletzt wird auch Macht im Prinzip total reflexiv dadurch, daß auch höchste Machthaber noch der politischen Macht unterworfen werden. Nicht schon der Souveränitätsgedanke, der an höchster Stelle eine Paradoxie inszenieren mußte und mit dem Geltungsproblem des Rechts verbunden war, totalisiert die Macht, sondern erst die Demokratie.

Solche Parallelen frappieren. Sie lassen erwarten, daß Mediencodes jetzt durchweg und auch in ihrer binären Struktur reflexiv werden müssen in dem Sinne, daß die binären Schematismen sich selbst binär schematisieren können. In der Kunst müssen, um weitere Beispiele zu nennen, als schön und als häßlich empfundene Elemente eine werkspezifische (ausdifferenzierte) Schönheit erhalten bzw. Häßlichkeit vermeiden können – etwa indem der Künstler sich die Aufgabe stellt, Mißklänge mit einem Minimum an genau dafür erforderlichem konstruktivem Aufwand gerade noch im Bild zu halten. Im Rechtssystem kommt es darauf an, kontrollieren zu können, ob jemand mit Recht ins Unrecht versetzt wird oder nicht. Solche Fragestellungen sind zwar alt, aber sie werden

ten, Abt. I., Bd. 5, Weimar 1930, S. 208-213 (209)) geradezu an. Derartige Parallelen bezeugen zunächst nur Prozesse kultureller Diffusion, nicht auch tieferliegende soziologische Zusammenhänge. Diese lassen sich erst aus dem sozialen Erfolg eines derart stilisierten Liebescodes erschließen, insbesondere aus der Lizenz zur Unabhängigkeit der Liebe von der Steuerung durch die Familienherkunft.

132 Historisch gesehen setzt diese Erkenntnis, die das Hauptmedium der bürgerlichen Gesellschaft betrifft, sich zuletzt durch. Direkte Einflüsse der Transzendentalphilosophie sind, trotz Simmel, nicht zu vermuten.

jetzt gleichsam in höhergezogene Nichtnegierbarkeiten versetzt und nicht mehr schlicht aus der Logik des Schematismus, den sie in Frage stellen, beantwortet.

Damit ist zweifellos ein höheres Maß an Ausdifferenzierung der Codes und an Distanzierung von den lebensweltlich unmittelbar einleuchtenden Präferenzen gefordert. Quer zu den Negationen, die im Code selbst spielen, gibt es zusätzlich die Negation des ersten Eindrucks, der Natur, der Geschichte mitsamt den Codewertungen, die von daher nahegelegt sind. Auf diese Weise fallen Schranken der Problematisierung, und statt dessen wird die Totalität der Selbstapplikation zum Problem.

Vorbehaltlich genauerer Untersuchungen können wir annehmen, daß in der Ausbildung totaler Reflexivität, also Selbststeuerung der wichtigsten Teilsysteme, sich ein neuartiger Gesellschaftstypus abzuzeichnen beginnt, der ein bisher unerreichtes Maß an funktionaler Differenzierung und Systemkomplexität realisiert und, im Zusammenhang damit, zu einer Beschleunigung der gesellschaftlichen Evolution führt, die historisch ohne Parallelen ist. Der daraus resultierende Zeitdruck wird in reflexiven Mechanismen aufgefangen; zumindest wird dies versucht. Das impliziert einen Verzicht auf Orientierung an notwendig-feststehenden Strukturen und an Anfang bzw. Ende eines historischen Prozesses. Die Zeit selbst wird historisiert und in dieser Form zur Darstellung von Komplexität im Nacheinander benutzt. Da aber Reflexivität technisch, wie wir gesehen haben, an Prozeßtypisierung und funktionale Spezifikation gebunden ist, bleibt diese Problemlösung pluralistisch. Sie kann nicht für das Gesellschaftssystem als Ganzes, für den (nicht weiter spezifizierten) gesellschaftlichen Kommunikationsprozeß überhaupt formuliert werden, kann deshalb auch nicht auf *eine* »causa remota«, *einen* zureichenden Grund für alles Seiende zurückgeführt werden. Die letzte Formulierung der Perfektion als »consensus in varietate«[133] muß aufgegeben werden; sie faßt jedenfalls nicht mehr das, was wirklich möglich ist.

Schon vor dieser Entwicklung waren Ansätze zu totalisierender Reflexivität im Rahmen einer noch religiös erfahrenen Gesellschaftsordnung im Bereich der Theologie unternommen worden – und auf brutale Reduktionen aufgelaufen: Die Frage nach den Gründen der letzten Gewißheit des Glaubens an den Glauben[134] hatte in der Verweisung an die Kirche bzw. an die Schrift geendet, also in der Sakralisierung der Organisation bzw. in der Gründung des Innerlichsten auf das Äußerlichste. Das hieß im Effekt: für die Religion einen normativen (kontrafaktischen) Anspruch und eine subkulturelle, klerikale soziale Realität reklamieren und den Weg für andersartige Totalisierungen in der Gesellschaft freigeben. Seitdem erscheinen Sonderfassungen des Problems der Religion in ihrer Kehrseite zugleich als »Säkularisation« der Gesellschaft (und nicht mehr schlicht als Devianz oder Korruptibilität einer religiös begriffenen Gesellschaft). Und Totalisierungen bleiben, soweit sie in der Form der Reflexivität operative Bedeutung erlangen, an Teilsystemperspektiven gebunden – die Totalität des Ganzen wie die *plenitudo* der Perfektion als unerfüllbares Desiderat hinterlassend.

In einer Gesellschaft mit weitgetriebener Totalisierung einzelner Medienbereiche und reflexiver Mechanismen werden Folgeprobleme zu erwarten sein, die man in anderen Gesellschaftsformationen nicht findet und von denen sich derzeit nicht sagen läßt, ob sie Übergangsprobleme darstellen oder ob sie für die sich etablierende Weltgesellschaft insgesamt cha-

133 Wolff, *Philosophia Prima Sive Ontologia*, § 503.

134 Vgl. zur Herkunft und zur reformatorischen Behandlung der Problemstellung Karl Heim, *Das Gewißheitsproblem in der systematischen Theologie bis zu Schleiermacher*, Leipzig 1911.

rakteristisch bleiben werden. Abschließend sollen einige dieser Folgeprobleme mit wenigen, knapp gehaltenen Andeutungen skizziert werden.

Eine erste Überlegung betrifft *Zweitcodierungen*. Wir hatten bei der Darstellung einzelner Kommunikationsmedien bereits registriert, daß die Codestruktur zuweilen mit einem einzigen binären Schematismus nicht auskommt. In unentwickelten Verhältnissen werden dann mehrere Dichotomien kongruent gesetzt[135] – so wie ein lernender Klavierspieler schwierige Passagen langsamer und leichte Passagen schneller spielt (statt mit bewußt ausdifferenzierter Orientierung an Tempi langsame langsam und schnelle schnell). Stärker differenzierte Sozialordnungen müssen dagegen auch binäre Schematismen differenzieren und infolgedessen deren Beziehungen zueinander regeln. Den Fall der Beziehung mehrerer Medienbereiche zueinander hatten wir unter dem Stichwort der Konvertibilität abgehandelt.[136] Zur Bezeichnung der Regelung des Verhältnisses mehrerer Schematismen in einem ausdifferenzierten Mediensystem sollen uns die Termini »Zweitcodes« und »Nebencodes«[137] dienen.

Eine Zweitcodierung knüpft immer an eine bestimmte Erstcodierung an. Sie besteht darin, daß sie genau deren Disjunktion noch einer zweiten Schematisierung unterwirft. So wird Macht nicht nur nach stark/schwach, sondern gleichsam quer dazu auch noch nach Recht/Unrecht codiert, damit die Differenz von Stärke und Schwäche danach beurteilt werden kann, ob ihre Anwendung im Einzelfall dem Recht entspricht oder nicht. Infolgedessen gibt es dann sowohl die Möglichkeit, daß der Starke gegen den Schwachen im Recht ist, als auch die

135 Vgl. bereits oben, Kap. II.2.

136 Vgl. oben, Kap. II.6.

137 Zu letzteren vgl. den folgenden Abschnitt 9.

umgekehrte: daß der Schwache gegen den Starken im Recht ist, was in den Machtstrukturen Kettenbildungen, wenn nicht Reflexivität voraussetzt. Ähnliches gilt für das Verhältnis von (Sach-)Eigentum und Geld, vielleicht auch für das Verhältnis von klassischer Logik und dialektischer Logik (bzw. Reflexionslogik, mehrwertiger Logik). Zweitcodierungen beziehen sich, und das unterscheidet sie von »Nebencodes« immer genau auf die disjunktive Relation der Erstcodierung, also auf ihre Duplikationsregel; so zum Beispiel Geld auf die Möglichkeit, (Sach-)Eigentum zu haben oder nicht zu haben. Sie behandeln Folgeprobleme jener ersten Disjunktion durch Relationierung ihrer Relation, und dies wiederum in der Form eines Codes.

Nicht in allen Fällen sind Zweitcodierungen Voraussetzung für Reflexivität, nicht zum Beispiel im Falle der Liebe und wohl kaum für Sonderbereiche wie religiösen Glauben oder Kunst. In der Politik ist dagegen nicht zu sehen, wie ohne Juridifizierung der Macht reflexive Strukturen der Übermächtigung von Machthabern, ja selbst von höchsten Machthabern institutionalisiert werden könnten. Das gleiche gilt im Bereich der Wirtschaft für die Monetisierung des Eigentums. Die Wissenschaft steht in manchen ihrer Bereiche, nicht zuletzt in der hier vertretenen Systemtheorie, vor dem gleichen Problem: daß ein einfacher binärer Schematismus, der der klassischen Logik, für ein reflexives Funktionsniveau nicht mehr ausreicht, ohne daß zur Zeit jedoch technisch ausgereifte Zweitcodierungen zur Verfügung stünden.[138] Dies Beispiel zeigt sehr gut, wie man bei größerer Spezifikation und bei Kombination von Problemstellungen bei den einzelnen

138 Das ist unter anderen das Problem der »mehrwertigen Logik«, wie sie namentlich von Gotthard Günther zur Behandlung reflexionslogischer Probleme gefordert wird. Vgl. insb. *Idee und Grundriß einer nicht-Aristotelischen Logik*, Bd. 1, Hamburg 1959.

Medien auf sehr unterschiedliche Reaktionsmöglichkeiten und historische Einsatzfähigkeiten stößt. Bei weiterer Verfeinerung und Komplexierung des Forschungsansatzes müßte man so zu historisch überprüfbaren Hypothesen kommen.

Ein weiteres Merkmal hochreflexiver Gesellschaftsordnungen hängt mit Abstufungen (Iterationen) in den Reflexivstrukturen zusammen. Wie stets bei Kettenbildungen wächst damit die Störbarkeit, andererseits aber auch die Rekuperationsfähigkeit des Systems. Je stärker Prozesse, die zusammenhängen, auseinandergezogen und auf verschiedenartige Situationen verteilt werden, desto unwahrscheinlicher wird es, daß Störungen alle Kettenglieder zugleich betreffen, desto wahrscheinlicher aber auch, daß die Störung eines Gliedes andere tangiert. Das *simultan* gegebene Umweltverhältnis setzt sich intern in ein zeitliches *Nacheinander* spezifischer Leistungsausfälle, Erwartungsenttäuschungen und Anpassungsmaßnahmen um. Wir werden diesen Sachverhalt bei der Behandlung von Systemdifferenzierungen noch genauer analysieren. Im Vorgriff darauf soll hier nur gezeigt werden, daß Reflexivität in den Teilprozessen des Gesellschaftssystems diesen Doppeleffekt verstärkt.

Wenn und nur wenn mediengesteuerte Kommunikationsprozesse reflexiv geworden sind, können Störungen die Form von *Inflationen* bzw. *Deflationen* annehmen.[139] Inflation liegt vor, wenn gemessen an vorhandenen Systemkapazitäten

139 Die Übertragung dieser für den Geldmechanismus entwickelten Begriffe auf symbolisch generalisierte Kommunikationsmedien jeder Art ist Talcott Parsons zu verdanken. Vgl. *Sociological Theory and Modern Society*, S. 341ff.; »On the Concept of Value-Commitments«, S. 153ff. Auch Baldwin, »Money and Power«, S. 608ff., sieht bei sonst sehr kritischer Einstellung zu Parsons hier eine ausbaufähige Fragestellung. Allerdings fehlt bei Parsons ein sehr wichtiger Gesichtspunkt: die Einsicht in die Abhängigkeit inflationärer bzw. deflationärer Phänomene von reflexiven Steuerungsmechanismen.

durch reflexive Vorselektion zu viele Übertragungsmöglichkeiten bereitgestellt werden; Deflation liegt dagegen vor, wenn zu wenige Übertragungsmöglichkeiten bereitgestellt werden. So führt die hier vertretene Systemtheorie, sofern sie ihre Ansprüche einzulösen und zu überzeugen vermag, möglicherweise zu einer inflationären Entwicklung des Wahrheitsmediums, weil sie zu viel als wahrheitsfähig zuläßt; die vorherrschende empirische Methodologie hat im Gegenteil deflationäre Züge, indem sie den Bereich forschungsfähiger Themen im Verhältnis zum Orientierungsbedarf zu stark einschränkt.

Inflation/Deflation sind mithin Formen des Risikos hochdifferenzierter Gesellschaftsstrukturen. Sie setzen Mediendifferenzierung und Codierung der Selektionsübertragungen voraus und treten nur auf, wenn die so geordneten Übertragungsprozesse reflexiv geworden sind. Damit entsteht für die reflexiven Steuerungsprozesse, etwa für Pauschalbeurteilungen der richtigen Geldmenge, der politischen Konsens- bzw. Gewaltpotentiale, der logischen Konstruierbarkeit und empirischen Operationalisierbarkeit von Supertheorien ein spezifisches Risiko der Fehlabschätzung von Systemkapazitäten mit Folgen, die den gesamten Medienbereich betreffen können. In der reflexiven Disposition werden jedoch nur Orientierungswerte für die Verwendung des jeweiligen Kommunikationsmediums gesetzt, auf die andere Prozesse sich in verschiedener Weise einstellen können. Nicht jeder Produktionsbetrieb und nicht jeder Haushalt wird von inflationären Entwicklungen im Geldwesen in gleicher Weise berührt, und es gibt je nach Sonderstruktur und Situation ganz verschiedene Möglichkeiten, sich darauf einzustellen. So wird auch eine Bürokratie trotz inflationistischer (terroristischer) oder deflationistischer (zum Beispiel unter einer Minimisierungsideologie operierender) Politik weiterfunktionieren,

Verkehrsregeln werden befolgt bzw. nicht befolgt werden usw. Weil Inflationen/Deflationen durch reflexive Steuerungsprozesse ausgelöst werden, betreffen sie *zeitweilig* das *gesamte* Mediensystem in *ungleicher* Weise. Selbst wenn sie Extremwerte erreichen und in den reflexiven Prozessen selbst Gegensteuerungen erfordern, ist durch die Divergenz ihrer Effekte und Nichteffekte eine gewisse Regenerationsfähigkeit des Systems gesichert, die sich relativ abrupt in den schon genannten Formen eines politischen Führungswechsels, einer Währungsreform, eines Paradigmawechsels vollziehen und sich dabei auf noch intakte Infrastrukturen stützen kann.

9. Nebencodes

Inflationen und Deflationen sind ganz spezifische Reaktionen auf ganz spezifische Funktionsmängel in der reflexiven Steuerung, und zwar auf zeitweilige, am Effekt korrigierbare Überschätzung bzw. Unterschätzung von Teilsystemkapazitäten. Darüber hinaus gibt es bei allen wichtigen Kommunikationsmedien eine andersartige Erscheinung, die ebenfalls Funktionsmängeln Rechnung trägt, nämlich das Ausweichen auf Nebencodes mit anderen Bedingungen, aber gleicher Funktion. Diese »paramediäre« Problemlösung findet sich typisch, wenn bei hoher Inanspruchnahme und Belastung eines Kommunikationsmediums strukturell bedingte (also relativ dauerhafte) Funktionsdefizite auftreten, die auf der Ebene und mit den Mitteln des Hauptcodes nicht behoben werden können. Dann müssen für die gleiche Funktion andere Mittel eingesetzt werden. Wir geben zunächst einige Beispiele, um über Anschauungsmaterial für einen Vergleich zu verfügen.

Bei Kommunikationen, die unter dem Kommunikationsmedium Wahrheit abgewickelt werden, kann *Reputation* die

Funktion eines Nebencodes erfüllen.[140] Reputation ist unterstellte Fähigkeit zur Erläuterung und Beweisführung. Sie kann durch Namen von Personen, Institute, Zeitschriften, Versammlungsanlässe usw. symbolisiert sein und ist darauf angewiesen, daß sie als Unterstellung schon funktioniert und, ähnlich wie Kredit, nicht zu häufig auf die Probe gestellt wird.[141] Wie immer sachgerecht sie entsteht und verteilt wird[142] und wie intensiv sie laufend auch kontrolliert wird: als Nebencode für Wahrheit ist sie auf Übergeneralisierung, auf ein Überziehen wirklich vorhandener Informationen angewiesen.

140 Dies in der Wissenschaftssoziologie vieldiskutierte Thema ist bisher hauptsächlich unter systemtheoretischen Gesichtspunkten behandelt worden. Dabei stehen Aspekte wie Motivation und Karrieren der Wissenschaftler, Gerechtigkeit der Reputationsverteilung, Informationsverarbeitung unter Reduktion übermäßiger Komplexität, Wertwidersprüche und Legitimationsprobleme im Vordergrund. Genauere Untersuchungen über Zusammenhänge mit Funktionsmängeln des Wahrheitsmediums stehen noch aus. Vgl. etwa Hagstrom, *The Scientific Community*; Norman W. Storer, *The Social System of Science*, New York 1966; Luhmann, »Selbststeuerung der Wissenschaft«; Lemaine, Matalon, Provansal, »La lutte pour la vie dans la cité scientifique«; Stefan Jensen, Jens Naumann, »Methodologische Probleme der Bildungsökonomie«, *Zeitschrift für Pädagogik* 18 (1972), S. 45-61.

141 Vgl. Diana Crane, »Scientists at Major and Minor Universities: A Study of Productivity and Recognition«, *American Sociological Review* 30 (1965), S. 699-714; Stephen Cole, Jonathan R. Cole, »Scientific Output and Recognition: A Study of the Operation of the Reward System in Science«, *American Sociological Review* 32 (1967), S. 377-390; Stephen Cole, »Professional Standing and the Reception of Scientific Discoveries«, *American Journal of Sociology* 76 (1970), S. 286-306.

142 Die durchweg enttäuschenden Erfahrungen mit großen Reputationen, die man auf Kongressen sammeln kann (dazu Stefan Jensen (Hg.), *Über die Zukunft des europäischen Bildungswesens*, Frankfurt/M., Berlin u. a. 1973, Einleitung, S. VIII ff.), zeigen im übrigen, daß Reputation auf schriftliche Kommunikation angewiesen, zumindest, wie alle Medien, schriftabhängig ist.

Anders als Wahrheit wird Reputation immer konkret assoziiert, aus biographischen oder historischen Kontexten, aus Publikationen und Namensnennungen, Zitierungen oder Ehrungen erschlossen. Sie kennt keine eindeutig binäre Struktur (obwohl organisatorische Äquivalente wie das Innehaben von Lehrstühlen einen gewissen Ersatz bieten), sondern nur undeutliche graduelle Abstufungen. Sie hat gleichwohl eine binäre, codeähnliche Orientierungsfunktion, indem sie steuert, was man liest bzw. nicht liest, wo man Wahrheiten sucht bzw. nicht sucht, welche Informationen man überhaupt für relevant hält und vor allem: welche Themen man wählt. Mit alldem *kompensiert* Reputation Funktionsschwächen des Wahrheitscodes. Sie besagt dagegen nicht ohne weiteres, daß man die durch Reputation gedeckten Äußerungen auch für wahr hält. Im Gegenteil: Reputation macht es gerade reizvoll, die Unwahrheit von Aussagen nachzuweisen, die von reputierten Forschern vertreten werden. »Kritik« dient dann als Signal für einen Codewechsel, Konflikt ist der Anlaß für das Rückschalten auf den offiziellen Code der Wahrheit. Selbst darin sichert aber die Reputation der kritisierten Autoren noch die Relevanz der Themenwahl; sie bewahrt den Kritiker davor, sich an Unerheblichkeiten abzumühen. Wer keine eigenen Probleme findet, kann sich immer noch mit denen anderer beschäftigen und so einen Abglanz der großen Reputation verdienen.

Ebenso wie bei der Wahrheit liegt auch bei der Macht der Ausgangspunkt für die Bildung eines Nebencodes in der Überlastung mit zu hoher Komplexität. Der Engpaß komplexer Machtsysteme liegt längst nicht mehr im Durchsetzungsvermögen in Konfliktsfällen, im Mangel an Soldaten, Polizisten oder Waffen; er liegt in Problemen der Informationsverarbeitung und Entscheidungsfindung. Machthaber kommen heute infolge organisatorischer Kettenbildung und Reflexivierung von Entscheidungsprozessen sehr leicht in Positionen, in denen ihr Einflußbereich größer ist als ihre Informationsverarbeitungskapazität. Sie können dann allein nicht mehr sicher wissen, was sie wollen können, geschweige denn, was sie bewirken werden. Sie brauchen Hilfe und Rat, und dazu bieten sich gerade die an, denen sie Weisungen zu erteilen haben: ihre Untergebenen. Aus der Überlastung des Vorgesetzten entsteht zunächst eine diffuse Einflußchance, schließlich auch eine klare Machtchance der Untergebenen. Sie gewinnen *informale Macht* über die Alternative, dem Vorgesetzten Komplexität abzunehmen oder nicht abzunehmen.[143]

Machtsteigerungen treffen demnach nicht nur auf Gegenmacht,[144] stimulieren nicht nur Opposition; sie erzeugen durch ihre eigenen Verwirklichungsbedingungen reziproke Macht, die einen eigenen Nebencode benutzt. Dadurch dissoziieren sich formale und informale Macht. Informale Macht wird stärker person- und kontextgebunden geübt, wird eher antizipiert als kommuniziert. Sie ist, wenn man den faktischen Einfluß nach Reduktionsleistungen messen will, vermutlich die größere Macht, steht aber im Konfliktsfalle zurück. Auch

143 Vgl. z. B. Harold E. Dale, *The Higher Civil Service of Great Britain*, Oxford 1941, insb. S. 110ff.; David Mechanic, »Sources of Power of Lower Participants in Complex Organizations«, *Administrative Science Quarterly* 7 (1962), S. 349-364; Heinz Hartmann, »Bürokratische und voluntaristische Dimensionen im organisierten Sozialgebilde«, *Jahrbuch für Sozialwissenschaft* 15 (1964), S. 115-127 (122ff.), neu gedruckt in: Renate Mayntz (Hg.), *Bürokratische Organisation*, Köln, Berlin 1968, S. 297-309.

144 Dies ist eher typisch für Kleinbürokratien älterer politischer Systeme, die mit lokaler Macht untergebener Magnaten und mit deren Interesse an Ultra-vires-Handeln zu rechnen hatten. Siehe als ein Beispiel M. G. Smith, *Government in Zazzau 1800-1950*, London, New York u. a. 1960, insb. S. 27ff.; ferner zur umfangreichen Diskussion über Herrschaftsverhältnisse im spätmittelalterlichen Ständestaat Helmut Quaritsch, *Staat und Souveränität*, Bd. I, Frankfurt/M. 1970, S. 178ff., mit weiteren Hinweisen.

hier dient ein Konflikt als Signal für einen Codewechsel, für eine Rückschaltung auf den Hauptcode der offiziellen Macht, und will deshalb wohlüberlegt sein.[145]

Ganz ähnliche Erscheinungen entwickeln sich im Kommunikationsbereich der Liebe, hier freilich bei kleineren Verhältnissen mit weniger scharfer Kontrastierung von Hauptcode und Nebencode. Während der Hauptcode der Liebe vorschreibt, daß man sich nach der Erlebniswelt des Partners zu richten hat, in der dieser alle ihm gemäßen Bewegungsfreiheiten findet (oder erfindet), gleitet die Praxis leicht über zu einem Nebencode, der von der historisch-biographischen Identität und den gezeigten Eigenschaften des Partners ausgeht. Auch hier ist der Hauptcode für alltägliche Bewährung zu abstrakt, zu möglichkeitsreich, so daß ihm für die Motivation zur täglichen Abstimmung der Selektionen eine konkretere, stärker kontextgebundene, sozusagen situationsreifere Orientierungsregel substituiert werden muß. An die Stelle der Duplikation der öffentlichen durch eine gemeinsam-private Welt tritt die bekannte Art und Weise des Partners als Selektionsinstanz in einer Identifikation, die nicht durch ihre Welt, sondern durch ihre Geschichte bestimmt und dadurch überstabilisiert ist. Man muß dann an Liebe appellieren, will man aus dem eingefahrenen Interaktionsmodus ausbrechen und noch unrealisierte Potentialitäten zur Geltung bringen.

145 Hier liegt ein Grund, weshalb Konflikte in Organisationen häufig unterdrückt werden, vor allem dann, wenn die Zwischenvorgesetzten durch die höheren Vorgesetzten nicht zuverlässig gedeckt werden. Viel mehr noch als die Kritik der Reputation müßte im Bereich der politischen Macht die Konfliktsbereitschaft der Vorgesetzten normativ, evaluativ und praktisch gestärkt werden im Interesse der Leichtigkeit des Umschaltens von Hauptcode auf Nebencode und von Nebencode auf Hauptcode.

Im Unterschied zu diesen Medien ist Geld bzw. monetisiertes Eigentum bereits so komplex und zugleich so entscheidungsgünstig angelegt, daß Nebencodes normalerweise entbehrlich sind. Es gibt analoge Erscheinungen bei Fällen von extremer Inflation, wenn relativ fungible Sachgüter oder Fremdwährungen Geldfunktionen übernehmen. Es könnte auch sein, daß bei zunehmender Verknappung von industriell zentralen Umweltressourcen (etwa für Energiegewinnung) deren ohnehin problematisches Verhältnis zum Geld sich in der Form eines konkreteren, stärker kontextgebundenen Nebencodes stabilisiert. Aber das ist ein Ausgriff auf eine erst in Umrissen erkennbare Zukunft, mit der wir noch keine soziologisch belegbare Erfahrung haben.

Nebencodes sind, wie an diesen Beispielen zu erkennen ist, in ihrer Genese, ihrer Existenz und ihrer Funktion von Hauptcodes abhängig. Sie lassen sich insofern historisch lokalisieren. Weder für fachwissenschaftliche Reputation noch für informal gebildete bürokratische Macht gibt es in früheren Zeiten, etwa in der Ständegesellschaft des ausgehenden Mittelalters oder in den antiken Stadtkulturen, Parallelen von gesellschaftsstruktureller Relevanz. Vor Totalisierung der Reflexivstrukturen war die Komplexität in den einzelnen Medienbereichen dafür nicht hoch genug. Dieser Charakter einer Spätentwicklung läßt sich auch an der Spezifität der Ausgangsbedingungen ablesen. Nebencodes beziehen sich jeweils auf die gleiche Interaktionskonstellation wie der Hauptcode und auf die gleiche Übertragungsproblematik. Sie entstehen, wenn der Hauptcode mehr Komplexität zuläßt, als informationsmäßig und interaktionell verarbeitet werden kann. Dann bietet sich, will man nicht auf den Hauptcode ganz verzichten und damit eine regressive Gesellschaftsentwicklung einleiten, die Möglichkeit, für die gleiche Funktion einen zusätzlichen Code bereitzustellen, der den Vorteil größerer Konkretheit und Geschichts- oder Situationsnähe mit dem Nachteil der Legitimationsschwäche verbindet. Man kann sich nicht oder nur unter besonderen Bedingungen oder nur andeutungsweise auf ihn berufen, ihn dafür aber um so suggestiver und unwidersprechbarer verwenden.

Das Hauptproblem eines solchen Nebeneinanders von Haupt- und Nebencode dürfte in der Erhaltung der laufenden Möglichkeit des Codewechsels liegen, in der Sicherung der Substituierbarkeit im Rahmen der gleichen Funktion. Vor allem Konflikte eignen sich als Umschaltauslöser. Die Medien sind aber in sehr unterschiedlichem Ausmaß »polemogen«. So ist das Abstreifen bisheriger Identifikationen und das Rückschalten auf Liebe gerade im Konfliktsfalle ausgesprochen schwierig. Das dürfte den Ausweg der Suche nach einem anderen Partner für das neue Ich stimulieren. In Organisationen, die auf Machtbasis operieren, kann man sich behelfen mit einer Differenzierung der offiziellen Außensicht, nach der der Vorgesetzte allein die Macht hat, und der nur für Eingeweihte erkennbaren Innenansicht, nach der die Untergebenen mächtiger sind. Auch dann bleibt es eine Frage, wie ein Vorgesetzter wegen seiner Außenbeziehungen – zum Beispiel als Eigentümer oder als politische Persönlichkeit oder im Sonderfalle des Konfliktes zwischen seinen Untergebenen – sich nach innen als konfliktsfähig erweist. Die hier zu suchenden Problemlösungen sind wiederum zu spezifisch, um auf die ganz anderen Verhältnisse im Wissenschaftsbereich übertragbar zu sein, wo Konflikte nur Erleben betreffen, daher leichter inszenierbar sind, so daß es genügt, die Kritisierbarkeit der reputationsgedeckten Aussagen auf der Ebene der Werte und Normen des Systems sicherzustellen.

Das Phänomen solcher Nebencodes kann uns schließlich als Warnung dienen, den Grad an erforderlicher Homogenität in den Symbolstrukturen der Kommunikationsmedien nicht zu überschätzen. Über Legitimierungstechniken kann zu Lern- und Motivationszwecken ein Anschein von Harmonie in den Symbolen und Verhaltensinstruktionen erzeugt werden, der das, was wirklich möglich und was funktional sinnvoll ist, bei weitem überzieht. Demgegenüber ist es Aufgabe der soziologischen Analyse, latente Strukturen aufzudecken und die Funktionalität auch der nichtlegitimierbaren Aspekte der Mediencodes zu erkennen.

Dieses Interesse an latenten Funktionen und Strukturen wird uns in den folgenden Abschnitten leiten, in denen wir nunmehr explizit auf die symbolischen und expressiven Darstellungsmittel der Kommunikationsmedien eingehen.

10. Kontingenzformeln

Die Situation doppelter Kontingenz, auf die alle Kommunikationsmedien sich beziehen, muß auf der Ebene der generalisierten Symbole zum Ausdruck gebracht und reproduziert werden. Wenn es überhaupt zur Ausdifferenzierung von Kommunikationsmedien kommt, ist das Kontingenzbewußtsein infolge gesellschaftlicher Entwicklung so weit fortgeschritten, daß es nicht mehr ignoriert oder in den Bereich des bloß Akzidentellen abgedrückt werden kann. Der Gegensatz von Code und Prozeß kann dann nicht mehr schlicht als ein Gegensatz von Essentiellem und Akzidentellem, von Beständigem und Wechselndem, von Notwendigem und bloß Möglichem oder Kontingentem begriffen werden. Vielmehr muß die Kontingenz der Themen und der Perspektiven, die im Kommunikationsprozeß zum Ausdruck kommen, auf der Ebene struktureller Bedingungen der Kommunikation anerkannt und formuliert werden. Symbole oder

Symbolkomplexe, die dies zu leisten vermögen, wollen wir Kontingenzformeln nennen.

Kontingenzformeln ermöglichen die Reformulierung einer ursprünglich als unbestimmt und unbestimmbar empfundenen Situation, indem sie in eine als kontingent begriffene Sachlage gezielt Negationsmöglichkeiten einbauen und auf die Kontingenz selbst richten. Zugespitzt ausgedrückt, wird also Kontingenz so formuliert, daß das Gegenteil dabei herauskommt. Das Kontingente wird in seiner Möglichkeit, anders zu sein, limitiert, wird zumindest partiell nezessifiziert. Die Unbestimmbarkeit reiner Kontingenz wird transformiert in eine Bestimmbarkeit bekannten Stils. Dabei handelt es sich, formal gesehen, immer um Direktiven für den Einsatz von Negationen in schon modalisierten Sinnbereichen, wobei die Negierbarkeit dieser Negationen (also: die Wiederherstellung unbestimmbarer Kontingenz) auf die eine oder andere Weise abgeschnitten wird. Diese Domestikation der Negation und ihre Überführung ins Bestimmbare dient immer auch einer sozialen Funktion, nämlich dazu, den Modus kommunikativer Sozialbeziehungen plausibel zu machen und so die Übernahme von Selektionsleistungen nahezulegen.

Die wohl folgenreichste Kontingenzformel dürfte in der *Gottesvorstellung* zu suchen sein.[146] Sie ist in sehr verschiedenen Varianten realisiert worden, deren mangelnde Unterscheidung die älteren Diskussionen um die Evolution der Gottesvorstellung in Schwierigkeiten gebracht hatte.[147] Schon

146 Dazu auch Niklas Luhmann, »Religiöse Dogmatik und gesellschaftliche Evolution«, in: Karl-Wilhelm Dahm, Niklas Luhmann, Dieter Stoodt, *Religion – System und Sozialisation*, Neuwied, Berlin 1972, S. 15-132 (29f., 57ff.).

147 Zu dieser Diskussion namentlich Wilhelm Schmidt, *Der Ursprung der Gottesidee: Eine historisch-kritische und positive Studie*, 12 Bde., Münster 1912-1955; Raffaele Pettazzoni, *Der allwissende Gott: Zur Geschichte*

in archaischen Gesellschaften können Hochgott-Vorstellungen die Einheit des religiösen Weltbezugs ausdrücken, ohne daß dies nennenswerte Konsequenzen hätte für die Disziplinierung, Systematisierung und Ausdifferenzierung spezifisch religiöser Orientierungen. Die Einheit des einen Gottes bleibt auf Vagheit und Unbestimmtheit ihres Ausdrucks angewiesen, leistet also eigentlich keine Rekonstruktion der Kontingenz.[148] Erst unter stärker spezifizierten gesellschaftsstrukturellen Anforderungen, vor allem als Begleiterscheinung der Ausdifferenzierung von politischer Herrschaft, entwickelt sich ein Monotheismus neuen Stils, in dem der Hauptgott zum Hochgott, schließlich zum einzigen Gott generalisiert wird und, analog zum Herrscher, alle religiösen Bezüge an sich bindet.[149] Ein solcher Gott kann sich variabel, aber nicht willkürlich verhalten. Er bindet sich selbst an Moral. Er handelt also gut, kann aber (obwohl er kontingent handelt!) nicht böse handeln, entzieht sich also dem Schematismus.[150] Kontingenz wird, soweit sie religiös zum Ausdruck kommt, in die Beziehung des Gottes zum Menschen verlagert, also rela-

der Gottesidee, Frankfurt/M. 1960; Murray L. Wax, Rosalie Wax, »Magic and Monotheism«, in: *Symposium on New Approaches to the Study of Religion*, Seattle 1964, S. 50-60.

148 Siehe als ein Beispiel unter vielen: E.F. Evans-Pritchard, »Azande Theology«, in: ders., *Essays in Social Anthropology*, New York 1963, S. 162-203. Vgl. ferner Erik Hornung, *Der Eine und die Vielen: Ägyptische Gottesvorstellungen*, Darmstadt 1971.

149 Vgl. M. David, *Les dieux et le destin en Babylonie*, Paris 1949. Zur Bindung an das politische Modell vgl. auch Erik Peterson, »Der Monotheismus als politisches Problem«, in: ders., *Theologische Traktate*, München 1951, S. 45-147.

150 An diesem Problem wird erkennbar, auf welche Schwierigkeiten die Theologie bei der Konstruktion des Übergangs von unbestimmter zu bestimmbarer Kontingenz aufläuft. Vgl. dazu Carl J. Peter, »Divine Necessity and Contingency: A Note on R.W. Hepburn«, *The Thomist* 33 (1969), S. 150-161.

tioniert und so kompatibel gesetzt mit den Doppelmöglichkeiten binärer Codes, mit gutem und schlechtem Verhalten, Wahrheit und Falschheit, Gerechtigkeit und Ungerechtigkeit, Reichtum und Armut »in dieser Welt«. In der Relation zu Gott kann jetzt der nichtkontingente Faktor gesehen werden, der je nach den Umständen und je nach dem Verhalten verschiedenartige Schicksale zuließ. Mit dem Ausdenken dieses Sachverhalts und nachdem das Christentum eine stärkere bezugsgruppenmäßige und organisatorische Dissoziierung von Politik und Religion realisiert hatte, geriet im Mittelalter die Kontingenzproblematik selbst ins Zentrum theologischer Reflexion und wurde im Kontext der Suche nach Gottesbeweisen, in der Schöpfungstheorie, aber auch in anderen modaltheoretischen Zusammenhängen zum Motor einer Abstraktion des Gottesbegriffs,[151] die ihrerseits durch Forcierung der Momente Offenbarung und Kirchlichkeit ausbalanciert werden mußte. Zugleich wird die Relationsform der Kontingenz in die Beziehung Gott – Welt verlegt.[152] Mit alldem findet eine Symbolentwicklung ihren Abschluß, die jene universellste Kontingenzformel zugleich spezifizierte und relativierte auf die besonderen Funktionsbedingungen im Religionssystem der Gesellschaft. Die höchste Stufe der Abstraktion dieser Kontingenzformel setzt ihre Reduktion auf die Relevanzperspektiven eines Teilsystems der Gesellschaft voraus.

151 Siehe z. B. Philotheus Boehner (Hg.), *The Tractatus de praedestinatione et praescientia Dei et de futuribus contingentibus of William Ockham*, St. Bonaventur 1945; Guy Jalbert, *Nécessité et contingence chez Saint Thomas d'Aquin et chez ses prédécesseurs*, Ottawa 1961; Celestino Solaguren, »Contingencia y creación en la filosofía de Duns Escoto«, *Verdad y Vida* 24 (1966), S. 55-100; Henry Deku, »Possible Logicum«, *Philosophisches Jahrbuch der Görres-Gesellschaft* 64 (1956), S. 1-21.

152 Zu den Konsequenzen für den Gottesbegriff Karl Heim, *Das Gewißheitsproblem in der systematischen Theologie bis zu Schleiermacher*, Leipzig 1911, insb. S. 181ff.

Andere Kontingenzformeln haben einen entsprechenden Weg genommen und sich dabei zugleich aus dem Banne der religiösen Kontingenzformel emanzipiert. Dieser Prozeß muß als eine der Bedingungen der Entwicklung spezifischer Mediencodes angesehen werden.

Die Symbole voll entwickelter Mediencodes sind allein schon durch binäre Schematisierung kontingent gesetzt: Haben oder Nichthaben, Wahrheit oder Unwahrheit – notwendig ist jeweils nur die Disjunktion selbst, sobald es Prozesse gibt, die das eine in das andere überführen können, zum Beispiel logische Operationen oder politische Wahlen. In der binären Schematisierung scheint das treibende Motiv für die Ausdehnung des Kontingenzbewußtseins und für ein allmähliches Dissoziieren der Codesymbole von religiösen und moralischen Inhalten zu liegen. Bei zunehmender Schärfe der Kontrastierung und bei zunehmender Leichtigkeit des Übergangs vom einen ins andere müssen Realitätskonstruktionen auf religiöser oder moralischer Basis sich auf immer kühnere und bewußtere Paradoxien einlassen, um sich noch behaupten zu können, bis hin etwa zu Zweifeln an der logischen Struktur des göttlichen Intellekts. Aber Binarität ist als solche keine Kontingenzformel, vielmehr nur die Spezifikation einer Problemstellung, in bezug auf die dann medienspezifische Kontingenzformeln entwickelt werden können. Der reine Schematismus läßt die Frage offen, wie und unter welchen Beschränkungen in dem jeweiligen Funktionsbereich Negationspotentiale gehandhabt, Kontingenzen und Notwendigkeiten vermittelt, Gegenpositionen ineinander überführt werden können.

Die Problematik medienspezifischer Kontingenzformeln hängt mithin, analog übrigens zum Problem der Theodizee bei der Kontingenzformel Gott, von binärer Schematisierung ab und nimmt mit ihrer Ausprägung zu; aber die Kontingenzformeln sind nicht schon mit dem Schematismus gegeben. Ihre Darstellung und Plausibilisierung erfordert den Einsatz zusätzlicher Symbole, die zugleich den spezifischen Funktionsbereich des Mediums charakterisieren.

Eine Sonderformel für die Kontingenz politischer Machtpraxis entwickelt sich an Hand des Konzeptes *politischer Ämter* – also an Hand von Stellen, deren Besetzung wechseln kann.[153] Die Amtsvorstellung bietet einen beständigen Bezugspunkt für Legitimationen, obwohl und gerade weil das Amt verschieden besetzt sein kann. Das Amt symbolisiert die Fähigkeit, durch Entscheidungen zu binden, also eine immer auch soziale Potenz. Es kann zunächst religiös, dann funktional als notwendig begriffen werden, und so dem Amtsträger, der doch kontingent und fehlerhaft handeln kann, ein Moment der Notwendigkeit mitverleihen. Auch hier läßt sich die Kontingenzproblematik durch Relationierung abstrahieren, nämlich in die Beziehung des Amtsträgers zu seinem Amt auslagern, so daß man sich sowohl Ämterverfassungen als auch Amtsträger als kontingent vorstellen kann und als unabdingbar nur postuliert, daß es in einer entwickelten Gesellschaft Ämter für politische Macht geben muß und daß sie besetzt sein müssen. Wer Amtsträger angreift und ihres Amtes entsetzen will, muß daher für Nachfolge sorgen oder gar Nachfolger sein können – und das diszipliniert die Motive und Gesichtspunkte der Kritik. Die Kontingenzformel der Amtslegitimität öffnet und limitiert zugleich die spezifisch politischen Negationspotentiale und geht in dieser Form in die Symbolstruktur des Kommunikationsmediums Macht ein. Das Nachfolgeproblem, der Wechsel der Amtsträgerschaft, ist zugleich dasjenige Problem, dessen Lösung die Überführung von Macht in Nichtmacht und umgekehrt er-

153 Hierzu bereits oben, Teil 2, Kap. III.2(c).

leichtert, also die Kontingenz des Schematismus steigert. Das gilt besonders, wenn der Wechsel selbst schematisiert, also zum Beispiel vom Ablauf von Fristen abhängig gemacht wird im Sinne demokratischer Wahlperioden.[154] Dann kann die Kontingenz der politischen Macht nicht mehr in der Tradition und auch nicht mehr in der Herrlichkeit der Herrschaft selbst aufgehoben werden. Sie wird temporalisiert in dem Sinne, daß die stets gegenwärtige Möglichkeit einer anderen Zukunft die Macht domestiziert.

Auch die Kontingenzformel für Wahrheit hat diesen Weg zur Temporalisierung genommen. Der Anstoß, lebensweltlich laufend erfahrene Kontingenzen im Wahrheitsbereich zu negieren, hat sich historisch aus der relativ unabhängigen Variabilität von System und Umwelt ergeben.[155] Man kommt, wie schon eingangs vermerkt,[156] mit Punkt-für-Punkt-Korrelationen im Verhältnis von System und Umwelt nicht aus. Sobald ein Wahrheitsmedium ausdifferenziert wird, muß dieses Verhältnis zur Umwelt medienspezifisch symbolisiert werden. Das geschieht durch die Interpretation der Differenz von System und Umwelt als Differenz von Erkennen und Sein. Diese Symbolisierung muß dann die Probleme des Verhältnisses von System und Umwelt (einschließlich des Problems der reflexiven Selbststeuerung auf seiten des Systems) reproduzieren und verarbeiten können. Damit steht man vor dem doppelten Erfordernis, die Feststellung der Erkenntnisse relativ unabhängig zu machen vom Fluktuieren des Seins und Sein als unabhängig zu sehen von dem Zufall des Erkennens. Dazu muß Kontingenz negiert werden,

154 Hierzu und zu weiteren Folgeproblemen Niklas Luhmann, »Politische Verfassungen im Kontext des Gesellschaftssystems«, *Der Staat* 12 (1973), S. 1-22, 165-182 (12ff.).

155 Darauf kommen wir zentral nochmals unter Teil 4, Kap. II zurück.

156 Vgl. oben, Teil 1, Kap. I.

also Notwendigkeit unterstellt werden – zunächst auf seiten des Seins, zumindest seiner »wesentlichen« Grundzüge, dann auch auf seiten der Erkenntnisse, schließlich vielleicht nur noch in der Relation von kontingentem Sein und kontingenten Erkenntnissen. Mit all diesen Bemühungen wird das Problem letztlich durch eine wie immer reduzierte Leugnung der Temporalität in den Beziehungen von System und Umwelt gelöst. Dabei bleibt das viel erörterte Problem der künftigen Kontingenzen ein irrationaler Störfaktor.[157]

Erst mit der konsequenten Ausformulierung der Erkenntnis als nichtkontingenter Relation zwischen kontingenten Gegenständen und kontingenten Erkenntnissen ergibt sich die Möglichkeit, auch die Kontingenzformel des Wahrheitsmediums zu temporalisieren. Das geschieht durch die Wahr-

157 Die Problemtradition geht auf Aristoteles, *De interpretatione*, Kap. IX, zurück. Vgl. z. B. Konstanty Michalski, »Le problème de la volonté à Oxford et à Paris au XIVe siècle«, *Studia Philosophica* 2 (1937), S. 233-365 (insb. S. 285ff.), neu gedruckt in: ders., *La philosophie au XIVe siècle: six études*, Frankfurt/M. 1969; Boehner, *The Tractatus de praedestinatione*, 1945; Léon Baudry, *La querelle des futurs contingents (Louvain 1465-1475)*, Paris 1950; Guy Picard, »Matière, contingence et indéterminisme chez saint Thomas«, *Laval théologique et philosophique* 22 (1966), S. 197-232; Nicholas Rescher, »Truth and Necessity in Temporal Perspective«, in: Richard M. Gale (Hg.), *The Philosophy of Time*, London 1968, S. 183-220. An dieser Problemstellung ist im übrigen im Detail zu verfolgen, wie dieses Problem der Erkenntnistheorie und ihres logischen Schematismus mit der theologischen Behandlung der Kontingenzformel Gott interferiert und zunächst durch sie gelöst wird, nämlich durch Annahme der Simultaneität der Erkenntnis Gottes mit alten Zeiten (vgl. z. B. Thomas von Aquino, *In peri hermeneias*, lectio XIII und XIV; ferner *De veritate*, II, Art. 12). Der Übergang zu einem hypothetischen Wahrheitsbegriff zeichnet sich ab in der Überführung des Kontingenzproblems in eine bloße Form der Erkenntnis angesichts einer unsicheren Zukunft. Vgl. Thomas Hobbes, *De Corpore*, Kap. X, in: William Molesworth (Hg.), *Opera Latina*, Neudruck Aalen 1961, Bd. I, S. 115f.

heitsform der *Hypothese.*[158] Indem alle Wahrheit als nur hypothetisch geltend behandelt wird, wird die Zeit in der Form einer möglicherweise andersartigen Zukunft (genau wie im Falle der demokratisch legitimierten Macht) konstitutiv in die Symbolisierung des Mediums einbezogen und zu seiner Rechtfertigung mitbenutzt. Die Qualifikation als wahr bzw. unwahr wird dann jeweils nur vorläufig eingeführt. Ihre Funktion für den kommunikativen Übertragungsprozeß setzt voraus, daß sie geändert werden könnte, aber im Moment kein Anlaß zur Änderung besteht. Und dies erfordert seinerseits ein hochentwickeltes wissenschaftliches Instrumentarium, das Lernfähigkeit für alle Fälle, für jede Art von Überraschung garantiert und die Sicherheit aus dem Besitz des Gelernten in die Lernmöglichkeiten verlagert. Die Limitierung der Kontingenz, die Bestimmbarkeitsgarantie der Kontingenzformel liegt dann in den strukturellen Bedingungen der Lernfähigkeit, in den strukturellen Bedingungen des Wechsels von Theorien (so wie im Falle der Macht in den strukturellen Bedingungen des Wechsels der Machthaber). Die Wissenschaft wird sozusagen jenseits ihres logischen Schematismus mit der Zeit versöhnt.

Für wirtschaftliche Kommunikation übernimmt *Knappheit* die Funktion einer Kontingenzformel. Knappheit ist wie Stelle oder Erkenntnis kein Naturzustand, sondern eine Symbolisierung vorausliegender Probleme (Mangellagen, Bedürfnisse) mit der Funktion der Relationierung und Kontingenzsteigerung.[159] Als Symbolisierung von Zusammenhängen wird Knappheit erst möglich, wenn Güter und Personen ge-

158 Vgl. Karl R. Popper, *Logik der Forschung*, Tübingen ^{2}1966. Bemerkungen zum Verhältnis von Hypothetik und Zeit auch bei Hülsmann, *Argumentation*, S. 174ff. (insb. 175).

159 Vgl. Niklas Luhmann, »Knappheit, Geld und die bürgerliche Gesellschaft«, S. 187ff.

geneinander bewegt werden können, wenn also Eigentum als Schematismus von Haben und Nichthaben konstituiert ist und sodann die Bewegungsrelation unter den Gesichtspunkt der Summenkonstanz gebracht werden kann. Die Vorstellung der Knappheit bringt zum Ausdruck, daß alles, was einer hat, haben will, haben soll, soziale Relevanz hat, nämlich in genau gleichem Umfange auf Kosten anderer geht. Das motiviert die Suche nach Motiven für Bestand oder Wechsel in der Güterverteilung. Wie jede Kontingenzformel hat auch Knappheit die allgemeine Form der Nichtnegierbarkeit mit der spezifischen Funktion, Negationen zu regulieren. Und wie in den anderen Fällen ändert sich auch hier die Kontingenzformel im Laufe der gesellschaftlichen Evolution in Richtung auf zunehmende Ablösung von religiösen und moralischen Bindungen und Kompatibilität mit höheren Kontingenzen im spezifischen Medienbereich.

Der entscheidende Entwicklungschnitt liegt hier in der Zweitcodierung des Mediums, im Aufbau eines Geldmechanismus mit schließlich wirtschaftsuniversellen Funktionen. Dadurch wird es möglich, die Negation der Kontingenz in das quantitative Verhältnis von Sacheigentum und Geldeigentum zu verlegen. Diese Relation darf, bei gewissen Toleranzen in Richtung auf Inflation oder Deflation, nicht beliebige Werte annehmen und ist als Relation insoweit nichtkontingent. Aber sie bleibt kompatibel mit sehr verschiedenartigen Verteilungen beider Arten von Eigentum/Nichteigentum und bleibt als Relation auch kompatibel mit einem im Prinzip unbegrenzten Wachstum der Menge: Knappheit ist dann nicht mehr ein Phänomen der natürlichen Welt, nicht mehr von Gott verordnete Not und Prüfung,[160] sondern nur noch

160 Zu solchen kosmischen, religiös-moralisch fundierten Knappheitsvorstellungen vgl. George M. Foster, »Peasant Society and the Image of Limited Good«, *American Anthropologist* 67 (1965), S. 293-315.

formal die Nichtbeliebigkeit der Veränderung der jeweiligen Summenkonstanzen. Auch hier kommt mithin eine den binären Kalkül transzendierende Temporalisierung zum Zuge.

Im Code der Liebe scheint es wenig Möglichkeiten und wenig Bedarf für die Ausarbeitung einer besonderen Kontingenzformel zu geben – vielleicht weil die Beteiligten sich so nahestehen, daß sie die Negierung von Kontingenzen interaktionell leisten und von Thema zu Thema verschieben können. So tendiert der romantische Code der Liebe dahin, sein Kontingenzproblem direkt als Paradoxie zu inszenieren und es dabei zu belassen – zum Beispiel die Momenthaftigkeit der Passion und die Ewigkeit der Liebe, die zwanghafte Notwendigkeit der Begegnung und die Freiheit der Wahl zugleich und gleichrangig zu betonen.[161] Vermutlich werden hier Momente der Außendarstellung und der Innendarstellung, der Ausdifferenzierung und Abwehr gesellschaftlicher Interferenzen und der internen Annäherung miteinander verschmolzen. So dient die Zwangsläufigkeit und passionierte Unverantwortlichkeit der Symbolisierung der Wahl nach außen als Begründung einer religiös-politisch-ökonomisch-standesmäßig-familiär rücksichtslosen Liebesentscheidung, und gerade darauf beruht die Freiheit des Ja nach innen als Mittel der Überzeugung des anderen und als Motiv des Sich-einlassens auf seine Welt.

Kontingenzformeln können sich inhaltlich noch so stark unterscheiden, gewisse Gemeinsamkeiten lassen sich dennoch feststellen. Sie sind Elemente eines symbolisch generalisierten Kommunikationscodes und sind dadurch einerseits konstellationsspezifisch ausdifferenziert, andererseits gewissen Interdependenzen ausgesetzt. Sie sind nicht mehr ohne

161 Vgl. dazu Aubert, »A Note on Love«, insb. S. 226, 229.

weiteres austauschbar – man kann in der Liebe nicht mit Knappheit argumentieren –, und sie sind ebendeshalb stärker abhängig von Symbolentwicklungen im Eigenbereich, namentlich von der Ausdifferenzierung und Kontrastschärfe des jeweiligen binären Schematismus. Diese Tendenz zur Ausdifferenzierung und zur codeinternen Interdependenz scheint eine Eigendynamik zu erzeugen, die zur »Säkularisierung« der Kontingenzformeln geführt hat: Sie werden im Laufe der letzten Jahrhunderte der gesellschaftlichen Evolution operativ und begründungsmäßig unabhängig von der universellen Kontingenzformel »Gott«, eine Entwicklung, die gestützt wird durch die zunehmende Abstraktion des Gottesbegriffs, die diesen universell (das heißt: mit jeder möglichen Welt) kompatibel, zugleich aber nur noch teilsystemspezifisch relevant macht.

11. Perfektion

Ein Modell für die Möglichkeit, kontingent werdende Negationspotentiale zu regulieren, bietet die in der alteuropäischen Tradition ausgearbeitete Vorstellung der Perfektion. Ihre Bedeutung und Wirkungsweise reicht, wie auch die Funktion von Codes und die Funktion von Kontingenzformeln, weit über den besonderen Bereich der Kommunikationsmedien hinaus. Die Realität selbst wurde in der Schultradition als Perfektion symbolisiert: *realitas sive perfectio*. Wir schieben die Analyse dieser Formel gleichwohl an dieser Stelle ein, weil die historische Entwicklung der Mediensymbolik zugleich die Idee der Perfektion betrifft und an ihr Ende bringt.

Mit der Kategorie der Perfektion wird einerseits der Abschluß einer Bewegung, vornehmlich ihr Kulminationspunkt, und andererseits etwas Steigerbares erfaßt. Die Kategorie beurteilt also ein abgeschlossenes Werk, ein Resultat im Hinblick auf Möglichkeiten der Verbesserung. Sie impliziert so in *beiden* Hinsichten Kontingenz. Sie reduziert aber die Zeit der Bewegung und Veränderung auf etwas Vergangenes, und sie reduziert die Sachqualität auf einen Aspekt der Steigerung, der in einem höchsten Punkt sein natürliches Ende findet. Auf diese Weise kommen die beiden Begriffselemente Fertigkeit und Steigerbarkeit zusammen: Der Kulminationspunkt der Steigerungsreihen wird selbst nach Art eines fertigen Werkes gedacht: dem Höchsten, Größten, Besten, Schönsten, Herrlichsten, Gerechtesten usw. kann nichts mehr hinzugefügt werden. Damit ist zugleich ein Reflexionsstop angegeben. In der Sprachform des Perfekts und des Superlativs wird so die Möglichkeit der Negation abgefangen und zur Ruhe gebracht. Das Höchste ist so zugleich Begründung und Maß der Kritik, ist Grund und Bestimmung eines Sachbereichs. Ist die Stadt als *koinonía politiké* die »herrlichste« aller Gemeinschaften,[162] so ist sie zugleich der Grund und das Maß der Bestimmung aller Gemeinschaften in ihr. Das gleiche gilt für die außermenschliche Natur. Alle Größenveränderungen zum Beispiel finden in dem *ens quo nihil est maius* ihre Grenze. Die Summe der Perfektionen ist Gott, in dem die Perfektionsreihen sich selbst zu Ende steigern: das *ens perfectissimum*. Alle Perfektion ist auf Gott hin gedacht und ihm zuzurechnen (»omne illud quod est perfectionis, Deo

162 Aristoteles, *Politik*, 1252 a 5: »κυριωτάτη«. Im Mittelalter wird dies nach der Aristoteles-Rezeption bei Thomas von Aquino zunächst noch wörtlich übersetzt mit »principalissimum« (*Aristotelis libri octo politicorum cum Commentariis*, lib I, zit. nach der Ausgabe Rom 1492, S. 1). Man findet sehr bald aber auch »communitas perfecta« (oder »perfectissima«). Vgl. z. B. Marsilius von Padua, *Defensor Pacis I*, Kap. III u. Kap. IV, Darmstadt 1958, S. 36 u. S. 42.

sit attribuendum«[163]). Im Erleben des Unvollkommenen scheint ein solcher Endpunkt aller Steigerungsmöglichkeiten denknotwendig impliziert zu sein, und in der Theorie der Gottesbeweise wird sogar zu zeigen versucht, daß das Unvollkommene die Existenz des Vollkommenen beweise.[164] Aus Kontingentem wird auf ein Notwendiges geschlossen. Und in der Tat: Es ist nicht negierbar, daß Kontingenz negierbar ist.

Gerade in den Diskussionen über die Form eines zwingenden Gottesbeweises wurden jedoch erste, vor allem logische Schwierigkeiten evident.[165] Nur in einem vordergründigen Zugriff können die in den Mediencodes ausgedrückten Präferenzen selbst als Perfektionsrichtungen interpretiert werden. Bei der Anwendung von Perfektionsbegriffen auf das Gesellschaftssystem im ganzen (*communitas perfecta*) und auf einzelne Präferenzcodes der Medien hatte man offenbar unterstellt, daß die Entscheidungskriterien der Medien, vor allem die Kriterien der Differenzierung von wahr/unwahr und von Recht/Unrecht auch auf das Perfekte selbst anwendbar seien, zum Beispiel auf Gott oder auf den Monarchen oder auch auf Aussagen über Wahrheit als solche oder über Gründe der Rechtsgeltung. Genau das wird im Übergang vom späten Mittelalter zur Neuzeit fragwürdig. Der Ausbau der operativen Funktionen und die Steigerung der Kontin-

163 Thomas von Aquino, *Summa Theologiae I*, q. 29 a. 3. Die Voraussetzung eines solchen *ens perfectissimum* macht es wiederum möglich, die Perfektion der Welt als Einheit ihrer Vielfalt, als geordnete Varietät zu definieren – eine Tradition, die sich bis in heutige Bestimmungen des Begriffs der Komplexität durchgehalten hat. Vgl. Thomas von Aquino, *Summa Theologiae I*, q. 47 a. 1; Wolff, *Philosophia Prima Sive Ontologia*, § 503.

164 Vgl. z. B. Etienne Gilson, *Johannes Duns Scotus: Einführung in die Grundgedanken seiner Lehre*, Düsseldorf 1959, S. 227, 330f. u.ö.

165 Vgl. z. B. Charles Hartshorne, *The Logic of Perfection and Other Essays in Neoclassical Metaphysics*, La Salle 1962.

genzen und Umkehrerleichterungen in manchen Medien bringen die Symbolisierung der Realität als Perfektion in Schwierigkeiten. Dies gilt sicher nicht für alle Kommunikationsmedien gleichermaßen und vor allem nicht gleichzeitig. So lange Macht die herrlichste Gemeinschaftsform, die politische Gesellschaft, repräsentiert, wird ihre Hierarchie analog zur Stufenordnung der Perfektion gedacht. So wird das Prinzip der Souveränität zunächst durchaus noch im Stile der Perfektion formuliert als Charakter einer *civitas superiorem non recognoscens.*[166] Aber spätestens bei Bodin zeigt sich der Bruch mit der Perfektionslogik: Nach innenpolitischen Flurbereinigungen (vor allem im Verhältnis zur geistlichen Gerichtsbarkeit) wird das Souveränitätsprinzip aus einem Steigerungsdenken in ein Konflikts- und Ausschließungsdenken verlagert; nicht mehr die Stellung als Höchstes, sondern ihre konkurrenzlose Einheit und Einzigartigkeit in einem Gebiet machen politische Gewalt souverän.[167] Dementspre-

166 Die Entstehung der Formel ist umstritten, geht aber sicher auf den Anfang des 13. Jahrhunderts zurück. Entstehungsmotiv ist die Ablehnung der Einheit von politischer Perfektion und Weltherrschaft, die im Kaisertum prätendiert war. Vgl. dazu Sergio Mochi Onory, *Fonti canonistiche dell'idea moderna dello stato (Imperium spirituale – iurisdictio divisa – sovranità)*, Mailand 1951, S. 271ff.; Francesco Calasso, *I glossatori e la teoria della sovranità*, Mailand ³1957; Friedrich August Freiherr von der Heydte, *Die Geburtsstunde des souveränen Staates*, Regensburg 1952; Brian Tierney, »Some Recent Works on the Political Theories of the Medieval Canonists«, *Traditio* 10 (1954), S. 594-625 (612ff.); Quaritsch, *Staat und Souveränität*, Bd. I, S. 79ff., mit zahlreichen Hinweisen. Zur Steigerbarkeit von »superanus« und zum Gebrauch von Superlativen im Zuge der Verschmelzung von »auctoritas« und »potestas« vgl. auch Marcel David, *La souveraineté et les limites juridiques du pouvoir monarchique du IXe au XVe siècle*, Paris 1954.

167 Die Definition freilich – »summa in cives ac subditos legibusque soluta potestas« (*De Republica*, I, 8) – ist auch bei Bodin noch nicht auf der Höhe des neuzeitlichen Begriffs.

chend kann die Argumentation sich nicht mehr auf die *plenitudo potestatis* (mitsamt ihren sakralen Implikationen und Gefährdungen) stützen, sondern auf Funktion und Leistung, Zweckbindung und Konditionierbarkeit. Sie wird so vom Religionssystem unabhängiger und zugleich mit Steigerungen und mit Einschränkungen kompatibel. Parallel dazu verstärkt im Bereich des Wahrheitsmediums der wissenschaftliche Fortschritt das Interesse daran, daß jede Wahrheit in Richtung auf Unwahrheit negierbar sei nach Maßgabe von Kontrollen, die nicht der Perfektion der schon anerkannten Wahrheit selbst zu entnehmen sind. Die zunehmende Monetisierung der Wirtschaft führt dahin, daß die Perfektion vom Eigentum (als negativer Knappheit) auf das Geld übertragen werden muß; aber Geld ist perfekte Substituierbarkeit, Perfektion des Übergangs in jede andere Form, perfekte Kontingenz. In beiden Codes ist schließlich Perfektion nicht mehr denkbar ohne Möglichkeit des Übergangs ins Gegenteil. Und das gleiche erstrebt wesentlich später die Demokratisierung der souverän gewordenen Macht.

Seit dem 13. Jahrhundert hatte man die Ordnung der aufsteigenden Perfektion zugleich als Prinzip und als Dimension der Bewegung begriffen, sei es als Suchen höchster Perfektion, sei es als Abfall von ihr.[168] Aber das Ziel der Bewegung blieb die Ruhe, höchste Perfektion schien nur im Unbewegten (und insofern: Nichtnegierbaren) erreichbar zu sein. Daran stößt sich bereits die Naturphilosophie der beginnenden Neuzeit, die dem Unbewegten ihre Bewunderung versagt, ja mit Galilei das Prinzip geradezu umkehrt und die Perfektion in die Bewegung, das Veränderbare, die Erzeugbarkeit verlagert. Aber erst im 18. Jahrhundert beginnen auf der allgemeinen Ebene

168 Hierzu August Nitschke, *Naturerkenntnis und politisches Handeln im Mittelalter: Körper, Bewegung, Raum*, Stuttgart 1967, insb. S. 113ff.

des Denkens über Realität und Perfektion parallel zur Entwicklung der bürgerlichen Gesellschaft Prozesse der Umstellung auf Zeitmodi[169] und zugleich, gipfelnd bei Kant, der Suche nach neuartigen, relativistischen (nämlich auf Erkenntnis bezogenen) Formen der Lösung des Problems der Modalitäten.[170] Die Vorstellung der Perfektion, zu der nichts mehr hinzukommen kann, tritt hinter die Vorstellung der Perfektibilität (des Menschengeschlechts) zurück. Die Bestimmungsfunktion der Perfektion wird von neuen Vorstellungen über Prozesse der Entwicklung, die Begründungsfunktion der Perfektion von neuen Vorstellungen über Prozesse der Reflexion übernommen. Evolution und Reflexion werden zu Nachfolgekategorien der Perfektion. In dieser Spaltung kommt zugleich zum Ausdruck, daß dem Bestimmen die Begründung fehlt und der Begründung die Kraft des Bestimmens. Die Auflösung ihrer Verschmelzung in der Vorstellung höchster Perfektion macht beide Prozesse kontingent, historisch, positiv.

Bedenkt man, in welchem Maße die Idee der Perfektion abhängig war von den entsprechenden Sprachformen der Grammatik, wird zugleich deutlich, daß der Verzicht auf diese Idee eine stärkere Differenzierung von Sprache und Kommunikationsmedien ermöglicht. Damit wurden die evolutionären Mechanismen für Variation und für Selektion stärker auseinandergezogen. Während die Intellektuellen,

169 Vgl. Arthur O. Lovejoy, *The Great Chain of Being: A Study of the History of an Idea*, Cambridge (Mass.) 1936, Neudruck 1950, insb. S. 242ff., über »Temporalizing of the Chain of Being«; François Jakob, *Die Logik des Lebendigen: Von der Urzeugung zum genetischen Code*, Frankfurt/M. 1972 (dt. Übers.), S. 145ff.; Reinhart Koselleck, »Über die Theoriebedürftigkeit der Geschichtswissenschaft«, in: Peter Böhning (Hg.), *Geschichte und Sozialwissenschaften, Neue Sammlung Sonderheft 6*, Gottingen 1972, S. 18-35.

170 Vgl. Ingetrud Pape, *Tradition und Transformation der Modalität*, Bd. I, Hamburg 1966.

die die Französische Revolution vorbereiteten, sich noch der Idee der Perfektibilität verpflichtet fühlten und daraus ihre pädagogischen und politischen Impulse zogen, gaben sie zugleich als *idéologues* ihren Namen einer Art der Orientierung, die sich nicht mehr auf die *realitas sive perfectio*, sondern nur noch auf die Faktizität des Status quo bezieht und sich demzufolge in die beiden Möglichkeiten spaltet, konservativ oder progressiv zu sein. Der Gegensatz konservativer und progressiver Ideologien, der in der Hegel-Nachfolge bewußt geworden ist, bezeichnet aber nur die Wortfelder eines neuartigen politischen Codes, die sich – wie stets bei binärer Schematisierung – wechselseitig kontingent setzen. Weder konservative noch progressive Ideologien können daher beanspruchen, das Problem der Kontrolle kontingent einsetzbarer Negationsmöglichkeiten zu lösen; sie können daher auch nicht Perfektion erreichen, sondern allenfalls die Ausdrucksform der Perfektion in ideologischer Funktion verwenden. Die Kontinuität des Problems, das in der Form der Perfektion auf symbolischer Ebene eingefangen und gelöst war, müßte daher abstrakter definiert und fortgesetzt werden.

Bietet dafür die Moral eine Grundlage?

12. Moralisierungen

Vielfach wird Symbolstrukturen der bisher behandelten Art, zum Beispiel den codierten Präferenzen, den Kontingenzformeln, den Perfektionsbegriffen, eine moralische Qualität unmittelbar zugeschrieben. Man geht dann von einer normativ vorgezeichneten Moral aus, die eine Beachtung jener Symbolstrukturen und ein entsprechendes Verhalten fordere und so in der Lage sei, konformes und abweichendes Verhalten zu differenzieren. Noch bei Parsons, der die Begriffe Code,

Norm, Wert, symbolische Generalisierung eng zusammenschließt, wenn nicht ineinander verschwimmen läßt, klingen derartige Tendenzen zur Moralisierung der Mediencodes an. Es ist jedoch nicht gelungen, den dabei vorausgesetzten Moralbegriff von den Themen der Moral abzulösen und unabhängig von ihnen zu klären.

Wir wählen einen von bestimmten Themen und auch vom Erwartungsstil der Normativität ganz abgelösten Begriff der Moral und sprechen, wie oben erläutert,[171] von Moralisierungen immer dann, wenn Sinngehalte auf Bedingungen bezogen werden, unter denen Interaktionspartner einander wechselseitig achten bzw. nicht achten können. Moral ist dann die Summe der jeweils moralisierten Sinngehalte. Da wir Interaktion über doppelkontingente Selektivität definiert hatten, hat dieser Moralbegriff durchaus einen Bezug zur letzten philosophischen Formulierung der Moral, zu Themen wie Selbsterhaltung intersubjektiver Vernunft und kompossibler Freiheit. Aber das soll an dieser Stelle weniger interessieren. Wichtiger als begriffshistorische Zusammenhänge ist, daß wir auf dem Umwege über den Begriff der Moralisierung für den Begriff der Moral eine korrelierbare Fassung gewinnen und im Anschluß daran fragen können, ob und wieweit die in den Mediencodes verwendeten generalisierten Symbole moralisierbar sind.

Eine zweite Frage läßt sich parallelschalten: Moral kann der Vermittlung zwischen Gesellschaft und Interaktion dienen, indem sie die Bedingungen der Selbst- und Fremdachtung an gesellschaftsstrukturelle Erfordernisse anschließt und als Achtung bzw. Mißachtung in der Interaktion zum Ausdruck bringt. Solche Überbrückungsfunktionen werden indes nur erfüllbar sein, wenn die Spannweite nicht zu groß

171 Siehe Teil 1, Kap. II.5.

ist. In dem Maße, als verschiedenartige Medien und Mediensysteme ausdifferenziert werden, nimmt jedoch die Differenz zwischen Gesellschaftssystem und Interaktionssystemen zu bis hin zu einer Schwelle, an der die Moralfähigkeit und interaktionelle Artikulierbarkeit der Integrationserfordernisse des Gesellschaftssystems fragwürdig wird. Dann muß das Gesellschaftssystem auf eine moralische Abstützung seiner Nichtnegierbarkeiten verzichten mit der Folge, daß auf der Interaktionsebene zugleich größere Freiheiten der eigenmächtigen, partikularen Selbstmoralisierung gewonnen werden.

Es spricht viel dafür, daß diese Situation für die Gesellschaft des 19. und 20. Jahrhunderts typisch ist – wenn auch nicht für alle Sachbereiche und alle Regionen des Erdballs in gleichem Maße. Damit ist keineswegs gesagt, daß die Moral ihre Bedeutung als Faktor des gesellschaftlichen Lebens verlöre. Ein Blick auf Situationen des täglichen Lebens zeigt, daß dies nicht der Fall ist.[172] Nicht die Menschen, sondern ganz spezifische Funktionen und Symbole sind demoralisiert. Man kann zum Beispiel Achtung an Wahrhaftigkeit binden, vielleicht auch noch an die Wahrheit von Aussagen, aber kaum mehr an deren Wahrheitsfähigkeit im Sinne ihrer Möglichkeit, wahr oder falsch zu sein. Ebenso entziehen sich andere Codes der Moralisierung in dem Maße, als nicht mehr die Präferenz selbst, sondern die Disjunktivität der Präferenzstruktur die Codefunktion trägt und symbolisiert werden muß. Es ist kein Zufall, daß Vertreter einer strukturellen Disjunktivität und dialektischen Entwicklung sich letztlich wiederfinden als Vertreter einer explizit parteilichen Moral. Ebenso wie

172 Das Urteil mag natürlich anders ausfallen, wenn man überzogene Normvorstellungen aus einer überlieferten, ethisch oder religiös bestimmten Moral als Maßstab verwendet. Aber selbst dann wäre die Frage, ob deren Erfüllungsgrad sich wirklich geändert hat.

diese sachliche hat auch die zeitliche Komplexität, nämlich die Verschiedenheit im Nacheinander, die Moralfähigkeit bestimmter Symbole gesprengt. Die Moral ist zu diffus angelegt, als daß sie dem Änderungstempo der Gesetze oder der Theorien ohne Schwierigkeiten zu folgen vermöchte. In dem Maße, als deren Geltung sich gerade auf Änderbarkeit gründet, muß die Beziehung zur Interaktionsebene durch Technik und nicht durch Moral gesichert werden. Und das heißt, daß für die Symbolisierung jener Bereitschaft zur Änderung in noch nicht bestimmte Richtungen kaum Achtungsinteressen mobilisiert werden können.

Das Problem der Moral einer hochkomplexen, differenzierten Gesellschaft läßt sich nach alldem nicht als bloßer Mißstand begreifen, als Zurückbleiben des Verhaltens hinter moralisch berechtigten Erwartungen. Es liegt in der Unmöglichkeit, das Gesellschaftssystem in der gleichen Weise wie Interaktionssysteme über Achtungsbedingungen zu strukturieren. Damit wird die Institutionalisierbarkeit der zentralen Mediencodes zum Problem, für das über Technik und Organisation oder auch über Generalisierung von unterstellbarem Funktionsvertrauen[173] mehr oder weniger prekäre Lösungen gesucht werden müssen.

Solche Ausfälle und »Demoralisierungen« auf höchsten Ebenen gesellschaftlicher Integration eliminieren die Moral nicht, sie normalisieren sie eher, indem sie sie von den abstrakt gewordenen Funktionen gesellschaftlicher Negationskontrolle entlasten. Im Vergleich zu Ansprüchen der Tradition mag dieser Prozeß als Trivialisierung der Moral erscheinen. Moral zieht sich funktionell auf die Ebene der Interaktionssysteme zurück und wird hier laufend regeneriert. Sie bleibt hier ubiquitär relevant als Zumutungserleichterung

173 Hierzu Luhmann, *Vertrauen*, insb. S. 50ff.

(und insofern als funktionales Äquivalent für die Zumutungsregeln der ausdifferenzierten Kommunikationsmedien). Sie bleibt öffentliche Moral insofern, als sie immer schon vor Eintritt in Interaktionen da ist und bei Eintritt vorausgesetzt werden kann, aber kaum noch im Sinne einer öffentlichen Überwachung und Kontrolle.[174] Nicht qua gesellschaftlichem Wesen, sondern qua Interaktionspartner, mit dem man es zu tun hat, wird einem Moral zugemutet. Das zeigt sich auch an der Veränderung moralfähiger Themen. So wird zum Beispiel verständlich, daß im Namen der Demokratie plötzlich Partizipation im Sinne von Anwesenheit und (buchstäblich!) Mitsprache bei Entscheidungsprozessen gefordert wird: Nur über Interaktionserweiterung kann man hoffen, der gesamten Gesellschaft eine Moral aufzudrängen. Zugleich zeigt der utopische Charakter dieses Themas exemplarisch, wie unüberbrückbar die Distanz von Interaktionssystem und Gesellschaftssystem und wie hilflos die Moral geworden ist, wenn Angelegenheiten gesamtgesellschaftliche Bedeutung gewinnen.

Unter einem etwas anderen Blickwinkel nehmen wir dieses Thema wieder auf, wenn wir im folgenden Kapitel die Ausdifferenzierung von Kommunikationsmedien als Technisierung der Lebenswelt erörtern und damit die Theorie der Kommunikationsmedien abschließen.

174 Vgl. dazu Jack D. Douglas, »Deviance and Order in a Pluralistic Society«, in: McKinney, Tiryakian (Hg.), *Theoretical Sociology*, S. 367-401 (392ff.).

Kapitel III

Lebenswelt und Technik

Die in groben Zügen nunmehr vor Augen stehende Theorie symbolisch generalisierter Kommunikationsmedien ermöglicht eine Interpretation des Phänomens der neuzeitlichen Technik. Um dies zu zeigen, brauchen wir keine zusätzlichen Aspekte an Kommunikationsmedien zu beleuchten. Wir interpretieren nur die bereits herausgearbeiteten Befunde auf der Grundlage Husserlscher Analysen als Technisierung der Lebenswelt.

1. Lebenswelt – Entwicklung zur Reflexivität

Mit Husserl[175] dient uns der Lebensweltbegriff *gleichzeitig als Grundbegriff und als Kontrastbegriff.*[176] Als Grund ist die Le-

175 Vgl. insb. Edmund Husserl, *Ideen zu einer reinen Phänomenologie und phänomenologischen Philosophie: Buch 1: Allgemeine Einführung in die reine Phänomenologie*, Den Haag 1950, S. 57ff.; ders., *Die Krisis der europäischen Wissenschaften und die transzendentale Phänomenologie: Eine Einleitung in die phänomenologische Philosophie*, Den Haag 1954, S. 123ff.; ders., *Erfahrung und Urteil: Untersuchungen zur Genealogie der Logik*, Hamburg 1948, S. 38ff.

176 Diese Doppelfunktion des Begriffs, die mit seinem Gebrauch in reflexiven (transzendentalen) Analysen zusammenhängt, hat den Interpreten und Epigonen der Husserl-Schule beträchtliche Schwierigkeiten bereitet. Vgl. nur Hubert Hohl, *Lebenswelt und Geschichte: Grundzüge der Spätphilosophie E. Husserls*, Freiburg, München 1962; Hans-Georg Gadamer, »Die phänomenologische Bewegung«, *Philosophische Rundschau* 11 (1963), S. 1-49 (19ff.); Stephan Strasser, *Phänomenologie und Erfahrungswissenschaft vom Menschen: Grundgedanken zu einem*

benswelt permanente Voraussetzung und jederzeit mögliche Begleitvorstellung jeder Operation, als Kontrast gibt sie den Operationen ihr Standort- und Leistungsbewußtsein. »Hier ist wieder ein Verwirrendes«, notiert sich Husserl: »Jede praktische Welt, jede Wissenschaft setzt die Lebenswelt voraus, sie als Zweckgebilde wird *kontrastiert* mit der Lebenswelt, die immer schon und immerfort ist, ›von selbst‹. Andererseits ist doch jedes menschheitlich (individuell und in Gemeinschaftlichkeit) Werdende und Gewordene selbst ein Stück Lebenswelt: also der Kontrast hebt sich auf.«[177] Wie ist das möglich? Und was heißt hier: hebt sich auf?

Wir müssen zunächst genauer beschreiben: Lebenswelt dient immer schon und immerfort als Boden aller Analysen, aller technischen Operationen, und dies als die eine, einzige, unüberschreitbare Welt.[178] Sie garantiert damit die Kontinuität in aller Diskontinuität. Sie ist im strengen Sinne von ὑποκείμενον = *subiectum* das Subjekt.[179] Dies gilt auch in dem

neuen Ideal der Wissenschaftlichkeit, Berlin 1964, insb. S. 61ff.; Paul Janssen, *Geschichte und Lebenswelt: Ein Beitrag zur Diskussion von Husserls Spätwerk*, Den Haag 1970; Gerd Brand, *Die Lebenswelt: Eine Philosophie des konkreten Apriori*, Berlin 1971, insb. S. 16ff. Diese Bemühungen unterscheiden sich vom schlichten, ersatzlosen Aufgeben der transzendentalen Fragestellung und von einer Umdefinition des Begriffs in den einer »common sense world« durch Alfred Schütz, die nur noch Soziologen beeindruckt hat.

177 Beilage XVII zur *Krisis*, S. 462.

178 Zum Weltbegriff näher unter Teil 4, Kap. I.2.

179 Daß man in der frühen Neuzeit das Bewußtsein und heute in eingebürgerte Terminologie sogar das Individuum zum Subjekt erklärt, ist nur aus einem nicht hinreichend durchreflektierten Verständnis der Technik heraus zu begreifen. Nicht zufällig wird gleichzeitig die Welt selbst mathematisch idealisiert, das heißt als Operationsraum der Technik definiert. Die Subjektivität des Bewußtseins ist das genaue Korrelat zur Mathematisierung der Welt; insofern ist es inkonsequent, wenn Husserl diese, aber nicht jene als »Krisis der europäischen Wissenschaften« beklagt.

Sinne, daß die Lebenswelt Negationen ermöglicht, ohne selbst negierbar zu sein; daß sie gleichsam als Erhaltungsmodus des Negierten fungiert und damit im Prinzip die Rücknehmbarkeit aller Negationen in der Kontinuität sinnhaft-selektiven Erlebens gewährleistet. Die Lebenswelt wird erst codiert, sie selbst ist in bezug auf Ja und Nein unqualifiziert vorgegeben.

Diese Art und Weise, Voraussetzung und Boden zu sein, erhellt schon, daß und wie die Lebenswelt Kontrastierungen aufnimmt und gleichsam verschluckt. Vorbedingung der Kontrastierung ist die Einführung einer Disjunktion, ist die Schematisierung der Lebenswelt durch einen Code. Innerhalb eines so angesetzten Codes kann dann die Lebenswelt selbst als Gegenbegriff, als Korrelat zu einem auf ihrem Boden technisch erreichten Leistungsstand fungieren, etwa als Maß evolutionärer Unwahrscheinlichkeit von Institutionen oder Unnatürlichkeit von Begriffen. Die Doppelfunktion der Lebenswelt als Boden und als Kontrastvorstellung und das Durchhalten ihrer Einheit in beiden Funktionen läßt sich deshalb als *Kontingenz der Codierung* begreifen.[180] Das Problem liegt in der Operationalisierung dieser Kontingenz. Im Prinzip wird darauf durch Hypothetik reagiert: Man unterstellt sich »freiwillig« den Regeln eines Codes, deren Kritik und Änderung aus gegebenem Anlaß man sich vorbehält. Solche Regelorientierung lebensweltlicher Operationen hat ihre Sicherheit darin, daß Regeln nicht beliebig, sondern nur im Wege der Substitution funktionaler Äquivalente geändert werden können. Sie binden nicht, es sei denn im Sinne von Arbeitshypothesen, deren spätere Verwerfung den Forscher

180 Hierzu gibt es im übrigen exemplarische Denkmodelle in der Theologie, die im Kontext von »Theodizeen« versucht, Gott als kontingenten Schöpfer der Disjunktion von Gut und Böse und zugleich als Negation des Bösen, als Prinzip des Guten zu begreifen.

mit den Kosten einer Fehlinvestition konfrontiert; sie machen gleichwohl unabhängig von »Anfängen« und externen »Gründen« selektiver Prozesse und ermöglichen in diesem Sinne eine Kontrastierung zur natürlichen Lebenswelt. Die Orientierung an Regeln dichotomisiert nach konform/abweichend, gültig/ungültig und distanziert damit von Fragen der Herkunft, der Motivation, des Interesses an Sachverhalten oder Sätzen. In diesem Sinne ist sie technisch ein Leitfaden lebensweltlich durchzuführender Operationen, die sich zugleich zur Lebenswelt in Kontrast setzen.

Während Husserl in der Nachfolge Hegels eine »Aufhebung« des Kontrastes der Technik zur Lebenswelt als Aufhebung des Gegensatzes von Voraussetzen und Kontrastieren zu denken sucht, also auf ein transzendentales Subjekt als Träger solcher Vermittlung zurückgreifen muß, scheint uns das Problem in einer reflexiven Logik zu liegen, die Operationen strukturieren kann, die auch die Kontingenz von Codierungen noch thematisieren können.[181] Das aber heißt: Das Problem der Lebenswelt als Boden und Kontrast für Technik mündet ein in eine Theorie symbolisch generalisierter Kommunikationsmedien, die sich den Anspruch stellt, die Funktion (und in dieser Form: die Kontingenz) binärer Schematisierungen zu analysieren.

Damit wird deutlich, daß dieses Problem unsere eigenen Analysen mitbetrifft.[182] Es stellt sich auf der begrifflichen

181 Ähnliche Fragen stellt Lothar Eley, *Transzendentale Phänomenologie und Systemtheorie der Gesellschaft: Zur philosophischen Propädeutik der Sozialwissenschaften*, Freiburg 1972.

182 Auch für die Phänomenologie ist verschiedentlich bemerkt worden, daß mit der Thematisierung ihres eigenen Verhältnisses zur Lebenswelt und vor allem mit dem Ausmaß möglicher phänomenologischer Reduktion die Bedingungen ihrer eigenen Möglichkeit als strenge Wissenschaft in Frage gestellt sind. Siehe z.B. Karl Schuhmann, *Die Fun-*

Ebene, die ja auch – und anders als Husserl würde ich sagen: notwendig – eine Art Technik-in-der-Lebenswelt ist, in gleicher Weise wie auf der Ebene ihrer Gegenstände. Die Erfassung der Gegenstände unter dem Gesichtspunkt Technisierung der Lebensweit impliziert also eine Selbstthematisierung der Wissenschaft als Technik, die so zu forschen beginnt. Ein theoretisches Unternehmen erfährt, wenn es so angesetzt wird, etwas über sich selbst. Das heißt auch: Die Wissenschaft kann mit dieser Fragestellung exemplarische Reflexionen an sich selbst anstellen, die ihr zugleich Aufschluß geben über Strukturen ihres Gegenstandes. Die Analyse dessen, was in der wissenschaftlichen Forschung bewußt geschieht als technisch versierte Reflexion, dient zugleich als Leitfaden für die Erkenntnis dessen, was auch ohne dieses Bewußtsein technisch möglich ist. Vielleicht geht es nicht zu weit zu vermuten, daß mit diesem Ansatz das Erbe kategorialer, die Identität und/oder Relation von Denken und Sein reflektierender Fragestellungen fortgesetzt wird. Wäre dem so, dann müßte die Beziehung von Denken und Sein als Relation zwischen Relationen (und nicht nur als Punkt-für-Punkt-Entsprechung zwischen Seiendem und Vorstellungen, als cartesianischer Parallelismus) rekonstruiert werden; als Relation zwischen Relationen deshalb, weil die Technisierung der Lebenswelt ihrerseits schon in jener eingangs genannten Relation des Voraussetzens-und-Kontrastierens besteht.

Solch ein Voraussetzen-und-Konstrastieren wird in verschiedenen Formen bewußt. Alle Technik sucht das Nichtselbstverständliche und profiliert sich damit gegen das, was

damentalbetrachtung der Phänomenologie: Zum Weltproblem in der Philosophie Edmund Husserls, Den Haag 1971; Hans Blumenberg, »The Life-World and the Concept of Reality«, in: Lester Embree (Hg.), *Life-World and Consciousness: Essays for Aron Gurwitsch*, Evanston 1972, S. 425-444.

man früher Physis nannte; sie stellt etwas her, was nicht von selbst geschieht, oder verhindert etwas, was sonst geschehen würde. Dabei genügt es für das Herstellen, diese Differenz als Ziel anzuvisieren.[183] Erst die wissenschaftliche Technik bildet in der Lebenswelt zusätzlich einen Begriff der Lebenswelt aus; erst sie hat damit Anlaß, die Beziehung des Voraussetzens und Kontrastierens zu thematisieren und damit technische Ziele zu transzendieren. Solche Thematisierung wird auf bestimmten Produktionsstufen wissenschaftlicher Technik zur Voraussetzung der Produktion selbst. Das heißt umgekehrt auch: wenn und wo immer technische Produktion auf solche Reflexionserfordernisse stößt, muß sie szientifiziert und, nachdem vorübergehend »Meta-Physik« diese Funktion erfüllen konnte, an Reflexivstrukturen der Wissenschaft angeschlossen werden.

Auch dabei ergeben sich nochmals Unterschiede. Für die Naturwissenschaften und die durch sie ausgelöste technische Revolution blieb das Problem der Lebenswelt zunächst latent. Es genügte für einen Technikbegriff, der das Bewirken von Wirkungen nach Naturgesetzen im Auge hatte, den Begriff der Kausalität zu problematisieren mit Folgen für die Erkenntnistheorie, die Kant im Anschluß an Hume gezogen hat und die in der Problematisierung der Bedingungen möglicher Erkenntnis a priori gipfelten. So gefragt, genügte es, die gesuchte Leistung der Synthese dem erkennenden Bewußtsein als »Subjekt« zuzuschreiben. Die im Anschluß

183 Zum ursprünglichen metaphysischen Kontext eines entsprechenden Technikbegriffs siehe Karl Ulmer, *Wahrheit, Kunst und Natur bei Aristoteles: Ein Beitrag zur Aufklärung der metaphysischen Herkunft der modernen Technik*, Tübingen 1953. Vgl. ferner René Schaerer, *ΕΠΙΣΤΗΜΗ et ΤΕΧΝΗ: Étude sur les notions de connaissance et d'art d'Homère à Platon*, Macon 1930; John Wild, »Plato's Theory of τέχνη«, *Philosophy and Phenomenological Research* 1 (1941), S. 255-293.

daran entwickelte Erkenntnistheorie konnte indes auf Intersubjektivität nicht verzichten. Damit kam sie in eine Lage, in der alle Sozialwissenschaften sich finden; sie hat ihren Gegenstand nur durch Kommunikation. Das Problem der Kommunikation revolutioniert die Erkenntnistheorie ebenfalls, aber anders als das Problem der Kausalität. Es führt zurück auf die Lebenswelt als Bedingung der Möglichkeit von Kommunikation. Im einzelnen stehen nun nicht mehr die Bedingungen der Möglichkeit synthetischer Urteile a priori im Blick, sondern Bedingungen der Technisierbarkeit von Kommunikation.

In beiden Fällen lassen sich, und darin erscheint die »kategoriale« Natur des Problems, Technikbegriffe nicht ohne Rückbezug auf die Erkenntnistheorie traktieren. Ebendeshalb ist es auch nicht möglich, unser Problem durch Gegenüberstellung und arbeitsteilige Abgrenzung von Naturwissenschaften und Geisteswissenschaften, Naturtechnik und Sozialtechnik zu lösen. *Vielmehr revolutioniert die Einsicht, daß Subjektivität Intersubjektivität ist, den Technikbegriff selbst und im ganzen, weil diese Begriffe die Reflexionsprobleme der Technik aufgefangen hatten.*

2. Technisierung und Rationalisierung – Transformation der Kontingenz

Unter dem Titel »Lebenswelt und Technik« können wir daher, müssen wir aber auch alle Technik zusammenfassen und in ihrem Doppelaspekt der Voraussetzung von und der Kontrastierung zur Lebenswelt zur Reflexion bringen. Technik kann dann nicht mehr nur als Ursachensubstitution, als möglichst anstrengungslose Naturbeherrschung, als Werkzeug oder Maschinentechnik begriffen werden; dies ist vielmehr nur ein modellhafter Fall, hinter dessen apparativer Ausstattung sich das Sinnphänomen Technik eher verbirgt.

Allgemeiner gesehen ist Technik, und hier folgen wir den Analysen (wenngleich nicht den Wertungen) Husserls,[184] die Entlastung sinnorientierter Selektionen von der Mitorientierung an konkreten Kontexten, Situationen, Zielen, Motiven bis hin zum Grenzfall einsichtsloser automatischer Handhabung. Technik strafft, abstrahiert und spezifiziert die Verweisungsgesamtheit, die in allem Sinn stets impliziert ist (und trotz Technisierung auch zugänglich bleibt). Werkzeuge, Begriffe, Kalküle, Organisationen können zwar auch – und das gibt heute manchen Kunstrichtungen ihr Brot – als lebensweltliche Objekte betrachtet und verfremdend behandelt werden; sie haben ihre Phantastik und ihre fortspinnbare Subtilität, ihre Schwere, ihre Widerständigkeit und Zerbrechlichkeit und nicht zuletzt die Verlockung, aus einem Minus mit einem Federstrich ein Plus zu machen. Die Bibliothek ist das, was Vieira da Silva gemalt, was Borges beschrieben hat. Aber ihr technischer Gebrauch, das Eilen von Katalog zum Buch und zurück zum Katalog, kann davon absehen und ist auf dieses Absehen angelegt. Der Grad der Technizität von Selektionszusammenhängen bemißt sich nicht an der Größe, Fremdartigkeit oder Kostspieligkeit der Wirkungen; er bemißt sich an den Möglichkeiten ungefährdeten Ignorierens. Technik ist Verzicht auf sich anbietende Information.

Andererseits ist nicht alles Ignorieren schon Technik. Will man mit diesem Begriff die frühneuzeitliche Vorstellung einer mathematisch kontrollierbaren Naturbeherrschung fortsetzen und erweitern, dann erscheinen die Momente der Kontingenz von Prozessen und der Idealisierung selektiver

184 Vgl. *Krisis*, S. 18 ff. Siehe ferner Hans Blumenberg, *Lebenswelt und Technisierung unter den Aspekten der Phänomenologie*, Torino 1963.

Strukturen als wesentlich. Technik wäre danach Kontingenzkontrolle durch Idealisierung. Sie bezieht sich stets auf Prozesse, die auch anders ablaufen könnten. Die Möglichkeit, anders abzulaufen, ist in der Tradition mit dem Kausalschematismus dargestellt und sozusagen gesetzesfähig aufbereitet worden.[185] Durch das Kausalschema werden Prozesse als Relation zwischen Ursache und Wirkung interpretiert. Bei radikaler Anwendung dieses Schemas gewinnen sie so die Möglichkeit, in beiden Hinsichten kontingent, also total kontingent zu sein. Sowohl Ursachen als auch Wirkungen könnten andere sein, nur die Relation zwischen etwaigen Ursachen und etwaigen Wirkungen wird in der Form des Kausalgesetzes zur Notwendigkeit hochstilisiert als nichtkontingente Verknüpfung von Kontingentem. Im Idealfalle nehmen diese Gesetze die Form einer mathematischen Funktion an und erlauben dann eine vollständige Kontrolle der Kontingenz, indem sie jedem möglichen Wert des einen Kontingenzbereiches einen und nur einen Wert des anderen zuordnen. Kausalgesetze oder mathematische Funktionen dieses Typs heben die Kontingenzen ihres Ordnungsbereiches nicht auf. Sie haben ihre Geltungsgrundlage nicht im Rückgriff auf elementare Notwendigkeiten des Daseins oder Soseins, sondern sie restringieren Kontingenzen durch Beschränkungen ihrer Kombinierbarkeit, durch den Gedanken, daß sie, wenn sie schon beliebig sind oder nicht sind, sich doch nicht beliebig verknüpfen lassen.[186]

Nimmt man diese Problemfassung als Modell, dann zeigt sich an ihr eine abstraktere (von den Besonderheiten des

185 Hierzu näher Niklas Luhmann, *Zweckbegriff und Systemrationalität: Über die Funktion von Zwecken in sozialen Systemen*, Neudruck Frankfurt/M. 1973, insb. S. 24ff., 193ff.

186 Siehe bereits Émile Boutroux, *De la contingence des lois de nature*, Paris 1874, insb. S. 21ff.

Kausalschemas unabhängige) Konfiguration: die *nichtkontingente Relationierung von Kontingentem.* Auf diese Figur sind wir bereits mehrfach gestoßen, so bei der Behandlung der Eigenart organisierter Sozialsysteme.[187] Wir hatten auch gesehen, daß sie eine Umkehrung scholastischer Prämissen impliziert in dem Sinne, daß Kontingenz durch Relationierungen nicht zunimmt, sondern abnimmt; daß die Wissenschaft nicht von Notwendigem als Seinsvorgabe ausgeht, sondern darauf hinarbeitet, Notwendiges durch kombinatorische Techniken aus Kontingentem gleichsam herauszudestillieren.[188] Nunmehr können wir die nichtkontingente Relationierung von Kontingentem als *Grundfigur der Technik* begreifen.

Durch zunehmende Restriktion der Kombinationsbedingungen (auf welchen Selektionsgrundlagen immer) kommt nämlich jene Raffung der Relevanzen und jene Informationsentlastung zustande, die uns am lebensweltlichen Phänomen der Technik zunächst aufgefallen waren. Die Relationierungen dienen als Methode der Ausdifferenzierung und des Abstreifens von Situationsbezügen und Kontexten, sie präzisieren die selektiven Relevanzen des einen für ein anderes und reduzieren so die konkrete Totalität möglicher Bezüge; sie spezifizieren damit die in der Lebenswelt immer schon gegebene Struktur horizonthafter Verweisung auf anderes. Mit solchen technischen Spezifikationen wird die Beliebigkeit des aufeinander Bezogenen für den Bezugskontext reduziert und zugleich die Komplexität möglicher Relationierungen gesteigert. Das erfordert eine Desidentifikation des Bezogenen (und auch anders Beziehbaren) und der Beziehung.

187 Vgl. oben, Teil 1, Kap. III.2.
188 Vgl. oben, Kap. II.10.

Technik hat, wenn diese Überlegungen zutreffen, ein doppelseitiges Verhältnis zur Steigerung der Komplexität des Möglichen. Sie gibt durch die Art ihrer Reduktionen zugleich andere Möglichkeiten frei. Wenn man einen Draht zur Installation einer Klingel verwendet, kann man damit nur klingeln mit spezifischen Kontingenzen des Defekts und des Mißbrauchs der Klingel; trotzdem ist und bleibt der Draht auch anders verwendbar. Technik hat somit wie die Sprache die innere Struktur der *complexio contingens*. Und ihre Leistung ist, genau wie bei der Sprache, das Zusammenbestehen von Vielheit und Reduziertheit von Möglichkeiten, von hoher und doch bestimmter oder rasch bestimmbarer Komplexität.

Solche nicht- oder reduziert-kontingenten Relationen zwischen Kontingentem können durch Komplexbegriffe (zum Beispiel Klingel) und in abstrakterer Form durch Idealisierungen (zum Beispiel Formeln) symbolisiert und ihrerseits relationierbar gemacht werden. Als Symbol für Nichtkontingenz stehen solche Idealisierungen für die Wiederholbarkeit der Operationen, die den technischen Zusammenhang realisieren.[189] Bei einigermaßen garantierter, hinreichend erleichterter Wiederholbarkeit der Operationen erscheinen Kontingenzen dann als (mögliche) Fehler, Verstöße, Unfälle, Abweichungen und können so auf Einzelfälle isoliert, unter Umständen sogar negativ moralisiert werden. In sich selbst ist aber Idealisierung dieses Typs keine Perfektionsvorstellung, sie begründet auch keine moralischen Ansprüche, sondern dient zunächst nur als abstrakte Orientierungshilfe, sozusagen als Einweisung in hochspezifizierte Selektionszusammenhänge.

189 In diesem Sinne braucht Husserl den Begriff Idealisierung. Vgl. *Krisis*, z.B. S. 359ff.

Soweit Techniken dieser Art sich in sozialen Systemen realisieren, gewinnt auch ihre *Rationalität* neue Formen. Rationalität erhält ihren Charakter in einer Art Gegenbewegung zur Technik, dies heute aber nicht mehr in schlichter Konfrontierung mit einem Gegenüber – sei es Natur, sei es Vernunft. Für die Kausaltechnik der beginnenden Neuzeit lag die Rationalität bereits nicht mehr in der Natürlichkeit oder einsehbaren Richtigkeit der Ziele, sondern in den Zweck/Mittel-Relationen selbst, in einem vergleichsweise günstigen, wenn nicht sogar logisch optimalen Verhältnis von Aufwand und Ertrag. Konsequent durchdacht, läuft bereits dieser Rationalitätsbegriff auf die Forderung hinaus, Selektionen unter möglichst vielen, möglichst komplexen Kriterien auszuwählen; denn auch Mittel stehen im Rationalitätskalkül (im Unterschied zur Kausaltechnik) für Bewertungen der Folgen ihrer anderweitigen Verwendung.[190] Der hier formulierte, abstraktere Begriff der Technisierung läßt eine entsprechend abstrahierte Formulierung von Rationalisierung zu. Ist Technisierung Entlastung des Seligierens von Kontexten und Informationen, so ist Rationalisierung umgekehrt Belastung. Mit der Technisierung steigt zugleich, freilich nicht in beliebig zu realisierender Weise, die Belastbarkeit der Selektionen mit Rücksichten auf die Lebenswelt, der sie entnommen werden. Je größer die Spannweite der Möglichkeiten, aus denen ausgewählt werden kann, desto mehr Beschränkungen verträgt der Selektionsprozeß. Je weiter die Technisierung voranschreitet, desto größer werden korrelative Chancen zur Rationalität.

Diese Chancen können freilich nicht in beliebiger Weise genutzt werden. Sie liegen vor allem nicht in einer schlich-

190 Dazu und zur Unterscheidung dieser beiden Betrachtungsweisen Luhmann, *Zweckbegriff und Systemrationalität*, S. 33ff.

ten Rückkehr zu lebensweltlich konkreter Faktizität. Die Relevanz lebensweltlicher Bezüge stellt sich nach der Technisierung und in bezug auf sie nur in abgeleiteten, technikadäquaten Formen wieder her. Mit anderen Worten: Aus der Technisierung ergeben sich Formvorschriften für die Aktualisierung lebensweltlicher Bezüge in Selektionsprozessen. Die technisch reduzierte Lebenswelt meldet sich in der Form von *Werten* und *Interessen* zu Wort.[191] Eine Selektion ist um so rationaler, je mehr Werte und Interessen sie auf Grund ihrer technisch ermöglichten Selektivität berücksichtigt, das heißt zumindest: nicht benachteiligt. So nimmt eine auf Technik antwortende Rationalität die Form des Werte- und Interessenberücksichtigungspotentials an (was impliziert, daß nicht alles, was vorkommt, sich in dieser Form melden und zur Geltung bringen kann). Technik ist auch in bezug auf das, was dann als Rationalität noch möglich ist, noch selektiv,[192] und zwar gerade deshalb, weil Rationalität sich in der Gegenbewegung zur Technik formiert.

Eine abschließende Bemerkung noch: Technisierung und Rationalisierung sind hier als Steigerungsbegriffe formuliert. Sie setzen keine Absoluta als Anfangs- bzw. Endpunkte der Steigerung voraus, keine gleichsam trans- oder supra-

191 Dies zeigt sich auch in der Wort- und Begriffsgeschichte von »Wert« und »Interesse«. Beide Begriffe bilden sich aus in der Reaktion auf die ökonomisch-technische Entwicklung der frühen Neuzeit und suchen diese Entwicklung von einem subjektiven Widerlager aus zu kontrollieren. Zur Begriffsgeschichte von »Interesse« im 17. und 18. Jahrhundert siehe namentlich Spaemann, *Reflexion und Spontaneität*, S. 74ff.; Wolfgang Hirsch-Weber, *Politik als Interessenkonflikt*, Stuttgart 1969, S. 50ff.; Hartmut Neuendorff, *Der Begriff des Interesses: Eine Studie zu den Gesellschaftstheorien von Hobbes, Smith und Marx*, Frankfurt/M. 1973.

192 Worauf Jürgen Habermas mit dem Unbegriff des »Vernunftinteresses« reagiert. Siehe *Erkenntnis und Interesse*, Frankfurt/M. 1968.

modalen unbedingten Notwendigkeiten. Weder wird eine absolut kontingenzlose Lebenswelt postuliert,[193] eine solche ließe sich schon phänomenologisch nicht beschreiben, geschweige denn zur Evidenz bringen; noch wird ein Kulminationspunkt anvisiert in der Form perfekter Technik oder perfekter Rationalität. Auch die Nichtkontingenz der Beziehung zwischen Kontingentem, die Grundfigur der Technik, ist nur erschwerte Negierbarkeit, nicht absolute, unter allen Bedingungen unmögliche Kontingenz. Vielmehr geht es im Zusammenspiel von Technisierung und Rationalisierung stets um eine Transformation lebensweltlich schon gegebener Kontingenzen auf Linien evolutionärer Steigerung, die mit den Ansprüchen an technisch gesteigerte Selektivität zugleich die Ansprüche an Rationalität verändern. Die »Dialektik« von Technik und Rationalität erübrigt es, die Frage nach Notwendigem zu stellen.

3. Kommunikationsmedien als Technik

Wir sind nunmehr vorbereitet auf die These, daß die Technisierung der Lebenswelt durch Ausdifferenzierung der Kommunikationsmedien geleistet worden ist. Mit dieser These schließen wir zugleich unsere Ausführungen zur Theorie der Kommunikationsmedien und zu ihrer Stellung im Zusammenhang gesellschaftlicher Evolution ab.

Für alle Medien gilt im Grundsatz: Die binäre Codierung ermöglicht eine *Konditionierung* der Übertragungsleistung im Hinblick auf die Differenz von anzunehmenden und abzu-

193 So z. B. Blumenberg, *Lebenswelt und Technisierung unter den Aspekten der Phänomenologie*, und ders., »The Life-World and the Concept of Reality«.

lehnenden (bzw. ablehnbaren) Selektionen. Sie ermöglicht es also, den Erfolg/Mißerfolg aller Kommunikationen eines Medienbereichs von Konditionen abhängig zu machen, die als solche bekannt sein können. Solche Konditionen respezifizieren die hochgeneralisierte Symbolstruktur des Kommunikationsmediums. Sie regeln die Verteilung von Informationen auf Präferenzen. Im Falle der Wahrheit zum Beispiel liegen sie in der Wahl von Theorien und Methoden, im Falle der Liebe in der Wahl einer Bezugsperson, an der und durch die Liebe sich realisiert. Zugleich ersetzen Konditionen den Orientierungswert konkret-situativer Kontexte, die den Übertragungsvorgang als Interaktionssystem tragen. Vorformulierte oder doch rasch erkennbare Erfolgs- und Annahmebedingungen treten an die Stelle situativ-spontaner Motivation als verkürztes, technisch vereinfachtes Substitut. Damit wird zugleich die bedingte Wiederholbarkeit garantiert; das »wenn« besagt »immer wenn«.

Mit dieser technischen, auf Orientierungsentlastung und Wiederholbarkeit gerichteten Funktion verwischen Konditionierungen die klassische Differenz von Essenz und Akzidenz.[194] Aus ihrer Form ergibt sich kein Anhalt für Rang und Wichtigkeit des Selektionskontextes, das wird sozusagen mitneutralisiert. Das heißt nicht zuletzt, daß Änderungssperren fallen. Die Konditionen, die den Kommunikationsverlauf strukturieren, werden positiviert. Sie sind nicht durch ihr Wesen mit einer unveränderbaren Natur verbunden, sondern selbst kontingent – was nicht ausschließt, ihre Änderung besonderen Gründen zu unterwerfen, zum Beispiel Regeln der Gesetzgebung und der Verfassungsänderung, Regeln der Fal-

194 Das ist besonders deutlich am Beispiel positivrechtlicher Konditionalprogramme. Vgl. dazu Jean Ray, *Essai sur la structure logique du code civil français*, Paris 1926, S. 147ff.

sifikation, anerkannten Gründen für Liebesentzug, Scheidung usw. In seiner Grundsymbolik und Motivstruktur strukturiert das Medium auch noch diesen Wechsel konditionierender Prämissen. Es ist immer noch um der Wahrheit willen, daß man eine zuvor anerkannte Theorie verwirft und eine andere akzeptiert.

Es versteht sich keineswegs von selbst, daß Codes sich zur Konditionierung eignen, das heißt den Einbau bzw. Ausbau von abstrakten Bedingungen für binäre Wahl zulassen. Hier finden sich zusätzliche Bedingungen der Technisierbarkeit, die nicht von allen Medien und nicht schon mit den ersten Ansätzen ihrer Ausdifferenzierung erfüllt werden. Im Bereich von Liebe lassen sich zum Beispiel technische Aspekte nicht gegen Interaktion differenzieren, bei aller zugestehbaren Bedeutung von Erfahrung und Routine. Wahrheit wird erst technisierbar durch das Einziehen einer besonderen Ebene methodologischer Kontrolle von Theorien. Eigentum und Macht werden erst über Zweitcodierungen technisiert, nämlich über Geld und über Recht. Erst die Monetisierung des Eigentums und die Juridifizierung der Macht bringen jene Abstraktionsgewinne ein, die eine Verselbständigung technischer, von situativen Kontexten, emotionaler Nähe, Vertrautheit der Personen usw. absehender Operationen vorsehen.

Über Konditionierung binär strukturierter Medien wird es möglich, für Sonderprobleme neuartige, unwahrscheinliche Lösungen zu gewinnen, die auf einem sehr hohen Grad an Technisierung lebensweltlichen Verhaltens beruhen – zum Beispiel rechtstechnische Regulierung politischer Macht. Noch wichtiger ist für eine Theorie der Gesellschaft die Umkehrthese: *Alle Technik entwickelt sich über Ausdifferenzierung und Konditionierung binär codierter Medien.* Die Entwicklung schon der elementarsten Werkzeugtechnik hängt von geregelter Übertragung reduzierter Komplexität ab; davon, daß das Mittel und das Werk überzeugen und unter Abstreifung der Besonderheiten des Entstehungskontextes bewundert und eventuell nachgeahmt werden können. Technisierbarkeit ist in sich selbst eine der wichtigsten Bedingungen kultureller Diffusion. In den Anfängen setzt dies allerdings noch keine differenzierende Spezifikation der Mediencodes voraus. Noch *téchne* im griechischen Verständnis ist ein im Hinblick auf Wahrheit, Kunst und wirtschaftliche Verwendung diffuser Begriff, der aber schon deutlich das poietische Moment, die Führung des Erlebens durch das Handeln, herausstellt[195] und gleichsam als ein zweiter, die Natur nachahmender Weg zur Wahrheit begriffen werden kann. Die weiteren Fortschritte der sogenannten technischen Entwicklung hängen ab von einer starken Differenzierung und autonomen Entfaltung der Einzelmedien, vor allem in der Wissenschaft, in der über Geld integrierten Wirtschaft als Grundlagen für Produktionstechnologien und im Recht.

Medienspezifische Technisierungen haben ihre Gegenstandskorrelate, und die sind, obgleich universell anwendbar, entsprechend der Differenzierung der Medien spezifiziert, also inhomogen und, wenn man so sagen darf, unbefriedigend. So bezieht sich die Technisierung der Kommunikation über Wahrheit auf Erleben und damit auf Erlebtes. Das hat Konsequenzen für die Art, in der Weltgegenstände erfaßt werden. Bei gesellschaftsuniversell anerkannter Repräsentativität ihrer Wahrheit entwirft die Wissenschaft schließlich ein Weltbild, das als Inbegriff und Bedingung der Möglichkeit ihrer Gegenstände dient – so die Vorstellung eines abmeßbaren Raum/Zeit-Kontinuums oder die Vorstellung eines in Form von Gleichungen abbildbaren Handlungssystems mit

195 Vgl. die Hinweise oben, Anm. 183; ferner Eugen Fink, *Zur ontologischen Frühgeschichte von Raum-Zeit-Bewegung*, Den Haag 1957, S. 181ff.

Tendenz zum Gleichgewicht. Mit solchen Sonderhorizonten wird nicht nur ein Begriffs- und Satzgefüge erzeugt, sondern die Lebenswelt selbst für die Gesellschaft repräsentiert und motivfähig gemacht, freilich nur, sofern es um ihre wahrheitstechnische Aufbereitung geht.

Die gleichen Eigenschaften hat die Technisierung der wirtschaftlichen Kommunikation. Auch sie konstituiert Welt in einer spezifischen Perspektive unter dem Gesichtspunkt technischer Erleichterung konditionierten Zugriffs auf knappe Güter und Leistungen. In diesem Sonderhorizont werden Grund und Boden und bewegliche Gegenstände zur Ware, und menschliches Verhalten wird zur Arbeit bzw. Nichtarbeit (Freizeit).[196] Geld ist der »God term« dieses Sonderhorizontes,[197] der die Lebenswelt auf Werte der monetär quantifizierten Kommunikation reduziert.

So wie die Technik der Wirtschaft über monetär orientierte Kommunikation, so wird die Technik der Macht über juristisch gesteuerte Kommunikation universalisiert. So wie alles seinen Preis haben kann, so alles seine rechtliche Bewertung und damit seine Möglichkeit, politische Macht in Aktion zu setzen.[198] Beide Universalismen sind spezifisch neuzeitlicher Art. Erst mit dem Durchbruch zur bürgerlichen

196 Gerade an der gegenbegrifflichen Leere und Ausfüllbedürftigkeit der Freizeit lassen sich die Eigenarten technisch bedingter Sonderhorizonte vorzüglich erkennen. Freizeit entsteht als Problem erst durch Festlegung einer Arbeitszeit, die von monetär gesteuerten Erfordernissen her bestimmt wird. Sie ist Korrelat technisch bedingter Verteilungen, dadurch immer schon technisch konstituiert, und erst in zweiter Linie entsteht die Frage, welche Techniken eingesetzt und welche Kosten vertreten werden können, um sie auszufüllen.

197 Laut Kenneth Burke, *A Grammar of Motives*, Neudruck Cleveland 1962, S. 355f.

198 Zum Recht als Expansion politisch konzentrierter Macht in die Gesellschaft näher Luhmann, *Macht*.

Gesellschaft wird es möglich, Waren, Grundbesitz und Arbeit in einem einheitlichen monetären Kalkulationsrahmen zusammenzuschließen und zum Beispiel unter Wirtschaftlichkeitsgesichtspunkten auszurechnen, ob es sich lohnt, Arbeit durch kapitalintensive Maschinen zu ersetzen. Und erst mit dem Durchbruch zur bürgerlichen Gesellschaft wird das Recht zum universellen Auslöser politischer Macht, werden alle Menschen in gleich abstrakter Weise rechtsfähig, werden unter Aufgabe des aktionenrechtlichen Denkens der Römer alle (vermeintlichen) Ansprüche einklagbar.[199] Die Omnipräsenz von Geld und Recht ist ein Postulat medienspezifischer Technik.

Man weiß, daß sie sich in der konkreten gesellschaftlichen Lebenswelt faktisch nicht realisieren läßt, ebensowenig wie die Omnipräsenz der logischen Alternative von Ja und Nein. Den Schock der Enttäuschung mit Technik, den Verzicht auf Perfektibilitätshoffnungen in bezug auf technische Realisationen haben wir hinter uns. Eben dadurch wird es möglich, Technik zu begreifen. Technik ist in ihrer gegenwärtigen Steigerungsform ein medienspezifisches Phänomen, deshalb nur in den abstraktesten Grundzügen homogen, im übrigen aber

199 Vgl. dazu und zu dem im Anschluß daran vieldiskutierten Postulat der »Lückenlosigkeit« normativer Regelung und dogmatischer Konstruktion Eugen Ehrlich, *Die juristische Logik*, Tübingen ²1925, Neudruck Aalen 1966. Diese gesamte für die Entstehung einer rechtsnahen Rechtssoziologie so bedeutsame Diskussion um »Begriffsjurisprudenz« kann unter den hier erörterten Gesichtspunkten nachgezeichnet werden als Kontroverse um den »Realitätsgehalt« rechtstechnischer Disposition und um das Ausmaß an normaler Diskrepanz von Technik und Lebenswelt. Als aktuelle Würdigungen, die die rechtstechnischen Erfordernisse wieder stärker zur Geltung kommen lassen, siehe etwa Eugen Bucher, »Was ist Begriffsjurisprudenz?«, *Zeitschrift des Bernischen Juristenvereins* 102 (1966), S. 274-304; Werner Krawietz, »Begriffsjurisprudenz«, in: *Historisches Wörterbuch der Philosophie*, Bd. I, Basel, Stuttgart 1971, Sp. 809-813.

abhängig von Sondercodes, in die sich Konditionierungen einbauen lassen.

Wenn technisierte Kommunikation trotz dieser Bindung an Sonderhorizonte gleichwohl gesellschaftsweite, universelle Relevanz gewonnen hat, so im Sinne von Virtualisierungen. Darüber darf die Faktizität und Auffälligkeit ihrer Sachapparaturen nicht hinwegtäuschen. Sie stehen da für mögliche Benutzung.

Der Universalismus der Technik ist ein solcher des Möglichen. Er ersetzt, und damit hatten wir bereits die entstehende Weltgesellschaft charakterisiert,[200] die Unsicherheit der künftigen Wirklichkeit durch die Sicherheit künftiger Möglichkeiten. Nur in dieser Form der Modalisierung können bei hoher gesellschaftlicher Komplexität verschiedenartige Universalismen nebeneinander bestehen, ohne einander zu verdrängen. Somit erfaßt und definiert die Technik auch nie die Totalität der konkreten Lebenswelt. Aber sie totalisiert, soweit Medien reflexiv werden, problemspezifische Perspektiven in dem Sinne, daß Wahrheitstechnik, Geldtechnik, Rechtstechnik eingeschaltet werden kann, wann immer ein entsprechend strukturierter Bedarf auftritt.

Auch in dieser reduzierten Form wird indes die Relevanz von Technik noch überzeichnet. Das Mögliche kann sich als schwierig, als zu schwierig, als unerreichbar oder unzugänglich erweisen. Wir haben die Perspektive einer Theorie der Kommunikationsmedien künstlich isoliert, um sie geschlossen behandeln zu können. Diese Vereinfachung muß nunmehr aufgegeben werden. Wir kehren mit dem folgenden Kapitel zur Behandlung der Gesellschaft als eines sozialen Systems zurück und gewinnen damit zusätzliche Gesichtspunkte für die Bestimmung dessen, was gesellschaftlich möglich ist.

200 Vgl. oben, Teil 2, Kap. III.7.

Teil 4
Gesellschaft als System

In diesem Kapitel geht es um die Funktion, die die Gesellschaft als soziales System erfüllt, und um die Art und Weise, wie diese Funktion durch Systembildung erfüllt wird. Wir werden die Funktion beschreiben als Konstitution der Welt und den Prozeß, durch den sie erfüllt wird, als Ausdifferenzierung des Gesellschaftssystems. Weltkonstitution und Ausdifferenzierung der Gesellschaft als eines sozialen Systems gelten uns als zwei komplementäre Aspekte ein und desselben Prozesses. Innerhalb dieser Beziehung spielt die soziokulturelle Evolution, sie verändert das Verhältnis von Welt und Gesellschaftssystem. In dem Maße, als es dabei zu höherer Komplexität und zu höheren Komplexitätsdifferenzen kommt, wachsen die Anforderungen an kommunikative Sinnübertragungen. Dieser Anforderungsdruck wird durch Kommunikationsmedien teils abgefangen, teils in Folgeprobleme transformiert.

So weit sind wir mit den bisherigen Analysen gekommen. Dabei figurierten systemtheoretische Überlegungen nur am Rande; sie dienten uns zur Angabe von Voraussetzungen für und von Stabilisierungseinrichtungen der Evolution, ferner zur Bezeichnung der Träger ausdifferenzierter Kommunikationsmedien. Wenn wir jetzt die Systemtheorie in den Mittelpunkt der Gesellschaftstheorie rücken, stoßen wir auf das Grundproblem, mit dem wir die Überlegungen zur allgemeinen Theorie sozialer Systeme eingeleitet hatten: das Problem der Selbstimplikation.[1] Jede Forschung über Ge-

1 Dieses Problem und die daraus resultierende Zirkelhaftigkeit der Argumentation wird nicht selten als Einwand gegen eine systemtheoretisch angesetzte Gesellschaftstheorie formuliert. Vgl. z. B. Dieter de Lazzer,

sellschaft findet in der Gesellschaft statt, ihr Gegenstand wird daher immer Bedingung ihrer selbst sein.[2] Mit dem theoretischen Ansatz wechselt nur die Erscheinungsform des Problems. Wir stoßen auf eine operative (»praktische«) und eine strukturelle (auf Begründungsansprüche bezogene) Fassung des Problems. Auf operativer Ebene wird für eine am Problem der Komplexität orientierte Systemtheorie genau dieses Problem zu ihrem eigenen, sobald sie sich als gesellschaftliches Handeln begreift – sobald es zum Beispiel um die Planung des Aufbaus und das Schreiben eines Buches geht.[3] So wird es im folgenden nicht möglich sein, die Voraussetzungen einer Systemtheorie, auf die wir uns einlassen, praktisch einzuholen. Wir werden, auch im engeren Kontext der Systemtheorie, darauf verzichten müssen, ein vollständiges Bild zu zeichnen, alle Seitenwege zu erkunden, alle Implikationen in die Analyse einzubeziehen und aufzulösen. Auch die Darstellung der Gesellschaftstheorie muß mithin laufend

»Systemtheorie und Aufklärungsanspruch«, *Archiv für die civilistische Praxis* 172 (1972), S. 356-364; Rüdiger Bubner, *Dialektik und Wissenschaft*, Frankfurt/M. 1973, S. 112ff. Es ist indes nicht zu sehen, wie irgendeine Gesellschaftstheorie, die ja immer ein in der Gesellschaft stattfindendes Unternehmen sein wird, dem entgehen kann. Lediglich das Geschick in der Inszenierung und im Auseinanderziehen der Aspekte des Problems kann größer oder geringer sein.

2 In der Formulierung der Subjektphilosophie Husserls: »Sie [die Welt, N. L.] ist für mich immerfort ›vorhanden‹, und ich selbst bin ihr Mitglied« (*Ideen zu einer reinen Phänomenologie und phänomenologischen Philosophie*, Bd. I, Den Haag 1950, S. 59). Als ausführliche Explikation dieser These einer durch Bewußtsein in der Welt, durch nachträglich-ursprüngliche Subjektivität konstituierten Welt siehe Karl Schuhmann, *Die Fundamentalbetrachtung der Phänomenologie: Zum Problem in der Philosophie Edmund Husserls*, Den Haag 1971.

3 Hierzu auch Niklas Luhmann, »Die Praxis der Theorie«, in: ders., *Soziologische Aufklärung 1: Aufsätze zur Theorie sozialer Systeme*, Opladen [3]1972, S. 253-267.

Komplexität reduzieren in einer Weise, die auch anders möglich wäre. Das erfordert es zugleich, gewisse Freiheiten des Arrangements in Anspruch zu nehmen. Die Reihenfolge der Darstellung ist nicht zugleich eine Rangfolge der behandelten Themen.

Auf struktureller Ebene muß eine systemtheoretische Gesellschaftstheorie, die den Zusammenhang von Ausdifferenzierung und Weltkonstitution bearbeiten will, sich der Frage zuwenden, wie ein soziales System möglich ist, das die Welt als den Rahmen der eigenen Genese erst konstituiert, indem es Sinn konstituiert, den zu sein es immer schon voraussetzen muß. Es wäre falsch, in diesem Zirkel nur ein Problem der Erkenntnis, nur ein Methodenproblem hermeneutischer Interpretation oder gar einen Theoriefehler zu sehen. Das Problem steckt in der Sache selbst, die es zu erkennen gilt: in der Sinnhaftigkeit gesellschaftlicher Systembildung, so daß es gerade ein Theoriefehler wäre, sich ihm zu entziehen.[4] Man kann den Zirkel auch nicht durch Hinweise auf genetische Analysen auflösen, nämlich durch Hinweis auf eine Entwicklung der Gesellschaft aus minimalen, nahezu voraussetzunglosen Zuständen und in kleinen Schritten, in denen Sinn, Sprache, Kultur, Weltvorstellung allmählich aufgebaut und den jeweiligen Systemerfordernissen angepaßt wird. So richtig dies ist: Genetische Bedingungen können ihre Relevanz verlieren, können sich selbst aufheben. Der Konstitutionszirkel wird durch eine genetische Erklärung nicht beseitigt, er bleibt als ein die Gesellschaft selbst charakterisie-

4 Zum Beispiel durch Postulierung einer Differenz von abhängigen und unabhängigen Variablen, wie es in kybernetischen Theorien der Selbstorganisation von Systemen geschieht. Diese Möglichkeit soll im übrigen nicht verbaut werden; man kann sie auf konkreteren Stufen der Analyse immer noch benutzen, wenn sie zur Bedingung der Möglichkeit logischer Operationen wird.

rendes Moment erhalten, er bleibt in der Sinnhaftigkeit des Gesellschaftssystems impliziert und kann zum Beispiel durch Wissenschaftler oder Nichtwissenschaftler mit der Frage nach Begründungen jederzeit aktualisiert werden.[5]

Selbstimplikation geht zurück auf die Welthaftigkeit allen Sinnes, ist also geradezu identisch mit dem, was, wie wir sagen, durch Ausdifferenzierung der Gesellschaft konstituiert wird. Es handelt sich demnach um einen nicht nur unentrinnbaren, sondern auch einsehbaren Aspekt unserer These selbst. Die These eines Zusammenhangs von Ausdifferenzierung und Weltkonstitution vertreten heißt: sich dem Problem der Selbstimplikation stellen. Vorgewarnt durch diese Überlegungen, beginnen wir deshalb mit einer Analyse der Weltlichkeit allen intersubjektiv konstituierten Sinnes (Kapitel I). Erst im Anschluß daran, wenn wir genauer wissen, womit wir es zu tun haben, können wir versuchen, die Pauschalformel »intersubjektiv« in durchführbare soziologische Analysen zu übersetzen (Kapitel II bis IV).

5 Die Nichteliminierbarkeit der Möglichkeit, nach Gründen zu fragen, ist Ausgangspunkt der Gesellschaftstheorie von Jürgen Habermas. Aus ihr folgt freilich nicht, daß die Fragen beantwortbar seien; und auch nicht, daß der Fortschritt der Gesellschaftstheorie von ihrer vorherigen Beantwortung abhänge oder daß auch nur ihre Möglichkeiten durch Begründungsdiskussionen ausreichend erfaßt werden könnten.

Kapitel I

Intersubjektive Konstitution der Welt

1. Phänomenologie und Gesellschaftstheorie

Es ist zweckmäßig, nach dem bewährten Vorbild Husserls mit einer phänomenologischen Deskription anzufangen, die ihre Voraussetzungen, soweit überhaupt, erst später einholt. Dazu sind einige prinzipielle Vorbemerkungen am Platz.

Wir knüpfen an Rudimente einer Beschreibung der phänomenal gegebenen Welt an, um für gesellschaftstheoretische Analysen einen Anfang, eine Möglichkeit der Problematisierung, einen Leitfaden zu finden – nicht um ihre Ergebnisse in absolut gewissen Evidenzen zu begründen.[6] Den Anfang in einer solchen Deskription zu suchen ist wissenschaftlich legitim auf Grund der Annahme, daß jeder in seinem Erleben die gleiche Struktur vorfindet und protestieren kann, sollte

6 Das impliziert die Ablehnung einer besonderen »phänomenologischen Soziologie«, die sich als Theorie- und Methodenrichtung eigener Art neben anderen zu etablieren und zu versteifen sucht. Für neuere Würdigungen und weitere Hinweise siehe Edo Pivcevic, »Can There Be a Phenomenological Sociology?«, *Sociology* 6 (1972), S. 335-349, oder James L. Heap, Phillip A. Roth, »On Phenomenological Sociology«, *American Sociological Review* 38 (1973), S. 354-367, und dazu auch die Diskussion in der gleichen Zeitschrift im Jahrgang 39 (1974), S. 286-291. Der Beitrag der Phänomenologie liegt, das zeigen auch die Ergebnisse bzw. die Ergebnislosigkeit bisheriger Bemühungen, vor allem darin, die Konsequenzen der Tatsache zu erfassen, daß auch der Gegenstand der Soziologie Bewußtsein hat, Sinn-in-Horizonten erlebt und sich insofern mit der Forschung selbst in einer gemeinsam konstituierten Lebenswelt befindet, von der alle Möglichkeiten der Thematisierung auszugehen haben.

das nicht der Fall sein. Damit sind noch keine theoretischen Kontexte der Verwendung und keine methodischen Kriterien der Beurteilung solcher Beschreibungen impliziert. Vielmehr ist der Ansatz beim (wie immer begründeten) Erscheinen der Welt nur Ausdruck und Konsequenz des Faktums, daß auch Wissenschaft gesellschaftliches Erleben und Handeln in einer gesellschaftlich konstituierten Lebenswelt ist und daß auch dem Wissenschaftler Erleben und Handeln zugänglich bleiben muß, das nicht als wissenschaftlich qualifizierbar ist.[7] Wir waren bereits in der Analyse des Kommunikationsmediums Wahrheit auf den Lebensweltkontext wissenschaftlicher Forschung gestoßen und werden diese Aussage später in einer Theorie der Systemdifferenzierung wiederholen und ihre systemtheoretische Begründung nachliefern.

Zunächst werden uns zwei eng miteinander zusammenhängende Aspekte an den in der Welt erscheinenden, phänomenal gegebenen Gegenständen interessieren: der Umstand, daß sie durch ein Netz wechselseitiger Verweisungen verbunden sind und dadurch den Welthorizont konstituieren, der jeden Nachvollzug solcher Verweisungen begleitet und in dessen Unbestimmtheit sie sich letztlich verlieren (2); und die Grunddimensionen, die die Weltlichkeit der Gegenstände letztlich strukturieren (3). In all diesen Hinsichten gibt jedoch die Phänomendeskription nur einen ersten Anhaltspunkt. Auf Grund dieser vorläufigen Basis kann man und muß man für Zwecke der gesellschaftstheoretischen Analyse (Husserl dagegen meinte: für Zwecke der transzendentalphilosophischen Begründung absoluter Wahrheiten) auf die konstituierenden, Sinn benutzenden, sinnhafte Selektionen

7 Vgl. hierzu Bemerkungen von Husserl selbst in: *Die Krisis der europäischen Wissenschaften und die transzendentale Phänomenologie*, Den Haag 1954, S. 139f., S. 462, zu Wissenschaft als Beruf, der in der Lebenswelt während einer begrenzten Arbeitszeit ausgeübt wird.

verarbeitenden Prozesse zurückgehen. In einer rein phänomenologischen Deskription stößt man nämlich an Grenzen, die sich in einer vortheoretischen Einstellung nicht überwinden lassen. So bleibt, wie wir sehen werden, der Horizontbegriff eine Metapher, die als solche nicht erklären kann, weshalb und wie ein offener, transzendierbarer Horizont zugleich als Grund für Sachbestimmungen und als Boden für die Herstellung einstimmiger, wiederholbarer Erfahrungen dienen kann. Ein Überwinden dieser Grenzen phänomenologischer Deskription erfordert ein Sicheinlassen auf das Risiko der Theorie mitsamt ihren wissenschaftsspezifischen Kontrollen.

Die phänomenologische Analyse ist eine Möglichkeit der Herstellung des Kontaktes zwischen Wissenschaft und Lebenswelt. Sie kann so weit vorgetrieben werden, daß wir über lebensweltlich immer wieder aktualisierbare »Vorbegriffe«[8] von Sinn und Welt, Gegenständlichkeit und Sonderhorizonten verfügen. Vielleicht gibt es von hier aus Übergänge zu logischen Analysen oder Formanalysen im weitesten Sinne – etwa, was Welt betrifft, zum Problem des Aktual-Unendlichen in der mathematischen Grundlagendiskussion. Uns interessieren Übergänge zur Gesellschaftstheorie.

Dazu muß man zunächst das Phänomen relationieren auf die es konstituierenden Prozesse des Erlebens und Handelns und deren systemstrukturelle Bedingungen. Dadurch läßt sich klären, was am Phänomen selbst nicht ersichtlich ist und was seine Möglichkeit und seine Variabilität bedingt und beschränkt. Dadurch erst kommt heraus, wie sehr phänomenologische Deskriptionen vom gesellschaftlichen Entwicklungsstand des Bewußtseins abhängen – zum Bei-

8 Mit diesem Terminus formuliert auch Carl F. Graumann, *Grundlagen einer Phänomenologie und Psychologie der Perspektivität*, Berlin 1960, S. 65 ff., das Verhältnis von Phänomenologie und empirischen Wissenschaften.

spiel in dem Ausmaße, in dem sie die Trennbarkeit sachlicher und sozialer Verweisungsbezüge unterstellen, etwa unterstellen, daß der Sinn einer Sache nicht davon abhängt, ob jemand ihm zustimmt oder nicht. Während am Phänomen selbst nur der immer schon typifizierte Verweisungsreichtum als solcher und ein daraus sich ergebender höchst unmittelbarer Selektionszwang evident ist, die Komplexität der Welt selbst aber im Unbestimmten bleibt, ermöglicht eine gesellschaftstheoretische Analyse die Erforschung der Systeme, die das Erscheinen der phänomenalen Welt regulieren, in ihren evolutionären, strukturellen und prozessualen Interdependenzen. Sie ermöglicht damit erst den Übergang zu einer höherstufigen Rationalität des Erlebens und Handelns, die nicht mehr nur am Phänomen selektiert, was von ihm her als nächster Schritt naheliegt, sondern auch über Selektionsmöglichkeiten noch selektiv zu disponieren versucht. Dafür findet man am Phänomen selbst allenfalls einen Leitfaden, aber weder Selektionsgesichtspunkte noch sie begründende Evidenzen.

Rückgang auf Gesellschaftstheorie ist zwar Relationierung, aber nicht Analyse der Intentionalität des Bewußtseins und auch nicht die *epoché*, von der Husserl meinte, daß sie zur Klarheit der Erfassung des Wesens führe. Rückgang auf Gesellschaftstheorie ist vielmehr eine der Möglichkeiten wissenschaftlicher Thematisierung der Erscheinungswelt, und zwar unter dem speziellen Blickpunkt der Problematisierung ihrer sozialen Konstitution. Gewonnen wird damit, wie typisch bei einer Analyse von Primärsachverhalten mittels Relationierung, die Bestimmbarkeit höherer Komplexität. Verloren geht und kompensiert werden muß die primäre lebensweltliche Unmittelbarkeit und die an sie anschließenden Evidenzerfahrungen. Schließlich kann die Gesellschaftstheorie einen solchen Prozeß der Transformation von Evidenzen in riskierte Wahrheiten, da er ja ein gesellschaftlicher Prozeß ist und über die Ausdifferenzierung eines Sondermediums ermöglicht wird, wiederum thematisieren und in den Bedingungen seiner Möglichkeit auf die Gesellschaft beziehen. Und das ist die Weise, in der die Voraussetzungen des Anfangens beim Phänomen eingeholt und durch Unterstellung unter Regeln wissenschaftlicher Erlebnisverarbeitung neutralisiert werden können. Dem Anfang beim Phänomen entspricht am Ende die Theorie einer Gesellschaft, die zu wissenschaftlicher Selbstthematisierung fähig ist.

2. Welt als Sinnhorizont

Phänomenologisch aufweisbar und lebensweltlicher Diskussion und Kritik aussetzbar ist zunächst das, was wir oben[9] in Kurzform als Vorbedingung für höhere Formen der Selektivität eingeführt hatten: die Sinnhaftigkeit menschlichen Erlebens und Handelns. Diese Grundform menschlichen Erlebens und Handelns, die zwar nicht als Form, wohl aber am Inhalt immer und unentrinnbar gegeben ist, besteht im Erscheinen von etwas mit Verweisung auf anderes, in der Simultanpräsentation von diesem-und-anderem mit undeutlich werdenden Abschattungen in ein »Und-so-weiter« weiterer Möglichkeiten des Erlebens und Handelns.[10] Dieses

9 Vgl. Teil 1, Kap II.2.

10 Auf eine der wichtigsten organischen Voraussetzungen dafür sei außerhalb der strikt phänomenologischen Betrachtungsweise hier nur hingewiesen: Sie besteht darin, daß Prozesse der organischen Informationsverarbeitung wesentlich kapazitätsreicher und wesentlich schneller sind als Bewußtseinsprozesse, so daß diese stets unter Selektionszwang stehen – gleichsam *colla coda dell'ochio* mehr erfassend, als sie zentral thematisieren können. Die für menschliche Erlebnisverarbeitung kon-

»Und-so-weiter« wird zwangsläufig unscharf, schließlich unbestimmt, weil es mehr impliziert, als je zu aktualisieren und ins Erleben einzubringen ist.[11] Jede Neuaufnahme transzendentaltheoretischer Fragestellungen müßte sich daher mit diesem Befund eines Sinnüberschusses auseinandersetzen, der auch durch Reflexionsleistungen nicht einholbar ist.[12]

Der Reduktionszwang, der durch Kapazitätsschranken bedingt ist, erzwingt auf der anderen Seite Virtualisierungen im Sinne eines Latenthaltens weiterer Möglichkeiten. Das marginal Miterlebte wird zunächst nur gegen die momentane Aktualität abgesetzt, es bleibt dabei in bezug auf Wirklichkeit und Möglichkeit unqualifiziert. Erst die Intersubjektivität konstituiert, wie wir noch sehen werden, auch im Horizont des je aktuellen Erlebens eindeutige Differenzen zwischen Wirklichem und bloß Möglichem.

Infolge jenes Reduktionszwanges muß das ins Unbestimmte verschwimmende »Und-so-weiter« so stark generalisiert werden, daß es vom Wechsel der je konkreten Erlebnisinhalte und Handlungsintentionen nicht tangiert wird, sondern ihn überdauernd als Virtualität identisch bleibt. Es kommt als dasselbe immer wieder vor, begleitet jeden Wechsel. Alles Bestimmte ist demzufolge in einem Horizont anderer Möglichkeiten gegeben. Alle Bestimmung ist daher Selektion.

stitutive evolutionäre Errungenschaft Sinn beruht demnach, so merkwürdig es klingt, auf dem Umweg der Kapazitätseinschränkung und Verlangsamung.

11 Das heißt nicht zuletzt: daß wir keine phänomenologische Evidenz für die Annahme einer *aktualen Unendlichkeit* der Welt in Anspruch nehmen können.

12 Das war letztlich gemeint mit Kategorien wie »Werk« (Rickert) oder »Existenz« (Heidegger), ohne daß diese Kategorien über das Problem hinausführten.

Die Simultanpräsenz von je Gegebenem und Horizont verleiht dem Gegebenen Sinn, das heißt funktional: konkreten Zugang zu und Verortung in anderen Möglichkeiten. Was immer dem Sinn »unterliegt«: Sinn überzieht alles, was ihm vorausliegt, mit appräsentierten Verweisungen, die das Gegebene radikal transformieren und nichts Sinnloses übriglassen. Die laufende Herstellung dieser besonderen Form von Kopräsenz im täglichen Leben, die die Prozesse organischer Informationsverarbeitung überformt, wollen wir als *Konstitution* von Sinn bezeichnen. Sie ermöglicht und erzwingt zugleich besonders effektive Verfahren der Selektion – nämlich solche, die sich das »Woraus« der Selektion mitvergegenwärtigen und für weitere Operationen zugänglich halten können.

Daß diese Form ausnahmslos und unentrinnbar oktroyiert ist, läßt sich zunächst phänomenologisch zeigen. Das Bewußtsein findet in der Selbstanalyse diesen Sachverhalt vor als eigene Nachträglichkeit, die gleichwohl Totalität, nämlich Welt, nicht einschränkt, sondern nur perspektiviert. Karl Schuhmann spricht sogar von »ursprünglicher Nachträglichkeit«[13] im Sinne eines Sekundärseins, dem kein Primäres vorhergeht. Systemtheoretisch entspricht dem die These, daß Sinn eine Art Selbststimulation zur Selektion darstellt, vergleichbar dem, was in höher organisierten Organismen endogene Reizquellen leisten. Die Bereitschaft zur Selektion ist eingebaut, ist mit systemstruktureller Notwendigkeit unabhängig von konkret stimulierenden Umweltereignissen. In evolutionstheoretischer Perspektive wäre derselbe Befund

13 Schuhmann, *Die Fundamentalbetrachtung der Phänomenologie*, S. 124ff. Siehe auch den Hinweis auf das Diktum Fichtes: »Es gibt gar keinen *ersten* Moment des Bewusstseins, sondern nur einen zweiten« (Johann Gottlieb Fichte, *Grundriß des Eigentümlichen der Wissenschaftslehre (1795)*, auf der Grundlage der Ausgabe von Fritz Medicus (Hg.), *Ausgewählte Werke*, Bd. 1, Darmstadt 1962, S. 521-603 (602)).

als evolutionäre Universale zu begreifen. Systeme, die sich mit dieser Form von Selektivität konstituieren, können nicht mehr sinnfrei seligieren. Sie sind an Sinn gebunden derart, daß sie sogar physische und organische Selektionsprozesse sich sinnhaft vorstellen müssen. Der Fall eines Steines ist für sie nur Fall, sofern der Stein Nichtfallendes durchfällt. Für den Stein selbst ist das mit Sicherheit nicht so (aber selbst die Sicherheit dieser Formulierung ist nur die Sicherheit der Unmöglichkeit, die Selektivität des Steinfalles anders als sinnhaft erfassen zu können). Sinnhaftes Erleben ist mithin nicht transzendierbar; sein Können ist auf der entsprechenden Ebene der Systembildung zugleich ein Müssen.[14]

Steht diese These der *Unmöglichkeit sinnfreien Bewußtseins* fest, kann man an ihre Stelle das *Bewußtsein dieser*

14 Diese Überlegungen beleuchten zugleich den Fehler in jeder apodiktischen Entgegensetzung von Materie und Geist oder Realismus und Idealismus. Angesichts eines sinnhaft konstituierten und *allem* Sinn appräsentierten Welthorizontes ist es nicht möglich, extramundane, transzendentale Potenzen anzunehmen und in bezug auf sie die Alternative von bloß hinnehmendem Erkennen und herstellendem Leisten zu stellen. Wegen des Versuchs, auf extramundane, Welt begründende Subjektivität zurückzugehen, hat Husserls Begriff der Konstitution jene viel erörterte Ambivalenz des Evidenzhabens auf der einen, des Leistens auf der anderen Seite gewonnen (vgl. z. B. Eugen Fink, »Operative Begriffe in Husserls Phänomenologie«, *Zeitschrift für philosophische Forschung* 11 (1957), S. 321-337; Alfred Schütz, »Das Problem der transzendentalen Intersubjektivität bei Husserl«, *Philosophische Rundschau* 5 (1957), S. 81-107 (106f.); Schuhmann, *Die Fundamentalbetrachtung der Phänomenologie*, insb. S. XIIIff.). Konstitution von Sinn ist aber weder *creatio ab nihilo* noch intellektive oder voluntative Formung einer in sich strukturlosen, unbestimmten Materie, sondern nur Appräsentation anderer, letztlich unbestimmt bleibender Möglichkeiten, also Ko-Präsenz von Welt. Eher könnte man also sagen, daß Sinnkonstitution das in Formen gegebene »materialisiert«, nämlich ins letztlich Unbestimmte des Welthorizontes auflöst und dann gegen die Welt reprofiliert.

Unmöglichkeit setzen und damit wie mit einer Grenzbestimmung und Begründung operieren.[15] Der Sinnbegriff ermöglicht es, zu wissen, wie (nicht: was!) man wissen kann und wie nicht. Aber er kann dieses »wie nicht« nur postulieren, nicht real vollziehen, und auch das Postulieren ist nur möglich, weil dem sinngebundenen Erleben die auf es selbst anwendbare Sinnform der Negation zur Verfügung steht. Auf dieser Reflexionsstufe des Bewußtseins der Unmöglichkeit des sinnfreien Bewußtseins läßt sich das Problematisieren zum Abschluß bringen; das heißt stillstellen, bis jemand kommt und zeigt, daß und wie er sinnfrei erlebt bzw. handelt. Wohlgemerkt formulieren wir nicht, daß die Welt Bewußtsein sei oder als Bewußtsein erklärt werden könne. Das Gegenteil trifft ja offensichtlich zu. Aber genauso evident kann gezeigt werden, daß es weder möglich noch erforderlich ist, diesen Umstand zu berücksichtigen. Hierin sehe ich zugleich den einzig haltbaren Sinn der *epoché* der transzendentalen Reduktion, des Absehens von der Seinsqualität der Welt.[16]

Zwei wichtige Klarstellungen lassen sich anschließen. Die Universalität von Sinn betrifft auch das je aktuell Gegebene selbst, nicht nur sein Negat, seine anderen Möglichkeiten, sein Verweisungsnetz. Als Appräsentation besagt die Sinnform, daß anderes am Gegebenen selbst und nur am Gegebenen sichtbar wird. Kontingenz (im Sinne von: Auch-anders-

15 Selbstverständlich ist ein solcher Umkehrschluß nicht logisch begründet. Aber er ist für die Begründung der Logik erforderlich, genauer für die Begründung der Welt-Relevanz ihrer Operationen. Und man kann ihm eine Art reflexionslogische Begründung geben mit dem Hinweis, daß das Bewußtsein ihn vollziehen muß, wenn es die entsprechenden Analysen vollzieht.

16 Dies ist selbstverständlich kein Versuch, den von Husserl gemeinten Sinn der *epoché* herauszubekommen.

möglich-Sein) ist Bedingung des Erscheinens von etwas als etwas, ist Bedingung der Konstitution von Phänomenen. Das gilt ganz allgemein: für Wahrnehmungsdinge ebenso wie für Begriffe, für Wirkliches ebenso wie für Mögliches, für Bejahtes ebenso wie für Verneintes. Der Sinnhorizont (und damit die Welt) läßt sich demnach nicht auf (bloß) potentielle Aktualität reduzieren, er ist vielmehr die Struktur, die alle Aktualität selbst durch Modalisierung gewinnt – aktuelle Aktualität ebenso wie potentielle Aktualität. Es ist diese Struktur modalisierter Aktualität, mit der die Welt sich präsentiert und sozusagen im Detail funktionsfähig wird, und die ihr zugleich die durchgehende, lückenlose Kontinuität und Ununterbrechbarkeit gibt, wie sie zum Beispiel als Raum oder Zeit thematisiert werden kann.

Nur auf Grund einer so erreichten und je appräsentierten Weltkontinuität kann das Sinnerleben durch Intersubjektivität objektiviert, das heißt perspektivisch entzerrt werden. Auf dem Boden von Weltkontinuität führt, und das ist unsere zweite Klarstellung, die Wahrnehmung anderer Wahrnehmer zu einer immensen Ausdehnung der Aktualität durch Mehrfachmodalisierungen. Wie häufig durchgeführte Analysen zeigen,[17] wird die Perspektivität des Eigenerlebens durch Mitorientierung an den Perspektiven anderer sozusagen diskontiert und weggedacht. Die phänomenal angezeigten Verweisungen auf Möglichkeiten weiteren Sinnerlebens werden dabei differenziert und unterschieden je nachdem, ob zu ihrer Aktualisierung nur ein Perspektivenwechsel erforderlich ist oder ob weitere Bedingungen, nämlich Änderungen der Sache selbst, hinzukommen müssen. Auf diese Weise entsteht

17 Vgl. nur George H. Mead, »The Objective Reality of Perspectives«, *Proceedings of the Sixth International Congress of Philosophy,* New York 1927, S. 75-85.

durch Generalisierung aus aktuellen, aktuell vermittelten und als aktuell unterstellten Perspektiven die Wirklichkeit als ein intersubjektives Aktualitätenkontinuum, in dem das Bewußtsein seine Perspektiven und Eigenaktualisierungen wechseln kann. Das für jeden Erlebenden Aktuelle und Mögliche kann nun zu einem Gesamtkonzept der wirklichen Welt synthetisiert werden, die dann als Wirklichkeitsbasis für höherstufige Möglichkeiten fungiert, also ihre eigene Kontingenz hat. Solche Realitätskonstruktionen sind jedoch nicht zu verwechseln mit der Welt als solcher; sie sind nicht korrelativ zur Sinnform schlechthin, sondern sind abgeleiteter Natur. Sie variieren mit den Kommunikationsweisen, durch die jene Synthese der Perspektiven und Aktualisierungen zustande kommt; sie variieren mit den Strukturen des Gesellschaftssystems, mit der gesellschaftlichen Evolution.

Um diese Analyse weiterführen zu können, müssen wir zuvor den unterschiedlichen Gebrauch der Begriffe *Umwelt* und *Welt* (Welt = System und Umwelt) erläutern. In der Form von Simultanpräsentation ermöglicht Sinn zunächst die gleichzeitige Erfassung von System und Umwelt als aufeinander bezogen. Unter Umwelt wollen wir alles verstehen, was ein System als nicht zu ihm selbst gehörig, als extern erfaßt. Der Umweltbegriff wird also systemrelativ definiert, und zwar in bezug auf die Selbst- und Grenzerfahrung des jeweiligen Systems. Umwelt ist mit der Erfahrung von Systemgrenzen zwangsläufig miterfahren. Wenn Externes in dieser Weise sinnhaft bewußt wird, kann es nicht mehr ganz ohne Bezug auf das System aufgefaßt werden. Die Umwelterfahrung führt zur Appräsentation des Systems. Genauer gesagt: Ein Erlebnisakt kann sich diesem oder jenem System zuordnen (und dies unter Umständen sogar als Wahl erfahren); wenn er sich aber einem System zuordnet, ist darin ein Zugleich von System und Umwelt impliziert, so daß alle Umwelterfahrung auf das Bezugssystem zurückverweist – so etwa die mathematisch-materialistische Naturauffassung auf Wissenschaft als Teilsystem der heutigen Gesellschaft.

In der Sinnhaftigkeit von Systemgrenzen ist demnach ein Wechselverhältnis impliziert, das System und Umwelt verbindet und dem Erleben die Möglichkeit bietet, grenzüberschreitend nach dem System die Umwelt oder nach der Umwelt das System zu thematisieren. In dem Maße, als diese Möglichkeit als solche thematisch wird, entsteht ein übergreifender Bewußtseinshorizont, der weder allein der Umwelt noch allein dem System zugerechnet werden kann, in dem vielmehr System und Umwelt Elemente sind und in dem sich letztlich auch die Relativität der Systemreferenzen aufheben läßt. Diesen umfassenden Horizont nennen wir die Welt. Welt kann am System oder an der Umwelt des Systems thematisiert werden, und dies ebenso für dieses System wie für andere. Dabei erscheint Welt nicht nur als Indifferenz in bezug auf diesen Unterschied von System und Umwelt, als eine zu umfassende Menge oder als Kontinuität (etwa als Raum) trotz Diskontinuität.[18] Das alles ist nachträgliche anschauliche bzw. begriffliche Konstruktion. Primär erscheint sie als Möglichkeit des Übergangs. Die Weltkonstitution setzt demnach Mitkonstitution der Zeit voraus, nämlich als Anzeige der Möglichkeit des Voranschreitens von Systemthemen (bzw. Umweltthemen), bei denen man gerade ist, zu Umweltthemen (bzw.

18 Die phänomenologische Analyse lehnt die regionale Aufteilung der Welt in Bewußtsein und Realität ab mit der These der Bewußtseinsimmanenz aller Transzendenz (siehe z. B. Husserl, *Ideen zu einer reinen Phänomenologie und phänomenologischen Philosophie*, S. 114ff.). Für uns wäre sie vor allem unvereinbar mit der Realität aller System/Umwelt-Referenzen und mit der These, daß die Komplexität der Selbstreduktion aller Systeme erst durch ihr Komplexitätsverhältnis zur Umwelt bestimmbar wird.

Systemthemen), deren Miterfassung der jeweilige Sinn nahelegt.[19] Vor dem Hintergrund der Nichtüberschreitbarkeit von Welt lassen sich sowohl Systemkomplexität als auch Umweltkomplexität und im einzelnen sowohl alles Systemhandeln als auch alles Umwelterleben noch als Selektion begreifen. Und das heißt umgekehrt: daß das Bewußtsein einer übergreifenden Welt in dem Maße notwendig wird, als die Selektionsmöglichkeiten sich erweitern und die Selektivität sowohl der Umwelt als auch des Systems sich in ihrer prozessualen Interdependenz aufdrängt.

Welt in diesem Sinne ist also nicht etwa nur eine verlängerte, erweiterte Umwelt, jenes unendliche »Und-so-weiter« der möglichen Progression nach außen. Welt hat nicht die Form der einfachen Unendlichkeit (wie man in der frühen Neuzeit auf Grund von Raumanalogien unterstellte mit der Folge, daß man eine zweite Unendlichkeit, die der Reflexion eines extramundanen Subjekts, der Welt gegenüberstellen mußte). Die einfache Unendlichkeit der Umwelt ist immer noch bestimmbare Unendlichkeit; sie ist Unbestimmtheit (für das System) im Stile der Bestimmbarkeit; sie ist bestimmbar, sei es durch das, was man beim Fortschreiten des Erlebens an Sachverhalten antreffen wird, sei es durch die Schranken systemspezifischer Kapazitäten und Perspektiven, sei es durch die Regeln der Progression. Das alles sind nur generalisierte Eigenschaften von Umwelt, wobei durch Generalisierung die Relevanz der Systemreferenz minimiert wird. In diesem Sinne spricht man von »un-endlich«. Die Welt ist jedoch ein Erlebnishorizont prinzipiell andersartigen Typs. Sie ist nicht der Horizont der Progression in die Umwelt, sondern der

19 Ähnlich Kants Vernunftbegriff der Welt in: *Über die Form und die Prinzipien der sinnlichen und der Verstandeswelt*, § 1. Kant erläutert seinen Begriff allerdings noch mit Hilfe des Schemas Ganzes und Teil und nicht mit Hilfe des Schemas System und Umwelt.

Horizont der Relationierung von System und Umwelt. Zu einer Weltvorstellung in diesem Sinne gelangt man erst, wenn man System und Umwelt als verschiedene Horizonte für Progression und für Variation zueinander in Beziehung setzt. Daraus ergibt sich ein neuartiger Typ von Unbestimmtheit, nämlich Unbestimmtheit auf dem Hintergrund jener Unbestimmbarkeit, die zweiseitig variablen Relationen eigen ist. In dem Maße, als System und Umwelt als je kontingente Größen erfahren werden, wird die jeweils herstellbare Beziehung zwischen ihnen selbst kontingent. Diese Kontingenz erweist sich in der Reflexion als unbestimmbar.

Unbestimmtheit (und selbst Unbestimmbarkeit) des Woraus schließt, wie wir wissen,[20] Selektion nicht aus. Dem in der *Reflexion* erreichbaren Befund einer unbestimmbaren Weltkontingenz entspricht in der *Evolution* ein notwendiger Zusammenhang von Selbstselektion der Systeme und Weltkonstitution.[21] Eine unbestimmbare Welt konstituiert sich erst durch Evolution der Gesellschaft als Horizont der Relationierung von Gesellschaftssystem und gesellschaftlicher Umwelt. Sie konstituiert sich als unbestimmbare erst,

20 Vgl. oben, Teil 1, Kap. II.1 und II.2.

21 Diese Parallelisierung von Reflexion und Evolution berücksichtigt die Problem- und Begriffsgeschichte. Beide Kategorien sind Nachfolgebegriffe, die in der Zeit des Durchbruchs zur bürgerlichen Gesellschaft an die Stelle der alten *realitas sive perfectio* traten, also Nachfolgebegriffe für Perfektion. Beide Begriffe leisten eine Verzeitlichung von Komplexität unter Ablösung theologischer Denkvoraussetzungen: Im Hinblick auf Begründung wird Perfektion ersetzt durch Reflexion (Selbstbegründung); im Hinblick auf Bestimmung wird Perfektion ersetzt durch Evolution (Selbstbestimmung). Die *Differenz* beider Nachfolgebegriffe ist ihrerseits, wie Hegel wußte, eine zeitliche: Die Reflexion folgt der Evolution, weil sie erst auf ihrer Grundlage möglich ist. Die Differenz ist außerdem, wie oben im Text angenommen, systemtheoretisch bedingt, weil Reflexion nur als Systemprozeß der Selbstthematisierung möglich ist.

wenn die Selektion von Relationen zwischen Gesellschaftssystem und gesellschaftlicher Umwelt einen Horizont dieses Abstraktionsgrades erfordert. Die in der modalen Formulierung »Unbestimm*barkeit*« als Bedingung der Möglichkeit/Unmöglichkeit vorausgesetzte Systemreferenz ist die moderne Gesellschaft, die *Weltgesellschaft*. Die Reflexion stellt als gesellschaftlicher Prozeß der Selbstthematisierung dies nur fest und formuliert damit zugleich Anforderungen an die Praxis der Selektion, an den jetzt noch möglichen, für eine Weltgesellschaft adäquaten Selektionsstil.

Im Weltbegriff werden die Paradoxien der Kontingenz aufgefangen und zum Stillstand gebracht in der doppelmodalen These *notwendiger Kontingenz*. Die Welt selbst ist kontingent insofern, als alles, was sie erscheinen läßt, auf andere Möglichkeiten verweist. Es gibt keinen anderen Gesamtnenner als: Kontingenz. Sie ist nichtkontingent (notwendig) insofern, als genau dies so ist und nicht anders. Daß es »keinen anderen Gesamtnenner« gibt, daß es nichts Nichtkontingentes gibt, macht die Welt selbst, soweit sie dies ist, notwendig, und zwar in einer Weise, die mit Notwendigem in der Welt inkompatibel ist. Gäbe es neben Kontingentem Notwendiges in der Welt, wie die Philosophen annahmen mit dem Argument »si aliquod ens est contingens, ergo aliquod ens est necessarium«,[22] ließe sich kein Modalbegriff der Welt bilden, weil er Notwendiges und Nichtnotwendiges, also a und non-a zugleich, bezeichnen mußte; der Schluß, daß Kontingenz nur denkbar sei, wenn sie negierbar bleibe (weil sie selbst die Möglichkeit der Negation schon impliziert), führte dann aus der Welt hinaus: Er sicherte den Beweis Gottes, bei Husserl den

22 Johannes Duns Scotus, »Ordinatio I dist 39 n 13«, in: ders., *Opera Omnia*, Bd. VI, Civitas Vaticana 1963, S. 414. Man beachte den Bezug des Arguments auf das »ens«.

Beweis des extramundanen Subjekts.[23] Da das extramundane Subjekt jedoch unaufweisbar bleibt und schon als Postulat den Prinzipien phänomenologischer Analyse widerspricht, wirft dieses Resultat uns auf den Weltbegriff zurück. Das Postulat eines extramundanen Subjekts ist ein Symptom dafür, daß die Reflexivität des weltkonstituierenden Prozesses in das Subjekt hineingenommen und am Weltbegriff selbst nicht zureichend durchdacht worden war. Erst eine Modalanalyse der Struktur des Implizierens von Welt in allem sinnhaften Erleben und Handeln vermag Abschlußproblematiken der genannten Art zu lösen. Das aber erfordert die Vorstellung einer total kontingenten Welt; nur eine solche kann auf einer zweiten Ebene der Modalisierung als notwendig gelten.

Diese Analyse ist extrem formal gehalten, um Raum zu lassen für jeden historischen Inhalt. Das entspricht dem Stellenwert, den wir dem Sinnbegriff zugeschrieben hatten. Geht man auf den fundamentalen, allen Objektivationen vorausliegenden, sie erst ermöglichenden Sinnbegriff zurück, erfordert das einen entsprechend abstrahierten Weltbegriff. Welt ist danach der Universalhorizont sinnhaften Erlebens und Handelns, ist also in allem Sinn immer schon impliziert. Welt ist

23 Schuhmann, *Die Fundamentalbetrachtung der Phänomenologie*, S. 176f., argumentiert zum Beispiel nach der Manier der Gottesbeweise, daß »die Konstitution der Realwelt mit der des Bewußtseins zusammenfällt. Den Angelpunkt dieser Identität, durch den sie vermittelt und in ihrer Eigenart bestimmt ist, bildet die Zufälligkeit der Realwelt. Zufälligkeit besagt dabei, daß das Bewußtsein, um überhaupt zu sein, sich nicht als mundanes konstituieren muß«. Und: »Daß die welthafte Gestalt des Bewußtseins mit ihrem Horizont, dem Bewußtsein schlechthin, nicht und niemals in völlige Identität zusammenfällt: das ist dabei der Sinn des Begriffs der Zufälligkeit der Realwelt.« Die Negationsrichtung, die hier interessiert, ist also nicht die auf die Nichtexistenz der Welt hin, sondern die auf eine Negation ihrer Kontingenz, die diese Kontingenz zugleich auch ermöglicht. Und das soll das extramundane Subjekt sein.

der Boden auch für den Wechsel von Realitätskonstruktionen und Sonderhorizonten, sie ist der letzte Horizont, der nicht mehr transzendiert werden kann, weil er alle Versuche des Überschreitens noch begleitet.

Man muß zunächst sehen, daß sinnhaftes Erleben Welt in diesem Sinne zwar stets impliziert, daß es aber keineswegs zu den Erfordernissen der Sinnkonstitution gehört, sich die mitfungierende Welt vorzustellen oder gar auf diesen Begriff zu bringen. Vielmehr wird ein solcher Begriff erst in der Neuzeit, erst für die bürgerliche Gesellschaft erforderlich (und insofern impliziert auch die Theorie, die ihn benötigt, ihren eigenen Standort als einen historischen).[24] Dieser neuzeitliche Weltbegriff ist also seinerseits ein Korrelat gesellschaftlicher Evolution und als Begriff immer schon ein lebensweltlicher Versuch der Bestimmung von Welt. Er klärt sich ab im Zuge der Destruktion kosmischer Weltsichten, die anschaulich Erfaßbares (und insofern Gemeinsames) generalisierten,[25] und er entspricht dem Übergang der Philosophie zur Subjektivität des Bewußtseins und zu subjektbezogenen Potentialbegriffen. Diese Entwicklung, die ihrerseits eine rasch zunehmende gesellschaftsstrukturelle Differenzierung reflektiert, macht es erforderlich und möglich, die Begrifflichkeit der Weltvorstellung von den Ding- und Ereignismengen abzuheben und als solche zu thematisieren. Für die Gemeinsamkeit des Anschauens wird damit die Koordinierbarkeit selektiver Operationen substituiert. Parallel dazu wird das Problem der Modalitäten in neuer Abstraktion und in seinen Bedingungsbezügen be-

24 »Das Kennzeichen des neuzeitlichen Weltbegriffs ist, daß er überhaupt ein Begriff ist« (Karl Löwith, *Der Weltbegriff der neuzeitlichen Philosophie*, Heidelberg ²1968, S. 14). Vgl. auch Martin Heidegger, »Die Zeit des Weltbildes«, in: ders., *Holzwege*, Frankfurt/M. 1950, S. 69-104.

25 So die zusammenfassende Bestimmung des Kosmos am Schluß des *Timaios*, 92c, als ζῷον ὁρατὸν τὰ ὁρατὰ περιέχον.

wußt: Man spricht nicht mehr von den kommenden Dingen und Ereignissen, sondern von der Zukunft, nicht mehr von den Kontingenten, den Möglichen, den Notwendigen (wiederum: Dingen und Ereignissen), sondern von Kontingenz, Möglichkeit, Notwendigkeit.[26]

Soziologisch gesehen könnte der Grund dieser Veränderung darin liegen, daß die durch Technisierung gesteigerte *Disponibilität* der Dinge, Ereignisse, Betrachtungsweisen und Perspektiven es ausschließt, die *Indisponibilität* der Welt dinganalog oder als Gattungsmerkmal von Dingen, als Substanz, zu begreifen. Welt kann in ihrer Abschlußfunktion nun nicht mehr gesehen werden als *universitas rerum*, als bloße Sachgesamtheit aller Gegenstände; sie wird zum Implikat der Form des Erlebens, das Identitäten und Zusammenhänge als weltliche erst konstituiert. Vom traditionellen Aggregatbegriff der Welt muß man demnach zu einem Korrelatbegriff der Welt übergehen.[27] Dieser Übergang erst macht das Begriffs-

26 Vgl. Ingetrud Pape, *Tradition und Transformation der Modalität*, Bd. I, Hamburg 1966.

27 Das Problem findet sich bereits 1770 in § 1 von Kants Dissertation *Über die Form und die Prinzipien der sinnlichen und der Verstandeswelt* zumindest angedeutet. Dort hat es aber noch die Form einer Unterscheidung von abstraktiv aggregierenden Verstandesbegriffen und operativen Vernunftbegriffen, wobei letztere in Ansehung der Welt die Unendlichkeit des Fortgangs zum Ganzen der Welt ebenso wie die Unendlichkeit des Rückgangs auf ihre Teile implizieren. Im Vernunftbegriff sind Endlichkeit und Zeitlichkeit des Subjekts berücksichtigt, und zugleich wird mit dem Subjekt der alte Progressionsbegriff der Unendlichkeit (das »infinitum in fieri«; vgl. Aristoteles, *Physik*, III, 6) metaphysisch aufgewertet. Die heute diskutierte, vom Ganzes/Teil-Schema abgelöste Problemstellung ist vor allem Edmund Husserl zu danken, in dessen Werk jedoch bei der Thematisierung von Welt Aggregatbegriffe und Korrelatbegriffe nebeneinander verwendet werden. Vgl. z. B. *Ideen zu einer reinen Phänomenologie und phänomenologischen Philosophie*, S. 11 (»Die Welt ist der Gesamtinbegriff von Gegenständen möglicher

problem bewußt. Einer der Prozesse, die dies ausgelöst haben, dürfte in der Wissenschaftsentwicklung liegen, und zwar im Einschieben fachspezifischer Sonderhorizonte zwischen Welt und Objekt, die sich in ihrem Auflösevermögen als variabel erweisen werden. Bachelard hat dies am Materiebegriff der Chemie gezeigt.[28] Dessen Entwicklung ermöglichte es zum Beispiel, die Erscheinung des Feuers chemisch zu erklären; »alors la combustion passera du rang d'un phénomène cosmique au rang d'un phénomène matériel.«[29]

Damit ist im Prinzip jeder Versuch überholt, die Welt nach dem Modell eines Systems zu begreifen[30] – sowohl die Darstellung und Problematisierung der Welt mit Hilfe des Schemas vom Ganzen und seinen Teilen[31] als auch die

Erfahrung und Erfahrungserkenntnis«) und S. 110ff. (»§ 47. Die natürliche Welt als Bewußtseinskorrelat«); siehe auch ders., *Erfahrung und Urteil*, Hamburg 1948, S. 23ff. Zwischen beide Weltbegriffe sind bei Husserl methodische Schritte der reduktiven Reflexion eingeschaltet. Die Husserl-Interpreten haben eher dazu tendiert, den reinen Korrelatbegriff der Welt als zu »subjektiv« abzulehnen, oder sie haben die Zweideutigkeit als solche gepflegt. Vgl. z. B. Ludwig Landgrebe, »Welt als phänomenologisches Problem«, in: ders., *Der Weg der Phänomenologie: Das Problem einer ursprünglichen Erfahrung*, Gütersloh 1963, S. 41ff.; Eugen Fink, *Sein, Wahrheit, Welt: Vor-Fragen zum Problem des Phänomen-Begriffs*, Den Haag 1958, z. B. S. 123f., 131ff.; Max Müller, *Existenzphilosophie im geistigen Leben der Gegenwart*, Heidelberg ²1958, S. 109f., 128; Paul Janssen, *Geschichte und Lebenswelt: Ein Beitrag zur Diskussion von Husserls Spätwerk*, Den Haag 1970, S. 167ff.

28 Vgl. Gaston Bachelard, *Le matérialisme rationnel*, Paris 1953, ³1972, insb. S. 37f., zu *drei* Ebenen der Exteriorisierung von Erkenntnis: Gegenstände, Materie, Welt.

29 Bachelard, *Le matérialisme rationnel*, S. 40.

30 Vgl. etwa Hans Blumenberg, »Kosmos und System: Aus der Genesis der Kopernikanischen Welt«, *Studium Generale* 10 (1957), S. 61-80.

31 Zu diesem die Weltbegriffe von Leibniz und Kant noch beherrschenden Problemansatz und den entsprechenden Lösungsversuchen vgl. Löwith, *Der Weltbegriff der neuzeitlichen Philosophie*, S. 16ff.; H. Herring,

Vorstellung von Grenzen der Welt[32] und schließlich die Vorstellung von einer wirklichen oder doch möglichen Mehrheit von Welten, von denen die perfekteste durch Schöpfung realisiert sei.[33] Solche Weltbegriffe formulieren noch Realitätskonstruktionen. Sie führen noch Analysen und leisten noch Erklärungen – etwa mit Hilfe des Konzepts der vier Elemente. Sie beanspruchen noch, zustimmungsfähig (zum Beispiel: perfekt) zu sein, und bekommen es demzufolge mit Negativem als Innerweltlichem zu tun, das eine besondere Behandlung als Sünde, als Gegner, als Korruptibilität erfordert. Sie erweisen sich aber beim Übergang von phänomenologischer Deskription zu gesellschaftstheoretischem Korrelieren als Rekonstruktionen der zugrundeliegenden, im Sinnerleben appräsentierten Welt, als Realitätskonstruktionen, die einer angebbaren evolutionären Lage des Gesellschaftssystems entsprechen. Es sind Hochkulturen, denen ihre Welt als Kosmos und als *universitas rerum* erscheint.

»Über den Weltbegriff bei Leibniz«, *Kant-Studien* 57 (1966), S. 142-154; Heinz Heimsoeth, *Studien zur Philosophie Kants*, Köln 1956, S. 41ff.

32 Deren Problematisierung in den Kontroversen über Endlichkeit bzw. Unendlichkeit der Welt verlief. Vgl. Alexandre Koyré, *Von der geschlossenen Welt zum unendlichen Universum*, Frankfurt/M. 1969 (dt. Übers.).

33 Ein Thema bereits der Antike. Für einen knappen Überblick und Literaturangaben siehe E. Behler, »Einwelttheorie/Mehrweltentheorie«, in: *Historisches Wörterbuch der Philosophie*, Bd. II, Basel, Stuttgart 1972, Sp. 423-425. Ergänzend: Charles Mugler, *Deux thèmes de la cosmologie Grecque: Devenir cyclique et pluralité des mondes*, Paris 1953. Speziell zur frühneuzeitlichen Diskussion Arthur O. Lovejoy, *The Great Chain of Being: A Study of the History of an Idea*, Cambridge (Mass.) 1936, Neudruck 1950, S. 108ff.; Grant McColley, »The Seventeenth-Century Doctrine of a Plurality of Worlds«, *Annals of Science* 1 (1936), S. 385-430.

Als Universalhorizont allen sinnhaften Erlebens und Handelns steht die Welt nicht wie eine Grenze fest,[34] sondern begleitet alles Überschreiten von Grenzen. Sie kann selbst nicht transzendiert werden; jedem Anlauf dazu, selbst dem durch Negation, würde sie nachgeben durch Erweiterung des Welthorizontes und damit das einschließen, woraufhin man sie zu transzendieren trachtet. Die Horizonthaftigkeit der Welt liegt deshalb aller binären Schematisierung, vor allem aller Logik voraus.[35] Sie begründet die Möglichkeit, Weltliches durch vollständige Disjunktionen zu ordnen, kann selbst ihnen aber nicht unterworfen werden. So ist es nicht möglich, den Welthorizont entweder als endlich oder als unendlich zu charakterisieren.[36] Die frühneuzeitliche Diskussion des Weltbegriffs war unter dieser Fragestellung und unter der Prämisse des *tertium non datur* geführt worden – um so einleuchtender, als

34 Die Nichtunterscheidung von Welt und System, Horizont und Grenze, ist für die ältere Diskussion durchgehend typisch auch und gerade dort, wo Grenzen der Welt geleugnet werden. Ein Beispiel: René Descartes, *Les Principes de la philosophie*, II, 21 (Ausgabe der Bibliothèque de la Pléiade, Paris 1952, S. 623): Die Unendlichkeit wird nur als Fehlen von Grenzen beschrieben.

35 Vom Standpunkt der Logik führt deshalb die Thematisierung der Welt in Antinomien. Vgl. Kant, *Kritik der reinen Vernunft*, B 432ff.

36 Diese Einsicht findet man im übrigen zusammen mit anderen, die einer Phänomenologie des Horizonterlebens nahekommen, bereits bei antiken Denkern; man muß sich also vor einer überzeichnenden Kontrastierung hüten. Sie treten dort allerdings eher in der Form feierlicher Paradoxien auf. Vgl. Cajus Plinius Secundus, *Naturalis Historia*, II, 1 (zit. nach der Ausgabe L. Ian, C. Mayhoff (Hg.), Neudruck Stuttgart 1967, S. 128): »Mundum [...] numen esse credi par est, aeternum, immensum, neque genitum neque interiturum umquam. huius extera indagare nec interest hominum nec capit humanae coniectura mentis. sacer est, aeternus, immensus, totus in toto, immo vero ipse totum, infinitus ac finito similis, omnium rerum certus et similis incerto, extra intra cuncta conplexus in se, idemque rerum naturae opus et rerum ipsa natura.«

das Problem speziell als ein solches des Raumes gestellt wurde. Als Horizont ist aber die Welt stets endlich und unendlich zugleich, sie fungiert im Erleben und Handeln als Reduktion, die die Möglichkeit ihrer eigenen Expansion strukturiert.[37] Alle binären Schematisierungen setzen diese Doppelmöglichkeit voraus und reformulieren sie in jeweils spezifischen Hinsichten. (Damit ist zugleich gesagt, daß es nicht genügt, den Welthorizont als *coincidentia oppositorum* seiner Disjunktionen zu charakterisieren.)

Die Welt fungiert mithin, kantisch gesprochen, als »Idee«, die nicht nur Erfahrung, sondern alles Erleben und Handeln einschließlich des Negierens zur Totalität des Möglichen ergänzt. Alle Thematisierung der Welt – die phänomenologische Deskription und Variation eingeschlossen – thematisiert mit ihr zugleich die Bedingung ihrer eigenen Möglichkeit, wird also im Weltbezug reflexiv.[38] In dieser Form des Horizontes ist die Welt notwendig einzig. Es kann keine zweite geben neben ihr.[39] Und umgekehrt führt die ausweglose Ein-

37 Klassischer Topos dafür ist die nicht wegdenkbare Möglichkeit, den Weltrand mit der Hand zu durchstoßen, wobei unentscheidbar ist, ob die Hand dann zum Nichts wird oder ob sie die Welt in einem Akt der Schöpfung erweitert (Hinweise bei Koyré, *Von der geschlossenen Welt zum unendlichen Universum*, S. 53, Anm. 33).

38 »In the analysis of horizon structures, phenomenology not only has a theme; it has the theme of its own possibility,« formuliert Hans Blumenberg, »The Life-World and the Concept of Reality«, in: Lester Embree (Hg.), *Life-World and Consciousness*, Evanston 1972, S. 425-444 (430).

39 Vgl. Husserls Formulierungen in: *Krisis*, S. 145f., und dazu Bernhard Waldenfels, »Weltliche und soziale Einzigkeit bei Husserl«, *Zeitschrift für philosophische Forschung* 25 (1971), S. 157-171. Zur Vorgeschichte und zum Zusammenhang mit der Entwicklung des Problems der Modalitäten siehe auch Ingetrud Pape, »Von den ›möglichen Welten‹ zur ›Welt des Möglichen‹: Leibniz im modernen Verständnis«, *Studia Leibnitiana: Vierteljahresschrift für Philosophie und Geschichte der Wissen-*

zigkeit der Welt den Prozeß der Weltthematisierung dazu, im Welthorizont die Bedingung seiner eigenen Möglichkeit zu erkennen, also reflexiv zu werden und sich darin vom »naiven« Weltleben zu unterscheiden.

Diese Einzigkeit der Welt tritt spätestens dann irreversibel ins Bewußtsein, wenn die historisch entstandenen Gesellschaftssysteme sich zu einer einzigen Weltgesellschaft zusammenschließen, alle unterschiedlichen Gesellschaftsformationen und deren Sonderwelten in sich aufnehmend. Dies *Zusammenführen aller Welten in einer Welt* vollzieht sich im historischen und kulturvergleichenden Bewußtsein unseres Gesellschaftssystems, das auch in diesem Sinne als Welt konstituierende Gesellschaft »Weltgesellschaft« ist. Auch von daher ergibt sich die Frage nach einem Begriff der Welt, deren Weltlichkeit Welten anderer Gesellschaften einschließt, *ohne sie dabei zu Nichtwelten oder zu bloßen Weltanschauungen zu degradieren.*[40] Mit der Realentwicklung der neuzeitlichen Weltgesellschaft konvergieren Bewußtseinsentwicklungen in Philosophie und Geschichtswissenschaft, die als bloßer »Relativismus« nicht zureichend begriffen sind. Es geht darum, die Welt selbst als einen nichts Mögliches mehr ausschließenden Horizont zu denken, in dem jene historischen Welten der Territorialgesellschaften zur Reflexion gebracht werden können. Erstmals hat diese Gesellschaft die Chance, sich thematisch auf einen selbstkonstituierten Welthorizont zu beziehen.

In der Einzigkeit der Welt ist demnach – will man die bloße Behauptung der eigenen Welt als der einzigen oder

schaft, Supplementa I: Akten des Internationalen Leibniz-Kongresses Hannover 1966, Bd. I, Wiesbaden 1968, S. 266-287.

40 Zu solchen Fragen der Geschichtswissenschaft vgl. Oskar Köhler, »Was ist ›Welt‹ in der Geschichte?«, *Saeculum* 6 (1955), S. 1-9; ders., »Versuch, Kategorien der Weltgeschichte zu bestimmen«, *Saeculum* 9 (1958), S. 446-457.

der besten vermeiden[41] – Reflexivität in einem noch zu klärenden Sinne impliziert.[42] Reflexiv formulierte Weltbegriffe sind an sich alt, sie dienten früher aber zum Ausdruck von Steigerungs- und Abschlußbehauptungen, zum Ausdruck der Perfektion der gegebenen Welt – so das »caelum caeli« der Psalmen[43] oder die »prima et suprema stellarum fixarum sphaera se ipsam et omnia continens« des Kopernikus.[44] Die Relativierung der Welt auf das sie konstituierende Gesellschaftssystem gibt der Reflexivität einen neuen Sinn als Weltimmanenz des Thematisierens und Transzendierens der Welt. Innerweltlichkeit aller Welten heißt demnach und gewährt demnach die Möglichkeit des Transzendierens im Ausgang von der gegebenen Welt. Die zunächst historisch auf Perfektes gerichtete Reflexion wird damit progressiv.

Reflexiv ist die Welt nicht als Sachgesamtheit (auch nicht als Möglichkeitsgesamtheit) im Sinne einer vergrößerbaren Menge, sondern als Korrelat sinnkonstituierender Prozesse. Genauer formuliert: Reflexiv wird nicht die Welt als Horizont der Horizonte, sondern als der weltkonstituierende Prozeß, das Modalisieren und Kontingentsetzen des aktuell Erlebten

41 In einer solchen bloß behaupteten Universalität sieht Bernard Willms die heute sich entlarvende Partikularität des »bürgerlichen Subjekts«. Vgl. *Revolution und Protest oder Glanz und Elend des bürgerlichen Subjekts*, Stuttgart 1969, und, mit konkreteren politischen Bezügen, ders., *Entwicklung und Revolution: Grundlagen einer dialektischen Theorie der Internationalen Politik*, Frankfurt/M. 1972.

42 Wie Werner Loh, *Kritik der Theorieproduktion von N. Luhmann und Ansätze für eine kybernetische Alternative*, Frankfurt/M. 1972, S. 11f., anmerkt, liegt darin (und ebenso übrigens in der im folgenden zitierten Formel des Kopernikus) auch ein logisches Problem, das jedoch logisch durch Unterscheidung von Systemreferenzen allzu leicht lösbar ist.

43 Vgl. Augustinus, *Confessiones*, XII, 2 und 9 (zit. nach der Ausgabe München 1955, S. 675f., 686).

44 *De revolutionibus orbium caelestium libri sex*, I, 10 (zit. nach der Ausgabe München 1949, S. 25).

und Gehandelten mit der Implikation eines Und-so-weiter anderer Möglichkeiten. Und zwar wird dieser Prozeß nicht dadurch schon reflexiv, daß er thematisiert und phänomenologisch beschrieben wird. (Das hieße: Reflexivität wiederum nur als Denken zu begreifen.) Er wird vielmehr reflexiv durch Implizieren des Implizierens, das der Welt ihre letztlich unbestimmbare Funktionsweise beläßt; dadurch also, daß man, auf welchen Stufen der Iteration der Thematisierung des Thematisierens man auch immer steht, die Möglichkeiten weiterer Iteration mit dem Gefühl vorläufiger Unergiebigkeit im Impliziten beläßt.

Welt sinnhaft konstituierende Prozesse, die so verfahren, sind und bleiben stets innerweltlich greifbar, sind nur innerweltlich möglich, haben stets ein angebbares Objekt. Genau das meint die These von der intersubjektiven Konstitution der Welt: daß die Konstitution innerweltlich geschieht. Sie erfordert kein extramundanes Subjekt. Der Konstitutionsprozeß kann sich auf seine eigenen Prämissen, seine eigene Weltlichkeit beziehen – und dies sowohl in schlichter als auch in Reflexivität thematisierender Form. Nicht daß dies geschehen kann, sondern wie dies geschieht, variiert von Gesellschaft zu Gesellschaft. Und insofern gibt es eine Mehrheit – nicht von Welten, sondern von Rekonstruktionen der Welt, die für Gesellschaftssysteme *als Welt fungieren*. Es geht also nicht um ein bloßes Verschachtelungsproblem mit der Implikation, daß »unsere« Welt die (vorläufig) größte Schachtel, das größte und damit beste Weltgehäuse sei, in dem alle anderen ihren Platz finden. Die Einzigkeit der Welt und die Reflexivität ihres Konstitutionsprozesses gilt auf Grund der Horizonthaftigkeit des sinnhaften Erlebens und Handelns für alle systemspezifischen Weltidentifikationen gleichermaßen, und gerade darin liegt die Kontinuität stiftende Einheit der Vielheit von verschieden identifizierten

Welten, die uns ihre Zugänglichkeit und Verständlichkeit garantiert.

Unser Problem ist damit aber nicht gelöst. Es wird nur zurückverlagert in die Frage, die wir durch eine Gesellschaftstheorie beantworten wollen – nämlich in die Frage, wie Horizonte des Bestimmbaren als Rekonstruktionen der Welt fungieren und ob solche Rekonstruktionen funktionsnotwendig sind oder ob eine sozusagen »reine« Welt, die nicht mehr partikularisierbar ist, rekonstruktionsfrei als Welt fungieren könne. Genau das will der Horizontbegriff ausschließen. Allerdings bleibt er als eine bloße Metapher in dieser entscheidenden Hinsicht ambivalent. Er beschreibt nur das Zugleich von Endlichkeit und Unendlichkeit, von fungierender Grenze und Möglichkeit des Transzendierens.[45] Wir suchen statt dessen eine Antwort auf die Frage, *wie* ein offener Horizont gleichwohl als Boden einstimmiger Erfahrung dienen kann, *durch Systemanalyse auf der Ebene der Gesellschaft* zu geben.

Durch Konstitution eines Gesellschaftssystems, das Sinnbildung erst ermöglicht, werden zugleich restriktive Bedingungen der Ausnutzung dieser Möglichkeit gesetzt. Nur dadurch hat die Welt für ein Gesellschaftssystem Struktur. Die physisch und organisch gegebenen Limitationen werden dadurch überformt, nämlich in andersartigen Bedingungen des Möglichen aufgehoben. Daß der Sprachcode, der den Kommunikationsprozeß des Gesellschaftssystems und damit dieses selbst überhaupt erst ermöglicht, die Welt der

45 Auch Husserls Oszillieren zwischen den Metaphern »Horizont« und »Boden« zeigt dieses Problem nur an, ohne es einer Lösung näher zu bringen. Vgl. dazu auch Gerd Brand, *Welt, Ich und Zeit: Nach unveröffentlichten Manuskripten Edmund Husserls*, Den Haag 1955, S. 15ff.: Die Welt als Totalhorizont sei nicht nur Synthese der offenen Horizonte, sondern als solche zugleich Vorgabe eines universellen Bodens für die Möglichkeit der Herstellung einstimmiger Erfahrungen.

Gesellschaft zugleich konstituiert und limitiert, ist eine heute übereinstimmend angenommene Tatsache.[46] Darüber hinaus dürfte bedeutsam sein, daß der Kommunikationsprozeß Zeit braucht und von daher unter engen Kapazitätsschranken operiert; daß er ferner, zunächst jedenfalls, an Gleichzeitigkeit des Erlebens, also an einen gemeinsam durchlebten Zeitrhythmus gebunden ist – eine Restriktion, die durch Schrift bedeutsam, aber wiederum nur in Grenzen, erweitert werden kann. Ferner muß man mitberücksichtigen, daß Kommunikation wegen der eben beschriebenen Selektivität von Sinn Konsens und Dissens zugleich erzeugt und darüber hinaus immer einen (quantitativ überwiegenden) Anteil von nicht gemeinsam thematisierten, zum Teil für alle Beteiligten momentan latenten Realitätsaspekten zugänglich macht. Mehr Kommunikation kann nach alldem nur heißen: mehr Konsens und mehr Dissens und mehr Latenz, möglicherweise mit gegeneinander verschiebbaren Anteilen.

All dies zusammen kann ausformuliert werden unter dem Gesichtspunkt der begrenzten Kompatibilität von Strukturen und Prozessen in Systemen. Die Horizonthaftigkeit der Welt ist dazu gleichsam das phänomenale Gegenstück, die Form, die den Restriktionen der sie konstituierenden Gesellschaftsprozesse entspricht. Diese Relation von Welthorizont und Gesellschaftssystem wird nun in der Gesellschafts*theorie* als zweiseitig variabel behandelt. Damit werden die Möglichkeiten phänomenologischer Deskription überboten. Die Gesellschaftstheorie ist nicht nur Phänomenologie. Sie untersucht, soweit sie Welt und Weltbezogenes thematisiert, Veränderungen des Welthorizontes in ihrer Beziehung zu ge-

46 Vgl. z. B. *Language, Thought, and Reality: Selected Writings of Benjamin Lee Whorf*, New York 1956 (dt. Übers.: *Sprache, Denken, Wirklichkeit*, Reinbek 1963); Dorothy D. Lee, *Freedom and Culture*, Englewood Cliffs 1959.

sellschaftsstrukturellen Veränderungen und umgekehrt. Die These ist, daß die Welt in ihrer Doppelfunktion als offener Horizont und als Boden für bestimmende Prozesse mit den Veränderungen des Gesellschaftssystems in angebbaren Hinsichten variiert und daß es in einer solchen Beziehung mit zweiseitiger Variabilität (oder: doppelter Kontingenz) Nichtbeliebigkeiten der Kombination gibt, die wissenschaftlich faßbar und kombinierbar sind.

Was das Gesellschaftssystem betrifft, so geben uns die bereits behandelten Teiltheorien der Evolution und der symbolisch generalisierten Kommunikationsmedien sowie der im folgenden behandelte Komplex Ausdifferenzierung/Innendifferenzierung die Instrumente an die Hand, um der Analyse die gewünschte Tiefenschärfe zu geben. Mit einer selektiven Kombination dieser Instrumente – Ausdifferenzierung eines auf Wahrheit spezialisierten Teilsystems Wissenschaft – kann die Gesellschaftstheorie zugleich sich selbst verorten und ihren Funktionsmodus auf die Welt beziehen. Obwohl innerhalb der Gesellschaft kommunizierend und dabei die gesellschaftlich konstituierte Welt als Erscheinungswelt (Lebenswelt) voraussetzend, ist die Gesellschaftswissenschaft durchaus in der Lage, die Relation von Welt und Gesellschaft (Totalhorizont und System) nochmals zu relationieren, nämlich sie auf Bedingungen und Schranken der Möglichkeit ihrer Variation zu beziehen. Sie kann dies deshalb, weil sie *nur* ein Teilsystem der Gesellschaft ist und so besondere, nicht gesellschaftsuniversell geltende Kriterien verwenden, also mit Reduktionen arbeiten kann. Die Behauptung, daß dies möglich sei, ist nur eine Wiederholung der These, daß die Welt innerweltlich konstituiert werde. Diese Möglichkeit ist zugleich ein gesellschaftliches Faktum: Man kann es tun. Ob sie auch logisch rekonstruierbar ist, ob sie damit auch spezifisch logischen Bedingungen der Möglichkeit genügen kann oder ob sie ihre Reflexionsprobleme durch Berufung auf ihre eigene Weltlichkeit abschneidet und welche Konsequenzen all dies für die Technisierbarkeit ihrer Operationen hat – das sind andere Fragen.

Was die Welt selbst betrifft, so fehlt uns einstweilen eine entsprechend ausgearbeitete Struktur, die klären könnte, in welchen Hinsichten die Welt mit der gesellschaftlichen Evolution variiert. Wir werden deshalb diese Leerstelle zunächst auffüllen müssen, und zwar durch Unterscheidung mehrerer Dimensionen der Welt, die jede in unterschiedlicher Weise einen Doppelhorizont aufweist, in dem Sinn als selektiv zur Erscheinung kommt. Es sind dies die nicht aufeinander zurückführbaren Dimensionen der sachlichen Gegenständlichkeit, der Zeit und der sozialen Beziehungen, die je unterschiedliche Ausprägungen von Komplexität ermöglichen.

3. Dimensionen der Welt: sachlich, zeitlich, sozial

Als Universalhorizont sinnhaften Erlebens und Handelns ist die Welt in bezug auf Negation und Position unqualifizierbar vorgegeben. Sie ermöglicht sowohl Verneinen als auch Bejahen und ist daher selbst weder in die eine noch in die andere Form zu fassen, wenn damit jeweils Ausschließung des Gegenteils gemeint sein soll. Darin liegt unter anderem auch die Bedingung der Möglichkeit (und zugleich die Nichteliminierbarkeit der Möglichkeit), Fragen zu stellen, in Zweifel zu ziehen, andere Möglichkeiten zu erschließen. Alles Bestimmte kann stets auf ein derart Unbestimmtes hin transzendiert werden. Da diese Möglichkeit nicht eliminierbar ist, ist der Prozeß des Bestimmens, also derjenige Prozeß, der zu Verneinendes und zu Bejahendes diskriminiert, nicht kurzschlüssig als bloße Negation des Unbestimmten möglich. Er erfordert vielmehr die *Konstitution von Mehrdimensionalität*, die es ermöglicht, Leistungen des Bejahens und Verneinens und damit auch das Transzendieren von Horizonten auf eine Dimension zu beschränken unter Konstanthalten der Welt im übrigen. Eine mehrdimensional variierbare Welt ist Voraussetzung für Identität.

Als Dimension wollen wir die Einheit zweier gegenläufiger Funktionen bezeichnen: die Einheit von Generalisierung und Diskrimination. Generalisierung und Diskrimination bilden eine Einheit insofern, als sie sich gegenseitig voraussetzen und ermöglichen.[47] Dabei kann die »Führung« des Erlebens bei der Generalisierung oder bei der Diskrimination liegen und kann wechseln. Der Zusammenhang beider Funktionen produziert Richtungsvorstellungen, die es ermöglichen, auf der Basis von Kontinuität Diskontinuitäten abzutragen. Dabei scheint es für die Herstellung von Einheit und Zusammenhang dieser Funktionen unerläßlich zu sein, daß es eine Mehrheit von Dimensionen gibt, so daß eine sich von anderen möglichen abhebt und dem Diskriminieren Halt gibt. Anders formuliert: Soll Generalisierung Diskrimination noch ermöglichen, darf sie nicht totalisiert, nicht auf die Welt im ganzen ausgedehnt werden. (Hier dürfte auch der Grund dafür liegen, daß der Raum mehrdimensional begriffen werden muß, auch wenn er als Weltraum totalisiert wird).

Die Unterschiedlichkeit der Weltdimensionen läßt sich wiederum am erscheinenden Gegenstand erfassen und zunächst phänomenologisch beschreiben. Sie ist phänomenal gegeben in der Form unterschiedlicher Verweisungsrich-

47 Über die Priorität der einen oder der anderen Funktion mag man streiten. Üblicherweise geht man von vorgegebenen Generalisierungen aus. Anders Gerd Brand, *Die Lebenswelt: Eine Philosophie des konkreten Apriori*, Berlin 1971, S. 220ff.

tungen. Der in der Welt erscheinende Gegenstand eröffnet (1) durch seine Verweisungsstruktur selektiven Zugang zu sachlich anders identifiziertem Sinn – zu speziellen Eigenschaften am selben Gegenstand (Innenhorizont) und zu anderen Gegenständen (Außenhorizont). Er eröffnet (2) die Möglichkeit, Dauer und Diskontinuität gleichzeitig zu erleben und auf der Basis von Dauer Erwartungsprojektionen und Erinnerungen zu bilden. Er macht schließlich (3) das Erleben anderer Menschen als intentionales Erleben zugänglich, indem er die Erfahrung ermöglicht, daß der andere Mensch, der zunächst nur als Leib gegeben ist, sich selektiv auf denselben Gegenstand bezieht. Daraufhin können sich Ego und Alter Ego nicht nur als Leib/Bewegungs-Phänomene, sondern auch in ihrer Eigenselektivität differenzieren.[48] Ein weltlich erscheinender Gegenstand impliziert als Sinn mithin sachliche, zeitliche und soziale Dimensionen, in denen Erleben und Handeln auf andere Möglichkeiten verwiesen werden.

48 Die Konstitution des anderen als Alter Ego (natürlich heißt das nicht: die Herstellung seiner Existenz) und damit die Konstitution einer Dimension der Intersubjektivität, in der Ego sich seiner Selbstselektivität bewußt werden kann, erfordert mithin eine Relationierung von Relationen, nämlich die Herstellung einer Beziehung zur Beziehung des anderen auf einen Gegenstand. Die Konstitution des Alter Ego ist mithin nicht allein möglich in der Form der unmittelbaren Exploration seines Innenhorizontes nach Art einer Gegenstandsanalyse. Das »Dreiecksverhältnis« zwischen Ego, Alter und Gegenstand ist inzwischen häufig formuliert und auch empirischer Forschung zugänglich gemacht worden, vor allem im Anschluß an Theodore M. Newcomb, »An Approach to the Study of Communicative Acts«, *Psychological Review* 60 (1953), S. 393-404. Einen neueren Überblick findet man bei Johannes Siegrist, *Das Consensus-Modell: Studien zur Interaktionstheorie und zur kognitiven Sozialisation*, Stuttgart 1970, insb. S. 43ff. Von daher müßten Husserls Analysen zur Konstitution des Alter Ego durch »Appräsentation« (*Cartesianische Meditationen und Pariser Vorträge*, Den Haag 1950, S. 137ff.) überprüft werden.

Sinnhaftigkeit gibt, als evolutionäre Errungenschaft gesehen, mithin die *Möglichkeit, daß andersartiger Sinn, andere Zeiten und andere Personen in ihrer eigenen Selektivität an der Erlebnisverarbeitung mitwirken* – eine immense Ausweitung möglicher Bestimmungsgründe für Selektionen.

Daran anschließend läßt sich (immer noch in phänomenologischer Einstellung) weiter beschreiben, daß und wie diese Weltdimensionen im Konstitutionsprozeß *differenziert* und *dichotomisiert* werden. Mit Differenzierung bezeichnen wir das Maß, in dem sie für den Erlebenden unterscheidbar und trennbar sind. Die Nichtidentität der Fortsetzungs-, Frage- und Anschlußmöglichkeiten des Erlebens in sachlicher, zeitlicher und sozialer Hinsicht ist für das Erleben am Gegenstand selbst gegeben, etwa in Form der Unterscheidung von Personen und Sachen oder in der Form gegenstandsbezogener Erinnerungen und Erwartungen; sie hat nicht notwendig die schwer zu verarbeitende Form der Reflexion auf eigene Möglichkeiten. Im Prinzip ist es aber unterscheidbar und impliziert in erkennbarer Weise etwas anderes, wenn man mehr oder weniger sprunghaft von Sachthema zu Sachthema übergeht, wenn man auf die zeitliche Dauer oder die zeitliche Lokalisierung von Gegenständen achtet oder wenn man fragt, wer eigentlich erlebt oder erlebt hat oder erleben wird und ob zwischen mir und anderen Einstimmigkeit des Erlebens besteht. Auch die Anlässe zur Problematisierung der einen oder anderen Bewegungsrichtung differieren. So viel läßt sich auf der Grundlage des heutigen, gesellschaftlich entwickelten Bewußtseinsstandes phänomenologisch beschreiben. Der Übergang zur Gesellschaftstheorie wird erforderlich, wenn man das Ausmaß der Differenzierung als Variable behandelt, etwa ihre evolutionäre Bedingtheit und Veränderbarkeit untersuchen will, oder wenn man die Frage stellt, ob sich mehr Rationalität in der Ausnutzung der Differenz von Sachdimension, Zeitdimension und Sozialdimension erreichen läßt; denn für beide Fragestellungen ist es erforderlich, nicht nur das Erscheinungsbild, sondern Erleben als selektiven, systemgesteuerten Prozeß zu thematisieren.

Die Ausdifferenzierung einer spezifisch sozialen Sinndimension und ihrer Systematisierung als Gesellschaft werden wir ausführlich behandeln.[49] Die Evolution der Gesellschaft verändert aber zugleich die Möglichkeit, Sachdimension und Zeitdimension voneinander und von der Sozialdimension zu unterscheiden und damit allen Dimensionen größere Spezifität und größere Tiefenschärfe zu geben. Im übrigen werden in einer solchen Entwicklung dimensionsspezifische Erfahrungen selbst zum Motiv. In der Sozialdimension werden Konsens und Dissens in einer gewissen Unabhängigkeit von Themeninhalten problematisch wie etwas, was ihnen assoziiert, aber auch nicht assoziiert sein kann. Daß Sinn in der Sachdimension identifiziert, festgehalten, ja formuliert werden kann, gibt die Zustimmung anderer nicht ohne weiteres an die Hand, und Nichtzustimmung ist nicht mehr ohne weiteres als Irrtum oder Lüge abzutun. Für normative Themen scheint der Übergang von *thesmos* zu *nomos* in den griechischen Stadtrechten diesen Wandel terminologisch zu markieren. Gerade dann, wenn dies so ist, können nun wiederum Themen als Meinungsindikatoren (*topoi*) in Funktion treten. Sie signalisieren Chancen für Konsens bzw. Dissens bei bestimmten Personengruppen und dienen damit als Orientierungsgrundlage für Sozialtechniken, zum Beispiel für öffentliche Rede und politische Argumentation. Dabei wird die Kontingenz des bloßen Meinens (*doxa*) selbst thematisch, man kann über Meinungen seine Meinung haben, ohne damit die Welt zu verändern.

49 Siehe unten in diesem Teil, Kap. II.5.

Ein weiteres Beispiel können wir der allmählichen Dissoziierung von Sachdimension und Zeitdimension entnehmen. Ein wichtiges Moment ist hier der schlichte Erfahrungszuwachs im Laufe der Zeit und ein Bewußtwerden weiträumiger historischer Distanzen. Man sieht, Hans Blumenberg hat das am kritischen Beispiel der Astronomie gezeigt,[50] wie angenommene Konstanten im Laufe langer Zeitperioden sich doch ändern. Man erfährt damit das Möglichwerden neuer Möglichkeiten und muß schließlich die Vorstellung einer die ganze Weltzeit durchlaufenden, an ewigen Konstanten sich abstützenden Gegenwart aufgeben, einer Gegenwart, die mit der jetzigen Gegenwart identisch ist und die alles, was überhaupt sein kann, zugänglich macht. Die Zeit zersplittert und wird in ihrer Beziehung zur Sachdimension als Nichtbeliebigkeit der Abfolge, als Progression, als Evolution rekonstruiert. Die Gegenwart wird auf einen bloßen Differenzpunkt zwischen Zukunft und Vergangenheit reduziert. Die Sachdimension wird von daher unter Gesichtspunkten wie *creatio continua*, *conservatio*, Bestandserhaltung problematisiert.[51] Und Bewegung ist nicht länger die Einheit des Gegenstandes nach Sachgehalt (*realitas*) und Zeit; sie wird etwas, was man erzeugen, was man veranstalten muß, will man in der punktualisierten Gegenwart nichts versäumen.

Von der bloßen Differenzierung der Weltdimensionen zu unterscheiden ist ein weiterer, höchst bedeutsamer Be-

50 »On a Lineage of the Idea of Progress«, *Social Research* 41 (1974), S. 5-27.

51 Vgl. Hans Blumenberg, *Selbsterhaltung und Beharrung: Zur Konstitution der neuzeitlichen Rationalität* (*Akademie der Wissenschaften und der Literatur in Mainz. Abhandlungen der geistes- und sozialwissenschaftlichen Klasse* (1969), 11), Wiesbaden 1970, Wiederabdruck in: Hans Ebeling (Hg.), *Subjektivität und Selbsterhaltung: Beiträge zur Diagnose der Moderne*, Frankfurt/M. 1976, S. 144-207. Vgl. auch Georges Poulet, »Fénelon et le temps«, *La nouvelle revue française* 16 (1954), S. 624-644.

fund, der bisher nicht zureichend beachtet worden ist: daß nämlich *alle drei Dimensionen in dichotomisierter Form konstituiert werden.* Die Gemeinsamkeit dieses Merkmals weist auf tiefliegende Gründe der operativen Zweckmäßigkeit binärer Schematisierungen zurück. Operatives Vorgehen in einer Richtung setzt sich selbst Grenzen in anderen Hinsichten, und dies in der Form eines offenen Gegenhorizontes, wenn es gilt, momentan inaktuelle, aber erhalten bleibende Möglichkeiten zu präsentieren. Diese dichotomische Struktur findet in den Einzeldimensionen, wie soeben en passant schon angedeutet, einen unterschiedlichen Ausdruck, so daß die Differenzierung von Dichotomien und von darin begründeten Möglichkeiten der Relationierung zum Tragen kommt.

In der Sachdimension wird die Dichotomie als Doppelhorizont der Verweisung nach innen und der Verweisung nach außen konstituiert im Sinne zweier entgegengesetzter Unendlichkeiten.[52] Sowohl die Sache selbst als auch das von ihr aus zugängliche andere bieten jeweils unendliche Möglichkeiten weiterer Exploration. Mit Hilfe dieser Dichotomie differenzieren sich Systeme in der Sachdimension aus, und zwar nicht nur als unterscheidbare Gegenstände, sondern auch als unterscheidbare Horizonte weiteren Erlebens und Handelns, zwischen denen Teilnehmer ständig wählen und Beziehungen herstellen müssen. Für jedes System gibt es dann

52 Dazu Husserl, *Erfahrung und Urteil*, S. 26ff.; Alfred Schutz, *Reflections on the Problem of Relevance*, New Haven, London 1970, insb. S. 31ff. Diesen Fall von Doppelhorizont haben wir im übrigen oben (Teil 1, Kap II.2) bereits erwähnt als Voraussetzung für die Klärung sinnhafter System/Umwelt-Verhältnisse. In der mittelalterlichen und frühneuzeitlichen, primär vom Raumproblem und von sprachlich bedingten Steigerungsmöglichkeiten (Perfektion) bestimmten Diskussion des Weltproblems war diese Dichotomie behandelt worden als doppelte Unendlichkeit des Größten und des Kleinsten (Maximum/Minimum; Schnellsten/Langsamsten etc.).

potentiell System (Innenhorizont) und Umwelt (Außenhorizont) sowohl in bezug auf sich selbst als auch in bezug auf andere Systeme. *Beide* Horizonte gewinnen im Totalhorizont der neuzeitlichen Welt prinzipiell unendliche Tiefe und Auflösbarkeit, die aber durch das Rekombinationsvermögen im Gegenhorizont limitiert wird.

In zeitlicher Hinsicht ist klar, daß die Parallele im Doppelhorizont von Vergangenheit und Zukunft liegt. Weniger klar ist deren Verhältnis zur Gegenwart. Es dürfte wenig sinnvoll sein, von Vergangenheit, Gegenwart und Zukunft als von drei gleichwertigen Zeitformen zu reden. Vergangenheit und Zukunft erscheinen als Horizonte der Gegenwart, sie »sind« nichts weiter als Horizonte. Innerhalb beider Horizonte kann dieses Verhältnis sich reproduzieren. Das heißt: Vergangene und künftige Gegenwarten sind ihrerseits Gegenwarten nur insofern, als sie in den Horizonten der jetzigen Gegenwart mit erscheinen und außerdem eigene Vergangenheits- und Zukunftshorizonte haben. Die Gegenwart ist die Zeit als die Horizonthaftigkeit aller Jetzt-Punkte. Sie trägt die Dichotomisierung der Zeit und die Relationierung ihrer beiden Horizonte und vermag sich dadurch Dauer zu geben, daß sie in ihren gegenwärtigen Vergangenheits- und Zukunftshorizonten vergangene bzw. künftige Gegenwarten ausmacht und sich mit ihnen identifiziert. Diese Identifikation erscheint phänomenal als Bewegung, an der man sich dann orientieren kann, ohne die zugrundeliegende Zeitstruktur mitbedenken zu müssen.[53] Als Bewegung erscheint mithin die Einheit der Mannigfaltigkeit in der Zeit.

53 Wenn diese Bestimmung von »Bewegung« zutrifft, ist es strenggenommen unzulässig, außerhalb der Phänomenologie von Bewegung zu sprechen, etwa von dialektischer Bewegung, von Reflexion als Bewegung. Um diese Differenz bewußt zu halten, gleichwohl aber einen komplexe Bedingungen zusammenziehenden, einfachen Terminus be-

In der Sozialdimension konstituiert die dimensionsspezifische Dichotomie sich als Unterscheidung von Ego und Alter. Auch hier bezieht die Dichotomisierung sich nicht auf Gegenstände, sondern auf Horizonte; sie kommt nur dadurch und nur in der Weise zustande, daß Ego Alter und sich selbst als Träger verschiedener Horizonte begreift. Die Sozialdimension entwickelt sich also aus einer Reduplikation der Sachhorizonte. Das Alter Ego ist nicht nur System mit Innen- und Außenhorizonten, die man explorieren kann, sondern ist ein System, das selbst Horizonte »verleiht«, so daß Ego sich in den Horizonten des Alter adäquat (und nicht nur: gegenständlich) untergebracht finden kann. Auch hier überlappen, wie in der Zeitdimension, die Horizonte in dem Sinne, daß in Egos Horizonten Alters Horizonte und darin Ego selbst erscheinen und vice versa. Dieser Konstitutionszusammenhang lag den bereits vorausgenommenen Analysen doppelkontingenter Selektivität zugrunde, mit denen wir in die Theorie sozialer Systeme eingestiegen sind.[54]

In all diesen Hinsichten konstituieren Dichotomisierungen Möglichkeiten der *Relationierung*; und zwar, da es sich in allen Dimensionen nicht um Gegenstände, sondern um Horizonte handelt, Möglichkeiten der Relationierung von *Kontingenzen.* Die Horizonte des Innen und des Außen, der Vergangenheit und der Zukunft, des Ego und des Alter sind schon nicht mehr die letzthin unbestimmte Welt des Möglichen, sie eröffnen Variationsmöglichkeiten in einem näher bestimmbaren Stil. Eine Vergangenheit läßt keine beliebige Zukunft zu, sie fixiert zumindest Vorläufig-nicht-mehr-Verhinderbares. Ego- und Alter-Horizonte sind nicht beliebig

nutzen zu können, sprechen wir außerhalb rein phänomenologischer Analysen nicht von Bewegung, sondern von Prozeß.

54 Vgl. oben, Teil 1, Kap II.2.

kombinierbar, so wenig wie Systeme und Umwelten. Je mehr Tiefenschärfe eine Analyse in einen Sonderhorizont hineinzutragen sucht und je offener sie dessen Kontingenz artikuliert, desto notwendiger wird es, die Analyse durch ein Bewußtsein des Gegenhorizontes mitzusteuern. Die radikale Fassung des Subjektbegriffs läßt das Alter Ego erscheinen, läßt Intersubjektivität zum Thema werden.[55] Der Historismus erfordert ein die Selektionsperspektiven kontrollierendes Zukunftsbewußtsein.[56] Nicht nur die abstrakte Beziehung zwischen diesen Sonderhorizonten, auch die in dieser Beziehung implizierte Steigerbarkeit von Differenz und Kontingenz führt auf strukturelle Nichtbeliebigkeiten, die als Korrelat gesellschaftlicher Evolution begriffen werden müssen. Die Auflösung von Sonderhorizonten kann nicht gleichsam konsequenzenlos ins Beliebige gesteigert werden.

Diese Überlegung zeigt zugleich, daß und wie Welt in sinnkonstituierenden gesellschaftlichen Prozessen durchartikuliert wird, und zwar ohne daß die Unbestimmtheit der Welt eine Art logische Funktion oder eine Begründungsleistung für daraus Abzuleitendes übernehmen müßte. Die letztlich nicht eliminierbare Unbestimmtheit des Welthorizontes verdichtet sich so nach innen in reduzierte Kontingenzen,[57] sie übersetzt sich in ein relationales Gefüge von Sonderhorizonten, die sich durch ihr Gegenüber limitieren, sie gewinnt damit die In-

55 Siehe nur Husserl, *Cartesianische Meditationen und Pariser Vorträge*.

56 Vgl. etwa Karl Löwith, »Die Dynamik der Geschichte und des Historismus«, *Eranos-Jahrbuch* 21 (1953), S. 217-254 (230ff.).

57 Zu den religiösen Interpretationen dieses Phänomens der Überführung unbestimmter in bestimmte oder doch bestimmbare Kontingenz vgl. Niklas Luhmann, »Religiöse Dogmatik und gesellschaftliche Evolution«, in: Karl-Wilhelm Dahm, Niklas Luhmann, Dieter Stoodt, *Religion – System und Sozialisation*, Darmstadt, Neuwied 1972, S. 15-132; ders., »Institutionalisierte Religion gemäß funktionaler Soziologie«, *Concilium* 10 (1974), S. 17-22.

nenbestimmung relationierter Kontingenzen mit nicht mehr beliebigen Variations- und Kombinationsmöglichkeiten. Solche weltinternen Nichtbeliebigkeiten der Kompatibilität (die sich ergeben, wo immer man steht und was immer man tut) erzeugen für die Phänomenologie jenen Husserl-Effekt: daß die Welt Unendlichkeit und Boden, Unbestimmtheit und Bestimmbarkeit zugleich ist – eine Beliebigkeit, die sich einschränkt.

Im Zuge der Differenzierung der Welt nach Sinndimensionen und dimensionsspezifischen Sinnhorizonten gewinnen die sprachlich zunächst frei verfügbaren Negationsmöglichkeiten Struktur und Nichtbeliebigkeit. Sie sind einerseits unabhängig voneinander einsetzbar und so spezifizierbar: An Alter adressierte Negationen gelten nicht deshalb, weil sie an Alter adressiert sind, auch für Ego. Zukunftsbezogene Negationen, man denke nur an schichtungsbedingte Ungleichheiten, gelten nicht deshalb auch für die Vergangenheit oder umgekehrt. Sie sind andererseits gehalten, relationale Rücksichten zu nehmen und sich wechselseitig zu limitieren in einem Netz komplizierter Interdependenzen, das Operationsspielräume einschränkt: Was in bezug auf Alter negiert wird, ist nicht ohne jede Konsequenzen für Ego und umgekehrt. Eine Welt dieser Konstruktion kann Normen als Negationsverbote in kosmologischer Funktion (natürlich nicht: Normen schlechthin!) entbehren. Sie kann mehr Negationen zulassen, weil Negationsspielräume durch die Struktur der Kontingenzen immer schon domestiziert sind.

Gegen diesen Hintergrund von mundanen Bestimmbarkeiten lassen sich nun Kovariationshypothesen formulieren, die zu explizieren suchen, wie die Ausprägungen des Welthorizontes sich mit der Evolution des Gesellschaftssystems verändern. Wir können insbesondere die folgenden Zusammenhänge vermuten:

(1) Mit der Evolution der Gesellschaft und zunehmender Komplexität ihres Sozialsystems nimmt die *Differenzierung der Weltdimensionen* zu. Das besagt vor allem: Anforderungen an die Kohärenz des Negierens können gelockert und spezifiziert werden. Der Wunsch einer Änderung zum Beispiel stößt nicht als solcher schon auf Dissens. Der gesamte Bereich des »Praktischen« kann für Konsens und Dissens und für Änderbarkeit der Prämissen geöffnet werden.

(2) Mit einer solchen Entwicklung steigt der *Abstraktionsgrad der Interdependenzen* zwischen den einzelnen Weltdimensionen. Im Verhältnis von gegenständlicher Realität, Zeit und Sozialität der Perspektiven gibt es sowohl Unabhängigkeiten als auch Abhängigkeiten. Zum Beispiel ist der Konsenswert des Vergangenen zwar höher als der des Zukünftigen, aber doch keineswegs sicher, sondern in jedem Falle eine Frage der zugrunde gelegten Kriterien (ob es sich zum Beispiel um Politik oder um Wissenschaft oder um Recht handelt). Dies wiederum verweist auf gesellschaftsstrukturelle Bedingungen und kommunikative Prozesse.

(3) Innerhalb der trennschärfer erfaßten Weltdimensionen nimmt mit der Evolution des Gesellschaftssystems die *Deutlichkeit der Dichotomisierung und die Tiefenschärfe in der Ausarbeitung beider Horizonte* zu. Ego und Alter können ihre Individualitäten (wiederum: nicht Gegenständlichkeiten, sondern Horizonte) entfalten, die Zukunft differenziert sich gegenüber der Vergangenheit in dem Maße, als sie der Gegenwart andere Möglichkeiten präsentiert.

(4) Stärkere Differenzierung und Dichotomisierung der Horizonte machen es erforderlich, die jeweiligen Horizonte von den Dingen und Ereignissen zu unterscheiden, die

in ihnen erscheinen. Die Zukunft beispielsweise ist etwas anderes als die Gesamtheit der künftigen (= künftig gegenwärtigen) Dinge und Ereignisse und muß besonders bezeichnet werden. Das erfordert für alle Kommunikationen, in denen es darauf ankommt, entsprechend modalisierte Sprechweisen, die verständlich werden lassen, ob man ein Thema im Modus der Zukunft oder im Modus der Vergangenheit, im Modus der eigenen Meinung, im Modus einer fremden Meinung, im Modus seiner Selbstheit (Substantialität) oder seiner Beziehung auf anderes, also in substantieller oder in funktioneller Rationalität behandelt.[58]

(5) Mit Trennschärfe und Tiefenschärfe der Dimensionen und Horizonte variieren die Formen und Konzeptualisierungen, in denen die *Kontingenz der Welt* erscheint; es variieren insbesondere die Kontingenzformeln in Richtung auf universellere Öffnung für andere Möglichkeiten und abstraktere Negationskontrollen. Vor allem sprengt die Entwicklung zuletzt Darstellungen der Kontingenz, die mit Konzepten der »Abhängigkeit von« oder der »Kausalität« zu konkrete und dimensionsspezifische (zum Beispiel soziale oder temporale) Quellenangaben erfordern. Es ist derzeit eine offene Frage, ob der Begriff der Funktion adäquaten Ersatz bietet.

(6) Mit alldem nimmt ferner sowohl in den Einzeldimensionen als auch in ihren Horizonten die *Komplexität der Welt* zu. Dem entsprechen dann Strukturen und Prozesse der Neutralisierung und Selektion von Relevanzen für die Gesellschaft. So durchleuchtet die moderne wissenschaftliche Analyse die Oberfläche der gegenständlich erscheinenden

58 Für eine ähnliche Problemstellung im Rahmen der Linguistik siehe Harald Weinrich, *Tempus: Besprochene und erzählte Welt*, Stuttgart ^{2}1971.

Welt und entdeckt schließlich Mikrowelten von unheimlicher, nicht nachrechenbarer Komplexität, die aber fürs tägliche Leben ohne Bedeutung sind. Oder: Die Vergangenheit gewinnt als Weltgeschichte eine Tiefe und Ereignisfülle ohnegleichen, die nun allerdings nicht mehr als moralische Veranstaltung zur Belehrung der Menschen aufgefaßt werden kann.

Zu beachten ist, daß solche Veränderungen die Welt im ganzen betreffen, also nicht nur die Umwelt des Gesellschaftssystems, sondern auch das Gesellschaftssystem selbst. Da sie an jedem Sinn erscheinen, sind Weltdimensionen durchgehende Strukturen, die Systeme und Umwelten verbinden, und das gilt auch für den Fall des Systems, das diese Strukturen als sinnhafte erst konstituiert und variiert: die Gesellschaft. Die Gesellschaft steht mit ihrer Umwelt in einem sachlichen Verweisungszusammenhang; das ist zum Beispiel Voraussetzung für die Entwicklung und kommunikative Handhabung von Technologien. Die Gesellschaft ist ferner mit ihrer Umwelt temporal synchronisiert in einer einheitlichen Weltzeit, die mit der Evolution entsteht.[59] System und Umwelt altern zusammen; das ist zum Beispiel Voraussetzung für eine zeitübergreifende Koordination ihrer Prozesse.

Für die Sozialdimension stellt sich das gleiche Problem in einer Form, die unter dem Stichwort der *intersubjektiven Konstitution der Welt* erörtert worden ist. Konstitution heißt nichts weiter als: Ausstattung mit Sinn. Wenn immer soziale Kommunikation stattfindet, limitiert sich ein soziales System und konstituiert sich Welt. Die dabei entstehenden Systemgrenzen konstituieren sich als Sinngrenzen, das heißt als Möglichkeiten des Transzendierens, und set-

59 Vgl. oben, Teil 2, Kap I.1.

zen dabei sachliche Verweisungszusammenhänge und zeitliche Synchronisation voraus. Anders formuliert: Es gibt für die sozialen Prozesse der Konstitution von Welt Vorgaben und »constraints«; sie müssen Verweisungszusammenhänge herstellen, Systemgrenzen bilden, synchronisieren. Die Grade der Freiheit, die unter diesen Erfordernissen erreichbar sind, hängen ab vom Stande der soziokulturellen Evolution.

4. Intersubjektivität

Wir nehmen die Analysen, in die der vorige Abschnitt ausmündete, als Leitfaden für einige zusammenfassende Bemerkungen, die uns zugleich gegen den transzendentalphilosophischen Ansatz der Begriffe Subjekt oder Bewußtsein abgrenzen und uns in die Gesellschaftstheorie zurückleiten sollen.

Eine in Husserls Begriffen rein »noematische«, gegenstandszugewandte phänomenologische Analyse hatte an allem Sinn eine Sozialdimension erkennen lassen, das heißt die Möglichkeit des Zugangs nicht nur zu eigenem Erleben, sondern auch zum Erleben anderer. Beide Horizonte, wir nannten sie Ego und Alter, sind allem Sinn stets appräsentiert und andererseits ohne Sinn phänomenal nicht faßbar. Ebenso wie Zeitlichkeit und Sachlichkeit muß diese Dimension der Sozialität Weltdimension sein; denn sie betrifft, was immer als Systemreferenz gewählt wird, System und Umwelt und verweist *beides* auf weitere Explorierbarkeit in *beiden* Sozialhorizonten: Ego und Alter. Dies gilt auch im Falle der Reflexion: wenn ein System sich selbst als Ego (Ich, Wir) identifiziert. Denn auch dann weiß es sich eben damit als zugänglich durch Operationen im Horizont von Ego und Alter;

es bezeichnet als Ich nur sein jeweils Eigenes im Verhältnis zum anderen.[60]

Diese Analyse wird Transzendentalphilosophen in genau dem Punkte nicht befriedigen, auf den es uns ankommt: im Verbleiben beim phänomenal sich zeigenden, noematisch gegebenen Sinn und dem, was am Sinn zur Erscheinung kommt. Ego und Alter erscheinen in dieser Betrachtungsweise als mundane Horizonte (analog zu Zukunft und Vergangenheit), nicht als Akteure oder als Selektionsinstanzen und erst recht nicht als Systeme. Nur Horizonte, nicht Akteure, Instanzen, Systeme transzendieren Sinn. Als Horizonte gehören sie aber zur Struktur der Mundanität mit dazu. Dies gilt für Ego und für Alter (als jeweiliges Alter Ego) gleichermaßen. Wir reduzieren also Sinn nicht auf das Bewußtsein eines Ego (was uns zwänge, offenzulassen, wo dann Alter bleibt, bzw. dieses Problem durch den abstrakten und nichts mehr beinhaltenden Begriff des transzendentalen Bewußtseins zu überbrücken), sondern wir reduzieren Ego und Alter auf die Funktion eines am Sinn erscheinenden Doppelhorizontes von Möglichkeiten weiterer Exploration. Ego und Alter sind mithin Funktionen des Transzendierens, mit denen Handelnde und Erlebende sich selbst und einander identifizieren können.[61] Die »transzendentale Egologie« wäre danach zu rekonstruieren als Eröffnung eines Sonderhorizontes im Ego-Bereich, und zwar eines Horizontes für methodisch kontrollierte Erforschung der eigenen Intentionalität; sie gewänne damit nie den Sinn

60 Zu diesem Ergebnis kommt auch eine durch Sprachanalyse geleitete Phänomenologie. Siehe Ludwig Landgrebe, »Meditationen über Husserls Wort ›Die Geschichte ist das große Faktum des absoluten Seins‹«, *Tijdschrift voor Filosofie* 36 (1974), S. 107-126 (111).

61 Das rechtfertigt nachträglich den in der Interaktions- und in der Medienanalyse »naiv« eingeführten Gebrauch der Begriffe Ego und Alter.

von, aber sie operierte im Horizont von »transzendentaler Subjektivität«.[62]

Gründe für diese Option lassen sich angeben. Sie liegen vor allem in der Erfahrung, daß man mit transzendentalem Bewußtsein nicht korrelieren kann.[63] Korrelieren erfordert auf beiden Seiten Variationsmöglichkeiten, also strukturierte Kontingenz der Sachverhalte, die zueinander in Beziehung gesetzt werden.[64] Nur so wäre feststellbar, was im einen Sachverhalt sich ändert, wenn ein anderer sich ändert. Eine Theorie des transzendentalen Bewußtseins, die solchen Anforderungen genügen und zugleich ihren Anspruch erfüllen könnte, Aussagen über konstituierende Bewußtseinsleistungen zu begründen, ist bisher nicht entwickelt worden. Das könnte unter anderem daran liegen, daß der Begriff des transzendentalen Bewußtseins Ego- und Alter-Funktionen sowie Notwendigkeit und Kontingenz in eins zusammenzwingt und dadurch an Auflösevermögen und Korrelationsfähigkeit verliert. Solche Zusammenfassungen sind heute zwar nicht mehr durch die Theologie gesperrt und als Attribute Gottes reser-

62 In polemischer Zuspitzung könnten wir deshalb sagen: Das Postulat des transzendentalen Subjekts besteht aus einer Kombination von drei Überschreitungen, die phänomenologisch nicht nachvollziehbar sind, nämlich (1) der Annahme, das Subjekt sei eine Instanz, der man etwas zurechnen könne, (2) der These der Extramundanität dieses Subjekts und (3) der Übertreibung der zwischen den Sozialhorizonten Ego und Alter bestehenden Asymmetrie zu einem Fundierungsprimat des Ego vor dem Alter.

63 Husserls »Entdeckung der universalen, in sich absolut geschlossenen und absolut eigenständigen Korrelation von Welt selbst und Weltbewußtsein« (*Krisis*, S. 154) bezeichnet, wie mir scheint, allenfalls eine zur Totalität ergänzte Idee, aber kein methodisch ausführbares Forschungsprogramm.

64 Die methodischen Anforderungen soziologischer Korrelationstechnik gehen natürlich darüber noch hinaus.

viert; aber sie sind als unergiebig erkennbar. Diese Einsicht regt dazu an, den phänomenal gegebenen Doppelhorizont von Ego und Alter besser zu nutzen und nicht voreilig in zu hoher Abstraktionslage in die Monotonie eines transzendentalen Bewußtseins zu verschmelzen.

Bewahrt man die Vorstellung zweier sich gegenüberstehender Horizonte, kann man zunächst diese zueinander in Beziehung setzen. Selbst beliebige, unbestimmbare Kontingenz jedes Einzelhorizontes würde dadurch eingeschränkt und bestimmbar werden. Was immer den einen Horizont bestimmt, limitiert auch die Möglichkeiten des anderen. Ego kann nicht Sinn gewinnen, etwa personal identifiziert werden, ohne dadurch Alter-Horizonte in ihren Erlebnismöglichkeiten zu limitieren, und vice versa. Intersubjektivität ist nur möglich als Reduktion der Kontingenz des rein Subjektiven. Mit Intersubjektivität kann man daher korrelieren. An die Stelle des transzendentalen Subjekts tritt deshalb für uns das System selektiver Akkordierungen der Intersubjektivität: die Gesellschaft. In dieser Form, als Gesellschaft, bleibt Intersubjektivität durchaus konstituierende Dimension von Sinn und Welt; sie hat diese Funktion aber nicht aus vorgängiger Geltung, aus einer privilegierten extramundanen Position heraus,[65] sondern als Sonderhorizont der Welt selbst, als Einheit von unabschließbarer Offenheit und limitativer doppelter Kontingenz. Das aber heißt: als System!

Nach diesen Klarstellungen greifen wir erneut zurück auf die These, daß Intersubjektivität im historischen Prozeß sich erst konstituiert.[66] Damit ist ein in sich selbst recht komplexes Geschehen gemeint, zu dessen Analyse wir neben dem evoluti-

65 So wohl Landgrebe, *Der Weg der Phänomenologie*, S. 89ff.

66 Auch die Transzendentalphilosophie hatte mit Hegel ebenso wie von Husserlschen Analysen aus diese Position erreicht. Vgl. z. B. Gerhard Funke, *Phänomenologie – Metaphysik oder Methode?*, Bonn ²1972.

onstheoretischen und dem systemtheoretischen Instrumentarium die Phänomenologie der Mehrdimensionalität der sinnhaft artikulierten Welt und ihrer Selbstlimitation durch Interdependenzen und dimensionsspezifische Doppelhorizonte einsetzen müssen. Die volle Komplexität einer mehrdimensional und in Doppelhorizonten auseinandergezogenen Welt ist nicht schon mit der Erstevolution von Sinn schlicht da – so wie man früher gedacht hätte: im Keime angelegt. In keinem der Welthorizonte verstehen sich Tiefenschärfe, Auflösevermögen, Unabschließbarkeit, Eigenständigkeit und Korrelierbarkeit originär von selbst, gleichsam als Urtatsachen sinnstiftenden Lebens. Weder das Ausmaß der Differenzierung der Dimensionen noch die tragbare Distanz zwischen ihren Doppelhorizonten – wie verschieden können Vergangenheit und Zukunft, Ego und Alter sein? – sind konstant vorgegeben. All das entsteht erst als Korrelat einer Entwicklung, die speziell die Sozialdimension von Sinn betrifft und die wir im folgenden unter dem Titel der Ausdifferenzierung eines Sozialsystems Gesellschaft genauer beleuchten wollen.

In diesem Sinne variieren nicht nur die Sachhorizonte und Temporalstrukturen der Welt mit dem sie konstituierenden Prozeß intersubjektiver Kommunikation, sondern auch die Sozialität selbst. Ego und Alter laufen nicht, seitdem es Menschen gibt, als reflexionsbegabte Inkarnationen des transzendentalen Subjekts herum. Erst die Entwicklung der Gesellschaft ermöglicht es, Sachdimension und Sozialdimension zu differenzieren und an gemeinsam erlebtem Sinn Intentionalitäten zu erkennen, die man sich selbst oder anderen zuschreiben kann. Der Prozeß des Findens und Disziplinierens der Träger für Ego/Alter-Funktionen erzeugt und erweitert erst eine spezifisch soziale Kontingenz und findet an den Strukturen, die diese Kontingenzen regeln, seine jeweilige Schranke.

Nach diesen Erläuterungen, die andere Weltdimensionen und die eigene Historizität des Prozesses einbezogen haben, können wir den sozialen Prozeß der intersubjektiven Konstitution der Welt als selbstkonstitutiv bezeichnen. Er konstituiert sich selbst, erzeugt Sinn als Bedingung seiner eigenen Möglichkeit. Unter evolutionstheoretischen Gesichtspunkten (und das heißt: unter der Perspektive des Vergleichs mit anderen Formen der Evolution) haben wir diesen Prozeß als Abhebung einer eigenständigen soziokulturellen Evolution behandelt. Unter systemtheoretischen Gesichtspunkten (und das heißt: unter der Perspektive des Vergleichs mit anderen Systemen) gehen wir nunmehr dazu über, ihn als Ausdifferenzierung eines spezifisch sozialen Systems der Gesellschaft zu behandeln.

Kapitel II

Ausdifferenzierung des Gesellschaftssystems

1. Vorbemerkungen zur Theorie der Systemdifferenzierung

Vergleicht man den klassischen Begriff eines Ganzen, das aus Teilen besteht, in Teile zerlegt und aus ihnen zusammengesetzt werden kann, mit neueren Vorstellungen über Systemdifferenzierung, fällt zunächst der statische Charakter des Teil/Ganzes-Schemas auf. Es setzt eine »perfekte« Realität, eine schon vorhandene, geschaffene Welt voraus. In die Theorie der Differenzierung ist dagegen eine temporale, wenn nicht gar evolutionistische Perspektive immer schon eingebaut. Man versteht unter Differenzierung die Ersetzung eines Leistungsträgers durch eine Mehrheit verschiedenartiger Leistungsträger, die im Zusammenwirken die Funktion des ersetzten Trägers besser erfüllen.[67] Den Hintergrund für

67 So formuliert Neil J. Smelser, *Social Change in the Industrial Revolution: An Application of Theory to the Lancashire Cotton Industry 1770-1840*, London 1959, S. 2: »*One* social role or organization differentiates into *two or more* roles or organizations which function more effectively in the new historical circumstances. The new social units are structurally distinct from each other, but taken together are functionally equivalent to the original unit.« Oder Talcott Parsons, »Youth in the Context of American Society«, in: ders., *Social Structure and Personality*, New York, London 1964, S. 155-182 (161): »Differentiation refers to the process by which simple structures are divided into functionally differing components, these components becoming relatively independent of one another, and then recombined into more complex structures in which the functions of the differentiated units are comple-

solche Substitutionsvorgänge bieten die oben[68] analysierten Veränderungsunterschiede in System und Umwelt. Sie lösen Differenzierungsprozesse aus in dem Maße, als sie Umwelten erzeugen, in denen sich die relative Vorteilhaftigkeit höherer Differenzierungen bewähren kann.

Die Theorie der Systemdifferenzierung wird also heute normalerweise evolutionistisch konzipiert. Deshalb hatten wir sie oben[69] bereits vorwegnehmen müssen in Zuordnung zu einer der evolutionären Funktionen. Ebenso stellt die Kombination mit Evolutionstheorie bestimmte Anforderungen an die Systemtheorie im allgemeinen, die sich dann auf die Theorie der Systemdifferenzierung auswirken. Vor allem muß der Begriff der Umwelt, will man Evolution begreifen, auf Systeme relativiert werden.[70] Die Umwelten verschiedener Systeme tragen so teils identische, teils nichtidentische Züge. Der Begriff der Umwelt gewinnt nur durch Angabe einer Systemreferenz einen präzisen Sinn. Und dies Problem wiederholt sich, wie wir gleich sehen werden, innerhalb differenzierter Systeme für deren Teilsysteme.

mentary«. In der Theorie des Persönlichkeitssystems spricht Parsons noch strenger von Differenzierung als »binary choice« oder »fission« oder »bifurcation« und meint, daß ursprünglich diffuse Einheiten in je genau zwei Nachfolgekomponenten zerlegt werden. Siehe Talcott Parsons, Robert F. Bales, *Family, Socialization and Interaction Process*, Glencoe 1955, z. B. S. 29, 47ff., 370f. u. ö. Zur Verwendung von »Differenzierung« als Strukturbegriff und als Entwicklungsbegriff siehe ferner Shmuel N. Eisenstadt, »Social Change, Differentiation and Evolution«, *American Sociological Review* 29 (1964), S. 375-386; Dietrich Rüschemeyer, »Reflections on Structural Differentiation«, *Zeitschrift für Soziologie* 3 (1974), S. 279-294.

68 Siehe Teil 2, Kap. III.

69 Vgl. Teil 2, Kap. II.5.

70 Diesen Zusammenhang betonen auch Talcott Parsons, Gerald M. Platt, *The American University*, Cambridge (Mass.) 1973, S. 22.

Schon über die evolutionstheoretische Perspektive ist mithin Systemtheorie impliziert. Im Anschluß daran können wir genauer bezeichnen, was im Laufe der Evolution differenziert wird. Man könnte in bezug auf vielerlei Themen von Differenzierung sprechen: in bezug auf Terminologien und auf Techniken, Gefäßformen und Geschmacksrichtungen, Krankheitsarten und Verbrechenstypen. Dadurch wird der Begriff der Differenzierung jedoch evolutionstheoretisch unbrauchbar. Auch die Fortführung der älteren Lehre von der Arbeitsteilung in der Terminologie sozialer Differenzierung genügt uns nicht – aus dem gleichen Grunde.[71] Wir schränken die folgenden Analysen auf *System*differenzierung ein. Damit gewinnen wir die Möglichkeit, den Differenzierungsvorgang und seine Folgen mit systemtheoretischen Mitteln zu analysieren. Erst im Anschluß daran läßt sich genauer sagen, ob und in welchem Sinne man Evolution als zunehmende Differenzierung kennzeichnen kann – eine Aussage, die natürlich nicht meinen kann, daß *alles* sich immer stärker differenziert.

Jede Differenzierungsschematik ist zunächst und vor allem Erzeugung und Reduktion systeminterner Komplexität. Insofern schließen die folgenden Überlegungen an die Ausarbeitung des Komplexitätsbegriffs in Teil 1, Kapitel I.1 an. Durch Differenzierung vermehrt sich die Zahl der Elemente, zwischen denen Beziehungen bestehen könnten; es wächst jene nur quantitative Relationalität von allem mit allem. Zugleich entstehen Schranken möglicher und sinnvoller

71 Die Kritik der evolutionstheoretischen Verwendung des Konzepts der Differenzierung wendet sich zumeist gegen diesen Begriff und ist insofern im Recht. Siehe z. B. Edmund Dahlström, »Developmental Direction and Welfare Goals: Some Comments on Functionalistic Evolutionary Theory about Highly Developed Societies«, *Acta Sociologica* 17 (1974), S. 3-21 (10 ff.).

Ausnutzung dieser Komplexität. Diese Schranken werden, und insofern bedingen Komplexitätsbegriff und Differenzierungstheorie sich wechselseitig, jeweils systemspezifisch (bzw. teilsystemspezifisch) aktuell in der Form der notwendigen Selektivität des Verhältnisses zur jeweiligen Umwelt. Sie werden in den einzelnen Systemen erfahrbar über eine Qualifizierung der zu verknüpfenden Elemente, die Beliebigkeit in den Verknüpfungen ausschließt und einige im Hinblick auf Umwelt sinnvoller oder wirksamer erscheinen läßt als andere. Die Qualifizierung zum Beispiel der Handlungen oder des Inhalts der Kommunikationen eines Systems kann auf verschiedene Weise zustande kommen. Sie ist in der Gesellschaft als einer selbstsubstitutiven Ordnung immer auch historisch bedingt. Sie hängt aber auch von den Gesichtspunkten der Systemdifferenzierung ab, und diese Abhängigkeit läßt sich beim Übergang zu funktionaler Differenzierung ausbauen mit der Folge, daß das System dadurch zugleich komplexer und von seiner eigenen Geschichte unabhängiger werden kann. Das System qualifiziert sich dann in erster Linie durch sein eigenes Funktionsschema und begrenzt in einem damit die intern sinnvollen Möglichkeiten.

Darauf kommen wir zurück.[72] Zuvor müssen wir jedoch genauer ermitteln, wie Systemdifferenzierung vor sich geht, und dabei Abschied nehmen von der allzu einfachen Vorstellung eines Ganzen, das aus Teilen besteht. Grob gesagt entsprach das Teil/Ganzes-Schema der Auffassung von der Welt als einer Sachgesamtheit, als *universitas rerum*. Die in den vorigen Abschnitten entwickelten Vorstellungen über reflexive Weltkonstitution verlangen eine Umformulierung der Theorie der Systemdifferenzierung, vor allem eine Umformulierung in Prozeßkategorien. Systemdifferenzierung

72 Vgl. in diesem Abschnitt S. 687; ferner unten, Kap. III.2.

muß danach als ein Prozeß (bzw. in anderer Fassung des Begriffs: als Resultat eines Prozesses) begriffen werden, der sich in einer immer schon vorkonstituierten Lebenswelt vollzieht und in schon ausdifferenzierten Systemen neue Systeme ausdifferenziert, damit zugleich neue System/Umwelt-Referenzen schafft und damit zugleich die Reflexionsbasis der Weltkonstitution verändert. Systemdifferenzierung ist danach eine Anwendung der Systembildung auf sich selbst. Systembildung ist: Herstellung von Diskontinuität und Stabilisierung von differenzerhaltenden Beziehungen zwischen System und Umwelt. Dieser Prozeß kann auf sich selbst angewandt, das heißt innerhalb eines bereits ausdifferenzierten Systems unter Voraussetzung eines bereits erreichten Differenzierungsniveaus wiederholt werden. Innerhalb eines Systems wird dann nochmals die Differenz von System und Umwelt hergestellt mit der Folge, daß das schon geordnete System wiederum als eine relativ ungeordnete, überkomplexe Umwelt der Teilsysteme behandelt werden kann. An die erste Grenz- und Strukturselektion kann so eine zweite, voraussetzungsreichere angeschlossen werden, die mit einer durch das Gesamtsystem schon domestizierten »internen Umwelt« rechnen kann. Systemdifferenzierung ist im Grunde also ein reflexiver Mechanismus, eine Selektivitätsverstärkung durch Anwendung eines funktional spezifizierten Prozesses auf sich selbst. *Differenziert werden demnach die Differenzen zwischen System und Umwelt.*

Der Differenzierungsprozeß besteht also nicht notwendigerweise in der Aufspaltung einer ursprünglichen Einheit in zwei (oder mehr) Nachfolgeeinheiten;[73] er fügt vielmehr der

73 Darin sieht Parsons das »binäre Prinzip« aller Systemdifferenzierung; vgl. z. B. »Comparative Studies and Evolutionary Change«, in: Ivan Vallier (Hg.), *Comparative Methods in Sociology: Essays on Trends and Applications*, Berkeley u. a. 1971, S. 97-139 (100). Wir sehen die binäre

Ausgangseinheit mindestens eine neue System/Umwelt-Dichotomie ein und kontinuiert dabei zugleich die ursprüngliche Einheit in der Weise, daß das ausdifferenzierte Teilsystem anspruchsvolleren System/Umwelt-Beziehungen unterliegt, nämlich *sowohl* sich auf eine besondere Umwelt stützen kann *als auch* selbst mögliche Umwelt für andere Teilsysteme zu sein hat und *beides* unter besonderen Bedingungen struktureller Kompatibilität. Teilsysteme müssen infolgedessen mit zwei (und bei mehrfacher Wiederholung des gleichen Prozesses mit noch mehr) Umwelten rechnen können, und sie profitieren von der Differenz der externen und internen Umwelt. Dies gilt für die beiden möglichen Fälle: wenn sie als Teilsysteme Kontakt zur externen Umwelt haben und ebenso wenn dies nicht der Fall ist.

Im Unterschied zur klassischen Fassung des Schemas vom Ganzen und seinen Teilen, das auch bereits Wiederholung in sich selbst vorsah,[74] bezieht unsere Analyse die Wiederholung auf die Herstellung einer System/Umwelt-Differenz und damit auf die Ermöglichung selbstselektiver Prozesse, die nach innen die Abweichung des Systems von der Umwelt, die Unwahrscheinlichkeit des Systems steigern, indem sie immer zugleich Sonderumwelten produzieren. Erst durch stärkere Innendifferenzierung läßt sich mithin ein höherer Grad an Ausdifferenzierung erreichen, erst hochdifferenzierte Systeme weichen in vielerlei Hinsichten von ihrer Umwelt ab. Für die Gesellschaftstheorie ergibt sich daraus die

Struktur nicht in einer Substitution von zwei (warum zwei?) Nachfolgern, sondern in der Einfügung einer neuen binären System/Umwelt-Differenzierung, die das Ganze als Teilsystem-und-Teilsystemumwelt rekonstruiert.

74 Hinweise z. B. bei Anton-Hermann Chroust, »The Corporate Idea and the Body Politics in the Middle Ages«, *Review of Politics* 9 (1947), S. 423-452.

Hypothese eines evolutionären Bedingungszusammenhanges zwischen Ausdifferenzierung als umfassendes Sozialsystem und Übergang zu funktionaler Innendifferenzierung des Gesellschaftssystems – der Ausgangspunkt für die folgenden Einzelanalysen.

Verglichen mit diesem für Forschungszwecke wichtigen Aufriß dient die Rede vom Ganzen, das aus Teilen besteht, als eine objektivierte, perspektivisch entzerrte, entrelativierte Verständigungssprache, die ohne »indexikalischen« Gebrauch von System/Umwelt-Referenzen auskommt, indem sie die System/Umwelt-Perspektiven eliminiert bzw. auf eine synthetische Formel bringt. Das gleiche geschieht im Wahrnehmungsbereich etwa dadurch, daß man sich einig wird, eine Münze als rund, eine Tischplatte als Rechteck zu sehen und zu behandeln, obwohl jedem Wahrnehmer faktisch eine andere Form vor Augen liegt. In der Sprache vom Ganzen, das aus Teilen besteht, muß man zwar auch das System angeben, das man jeweils meint, kann dies aber durch einfache Namensgebung tun und auf diese Weise davon abstrahieren, daß mit dem Wechsel der Systemreferenz jeweils auch die Umwelt wechselt. Dabei hält man sich gleichwohl die Möglichkeit, auch dies zu thematisieren, für den Bedarfsfall zugänglich. Für eine funktionalistisch ansetzende Forschung wird genau dieser Bedarfsfall normal, wenn sie ihre Aussagen in der Form von Relationen über System/Umwelt-Relationen gewinnen will; sie muß ihre Sprache daher re-indexikalisieren und eine Erkenntnistechnik entwickeln, die es erlaubt, mit Systemreferenzen zugleich Umweltreferenzen und mit der Beziehung zwischen beiden zugleich die Bezugsprobleme funktionaler Analysen zu wechseln.

Alle im Rahmen dieses Konzepts sinnvollen Aussagen müssen demnach eine Mehrheit von Systemreferenzen im Auge behalten und damit zugleich auch eine Mehrheit systemrelativer Umwelten. Nur so läßt sich systeminterne Steigerung und Reduktion von Komplexität als ein Vorgang darstellen. Dies gilt für alle Prozesse, die durch die Interdependenzen zwischen den Teilsystemen möglich und notwendig werden, aber auch für deren Verhältnis zum Gesamtsystem und zu dessen Umwelt. Vor allem ist das Ausmaß erreichbarer Innendifferenzierung (= Wiederholbarkeit der Systembildungen im System) selbst abhängig vom Grade der Ausdifferenzierung und umgekehrt. Genetisch gesehen setzt erst Ausdifferenzierung Bedingungen der Möglichkeit für Innendifferenzierungen, deren Realisierung die Ausdifferenzierung verstärkt; und auch dies mit der Möglichkeit, im Inneren des Systems wiederholt zu werden. Urteile über Grenzen des Möglichen in beiden Hinsichten können, wovon immer sie sonst noch abhängen, jedenfalls nicht unabhängig voneinander getroffen werden, und gerade in solchen Interdependenzen erweist ein System sich als Einheit von Nichtbeliebigkeiten.

Das Resultat eines solchen Differenzierungsprozesses kann nach alldem weder als Summe der Teilsysteme begriffen noch in der Form eines Netzes von Zweierbeziehungen zwischen den Teilsystemen abgebildet werden;[75] denn auch die Teilsysteme orientieren sich nicht nur an anderen Teilsystemen, sondern sie müssen ihre Struktur im Hinblick auf eine Mehrheit solcher Beziehungen seligieren, also im Hinblick auf eine (in sich selbst wiederum nach extern/intern

75 Siehe auch die Kritik solcher relationaler Systemkonzepte bei Andras Angyal, »The Structure of Wholes«, *Philosophy of Science* 6 (1939), S. 25-37. Hier liegt auch der Grund, weshalb ich dem Vorschlag von Heinz Hartmann, »Stand und Entwicklung der amerikanischen Soziologie«, in: ders. (Hg.), *Moderne amerikanische Soziologie: Neuere Beiträge zur soziologischen Theorie*, Stuttgart 1967, S. 1-92 (85 ff.), den Umweltbezug durch Analyse von Intersystembeziehungen zu ersetzen, nicht folgen kann.

differenzierte) Umwelt.[76] Nur so wird verständlich, wie das Teilsystem am Gesamtsystem partizipiert, nämlich durch Übernahme und perspektivische Reduktion von Systemkomplexität.

Differenzierung heißt mithin nicht nur Zerlegung eines Ganzen in Teilsysteme, sondern zugleich Herstellung korrelativ differenzierter Umwelten, so daß jedes Teilsystem sich gegenüber teilweise anders zusammengesetzten Umwelten identifiziert. Aus der Sicht des Gesamtsystems folgen daraus doppelte, sozusagen zweigleisig vermittelte Bedingungen der Möglichkeit für Teilsystembildung: Die Teilsysteme müssen einerseits in der Lage sein, Beiträge zur Lösung der Probleme des Gesamtsystems zu leisten. Dieser Gesichtspunkt der funktionalen Eignung wurde in der bisherigen Systemtheorie mit Vorrang betont. Sie müssen andererseits eine mögliche Umwelt für andere Teilsysteme sein und von daher Bedingungen der Kompatibilität im Gesamtsystem genügen.[77] Keine dieser Bedingungen kann ganz fehlen, aber ihr Gewicht in der Beschränkung und Vorstrukturierung der Systembildungsmöglichkeiten kann variieren. Man wird zum Beispiel annehmen können, daß Teilsysteme, die überlebenswichtige oder evolutionär zentrale Funktionen erfüllen, in geringerem Maße der Anforderung unterliegen, eine geeignete Umwelt für andere Teilsysteme zu sein; daß dagegen die mehr luxurierenden Teilsysteme strengeren Anforderungen der Kompatibilität unterworfen werden. Von diesen Überle-

76 Auf der Ebene wissenschaftlicher Erkenntnis erscheint dieses Phänomen dann als die bekannte Schwierigkeit, im Hinblick auf komplexe Systeme die Begriffe Element und Beziehung noch eindeutig zu definieren.

77 Parsons (vgl. das Zitat oben, Anm. 67) tendiert dazu, dieses Erfordernis auf ein solches der Komplementarität zu reduzieren und diese dann als Reziprozität zu begreifen.

gungen ausgehend, werden wir weiter unten Probleme des Wechsels des funktionalen Primats der Teilsysteme des Gesellschaftssystems zu interpretieren versuchen. Es fällt zum Beispiel auf, daß erst mit dem Übergang von einer primär politisch zu einer primär wirtschaftlich konzipierten Gesellschaft das politische System eine »Verfassung« im neuzeitlichen Sinne erhält, die nicht nur Ämterstrukturen und Kompetenzen, sondern zusätzlich auch die Kompatibilitätsbedingungen der Politik gegenüber Individualpersonen und gegenüber anderen Teilsystemen des Gesellschaftssystems regelt.[78]

Ungeachtet aller besonderen Formen von Differenzierung läßt sich bereits auf dieser allgemeinen Ebene der Analyse die *Funktion von Systemdifferenzierungen* bestimmen. Sie liegt in der Erleichterung unabhängiger Variabilität innerhalb des Systems und damit in der Steigerung der Zahl von Umweltzuständen, mit denen das System kompatibel sein kann.[79] Ashby hat dies *Multistabilität* genannt. Diese Eigenschaft läßt sich nur sehr allgemein formulieren: Sie betrifft den Erwerb positiver ebenso wie den Erwerb negativer Errungenschaften (Schädigungen); sie betrifft also erfolgreiche Anpassungen an die Umwelt, Absorption von Störungen durch die Umwelt und eventuelle Steigerung des Potentials zu Eingriffen in die Umwelt; sie betrifft erleichterte Aufnahme (Lernen) ebenso wie erleichtertes Behalten der erworbenen Errungenschaften trotz Variation anderer Teile. Auf Systemdifferenzierung beruht mithin, das hatten wir oben bereits vorweggenommen,[80] die Funktion der Stabilisierung (erleichterte Reproduktion),

78 Hierzu näher Niklas Luhmann, »Politische Verfassungen im Kontext des Gesellschaftssystems«, *Der Staat* 12 (1973), S. 1-22, 165-182.

79 Vgl. W. Ross Ashby, *Design for a Brain: The Origin of Adaptive Behaviour*, London ²1954, S. 164ff.

80 Siehe dazu Teil 2, Kap. II.5.

die als einer der erforderlichen Mechanismen Evolution erst ermöglicht.

Diese Funktion von Systemdifferenzierung erfordert zunächst nur, daß die Teilsysteme sich wechselseitig als bloße Umwelten behandeln können, obwohl sie einem gemeinsamen System angehören.[81] Das garantiert die für Interdependenzunterbrechungen erforderlichen Diskontinuitäten. Sie setzt keine bestimmte Form von Differenzierung voraus. Auch rein segmentär differenzierte archaische Gesellschaften sind schon multistabil, wenn auch mehr in der Absorption von Schädigungen als im Erwerb positiver Errungenschaften. Multistabilität kann also auch vor aller funktionalen Differenzierung erreicht werden. Nur deshalb gibt es von der Basis segmentärer Gesellschaften aus soziokulturelle Evolution. Andererseits macht jedoch diese funktionalistische Konzeption von Systemdifferenzierung (die nicht mit funktionaler Differenzierung zu verwechseln ist) deutlich, daß die logisch gleichwertigen Formen der Differenzierung nach Gleichheit und nach Ungleichheit (segmentäre bzw. funktionale Differenzierung) unter Komplexitäts- und Evolutionsgesichtspunkten keineswegs gleichwertig sind. Nur durch Erzeugung interner Ungleichheiten – hinter der Unbestimmtheit der Negation steckt das größere Potential – sowohl der Systeme als auch ihrer internen Umwelten erreicht man den Effekt der Selektivitätsverstärkung. Segmentierung ist die natürliche, sich aus Wachstum nahezu voraussetzungsfrei ergebende, in bezug auf übergreifende Einheit anspruchslose Form der Differenzierung sowohl in der organischen als auch in der soziokulturellen Evolution. Der

81 Siehe auch Ashby, *Design for a Brain*, S. 174: »[W]ithin a multistable system, subsystem adapts to subsystem in exactly the same way as animal adapts to environment.«

Übergang zu funktionaler Differenzierung scheint jeweils umweltbedingt zu erfolgen (was erneut bestätigt, daß die Evolutionstheorie differentielle Wirkungsreihen in System und Umwelt zueinander in Beziehung setzen muß). Wenn nämlich die Umwelt nicht mehr ausreicht, um wachsenden und sich teilenden Systemen gleich günstige Bedingungen zu bieten, entstehen aus relativ ungünstigen Umwelten differentielle Chancen für Sonderfunktionen. Der gleiche Faktor kann ferner Teilungsprozesse hemmen und eine interne Reorganisation wachsender Systeme erzwingen.[82] Und erst auf diese Weise kommen funktionale Differenzierungsprozesse in Gang, die Systemkomplexität auf einer Mehrzahl von Dimensionen und zugleich in der Form interner System- und Umweltkomplexitäten steigern.

Differenzierung auf der Basis von Ungleichheit ist natürlich nicht beliebig möglich, sondern erfordert ein selektives Prinzip, das sozusagen die Gleichheit, auf die man verzichtet, kompensiert und das Risiko der Ungleichheit (zum Beispiel Unverträglichkeit, mögliche Nichtzugehörigkeit) ausgleicht. Dies leistet die Spezifikation des Problembezugs und die Orientierung an strukturell bedingten (also permanenten) Problemen des Gesamtsystems. Im Anschluß an Parsons kann man auch formulieren, daß Einzelprobleme (notwendige Funktionen) des *Gesamt*systems im *Teil*system einen *funktionalen Primat* gewinnen.[83] In diesem Zusammenhang ist von institutionalisierten Funktionen die Rede, also von

82 Vgl. dazu für den Bereich soziokultureller Evolution Eric R. Wolf, »The Study of Evolution«, in: Shmuel N. Eisenstadt (Hg.), *Readings in Social Evolution and Development*, Oxford u. a. 1970, S. 179-191 (183ff.).

83 Siehe z. B. Talcott Parsons, Neil J. Smelser, *Economy and Society*, Glencoe 1956, S. 15f.; Talcott Parsons, »›Voting‹ and the Equilibrium of the American Political System«, in: Eugene Burdick, Arthur J. Brodbeck (Hg.), *American Voting Behavior*, Glencoe 1959, S. 80-120 (116f.).

Funktionen, die vom Gesellschaftssystem faktisch als Differenzierungsgesichtspunkte benutzt werden. Gemeint ist also der Realkontext, nicht der analytische Kontext der Verwendung dieses Begriffs. Diese Unterscheidung muß man im Auge behalten; sie ermöglicht es zum Beispiel, nach Funktionen der funktionalen Differenzierung zu fragen.

Der Begriff des funktionalen Primats setzt eine Mehrheit von Systemreferenzen voraus.[84] Die Differenz von Gesamtsystem und Teilsystem wird dabei ausgenutzt, um ein auf der Ebene des Gesamtsystems nicht lösbares Problem zu lösen. Jedes System muß nämlich, um ein bestimmtes Komplexitätsgefälle zur Umwelt halten zu können, einer *Mehrheit notwendiger* Funktionen Rechnung tragen. Die Notwendigkeit der Funktionserfüllung impliziert vollständige Interdependenz: Die Erfüllung jeder einzelnen Funktion ist Voraussetzung für die Erfüllung aller anderen. Daher kann es unter diesen Funktionen *keine allgemeine*, auf der Ebene des Systems strukturell gesicherte *Rangordnung* geben; das widerspräche logisch ihrer Notwendigkeit und systemtheoretisch ihrer Interdependenz. Die Ausdifferenzierung funktional spezifizierter Teilsysteme ist ein Ausweg aus diesem Dilemma. Auf der Ebene des Teilsystems läßt sich ermöglichen, was für das Gesamtsystem nicht möglich ist: der Vorrang eines Sonderproblems, einer einzelnen Funktion.[85] Vorrang oder Primat heißt dabei nicht, daß keine anderen Funktionen zu erfüllen sind, wohl aber, daß sie im Falle eines ernsthafteren Konflik-

84 Darauf kommen wir ausführlicher zurück im Abschnitt »Funktion, Leistung, Reflexion« (Kap. III.3).

85 Hieraus folgt zugleich, wie problematisch die *Rückprojektion* solcher funktionalen Primate auf die Ebene des Gesamtsystems ist, die dazu führt, daß das Gesamtsystem von einer seiner Funktionen her charakterisiert wird – zum Beispiel als politische Gesellschaft. Darauf kommen wir in Teil 5, Kap. I.2 zurück.

tes zurücktreten müssen, weil der Bestand des Teilsystems in erster Linie von dieser spezifischen Funktion abhängt. Lehrer können Schulen bis zu einem gewissen Grade politisieren, aber die Primärfunktion des Erziehungssystems setzt dem Grenzen. Im Rechtssystem kann in gewissem Umfange auch auf die ökonomischen Konsequenzen der Entscheidungen geachtet werden, aber nicht in einer Weise, die Erwägungen der Ertragsmaximierung oder eines optimalen Verhältnisses von Aufwand und Ertrag benutzt, um Gesetze für gültig bzw. für ungültig zu erklären.

Was auf der Ebene des Gesamtsystems unerträglich oder doch problematisch wäre, wird auf diese Weise ins Vorteilhafte gewendet. Für jedes Teilsystem wären Vorrangentscheidungen auf der Ebene des Gesamtsystems mit Bevorzugungen bzw. Zurücksetzungen verbunden. Primärorientierungen in anderen Teilsystemen werden dagegen zur akzeptierbaren gesellschaftlichen Umwelt: zu einer Umwelt, die man voraussetzen, mit deren besonderen Leistungen man rechnen kann. In der Identifikation mit einer problemorientierten Funktion liegt daher die Möglichkeit, im Gesamtsystem *als Teilsystem und als Umwelt anderer Teilsysteme zugleich* selektive Relevanz zu gewinnen. Aus diesen Gründen ist Differenzierung auf der Basis von Ungleichheit immer *funktionale* Differenzierung.[86] Zulassung von Ungleichheit ist die Erweiterung,

86 Für die Parsonssche Systemtheorie ist bezeichnend, daß sie als eine rein *analytische* Theorie hier erst anfängt, nämlich vom *Primat* funktionaler Differenzierung ausgeht: »It would seem to be a fundamental fact that the primary modes of differentiation in the structure of a system are related to its functional needs in such a way that some differentiated parts are particularly important and effective in contributing to one or a related group of functional needs« (»Introduction«, in: Talcott Parsons (Hg.), *Max Weber, The Theory of Social and Economic Organization*, London, Edinburgh u. a. 1947, S. 18). Das hat zwei Folgen: Der strukturell-funktionale Theorieansatz braucht nicht weiter begründet

Funktionsbezug mit Bindung an das Gesamtsystem die entsprechende Reduktion von Komplexität.

Hieran anschließend können wir weiter zeigen, daß der Übergang von segmentärer zu funktionaler Differenzierung eine Veränderung der durch das Gesamtsystem für die Teilsysteme gesetzten Beschränkungen ermöglicht. Dadurch werden die im gesamten System herrschenden »Bedingungen der Möglichkeit« selektiver Operationen betroffen. Bei segmentärer Differenzierung werden solche strukturellen Beschränkungen relativ konkret gesetzt; anders wäre die Zugehörigkeit eines Teilsystems zum Gesamtsystem (= Gleichheit oder doch Ähnlichkeit der Teilsysteme) nicht erkennbar und nicht erhaltbar. Funktionale Differenzierung ermöglicht es, solche konkreten Beschränkungen abzubauen und durch Bedingungen der Kompatibilität und der Gegenseitigkeit von Leistungsbeiträgen zu ersetzen. Das ist möglich und in dem Maße steigerbar, als alle relevanten Umweltbeziehungen in die Form von Teilsysteminteressen gebracht werden können und so systeminterne Sprecher finden. Höhere Differenzierung führt dann dazu, daß die Zugehörigkeitsbedingungen in die Form von Regeln für Kompatibilität und Gegenseitigkeit gegossen werden. Bei höherer funktionaler Differenzierung gewinnen deshalb die vom Gesamtsystem gesetzten Beschränkungen die Form von Tauschregeln, Respektverpflichtungen, Indifferenzen und dergleichen, die mit hoher Teilsystemautonomie bei Spezifikation der wechselseitigen Abhängigkeiten vereinbar sind.[87] Funktionale Differenzierung steigert

zu werden, und segmentäre Gesellschaftssysteme werden nur negativ charakterisiert durch das Fehlen funktionaler Differenzierung (»functionally diffuse«) auf der Ebene der Teilsystembildung.

87 So formuliert Talcott Parsons, »Polity and Society: Some General Considerations«, in: ders, *Politics and Social Structure*, New York, London 1969, S. 473-522 (493), aus der Sicht des politischen Systems: »The most

auf diese Weise Unabhängigkeiten und Abhängigkeiten im Gesamtsystem zugleich. Erreicht eine solche Entwicklung Extreme, dann besteht das Gesamtsystem schließlich in nichts anderem als in der Ordnung der Interdependenzen zwischen den Teilsystemen.

Mit der Unterschiedlichkeit der Systeme wächst die Unterschiedlichkeit ihrer jeweiligen Umweltsichten. Die Umwelt der Teilsysteme besteht nämlich nicht einfach aus dem Gesamtsystem mit Ausnahme des jeweiligen Teilsystems. Vielmehr reduziert jedes Teilsystem die Komplexität seiner innergesellschaftlichen Umwelt, indem es aus der jeweiligen Funktionsperspektive heraus Tiefenschärfe reguliert, Nähe und Ferne, Zusammengehöriges und Getrenntes, Wichtiges und weniger Wichtiges, Figuren und Hintergründe je besonders arrangiert. Jedes Teilsystem gewinnt so eine mit anderen unvergleichbare Sonderumwelt – und auch insofern steigt durch funktionale Differenzierung die Komplexität des Gesamtsystems.

Bei genauerem Zusehen zeigt sich, daß diese Differenzen vor allem auf *Zeitverschiebungen* zurückzuführen sind. Mit funktionaler Differenzierung und steigenden Interdependenzen wird nämlich eine Koordination von Prozessen im Nacheinander unerläßlich: Ein Teilsystem leistet etwas, ein anderes schließt seine Leistungen an, muß also die Leistungen des anderen als eigene Vergangenheit voraussetzen können, obwohl die eigene Leistung für das andere System in dessen Zukunft liegt. Inzwischen vergeht Zeit, unter Umständen Wartezeit für andere Systeme. Es braucht Zeit, bis der Prozeß entschieden, bis Nachwuchs erzogen, bis die Produktionswerkstätte errich-

fully differentiated system is to be regarded as that in which all three of the principal interchanges are relatively ›free‹ from constraints other than the mutuality of the functional ›interests‹ of the polity on the one hand, each of the other primary functional subsystems on the other.«

tet, bis das Meßinstrument entwickelt und getestet ist, und die entsprechenden Unsicherheiten liegen jeweils sowohl im eigenen System als auch in anderen, sowohl im Bereich des unmittelbaren operativen Zugriffs als auch in einer schwer absehbaren Zukunft.

Jetzt erst wird es als Synchronisierungserfordernis wichtig, daß alle Teilsysteme in einer gemeinsamen Zeit operieren, daß die Zeit für alle gleich schnell fließt, daß Zukunft und Vergangenheit nicht lediglich als Dinge und Ergebnisse, sondern als synthetisierende temporale Horizonte in Funktion treten, in denen dann die verschiedenen System/Umwelt-Referenzen mit ihren Schwerpunktsetzungen und konkreten Zeitperspektiven differieren können. So liegt für das Erziehungssystem die Wirtschaft, sofern sie ausgebildeten Nachwuchs abnimmt, in der Zukunft, und sofern sie Ressourcen bereitstellt, in der Vergangenheit, und dies, obwohl es sich um ein System handelt. Ähnliches gilt mit einer sehr viel geringeren temporalen Spannweite für die Politik, je nachdem, ob Entscheidungseffekte oder Wählerreaktionen relevant werden. Temporale Perspektiven dieser Art zerreißen und regruppieren mithin Umweltkomplexe und verlagern zugleich die Koordinationslast ins Innere des jeweiligen Systems.

Vor dem Hintergrund dieser Vorstellungen über Systemdifferenzierung lassen sich einige der mit Differenzierungen typisch verbundenen Folgeerscheinungen darstellen. Dabei handelt es sich teils um Errungenschaften, die den Aufbau komplexerer Systeme ermöglichen, teils um damit verbundene Folgeprobleme, die sich zu Faktoren der Instabilität oder zu Engpässen im Prozeß weiterer Differenzierung auswachsen können.

Allgemein und zwangsläufig gilt, daß die Einheit eines differenzierten Systems nur noch abstrakt und mit entsprechend hoher Unbestimmtheit formuliert werden kann. Oft wird dies als Zusammenhang von *Differenzierung* und *struktureller Generalisierung* (oder: Generalisierung der Integrationsformen) des Systems ausgedrückt.[88] Die Generalisierung der die Systemeinheit gewährleistenden Symbole führt ihrerseits zu einem *Respezifikationsbedarf*, für den spezifische Rollen oder Verfahren (zum Beispiel für Auslegung und Normanwendung) entwickelt werden können. An diesem Beispiel kann man sehen, wie Strukturprobleme des Gesamtsystems, die aus der Differenzierung als solcher resultieren, wiederum als Sonderfunktionen gefaßt und auf Teilsysteme delegiert werden können – in diesem Falle vor allem auf Systeme für Religion und für Rechtsanwendung.

Mit diesen Ausführungen ist die angezielte Problematik nur in einem ersten Anlauf und noch sehr ungenau gefaßt (was übrigens ein genauer Anwendungsfall ihrer selbst ist: Man kann über »differenzierte Systeme« schlechthin Aussagen, die für alle und jedes gelten sollen, nur sehr unbestimmt formulieren). Für eine genauere Analyse müßte man den Grad der Differenzierung kennen und vor allem wissen, aus welchen Gründen die Einheit des Systems überhaupt zur fungierenden Vorstellung werden muß: ob zum Beispiel als Grundlage gemeinsamen Handelns (und wenn ja: in welchen Sachzusammenhängen) oder nur zur Kontrolle teilsystemspezifischer Selektivität. Größere Präzision ist also nur über Einführung zusätzlicher Prämissen, also über Typenbildung erreichbar.

Während diese Überlegungen auf Bedingungen der Einheit trotz Differenzierung abzielten (und das sind immer auch Bedingungen der Differenzierung selbst), kann in entgegengesetzter Blickrichtung auch gefragt werden, welche weiteren

88 Vgl. z. B. Talcott Parsons, »Some Considerations on the Theory of Social Change«, *Rural Sociology* 26 (1961), S. 219-239.

Differenzierungen Systemdifferenzierungen ermöglichen. In Systemdifferenzierungen sehen wir nicht den einzigen Fall, wohl aber den Ermöglichungskontext von Differenzierungen schlechthin. Die Differenzierung von Situationsarten etwa oder von Normen oder von Rollen kann gewisse Mindestschwellen nur überschreiten, wenn auf der Gesellschaftsebene die Systemdifferenzierung zunimmt; die Differenzierung der Krankheiten etwa nimmt mit der Ausdifferenzierung eines gesellschaftlichen Teilsystems für Krankheit/Gesundheit zu. Ebenso ermöglicht die fortschreitende Differenzierung und funktionale Spezifikation der gesellschaftlichen Teilsysteme auch eine Einsparung und Rückentwicklung mancher Differenzierungen in den Detailformationen, für die jetzt ausdifferenzierte funktionale Äquivalente bereitstehen. So trocknet komplementär zur Entwicklung eines hochdifferenzierten Gesellschaftssystems der Formenreichtum mancher Bereiche des Alltagslebens aus. Charles Tilly nennt das »Devolution«.[89] Zunehmende Systemdifferenzierung ermöglicht eine Reorganisation des Zusammenwirkens von Einheitsgesichtspunkten und Komplexität in zahlreichen Operationen. Durch die Systemdifferenzierung wird also letztlich das Ausmaß erforderlicher (bzw. einsparbarer) Differenzierung in allen übrigen Hinsichten gesteuert.

Eine letzte Überlegung schließen wir an eine Beobachtung an, die nicht für Systeme schlechthin, wohl aber für soziale Systeme gilt: daß die Innendifferenzierung die Grenzprobleme des Gesamtsystems tangiert.[90] In dem Maße, als Teilsysteme funktionale Autonomie entwickeln, können sie auch eigene Perspektiven auf die externe Umwelt des Ge-

89 »Clio and Minerva«, in: John C. McKinney, Edward A. Tiryakian (Hg.), *Theoretical Sociology: Perspectives and Developments*, New York 1970, S. 433-466 (451ff.).

90 Dazu bereits Georg Simmel, *Über sociale Differenzierung*, Leipzig 1890.

samtsystems gewinnen. In dieser externen Umwelt entstehen dann teilsystemspezifische Sonderumwelten mit besonderen Affinitäten, Komplementaritäten, Konflikten und kybernetischen Kreiseln. Diese Entwicklung kann dazu führen, und sie hat im Falle der Evolution des Gesellschaftssystems dazu geführt, daß Teilsysteme unterschiedliche Expansionsneigungen zeigen und für das Gesamtsystem unterschiedliche Grenzen definieren. Die beiden aus der Archaik stammenden, in den Hochkulturen festetablierten gesamtgesellschaftlichen Einigungsformeln: territoriale Grenzen und/oder Personenverband, werden dadurch schließlich gesprengt. Das Gesellschaftssystem selbst expandiert nach Maßgabe seiner expansivsten Teilsysteme Wirtschaft und Wissenschaft, deren Umweltbeziehungen über Zusammenhänge, die die Kybernetik gut beschreiben kann, schließlich in ein umfassenderes System möglicher Kommunikation inkorporiert werden.[91]

Diese auf die Evolutionstheorie zurückgreifenden Einsichten erweisen zugleich die Einseitigkeit unseres Ausgangspunktes: Die Formel »Ersetzung eines Leistungsträgers durch eine Mehrheit zusammenwirkender Leistungsträger im Differenzierungsprozeß nach innen« erfaßt nur den Innenhorizont des Systems. Der Differenzierung nach innen sind aber durch gegebene Größen Grenzen gesetzt. Bei segmentärer Differenzierung kommt es zur Sezession, zur Abspaltung neuer Gesellschaftssysteme; bei funktionaler Differenzierung kommt es aus den Funktionsbedürfnissen der Teilsysteme heraus zur Expansion des Gesellschaftssystems, zur Inkorporation von Umwelt, soweit sie sich assimilieren läßt; das heißt: soweit sie soziales System ist. Der Zusammenhang von Evolution und Differenzierung ist daher in der Zeit nur fortsetzbar, ist also

91 Vgl. dazu bereits oben, Teil 2, Kap. III.7.

selbst nur Evolution mit Hilfe eines korrelativen Zusammenhanges von Differenzierung und Expansion, also Steigerung der Komplexität des Gesellschaftssystems der Varietät und der Größe nach.[92] Evolution über Differenzierung führt im Falle des Gesellschaftssystems letztlich zur »Symphysis« der Weltgesellschaft: zum Zusammenwachsen aller Sozialsysteme in ihrer möglichkeitsorientierten Wirklichkeit.[93]

2. Aggregation und Koordination*

Differenzierte Systeme bilden sich nicht nur durch Zerlegung, sondern auch durch Zusammenwachsen vorher getrennter Einheiten. Wie immer der Systembildungsprozeß historisch verlaufen ist, für die laufende Reproduktion des Systems sind beide Aspekte wichtig. In klassischer Begriffssprache heißt

92 Dies ließe sich auch abstrakter formulieren als Zusammenhang von Größe und möglicher Varietät bei Veränderungen der Komplexität eines Systems. Vgl. z.B. Knut Erik Tranöy, *Wholes and Structures: An Attempt at a Philosophical Analysis*, Copenhagen 1959, insb. S. 18.

93 Aristoteles, dem wir diesen Begriff der *Symphysis* entwenden, hatte darunter verstanden das Einswerden der »Energeia« nach *Physik*, 213 a 9f.

* Anm. der Herausgeber: Im Originalmanuskript fehlt die erste Seite des Abschnitts. Luhmann selbst hat diesen Sachverhalt bemerkt und das auf der vermißten Seite vorgetragene Argument in einer handschriftlichen Anmerkung stichpunktartig notiert: Demnach ist Integration keine Einrichtung des Gesamtsystems, vielmehr wird sie durch die Form der Ausdifferenzierung der Teilsysteme selbst getragen. Integration findet immer in den Teilsystemen selbst statt – entweder in Form geteilter Strukturen oder als Ergebnis eines Input/Output-Prozesses. Wir ersetzen hier die fehlende Seite durch eine Textpassage, die einen ebenfalls mit »Aggregation und Koordination« betitelten Abschnitt einleitet, der sich in einem Kapitel zur Innendifferenzierung des Erziehungssystems findet. Dieses Kapitel ist Teil eines umfangreicheren, bislang unpublizierten Manuskripts zur Erziehung, das ebenfalls Mitte der 1970er Jahre entstanden ist.

dies: Arbeitsteilung erfordert Koordination, funktionsspezifische Differenzierung erfordert symbolische Generalisierung. Diese Formeln suggerieren, daß die Zusammenfügung ein den Einheiten externes Problem ist, das durch die Weisungszentren oder die symbolischen Strukturen des Gesamtsystems zu lösen wäre. Sie identifizieren den Gegensatz von Zerlegung und Zusammenfügung mit den unterschiedlichen Systemreferenzen, auf die der Prozeß jeweils gerichtet ist: Zerlegung zielt ab auf die Bildung von Teilsystemen, Zusammenfügung zielt ab auf die Bildung von Gesamtsystemen. Diese Konzeptualisierung ist jedoch für unsere Zwecke zu einfach, und sie ist auch durch eine Systemtheorie, die auf die System/Umwelt-Differenz abstellt, überholt. Sieht man Systemdifferenzierung und Zusammenwachsen zu Gesamtsystemen jeweils als Wiederholung des Prozesses der System/Umwelt-Abgrenzung, lassen sich innerhalb des (zerlegten oder zusammengewachsenen) Gesamtsystems verschiedene Typen von System/Umwelt-Beziehungen der Teilsysteme unterscheiden, die den Zusammenhang der Teilsystemperspektiven miteinander und mit dem Gesamtsystem jeweils unterschiedlich artikulieren. Das schließt es zugleich aus, den Unterschied von Differenzierung und Integration durch Bezug auf verschiedene Systemreferenzen zu definieren.

Unsere Typologie unterscheidet Aggregation und Koordination. Der Angelpunkt dieser Unterscheidung liegt in der Frage, ob die Integrationsleistung durch eine vorausgesetzte Gemeinsamkeit (Aggregation) oder durch das Resultat von Prozessen (Koordination) vermittelt wird. Mit Hilfe der Typologie von Formen der Interdependenz, die James Thompson entwickelt hat,[94] könnten unsere Typen nochmals unterglie-

94 Vgl. James D. Thompson, *Organizations in Action: Social Science Bases of Administrative Theory*, New York 1967, S. 54f., für die Organisations-

dert werden: Aggregation kann entweder auf intensiver Interaktion beruhen, die eine angepaßte Realitätskonstruktion entwickelt (oder daran scheitert), oder sie wird auf einheitliche Grundannahmen zurückgreifen, die für die Beteiligten und für einzelne Situationen Verschiedenes bedeuten mögen. Thompson nennt das »intensive interdependence« bzw. »pooled interdependence«. Deutlich liegt im Übergang von intensiver zu gepoolter Interdependenz eine Reaktion auf steigende Komplexität und ein Sicheinlassen auf höhere Risiken, aber noch im Rahmen aggregativer Integration. Koordination kann entweder tauschförmig-reziprok oder asymmetrisch-sequentiell erfolgen (»reciprocal interdependence« bzw. »sequential interdependence«). Beide Formen bringen größere Abhängigkeit von tatsächlich erfolgten Leistungen mit sich, und auch sie differenzieren im Hinblick auf Komplexität und Risiko. Der Übergang von lokal ausgeglichenen zu asymmetrisch-kettenförmigen Koordinationen ermöglicht höhere Selektivitätsverstärkung bei höherer Fehleranfälligkeit und größerer Ausgleichsbedürftigkeit.[95]

Um die Darstellung nicht zu sehr zu komplizieren, sehen wir von dieser Untergliederung im folgenden ab und beschränken uns auf die Grundtypen Aggregation und Koordination. Von Aggregation wollen wir immer dann sprechen, wenn ein Teilsystem strukturell in das Gesamtsystem integriert ist. Das Teilsystem harmoniert dann mit Zuständen des

ebene und ders., »Technology, Polity, and Societal Development«, *Administrative Science Quarterly* 19 (1974), S. 6-21, für eine modifizierte Übertragung auf die Ebene des Gesellschaftssystems.

95 Hierzu am Beispiel einer Grundfigur der juristischen Dogmatik Niklas Luhmann, »Zur Funktion der ›subjektiven Rechte‹«, *Jahrbuch für Rechtssoziologie und Rechtstheorie* 1 (1970), S. 321-330, Wiederabdruck in: ders., *Ausdifferenzierung des Rechts: Beiträge zur Rechtssoziologie und Rechtstheorie*, Frankfurt/M. 1981, S. 360-373.

Gesamtsystems – vornehmlich auf der Basis der Gleichheit oder Ähnlichkeit, aber auch auf der Basis fragloser Komplementarität. Im Teilsystem finden sich zum Beispiel die gleichen Gesinnungen und Präferenzen wie in der Umwelt; man spricht die gleiche Sprache oder hat den gleichen Geschmack. Auch Steigerungsrichtungen auf der Basis von Gleichheit können der Aggregation dienen, namentlich in hierarchischen Ordnungen. Das Obere wird dann als eine bessere, größere, vollkommenere Ausgabe des unteren vorgestellt und ist dann von unteren Systemen aus nicht negierbar, es sei denn über Selbstnegation. Insofern verrät das Denken in Modellen der »Perfektion« stets eine zugrundeliegende Gesellschaftsstruktur, die primär durch Aggregation integriert. Mikro/Makro-Modelle bringen ebenfalls aggregative Integration zum Ausdruck, und selbst Umkehrverhältnisse und inverse Globalwertungen sind nur in aggregativ integrierten Systemen sinnvoll, auch wenn sie den Integrationsprozeß selbst nicht leisten, sondern eher stören. Die viel untersuchten Hälftendifferenzierungen archaischer Gesellschaft sind ein gutes Beispiel dafür.[96] Aber auch aktuellere Beispiele lassen sich finden. So setzt ein Denken in Dualen wie »Kirche und Welt«, »unsichtbare und sichtbare Kirche«[97] aggregative Integration (durch Gottes Willen) voraus; sie eignet sich zumindest nicht zur Koordination von Leistungen.

Aggregative Integration findet zumeist keinen Anlaß, das Gemeinsame zu thematisieren. Es wird vorausgesetzt und re-

96 Vgl. etwa Edward W. Gifford, »Clans and Moieties in Southern California«, *University of Chicago Publications in American Archaeology and Ethnology* 14 (1918), S. 155-219; ferner George P. Murdock, »Political Moieties«, in: Leonard D. White (Hg.), *The State of the Social Science*, Chicago, London 1956, S. 133-147.

97 Siehe dazu Yorick Spiegel, *Kirche als bürokratische Organisation*, München 1969, insb. S. 77ff.

flexiv durch Voraussetzen des Voraussetzens abgesichert. Als Prozeß gesehen kommt Integration dann durch Implikation zustande, durch Implikation der Gemeinsamkeit.

Aggregation ist keineswegs beschränkt auf Rezeption einer statischen Welt. Auch Prozesse können Strukturen haben, die ein Nacheinander ordnen, dessen Ablauf unterstellt wird. Das Geschehen verläuft simultan zu eigenem Verhalten. In diesem Sinne erscheint allen älteren Gesellschaften Zeit als konkrete Ordnung, der man eigenes Verhalten synchronisiert, und nicht als abstrakte Dimension der Bewirkung von Wirkungen. Zu ganz anderen Denkformen und Modellimplikationen kommt es, wenn die Zeit in den Integrationsprozeß eingeplant werden muß. Dies geschieht durch Koordination.

Der Unterschied läßt sich vielleicht an Hand eines Beispiels am besten erläutern. Ältere Erziehungssysteme beruhten in hohem Maße auf sozialer Schichtung, der sie durch schichtendifferente Bildung und Ausbildung zugleich Ausdruck gaben und Kontinuität verliehen. Auf dieser gesellschaftseinheitlichen Grundlage konnte das Erziehungssystem aggregativ in die Gesellschaft integriert werden. Sowohl die Voraussetzungen auf der Ebene von Vorbildung und Motivation als auch die Funktionen der Erziehung für die Gesellschaft blieben unproblematisiert, ja weitgehend latent. Dies verrät eine Pädagogik, die das Ziel der Erziehung nur in der Perfektion der individuellen Persönlichkeit sah[98] und die sogar wünschen konnte, daß dies Individuum ihr möglichst voraussetzungslos in die Hände falle. Heute dagegen werden sowohl die psychologischen und gesellschaftsstrukturellen (vor allem schichtenspezifischen) Vorbedingungen der Lernfähigkeit als auch mit den Begriffen »Bildung« und

98 Zur soziologischen Kritik siehe namentlich Émile Durkheim, *Education et sociologie*, Paris 1922, ²1966.

»Ausbildung« die Ziele und die differenten Wirkungen des Erziehungsprozesses problematisiert, und es wird zumindest gefordert, daß er durch »Curricula« zu steuern sei, um nicht automatisch Schichtung zu reproduzieren. Daß das als erziehungspolitische Absicht deklariert wird, ist jedoch nur die Folge davon, daß im heutigen Gesellschaftssystem die Voraussetzungen für Aggregation schwinden und man mehr und mehr teils auf Integration verzichten, teils zu koordinativer Integration übergehen muß.

Koordination erfordert, daß die Zeitgrenzen der Teilsysteme nach Vergangenheit und Zukunft differenziert und entsprechend spezifiziert werden. Jedes Teilsystem muß in bezug auf die eigene Systemreferenz und die eigene Umwelt Input und Output unterscheiden und sich selbst als dazwischenliegender Prozeß begreifen können.[99] Diesem dazwischenliegenden Prozeß werden bei weiterer Innendifferenzierung entsprechende Binnenkoordinationen zugemutet. Sowohl Input als auch Output sind Selektionsleistungen und für soziale Systeme immer auch Kommunikationsleistungen. Der Output des einen Systems kann Input eines oder mehrerer anderer sein, und zwar sowohl absichtlich als auch unabsichtlich. Die Begriffe lassen sich daher stets nur

99 Eine sehr generelle Verwendung dieser Begriffe zur Vermittlung von Strukturaspekt und Prozeßaspekt des Handlungssystems findet sich bei Talcott Parsons, namentlich seit Parsons, Smelser, *Economy and Society*. Dabei wird mitgesehen, daß funktionale Systemdifferenzierung Bedingung der Möglichkeit von Input/Output-Analysen ist. Gleichwohl bleiben die strukturellen Eigenarten und die Variationsmöglichkeiten differenzierter Systeme in Input/Output-Analysen und im Nachzeichnen der Binnenkoordinationsprobleme unterbelichtet. Das Input/Output-Modell ist kein universelles Modell sozialer Systeme; es ist zu relativieren auf den Fall und das Ausmaß, in dem ein System sich mit seiner Umwelt in der Zeitdimension koordinieren muß.

systemrelativ verwenden. Die Differenzierung von Input und Output hängt von funktionalen Systemdifferenzierungen ab und würde mit Entwicklungen der Entdifferenzierung und Funktionenverschmelzung verschwinden.

Ein System kann (muß aber nicht) Beziehungen zwischen bestimmten Inputs und bestimmten Outputs herstellen derart, daß es durch bestimmte Inputs zu bestimmten Outputs angeregt wird oder im Hinblick auf erstrebte Outputs bestimmte Inputs zu erlangen sucht. In dem Maße, als dies der Fall ist, entstehen systemspezifische Temporalstrukturen und Zeitknappheiten. Der erforderliche Input muß vorliegen, bevor der Output erfolgen kann. Diese Zeitdifferenz kann mit den Zeithorizonten des Systems koordiniert werden in dem Sinne, daß aus der Arbeitsgegenwart heraus der Input in die Vergangenheit, der Output in die Zukunft verweist. Input- und Output-Grenzen werden so zu den Zeitgrenzen des Systems, die in die universellen Zeithorizonte der Gesellschaft verweisen und durch sie integriert sind.

Normalerweise können Input und Output wechselseitig füreinander Gesichtspunkte der Selektion bilden. Ein System kann sich sowohl durch die Selektivität seines Inputs als auch durch die Selektivität seines Outputs führen lassen und kann den Orientierungsprimat von Operation zu Operation wechseln. Mit der Orientierung an Input bzw. an Output wechselt die jeweils aktuell fungierende kognitive Komplexität und der in Anspruch genommene Organisationsgrad des Systems.[100]

100 So für psychische Systeme die sehr suggestiven Ergebnisse von Robert B. Zajonc, »The Process of Cognitive Tuning in Communication«, *Journal of Abnormal and Social Psychology* 61 (1960), S. 159-167. Daß Systemqualitäten wie kognitive Komplexität und Organisationsgrad situationsweise wechselnd in Anspruch genommen werden, bedeutet natürlich, daß sie strukturell im Überschuß vorhanden sein müssen, um »Spitzen« der Inanspruchnahme abdecken zu können.

Ein solcher Orientierungswechsel bleibt nicht notwendig der Situation und damit dem Zufall überlassen. Es gibt auch Systeme, die auf der Ebene ihrer Programme strukturelle Schwerpunktentscheidungen für die eine bzw. die andere Orientierungsweise treffen und gerade damit ihre spezifische Funktion als gesellschaftliches Teilsystem erfüllen – so zum Beispiel das Rechtssystem mit einem deutlichen Schwerpunkt an der Inputgrenze,[101] Produktionssysteme mit deutlichem Schwerpunkt an der Output-Grenze. Schwerpunktentscheidungen dieser Art lassen sich aber nicht ins Extrem treiben; die strukturell vernachlässigte Grenze meldet sich in der Form von »constraints«, von Kosten, von heimlich doch genommener Rücksicht oder Vorsicht. Und es könnte sich bei näheren Untersuchungen erweisen, daß nicht die dominierende, sondern gerade die andere, die neutralisierte oder verdrängte Zeitgrenze des Systems zu Innovationen motiviert.

Koordination über Input/Output-Prozesse bedient sich der Zeit als Integrationsdimension und kostet daher Zeit. Jedes Teilsystem muß auf seinen Input warten, bis dieser als Output eines anderen Systems fertiggestellt ist. Der eigene Output muß gegenwärtig geplant werden, aber für eine zukünftige Gegenwart, die nicht vom Leistungssystem allein bestimmt wird, sondern primär von einer Umwelt, die sich zwischendurch ändert. Das alles verträgt beim gegenwärtigen Stand der Techniken für Prognose und Planung keine langen Zeitspannen. Solche Zeitspannen sind aber in vielen Fällen erforderlich. Das gilt schon auf der Prozeßebene für das Erziehungssystem, weil Erziehung, vor allem anspruchsvolle Erziehung, eben Zeit braucht. Daran scheitert die koordi-

101 Vgl. hierzu und zur heutigen Problematisierung dieser Schwerpunktentscheidung Niklas Luhmann, *Rechtssystem und Rechtsdogmatik*, Stuttgart, Berlin u. a. 1974, insb. S. 24ff.

native Integration dieses Systems in die Gesellschaft – ein Scheitern, das möglicherweise in einen Führungsanspruch umgesetzt werden wird. In anderen Teilsystemen der Gesellschaft findet man ein entsprechendes Problem eher auf der Strukturebene. Selbst wenn die Prozesse kurzfristig genug sind, um über Input und Output koordinierbar zu sein, die Strukturen für die Transformation von Input in Output sind es zumeist nicht. Deren Änderung an Hand eines Lernprozesses setzt Erfahrungen mit zahlreichen typenähnlichen Input/Output-Prozessen voraus und erfordert daher Zeiträume, die unter anderem vom Typisierungsschema und von den Fallhäufigkeiten abhängen. Dieses Problem läßt sich am Rechtssystem studieren, das trotz Input/Output-Koordination in den Fallentscheidungsprozessen Mühe hat, Änderungen in den dogmatischen Begriffsapparaten und Entscheidungsregeln wiederum temporal zu koordinieren; hier fällt man dann auf aggregative Integrationsmuster, etwa auf Einfühlung in gesellschaftstypische Wertungen, zurück. Die Struktur kann zwar auch direkt über Input-Prozesse geändert werden auf dem Wege der Gesetzgebung. Aber damit geht die Koordinationslast nur auf dasjenige System über, das über diesen Input (als eigenen Output) entscheidet: auf das politische System.

Solche gegenwärtig in ihren Konsequenzen vieldiskutierten Probleme zeigen, daß mit einer schlichten Ablösung aggregativer durch koordinierende Integration im Laufe der gesellschaftlichen Evolution nicht zu rechnen ist. Die frühere Form wird durch die spätere nicht einfach ersetzt. Vielmehr bleibt Aggregation nach wie vor erforderlich; sie wird nur partiell und im übrigen durch zwei verschiedene Funktionsnachfolger ersetzt: durch Koordination und durch Minderung der Integrationsansprüche des Gesamtsystems, also durch höhere Teilsystemautonomie.

Ein historischer Fortsetzungszusammenhang dieser Art, der funktional äquivalente Problemlösungen sehr verschiedener Art ineinanderschiebt, macht es schwierig, einer sich entwickelnden koordinativen Integration eindeutige Orientierungsmuster zuzuordnen. Einige Hypothesen sind jedoch möglich. Vor allem wird eine solche Entwicklung Temporalstrukturen betreffen und transformieren. Soweit die Koordinationsmöglichkeiten reichen und benutzt werden, muß Komplexität verzeitlicht werden als im Nacheinander geordnete Unterschiedlichkeit. Damit treten im gesellschaftlichen Zeitbewußtsein Zukunft und Vergangenheit schärfer auseinander, und die Gegenwart wird entwirklicht zum bloßen Punkt ihrer Differenz: zur Entscheidung. Sie regeneriert dann sozusagen mit Hilfe eines historischen Bewußtseins und sie wird entscheidungsfähig im Hinblick auf eine wertend ausgewählte Zukunft. Beides zusammen führt indes nicht zur Wiedergewinnung dessen, was man vordem Realität genannt hatte, wohl aber zu einem funktionalen Äquivalent.

Weitere Konsequenzen dieser Umstellung lassen sich mit Hilfe der »pattern variables« »ascription/achievement« bzw. »quality/performance« formulieren.[102] Sie betreffen die für die jeweilige Handlung relevante Situationsdefinition. An

102 Vgl. Talcott Parsons, »Pattern Variables Revisited«, *American Sociological Review* 25 (1960), S. 467-483, neu gedruckt in: ders., *Sociological Theory and Modern Society*, New York 1967, S. 192-219. Gegenüber anfänglichen Auswertungen dieser und anderer »pattern variables« hat sich heute die Auffassung durchgesetzt, daß Entwicklung nicht einfach als Transformation vom einen zum anderen Pol der Dichotomie begriffen werden kann, also nicht einfach als Ersetzung von »ascription« durch »achievement« oder von »quality« durch »performance«. Vgl. dazu Leon Mayhew, »Ascription in Modern Society«, *Sociological Inquiry* 38 (1968), S. 105-120; Jan J. Loubser, »The Contribution of Schools to Moral Development: A Working Paper in the Theory of Action«, *Interchange* 1 (1970), S. 99-117.

Qualitäten bzw. zugeschriebenen Eigenschaften orientiert sich, wer Erfahrenes als es selbst erlebt und in seinem unmittelbaren Sinn verwendet. An Leistungen bzw. erworbenen Eigenschaften orientiert sich, wer Erfahrenes relationiert auf kontingent gesetzte Motivationen des Bewirkens und damit ein Schema anlegt, das es erlaubt, Konstanten und Variationsmöglichkeiten zugleich und als interdependent zu sehen. Leistung ist der vielleicht appellativste Begriff dafür.[103] Koordinative Integration setzt die Thematisierung von System/Umwelt-Beziehungen als Leistungen voraus und fördert so Leistung auf Kosten von Qualität. In dem Maße, als Integration über Koordination von Output und Input erreicht wird, dient diese Integrationsweise mithin als strukturelle Basis für eine laufende Regeneration von Leistungsbewußtsein und Leistungsdruck – was ideologische Proteste ebenso verständlich wie nutzlos erscheinen läßt. Eine der wichtigsten Konsequenzen dürfte aus der Selektionsweise der Leistung selbst folgen. Sie erfordert Thematisierung von Negationen im Hinblick auf weniger ergiebige, fehlerhafte, erfolglose Verfahren. Im Laufe der Zeit entstehen daraus Negationsrückstände, die in mehr oder weniger weitem Umfange normales Schicksal und normales Verhalten disqualifizieren.[104] Auch in solchen Folgen, die durch strukturell bedingte Orientierungsroutinen

103 Natürlich muß der Volksbegriff von Leistung für wissenschaftliche Verwendung präzisiert werden und deckt dann nicht mehr den vollen Umfang dessen ab, was Parsons mit »performance« meint. Vgl. dazu Heinz Heckhausen, *Leistung und Chancengleichheit*, Göttingen 1974. Soweit ich sehe, fehlt bisher eine Ausarbeitung derjenigen Probleme, die im Verhältnis der Vergleichsdimension, die jede Thematisierung von Leistung voraussetzt, zur Zeit stecken.

104 Die Verwandtschaft dieses Gedankens mit der Anomietheorie Mertons wird sich aufdrängen. Vgl. Robert K. Merton, *Social Theory and Social Structure*, Glencoe [2]1957, S. 131-194.

ausgelöst werden, könnte der Versuch, Gesellschaft mehr und mehr über Koordination von Leistungen zu integrieren, seine Grenzen finden.

Integrationsweisen und Orientierungsmuster werden nach alldem nicht unabhängig voneinander variieren. Der Zusammenhang ist nicht nur, wie man unter Fragestellungen wie »Individuum und Kollektiv«, zunehmende »Entfremdung«, »Sozialisation« vermuten konnte, durch die Stärke der Integration bedingt, sondern auch durch ihre Form, ihre Selektionsweise. Ebensowenig ist allein die Form der Differenzierung – Segmentierung bzw. funktionale Differenzierung – ausschlaggebend.[105] All dies kommt noch hinzu, wenn man die strukturellen Rahmenbedingungen der Grundmuster von System/Umwelt-Orientierungen einer Gesellschaft erfassen will. Einfache begriffliche Durchgriffe verbieten sich daher von selbst, und zwar erst recht für evolutionär späte, hochkomplexe Gesellschaften, die all diese Konstellationen simultan verwenden und ineinanderschieben.[106] Zu ähnlichen Überzeugungen hat das Scheitern aller Versuche geführt, »traditionale« und »moderne« Gesellschaften durch konträr definierte Merkmale zu charakterisieren (womit theoriegelei-

105 Dieser Gesichtspunkt hatte bekanntlich Durkheim zu direkten Rückschlüssen auf Formen der (mechanischen bzw. organischen) Solidarität angeregt, mit der eine Dichotomie vom Differenzierungsprinzip auf die Integrationsweise und auf entsprechende Einstellungstypen übertragen wurde, was dem historischen Material und der Komplexität heutiger Gesellschaft kaum gerecht wird. Die Unterscheidung von Aggregation und Koordination schließt daher bewußt nicht an Durkheim an, sondern orientiert sich am Sonderproblem der Selektionsweise von Integration, das sich in dieser Form in der systemtheoretisch nicht durchgearbeiteten Theorie Durkheims nicht stellt.

106 Auf ähnliche Probleme der »Koexistenz« aller Typen in der modernen Gesellschaft stößt auch Thompson, »Technology, Polity, and Societal Development«, im Rahmen seiner Interdependenz-Typologie.

tete Unterscheidbarkeit natürlich nicht ausgeschlossen sein soll).[107]

Wir werden mit Hilfe dieser allgemeinen systemtheoretischen Vorerwägungen daher zunächst uns wieder genauer auf die Systemreferenz Gesellschaft einstellen müssen. Nur so kann man hoffen, einen Bezugsrahmen zu gewinnen, in dem mit Hilfe historischer Relativierungen systemtheoretische Begriffe in konkret verfolgbare Forschungsvorhaben übersetzt werden können. Wir verknüpfen dabei erneut, relativ auf das Gesellschaftssystem, evolutionstheoretische und systemtheoretische Konzepte.

3. Ausdifferenzierung in einer selbstkonstituierten Welt?

Mit der Konstitution einer sinnhaften Welt beginnt eine neue Epoche der Evolution. Anstoß und Substrat dieser Veränderung und der damit beginnenden soziokulturellen Evolution ist das Sozialsystem der Gesellschaft. Dessen Ausdifferenzierung – ein allmählich anlaufender, heute faktisch vollzogener historischer Prozeß – ist Voraussetzung für alles Weitere. Alle evolutionären Errungenschaften des gesellschaftlichen Lebens sind durch ihn bedingt.

107 Siehe dazu kritische Äußerungen, die heute »herrschende Meinung« geworden sind, bei Edward Shils, »Tradition and Liberty: Antinomy and Interdependence«, *Ethics* 68 (1958), S. 153-165; Lucian W. Pye, *Politics, Personality, and Nation Building: Burma's Search for Identity*, New Haven, London 1962, S. 32ff.; Reinhard Bendix, *Nation-Building and Citizenship: Studies of Our Changing Social Order*, New York 1964; ders., »Tradition and Modernity Reconsidered«, *Comparative Studies in Society and History* 9 (1967), S. 292-346; Joseph R. Gusfield, »Tradition and Modernity: Misplaced Polarities in the Study of Social Change«, *American Journal of Sociology* 72 (1967), S. 351-362.

Ausdifferenzierung heißt: Einführung einer Differenz zwischen etwas Bestimmtem (oder doch Bestimmbarem) und anderem. Die Gesellschaft umfaßt das soziale Leben im ganzen, soweit Kommunikation reicht. Die Ausdifferenzierung der Gesellschaft erstreckt sich demnach auf die Gesamtheit der sinnhaft sozialen Prozesse, die füreinander zugänglich sind; sie betrifft auch das, was als Interaktion und als Organisation in der Gesellschaft ermöglicht wird. Es handelt sich um einen Kontraktionsprozeß, der alles Soziale erfaßt und als einen Sonderbereich konsolidiert, welcher sich von andersartigen Dingen und Ereignissen unterscheiden läßt. Wie aber ist eine solche Ausdifferenzierung des Sozialen möglich, wenn doch die Sozialdimension konstitutive Weltdimension ist und bleibt? Wenn ohne intersubjektive Kommunikation überhaupt kein Sinn möglich ist? Wenn also auch die Umwelt Sinn nur haben kann durch soziale Konstitutionsprozesse?

Die Frage zeigt als Frage schon an, daß die Ausdifferenzierung der Gesellschaft – so unbestreitbar sie als Faktum heute ist – ein unwahrscheinlicher, sozusagen gegennatürlicher Prozeß gewesen sein muß, der zu erklären wäre. In einer intersubjektiv konstituierten und nur so konstituierbaren Welt versteht es sich nicht von selbst, läuft es vielmehr allen Selbstverständlichkeiten entgegen, daß das Soziale in der Welt diskontinuiert und auf sich selbst isoliert wird; daß die Welt selbst, obwohl sozial konstituiert, nicht eine soziale Ordnung sein soll; daß die Welt selbst nicht nach Art einer Makrogesellschaft begriffen werden kann; und umgekehrt: daß die Gesellschaft nicht mehr am Gesamtsystem der Welt ihr Maß und ihre Ordnung finden kann, sondern sich nur nach eigenen Gesetzen selbst reproduziert. Man kann daher keinesfalls erwarten, daß die evolutionäre Ausdifferenzierung des Gesellschaftssystems sich als ein Prozeß der Entfaltung von im Keim angelegten Kräften, als naturgeschichtliche Akkumulation oder auch nur als notwendiger dialektischer Prozeß vollzieht. Eher wird es sich um ein zufälliges Fruchtbarwerden von Zufällen handeln, das nur selten, immerhin aber möglicherweise, zu relativ bestandsfesten, schwer reversiblen strukturellen Errungenschaften führt, die dann neuartige Zufallskombinationen ermöglichen. Für den Gesamtprozeß wird daher wesentlich gewesen sein, daß die soziokulturelle Evolution auf einem Erdball von ausreichender Größe mit einer Vielzahl von Ansätzen zur Bildung von Gesellschaftssystemen begonnen hat.

Den bisherigen Analysen entnehmen wir drei Konzepte, die die *Möglichkeit* der Ausdifferenzierung der Gesellschaft erklären. Wir stützen sie erstens auf die These, daß die Konstitution der Welt in jeder Hinsicht ein innerweltlicher Prozeß sein muß, der unter restriktiven Bedingungen der Möglichkeit abläuft und nur so überhaupt möglich ist. Mit Hilfe einer Systemtheorie, die zentral auf die Differenz von System und Umwelt abstellt, läßt sich zum anderen zeigen, wie solche restriktiven Bedingungen des Möglichen stabilisiert werden können. Ein drittes Argument stützen wir auf den systembildenden Vorgang, den wir oben[108] Reduktion auf Handlung genannt hatten, nämlich auf die Differenzierung von Erleben und Handeln durch unterschiedliche Zurechnungen und mit unterschiedlichen Folgenanknüpfungen. Dadurch wird ein begrenztes Verständnis des Sozialen als eines Systems kommunikativen Handelns eröffnet, das sich gegen die Umwelt bloßer Sachen absetzen läßt.

Zusätzlich müssen wir auf einen Gesichtspunkt vorgreifen, den wir erst gegen Schluß unserer Untersuchungen zusammenfassend behandeln können: den Gesichtspunkt der Selbstthematisierung.[109] Da alle Reduktion auf spezifisch

108 Teil 1, Kap. II.3.

109 Vgl. Teil 5, Kap. I.

soziale Prozesse innerhalb einer durch ebendiese Prozesse immer schon konstituierten Sinnwelt spielt, setzt sie zu ihrer Konsolidierung, Formulierung und Tradierung Prozesse der Selbstthematisierung des Gesellschaftssystems voraus. Ein Gesellschaftssystem kann sich gegen eine durch es selbst mit Sinn überzogene Umwelt nur dadurch absetzen, daß es Sinngrenzen bildet, indem es sich selbst einen Namen gibt oder sonstwie erkennbar macht und identifiziert. Mit der Ausdifferenzierung eines spezifisch sozialen Gesellschaftssystems variiert daher, diese Hypothese müssen wir anschließen, im evolutionären Prozeß immer auch die Selbstthematisierung des Gesellschaftssystems.

Mit alldem ist bestenfalls die Möglichkeit einer evolutionären Ausdifferenzierung nachzuweisen. Zur Klärung der konkreten genetischen Bedingungen ihrer Realisierung bedürfte es sehr viel eingehenderer historischer Untersuchungen, für die hier nur ein allgemeiner Rahmen und ein Suchmuster sowie einige Ausgangspunkte als Beispiele angedeutet werden können.

4. De-Sozialisation der Umwelt

Den ältesten Gesellschaftsformationen fehlt ein Begriff der Welt, nicht jedoch das Phänomen selbst. Auch sie erleben Sinn in Horizonten, drücken dieses Erleben jedoch sehr viel unmittelbarer aus, vor allem durch eine Zweiteiligkeit, die inhaltlich schwer zu interpretieren ist, weil sie sachliche, zeitliche und soziale Bezüge ineinanderschiebt.[110] Sachlich mag es

110 Hierzu allgemein Émile Durkheim, Marcel Mauss, »De quelques formes primitives de classification: Contribution à l'étude de représentations collectives«, *L'Année Sociologique* 6 (1901-1902), S. 1-72.

sich um den Unterschied des erfaßten, erfahrbaren, kontrollierbaren Lebensraumes und seiner unbestimmbaren Umwelt handeln; zeitlich um den Unterschied von Nahzeit mit erinnerbaren und erwartbaren Fakten und unbestimmbarer Fernzeit, in der Vergangenheit und Zukunft verschmelzen;[111] in sozialer Hinsicht hat man diesen Unterschied als Gegensatz individuellen oder kollektiven Lebens, als Gegensatz von körperlich bedingter Individualseele und Weltseele begriffen.[112] So anfechtbar spätere ethnologische oder historische Rekonstruktionen dieses Befundes sein mögen, die unserer Sprache und unseren Präzisierungsbedürfnissen Rechnung tragen: Eine ganz unmittelbare kulturelle Reformulierung des Unterschiedes von Sinn und Horizont, von Bestimmtem und Unbestimmtem und die Unmöglichkeit, außerhalb der naheliegenden, überschaubaren Sinnspanne noch sachliche, zeitliche und soziale Bezüge deutlich zu trennen, ist für archaische Gesellschaften typisch. Die Vermittlungsstellen zwischen Bestimmtem und Unbestimmtem werden tabuiert und mit magisch-religiösen Symbolen belegt, so daß die Differenz transzendierbar wird, vor allem in der Erklärung des Geschehens, und auch Unbestimmtes noch wie Bestimmtes behandelt werden kann.

Daraus, daß die spezifisch menschlichen Populationen sich gerade durch ihre Kommunikationsweise aus der organischen Evolution herausheben,[113] dürfte sich ein gewisser

111 Vgl. die Hinweise in Teil 1, Kap. III.3, Anm. 255 (S. 205).

112 Dazu Émile Durkheim, »Le dualisme de la nature humaine et ses conditions sociales«, *Scientia* 15 (1914), S. 206-221; Émile Cailliet, *Symbolisme et âmes primitives*, Paris 1936, insb. S. 75ff.

113 In diesem Zusammenhang sind Forschungen über »Sozialsysteme« vormenschlicher Primaten wichtig, die zeigen, wie sehr die Ausdifferenzierung von Gesellschaft evolutionär bereits vorbereitet war und Stabilitätsgrundlagen hatte, die durch die Entwicklung von Sprache nicht

Anfangsprimat der Sozialdimension ergeben haben. Soziale Bestimmungen der Nähe und Ferne, des Teilens[114] und Nehmens, des Kommunizierens und Nichtkommunizierens werden universell gesetzt und kategorisieren die Welt selbst. Gerade ein solcher Primat der Sozialdimension mit den für sie typischen Kontrastierungen steht dann aber zunächst einer Ausdifferenzierung eines spezifisch sozialen Systems der Gesellschaft gegen eine andersartige Umwelt entgegen. Die Sozialdimension wird nicht mit dem Bereich des menschlichen Lebens identifiziert. Einerseits gibt es durch Leib und Habitus ausgewiesene Menschen, die nicht als mögliche Kommunikationspartner, als Alter Ego behandelt werden, und andererseits spricht man mit der Natur, behandelt Dinge und Ereignisse, Geister und Götter als sozial resonanzfähig.[115]

direkt in Frage gestellt wurden. Vgl. dazu einen knappen Überblick bei A. Irving Hallowell, »Self, Society, and Culture in Phylogenetic Perspective«, in: Sol Tax (Hg.), *Evolution After Darwin*, Chicago 1960, Bd. II, S. 309-371 (insb. 329ff.); ders., »The Protocultural Foundations of Human Adaptation«, in: Sherwood L. Washburn (Hg.), *Social Life of Early Man*, Chicago 1961, S. 236-255, neu gedruckt in: Victor Lidz, Talcott Parsons (Hg.), *Readings on Premodern Societies*, Englewood Cliffs 1972, S. 14-29; Dieter Claessens, *Instinkt, Psyche, Geltung: Zur Legitimation menschlichen Verhaltens*, Köln, Opladen ²1970, insb. S. 75ff.

114 »The paramount invention that led to human society was *sharing* because it underlay the division of labor that probably increased early human productivity above the level of competitive species in the same ecological niches« (Morton H. Fried, *The Evolution of Political Society: An Essay in Political Anthropology*, New York 1967, S. 106). Das zielt mit leichter Übertreibung auf diesen Sachverhalt. Vgl. auch Lorna Marshall, »Sharing, Talking and Giving: Relief of Social Tensions Among !Kung Bushmen«, *Africa* 31 (1961), S. 231-249.

115 Vgl. Jean Cazeneuve, »La connaissance d'autrui dans les sociétés archaïques«, *Cahiers Internationaux de Sociologie* 25 (1958), S. 75-99. Siehe ferner zum Weltbild primitiver Gesellschaften vor einer deutlichen Differenzierung von Natur, Mensch und Gott Robert Redfield, »The Primitive World View«, *Proceedings of the American Philosoph-*

Das faktisch fungierende Gesellschaftssystem deckt sich nicht mit dem erlebten, vermuteten, praktizierten Kommunikationsnetz, und diese Nichtidentität blockiert die Entwicklung der Gesellschaft als eines auf Kommunikation spezialisierten Sozialsystems.

Eine so unmittelbare Wiedergabe und Chiffrierung der Erscheinungswelt hat ihre Grundlage in einer segmentären Gesellschaftsstruktur, deren Kommunikationsprobleme in der unmittelbaren Interaktion zu lösen sind und in unmittelbarer Interaktion kontrolliert werden können. Sie erfordert eine dazu passende Form von Moral, die den Interaktionshorizont bestätigt und ihrerseits eine Differenzierung von Nahestehenden und Fernstehenden zugrunde legt. In der Sachdimension entsprechen dem Summenkonstanzvorstellungen und Knappheitsregulative, die von einer im Prinzip nicht vermehrbaren Gütermenge ausgehen.[116] In der Zeitdimension können die Horizonte von Zukunft und Vergangenheit nicht oder doch nicht weit auseinandergezogen werden; man lebt in einer kontinuierenden Gegenwart, ohne daß diese zum kritischen Differenzpunkt zwischen einer Vergangenheit und einer andersartigen Zukunft wird. Die Zurechnung von Ereignissen erfolgt anthropomorph, also letztlich in der Sozialdimension, und damit liegt der Stil der Vorkehrungen und des Schutzes gegen Enttäuschungen

ical Society 96 (1952), S. 30-36; A. Irving Hallowell, »Ojibwa Ontology, Behavior and World View«, in: Stanley Diamond (Hg.), *Culture in History: Essays in Honor of Paul Radin*, New York 1960, S. 19-52.

116 Vgl. George M. Foster, »Peasant Society and the Image of Limited Good«, *American Anthropologist* 67 (1965), S. 293-315. Für städtisches Leben finden sich mit Bezug auf das Regelungsinteresse der Gilden ähnliche Beobachtungen bei Hosea Ballou Morse, *The Gilds of China: With an Account of the Gild Merchant or Co-Hong of Canton*, London 1909, S. 3f.

fest.[117] All das bestätigt und verdichtet sich wechselseitig zu festen Überzeugungsgrundlagen, die jede abstraktive Isolierung und Spezifikation von Relevanzketten, Handlungsinteressen und Rollenmustern erschweren – aber natürlich bei stark motivierenden besonderen Konstellationen nicht ausschließen.

In dem Maße, als sich, aus welchen Gründen immer, funktionale Differenzierungen von Rollen oder gar Teilsystemen entwickeln, nehmen die Ansprüche zu, denen das Kommunikationssystem genügen muß. Damit beginnt der von Thomas Luckmann »De-Sozialisation« genannte Prozeß der Bildung von eindeutigen Grenzen des Sozialen.[118] Die Bereiche rein sachlicher Weltbeziehungen expandieren, mit denen man nicht, aber über die man dann um so besser sprechen kann. Ein neuartiger Unterschied, die Griechen nennen ihn »phýsis« und »nomos«, wird formulierbar, der sich nicht mehr unmittelbar auf die Horizonthaftigkeit des Erlebens und Handelns stützen kann, sondern kulturell tradiert wird. Das Soziale kontraktiert in die menschlichen Beziehungen innerhalb der Gesellschaft – am augenfälligsten: innerhalb der Stadt – und zieht sich im übrigen in den Himmel zurück.

117 Eine glänzende Darstellung des Zusammenhanges all dieser Aspekte an einem Fall bietet F. G. Bailey, »The Peasant View of the Bad Life«, *Advancement of Science* 23 (1966), S. 399-409. Bailey zeigt zugleich, wie diese Weltsicht in den agrarischen Bereichen hochkultivierter Gesellschaftssysteme sich kontinuiert und dort heute die Entwicklungspolitik behindert.

118 Vgl. Thomas Luckmann, »On the Boundaries of the Social World«, in: Maurice Natanson (Hg.), *Phenomenology and Social Reality: Essays in Memory of Alfred Schutz*, Den Haag 1970, S. 73-100. Vgl. auch eine knappe Bemerkung von Arnold Gehlen, *Urmensch und Spätkultur*, Bonn 1956, S. 157, zum Zusammenhang von Eingrenzung sozialer Verhaltensweisen auf den menschlichen Bereich und der Entsozialisierung der Natur im Übergang von archaischen zu hochkulturellen Gesellschaften.

Das Sozialsystem der Gesellschaft kann jetzt in seiner Eigengesetzlichkeit gedacht und unter eigenen Gesetzen entwickelt werden. Die noch verbleibende außergesellschaftliche Sozialität wird einerseits in die Form der Hochreligionen gekleidet, andererseits als »andere Gesellschaften« erlebt – in jedem Falle eine Distanzierung, die ein relationales und damit kontingentes Verhältnis des eigenen Sozialsystems zu sozialen Kräften außerhalb ermöglicht: Der König ist nicht etwa der Gott, er sollte dem Gott nur gehorchen.

Selbstverständlich erlebt der Mensch sich selbst und seine sozialen Beziehungen nach wie vor als innerweltlich, somit als Teil des Weltgeschehens. Die De-Sozialisation betrifft nur die *Umwelt* des Gesellschaftssystems. Sie läuft auf eine Differenzierung sachlicher und sozialer Zusammenhänge an den Grenzen der Gesellschaftssysteme hinaus. Diese Differenzierung setzt das Welt- und Gesellschaftsverständnis unter Abstraktionsdruck, und zwar bereits in der Antike. Sie erfordert einerseits einen abstrakteren, System und Umwelt übergreifenden Weltbegriff, in dem sowohl das Gesellschaftssystem als auch seine sachlich-natürliche Umwelt Platz finden, etwa in dem Konzept, daß die Natur für den Menschen als Gegenstand der Mühsal und Arbeit geschaffen sei.[119] Sie ermöglicht andererseits neuartige Reflexionsprozesse – Prozesse der Selbstthematisierung und Selbstproblematisierung des Gesellschaftssystems in seiner spezifisch sozialen Struktur. Die soziale Kommunikation wird veranlaßt, sich mit sich selbst zu befassen (zum Beispiel: ihre eigene Zeichenhaftigkeit zu erkennen), sobald sie sich einer Umwelt

119 Weitere Gründe für einen System und Umwelt übergreifenden Weltbegriff ergeben sich aus der zunehmenden Differenzierung des Gesellschaftssystems selbst, vor allem aus der Differenzierung von Religionssystem und politischem System mit je verschiedenen Mitgliederbeständen und Rekrutierungsfeldern. Dazu unten in Abschnitt 5, S. 731f.

gegenüberfindet, die nicht kommuniziert. Dabei erfordert der Ausgangspunkt in einer Mehrzahl politisch konstituierter Gesellschaftssysteme die Extension des Sozialen über mehr als eine Gesellschaft – ein Problem, das seit der Antike provisorisch mit der Annahme eines Gattungsbegriffs Menschheit, mit einem entsprechend generalisierten Ethos, mit einem *ius gentium* und der Verbreitung gewisser Kenntnisse über andere Völker und andere Sitten aufgefangen wurde.[120]

Innerhalb dieses Rahmenwerkes an Vorstellungen über Welt und Natur, Menschheit und politischer Gesellschaft breitet sich eine Differenzierung von Sachdimension und Sozialdimension aus. In der religiösen und metaphysischen (und das heißt immer: durch Gesellschaftsreferenz gesteuerten) Diskussion der beginnenden Neuzeit erreicht sie ihren Höhepunkt mit der Tendenz, die Welt auf das Ausgedehnte zu reduzieren, sie zu geometrisieren und ihr das Subjekt als denkende Substanz gegenüberzustellen. Die Weltthematik orientiert sich unter Abbau allzu konkreter religiöser und metaphysischer Implikationen der astronomischen Diskussion am Problem des Raumes.[121] Erhalten bleibt in dieser Übergangszeit zunächst noch die Möglichkeit der Analogie

120 Die Form des Interesses an solchen Kenntnissen bedürfte genauerer Untersuchung. Die verbreitete Tendenz, sie ins Seltsame, Befremdliche, Abenteuerliche zu stilisieren, ist ein Symptom für Zurechnungs- und Distanzierungsinteressen, also für die mangelnde Bereitschaft, Weltgesellschaft zu konstituieren. Nach der Normalisierung der Weltgesellschaft kann der Bedarf für Abenteuer bzw. für das Miterleben von Abenteuern nur noch innergesellschaftlich befriedigt werden, das Gefährliche muß erst produziert werden. Vgl. etwa Erving Goffman, »Where the Action is«, in: ders., *Interaction Ritual: Essays in Face-to-Face Behavior*, Chicago 1967, S. 149-270.

121 Besonders deutlich wird an dieser Stelle, daß die Form des Begreifens von Welt und Gesellschaft immer auch durch innergesellschaftliche Systemdifferenzierungen mitbestimmt wird: hier durch die zunehmende Differenzierung von Religionssystem und Wissenschaftssystem

von Makrokosmos und Mikrokosmos[122] und damit ein festes Korsett des gesellschaftlich Möglichen. Die Welt selbst wird in Begriffen gedacht, die als generalisierte moralische Begriffe überzeugen, Zustimmungsfähigkeit implizieren und darin ihre Herkunft aus sozialer Erfahrung verraten. Man betet noch zu Gott, spricht also nicht nur mit Menschen. Immerhin ermöglicht es gerade die Gottesvorstellung, die Projektion des sozialen Alter Ego außerhalb der Gesellschaft gleichsam auf einen Punkt zu konzentrieren und diesen extramundan zu verstehen. Die Welt selbst kann daraufhin de-sozialisiert werden, soweit sie nicht Gesellschaft ist. Der Grad an Ähnlichkeit zwischen Makrokosmos und Mikrokosmos läßt sich nach Bedarf verdünnen – und wohl nicht nur nach Bedarf, sondern in dem Maße, als man darüber nachdenkt, fast zwangsläufig. Auf diese Weise wird die neuzeitliche Gesellschaft vorbereitet, die schließlich jede Art Sozialität außerhalb ihrer selbst entbehren kann: keine andere Gesellschaft mehr kennt; die kein projektives Verhältnis zu einem Alter Ego außerhalb ihrer selbst mehr benötigt und entsprechend die Vorstellung einer transzendenten Personalität Gottes zunächst als Beweisproblem, dann als unentbehrliche, dann als entbehrliche Fiktion und schließlich als Privatsache behandelt; und die die Welt nur noch als Korrelat ihrer Prozesse, aber nicht einmal mehr in formalster Analogie zu sich selbst als System voraussetzt.

Erreicht wird durch De-Sozialisation der Umwelt die Entlassung des Verhaltens aus sozialartigen Bindungen, die gesellschaftlich nicht kontrolliert werden können. Das ist

bei gleichzeitiger Abschwächung des politischen und rechtlichen Einflusses der Kirche.

122 Vgl. dazu und zu ihrer Ersetzung durch neuartige Theorien der Repräsentation im Zeitalter der Klassik Michel Foucault, *Die Ordnung der Dinge: Eine Archäologie der Humanwissenschaften*, Frankfurt/M. 1971 (dt. Übers.), insb. S. 61ff.

eine unerläßliche Voraussetzung für die Mobilisierung sowohl sachlicher als auch sozialer Ressourcen mittels Technik und Organisation. In der Umwelt kann man jetzt kontrollierbare und nichtkontrollierbare Variablen unterscheiden – eine notwendige Voraussetzung für Planung. Das Verhalten der Natur gegenüber kann in höherem Maße versachlicht und zu rationaler Disposition freigegeben werden. Das soziale Verhalten kann unter Regeln geordnet werden, die ihrerseits im sozialen System änderbar sind. Fehlgehendes Verhalten in sachlicher bzw. sozialer Hinsicht wird unterscheidbar, die soziale Erklärung von Unglücken und Mißerfolgen gegenüber der Natur, etwa die Erklärung durch Hexerei oder als Strafe Gottes, wird nach und nach entbehrlich in dem Maße, als die Differenzierung sachlichen und sozialen Fehlverhaltens Lernprozesse auslöst und Lernerfolge die Differenzierung stabilisieren.

Je weiter Folgeerscheinungen der De-Sozialisation auszweigen, desto deutlicher wird auch, daß sie nicht allein durch diese eine Bedingung ihrer Möglichkeit erklärt werden können. De-Sozialisation der Umwelt ist nur ein Aspekt eines sehr viel komplexeren Vorganges, der sein Gegenstück in der Entwicklung des Sozialsystems der Gesellschaft selbst hat.

5. Gesellschaft als spezifisch soziales Handlungssystem

Der De-Sozialisation der Umwelt entspricht auf seiten der Gesellschaft ein Prozeß der *restriktiven Systematisierung des Sozialen*. Das entspricht unserer allgemeinen These, daß Weltkonstitution und Ausdifferenzierung des Gesellschaftssystems zwei komplementäre Aspekte eines Prozesses sind. Es kommt nun darauf an, die gesellschaftsstrukturellen Korrelate der De-Sozialisation und Versachlichung der Welt aufzuzeigen. Hierzu greifen wir auf systemtheoretische Gesichtspunkte zurück und werden im folgenden zu zeigen versuchen, wie die Ansicht über Sozialität variiert mit Ausdifferenzierung, Innendifferenzierung und Selbstthematisierung des Gesellschaftssystems.

Den Ausgangspunkt bildet eine Lebenswelt, in der die Gesellschaft sich selbst kategorial noch nicht deutlich von ihrer Umwelt unterscheidet und diesen Unterschied zu ihrer Binnenordnung auch nicht benötigt. Aber es gibt natürlich schon soziales Handeln, Handlungsbewußtsein und damit arrangierfähige Kontingenz. Die weitere Evolution setzt ein mit Prozessen der Steigerung einer spezifisch sozialen Kontingenz, vor allem im Handlungsbereich, aber natürlich immer mit entsprechenden Korrelaten im religiösen Erleben. Der Anlaß für evolutionäre Variation[123] kann mehr in innergesellschaftlichen Konflikten liegen, die für spätarchaische Gesellschaften typisch zu sein scheinen, oder auch in (mehr oder weniger gewaltsamen, das heißt mit Bevölkerungsbewegungen verbundenen) Diffusionsprozessen. Ausschlaggebend ist auf weite Sicht weder der konkrete historische Anlaß noch die institutionelle Form allein, zu der Problemlösungen unmittelbar gerinnen, sondern ein damit in Gang kommender Prozeß der »overattribution« auf Handlung.[124] Der insoweit verzerrt und reduktiv eingesetzte Kausalschematismus be-

123 Im oben in Teil 2, Kap. II.3 erörterten Sinne.

124 Das läßt sich sozialpsychologisch rekonstruieren, und zwar zeigt die sozialpsychologische Forschung, daß sehr verschiedene Sozialmodelle (immer aber: Kontingenzmodelle!) die Tendenz zur Handlungszurechnung *verstärken*: nicht nur Konflikt, sondern auch Regelabweichung und auch Tausch. Vgl. nur Edward E. Jones, Richard E. Nisbett, »The Actor and the Observer: Divergent Perceptions of the Causes of Behavior«, in: Edward E. Jones u. a. (Hg.), *Attribution: Perceiving the Causes of Behavior*, Morristown 1971, S. 79-94; Edward E. Jones, Keith E. Davis,

günstigt ganz spezifische Entwicklungen, zunächst auf den Gebieten »handlungsaktiver« Sozialität in Bereichen der Moral und des Abweichens, des Rechts, der Politik und für die Wirtschaft im Bereich tauschförmigen Handelns – all das im Sinne der Verfügbarkeit von »Adressen« für Kommunikationen, der lokalisierbaren Folgenverantwortlichkeit und der normativen Regulierbarkeit, für die dann die entsprechenden Einrichtungen geschaffen werden.

An solchen regulativen Einrichtungen und Sonderbedingungen sozialen Handelns muß schließlich auffallen, daß sie sich nur in der Gesellschaft finden und daß sie von Gesellschaft zu Gesellschaft abweichen. Das erhöht das Sonderbewußtsein gesellschaftlichen Lebens zugleich mit dem Bewußtsein einer evolutionär fortschrittlichen Lage. All dies tritt mit dem Beginn der Hochkultur über die Schwelle der Aufmerksamkeit, wird zur unbestreitbaren Evidenz, von der ausgehend man argumentieren kann. Anschauungshilfe ist natürlich die Stadtbildung, die die Gesellschaft als ein besonderes System in der Natur sichtbar werden läßt. Der Beginn einer tiefenscharfen Ausarbeitung doppelkontingenter Intersubjektivität liegt mithin im Handlungsbereich, auch wenn er als Stadt »politisch« thematisiert wird. Nur so kann ein spezifisch soziales gesellschaftliches Handlungssystem entstehen, das über eigene Einrichtungen der Kontingenzbewältigung

Kenneth J. Gergen, »Role Playing Variations and Their Informational Value for Person Perception«, *The Journal of Abnormal and Social Psychology* 63 (1961), S. 302-310; Albert H. Hastorf, David J. Schneider, Judith Polefka, *Person Perception*, Reading 1970, insb. S. 80ff.; Harold H. Kelley u. a., »A Comparative Experimental Study of Negotiation Behavior«, *Journal of Personality and Social Psychology* 16 (1970), S. 411-438. Handlungszurechnung bei steigender Kontingenz bereitet mithin den Boden für die Entwicklung sowohl rechtlicher und politischer als auch ökonomischer Institutionen.

verfügt und dann die Systemreferenz abgibt für immer neu ausdifferenzierbare Sonderfunktionen.

An diese Voraussetzungen schließen weitere Überlegungen an. Über solche Prozesse der Kontingenzsteigerung, Attributionsverstärkung und Reduktion auf Handlung, in denen bestimmte Funktionen zum Beispiel der Konfliktsbereinigung oder des Tausches bereits eine katalysatorische Rolle spielen, können Entwicklungen anlaufen, die das gesamte Gesellschaftssystem entsprechend dem Ausmaß seiner Ausdifferenzierung intern umstrukturieren, nämlich von segmentärer auf funktionale Differenzierung umstellen. Das bedeutet im Effekt, daß die gleichsam punktualisierende Wirkung des Zurechnens auf Einzelhandeln durch eine gegenläufige Zentralisierungsbewegung kompensiert wird: Das Handeln wird bestimmten Zentralfunktionen des gesellschaftlichen Lebens zugeordnet und von dort her, obwohl Einzelhandeln, sozialisiert, ja gegebenenfalls sogar der Gesellschaft selbst zugerechnet.

Segmentär differenzierte Systeme (eine Gesellschaft neben anderen, ein Dorf neben anderen, eine Familie neben anderen) können sich als Wiederholung des Großen im Kleinen begreifen und auf allen Ebenen unter den gleichen Kriterien operieren. Der Familienhaushalt vor allem findet keinen Anlaß, in seinem Lebensbereich Gesellschaft und Interaktion zu unterscheiden; denn alle mögliche Interaktion kann in die Tat umgesetzt werden. Daher gibt es hier, wie oben bereits[125] ausgeführt, keine Systemreferenz, die eine Funktionsspezifikation tragen könnte, die nicht durch das Kontinuieren konkreter Interaktionszusammenhänge laufend überschritten würde. Sobald es zu funktionaler Differenzierung kommt, entsteht ein Komplex neuer Probleme. Teilsysteme haben

125 Vgl. Teil 1, Kap. III.3.

unter dieser Bedingung der Ungleichheit eine (mindestens) dreifache Systemreferenz zu beachten: sich selbst, den (oder die) Empfänger ihrer spezifischen Leistungen (Output) und das Gesamtsystem der Gesellschaft.[126] Mit dieser Notwendigkeit entsprechen differenzierte Systeme, insbesondere Gesellschaften und Organisationen, dem Erfordernis, das sich auf der Interaktionsebene in Form der Notwendigkeit stellt, als Ego nach Maßgabe einer Ego- und Alter-Sein identifizierenden Formel zu handeln.

In dem Maße, als eine spezifische Funktion von der gesamtgesellschaftlichen Systemreferenz her gesteuert wird, und das ist Bedingung ihrer Institutionalisierung als evolutionärer Errungenschaft, wollen wir von *Zentralisierung* sprechen. Zentralisierung setzt mithin eigene Selektivität der Teilsysteme voraus unter Kompatibilitätsbedingungen im Gesamtsystem, die sich nicht allein auf Leistungsabnahme durch andere Teilsysteme reduzieren lassen – und ebendeshalb Sozialität schlechthin definieren. Sie erfordert Selektion unter teilsystemspezifischen und universalistischen Kriterien zugleich.

Der Zentralisierungsgrad eines differenzierten Systems ist in dem Maße höher, als für mehr Funktionen Teilsysteme in diesem Sinne für das Gesamtsystem fungieren. Zentralisierung muß also von Hierarchiebildung und von der Frage der Funktionenverteilung innerhalb von Hierarchien (zum Beispiel von Problemen der Delegation) deutlich unterschieden werden. Daß ein System für nur eine Funktion eine Hierar-

126 Dazu näher unten, Kap. III.3. Auch Parsonssche Analysen (vor allem seit den 60er Jahren) sind durchweg gute Beispiele für eine hochreflektierte Berücksichtigung dieser Mehrheit von Systemreferenzen. Vgl. insb. Parsons, »Polity and Society«; und »Equality and Inequality in Modern Society, or Social Stratification Revisited«, *Sociological Inquiry* 40 (1970), S. 13-72.

chie bildet und sich mit dieser Hierarchie identifiziert, ist ein Grenzfall, und zwar einer mit minimalem Zentralisierungsgrad. Genau dieser einfachste Fall, in dem man überhaupt von Zentralisierung sprechen kann, ist der dominante Typus in frühen Hochkulturen mit politisch konstituiertem Gesellschaftssystem. Hier wird, wir werden noch genauer sehen warum, das Gesellschaftssystem so aufgebaut, als ob es nur eine zentralisierbare Funktion gäbe und sich deshalb als Gesellschaftssystem mit einer Hierarchie identifizieren kann. Die Unterscheidung von Regierenden und Regierten wird als eine natürliche, notwendige und auch nützliche Einteilung der Gesellschaft selbst behandelt – und nicht etwa nur als Funktionendifferenzierung des politischen Subsystems.[127] Solche unihierarchische Zentralisierung läßt sich bei Primärorientierung an einer Funktion leicht plausibel machen, während jeder Schritt darüber hinaus die Komplexität ins Unanschauliche steigert.

Für die ersten Schritte zu einer restriktiven Systematisierung des Sozialen im System der Gesellschaft lag der Kristallisationspunkt im Problem der Ordnung des zurechenbaren Handelns, wodurch sich zugleich eine Gesellschaft von der Vielzahl anderer in ihrer Umwelt absetzen konnte. Die Spezifikation des Sozialen wird durch Reduktion auf soziales Handeln vermittelt. Im Handeln macht Sozialität sich sichtbar – auch und gerade in ihrem Unterschied zur Natur. Der andere Mensch wird zunächst als Handelnder hilfreich oder bedrohlich relevant. Daraus ergeben sich diejenigen Folgeprobleme, die mit der *Konstitution* einer ihrerseits *handlungsfähigen Gesellschaft* primär aufgefangen werden. Das Handeln der Teil-

127 Sie wird zum Beispiel zur Begründung der Sklaverei verwandt von Aristoteles, *Politik*, 1254 a 21ff., das heißt zur Qualifizierung bzw. Abqualifizierung von Menschen als Menschen.

nehmer einer Gesellschaft wirft, vor allem im Konfliktsfalle, Probleme auf, die letztlich durch ein Handeln der Gesellschaft selbst gelöst werden müssen. Die dazu nötigen politischen Institutionen ermöglichen und veranschaulichen zugleich den Unterschied von Welt und Gesellschaft.

Wie oben schon vorformuliert,[128] versteht sich die eigene Handlungsfähigkeit eines Sozialsystems nicht von selbst – weder begrifflich noch evolutionär. Sie ergibt sich nicht ohne weiteres aus der Reduktion auf Handlung, also daraus, daß die Beteiligten sich wechselseitig als Handelnde erleben und behandeln. Kollektiv handlungsfähig wird ein Sozialsystem erst dadurch, daß ausgewählte *Einzel*handlungen – Handlungen sind ja notwendig Einzelhandlungen! – das *Gesamt*system binden. Bindung heißt, daß in Form gebrachte Resultate des Handelns in weiteren Prozessen als Entscheidungsprämissen des Systems fungieren. Die Auswahl derjenigen Handlungen, die diesen Effekt haben sollen, aus den vielen anderen in der Gesellschaft ist das Problem – ein Problem, das zugleich in ersten Ansätzen die strukturelle Kontingenz der Kriterien und Auswahlverfahren, vor allem des Rechts, bewußtmacht.

In archaischen Gesellschaften liegt ein solches Handeln mit Bindungswirkung für das System außerhalb des Vorstellbaren.[129] Auch primitivste Gesellschaften kennen natürlich ein gemeinsames Agieren für gemeinsame Zwecke und in diesem weiten Sinne kollektives Handeln, nicht aber ein Handeln einzelner mit Bindungswirkung für das System. Genauer gesagt: Es fehlt die Möglichkeit, solche Bindung intentional herbeizuführen und durch strukturelle Prämissen des Systems

128 Siehe Teil 1, Kap. III.2.

129 Vgl. z. B. Meyer Fortes, Edward E. Evans-Pritchard (Hg.), *African Political Systems*, London 1940; Walter B. Miller, »Two Concepts of Authority«, *The American Anthropologist* 57 (1955), S. 271-289; Leopold Pospisil, *Kapauku Papuans and Their Law*, New Haven 1958.

zu steuern. Die ältesten Ansätze zur Entwicklung kollektiv bindenden Einzelhandelns liegen vermutlich im Bereich der Schadensverursachung, die als verursachtes Unglück oder als Unrecht Gegenhandeln herausfordert. In segmentär differenzierten Gesellschaften liegt es dann nahe, die Gruppe des mutmaßlichen Täters verantwortlich zu machen. Unrecht, Verletzungen, Übergriffe bieten so eindeutige und so motivstarke Handelnsanlässe, daß diese Ausweitung der Reaktion auf Nahestehende naheliegt – besonders wenn man den Täter nicht kennt oder nicht fassen oder von ihm keinen Ausgleich erhalten kann (und seine Gruppe diese Leistung des Kennens, Fassens und Ausgleichens besser durchführen kann). Erste Bindungseffekte eines sozialen Systems werden aus diesen Gründen im Bereich der »kollektiven Verantwortlichkeit« entwickelt. Sie setzen bereits eine darauf abgestellte Binnenorganisation dieses Systems voraus, insbesondere Mechanismen des Ausgleichs der Belastung im Falle einer Inanspruchnahme von außen, der internen Individualisierung von Verantwortlichkeit und der Möglichkeit des Ausstoßens unerträglicher Mitglieder, deren Handeln das System wiederholt oder zu hoch verpflichtet hat.[130]

Kennzeichnend für diese Form kollektiver Bindung durch Einzelhandlung ist, daß die Systeme klein sein müssen (damit die Ausgleichsmechanismen funktionieren) und nur unbeabsichtigt gebunden, nicht aber durch Handeln »im Namen des Systems« verpflichtet werden können. Vor diesem Hintergrund ist die Bedeutung politisch konstituierter Entscheidungsfähigkeit zu erkennen. Erst mit Hilfe politischer Rollen, die für eine Entscheidungstätigkeit im Namen der

130 Vgl. dazu Sally F. Moore, »Legal Liability and Evolutionary Interpretation: Some Aspects of Strict Liability, Self-help and Collective Responsibility«, in: Max Gluckman (Hg.), *The Allocation of Responsibility*, Manchester 1972, S. 51-107 (insb. 79 ff.).

Gesamtheit eingesetzt und legitimiert werden, können diese Restriktionen gesprengt werden.[131] Die Größe bindungsfähiger Systeme wird beträchtlich erweitert, ja auf die Gesellschaft insgesamt ausgedehnt. Entsprechend wachsen damit die Ressourcen, über die nun auch zielstrebig-bewußt verfügt werden kann. Diese evolutionäre Errungenschaft verändert die Gesellschaft so entscheidend und im Niveau der Erfüllung nahezu aller Funktionen, daß sie zur Definition des Gesellschaftssystems und seiner Grenzen benutzt werden kann. Die Gesellschaft reicht nach innen (gegenüber den Dörfern und den Familienhaushalten) und nach außen (gegenüber anderen Gesellschaften) so weit, wie kollektiv bindendes Handeln ermöglicht werden kann. Sie wird – mit dem Terminus der alteuropäischen Tradition – als *societas civilis* konstituiert.[132]

Auf die Bedeutung der Ausdifferenzierung eines politischen Teilsystems der Gesellschaft und auf die Bedeutung von Politik für die Selbstthematisierung und Primärorientierung des Gesellschaftssystems selbst werden wir noch zurückkommen. Hier gilt es zunächst nur festzuhalten, daß dieser Vorgang die restriktive Systematisierung des Sozialen eingeleitet hat, die eine De-Sozialisation der Umwelt und damit die Entwicklung von Hochkulturen ermöglicht hat. Es

131 Die Übergänge der Entwicklung sind selbstverständlich fließend und oft nicht scharf auszumachen. Vgl. z.B. Julius Georg Lautner, *Die richterliche Entscheidung und die Streitbeendigung im altbabylonischen Prozeßrechte*, Leipzig 1922; Hans Julius Wolff, »Der Ursprung des gerichtlichen Rechtsstreites bei den Griechen«, in: ders., *Beiträge zur Rechtsgeschichte Altgriechenlands und des hellenistisch-römischen Ägypten*, Weimar 1961, S. 1-90. Siehe auch David Easton, »Political Anthropology«, in: Bernard J. Siegel (Hg.), *Biennial Review of Anthropology 1959*, Stanford 1959, S. 210-262.

132 Zur Begriffsgeschichte Manfred Riedel, »Zur Topologie des klassisch-politischen und des modern-naturrechtlichen Gesellschaftsbegriffs«, *Archiv für Rechts- und Sozialphilosophie* 51 (1965), S. 291-318.

gibt keinen Weg der gesellschaftlichen Evolution, der daran vorbeiführt.

Will man diese Entwicklung zur politisch konstituierten, im Hinblick auf die politische Entscheidungsfunktion zentralisierten Gesellschaft systemtheoretisch nachkonstruieren, muß man zunächst beachten, daß sie die *Output-Grenze* betrifft, und zwar sowohl die Output-Grenze des politischen Systems als auch die der Gesellschaft selbst. Beide Grenzen fallen im Akte der bindenden Entscheidung zusammen – eben weil es sich nicht um eine x-beliebige »private« Äußerung handelt, sondern um eine Selektion, die sowohl das Entscheidungssystem als auch den Empfänger bindet. Diese Leistung zwingt mithin nicht dazu, politisches System und Gesellschaft überhaupt zu unterscheiden.

Es kommt hinzu, daß Output-Selektion (im Unterschied zu Input-Kategorisierungen) strukturelle Zentralisierung im Sinne des Handelns eines Teils für das Ganze erforderlich macht. Das ist vermutlich ein sehr allgemeines systemtheoretisches Gesetz[133] und gilt jetzt wiederum in beiden Systemreferenzen: sowohl für das politische System als auch für die Gesellschaft selbst. Output-Leistungen können, auch wenn sie das ganze System binden sollen, als Entscheidungen unter komplexer werdenden Bedingungen nur noch von Teilsystemen hergestellt werden, weil andernfalls zu hoher Koordinationsaufwand und interne Unentscheidbarkeiten den Bereich möglicher Outputs zu stark einschränken würden. Bei zunehmendem Interesse an Nichtbeliebigkeit kontingenter Output-Selektion wiederholt sich das Zentralisierungsproblem im Gesellschaftssystem und in seinem politischen System, so daß

133 Für einen Beleg aus der empirischen Forschung, psychische Systeme betreffend, siehe Zajonc, »The Process of Cognitive Tuning in Communication«.

beide als isomorph begriffen und in Selbstthematisierungsprozessen identifiziert werden können.

Output-Selektion erfordert weiter in gewissem Umfange eine Thematisierung künftiger Zustände in Kontrastierung zu dem, was geschehen könnte oder geschehen würde, wenn man nicht oder anders entschiede. Das *Zeitbewußtsein* beginnt unter den angegebenen Bedingungen zu expandieren.[134] In einer mehr oder weniger konditionierten, historisch-ereignishaften Form (nicht dagegen in der heutigen Form eines unabschließbar offenen Horizontes) entsteht Zukunftsbewußtsein. Die Möglichkeit gegenläufigen Handelns ist indes nicht eliminierbar, sie bleibt als je gegenwärtig zu berücksichtigende Möglichkeit vorhanden. Bindung ist also nur in *normativer* Form erreichbar als kontrafaktische, durch Macht gedeckte Stabilisierung von Verhaltenserwartungen (für die in einigen wenigen Gesellschaftssystemen ein ausgearbeitetes Netz rechtlicher Konditionen und Input-Kategorisierungen nachentwickelt wird). Insofern läuft die Konstitution der Gesellschaft als einer handlungsfähigen Kollektivität über normative Strukturen, die zwischen Handlung und System vermitteln, die Handlung und System symbolisch identifizieren und in dieser Weise auf der Ebene der Erwartungsstrukturen Kontingenz aufheben.

Schließlich bedeutet Handlungs- und Output-Orientierung der bezeichneten Art, daß das Sozialsystem Gesellschaft ein Gegenüber, nämlich Adressaten für seine Normen und Entscheidungen, erhalten muß, von denen es sich distanzieren, die es zugleich aber binden kann. Das sind nicht mehr die archaischen Gruppen, sondern die individuellen Menschen,

134 Vgl. z. B. John G. Gunnell, *Political Philosophy and Time*, Middletown 1968; François Chatelet, *La naissance de l'histoire: La formation de la pensée historienne en Grèce*, Paris 1962.

die an der Gesellschaft teilhaben, auf sie angewiesen sind, zugleich aber auch ihr gegenüberstehen. Das Verhältnis von Mensch und Gesellschaft muß für diese Gesellschaftssysteme *strukturell ambivalent* sein und bleiben. Diese Ambivalenz von Zugehörigkeit/Nichtzugehörigkeit und von normativer Bindung, gegen die man doch verstoßen kann, wiederholt sich systemintern angesichts der Erfordernisse der Zentralisierung: die beste, die politische Form des sozialen Lebens, die den Menschen erst in seine Perfektion bringt, enthält die doppelte Möglichkeit, Herr oder Knecht zu sein. Als Ausweg dienen Selbstthematisierungsprozesse, die das Problem natürlich nicht lösen, sondern allenfalls verdrängen: Die Gesellschaft wird als eine Integrationsform, eine Rechtsform, ein höheres Wesen, eine Sozietät gedacht, an der einige Menschen (durchaus nicht: alle Menschen) als Bürger partizipieren, sich so für gutes Leben qualifizierend; Gesellschaft ist bis in die Neuzeit hinein nicht die Summe der Individuen oder die Realität der Gattung Mensch. In die Sozialität, die als Gesellschaft konstruierbar and ausdifferenzierbar erscheint, geht daher auch keineswegs die gesamte Faktizität sozialen Erlebens und Handelns ein.

Das sind Vorstellungen, die mit geringem Zugriff der politisch konstituierten Einheit des Gesellschaftssystems und seines Outputs auf das gesellschaftliche Leben im ganzen kompatibel waren, die aber zunehmend obsolet und unrealistisch werden in dem Maße, als die Gesellschaft in der Wirklichkeit des sozialen Lebens sich auf der Basis unwahrscheinlicher evolutionärer Errungenschaften weiter ausdifferenziert. Die Theorie der bürgerlichen Gesellschaft setzt schließlich dem politischen Aristotelismus ein Ende, indem sie die Sozialität auch anderer, namentlich wirtschaftlicher Beziehungen erkennt und als allgemeine, das heißt gesellschaftliche, anerkennt.

Geht man von diesen auf Systemtheorie rückbezogenen Analysen aus, wird erkennbar, welche Probleme entstehen mußten, wenn *andere* gesellschaftliche Funktionskreise zu Teilsystemen mit Anspruch auf gesellschaftliche Zentralität ihrer Funktion heranreiften und mit dazu beitrugen, Sozialität zu definieren. Die Einheitsform der Hierarchie war politisch besetzt, das Regiment schon geordnet. Was konnte daneben noch möglich sein, ohne die Einheit des Gesellschaftssystems zu sprengen? Welche Formen standen zur Verfügung für einen steigenden und sich zugleich aufs Soziale beschränkenden Grad der Zentralisierung?

Die europäische Gesellschaftsentwicklung legt es nahe, diese Fragen vor allem im Hinblick auf Religion und Wirtschaft weiterzuverfolgen.[135] Die Religion wird, grob gesagt, in eine transzendenzbezogene Selbstthematisierung,[136] die Wirtschaft in eine materialistische Selbstthematisierung abgedrängt, wo das Sozialsystem der Gesellschaft schon politisch und rechtlich definiert ist. Das Nacheinander der Ausdifferenzierung von Zentralfunktionen auf einem mit Hochkultur kompatiblen Niveau hat für Bewertung und Interpretation

135 Dies sind selbstverständlich nicht die einzigen Möglichkeiten. Für den Fall des klassischen China ist zum Beispiel ein ähnliches Problem im Hinblick auf das Erziehungssystem aufgetreten und gelöst worden. Bei anerkannter gesellschaftlicher Relevanz von Erziehung wurde die strukturelle Ausdifferenzierung durch ein von Familien und Schichtung abhängiges Hauslehrersystem und durch vom politischen System veranstaltete Examen und Karrieren begrenzt. Erziehung bekam so die Primärfunktion der Vermittlung zwischen Familienstruktur und Politik durch Kanalisierung personaler Mobilität. Gegen die so integrierten Hauptsysteme der Gesellschaft konnten sich weder die importierte universalistische Religion des Buddhismus noch die Wirtschaft zu höherer Eigenständigkeit entfalten.

136 Einen Überblick vermittelt Arnold A. T. Ehrhardt, *Politische Metaphysik von Solon bis Augustin*, 3 Bde., Tübingen 1959-1969.

dieser Funktionen, für die Verteilung von manifesten, darstellungsfähigen und von latenten Aspekten, für Innovationsrichtungen und Konfliktsfronten weittragende Folgen.

Im einzelnen sind die Beziehungen wechselseitiger »Entwicklungshilfe« zwischen diesen Funktionsbereichen selbstverständlich verwirrend komplex. Für das alteuropäische Nebeneinander von Politik und Religion (schließlich: Staat und Kirche) dürfte vor allem wichtig gewesen sein, daß die christliche Religiosität ihre Prägung zur glaubensfesten Hochreligion in einer Zeit erfahren hatte, in der Nichtidentität der Bezugsgruppen für religiöse und für politische Kommunikation vorausgesetzt werden mußte.[137] Die entsprechende Dogmatik wurde reproduziert, auch nachdem ihre Entstehungsbedingung entfallen war. In dieser Tradition hatte die Religion einerseits spezifische Output-Funktionen etwa der Legitimation der Entscheidungen politischer Herrscher oder der »Lageerklärung« für wirtschaftlich unterprivilegierte Schichten, zog ihre Ressourcen für diese Funktionen aber aus einer höher generalisierten Konzeption, die es ihr ermöglichte, ihre eigenen Interpretationsleistungen als universelle, also gesamtgesellschaftliche zu formulieren und mit einer Weltkonzeption zu verbinden. Der damit erreichte übernormale Zentralisierungsgrad des Gesellschaftssystems für jetzt schon zwei Zentralfunktionen wurde in dualistischen Konzepten ausformuliert. Bei aller Eindeutigkeit der Primärwertung von Religion blieb in der auf Augustin zurückgehenden Lehrtradition die Vorstellung zweier *civitates*, zweier Herrschaftsordnungen, im Bereich der gesellschaftlichen

137 Das ist ein evolutionsgeschichtlich gesehen eher seltener, unwahrscheinlicher und konfliktsträchtiger Fall. Vgl. dazu Shmuel N. Eisenstadt, »Religious Organizations and Political Process in Centralized Empires«, *Journal of Asian Studies* 21 (1962), S. 271-294.

Selbstthematisierung erhalten.[138] Rollen- und organisationsmäßig blieben die Funktionen getrennt, und damit blieb die Interaktions- und Konfliktsfähigkeit der beiden Funktionen erhalten. Ihr Verhältnis blieb bei aller Anerkennung des Primats religiöser Wertung ein politisches Problem.

Daß dieser Dualismus im Vergleich zur Einheitshierarchie einen höheren Grad an Systemzentralisation (und nicht etwa einen Mangel an Zentralisation) darstellt, läßt sich an einigen seiner Folgen erkennen. Er führt im Mittelalter zur Generalisierung und Personalisierung der Konzepte für gesellschaftliche Kommunikation und zur Forcierung der Reflexivität und der Abschlußproblematiken in den Systemen für Religion und für Politik. Der Gesellschaftsbegriff wird vom Ethisch-Politischen ins Ethisch-Soziale übergeleitet, den Haushalt einschließend.[139] Im Religionssystem treibt die universalistische Inanspruchnahme der Dogmatik zur Reflexivität des Glaubens, zur Problematisierung der Gründe des Glaubens an den Glauben, die schließlich die Glaubensspaltung mitauslöst. Im Bereich der Politik entspricht dem die Souveränitätsdiskussion, die gleichfalls Motive zur Auflösung des Reichs und zur segmentären Differenzierung des politischen Systems der Gesellschaft liefert. Mit alldem wird der in den Universalfunktionen anvisierte Zentralisierungsgrad des Gesellschaftssystems zugleich erzeugt und zurückgenommen,

138 Zur Kontinuität dieses Gedankens siehe namentlich Karl F. Morrison, *The Two Kingdoms: Ecclesiology in Carolingian Political Thought*, Princeton 1964; Sergio Mochi Onory, *Fonti canonistiche dell'idea moderna dello Stato: Imperium spirituale – iurisdictio divisa – sovranità*, Mailand 1951.

139 Vgl. dazu Hans Maier, »Die Lehre von der Politik an den deutschen Universitäten, vornehmlich vom 16. bis 18. Jahrhundert«, in: Dieter Oberndörfer (Hg.), *Wissenschaftliche Politik: Eine Einführung in die Grundfragen ihrer Tradition und Theorie*, Freiburg 1962, S. 59-116 (66ff.).

das heißt: intern ausbalanciert. Es kommt nicht zur Rückentwicklung auf theokratische Einheitsvorstellungen, wie sie nur im frühen Mittelalter noch möglich waren,[140] sondern zu einem Systemaufbau, in dem eine insgesamt komplexere, teils funktionale, teils segmentäre Innendifferenzierung einen höheren Zentralisierungsgrad der Funktionen auffängt und trägt.

Bezeichnend für die Art, wie Gleichheit und Ungleichheit in der Gesellschaft kombiniert werden müssen, ist wiederum die Konzeption der Sozialität. Die ethisch-religiöse Fassung der Sozialität definiert Gleichheit als Basis für Diskriminierungen, die dann der ökonomisch-politische Mechanismus der Ständegesellschaft besorgt, die sich im Laufe des Mittelalters herausbildet. Jeder Mensch hatte danach Achtung zu erwarten und Möglichkeiten anerkannter Lebensführung zu gewinnen – nach Maßgabe des Platzes, auf den Gottes Schöpfung ihn gestellt hatte. Diese gesellschaftliche Sozialität war noch durch ein soziales Gegenüber außerhalb der Gesellschaft bestimmt und *deshalb* mit gesellschaftlicher Differenzierung kompatibel. Das hieß zum anderen auch, daß Gesellschaft und Natur nicht völlig getrennt werden konnten, weil sie im selben Sinne als Zeichen des Willens und der Vorsorge Gottes gesehen wurden und darin ihre Ordnung und Analogie hatten.

Es ist diese Ordnung von Ausdifferenzierung, Innendifferenzierung und Sozialität, die durch die bürgerliche Revolution revolutioniert wird, und zwar durch Entwicklung einer neuen Zentralfunktion der Wirtschaft, also durch eine weitere Steigerung des Zentralisierungsgrades der Gesellschaft. Eine

140 Vgl. als Überblick etwa Walter Ullmann, *Principles of Government and Politics in the Middle Ages*, London 1961; ferner ders., *Die Machtstellung des Papsttums im Mittelalter*, Graz, Wien u. a. 1960.

wesentliche Voraussetzung dafür war, daß die skizzierte Differenzierung von Religionssystem und politischem System *ohne wesentliche Veränderung der wirtschaftlichen Grundlagen der Gesellschaft* hatte vollzogen werden können – also ökonomische Interessen zunächst nicht entscheidend tangiert hatte – *und jetzt vorlag*. Während das politische System sich vor allem in bezug auf Jurisdiktion, Militär- und Finanzwesen territorial konsolidieren konnte, blieben die Grundmuster der Ökonomie – nämlich: Differenzierung von Subsistenzökonomie mit Ausweitung auf kundenbezogenes Handwerk einerseits und Handel, vor allem Orienthandel und später Kolonialhandel andererseits; hohe Abhängigkeit von demographischen Veränderungen und vom Zufluß der Edelmetalle; bevorzugte Entwicklung der Küsten- und Flußgebiete – vom 14. bis ins 18. Jahrhundert annähernd konstant.[141] Zugleich festigten die Konflikte zwischen Religionssystem und politischem System das Bewußtsein ihrer Nichtidentität, und das ermöglichte die relative Neutralisierung und funktionale Spezifikation *beider* Funktionsbereiche als Basis der Entwicklung weiterer Zentralfunktionen.

Bis dahin war die Wirtschaft auf der Basis von Haushalten und Gilden geordnet gewesen. Sie hatte auf dem Organisationsniveau der Gilden ihre Gesellschaftlichkeit reflektiert, nämlich (1) *gesamtgesellschaftliche* Relevanzen über Knappheitsvorstellungen (Summenkonstanzvorstellungen), Interaktionsmoral und Kontrolle des Mitgliederverhaltens in die Wirtschaft übersetzt und zugleich (2) die Beziehungen zu den schon ausdifferenzierten *Teilsystemen* der Gesellschaft, zuerst

141 So äußern sich namentlich französische Wirtschaftshistoriker, etwa Fernand Braudel, »Histoire et Science sociales: La longue durée«, *Annales E. S. C.* 13 (1958), S. 725-753; Emmanuel Le Roy Ladurie, »L'histoire immobile«, *Annales E. S. C.* 29 (1974), S. 673-692. Vorbehalte in bezug auf England sind natürlich angebracht.

zur Religion, dann primär zum politischen Teilsystem und seinen Regelungsdefiziten, wahrgenommen.[142] Dieser Mechanismus wird im frühneuzeitlichen Europa untergraben durch eine Steigerung der Autonomie wirtschaftsinteressierter Politik von territorialer Reichweite und, auf seiten der Wirtschaft, durch neuartige Kapitalmassierungen, die die Summenkonstanzprämisse aufsprengen. Mit Hilfe des Geldmechanismus wird die Wirtschaft daraufhin über den Haushalten, Werkstätten und Innungen zu einem neuen Makrosystem zusammengefaßt, das Handel und Kapital, Arbeit und Grundbesitz integriert. Über Zwischenschaltung von Lagern und Märkten werden Produktion und Verteilungsprozeß *zeitlich* (und damit auch: moralisch!) distanziert. Die Verteilung erfolgt erst *nachträglich* und muß für Produktionszwecke nur global *voraus*geschätzt werden. Damit wird die Funktion der Wirtschaft, Bedürfnisbefriedigungen über längere Zeitstrecken hinweg sicherzustellen, auf ein neues Niveau der Komplexität angehoben, und dadurch werden anderen Teilsystemen der Gesellschaft neuartige Kompatibilitätsbedingungen gestellt. Zum Regieren zum Beispiel braucht man jetzt nicht mehr Grundbesitz, sondern Geld in einem Umfange, den man nur aus einer intakten und mobilen »liquiden« Gesamtwirtschaft herausziehen kann. Angesichts der ethisch-religiös-politisch ausdefinierten Sozialität bahnt das

142 Natürlich sind auch innerhalb dieser schon relativ deutlich markierten gesellschaftlichen Bedingungen struktureller Kompatibilität erhebliche Unterschiede der Funktionserfüllung möglich. Sie liegen teils in der historischen Dimension, nämlich in der Umstellung von primär religiöser auf primär politische Umweltausrichtung der Gilden; und sie liegen regional vor allem in Unterschieden der politisch-bürokratischen Funktionserfüllung und in Unterschieden des Rechtssystems, auf die die Gilden sich in Anpassung und Einflußnahme einzustellen haben. Für all dies theoretisch hochinteressant der Vergleich chinesischer und englischer Gilden durch Morse, *The Gilds of China*.

Verständnis des Phänomens der nicht mehr auf das Haus und den Tausch beschränkten Wirtschaft sich Wege zu neuen Begriffen – sozusagen der unteren Welt. Es wird auf Bedürfnisse und Interessen reflektiert, es wird ein neuer physikalischer Begriff des Handelns entwickelt,[143] es werden die Erfordernisse des Lebens (gegenüber dem »guten Leben« der aristotelischen Tradition) betont. Natur und Materie bekommen einen neuen Sinn als Bezeichnungen für Voraussetzungslosigkeit und Substrathaftigkeit. Auch in der politischen Theorie wird die Wendung sichtbar: Das Erfordernis von Politik wird seit dem 17. Jahrhundert mehr als zuvor auf die Zukunft bezogen – sei es auf die Zukunft, vor der man sich fürchten müßte, gäbe es keine Regierung, sei es auf eine schlichte Vermehrung des Wohlstandes in einem Territorium. All das bereitet die Legitimation des kommenden Primats der Wirtschaft vor. In jener historischen Situation und angesichts durchformulierter Begriffe vom gesellschaftlichen Leben, die man vorfindet, geschieht dies mit Konzepten, die der wohl geistvollsten Errungenschaft der bisherigen soziokulturellen Evolution und der sozialen Struktur des Phänomens Wirtschaft nicht gerecht werden.

Dem so entstehenden Zerrbild von Wirtschaft ist auch Marx aufgesessen und hat es in ein Ressentiment gegen Kapitalisten umgeformt. Andere lösen das Problem erneut in die Form eines Dualismus auf, nämlich in die Unterscheidung von Staat und Gesellschaft, wobei der Gesellschaftsbegriff nur noch den wirtschaftlichen Aspekt der Sozialdimension bezeichnet. Hegels Versuch, die Einheit dieser Differenz zu reflektieren, kann trotz aller Dialektik inhaltlich wieder nur

143 Zum revolutionären Potential dieser neuen Handlungslehre treffend Friedrich Jonas, »Zur Aufgabenstellung der modernen Soziologie«, *Archiv für Rechts- und Sozialphilosophie* 52 (1966), S. 349-375 (363ff.).

auf den politischen Aristotelismus zurückgreifen. Ein gesellschaftsadäquater Begriff der Sozialität wird nicht mehr formuliert. Er wird erst wieder möglich, nachdem die Weltgesellschaft konstituiert ist, nachdem sie als sichtbares, erforschbares Faktum besteht und daran die Identität von Sozialität und Gesellschaftssystem erkennbar ist.

Dieses Zusammenwachsen der sozialen Handlungssysteme zur einen Weltgesellschaft hat neben zahllosen sehr spezifischen (zum Beispiel kommunikationstechnischen) Voraussetzungen, die als »preadaptive advances« realisiert sein müssen, auch systemtheoretisch angebbare Gründe. Sie lassen sich auf die Formel bringen, daß die modernen Gesellschaftssysteme der technisch-industriell hochentwickelten Regionen des Erdballs *für andere Gesellschaftssysteme keine mögliche Umwelt sind*. Weder die archaischen Gesellschaften, die zunächst in großer Zahl noch in der Neuzeit fortbestehen, noch die außereuropäischen Hochkulturen können sich zur bürgerlichen Gesellschaft Europas und zu ihrer kolonialen Expansion verhalten wie zu einer Umwelt, der man sich anzupassen hat; und dies nicht nur, weil es an Anpassungsfähigkeit und Durchhaltevermögen fehlt, sondern deshalb, weil diese Umwelt nicht auf Distanz gehalten, nicht Umwelt bleiben kann, sondern weil man selbst sein will wie sie. In den Zentren der Gesellschaftssysteme älteren Typs lassen sich die traditionellen Ordnungsmuster nicht mehr halten.[144] Je mehr Diskontinuität durch rapide Entwicklungen in der Umwelt

144 Siehe dazu Shmuel N. Eisenstadt, »Some New Looks at the Problem of Relations between Traditional Societies and Modernization«, *Economic Development and Cultural Change* 16 (1968), S. 436-450 (445f.), und im Anschluß daran Anthony D. Smith, *The Concept of Social Change: A Critique of the Functionalist Theory of Social Change*, London 1973, S. 87f.; ferner Shmuel N. Eisenstadt, *Tradition, Change and Modernity*, New York 1973.

älterer Territorialgesellschaften erkennbar ist, desto weniger ist sie als Diskontinuität akzeptabel. Die Symphysis der Weltgesellschaft kommt, mit anderen Worten, genau in der Weise zustande wie Evolution überhaupt: dadurch, daß Systeme sich als Umwelten anderer Systeme verändern; nur daß diese Transformation in diesem Falle nicht zu steigender Diskontinuität, zur Abweichungsverstärkung führt,[145] sondern zur Verschmelzung und zur Neuidentifikation, weil den in der Umwelt vollzogenen Veränderungen ihre Zuordnung zur Umwelt des eigenen Systems genommen wird.

6. Umweltlage der Weltgesellschaft

Die in den letzten Abschnitten skizzierten Entwicklungslinien laufen in den beiden letzten Jahrhunderten auf einen Gesellschaftstypus zu, der historisch ohne jede Parallele ist. Unter dem Stichwort der Weltgesellschaft hatten wir diesen Typus als Abschlußform bisheriger Evolution bereits vorgestellt.[146] Im Anschluß daran gilt es nunmehr zu erörtern, wie die Konstitution einer Weltgesellschaft das Verhältnis von Gesellschaftssystem und Umwelt verändert.

Wir gehen davon aus, daß das Kommunikationssystem der Weltgesellschaft *zwei verschiedene Umwelten* konstituiert *und zwischen ihnen vermittelt*: (1) die Umwelt der *menschlichen Personen* mit ihren physisch-organischen Substratsystemen und (2) die *sonstige physische und organische Umwelt*.[147]

145 Nach dem Modell von Magoroh Maruyama, »The Second Cybernetics: Deviation-Amplifying Mutual Causal Processes«, *General Systems* 8 (1963), S. 233-241.

146 Vgl. Teil 2, Kap. III.7.

147 Diese Unterscheidung ist geläufig. Vgl. z. B. Walter Goldschmidt, *Comparative Functionalism: An Essay in Anthropological Theory*, Berkeley,

Diese Primärdifferenzierung der Umwelt rechtfertigt sich aus der Perspektive des Gesellschaftssystems selbst, nämlich daraus, daß diese beiden Umweltarten in verschiedener Weise in den gesellschaftlichen Prozeß involviert sind, für die gesellschaftliche Kommunikation also Unterschiedliches bedeuten. Nur die Systemreferenz Gesellschaft ermöglicht genau diese Umweltdifferenzierung. Schon Subsysteme der Gesellschaft müssen zusätzlich und in erster Linie noch sozialen Umwelten Rechnung tragen, nämlich der innergesellschaftlichen Umwelt anderer Sozialsysteme.

Erst für das moderne welteinheitliche Gesellschaftssystem kann diese Differenz den Orientierungsprimat gewinnen und ältere immanent-soziale Orientierungsschematiken (wir und die anderen, Griechen/Barbaren, Christen/Heiden, zivilisierte/nichtzivilisierte Völker) ablösen. Die einschneidende Bedeutung dieses Orientierungswandels für die Strukturen und Institutionen des Gesellschaftssystems ist noch kaum zureichend analysiert worden. Er beruht nicht zuletzt darauf, daß im Unterschied zu allen früheren Gesellschaftsformationen die Umwelt der Weltgesellschaft keinerlei Sozialität mehr enthält. Die so begriffene Umwelt kommuniziert nicht, man muß sich über sie informieren.[148] Damit entfallen naheliegende synthetisierende Gesichtspunkte des Zugriffs auf

Los Angeles 1966, S. 59. Natürlich wird damit eine tiefenschärfere Aufgliederung nicht ausgeschlossen, wie sie für moderne »ökologische« Theorien typisch ist.

148 Diese Aussage gilt auch, und wir weichen hier bewußt von der üblichen Auffassung ab, für Personen als Umwelt der Gesellschaft; denn immer wenn Personen kommunizieren, bilden sie insoweit ein Sozialsystem, in das sie interpenetrieren, im Verhältnis zu dem sie als eigene psychische Systeme aber gleichwohl Umwelt bleiben. Das heißt, auch über die teilnehmenden Personen, die miteinander kommunizieren, wird in diesem Sozialsystem außerdem noch ein Informationsbedarf virulent, der im Sozialsystem durch Kommunikation (aber nicht notwendig durch

die Umwelt, etwa unter moralischen oder konfliktsmäßigen Vorstellungen. So kompakte Zusammenfassungen, wie sie dem sozialen Leben selbst zugrunde liegen, lösen sich auf; sie können nicht zugleich auch die Außenbeziehungen kategorisieren. Überhaupt läßt sich das System/Umwelt-Verhältnis der Gesellschaft nicht mehr nach dem Vorbild der Sozialdimension wie ein Ego/Alter-Verhältnis denken oder doch analog modellieren. Die Umwelt ist nicht nur in sich selbst desozialisiert, sie enthält überhaupt keine möglichen Adressen für Kommunikationen. Mit dem Gesellschaftsextern-Sozialen gehen Bezugspunkte für Teilsystembildungen verloren, die, soweit die entsprechenden Teilsysteme unentbehrlich sind, gesellschaftsintern rekonstruiert werden müssen. Das betrifft einmal die Politik, die ihren frei zu behandelnden externen Gegner verliert und ihre Operationen dafür internationalisieren muß. In vielleicht noch stärkerem Maße ändert sich die Reflexionslage der Religionssysteme, wenn die ihnen zugrunde liegenden »Plausibilitätsstrukturen«[149] keine die Gesellschaftsgrenzen überschreitende Kommunikation mehr vorsehen. Religionssysteme können sich auf der Organisationsebene in Dienstleistungsbetriebe verwandeln. Die Thematisierung ihrer gesellschaftlichen Funktion wird damit um so problematischer.

Weitere Konsequenzen sind sehr viel subtiler vermittelt. Mit dem Verzicht auf denkbare Adressaten in der Umwelt des Gesellschaftssystems muß sich zum Beispiel der Kausalschematismus ablösen vom bisher typischen Modus seiner

Kommunikation mit dem, über den man sich informieren möchte) befriedigt werden muß.

149 Im Sinne von Peter L. Berger, *Zur Dialektik von Religion und Gesellschaft: Elemente einer soziologischen Theorie*, Frankfurt/M. 1973 (dt. Übers.), S. 44ff.

Reduktion: von der Zurechnung auf Personen oder auf analog fungierende Kräfte, Potenzen usw. Diese Entpersonalisierung von Kausalität war in der frühneuzeitlichen Diskussion vorbereitet, sie hatte sich im Zuge begrifflich verselbständigter Überlegungen ergeben, war also nicht durch erkannte Konsequenzen der Entwicklung zur Weltgesellschaft stimuliert worden. Schon damit war an die Stelle des noch ursachengleich begriffenen *concursus divinus* die Notwendigkeit von kontingenter innergesellschaftlicher Zurechnungsgewohnheit oder -konvention getreten. Dieser kategoriale Umbau der Kausalität, der unter anderem die Folge hat, daß der Kausalschematismus das Problem der Kontingenz nicht mehr einfängt, sondern umgekehrt es elargiert und bewußtmacht – dieser Umbau wird durch die Entwicklung zur Weltgesellschaft festgeschrieben und irreversibel gemacht. Das wiederum hat sehr weittragende Konsequenzen für das Problem der intersubjektiven Konstitution von Wissenschaft: Die Einsicht wird unabweisbar, daß die Konstitution auch der wissenschaftlichen Gegenstände auf innergesellschaftlichen Reduktionsverfahren beruht und mit diesen variiert.

Diese Ergebnisse lassen sich generalisieren. Sie zeigen an, daß mit der De-Sozialisation der Umwelt das Auflösevermögen der Gesellschaft im Verhältnis zu ihrer Umwelt steigt und entsprechend auch die Probleme der Rekombination analytisch gewonnener Elemente mit systeminternen Mitteln zunehmen. Das würde bedeuten, daß die Komplexität sowohl der Umwelt als auch der Gesellschaft selbst auf der Ebene des jeweils Möglichen zunimmt und daß das Komplexitätsgefälle zwischen Umwelt und System entsprechend neu ausbalanciert werden muß.

Diesen Überlegungen hat sich aber die Frage anzuschließen (die wir im Teil 5 unter systematischen Gesichtspunkten zu Ende führen werden), ob und wie die Gesellschaft selbst in der Lage ist, diese Situation zu definieren und sich in ihr zu begreifen. Gerade die Reduktion der Gesellschaft auf bloße Sozialität etabliert wiederum spezifische Wahrnehmungs- und Thematisierungsschwierigkeiten – so wie stets das Prinzip der Systembildung zugleich ein perspektivierendes, Wahrnehmung verzerrendes Prinzip ist. Der Umstand, daß die Gesellschaft ihre Struktur darauf einstellt, Kommunikationen zu regulieren, und nur so ausdifferenzierte Gesellschaft sein kann, hat denn auch sozusagen prämissive Illusionen erzeugt, von denen aus dann argumentiert wird. Dazu gehört in zeitlicher Hinsicht die Illusion, daß alles zu machen sei, sofern nur der Partner keinen Widerstand leiste; in sachlicher Hinsicht die Illusion, daß kein Mangel bestehe, sofern nur Fehlverteilungen durch die Gesellschaft selbst aufgehoben würden; in sozialer Hinsicht die Illusion vollendbarer Humanität.

Es ist unwahrscheinlich, daß über die personale oder über die physisch-organische Umwelt des Gesellschaftssystems adäquat kommuniziert werden kann, wenn man von prämissiven Illusionen dieses Typs ausgeht. Andererseits stellen sich Ausgangsunterstellungen dieses Typs immer wieder her, wenn Kommunikation anläuft. Sie können zwar durchschaut, aber nicht dadurch allein »aufgehoben« werden. In funktional differenzierten Gesellschaften finden sich jedoch Möglichkeiten, Illusionen dieser Art zu spezifizieren, zu verstärken und dadurch unter Kontrolle zu bringen. So können die Sonderillusionen des Wissenschaftssystems, die die Wahrheit des Kommunikablen betreffen, benutzt werden, um jene Kommunikationsprämissen des gesellschaftlichen Alltags zu unterlaufen.

Dafür bietet sich ein zentraler Ausgangspunkt in der Möglichkeit des ausdifferenzierten Wissenschaftssystems, den Menschen selbst zu objektivieren und ihn nicht nur als Kommunikationspartner (was in diesem Falle hieße: anderen Wissenschaftler), sondern als Forschungsgegenstand zu thematisieren. Damit wird, radikaler als zuvor, Mensch und Gesellschaft unterschieden. Selbst wenn es im Rahmen bestimmter Forschungstechniken unerläßlich bleiben sollte, mit diesem Forschungsgegenstand Mensch zu kommunizieren, rechtfertigt das Unternehmen Forschung für beide Seiten des Kommunikationsprozesses Abweichungen von den normalen Rücksichten und den normalen Prämissen intersubjektiver Kommunikation.[150] Diese Abweichungstoleranz gilt sowohl für psychologische als auch für soziologische Forschungen, und sie bewirkt, daß zumindest in der Perspektive der Wissenschaft *der De-Sozialisation der gesellschaftlichen Umwelt eine De-Humanisation des Gesellschaftssystems selbst entspricht*. Und das heißt, daß personbezogene Analysen möglichst ohne Prämissen gesellschaftsfunktionaler Absicht durchgeführt werden und andererseits die Gesellschaft nicht vorweg human finalisiert, also nicht mehr nach dem Bilde des Menschen begriffen wird.

Diese spezifisch wissenschaftliche Optik scheint nun in zunehmendem Maße gesamtgesellschaftliche Plausibilität zu gewinnen[151] und gerät damit in Konflikt zu den ebenfalls fungierenden prämissiven Illusionen der Gesellschaft.

150 Dies ist natürlich nur möglich, wenn die Systemgrenzen der Wissenschaft im Kommunikationsprozeß präsent gemacht werden können, etwa in Form der Gewißheit, daß die Forschungsresultate nur wissenschaftlich ausgewertet werden, daß keine »persönlichen« Konsequenzen gezogen, das heißt Interferenzen mit der gesellschaftlichen Existenz des Forschungsobjektes vermieden werden, daß Anonymität gewahrt bleibt usw.

151 Ob eine solche Veränderung von Plausibilitätsstrukturen außerhalb des engeren Bereichs der Wissenschaften wirklich vorliegt, ist natürlich eine empirisch zu prüfende Frage. Indikatoren dafür könnten namentlich der Moral entnommen werden, so der abnehmenden Bedeutung

Wenn das Gesellschaftssystem sich selbst evolutionär ausdifferenziert als Sondersystem für die Artikulation spezifisch sozialer Prozesse, muß steigende Komplexität und Innendifferenzierung dieses Systems an eine Schwelle führen, an der erkennbar wird, daß die Sonderbedingungen sozialer Regulierung nicht identisch sein können mit der vollen Konkretheit menschlichen Lebens in organisch-psychisch individualisierten Existenzen, und zwar weder faktisch noch kontrafaktisch. Bei zunehmender Komplexität verlieren Wachstums- und Integrationsmöglichkeiten der Systeme an Spielraum. Eine Gesellschaft, die man sich als Aggregat aus Individuen vorzustellen hat, kann dann ohne vergewaltigende Annahmen nicht mehr als integrierbar[152] und als evolutionsfähig begriffen werden. Universalismus und Spezifikation *alles* Sozialen in *einem* System der Weltgesellschaft erfordern systemspezifische Limitierungen, erfordern restriktive Bedingungen der Behandlung des Problems der doppelten Kontingenz und Nichtidentität kommunizierender Partner. Darin liegt die fundamentale Bedingung der Möglichkeit von Gesellschaft überhaupt. Solche Regulierungen basieren genetisch und funktional auf Nichtidentität,

von Moral als primärer Instanz der Einschätzung personaler Besonderheiten des Erlebens und Handelns und dem psychologischen oder soziologischen Unterlaufen der Differenz von normalem und anormalem Verhalten. All das gilt vermutlich nicht für mehr oder weniger unreflektierte Vollzüge sozialer Prozesse, wohl aber in Fällen, in denen es auf Überlegung, Analyse, Problemlösung ankommt auch außerhalb der Wissenschaft.

152 Vgl. dazu die bekannte Unterscheidung von »social integration« (hier gemeint) und »system integration« von David Lockwood, »Social Integration and System Integration«, in: Georg K. Zollschan, Walter Hirsch (Hg.), *Explorations in Social Change*, London 1964, S. 244-257 (dt. Übers.: »Soziale Integration und Systemintegration«, in: Wolfgang Zapf (Hg.), *Theorien sozialen Wandels*, Köln, Berlin 1969, S. 124-137).

sie können deshalb sinnvollerweise nicht zu einer letzten Einheit des Menschen als eines Subjekts zusammengezogen werden. Man landet so schließlich bei der leer bleibenden (den Menschen als Menschen nicht mehr fassenden) Absicht, die »monadische Intersubjektivität« mit der Welt im ganzen zu korrelieren.[153] Wenn aggregative Abstraktionen zu Gattungsbegriffen des Menschen so strapaziert werden müssen, muß es vorteilhaft werden, nach Alternativen Ausschau zu halten.

Eine solche Alternative bietet sich in der Möglichkeit, Menschen im Sinne organisch-psychisch systematisierter Komplexe als Umwelt des Gesellschaftssystems zu sehen.[154] Entsprechend gehört die Gesellschaft zur Umwelt personaler Systeme und ist gerade so, um mit Habermas zu formulieren, eine Bedingung der Möglichkeit, vernünftige Identität auszubilden. Problemgeschichtlich gesehen ist diese Nichtidentität des gesellschaftlichen Systems und der personalen Systeme zuerst an *Steigerungs*bedingungen bewußt geworden. So sah vor allem Émile Durkheim[155] am klassischen Falle der Arbeitsteilung und Spezialisierung, daß die umfassend-harmonische Entfaltung aller Anlagen des Menschen nicht zur Perfektion der Gesellschaft führen könne und umgekehrt

153 Diese erstaunliche Formulierung, die offenläßt, ob die Subjekte oder die Intersubjektivität selbst als Monade fungieren, findet sich bei Funke, *Phänomenologie*, S. 216, am konsequenten Endpunkt der Entwicklung des transzendentalen Subjektivismus.

154 Vgl. z. B. Talcott Parsons, *Societies: Evolutionary and Comparative Perspectives*, Englewood Cliffs 1966, S. 11ff. – ausgehend freilich von Prämissen, die wir nicht teilen: daß Organismus und Persönlichkeit auf der gleichen Ebene wie das soziale System Subsysteme eines allgemeinen Handlungssystems seien und daß es die spezifische Funktion des Sozialsystems sei, Individuen in dieses allgemeine Handlungssystem zu integrieren.

155 Vgl. *Education et sociologie*, S. 32f.

(nachdem man immer schon wußte, daß die beste der möglichen Welten nicht für jeden einzelnen ein glückliches Leben bereithält). Selbstverständlich heißt das nicht, Mensch und Gesellschaft als füreinander irrelevant zu erklären.[156] Im Ge-

156 Diese Befürchtung einer gegenüber den individuellen Subjekten verhärteten gesellschaftlichen Objektivität leitet Habermas in seiner Polemik gegen die These, der Mensch sei Umwelt der Gesellschaft, und gegen die daraus folgende These einer zunehmenden De-Humanisierung des Gesellschaftssystems. Vgl. Jürgen Habermas, »Können komplexe Gesellschaften eine vernünftige Identität ausbilden?«, in: ders., Dieter Henrich, *Zwei Reden*, Frankfurt/M. 1974, S. 23-84 (59ff.). Damit wird indes das eigentliche Anliegen der Systemtheorie verkannt, die System und Umwelt konstitutiv verknüpft und in der eigentümlichen Selektivität aller Systembildung, sei es auf personaler, sei es auf sozialer Ebene, eine Bedingung der Erforschbarkeit sieht. Mithin müßte das zur Diskussion stehende Problem schärfer formuliert werden, will man weitere Mißverständnisse vermeiden. Es kann einen Gesellschaftsbegriff geben, der die Gesellschaft als Totalität aller konkreten Menschen begreift. Die Gesellschaft hätte dann ein Gesamtgewicht von derzeit schätzungsweise 200 Millionen Tonnen usw., jeder Verdauungsvorgang, jede Zellteilung in diesem Totalkomplex müßte als gesellschaftlicher Prozeß begriffen werden. Allein schon das Auseinandertreten von Mikro- und Makroperspektiven in der neuzeitlichen Wissenschaftsentwicklung macht einen solchen Gesellschaftsbegriff obsolet. Gibt man ihn auf, kann es nur noch darum gehen, *wie* man die Selektivität begreift, die Gesellschaft konstituiert. Habermas scheint dabei bestimmte Werte oder Interessen für fundamental zu halten, nämlich solche, die sich reflexiv begründen lassen. Dabei muß er postulieren, daß im Erreichen der Mündigkeit das Interesse an Unmündigkeit sich aufhebt. Genau das ist jedoch die Frage, und zwar eine Frage, die sich in jedem beliebigen Schritt der Annäherung an einen solchen Wertzustand wiederholen muß. Solche »atopischen« Begriffe verführen im operativen Prozeß zur Einführung von Sekundärannahmen, zur Reduktion ihrer unbestimmten Komplexität. Man ist dann genötigt, dem Partner ein irgendwie verkürztes Interesse zuzumuten. Das aber läuft auf eine wie immer selektive Behandlung seiner vollen Menschlichkeit hinaus. Genau diesen Prozeß der selektiven Reduktion kann eine normative Theorie nicht mehr begreifen, sondern nur noch gutheißen wollen; denn begreifen hieße: andere Möglichkeiten zur Disposition stellen. Demge-

genteil: Das Verhältnis von System und Umwelt ist für die neuere Systemtheorie immer ein Verhältnis wechselseitiger Relevanz. Zwar kann es sich aus der Sicht eines jeden Systems immer nur um selektive Relevanz handeln. Dies gilt indes für alle wissenschaftlich ernst zu nehmenden Versuche, das Verhältnis von Mensch und Gesellschaft zu bestimmen. Die Systemtheorie setzt sich nicht das Ziel, die Technik der Systemsteuerung auf Kosten der Humanität zu maximieren. Aber sie sucht ein begriffliches Instrumentarium von ausreichender Tiefenschärfe, und sie läßt dabei die lange, leidvolle Geschichte eines normativ orientierten politischen Humanismus nicht aus den Augen. Sie unterscheidet sich von wertend vorbelasteten Gattungsaussagen und von einem normativ eingeführten politischen Humanismus durch die Form, in der Mensch und Gesellschaft als Nichtidentitäten zueinander in Beziehung gesetzt werden.

Geht man von einer System/Umwelt-Theorie aus, dann kann man den Prozeß der Konstitution und Reproduktion des Gesellschaftssystems (und vice versa natürlich: den der individuellen Persönlichkeit) begreifen als Folge selbstselektiver Schritte, die einerseits die bisherige Geschichte des Systemaufbaus (mindestens also: Rudimente eines Anfangs) und die Umwelt als strukturell fixierten Komplex von Bedingungen der Möglichkeit und als Lieferant konkret auslösender Ereignisse (Materialverschiebungen, Informationen) voraussetzen. Für hochkomplexe Gesellschaften suggeriert ein solches Konzept, daß die Gesellschaft sich überwiegend in Situationen reproduziert, in denen nur noch Teilaspekte vollmenschlicher Personalität in Anspruch genommen werden (obwohl natür-

genüber hat die Systemtheorie auch noch Platz für den, der angesichts von so unabsehbaren Unternehmungen schon genug Mündigkeit zu haben glaubt oder doch ein bißchen Unmündigkeit sich noch eine Weile erhalten möchte.

lich Organismus und Person Bedingung der Möglichkeit solcher Inanspruchnahme bleiben). Prototypen für ein derart selektives Beisteuern sind organisierte Sozialsysteme, aber auch der Markt, der Empfang der Kommunikation von Massenmedien, die politische Wahl. Ja selbst der Transzendentalphilosoph begreift sich schließlich als jemand, der nur gelegentlich in einer lebensweltlichen Arbeitsrolle als solcher tätig ist.

Verhältnisse dieser Art sind psychisch wie sozial nur reproduzierbar, wenn ein hohes Auflöse- und Rekombinationsvermögen der Systeme in bezug auf ihre jeweilige Umwelt erreicht und gehalten werden kann. Diese Formel ersetzt die Klageformel der »Entfremdung«. Sie bedeutet für psychische und für soziale Systeme, für Personen und für die Gesellschaft jeweils Verschiedenes. Legt man die Systemreferenz Gesellschaft zugrunde, dann fordert sie ausreichende Unabhängigkeit von natürlich zuwachsenden personalen Motivationsgrundlagen. Dies wiederum heißt: starke und zuverlässige Inanspruchnahme von Kommunikationsmedien, die Selektionsübertragungen auch für unwahrscheinliche Fälle noch gewährleisten können. Vor allem Macht und Geld sind hier unerläßliche Mechanismen. Ferner gehören dazu ausreichende Mobilität der Personen und als Bedingung dafür Einrichtungen, die sicherstellen, daß Personen Rollen, Rollen aber auch Personen wählen können, und dies jeweils aus einer Mehrheit von Möglichkeiten. Damit werden, im Zeitschnitt gesehen, Karrierestrukturen relevant mit all ihren Folgeproblemen der Instabilität und Erwartungsüberreizung, der ständigen Bildung, Auflösung und Neubildung von Engpässen für Personen und für Rollen, der mangelnden Übersicht, der Fehlinvestition, der Planung. Schließlich kann der Nachwuchs an Qualifikation für all das nicht dem Zufall überlassen bleiben. Die Gesellschaft muß in ihre personale Umwelt ausgreifen, muß herstellen und verteilen können, was sie braucht, und dies wiederum unter Bedingungen der Möglichkeit, die sich aus den Strukturen dieser spezifischen Umwelt ergeben.

Auch diese Überlegungen führen mithin zu der These, daß sich die Umweltlage der Weltgesellschaft als Problem ihres Auflöse- und Rekombinationsvermögens darstellen läßt. Potential wie Bedarf dafür ergeben sich in zugespitzter Form aus der Ausdifferenzierung eines spezifisch sozialen Systems. Das kann indes nicht heißen, daß Steigerungslinien sich ad libitum ausziehen ließen. Gerade im Hinblick auf die Umweltkomplexe der Weltgesellschaft, die sich in gröbster Zusammenfassung als physisch-organische und als personale Umwelt kennzeichnen lassen, zeichnen sich vielmehr deutliche Engpässe und »Grenzen des Wachstums« ab.

Die physisch-organische Umwelt, die dem Menschen innerhalb enger Spannweiten der Variation das Überleben sichert, hängt unter anderem vom Fortbestand hochentwickelter pflanzlicher und tierischer Organismen ab und beruht damit auf sogenannten ökologischen Gleichgewichten, für die es einstweilen keine technischen Substitute gibt. Man ist insoweit auf Schonprogramme angewiesen. Dazu kommt, daß die industriell verwertbaren Ressourcen auf dem physisch-chemischen Kombinationsniveau, auf dem sie verwendbar sind, nur begrenzt vorhanden sind und nicht nachwachsen. Sparprogramme verschieben hier nur den Zeitpunkt der Erschöpfung. Alle Umwelt hängt zwar sowohl in ihren Limitationen struktureller Variation als auch in ihrer Qualität als Ressource von Systembildungen ab. Alle Evolution ist Systembildung, und insofern ist Auflösung und Rekombination abstrakt vorstellbar. Man kann Evolution sozusagen technisch nachempfinden, aber das heißt nicht, daß die Bedingungen für ihre Auflösung in Elemente und deren Rekombination technisch verfügbar wären. Die Spätheit und Voraussetzungsfülle soziokultureller Evolution bringt den Vorteil mit sich, daß die *vergangene* Evolution in ihren Resultaten als komplex strukturierte Umwelt vorliegt und bei Anerkennung ihrer strukturellen »constraints« *partiell* variiert werden kann; dieselbe Situation hat den Nachteil, daß partielle Variationen über strukturell bedingte *Interdependenzen* die *künftige* Evolution beeinflussen. Es liegt nahe zu folgern, daß allein aus dieser Zeitlage von Eingriffen sich schon ergibt, daß das Auflöse- und Rekombinationsvermögen des Gesellschaftssystems *wachsen* muß, wenn und soweit Umweltinterdependenzen Effekte multiplizieren. Man wird Anstrengung nicht nur in die Produktion gewollter Effekte, sondern mehr und mehr auch in den Ausgleich der nichtgewollten Effekte der Produktion gewollter Effekte stecken müssen. Das ist nur oberflächlich gesehen ein ökonomisches Problem. Sehr viel grundsätzlicher stellt sich die Frage, ob und in welchen Zeitspannen ein dafür ausreichendes Auflöse- und Rekombinationsvermögen entwickelt werden kann.

Mit einer Theorie, die Systemstrukturen sowohl im jeweiligen Bezugssystem als auch in dessen Umwelt als prinzipiell variabel ansieht und auf Relationen zwischen solchen Variationsmöglichkeiten abstellt, beleuchtet man vor allem Probleme der Zeitdimension; oder man kann sie zumindest nicht länger ignorieren oder in Sachprobleme auflösen.[157] Nicht nur technische Kapazität in ihrem Vermögen und ihren Kosten wird zum Problem, sondern auch und zunehmend vordringlich der Zeitpunkt ihrer Einsatzbereitschaft und die Zeitdauer, die verstreicht, bis ihre Effekte zum Tragen kommen. Die Grenze zwischen dem Unmöglichen und dem noch nicht Möglichen oder dem nicht mehr Verhinder-

157 Dies hat vor allem die vom Club of Rome veranlaßte Studie zur Lage der Menschheit weiten Kreisen deutlich gemacht. Siehe Dennis Meadows, Donella Meadows, Erich Zahn, Peter Milling, *Die Grenzen des Wachstums*, Stuttgart 1972.

baren verschwimmt.[158] Für alle praktischen Zwecke genügt die temporale Modalisierung, die die Welt und ihre Zukunft als Einheit des Möglichen offenhält.

Gerade wenn man aber davon auszugehen hat, daß letzten Endes alles erlaubt und nichts unmöglich ist, werden Zeit- und Kapazitätsprobleme umso belastender. Die Folgenverantwortung konzentriert sich in einem nie gekannten Umfange auf das System der Gesellschaft, weil hier die höchsten Variationschancen und die Möglichkeiten der Beschleunigungsverstärkung liegen. Die Zeit erscheint den Pessimisten als Krise, den Optimisten als Engpaß am System der Gesellschaft selbst. Von einer solchen Konfrontation mit der Umwelt werden nicht alle Teilsysteme der Gesellschaft in gleicher Weise berührt. Unmittelbar betroffen ist, was die physisch-organische Umwelt angeht, zunächst das Teilsystem Wissenschaft. In erster Linie hängt nämlich die Entwicklung eines höheren Auflöse- und Rekombinationsvermögens gegenüber der Natur von den theoretisch-methodischen Strukturen des Wissenschaftssystems ab. Wenn irgendwo, artikuliert sich hier eine Engpaßsituation in einem Sinne, der in frühen Gesellschaftsformationen Anlaß gab zur Ausbildung funktionaler Primate – sei es der Politik, sei es der Wirtschaft.

Wo es zu einem Wettlauf zwischen Ressourcenerschöpfung und ökologischen Störungen auf der einen Seite und technischem Vermögen auf der anderen kommt, kann nur in der Wissenschaft über Gewinnen oder Verlieren entschieden werden. Ökonomische und politische Bedingungen bleiben selbstverständlich unerläßlich; aber ihre Relevanz für dieses Problem entscheidet sich im Möglichkeitshorizont

158 In der Modaltheorie korrespondiert solchen Aussagen die Einsicht, daß alle Modalisierungen und nicht nur Möglichkeiten, sondern auch Unmöglichkeiten, relativiert werden müssen auf sie konstituierende Bedingungen.

der Wissenschaft, und insofern ist selbst die ökonomisch und politisch fatale Ungleichheit der Bedingungen in Entwicklungsländern und Industrieländern nichts weiter als ein Erschwernis für die Mobilisierung ökonomischer und politischer Ressourcen für die Wissenschaft.

Anders als in früheren Phasen der gesellschaftlichen Evolution steht für die Lösung eines solchen Engpaßproblems weder eine Mehrheit experimentierender Gesellschaftssysteme noch beliebig viel Zeit im Sinne der Fähigkeit des Wartens auf zufällige Evolution zur Verfügung. Das macht die Situation in besonderer Weise prekär. Andererseits ist keineswegs gesagt, daß das Evolutionsproblem sich in gleicher Zuspitzung stellt wie in Phasen, in denen es primär auf die politische Kapazität zu bindender Entscheidung ankam oder auf gesellschaftsweite ökonomische Integration von Arbeit, Investition und Konsum durch den Geldmechanismus. Die Kontaktflächen zwischen dem Gesellschaftssystem und seiner physisch-organischen Umwelt sind vielgestaltig und durchsetzt mit Verschiebungs- und Substitutionsmöglichkeiten. Die Probleme dieses System/Umwelt-Verhältnisses haben nicht nur eine Lösungsmöglichkeit, sie laufen andererseits auch nicht auf eine genau lokalisierbare institutionelle oder theoretische Erfindung zu, die, einmal gemacht und etabliert, einen neuartigen Gesellschaftstypus konstituieren könnte. Es könnte also sein – eine genauere quantitative Ausarbeitung solcher Vergleiche ist natürlich kaum möglich –, daß trotz Zeitdrucks und Ein-System-Bedingung der Manövrierraum für die Entwicklung von Problemlösungen größer ist.

In Parallele zu diesen Überlegungen müssen wir fragen, welche Probleme für die Weltgesellschaft im Verhältnis zu ihrer *personalen Umwelt* aufgelaufen sind oder sich abzuzeichnen beginnen. Um den gewichtigen Unterschied zwischen personaler und physisch-organischer Umwelt der Gesellschaft richtig einschätzen zu können, muß man beachten, daß zwar beide Umwelten Bedingungen der Möglichkeit von Gesellschaft setzen und insofern gleichermaßen notwendig sind, daß aber allein personales Bewußtsein in den Prozeß der Autokatalyse sozialer Systeme direkt verstrickt ist; daß personales Bewußtsein von personalem Bewußtsein die Bedingung doppelter Kontingenz konstituiert, von der die Selbstselektion sozialer Systeme ihren Ausgang nimmt, und daß soziale Systeme zwar nicht aus Personen bestehen, wohl aber *durch und zugleich gegen* die selbstselektiven Prozesse der Personbildung konstituiert werden. Die *Nichtidentität* der Strukturen personaler und sozialer Systeme beruht gerade auf der *Interdependenz* ihrer Konstitutionsprozesse. Aus diesem Grunde stellen die Umweltgrenzen der Gesellschaft gegenüber der physisch-organischen Umwelt einerseits und der personalen Umwelt andererseits ganz verschiedenartige Probleme. Und diese Unterschiede dürften unaufhebbar und sehr viel gewichtiger sein als all die Unterschiede, die uns derzeit in der Anfangsentwicklung der Weltgesellschaft als herkunftsbedingte Unterschiede in der personalen Umwelt auffallen: Unterschiede zwischen Stadt und Land, zwischen Industrieländern und Entwicklungsländern, zwischen Angehörigen verschiedener Schichten, verschiedener Rassen oder verschiedener Kulturtraditionen.

In allen historischen Gesellschaftssystemen – wir vermuten: bis etwa zur Mitte des 18. Jahrhunderts – *war das Verhältnis von Personen und Gesellschaftssystem in erster Linie ein solches der Größe*, das heißt ein *demographisches Problem*. Darüber darf die eindrucksvolle kulturelle Tradition nicht hinwegtäuschen. Nur eine begrenzte Zahl von Menschen konnte (und kann natürlich auch heute) auf einem begrenzten Gebiet ernährt werden. Andererseits hingen die zentralen evolutionär bedeutsamen Strukturgewinne, etwa Schichtung,

Arbeitsteilung, Komplexität der Symbolsysteme, sehr wesentlich von einer Zunahme der Bevölkerungsdichte ab.[159] Noch der Beginn der industriellen Entwicklung war durch eine korrepondierende Entvölkerung bzw. durch ökonomische Depression des Landes, also durch Bevölkerungsbewegungen bedingt. Dabei ist die erste der erwähnten Bedingungen, Begrenztheit der überhaupt möglichen Bevölkerungszahl, unabdingbar, welchen Wert immer sie annimmt, *die zweite dagegen nicht*. Die demographischen Bedingungen setzen heute erstmals in der Geschichte keine Grenzen für mögliche Zivilisation. Zwei Entwicklungen des 18./19. Jahrhunderts, die wir unter den Stichworten »Inklusion« und »Massenkommunikation« weiter unten ausführlicher behandeln werden,[160] haben diese Beschränkungen gesprengt. Seitdem ist die Bevölkerungszunahme für die Gesellschaft nur noch ein bedrohlicher Umweltvorgang, nicht mehr zugleich eine Ressource und eine Bedingung weiterer soziokultureller Entwicklung. Die Bedeutung dieser Veränderung, die mit der Entstehung der Weltgesellschaft zusammenfällt, kann nicht genug unterstrichen werden. Um so adäquater ist jetzt eine Theorie, die die Vorstellung der Gesellschaft als einer aus Menschen bestehenden Gruppe aufgibt und Personen als Umwelt der Gesellschaft ansieht.

159 Für eine ausgeglichene Bewertung dieser *beiden* Gesichtspunkte siehe etwa D. E. Dumond, »Population Growth and Cultural Change«, *Southwestern Journal of Anthropology* 21 (1965), S. 302-324; Ester Boserup, »Environnement, population et technologie dans les sociétés primitives«, *Annales E. S. C.* 29 (1974), S. 538-552. Siehe auch dies., *The Conditions of Agricultural Growth: The Economics of Agrarian Change under Population Pressure*, London 1965; Robert M. Adams, *The Evolution of Urban Society: Early Mesopotamia and Prehistoric Mexico*, London 1966, und für Gegenwartsforschungen etwa Frank Clemente, Richard B. Sturgis, »The Division of Labor in America: An Ecological Analysis«, *Social Forces* 51 (1972), S. 176-182.

160 Siehe in diesem Teil, Kap. III.4 und Kap. IV.3.

Damit sind die spezifischen Probleme dieser besonderen personalen Umwelt natürlich nicht gelöst – weder was ihre Quantität noch was ihre Qualität angeht. Sie stellen sich nur in neuartiger Weise und in größerer Unabhängigkeit von der strukturellen Eigendynamik der Gesellschaft. Sicherlich muß, wie eh und je, die Quantität der Bevölkerungszunahme im Evolutionsprozeß reguliert werden; aber sie ist als Umweltproblem jetzt technisch regulierbar, auch wenn die sozialen Voraussetzungen des wirksamen Einsatzes vorhandener Möglichkeiten noch weitgehend fehlen.[161] Sehr viel komplizierter – nämlich einerseits stärker interferierend mit den Kommunikationsprozessen der Gesellschaft selbst, eben dadurch aber auch weniger »gefährlich« in einem globalen Sinne – sind die Probleme psychischer Qualifikationen.

161 Eine der zentralen Fragen ist hier, wieweit die Regulierung der Nachkommenzahl ein privates, in der Familie zu lösendes Problem bleiben bzw. ein solches werden kann. Daß die Zunahme des Gebrauchs antikonzeptioneller Techniken, historisch gesehen, mit der Ausdifferenzierung kleiner, intim gebundener Privatfamilien als typischer Lebensform im 18. Jahrhundert einhergeht, besagt zunächst nicht viel für die Kontinuierbarkeit und Ausweitung dieser Lösungsform unter den Bedingungen der Weltgesellschaft. Vgl. hierzu an neueren Forschungen: E. A. Wrigley, »Family Limitation in Pre-Industrial England«, *The Economic History Review* 19 (1966), S. 82-109; Etienne van de Walle, »Marriage and Marital Fertility«, *Daedalus* 97 (1968), S. 486-501; Antoinette Chamoux, Cécile Dauphin, »La contraception avant la révolution française: L'exemple de Châtillon-sur-Seine«, *Annales E. S. C.* 24 (1969), S. 662-684; J. Dupâchquier, M. Lachiver, »Sur les débuts de la contraception en France ou les deux malthusianismes«, *Annales E. S. C.* 24 (1969), S. 1391-1406; Jean-Louis Flandrin, »Contraception, mariage et relation amoureause dans l'occident chrétien«, *Annales E. S. C.* 24 (1969), S. 1370-1390; Marcel Lachiver, »Fécondité légitime et contraception dans la région parisienne«, in: *Sur la population française au XVIIIe et au XIXe siècles: Hommage à Marcel Reinhard*, Paris 1973, S. 383-401; Alfred Perrenoud, »Malthusianisme et protestatisme: ›un modèle démographique wébérien‹«, *Annales E. S. C.* 29 (1974), S. 975-988, mit weiteren Hinweisen.

Keine Gesellschaft kommt, eben wegen jener Interdependenzen, ohne Einfluß auf die personale Umwelt zustande. Dabei geht es nicht nur darum, naturwüchsig entstandene Personen nachträglich durch Sanktionen zu Konformität und zu Leistungen zu motivieren. Selbst das von Durkheim und Parsons ausgearbeitete Konzept der Internalisierung des Faktums Gesellschaft und ihrer Werte in die Person (Sozialisation) greift zu kurz oder ist zumindest fehldeutbar. Die Selbstselektion einer Person, die ihre Identität weiß, ist nur möglich im Kontingenzraum, der durch soziale Prozesse eröffnet wird. Faßt man alle Einflußprozesse, die von der Gesellschaft auf die Formung personaler Strukturen hinwirken, unter dem Begriff der Erziehung zusammen, so erscheint Erziehung als eine notwendige, gesamtgesellschaftliche Funktion, die auf die interdependente Konstitution von Person und Gesellschaft zurückgeht.[162] Sie kann als solche nicht voll ausdifferenziert und auf ein Subsystem delegiert werden. Insofern ist Erziehung ein unvermeidlicher Nebeneffekt gesellschaftlicher Kommunikation.

Alle komplexeren Gesellschaften gehen mit begrenzt ausdifferenzierten Anstrengungen darüber hinaus, um auch eher unwahrscheinliche personale Bedingungen ihrer eigenen Reproduktion wahrscheinlich zu machen. Solche Sondereinrichtungen werden in den überkommenen Gesellschaftsformationen eher für die höheren Schichten als für die niederen Schichten, eher für Kinder und Jugendliche als für Erwachsene und eher unter intentionalen, auf Absicht des Lehrers abstellenden als unter funktionalen, am Effekt kontrollierten Kriterien aus-

162 Nicht einmal die bei Durkheim noch zu findende Einschränkung auf den Fall der Einwirkung von Erwachsenen auf Kinder (vgl. *Education et sociologie*, S. 41) wäre akzeptierbar. Auszuklammern wäre lediglich derjenige Teil gesellschaftlicher Prozesse, der keinerlei Rückwirkungen auf personale Strukturen hat, diese also nicht ändert.

differenziert. In allen diesen Hinsichten (Schichtabhängigkeit, Altersabhängigkeit, Intentionsbezug der Kriterien) nimmt der Änderungsdruck unter den Bedingungen des heutigen Gesellschaftssystems zu, einstweilen ohne tiefgreifende strukturelle Variationen auszulösen. Bei Konstanz des gegebenen Ausdifferenzierungsmodus der Schul-/Hochschulorganisation bekommt das Erziehungssystem an den eigenen Input/Output-Prozessen lediglich die Konsequenzen gesellschaftlicher Veränderungen zu spüren.[163]

Man kann sich fragen, ob Erziehungsstrukturen dieses Typus ausreichen, um eine personale Umwelt zu gewährleisten, in der die Wahrscheinlichkeit hoch ist, daß die Weltgesellschaft sich auf dem erreichten Evolutionsniveau in all ihren hochdifferenzierten Funktionsbereichen reproduzieren kann. Hier muß man außerdem die oben getroffene Feststellung wiedereinfädeln, daß die heutige Gesellschaft über Mechanismen der Organisation, des Marktes, der Massenkommunikation und der politischen Wahl ihr Auflöse- und Rekombinationsvermögen gegenüber sektoral beanspruchter Personalität beträchtlich gesteigert hat. Ein Divergieren sozialer und personaler Systemprozesse der Selbstselektion, die wechselseitig füreinander nur noch Anlaß und Kontingenzvorgabe sind, wird dadurch normal. Um so unwahrscheinlicher wird, daß eine personale Umwelt, die solche »Entfremdung« aushält und sinnvolle Wege personaler Selbstselektion findet, von selbst entsteht.[164] Schon jetzt ist, um nur

163 Vgl. dazu etwa Philip H. Coombs, *The World Educational Crisis: A Systems Analysis*, New York, London u. a. 1968.

164 Vgl. dazu das darauf abzielende, fachpsychologisch sehr umstrittene Entwicklungsmodell für hochkomplexe Persönlichkeitsstrukturen von O. J. Harvey, David E. Hunt, Harold M. Schroder, *Conceptual Systems and Personality Organization*, New York, London 1961. Vgl. ferner David E. Hunt, »A Conceptual Systems Change Model and its Applica-

dies eine Beispiel zu nennen, Kennern des »bürokratischen Milieus« deutlich bewußt, wie sehr die Karrierestrukturen der großen Organisationen auf seiten der von ihnen erfaßten Personen Identitätssynthesen erzeugen und selektiv befördern, die den direkten sachbezogenen Arbeitsgang mit Nebenrücksichten belasten, ja verzerren, und teils unlenkbar machen, teils übersteuern. Über die Gewichtung und die Kontrollierbarkeit solcher Erscheinungen mag man streiten; aber sie stehen als Symptome dafür, daß sich für zahlreiche Sozialsysteme die Mitproduktion ihrer Reproduktionsbedingungen in der personalen Umwelt immer weniger von selbst versteht. Auf genau diese Weise, durch Nichtvermittlung personaler Bedingungen der Reproduktion, verschwindet allmählich eine funktionsfähige soziale Schichtung. Man mag sie für entbehrlich halten und die Nivellierung schulpädagogisch sogar noch befördern. Für das Rechtssystem ist ein ähnliches Reproduktionsdefizit bereits weniger überzeugend zu begrüßen. Denkt man an Religion, an Geld, an hochspezialisierte kognitive Strukturen, an Urteilsvermögen im Bereich der Kunst oder auch schlicht an handwerkliches Können, wird das Problem in seinen prinzipiellen Ausmaßen evident. Und anders als im Verhältnis zur physisch-organischen Umwelt ist die Steigerung des sozialkommunikativen Auflöse- und Rekombinationsvermögens hier eine Ursache des Problems und nicht ein (wie immer weitläufiger) Weg zu seiner Lösung.

Sollten die Annahmen dieser Analyse sich bei genauerer Untersuchung bestätigen, dann deutet viel daraufhin, daß die

tion to Education«, in: O. J. Harvey (Hg.), *Experience, Structure and Adaptability*, New York 1966, S. 277-302; Thomas B. Seiler (Hg.), *Kognitive Strukturiertheit: Theorien, Analysen, Befunde*, Stuttgart, Berlin u. a. 1973. Siehe ferner mit bemerkenswerten theoretischen Bezügen zum Evolutionskonzept Michael Fullan, Jan J. Loubser, »Education and Adaptive Capacity«, *Sociology of Education* 45 (1972), S. 271-287.

evolutionären Engpässe der Weltgesellschaft künftig eher im Bereich von Wissenschaft und Erziehung zu suchen sein werden als im Bereich von Politik und Wirtschaft. Politisch und ökonomisch – was also die Fähigkeit zu kollektiv bindendem Entscheiden und was Verteilungen in einem weitgespannten Zeithorizont angeht – hat das Gesellschaftssystem sich an Binnenproblemen orientiert[165] und sich insoweit für ein hohes, ausdifferenziertes Funktionsniveau ausgerüstet. Die direkt umweltbezogenen Teilfunktionen sind eher zurückgeblieben. Das gilt trotz aller Entwicklung von Technologien, die einseitig aus dem Gesichtspunkt des Sozialsystems Gesellschaft und nicht zur Integration von Gesellschaft und Umwelt entworfen worden sind. Diese Einseitigkeiten drängen auf Korrektur. Freilich sind Umstrukturierungen dieser Art schwer zu sehen und schwer zu interpretieren – gerade weil sie nicht am dominanten Strukturmuster des bestehenden Gesellschaftssystems erscheinen. Die zunächst politikorientierte, dann wirtschaftsorientierte Fassung der Gesellschaftstheorie sowie die gegenwärtige »politökonomische« Emphase täuschen darüber hinweg. Sicher ist auch, daß man das gegenwärtig regional erreichte Funktionsniveau von Politik und Wirtschaft keineswegs als gesichert voraussetzen kann. Dies kann und muß in der Art, wie sich ein Primat von Wissenschaft und Erziehung durchsetzen wird, berücksichtigt werden. Das schließt indes Entwicklungen nicht aus, in denen Umweltprobleme dringender hervortreten und die Führung beanspruchen – zumindest in dem Sinne, den wir als »Krise« zu erleben gewohnt sind: daß interne Probleme unter dem Druck externer Probleme einen neuen Bereich von Lösungsmöglichkeiten gewinnen. Solche Veränderungen müßten denjenigen Teil-

165 Dies explizit gegen die genau entgegengesetzte Auffassung von Talcott Parsons.

systemen der Gesellschaft, die mit der bedrängenden Umwelt speziell befaßt sind, ein besonderes Gewicht geben.

Nicht zuletzt hängen Umweltprobleme damit auch von der Art ab, wie die Probleme der internen Differenzierung des Gesellschaftssystems gelöst werden, wobei die relative Lokalisierung des Erziehungssystems und die des Wissenschaftssystems wichtiger zu werden scheinen. Das Auflöse- und Rekombinationsvermögen des Gesellschaftssystems ist einerseits ein Resultat von Differenzierung, es begrenzt dann andererseits in seinen Effekten die Möglichkeiten der Differenzierung, die in einem evolutionär fortgeschrittenen Gesellschaftssystem noch gewählt werden können. Das Erscheinungsbild der Probleme: die zunehmende Knappheit der Ressourcen, die Undisziplinierbarkeit der Jugend, lenkt den Blick auf die Umwelt des Gesellschaftssystems. Der Dispositionsraum für strukturelle Variationen ist jedoch das soziale System selbst. Ausdifferenzierung und Innendifferenzierung können analytisch getrennt behandelt werden, in der Wirklichkeit sind sie zwei Seiten eines Vorgangs, die beide Veränderungen in den System/Umwelt-Beziehungen in Lauf setzen. Ein umfassendes (was nicht heißen soll: vollständiges!) Bild der Gesellschaft als eines sozialen Systems gewinnen wir daher nur, wenn wir – im nächsten Kapitel – Probleme der Innendifferenzierung einbeziehen.

7. Auflösevermögen, Selektionsvermögen, Komplexität

Wenn es zutrifft, daß im Laufe der gesellschaftlichen Evolution das Auflöse- und Rekombinationsvermögen zunimmt in dem Maße, als die Gesellschaft sich als Kommunikationssystem ausdifferenziert, verdienen die systemtheoretischen

Grundlagen dieser These eine sorgfältigere Analyse. Wir hatten den Begriff des Auflöse- und Rekombinationsvermögens in den vorangehenden, mehr historisch orientierten Abschnitten nur beiläufig eingeführt. Im Anschluß daran soll nunmehr genauer gezeigt werden, wie eine solche Entwicklung sich systemtheoretisch begreifen läßt. Wir müssen zu diesem Zweck auf Grundfragen der Theorie sozialer Systeme und im einzelnen dann auf den Begriff der Kommunikation und den Begriff der Komplexität zurückgreifen.[166]

Auflöse- und Rekombinationsvermögen wird zunächst greifbar als Abstraktion und Spezifikation von Themen, die den Kommunikationsprozeß steuern, in dem sie Sinnorientierung vorgeben und Beiträge ermöglichen. Solche Themen und vor allem vertextete, tradierfähige Themenkomplexe können für sich analysiert werden.[167] Generell kann man sagen, daß das Auflösevermögen mit dem Ansatz von Identitäten (Invarianzen) zusammenhängt und Steigerungen deshalb Identitätsverschiebungen erfordern, die Invarianz mit der Variabilität kompatibel machen.[168] Aber erst die Miteinbeziehung der Funktion von Themen in systembildender Kommunikation ermöglicht es, Genesis und Veränderung

166 Siehe Teil 1, Kap I.1 und Kap. II.8.

167 Siehe als ein gutes Beispiel die Analyse der Entwicklung des Materiebegriffs in Richtung auf eine Steigerung des Auflösevermögens und eine Tieferlegung der anvisierten Struktur bei Gaston Bachelard, *Le matérialisme rationnel*, Paris 1953, ³1972. Um nicht allein an wissenschaftliche Begriffe zu denken, kann man im übrigen die historisch ungefähr parallel sich verändernde Monetisierung aller Güter und Leistungen hinzunehmen, wissenschaftlich thematisiert in den Diskussionen über Wert, Preis, Ware, Arbeit.

168 Die entwicklungspsychologische Seite dieses Problems ist im Anschluß an Piaget vor allem durch Bruner und seine Mitarbeiter erforscht worden. Siehe namentlich Jerome S. Bruner, Rose R. Olver u. a., *Studien zur kognitiven Entwicklung*, Stuttgart 1971 (dt. Übers.).

solcher sinnkonstituierenden Leistungen zu begreifen. Steigerung des Auflöse- und Rekombinationsvermögens ist mithin ein Vorgang, der nicht mit der Themenabstraktion selbst identisch ist – es gibt leerlaufende Abstraktionen –, sondern eigenen Bedingungen kommunikativer Relevanz genügen muß, die ihrerseits – sofern man nach »Erhaltung« evolutionärer Errungenschaften fragt – strukturell garantiert sein müssen.

Kommunikation ist mehrstufige Übermittlung von Selektionen. Sie kommt nur dadurch zustande, daß der Empfänger die Möglichkeit hat oder im Kommunikationsprozeß gewinnt, zwischen dem mitgeteilten Sinn und dem Mitteilungsverhalten seines Kommunikationspartners zu unterscheiden. Dies ist Voraussetzung dafür, daß er sein eigenes Verstehen und Annehmen oder Ablehnen als Selektion begreifen und praktizieren kann. Dies ist zugleich Voraussetzung dafür, daß sich durch wechselseitiges Akkordieren der Selektionsleistungen selbstselektive Sozialsysteme bilden können, die sich von einer nichtdazugehörigen Umwelt unterscheiden.

Die Vorbedingung der Möglichkeit von Selektionen haben wir nur sehr abstrakt durch den Sinnbegriff garantiert. Für genauere Analysen reicht das jedoch nicht aus. Beobachtet man Kommunikationsprozesse des täglichen Lebens, so wird man rasch feststellen, daß informative Selektionsmöglichkeiten knapp sind. Es gibt gar nicht genug Neuigkeiten, um all die Kommunikationsprozesse zu füttern, die durch das ständige Beieinandersein der Menschen notwendig werden.[169] Die Welt erzwingt nicht von selbst, daß über sie geredet wird; vielmehr ist der Kommunikationsprozeß eine Dauer-

169 Dies gilt erst recht für archaische Gesellschaften, obwohl gerade sie in einer bedrohlichen, in vielerlei Hinsichten unzureichenden Umwelt leben. Vgl. dazu Marshall, »Sharing, Talking, and Giving«.

notwendigkeit sozialen Zusammenlebens, eine Art endogene Reizquelle des Sozialsystems, die sich ihre Themen sucht und dafür eine Welt konstituiert, gegen die sich dann Selektionen als sinnvoll und kontingent profilieren können.

Älteren Gesellschaftssystemen fehlen einfach deshalb viele Kommunikationsmöglichkeiten, weil Selektivität nicht begründet werden kann. Und auch für uns hat es keinen Sinn zu sagen: »Die Welt ist unendlich« oder: »Gott hat die Welt geschaffen«, wenn Kontexte fehlen, die verdeutlichen könnten, gegen was diese Aussage gesetzt ist, wie sie negiert werden könnte, aus welchen anderen Möglichkeiten sie ausgewählt ist und worin ihr Informationswert besteht. Gerade die alternativenlose Selbstverständlichkeit entzieht sich der Kommunikation; und wenn man über sie kommuniziert, teilt man nur etwas über sich selbst mit, etwa über die eigene Neigung, bedeutungsschwere Sätze zu produzieren. Angesichts solcher Kommunikationen bricht für den Empfänger die Unterscheidung von mitgeteiltem Sinn und Mitteilungsverhalten zusammen; er erlebt nur noch, daß sein Partner redet, und zieht seine Schlüsse daraus. Diese Reaktion ist normalerweise voraussehbar, und daher empfindet man uninformative Kommunikation als »sinnlos« und vermeidet sie; es sei denn, daß man es darauf anlegt, die eigene Kommunikationsbereitschaft oder Kommunikationstätigkeit darzustellen.

Die Bereitstellung eines Repertoires kommunikationswerter Selektionen ist mithin Voraussetzung dafür, daß der Kommunikationsprozeß sich von Problemen der bloßen Selbstdarstellung und Vergewisserung freundlicher Absichten abwendet und sich auf die Umwelt richtet. Dafür sind Sinnkontexte erforderlich, die Kontrastfolien bieten und bestimmbare Kontingenzen bereitstellen. Solche Kontexte steigern das Potential, Selektivität zu erleben und damit Kommunikationen zu profilieren. Sie erweitern damit das

Kommunikationspotential sowohl im Bereich der anzunehmenden als auch im Bereich der abzulehnenden Aussagen. Unabhängig davon, ob man die Welt für endlich oder für unendlich hält, hat die Diskussion dieser Frage eigene Voraussetzungen. Man muß sich zum Beispiel auf Kriterien der Entscheidbarkeit beziehen und auch darstellen können, was von der Beantwortung in dem einen bzw. anderen Sinne abhängt. Ein solcher Kontext kann theologisch, physikalisch oder mathematisch sein; er setzt jedenfalls eigens dafür ausdifferenzierte Interaktionen voraus. Auch wenn man in einem Gesellschaftssystem lebt, in dem es solche Kontexte gibt, ist man deswegen noch nicht in der Lage, in beliebigen Interaktionen seinen Partnern mitzuteilen, daß die Welt unendlich sei. Steigerung des Selektionspotentials von Kommunikationssystemen erfordert mithin Systemdifferenzierung. Sie setzt nicht zuletzt deshalb einen langwierigen Prozeß gesellschaftlicher Evolution voraus. Nach einer langen Geschichte von System- und Themenkontext-Entwicklungen sind wir deshalb heute nicht mehr in der Lage, auf dem Markt ohne weiteres ein Gespräch über die Unendlichkeit der Welt oder in amtlichen Konferenzen ein Gespräch über die Emanzipation des Menschen zu beginnen. Gerade die Abstraktion von Themen erfordert scharfe Spezifikation der Kontexte und der Interaktionen, in denen die sachliche Selektivität kommunikativer Stellungnahmen nachvollzogen werden kann. Und umgekehrt ist die gesellschaftliche Verbreitung der Fähigkeit, entsprechende Sondersysteme zu finden oder zu reproduzieren, der einzige Garant für den Bestand jenes übersteigerten Selektionspotentials.

Hier läßt sich im Vorgriff auf Probleme der Innendifferenzierung des Gesellschaftssystems[170] die Frage anschließen, zu

170 Siehe unten, Kap. III.

welchen Kontextualisierungen eine primär über Schichtung differenzierte Gesellschaft neigt und wie sich das Selektionspotential ändert, wenn man verstärkt zu funktionsspezifischer Subsystembildung übergeht. Fontenelles »Entretiens sur la pluralité des mondes«[171] ist ganz eindeutig als Unterhaltungsvorlage für die Gebildeten höchster Gesellschaftsschichten geschrieben. Die Newtonsche Physik hat sich von diesem Bezugssystem schon weitgehend gelöst und ist für wissenschaftliche Diskussionszusammenhänge gedacht, die durch ihre Anforderungen selbst regulieren, wer daran teilnehmen kann (was natürlich nicht ausschließt, daß Angehörige höherer Gesellschaftsschichten überdurchschnittlich partizipieren).

All das drängt zu der Hypothese, daß die in Kommunikationsprozessen voraussetzbaren Chancen für sachlich-selektive Mitteilungen evolutionär entwickelt werden und daß sie zusammenhängen mit dem Differenzierungsschema des Gesellschaftssystems. Es hängt sicher von zunehmender funktionaler Differenzierung ab, daß die neuzeitliche Gesellschaft mögliche Kommunikationsthemen nach allen Richtungen explodieren läßt und Feinkommunikationen ermöglicht, die jeweils nur für wenige scharf selektierte Teilnehmer interessant und zugänglich sind. Wer die Umkontextierungen nachvollziehen kann, die für eine Überführung der dialektischen Methode aus dem Kontext Bewußtsein in den Kontext Materie erforderlich sind, wird vermutlich ratlos sein, wenn es um die technischen Vorkehrungen für eine Überführung der Versorgung von Kirchenbeamten in die allgemeine Angestelltenversicherung geht. Wer sich dafür interessiert und beurteilen kann, wie Schrumpfprozesse gallertartiger Gebilde im menschlichen Körper gestoppt oder gar rückgängig ge-

171 Vgl. Bernard Le Bovier de Fontenelles, *Entretiens sur la pluralité de mondes*, Paris 1966.

macht werden können, wird sich kaum an Diskussionen beteiligen, in denen es darum geht, welche Firmen Schrumpfprozesse auf dem Markte modischer Damenoberbekleidung überdauern werden. Im einen Falle mag es letztlich um Formen von Mobilität gehen, im anderen Falle könnte man an einen allgemeinen Begriff der Gesundheit von Menschen und Firmen denken. Offensichtlich läßt sich aber von Allgemeinbegriffen dieser Art her nicht das erzeugen und kontrollieren, was an Selektivitätsvoraussetzungen realer Kommunikation erforderlich ist.

Und warum nicht? Die Antwort darauf haben wir in der Form von Doppelbegriffen wie Auflöse- und Rekombinationsvermögen oder Steigerung und Reduktion von Komplexität vorweggenommen. Wir können sie jetzt vor dem Hintergrund einer sowohl evolutionstheoretischen als auch kommunikationstheoretischen Analyse genauer erläutern.

Zur *Erfahrung* von Selektivität genügt bereits ein unbestimmt-kontingenter Hintergrund des »Woraus« der Selektion. *Kommunikation* von Selektionen ist jedoch ein *relationierendes* Geschehen und setzt *deshalb* Präzisierungstendenzen in Gang. Dabei muß nicht nur der mitgeteilte Inhalt, die Information, sondern auch der Selektionshorizont hinreichend bestimmt werden. Kann man sich dafür nicht mehr auf eine lebensweltlich allgemein bekannte Typik verlassen, etwa darauf, daß jedermann mit den Arten und Varianten bekannter Gegenstände und Ereignisse vertraut ist,[172] muß die Typik der Gegenstände und Ereignisse in ihrer Horizont-Funktion[173] ersetzt werden durch neu inaugurierte Sonderhorizonte, die sich zwischen die Welt und die Gegenstände

172 Vgl. hierzu Alfred Schutz, »Common Sense and Scientific Interpretation of Human Action«, in: ders., *Collected Papers*, Bd. I, Den Haag ³1971, S. 3-47; ferner weitere Beiträge in der gleichen Aufsatzsammlung.

173 Dazu besonders Husserl, *Erfahrung und Urteil*.

und Ereignisse schieben. Atmung beispielsweise läßt sich im Sonderhorizont Materie als Verbrennungsvorgang charakterisieren, wenn man über hinreichend präzisierte chemische Begriffe verfügt und voraussetzen kann, daß der Partner versteht, daß die kommunikative Selektion nicht eines der vier Elemente, nämlich Feuer, anvisiert; also auch keine kosmische, sondern eine durch den Sonderhorizont Materie vermittelte Erklärung intendiert.[174]

Zur Erzeugung von Selektivität muß mithin in der einen oder anderen Weise Komplexität aufgebaut werden – diesen Begriff genommen im Sinne einer relationalen Struktur, die Vielfältiges als Einheit relevant werden läßt.[175] Die Relationierbarkeit von Einheit und Vielheit ist dabei keine Selbstverständlichkeit, sondern unterliegt ihrerseits Bedingungen, die sich aus Relationierungen dieser Relation ergeben, zum Beispiel aus dem Wissen, wozu man auswählt oder wozu man komplexe Sachverhalte unter einem bestimmten Allgemeinbegriff zusammenfaßt. Relationale Komplexität läßt sich in den Kommunikationsprozessen sozialer Systeme nur aufbauen und reproduzieren, wenn sie kommunikabel bleibt. Dazu muß für den Sender wie für den Empfänger verständlich bleiben, was seligiert wird und woraus seligiert wird. Volle Kongruenz ist dabei weder nötig noch durchgehend möglich. Nicht selten wird zum Beispiel für den eigentlich gemeinten ein anderer Kontext der Selektion substituiert mit der Folge, daß die Kommunikation Innovationen auslöst, die gar nicht beabsichtigt waren. Aber auch Mißverständnisse setzen genügend feinstrukturierte Selektionshorizonte voraus; sonst bleibt es bei einem (vielleicht unbemerkt bleibenden) Unver-

174 Zu diesem Beispiel und zu den Transformationen des Begriffs der Materie in Richtung auf größere Tiefenschärfe der Erfahrungsauflösung siehe Bachelard, *Le matérialisme rationnel.*

175 Vgl. oben, Teil 1, Kap. I.1.

ständnis, bei einer bloßen Reproduktion der Verbalformen selbst.

Anders formuliert: Es gibt systemspezifische Anforderungen an fungierende Komplexität, und diese ergeben sich aus der spezifischen Prozeßform von Systemen: im Falle sozialer Systeme also aus den Eigenarten des Kommunikationsprozesses. Dies gilt unabhängig vom Grade der Generalisierung der Themen, also ebenso für hochgradig spezialisierte Sonderthemen wie für Themen von sehr allgemeiner Bedeutung und übergreifender Tragweite. Das Religionssystem und im engeren Sinne die mittelalterliche Theologie war zum Beispiel von unabschätzbarer Bedeutung für die neuzeitliche Entwicklung dadurch, daß sie Spezialdiskussionen für sehr allgemein gestellte Probleme ermöglichte, die dann in diesen Diskussionen komplex werden und unabsehbare Wendungen nehmen konnten.

Wir fassen zusammen: Sowohl Themenkomplexe als auch Kommunikationsprozesse sind relationale, sind in sich selbst relationierte Gebilde. Sie leisten, was sie leisten, dadurch, daß sie Elemente zueinander in Beziehung setzen und dadurch Mögliches restringieren. Die These der Allwissenheit Gottes kann mit menschlicher Zeiterfahrung und mit moralischer Codierung von gut und böse nicht beliebig kombiniert werden. Deswegen – aber eben nicht nur deswegen, sondern außerdem auch aus systemspezifischen Gründen, die mit doppelter Kontingenz und selektiver Akkordierung angegeben waren – kann der Kommunikationsprozeß die Selbstselektion seines Systems an der Selbstrestriktion von Themenkomplexen steuern, ohne selbst Thema zu sein. Die Endfigur dieser Überlegungen ist wiederum die der mehrfach gestuften Relationierung von Relationen. Wenn es in der gesellschaftlichen Tradition hinreichend selbstrestriktive Themenkomplexe gibt – sagen wir, um nochmals ein Beispiel zu geben, der europäische Agrarmarkt als politisches Thema – und wenn es Kommunikationssysteme hinreichend spezialisierter Art gibt, die sich mit solchen Themenkomplexen beschäftigen, kann die Relationierung dieser Relationen in der aktuellen Kommunikation vollzogen werden. Die Kommunikation hat Erfolg in dem Maße, als sie sowohl die Kontingenz des Themas als auch die Kontingenz des Kommunikationssystems weiter reduziert über das hinaus, was Thema und Kommunikation jeweils selbst schon als Reduktion implizieren.

Reduktion darf dabei nicht in Richtung auf Konsens mißdeutet werden; sie kann ebensogut auch Dissens verdeutlichen und verschärfen. Gemeint ist nur, daß die Selektivität von Konsens oder Dissens davon abhängt, wieviel Komplexität verarbeitet werden kann; und daß dies zugleich diejenigen Bedingungen sind, die uns berechtigen können, von Rationalität zu sprechen.

Dieses allgemeine Konzept bringen wir in die Theorie gesellschaftlicher Evolution ein. Wir gewinnen damit eine Interpretation derjenigen Variablen, deren evolutionäre Veränderung das Auflöse- und Rekombinationsvermögen des Gesellschaftssystems betrifft. Pauschal kann man sagen, daß nur ein auf der Ebene möglicher Kommunikation komplexes Gesellschaftssystem eine komplexe Welt haben kann – das heißt: sich selbst und seine Umwelt komplex relationiert erfahren kann. Aber ebenso ist natürlich umgekehrt eine komplex thematisierbare Welt Voraussetzung der Erhaltung und Weiterentwicklung eines komplexen Gesellschaftssystems. Beides setzt Geschichte voraus, und zwar nicht nur genetisch als Entstehungsgeschichte, sondern auch als Geschichte-in-Funktion, nämlich als eine Dimension, gegen die Abstand, Tiefenschärfe und Abstraktion in den Themen gewonnen werden kann und gegen die man den jeweils erreichten Gesellschaftszustand als »fortgeschritten« motivieren kann.

Kapitel III

Innendifferenzierung des Gesellschaftssystems

Unter Innendifferenzierung verstehen wir im Anschluß an die Ausführungen in Kapitel II, Abschnitt 1 immer nur Differenzierung eines Gesamtsystems in Teilsysteme. Teilsysteme sozialer Systeme sind ihrerseits immer soziale Systeme – nicht zum Beispiel Organismen, Maschinen, psychische Systeme. Im Rahmen der Gesellschaftstheorie behandeln wir ferner nur solche Teilsysteme, die auf einem direkten Bezug zum Gesamtsystem der Gesellschaft beruhen – also nicht all die zahlreichen Interaktions- und Organisationssysteme, die sich unter der bloßen Voraussetzung gesellschaftlicher Ordnung ihrer Umwelt bilden.[176]

Für einen solchen direkten Gesellschaftsbezug haben sich, nachdem die Evolution über eine lediglich segmentäre Differenzierung der Gesellschaft hinausgeführt hatte, zwei Hauptformen ausgebildet: soziale Schichtung und funktionale Differenzierung. Diese Unterscheidung steht quer zu derjenigen von segmentärer und funktionaler Differenzierung. Sie beruht nicht auf dem Gegensatz von Gleichheit/Ungleichheit der Teilsysteme, sondern auf dem abstrakteren Gegensatz der Gleichheit/Ungleichheit des Ranges der Teilsysteme, veranschaulicht als Unterschied der horizontalen

176 Eine andere Entscheidung dieser Frage wäre möglich, denn in einem weiteren Sinne sind auch dies Teilsysteme der Gesellschaft; sie ist jedoch wenig zweckmäßig im Hinblick auf die Möglichkeit, durch eine allgemeine Organisationstheorie und eine allgemeine Interaktionstheorie eigene Zentralperspektiven auszuarbeiten. Vgl. oben, Teil 1, Kap. IV.6.

bzw. vertikalen Einheit des Verschiedenen. Schichtung ist eine vertikale, funktionale Differenzierung eine horizontale Ordnung unterschiedlicher Systeme. Schichtung und funktionale Differenzierung sind in gewissem Umfange miteinander kompatibel. Es gibt sogar funktional definierte Schichtungssysteme, etwa das Kastensystem Indiens. Es liegt jedoch auf der Hand, daß diejenigen Gesellschaftssysteme, die Schichtung nicht mit funktionaler Differenzierung identifizieren, die also die Gesichtspunkte für vertikale und für horizontale Differenzierung trennen, höhere Komplexität erreichen können und damit auch ein höheres Entwicklungspotential aufweisen. Für die heutige Gesellschaft ist darüber hinaus bezeichnend, daß das erreichte Ausmaß an funktionaler Differenzierung die Bedingungen der Kompatibilität mit sozialer Schichtung zu sprengen scheint.

Mit dieser »Gleichstellung« von Schichtung und segmentärer/funktionaler Differenzierung als unterschiedlichen Formen der Teilsystembildung treten wir einer gängigen Auffassung entgegen, wonach eine Gesellschaft primär und eigentlich nur als Schichtungsverhältnis (oder marxistisch: als Klassenverhältnis) zu charakterisieren ist, während die Differenzierung der Funktionssysteme nur noch auf sekundärer, die Teilsysteme betreffender Ebene relevant ist.[177] Dabei wird

177 So findet man die mit allem Raffinement geführte Analyse des Erziehungssystems von Pierre Bourdieu, Jean-Claude Passeron, *Die Illusion der Chancengleichheit: Untersuchungen zur Soziologie des Bildungswesens am Beispiel Frankreichs*, Stuttgart 1971 (dt. Übers.), die Teilsystemautonomien und Interdependenzen auf der Ebene des Funktionssystems mustergültig ins Spiel bringt, abgestützt auf das naiv eingeführte Vorurteil, daß nur der Bezug der Analyse auf die Reproduktion der Klassenverhältnisse die gesamtgesellschaftliche Relevanz der Daten erkennbar mache. Wohlgemerkt: Es geht in dieser Kritik nicht darum, die Tragweite von Schichtungsdifferenzen empirisch oder funktional zu bestreiten. Das Vorurteil steckt in der Annahme, daß diese eher als

zweierlei verquickt: die Wahl der Systemreferenz und die Thematisierung eines Differenzierungsprinzips.[178] Schichtung hat nicht etwa von sich aus eine besondere Affinität zum Gesamtsystem Gesellschaft, die anderen Differenzierungsformen fehlt. Deshalb kann man ein Gesellschaftssystem auch nicht dadurch zureichend begreifen, daß man schichtabhängiges Operieren in den Funktionssystemen entlarvt, etwa höhere Partizipationsanteile höherer Schichten in allen Funktionsbereichen ermittelt. Vielmehr kann jedes Differenzierungsprinzip nur begriffen werden durch simultane Orientierung an zwei Systemreferenzen: Gesamtsystem und Teilsystem. Das gilt für Schichtung ebenso wie für segmentäre oder für funktionale Differenzierung. Die Systemtheorie muß als Theorie gegen das Dominieren der einen oder der anderen dieser Formen von Innendifferenzierung neutral gehalten werden; sonst verliert sie analytisches Potential und Offenheit für historische Veränderungen.

Mit alldem soll Interdependenz nicht bestritten, vielmehr ihre unbefangenere und komplexere Analyse gerade ermöglicht werden. Trotz aller entwicklungsgeschichtlichen und funktionalen Verflechtungen werden wir analytisch

andere Differenzen das Gesellschaftssystem kennzeichnen. Der theoretische Bezugsrahmen müßte zumindest aber erlauben, es zur Diskussion zu stellen, ob eine Gesellschaft mehr durch Schichtung oder mehr durch funktionale Differenzierung geprägt ist und wie beide Differenzierungsformen, wenn sie nebeneinander benutzt werden, sich wechselseitig arrangieren.

178 Woher dieses Vorurteil kommt, wäre eine eigene Untersuchung wert. Daß Klassenverhältnisse sehr oft als Herrschaftsverhältnisse bezeichnet werden (ohne daß dieser Etikettierung eine Analyse zugrunde liegt), läßt vermuten, daß Hierarchievorstellungen einer vorrevolutionären Tradition eine Rolle spielen. Dies Vorurteil verbindet sich dann nicht selten mit einem zweiten: mit dem Glauben, wir lebten immer noch *vor* der Revolution.

trennen und zunächst (1) Schichtung, sodann (2) funktionale Differenzierung behandeln als unterschiedliche Formen der Innendifferenzierung des Gesellschaftssystems. Im Anschluß daran werden wir auf einige Voraussetzungen und Folgen sehr weit getriebener funktionaler Gesellschaftsdifferenzierung mit hoher Teilsystemautonomie eingehen. Diese Analyse führt bereits hinein in Probleme des heutigen, durch Schichtung nicht mehr integrierbaren Gesellschaftssystems. Im nächsten Kapitel folgen daher Überlegungen zur Innendifferenzierung des Weltgesellschaftssystems, mit denen wir auf die sich heute abzeichnende Situation eingehen, daß die teilsystembildenden Einzelfunktionen des Gesellschaftssystems, also all diejenigen Leistungen, für die wir strukturelle Vorkehrungen auf der Ebene des Gesellschaftssystems erwarten, sich in sehr unterschiedlichem Maße weltweit integrieren lassen, so daß die Herstellung der Weltgesellschaft selektiv wirkt auf das, was danach auf der Ebene des Gesellschaftssystems und seiner primären Teilsysteme noch möglich ist.

1. Schichtung

Wenige Begriffe der soziologischen Theorie sind so umstritten wie der Begriff der sozialen Schichtung. Der Begriff soll Tatbestände bezeichnen, die mit Idealen der Gleichheit und Gerechtigkeit kollidieren.[179] Offenbar gibt es für beides, für diese Ideale und für Schichtung, tiefliegende strukturelle Bedingungen, die nicht schlicht in entweder die eine oder die andere Richtung aufgelöst werden können. Dieser in der Rea-

179 Siehe als Darstellung dieses Grundproblems im Rahmen der Parsonsschen Architektonik Parsons, »Equality and Inequality in Modern Society, or Social Stratification Revisited«.

lität geschichteter Gesellschaftssysteme vorfindliche Konflikt infiziert die Theorie. Sobald die Forschung über bloße Deskription hinausgeht und Maßstäbe der Beurteilung sucht, findet sie sich den entsprechenden Konflikten ausgeliefert. Ist es viel oder ist es wenig oder ist es ganz normal, wenn aus einer Stichprobe von Beamten und Angestellten des höheren Dienstes 13 Prozent aus der Unterschicht stammen?[180] Oder wenn an Universitäten verschiedener Länder 5, 10, 20, 30 Prozent Arbeiterkinder studieren?[181] Sind das beklagenswerte Diskriminierungen oder beachtliche Aufstiegschancen? Die Fülle des empirischen Materials dieser Art, die zur Verfügung steht, trägt wenig dazu bei, die Interpretation solcher Daten auf ein sicheres Fundament zu bringen. Und erst recht muß jedes theoretische Konzept der sozialen Schichtung damit rechnen, in seiner elitistischen oder egalitären Einstellung eingeschätzt und von daher moralisch beurteilt zu werden.

Die Einordnung des Schichtungsphänomens in eine Theorie gesellschaftlicher Differenzierung hat ihren Ausgangspunkt weder in einer systemkritischen noch in einer systemstabilisierenden Intention. Aber sie zielt im Rahmen einer allgemeinen Gesellschaftstheorie auf einen weiten Vergleichshorizont, und das heißt: daß sie die heutige Gesellschaft an ganz andersartigen, häufig sehr viel stärker geschichteten Gesellschaftsformationen mißt. Das ist zu beachten, wenn wir im folgenden von einem Abbau, wenn nicht einer Auflösung von Schichtungsstrukturen in der heutigen Gesellschaft sprechen werden.

180 Nichtveröffentlichte Daten aus der Untersuchung Niklas Luhmann, Renate Mayntz, *Personal im öffentlichen Dienst: Eintritt und Karrieren*, Baden-Baden 1973; n=858 (nicht repräsentativ).

181 Vgl. die Angaben bei Ralf Dahrendorf, *Arbeiterkinder an deutschen Universitäten*, Tübingen 1965, S. 5ff.

Soziale Schichtung liegt in dem Maße vor, als eine gesellschaftsweit institutionalisierte vertikale Rangordnung von Familien zu Kontakterleichterungen und Kontaktspezifikationen und in diesem Sinne zu besonderen Systemen sozialer Kommunikation innerhalb ranggleicher Personenkreise führt.[182] Dabei sprengt das Schichtensystem durch Abstraktion der Gleichheit die Notwendigkeit der Gruppenbildung: Man braucht im schichtspezifischen Kontakt nicht vorauszusetzen, daß man die Partner des Partners in seinen übrigen Kontakten ebenfalls kennt.[183] Die Erwähnung von Namen ist üblich und dient der Andeutung eigener Kontaktbereiche, wenn nicht nur als Renommierverhalten. Die Disziplinierung erwächst aber nicht aus einem konkreten Rücklauf des Sich-Kennens und Mitteilens, sondern aus Regeln des Betragens und der Eingrenzung von Verhaltensmöglichkeiten. Etiquette dient als funktionales Äquivalent für kommunikativ erzeugte Bindungen und Sanktionierungen.

182 Die hier vorgeschlagene Definition von Schichtung auf der Basis nicht von Individuen, sondern von Familien ist natürlich nur haltbar, wenn man berücksichtigt, daß die Haushalte gerade der oberen, aber auch der älteren stadtbürgerlichen Schichten mehr Personen umfaßten als nur die Familie im engeren Sinne des Haushaltsvorstandes. Haushalte, das heißt: Wohngemeinschaften, waren bereits schichtendifferent zusammengesetzt, waren also, was Schichtung angeht, eine Art Mikrokosmos und eine Stätte der Sozialisation nicht nur der schichtspezifischen Werte, sondern auch der Schichtungsdifferenzen, also der Gesellschaft selbst. Diese Möglichkeit, Schichtung einzuleben, geht erst im 19. Jahrhundert verloren.

183 Siehe dazu die Unterscheidung von »interlocking« und »radial friendship nets« bei Edward O. Laumann, *Bonds of Pluralism: The Form and Substance of Urban Social Networks*, New York 1973, S. 111ff. »Radial networks« wirken in geringerem Maße meinungsbildend, ermöglichen aber eine größere Vielfalt der Kontakte.

Anders als weithin üblich[184] wird hiermit eine Schicht nicht als bloße Menge gleicher Rollen oder Positionen definiert, sondern als soziales System angesehen. Daß Schichtung zu unterschiedlich bewerteten, ausgestatteten, belohnten Rollen führt, wird damit nicht bestritten; aber dieser Gesichtspunkt individualisiert schon zu stark und erfaßt jedenfalls nur einen Aspekt, der auf den allgemeineren Begriff strukturierter Kommunikationschancen zurückgeführt werden kann. In einer systemtheoretisch explizierten Schichtungstheorie geht es daher auch nicht darum, besondere Belohnungen für individuelle Leistungen zu rechtfertigen oder als funktional notwendig zu begründen; sondern es geht um die Frage, ob und wie aus der vertikalen *Ungleichheit* und speziell aus der Art, in der sie sich manifestiert, sich besondere Kommunikationschancen unter *Gleichen* ergeben.

Solche horizontalen Kommunikationschancen können in ausgeprägt geschichteten Gesellschaften so verdichtet werden, daß alle vertikale Kommunikation den Charakter grenzüberschreitender Kommunikation annimmt, sich also durch besondere Zurückhaltung, durch eine spezifische Instrumentalität oder gerade umgekehrt durch expressive Betonung der Schranke, durch ein besonderes Ausdruckszeremoniell und besondere Sprachformen auszeichnet. Als Grundlagen der Bildung von Schichtung kommen vor allem ökonomische und politische, später auch berufsspezifische und bildungsmäßige Unterschiede in Betracht. Wie immer Schichtung entsteht – sie fungiert nicht in unmittelbarer Auswirkung des Entstehungsprozesses, sondern über verformende Prozesse

184 Siehe nur Otis Dudley Duncan, »Social Stratification and Mobility: Problems in the Measurement of Trends«, in: Eleanor B. Sheldon, Wilbert E. Moore (Hg.), *Indicators of Social Change: Concepts and Measurements*, New York 1968, S. 675-719 (680 f.).

der Askription, und nur so kann sie Kontakterleichterungen bieten und Grenzen markieren. Die Schichtqualität wird dann wie eine Eigenschaft von Familien oder Personen behandelt: als feststehend, rasch erkennbar und als konsentiert. Der Millionär hat nicht nur durch Geschäfte Geld erworben: Er *ist* Millionär und wird als solcher eingeladen.[185]

Die askriptive Basis, das In-Funktion-Bleiben einer zementierten Vergangenheit, betrifft die Zeitdimension der Schichtensysteme. In der Sozialdimension zahlen sie sich aus durch Zugangs- und Kontakterleichterungen. Innerhalb der gleichen Schicht verkehrt man miteinander, ohne dafür eine funktionsspezifische Basis zu brauchen. Die Schranken liegen im Stil, in der Form, in der Fähigkeit, die Symbole der Zugehörigkeit und des Status zu präsentieren. Diese Schranken, die zu Schranken des Takts verfeinert werden können, grenzen mit hinreichender Sicherheit ab und ermöglichen dadurch eine Freigabe zahlreicher Themen für Kommunikation, also in der Sachdimension eine hohe Offenheit der Kommunikation. In der »gesellschaftlichen Konversation« kann man meinungsbildende Informationen sehr verschiedener Art austauschen. Man kann vermischt mit biographischen Daten und mit Urteilen über gemeinsame Bekannte etwas über die Aussichten intellektueller Strömungen in der Kirche und die unterschiedliche Standfestigkeit einzelner Diözesen, etwas über Marxismus in Wien im Unterschied zu Paris, über Vorerwägungen zu einem Führungswechsel in dieser oder jener Partei, über Fusionsgespräche in der Industrie oder über Zins-

185 Zur fortbestehenden Relevanz askriptiver Orientierungsmuster auch in der modernen Gesellschaft siehe Mayhew, »Ascription in Modern Societies«; Barbara Jacobson, John M. Kendrick, »Education and Mobility: From Achievement to Ascription«, *American Sociological Review* 38 (1973), S. 439-460.

satzänderungen[186] erfahren, und all dies gerade deshalb, weil die funktionalen Rollen der Beteiligten, die ihre Wissensbasis abgeben, nicht unmittelbar angesprochen sind. Der Information fehlt die Tiefenschärfe und die Sicherheit, die ihre direkte Umsetzung in funktionsspezifischen Gebrauch ermöglichte, etwa als Basis für Transaktionen an der Börse; sie setzt den Interessenten nur auf die Spur. Sie ist – oder sie kann zumindest mehr sein als bloßer Sozialklatsch, den sie jedoch als Basis, als schichtspezifisches »Medium« und zur Neutralisierung des beruflich-geschäftlichen Ernstes voraussetzt.

Diese mögliche Themenbreite und das damit verbundene »Informationsvertrauen« gegeben, kann schichtenspezifische Kommunikation auch benutzt werden, um Fragen zu stellen, um etwas heiklere Fragen zu stellen, schließlich um Bitten zu äußern und um Einfluß zu üben. Sie führt damit zu Verdichtungen, die sowohl auf engere Kooperation als auch auf Konflikt zulaufen können. Die im Schichtensystem erreichbare Verstärkung der Kommunikation garantiert also keineswegs Einigkeit, auch nicht Einigkeit gegenüber anderen Schichten (soweit das überhaupt ein Thema wird). Ihr »Machtwert« ist, theoretisch wie empirisch, eine offene Frage.[187] Ihr Vorteil besteht eher darin, daß trotz jener breiten thematischen Möglichkeiten Kommunikationen in übersehbaren Bahnen verlaufen und jeweils wieder diskutierbare Resultate haben. Schichtenspezifische Kommunikation kann

186 Hierzu eindrucksvolle Anhaltspunkte in den *Proceedings of the Tribunal Appointed to Inquire into the Allegations that Information about the Raising of the Bank Rate was Improperly Disclosed*, London 1958, und dazu Tom Lupton, C. Shirley Wilson, »The Social Background and Connection of ›Top Decision Makers‹«, *Manchester School of Economic and Social Studies* 27 (1959), S. 30-51.

187 Vgl. dazu Charles Kadushin, »Power, Influence and Social Circles: A New Methodology for Studying Opinion Makers«, *American Sociological Review* 33 (1968), S. 685-699.

nicht aufhören, solange Schichtung besteht, sie regeneriert nach Abbrüchen und Konflikten unter Austausch von Themen und Partnern. Man kann in ihrem Rahmen dann über die sprechen, mit denen man nicht mehr sprechen kann. Konflikte werden auf diese Weise wenn nicht gelöst, so doch historisiert und personalisiert.

Man kann vermuten, daß in primär über Schichtung differenzierten Gesellschaften mit vorherrschend schichtspezifischen Kontakten auch die Aufmerksamkeit primär auf Personen und Themen der eigenen Schicht gerichtet ist. Es bedürfte demnach besonderer Gründe, um die Aufmerksamkeit einer Schicht auf die Belange von Angehörigen anderer Schichten oder gar auf andere Schichten im ganzen zu lenken. Harold D. Lasswell nennt hierfür zwei Gründe: Bedrohungen bzw. Chancen, die andere Schichten aktualisieren.[188] Diese These bedarf für Kontakte im »Ganzen Hause« und heute für Kontakte in der eigenen Organisation sicher der Modifikation. Sie könnte gleichwohl die Relevanz von Konflikts- bzw. Ausbeutungsverhältnissen für die Integration geschichteter Gesellschaften erklären und macht zugleich die Bedeutung des Aufstiegs (als Chance, die die Oberschicht der Unterschicht bietet gerade dadurch, daß sie Oberschicht ist und bleibt) verständlich. Konflikt, Ausbeutung und Aufstieg führen zur Thematisierung der Probleme und Handlungsbedingungen anderer Schichten in der jeweils eigenen Schicht: zur Kommunikation über die andere Schicht. Zugleich sieht man von hier aus, in welcher Weise zunehmende funktionale Differenzierung in das Schichtungssystem einbricht, ohne die differentielle Verteilung der Güter und Chancen aufzuheben:

188 Harold D. Lasswell, »Attention Structure and Social Structure«, in: Lyman Bryson (Hg.), *The Communication of Ideas*, New York, London 1948, S. 243-276 (256f.).

Sie verändert die Aufmerksamkeitsstrukturen derart, daß nichtschichtgebundene Anlässe für Aufmerksamkeit normalisiert werden. Die Probleme, mit denen Angehörige der »Elite« in Politik, Wirtschaft, Kultur und Wissenschaft sich befassen, sind dann nicht mehr in erster Linie Probleme ihrer eigenen Schicht, obwohl nach wie vor schichtspezifische Kommunikation und differentieller Zugang zu Kontakten unerläßliches Mittel der Problemlösung sind. Und Gewalt ist kein oder nur noch ein anachronistisches Mittel, Aufmerksamkeit zu gewinnen, mit dem man auf das Nichtfunktionieren funktionsspezifischer Formen von Aufmerksamkeit zum Beispiel in der Politik reagiert.

Es ist nach alldem klar, daß nur höhere Schichten Kommunikationserleichterungen unter Gleichen nutzen können, um integrative Funktionen quer über die Funktionsbereiche der Gesellschaft zu erfüllen, und daß auch nur Angehörige höherer Schichten von der Systematizität ihres Kommunikationszusammenhangs »profitieren«. Unterschichten stehen nicht nur auf der untersten Stufe der Schichtungshierarchie; für sie hat überhaupt die Tatsache, daß ihre Kontakte schichtspezifisch gebildet werden, in geringerem Maße systembildende Funktion, und deshalb partizipieren sie in geringerem Maße an der Gesellschaft, wenn und soweit diese schichtmäßig differenziert ist. Angehörige der Unterschichten haben und brauchen im Verhältnis zueinander keine »Beziehungen«. Sie haben sehr wohl schichtspezifische Kommunikation und können sich unter Umständen damit rasch solidarisieren, aber die Kommunikation reicht wenig über das unmittelbare Interaktionssystem hinaus. Sie vermittelt also nicht, wie in höheren Schichten, durchgreifende Querverbindungen in einem funktional differenzierten Gesellschaftssystem. Die schichtspezifische Kommunikation war hochbedeutsam für die auf dem Lande lebenden Unterschichten älterer Gesellschaftsformationen, für die das Gesellschaftssystem und der Interaktionsbereich nahezu zusammenfielen;[189] sie verliert ihre Bedeutung jedoch für das städtische »Proletariat« der Industriegesellschaft. Im Ergebnis scheint diese geringe Reichweite schichtgebundener Kontakte in den Unterschichten zu engeren (zumeist geschlechtsspezifischen) Primärbeziehungen zu führen, die Solidarisierungen im unmittelbaren Kontakt ermöglichen, aber sich darin auch erschöpfen und weder Erfahrungshorizonte noch Sprachvermögen, noch Einfluß nennenswert erweitern.[190] Darin liegt eine der Bedingungen der Reproduktion schichtenmäßiger Differenzierung.

Weiter läßt schichtenspezifische Kommunikation sich durch die Art kennzeichnen, wie sie in den gesamtgesellschaftlichen Kontext integriert ist. Die eine bestimmte Schicht markierende Grenze ist die Grenze zu anderen Schichten, also die vertikale Rangordnung. Das aber ist keine Grenze, die spezifizierbare Leistungsanforderungen an die Kommunikation innerhalb der Schicht stellt. Mit den Integrationstypen, die in Kapitel II (Abschnitt 2) dieses Teils erörtert worden sind, muß man Schichtung daher als aggregative und nicht als koor-

189 Ein aktuelles Beispiel, Mexiko betreffend, findet sich bei Volkmar Gessner, *Recht und Konflikt: Eine soziologische Untersuchung privatrechtlicher Konflikte in Mexiko*, Habilitationsschrift, Ms., Bielefeld 1974, S. 294f. [Druck: Volkmar Gessner, *Recht und Konflikt: Eine soziologische Untersuchung privatrechtlicher Konflikte in Mexiko*, Tübingen 1976]: Freundschaften und Beziehungen werden auf dem Lande für sehr viel wichtiger gehalten als gelerntes Wissen. In der Stadt findet sich die umgekehrte Relation. (Die Angaben sind nicht nach Schichtung aufgegliedert.)

190 Zu wichtigen Konsequenzen für Sozialisationsweisen in Unterschichtenfamilien und für daraus resultierende Ausbildungs- und Aufstiegsbehinderungen siehe Ulrich Oevermann, *Sprache und soziale Herkunft: Ein Beitrag zur Analyse schichtenspezifischer Sozialisationsprozesse und ihrer Bedeutung für den Schulerfolg*, Berlin 1970.

dinative Integration ansehen. Sie beruht auf stillschweigend vorausgesetzten, im Kommunikationsprozeß innerhalb der Schichten und zwischen den Schichten unterstellten, übergreifenden Gemeinsamkeiten – etwa in der Differenzierung der Ränge oder in der Skalierung der Perfektionen.[191] Sie stützt sich nicht zuletzt in ihren kommunikativen Prozessen darauf, daß Ressourcenverteilung etwas je Gegebenes ist, das im Augenblick nicht in Frage gestellt werden kann, wenn man bestimmte Ziele verfolgt, und das weder explizit erworben noch explizit zweckvoll eingesetzt werden muß.

Ebendeshalb ist es grundverkehrt, Schichtenverhältnisse als Herrschaftsverhältnisse zu charakterisieren. Schichtenspezifische Kommunikation dient, mit anderen Worten, nicht der Steuerung von Herrschaft und Ausbeutung (was nicht ausschließt, daß sich auf der Grundlage von Schichtung Macht- und Ausbeutungsverhältnisse zwischen Personen ergeben, die ihre Sicherheit nicht zuletzt daraus gewinnen, daß innerhalb der höheren Schicht darüber nicht kommuniziert werden braucht). Herrschaft und Ausbeutung werden erst im 19. Jahrhundert zu Problembegriffen, die Notwendiges zum Vorwurf machen; nämlich erst dann, wenn koordinative Integration in einem Maße zunimmt, daß eine rationale Verteilung über Input und Output nach Maßgabe von Bedürfnissen und von Leistungen erwartet werden kann.

191 Von hier aus wäre es ein leichtes zu zeigen, wie sehr die alteuropäische Tradition schichtungsadäquat und aggregativ denkt – gerade weil es ihr nicht darum geht, Schichtung aus Leistungsdifferenzen oder funktionalen Notwendigkeiten heraus zu begründen. Sie bettet die für sie notwendigen Prämissen in eine Kosmologie, in der Gleichheit des religiösen Status als Geschöpf mit Ungleichheit der Lebenslagen wie Einheit in der Vielheit notwendig korreliert. Gott will mit seiner Schöpfung schließlich eine mannigfaltige Welt und in diesem Sinne Perfektion erreichen.

In bezug auf die Sachbereiche der Gesellschaft bleibt schichtenspezifische Kommunikation relativ offen, abhängig nur davon, daß Themen den Angehörigen der Schicht überhaupt zugänglich sind. Das bedeutet zugleich, daß schichtenspezifische Kommunikation nicht zentralisiert, nicht auf einen anzustrebenden Output gerichtet, nicht durch eine Art Betriebszweck orientiert werden kann. Verdichtungsformen des »Hofes« oder der »Hauptstadt« konzentrieren das Kommunikationsnetz und verbessern die Einschätzungsmöglichkeiten bei zunehmender Komplexität der Gesellschaft. Aber sie steuern nicht im Hinblick auf spezifizierbare Umweltanforderungen, gewinnen aus ihrer Grenze zu anderen Schichten keine Information und versagen deshalb unter Gesichtspunkten des »Krisenmanagements«. Der Pariser Hof vor der Revolution, die Berliner Gesellschaft unter den Nationalsozialisten bieten gute Beispiele dafür. Vielmehr ist schichtenspezifische Kommunikation abhängig von einer gewissen Diffusität ihres Einzugs- und Wirkungsbereichs. Sie ist darauf angewiesen, in der Interaktion andere Rollen der Partner zu vergegenwärtigen und zu aktivieren – sei es als Informationsquellen, sei es als Warn- oder Drohpotential, sei es in der vagen Hoffnung auf Einfluß oder Goodwill. Und sie hat ihren Stil und ihr spezifisches Geschick in der Art, wie sie das tut.

Mit all diesen Merkmalen sind geschichtete Sozialsysteme darauf angewiesen, daß das System der Gesellschaft durch Aggregation, nicht durch Koordination integriert wird.[192] Die Integration muß mehr auf Merkmalen und zugeschriebenen Qualitäten als auf Leistungen beruhen. Sie darf nicht zeitabhängig werden. Sie muß in der Kommunikation als gegenwärtige impliziert, nicht als künftige bewirkt werden; und sie

192 Siehe dazu oben in diesem Teil, Kap. II.2.

ist mit alldem nicht auf eine scharfe Trennung gesamtgesellschaftlicher und teilsystemspezifischer Systemreferenzen angewiesen, wie es bei funktionaler Differenzierung der Fall ist. Die Ordnung der Schichtung kann als die Gesellschaft begriffen werden, und die höheren Schichten gelten dann als die gute Gesellschaft.

In dem Maße, als die Integration der Gesellschaft sich von Aggregation auf Koordination verlagert, muß solche schichtgebundene Kommunikation inadäquat werden. In die gleiche Richtung wirkt, daß sich auf der Ebene der Weltgesellschaft angesichts sehr heterogener regionaler Traditionen keine Oberschicht hat bilden können. Der Zugang zu maßgebenden Kommunikationsnetzen, die unter der Prämisse der Gleichheit der Beteiligten fungieren, wird mehr und mehr durch Organisationen und Organisationskarrieren vermittelt. Nicht mehr die Familienherkunft, sondern die Stellung in Organisationssystemen »akkreditiert« die Person zur Teilnahme an interfunktionalen Kontakten. Spannungsausgleich, »adjustment«, »accomodation« werden zu organisatorischen Neben- und zu gesellschaftlichen Hauptfunktionen derjenigen Rollen, die große organisierte Komplexe repräsentieren, in die Waagschale werfen und gegebenenfalls bewegen können.[193] Gegenüber Schichtungssystemen werden damit die Bedingungen der Selektion für solche Rollen geändert, und zwar teils in Richtung auf höhere Rationalität der Auswahl in Karrieren, teils aber auch in Richtung auf askriptive Merkmale eines sehr viel primitiveren Typs, nämlich mittleres Alter und strapazierfähige gesundheitliche Kondition, die zu unerläßlichen Teilnahmebedingungen werden.

193 Siehe statt vieler anderer etwa Clark Kerr, *Marshall, Marx and Modern Times: The Multi-Dimensional Society*, Cambridge 1969, S. 82ff.

Die Kontakte dieser »Neuen Klasse« stehen ebenfalls unter den strukturellen Zwängen von Interaktionssystemen schlechthin, sie sind zeitraubend, strapaziös und konkret enttäuschungsreich; aber die Teilnahme überhaupt mag die Personen entschädigen, die dies von Hause aus nicht erwarten konnten. Ihre Schichtung ersetzende Kommunikation erklärt sich für »demokratisch« und ist es insofern, als sie nicht auf Gewalt warten muß, um sich mit Unterschichten zu beschäftigen, sondern dafür besondere Indikatoren entwickelt – etwa: Wahlergebnisse, Preise, Aufmerksamkeitserfolge der Massenmedien. Aber diese Indikatoren wirken ihrerseits hochgradig selektiv in einer Weise, die interaktionell vermutlich nicht mehr zu kontrollieren ist. Ähnlich wie in Schichtungssystemen liegen die letzten, ausschlaggebenden Limitationen in der schlichten Tatsache, daß hier Funktionen des Gesellschaftssystems in der Form von Interaktion erfüllt werden müssen.

2. Funktionale Differenzierung

Schichtung bleibt nicht das einzige Differenzierungsprinzip. Sie ist in ihrer Funktion zu interaktionsabhängig, als daß sie komplexer werdenden Gesellschaftssystemen gerecht zu werden vermöchte. In engem Zusammenhang mit Schichtung bildet sich daher ein zweiter Differenzierungsmodus aus, der strukturell ebenfalls auf der Unterscheidung von gleich und ungleich beruht, diese Unterscheidung aber anders einsetzt.[194]

194 Wir lassen hier bewußt die oben (S. 770) *anschauliche* Unterscheidung von vertikalen und horizontalen Differenzierungsformen beiseite, weil sie *analytisch* nicht weiterhilft und insbesondere die Komplexitätsgewinne, die im Laufe der gesellschaftlichen Evolution mit Umdifferenzierungen verbunden waren, nicht zu erklären vermag.

Es handelt sich um segmentäre bzw. funktionale Differenzierung. Während Schichtung die Teilsysteme der Gesellschaft auf der Basis von Gleichheit (nämlich Ranggleichheit) der Teilnehmer konstituiert und Ungleichheit (und wiederum: Rangungleichheit) benutzt, um die Teilsysteme voneinander zu unterscheiden, wird der Schematismus von Gleichheit und Ungleichheit im zweiten Falle benutzt zur Bestimmung des Typus der Differenzierung. Diese bildet – ohne Rangfragen zu präjudizieren – *entweder* gleiche *oder* ungleiche Teilsysteme. Bei Gleichheit der Systeme handelt es sich um segmentäre, bei Ungleichheit um funktionale Differenzierung. Die Ungleichheit nach außen braucht bei funktionaler Differenzierung im Unterschied zu Schichtung nicht auf der Gleichheit nach innen beruhen; sie wird durch die Funktion begründet. Über funktionale Differenzierung läßt sich daher größere Diskrepanz zwischen Teilsystemen und gesellschaftsinterner Umwelt, also ein größeres Maß gesellschaftlicher Komplexität erreichen als über Schichtung.

Im Laufe der gesellschaftlichen Evolution hat sich zunächst segmentäre Differenzierung in Verwandtschafts- oder Wohngemeinschaften, dann Schichtung und dann funktionale Differenzierung ausgebildet. Man blickt auf ein umfängliches Experimentierfeld zurück mit zahlreichen Sackgassen in Gesellschaftssystemen, die zum Beispiel Schichtung als historisch vorliegende Struktur von funktionaler Differenzierung nicht unterscheiden konnten, sondern beginnende Funktionsdifferenzierungen in der Form von Schichtung zu legitimieren suchten, vor allem durch ein berufsspezifisches Kastensystem oder durch Aufnahme des wachsenden wirtschaftlichen Reichtums als besonderer Stand in die Ordnung der Schichten. Ein solcher Ausweg, der historisch nahegelegen haben muß, blockiert jeweils die Weiterentwicklung funktionaler Differenzierung und verhindert darüber hinaus die Überleitung des Schichtungssystems in ein kompensatorisches Korrelat funktionaler Systemdifferenzierung.

Die hieraus für bestimmte historische Gesellschaftsformationen sich ergebenden, ihr Entwicklungspotential betreffenden Hypothesen könnten nur am Einzelfall ausgearbeitet werden. Darauf müssen wir hier verzichten. Statt dessen kehren wir zur allgemeinen Theorie funktionaler Differenzierung zurück,[195] um deren Implikationen für das Gesellschaftssystem auszuarbeiten. Dabei werden wir zugleich die Überlegungen über zunehmende Zentralisierung der Funktionen des Gesellschaftssystems[196] und über Steigerung der Variabilität durch funktionale Systemstabilisierung[197] einfädeln.

Geht man von der allgemeinen Theorie funktionaler Systemdifferenzierung aus, wird es zur zentralen theoretischen Frage, ob aus dem Systembegriff bzw. aus den zu seiner Konstruktion dienenden Grundbegriffen ein vollständiges Schema der zu erfüllenden Funktionen abgeleitet werden könne. Das ist verschiedentlich behauptet worden, sei es in Form einer mehr listenförmigen Zusammenstellung von »functional prerequisites« des Systembestandes,[198] sei es durch Konstruktion eines analytischen Handlungssystems, dessen Funktionen sozusagen als Programm jeder möglichen Differenzierung gedacht sind. Namentlich an der Parsonsschen Theorie ist diese Vorgehensweise mustergültig erkennbar.

195 Vgl. oben, Kap. II.1.

196 Vgl. oben in diesem Teil, Kap. II.5 (S. 721f.).

197 Vgl. oben in diesem Teil, Kap. II.1 (S. 684f.).

198 So namentlich D.F. Aberle, A.K. Cohen, A.K. Davis, M.J. Levy, F.X. Sutton, »The Functional Prerequisites of a Society«, *Ethics* 60 (1950), S. 100-111, für das Gesellschaftssystem. Vgl. auch die ausführlichere Ausarbeitung von Marion J. Levy, *The Structure of Society*, Princeton 1952; Leslie Sklair, *The Sociology of Progress*, London 1970, S. 189ff.

Parsons gewinnt sein bekanntes Vier-Funktionen-Schema[199] durch zwei binäre Optionen, die Innen/Außen und langfristige (instrumentale)/kurzfristige (expressive) Perspektiven betreffen. Diese Optionen sind für ihn der jeweils binär ablaufende analytische Differenzierungsprozeß selbst. Das impliziert: In der binären Struktur des Differenzierungsprozesses steckt schon die Garantie für Limitationalität: Das »Innen« wird dadurch bestimmbar, daß es nicht »Außen« ist, und umgekehrt; das Langfristige wird dadurch bestimmbar, daß es nicht kurzfristig ist, und umgekehrt. Mit diesen Annahmen garantiert sich, ähnlich wie die Dialektik mit Annahmen über Bewußtsein (Hegel) oder Materie (Marx), der Differenzierungsprozeß selbst die Richtung und die Bestimmbarkeit. Das trifft nur auf der abstraktesten Ebene des Theorieansatzes zu, ist dort aber um so leichter zu durchschauen.

Ohne daß diese Problematik zur Sprache gekommen wäre, hat dieser Versuch eine breitere Fachöffentlichkeit nicht überzeugen können. Er führt in der Ausarbeitung teils zu zunehmend künstlichen Konstruktionen, die als »analytisch« der Realität nur gegenübergestellt werden; teils zu stillschweigenden Annäherungen, die durch die Ausgangspunkte der Theorie aber nicht mehr kontrolliert werden können. Er ist im übrigen mit Grundannahmen der Evolutionstheorie kaum zu vereinbaren, weil er jede mögliche Evolution in ein vorweg feststehendes Funktionen-Schema preßt. Nach Parsons kann

199 Siehe Talcott Parsons, Robert F. Bales, Edward A. Shils, *Working Papers in the Theory of Action*, Glencoe 1953, und das gesamte daran anschließende Hauptwerk. Als Überblick siehe insb. Talcott Parsons, »General Theory of Sociology«, in: Robert K. Merton u. a. (Hg.), *Sociology Today*, New York 1959, S. 3-38, und Parsons, Platt, *The American University*, S. 8ff. Vgl. auch Leslie Sklair, »The Fate of the ›Functional Requisites‹ in Parsonian Sociology«, *The British Journal of Sociology* 21 (1970), S. 30-42.

keine Evolution mehr oder weniger als genau vier Funktionen pro Systemebene ausdifferenzieren. Auch die Zukunft wird dadurch analytisch fixiert – es sei denn, daß die Realität mit konkreten Systembildungen abweicht.

Zu nicht viel günstigeren Ergebnissen führt die Überlegung, ob man aus der Funktion *der* Gesellschaft die *in der* Gesellschaft zu erfüllenden Funktionen ableiten könne. Natürlich kann dies nicht gedacht werden in der Weise der »Ableitung« von Mitteln aus dem Zweck. Eine besser abgewogene, durchnuancierte Vorstellung findet man wiederum bei Parsons. Parsons verbindet Funktionsangaben auf unterschiedlichen Ebenen der Systembildung, indem er bei der Anwendung des Vier-Funktionen-Schemas auf der Ebene des allgemeinen Handlungssystems dem sozialen System und damit der Gesellschaft die integrative Funktion zuweist und dann innerhalb der Gesellschaftstheorie von einem Primat der integrativen Funktion ausgeht, dem die übrigen Funktionen sich anzupassen haben, auch wenn sie nicht aus der integrativen Funktion ableitbar sind, sondern sich aus der wiederholten Anwendung des Grundschemas der Parsonsschen Systemtheorie ergeben. Ist dieser gedankliche Rahmen aber einmal gesprengt und gibt man den Gedanken eines allgemeinen Handlungssystems, das Organismus, Persönlichkeit, Sozialsystem und Kultur als Teilsysteme in sich begreift, auf, wird eine solche Präzisierung der in der Gesellschaft zu erfüllenden Funktionen unmöglich. Dann wird Evolution, graduelle Ausdifferenzierung und Selbstsystematisierung der Gesellschaft zum eigenständigen Faktor, zur intervenierenden Variable, die nicht nur ein vorbestimmtes Funktionsschema entfaltet, sondern die Funktionen selbst ändert, abstrahiert, spezifiziert. Deren begriffliche Fassung muß dann entweder abstrakter formuliert oder historisch, wenn nicht gar regional relativiert werden.

Ich vermute, daß man mit andersartigen Konstruktionen dieses deduktiven Typs solche Erfahrungen nur wiederholen wird, und verzichte daher auf die Ableitung eines allgemeinen Funktionsschemas aus der Systemtheorie. Das ist ein angesichts des derzeitigen Forschungsstandes sich aufdrängender Rückzug aus höchsten theoretischen Ambitionen axiomatisch-deduktiver Systematisierung der Erkenntnis selbst. Dieser Verzicht auf eine Deduktion und die Anerkennung der Kontingenz aller Funktionen ergibt sich zwingend aus dem Umweltbezug der Systemtheorie;[200] er ist damit ein Element der (in Teil 5) ausführlich zu erörternden Selbstbezüglichkeit der Systemtheorie.

Supertheorien leisten, wie am Falle Parsons' erkennbar, ohnehin für sich allein weder eine pseudodeduktive Begründung noch eine Erklärung, noch eine Prognose konkret spezifizierbarer Gesellschaftszustände oder -ereignisse. Sie haben gleichwohl eine wissenschaftstheoretisch genau angebbare Funktion. *Sie garantieren Limitationalität.* Sie rekonstruieren Gesichtspunkte der Begrenzung von Möglichkeiten mit der Folge, daß Negationen im Prozedere der Theorie bzw. Eliminierungen in der Wirklichkeit die Wahrscheinlichkeit anderer (bekannter oder unbekannter, vorhandener oder noch zu entwickelnder) Möglichkeiten steigern und etwas zu ihrer Bestimmbarkeit beitragen.[201] Mehr wird auch von Parsons nicht geleistet. Wenn aber dies die Funktion von Su-

200 So auch Goldschmidt, *Comparative Functionalism*, S. 120ff., der aber gleichwohl an einer anthropologischen Ableitbarkeit universeller Funktionen festhält.

201 Auf diese Prämisse der Limitationalität, die von Gattungslogiken alteuropäischen Typs, von der Dialektik, vom kritischen Rationalismus und von der funktional-vergleichenden Methode gleichermaßen vorausgesetzt werden muß, kommen wir in Teil 5, Kap. II zurück. Vorweg sei hier nur angedeutet, daß es sich um eine kategoriale Leistung handelt in dem Sinne, daß sie eine Synthese von Denken und Sein erfordert.

pertheorien ist, müssen sie in ihrem Anspruchsniveau darauf beschränkt und in Richtung auf Steigerung der Limitationalität verbessert werden. Das kann vor allem durch überlegte Zusammenführung einer Mehrheit von heterogenen Supertheorien geschehen.

Die Auffangstellungen für einen solchen Rückzug aus falsch plazierten theoretischen Ambitionen haben wir vorbereitet. Ohne Garantie für Vollständigkeit und für deduktive Schlüssigkeit ergeben sich sowohl aus der Theorie symbolisch generalisierter Kommunikationsmedien als auch aus der System/Umwelt-Theorie in Anwendung auf das Gesellschaftssystem Hinweise auf mögliche Zentralfunktionen, und aus der Evolutionstheorie ergeben sich Anhaltspunkte für eine Erklärung des historischen Prozesses ihrer Ausdifferenzierung. Deren Zusammenführung lehrt, daß keine der über das Gesellschaftssystem hinaus abstrahierbaren Theorien: weder die Kommunikationstheorie noch die Systemtheorie, noch die Evolutionstheorie, für sich allein in der Lage ist, den Funktionsmodus des Gesellschaftssystems abstrakt oder für bestimmte historische Lagen zu limitieren. Nur durch Kombination dieser Supertheorien an Hand einer spezifischen Systemreferenz lassen sich hinreichend konkretisierbare Forschungsansätze entwickeln.[202]

Aus allgemeinen systemtheoretischen Erwägungen ist es unwahrscheinlich, daß komplexe Systeme eine interne

202 Diese Aussage ist hier auf das Gesellschaftssystem zugeschnitten. Sie gilt mutatis mutandis aber auch für alle anderen Sozialsysteme. Dabei tritt auf Systemebenen unterhalb des Gesellschaftssystems, auf denen man nicht mehr sinnvoll von Systemevolution sprechen kann, an die Stelle der Evolutionstheorie in den Prämissen des Forschungsansatzes eine Bezugnahme auf die Struktur der Gesellschaft selbst. Damit muß, wenn man in der Gesellschaft konkret forschen will, immer auch eine historische Relativierung akzeptiert werden.

Differenzierung in direkter Anlehnung an vorgegebene Umweltsektoren entwickeln. Auffällige Differenzen wie Himmel und Erde oder Wasser und Land oder Männliches und Weibliches werden symbolisiert, aber nicht in einer Art »Matching« durch interne Systemdifferenzierung kopiert. Es wäre wenig sinnvoll, das Religionssystem nur für die himmlischen Angelegenheiten zuständig sein zu lassen und das politische System nur für die irdischen. Die Unterscheidung *civitas Dei / civitas terrena* ist bewußt nicht identisch mit der Unterscheidung von Staat und Kirche. Gleichwohl können Umweltstrukturen Anhaltspunkte geben, die je nachdem, in welchem Abstraktionsgrad sie erfahren werden, mehr oder weniger weitgehend soziale Differenzierungsmöglichkeiten vorprägen. Das gilt etwa für die technologische Komponente menschlicher Naturbearbeitung, die Formen der Arbeitsteilung auf Rollen- oder gar Rollensystemebene vorprägt. Aber auch hier entspricht die Ausdifferenzierung der Wirtschaft selbst als besonderer Thematik sozialer Kommunikation nicht mehr einem spezifischen Umweltausschnitt und gewinnt gerade durch diese Nichtentsprechung Distanz und Operationsfreiheit gegenüber der Umwelt.

Hierin dürften die Gründe liegen, weshalb im evolutionären Aufbau komplexer Gesellschaften langfristig sich diejenigen Bezugspunkte der Differenzierung herausfiltern und bewähren, die anschließen an die Art und Weise, in der Annehmen oder Ablehnen von Kommunikationen geregelt wird. Nur eine Differenzierung unter diesen Gesichtspunkten hat durchschlagenden Erfolg. Die funktionale Differenzierung komplexer und in der weiteren Evolution chancenreicher Gesellschaften schließt daher an die Differenzierung der Kommunikationsmedien an; und erst sehr spät werden von der Gesellschaft selbst hinreichend abstrakte Umweltunterscheidungen entwickelt, die es ermöglichen, große interne

Funktionssysteme, etwa für Medizin oder für Erziehung, darauf zu spezialisieren.

Im Hinblick auf Sonderprobleme der Interaktionskonstellationen, die durch Medien geregelt werden, haben im Falle von Macht (1) das *politische System*, (2) das *Rechtssystem* und (3) das *Militärsystem* sich ausdifferenziert, wobei in vielen Regionen die Differenzierung von Politik und Recht und/oder die Differenzierung von Politik und Militär problematisch geblieben ist. Für den Medienkomplex Eigentum/Geld hat sich (4) ein besonderes *Wirtschaftssystem* gebildet. Hier gibt es anders als im Falle von Macht, wo sich in einigen historischen Fällen für den Zweitcode des Rechts ein politisch unabhängiges Rechtssystem mit direktem Gesellschaftsbezug bilden konnte, noch kein in gleichem Sinne wirtschaftlich unabhängiges Geldsystem.[203] Das hat verschiedene Gründe, unter anderen den, daß man nicht nur mit produktiver Arbeit, sondern auch mit Geld Geld verdienen kann.

Dem Medienbereich der Wahrheit ist wiederum eindeutig (5) das *Wissenschaftssystem* zugeordnet. Als Interaktionsraum der Liebe ist nach neuzeitlicher Auffassung primär (6) die *Familie* gedacht mitsamt andersartigen, teils kompensierenden oder substituierenden, teils konkurrierenden Intimbeziehungen privater Art (Freundschaften). Es gibt

203 Daß es das bisher nicht gibt, wäre weiterer Reflexion wert und läßt Fragen offen in bezug auf die künftige Ökonomie der Weltgesellschaft. Es könnte durchaus sein, daß größere wechselseitige Unabhängigkeiten zwischen eigentumsorientierter Produktion und Konsum auf der einen und Geld-»Politik« auf der anderen Seite sich als notwendig erweisen werden. Das würde eine stärkere Differenzierung (unterschiedliche Konditionierung) von Eigentum und Geld und eine Art Professionalisierung der Geldverwaltung erfordern. Daß man im Grunde nicht recht weiß, was die Milliardenverluste oder -gewinne der Zentralbanken in der Sprache von Eigentum eigentlich besagen, ist ein Symptom, das in diese Richtung deutet.

schließlich Ansätze zur Ausdifferenzierung (7) von *Kunst* mit beträchtlichen Autonomieansprüchen, aber prekärer Organisations- und Interaktionsbasis. Von einem funktionsspezifisch ausdifferenzierten Sondersystem für Wertbeziehungen, nämlich für ein erlebensbezogenes Medium ohne Wahrheitsfähigkeit, wird man kaum sprechen können,[204] jedenfalls sind Versuche einer Systembildung im Sinne eines Kults der Kultur, wie sie vor allem während der Französischen Revolution unternommen worden sind, immer wieder ins Lächerliche abgeglitten.

Diese auf die Medientheorie zwar bezogene und durch sie inhaltlich präzisierbare, gleichwohl aber evolutionsabhängige und insofern offene Liste muß nun durch systemtheoretische Gesichtspunkte ergänzt werden. Medien ordnen nur die »Interna« einer als Sozialsystem ausdifferenzierten, aufs Soziale spezialisierten Gesellschaft, nämlich nur die Bedingungen erfolgreicher Kommunikation. Als System, das sich durch Kommunikationsprozesse ausdifferenziert, hat die Gesellschaft aber immer auch eine Umwelt. Auch in bezug auf die Umwelt ergeben sich spezifizierbare Systemprobleme, die zu Funktionen ausformuliert werden und Anlaß zu Teilsystembildungen geben können. Es gibt keine theoretisch begründbare Garantie dafür, daß alle in bezug auf die Umwelt der Gesellschaft sich stellenden Probleme über Mediendifferenzierung, das heißt medienspezifisch, adäquat gelöst werden können. Im Gegenteil: Es wäre eher unwahrscheinlich, wenn ein Sozialsystem sich durch Optimierung seines

204 Der in den Vereinigten Staaten im Anschluß an Robert N. Bellah, *Beyond Belief: Essays on Religion in a Post-Traditional World*, New York 1970, vieldiskutierte Komplex der »civil religion« wäre eher hier als im Bereich der Religion zu behandeln, wobei Differenzierungsschwierigkeiten zwischen diesen beiden Funktionsaspekten auf der Hand liegen.

Prinzips der Ausdifferenzierung und der Selbstkonstitution zugleich in eine optimale Umweltlage brächte, ohne Kompromisse schließen zu müssen. Vielmehr wird es erforderlich sein, zusätzlich auch *umweltspezifische Subsysteme* zu bilden, und das heißt: mit einem inhomogenen Funktionsschema zu arbeiten, das nur abstrakt durch das allgemeine Prinzip funktionsbezogener Differenzierung zusammengehalten wird.

In einem Falle deutet sich, zur Zeit jedenfalls, ein hohes Maß an Kongruenz beider Aspekte an. Das Wissenschaftssystem hat, weil es auf Erleben mit externaler Zurechnung spezialisiert ist, zugleich wichtige Erfolge in bezug auf die physische und organische Umwelt des Gesellschaftssystems erzielen können. Gerade die Erfolge von Wissenschaft und wissenschaftsabhängiger Technik haben jedoch in eigentümliche Unbalanciertheiten geführt, deren gesamtgesellschaftliche Relevanz heute erkennbar wird.[205] Grenzen der Ausnutzbarkeit der physischen und organischen Umwelt involvieren in zunehmendem Maße Wirtschaft und Politik, ohne daß gesichert wäre, daß und wie diese an Eigentum/Geld und an Macht/Recht orientierten Teilsysteme einer solchen umweltspezifischen Problematik gerecht werden könnten. Jedenfalls ist einstweilen außerhalb von Wirtschaft und Politik keinerlei eigenständiges Teilsystem erkennbar, das sich auf gesamtgesellschaftlicher Basis den Beziehungen zur physischen und organischen Umwelt annähme. Dies Problem bleibt damit eine Frage von Wissen, Macht und Geld.

Anderes gilt für die personalen Systeme als Umwelt des Gesellschaftssystems. Hierfür gibt es auf traditionellen Grund-

205 Ebenso spekulativ wie verführerisch ist es, diese Unbalanciertheiten genau darauf zurückzuführen, daß hier ein gesamtgesellschaftlich nicht ausreichend kontrollierbares *Spezial*medium durchgreifende Bedeutung nicht nur für die Kommunikation, sondern auch für die Umwelt des Gesellschaftssystems gewonnen hat.

lagen seit langem ein Problembewußtsein und Bemühungen um eine besondere Funktion des Lehrens und Lernens, für die (8) das *Erziehungssystem* ausdifferenziert ist. Dies Teilsystem der Gesellschaft hat speziell die Funktion, eine dem Funktionsniveau der Gesellschaft entsprechende personale Umwelt laufend zu reproduzieren. Die Ausdifferenzierung und Universalisierung dieser Sonderfunktion nimmt in den letzten beiden Jahrhunderten deutlich zu, und zwar auf allen Ebenen der Familienerziehung, der Schulerziehung und der Hochschulerziehung,[206] und dies, obwohl sich für den Lehr-/Lernprozeß der Erziehung kein spezifisches Kommunikationsmedium hat entwickeln lassen.[207]

Auch (9) das *Sozialsystem für Medizin* hat seinen funktionalen Schwerpunkt ähnlich wie das Erziehungssystem in der Umwelt des Gesellschaftssystems.[208] Die Funktion des Medizinsystems läßt sich als Erhaltung des organischen Potentials der personalen Träger gesellschaftlicher Kommunikatio-

206 Vgl. dazu Talcott Parsons, Gerald M. Platt, »Age, Social Structure, and Socialization in Higher Education«, *Sociology of Education* 43 (1970), S. 1-37.

207 Die Verlegenheit der Pädagogik in dieser Frage und die Probleme eines Primats kognitiver Aspekte und wahrheitsorientierter Thematiken im Erziehungsprozeß liegen offen zutage. Hier zeigen sich an erziehungssystem*internen* Problemen die Konsequenzen, die sich aus der Inhomogenität des Funktionsschemas der Gesellschaft ergeben: Keines der Medien kann für sich allein ausreichende Erziehung gewährleisten. Zugleich muß aber die Erziehung gewährleistet werden für eine Gesellschaft, die sich im zentralen Funktionsschema medienspezifisch differenziert.

208 Die gleiche Analogie findet sich auch bei Talcott Parsons, »Comparative Studies and Evolutionary Change«, in: Ivan Vallier (Hg.), *Comparative Methods in Sociology: Essays on Trends and Applications*, Berkeley, Los Angeles u. a. 1971, S. 97-139 (116). Sie wird von Parsons außerdem auch auf das Wirtschaftssystem erstreckt, das er (m. E. irrig) als spezialisiert auf Anpassung an die Umwelt ansieht.

nen beschreiben. Das schließt, wie heute unbezweifelbar, Mitberücksichtigung personaler und sozialer Bezüge organischer Prozesse ein, soweit sie für die organische Gesundheit relevant sind.[209]

Ähnlich wie das Erziehungssystem kann auch das (10) an letzter Stelle zu nennende *Religionssystem* nicht medienspezifisch begriffen werden, obwohl es Ansätze gegeben hat, den Symbolkomplex »Glauben« von organisatorischen Eintritts- und Austrittsbedingungen abzulösen und in Richtung auf ein symbolisch generalisiertes Kommunikationsmedium mit besonderen Überzeugungsgrundlagen zu entwickeln.[210] Die Funktion der Religion bezieht sich auf den Unbestimmtheitscharakter der in der gesellschaftlichen Evolution konstituierten Welt. Dessen Formulierung differenzierte zumindest in der Tradition immer Annahmen in bezug auf die Umwelt der Gesellschaft[211] und in bezug auf Werte oder Normen für die Gesellschaft selbst (obwohl Welt eigentlich Aufhebung der Diskontinuität, also Nicht-Nichtidentität von Gesellschaft und Umwelt und gerade insofern unbestimmbar ist). Ihrer

209 »Capacity maintenance«, formuliert Mark G. Field, »The Health Care System of Industrial Society: The Disappearance of the General Practitioner and Some Implications«, in: Everett Mendelsohn u.a. (Hg.), *Human Aspects of Biomedical Innovation*, Cambridge (Mass.) 1971, S. 156-180 (157).

210 Hierzu Niklas Luhmann, »Religiöse Dogmatik und gesellschaftliche Evolution«, in: Karl-Wilhelm Dahm, Niklas Luhmann, Dieter Stoodt, *Religion – System und Sozialisation*, Darmstadt, Neuwied 1972, S. 15-132, insb. S. 52ff., 63ff.

211 Deshalb interpretiert zum Beispiel Parsons die Funktion der Religion in bezug auf ein Umwelt*segment*: »ultimate reality«. Vgl. Parsons, *Societies*, S. 9; ders., »Mental Illness and ›Spiritual Malaise‹: The Role of the Psychiatrist and of the Minister of Religion«, in: ders., *Social Structure and Personality*, S. 292-324. Vgl. auch Paul Tillich, *Biblical Religion and the Search for Ultimate Reality*, Chicago 1955; Colin Campbell, *Toward a Sociology of Irreligion*, London 1971, S. 132ff.

eigenen Selbstthematisierung, ihrem transzendenzbezogenen Funktionsverständnis zufolge kann man daher auch Religion als umweltbezogenes Teilsystem der Gesellschaft ansehen.

Als Liste wichtiger Funktionssysteme haben wir somit zusammengestellt: (1) Politisches System, (2) Rechtssystem, (3) Militärsystem, (4) Wirtschaftssystem, (5) Wissenschaftssystem, (6) Familiensystem, (7) Kunstsystem, (8) Erziehungssystem, (9) Medizinsystem, (10) Religionssystem. Der Zahl Zehn kommt dabei keinerlei Bedeutung zu. Möglichkeiten der Erweiterung, Grenzfälle und Unterdifferenzierungen der Subsysteme müßte man genauer untersuchen. Das wollen wir Spezialsoziologien überlassen. Wichtiger ist es, sich noch zu überlegen, welche Konsequenzen die Inhomogenität dieser Subsystembildung hat. Hierbei lohnt es sich, noch einmal die Parsonssche Theorie zum Vergleich heranzuziehen.

Eine Theorie, die das Funktionsschema deduktiv ableitet, verlegt Vollständigkeit und Limitationalität in die Funktionen selbst. Sie bleibt dabei analytisch insofern, als sie die Problemkonstruktion der Theorie mit den Systemfunktionen identifiziert. Damit gewinnen die Einzelfunktionen eine Art Kompatibilitätsgarantie, und zwar nicht nur in bezug auf das Gesamtsystem, sondern auch in bezug auf die anderen Teilsysteme: Gut geleistetes »pattern maintenance« ist auch für »integration« von Wert, ja Voraussetzung der eigenen Ausdifferenzierung und Autonomie usw. Natürlich wird zugestanden, daß unter der Bedingung von Ressourcenknappheit nicht alle Funktionen maximal erfüllt werden können, aber die Richtungen der Funktionserfüllung und, wenn man so will, die Normen der Leistungsanforderung sind vorweg harmonisiert.

Davon unterscheidet sich das hier präsentierte Konzept im Ausgangspunkt und infolgedessen im Resultat. Die Grundprobleme der theoretischen Konstruktion – die System/Umwelt-Differenz der Systemtheorie, die Differenzierung der evolutionären Mechanismen, die Übertragungs-(Annahme-) Problematik in den Kommunikationsmedien – werden von den spezifizierten Funktionen unterschieden. Die Funktionsspezifikation wird als abhängig gesehen von der Ausdifferenzierung mindestens zweier Systemebenen, nämlich des Gesamtsystems, *für* welches, und der Teilsysteme, *durch* welche Einzelfunktionen erfüllt werden. Sie ist nicht das analytisch feststehende Steuerungsprinzip, sondern ein kontingentes Ergebnis von Evolution. Bei diesem Ansatz wird daher auch die Kompatibilität der Funktionssysteme nicht als schon durch die Funktion garantiert angesehen; sie wird ebenfalls zum Ergebnis und damit auch zur Schranke von möglicher Evolution.

Geht man von dem hier gewählten Ansatz aus, dann wird es zum Hauptproblem der gesellschaftlichen Evolution, auf jeweils unterschiedlichen Niveaus der Komplexität gangbare Funktionsverteilungen zu finden. Schon innerhalb des Bereichs der Kommunikationsmedien kann man – das haben wir ausführlich erörtert[212] – nicht davon ausgehen, daß für jede Konstellationstypik und für jedes in ihr anfallende Sonderproblem sich auch Medien mit gesellschaftsweit systembildendem Effekt ausdifferenzieren lassen. Die Medien haben, was ihr Systembildungspotential angeht, sehr ungleiche Chancen. Zur Erklärung wird man nicht zuletzt auf Probleme der Organisationsfähigkeit und der Interaktionsabhängigkeit zurückgreifen müssen. In dem Maße, als die Funktionsdifferenzierung der Gesellschaft sich auf Mediendifferenzierung stützt, und das ist für die neuzeitliche Gesellschaft charakteristisch, werden diese Ungleichheiten der Entwicklungschancen zugleich zum gesellschaftsstrukturellen Problem und zu Bedingungen, die die Ausgangslage

212 Vgl. oben, Teil 3, Kap. II.2.

weiterer Evolution definieren. Dabei war die bisherige Geschichte eine solche des Erfolgs. Bestimmte Medien, vor allem politische Macht, monetisiertes Eigentum, wissenschaftliche Wahrheit, hatten sich als geeignet erwiesen, als Katalysator für hochkomplexe Kommunikationssysteme zu dienen. Über den Aufbau dieser Funktionssysteme ist jedoch die Gesellschaft selbst so komplex geworden, daß sie als Umwelt die Mediensysteme laufend überfordert. Die Symptome lassen sich nicht zuletzt an den Symbolstrukturen und im Bewußtsein chronisch defizitärer Reflexionsleistungen ablesen.

In dieser Situation wird man ferner zur Kenntnis nehmen müssen, daß es nie möglich gewesen ist und auch nicht möglich sein wird, das Funktionsschema des Gesellschaftssystems ausschließlich von den zentralen Kommunikationsmedien her festzulegen. Es gibt für die Gesellschaft im ganzen Beziehungsprobleme zur Umwelt, die sich nicht medienspezifisch lösen lassen. Diesen Problemen entsprechen eigene Teilsysteme der Gesellschaft, vor allem das für Religion und das für Erziehung. Solche Systeme sind einerseits behindert dadurch, daß ihnen für ihre Übertragungsprobleme hinreichend spezialisierte eigene Medien fehlen – man denke etwa an die Schwierigkeiten, den Lehr-/Lern-Prozeß mit den älteren pädagogischen Begriffen von »Führung«, »Autorität« usw. zu erfassen.[213] Umgekehrt haben sie Effekte, die sich mit den Erfordernissen einer medienspezifisch operierenden Gesellschaft schwer zur Deckung bringen lassen – man denke etwa an die vom Erziehungssystem (nicht vom Religionssystem!) ausgehenden Tendenzen zur Remoralisierung der Gesellschaft. Offensichtlich ist auch das Religionssystem mit

213 Es ist nur ein Symptom unter vielen anderen, wenn man neuerdings dazu neigt, der Gesellschaft Autorität zum Vorwurf (!) zu machen. Siehe nur Pierre Bourdieu, Jean-Claude Passeron, *Grundlagen einer Theorie der symbolischen Gewalt*, Frankfurt/M. 1973 (dt. Übers.).

seinem eigenen Funktionsverständnis unter Abstraktionsdruck geraten, ist aber einerseits nicht in der Lage, die in den Mediensystemen offenbleibenden Abschlußproblematiken als religiöse Fragen zu fassen und zu beantworten oder auf andere Weise die entsprechenden Reflexionsdefizite auszugleichen. Vielleicht kann man so weit gehen zu sagen, daß binäre Schematisierung, die jeder Codebildung zugrunde liegt, schlechthin »säkularisierend«[214], nämlich individualisierend wirkt. Erfahrungen mit der Logik, aber auch mit der Liebe deuten darauf hin.

Funktionsdiskrepanzen dieser Art haben immer drei Seiten: Sie erscheinen als Umweltschwierigkeiten, wenn nicht gar als Strukturschwäche oder als Anomie, in den Teilsystemen etwa als Verlust der Glaubwürdigkeit religiöser Deutungsmuster; sie haben Folgen für andere Teilsysteme der Gesellschaft; und sie betreffen den Integrationsgrad des Gesellschaftssystems im ganzen. Wie sich aus der allgemeinen Theorie der Systemdifferenzierung leicht ablesen läßt, geht es hierbei nicht nur um das Problem des Ausfalls oder der Entbehrlichkeit einzelner Funktionen; vielmehr verändert diese Variable zugleich die Umwelt anderer Teilsysteme und gefährdet deren Spezifikationsgrad. Das, was die Politik für sich selbst nur als Ideologie brauchte, gewinnt, wenn Religion nicht mehr vorausgesetzt werden kann, quasireligiöse Funktionen und wird dadurch politisch unhandlich. Ähnliches gilt

214 »Säkularisierend« in dem Sinne, daß *gesellschaftsstrukturelle* Funktionen der Religion nun nicht mehr kongruent sind mit Problemlagen in gesellschaftlichen Teilsystemen wie Politik, Wirtschaft und Wissenschaft, sondern durch als *privat* definierte Einstellungen vermittelt werden und gerade darin, in der Privatheit, ihre Universalität haben. Andeutungen in dieser Richtung bei Talcott Parsons, »Religion in Postindustrial America: The Problem of Secularization«, *Social Research* 41 (1974), S. 193-225.

auf der Ebene der Zweckprogramme für das Verhältnis von Wirtschaft und Politik. Gerade in funktional differenzierten Systemen lassen sich, weil jedes Teilsystem nicht nur es selbst, sondern zugleich Umwelt für andere Teilsysteme ist, Strukturschwächen und Krisen nicht so leicht isolieren: Leistungen sind spezifizierbar; die Konsequenzen von Leistungsausfällen sind es nicht.

All diese Folgeprobleme forcierter Spezifikation von Funktionen auf der Grundlage inhomogener Problemstellungen beruhen auf funktionaler Differenzierung. Sie stellen funktionale Differenzierung also nicht in Frage. Aber sie lassen Zweifel daran aufkommen, ob Eignung für hohe Komplexität, »higher generalized adaptive capacity« oder ähnliches immer noch als Selektor evolutionären Erfolgs funktioniert oder ob inzwischen gesamtgesellschaftliche Probleme der Funktionsabstimmung vorherrschen, die über systemspezifische Effekte (Outputs) vermittelt werden und Zeit involvieren.

3. Funktion, Leistung, Reflexion

Im vorigen Abschnitt stand die Perspektive der in der Gesellschaft institutionalisierten Funktionen im Vordergrund. Die Diskussion betraf deren Herkunft und Heterogenität. Jetzt wollen wir den Blick erweitern auf Sachverhalte, die sich einstellen, wenn ein Gesellschaftssystem in Funktionssysteme differenziert wird. Eine Theorie der Systemdifferenzierung formuliert nicht nur das Prinzip der Differenzierung und die Einheit von Kontinuität und Diskontinuität im differenzierten System. Sie ermöglicht weitere Rückschlüsse auf interne Strukturen und Prozesse des differenzierten Systems und eröffnet damit den Weg zu konkreteren, teilsystemspezifischen Aussagen.

In der Parsonsschen Theorie wird das zum Beispiel durch drei verschiedene Relationierungstypen geleistet: durch das Prinzip der Funktion, die die Teilsysteme auf das Ganze ausrichtet, durch den Gedanken, der »hierarchy of control«, der eine transitive Rangordnung der wechselseitigen Kontrolle bzw. gegenläufigen Konditionierung postuliert, also eine lineare Struktur behauptet, und durch die »input/output-interchanges«, die auf einer bestimmten Systemebene (zum Beispiel: »general action system«, »social system«, »economy«) alle vier Teilsysteme mit jedem anderen verbinden. Diese Spezifikationen sind zu stark an die besondere Architektur der Parsonsschen Theorie, vor allem an die Vierfaltigkeit der Funktionen gebunden, als daß wir sie übernehmen könnten. Statt dessen greifen wir auf ein abstrakteres Konstruktionsprinzip zurück, um zu erreichen, daß unsere Folgerungen an jede Art von funktionaler Systemdifferenzierung anschließen können, nämlich auf das Prinzip der durch Differenzierung erzeugten *Mehrheit von Systemreferenzen*.

Immer wenn ein System in sich selbst eine Mehrheit von Teilsystemen ausdifferenziert, multiplizieren sich die Systemreferenzen, die für die Systeme selbst ebenso wie für ihre wissenschaftliche Analyse Bedeutung gewinnen. Was immer relevant wird, hat damit die Möglichkeit mehrfacher Relationierung. Dieser Struktureffekt hat große Tragweite und durchdringende Relevanz. Es bezieht sich nicht nur auf diejenigen Prozesse, durch die Teilsysteme miteinander kommunizieren, in dem einfachen Sinne, daß zu einer Kommunikation immer mindestens zwei Partnersysteme gehören; vielmehr ist die Mehrheit von Systemreferenzen auch und gerade relevant für die Analyse systeminterner Strukturen und Prozesse. Das ergibt sich aus der Grundthese unserer Systemtheorie, daß Systeme sich stets in bezug auf eine Umwelt konstituieren.

Jedes Teilsystem hat immer *drei verschiedenartige Systemreferenzen*: (1) die zu dem *umfassenden System*, dessen Teil es ist; (2) die zu den *anderen Teilsystemen*; und (3) die zu *sich selbst*. Nur diese drei Typen von gesamtsysteminternen Systemreferenzen kann es geben, wobei einer der Typen, nämlich die Beziehung zu anderen Teilsystemen, normalerweise eine Pluralität mit mehr oder weniger großer Heterogenität der Elemente darstellt. Für eine vollständige Darstellung wäre noch auf die Beziehung der Teilsysteme zu den Systemen der Außenumwelt des Gesamtsystems einzugehen; das lassen wir jedoch im folgenden außer acht, um die Darstellung nicht unnötig zu verkomplizieren.

Alle diese Systemreferenzen erhalten infolge der Systemdifferenzierung je besondere Ausformungen, die sich typisierend (unter Absehen von den Besonderheiten der Teilsysteme) beschreiben lassen. Die Beziehung zu dem *umfassenden System* wird bei funktionaler Differenzierung durch die *Funktion* vermittelt. Das Teilsystem spezialisiert sich auf die Lösung bestimmter Probleme des Gesamtsystems, etwa auf eines der durch Kommunikationsmedien spezifizierten Übertragungsprobleme. Es übernimmt einen funktionalen Primat. Darüber ist das Nötige bereits gesagt worden.[215] Für das Folgende ist vor allem zu beachten, daß eine solche institutionalisierte Funktionsausrichtung nie das ganze Sozialsystem »instrumentalisiert«, so als ob die Funktion der Zweck und das System das Mittel wäre. Im politischen System wird nicht nur Politik getrieben; man reist zum Beispiel auch gern, erlangt soziales Prestige, befriedigt Kontaktbedürfnisse. Die Funktion ist nur ein Orientierungsbezug unter anderen, allerdings einer, der in Konfliktsfällen oder bei Prioritäts-

215 Vgl. oben, Kap. II.2.

entscheidungen besonders wichtig ist und Wucherungen in andere Richtungen beschneidet.

Als *Leistung* wollen wir alle Prozesse bezeichnen, die als Output des jeweiligen Teilsystems *anderen Teilsystemen* zugute kommen, also von diesen als Input aufgenommen und verarbeitet werden. So bestehen die Leistungen des politischen Systems in der Produktion bindender Entscheidungen, seine gesellschaftliche Funktion dagegen im Prozessieren von Macht.[216] Die Leistung des Erziehungssystems besteht in der Produktion von Fähigkeiten, Ansprüchen und Zertifikaten, seine gesellschaftliche Funktion dagegen in der Erzeugung einer gesellschaftsadäquaten personalen Umwelt des Gesellschaftssystems. Die Leistung des Wissenschaftssystems besteht in der Produktion von anwendbarem Wissen, seine gesellschaftliche Funktion dagegen im Prozessieren kognitiver Informationen unter dem Gesichtspunkt Wahrheit/Unwahrheit.[217] Für den Fall des Wirtschaftssystems kann man sagen, daß durch Produktionsleistungen ein Bedarf befriedigt wird, daß die gesellschaftliche Funktion dagegen in der Ausdehnung des Zeithorizontes liegt, in dem ökonomische Werte akkumulierbar und verteilbar sind. Für das Religionssystem wäre die *cura animarum* eher ein Leistungs-

216 Diese Unterscheidung war nicht deutlich genug formuliert in Niklas Luhmann, »Soziologie des politischen Systems«, in: ders., *Soziologische Aufklärung 1*, S. 154-177.

217 Vgl. hierzu auch Niklas Luhmann, »Theoretische und praktische Probleme der anwendungsbezogenen Sozialwissenschaften«, Ms., 1974 [Druck: Niklas Luhmann, »Theoretische und praktische Probleme der anwendungsbezogenen Sozialwissenschaften: Zur Einführung«, in: Wissenschaftszentrum Berlin (Hg.), *Interaktion von Wissenschaft und Politik: Theoretische und praktische Probleme der anwendungsorientierten Sozialwissenschaften*, Frankfurt/M., New York 1977, S. 16-39, Wiederabdruck in: Niklas Luhmann, *Soziologische Aufklärung 3: Soziales System, Organisation, Gesellschaft*, Opladen 1981, S. 321-334].

bezug, während die gesellschaftliche Funktion, nicht ohne Widersprüche dazu, in der dogmatischen Reformulierung unbestimmter Kontingenz, also namentlich in der Gotteslehre erscheint.[218]

Während die Funktionsorientierung unter operativen Gesichtspunkten systemintern spezifiziert wird, zum Beispiel durch Regeln wissenschaftlicher Methodologie oder durch Programmierung des Machtgebrauchs, durch Didaktiken oder durch Wirtschaftlichkeitsrechnung, erfordert die Spezifikation von Leistungen eine Abstimmung mit spezifischen Umweltsystemen, die ihrerseits nicht die Gesellschaft als ganze repräsentieren. So kann und wird es typisch zu Konflikten zwischen Funktion und Leistung kommen; mit Rücksicht auf seine besondere Funktion kann ein System nicht beliebigen Leistungszumutungen folgen: Nicht jeder Bedarf läßt sich durch Produktion wirtschaftlich befriedigen, nicht jeder Wunsch nach anwendbarem Wissen ist durch Wahrheiten abdeckbar. Andererseits dient jedoch, da die Gesellschaft als umfassendes System keine Leistungen abnimmt, immer nur das Sonderinteresse anderer Teilsysteme als letztes Kriterium des Erfolgs oder Mißerfolgs. Einschätzungen der Abnahmefähigkeit gehen daher auf einer operativen Ebene in die Selektionsprozesse der Systeme ein: in die Wahl wissenschaftlicher Themen, in die Wahl von Produktsorten, in die Stoffangebote der Curricula des Erziehungssystems.

Gerade diese Nichtidentität von Funktion und Leistung in differenzierten Systemen kann nun für das einzelne Teil-

218 Der eben genannte Widerspruch wird zum Beispiel in der Lehre von den Gründen der Menschwerdung Gottes aktuell. Vgl. dazu Aloysius Spindeler, *Cur Verbum caro factum? Das Motiv der Menschwerdung*, Paderborn 1938, und (freilich mit einer zu oberflächlich ansetzenden soziologischen Interpretation) August M. Knoll, *Zins und Gnade: Studien zur Soziologie der christlichen Existenz*, Neuwied, Berlin 1967.

system zum Anlaß werden, seine eigene Identität zu suchen. Die Beziehung zu sich selbst ist die dritte Systemreferenz, die auftreten kann, und sie wird realisiert in Prozessen der Selbstthematisierung oder *Reflexion*.

Reflexionsprozesse sind immer auch Prozesse der Historisierung. Ein System, das sich reflektiert, profiliert sich damit vor dem Horizont der eigenen *Vergangenheit*. Nur in seinem Gewordensein kann es sich objektivieren – und sich daraufhin ganz oder partiell affirmieren oder negieren. Nur in der Abstraktion seiner Vergangenheit findet es seine Zukunft. Ganz deutlich hatte die Reflexion des politischen Systems der Gesellschaft immer diesen historischen Bezug und involvierte das Bewußtsein einer Distanz zur eigenen (barbarischen, mittelalterlichen, ständischen oder wie immer abgeschobenen) Vergangenheit.[219] Auch die Wissenschaft rekurriert letztlich auf Problem- und Theorietraditionen, wenn es gilt, Kommunikationen als wissenschaftlich zu identifizieren. Damit sind keine Fortsetzungsverpflichtungen, wohl aber Anschlußnotwendigkeiten gegeben.[220] Die Reflexion der Wirtschaft wird mit Marx möglich und zugleich historisch an Hand des Sonderproblems der Einfrierung ökonomischer Liquidität und Verteilungsbeweglichkeit durch Schichtungsstrukturen.

219 Zu Aristoteles und Hegel als Artikulationspunkten dieses historischen Bezugs siehe Joachim Ritter, *Metaphysik und Politik: Studien zu Aristoteles und Hegel*, Frankfurt/M. 1969. Für die im Anschluß daran führende Kategorie des »Modernen Staates« siehe auch Stephan Skalweit, »Der ›moderne Staat‹: Ein historischer Begriff und seine Problematik« (Vortrag, Akademie Düsseldorf 1974) [Druck: Stephan Skalweit, *Der »moderne Staat«: Ein historischer Begriff und seine Problematik.* (*Rheinisch-Westfälische Akademie der Wissenschaften: Vorträge*, G203), Opladen 1975].

220 Dieser Frage galt das Lebenswerk von Gaston Bachelard. Siehe besonders: *La formation de l'esprit scientifique: Contribution à une psychanalyse de la connaissance objective*, Paris 1938.

Nach diesen Überlegungen zur Historizität von Reflexion ist unschwer zu erkennen, daß auch in den anderen Systemreferenzen ein Zeitbezug vorherrscht. Die Leistungsorientierung ist immer *zukunftsbezogen*, weil die Aufnahme und Weiterverarbeitung in anderen Systemen erst erfolgen kann, nachdem die eigene Leistung fertiggestellt ist. Auch hier ist der Zeithorizont inhaltsoffen gegeben: Während er im Falle der Reflexion zum Akzeptieren oder zum Verwerfen der eigenen Geschichte befähigt, hat er im Falle von Leistung die Doppelnatur der Herbeiführung oder der Verhinderung künftiger Zustände.

Der Bezug auf das umfassende Gesellschaftssystem ist dagegen als *Gegenwart* aktuell. Die Zugehörigkeit zur Gesellschaft ist unausweichlich präsent. Sie gewährt keine Wahlmöglichkeit. Anders als bei segmentärer Differenzierung, wo den Teilsystemen die Sezession freisteht, kann kein funktionales Subsystem aus der Gesellschaft »austreten« – weder die Politik noch die Wissenschaft, ja nicht einmal die Kunst. Diese Gegenwärtigkeit des Funktionsbezugs auf das Gesamtsystem zeigt sich auch daran, daß die Funktion bei allen gesellschaftlichen Kommunikationen als Adresse fungiert, also im Teilsystem und in seiner Umwelt als gleichzeitig-gegenwärtig vorausgesetzt werden muß. Wenn man bindende Entscheidungen erhalten oder verhindern will, wendet man sich an das politische System. Die erst künftig zu erbringende Leistung muß gegenwärtig schon erbeten und eventuell eingeplant werden können, und das ist nur möglich, wenn und soweit Teilsysteme Funktionen »repräsentieren«.

Mit dieser Analyse des Zeitbezugs von Funktion, Leistung und Reflexion haben wir bereits übergeleitet zu einer zusammenfassenden Betrachtung aller drei Systemreferenzen. Es hat sich gezeigt, daß die Differenzierung dieser Systemreferenzen zugleich die Zeitperspektiven auseinanderzieht, nämlich Gegenwart, Zukunft und Vergangenheit trennt. Auf diese Weise hat funktionale Differenzierung einschneidende Folgen für die Temporalstrukturen des Gesellschaftssystems. Der grundlegende Umbau des Zeitverständnisses in der Wende vom 18. zum 19. Jahrhundert ist häufig kommentiert worden;[221] er fällt nicht zufällig zusammen mit einer Entwicklungsphase des Gesellschaftssystems, die eine bis dahin unerreichte funktionale Differenzierung hervorbringt: vor allem durch Ausdifferenzierung von Wissenschaft und Erziehung aus dem Religionssystem und durch Differenzierung von Wirtschaft und Familiensystemen. Die unmittelbare Folge ist die Entdeckung der Zukunft in der Leistung und die Entdeckung der Geschichte in der Reflexion. Die daraus folgende Punktualisierung der Gegenwart zu einem Moment des Übergangs der Zukunft in die Vergangenheit entspricht der Abstraktion, ja dem Entschwinden einer über den Funktionen liegenden aggregativen Gemeinsamkeit des Gesellschaftsverständnisses.

Wohlgemerkt liegt der Zusammenhang von Differenzierungsform und Zeit keineswegs nur auf der Ebene unterschiedlichen Prozeßtempos oder unterschiedlicher Grade von Zeitknappheit und der entsprechenden Anforderungen

221 Vgl. z. B. Foucault, *Die Ordnung der Dinge*, S. 269ff., unter dem wichtigen Titel »Die Grenzen der Repräsentation«. Ferner Reinhart Koselleck, »Vergangene Zukunft der frühen Neuzeit«, in: Hans Barion (Hg.), *Epirrhosis: Festgabe für Carl Schmitt*, Berlin 1968, S. 551-566; Niklas Luhmann, »Weltzeit und Systemgeschichte: Über Beziehungen zwischen Zeithorizonten und sozialen Strukturen gesellschaftlicher Systeme«, in: Peter C. Ludz (Hg.), *Soziologie und Sozialgeschichte (Sonderheft 16 der Kölner Zeitschrift für Soziologie und Sozialpsychologie)*, Opladen 1973, S. 81-113, Wiederabdruck in: Niklas Luhmann, *Soziologische Aufklärung 2: Aufsätze zur Theorie der Gesellschaft*, Opladen 1975, S. 103-133.

an Synchronisation und Koordination. Das ist nur ein Ausschnitt, ein Teilaspekt des Gesamtproblems, und zwar einer, der speziell die Leistungsperspektive betrifft. Die Konsequenzen insgesamt beziehen sich auf die Zeit selbst, soweit sie in Korrelation zu den Strukturen des Sozialsystems Gesellschaft disponibel ist – das heißt: als Horizont sinnhaften Erlebens und Handelns. Sie belegen mithin die oben bereits grundsätzlich formulierte These eines Zusammenhangs der Kovariation zwischen Welthorizonten und Gesellschaftsstruktur.[222] Und insofern setzen Temporalstrukturen sich im Gesellschaftssystem einheitlich, das heißt für alle Teilsysteme in gleicher Weise, durch.

Funktionale Differenzierung, Multiplikation der Systemreferenzen und deren Ausformulierung als Funktion, Leistung und Reflexion sind nicht mit jeder Zeitvorstellung kombinierbar. Bei einem Gesellschaftssystem dieses Typs können Gegenwart, Zukunft und Vergangenheit nicht beliebig interpretiert werden, nicht in beliebiger Weise zueinander stehen. Die Mehrheit der Systemreferenzen erzwingt eine Dissoziierung der Zeithorizonte, eine Problematisierung jeglicher Kontinuität[223] in beiden Zeithorizonten und eine reflexive Modalisierung der Zeit in dem Sinne, daß jede Gegenwart sich temporalisiert durch eine eigene Zukunft bzw. Vergangenheit (und damit auch eigene Leistungs- und Reflexionsmöglichkeiten hat) und deshalb die gerade gegenwärtige Zukunft bzw. Vergangenheit von den künftigen bzw. vergangenen Gegenwarten unterschieden werden muß. Nur die Gegenwart bleibt erzwungene Präsenz. Aber sie wird als Übergangs- oder Entscheidungssituation zwischen Zukunft und Vergangenheit

222 Siehe oben, Kap. I.2.

223 Problemgeschichtlich hierzu: Blumenberg, *Selbsterhaltung und Beharrung*.

begriffen und so zum Ort der Freiheit, die dem Handelnden nolens volens zufällt.

Auch eine zweite Überlegung führt zu dem Resultat, daß funktionale Differenzierung durch Multiplikation der Systemreferenzen Freiheit erzwingt. Sie betrifft das Autonomwerden der Teilsysteme. Wenn es mehrere notwendige Systemreferenzen gibt, kann keine allein das System dominieren. Keine dieser Referenzen genügt für sich allein, um die Selektionen des Systems zu bestimmen. Ebensowenig wird es möglich sein, einer Systemreferenz die Priorität für alle Konfliktslagen zuzugestehen, also zu einer feststehenden Rangordnung zu kommen. Das System muß daher Regeln für ein Zusammenbestehen seiner Referenzen ausbilden und für einen Wechsel der Hauptorientierung von Situation zu Situation sorgen können. Mit anderen Worten: Weder die Funktion für das Gesamtsystem der Gesellschaft noch die Leistung für andere Teilsysteme, noch die Reflexion auf sich selbst ist das Maß aller Dinge. Und daraus folgt Freiheit in der Form von Autonomie, die zugleich Freiheit vom Ganzen, Freiheit vom anderen und Freiheit von sich selbst ist;[224] die mit alldem aber auch jeweils gebunden ist an das, wovon sie frei ist, da sie sonst in das Nichts der Orientierungslosigkeit fallen würde.

Wir illustrieren diese nur abstrakt formulierbaren Thesen am Beispiel Wissenschaft: Der funktionale Primat der Orien-

224 Es wird kaum nötig sein, darauf hinzuweisen, daß diese Formulierungen implizit polemisieren gegen ein nur dichotomisches (und dadurch unlösbares) Konfrontieren von Gesamtinteressen und Teilinteressen, Kollektiv und Individuum, Herrschaft und Emanzipation. Von solchen Vereinfachungen entfernen uns im Prinzip zwei Schritte: Man muß zunächst personale und soziale Systeme unterscheiden und dann innerhalb dieser primären Systemreferenzen *deren* Differenzierung auf Strukturen der Freisetzung hin untersuchen. Erst im Anschluß daran läßt sich sinnvoll die Frage nach möglichen Kombinationsniveaus personaler und sozialer Freiheiten stellen.

tierung am Kommunikationsmedium Wahrheit wird durch Erkenntnistheorie, Logik und Methodologie spezifiziert und führt zur Kennzeichnung wissenschaftlicher Produkte als wahr oder als unwahr. Ohne weitere Anhaltspunkte wäre er jedoch nicht funktionsfähig. Vor allem die Themenwahl kann von hier aus nicht gesteuert werden. Sie folgt teils den durch disziplinspezifische Reflexion ermittelten Problem- und Theorietraditionen, teils den an das Wissenschaftssystem herangetragenen Anwendungsinteressen. Beides verzahnt sich ineinander, derart, daß Theorielosigkeit zum Einwand gegen anwendungsbezogene Forschung, fehlende Relevanz und »l'art pour l'art« zum Einwand gegen grundlagentheoretische Spekulation werden kann. Beide Orientierungsrichtungen sind an den binären Schematismus des Wahrheitsmediums und damit an die Zuordnung zur gesellschaftlichen Funktion gebunden. Das Medium produziert als Schematismus Wahrheiten und Unwahrheiten und ist in dieser Hinsicht neutral. Die Grundlagenforschung scheint dagegen mehr auf die Produktion von Unwahrheiten (nämlich auf Dialektisierung, Widerlegung und Überwindung vorhandener Positionen) herauszulaufen. Man lernt von großen Theorien vor allem, wie man es *nicht* machen kann! Die anwendungsbezogene Forschung zielt mehr auf die Produktion von Wahrheiten ab, weil nur diese brauchbar sind. All das sind jedoch nur Aussagen über Tendenzen, die ein Verhältnis wechselseitiger Bedingung implizieren.

Der Entwicklungsstand einer wissenschaftlichen Disziplin läßt sich demnach ablesen an der Verknüpfbarkeit dieser verschiedenen Aspekte, die systemintern Systemreferenzen repräsentieren. So an den Möglichkeiten, mit methodengerechter Forschung zugleich Resultate zu erzielen, die in außerwissenschaftlichen Zusammenhängen anwendbar sind. Oder an der Abstraktion und der Auflösung und Tieferlegung allzu kompakt angesetzter Begriffe der Tradition mit der Folge, daß die Gegenstände der Forschung »futurisiert«, das heißt für künftige, leistungsbezogene Rekombinationen geöffnet werden.[225] Oder an der Frage, wieweit aus der gesellschaftlichen Umwelt kommende, an Verwertungsinteressen anknüpfende Forschungsaufträge theoretisch ergiebige Resultate abwerfen und zum Testen grundlagentheoretisch relevanter Hypothesen mitbenutzt werden können.

Wie diese Orientierungsrichtungen operativ verflochten werden, ließe sich nur im Detail zeigen. Die Bedingungen der Möglichkeit solcher Kombinationen divergieren von Disziplin zu Disziplin – nicht zuletzt deshalb ist es notwendig, Disziplinen zu unterscheiden – und vor allem zwischen Naturwissenschaften und Sozialwissenschaften. Für unsere Zwecke genügt der Gesamteindruck: Die internen Bedingungen der Kompatibilität von Funktion, Reflexion und Leistung drücken die gesellschaftliche Lage des Wissenschaftssystems aus; sie repräsentieren sozusagen für das Wissenschaftssystem dessen Gesellschaftlichkeit in der Form intern greifbarer Operationsbedingungen und Selektionsbeschränkungen. Die Notwendigkeit, intern jeweils methodengerecht zu verfahren, Theorieanschlüsse zu reflektieren und auf Anwendbarkeit zu achten, ist mithin intern gesehen Restriktion, nach außen dagegen Freiheit. Unter diesen Bedingungen kann das Wissenschaftssystem nie ganz von einer einzigen Systemreferenz abhängig werden, zum Beispiel nie ganz in den Dienst spezifischer Anwendungsinteressen treten. Gerade durch Ausdifferenzierung als funktionsspezifisches Teilsystem der

225 Eine solche Entwicklung hat Bachelard, *Le matérialisme rationnel*, am Beispiel des Materiebegriffs der Chemie vorgeführt. Man könnte in Parallele dazu überlegen, ob und wieweit einer »materialistischen« Gesellschaftstheorie eine Futurisierung ihres Gegenstandes Gesellschaft gelungen ist.

Gesellschaft und durch die dadurch bedingte Multiplikation von Systemreferenzen wird die Wissenschaft autonom. Autonomie ist der Modus ihrer gesellschaftlichen Existenz und heißt soviel wie: die innere Kombinatorik und Selbstbeschränkung dadurch realisieren, daß man in Beziehungen zur Umwelt nach eigenen Regeln verfährt.

Dieses Modell läßt sich verallgemeinern. Es ist typisch für Problemlagen in differenzierten Gesellschaften und macht zugleich die Komplexität unserer Analyse bewußt. Alle voll ausdifferenzierten Teilsysteme der Gesellschaft müssen in sich selbst jene drei Systemreferenzen an Hand je besonderer Funktionen und je besonderer Umweltkonstellationen artikulieren und in Einklang bringen. Sie gehören zum Gesellschaftssystem demnach in einem doppelten Sinne: dadurch, daß sie eine Funktion für das Gesamtsystem übernehmen, die anderswo nicht (oder nicht gleichermaßen effektiv) erfüllt wird; und dadurch, daß sie diese Spezifikation in sich selbst zum Ausgleich bringen mit anderen Problemen, die daraus resultieren, daß die Gesellschaft nicht nur als Einheit des Ganzen, sondern auch als differenziertes System existiert. Gesellschaft ist also für die Teilsysteme nicht nur ihre jeweils spezifische Funktion im Sinne eines Beitrags, der dann erst noch durch ein Suprasystem eingefordert und koordiniert werden muß; sie ist zugleich auch geordnete Umwelt und eigene Identität mitsamt der Notwendigkeit, dies alles nach eigenen Regeln zu vermitteln. Sie ist keine Hierarchie, deren oberster Teil das Ganze ist oder doch repräsentiert. Sie ist ein komplexes System, das seine eigene Komplexität nach innen auf je teilsystemspezifische Weise reduziert und sie dadurch in einer Weise vergrößern kann, die die Kapazität jedes Teilsystems übersteigt.

Ein letzter Gesichtspunkt betrifft die Verwendung binärer Codes und die Artikulation komplexer Selektionskriterien.

Eine solche Strukturdifferenzierung erfordert Ausdifferenzierung spezifischer Teilsysteme der Gesellschaft, weil sonst Codes der verschiedensten Art auf einen allgemeinen moralischen Nenner (gut/schlecht) gebracht und kongruent praktiziert werden müssen. Sie profitiert zugleich davon, daß mit der Ausdifferenzierung von Teilsystemen eine Multiplikation der Systemreferenzen verbunden ist. Diese verhindert, daß der binäre Schematismus des Codes als bloße Dichotomie benutzt, also als Zweierparadigma direkt konkretisiert wird. Erst die Probleme, die mit der Kombinatorik verschiedener Systemreferenzen gegeben sind, zwingen ein System, den Schematismus seines Codes und die Selektionskriterien seiner Operationen zu differenzieren, vor allem deshalb, weil die dreifach differenzierten Systemreferenzen in einem zweiwertigen Code nicht angemessen ausgedrückt werden können. Eine gute Illustration dafür bietet das Regel/Ausnahme-Denken im Rechtssystem. Es genügt nicht, das gesamtgesellschaftliche Interesse (oder das in der Reflexion ermittelte Herkommen) als Regel auszudrücken und direkt mit dem Schema von Recht und Unrecht zu assoziieren derart, daß das regelgemäße Verhalten Recht, das regelwidrige Verhalten Unrecht ist. In der täglichen Konfliktslösungspraxis, also im Verkehr mit den anderen Teilsystemen der Gesellschaft, wird dieser einfache Dualismus fast zwangsläufig gebrochen durch die Anerkennung, daß auch Ausnahmen von der Regel Recht, also auch regelgemäße Verhaltensweisen Unrecht sein können. Erst dieses Denken in Regeln und Ausnahmen katalysiert den Aufbau komplexer Rechtsordnungen.[226] Nur unter solchen Bedingungen kann ein Teilsystem unter sehr speziellen Selektionsgesichtspunkten eine sachlich komplexe Weltsicht aufbauen.

226 Vgl. hierzu auch Luhmann, *Rechtssystem und Rechtsdogmatik*, S. 32ff.

In der Art, wie die Multiplikation der Systemreferenzen teilsystemintern verarbeitet wird, finden sich mithin, so können wir unsere Analysen zusammenfassen, Korrelate für alle drei Sinndimensionen. Die Zeitdimension wird dadurch betroffen, daß die Zeithorizonte Zukunft und Vergangenheit stärker differenziert werden und die Gegenwart punktualisiert wird. Die Sozialdimension muß höherer Autonomie der Funktionssysteme Rechnung tragen können. In der Sachdimension entsteht höhere Komplexität dadurch, daß binäre Schematismen spezifiziert und von den ihnen zugeordneten Selektionskriterien differenziert werden. Zwischen diesen Veränderungen bestehen einerseits systeminterne Interdependenzen; sie bedingen sich wechselseitig auf der Ebene täglicher Operationen. Andererseits verändert dieser Komplex von Bedingungen und Folgen der Gesellschaftsdifferenzierung das, was für ein solches Gesellschaftssystem als Welt möglich ist. Und auch daraus, also nicht nur aus internen Interdependenzen, ergeben sich Tendenzen zu einer die Teilsysteme übergreifenden Vereinheitlichung; denn ein Gesellschaftssystem kann nur eine Welt haben.

4. Nebenfolgen funktionaler Differenzierung

Jedes Strukturprinzip wirkt selektiv in bezug auf die Möglichkeiten, die nach seiner Annahme noch realisiert werden können. Jedes Strukturprinzip schafft durch seine Selektivität Folgeprobleme, hat Dysfunktionen, erfordert Zusatzeinrichtungen zu seiner Stabilisierung, die durch ihre eigene Selektivität die Selektivität des Ausgangsprinzips verstärken. Kein Ausgangsprinzip, auch nicht das der funktionalen Systemdifferenzierung, enthält in sich die Garantie, daß solche Folgeprobleme der eigenen Selektivität für jede Größenordnung des Systems und für alle in Betracht kommenden Umweltlagen lösbar sein werden. Natürlich setzt auch die Methode der funktionalen Analyse nicht voraus, daß funktionale Differenzierung, weil funktional, gut sei und nur Probleme erzeuge, die wiederum durch funktionale Differenzierung lösbar seien.[227]

Unter dem Titel »Nebenfolgen funktionaler Differenzierung« müssen wir ziemlich umfangreiche und keineswegs nur »nebensächliche« Erörterungen anstellen.[228] Ein so avanciertes Strukturprinzip, wie funktionale Differenzierung es darstellt, ist in sich selbst schon der Fortschritt. Was außerdem noch in der Blickrichtung der besonderen Funktionen und Leistungen als Fortschritt oder als Lageverbesserung erscheint, ist sehr oft nur Bemühung um Lösung der Folgeprobleme, um Absicherung gegen hochgetriebene Störfähigkeit,[229] um Substitutionen für Leistungsausfälle, die der rasante, strukturell garantierte Strukturwandel mit sich bringt. Die Gesellschaft besetzt auf dieser Stufe ihrer Entwicklung ihre Aufmerksamkeit und ihre Intentionalität mit den Negationen ihrer Negationen; und aus ihren Zielen läßt sich

227 Dieses Mißverständnis, das durch die Doppelverwendung des Funktionsbegriffs auf der methodischen und auf der gegenständlichen Ebene nahegelegt wird, dürfte der verbreiteten Kritik gegenständlicher Implikationen der funktionalistischen Methode zugrunde liegen. Siehe zum Thema Differenzierung besonders Claus Wagner, »Funktionale Differenzierung und soziales System: Zur Systemtheorie von Niklas Luhmann«, *Soziale Welt* 21/22 (1970/71), S. 306-320; Günther Schmid, *Funktionsanalyse und politische Theorie: Funktionalismuskritik, Faktorenanalyse, Systemtheorie*, Düsseldorf 1974, insb. S. 127f.

228 Wir tun dies im Folgenden in fünf Unterabschnitten.

229 In diesem Sinne Franz-Xaver Kaufmann, *Sicherheit als soziologisches und sozialpolitisches Problem: Untersuchungen zu einer Wertidee hochdifferenzierter Gesellschaften*, Stuttgart [2]1973.

daher, wie schon Hegel und Marx wußten, kein zureichender Begriff ihrer Wirklichkeit mehr gewinnen.[230]

(1) Eine erste Gruppe von Nebenfolgen bekommen wir in den Blick, wenn wir beachten, wie in den einzelnen Funktionsbereichen die für Ausdifferenzierung erforderliche Größenordnung erreicht wird. Die Eintrittsschwelle für Funktionsdifferenzierungen liegt zwar, und nur so ist Evolution möglich, bei sehr kleinen Größenverhältnissen: Sie setzt nur Ansätze zur Schichtendifferenzierung und zur Stadt/Land-Differenzierung voraus und wirkt sich zunächst nur auf der Ebene einzelner Rollen aus. Von da aus kann es zur funktionsspezifischen Ausdifferenzierung einer Mehrheit von Rollen und zu spezifischen Interaktionskontexten zwischen diesen (zum Beispiel Märkten, Kulten, politischen Versammlungen und Gerichten) kommen. Ganz andere Größenordnungen müssen jedoch erreicht werden, wenn einzelne Funktionssysteme Systemstrukturen ausbilden, die sich von der Ebene der Rollen-in-Interaktion ablösen und auf der Ebene generalisierter Interaktionsmöglichkeiten gelten – wenn zum Beispiel die Rechtslage auch für nichtstreitiges Alltagsverhalten

230 Gleichwohl ist eine marxistische Rekonstruktion des Problems der überhandnehmenden Nebenfolgen, wie namentlich bei Claus Offe, »›Krisen des Krisenmanagements‹: Elemente einer politischen Krisentheorie«, in: Martin Jänicke (Hg.), *Herrschaft und Krise: Beiträge zur politikwissenschaftlichen Krisenforschung*, Opladen 1973, S. 197-223, unzulänglich, weil sie die strukturellen Bedingungen nicht hinreichend abstrahiert. Man kann dieses allgemeine Wachstumsproblem nicht dem »Privatkapitalismus« zurechnen, weil es mit sehr viel allgemeineren und komplexeren Strukturen der bürgerlichen Gesellschaft verknüpft ist als nur mit der zunehmend belanglosen Tatsache, daß sich Kapitalbildung in der juristischen Form des Privateigentums vollzieht. Wenn man von Krise sprechen will, so besteht diese gerade darin, daß die Variation nur dieses einen Faktors daran nichts ändern würde.

bestimmend werden soll oder die Marktlage für Produktionsentscheidungen. Dafür erforderliche Größenverhältnisse können nicht mehr allein über Bevölkerungsvermehrung oder territoriale Expansion erreicht werden; sie erfordern, wie an der neuzeitlichen Gesellschaftsentwicklung ablesbar, eine *Revolutionierung der Regelung des Zugangs zu Rollen*. Das bedeutet zugleich, um eine erste der Nebenfolgen zu nennen, daß Schichtung als primäres Prinzip der Rollenverteilung abgelöst wird und funktionale Differenzierung zu fortbestehenden Schichtungsstrukturen in Konflikt gerät.

Die Neuregelung des Zugangs zu Funktionsrollen postuliert, daß jeder im Prinzip jede Rolle erreichen kann. Die Gesamtbevölkerung wird für alle Rollen mobilisiert. Parsons nennt das »inclusion«.[231] Wir schließen uns terminologisch an und wollen von *Inklusionsprinzipien* sprechen. Sie lauten zum Beispiel: »Die Persönlichkeit enthält überhaupt die Rechtsfähigkeit«,[232] unabhängig von völkischen und ständischen Schranken. Die Teilnahme am religiösen Leben wird für jedermann geöffnet und freigestellt. Das gleiche gilt für den Zugang zu politischen Ämtern und für die politische Wahl. Die allgemeine Schulpflicht zwingt jedermann zur Teilnahme am Erziehungsprogramm, die allgemeine Wehrpflicht jeder-

231 Vgl. z. B. Talcott Parsons, *The System of Modern Societies*, Englewood Cliffs 1971, S. 92ff.; ders., »Religion in Postindustrial America«. Bei Jürgen Habermas taucht, im Anschluß an die Aufklärungsphilosophie, mit der Inklusionsforderungen angemeldet und zum Teil durchgesetzt wurden, das gleiche Thema auf in der Form einer *Kritik der Unterdrückung verallgemeinerungsfähiger Interessen*. In dieser Fassung erfährt das Problem dann freilich eine normative Deutung, der die hier gewählte funktionale Perspektive als »extern« und als bedeutungslos für ihre eigene Wahrheit erscheinen muß.

232 Hegel, *Grundlinien der Philosophie des Rechts*, § 36.

mann zur Teilnahme an Kriegen. Jedermann muß eine eigene, auf seine Person zugeschnittene Familie gründen (!) können – und nicht nur einer Familie angehören können. Jedem wird Erwerb und Abgabe von Eigentum freigestellt, jeder darf im Prinzip alles wissen.

Wenn alle an allen Funktionskreisen sollen teilnehmen können in einer Weise, die einem funktionsspezifischen Bedarf entspricht, erfordert das eine weitgehende Übertragung der Partizipation auf *selbstselektive Prozesse*; und selbst dort, wo der Zugang erzwungen wird wie im Falle der allgemeinen Schulpflicht, kann doch die erfolgreiche Teilnahme nicht erzwungen werden. Damit gewinnen »*private*« Entscheidungen und Entscheidungsmotive in ihren Effekten *strukturelle* Bedeutung für das Gesellschaftssystem. Selbstselektion ist dabei nicht gleichbedeutend mit psychischer Determination durch das personale System, sondern bezieht auch Anforderungen individueller Kontaktnetze auf der Ebene der Interaktionssysteme ein, die der einzelne in eigene, ihm zugerechnete Entscheidungen umsetzt. Bei starker Differenzierung der Systemtypen (personal/sozial) und der Systembildungsebenen (Interaktion/Organisation/Gesellschaft) disaggregiert dann ein hoher Anteil an Selbstselektion gesellschaftliche Variable in unberechenbarer Weise – unberechenbar namentlich dort, wo der monetäre Mechanismus nicht funktioniert. Diese Problematik wird heute zumeist im Zusammenhang mit Planung diskutiert und dem Kapitalismus zur Last gelegt.

Für die neuartigen Inklusionserfordernisse entwickeln die einzelnen Teilsysteme ihrerseits Auffangbegriffe und Regeln für Problemtransfers, die von Funktionsbereich zu Funktionsbereich differieren. Man könnte den Begriff der universellen Rechtsfähigkeit und den universell gesetzten (nicht mehr nur eine Herrschaftsform unter anderen bezeichnenden) Begriff der Demokratie unter diesem Gesichtspunkt analysieren.[233] Besonders interessant ist der Fall des Erziehungssystems, das nicht nur die Inklusion aller in den Erziehungsprozeß, sondern darüber hinaus auch die Inklusion seines Outputs in alle Funktionskreise der Gesellschaft in Betracht zu ziehen hat. Dadurch gerät der Begriff der »Begabung« in Bewegung,[234] bis er schließlich eine (oft freilich strukturell gehemmte) Eigenschaft aller bezeichnet.[235] Begabungsvorstellungen reformulieren, mit anderen Worten, für das Erziehungssystem die Inklusionserfordernisse des funktional differenzierten Gesellschaftssystems und legen sie damit in einer für Pädagogen verständlichen, für den Anschluß erzieherischen Wirkens aufgeschlossenen Weise zurecht. Die Folgen dynamisieren das Erziehungssystem: Es kann, da nicht mehr durch Begabungsschranken begrenzt, beliebig wachsen und unbegrenzte Forderungen nach besserer Ausbildung (und Besoldung) der Lehrer stellen.[236] Es muß Leistungsmängel der Schüler sich selbst zurechnen, da der Rückschluß auf Begabungsmängel blockiert ist, und ist dann für Abhilfe verantwortlich.[237]

233 Vgl. hierzu T.H. Marshall, *Class, Citizenship, and Social Development*, Garden City 1964, insb. S. 5ff.

234 Zu »Begabung« als von gesellschaftsstrukturellen Entwicklungen abhängigem Thema des Erziehungssystems siehe Günter Hartfiel, »Einführung in die Hauptprobleme der pädagogischen Soziologie«, in: ders., Kurt Holm (Hg.), *Bildung und Erziehung in der Industriegesellschaft*, Opladen 1973, S. 9-61 (21ff.).

235 Siehe z.B. Heinz Heckhausen, *Begabungsentfaltung für jeden*, Osnabrück 1972.

236 Siehe die Folgerungen bei Heinrich Roth, »Der Wandel des Begabungsbegriffs«, in: Hartfiel, Holm, *Bildung und Erziehung in der Industriegesellschaft*, S. 117-141 (137ff.).

237 Dies ist zugleich ein vorweggenommenes Beispiel für »Problemüberwälzungen«, die wir im folgenden näher analysieren werden.

Solche für die bürgerliche Gesellschaft kennzeichnenden Inklusionsprinzipien besagen weder, daß jeder alles kann und tut, noch, daß reale Gleichheit anzustreben sei. Beides wäre mit nennenswerter Gesellschaftsdifferenzierung nicht zu vereinbaren. Die Ideologen der bürgerlichen Gesellschaft haben diese Erfordernisse vielfach ins Normative oder Promissive überzeichnet (vor allem wohl: weil zu ihrer Durchsetzung Rechtsänderungen erforderlich waren). Tatsächlich handelt es sich jedoch bei diesen Postulaten nicht um anzustrebende Zustände. Ihre Funktion liegt in der »Expansion nach innen«, in der Vergrößerung des Repertoires potentieller Interaktionen durch Niederreißen von Zugangsschranken, die von der Funktion her nicht gerechtfertigt werden können.

Diese Zugangsschranken rechtlicher Art werden aber nicht ersatzlos gestrichen; sie werden durch neue Formen der Diskontinuität abgelöst, zum Beispiel durch organisationsabhängige Rollen und Entscheidungsprogramme. Dem neuen inklusionsintensiven Gesellschaftszustand, der neuen Universalverteilung aller Personen-in-Rollen auf alle institutionalisierten Funktionen im Wechsel der Zeit wird Rechnung getragen durch ein *höheres Kombinationsniveau von Abhängigkeiten und Unabhängigkeiten*, von Interdependenzen und Independenzen, das heißt durch *höhere Komplexität, die mehr Elemente unter mehr strukturelle Beschränkungen setzen kann.*[238]

238 Bereits Émile Durkheim, *De la division du travail social*, Paris ²1902, z. B. S. 199, behauptete dies (noch in der Sprache von individueller Freiheit und staatlicher Gewalt als gemeinsam steigerungsfähig). Für ein entsprechendes Modell des politischen Systems, das höhere evolutionäre Funktionsniveaus über strukturelle Differenzierung erreicht, vgl. Fred W. Riggs, »The Comparison of Whole Political Systems«, in: Robert T. Holt, John E. Turner (Hg.), *The Methodology of Comparative Research*, New York 1970, S. 73-121.

Unter der Bedingung von Inklusion werden alle Funktionsbereiche zu groß, um als Systeme noch organisierbar zu sein; und auch direkt widerspricht das Inklusionspostulat, das Zugang für alle verheißt, dem Organisationsmechanismus mit seinem begrenzten, geregelten Zugang zur Mitgliedschaft. Soweit korporative Verfassungen und bürokratische Herrschaftsapparate die Einheit von Organisationsstruktur und Gesellschaftsfunktion etwa als Staat oder als Kirche zu garantieren versuchten (insgesamt eher neuzeitliche Erscheinungen, die auf zunehmende Inklusionsbestrebungen schon reagieren), werden sie gesprengt. Wie im Zusammenhang mit dem Theorem der Differenzierung von Systembildungsebenen bereits diskutiert,[239] läßt sich in keinem der Funktionsbereiche die Systemeinheit mehr über Organisation garantieren, obwohl in nahezu allen Funktionssystemen (mit Ausnahme des Familienlebens) die Abhängigkeit von funktionsspezifischen Organisationsleistungen zunimmt. Hieraus ergibt sich jene oft beobachtete ambivalente Einstellung zur Organisation als einer (nur) technisch rationalen, unentbehrlichen und unerfreulichen Leistungsbedingung.[240] Sie ist, soziologisch gesehen, mehr ein Problem des Verhältnisses von Organisation und Publikum[241] als ein Problem der Legitimation

239 Siehe Teil 1, Kap. IV.6.

240 Siehe den (noch in der Perspektive Max Webers geschriebenen) Überblick über Forschungsansätze zum Thema Bürokratie als Herrschaftsmittel von Wolfgang Schluchter, *Aspekte bürokratischer Herrschaft: Studien zur Interpretation der fortschreitenden Industriegesellschaft*, München 1972.

241 Zu dieser zunehmend bedeutsamen Forschungsrichtung siehe etwa Morris Janowitz, Deil Wright, William Delany, *Public Administration and the Public: Perspectives Toward Government in a Metropolitan Community*, Ann Arbor 1958; Kalmán Kulcsár, »The Law and the Public in Hungary: Research on the Knowledge of Legal Rules«, *Acta Juridica Academiae Scientiarum Hungaricae* 10 (1968), S. 37-62; Berl

von Herrschaft. An der Front zwischen Organisation und Publikum entscheiden sich im täglichen Leben Inklusions- und Partizipationsvorgänge nach den Regeln einer organisatorisch möglichen Praxis.

Wird über Inklusion und Teilorganisation der Funktionsbereiche eine neue, größenmäßig adäquate Systemstruktur erreicht, hat das Rückwirkungen auf die *sachlichen* Sinnbezüge des Erlebens und Handelns, vor allem auf Rollen und rollenbestimmte Interaktionen.[242] Rollen, die den Handelnden einem bestimmten Funktionskontext zuordnen, müssen nun im Nacheinander des konkreten Lebensvollzugs gewählt und wieder verlassen werden. Vom Lebenslauf des einzelnen her gesehen wechseln die je aktualisierten Funktionskontexte ständig. Dies gilt für zunehmend große Bevölkerungskreise, obgleich – und darin realisiert sich noch Schichtung – für höhere Schichten mehr als für niedere. Funktionsspezifische Verhaltensregulative »gelten« dann zwar in Permanenz, aber sie werden nur konditional aktiviert: nur sofern sie in Betracht kommen; nur sofern man politisch agiert, kauft oder verkauft oder in Lebenslagen gerät, in denen das Ohr sich für religiösen Trost und Zuspruch öffnet. Dabei kann aus einem dieser Rollenkontexte für andere kaum etwas »mitge-

Kutschinsky, »Knowledge and Attitudes Regarding Legal Phenomena in Denmark«, *Scandinavian Studies in Criminology* 2 (1968), S. 125-159; Bernhard Schäfers, *Planung und Öffentlichkeit*, Düsseldorf 1970; Brenda Danet, Harriet Hartmann, »Coping with Bureaucracy: The Israeli Case«, *Social Forces* 51 (1972), S. 7-22; Elihu Katz, Brenda Danet, *Bureaucracy and the Public*, New York 1972; Dieter Grunow, Friedhart Hegner, »Überlegungen zur System-Umwelt-Problematik anhand der Analyse des Verhältnisses zwischen Organisation und Publikum«, *Zeitschrift für Soziologie* 1 (1972), S. 209-224.

242 Anders formuliert: Funktionale Differenzierung hat Rückwirkungen auf die Rollenebene von dem Moment an, wo sie nicht mehr nur Rollendifferenzierung ist.

nommen« werden; vielmehr erfährt man die je aktualisierte Komplexität isoliert zugleich mit der (mehr oder weniger praktikablen) Freiheit, sich nicht darauf einlassen zu müssen.

Diese Lebensform hat weittragende Konsequenzen. Sie ermöglicht auf der Ebene der sozialen Relevanz von konkreten Personen, also auf der Ebene ihrer »Interpenetration«[243] in soziale Systeme, ein hohes Maß an Individualisierung. Damit werden Problemlösungen von gesellschafts*struktureller* Bedeutung über *Individual*entscheidungen geleitet. Genau dies bezeichnet der moderne Begriff des *Privaten*: den Einsatz von Individualität zur Transformation gesellschaftlicher Strukturprobleme (also nicht etwa Individualität »an sich«).[244] Durch Privatisierungen verliert das Gesellschaftssystem in weitem Umfange die Kontrolle über den Prozeß der Disaggregation allgemeiner Strukturen, wird aber gleichwohl mit den aggregierten Effekten der Privatentscheidungen konfrontiert. Die Konsequenzen variieren von Funktionssystem zu Funktionssystem, werden mit sehr verschiedenartigen Gegenstrukturen aufgefangen und erscheinen dann in kaum mehr vergleichbaren Folgeproblemen. Im Wirtschaftssystem zum Beispiel steht man vor der Frage, ob ein durch Individualentscheidungen konstituierter Markt eine sinnvolle Disaggregation von Verteilungsvariablen leisten kann, besonders wenn die Individualentscheidungen zunehmend organisiert werden. Im Religionssystem diskutiert man jene Individualisierung und sequentielle Partialisierung gesellschaftsstruktureller Relevanzen unter dem Titel der »Säkularisierung«. In der modernen Gesellschaft hat Religion sich nicht nur mit dem Scheitern

243 Im oben (Teil 1, Kap. I.4) erörterten Sinne.

244 Auch wenn, soweit ich sehe, brauchbare Analysen des Begriffs »privat« fehlen, kann man sicher sein, daß die Entgegensetzung von privat und sozial und damit der Sozialismus in die Irre führen. Privatheit ist eine, wenn auch gewagte, soziale Frage.

ihrer »reinen« Intentionen und nicht nur mit dem Problem der »mixed motivation«[245] auseinanderzusetzen; sie wird vielmehr im Lebenslauf des einzelnen nur noch zeitweise, nur noch gelegentlich (aber dann möglicherweise intensiv) relevant und muß doch an einer übergreifenden Interpretation des Ganzen festhalten. Es mag voreilig sein, daraus auf einen Bedeutungsverlust des Religiösen schlechthin zu schließen; daß dies gleichwohl weithin geschieht, ist dennoch symptomatisch für Schwierigkeiten, im Religionssystem mit Privatisierung religiöser Entscheidungen fertig zu werden. Im Rechtssystem und im Erziehungssystem sind parallel zu strukturellen Generalisierungen Organisationen als Mechanismen der Respezifikation aufgebaut worden. Deshalb tritt hier das in der Wurzel gleichartige Problem auf in der Form der Teilnahme Privater am organisierten Prozeß: in der letztlich doch wieder individuellen Entscheidung, Klage zu erheben bzw. zu lernen und weiterführende Schulen zu besuchen. Für die Politik ist charakteristisch, daß sich gerade die politische Führung unmittelbar mit dem privatisierten Wählerwillen konfrontiert findet und dessen Aggregation zu beeinflussen sucht, was die damit kombinierbaren politischen Entscheidungen scharf limitiert.

Daß Privatisierung eine Form, wenn nicht gar Vorschrift für die Behandlung sozialstruktureller Probleme ist, zeigt sich auch daran, daß es weder nötig noch möglich ist, sie durch personale Individualisierung voll auszufüllen. Auch Privatentscheidungen sind nur in geringem Maße strikt biographisch bedingt, und dies vielleicht nicht mehr als öffentlich verantwortliches Verhalten auch. Privatheit gibt besondere

245 Im Sinne von Thomas F. O'Dea, »Five Dilemmas in the Institutionalization of Religion«, *Journal of the Scientific Study of Religion* 1 (1961), S. 30-39.

Chancen zu funktionsspezifischen Höchstleistungen in einigen Funktionsbereichen – so in der Vermögensbildung, in der Liebe, vielleicht auch im Gewinnen öffentlicher Reputation; sie löst aber das Problem nicht, das sich in der Lebensführung des konkreten Menschen vor allem stellt: für den *Wechsel* funktionsspezifischer Rollen eine selbstbestimmte persönliche Formel, eine unverkennbare eigene Note, eine biographisch konsistente Linie zu finden. Ob Rollenhäufungen dieser Art persönlich als Belastungen erfahren werden oder ob die damit verbundenen Chancen überwiegen, ist umstritten[246] und hängt von weiteren Faktoren ab, die genauerer empirischer Erforschung bedürften.[247] Sicher aber impliziert Privatheit weder soziale Isolierung noch »Abstraktheit« der individuellen Existenz;[248] aber sie impliziert

246 Vgl. Waldo W. Burchard, »Role Conflicts in Military Chaplains«, *American Sociological Review* 19 (1954), S. 528-535; William J. Goode, »A Theory of Role Strain«, *American Sociological Review* 25 (1960), S. 483-496; Friedrich H. Tenbruck, »Freundschaft: Ein Beitrag zu einer Soziologie der persönlichen Beziehungen«, *Kölner Zeitschrift für Soziologie und Sozialpsychologie* 16 (1964), S. 431-456; Diedrick J. Snoek, »Role Strain in Diversified Role Sets«, *American Journal of Sociology* 71 (1966), S. 363-372, und gegen den vorherrschenden Trend zur Unterstellung einer Belastungserfahrung Sam D. Sieber, »Toward a Theory of Role Accumulation«, *American Sociological Review* 39 (1974), S. 567-578.

247 Die meisten der bisherigen Untersuchungen beziehen sich auf Rollen in Organisationen. Sie sind für unser Problem daher nur begrenzt aussagefähig, weil Organisationen die Ausnutzung der Vorteile von Rollenhäufungen zumeist scharf limitieren und daher ein ins Negative verzerrtes Bild vermitteln. Selbst in Organisationen ergeben sich aber, wenn überhaupt, nur sehr schwache Zusammenhänge zwischen Rollenhäufungen und Unzufriedenheit.

248 Abstraktheit ist vor allem deshalb eine hier falsch plazierte Kategorisierung, weil sie den Gegenbegriff des Konkreten suggeriert und Möglichkeiten des Übergangs oder des Aufstiegs zum Konkreten vorstellt, für die es auf der Ebene des Gesellschaftssystems keine strukturellen Entsprechungen gibt.

eine Struktur individualisierter Chancen, die diese von differenten Komplexitäten abhängig macht und den einzelnen, wenn er sich engagiert und wo er sich engagiert, aus seinem übrigen Lebenszusammenhang entfremden.[249]

Beruht ein Gesellschaftssystem in seinen wichtigsten Funktionsbereichen auf diesen Ordnungsprinzipien der Privatisierung, der universellen Inklusion und der Anerkennung des Rollenwechsels im täglichen Lebensvollzug, werden alle Differenzierungen problematisch, die auf einer *exklusiven* Zuordnung des einzelnen zu bestimmten Gruppen beruhen und damit in jeden Funktionszusammenhang ein Störmoment diffuser Loyalität hineintragen. Dies gilt auch und gerade dann, wenn sie eine natürliche, also leicht erkennbare, fraglose Basis haben wie etwa im Falle der Differenzierung nach Geschlecht oder nach Alter. Andererseits regenerieren solche Differenzierungen laufend; und es gibt zumindest ein Funktionssystem, das Erziehungssystem, das von seiner Funktion her darauf angewiesen ist, Altersdifferenzen als Prinzip der Rollenzuweisung zu verwenden.[250] Von daher regeneriert immer auch eine zu wenig aufgelöste Verwendung von Personalität in sozialen Kontexten mit Konsequenzen, die sich auf der Ebene des Gesellschaftssystems als Entdifferenzierung bemerkbar machen.[251]

249 Hierzu Hans Peter Dreitzel, *Die gesellschaftlichen Leiden und das Leiden an der Gesellschaft: Vorstudien zu einer Pathologie des Rollenverhaltens*, Stuttgart [2]1972, insb. S. 300ff.

250 Hier wäre auch der Ort, wo man die Probleme des immer noch hochrelevanten, territorialpolitisch wichtigen Nationalgefühls in der modernen Gesellschaft zu diskutieren hätte, das ebenfalls zu exklusiver Zuordnung zu bestimmten Gruppen mit vorrangigen Loyalitätsansprüchen tendiert.

251 Diese Überlegung erklärt natürlich noch nicht, weshalb solche Tendenzen in bestimmten historischen Situationen auch intellektualistische, ja selbst organisatorische Unterstützung erhalten. Vgl. dazu auch

Abstrahiert man von der Auffassungsweise, mit der Persönlichkeiten sich selbst und einander im sozialen Verkehr einsetzen, dann läßt sich die auf funktionale Differenzierung und gesellschaftsweite Inklusion folgende Umstrukturierung auch auf der Ebene von *Rollen* darstellen. Die Änderung betrifft die Art, wie Rollenzusammenhänge, Rollentrennungen und Rollenkonflikte Erwartungen strukturieren und Verhalten motivieren.[252] Personbezogene Rollenkombinationen müssen aufgelöst bzw. enttypisiert (das heißt: »biographisch« interpretiert) werden, weil das Verhalten des einzelnen in einer Rolle nicht mehr durch die anderen Rollen bestimmt sein kann, die er sonst noch auszufüllen hat – sein Verhalten im Beruf nicht mehr durch Mitgliedschaft in religiösen Gemeinschaften,[253] sein Verhalten in der Politik nicht mehr durch die Zugehörigkeit zu bestimmten Familien. Konsistenzanforderungen in dieser Richtung persongebundener Rollenbündel werden abgeschwächt, und damit nimmt auch die Prägung des Rollenverhaltens durch Schichtzugehörigkeit und schichtenspezifische Rücksichten auf eigene andere Rollen ab;[254] dagegen nimmt die Rücksicht auf gegenüberstehende andersartige, aber komplementäre Rollen im gleichen

Shmuel N. Eisenstadt, »Generational Conflict and Intellectual Antinomianism«, *The Annals of the American Academy of Political and Social Science* 395 (1971), S. 68-79. Siehe auch Lewis S. Feuer, *The Conflict of Generations: The Character and Significance of Student Movements*, London 1969.

252 Vgl. hierzu und zum folgenden Siegfried F. Nadel, *The Theory of Social Structure*, Glencoe 1957, insb. S. 66ff.; Goode, »A Theory of Role Strain«; Uriel G. Foa, Terence R. Mitchell, Fred E. Fiedler, »Differentiation Matching«, *Behavioral Science* 16 (1971), S. 130-142.

253 Anders im bereits mehrfach benutzten Beispiel der frühen Gilden.

254 Man kann auch sagen: Die jeweils funktionsfremden Rollen werden »privatisiert«, man kann ihre Berücksichtigung nicht verlangen, sondern allenfalls darauf spekulieren. Dabei können dann positive wie negative Interferenzen funktionsfremder Rollen einkalkuliert werden.

Funktionskontext zu: die Schüler nehmen Rücksicht auf Lehrer, die Heiratswilligen auf den Pfarrer, die Hauseigentümer auf Handwerker, die Ministerialbürokraten auf die Mitglieder der ihren Arbeitsbereich berührenden Parlamentsausschüsse usw. Durch diesen Umbau der Trenn- und Verbindungslinien, der Relevanzen und Irrelevanzen (und nicht nur durch die bloße Vermehrung der Anzahl verschiedenartiger Rollen) steigt im großen und ganzen der Bedarf für explizite Kommunikation der maßgebenden Gesichtspunkte, steigt der Sinn für Konditionsabhängigkeit des Verhaltens. Soweit das Erwarten und Verhalten überhaupt durch Rollen geordnet ist, muß es verständlicher artikuliert werden, vor allem unter Benutzung des symbolischen Repertoires der Kommunikationsmedien. Die Chancen für aggregative, implizit kommunizierte Integration nehmen ab, die Erfordernisse expliziter Koordination nehmen zu. Nicht zuletzt macht dieser Umbau die Funktionsrollen stärker unabhängig von den Personen (und deren anderen Rollen), die sie jeweils ausfüllen, und so in höherem Maße beständig und organisationsfähig. Wenn ein Privater dann aber einer seiner Rollen gleichwohl anheimfällt, »entfremdet« er sich.[255]

Daß von funktional-komplementären und nicht mehr aggregierbaren Rollenerfordernissen her die Kommunika-

Daß dieser Abwägungsprozeß in spektakulärer Öffentlichkeit vollzogen wird, wie im Falle der Prüfung Nelson Rockefellers vor seiner Ernennung zum Vizepräsidenten, ist eine Ausnahmeerscheinung, wobei die Öffentlichkeit des Vorgangs benutzt wird, um das an sich illegitime Interesse an Privatangelegenheiten politischer Kandidaten zu legitimieren.

255 Allerdings kann auch diese Möglichkeit wiederum ideologisch, wenn nicht institutionell aufgewertet werden – so für die Rolle der Frau und Mutter in der bürgerlichen Familie des 19. Jahrhunderts. Dazu vgl. Hartmann Tyrell, »Die Frau und die bürgerliche Familie«, Ms., Bielefeld 1974 [unveröffentlicht].

tionslast und der Bedarf für explizite und abstrakte Kriterien zunimmt, hat schließlich Konsequenzen für die Ebene der *Normen* und *Werte*, an denen rollenbestimmtes Verhalten sich orientiert. Die frühe, hochkulturelle Reaktion auf Differenzierung, Generalisierung der symbolischen Struktur von Moralen, die Schichtung und funktionale Differenzierung zugleich übergreifen konnte, wird gesprengt. Wenn auf der personalen Ebene Inkonsistenzen des Rollenhandelns normalisiert, ja verlangt werden, kann Moral nicht mehr die letzte Instanz sozialer Integration sein. Ihre Normalitätsgrundlagen zerbrechen oder werden relativiert. Damit verlieren moralische Kontrastwertungen ihren Boden. Normalität selbst wird dann im Kontrast zu (vermeintlich wissenschaftlich erfaßbaren) Ausnahmefällen wie Geisteskrankheit oder Sozialpathologie rekonstruiert.[256] Und im gleichen Zuge werden Normen und Werte »positiviert«; die Normen, indem sie die Form von Entscheidungsprogrammen erhalten, deren Geltung durch bindende Entscheidungen gesichert wird; die Werte, indem sie so stark generalisiert werden, daß man Konsens aller unterstellen kann. Dadurch wird es möglich, Abstraktionstechniken zu spalten und zweierlei nebeneinander zu realisieren, nämlich: Abstraktion durch *Spezifikation* des Handlungsbezugs un-

256 Zur Umkonstruktion des Verhältnisses von Normalem und Pathologischem im 19. Jahrhundert vgl. Michel Foucault, *Psychologie und Geisteskrankheit*, Frankfurt/M. 1970; Georges Canguilhem, *Le normal et le pathologique*, Paris [2]1972; Wolf Lepenies, »Normality and Abnormality: Problems of Counter-influence Between the Social Sciences and the Life Sciences in the Nineteenth Century«, Referat auf dem VIII. Weltkongreß der Soziologie in Toronto 1974, Ms. [Druck: Wolf Lepenies, »Normalität und Anormalität: Wechselwirkungen zwischen den Wissenschaften vom Leben und den Sozialwissenschaften im 19. Jahrhundert«, *Kölner Zeitschrift für Soziologie und Sozialpsychologie* 26 (1974), S. 492-506].

ter Absehen von andersartigen Handlungen (Programme) und Abstraktion durch *Generalisierung* des Handlungsbezugs unter Absehen von bestimmten Handlungsanweisungen überhaupt (Werte). Mit der entsprechenden Differenzierung von Geltungsebenen wird zugleich höhere Komplexität und erleichterte Auswechselbarkeit der Normen erreicht, ohne daß man darauf verzichten müßte, Argumentationsketten an anerkannten Werten festzumachen.[257] Im politischen System entsprechen dem Differenzierungen von Politik und Verwaltung bzw. von politischem System und Rechtssystem.

Auf der Wertebene schließlich entstehen neuartige Dynamismen dadurch, daß (1) funktionsspezifische Selektionskriterien (zum Beispiel Staatsräson, Profit, Passion, theoretisch-empirische Konsistenz) bewertet werden müssen, obwohl sie keine Stabilitätsgarantie enthalten; und daß (2) Inklusionsprinzipien in der allgemeinen Form von Gleichheit bewertet werden müssen, obwohl die Realität ungleichen Rollenzugangs und ungleicher Verteilungen ihnen widerspricht. Diese Anforderungen führen zu stärkster Differenzierung von Wertebene und Rollenebene mit Unterbindung allzu direkter Auswertung von anerkannten Werten sowie zur Dauerkritik der Gesellschaft an sich selbst.

Zusammenfassend können wir diesen ersten Komplex von Folgen funktionaler Differenzierung dadurch charakterisieren, daß Personen, Rollen, normative Entscheidungsprogramme und Werte in ihrer Funktion, Verhaltenserwartungen zu generalisieren, stärker auseinandergezogen werden. Dadurch werden Identifikationsgesichtspunkte für Erwartungen unabhängig voneinander, also ohne durchlaufende Rück-

257 Vgl. dazu Niklas Luhmann, »Positives Recht und Ideologie«, in: ders., *Soziologische Aufklärung* 1, S. 178-203.

wirkungen, negierbar.[258] Sie werden damit gegeneinander beweglich, die persönliche Komponente der Rollenausführung und die Bewertung der Programme wird problematisch und zum Thema laufend erforderlicher Einpassungsprozesse. Keine dieser Ebenen eignet sich dann mehr als tragendes Fundament des Ganzen: weder die konkreten Personen noch die höchsten Werte. Jene werden mobilisiert, diese werden ideologisiert. Die Struktur liegt letztlich in den zwischen diesen Ebenen bestehenden Relationen, die sowohl Interdependenz als auch Independenz der Identifikationsgesichtspunkte zulassen müssen. Die Struktur selbst kann dann nicht mehr unmittelbar Handeln orientieren, nicht mehr selbst Vertrauen gewinnen. Die Orientierung folgt den Effekten ihrer Variation. Ein solches Gerüst der Normalorientierung gesellschaftlicher Prozesse stellt vor allem das langfristig wirkende Erziehungssystem vor kaum lösbare Probleme.

(2) Ein weiterer Komplex von Nebenfolgen funktionaler Differenzierung ergibt sich in der *Sozialdimension*, und zwar daraus, daß diese Form der Differenzierung die Ungleichheit der Teilsysteme und damit auch die Ungleichheit dessen, was jeweils für sie gesellschaftliche Umwelt ist, auf die Spitze treibt. Diese Ungleichheit betrifft nicht nur, wie die klassische Theorie der Arbeitsteilung angenommen hatte, eine Differenzierung der Formen des Handelns, die zur Erledigung bestimmter Aufgaben in Banken, Krankenhäusern, Schulen usw. erforderlich sind; sie betrifft in viel weiter reichendem Sinne auch die Umweltprojektionen der einzelnen Funk-

258 Im Sinne unterschiedlicher »contrast sets« nach Charles O. Frake, »The Ethnographic Study of Cognitive Systems«, in: *Anthropology and Human Behavior*, Washington 1962, S. 72-85 (78ff.) (dt. Übers. in: Arbeitsgruppe Bielefelder Soziologen (Hg.), *Alltagswissen, Interaktion und gesellschaftliche Wirklichkeit*, Bd. 2, Reinbek 1973, S. 323-337).

tionssysteme, also das, was für diese jeweils Gesellschaft ist. So führen die Teilsystemperspektiven zu sehr unterschiedlichen Arten kategorialer Zusammenfassung oder Diskriminierung von Umweltgegebenheiten, zu differenten Formen der Aggregation und der Disagregation mit entsprechenden Vergrößerungen und Verkleinerungen des Nahen bzw. Fernen, mit Schärfen und Unschärfen, Relevanzen und Irrelevanzen, die in dieser besonderen Kombination von anderen Systemen nicht geteilt werden.

So ist aus der Sicht des Erziehungssystems die Wirtschaft primär unter dem Gesichtspunkt von Beschäftigungssystemen relevant, wobei der Unterschied der Beschäftigung in privaten und in öffentlichen (staatlich verantworteten) Organisationen zurücktritt. Nur in wenigen Fällen (bekanntlich vor allem in den USA) ist die Wirtschaft außerdem noch als Geldgeber relevant. Dagegen sieht die Politik die Wirtschaft heute primär durch die Brille des Instrumentariums monetärer Globalsteuerung, was ein Bewußtsein der Mängel dieser Techniken durchaus einschließt. Für das Rechtssystem und damit auch für den Juristen ist Politik ein Verhaltensbereich, der unter dem Gesichtspunkt des Mißbrauchs zu prüfen ist. Im übrigen tendiert das Rechtssystem zu hochgradig disaggregierter, an Fällen, Normen, Rechtsinstituten oder dogmatischen Theorien orientierter Umweltwahrnehmung[259] und besitzt damit kaum die Möglichkeit, auf großförmigere Systemstrukturen der Umwelt zu reagieren. Die Politik kennt eigentümliche Formen, ihre gesellschaftliche Umwelt zu Themenkomplexen der »öffentlichen Meinung« zu aggregieren, der nicht notwendig reale Meinungen, wohl aber Kommunikationswahrscheinlichkeiten in heiklen Situa-

259 Vgl. Luhmann, *Rechtssystem und Rechtsdogmatik*, insb. S. 24ff.

tionen entsprechen.[260] Dadurch bekommen Massenmedien eine politische Relevanz, die in keinem Verhältnis steht zu ihrer ökonomischen oder ihrer erzieherischen Wirksamkeit. Ein sehr spezielles Verhältnis zu ihrer gesellschaftlichen Umwelt gewinnen auch Religionssysteme, die sich durch ihre gesellschaftliche Umwelt vornehmlich unter den beiden Gesichtspunkten der Not und der Sünde angesprochen fühlen und dafür materielle und moralische Ressourcen zu aktivieren trachten.

Es ist wohl nicht nötig, diese Beispiele zu vermehren oder zu vertiefen. Es kommt uns darauf an, sie auf einen gemeinsamen Nenner zu bringen. Diesen kann man nur negativ formulieren, er liegt in der Nichtübereinstimmung dieser Perspektiven und in der gesellschaftsstrukturellen Relevanz dieser Nichtidentität. In einer hochgradig funktional differenzierten Gesellschaft divergiert nicht nur das Handeln, sondern auch das Erleben in hohem Maße. Die Intentionen und Erfahrungseinheiten passen nicht einmal gegenläufig, nicht einmal tauschförmig mehr aufeinander. Dies haben vornehmlich ökonomistisch konzipierte Gesellschaftstheorien, die von Arbeitsteilung auf Austauschprozesse schließen, verkannt:[261] Die Gesellschaftsordnung garantiert nicht einmal mehr Intersystemkomplementarität. Sie überläßt die laufende

260 Hierzu Niklas Luhmann, »Öffentliche Meinung«, in: ders., *Politische Planung: Aufsätze zur Soziologie von Politik und Verwaltung*, Opladen 1971, S. 9-34; Herbert Blumer, »Social Problems as Collective Behavior«, *Social Problems* 18 (1970/71), S. 298-306 (dt. Übers. in: Walter R. Heinz, Peter Schöber (Hg.), *Theorien kollektiven Verhaltens*, Bd. 2, Darmstadt, Neuwied 1973, S. 149-165).

261 Selbst die Parsonssche Theorie sucht die Vorstellung komplementärer Bedürfnisse und Systemeinheiten bei funktionaler Differenzierung noch zu retten – durch Rückzug auf ein nur noch analytisch relevantes Systemmodell und durch zunehmend willkürliche Interpretation der »Passungen« in den »input/output-interchanges«.

Reproduktion mehr als jede frühere Gesellschaftsordnung der Tatsache, daß alle Teilsysteme auf je eigene Weise mit einer sozialen Welt zurechtkommen, die zwar nicht auf sie zugeschnitten ist, aber auch nicht beliebig fluktuiert, sondern durch die sehr heterogenen Gesichtspunkte anderer Funktionen strukturiert ist.

Weitere Divergenzen beziehen sich auf die Grenzen des Gesellschaftssystems und damit auf das, was als »Jenseits« dieser Grenzen, als außerhalb der eigenen Gesellschaft postuliert wird. Nicht nur die eigenen Grenzen der Funktionssysteme, sondern auch das, was für sie als Gesellschaftsgrenzen sinnvoll ist, kann sehr unterschiedlich bestimmt werden. Territoriale Grenzen sind hauptsächlich aus politischen, rechtlichen und militärischen Gründen zweckmäßig und waren als Grenzen der Gesellschaft selbst mit der Dominanz dieser Funktionen verbunden gewesen. Schon in der alten Welt haben jedoch politische und religiöse Grenzvorstellungen häufig divergiert.[262] Bei Großreichsbildungen kam es gelegentlich auch vor, daß der Radius militärischer Aktionsmöglichkeiten und entsprechenden Drohpotentials weiter reichte als die Möglichkeiten ziviler Verwaltung, von wirtschaftlich sinnvoller Integration

262 Hierzu Eisenstadt, »Religious Organizations and Political Process in Centralized Empires«. In Zeiten der Verfestigung kirchlicher und der Auflösung politischer Organisationen konnte sich im übrigen das zu erwartende Verhältnis geradezu umkehren. So war im Mittelalter, als das politische System zur Feudalisierung drängte, hauptsächlich die Kirche aus organisatorischen und juristischen Gründen an eindeutigen linearen Grenzen ihrer Diözesen interessiert. Vgl. dazu Jean-François Lemarignier, *Recherches sur l'hommage en marche et les frontières féodales*, Lille 1945; Roger Dion, *Les frontières de la France*, Paris 1947. Diese Erscheinung steht in engem Zusammenhang mit der starken Verrechtlichung sowohl politischer als auch religiöser Funktionen und mit der Gemengelage entsprechender Jurisdiktionen, also mit unvollständiger Ausdifferenzierung des Rechtssystems im Mittelalter.

ganz zu schweigen.[263] In der neueren Zeit transzendieren dann außerdem Wirtschaft und Wissenschaft mit ihren zentralen Funktionen (und nicht nur mit marginalen Prozessen der Beschaffung von Kostbarkeiten und Kuriositäten) die territorialen Grenzen; für sie wird ein weiträumigerer Gesellschaftsbereich notwendig, als er politisch ausfüllbar ist. Aus der Sicht einzelner Teilsysteme (oder gar einzelner Subsysteme von Teilsystemen) der Gesellschaft könnten und müßten deren Grenzen unterschiedlich gezogen werden. Das aber heißt, daß auch die Vorstellung gemeinsamer Grenzen (wie immer territorial oder personal gezogen) als interner Integrationsfaktor ausfällt. Vielmehr müssen einzelne Teilsysteme sich dem Diktat anderer fügen, etwa die Politik auf wirtschaftlich erforderliche Auslandsmärkte oder die Wissenschaft auf politisch erzwungene Kommunikationsverbote Rücksicht nehmen, ohne daß sich Grenzen des Sinnvollen auf allen Funktionen übereinstimmend abzeichneten.

Mit ausgebauter funktionaler Spezialisierung der Teilsysteme hängt ferner ein zunehmender Bedarf an *Problemüberwälzungen* in ihrem Verhältnis untereinander zusammen. »The institutions which produce the disturbance will not produce the solution«, diese von Sir Geoffrey Vickers[264] charakterisierte Situation wird zunehmend typisch. Auch hier ist hinter einer bunten Vielfalt von Erscheinungsformen ein einheitliches Grundmuster erkennbar: Ein Problem muß relativ unabhängig von Entstehungszusammenhang und Schuldfragen jeweils dorthin geschoben werden, wo es am rationalsten gelöst werden kann. So »externalisiert« die Wirtschaft einen Teil ihrer sozialen Kosten und ihrer Umwelt-

263 So am Beispiel Chinas Owen Lattimore, *Studies in Frontier History, Collected Papers 1928-1958*, Paris, Den Haag 1962, S. 480ff.

264 *The Art of Judgment: A Study of Policy Making*, London 1965, S. 226.

belastung und wälzt sie auf Politik oder auf die Öffentlichkeit ab – sei es, daß sie hier besser gelöst werden können; sei es, daß sie hier weniger »drücken«. Andererseits belastet die Politik die Wirtschaft mit Kosten für die Unterhaltung etwa der Verwaltungsbürokratie, des Militärsystems oder des Erziehungssystems, ohne diese Überwälzung an Maßstäben wirtschaftlicher Rationalität zu messen. Erziehung wird mehr und mehr aus der Familie herausgezogen und einem Erziehungssystem übertragen, das dann seinerseits die psychischen Kosten des schulischen Erziehungsprozesses an die Familie zurückgibt. Die eigentümliche Struktur der schulischen und hochschulmäßigen Erziehung konfrontiert ferner die Wirtschaft oder auch den öffentlichen Dienst mit Abgängern, die teils hochwertig, aber inadäquat ausgebildet, teils mit überhöhten Ansprüchen, teils vorzeitig als »drop-outs« das Erziehungssystem verlassen.[265] Das Wissenschaftssystem resorbiert nicht nur Probleme, indem es durch anwendungsbezogene Forschung gestellte Fragen beantwortet; es schafft auch Probleme für andere Systeme, indem es ohne Rücksicht auf Investitionen und Abschreibungsfristen neue Erfindungen, ohne Rücksicht auf politische Lagen neuartige Waffen, ohne Rücksicht auf Religionen und politische Ideologien Wahrheiten bzw. Unwahrheiten an den Tag fördert. Die Wirtschaft fördert auf Unternehmerseite die Bildung von Großorganisationen, das Erziehungssystem fördert im Zusammenwirken mit der Wissenschaft die Abstraktion von Themen und die Auflösung kultureller Selbstverständlichkeiten, und beides überwälzt einen Entscheidungsbedarf auf die Politik, ohne daß die auslösenden Prozesse daraufhin kontrolliert würden, ob die Politik unter der Strukturbedingung

265 Zu derartigen Diskrepanzen siehe nur Philip H. Coombs, *The World Educational Crisis: A System Analysis*, New York u. a. 1968.

von Mehrparteiendemokratie überhaupt über entsprechende Entscheidungskapazitäten verfügt.

Natürlich können solche Problemüberwälzungen nicht als Strukturfehler oder gar als Unrecht angesehen und rückgängig gemacht werden. Auch wäre es kaum sinnvoll, nach einem generellen Verrechnungsmedium zu suchen. Das eigentliche Problem ist, wie sichergestellt werden kann, daß Probleme wirklich die Form und den Ort ihrer besten Lösbarkeit oder ihrer unschädlichsten Persistenz finden. Gegenwärtig scheint sich eine Doppelstrategie einzubürgern: diesen Prozeß laufen zu lassen, wie er auf der Basis der Autonomie der Funktionssysteme von selbst läuft, und für so nicht gelöste Restprobleme aus öffentlichen Mitteln problemspezifisch konzipierte Spezialorganisationen zu schaffen. Die Vermutung liegt nahe, und es zeigt sich auch bereits, daß diese Form der Behandlung des Superproblems der Problemabwälzung sich zu Lasten der Umwelt des Gesellschaftssystems auswirkt: Die Funktionssysteme können Problemüberwälzungen auffangen oder abwehren, sofern sie ihre eigene Funktionsweise betreffen – die Wirtschaft höhere Steuern, das politische System konsequenzenreichere Entscheidungen, das Erziehungssystem kontingente, laufend geänderte Lehrpläne, das Wissenschaftssystem Themenprioritäten, die über Finanzierungsmöglichkeiten suggeriert werden. Dagegen bleiben die so nicht lösbaren Belastungen der gesellschaftlichen Umwelt, sei es der physisch-organischen, sei es der personalen Umwelt des Gesellschaftssystems, Spezialorganisationen überlassen, die dafür unzureichend ausgerüstet sind. Das Jahrhundert, in dem wir leben, zeigt in beiden Umweltbereichen rasch wachsende Überlastungserscheinungen, denen man mit organisatorischen Techniken der Fallbehandlung und »Sanierung«, der Psychotherapeutik oder des Aufräumens und Wiederanpflanzens nicht mehr nachkommen kann. Die umweltbezogenen Funktionssysteme des Gesellschaftssystems, vor allem Naturwissenschaften und Erziehung, werden dadurch an Bedeutung gewinnen.

Die damit skizzierten Diskrepanzen lassen nicht ohne weiteres den Schluß auf Abnahme von Konsens und auf Zunahme von Dissens in funktional differenzierten Gesellschaften zu. Das würde die Annahme von Themenkonstanzen voraussetzen, in bezug auf die man sich bei heterogenen Interessenlagen immer weniger einigen kann. Faktisch geraten jedoch auch die Themen selbst in Fluß und werden komplexer, so daß Möglichkeiten sowohl für Konsens als auch für Dissens zunehmen. Die Veränderung, die sich abzeichnet, betrifft deshalb eher die Chance, für Vorstellungsinhalte überhaupt Partner zu finden, mit denen man Konsens oder Dissens aktualisieren kann (und nicht das viel und fruchtlos, weil zu abstrakt, diskutierte Problem, ob und wieviel Konsens zur Integration einer Gesellschaft überhaupt erforderlich sei).[266]

Mit dieser Frage nach möglichen »Partnerschaften« und »Gegnerschaften« wird unser Problem zurückgespielt in die Theorie der Systembildungsebenen. Allgemein kann man unter Rückgriff auf die Ausführungen in Teil 1 davon ausgehen, daß bei steigender Komplexität und steigender funktionaler Differenzierung des Gesellschaftssystems die Distanz zwischen den Systembildungsebenen Gesellschaft, Organisation und Interaktion zunimmt. Damit verlieren die auf Interaktionsebene sich einspielenden Konsens- und Dissensverhältnisse an unmittelbarer gesellschaftlicher Relevanz, so wie umgekehrt die Gesellschaft selbst in ihrer weiteren Evolution ziemlich unabhängig davon wird, ob Interaktions-

266 Dazu z. B. Newcomb, »The Study of Consensus«; Irving Louis Horowitz, »Consensus, Conflict and Cooperation: A Sociological Inventory«, *Social Forces* 41 (1962), S. 177-188.

systeme Konsens erreichen oder nicht. Eher wird dann diese Unabhängigkeit selbst zum Problem, weil damit die nur in Interaktionen unter Anwesenden einsetzbaren Potentiale an Überzeugungskraft und sozialer Kontrolle für die Entscheidung gesellschaftlicher Fragen ausfallen.

Aber diese Aussagen sind für den jetzigen Stand unserer Überlegungen viel zu allgemein. Mit der für funktional-strukturelle Analysen typischen Fragetechnik müssen wir weiter fragen: *Wenn* gesellschaftsstrukturelle Probleme so gelöst werden, *welche Variablen wirken dann diskriminierend*?

Um Antworten auf diese Frage zu finden, müssen wir auf die Funktionsdifferenzierung selbst zurückgreifen, und zwar auf die »systemkatalytische« Eignung der einzelnen Funktionen. Die Eignung zur Bildung gesellschaftlicher Teilsysteme hatten wir unter dem Titel der Ausdifferenzierung von funktionalen Zentralperspektiven bereits behandelt. Die Frage ist jetzt: Wenn solche Ausdifferenzierung gelingt, wie steht es dann innerhalb dieser ausdifferenzierten Teilsysteme, also innerhalb der Systeme für Politik, für Kunst, für Erziehung (um nur einige zu nennen), mit Möglichkeiten der Bildung von Organisationssystemen und von Interaktionssystemen. Wenn man bedenkt, daß die funktionale Differenzierung völlig heterogene Bereiche übergreift, dann ist offensichtlich, daß die Antwort sehr verschiedenartig ausfallen muß: Die Interaktionsdichte des Familienlebens kann schon in dem sehr auf Interaktionssysteme angewiesenen Erziehungssystem nicht wiederholt werden,[267] ganz zu schweigen von Wirtschaftsbetrieben oder politisch instituierten Bürokratien. Produktionsprozesse sind sehr viel leichter zu organisieren als Erziehungs-

267 Siehe hierzu den Vergleich beider Systeme unter dem Gesichtspunkt ihrer Interaktionsformen bei Robert Dreeben, *On What is Learned in Schools*, Reading 1968.

oder sonstige Personänderungsprozesse,[268] ganz zu schweigen von Prozessen der Forschung oder der Produktion von Kunstwerken. Hinzu kommt, daß viele Funktionsbereiche als gesellschaftliche Teilsysteme in sich wiederum differenziert aufgebaut sind, sich zum Beispiel an Differenzen wie Politik und Verwaltung oder Produktion und Konsum oder Kleriker und Laien orientieren, so daß zur Überbrückung solcher Differenzen besondere Organisations- und Interaktionsprobleme anfallen. All das kann hier auf der Ebene gesamtgesellschaftlicher Analysen nicht weiter ausgeführt werden.

Festzuhalten ist jedoch, daß in einem Gesellschaftssystem dieses Typs strukturelle Probleme nicht mehr durch schlichte Vermehrung von Konsens »in essentiellen Fragen« gelöst werden können.[269] Die dominante funktionale Systemdifferenzierung kreuzt sich mit der Differenzierung nach Systembildungsebenen. Dadurch lösen durchgehend gemeinsame Orientierungen sich auf. Es wird zu einer offenen Frage, an welchen Kreuzpunkten der Strukturlinien und für welche Themen Konsens bzw. Dissens überhaupt noch aktiviert werden kann; und erst im Anschluß an Analysen, die diese Fragen mit der nötigen Tiefenschärfe klären, kann man zu ermitteln ver-

268 Zur besonderen Problematik von »people processing organizations« gibt es eine umfangreiche Literatur. Siehe nur Yeheskel Hasenfeld, »People Processing Organizations: An Exchange Approach«, *American Sociological Review* 37 (1972), S. 256-263, mit weiteren Hinweisen.

269 Die empirische Soziologie entspricht dieser Einsicht durch die heute wohl allgemein akzeptierte Auffassung, daß Konsens eine soziale Variable sei, die in sehr unterschiedlichen Ausprägungen vorliegen könne. Siehe etwa Ragnar Rommetveit, *Social Norms and Roles: Explorations in the Psychology of Enduring Social Pressures*, Oslo, Minneapolis 1955; Amitai Etzioni, *A Comparative Analysis of Complex Organizations: On Power, Involvement, and Their Correlates*, New York 1961, S. 128ff. Die gleiche Auffassung wäre für Dissens zu vertreten, wobei Konsens und Dissens nicht auf einer Dimension liegen, also Nichtkonsens nicht ohne weiteres schon Dissens ist und umgekehrt.

suchen, was für die Gesellschaft davon abhängt, daß es hier zu Konsens oder zu Dissens oder zur erfolgreichen Fiktion von sei es Konsens, sei es Dissens kommt.

(3) Den wohl schwierigsten, weil mit allen Systemprozessen am stärksten interferierenden Folgenkomplex haben wir uns bis zuletzt aufgehoben. Er betrifft alle jene Nebenfolgen funktionaler Differenzierung, die durch Veränderungen der gesellschaftlichen *Temporalstrukturen* ausgelöst werden. Wie bereits mehrfach notiert, gibt es viele Anzeichen dafür, daß sich mit dem Übergang zur modernen bürgerlichen Gesellschaft im späten 18. und beginnenden 19. Jahrhundert das Zeitverständnis radikal verändert hat, ohne daß dieser Wandel bewußt vollzogen und thematisiert worden wäre.[270] Sicher ist es kein Zufall, daß diese Veränderungen im Zeitbewußtsein massiv gesellschaftsstrukturellen Änderungen folgen,[271] und wir können vermuten, daß der Ausbau funktionaler Differenzierung durch Ausdifferenzierung weiterer Zentralperspektiven und durch Steigerung der Systemautonomie der Funktionssysteme die ausschlaggebende Ursache gewesen ist.

270 Vgl. nur Reinhart Koselleck, »Historia Magistra Vitae: Über die Auflösung des Topos im Horizont neuzeitlich bewegter Geschichte«, in: Hermann Braun, Manfred Riedel (Hg.), *Natur und Geschichte: Karl Löwith zum 70. Geburtstag*, Stuttgart 1967, S. 196-219; ders., »Vergangene Zukunft der frühen Neuzeit«; Foucault, *Die Ordnung der Dinge*; Wolf Lepenies, »Verzeitlichung und Enthistorisierung: Über einen möglichen Beitrag der Geschichte der Anthropologie und der historischen Anthropologie zur Bestimmung der Neuzeit als Epochenschwelle«, Ms., 1973 [Druck: Wolf Lepenies, »Das Ende der Naturgeschichte und der Beginn der Moderne: Verzeitlichung und Enthistorisierung in der Wissenschaftsgeschichte des 18. und 19. Jahrhunderts«, in: Reinhart Koselleck (Hg.), *Studien zum Beginn der Modernen Welt*, Stuttgart 1977, S. 317-351].

271 Hierzu allgemein Niklas Luhmann, »Weltzeit und Systemgeschichte«.

Daß dieser Zusammenhang sich dem zeitgenössischen Bewußtsein weitgehend entzogen hat, liegt vor allem wohl daran, daß er teils direkt, teils indirekt verläuft; indirekt zum Beispiel über die chronometrischen Probleme weiträumiger Verkehrs- und Kommunikationsverhältnisse; und daß er sich, soweit er direkt verläuft, in mehrere Relationen aufgliedert, die erst im Zeitbewußtsein wieder koordiniert werden. Diese Mehrgliedrigkeit ist ihrerseits eine Folge der Mehrheit von Systemreferenzen, die sich bei aller funktionalen Systemdifferenzierung artikulieren müssen;[272] denn jede Systemreferenz der Teilsysteme hat ihre eigene Zeitproblematik.

Um den Überblick zu erleichtern, stellen wir die folgenden Überlegungen zunächst zu einem Schaubild zusammen.

In der Referenz auf *andere* Funktionssysteme nehmen die *Leistungs*anforderungen zu. Mehr und mehr leben die Teilsysteme der Gesellschaft von dem, was sie anderen geben. Die Wirtschaft zum Beispiel wird nicht mehr nur unmittelbar von Bedürfnissen her begriffen, sondern von den Erträgen, die sie in Form von Geld abzuführen vermag (wobei die Tendenz zum »Behalten« über Eigentum und Kapitalakkumulation aufmerksam beobachtet und kritisiert wird!). Input/Output-Prozesse werden – obwohl Grenzprozesse! – normalisiert, werden als Bezugspunkte des normalen systeminternen Prozedierens (Arbeitens!) begriffen und über die Schematik von Zweck und Mittel rationalisiert. Diese Prozesse erfordern jedoch in den einzelnen Funktionsbereichen und in ihren Teilsystemen und deren Subsystemen in sehr unterschiedlichem Maße Zeit. Ausbildungen im Erziehungssystem zum Beispiel sind sehr viel langsamer als Produktionsprozesse der Industrie oder Forschungsprozesse der Wissenschaft. Die Zeiträume einer sinnvollen Investitions- und Rentabilitäts-

272 Vgl. oben, Kap. III.3.

	Sozialstruktur (unabhängige Variable)		Temporalstruktur (abhängige Variable)
Leistung	Normalisierung von Input/Output-Prozessen Verzeitlichung von Komplexität	→	Tempodifferenzierung, Phasendifferenzierung Synchronisationsproblem Zeitknappheit
Funktion	Abstraktion von funktionalen Perspektiven, Möglichkeits-projektionen, Erwartungen	→	Differenzierung der Zeithorizonte, Öffnung der Zukunft, Punktualisierung der Gegenwart, Historisierung der Vergangenheit
Reflexion	Historisierung der Systemidentität	→	Verzeitlichung des Seins, Weltuniversalität der Zeitdimension

rechnung sind nicht identisch mit den Zeiträumen, in denen politische Themen in der öffentlichen Meinung aufgebaut und wachgehalten werden können, und die Zeit politischer Themen differiert wiederum von dem künstlichen Rhythmus der Wahl- und Regierungszeiten im politischen System. Die Gesetzgebung braucht oft mehr Zeit, als politisch zur Verfügung steht, und kann daran scheitern; sie ist aber immer schneller als Entwicklungen auf dem Gebiet der juristischen Dogmatik.[273] Der Zeitbedarf funktionsspezifischer Prozesse divergiert mithin. Daraus entstehen Synchronisationsprobleme, die sich teils in Befristungen, Tempoanforderungen, Zeitdruck, teils in Wartezeiten und in Unsicherheit in bezug auf künftig erforderliche Leistungen anderer Funktionssysteme umsetzen. In diesen beiden abgeleiteten Formen der Zeitknappheit und der Unsicherheit dominiert das Zeitproblem heute alle »verantwortlichen« hochgradig interdependenten gesellschaftlichen Prozesse.[274] Über Zeitdruck und Unsicherheit belasten und verzerren Zeitprobleme die sachlichen Präferenzen; ihnen muß durch Vorziehen des Befristeten und durch Diskontierung des Unsicheren oder durch Reserven, Redundanzen, Versicherungen usw. Rech-

273 Vgl. zu diesen Beispielen Luhmann, »Öffentliche Meinung«; ders., »Politische Verfassungen im Kontext des Gesellschaftssystems«, S. 12ff.; ders., »Die Funktion des Rechts: Erwartungssicherung oder Verhaltenssteuerung?«, in: Luis Legaz y Lacambra (Hg.), *Die Funktionen des Rechts. Vorträge des Weltkongresses für Rechts- und Sozialphilosophie, Madrid 1973 (Archiv für Rechts- und Sozialphilosophie, Beiheft 8)*, Wiesbaden 1974, S. 31-45, Wiederabdruck in: Luhmann, *Ausdifferenzierung des Rechts*, S. 73-91.

274 Vgl. hierzu Norbert Elias, *Über den Prozeß der Zivilisation: Soziogenetische und psychogenetische Untersuchungen*, Bd. 2, Basel 1939, S. 337f.; Wilbert E. Moore, *Man, Time, and Society*, New York 1963, insb. S. 16ff., über den Zusammenhang von Zeitknappheit und Rollenspezifikation und Kaufmann, *Sicherheit als soziologisches und sozialpolitisches Problem*, über den Zusammenhang von Zeit und Sicherheit/Unsicherheit.

nung getragen werden. Trotz mannigfacher Versuche ist es nicht gelungen, dafür allgemeine Kalküle der Verrechnung zu entwickeln.

Im Unterschied zu Leistungsbeziehungen wird auf der Basis der institutionalisierten *Funktion* die *Gesellschaftszugehörigkeit* des Teilsystems begriffen und als Operator in die eigenen Prozesse eingeführt. Bei zunehmender funktionaler Differenzierung stoßen die Einzelfunktionen extrafunktionale Elemente ab und werden abstrakt – so stößt die Politik die Funktionen der Förderung des rechten religiösen Glaubens ab, die Familie die produktiven Funktionen der »Ökonomie«, die Religion die Funktion der Erklärung ökonomischen Mangels oder politischer Krisen usw. Natürlich ist dies nur eine sehr grobe Tendenzangabe, und diese Tendenz ist sehr ungleich entwickelt und mannigfach durchbrochen. Aber sie ist hinreichend ausgeprägt, um, ausgehend von den führenden Funktionssystemen Wissenschaft, Familie, Wirtschaft und Politik, die Temporalstrukturen der Gesellschaft grundlegend zu verändern, und zwar in ihren Zeithorizonten.[275] Die Vergangenheit wird in einem für frühere Gesellschaften undenkbaren Maße zurückgestoßen und für unverbindlich erklärt. Das politische System nach der Revolution oder nach der Verfassungsgebung ist nicht mehr dasselbe wie vorher; das besagt der Begriff »moderner Staat«. Die »bürgerliche Familie« wird nach Abstoßen ökonomischer Funktionen mit

275 Auf sprachlicher Ebene zeigt sich dies vor allem darin, daß man, ähnlich wie in der Theorie der Modalitäten, jetzt nicht mehr von den vergangenen bzw. künftigen Dingen und Ereignissen bzw. ihren Gesamtmengen spricht, sondern von *der* Zukunft bzw. *der* Vergangenheit – zum Teil mit ganz neuen Wörtern wie »future« (etwa 1600), »avenir« (etwa 1800). Dabei bezeichnen diese Wörter nun nicht mehr die *universitas rerum* in temporaler Hinsicht, sondern die Welthorizonte der Zeit selbst in ihrer Nichtidentität.

jeder Eheschließung neu begründet.[276] Solche Distanzierungen ermöglichen ein ambivalentes und selektives Verhältnis zur Geschichte: Diskontinuität auf der Basis von Kontinuität. Die Vergangenheit wird in einem neuen Sinne »historisch«.

Umgekehrt wird die Zukunft für Möglichkeiten geöffnet, die nicht mehr die der Vergangenheit sind. Die politische Funktion, die pädagogische Funktion, der Erkenntnisfortschritt, die Vermehrung der Güter usw. – das alles wird in Steigerungslinien, schließlich in hochfliegende Exponentialkurven ausgezogen auf der Basis einer jeweils abstrakten, aber durch gesellschaftliche Notwendigkeit gedeckten Funktion. So entstehen überzogene optimistische oder pessimistische Zukunftserwartungen, schließlich eine Gesamtzukunftsprojektion der Gesellschaft – »le temps présent est gros de l'avenir«[277] –, die nicht zu realisieren, sondern nur zu reduzieren ist, weil ihr Möglichkeitsüberschuß das in künftigen Gegenwarten Mögliche bei weitem überschreitet. Überdies hat die Zukunft eine Eigenart, die sie jedem Test, jeder Entscheidung entzieht: Sie kann nicht beginnen. Jeder Beginn von was immer ist stets nur Gegenwart und schiebt den Zukunftshorizont vor aller Operation, mit aller Operation vor sich her. Gerade weil die Zukunft nicht auf die Probe gestellt

276 Das heißt: die auch vorher schon regional bzw. schichtenmäßig vorkommende kleine Zwei-Generationen-Familie wird jetzt allgemeiner Familientypus. Siehe dazu Edward Shorter, »Différence de classe et sentiment depuis 1750: L'exemple de la France«, *Annales E. S. C.* 29 (1974), S. 1034-1057.

277 So zitiert Henri Grégoire 1798 eine bereits sprichwörtlich gebrauchte Formulierung der französischen Revolutionsbewegung in: »Les moyens de perfectionner les science politiques«, in: *Mémoires de l'Institut National (Classe des Sciences Morales et Politiques)*, Bd. I (1798), Paris 1798-1804, S. 552-566 (556), mit übrigens noch sehr kurzfristigen Realisierungserwartungen (»ameneront prochainement (!) un nouvel ordre des choses«).

werden kann, bietet sie jeder Gegenwart der modernen Gesellschaft Raum für integrierende Orientierungen; allerdings nur, wenn die Zukunftsentwürfe der Teilsysteme nicht schon selbst zu stark divergieren.

Die Gegenwart der gesellschaftlichen Funktionserfüllung, die die Differenz dieser beiden Zeithorizonte Vergangenheit und Zukunft trägt, wird damit zum Differenzpunkt zwischen ihnen: zum Augenblick, zum Punkt der Entscheidung; und sie bestätigt in dieser Form das, was man im Kontext von Leistungsprozessen täglich erfährt: Zeitdruck und Unsicherheit. Der zeitkonstante, auf eine supratemporale Ewigkeit bezogene *sensus moralis* (etwa: der Heilsereignisse) verliert nach dieser Wendung seinen Sinn, seine Anschließbarkeit an tägliches Erleben und Handeln; und damit geht auch der Gewißheitsboden verloren, von dem aus man einer schlimmen Zukunft, einem Ende der Welt ins Auge sehen konnte.

In einer dritten Hinsicht schieben Veränderungen der Beziehung *auf sich selbst*, Veränderungen der *Reflexionsprozesse* in Teilsystemen, die Temporalstrukturen der Gesellschaft auf eine neue Grundlage. Angesichts der jetzt erfaßbaren Spannweite des Möglichen in der Zeit muß die Identität des eigenen Systems als historische begriffen werden, und entsprechend relativieren sich die Umweltperspektiven, die Objektivitäten, die Positivitäten. Das zwingt dazu, das Sein selbst als zeitlich zu begreifen, alle Gesetze, die Naturgesetze eingeschlossen, für kontingent zu erklären und alle Struktur in Relationen zu verlegen, die selbstselektiv entstehen und für Anschlußselektionen begrenzte Möglichkeiten offenlassen. Damit verlieren die das 19. Jahrhundert noch beherrschenden Gegensätze von Statik und Dynamik, Struktur und Prozeß ihren ontologischen Bezug. Der Lebensführung, die im kontinuierlichen Wechsel der Rollenbezüge, in der Planung eines sinnvollen Nacheinander von Selektionen, in der Unsicherheit über Anschlußselektionen ihr Auskommen findet, ordnet sich eine Welt zu, die keine letzten Sicherheiten mehr verbürgt, die nicht mehr Rahmen ist, sondern Horizont, die aber gleichwohl in der Zeitlichkeit und Jeweiligkeit ihrer aktuellen Präsenz mehr als jede Welt zuvor ausschließt, daß das Unwahrscheinliche, Bedeutsame, Wahrhaft-Gelingende oder Unheilbar-Katastrophale gerade jetzt und hier geschieht. Diese kontingente, temporalisierte Welt läßt als plausibel erscheinen, was in den Erlebens- und Handelnssequenzen, in den Leistungs- und Funktionsbezügen einer funktional differenzierten Gesellschaft an Erfahrung anfällt.

Daß diese Effekte funktionaler Differenzierung Temporalstrukturen betreffen und transformieren, ist nun aber keine Garantie dafür, daß evolutionäre Probleme lösbar sein werden oder daß die Zukunft des Gesellschaftssystems planbar und seine weitere Entwicklung gesichert sein wird. Offene Zukunft und unter hohem Zeitdruck punktualisierte Gegenwart – das ist alles andere als eine Garantie für die Kontrollierbarkeit künftiger Verläufe. Natürlich wandelt sich mit den Temporalstrukturen auch das Verständnis der Evolution. Der moderne, sich seit dem Beginn des 19. Jahrhunderts herausschälende Evolutionsbegriff ist, als ein Aspekt gesellschaftlicher Realität genommen, das Korrelat zu funktionaler Systemdifferenzierung. Dies zeigt sich nicht zuletzt daran, daß er auf eine moralische – sei es gute, sei es schlechte – Projektion von Anfang und Ende der Zeit verzichtet. Der Evolutionsbegriff leistet die Selbstthematisierung der modernen Gesellschaft in der Zeitdimension. Und er entspricht der Zeit, die diese Gesellschaft für sich hervorbringt, dadurch, daß er zwar Kontingenz artikuliert, aber bestimmte Gesellschaftszustände weder erklärt noch prognostiziert. Der Zeitbegriff, der sich aus funktionaler Differenzierung ergibt, enthält Evolution als Thema, nicht als Problemlösung oder als Rezept;

als Aspekt der Temporalisierung der Identität von Welt und Gesellschaftssystem, nicht als Garantie einer menschenwürdigen Zukunft.

(4) Quer zu den bisher erörterten Nebenfolgen, die auf eine Steigerung von Interdependenzen und Independenzen in sachlicher, sozialer und zeitlicher Hinsicht, also auf Steigerung der Systemkomplexität durch funktionale Differenzierung zurückgeführt werden können, ergeben sich weitere Schwierigkeiten daraus, daß funktionale Differenzierung und Schichtung als Formen der *primären* Systemdifferenzierung inkompatibel sind.[278] In dem Maße, als das Gesellschaftssystem primär funktional differenziert wird, kann es nicht zugleich primär schichtenmäßig differenziert sein. Die Ordnung nach Gleichheit/Ungleichheit der Funktionen schließt Schichtung nach Gleichheit/Ungleichheit von Familien keineswegs aus; aber sie nimmt ihr die Funktion eines primären Prinzips sozialer Differenzierung. Das hat für die fortbestehenden Schichtungsstrukturen weitreichende Folgen.

Funktionale Differenzierung betrifft Schichtung in mehrfacher Hinsicht:

278 Anders bekanntlich die sog. funktionalistische Schichtungstheorie, insb. Kingsley Davis, Wilbert E. Moore, »Some Principles of Stratification«, *American Sociological Review* 10 (1945), S. 242-249 (dt. Übers.: »Einige Prinzipien der sozialen Schichtung«, in: Hartmann (Hg.), *Moderne amerikanische Soziologie*, S. 347-357 (dort, S. 346f., auch Hinweise zur anschließenden Diskussion)). Der vielkritisierte Eindruck von Kompatibilität entsteht hier jedoch nur durch vollständige Unterordnung des Schichtungsprinzips unter die funktionale Differenzierung, durch restlose Instrumentalisierung der Schichtung im Dienst der Funktionssysteme. Das Problem der Inkompatibilität auf der Ebene primärer Differenzierung des Gesellschaftssystems wird so gar nicht mehr gestellt. Und damit wird auch der historische Aspekt der Ablösung von Schichtung durch funktionale Differenzierung ausgeblendet.

Durch ihr Erfordernis der Inklusion werden in vielen Funktionsbereichen Beteiligungsmöglichkeiten geschaffen, (zum Beispiel: Besuch von Museen, Kulturstätten usw.; Möglichkeiten des Eigentumserwerbs; Teilnahme an politischen Wahlen oder Interessenvertretungen; Möglichkeiten, höhere Bildung bzw. Ausbildung zu erreichen), die zwar im Grade ihrer Ausnutzung immer noch mit Schichtung mehr oder weniger hoch korrelieren, die aber gleichwohl die Stärke dieser Korrelationen drücken. Die Schwächung der Zusammenhänge mit Schichtung geschieht auf mehrfache Weise: durch formale (vor allem rechtliche) Eröffnung des Zugangs; durch Veränderungen der Größenordnung und der Anzahl möglicher Kontakte; durch Schwächung der funktionalen Relevanz eigener anderer Rollen für spezialisiertes Rollenhandeln; und durch die funktionsspezifische Interessenlage in den einzelnen Teilsystemen, namentlich durch die ökonomische Vorteilhaftigkeit der Massenproduktion, die breitgestreute Kaufkraft voraussetzt, und durch die Eigendynamik politischer Programme des Wohlfahrtstaates. Mit alldem wird, in der Zeitdimension gesehen, der Aufstieg und Abstieg von Familien beschleunigt. So nimmt zum Beispiel bei den derzeit gegebenen Korrelationen zwischen Schichtung und Bildung die Wahrscheinlichkeit, einen Status konstant zu halten (ganz zu schweigen von der Wahrscheinlichkeit, ihn für *alle* Nachkommen konstant zu halten), bereits in der dritten Generation so rapide ab, daß sie bei längerfristiger sozialpolitischer Orientierung als strukturelles Problem vernachlässigt werden kann.[279]

Diese Beschleunigungstendenz verbindet sich mit der ebenfalls auf funktionale Differenzierung zurückgehenden

279 Als Überblick über amerikanische Forschungen vgl. Christopher Jencks, *Chancengleichheit*, Reinbek 1973.

Tendenz zum Universaltypus der kleinen Zwei-Generationen-Familie, die nicht mehr als eine Art substantielles Element des Gesellschaftsaufbaus angesehen wird, sondern als ein geschichtsloses und zukunftsloses, mit jeder Generation neu begonnenes und durch Tod beendetes funktionsspezifisches Teilsystem der Gesellschaft. Die Funktion der Familie bezieht sich dann auf ein Leben außerhalb ihrer selbst – sei es, daß sie ihre Sprößlinge darauf vorbereitet, sei es, daß sie für die Belastungen ihrer Mitglieder durch außerfamiliale Rollen Kompensationen und emotionale Stützen bietet. Diese Außenorientierung – ein weiteres Beispiel für zeitliche Komplexierungen im oben erörterten Sinne[280] – ersetzt familienintern Autoritätsstrukturen durch zwei funktionale Äquivalente: Instrumentalisierungen und Sentimentalisierungen, die in der sogenannten bürgerlichen Familie charakteristische Amalgame eingehen. Das ermöglicht zunächst eine schichtunabhängigere Stabilisierung der Einzelfamilie als System mit der Folge, daß Schichtung im Sinne von Aufstieg und Abstieg, von Erziehung und Berufswahl der Kinder, von Weitergabe der Errungenschaften gegen Nivellierungstendenzen der Umwelt für sie zum Problem werden kann.

Eine analoge Reduktion, die Familie auf paradoxe Weise schichtunabhängiger macht, erfolgt dadurch, daß die Wohngemeinschaften (Haushalte) auch der Oberschichtenfamilien[281] auf Familiengröße zurückgeschnitten werden.[282] Haushalte bestehen damit nur noch aus Angehörigen der gleichen

280 Vgl. in diesem Abschnitt, S. 843, insb. die Überblicksskizze S. 845.

281 Vgl. Jacques Heers, *Le clan familial au Moyen Âge. Etude sur les structures politiques et sociales des milieux urbains*, Paris 1974.

282 Vgl. z. B. Peter Laslett (Hg.), *Household and Family in Past Time*, Cambridge 1972, mit umfangreicher Bibliographie und dazu Alain Collomp, »Ménage et famille: Études comparatives sur la dimension et la structure du groupe domestique«, *Annales E. S. C.* 29 (1974), S. 777-786.

Schicht, die in ihrem Zusammenleben Schichtungsdifferenzen nicht mehr artikulieren, nicht einmal mehr parathalten müssen. Auch insofern stabilisiert sich das Familienleben schichtunabhängig, weil ohne Bezug auf die Umwelt anderer Schichten.[283] Damit entfällt außerdem, wie oben bereits notiert,[284] eine Sozialisationsstätte für Schichtungsdifferenzen. Für heranwachsende Kinder ist die Übertragung familialer Gleichheit auf andere Kinder selbstverständlich, und Schichtungsdifferenzen sind für sie zunächst nicht einmal erkennbar. So wird Schichtung erst in einer Sozialisationsphase relevant, in der man schon relationieren, schon zurechnen kann und gleichsam routinemäßig nach Gründen fragt.

Die heutige Familie gewinnt demnach ihre Identität und ihre Stabilisierungsweise nicht so sehr dadurch, daß sich schichtungsmäßige Gleichheiten und Ungleichheiten in ihrem Haushalt kreuzen. Sie gewinnt ihre Identität nicht aus dem typisierenden Koordinatensystem der Schichtung (obwohl sie ihre Funktion weiterhin auf schichtspezifische und schichtbezogene Weise erlebt), sondern gegenüber einem ökonomischen, politischen und neuerdings auch pädagogischen Antifamilialismus ihrer Umwelt.[285] Dieser strukturell angelegte Antifamilialismus, mit dem die gesellschaftliche

283 Um keine Mißverständnisse aufkommen zu lassen, sei erneut in Erinnerung gerufen, daß wir von einem systemtheoretischen und damit umweltbezogenen Schichtungsbegriff aus argumentieren. Selbstverständlich soll nicht in Frage gestellt werden, daß Familien schichtspezifische Einstellungen, Fähigkeiten und Werthaltungen an ihre Kinder weitergeben. Die Bedeutung dieses Tatbestandes wird jedoch leicht überschätzt im Vergleich zur sozialen Relevanz eines *Differenz*bewußtseins.

284 Siehe in diesem Kapitel Abschnitt 1, S. 781, Anm. 190.

285 Dieser Antifamilialismus bezieht sich nicht nur, wie man meinen könnte, auf Oberschichtenfamilien, die in ihren Kontinuitätschancen geschwächt werden, sondern auch und gerade auf Unterschichtenfamilien, die nach den Vorstellungen der Politiker und Pädagogen aufstei-

Umwelt die Familie unter dem Gesichtspunkt von zufällig[286] zusammenlebenden Individuen behandelt, sitzt um so tiefer, als er die Ebene der Intentionen und Programme übergreift und sich gerade auch in Hilfs- und Förderungsprogrammen auswirkt.

Parallel zu dieser Problematisierung von Schichtung für die Familie und von Schichtung der Familien für deren Umwelt werden durch andere Auswirkungen funktionaler Differenzierung, nämlich durch schlichtes Größenwachstum der Gesellschaft, die Möglichkeiten untergraben, die eigentliche Funktion von Schichtung in den Oberschichten zu erfüllen. Die Gesellschaft wird zu groß und zu komplex, als daß es noch möglich wäre, sie über die Einzelfunktionen hinweg durch schichtspezifische Kommunikationserleichterungen zu integrieren. In der zweiten Hälfte des 18. Jahrhunderts springen, wie die Familiengeschichtsforschung zeigt, noch Hilfsmechanismen ein, etwa in Gestalt der Freimaurerlogen, die die Kontaktanbahnung in den Oberschichten bei schon beträchtlicher Reisetätigkeit und Korrespondenz erleichtern.

gen sollen ohne Rücksicht auf familieninterne Strukturprobleme und selbst dann, wenn ihr Familiensystem dazu gar nicht disponiert ist. Ein wichtiger Gesichtspunkt in diesem Zusammenhang ist, daß die Kommunikationsbasis zwischen diesen Systemen, und das entspricht sowohl der funktionalen Differenzierung als auch dem Erfordernis der Inklusion, das *Individuum* ist, das ins Wirtschaftssystem eingegliedert, politisch (sogar: familien-politisch!) gefördert und erzogen wird. Das hat die Folge, daß selbst wohlwollende Programme antifamilialistisch, nämlich individuumsbezogen, formuliert werden und die Familie als System in eine marginale Position gerät und sich mit einer Binnenlogik und einer Binnenmoral verteidigt, die nicht mehr als Ausdruck gesellschaftlicher Moral begriffen werden kann.

286 Zufällig heißt dabei soviel wie: nicht mit der Funktion desjenigen (politischen, ökonomischen, erzieherischen usw.) Systems zusammenhängend, das die Mitglieder der Familie als eigene gesellschaftliche Umwelt und als Individuen behandelt.

Schließlich aber treten an die Stelle von Schichtung in weitem Umfange teils organisatorische Position, teils individuell zugerechnete öffentliche Reputation, die Kommunikationen mittels bekannter Adressen, verfügbarer Apparate und unterstellter Reichweite der Wirkung anzieht. So dringen verschiedenartige Substitute in den Funktionskreis ein, der früher durch Oberschichtenkommunikation erfüllt wurde. Auch hier bilden sich wieder persönliche Bekanntschaften als Basis des »Ansprechenkönnens«, informale Kontaktnetze und in einigen Fällen personale Herrschaftsapparate. Die Teilnahme daran beruht auf nicht zu stark spezialisierter Prominenz und auf der Breite des unterstellbaren oder erfolgreich zumutbaren persönlichen Interesses. Die dafür notwendigen Ressourcen beruhen nicht auf familiärer Herkunft und sind nicht vererbbar. Die personalisierte Prominenz des Vaters oder der Mutter kann, eben weil personalisiert, für die Kinder eine Starthilfe und ein Handicap zugleich sein. Sie erzeugt in jedem Falle eine mit schichtungsgebundenen gesellschaftlichen Verhältnissen nicht mehr vergleichbare Situation.

Als Folge des Zusammenwirkens dieser strukturellen Änderungen werden schichtenmäßige Unterschiede in der Verteilung von Gütern und Chancen problematisiert, ja prinzipiell in Frage gestellt. Ungleichheiten bedürfen in einer Gesellschaft, die auf funktionale Differenzierung und Inklusion aller in alle Funktionsbereiche gebaut ist, einer Begründung, und diese muß an Funktionserfordernisse, Leistungen oder Verdienste anschließen. Durch Nachweis einer Schichtabhängigkeit werden Verteilungen diskreditiert, während früher eher das Umgekehrte galt: daß ein durch Schichtung nicht getragenes Sonderstreben einzelner fragwürdig, unpassend oder lächerlich erschien.

Andererseits werden schichtungsähnliche Differenzierungseffekte durch ein Zusammenspiel von funktionsspezifischen Fortkommenschancen, Familienbildung und Sozialisationseffekten laufend reproduziert. Das Prinzip universeller Inklusion aller in alle Funktionskreise, das auf Individualisierung selbstselektiver Zugangsentscheidungen angewiesen ist, verhindert nicht, sondern begünstigt gerade schichtendifferente Partizipation über Unterschiede der Interessen und Startbedingungen.[287] Im Zusammenhang damit stärkt das Prinzip traditionsloser Familienneubildung nach Ausmaß, Beweglichkeit und Tempo das Entstehen »neuer Klassen«.[288] Diesen Klassen fehlt dann freilich die kommunikative Innenbindung, die Spezifität eigener Prozesse und damit der Charakter sozialer Systeme. Weniger Voraussetzung als aggregierter Effekt gesellschaftlicher Prozesse, differenzieren sie nicht die Gesellschaft selbst, sondern nur die Verteilung der Güter und Chancen. Ihr Verhältnis zum Gesellschaftssystem muß als kontingent begriffen werden. Daher liegt es nahe, die Klassenlage in diesem neuen Sinne politisch und ökonomisch zu fokussieren und als ihr prägendes Merkmal nicht ihr bloßes Vorkommen als Resultat, sondern das Bewußtsein der Veränderbarkeit zu fordern. Allerdings ist Klassenbewußtsein, wenn es sich das Bewußtsein der Kontingenz als Bewußtsein der Veränderbarkeit erhalten will, auf

287 Siehe zum Beispiel Bourdieu, Passeron, *Die Illusion der Chancengleichheit*; P. J. Tichenor, G. A. Donohue, C. N. Olien, »Mass Media Flow and Differential Growth in Knowledge«, *Public Opinion Quarterly* 34 (1970), S. 159-170.

288 Zur Diskussion dieses Themas vgl. nur Milovan Djilas, *Die neue Klasse*, München 1964; Serge Mallet, *La nouvelle classe ouvrière*, Paris 1963 (dt. Übers.: *Die neue Arbeiterklasse*, Neuwied, Berlin 1972); Peter Christian Ludz, *Parteielite im Wandel*, Köln, Opladen ³1970; Sten Tellenbrack, »Patterns of Stratification in Socialist Poland«, *Acta Sociologica* 17 (1974), S. 25-47.

Pauschalvorgriffe auf Zukunft und auf Reflexionsverzichte angewiesen; Sartres gedankliche Entwicklung vom Kontingenzbewußtsein zum Parteibewußtsein in der *Critique de la raison dialectique* ist ein in sich wiederum unreflektierter Beleg dafür.[289] Die Reflexionsdefizite, die bei ausgeprägter funktionaler Differenzierung ohnehin zu erwarten sind, werden durch Klassenbewußtsein nicht aufgehoben, sondern an Hand von Nebenfolgen funktionaler Differenzierung nur nochmals simplifiziert.

(5) Eine abschließende Betrachtung wollen wir dem Begriff der *Krise* widmen, der eine für funktional differenzierte Gesellschaften typische Sachlage bezeichnet. Da der Krisenbegriff unklar und umstritten ist und auf alle Fälle abhängig ist von dem Theoriekontext, in dem er eingesetzt wird, ist jedoch eine Vorbemerkung angebracht.

Anders als auf der Ebene von Interaktionssystemen oder von organisierten Sozialsystemen[290] ist es im Falle von Gesellschaftssystemen nicht möglich, aber auch nicht nötig, Krisen durch Bestandsgefährdung zu definieren. Nur die Durchhaltbarkeit von Entwicklungsniveaus der Gesellschaft steht auf dem Spiel. Entwicklungsniveaus stabilisieren sich über die Erfüllung von Bedingungen der Kompatibilität evolutionärer Errungenschaften und betreffen insofern die Gesellschaft als System. Daraus folgt indes nicht, daß Krisen der Gesellschaft als Funktionskrisen übergreifender Gesamteinrichtungen begriffen werden müßten – etwa als Herrschaftskrise, als Krise der Steuerungsmittel im Verhältnis zu den anstehenden Problemen, als Krise des Umweltverhältnisses oder als

289 Vgl. Jean-Paul Sartre, *Critique de la raison dialectique*, Paris 1972.

290 Hierzu Niklas Luhmann, *Zweckbegriff und Systemrationalität, Über die Funktion von Zwecken in sozialen Systemen*, Neudruck Frankfurt/M. 1973, S. 326ff.

Legitimationskrise »der Gesellschaft«. Dies ist das gegenwärtig wohl vorherrschende Krisenverständnis.[291] Dabei wird vorausgesetzt, daß es unverzichtbare Totalfunktionen dieser Art gibt, die auf dem Systemniveau der Gesamtgesellschaft erfüllt werden müssen, also nicht an Teilsysteme delegiert werden können, und ebendeshalb die Gesellschaft, wenn sie nicht oder nicht mehr zureichend erfüllt werden können, in besonderem Maße gefährden. Die Krise erscheint dann geradezu als Krise in nichtausdifferenzierbaren Funktionsbereichen; und mit Spannung wird die Aufmerksamkeit auf die Frage gelenkt, ob die Herrschenden mit der Krise fertig werden (»Krisenmanagement«) oder nicht.

Da nun aber funktional differenzierte Gesellschaften sich mehr als alle anderen Gesellschaftsformationen durch ein hohes Maß an Ausdifferenzierung von Zentralfunktionen auszeichnen, ist nicht einzusehen, weshalb gerade sie besonders krisenträchtig sein sollten und durch Funktionsmängel in den nicht ausdifferenzierten Bereichen gefährdet werden könnten. Viel plausibler erscheint die gegenteilige Annahme: daß gerade die Ausdifferenzierung von Zentralfunktionen durch Teilsystembildungen die Gesamtgesellschaft Krisen aussetzt.

Geht man von dieser Vermutung aus, dann muß zunächst der Krisenbegriff reformuliert werden. Seine Definition setzt dann eine *zweifache* Systemreferenz voraus und bezieht sich damit auf das Zentralproblem von Systemdifferenzierungen: auf die Bedingungen der Möglichkeit multipler Systemreferenzen. Krisen wären danach *Funktionskrisen in Teilsystemen, sofern diese ein Ausmaß erreichen, das die normalen Anpassungsmöglichkeiten aller anderen Teilsysteme überschreitet*

291 Siehe nur Jürgen Habermas, *Legitimationsprobleme im Spätkapitalismus*, Frankfurt/M. 1973.

und damit durchgehende, gesamtgesellschaftliche Relevanz erhält. Krisen heben, mit anderen Worten, die normalen innergesellschaftlichen System/Umwelt-Perspektiven auf und zwingen dazu, die Einheit des Gesellschaftssystems auf operativer Ebene zu reaktivieren. Ein an Krisen orientiertes Verhalten verliert seine Spezifikation; es operiert in mehreren Systemreferenzen zugleich.

Damit wird funktionale Innendifferenzierung (im Unterschied zu abrupten oder sich steigernden Umweltveränderungen) zur Bedingung der Möglichkeit von Krisen. Krisengefahren sind Ausdruck hochgradiger *Spezialisierung* in Teilbereichen, von denen die Gesellschaft in *diffuser, vielfältig vermittelter Weise* abhängig bleibt. Die Krisenträchtigkeit hochdifferenzierter Systeme beruht also auf der *gleichzeitigen Relevanz von Spezifikation und Diffusität.* Da Leistungen und Leistungsausfälle, die Kriseneffekte übertragen, immer an den beiden Zeitgrenzen jedes Systems relevant werden, wird auch eine Krisentheorie auf diese beiden Grenzprozesse abstellen müssen: auf Input und auf Output.

Krisen sind daher erstens um so wahrscheinlicher, wenn hochspezialisierte Leistungen von einem diffusen Input abhängig sind. Diese These hat Raymond Boudon[292] zur Erklärung der Krisen in der Soziologie aufgestellt: Es gäbe hier keinen kontinuierlichen Erkenntnisgewinn, die Entwicklung verlaufe über Krisen, weil diffuse Umweltfaktoren auf das System einwirken. Eine Parallelargumentation liegt vor allem für publikumssensitive, demokratische politische Systeme nahe, wenn es ihnen nicht gelingt, die Einwirkung des Publikums als Ausübung der ausdifferenzierten Rolle des Wählers und als Wahrnehmung der Rechtspositionen des öffentlichen

292 *La crise de la sociologie: Question d'épistémologie sociologique,* Genf 1971, S. 18ff.

Rechts einzuschränken. Jeder Akt politischer Gewalt gegen das politische System ist, wie immer die Motive liegen, ein Krisensignal und wird heutzutage auch so intendiert.

Die andere Front, die Krisen erzeugt, liegt an der Output-Grenze der Systeme. Auch hier erscheint die für differenzierte Systeme typische Gleichzeitigkeit von Spezifikation und Diffusität als Asymmetrie in System/Umwelt-Verhältnissen: Leistungen lassen sich nahezu beliebig spezifizieren, die Folgen von Leistungsausfällen dagegen nicht. Was geschehen muß, um die heranwachsende Generation auszubilden, ist – bei aller Komplexität der Anforderungen – klarzustellen und umzusetzen in Erziehungsprogramme. Was geschehen wird, wenn sie nicht ausgebildet wird oder durch die Art der Erziehung psychisch geschädigt wird, läßt sich kaum ausdenken und jedenfalls nicht maßnahmenpolitisch abfangen. Es wird dann sehr rasch überall an adäquaten Personen fehlen – nicht nur an hinreichend fähigen Personen für industrielle oder bürokratische Arbeit, sondern auch an von sich selbst hinreichend unabhängigen Personen zum Heiraten, an hinreichend durchkultivierten Studenten im Erziehungssystem selbst usw. Ähnliches gilt für das Rechtssystem: Es ließe sich klären, was zu geschehen hat, damit rechtlich bindende Entscheidungen durchgesetzt werden; was dagegen geschehen würde, wenn dies nicht mehr oder in weitem Umfange nicht mehr der Fall wäre, ist für heutige gesellschaftliche Verhältnisse kaum auszumachen.[293]

Unter Rückgriff auf einen oben[294] erörterten Begriff können wir nunmehr auch sagen: Krisen sind *nichtakzeptable Problemüberwälzungen.* Sie entstehen immer dann, wenn

293 Obwohl es zeitgenössische Orientierungshilfen gibt. Siehe etwa Germán Guzmán, Orlando Fals Borda, Eduardo Umaña Luna, *La violencia en Colombia: Estudio de un proceso social*, Bogotá 1962.

294 Siehe in diesem Abschnitt, S. 837f.

ein Teilsystem seine eigentliche Funktion auf dem erforderlichen Leistungsniveau nicht erfüllt, sie nach außen abgibt und damit andere Systeme zur Miterfüllung von für sie extrafunktionalen Bedingungen, also zur Entdifferenzierung zwingt. Akzeptable und nichtakzeptable (krisenerzeugende) Problemüberwälzungen werden praktisch und empirisch nicht leicht zu differenzieren sein. Die Differenz hängt selbst vom Ausmaß der erreichten funktionalen Differenzierung ab. Das vielleicht wichtigste Unterscheidungskriterium liegt in der Zeitdimension und betrifft Irreversibilität. Problemüberwälzungen sind auf Spezialkompetenzen anderer Systeme zugeschnitten, sollen also im Prinzip keine Strukturänderungen auslösen. Krisen erfordern dagegen in allen betroffenen Teilsystemen Umstrukturierungen, die spezialisierte Leistungsdispositionen mindern und kaum wieder rückgängig zu machen sind.[295]

Diese Überlegungen legen es nahe, dem vielbehaupteten Zusammenhang von evolutionärem Fortschritt und funktionaler Differenzierung eine komplexere Fassung zu geben. Der Steigerungszusammenhang steigert die Krisenträchtigkeit mit und gibt der Gefährdung zugleich ihre spezifische Form. Hochdifferenzierte Systeme erzeugen somit in sich selbst die Möglichkeit einer Zukunft, die sie nicht akzeptieren können. Ihr Funktionsbewußtsein ist immer zugleich Leistungs- und Krisenbewußtsein. Ihre Strukturen erscheinen dann nicht mehr als irreversible Errungenschaften einer historischen Bewegung, die an ihrem Ende ihren Anfang begründet: Als irreversibel erscheinen vielmehr die Struktur-

295 Ein Beispiel für Konsequenzen des Versagens politisch-rechtlicher Gewaltkontrolle: Niklas Luhmann, »Wabuwabu in der Universität«, *Zeitschrift für Rechtspolitik* 8 (1975), S. 13-19, Wiederabdruck in: ders., *Universität als Milieu: Kleine Schriften*, hg. von André Kieserling, Bielefeld 1992, S. 30-48.

änderungen, mit denen das System auf Krisen, träfen sie ein, reagieren würde. Auch diese Gesellschaft kann in zeitlicher Hinsicht sich selbst als Evolution begreifen. Sie wird deshalb ihre Krise nicht als ihr bevorstehendes Ende, als Abschluß der Geschichte in Analogie zum Tode, sehen können; wohl aber als Einleitung irreversibler Strukturtransformationen in regressiver Richtung, was unter strikt evolutionstheoretischen Gesichtspunkten ohnehin zu erwarten ist.

Kapitel IV

Die Größenverhältnisse und die Strukturen des Systems der Weltgesellschaft

1. Wachstum und Evolution

Da ein soziales System unserer Auffassung nach aus Kommunikationen besteht, bemißt sich seine faktische Größe nach der Zahl der aktualisierten Kommunikationen.[296] Die Zunahme der Menschen ist eine, die intensivere Ausnutzung ihres Kommunikationspotentials eine andere Voraussetzung des Wachstums. Je größer ein Gesellschaftssystem wird, desto mehr verschieben sich die Voraussetzungen weiteren Wachstums von der ersten auf die zweite Voraussetzung; desto weniger wichtig wird die weitere Zunahme der Menschen und desto wichtiger wird es, ihre Kontakte zu verdichten und viele und verschiedenartige Kommunikationsmöglichkeiten bereitzustellen. Man kann auch sagen: desto stärker verschieben sich Wachstumsbedingungen von externen auf interne Beschränkungen. Damit wird es zur kritischen Frage, wie und wieweit eine Gesellschaft das durch eine Menschenmenge gegebene Kommunikationspotential ausnutzen kann, und die

296 Dieser Begriff von Größe muß von dem modaltheoretischen Begriff unterschieden werden, den wir zur Bestimmung der Komplexität und der strukturellen Selektivität eines Systems definiert hatten als Anzahl der möglichen Beziehungen zwischen Einheiten eines Systems. Dieser letztgenannte Begriff erfordert weitere Operationalisierungen durch Festlegung von Einheiten und durch Angabe von Bedingungen der Möglichkeit.

interne strukturelle Selektivität wird zum Engpaß, der die faktisch erreichbare Systemgröße bestimmt.

Die gleiche These einer Problemverschiebung ergibt sich aus einer zweiten Überlegung, mit der wir auf eine oben bereits formulierte Einsicht zurückgreifen.[297] In der bisherigen Gesellschaftsgeschichte bestanden enge Beziehungen zwischen der Zahl der Menschen, die man auf einem Gebiet ernähren konnte, und der zivilisatorischen Entwicklung.[298] Beide Faktoren bedingen sich wechselseitig, indem sie füreinander Entwicklungsvoraussetzungen liefern.[299] Beispielsweise ist eine monetär strukturierte Wirtschaft nur möglich bei hinreichend großen und in der wirtschaftlichen Kommunikation verdichteten (städtischen) Bevölkerungen; sie ist dann aber auch Bedingung der Möglichkeit agrarischer Mehrproduktion und damit Ursache von Bevölkerungsvermehrungen. Diese seit eh und je geltende System/Umwelt-Korrelation mitsamt einer direkten Abhängigkeit gesellschaftsstruktureller Entwicklungen von demographischen Prozessen in der gesellschaftlichen Umwelt scheint in den letzten beiden Jahrhunderten durchbrochen worden zu sein als Folge gesellschaftsstruktureller Veränderung. Die heutige Weltgesellschaft hat genug Menschen für jede mögliche Zivilisation. Die Bevölkerungsvermehrung wird dadurch zu einem die Umweltorientierung der Gesellschaft beherrschenden Pro-

297 Vgl. oben in diesem Teil, Kap. II.6, S. 752f.

298 Die Korrelation ist natürlich dadurch verzerrt, daß es unter günstigen Umweltbedingungen (also in bestimmten Gebieten) bereits auf archaischer Lebensstufe Überschußproduktion und zuweilen hohe Bevölkerungsverdichtungen geben konnte. Vgl. dazu Leslie A. White, *The Evolution of Culture*, New York 1959, S. 290ff.

299 So explizit Dumond, »Population Growth and Cultural Change«; Boserup, »Environnement, population et technologie dans les sociétés primitives«.

blem, dem keine entsprechenden strukturellen Erfordernisse mehr gegenüberstehen; sie ist eine für das Gesellschaftssystem strukturell nicht mehr ausnutzbare, nicht mehr in systemspezifisches Wachstum transformierbare Umweltveränderung mit für die Gesellschaft selbst eher pathologischen Merkmalen.

Unmittelbare Ursache dieses Wandels ist natürlich die industrielle Produktionsweise und inzwischen auch die automatisierte Informationsverarbeitung. Tragende Systembedingung aber ist die funktionale Differenzierung des Gesellschaftssystems. Diese hat, wie bereits im Kontext der Evolutionstheorie vermerkt, die bisherigen Bedingungen evolutionärer Entwicklung grundlegend gewandelt, indem sie den Stabilisierungsmechanismus zugleich als Variationsmechanismus verwendet. Sie verändert außerdem die bisher geltenden Bedingungen des Wachstums in einer noch schwer überschaubaren Weise.

Zu den eindrucksvollsten Konsequenzen der funktionalen Differenzierung des Gesellschaftssystems gehört eine immense Größenzunahme, die in ihren Folgen wiederum die Strukturtypik dieses Systems betrifft und verändert. In Betracht kommen sowohl Vergrößerung nach außen als auch Vergrößerung nach innen. Vergrößerung nach außen erfolgt durch Einbeziehung von Kommunikationen außerhalb traditioneller (territorialer) Grenzen des Gesellschaftssystems in die Gesellschaft, also durch Expansion. Vergrößerung nach innen erfolgt durch Vermehrung der Kommunikationsthemen, durch Erweiterung des Zugangs zu Kommunikationsthemen (Inklusion) und damit zu möglichen Kommunikationsakten innerhalb des Gesellschaftssystems. Auf beiden Wegen kann die Zahl der Elemente (zum Beispiel Rollen) zunehmen, auf die sich die Selektionsleistung der Strukturen des Gesellschaftssystems beziehen muß. Die Frage dieses Kapitels lautet, ob es in diesen Hinsichten Grenzen des Wachstums gibt und ob die im Entstehen begriffene Weltgesellschaft solche Grenzen erreicht oder gar als Systemtypus notwendig überschreitet, so daß die Evolution auf ein gar nicht mögliches System zuläuft.

Es ist eine allgemeine, freilich an sinnkonstituierenden Systemen noch nicht erprobte Ansicht, daß Wachstumsprozesse an Möglichkeiten der Strukturierung des wachsenden Systems ihre Grenzen finden und daß sie, ebendeshalb, in differenzierten Systemen disproportional anfallen, das heißt: einige Teilsysteme stärker wachsen lassen als andere.[300] In etwas umständlicherer Formulierung kann man auch festhalten, daß Wachstumsprozesse auf der Ebene der Elemente die Relationierungsmöglichkeiten überproportional ansteigen lassen und entsprechend die Selektionsschärfe der Systemstruktur, die die brauchbaren Relationen auswählt, verstärken und/oder das System zur Differenzierung zwingen mit der Folge einer disproportionalen Wiederholung dieses Problems im Verhältnis der Teilsysteme zueinander.

300 Vgl. z. B. Pitirim A. Sorokin, »The Principle of Limits Applied to Problems of Causal or Functional Relationship between Societal Variables and of the Direction of Social Processes«, in: *Social Process: Papers Presented to the 26th Annual Meeting of the American Sociological Society Washington 1932*, Chicago 1933, S. 19-27; W. D'Arcy Thompson, *On Growth and Form*, New York 1942; Kenneth E. Boulding, »Toward a General Theory of Growth«, *Canadian Journal of Economics and Political Science* 19 (1953), S. 326-340; Gesta Carlsson, »Change, Growth, and Irreversibility«, *American Journal of Sociology* 73 (1968), S. 706-714; F. Kenneth Berrien, *General and Social Systems*, New Brunswick 1968, S. 75ff.; Edward Goldsmith, »The Limits of Growth in Natural Systems«, *General Systems* 16 (1971), S. 69-75; John D. Kasarda, »The Structural Implications of Social System Size: A Three-Level Analysis«, *American Sociological Review* 39 (1974), S. 19-28 – letzteres eine der bisher seltenen empirischen Forschungen zu diesem Problem auf der Ebene gesellschaftlicher und kommunaler Systeme.

Diese strukturellen Beschränkungen möglichen Wachstums haben eine auf der Ebene allgemeiner Theorie noch wenig diskutierte Beziehung zur Evolution. Für die organische Evolution ist das Problem dadurch strukturiert, daß man zwischen der Größe des Ökosystems der Populationen und der Größe der Organismen unterscheiden kann und muß. Populationen mit großen Organismen brauchen (und werden in der Regel) nicht selbst groß sein und umgekehrt. Gerade deshalb ist es jedoch in einer für die organische Evolution charakteristischen Weise nicht unerheblich, wie groß Organismen unter gegebenen ökologischen Bedingungen werden können. »Cope's rule«[301] besagt, daß im Laufe der organischen Evolution die Durchschnittsgröße der Exemplare einer Gattung zunimmt. Sie hat sich nicht für alle, wohl aber für sehr viele Fälle bewährt. Eine direkte Übertragung dieser induktiv gewonnenen Verallgemeinerung auf den Bereich der soziokulturellen Evolution kommt nicht in Betracht – allein schon deshalb nicht, weil die Systemverhältnisse hier anders liegen und es kein Äquivalent für die Differenz von Organismen und Populationen gibt. Gleichwohl gibt die Erklärung zu denken, die Steven M. Stanley für »Cope's rule« gegeben hat.[302] Sie führt diese Regel zurück auf eine allgemeinere Regel, die besagt, daß die mögliche Eintrittsschwelle neuer Systemtypen in die evolutionäre Entwicklung unterhalb der möglichen Systemgröße mit ökologischer Anpassungsfähigkeit liegt. Nach dem Eintritt in die Evolution und nach der Sicherung der Reproduktionsfähigkeit kann ein neuartiger Systemtyp noch zusätzliche Vorteile von Größe ins Spiel bringen und entsprechende Nachteile von Größe durch Zusatzeinrichtungen

301 Benannt nach Edward D. Cope, *The Primary Factors of Organic Evolution*, Chicago 1896.

302 »An Explanation for Cope's Rule«, *Evolution* 27 (1973), S. 1-26.

struktureller Art kompensieren; er kann und wird, soweit er Reproduktionsfähigkeit erreicht und erhält, noch wachsen, das heißt: durchschnittlich größere Exemplare reproduzieren. Zugleich mindert sich durch Wachstum und strukturelle Komplexion die Wahrscheinlichkeit, daß solche Systeme zu weiterer Evolution fähig sind, weil dies relativ kleine Systeme mit relativ unspezialisierten Strukturen voraussetzen würde. Letztlich beruht diese Theorie auf der Annahme, daß evolutionäre Mechanismen und System/Umwelt-Mechanismen nicht von vornherein koordiniert sind und daß die Prozesse ökologischer Anpassung Größenverhältnisse prämieren, die evolutionär keine Chance mehr haben. Evolution hängt dann auf weite Sicht davon ab, daß Prozesse des Wachstums und der strukturellen Spezialisierung in hinreichend vielen Fällen frühzeitig genug blockiert werden, so daß genug unspezialisiertes Entwicklungspotential erhalten bleibt.

Die Versuchung ist groß, diese Regel des höheren Entwicklungspotentials kleiner und unspezialisierter Systeme auf den Fall der soziokulturellen Entwicklung und damit auf Gesellschaften als Systeme zu übertragen.[303] Damit wären wichtige Vorentscheidungen über die Evolutionsfähigkeit der Weltgesellschaft gefallen. Wir müssen uns daher auf eine genauere Prüfung einlassen.

Sicher gilt auch für die bisherige soziokulturelle Evolution die allgemeine Aussage, daß Mechanismen der Komplexitätsbalancierung zwischen System und Umwelt nicht identisch sind mit der die Evolution betreibenden Differenzierung der Mechanismen für Variation, Selektion und Stabilisierung. Nicht identisch heißt unter anderem auch: daß in

303 So z. B. Elman R. Service, »The Law of the Evolutionary Potential«, in: Marshall D. Sahlins, Elman R. Service, *Evolution and Culture*, Ann Arbor 1960, S. 93 ff., neu gedruckt in: ders., *Cultural Evolutionism: Theory in Practice*, New York 1971, S. 31 ff.

beiden Hinsichten unterschiedliche Größenverhältnisse und unterschiedliche Systemstrukturen günstig bzw. wahrscheinlich sein können. Die bestmögliche bzw. die am leichtesten erreichbare Umweltbalancierung eines evolutionsfähigen Systems besagt zunächst nichts für dessen weitere Evolution. So viel ist festzuhalten. Andererseits ergibt sich daraus allein noch nicht, daß bei Ausnutzung der umweltmöglichen Wachstumschancen und bei entsprechender Strukturierung des Gesellschaftssystems dessen weitere Evolution gefährdet wäre. Im Vergleich zur organischen Evolution haben sich Wachstumsbedingungen und Wachstumstendenzen in der sinnbasierten soziokulturellen Evolution grundlegend geändert, sowohl im Hinblick auf Umweltbedingungen als auch im Hinblick auf das evoluierende System.

In Hinsicht auf Umwelt bedeutet Sinnkonstitution, daß die Umwelt als kontingent erfahren wird und so eingreifende Änderungen geradezu stimuliert. Das Auflöse- und Rekombinationsvermögen einer Gesellschaft in bezug auf ihre Umwelt hängt dabei nicht zuletzt von denjenigen Strukturen des Gesellschaftssystems ab, die Wachstum ermöglichen bzw. beschränken. Das heißt: Der Umfang, in dem die Umwelt dem Wachstum der Gesellschaft Grenzen setzt, hängt von der Gesellschaft selbst ab, und zwar, wie bereits gesagt, von ihrer strukturellen Selektivität. Es ist möglich, daß die Gesellschaft durch ihr eigenes Wachstum umweltbedingte Wachstumsschranken überwindet, sie erkennt und sie durch Eingriffe in die Umwelt beseitigt. Rein logisch lassen sich weder aus dem Weltverständnis der modernen Gesellschaft noch aus ihrem Wissenschaftsverständnis unübersteigbare Schranken herleiten; beide Orientierungen beziehen sich auf prinzipiell offene Zukunftshorizonte. Auch die oben versuchte Artikulation der Welt durch drei Sinndimensionen mit jeweils einander gegenüberstehenden Doppelhorizonten begründet keine »letzten

Schranken«, keine Unmöglichkeitspostulate. Um so bedrängender stellt sich die Frage, ob es für die Gesellschaft selbst strukturelle Grenzen möglicher Komplexitätsverhältnisse gibt, die sich als Wachstumsschranken auswirken. Wenn irgendwo, so könnten hier Grenzen dessen liegen, was in der soziokulturellen Evolution erreichbar ist.

2. Selbstlimitierung durch Größe

Eine allgemeine Theorie möglicher Komplexitätsverhältnisse steht nicht zur Verfügung. Gleichwohl kann der Komplexitätsbegriff die Art des Vorgehens steuern. Komplexität ist, wie erinnerlich,[304] eine selektive Relation, und zwar die Relation zwischen den abstrakt möglichen, durch die bloße Anzahl der Elemente bestimmten Beziehungen und den strukturell ermöglichten Beziehungen eines Bereichs, in unserem Falle also: der Weltgesellschaft. Der Begriff postuliert Nichtbeliebigkeit dieser Relation. Das heißt: Die Zunahme von Elementen wird die strukturierenden Bedingungen betreffen und verändern, unter denen Beziehungen zwischen diesen Elementen zugelassen werden. Wachstum ermöglicht neue Strukturen, schließt aber auch andere aus.

Diese »Wachstumsregel« ist bewußt unscharf formuliert. Dies hängt damit zusammen, daß im Falle der soziokulturellen Evolution das, was jeweils als Element fungiert (und damit auch das, was jeweils als Beziehung relevant sein kann), nicht als eine natürliche Konstante vorgegeben ist, sondern mit zunehmender Größe selbst variiert.[305] Es ist kein Zufall, daß die

304 Vgl. oben, Teil 1, Kap I.1.

305 Üblicherweise wird von Systemtheoretikern darin ein Erkenntnisproblem gesehen: Elemente (»units«) und Beziehungen seien beliebig auf-

Gesellschaft sich zunächst als Gesellschaft der Geschlechter (Haushalte, Familien), dann als Gesellschaft der konkreten Personen, der Menschen, und schließlich als ein Handlungssystem begreift. Dieses Auflösen von Komplexeinheiten und Tieferlegen der Einheitsfunktion von Elementen korrespondiert mit der Ausdifferenzierung der Gesellschaft als eines auf das Soziale spezialisierten Systems, mit zunehmender Innendifferenzierung und mit entsprechender Größenzunahme. Eine solche Entwicklung erfordert Umstrukturierungen, die die interne Kombinatorik des Gesellschaftssystems in höhere und tiefere Abstraktionslagen verlegen; und das betrifft nicht nur die Generalisierung der Strukturen, sondern eben auch den Abstraktionsgrad der Elemente, deren Beziehungen sozial geregelt werden. Die für das Gesellschaftssystem selektivsinnvollen Beziehungen lassen sich, wenn bestimmte Größenschwellen überschritten werden, nicht mehr als Beziehungen zwischen Menschen arrangieren, mit der Implikation des Vollengagements eines jeden Menschen in all seinen Beziehungen; sie müssen als kommunikative Beziehung zwischen Handlungen formuliert werden, die natürlich von Menschen getragen und durchgeführt werden, bei denen aber offenbleiben und unterschiedlich geregelt werden kann, wieviel Personalität und konkrete Biographie in die Handlung mithineingegeben und wieviel miterwartet werden muß.[306]

lösbar und müßten immer auf Grund bestimmter wissenschaftlicher Interessen definiert werden. Wir behaupten statt dessen, daß diese Definition nicht beliebig möglich ist, sondern abhängt von der Komplexität und den ihr entsprechenden Umweltbeziehungen des Systems.

306 Dies ist in manchen soziologischen Theoriebereichen anerkannt. Trotzdem operationalisieren die speziell auf unser Problem des disproportionalen Wachstums bezogenen Forschungen Größe durchweg durch Anzahl von Personen. Siehe insb. Kasarda, »The Structural Implications of Social System Size«, S. 21f.

In den Analysen zur Umwelt des Weltgesellschaftssystems,[307] an die wir hier anschließen, hatten wir bereits festgehalten, daß die Strukturentwicklungen der bürgerlichen Gesellschaft sich von allzu konkreten demographischen Bindungen freimachen können und dafür funktionale Äquivalente erfinden, die den strukturellen Errungenschaften die erforderlichen Einheiten in abstrakterer Form (Rollen, Handlungen, Informationen) zuführen. Diese Überlegung läßt sich mit der soeben angestellten dahingehend zusammenfassen, daß Größenveränderungen im Falle der soziokulturellen Evolution im Gesellschaftssystem selbst abstraktere Selektions- und Kombinationsniveaus erfordern können. Damit ändern sich nicht zuletzt die Gesellschaftlichkeitserfahrungen des einzelnen sowie die Problemstellungen und begrifflichen Mittel gesellschaftlicher Selbstthematisierung. Schon das zeigt, daß Größenzunahme im Kontext von Systemen nicht als eine schlichte Addition begriffen werden kann. Gerade als Steigerungs- und Expansionsvorgang, der mehr ermöglicht, limitiert Größenzunahme zugleich auch das, was dann noch möglich ist; denn Bedingungen der Möglichkeit sind immer zugleich Bedingungen der Unmöglichkeit.

Aus systemtheoretischen Prämissen ergibt sich weiter, daß dieses Verhältnis von Möglich- und Unmöglichwerden der Relationen im System durch Systemdifferenzierung mitdifferenziert wird. Auch deshalb ist für übergreifende Aussagen kein größerer Präzisionsgrad zu erreichen. In den einzelnen Funktionsbereichen divergieren die Problemlagen und Problemlösungen; es kann daher nicht davon ausgegangen werden, daß alle Teilsysteme der Gesellschaft Wachstum gleich gut vertragen. Dies soll für den Fall der heutigen Weltgesellschaft an einigen Beispielen verdeutlicht werden.

307 Siehe oben, Kap. II.6.

Das bei weitem eklatanteste und folgenreichste Beispiel bietet das *politische System der Weltgesellschaft*. Nach alteuropäischer Gesellschaftsvorstellung sollte die Gesellschaft ein korporativ verfaßtes politisches System mit zentraler Regierungsgewalt sein; gerade das politische System, das die Gesellschaft erst zur Gesellschaft im eigentlichen Sinne macht, sollte die Gesellschaft als einen Herrschaftsbereich zusammenfassen. Dieser politische Einheitsanspruch zerbricht jedoch in der Entwicklung zur bürgerlichen Gesellschaft. Daß diese im Staat kulminiere, ist schon von ihrer Konstruktionslogik her nicht mehr plausibel zu machen – weder in der Form des Hegelschen Staates noch in der Form einer entsprechenden Leerstelle im System des Karl Marx; das heißt weder in der Form eines Rückgriffs auf die Vergangenheit noch in Form eines Vorgriffs auf die Zukunft. Erst recht ist für die realisierte Weltgesellschaft evident, daß ihr keine politische Einigung, kein »Weltstaat« entspricht.[308]

Eine oberflächliche Betrachtung könnte dafür »rein historische Gründe« angeben – die pure Faktizität der verbleibenden Territorialstaaten oder den Zufall, daß die letzten noch mit Kriegszielen möglichen »Weltkriege« mit falschen Fronten geführt worden sind. Sieht man genauer hin, dann wird jedoch fraglich, was Wachstum des Gesellschaftssystems in der Doppelrichtung von Expansion und Inklusion, also nach außen und nach innen, für die Funktion von Politik bedeuten mag.

308 Im Banne der Begriffstradition wird deshalb selbst von Soziologen diesem neuen universalen Sozialsystem die Bezeichnung Gesellschaft verweigert. Vgl. nur Wilbert E. Moore, »Global Sociology: The World as a Singular System«, *American Journal of Sociology* 71 (1966), S. 475-482; Talcott Parsons, »Systems Analysis: Social Systems«, in: *Encyclopedia of the Social Sciences*, Bd. 14, New York 1968, S. 458-473 (461f.); Leon Mayhew, *Society: Institutions and Activity*, Glenview, London 1971, insb. S. 242ff.

Für den antiken Stadtstaat und dann wiederum für den Nationalstaat hatte man solche Schranken in Anbetracht der Eigenart von Politik als »notwendige und vernunftgemäße« gefordert.[309] Diese Vernunft hatte ihre Notwendigkeit jedoch nur im Rahmen einer Theorie, die zwischen Gesellschaft und politischem System nicht unterschied. Führt man dagegen diese Unterscheidung ein, ist es nicht mehr gesichert, daß beide Systeme in der für sie optimalen Größenordnung konvergieren. Welche Größe kann man dann noch mit Vernunft als notwendig vertreten? Zugleich löst dieses Divergieren der Systemreferenzen die Bezugseinheit für Größenangaben als Person des Bürgers bzw. des Menschen auf, wenn die den Einzelmenschen bestimmenden, von ihm aktualisierten sozialen Beziehungen in beiden Systemen nicht mehr übereinstimmen. Die Einheit der Elemente für Größenbemessungen muß dann abstrakter konzipiert werden. Für das politische System etwa bietet es sich an, von der Zahl der Entscheidungen auszugehen, die über die Machtketten des politischen Systems noch verknüpft werden können. Die Größe des Gesellschaftssystems wäre bei geringeren Anforderungen an Integration noch abstrakter durch die Zahl kommunikativer Handlungen zu messen, deren Selektionsleistung in Interaktionen für relevant gehalten wird.

Nach diesen Vorüberlegungen wird verständlich sein, daß die politischen Verhältnisse der Weltgesellschaft in erster Linie durch die Schranken funktional sinnvoller Systemgrößen bestimmt sind. Die spezifisch politische Funktion sehen wir in der Bildung und Verwendung von Macht zur Erstellung kollektiv bindender Entscheidungen. Macht kommt als ein

309 Mit dieser Formulierung z. B. von Heinrich von Treitschke, *Politik*, Bd. I, Leipzig 1897, S. 28. Vgl. auch Aristoteles, *Politik*, 1325 b 33 ff., bezogen auf die Zahl der Einwohner (unter Ausschluß natürlich der Sklaven, der niedergelassenen Metoiken, der nur anwesenden Fremden).

symbolisch generalisiertes Kommunikationsmedium nur in Betracht, wenn sowohl Sender als auch Empfänger der Kommunikation vorausgesetzt werden als Beteiligte, die über ihr Handeln disponieren.[310] Das ist ein sehr zeit- und motivaufwendiger Vorgang, der sich, wenn man Zeitverbrauch und psychische Kapazität konstant hält, nicht beliebig vergrößern läßt. Wenn nicht alles täuscht, sind die Möglichkeiten der Extension des Machtmechanismus, die in der Zentralisierung der Entscheidung über die Anwendung physischer Gewalt und in der Rechtstechnik liegen,[311] ausgeschöpft. Sie waren es wohl schon im Übergang zur bürgerlichen Gesellschaft des 18./19. Jahrhunderts, der auf diese Weise als ein in Rechtsform gefaßter sozialer Wandel gerade noch ermöglicht wurde – eine auch unter diesem Gesichtspunkt einmalige historische Konfiguration von Neuerungen und bereits entwickelten, gerade noch ausreichenden Potentialen. Seitdem ist die Expansion des Gesellschaftssystems fortgeschritten. Die der funktionalen Differenzierung entsprechenden Inklusionspostulate – hier: effektive Rechtsfähigkeit aller und politische Demokratie – sind zumindest in einigen wichtigen Regionen des Erdballs in weitem Umfange realisiert. Schon das hat die in Betracht kommenden Entscheidungsmengen immens gesteigert. Hinzu kommen Rückwirkungen anderer Veränderungen des Gesellschaftssystems. Der Strukturwandel insgesamt hat sich beschleunigt. Daraus ergeben sich steigende Anforderungen an das Entscheidungstempo, laufende Kritik und ständige Neuentscheidung über Entscheidungsprämissen. Andere Funktionssysteme werden zudem in bezug auf Politik anspruchsvoller und bedürftiger. Deren Interdependenz mit Politik führt zu einer komplexeren Wert-

310 Vgl. oben, Teil 3, Kap. II.2(d).

311 Hierzu Niklas Luhmann, *Macht*, Stuttgart 1975, insb. S. 60ff., 90ff.

struktur, an der die Staatspolitik sich zu orientieren hat und durch die sie in ihrer außenpolitischen Handlungsfähigkeit eingeschränkt wird. Das gilt offensichtlich für die Wirtschaft, die nicht mehr nur auf Rechtsgarantie, sondern auf Steuerung ihrer Globaleffekte, wenn nicht ihrer Produktionsvolumina durch die Politik angewiesen ist. Das gilt in zunehmendem Maße auch für das Erziehungssystem, nachdem die Bildungsinhalte durch Abbau kultureller Selbstverständlichkeiten kontingent, also entscheidungsbedürftig geworden sind. Und Entscheidung ist in all diesen Fällen nicht einmaliger Akt, sondern laufender Bedarf, ja Normalerwartung in einem Sinne, der auch Nichtentscheidung zur Entscheidung macht.

Daß unter dem Druck derartiger Anforderungen das politische System nicht zugleich auch den bewährten Strukturtypus des Territorialstaates aufgibt, sondern ihn in vielen Regionen erst einmal zu entwickeln sucht, liegt auf der Hand.[312] Unter Höchstbelastung wechselt man nicht das System. Der Übergang zum Weltstaat würde unter der Bedingung von Demokratie unweigerlich den Ausgleich der regional extrem ungleichen Chancen der Teilnahme an den Vorteilen gesellschaftlichen Lebens zum politischen Problem werden lassen. Diese weltstaatliche Problemstellung würde zudem alle Funktionsbereiche aufs intensivste politisieren müssen, da sie nur über eine Kombination von bevölkerungspolitischen, ressourcenpolitischen und produktionspolitischen Maßnahmen Realisierungschancen hat. Dafür sind wohl kaum konsensfähige oder auch nur machttechnisch durchsetzbare Entscheidungen zu finden.[313] Die Rücknahme des Inklusionspostulats,

312 Ähnlich John W. Burton, *World Society*, Cambridge 1972, S. 33, der dafür administrative Erwägungen sowie die psychologische Notwendigkeit engerer Identifikationen als Gründe anführt.

313 Wenig realistisch erscheint momentan die gegen den Weltstaat eingewandte Gefahr eines unerträglich zentralistischen Gewaltmonopols;

was uns erscheinen müßte als Verzicht auf Demokratie, oder das Abreißen der Machtketten oder beides wären die Folgen.

Diese Argumente lassen nun, gegen die Ansicht der Tradition, die Unvernunft des Territorialstaates als notwendig erscheinen. Sie zeigt sich nicht zuletzt an der Tatsache, daß das politische System somit seinerseits auf die Form segmentärer Differenzierung zurückgreift, indem es sich zunächst in Territorialstaaten prinzipiell gleichen Typs gliedert und erst in diesen wiederum funktional differenziert. Segmentäre Differenzierung ist relativ leicht und voraussetzungsfrei durchführbar, ist die einfachste Reaktion auf Wachstum.[314] Die Besonderheit dieses Falles von Segmentierung ist, daß er sich erst auf der *zweiten* Stufe der Gesellschaftsdifferenzierung realisiert, also *innerhalb* eines funktional ausdifferenzierten Teilsystems für Politik.

Gerade das charakterisiert die politischen Verhältnisse der Weltgesellschaft. Es handelt sich nicht mehr um frei nebeneinanderlebende, politisch nicht oder nur an gemeinsamen Grenzen verbundene Staatswesen, sondern vielmehr um Segmente eines durch Machtverhältnisse und Themen-

so z. B. Gerhart Niemeyer, *Without Force: The Function of Politics in International Law*, Princeton, London u. a. 1941, S. 386 ff.

314 Das heißt nicht, daß man dieses internationale Staatensystem fruchtbar mit archaischen Gesellschaftssystemen vor der Ausdifferenzierung politischer Zentralgewalten vergleichen könnte; dem steht allein schon die Tatsache entgegen, daß es bei aller gesellschaftlichen Relevanz ein innerhalb der Weltgesellschaft ausdifferenziertes Funktionssystem für Politik ist und bleibt; daß also die Weltgesellschaft als ganze nicht etwa primär nach dem Prinzip der Segmentierung differenziert ist. Zum Vergleich des internationalen Systems mit archaischen Gesellschaften siehe Fred W. Riggs, »International Relations as a Prismatic System«, *World Politics* 14 (1961), S. 144-181; Chadwick F. Alger, »Comparison of Intranational and International Politics«, *American Political Science Review* 57 (1963), S. 406-419 (414 ff.); Roger D. Masters, »World Politics as a Primitive Political System«, *World Politics* 16 (1964), S. 595-619.

interdependenzen verknüpften politischen Systems. Die Kolonialisierung der noch nicht staatsförmig politisierten Regionen hatte dahin übergeleitet. Heute sichert eine Fülle von Mechanismen – die Existenz weltweit politisch engagierter Großmächte; die über Massenmedien weltweit verbreitete, unmittelbar reaktive öffentliche Meinung; die über Themen aus dem wirtschaftlichen / technischen / wissenschaftlichen Komplex vermittelten Interdependenzen, die in jedem Staate innenpolitisch politisierbar sind; die Bedeutung internationaler Vergleiche in der Formierung politischer Ziele und, damit zusammenhängend: die unüberhörbar vorgetragenen Ansprüche auf Entwicklungshilfe mit ihren postkolonialen Engagements –, daß Außenpolitik sich nicht mehr primär auf die eigenen Staatsgrenzen und eventuell noch auf den Schutz reisender Privatleute bezieht,[315] sondern sich auf ständig fluktuierende Konstellationen mit wechselnden Partnern und wechselnden Themen beziehen muß. Allein schon die Tatsache, daß in anderen (ihrerseits mit Politik verknüpften) Funktionssystemen universelle Zusammenhänge hergestellt sind, erzwingt eine Weltpolitik; und nur ihre Differenzierungsform läßt sie, gemessen an den Aufgaben, als chaotisch erscheinen. Man kann das Ergebnis zwar nicht als internationales, wohl aber als interpolitisches System charakterisieren.

Unsere These, daß die Bedingungen der Leistungsfähigkeit symbolisch generalisierter Kommunikationsmedien und der auf sie zugeschnittenen Systembildungen dem Größenwachstum Schranken zieht, läßt sich auch im Bereich von Wahrheit und Wissenschaft vorführen, hier allerdings mit weniger weitreichenden Konsequenzen für die Gesamtlage

315 Zum Untergang jener »private world of individual interests«, die ihr Korrelat gerade darin hatte, daß das klassische Völkerrecht nicht Individualrecht, sondern Staatenrecht war, siehe Niemeyer, *Without Force* (Zitat S. 209).

der Weltgesellschaft. Wahrheit ist als ein auf Erlebniskoordination spezialisiertes Kommunikationsmedium ausdifferenziert. Der adäquate Elementbegriff für Größenüberlegungen wäre hier deshalb »Information«. Die moderne Wissenschaft produziert so viel Information, daß nur minimale Bruchteile davon in konkreten Anschlußoperationen wissenschaftlicher oder nichtwissenschaftlicher Art verfügbar werden; nicht nur das noch unbekannte, auch das bekannte Wissen bleibt in hohem Maße ungenutzt. Größenkrisen im Wissenschaftsbereich werden in diesem Sinne als Überforderung der Möglichkeiten effektiver Informationsverarbeitung erfahren und beschrieben.[316]

Die Konsequenzen unterscheiden sich markant vom Falle der Politik. Die Wissenschaft reagiert, und das hängt mit dem geringeren Integrationsbedarf ihres Mediums zusammen, auf die Überforderung nicht durch Segmentierung, sondern durch minutiöse funktionale Differenzierung nach Disziplinen, Subdisziplinen, Arbeitsgebieten und elaborierten Problembezügen und mit entsprechend zugeordneten Informationskennzeichen (Buchtitel, Zeitschriften, Autorennamen, Fachkongresse und deren Untergruppierungen, Universitätsabteilungen, Institute usw.). Diese Differenzierungsform läßt die Möglichkeit von übergreifenden Anregungen weitgehend ausfallen (bzw. ebenfalls zur Sache von Spezialisten werden); aber sie läßt sich leichter und rascher zu besonderen Leistungen aktivieren, wenn ein Bedarf dafür in der gesellschaftlichen Umwelt oder im Wissenschaftssystem hinreichend dringlich auftritt. Geschwächt wird auf diese Weise das Potential für autonome Innovation und das In-

316 Siehe Derek J. de Solla Price, *Little Science, Big Science*, New York, London 1963; Marion Blute, »The Growth of Science and Economic Development«, *American Sociological Review* 37 (1972), S. 455-464.

novationstempo. Aber das ist nicht das Defizit, an dem die Weltgesellschaft primär leidet; übertrifft sie doch in ihrer wissenschaftlichen Innovationsrate ohnehin alle früheren Gesellschaftsformationen. Auch hier wirkt die Überanstrengung der Größe und des Wachstumstempos deutlich selektiv auf das, was unter solchen Umständen geschehen kann und was andererseits unwahrscheinlich oder doch schwierig wird. Aber diese Überlastungsselektivität scheint höhere Kompatibilität mit Strukturen und Problemlagen der heutigen Weltgesellschaft zu erreichen als im Falle der Politik.[317]

Die in bezug auf Erleben und Handeln »gemischten« Medien Liebe und Eigentum/Geld haben weniger ausgeprägte Beziehungen zu Problemen des Wachstums. Sie sind auf ihrer Erlebnisseite jeweils weltadäquat, aber in den Effekten des Handelns, das sie motivieren, jeweils willkürlich disaggregiert. Nicht zufällig tragen sie in der bürgerlichen Gesellschaft das Etikett des »Privaten«. Der Universalismus von Liebe, der jedes Erleben des Geliebten deckt und durch Handeln honoriert, und der Universalismus des Geldes, der jede Bedürfnisbefriedigung akzeptiert, sofern sie bezahlt wird, sind mit jeder Größe des Gesellschaftssystems kompatibel; aber was an Handeln dabei herauskommt, hat in sich selbst keine Garantie gesellschaftsstruktureller Kompatibilität und kann sich auf dem Gebiete des Konsums (einschließlich des vor allem bedeutsamen produzierenden Konsums) und auf den Gebieten der Erziehung und des psychischen Schicksalsausgleichs zu unerwarteten und zumindest über diese Medien

317 Dies Urteil bestätigt sich, wenn man den Vergleich unter dem Gesichtspunkt des für beide Medien jeweils typischen Modus der Enttäuschungsabwicklung – im Falle Macht: normativ; im Falle Wahrheit kognitiv-lernend – durchführt. Dazu näher Niklas Luhmann, »Die Weltgesellschaft«, *Archiv für Rechts- und Sozialphilosophie* 57 (1971), S. 1-35, Wiederabdruck in: ders., *Soziologische Aufklärung* 2, S. 51-71.

nicht lenkbaren Effekten steigern. Die Form ihrer Weltentsprechung macht diese in der Zurechnungsform gemischten Medien zugleich wenig geeignet für Funktionen der Planung und der Steuerung selektiven Handelns.

Mit diesen Beispielen aus zentralen Funktionsbereichen der modernen Gesellschaft dürfte hinreichend deutlich geworden sein, daß und wie im Zusammenwachsen aller Gesellschaftssysteme zur einen Weltgesellschaft Größenveränderungen selbst selektiv wirken, nämlich die jetzt noch möglichen Relationen des Gesellschaftssystems umstrukturieren. Diesen Sachverhalt hatten wir in äußerster Abstraktion mit dem relationalen Begriff der Komplexität bereits formuliert. Als eine mit Größenveränderungen, mit Wachstum kompatible Form der Nichtbeliebigkeit tritt Komplexität an die Stelle, die für ältere Gesellschaftsformationen das Prinzip der Knappheit eingenommen hatte.[318] Denn das in allen Knappheitspostulaten implizierte Prinzip der Mengenkonstanz überzeugt nicht mehr und ist nicht mehr angemessen für eine Gesellschaft, die in relativ kurzer, historisch gut überblickbarer Zeit immense Wachstumsprozesse zu verzeichnen hat. Sosehr Knappheit als Kontingenzformel für spezifische Bereiche und kurzfristige Kalkulationen nach wie vor benötigt wird, als Strukturformel für Welt und Gesellschaft wird sie abgelöst durch die (hier mit Komplexität bezeichnete) Erfahrung, daß auch Wachstum, auch Größenzunahmen, auch Steigerungen auf welchen Wert- und Interessenlinien auch immer, nur in andere Konstellationen des Möglichen und des Unmöglichen führen.

318 Siehe namentlich Foster, »Peasant Society and the Image of Limited Good«, zur durchgehenden moralischen Prämisse der Mengenkonstanz in agrarischen Hochkulturen.

3. Massenkommunikation

Die wichtigste Art und Weise, in der das Gesellschaftssystem sich Veränderungen seiner Größenverhältnisse anpassen kann, verdient eine gesonderte Behandlung.[319] Sie liegt in einer grundlegenden Veränderung der Bedingungen, die eine relationale Verknüpfung der Elemente ermöglichen: in einer Veränderung der Bedingungen möglicher Kommunikation.

Mit den grundlegenden Veränderungen der Gesellschaftsformation, also mit der Bildung von archaischen Gesellschaften, von Hochkulturen und schließlich mit dem Übergang zur modernen Gesellschaft ändern sich auch die Kommunikationsweisen, die das entsprechende Entwicklungsniveau ermöglichen. Sprache ist die Bedingung der Möglichkeit archaischer Gesellschaften; Sprache und Schrift sind Bedingung der Möglichkeit von Hochkulturen; Sprache und Schrift und Techniken der Massenkommunikation sind Bedingung der

319 Die zunehmende *Häufigkeit* von Kommunikation bei zunehmender Systemgröße belegt – mit einer allerdings völlig unzureichenden Operationalisierung durch »clerical and related functions« (?) – Kasarda, »The Structural Implications of Social System Size«. Vgl. zu den typischen Korrelationen von Massenmedien und Modernisierung auch Karl W. Deutsch, *Rationalism and Social Communication: An Inquiry into the Foundations of Nationality*, Cambridge (Mass.) 1966; ders., »Soziale Mobilisierung und politische Entwicklung«, *Politische Vierteljahresschrift* 2 (1961), S. 104-124; Wilbur Schramm, W. Lee Ruggels, »How Mass Media Systems Grow«, in: Daniel Lerner, Wilbur Schramm (Hg.), *Communication and Change in the Developing Countries*, Honolulu 1967, S. 57-75; Jörg Aufermann, *Kommunikation und Modernisierung: Meinungsführer und Gemeinschaftsempfang im Kommunikationsprozeß*, München, Berlin 1971. Siehe aber auch: Richard R. Fagen, »Relation of Communication Growth to National Political Systems in the Less Developed Countries«, *Journalism Quarterly* 41 (1964), S. 87-94.

Möglichkeit der modernen Gesellschaft. Jeder Typ erfordert, im Verhältnis zum vorhergehenden Zustand, eine entsprechende Erweiterung des Kommunikationspotentials; denn Gesellschaft ist und bleibt über alle Formationen hinweg das System aller kommunikativ erreichbaren Erlebnisse und Handlungen.

Der Übergang vom Gruppenleben hochentwickelter Primaten zur primitiven menschlichen Gesellschaft ist durch die Evolution von Sprache erfolgt, also durch die Entwicklung effektiverer Formen der Kommunikation, die es den Teilnehmern ermöglichte, das Verhalten ihrer Partner von den dadurch übermittelten Informationen zu unterscheiden und mit Hilfe dieser Unterscheidung beides aufeinander zu beziehen, nämlich das Sprachverhalten als Zeichen für Information zu nehmen.[320]

Der Übergang zur Hochkultur wird erst möglich durch die Entwicklung schriftlicher Kommunikationsmöglichkeiten. Schrift hat den ausschlaggebenden technischen Vorteil, daß sie den Kommunikationsprozeß von der Bedingung der Anwesenheit der Partner befreit. Sie kann daher sehr viel weitere räumliche und zeitliche Distanzen überbrücken als mündliche Kommunikation, kann auch unbekannte und unbekannt bleibende Partner erreichen und entzieht sich dem dichten und situativ motivierten Netz von interaktionellen Gegenseitigkeiten und Kontrollen.[321]

Schrift ist aber zunächst nichts weiter als eine Duplikation des Sprachcodes, eine Zweitcodierung der Sprache im Bereich der Optik. Sie vergrößert die Reichweite der Kommunikation, nicht jedoch die Anzahl der gleichzeitig erreichbaren Partner. Hier bleibt vielmehr gerade mündliche Kommu-

320 Vgl. oben, Teil 2, Kap. II.2.

321 Vgl. oben, Teil 2, Kap. II.4 (S. 343f.).

nikation in größeren Versammlungen zunächst im Vorteil. Schrift erreicht schon eine gewisse Anonymisierung der Sprechsituation. Sie ermöglicht ein getreuliches, aber auch ein fälschendes Kopieren von Texten. Solche Reproduktion blieb zunächst jedoch buchstäblich Stückwerk, gebunden an zeit- und arbeitsaufwendigen handlungsmäßigen Vollzug. Diese Beschränkung fällt erst mit den neuzeitlichen Verbreitungstechniken über Druck und Funk.

Die Schwelle zur Massenkommunikation liegt nicht erst in der Mitte des 19. Jahrhunderts.[322] Bereits der Buchdruck (und nicht erst die für jedermann erschwingliche »penny press«, die das relevante Publikum nur erweitert) leitet die Wendung ein.[323] Schon durch den Buchdruck werden formulierte Positionen in verstärktem Maße unwiderruflich, weil man unterstellen muß, daß sie auch Unbekannten bekannt und im übrigen leicht nachweisbar sind. Das führt, wie erstmals an der Reformation sichtbar, zu Radikalisierungen neuen Stils;[324] ferner dazu, daß man laufend Neues sagen muß, weil man annehmen muß, daß bereits Gesagtes bekannt und Wiederholung zur Bekräftigung unnötig, ja schädlich ist; ferner dazu, daß

322 So die ganz vorherrschende Meinung. Siehe nur Leo Bogart, »Communication, Mass: Audiences«, *International Encyclopedia of the Social Sciences*, Bd. 3, New York 1968, S. 70-81 (71); Denis McQuail, *Soziologie der Massenkommunikation*, Berlin 1973, S. 2.

323 Siehe dazu die umfangreichen Untersuchungen von Henri-Jean Martin, *Livre, pouvoirs et société à Paris au XVIIe siècle (1598-1701)*, 2 Bde., Genf 1969; außerdem M. A. Shaaber, *Some Forerunners of the Newspaper in England 1476-1622*, Neudruck London 1966 (zuerst 1929).

324 Vgl. Elisabeth L. Eisenstein, »L'avènement de l'imprimerie et la Réforme: Une nouvelle approche au problème du démembrement de la chrétienté occidental«, *Annales E. S. C.* 26 (1971), S. 1355-1382. Vgl. auch dies., »Some Conjectures about the Impact of Printing on Western Society and Thought: A Preliminary Report«, *Journal of Modern History* 11 (1966), S. 1-56; dies., »The Advent of Printing and the Problem of the Renaissance«, *Past and Present* 45 (1969), S. 27-89.

die Wertung des Neuen und des Alten umgekehrt wird (denn neue gedruckte Bücher sind zuverlässiger als alte, während für geschriebene das Umgekehrte gilt). Mit dem weiteren Ausbau des technischen und ökonomischen Substrats dieser neuen Kommunikationsweise wird nur ihre Reichweite vergrößert und ihre Unentbehrlichkeit zementiert in dem Maße, als andere Strukturen der Gesellschaft und vor allem deren Größe sich darauf einstellen.

Die entsprechenden Reproduktions- und Verbreitungstechniken stehen heute voll entwickelt zur Verfügung. Ihr Aufbau hatte bei der am spätesten entwickelten Kommunikationsweise, bei der Schrift, angesetzt und ist dann gleichsam die Kette der Evolution zurückgelaufen, hat mit Hilfe des Funks auch das gesprochene Wort und schließlich mit Hilfe des Films und des Fernsehens sogar die sprachlose Kommunikation, das volle Bild einbezogen. In all diesen Fällen kann die Kommunikation nur als *einseitige* vervielfältigt werden. Sie bleibt damit aus technischen (und somit: leicht einsehbaren, unbestreitbaren) Gründen durchweg *unbeantwortete* Kommunikation. Ihr fehlt zumindest der Adressat, der sich zur Antwort herausgefordert, zur Antwort verpflichtet fühlen könnte.[325] Trotz dieser Asymmetrie und Unvollständigkeit wäre ohne die technischen Mittel dieser Massenmedien die Weltgesellschaft nicht möglich.

Die drei Stufen der Entwicklung kommunikativer Techniken entsprechen mithin den Grundphasen der Evolution,

325 Und dies gilt auch, wenn soziale Interaktion, namentlich im Fernsehen, über die Distanz hinweg imitiert wird; denn dadurch gelingt es nicht, ein Interaktions*system* zu bilden. Im Anschluß an Donald Horton, R. Richard Wohl, »Mass Communication and Para-Social Interaction: Observations on Intimacy at a Distance«, *Psychiatry* 19 (1956), S. 215-229, spricht man treffend von para-sozialer Interaktion. Vgl. auch Will Teichert, »›Fernsehen‹ als soziales Handeln«, *Rundfunk und Fernsehen* 20 (1972), S. 421-439; 21 (1973), S. 356-382 (367ff.).

den Anforderungen, die aus zunehmender Systemgröße und aus zunehmender Differenzierung der evolutionären Mechanismen resultieren. Historisch gesehen erfordert eine solche Entwicklung natürlich kleine Schritte, »preadaptive advances« und Überleitungen. Die Übergänge sind unscharf. Der Druck war zweifellos »erfunden«, bevor es zu weltweiter Kommunikation kam. Der Funk war für diese zunächst noch nicht nötig. Gerade die Mehrheit der Techniken für Massenkommunikation hat mithin die Entwicklung in möglichen Sequenzen begünstigt.

Zu beachten ist ferner, daß diese Phasenfolge der Erweiterung des Kommunikationspotentials nicht einfach als Prozeß der Verdrängung und der technischen Substitution des Früheren durch das Spätere verstanden werden kann. Vielmehr handelt es sich um einen Prozeß des Hinzufügens von voraussetzungsreicheren Mechanismen, die dann die Bedingungen des Möglichen neu definieren und von daher umfunktionieren, was an älterem Strukturgut vorhanden ist.

Die Evolution von Sprache hat die Möglichkeiten unabsichtlicher und absichtlicher sprachloser Kommunikation, zum Beispiel durch Mimik, Kleidung oder einfach durch Dabeisein-in-Situationen nicht beseitigt, aber mit Sicherheit umgeformt. Wer durch Mimik kommuniziert, macht nun bewußt von Sprache keinen Gebrauch, und der Empfänger der Kommunikation weiß und goutiert dies. Die sprachlose Kommunikation bleibt neben der sprachlichen erhalten; sie verliert und gewinnt an Funktionen in einem Prozeß der zunehmenden Spezifikation möglicher Verhaltensweisen.

Die gleiche Beziehung besteht zwischen Sprache und Schrift, und diesmal ist sie im historischen Prozeß auch bewußt registriert worden.[326] Die neue Möglichkeit, mit schrift-

326 Vgl. die Hinweise oben, Anm. 320 und 321.

licher Kommunikation mündliche zu umgehen und die alte Tugend des Gedächtnisses, die Göttin Mnemosyne, durch Archive funktionslos zu machen, begegnet nicht nur kultiviertem Mißtrauen; sie gibt auch Grund genug, die Vorteile der mündlichen Kommunikation eigens zu bedenken und zum Beispiel als Technik des Dialogs oder als Kunst der Rede zu entfalten – und mit Hilfe von Schrift den Nichtanwesenden zugänglich zu machen.

In ähnlicher Weise heben die Verbreitungstechniken der Massenkommunikation die Möglichkeit nicht auf, jemanden »anzusprechen« – schon der Jargon verrät, daß es sich um eine gewählte Alternative handelt – oder Briefe zu schreiben. Und manche glauben sogar, daß »eigentliche« Kommunikation solche Formen wählen sollte. Gleichwohl prägen Druck und Funk[327] den Kommunikationsstil um, standardisieren die Sprache, verändern das unterstellbare Wissen und die Reizschwelle für Interesse an Kommunikation in einer zur Zeit noch schwer abschätzbaren Weise: Die »Lesewut« der Frauen ist nicht ohne Folgen geblieben, wenn man Madame Bovary als zeitgenössisches Zeugnis nehmen darf, und in bezug auf Fernsehen ist Ähnliches zu erwarten.

Was sind die Vorteile? Stellt man diese Frage im Kontext der Größenprobleme, die zu Strukturproblemen der Weltgesellschaft geworden sind, dann läßt der wichtigste Vorteil sich als *gleichzeitige* Erreichbarkeit *sehr vieler Adressaten* charakterisieren. Diese Formel müssen wir sorgfältiger analysieren.

Vor allem ist zu beachten, daß das gleichzeitige Erreichen vieler Adressaten zwar eine gewisse Abstraktion von ihren

327 Wir bleiben zur Vereinfachung der Darstellung im folgenden bei diesen beiden Haupttypen, ohne in Abrede stellen zu wollen, daß es daneben weitere, vor allem transportabel fixierte Medien wie Film, Schallplatte, Kassette, Plakat gibt mit eigenständigen Vorteilen und Nachteilen.

Eigenschaften erfordert,[328] daß diese Abstraktion dadurch aber keineswegs zur Eigenschaft der Adressaten wird. Viel unnötige Diskussion über Masse, Massenpublikum, Massengesellschaft[329] hätte man sich ersparen können, hätte man diesen Fehlschluß rechtzeitig vermieden. (Wenn wir gleichwohl von Massenkommunikation sprechen, so nur um der Vorteile willen, die ein eingeführter Begriff bietet.)

Wichtiger ist, daß die Vorteile der Massenkommunikation nicht allein in der Menge der Personen liegt, die eine Kommunikation empfangen können, sondern in der Relation von Menge und Zeit; es ist nicht nur eine ökonomische Frage des Arbeitsaufwandes und der Kosten bei der Herstellung von Kommunikationen, sondern zuallererst eine Frage des Tempos.

Wir hatten oben[330] bereits notiert, daß mit dem Übergang zur modernen Gesellschaft die die Zeitdimension bestimmenden Temporalstrukturen sich grundlegend wandeln. Die Zukunft öffnet sich (noch innerhalb der Zeit!) für Möglichkeiten, die sich prinzipiell von denen der Vergangenheit unterscheiden. Die Gegenwart wird dadurch zum Umschaltpunkt zwischen Vergangenheit und Zukunft, zur momenthaften Aktualität, in der allein etwas geschehen kann. Wer jetzt nicht handelt, jetzt nicht erlebt, jetzt nicht liest oder hört, versäumt

328 Die übrigens in zweifachem Sinne möglich ist: als Ansprechen eines *heterogenen* Publikums ohne jede Rücksicht auf Rollenmerkmale und umgekehrt als Ansprechen eines durch ein Rollenmerkmal *homogenisierten* Publikums (nur Tierärzte, nur Schüler der Grundschule, nur gläubige Katholiken) unter Abstraktion von den anderen Rollen der Adressaten.

329 Beispiele bei Alphons Silbermann, Udo Michael Krüger, *Soziologie der Massenkommunikation*, Stuttgart 1973, S. 29ff., oder bei McQuail, *Soziologie der Massenkommunikation*, S. 21ff.

330 Siehe Kap. III.4 (S. 843f.).

etwas. Wer politische Reformen nicht gleich nach der Wahl anlaufen läßt, verpaßt ihre Chance; wer Marktlücken nicht rechtzeitig entdeckt, bleibt in der Konkurrenz unaufholbar zurück; wer mit 23 Jahren noch nicht verheiratet ist, beginnt sich Sorgen zu machen; wer als Forscher mit seiner Sensibilität für Problemstellungen anderen nicht vorweg ist, wird dauernd im zweiten Rang bleiben und hinterheranalysieren, was andere gedacht und geschrieben haben.

Dieses Zeiterleben macht laufende Meinungsbildung erforderlich, läßt dafür aber nicht viel Zeit. Über das gemeinsame Zeiterleben ist dies im übrigen bekannt und auch als Wissen anderer bekannt. Es entsteht ein anonym konstituierter Zeitdruck, der zugleich die Kontrolle darüber ausschließt, was andere wirklich meinen. Die Verkürzung der jeweils relevanten Gegenwart erfordert daher eine Orientierung an Meinungsindikatoren, wenn nicht an Meinungsfiktionen. Diese Funktion wird durch Publikation in Massenmedien erfüllt, und sie ist in hohem Maße unabhängig davon, ob und wieweit Massenmedien wirklich meinungsbildend wirken.

Die heutige Weltgesellschaft braucht und besitzt in den Massenmedien ein Instrument der Sofortintegration, der Herstellung und laufenden Erneuerung gemeinsamer Aktualität. Sie ist zu komplex, um über Planungen und Wirkungsreihen mit weitläufig bedingten Effekten koordiniert zu werden. Sie wird aggregativ integriert durch die Unterstellung einer gemeinsamen Realität und durch das Gefühl des Dabeiseins. Von kulturellen Höhenwarten aus läßt diese Funktion sich nicht zureichend beurteilen, geschweige denn in ihrem Anspruchsniveau regulieren. Sie wird auch nicht besser erfüllt in dem Maße, als ihr intellektuelles Niveau angehoben wird. Massenkommunikation ist kein Substitut für unzureichende Erziehung. Sie mag mit Einzelprogrammen auch diese Funktion erfüllen. Ihre gesellschaftliche Primärfunktion liegt in der

Beteiligung aller an einer gemeinsamen Realität, die das ihnen unmittelbar zugängliche Lebenswissen transzendiert; oder genauer gesagt: in der Erzeugung der Unterstellung einer solchen Gemeinsamkeit, die dann als operatives Erfordernis sich aufzwingt und per Implikation zur Realität wird. Dies erfordert relativ bruchlose Übergänge von der täglich erfahrbaren Lebenswelt in die nur indirekt über Massenkommunikation verbreiteten Vorstellungen;[331] aber diese allgemeine Bedingung ist mit Aufnehmen und mit Nichtaufnehmen konkreter Informationen kompatibel.

Nur mit Hilfe von Massenmedien, die die Kommunikationszeit fast auf den Moment verkürzen, kann die Weltgesellschaft aktuelles Erleben und Handeln synchronisieren. Massenmedien ermöglichen es, Bekanntheit von Informationen und ausgearbeitete Einstellungen dazu unmittelbar nach der Ausstrahlung zu unterstellen.[332] Dies gilt um so mehr, je geringer auf seiten der Empfänger die Selektivität und die Kontrolle über den Zeitpunkt der Aufnahme ist – also beim Funk stärker als bei der Presse und bei der Zeitungspresse stärker als beim Buch. Politische Demokratie zum Beispiel beruht auf der Voraussetzung, daß politische

331 Wilbur Schramm, »Communication Development and the Development Process«, in: Lucian W. Pye (Hg.), *Communication and Political Development*, Princeton 1963, S. 30-57 (53), hat dazu bemerkt, daß diese Voraussetzung in Entwicklungsländern noch kaum erfüllt ist, daß hier vielmehr eine tiefe Kluft besteht zwischen der »world close at hand« und der »distant world«.

332 Was hier »unmittelbar« heißt, variiert natürlich von Funktionsbereich zu Funktionsbereich. In der Politik, an der Börse, im Sport kann es sich um wenige Stunden handeln. Im Bereich der Wissenschaft oder bei technischen Entwicklungen muß, wer kompetent zu sein beansprucht, die Neuerscheinungen seines Spezialbereichs innerhalb weniger Monate aufarbeiten. Ähnliches gilt für den Markt der Mode, für die Aktualitäten des Kulturlebens und der Kunst.

Ereignisse gleichzeitig allen bekannt werden (sofern sie nicht geheimgehalten werden), so daß der Politiker unterstellen muß, daß andere gleichzeitig mit ihm wissen, worauf er reagiert, und ihn verstehen und sei es billigen, sei es mißbilligen können. Darauf beziehen sich dann sekundäre Ziele und Taktiken des Vorherwissens, des Statusgewinns durch Wissen, das andere noch nicht wissen, des Sich-auf-dem-laufenden-Haltens, der Formeln und Gewandtheiten, die es ermöglichen, Unwissen zu verbergen und als Wissen erscheinen zu lassen – alles Erfordernisse verantwortlicher Rollenausübung vor dem Hintergrund eines durch Massenkommunikation gesicherten Niveaus unterstellbaren Wissens.

Die Wirkung der Massenkommunikation ist somit nicht ausreichend begreifbar als Herstellung von Konsens;[333] sie kann ebensogut auf Dissens hinauslaufen. Sie sichert in erster Linie für sehr verschiedene Interaktionssysteme die *Unterstellbarkeit* und damit die *Reflexivität* des Wissens: das Wissen des Wissens anderer. Sie ist mit dieser Funktion ein Äquivalent für Institutionenbildung[334] im Bereich des nur aktuell Relevanten. Sie kann eine institutionenanaloge Vor-

333 So eine ältere Lehre. Vgl. z. B. Louis Wirth, »Consensus and Mass Communication«, *American Sociological Review* 13 (1948), S. 1-15.

334 Daß auch normative Dauereinstellungen und Institutionen über funktionierende Unterstellungen laufen, haben Forschungen gezeigt, die unter dem Stichwort »pluralistic ignorance« angelaufen sind. Vgl. Richard L. Schanck, *A Study of a Community and Its Groups and Institutions Conceived of as Behaviors of Individuals*, Princeton, Albany 1932; Ragnar Rommetveit, *Social Norms and Roles: Explorations in the Psychology of Enduring Pressures*, Oslo, Minneapolis 1955, insb. S. 116ff., 139ff.; Helmut Schelsky, *Soziologie der Sexualität, Über die Beziehungen zwischen Geschlecht, Moral und Gesellschaft*, Hamburg 1955; Heinrich Popitz, *Über die Präventivwirkung des Nichtwissens: Dunkelziffer, Norm und Strafe*, Tübingen 1968; Niklas Luhmann, *Rechtssoziologie*, Bd. 1, Reinbek 1972, S. 64ff.

bereitung interaktioneller Kommunikation auch und gerade dort sichern, wo keine Gemeinsamkeit der Vergangenheit mehr vorausgesetzt werden kann, sondern nur noch eine Gemeinsamkeit des Bescheidwissens. Ebenso wie im Falle der Institutionen steckt darin viel Fiktives, das aber unter Zeitdruck und angesichts der geringen Themenkapazität der Interaktionssysteme als Realität genommen werden kann, ja muß. Die Unterstellung wäre aber schon als Unterstellung nicht möglich, gäbe es keinen Funk und keine Presse. Die bloße Tatsache der Ausstrahlung ermöglicht es und zwingt in vielen Kontexten dazu, die Bekanntheit der Information im nächsten Moment zu unterstellen, und zwar ohne Prüfung des faktischen Wirkungsgrades der Informationsübermittlung. Die Unterstellung bezieht bekannte und bisher unbekannte Kommunikationspartner ein, ferner auch deren Bekannte und schließlich eine nur diffus vorgestellte, am Thema interessierte Öffentlichkeit. Relativ unabhängig also von aller effektiven Wirksamkeit der Massenkommunikation wird schon die Unterstellung universeller Informiertheit wirksam und überholt so die Breitenwirkung der ausgestrahlten Information, weil sie als eine Art operative Fiktion sogleich die weitere Informationsverarbeitung bestimmt. Was wirklich wirkt, ist die Unterstellung von Wirkungen.

Dementsprechend gleitet das durch Massenmedien vermittelte Wissen über die Köpfe hinweg, ohne in sie hineinzuschauen. Es schafft keine Sicherheit darüber, was einzelne nun wirklich meinen oder vorziehen. Es bezieht sich nur auf die Relevanz der Themen, und schon das gibt für viele Anschlußoperationen genügend Sicherheit, daß man in der Themenwahl auf dem laufenden ist. Ob, unter welchen Voraussetzungen und in welchen Zeiträumen die Massenmedien wirklich Einstellungen und Meinungen formen, ist nach langer Forschung umstrittener als zuvor; daß sie eine Themen konstituierende oder doch stärkende Funktion haben, dürfte unbestritten sein.[335]

Es ist also eine Kombination von zeitlichen und sozialen Aspekten, von Synchronisationsleistungen und sozialer Reflexivität, mit der die Massenmedien das Anschlußerleben und -handeln in gewissem Umfange von der Realität abheben, indem sie ihren eigenen Wirkungen vorweg sind und als Vorwegnahme schon wirken. Diese Leistung steht in Beziehung zu den Größenverhältnissen der modernen Gesellschaft, ist ihre eigentliche, ihre in zeitlicher und sozialer Hinsicht adäquate Technik der Integration. Auf diese Weise kann eine unübersehbare und unbestimmt bleibende Vielzahl kommunikativer Relationen anschlußfähig zusammengefaßt und zur Wirkung gebracht werden: Man läßt den Adressaten einfach weg und orientiert sich an der Tatsache, daß etwas gedruckt oder gefunkt worden ist. Die Presse mache, so bemerkt schon Guizot, die Öffentlichkeit für den Politiker »facile sans réunions tumultueuses«, und erst dadurch werde Öffentlichkeit wesentlicher Bestandteil staatlicher Institutionen.[336]

Damit entsteht ein neuer Begriff des *Publikums*, der nicht mehr ein System, sondern eine Umwelt bezeichnet; nicht mehr die Gesellschaft als »res publica«, sondern die diffus adressierbare Umwelt eines Kommunikationssystems in der Gesellschaft.[337] Dieser Publikumsbegriff abstrahiert nicht von allen strukturellen Merkmalen, er meint nicht nur

335 Vgl. dazu J. G. Blumler, Denis McQuail, *Television in Politics: Its Uses and Influences*, London 1968, S. 168 ff.; Maxwell E. McCombs, Donald L. Shaw, »The Agendasetting Function of Mass Media«, *Public Opinion Quarterly* 36 (1972), S. 176-187.

336 François Pierre Joseph Guizot, *Histoire des origines du gouvernement représentatif en Europe*, Bd. I, Brüssel 1851, S. 92.

337 Als Vergleich interessant die Auffassung des Publikums als einer »Bezugsgruppe« des Kommunikators. Siehe namentlich Raymond A.

eine Menge von Individuen mit verschiedenen, aber gleich gültigen Eigenschaften. Insofern führt die einfache Dichotomie von organisierter/nichtorganisierter Zuhörerschaft in die Irre.[338] Aber er abstrahiert von Strukturen, die in systemspezifischer und grenzorientierter Weise Kommunikationsverläufe steuern und damit systemeigene Selektivität verstärken. Die Kommunikation an die Umwelt »Publikum« wird nur an Merkmalen dieses Publikums orientiert (zum Beispiel: besondere Journale für Homosexuelle), nicht aber an systemspezifischen Kommunikationsketten und deren besonderen Effekten.[339] Die systeminterne Orientierung an einer als Publikum vorgestellten Umwelt dient zugleich der Beschleunigung systeminterner Prozesse, und die Zeitrhythmik der Produktion von Kommunikationen wird dadurch unabhängig von etwaigen Kommunikationsprozessen, die im Publikum verlaufen. Die Publikumsvorstellung kann überdies, je nach Organisationsbedingungen und je nach Stärke des Engagements in die eigene Produktion, abstrahiert wer-

Bauer, »The Communicator and the Audience«, *Journal of Conflict Resolution* 2 (1958), S. 67-77, neu gedruckt in: Lewis A. Dexter, David W. White (Hg.), *People, Society, and Mass Communications*, New York 1964, S. 125-139.

338 Siehe dazu David Chaney, *Processes of Mass Communication*, London 1972, S. 16ff.

339 Die bekannte Theorie des »two step flow« und der »opinion leaders« ist als Ausnahme interessant; aber es ist nur eine scheinbare Ausnahme. Die Opinionleader werden nur als verlängerter Arm des Systems der Massenkommunikation gewürdigt, nicht aber als Einrichtungen, die die Umwelt zur Einheit eines Systems integrieren. Dies zeigt sich vor allem daran, daß Opinionleader *nicht durch Prominenzrollen in anderen Sozialsystemen charakterisierbar sind* (»Their chief demographic characteristic is that they have no distinctive demographic characteristics«, meint Joseph T. Klapper, »Communications, Mass: Effects«, in: *International Encyclopedia of the Social Sciences*, Bd. 3, New York 1968, S. 81-90 (84)).

den zu einem mehr oder weniger autistischen Korrelat der eigenen Aktivität.[340]

Der Begriff des Publikums mitsamt seiner positiven Wertung verdeckt, daß der Adressat als Selektionsfaktor des Kommunikationsprozesses ausfällt und statt dessen die Unsicherheit in bezug auf den Adressaten die Selektion beeinflußt.[341] Dieses Überspringen des Adressaten, der nur noch in der gedanklichen Antizipation und Auswahl der Texte, die gedruckt oder gefunkt werden sollen, eine Rolle spielt – dieses Überspringen des Adressaten bringt die Massenkommunikation in ein eigentümliches Verhältnis zu den klassischen Kommunikationsmedien und damit zu den symbolisch generalisierten Kulturleistungen, die den Annahmeerfolg der Kommunikation beim jeweiligen Adressaten sichern. Die Arbeitssymbole dieser Medien werden ihrer eigentlichen Funktion entzogen und repräsentieren sie nur noch; sie werden in der Massenkommunikation klischeehaft verwendet und einem Wechsel der Verbal- und Bildmoden ausgesetzt, ohne daß dem eine funktionsspezifische Bewährung beim Empfänger zugrunde läge. Auf diese Weise verbreiten sich gedruckte Vorstellungen, die ohne Funktionsbezug bleiben oder in der Realität versagen – angelesene Liebesbereitschaft, die liebesunfähig macht; angelesene Herrschaftskritik, die zu bornierter politischer Unfähigkeit führt; angelesenes Methodenbewußtsein, das eine Sorte von bekennenden Empirikern unangreifbar macht und befähigt, jede Untersuchung zu destruieren, die andere durchgeführt haben. Alle medienspezifisch ausdifferenzier-

340 Vgl. Tom Burns, »Public Service and Private World«, in: Paul Halmos (Hg.), *The Sociology of Mass Media Communicators (The Sociological Review Monographs 13, S1)*, Keele, Staffordshire, 1969, S. 53-73.

341 Siehe dazu Denis McQuail, »Uncertainty about the Audience and the Organization of Mass Communications«, in: Halmos (Hg.), *The Sociology of Mass Media Communicators*, S. 75-84.

ten Systeme sind jedoch im Zeitalter der Weltgesellschaft auf Techniken der Massenkommunikation angewiesen. In ihnen selbst überlagert daher eine durch Massenkommunikation bedingte Orientierung an Symbolen, Themen und Texten mit eigenen Erfolgs-/Mißerfolgsbedingungen die medienspezifische Kommunikation.[342]

Damit wird die Frage der Ersatzkriterien wichtig, mit denen die Massenkommunikation auswählt, was sie verbreitet bzw. aussortiert, was sie nicht verbreitet. Technische Eignung für Druck oder Funk einmal unterstellt, was bestimmt dann die engere Auswahl dessen, was faktisch durch die Kanäle läuft?

Hierfür scheint es in allen drei Sinndimensionen spezifische Selektoren zu geben. Das vielleicht wichtigste, weil am schärfsten reduzierende Selektionsprinzip liegt in der Zeitdimension und betrifft *Aktualität*.[343] Aktualität konstituiert sich im Zeitvergleich und gibt dem Neuen die Präferenz.[344] Was gedruckt oder gesendet werden soll, kann die Zulas-

342 Der Umfang, in dem die an symbolischen Codes orientierte Medienkommunikation durch Massenkommunikation »korrumpiert« wird, variiert von Funktionssystem zu Funktionssystem und auch innerhalb der Funktionssysteme. So sind zum Beispiel die Sozialwissenschaften sehr viel stärker durch Bedingungen der Massenkommunikation geprägt als Naturwissenschaften, nämlich nicht nur in der Verbreitung ihrer Resultate, sondern auch im Hinblick auf Erfolg/Mißerfolg der wissenschaftlichen Arbeit selbst.

343 Zum Aktualitätsbegriff der Publizistikwissenschaft vgl. Klaus Merten, »Aktualität und Publizität: Zur Kritik der Publizistikwissenschaft«, *Publizistik* 18 (1973), S. 216-235.

344 Im Unterschied zum älteren Sprachgebrauch, der am Neuen das *sachlich* Abweichende und insofern Bedenkliche, nicht zu Empfehlende betont hatte – vgl. Johannes Spörl, »Das Alte und das Neue im Mittelalter: Studien zum Problem des mittelalterlichen Fortschrittsbewußtseins«, *Historisches Jahrbuch* 50 (1930), S. 297-341, 498-524; Walter Freund, *Modernus und andere Zeitbegriffe des Mittelalters*, Köln, Graz 1957 –, hat Neuheit in der Neuzeit einen durchaus *zeitlichen* Sinn. Gerade

sung dadurch erreichen, daß es sich als neu behauptet. Dazu muß es in vorkonstituierten, typisierten Erwartungsbahnen erscheinen und sich von Vorhandenem abheben. So neu, daß es unverständlich wird oder an den Status quo nicht mehr anschließbar ist, darf das Neue nicht sein. Aktualität ist somit kein innovatives Prinzip, aber auch kein konservatives Prinzip, sondern eine Art, sich mit der (durch Massenkommunikation unterstellbar bekannten) Nahvergangenheit zu beschäftigen und diese zu verbrauchen. Manche Themenkomplexe, etwa solche der Kunst, gehen daran zugrunde, daß sie in selbstzerstörerische Aktualitätsketten aufgelöst werden. Auch der Religion wird es kaum bekommen, wenn sie zu allen Moden der Publizität jeweils eigene Parallelfiguren zu turnen versucht.[345] Andere Themenkomplexe erweisen sich als resistent, weil sie auf diesen Darstellungsmodus selbst eingespielt werden können, etwa: Sport, Preissteigerungen, Automobile, Mode.

In sozialer Hinsicht wirken, konkurrierend mit Aktualität, das *angenommene Interesse* und die *zu erwartende Aufmerksamkeit der Empfänger* als Auswahlgesichtspunkte. Aktualität und Aufmerksamkeitswert konvergieren im Falle der »Nachrichten«, die dadurch die größte Verbreitungschance gewinnen.[346] Aber auch unabhängig von Aktualität gibt es Möglichkeiten, Aufmerksamkeitschancen einzuschätzen.

darin verbirgt sich aber eine auch sachlich diskriminierende Funktion, da nicht alles gleichermaßen die Chance hat, als neu zu erscheinen.

345 Dazu Andrew M. Greeley, »Religion in a Secular Society«, *Social Research* 41 (1974), S. 226-240 (230ff.). Siehe andererseits zu vermeidbaren Defiziten aber auch Otwin Massing, »Nachrichten für die geistige Provinz – Zum Strukturdilemma konfessioneller (katholischer) Publizistik«, in: Ralf Zoll (Hg.), *Manipulation der Meinungsbildung: Zum Problem hergestellter Öffentlichkeit*, Opladen 1971, S. 280-362.

346 Vgl. dazu S. C. Dube, »Communication, Innovation, and Planned Change in India«, in: Lerner, Schramm (Hg.), *Communication and*

Dabei braucht nicht Konsensbereitschaft unterstellt zu werden. Aufmerksamkeit genügt, um ein Thema kommunikativ existent zu machen und, wie man sagt, »ins Gespräch zu bringen«. Im übrigen handelt es sich nicht um die wirkliche, sondern um die vermutete Einstellung der Empfänger, also um eine interpretierte Realität. Und nur die Interpretation, nicht auch die Realität selbst wird bei der Selektion der Kommunikationsinhalte auf vereinfachte und verkürzte Weise anhand standardisierter Unterstellungen überprüft. Mehr oder weniger stark können dabei Informationsrückflüsse (Absatzveränderungen, Anrufe der Hörer in den Rundfunkanstalten, Leserzuschriften) auf die Formung der Kontrollkriterien einwirken.

Würde das sozial-antizipative Moment dominieren, käme vermutlich ein konservativer Uniformismus heraus, der auf der Ebene des Mutmaßlichen kaum zu widerlegen ist. Das wird durch Aktualitätserfordernisse in gewissem Umfange durchkreuzt. Außerdem ist nicht zu verkennen, daß es starke Tendenzen zu einer *sachlichen Themendifferenzierung* gibt, die sich im Hinblick auf Programme und Sendezeiten, Publikationsreihen, Zeitungsseiten und Redakteurskompeten-

Change in Developing Countries, S. 129-167 (139ff.); Kaarle Nordenstreng und Mitarbeiter, »Grundsätze der Nachrichtenvermittlung«, in: Gerhard Maletzke (Hg.), *Einführung in die Massenkommunikationsforschung*, Berlin 1972, S. 109-123. Um so bemerkenswerter ist, daß im Bereich der Nachrichten, wo die größten Verbreitungs- und Aufnahmechancen liegen, die Selektion zur Massenkommunikation hochgradig zwangsläufig ist und wenig Chancen für psychische, ideologische oder auch nur professionell-journalistische Dispositionen bietet. Siehe dazu Walter Gieber, »News is What Newspapermen Make It«, in: Dexter, White (Hg.), *People, Society, and Mass Communications*, S. 173-187; Christian Kristen, *Nachrichtenangebot und Nachrichtenverwendung: Eine Studie zum gate-keeper-Problem*, Düsseldorf 1972.

zen organisieren läßt.[347] Auf diese Weise wird Vielfalt im Nebeneinander möglich. Die Gesamtheit kommunikativ ansprechbarer gesellschaftlicher Interessen wird in Sektoren dekomponiert, und dadurch erreicht auch das Kommunikationsrepertoire eine höhere Eigenkomplexität, mit der es sich in die Gesellschaft integriert.

Selektoren dieser Art lassen sich in Organisationen abstützen. Sie bieten Anhaltspunkte für Argumentation und Entscheidungsfindung in Organisationen, die sich mit der Herstellung von chronisch oder periodisch laufender Massenkommunikation befassen und dadurch unter Entscheidungszwang stehen. Dadurch kommen zusätzlich organisationsspezifische Bestimmungsfaktoren ins Spiel, nicht zuletzt solche der hierarchischen Weisung und der rechnerischen Erfolgskontrolle. Trotz alledem fehlt es der Massenkommunikation an inhaltlicher Begründung, an symbolischer Vermittlung ihrer Selektion. Bloßes Verbreiten von Kommunikationen ist noch keine instruktive Maxime der Inhaltsauswahl – so wenig wie Sprechen- oder Schreibenkönnen für sich schon angibt, was man kommunizieren soll. Es besteht daher ein zusätzlicher Bedarf für inhaltliche Kriterien, die zum Beispiel der politischen Richtungswahl oder dem wirtschaftlichen Gewinnstreben entnommen werden können, in jedem Falle aber zur Angliederung der Massenkommunikation an andere Funktionssysteme führen – sei es, daß es sich um Einrichtungen des politischen Systems, um Wirtschaftsbetriebe oder um Hilfsmittel der Wissenschaft (etwa Universitätsverlage) handelt. Für die weltgesellschaftliche Massenkommunikation ist, zur Zeit jedenfalls, bezeich-

347 Zur Verzahnung eines entsprechenden Organisationsschemas mit Publikumskontakten siehe Manfred Rühl, *Die Zeitungsredaktion als organisiertes soziales System*, Bielefeld 1969.

nend, daß nicht eine dieser Zuordnungen allein dominiert, so daß die Selektion zur Verbreitung entsprechend diffus erfolgt.

Bei allem Konflikt, der sich innerorganisatorisch und gesellschaftspolitisch um Einfluß auf die Selektion zur Massenkommunikation, also um Kontrolle von Presse und Funk, abgespielt hat und noch abspielen wird, ist eines nicht zu vergessen: Die Selektivität der Massenkommunikation beruht nicht allein auf den angewandten Kriterien und nicht allein auf dem positiven Effekt der ausgewählten Mitteilungen. Sie besteht auch in einem zwangsläufigen Vorgang des Aussortierens von ungeeigneten Möglichkeiten. Und sie wird nicht zuletzt durch den Empfänger nach eigenen Kriterien vollzogen.[348] Mit den Techniken der Massenkommunikation entsteht zugleich ein Bereich gesellschaftlich disprivilegierter Kommunikation – jene kurzen Gedanken des Lesers, die nicht einmal zu Papier zu bringen sich lohnt; jene privaten Gespräche, gepflegten Skurrilitäten, Ideen und Einfälle, für die nur ein paar Freunde Verständnis aufbringen; oder jenes entmutigte Schweigen nach vielen vergeblichen Anläufen, mit Texten oder Bildern die Öffentlichkeit zu erreichen. Und: Was bleibt übrig von dem Kontext des Einfalls, von dem Denker, dem Autor, wenn er Erfolg hatte?

All dies wird nicht derealisiert. Aber die gesellschaftlich dominante Kommunikationsweise ist die der Massenkommunikation. Die im System der Weltgesellschaft erreichten Größenverhältnisse lassen keine Alternative zu. Hegel scheint gemeint zu haben, daß die Dialektik von Quantität und Qualität das Maßlose immer wieder ins Maß bringt, und dies in

348 Dazu Karsten Renckstorf, »Alternative Ansätze der Massenkommunikationsforschung: Wirkungs- vs. Nutzenansatz«, *Rundfunk und Fernsehen* 21 (1973), S. 183-197.

unendlichem Progreß[349] und so, daß dadurch die »konkrete Wahrheit des ›Seins‹« an sich ihre Bestimmtheit erfährt.[350] Und Lukács meinte noch, daß es für die Opfer der Quantifikation, die Arbeiterklasse, zur Lebensfrage werden würde, diese Dialektik zu bemerken, um den Umschlag selbst zu vollziehen.[351] Das Maß war bei Hegel gedacht als die unmittelbare Einheit von Quantität und Qualität im Quantum, die sich als Einheit in ihrer Negation durchhält und wiederherstellt. Die realisierte Weltgesellschaft hat jedoch gelernt zu zweifeln, ob sie jede quantitative Projektion, jedes Wachstum, jedes Hinausgehen des Quantitativen über ein maßvolles Quantum mit Qualität wieder einholen kann. Diesem Zweifel entspricht der Begriff der Komplexität. Er besagt, und das illustrieren unsere Überlegungen zum Thema Massenkommunikation, daß Größenverhältnisse und strukturelle Qualifizierung möglicher Relationen einander bedingen nach Art einer selektiven Kombinatorik. Für das so gestellte Problem gibt es keinen un-

349 Vgl. G. W. F. Hegel, *Encyclopädie der philosophischen Wissenschaften* (hg. von Georg Lasson und Johannes Hoffmeister, *Sämtliche Werke*, Bd. 5, Leipzig [5]1949), § 109: »Das *Maßlose* ist zunächst dies Hinausgehen eines Maßes durch seine quantitative Natur über seine Qualitätsbestimmtheit. Da aber das andere quantitative Verhältnis, das Maßlose des ersten, ebensosehr qualitativ ist, so ist das Maßlose gleichfalls ein Maß; welche beiden Übergänge von Qualität in Quantum und von diesem in jene wieder als *unendlicher Progreß* vorgestellt werden können – als das sich im Maßlosen Aufheben und Wiederherstellen des Maßes«.

350 Vgl. G. W. F. Hegel, *Wissenschaft der Logik*, Teil 1 (hg. von Georg Lasson und Johannes Hoffmeister, *Sämtliche Werke*, Bd. 3, Leipzig 1948), S. 336 ff., unter Substitution der Kategorie des Maßes für die Kategorie der Modalität, die den Gegenstand nur in Beziehung auf das Erkenntnisvermögen bezeichnet hatte.

351 Georg Lukács, *Geschichte und Klassenbewusstsein: Studien über marxistische Dialektik*, Berlin 1923, insb. S. 180 ff. Ein symptomatisches Detail ist, daß jetzt, nach dem Rückgriff auf Aktivität, von Maß nicht mehr die Rede ist.

endlichen Progreß, sondern nur die für jede Veränderung neu zu stellende Frage, ob und mit welchen Nebenbedingungen es noch mögliche Lösungen gibt.

4. Komplexität der Weltgesellschaft: Geschichte und Umwelt

Alle Größenüberlegungen führen letztlich auf das Problem der Systemkomplexität, auf das Problem möglicher Verhältnisse zwischen der Zahl der Elemente und der strukturellen Beschränkung ihrer Relationen zurück. Nur abstrakt gesehen ist zunehmende Größe immer auch zunehmende Zahl kombinatorischer Möglichkeiten. Jede Realisierung von Möglichkeiten bildet eine Struktur, die das dann noch Mögliche limitiert und in ein mögliches Verhältnis bringt zur Größe des Systems. Dieses mögliche Verhältnis nennen wir Komplexität. In die Komplexität des Systems gehen nur strukturell qualifizierte, als zugehörig erkennbare Elemente ein. Als Elemente definieren sie, quantitativ gesehen, einen Überschuß kombinatorischer Möglichkeiten; ihre Zugehörigkeit bestimmt sich jedoch durch selektive Inanspruchnahme einiger ihrer Relationierungsmöglichkeiten.

Insofern also ist die Komplexität das »Maß« im Sinne Hegels, nämlich die Einheit qualitativer und quantitativer Seinsbestimmung. Diese Einheit ist aber nicht eine solche der Mitte, der bloßen Negation ihrer Extreme. Aus der Negation von Extremen folgt nichts – es sei denn die bloße Negativität der Selbstbestimmung, die als unendlicher Progreß in eine beliebige eine zu beliebige Zukunft hat. Aber die Gesellschaft hat keine beliebige Zukunft – auch dann nicht, wenn ihre Komplexität als offene Relation der Variablen »Größe« und »Struktur« rationale Unbestimmtheiten impliziert. Die

Soziologie muß daher genauer zu erkennen versuchen, ob und wie sich Größensteigerungen durch Strukturänderungen ermöglichen und in neuartigen Komplexitätsverhältnissen festhalten lassen.

Am aktuell interessierenden Beispiel des Weltgesellschaftssystems lassen diese allgemeinen Aussagen sich konkretisieren, und dadurch lassen sich Anregungen gewinnen für die Ausarbeitung einer »Logik der Komplexität«. Wie schon die Untersuchung der Nebenfolgen funktionaler Differenzierung hat auch der Überblick über Größenprobleme der Weltgesellschaft im allgemeinen und über Massenkommunikation den Eindruck erhärtet, daß Größenzunahme nicht nur am Organismus, sondern auch an sozialen Systemen in zweifachem Sinne problematisch werden kann: durch zunehmenden Bedarf an nur um der Größe willen erforderlichen Einrichtungen – etwa der Geldwirtschaft oder der Massenkommunikation – und durch Ausschluß oder Disprivilegierung von Möglichkeiten, die mit diesen Einrichtungen nicht mehr kompatibel sind.

Diese Überlegungen schließen die Perspektive eines unendlichen Progresses aus (und machen daher auch die Kontroverse um die Bewertung eines solchen Progresses mitsamt den daraus resultierenden Parteiungen entbehrlich). Sie führen statt dessen vor die Frage, was daraus folgt, daß ein größer werdendes System sich in zunehmendem Maße mit Problemen befassen muß, die aus seiner eigenen Komplexität resultieren: mit Problemen, die vor allem daraus folgen, daß die Selektivität der eigenen Struktur sich verschärft und die Ausschließung systemeigener Möglichkeiten zwangsläufig wird – mit dem Doppelproblem also der notwendigen Kontingenz und der kontingenten Notwendigkeiten.

Es ist zu vermuten, daß ein Komplexitätstypus dieser Art sich im Verhältnis zu seiner eigenen Geschichte und im Verhältnis zu seiner Umwelt nicht beliebig einrichten kann. Schon aus den allgemeinen Kompatibilitätserfordernissen, die zwischen den drei Sinndimensionen anzunehmen sind, müßte eigentlich folgen, daß eine hochkomplexe Sozialform das präjudiziert, was in zeitlicher und in sachlicher Hinsicht möglich bzw. unmöglich wird. Und dies läßt sich, darauf laufen die bisherigen Analysen zu, auch konkreter zeigen.

Zunächst ist zu beachten, daß die Frage nach Geschichte und Umwelt eine Relationierungsstufe höher liegt als die üblichen Untersuchungsansätze und es daher auf den ersten Blick schwerfällt, die Alternative zu sehen. Weder handelt es sich um die nur umweltbezogene Alternative von endogener bzw. exogener Strukturänderung, die den Herkunftsort oder die Zurechnung der »maßgeblichen« Ursachen für Strukturänderungen im Auge hat, die aber mit dem Begriff des »offenen Systems« im Grunde aufgehoben worden ist.[352] Noch handelt es sich um die nur geschichtsbezogene Alternative von traditionaler und moderner, also in bezug auf Geschichte kontinuierlicher bzw. diskontinuierlicher Orientierung, die ebenfalls aufgehoben ist in der Erkenntnis, daß alle Gesellschaftssysteme beide Orientierungen aufweisen.[353] Jede dieser beiden Problemstellungen totalisiert nur eine spezifische Referenz: die zur Umwelt bzw. die zur Geschichte. Unser Problem liegt in der *Beziehung zwischen diesen beiden Referenzen* und übergreift daher die referenzspezifischen Alternativen. Bevor man die Differenzen von exogen/endogen bzw. traditional/modern aufgreift, muß überlegt werden, in welchem Sinne

352 Vgl. etwa Walter Buckley, *Sociology and Modern Systems Theory*, Englewood Cliffs 1967, S. 66ff.

353 Siehe hierzu Gusfield, »Tradition and Modernity: Misplaced Polarities in the Study of Social Change«; Bendix, »Tradition and Modernity Reconsidered«.

überhaupt für die heutige Gesellschaft die Umwelt oder die Geschichte ein Feld der Orientierung und Problemkonstitution darstellt und wie diese beiden Referenzen zueinander stehen.

Alles deutet darauf hin, daß die moderne Gesellschaft sich mehr durch die Kontinuität/Diskontinuität zu ihrer eigenen Geschichte als durch ihre Umwelt bestimmen läßt. Dies zeigt sich zunächst an den Theorien über sich selbst, die sie hervorgebracht hat. In der bürgerlichen Gesellschaftstheorie, bei Hegel wie bei Marx, war diese Prävalenz der eigenen Geschichte sogar absolut gesetzt worden und, über selbstreferentielle Begründungsweisen, zur Logik des Gegenstandes selbst geronnen. Auch der soziologischen Theorie der Gesellschaftsentwicklung ist eine solche Blickweise nicht abzusprechen.[354] So verbreitete Perspektiven lassen sich kaum als Theoriefehler abtun, um so weniger, als sie die politischen Optionen übergreifen und sowohl bei Präferenzen für Kontinuität als auch bei Präferenzen für Diskontinuität auftreten, ja diesen Gegensatz überhaupt erst fundieren. Offenbar disponieren davon unabhängige kategoriale Erfahrungen und Theorieerfolge in der modernen Gesellschaft dazu, sich eher geschichtsabhängig als umweltabhängig zu erleben.

Einige der im vorstehenden gewonnenen Resultate deuten in die gleiche Richtung. Wir erinnern an (1) die ungewöhnlich weitgehende Differenzierung der evolutionären Mechanismen für Variation, Selektion und Stabilisierung; (2) den in der Gesellschaft selbst als Folge funktionaler Differenzierung erscheinenden Möglichkeitsreichtum; (3) das gesteigerte

354 Das betont Friedrich H. Tenbruck, »Die Soziologie vor der Geschichte«, in: Ludz (Hg.), *Soziologie und Sozialgeschichte*, S. 29-58. Ähnlich Smith, *The Concept of Social Change*. Allerdings ist in dieser Frage der theoretische Integrationsgrad sehr viel geringer ausgebildet, und es fällt daher leicht, Gegenbeispiele zu finden.

Auflöse- und Rekombinationsvermögen in bezug auf System und Umwelt mit höheren Graden der Freiheit von konkreten Umweltpressionen; (4) den Umbau der Temporalstrukturen zur Aufnahme größerer Diskrepanzen zwischen den Zeithorizonten Vergangenheit und Zukunft und, daraus folgend, (5) an den Zeitdruck und (6) die entscheidungsnahe »Politisierung« der entsprechenden Differenz von konservativ und progressiv als ideologisches Grundmuster kollektiven Handelns. All das stärkt die »Kontingenzkausalität« der Geschichte, das heißt die aus der Diskrepanz von vorhandener Bestimmtheit und Möglichkeitshorizonten resultierende Stimulierung – sei es zu ändern, sei es nicht zu ändern. Alles Anschlußgeschehen wird bei solchen Strukturvorgaben als selektiv erfahren und deshalb durch Problemprojektionen geordnet, die in der Problemstellung einen Geschichtsbezug aufweisen.[355] Hinzu kommt (7) die umfassende Konzentration aller sozialen Kommunikation, also aller möglichen Themen, in einem weltweiten Gesellschaftssystem, das sich unter den angegebenen Bedingungen eine Weltgeschichte konstituieren und sich zu der daraus resultierenden Determination verhalten muß. Nochmals: Darin liegt kein Präjudiz in bezug auf ein Kontinuieren oder Diskontinuieren der systemeigenen Geschichte, wohl aber ein Hinweis auf die Prävalenz dieser Fragestellung.

Dies ist der Rahmen, in dem der Streit um Eigentum und Enteignung zwischen marktwirtschaftlichen und so-

355 Hier liegen zugleich die Ausgangspunkte für eine historische Reflexion des *Funktionalismus* als einer methodischen Technik der Entdeckung und Reproblematisierung immer schon gelöster Probleme. Der Funktionalismus reagiert in diesem Sinne auf eine historische Lage des Gesellschaftssystems, die alles, was geschieht, als selektiv erscheinen lassen muß und deshalb vor der Notwendigkeit steht, ein entsprechendes Problembewußtsein zu unterlegen.

zialistischen Sozialmodellen geführt worden war und sich territorialpolitisch etabliert hat; dies ist auch die Prämisse einer nur noch fachspezifischen Wissenschaftsentwicklung mit oder ohne Kuhnsche Revolutionen, wofür Bachelard und Popper das wissenschaftstheoretische Konzept bieten; dies ist der Vorstellungshorizont, von dem die Politiker des »Sozialstaats« ausgehen, wenn sie den Abbau vorhandener (aber vermeintlich kontingenter, unnötiger, nur historisch etablierter) Ungleichheiten betreiben; dies ist die Kontrastfolie, vor der die moderne Kunst sich selbst durch zunehmend marginale und exzentrische Ausdrucksmittel zu übertreffen sucht; dies ist der unbekannte Tod Gottes. In alldem dirigiert die Geschichte gerade dadurch, daß sie die Option offenläßt und in der Vorgabe des Problems unangreifbar ist.

Die strukturelle Bedingung, die diese Schlagseite in Richtung auf historische Problemvorgaben produziert und reproduziert, vermuten wir im *Komplexitätsniveau der modernen Gesellschaft*; und zwar zielt das Argument genau auf den Punkt, an dem wir den Begriff der Komplexität ansetzen: auf die nichtbeliebige Kombinierbarkeit von Größe und Struktur. Die für ein einheitliches Weltgesellschaftssystem erforderlichen Größenordnungen, und das sind zugleich Erfordernisse funktionaler Differenzierung, erzeugen auf der Systembildungsebene des Gesellschaftssystems Strukturen, welche die Geschichte dieses Systems in der Form vorstrukturierter Optionsmöglichkeiten in dieses System selbst einspiegeln. Auf andere Weise, etwa durch die Generalisierungen einer »natürlichen Moral«, läßt sich das Relationengefüge gesellschaftlicher Kommunikationen nicht mehr ordnen. Die Strukturen selbst werden temporalisiert; und dies nicht nur in dem Sinne, daß man weiß, daß sie entstanden sind und daß man sie ändern kann, sondern in dem viel radikaleren Sinne abgefaßter Kontingenz, die alles, was folgt, vorschematisiert als Selektion unter begrenzt möglichen Alternativen. Genau das wird durch die Gleichzeitigkeitsleistung der Massenkommunikation für die wichtigsten Funktionsbereiche des Gesellschaftssystems ermöglicht und als allgemeines (= unterstellbares) Bewußtsein perpetuiert.

Auch wenn es zutrifft, daß die Komplexität, nämlich das Größenwachstum und die notwendige Kontingenz der Strukturen des Gesellschaftssystems zu solchen hinterlistigen Durchgriffen in die Erlebnisorientierung disponieren, liegt darin allein noch keine Garantie für Rationalität im Verhältnis zur Umwelt des Gesellschaftssystems. Von der historischen Referenz kann man nicht auf sachliche Adäquität schließen. Negationen in der einen Richtung mokieren sich über die Erfordernisse der anderen, und der tolle Mensch scheitert schließlich ganz unerwartet an den Schwierigkeiten, Karbid für seine Laterne zu beschaffen. Strenger formuliert: Kein System kann allein durch die eigene Geschichte adäquate Umweltbeziehungen gewährleisten, und dies um so weniger, wenn es selbst wächst. Die bürgerliche Gesellschaft hatte sich, bestärkt durch eine primär ökonomische Selbstthematisierung, welche die Umweltbeziehungen intern als Kosten zur Verrechnung stellte, auf ein extrem unbalanciertes Verhältnis von eigener Geschichte und eigener Umwelt eingelassen. Zugleich haben die für sie spezifischen historischen Prämissen es ihr ermöglicht, ein welteinheitliches Gesellschaftssystem zu konstituieren. Sie ist jetzt nicht nur der Projektion, sondern auch der Wirklichkeit nach Weltgesellschaft. Als solche hat sie gerade wegen ihrer strukturellen Flexibilität und wegen der Potenz ihres Ausgriffs in die Umwelt neuartigen Rationalitätsanforderungen zu genügen und kann ihre Probleme, von Problemlösungen ganz zu schweigen, nicht länger aus der Geschichte der letzten zweihundert Jahre gewinnen. Im Historischen ist ein weiterer Vergleichshorizont nötig, wenn dieses Gesellschaftssystem sich gegen andere kontrastieren will, um seine eigene Identität zu formulieren. In bezug auf die Umwelt erfordert die Situation eine Selbstthematisierung der Gesellschaft als System, das seine Rationalität nur in den Kriterien haben kann, mit denen es seine Beziehungen zur Umwelt kontrolliert.

Teil 5
Reflexion

Kapitel I

Selbstthematisierung

1. Problemstellung

Der abschließende Teil unserer Untersuchung ist einem Spezialproblem gewidmet, das für die Gesellschaftstheorie zentrale Bedeutung besitzt: dem Problem der Reflexion der Identität des Gesellschaftssystems in der Gesellschaft selbst. Daß und wie ein *Spezial*problem *zentrale* Relevanz gewinnen kann, bedarf einer besonderen Erläuterung. Es kommt hinzu, daß der Reflexionsbegriff selbst in der Geschichte, auf die zu reflektieren ist, benutzt worden ist, so daß das Problem der Selbstreferenz am Begriff selbst in nuce nochmals auftaucht. Wir müssen den Überlegungen zur Sache Überlegungen zu Problemstellung und begriffliche Präzisierungen vorausschicken.

Das Problem der Reflexion ist bisher vor allem unter dem Gesichtspunkt einer Eigenschaft des Bewußtseins gestellt und im Hinblick auf die Besonderheiten eines spezifischen kognitiven Verfahrens oder im Hinblick auf die logischen Probleme selbstreferentieller Begründungsverhältnisse diskutiert worden. Das erforderte die Voraussetzung eines »Trägers«, dem der reflexive Prozeß zugeschrieben werden konnte, und führte zur Behandlung der Umwelt dieses Trägers unter dem Gesichtspunkt der Andersheit oder des Widerstandes, also unter Gesichtspunkten der Negation. Wir behalten diese Tradition im folgenden durchaus im Blick, wählen aber einen anderen Ausgangspunkt, vor allem eine andere Genealogie des Problems.

Aus der bloßen »Entzweiung«, aus der Nichtidentität von Subjekt und Objekt oder, transponiert, von System und Umwelt, läßt sich allenfalls eine Minimalbedingung, nicht aber eine ausreichende Konzeption der Reflexion gewinnen. Die Analysen des vorherigen Teils legen es nahe, zusätzlich auf Probleme der Größenzunahme und der Komplexitätssteigerung abzustellen. Solche Entwicklungsprozesse führen, so hatten wir formuliert, zu einer Erhöhung des systemeigenen Potentials und zugleich zur Verschärfung der systemeigenen Selektivität mit der Folge, daß eine Ausschließung systemeigener Möglichkeiten zwangsläufig wird. Unter solchen Bedingungen findet ein System sich konfrontiert mit dem Doppelproblem der notwendigen Kontingenz seiner Strukturen und der kontingenten Notwendigkeit problemlösender Einrichtungen. Es hat einen guten Sinn, die daran orientierte Selektivität psychischer Systeme als Bewußtsein zu bezeichnen und zu sagen, daß einer unter diesen Bedingungen konstituierten Selektionsweise Reflexivität immanent sei. Für das Parallelproblem in sozialen Systemen, vor allem Gesellschaften, müßte eine analog laufende, aber stärker auf Kommunikation abstellende Terminologie gewählt werden. Wir werden von Selbstthematisierung sprechen.

Dieser Einstieg soll, zumindest für den Fall der Gesellschaft, Perspektiven für eine evolutionstheoretische und historische Behandlung der Themenwahl für Reflexionsprozesse eröffnen. Er macht ferner plausibel, daß es sich im Falle von Reflexion nicht um ein Problem handelt, das im Hinblick auf erkennbare Lösungsmöglichkeiten gestellt wird. Das Problem tritt auf als Folge von Komplexität; das System findet sich ihm ausgesetzt, ohne daß die Problemstellung nach Form und Motivierung Lösungsmöglichkeiten logischer oder kognitiver Art garantierte. *Dies unterscheidet Reflexionspro-*

bleme in sehr prinzipieller Weise von Zweckproblemen.[1] In der operativen Perspektive des reflexionslogischen Prozessierens kann daher die Herkunft des Problems nur nachrationalisiert werden in der Form selbstreferentieller Begründungsargumente. Die Systemtheorie sucht durch Rückbezug auf das in der Reflexion nicht einholbare Problem der Komplexität verständlich zu machen, daß und weshalb die dem Reflexionsprozeß immanente Perspektive nur diese Form annehmen kann; sie unterscheidet sich insofern von Kritikern, die dem selbstreferentiellen Begründungsduktus und seiner Art der Themenbehandlung »Mystifikation«,[2] Münchhausentricks oder Freudsche Rationalisierung des eigenen theoretischen oder politischen Wollens vorwerfen.[3]

Im Unterschied zu Philosophien, die mit »Selbstheit« oder »Bewußtsein« etwas Vorfindbares voraussetzen, an dem (oder in dem) Reflexion stattfindet, problematisiert die Systemtheorie am Prozeß der Thematisierung eigener Identität gerade diese Prämisse – das heißt die Frage, wann und in welchem Sinne die thematisierte Identität eigentlich die *eigene* ist und als eigene zugänglich wird. Diese Frage wird durch Zurechnungsprozesse entschieden, die zwischen bloß erlebten und

1 Im Unterschied zu Reflexionsproblemen können Zwecksetzungen daher als Reduktionen behandelt werden. Siehe dazu unter systemtheoretischen Gesichtspunkten Niklas Luhmann, *Zweckbegriff und Systemrationalität: Über die Funktion von Zwecken in sozialen Systemen*, Neudruck Frankfurt/M. 1973.

2 So bekanntlich Marx gegen Hegel, aber nicht gegen sich selbst.

3 Es erübrigt sich vielleicht, hier einmal mehr auf den sogenannten »Positivismusstreit« zu verweisen, in dem vor allem Hans Albert an diesem Problem in kritisch-rationaler Verständnislosigkeit vorbeiargumentiert, wobei in bezeichnender Weise das »Nicht-verstehen-Können« zur Reflexionsfigur des kritischen Rationalismus wird. Für die systemtheoretische Betrachtung wäre auch das eine der Varianten des Problems der reflexionslogisch nicht einholbaren Komplexität.

gehandelten Selektionen differenzieren. Als unmittelbares Zurechnungsmotiv genügt zunächst die Erfahrung der Komplexität, die impliziert, daß Selektionsleistungen sich nicht beliebig verknüpfen lassen und daß überzeugende oder vorteilhafte Anschlüsse näher liegen als andere. Die Selbstheit der Selbstreferenz wird erst über Zurechnungsprozesse konstituiert, ist Identität als Resultat von Zurechnungen, das im weiteren Zurechnen dann als eigene Voraussetzung erkannt und verwendet wird.

Von Reflexion (oder reflektiertem Erleben bzw. Handeln) wollen wir immer dann sprechen, wenn selbstbezügliches Identitätsbewußtsein benutzt wird, um selektive Operationen zu steuern. Weder genügt dafür die bloße Prozeßform der Reflexivität: die Anwendung eines Prozesses auf sich selbst oder auf einen Prozeß gleicher Funktion wie das Denken des Denkens oder das Negieren von Negationen. Noch genügt eine nur horizonthafte Verweisung auf das System, in dem und für das die Operation abläuft: die bloße Möglichkeit, sich selbst genauer in Betracht zu ziehen.[4] In beiden Versionen wird schon das Bewußtsein selbst wohl nicht ausreichend begriffen, nämlich nur als Selbstverhältnis.[5] Darauf brauchen wir jedoch nicht näher einzugehen. Gegenüber dieser weiten, bewußtseinsphilosophisch inspirierten Begriffsfassung kommt es für das Folgende darauf an, einen engeren Begriff zu präzisieren: *die Verwendung von Selbstreferenz mit diskriminierender Funktion*. Diese Präzisierung wird bei der Übertragung des Reflexionsbegriffs von personalen auf soziale Systemreferenzen erforderlich; denn kommunikative Prozesse erfordern und ermöglichen

4 Im Sinne des »Ich denke, [das] alle meine Vorstellungen [muß] begleiten können«, wie Kant, *Kritik der reinen Vernunft*, B 131f., formuliert.

5 Siehe dazu die kritischen Überlegungen von Ulrich Pothast, *Über einige Fragen der Selbstbeziehung*, Frankfurt/M. 1971.

als Träger sozialer Reflexionen ein höheres Maß an expliziter Artikulation. »Wer wir sind«: Hellenen oder Barbaren, Christen oder Heiden, Reingläubige oder Revisionisten – daran wird erinnert und appelliert, wenn es gilt, Entscheidungen zu treffen.

Identität wird im Normalleben nur aktualisiert, wenn ihre Bestimmung einen Unterschied ausmachen könnte. Die bloße Möglichkeit der Reflexion, die durch Namen oder institutionalisierte Symbole bereitgehalten und auf Dauer gestellt werden kann, ist mithin zu unterscheiden von ihrem aktuellen Gebrauch. Die Unterscheidung von potentieller und aktueller Reflexion ist Voraussetzung dafür, daß man Reflexion als einen spezialisierbaren Prozeß, als einen Teilprozeß, der das Ganze betrifft, beschreiben kann. Erst recht ist dies Voraussetzung für tiefergreifende Analysen, welche die Formen, in denen Reflexionspotentiale bereitgestellt werden, auf die Kontexte, die Häufigkeiten und die Verschiedenartigkeiten ihres aktuellen Gebrauchs beziehen.

Die Vermittlung von potentieller und aktueller Reflexion wird durch besondere (darauf spezialisierte) *Themen* geleistet. Leitfaden der Themenbildung sind die Strukturen eines Systems – und zwar in dem Maße, als ihre Kontingenz und ihre Funktion für die Steuerung der Binnenselektivität des Systems sichtbar wird. Wir greifen hier auf die Analysen des Komplexitätsbegriffs zurück[6] und könnten dann auch formulieren: Eine Struktur wird zum Reflexionsthema in dem Maße, als ihre Beziehung zu einem Überschuß an kombinatorischen Möglichkeiten (zum Beispiel: zu anderen Arten der Güterverteilung) durchsichtig und damit ihre Kontingenz erkennbar wird. Als Reaktion darauf wird Struktur dann normiert bzw. als konstant gesetzt.

6 Siehe oben, Teil 1, Kap I.1.

Reflexion schließt insofern an die relationale Struktur von Systemkomplexität an, setzt sie voraus und macht sie zum Thema systemeigener Prozesse. In der Form von Themen, über die man kommunizieren kann, dienen die strukturellen Korrelate der Systemkomplexität dann als Platzhalter für irgendwie veranlaßte, irgendwann anfangende Reflexionsleistungen in immer wieder möglichen Prozessen sozialer Kommunikation.[7]

Mit Hilfe von Themen werden Reflexionsleistungen tradierbar, steigerbar, rasch verfügbar ohne Neuargumentation von Grund auf. Themen eignen sich jeweils dann als Start- und Anschlußhilfe für Reflexionsprozesse, wenn sie dazu zwingen, die eigene Identität als kontingent zu erfahren – sei es auf der Ebene des personalen, sei es auf der Ebene des sozialen Systems. Reflexionsthema waren zum Beispiel die mit dem Gottesbegriff identifizierte Zusammenstellung von Attributen, die abgestufte Perfektion der Welt als Kosmos oder die These der Subjektivität des Bewußtseins, ferner grundlegende Symbole der Mediencodes, vor allem die binären Schematismen im Zusammenhang mit Problemen der Theodizee oder mit den Antinomien der Logik. Hier interessiert jedoch zunächst nicht der Inhalt, sondern die Funktion solcher Themen, Reflexionsleistungen bei Bedarf zu ermöglichen und auf einem Niveau zu halten, das dem Stand der

7 Der Vergleichspunkt in der Parsonsschen Theorie des allgemeinen Aktionssystems ist die Bedeutung von »values« für die Funktion des »latent pattern maintenance« (wobei »latent« hier nicht heißt: unbewußt oder unzugänglich für Bewußtsein, sondern soviel wie kontinuierlich fortbestehend und reaktivierbar, auch wenn man zwischendurch schläft oder mit anderen Dingen beschäftigt ist). Im Unterschied zu Parsons generalisieren wir jedoch von »Werten« auf »Themen«, weil Reflexionsthemen nicht notwendig Wertcharakter haben, sondern zum Beispiel auch in Ideen, Begriffen, ja vornehmlich sogar in Problemstellungen bestehen können.

gesellschaftlichen Entwicklung entspricht und somit Ansprüchen genügen muß, die sich nicht ad hoc improvisierend erfüllen lassen.

Weitere Überlegungen erfordern, daß man die Funktion der Reflexion genauer bestimmt. In der bewußtseinsphilosophischen Tradition hatte man die Funktion der Reflexion in Begründungsleistungen gesehen, die als die Reflexivität des Begründens und Bestimmens selbst gesehen wurden. Reflexion galt als derjenige Prozeß, der letzte Nichtnegierbarkeiten herausdestilliert in der Weise, daß er das Begründen und Bestimmen selbst ist. »Prüfung, bestimmende Beschränkung und Begründung fallen notwendig in die Reflexion selbst.«[8] Damit wurde die Begründungsleistung aber nur auf die Konstruktion des Verhältnisses von Bewußtsein und Welt verschoben, worüber es verschiedene Ansichten geben kann. Diese Erfahrung hat die Hoffnung zerstört, Reflexion könne letztlich Notwendiges ins Bewußtsein bringen.

Wir ziehen hieraus die Konsequenz, indem wir den Begriff der Reflexion nicht mehr im Hinblick auf Notwendiges, sondern im Hinblick auf Kontingentes definieren. Reflexion leistet die Thematisierung der Systemidentität (des jeweils reflektierenden Systems) unter dem Gesichtspunkt ihrer Kontingenz. Reflexion beginnt daher erst, wenn diese Identität als nichtnotwendig, aber auch als nichtunmöglich erfahren wird. Ferner ersetzen wir die einfache Gegenüberstellung von Welt und Bewußtsein, die das Kontingenzproblem auf die Doppelform von Zufall und Freiheit festgelegt hatte (mit je verschiedenen Formen der Notwendigkeits- und Begründungssuche) durch eine Konzeption mit drei Termen: System, Umwelt, Welt. Dann kann Reflexion begriffen werden als eine Form der Vergewisserung kontingenter Identität, die den

8 Hans Wagner, *Philosophie und Reflexion*, München, Basel 1959, S. 65.

Durchgriff auf Welt erreicht dadurch, daß sie die Identität des Systems in Relation auf seine Umwelt thematisiert.[9] Dies entspricht dem Begriff der Welt als notwendiger Kontingenz. Nicht in sich selbst, nicht durch fortgesetzte Exploration des Innenhorizontes auf widerständige Wesensstrukturen hin kann ein System sich selbst als identisch behaupten und sich der Negation entziehen, sondern nur dadurch, daß es die eigene Identität als notwendig kontingent begreift.

Reflexion hat demnach in Systemen die Funktion der Kontingenzkontrolle, indem sie die Identität des Systems im Hinblick auf andere Möglichkeiten artikuliert. Sie stößt im Prozeß der Selbstthematisierung auf ihre eigene Weltlichkeit nämlich nicht auf die eigene Notwendigkeit, sondern auf die eigene Kontingenz, Historizität, Umweltabhängigkeit; nicht auf ein Letztes und Allgemeines, sondern auf einen Tatbestand von hoher Selektionsschärfe; nicht auf Subjektivität, sondern auf Individualität.

Reflexion muß danach sowohl von strukturändernden Eingriffen in die Umwelt als auch von Anpassung unterschieden werden – von Prozessen also, in denen System/Umwelt-Beziehungen als solche zum Zwecke der Änderung der einen bzw. anderen Seite zum Thema werden. Anpassung adjustiert System*strukturen* in bezug auf Wechselfälle der Umwelt. Reflexion thematisiert System*identität* aus Anlaß der Umwelt in bezug auf die Welt. Anpassung ist ein Lernprozeß, Reflexion

9 Es wird aber nicht genügen, nun einfach das *Cogito* auf diese Relation hin zu rekonstruieren – sei es als Intentionalität, sei es mit der Frage Michel Foucaults: »Was muß ich sein, der ich denke und der ich mein Denken bin, damit ich das bin, was ich nicht denke, damit mein Denken das ist, was ich nicht bin?« (*Die Ordnung der Dinge: Eine Archäologie der Humanwissenschaften*, Frankfurt/M. 1971, S. 392). Denn die System/Umwelt-Relation ist eine selektive Beziehung der Reduktion von Komplexität, und genau darin erst findet ein System seine eigene in sich komplexe Identität.

ist ein Konstitutionsprozeß. Im Anpassungsprozeß wird man Kontingenz relational begreifen als »Abhängigkeit von ...«. Im Reflexionsprozeß muß Kontingenz modal begriffen werden als nichtnotwendige Möglichkeit. Klassisch gesprochen: Kausalität und Freiheit schließen sich nicht aus, sondern sind unterschiedliche Fassungen des Kontingenzproblems für den Anpassungs- bzw. den Reflexionsprozeß.

Reflexion kontrolliert mithin sowohl die Umwelteingriffe als auch die Anpassungen eines Systems. Sie sucht eine Position, von der aus sie auch Umwelteingriffe, auch Anpassungen noch ablehnen und auch diese Negationen noch konditionieren kann. Ein gutes Beispiel für Reflexionsthemen, die dies regulieren, sind politische Verfassungen, die sowohl die Ausgriffe politischer Macht in die gesellschaftliche Umwelt durch verfassungsrechtliche Freiheitsgarantien mit entsprechender Gerichtsbarkeit als auch den Modus des Funktionierens der politischen Prozesse selbst limitieren und beides aufeinander beziehen.[10] Dieses Beispiel leitet zugleich über zur Frage nach den historischen und gesellschaftsstrukturellen Bedingungen der Möglichkeit solcher Reflexion. Eine erste und offensichtliche Voraussetzung für Reflexion ist die Fähigkeit, in der Dreierkonstellation von Umwelt, System und Welt zu operieren. Das aber ist nur möglich, wenn Welt mehr und anderes ist als die bloße Addition von Umwelt und System. Die Frage, die uns im folgenden beschäftigen wird, lautet daher: Von welchen evolutionären und gesellschaftsstrukturellen Ausgangslagen her ist dies möglich? Und wie ändern sich Formen der Reflexion einschließlich der Art und Weise, Reflexion als Reflexion zu begreifen, mit der Änderung dieser Ausgangslagen?

10 Hierzu Niklas Luhmann, *Grundrechte als Institution: Ein Beitrag zur politischen Soziologie*, Berlin 1965; ders., »Politische Verfassungen im Kontext des Gesellschaftssystems«, *Der Staat* 12 (1973), S. 1-22, 165-182.

Vorbedingung für ein weiteres Verfolgen dieser Fragestellung ist, daß man zwischen *Systemgeschichte* und *Themengeschichte* unterscheidet. Reflexionsthemen sind, wie Themen überhaupt, kein automatischer Reflex gesellschaftsstruktureller Entwicklungen. Sie sind nicht so eindeutig und so alternativenlos abhängig von einem »Unterbau«, daß man von diesem auf jene schließen könnte, also mit dessen Erforschung die Gesellschaft kennte. Das Umgekehrte gilt natürlich ebensowenig. An die Stelle so starrer Annahmen (die auch dann irreführen, wenn man sie in der theoretischen Präsentation abschwächt!) setzen wir die These der Ausdifferenzierung und der relativen Autonomie von Reflexionsleistungen in der Gesellschaft und in ihren Teilsystemen. Die Frage, ob Reflexion die Entwicklung führt oder umgekehrt Entwicklung die Reflexion, wird dadurch unentscheidbar; und zwar deshalb, weil Ausdifferenzierung beide Möglichkeiten erzeugt und sich nicht strukturell auf eine dieser Optionen festlegen kann, ohne sich zurückzuentwickeln in ein ununterscheidbares Moment am Ganzen, in schlicht selbstbewußte Lebensführung.

Die Differenz zwischen Systemgeschichte und Themengeschichte ergibt sich also letztlich daraus, daß für Reflexion, so wie für die Verfolgung und Behandlung anspruchsvoller Themen schlechthin, besondere Anstrengungen erforderlich sind, die nicht als Begleitbewußtsein des täglichen Lebens von selbst anfallen. Gesetzt, eine solche Differenz entsteht irgendwie, dann brauchen wir theoretische Leitgesichtspunkte, um die sich entwickelnden Beziehungen zwischen den Strukturen des evoluierenden Gesellschaftssystems und seinen Reflexionsthemen, seiner Selbstthematisierung, seiner Welt wahrnehmen zu können. Unsere Grundkonzeption der Systemtheorie legt dafür die Vermutung nahe, daß Komplexität zum Reflexionsthema wird.

In sehr grober Skizzierung kann man behaupten, daß die Reflexionsgeschichte der Gesellschaft im gemeinsamen Handeln und Erleiden, in Politik und Religion, die auf dieser Ebene der Reflexion wie Handeln und Erleiden fast ununterscheidbar sein mußten, ihren Ausgang genommen hat und daß sie auf die Erfahrung von Komplexität in Arbeit, Leben, Sprache und Recht hingeführt worden ist. Für das, was ich Erfahrung von Komplexität nenne, ist dabei bestimmend, daß sie nicht an einem Ort anfällt, sondern daß sie durch den Wechsel der Komplexitäten geprägt ist. Das zwingt zur Abstraktion, letztlich zu der eingangs[11] vorgestellten Relationierung des Komplexitätsbegriffs selbst. Nicht nur die Arbeit, auch die Komplexität wird abstrakt, wenn sie im Verlaufe des gesellschaftlichen Lebens gewechselt werden kann. Aber wie ist jene Vereinfachung möglich, die es ermöglicht, daß die Gesellschaft sich in ihrer Komplexität reflektiert?

2. Rückprojektion funktionaler Primate

Wenn es richtig ist, daß Reflexion nur als besonders ausdifferenzierte Teilfunktion eines Systems realisiert werden kann, folgt daraus, daß sie eine doppelstufige Systemdifferenzierung voraussetzt: ihre eigene und die des Systems, dessen ausdifferenzierte Identität in einer Umwelt sie reflektiert. Dieser Sachverhalt liegt der traditionellen Auffassung zugrunde, daß Reflexion ein »innerer« Prozeß sein müsse, und hat zu der Begriffsgruppierung Reflexion/Innen/Denken geführt. Reformuliert man ihn als Erfordernis doppelstufiger Ausdifferenzierung, werden zugleich gewisse historische Implikationen deutlich.

11 Vgl. oben, S. 917.

Damit ist nicht nur das relativ späte, voraussetzungsreiche, auf Geschichte bezogene Einsetzen von Reflexionsleistungen in der gesellschaftlichen Entwicklung gemeint. Zugleich macht dieses Erfordernis doppelter, in die innere Tiefe gestaffelter Ausdifferenzierung plausibel, daß Reflexionsleistungen zunächst dort erbracht worden sind, wo gesellschaftliche Zentralfunktionen schon in besonderen Rollen oder Rollensystemen ausdifferenziert worden waren, auch wenn diese Rollen nicht, was unwahrscheinlich ist, speziell für Reflexion ausdifferenziert waren. Die Reflexion der Gesellschaft beginnt in den Funktionsbereichen der Politik und der Religion.

Als erste und historisch wichtigste Vereinfachung der Reflexion dient somit die Anlehnung an eine ohnehin benötigte und schon ausdifferenzierte Funktion. Wir hatten oben[12] bereits ausgeführt, daß mit dem Beginn funktionaler Differenzierung eine einfache Umzentrierung der Gesellschaft von einem familien-, stammes- oder siedlungsmäßigen Schwerpunkt auf andere unmöglich wird. Der damit eintretende Elastizitätsverlust zwingt zur Reflexion, die sich, dadurch veranlaßt, der Zentralfunktion zuwendet, die den Wechsel blockiert, indem sie für die Gesellschaft als unersetzbar und damit als notwendig erscheint.

Die Ausdifferenzierung erfolgt, wie oben gezeigt,[13] durch Institutionalisierung des Primats einer spezifischen Funktion in einem Teilsystem der Gesellschaft. Ein solcher Primat gilt zunächst nur für das Teilsystem selbst. Wird er aber als Stützpunkt und Artikulationshilfe für gesamtgesellschaftliche Reflexion benutzt, so verschwimmen in den Prozessen und den Symbolen der Selbstthematisierung des Gesellschaftssystems die Systemreferenzen. Es kommt zu einer Rückprojektion teil-

12 Siehe Teil 2, Kap. III.6.

13 Vgl. Teil 4, Kap. III.2.

systemspezifischer Primate auf die Ebene der Gesamtgesellschaft; ein Teil wird für das Ganze oder für das Wesen des Ganzen oder für die Repräsentation des Ganzen gehalten. Das gedankliche Schema des Ganzen, das aus Teilen besteht, begünstigt diese Verschiebung; denn da das Ganze selbst nicht als ein Teil unter den anderen auffindbar ist, liegt es nahe, sich an den wichtigsten Teil, den Kopf oder das Herz, zu halten und von ihm her das Ganze zu begreifen.

Teilsysteme *dominieren* in der Gesellschaft, wenn und soweit sie ihren Funktionsprimat auf das Gesellschaftssystem rückprojizieren können. Diese Überlegungen klären zunächst nur den Begriff der Dominanz. Sie erklären nicht zureichend, wie und in welcher Abfolge es zu solchen Dominanzen kommen kann. Im Kontext marxistischer oder marxisierender Theorien greift man, um diese Erklärungsleistung zu erbringen, auf die Funktionsdominanz der Wirtschaft zurück und führt diese ein als a priori geltend. Danach dominieren Teilsysteme die Gesellschaft durch die Art, wie sie sich mit der wirtschaftlichen Infrastruktur der Gesellschaft und den für sie entwickelten sozialen Beziehungen assoziieren.[14] Dabei wird für eine der gesellschaftlichen Funktionen, obwohl sie ebenso wie andere gesellschaftlich konstituiert wird und historischer Entwicklung unterliegt, ein apodiktisch geltender Primat eingeführt. Diese Theorie ist ihrerseits also wiederum nur die Rückprojektion eines Funktionsprimats auf die Gesellschaft im ganzen.

Da jede Theorie, die historische Entwicklungen mit Bezug auf dominierende Funktionen erklären will, solchen Hyposta-

14 So z. B. Maurice Godelier, »Considérations théoriques et critiques sur le problème des rapports entre l'homme et son environnement«, *Social Science Information* 13 (6) (1974), S. 31-60. Godelier greift auf eine ohne weitere Begründung und ahistorisch eingeführte »hiérarchie des fonctions« zurück (S. 34ff.).

sierungen verfällt (also: mit unhaltbaren Apriorismen arbeiten muß), muß man nach anderen begrifflichen Ressourcen Ausschau halten. Im Kontext systemtheoretischer Überlegungen bietet es sich an, auf das Konzept der evolutionären Differenzierung von Ebenen der Systembildung, also auf die Typentheorie zurückzugreifen.[15] Das führt auf die Hypothese, daß die Dominanz gesellschaftlicher Teilsysteme mitbedingt ist durch die Nähe nicht zur ökonomischen, sondern zur interaktionellen Infrastruktur gesellschaftlichen Lebens. Ausdifferenziert werden zunächst Funktionsrollen und Funktionssysteme, die sich relativ leicht und relativ voraussetzungslos mit den Interaktionssystemen des täglichen Lebens assoziieren lassen; das heißt solche, für die sich in Interaktionssystemen ein häufig genug auftretender Bedarf ergibt, die in Interaktionen antizipierbar sind und denen man in Interaktionen Rechnung tragen kann. Unbestreitbar sind diese Interaktionen des täglichen Lebens in archaischen Gesellschaften in hohem Maße auch ökonomisch relevant; sie sind aber keineswegs nur und sicher nicht im Sinne moderner Funktionsspezialisierung primär ökonomisch relevant.

Es müssen mithin zunächst zwei Bedingungen zusammentreffen (und die Formulierung dieser Bedingungen erfordert es, Fragen der Systemdifferenzierung und Fragen der Differenzierung von Systembildungsebenen sorgfältig zu unterscheiden): Es müssen auf der Ebene des Gesellschaftssystems besondere Funktionssysteme ausdifferenziert werden, die sich in ihrer spezifischen Funktionslogik von anderen gesellschaftlichen Belangen unterscheiden, und diese Ausdifferenzierung muß (zunächst) interaktionell plausibel und für nichtausdifferenzierte Interaktionsbereiche relevant bleiben. Mit anderen Worten: Die Funktionsdifferenzierung des Ge-

15 Siehe oben, Teil 1, Kap. III und IV.

sellschaftssystems muß schon anlaufen, sie darf aber nicht zu hohe Anforderungen an die Differenzierung der Systembildungsebenen Gesellschaft und Interaktion stellen. Unter diesen besonderen (und evolutionär vorübergehenden) strukturellen Bedingungen liegt es nahe, die Gesellschaft im ganzen durch Rückprojektion eines funktionalen Primates zu identifizieren.

Nachdem der von archaischen Gesellschaften zunächst bevorzugte Weg, vom interaktionsnahen Prinzip der Verwandtschaft auszugehen, sich als Sackgasse erwiesen hatte, weil er weitere Differenzierungen zu sehr blockierte, scheinen vor allem politische und religiöse Funktionen in der Anwartschaft auf Dominanz konkurriert zu haben: politische Funktionen im Hinblick auf die Omnipräsenz sozialer Konflikte oder sonstiger Gründe für Dissensüberwindung; religiöse Funktionen wegen der Omnipräsenz von unbestimmbaren Quellen der Überraschung und Enttäuschung, der Verunsicherung und des Mißerfolgs. Stärker als im Falle von immer größer gezogenen Verwandtschaftskreisen mußte in den Fällen von Religion und Politik eine Ausdifferenzierung besonderer Rollenkontexte und eine entsprechende Thematisierung des Gesellschaftssystems Gesellschaft und Interaktion differenzieren und zu einer gesellschaftlichen Normierung der Interaktionen Anlaß geben; zugleich war in beiden Fällen ausreichende und durchgehende Plausibilität auf der Interaktionsebene vorhanden. Genau diese Bedingung ließ sich im Funktionsbereich der Wirtschaft nicht erfüllen, weil hier jedes Transzendieren archaisch-interaktioneller Produktionsweisen individuelle, gesellschaftlich nicht verallgemeinerungsfähige Interessen ins Spiel brachte.

Entsprechend hatten die Gesellschaftssysteme der alteuropäischen Tradition sich mit Formeln charakterisiert, die teils dem politischen, teils dem religiösen Bereich entnommen waren und teils mit Hilfe von Schichtung, teils mit Hilfe von Umweltannahmen institutionalisiert wurden. Die Gesellschaft wurde identifiziert und gegen anderes abgegrenzt als *koinonía politiké* oder als *societas civilis*, als auserwähltes Volk Gottes oder als Corpus Christi. Formeln dieser Art waren nie bloße Funktionslegitimationen auf der Ebene der Teilsysteme. Schon ihre relativ späte, in den Randlagen der großen Hochkulturen wurzelnde Entstehung läßt auf besondere, weiter ausgreifende Reflexionsleistungen schließen. Daß es Spezialrollen für politische Herrschaft und für religiösen Kult gab, war gesicherte Voraussetzung. Eine eigentümliche historische Erfahrung – Abstand von der bloß haushaltsmäßigen Siedlungsweise im Übergang zu städtischer Kultur und städtischem Ämterwesen, Auszug aus Ägypten, Geburt und Tod Christi als Offenbarung Gottes – kam hinzu und wurde generalisiert als die ganze Stadt, das ganze Volk, die ganze Gesellschaft betreffend. Und dem entsprach die aktuelle Erfahrung: Von den Funktionserrungenschaften in Politik bzw. Religion, vom politisch etablierten Rechtswesen mit der Möglichkeit, in Konfliktsfällen bindend zu entscheiden, und vom moralisch generalisierten Hochgott, der der Gott auch für die Umwelt, auch für die Feinde sein sollte, gingen durchgreifende Kompatibilitätsansprüche aus, die die gesamte Gesellschaft transformierten und vor dem Horizont der Geschichte artikuliert werden mußten. In der Polis mußte die Reflexion des gesellschaftlich Erforderlichen jetzt als Ethik formuliert werden und nicht mehr nur im archaischen Ethos des beherrschten, situationsfesten Auftretens in der Interaktion bestehen, sondern zur rechten Gesinnung werden.[16] Erst recht war Geschichte erforderlich, um zu zeigen, daß *ein* Gott

16 Vgl. Joachim Ritter, *Metaphysik und Politik: Studien zu Aristoteles und Hegel*, Frankfurt/M. 1969, insb. S. 57-199.

ein Volk sowohl im Glück des Auszugs aus Ägypten als auch im späteren Unglück begleitete und damit als Kontingenzformel der Religion auf ein Niveau der Kompatibilität mit Glück und mit Unglück gebracht, also als Weltgott begriffen werden mußte, was die Funktion von Politik zugleich orientierte und relativierte. Selbstthematisierungen dieser Art sind also nicht nur, wie man nachträglich feststellen kann, geschichtlich bedingt. Sie sind selbst geschichtlich insofern, als sie Zeittiefe der historischen Erfahrung benötigen, um funktionsspezifische Mythen, Symbole und Folgeerfahrungen als die gesamte Gesellschaft betreffend zu generalisieren. Sie gewinnen aber als formulierte Traditionsbestände gleichwohl eine gewisse Unabhängigkeit von ihrer genetischen und ihrer implizierten Geschichte; sie werden in den Synthesen des Mittelalters sogar kombinierbar, obwohl ihre Generalisierungsansprüche nie in einem Gesellschaftssystem gleichzeitig hätten entstehen können und obwohl sie in ihrer implizierten Geschichte und in ihrem Errungenschaftsbewußtsein divergieren.

Ungeachtet aller Divergenzen im einzelnen und ungeachtet aller Transformations- und Abnutzungserscheinungen, aller Verständnisverluste und Nachbesserungen im Laufe einer langen Themengeschichte ist das Konstitutionsprinzip dieser frühen Selbstthematisierungen ein einheitliches: die Rückprojektion der funktionsspezifischen Primate und Reflexionen von der Ebene dominanter Teilsysteme auf die Gesellschaft als ganze. Es wird also pars pro toto gesetzt. Wir können auch von einer Hypostasierung der wenigen bereits artikulierten, in Schriftform vorliegenden Rollenerfahrungen sprechen, die im Kontext von Politik bzw. Religion angefallen waren. Sie werden moralisch hochstilisiert und der Gesellschaft als solcher zugeschrieben. Politische Reflexion ist politische Ethik – und nicht etwa Logik der Souveränität.

Diese Hypostasierungen werden einerseits durch die bestechende Kraft von Erstformulierungen getragen, die man heute in einer überkultivierten Welt kaum noch nachempfinden kann; sie waren aber auch mitbedingt durch die besondere Lage des Gesellschaftssystems in den Hochkulturen. Die De-Sozialisation der Umwelt und die Konzentration *aller* sozialer Beziehungen in *einem* Gesellschaftssystem waren noch nicht realisierbar, und dies aus Gründen, die wiederum im politischen und im religiösen Bereich zu Reflexionsthemen wurden in bezug auf die Existenz anderer Menschen oder personalisierter Kräfte außerhalb des eigenen Gesellschaftssystems. In dieser Lage konnte auf der Ebene des Gesellschaftssystems im ganzen, in bezug auf Gesellschaft als Gesellschaft, keine zugleich generelle und hinreichend spezifische Identität ausgearbeitet werden; man hatte die Wahl zwischen verallgemeinerten, auf die Menschheit als Menge der Exemplare bezogenen Humanitätsideen und den wenigen schon durchreflektierten Funktionsperspektiven. Ein dafür adäquates Modell war die bloße Reduplikation der Funktionsmoral: Der Gott und die Christenheit, das Reich und die politische Herrschaft, wobei das »Verhältnis zwischen einem System und seiner Hypostasierung«[17] teils normativ, teils repräsentativ gedacht und mit einer Kombination von religiösen, ethisch-politischen und rechtlichen Argumenten im Kontext von Naturrecht und praktischer Philosophie artikuliert wurde.

Solche Grundmodelle der Hypostasierung und der Repräsentation legen es nahe, Komplexität als Hierarchie darzustellen und die Einheit des Komplexen durch In-sich-Relationierungen hierarchischen Typs zu respezifizieren. »In allem nämlich«, argumentiert Aristoteles, »was aus mehreren

17 So Hans Kelsen, »Gott und Staat«, *Logos* 11 (1923), S. 261-234 (274).

Teilen zusammengesetzt ist und aus ihnen zu etwas Gemeinsamem erwächst – sei es nun aus zusammenhängenden oder aus getrennten Teilen – erscheint immer auch ein Regierendes und ein Regiertes«.[18] Dies gelte für die gesamte Natur, vor allem aber für den Bereich der Lebewesen. Diese Ordnung wird über Zwecke integriert, die über die Selbsterhaltung des je einzelnen hinausreichen. Sie wird als Ordnung der kosmischen Natur und der Gesellschaft begriffen und in den großen scholastischen Synthesen des Mittelalters zur Vereinheitlichung theologischer und ethisch-politischer Reflexionen benutzt. Im Hierarchiemodell gewinnt die logische Paradoxie, daß das Ganze im Ganzen als Teil aktionsfähig werden muß, plausible Gestalt; und für die Gesellschaft heißt dies, daß die »maiores partes« das Ganze vertreten und repräsentieren können.[19]

18 *Politik*, 1254 a 28-30.

19 Daß diese Logik der Hierarchie sehr viel mehr bedeutet als nur eindimensionale Legitimation von Herrschaft oder gar nur Instrumentierung der Durchsetzung herrschender Interessen und daß sie dieses nur sein kann, weil sie Reflexionsthema der Gesellschaft ist, ließe sich in vielen Hinsichten belegen. Wir wählen ein Beispiel und gehen von der Form aus, in der im Hierarchiemodell Innendifferenzierung expliziert werden kann. In der *Summa Theologiae* des Thomas von Aquino (I, q. 65 a 2) heißt es: »Si autem alicuius totius et partium eius velimus finem assignare, inveniemus primo quidem, quod singulae partes sunt propter suos actos; sicut oculos ad videndum. Secundo vero, quod pars ignobilior est propter nobiliorem; sicut sensus propter intellectum, et pulmo propter cor. Tertio vero, omnes partes sunt propter perfectionem totius, sicut et materia propter formam: partes enim sunt quasi materia totius.« Vergleicht man diese Artikulation mit der genau entsprechenden Unterscheidung der drei Systemreferenzen in differenzierten Systemen und ihrer Artikulation als Funktion, Leistung, Reflexion (vgl. oben Teil 4, Kap. III.3), dann springen folgende Differenzen ins Auge: (1) Die Scholastik interpretiert die relationale Konstellation sofort handlungsnah durch Zwecke; das entspricht ihrem ethisch-politischen Erbe. (2) Sie interpretiert die Teilsystembeziehungen hierarchisch als Verhältnis der weniger vornehmen zu den

Hierarchie ist, wie schon das Wort verrät, die Synthese religiöser und politischer Reflexionsleistungen. Sie ist diejenige Reflexionsform der Einheit des Komplexen, die als Perfektion präsentiert werden kann, also in Nichtnegierbarkeiten kulminiert, in denen die obersten Teile mit dem Ganzen verschmelzen. Die obersten Teile werden für das Ganze hypostasiert – was in dem Maße der Realität entspricht, als die Gesellschaft geschichtet ist und spezifische Funktionsprimate, weil es nur wenige gibt, auf das Ganze rückprojiziert werden können.

In der neueren Zeit haben sich mit dem Aufstieg der Wirtschaft zu einer relativ eigenständigen Zentralfunktion des Gesellschaftssystems die Voraussetzungen für Prozesse der Selbstthematisierung tiefgreifend gewandelt. Zunächst treten neuartige Reflexionsbegriffe auf. Die Selbstbeziehung wird nicht mehr nur als Denken des Denkens oder als Glauben an den Glauben begriffen, sondern daneben – mit sehr unterschiedlichen Konsequenzen für die Gesellschaftstheorie –

vornehmeren Teilen und nicht abstrakt als Leistung des Outputs bzw. Inputs in je funktionsspezifischen Konstellationen. (3) Sie unterscheidet diese Verwendung des Hierarchieprinzips für die Konstruktion von Teilsystembeziehungen nicht deutlich von der Verwendung des Hierarchieprinzips zur Konstruktion des Reflexionsmodells schlechthin, nämlich zur Konstruktion der Beziehungen zwischen den Systemreferenzen (a) Selbstreferenz, (b) Beziehung zu anderen Teilsystemen, (c) Beziehung zum Ganzen. Beide Hierarchien verschwimmen ineinander, was der strukturell ambivalenten, das Ganze repräsentierenden Stellung der *maiores partes* entspricht. Das hat die Folge, daß die Selbstreferenz auf die unterste Stufe dieser Hierarchie gerät (und nicht etwa wie in der Bewußtseinsphilosophie als (jedermann zugängliches!) Korrelat zu Welt schlechthin fungiert). Wie immer die Thematisierung der Welt erfolgt, sie kann jedenfalls nicht selbstreferentiellen Orientierungen des Bewußtseins zugeschrieben werden. Und (4) haben infolge der Reduktion auf Handlung, Zweck und Hierarchie die Prämissen dieses Modells höheren Informationsgehalt; sie werden voraussetzungsreicher eingeführt und eignen sich daher weniger zur Selbstthematisierung hochkomplexer Gesellschaften.

als *Gewalt* (Hobbes) oder als *Eigentum* (Locke) in bezug auf sich selbst. Beide Formen von Selbstreferenz individualisieren. Das rechtfertigt es, sie für »natürlich« zu halten. Und erst daraus, daß der einzelne seinen eigenen Körper nach selbstbezogenen Motiven bewegt oder über seine eigene Arbeitskraft, sein Ureigentum, selbst disponiert, folgt etwas für die Strukturen des Gesellschaftssystems.

Neben und mit Hilfe dieser neuen, funktionsspezifisch lokalisierbaren Selbstreferenzen verändern sich die thematischen Strukturen, mit denen man die gesellschaftliche Relevanz von Wirtschaft begreift und in ein neues, »bürgerliches« Verständnis von Gesellschaft rückprojiziert. Die neuartige Relevanz der Wirtschaft beruht nicht auf ihrer eh und je gegebenen Notwendigkeit für gesellschaftliche Lebensführung und erst recht nicht auf der puren Kausalabhängigkeit aller höherentwickelten gesellschaftlichen Errungenschaften von Technologien und Produktionsleistungen. Sie geht von einem neuartigen Grade der Ausdifferenzierung des Wirtschaftssystems aus, der die Wirtschaft einer ethisch-religiösen ebenso wie einer direkt politisch-administrativen (»polizeilichen«) Reglementierung entzieht. Allein schon die zeitlichen und sozialen Distanzen, die bei zunehmender Produktion für Märkte zwischen Herstellung und Verteilung der Güter treten, zwingen dem 17. und 18. Jahrhundert neuartige Reflexionsthemen auf: Die irreduzible Differenz von *Werten* (als gesamtgesellschaftlicher) und *Preisen* (als wirtschaftsspezifischer) Reflexionsform der Handlungsorientierung wird bewußt, wird thematisiert, wird problematisiert; *Produktion* kann nicht mehr am Verbrauch, sondern nur noch am Gewinn ihre Rechtfertigung finden; *Arbeit* muß aufgewertet[20]

20 Hierzu als Überblick Werner Conze, »Arbeit«, in: Otto Brunner (Hg.), *Geschichtliche Grundbegriffe*, Bd. I, Stuttgart 1972, S. 154-215. Siehe als

und zugleich disponibel gemacht werden; *Rationalität* kann nicht mehr aus Werten gezogen werden, die aber fortexistieren und deshalb in neuartiger Weise begriffen werden müssen, sondern nur noch aus einem Vergleich von Relationen, etwa als relativ günstigstes Verhältnis von Aufwand und Ertrag. Von da ab zerstört, ausgehend vom Ökonomischen, die Notwendigkeit, auch Relationen noch zu relationieren, um Grenzwerte der Variation fixieren zu können, die unmittelbare Überzeugungskraft der Verhältnisse: der Hierarchien, der Repräsentationen, der Kausalitäten und des Zweckbezugs der Mittel. In dieser Hinsicht transformiert die autonom gewordene Wirtschaft die Gesellschaft unterhalb aller Kontinuitäten und Diskontinuitäten, ohne daß damit über die Stellung der Wirtschaft im Verhältnis zu anderen Funktionssystemen und über das Ausmaß der Ökonomisierung gesellschaftlicher Prozesse sowie über die Folgen dieser Transformation schon entschieden wäre.

Nach diesen Veränderungen, die einen eigenständigen funktionalen Primat des Ökonomischen im Wirtschaftssystem errichten, ist eine Bestimmung der Wirtschaft weder aus der Familie noch aus der Politik und erst recht nicht als durch Gott verordnete Mühsal möglich. In der Hegelschen Fassung des Problems schiebt diese Ökonomie sich zwischen die Familie und den Staat, ihre Ambitionen dadurch verratend, daß sie den Titel »Gesellschaft« usurpiert.

einen der klassischen Belege für die Tendenzwende die naturrechtliche Argumentation bei John Locke, *Two Treatises of Civil Government*, II, Kap. 5, §§ 26 und 27, mit der Herleitung des Rechts auf das Arbeitsprodukt aus dem natürlichen Eigentum (!) am eigenen Leib, also aus einem Prinzip vorsozialer (metapolitischer) Gleichheit. Da damit Eigentum selbst auf Arbeit (also, im Unterschied zu Grotius und Pufendorf, auf ein nichtvertragliches Prinzip) zurückgeführt werden kann, bahnt dieses Begriffsmanöver zugleich den Weg für die Legitimation vertragslosen Einkommens: Profit.

Bereits in der Frühphase bürgerlicher Gesellschaftstheorie beginnt der Gesichtspunkt spezifisch ökonomischer Rationalität andere Funktionsbereiche des Gesellschaftssystems zu präokkupieren, vor allem solche mit noch nicht ausdifferenzierten Begriffstraditionen und Erfahrungen. So gilt bis weit ins 18. Jahrhundert hinein Arbeit als das wichtigste Erziehungsmittel – sowohl für Kinder als auch für Problemfälle unter den Erwachsenen.[21] Von dorther war nur ein Schritt zu tun, und der klassische Reflexionsstil des Rückprojizierens funktionaler Primate trat erneut in Kraft: Die wirtschaftliche Produktion wurde zum dominanten, die Gesellschaft tragenden und evoluierenden Faktor erklärt, Arbeit wurde als ihr Verhältnis zur (de-sozialisierten) Natur begriffen und die gesellschaftliche Reflexion auf wirtschaftliche Strukturen hingelenkt – so namentlich in der an Karl Marx anknüpfenden Literatur. Das Raffinement der Marxschen Theorie liegt in der Lokalisierung des Reflexionsprinzips: Nicht durch die Produktion, sondern durch den Markt wird die Gesellschaft zur Reflexion gebracht.[22] Sie reflektiert ihre Einheit daher nicht als gemeinsames Ziel, sondern als Antagonismus. In der Theorie konnten Aussagen über Variation der Produktiv-

21 Vgl. etwa L. L. Schücking, *Die Familie im Puritanismus: Studien über Familie und Literatur in England im 16., 17. und 18. Jahrhundert*, Leipzig, Berlin 1929; Lotte Koch, *Wandlungen der Wohlfahrtspflege im Zeitalter der Aufklärung*, Erlangen 1933.

22 Daß dies so formuliert werden konnte, hat sicher nicht nur gesellschaftsgeschichtliche, sondern auch spezifisch themengeschichtliche Bedingungen. Denn schon in der alteuropäischen Gesellschaftstheorie und speziell im frühbürgerlichen Naturrecht war der Vertrag als konstituierende Bedingung des Gesellschaftssystems angesehen worden, als Form, in der Sozialität sich als humane konstituierte. Adam Smith substituierte für Vertrag Markt. Diese Theorietradition konnte dann fortgesetzt und zugleich negiert werden durch den Nachweis, daß die am Markt konstituierte Einheit der Gesellschaft diese bei aller politisch-rechtlichen Sicherheit zu einer inhumanen macht.

kräfte und Produktionsverhältnisse dann benutzt werden, um die Bedingungen der Reflexion zu variieren, also die Selbstthematisierungsleistungen der Gesellschaft als historische zu begreifen. Daß die Wirtschaft eigentlicher Träger des Reflexionsgeschehens sei, das freilich wurde vorausgesetzt.

Indes: Am Ende einer langen Denkgeschichte konnte man nicht einfach eine Hypostase durch eine andere ersetzen. Schon Marx mußte Handlungen und Vorstellungen berücksichtigen, die sich in die ökonomische Reihung Produktion/Distribution/Konsum nicht einrangieren ließen, und er konnte dies nur mit retotalisierenden Begriffen wie Entsprechung, Spiegelung, Ausdruck, die für sich selbst nichts besagen.[23] Im übrigen war die Begründungsschwäche einer ökonomistischen Gesellschaftstheorie sofort evident, da die Tradition anders orientierter Hypostasierungen aufbewahrt und in der durch die politische Revolution gegebenen Form des »modernen Staates«[24] virulent blieb. Neben einer strikt ökonomistisch fundierten Gesellschaftstheorie (mit einem Konzessionsbereich für »Ideologien«, die die Verhältnisse zum Sprechen bringen) werden multiple Gesellschaftstheorien ausgebildet – sei es in der Form von Typengegensätzen mit Optionsaufforderung wie in der Spencerschen Unterscheidung militanter und industrieller Gesellschaf-

23 »Diese Verlegensheitsmetaphern«, schreibt Jürgen Frese, »erklären nicht, sondern bezeichnen nur das Wiederhervortreten eines Ganzen nach der die Phänomene entstellenden, verdunkelnden Abtrennung des produktiven und des Markt-Handelns vom Gesamtzusammenhang des Handelns« (*Prozesse im Handlungsfeld*, Ms., Bielefeld 1974, S. 71f.) [Druck: Jürgen Frese, *Prozesse im Handlungsfeld*, München 1985].

24 Zur Geschichte dieses Terminus Stephan Skalweit, »Der ›moderne Staat‹: Ein historischer Begriff und seine Problematik« (Vortrag, Akademie Düsseldorf 1974) [Druck: Stephan Skalweit *Der »moderne Staat«: Ein historischer Begriff und seine Problematik*. (*Rheinisch-Westfälische Akademie der Wissenschaften: Vorträge*, G203), Opladen 1975].

ten,[25] sei es als Unterscheidung zweier simultaner Aggregationsweisen eines Volkes als »Staat und Gesellschaft«.[26]

Die Selbstthematisierung der Gesellschaft blieb auf der Basis einer Mehrheit von nicht wegdiskutierbaren Funktionsprimaten kontrovers, zum Beispiel in der Form eines nicht zu beendenden Streites über die relative Bedeutung von Materie oder Geist, Wirtschaft oder Kultur für die Entwicklung der Gesellschaft.

Die begrifflichen Arrangiertechniken sind dieser neuartigen Situation nicht angepaßt worden. Nach wie vor scheint die Frage zu gelten, was Essenz und was Akzidenz sei, was Grund sei und was Folge. Nach wie vor behauptet etwa der Marxismus notwendige Gesetze der Entwicklung und »eigentlich« ausschlaggebende Faktoren. Nach wie vor versucht man die Konstruktion hierarchischer Modelle der relativen Stellung einer Mehrzahl von Faktoren – so vor allem die Hierar-

25 Vgl. Herbert Spencer, *The Principles of Sociology*, Bd. II, London, Edinburgh 1893, S. 568ff. (§§ 547ff.). Man beachte die Einführung dieser Unterscheidung als Typologie politischer (!) Organisation.

26 Als neuere, rückblickende Darstellungen siehe etwa Werner Conze, »Staat und Gesellschaft in der frührevolutionären Epoche Deutschlands«, *Historische Zeitschrift* 186 (1958), S. 1-34, in erweiterter Fassung in: ders., *Staat und Gesellschaft im deutschen Vormärz*, Stuttgart 1962, S. 207-269; Manfred Riedel, »Hegels ›bürgerliche Gesellschaft‹ und das Problem ihres geschichtlichen Ursprungs«, *Archiv für Rechts- und Sozialphilosophie* 48 (1962), S. 539-566, neu gedruckt in: ders., *Studien zu Hegels Rechtsphilosophie*, Frankfurt/M. 1969, S. 135-166; Horst Ehmke, »›Staat‹ und ›Gesellschaft‹ als verfassungstheoretisches Problem«, in: Konrad Hesse (Hg.), *Staatsverfassung und Kirchenordnung: Festgabe für Rudolf Smend zum 80. Geburtstag am 15. Januar 1962*, Tübingen 1962, S. 23-49; Erich Angermann, »Das Auseinandertreten von Staat und Gesellschaft im Denken des 18. Jahrhunderts«, *Zeitschrift für Politik* 10 (1963), S. 89-101; Ernst-Wolfgang Böckenförde, *Die verfassungstheoretische Unterscheidung von Staat und Gesellschaft als Bedingung der individuellen Freiheit (Rheinisch-Westfälische Akademie der Wissenschaften: Vorträge*, G183), Opladen 1973.

chisierung der ermöglichenden und der kontrollierenden Faktoren in der »hierarchy of control« bei Talcott Parsons. Für den Strukturfunktionalismus war dies, genau komplementär zum Marxismus, zeitweilig geradezu Programm, daß man an Invariantes anzuknüpfen habe.[27] Nach wie vor suchen also Intellektuelle unserer Zeit die Gesellschaft als ein Phänomen mit vorweg limitierter Kontingenz zu begreifen – und nicht als sich selbst limitierende Kontingenz.[28]

Mit dem Entdecken und Aufwerten weiterer Funktionsprimate wird dieser Prozeß der Formulierung neuer konkurrierender Gesellschaftstheorien schließlich nur noch wiederholt. Diejenigen zum Beispiel, die die zunehmend zentrale Relevanz von wissenschaftlicher Forschung und kognitiv spezialisierter Erziehung als besonders eindrucksvoll empfinden, charakterisieren die Gesellschaft, in der wir leben, als Leistungsgesellschaft, als postindustrielle Gesellschaft oder, abwertend, als technokratische Gesellschaft, ohne damit den begrifflichen Elementen des Prozesses der Selbstthematisierung mehr hinzuzufügen als eine weitere Problemperspektive, einen weiteren Gesichtspunkt.[29] Zugleich verliert jedoch

27 Trotz förmlicher Revisionen – vgl. etwa Talcott Parsons, »Die jüngsten Entwicklungen in der strukturell-funktionalen Theorie«, *Kölner Zeitschrift für Soziologie und Sozialpsychologie* 16 (1964), S. 30-49 – wurde diese Behandlung theoretischer Prämissen nie aufgegeben, sondern nur in analytische Abstraktionen verlagert. Für eine strukturalistisch-marxistische Version (natürlich mit Umkehrung der Emphase) siehe Klaus Eder, »Komplexität, Evolution und Geschichte«, in: Franz Maciejewski (Hg.), *Theorie der Gesellschaft oder Sozialtechnologie, Beiträge zur Habermas-Luhmann-Diskussion*, Supplement 1, Frankfurt/M. 1973, S. 9-42, der von Althusser die Unterscheidung von determinierenden und dominanten Strukturen übernimmt.

28 Als Kritik eines solchen Ausgangs von a priori Denknotwendigem siehe Harold J. Bershady, *Ideology and Social Knowledge*, Oxford 1973.

29 Siehe zusammenfassend Daniel Bell, *The Coming of Post-Industrial Society: A Venture in Social Forecasting*, New York 1973. Zum Begriffli-

diese Art des Hypostasierens von Funktionsperspektiven generell an Überzeugungskraft: Das Begriffsvermögen nimmt, verglichen etwa mit der Marxschen Theorie, ab; der Anteil an bloßen Behauptungen nimmt zu; brachliegendes Theoriepotential wird gar nicht mehr genutzt.

Das hat nicht zuletzt ganz realistische, in den Strukturen des Gesellschaftssystems selbst liegende Gründe. Wo immer neue Funktionsprimate als Zentralperspektiven aufgenommen und entwickelt werden, wird man angesichts der Vielzahl solcher Notwendigkeiten ihre Gewichtung nur noch makroopportunistisch im Hinblick auf momentane Engpässe der gesellschaftlichen Entwicklung begründen können. Und selbst wenn eines dieser Zentralprobleme überragende Bedeutung gewänne, würden die von ihm ausgehenden Ansprüche auf Kompatibilität anderer Gesellschaftsbereiche entkonkretisiert und abgeschwächt werden müssen. Ein neuer Primat etwa der Funktion theoriegesteuerter Technologie könnte sehr wohl auf das Gesamtsystem der Gesellschaft projiziert und dieses als Gemeinschaft, wenn nicht der Gebildeten, so doch der Könner und Macher begreifen. Aber an thematischen Verzerrungen solcher Reflexionsvorschläge wird man sofort erkennen, woher sie kommen. Man wird sie diskontieren, wird sie zuordnen können. Ihr Reflexionsstop hat nicht mehr die Form der Perfektion, sondern die Form des unbestreitbaren Standpunktes. Identitätszumutungen dieses Typs werden daher nicht mehr jenen strukturierenden Zugriff auf andere Teilsysteme der Gesellschaft beanspruchen können, der einst von Religion und Politik und dann in schon abgeschwächter Form von der Wirtschaft ausging. Nicht nur die Funktionsautonomie anderer Teilsysteme, auch das Selbstver-

chen siehe nur die Vorstellung eines »axialen Prinzips« (S. 10, S. 112ff. u. ö.), um das herum sich ein neuartiger Gesellschaftstyp formiert.

ständnis des Wissenschaftssystems und die Eigenart seines Mediums Wahrheit würden das verhindern. Mit anderen Worten: Die Möglichkeit, die Identität des Gesellschaftssystems durch Rückprojektion von Funktionsprimaten zu bestimmen, baut sich in der gesellschaftlichen Entwicklung von selbst ab.

Die Erfahrungen mit Versuchen des 19. und 20. Jahrhunderts, Gesellschaft zu bestimmen, legen eine Schlußfolgerung nahe: Wahrscheinlich muß in hochdifferenzierten Gesellschaften, die eine Vielzahl relativ eigenständiger Funktionen ausdifferenziert und als Orientierungsprimat für Teilsysteme institutionalisiert haben, überhaupt darauf verzichtet werden, die Gesellschaft als Ganzes durch Rückprojektion funktionaler Primate zu identifizieren. Das führt nur zu konkurrierenden Hypostasierungen. Da es dafür in der Gesellschaft zu viele alternierende Möglichkeiten gibt, die alle ihre eigene Unerläßlichkeit anführen und die der anderen nicht ausschließen können, kann die Einheit des Gesellschaftssystems so nicht mehr reflektiert werden. Jene Rückprojektionen konnten Wahrheitsgeltung nur beanspruchen, solange jeweils nur eine dominierte und solange die Selbstthematisierung der Gesellschaft nicht ihrerseits als Funktion oder als Prozeß thematisiert wurde.

Dieser Reflexionsstop bei der Hypostasierung einer Funktionsperspektive, und sei sie noch so »wichtig«, ist jedoch nach Hegel reflexionslogisch nicht mehr möglich. Und auch systemanalytisch läßt der Fehler sich sehr rasch aufdecken: Er liegt in der Verquickung unterschiedlicher Systemreferenzen und in der Verkennung der begrenzten, teilsystemspezifischen Geltung aller gesellschaftlichen Funktionsprimate. Trotz gesamtgesellschaftlicher Institutionalisierung der Relevanz von Politik gilt ein Primat der Politik nur für das politische System der Gesellschaft, ein Primat der Wirtschaft nur für das Wirtschaftssystem der Gesellschaft; und das gleiche gilt mutatis mutandis für Religion, für Wissenschaft, für Erziehung, für jede noch hinzuzubildende besondere Funktion. Es ist nämlich die Bedingung der Möglichkeit von Funktionsprimaten, daß nur ihre Relevanz, nicht aber auch ihr Vorrang, auf der Ebene des gesamtgesellschaftlichen Systems institutionalisiert wird, weil ja jede Funktion als unerläßliches Moment am Ganzen den Vorrang vor allen anderen beanspruchen kann, indem alle existentiell durch jede einzelne bedingt sind.

Wenn die Zahl der Zentralperspektiven, die ausdifferenziert und auf besondere Teilsysteme verlagert werden, zunimmt, müssen nicht nur Adressen für Kommunikation, sondern auch Reflexionsthemen nach Systemreferenzen unterschieden werden. Das mindert die Selbstthematisierung der Teilsysteme nicht in ihrer gesellschaftlichen Relevanz, führt aber zu ihrer Umstrukturierung. Angesichts der anderen Perspektiven und Reflexionsmöglichkeiten anderer Funktionsbereiche gelangen die Teilsysteme zu der Erkenntnis, daß sie nicht als pars pro toto gesellschaftliche Relevanz beanspruchen können, sondern nur in dem Maße, als ihnen nach Maßgabe des oben[30] skizzierten Modells der Integration von Funktion, Reflexion und Leistung eine Abstimmung ihrer Identität mit ihrer systemspezifischen Funktion und den an sie adressierten Leistungserwartungen gelingt. Innergesellschaftlich müssen dann Reflexionsleistungen in anderer Form erbracht werden als gesamtgesellschaftlich, und diese Formdifferenz, die den Unterschied der Reflexionsebenen realisiert, verhindert eine naive Rückprojizierung funktionaler Primate. An dieser Differenz wird dann auch die Selbstthematisierung selbst thematisch.

30 Vgl. Teil 4, Kap. III.3.

Diese Einsichten schließen es nicht aus, auch nach der Funktion des Gesellschaftssystems selbst noch zu fragen. Aber die Antwort auf diese Frage kann offensichtlich nicht länger durch Hinweis auf eine oder einige der wichtigen, in der Gesellschaft zur Differenzierung in Teilsysteme benutzten Funktionen gegeben werden; sie erfordert eine auf das Gesellschaftssystem als System zugeschnittene Reflexion: eine hinreichend spezifisch generalisierte Theorie der Gesellschaft.

3. Leitfaden der Negation

Während die Rückprojektion funktionaler Primate das Interesse an Selbstthematisierung der Gesellschaft mit Inhalten gefüllt hatte parallel zur evolutionären Ausdifferenzierung von Zentralfunktionen, gibt es daneben einen formaleren Gesichtspunkt, der ebenfalls mit der gesellschaftlichen Evolution variiert: die Behandlung der mit allem Sinnerleben verbundenen Fähigkeit zu negieren.

Negierenkönnen ist zunächst ein Faktum gesellschaftlicher Realität, ein Aspekt am Gegenstand aller gesellschaftswissenschaftlichen Erkenntnis; zugleich aber derjenige Aspekt, der diesen Gegenstand mit der Erkenntnis selbst verbindet, nämlich der Erkenntnis in gleicher Weise innewohnt und so allmählich zum Thema der Reflexion wird, bis schließlich Negativität als dasjenige Strukturmoment erkannt wird, das die Identität von Gegenstand und Erkenntnis begründet.

Als etwas bloß Vorkommendes wird Negation in der älteren Tradition zunächst als Beraubung (*stéresis*, *privatio*) begriffen, die dem Gegenstand etwas wegnimmt oder abspricht, was ihm natürlicherweise zuwächst oder zukommt.[31] Die Rea-

31 Begrifflich wird davon der Gegensatz (*enantiótes*, *oppositio*) unterschieden. Aber der Gegensatz verliert in seiner logischen Form als Wider-

lität ist schon da, wenn die Negation ihre Operation beginnt; das Positive ist ihr vorkonstituiert (wenngleich nicht in der Form affirmierter, die Negation ausschließender Positivität). Das scheint ein Gemeinverständnis der alteuropäischen Tradition gewesen zu sein, ein Vorverständnis, das nicht nur die Naturauffassung und die Moral der praktischen Philosophie beherrscht, sondern durchschlägt bis in entlegenere Themen der Literatur, indem es zum Beispiel das Komische marginalisiert[32] und für die rhetorische Verteidigung von Wertpositionen eine Widerlegung von Gegenargumenten genügen läßt.[33] Weder logische noch theologische Bedenken, wie sie etwa im Begriff der *annihilatio* (symmetrisch zu *creatio*) sich formieren, setzen sich gegen diesen massiven Aristotelismus durch. Er entspricht am besten einer moralisch integrierten Gesellschaft, die ja nicht nur das Gute emphatisch empfiehlt, sondern ganz realistisch gesehen gar nicht die Möglichkeit hat, eine nach der Logik des Bösen konzipierte, in sich konsistente Verhaltensordnung aufzubauen. Es ist dann durchaus vernünftig, den Realitätsprimat des Einen (Positiven), des Wahren und des Guten als Negationsschranke zu akzeptieren und Reflexion als Anerkennungsreflexion zu praktizieren – was die logische Möglichkeit, auch diese Position zu negieren, nicht ausschließt, aber ins Inhaltsleere und Folgenlose führt. Alle Kritik orientiert sich dann an einer Skala der Perfektion, die in Nichtnegierbarem kulminiert.

Könnte dies, kann dies überhaupt je sich ändern?

spruch seine Legitimität, so daß nur Privation als Realvorkommendes anerkannt werden braucht.

32 Vgl. Harvey Cox, *Das Fest der Narren*, Stuttgart 1970; Rainer Warning, *Funktion und Struktur: Die Ambivalenzen des geistlichen Spiels*, München 1974, insb. S. 107ff.

33 Siehe in bezug auf Gerechtigkeit z. B. Chaim Perelman, *Über die Gerechtigkeit*, München 1967 (dt. Übers.), S. 139.

Ein erster gesellschaftstheoretischer Einbruch erfolgte im 17. Jahrhundert mit Hilfe des Denkmittels der Privation selbst, vor allem (aber keineswegs nur) bei Comenius und Hobbes.[34] Die Technik privativen Negierens wird generalisiert benutzt, um den Begriff des Menschen aller Merkmale einer angeborenen sittlichen Sozialität zu berauben und damit die Sozialordnung selbst auf den Nullpunkt zu bringen, von dem aus sie, sei es mit pädagogischen, sei es mit rechtlich-politischen Mitteln, zu erstellen ist.[35] Ohne den Begriff der Negation zu revolutionieren, wird er so gegen den Menschen gerichtet, daß für die Gesellschaft eine der *annihilatio* gleichkommende Reflexionslage entsteht: Sie muß sich als Negation ihrer Annihilation reflektieren und praktisch herstellen.[36] Die Begriffe der Natur und der Vernunft werden so transformiert, daß ihr Zusammenspiel genau dafür hinreichende Instruktionen und methodische Möglichkeiten anbieten kann.

Diesem ersten Schnitt mißlang gleichwohl die Reduktion der Natur.[37] Die Natur begann, so zurückgeschnitten, erneut

34 Zum breiteren geistesgeschichtlichen Hintergrund vgl. auch Hans Blumenberg, »Ordnungsschwund und Selbstbehauptung: Über Weltverstehen und Weltverhalten im Werden der technischen Epoche«, in: Helmut Kuhn, Franz Wiedemann (Hg.), *Das Problem der Ordnung: Sechster Deutscher Kongreß für Philosophie, München 1960*, Meisenheim am Glan 1962, S. 37-57.

35 In den Grenzen des Arguments C. B. Macpherson, *The Political Theory of Possessive Individualism: Hobbes to Locke*, Oxford 1962 (dt. Übers.: *Die politische Theorie des Besitzindividualismus: Von Hobbes bis Locke*, Frankfurt/M. 1967, insb. S. 30ff).

36 Vgl. dazu Manfred Riedel, »Zum Verhältnis von Ontologie und politischer Theorie bei Hobbes«, in: Reinhart Koselleck, Roman Schnur (Hg.), *Hobbes-Forschungen*, Berlin 1969, S. 103-118.

37 Zu Unschärfen in dieser Hinsicht bei Hobbes vgl. C. B. Macpherson, *The Political Theory of Possessive Individualism*.

zu wuchern,[38] ja die Reflexion zu überwuchern.[39] Erst Hegel findet, dank Kant, erneut eine sich zuspitzende Problematik vor: In der erkenntnistheoretisch bedingten Reduktion auf das »Ding an sich« ist die Natur nicht mehr zu denken, also zu negieren. Die Erkenntnis konstituiert ihren Gegenstand als die Unmöglichkeit, ihn zu erkennen, und kann ihr Gegenstandsverhältnis, also sich selbst, daher nur über selbstreferentielles Negieren begründen. Das wäre ein bloßes Nachrationalisieren eigenen Wollens, würde nicht der Gegenstand in seiner unberührten Unmittelbarkeit schon als Selbstnegation gedacht werden. Mit dieser Prämisse aber öffnet sich die Reflexionslogik für einen nicht in der Natur, wohl aber in der Gesellschaft vorfindbaren Tatbestand: für eine Interpretation der wechselbezogenen Negativität menschlichen Handelns. In der Realität entspricht dem eine Gesellschaft, die sich vorstellt, ihre Integration durch Mobilität leisten zu können.[40]

Dieser Ausgangspunkt wird zunächst nur am Beispiel des Rechts und der Wirtschaft ausgearbeitet, wobei die Themen-

38 Zum Naturbegriff im 18. Jahrhundert Joachim Ritter, *Hegel und die französische Revolution*, Köln, Opladen 1957; Robert Spaemann, »Genetisches zum Naturbegriff des 18. Jahrhunderts«, *Archiv für Begriffsgeschichte* 11 (1967), S. 59-74.

39 Dies wurde dadurch begünstigt, daß der Begriff der Reflexion sein Auslöseproblem in Fragen des intersubjektiven Konsenses hatte (vgl. dazu Werner Brock, »Zum Phänomen und Begriff der Reflexion bei John Locke: Ein Fragment«, in: Hildegard Hiltmann, *Dialektik und Dynamik der Person: Festschrift für Robert Heiss zum 60. Geburtstag am 22. Januar 1963*, Köln 1963, S. 215-237) und damit auf Erkenntnisprozesse unter dem Aspekt der Logik und der Methodologie eingeschränkt war.

40 Selbst heute findet man zuweilen noch diese Gleichsetzung von Integration und Mobilität – siehe etwa Edmund Dahlström, »Developmental Direction and Welfare Goals: Some Comments on Functionalistic Evolutionary Theory about Highly Developed Societies«, *Acta Sociologica* 17 (1974), S. 3-21 (9f.).

lage und die politische Einschätzung der gesellschaftsimmanenten Negativität sich von Hegel zu Marx etwas verschieben. Dieser Themenwahl kommen der Abstraktionsgrad und die strukturelle Durchsichtigkeit dieser Funktionsbereiche entgegen ebenso wie der Umstand, daß die Gesellschaft jener Zeit sich in hohem Maße mit dem Funktionsprimat der Ökonomie identifiziert. Aber diese thematische Fixierung bleibt einseitig, wird der reflexionslogischen Reichweite der Problemstellung nicht gerecht, und ihre nur partielle Ausarbeitung wird mißbraucht, wenn daraus eine »Kritik der politischen Ökonomie« abgeleitet wird. Damit wird in jedem Falle, bei Hegel wie bei Marx, die Hoffnung auf Politik zurückgelenkt – nur weil in diesem Funktionsbereich die immanente Negativität selbstreferentieller Begründungssequenzen noch nicht analysiert ist.

Eine (negative) Konsequenz aus alldem ist leicht zu ziehen: Die Reflexion der Identität des Gesellschaftssystems muß durch Negation vermittelt werden. Sie muß die Möglichkeiten der Negation kontrollieren können, gegen die sie Identität setzt. Dafür genügt es jedoch nicht, die Möglichkeit der Negation dieser Identität selbst zu bedenken und abzuwehren. Es genügt also nicht, einen Grund anzugeben dafür, daß die Gesellschaft besteht und nicht nicht besteht.[41] Das Bestandsproblem ist keine zureichende Reflexionsformel, weil es immer auf kontingente Wahrheiten (im Sinne von Leibniz) führt. Entsprechend kann die gesellschaftliche Reflexion

41 Deshalb genügt es auch nicht, auf der Basis dieser Fragestellung mit Leibniz zwischen notwendiger und kontingenter Wahrheit zu unterscheiden nach Maßgabe der, wie wir heute sagen würden, »computational complexity«. Siehe Louis Couturat (Hg.), *Opuscules et Fragments inédits de Leibniz*, Paris 1903, Neudruck Hildesheim 1966, S. 408: »Verum necessarium sciri potest per finitam seriem substitutionum seu per coincidentia commensurablia, Verum contingens per infinitam, seu per coincidentia incommensurabilia«.

sich *weder* auf eine wechselseitig-privative Negation von Individuum bzw. Gesellschaft stützen, *noch* kann sie sich mit einer bloß negativen Bewertung der selbstreferentiellen Negativität eines einzelnen Funktionsbereichs (konkret also: der »kapitalistischen« Wirtschaft oder des »bürgerlichen« Rechts) begnügen. So viel ist klar. Um so verständlicher ist, daß die soziologische Theorie, die gerade in diesen beiden Hinsichten adäquatere Vorstellungen erreicht hat, bisher wenig Neigung zeigt, diese Problemtradition fortzusetzen oder gar zu vollenden. Der unmittelbare Rückgriff auf Hobbes, den Parsons versucht hat,[42] scheitert daran, daß auf der Ebene der Akteure Natur und Sittlichkeit, Bedürfnisse und Sozialisation nicht getrennt werden können,[43] mit der Folge, daß ein positiver Gesamteindruck entsteht, der sich nicht mehr gegen mögliche Negativität profiliert.[44] Die sich »marxistisch« nennende Soziologie ist zu sehr mit Marx präokkupiert, um an Marx anschließen zu können. So bleibt die Frage erst noch zu stellen, wie ein Gesellschaftssystem die eigene Identität am Leitfaden seiner immanenten Negativität thematisieren kann.

42 Natürlich unter Absehen von der Vertragsförmigkeit des Lösungsvorschlages. Vgl. dazu Talcott Parsons, *The Structure of Social Action: A Study in Social Theory with Special Reference to a Group of Recent European Writers*, Glencoe ²1949, S. 39ff.; ders., *The Social System*, Glencoe 1951, S. 36 u. ö.

43 In der späteren Theorieentwicklung verlagert Parsons dieses Problem in die sogenannte »hierarchy of control«, ohne den Rückbezug auf das »Hobbesian problem of order« und dessen ursprüngliche Lösung über Normkonstitution durch »double contingency« einzubeziehen.

44 Siehe den pointierten, aber seinerseits hilflosen Hinweis von Gideon Sjoberg, Leonard D. Cain, »Negative Values, Countersystem Models, and the Analysis of Social Systems«, in: Herman Turk, Richard L. Simpson (Hg.), *Institutions and Social Exchange: The Sociology of Talcott Parsons and George C. Homans*, Indianapolis, New York 1971, S. 212-229, und die entsprechend verständnislose Erwiderung von Parsons, »Commentary«, S. 380-399 im selben Band.

4. Selbstthematisierung durch Gesellschaftstheorie

Die neueren Entwicklungen des Gesellschaftssystems haben dessen Selbstthematisierung nicht nur erschwert; sie haben sie auch erleichert. Man muß den Reflexionsstil der Hypostasierung und Rückprojektion aufgeben, und man kann es auch. Die Erleichterungen gehen darauf zurück, daß die Eingrenzung des Sozialen ins Gesellschaftssystem und die De-Sozialisation der Umwelt ihr Ende erreicht haben durch Konstitution eines einheitlichen Weltgesellschaftssystems. Damit ist der Doppelsinn, in dem wir bisher von »Weltgesellschaft« gesprochen haben, aufgehoben; nämlich der projektive Begriff, der besagt, daß jedes Gesellschaftssystem sich eine Welt projiziert, indem es Sinn konstituiert; und der reale Begriff, der besagt, daß es ein einziges, erdumspannendes, Welt konstituierendes Gesellschaftssystem gibt. Die innere Konsequenz sinnbezogener soziokultureller Evolution führt zu dieser Konvergenz, und damit gewinnt zugleich die Soziologie ihre Funktion (was nicht ohne weiteres auch heißt: ihre wissenschaftliche Kompetenz) im Prozeß gesellschaftlicher Selbstthematisierung. Es gibt faktisch nur noch diese eine Gesellschaft, die alle soziale Kommunikation einbezieht und aus nichts anderem besteht als aus Kommunikation. Damit werden Hypostasierungen, welcher Art immer, unnötig. Damit ist die Identifikation des Gesellschaftssystems in einer Weise positiv und empirisch möglich wie nie zuvor. »Transzendentalien« werden rückbeziehbar auf positive und empirische Sachverhalte: auf das Faktum der Kommunikation. Die Gesellschaft (und nicht der Mensch, wie Michel Foucault meint)[45] ist die empirisch-transzendentale Dublette.

45 Vgl. *Die Ordnung der Dinge*, insb. S. 384ff.

So einfach dieser Sachverhalt angezeigt werden kann, so schwierig ist es, hinreichend sichere theoretische Konsequenzen zu ziehen; ganz zu schweigen von den Problemen wissenschaftlich akzeptierbarer Durchführbarkeit, die wir bis zum nächsten Kapitel zurückstellen. Im Anschluß an die beiden vorangegangenen Abschnitte halten wir zunächst zwei Ausgangspunkte fest:

Wenn die Gesellschaft selbst ihre eigene Reflexion realisiert, muß die Gesellschaftstheorie in der Lage sein, mit selbstreferentiellen Begriffen zu arbeiten. Reflexion ist dann nicht länger nur ein erkenntnistechnisches oder erkenntnistheoretisches Problem, sondern ein vorfindbarer Tatbestand, der geeignete soziologische Begriffe und Verfahren erfordert. In einer Anlaufzeit soziologischer Forschung mochte es angesichts rasch erkennbarer logischer und empirischer Schwierigkeiten als vertretbar erscheinen, diese Forderung nach Beachtung mit begründeter Nichtbeachtung zu beantworten und gerade darin die Abstraktion einer spezifisch wissenschaftlichen Verfahrensweise zu sehen. Diese Phase ist mit dem sogenannten »Positivismusstreit« abgeschlossen, der genau darin ergiebig war, daß er unentscheidbar blieb und die Positionen dadurch destruierte: Weder die dialektische Form selbstreferentieller Begründungsweise noch das schlichte Ignorieren des Problems unter Berufung auf eine Wissenschaftstheorie, die ihre eigene Problemtradition nicht mehr kennt, vermochten das Feld zu behaupten.[46] Der Ausweg liegt in der Entdeckung, daß die grundlegenden konzeptionellen Neuerungen der Gesellschaftstheorie ohnehin Begriffe verwenden, die selbstreferentielle Tatbestände bezeichnen, und zwar jeweils an der Bruchstelle,

46 Nachzulesen in: Theodor W. Adorno u. a., *Der Positivismusstreit in der deutschen Soziologie*, Neuwied, Berlin 1969.

die die moderne von der klassischen Gesellschaftstheorie trennt.

Während im 19. Jahrhundert die *Evolutionstheorie*, trotz Darwin, Evolution als einen gesetzmäßig ablaufenden, makrohistorischen Kausalprozeß angesehen hatte, hat die Kritik inzwischen alle Komponenten dieses Begriffs zersetzt, so daß wir ihn aufgeben mußten. Statt dessen bedeutet uns Evolution jede Strukturänderung des Gesellschaftssystems, die durch Differenzierung von Mechanismen für Variation, Selektion und Stabilisierung zustande gebracht wird. Diese Differenzierung ist aber selbst ein Produkt von Evolution. Während ältere Entwicklungstheorien alle Selbstimplikation des historischen Prozesses in seinen Anfang verlagert und mit der Lehre von den Keimkräften, die sich entfalten (wenn sie nicht daran gehindert werden), oder mit der Schöpfungslehre abgedeckt hatten, gibt die Evolutionstheorie diesem alten Problem eine neue Form, die es von der Bindung an historische Anfänge löst. Evolution setzt sich nun ihrer eigenen Erklärung voraus, bringt die Bedingungen ihrer Möglichkeit selbst zustande, ist also Evolution der Evolution. Und die Frage des Anfangs wird uninteressant.

Dasselbe läßt sich in genauer Parallele für die *Kommunikationstheorie* zeigen. Auch hier ist auf einer deskriptiven Ebene die Selbstbezüglichkeit der sprachlichen Kommunikation seit langem bekannt und fraglos akzeptiert. Man kann sprachlich über Kommunikationen, ja über Sprache selbst sprechen. Aber warum? Der Neuansatz liegt in der Beantwortung dieser Frage, und sie erfolgt durch Rückgriff auf das Theorem der doppelten Kontingenz, die Kommunikation überhaupt erst ermöglicht. Wenn das so ist, steht den Partnern einer Kommunikationsbeziehung die Annahme oder Ablehnung richtig kommunizierter und verstandener Mitteilungen frei. Dies wird bei aller Kommunikation von allen

Beteiligten mitgewußt oder jedenfalls marginal mitgesehen. Und nur dadurch entsteht der Bedarf, notfalls noch über Kommunikation kommunizieren zu können. Darauf bezieht sich die Theorie der symbolisch generalisierten Kommunikationsmedien, die ihre Codes auf Sonderkonstellationen dieser Kontingenz spezialisiert. Auch hier gilt also: Eine Theorie, die dem Sinn kommunikativen Verhaltens überhaupt gerecht werden will, muß mit selbstreferentiellen Begriffen arbeiten und beachten, daß jeder Beitrag zur Kommunikation die Fähigkeit zur Erläuterung des Gemeinten in weiteren Kommunikationen impliziert.

Auch für die *Systemtheorie* ist der gleiche Problemstand erreicht, und zwar dadurch, daß das analytische Schema des Ganzen, das aus Teilen besteht, durch die System/Umwelt-Theorie ersetzt bzw. mediatisiert worden ist. Bei der Unterscheidung von System und Umwelt geht es nicht nur um die Fokussierung der Themenwahl auf »dies und nichts anderes«; vielmehr werden alle Systemstrukturen und alle Systemprozesse auf die Umwelt relationiert, und dies gilt sogar, wie die Analyse des Begriffs der Komplexität ergeben hat, für die Festlegung dessen, was jeweils als Element und als Beziehung zwischen Elementen fungiert. Ein System ist danach nichts weiter, und diese Formulierung macht die Selbstimplikation deutlich, als die Differenz zwischen System und Umwelt.

Diejenigen theoretischen Innovationen, die zentrale Theoriebereiche der Gesellschaftstheorie bestimmen und gegeneinander differenzieren, sind demnach zugleich solche, die jeden dieser Bereiche auf einen selbstreferentiellen Begründungsstil zurückführen. In jedem dieser Bereiche treten dadurch logisch nicht behebbare Unbestimmbarkeitsprobleme auf. Widersprüche zwischen theoretisch möglichen Aussagen können nicht mehr am Gegenstand selbst, durch Verweisung auf Merkmale des Gegenstandes zur Entscheidung gebracht werden.[47] Bestimmbarkeit läßt sich gleichwohl erreichen durch Konstruktion *limitationaler* Beziehungen *zwischen* den einzelnen Theoriebereichen, indem jeder die Aussagemöglichkeiten des anderen limitiert – zum Beispiel in der Weise, daß evolutionstheoretische Analysen mit systemtheoretischen oder kommunikationstheoretischen Erkenntnissen durchsetzt werden, die ihrerseits evolutionstheoretische Prämissen verwenden, wenn sie zum Beispiel ihre Geltung auf bestimmte Gesellschaftstypen beschränken.

Dieser Theoriestil kombinatorischer Relationierung, dem wir in den ersten vier Teilen unserer Untersuchungen gefolgt sind, bezieht sich erkenntnistheoretisch auf das Problem der Selbstreferenz und der logischen Unbestimmbarkeit im Gegenstand selbst. Darin sieht er die Garantie seiner eigenen, auch historisch reflektierten Adäquität – seiner Ermöglichung durch und Angemessenheit für die moderne Gesellschaft. Er ist gedacht als Verfahren eines Wissenschaftssystems, das sich in einer Gesellschaft findet, die selbstreferentielle Operationen vorsieht und darin erkannt werden muß. Er reagiert zugleich auf zwei weitere, für die heutige Gesellschaft strukturell akute Problemlagen, nämlich auf zwei Verzichte: den Verzicht auf Perfektion und den Verzicht auf Rückprojektion funktionaler Primate, auf Prämissen also, die der Tradition das Denken über Gesellschaft erleichtert hatten.

Der erste Verzicht bezieht sich auf die Behandlung von Negationen. Sieht man Negation als gesellschaftsimmanentes, mit der Erlebnisform von Sinn gegebenes Potential, kann es keine befriedigende Selbstthematisierung des Gesellschaftssy-

47 Dies war im übrigen auch die erkenntnistheoretische Position, von der die Dialektik ihren Ausgang genommen hatte. Siehe Klaus Hartmann, »Zur neuesten Dialektik-Kritik«, *Archiv für Geschichte der Philosophie* 55 (1973), S. 220-242.

stems geben, die auf einem Reflexionsstop in der Form vorausgesetzter Nichtnegierbarkeiten beruht. Theoriegeschichtlich gesprochen: Man kann nicht hinter Hegel zurückfallen. Die einzige Nichtnegierbarkeit ist die Negation selber, genauer: die Möglichkeit des Negierens, die als Möglichkeit das Negieren von Negationen einschließt. Im Reflexionsprozeß erfordert diese Einsicht eine mehrstufige (aber nicht unendliche) Iteration. So wie Negationen noch negiert, so können auch Selbstthematisierungen noch thematisiert werden. Für eine adäquate Behandlung des Reflexionsproblems ist es erforderlich, aber auch ausreichend, beide Stufen der Reflexivität zu berücksichtigen, also auf der dritten stehenzubleiben. Es genügt der Gesellschaftsttheorie, das Selbstthematisieren als gesellschaftlichen Prozeß zu thematisieren und ihre eigene Rolle in diesem Prozeß mitzureflektieren. Eine darüber hinausgehende Iteration wird bekanntlich leer und unergiebig, weil sie immer nur wieder sagen würde: Wissenschaft ist Wissenschaft ist Wissenschaft ist Wissenschaft.

Das bringt uns an den zweiten Wendepunkt. Nur die Gesellschaftstheorie ist in der Lage, auf dieser dritten Stufe der Reflexivität den Primat ihrer eigenen Funktion zu kontrollieren und dessen Rückprojektion auf die Gesellschaft im ganzen zu vermeiden. Nur in der besonderen Funktionsperspektive der Wissenschaft ist es angelegt, die Gesellschaft für alle zu objektivieren und diese Objektivierung ihrerseits funktionsspezifisch als eigentümlich-wissenschaftliche Leistung zu relativieren.[48] Nur die Wissenschaft kann bei der Entwick-

48 Diese Formulierung führt uns erneut in eine gewisse Nähe zur Spätphilosophie Edmund Husserls, besonders zu der Vorstellung, daß wissenschaftlich-rationale Bearbeitung der Lebenswelt das heute offenbar werdende Telos der abendländischen Kulturentwicklung sei. Nur ist die Reflexionsposition der Wissenschaft (und auch der Philosophie) eine ganz andere, wenn sie nicht mehr auf die Subjektivität des tran-

lung von Identitätsvorstellungen für das Gesellschaftssystem mitreflektieren, daß sie selbst dies nur als Teilsystem der Gesellschaft, also in bezug auf ihre eigene Umwelt tut – als ein Teilsystem, das Erfolge bzw. Mißerfolge seiner Thematisierungsannahmen überdauern kann und ein sozusagen entfremdetes Verhältnis zu seinem Gegenstand nicht, diesen negierend, »aufhebt«, sondern als spezifische Funktion gerade pflegt. Und nur die Wissenschaft kann dies durch einen Reflexionsstil tun, der die Naivität der Selbsthypostasierung aufgibt. Damit ist anderen Teilsystemen nicht jede Reflexionsmöglichkeit abgesprochen; unter ihrer Funktionsperspektive erscheint die Gesellschaft aber jeweils in anders geraffter, nicht auf intersubjektiv übertragbares Erleben zugeschnittener Aggregation, die sich den Zugang zur dritten Stufe der Reflexivität der Negations- und Thematisierungsprozesse versperrt.[49]

szendentalen Bewußtseins bezogen wird, das sich selbst nicht relativieren kann, sich also a priori setzt, sondern auf ein Teilsystem des Gesellschaftssystems, das genau diese Selbstrelativierung noch zu leisten vermag. Demzufolge geben wir die Vorstellung auf, jenes Telos verlange, die galileische Wissenschaft durch eine wahrhaft objektive transzendentale Phänomenologie zu überbieten, und sehen statt dessen im Einbau der Phänomenologie in die spezifisch wissenschaftliche Reflexionsmethodik einen Ausweg.

49 Das läßt sich besonders gut am politischen System zeigen, dessen Reflexionsthemen in der Art, wie sie zum Beispiel als Verfassung juridifiziert werden, auf einer Unterscheidung von Staat und Gesellschaft aufbauen, die politisch bleibt und in einer Weise formuliert ist, der die Wissenschaft, hier die Soziologie, sofort widersprechen müßte, würde die Formulierung mehr als nur politische oder juristische, nämlich gesamtgesellschaftliche Relevanz beanspruchen.
Anders, nämlich im Sinne eines neuen gesamtgesellschaftlichen Primats von (nicht funktional organisierter!) Politik, der deshalb auch die Reflexionsfunktionen für die Gesellschaft im ganzen zufallen, Bell, *The Coming of the Post-Industrial Society*, insb. S. 374ff.

Die These einer Sonderstellung des Wissenschaftssystems und speziell der Gesellschaftstheorie im Kontext gesellschaftlicher Selbstthematisierung soll hier zunächst nur den Bereich der Suche nach Möglichkeiten einengen und erste Hinweise geben für Ansprüche an adäquate Leistung. Sie führt nicht zur Neubegründung eines Anspruchs auf den gesamtgesellschaftlichen Primat der Wissenschaft im allgemeinen oder gar der Soziologie im besonderen. Eine solche Projektion würde sofort der analytischen Destruktion, nämlich der Analyse von Reflexionsprozessen zum Opfer fallen. Gerade die wissenschaftliche Analyse selbstreferentieller Begründungssequenzen erweist diese als *nachträgliche Totalisierungen*. Reflexion ist niemals Begründung, sondern allenfalls Sanktion, Nachrationalisierung eines schon begonnenen theoretischen oder auch politischen oder künstlerischen Engagements. Sie kann sich selbst daher nicht anderen Lebensnotwendigkeiten verordnen; sie setzt den erfolgten Aufbau der Systeme voraus, ihr fehlte sonst das Thema; und sie kann sich allenfalls als Prämisse weiterer Schritte behaupten, etwa als Prämisse für intersubjektiv überzeugende Darstellung oder für rasch genug erfolgreiche Planung. Das Erfordernis wissenschaftlicher Objektivierung von Reflexionsleistungen führt also nicht zur Behauptung des Vorrangs der Wahrheitsfunktion vor anderen, sondern im Gegenteil zur Aufhebung jeglicher Rückprojektion funktionaler Primate durch Relativierung auch des Prozesses der Selbstthematisierung auf eine teilsystemspezifische Funktion im Gesellschaftssystem.

Die diesen reflektierten Gegenstandsbezug kennzeichnende Formel lautet: *Kritik*. Diese Formel korrespondiert mit der immanenten Negativität bzw. Kontingenz der Gegenstände, mit ihrer Aufschließung durch Relationierungen, in denen jede Festlegung andere Möglichkeiten negiert. Die Formel muß indes, nachdem sie in den Händen der »Frankfurter

Schule« zum appellträchtigen Schlagwort degeneriert ist, vor Mißverständnissen bewahrt werden. Vor allem müssen zwei einander stützende Fehlschlüsse vermieden werden: daß (1) die immanente Negativität der gesellschaftlichen Prozesse, etwa des Tausches oder der Kapitalakkumulation, ausreichender Anlaß sei, diese Prozesse *negativ zu bewerten*; und daß (2) die Wissenschaft *ihren Gegenstand zu kritisieren* hätte (in der hinreichend bekannten Form von Ideologiekritik, Institutionenkritik, Herrschaftskritik, Kritik asymmetrisch verzerrter Kommunikation). Beide Fehleinstellungen bezeugen durchschlagende moralische Impulse und vereinfachen, ja entdifferenzieren eine sehr viel komplexere Sachlage. Bezogen auf den Gegenstand kann Kritik als wissenschaftliche Maxime nur heißen, daß der *Gegenstand die Wissenschaft nicht hindern darf, sich selbst zu kritisieren*. Die Gegenstandskonzeption der Wissenschaft muß diesem Erfordernis nachkommen. Genau das leisten Theorien der immanenten Negativität bzw. der kontingenten Relationierung gesellschaftlicher Prozesse, nicht jedoch die Residualkategorie »Ding an sich« und erst recht nicht die Vorstellung, daß die Nichtidentität Gegenstand und Erkenntnis als selbstreferentielle Negativität sich dialektisch aufhebe und so vernünftige Wirklichkeit werde.

Eine kritische Gesellschaftstheorie verbessert nicht die Gesellschaft selbst. Solche Selbstüberschätzung lebt von einer »Überidentifikation« der Gesellschaft[50] und endet sehr rasch in Resignation oder gewaltsamem Aktivismus. Eine kritische Theorie vermag allenfalls ihr eigenes Verhältnis zur Gesellschaft als ihrem Gegenstand zu verbessern. Dafür braucht sie systemeigene (also: teilsystemspezifische) Kriterien, die sich nur entwickeln lassen, wenn man im Wissenschaftssystem Gesellschaft als *Umwelt*, also als Außenhorizont des

50 Darauf komme ich gleich zurück.

Wissenschaftssystems, und Gesellschaft als *Gegenstand* des Wissenschaftssystems unterscheidet und nur den Gegenstand als Einheit hypostasiert. Die Umweltsicht der Wissenschaft macht ihr dann jeweils Realitätsüberschüsse zugänglich, die es ermöglichen, jede Vergegenständlichung zu kritisieren.[51] Jede Kritik bezieht sich dann nicht auf den Gegenstand selbst, sondern auf die eigene vorherige Position-in-Beziehung-zum-Gegenstand; sie bezieht sich also auf eine *Relation*, die auf beiden Seiten, im Gegenstand und in der Theorie, variiert werden kann. Mit dieser Vorstellung gewinnt das Wissenschaftssystem genug Distanz zu seiner gesellschaftlichen Umwelt, die Theorie genug Distanz zu ihrem Gegenstand, um andererseits dann alle Kritik unter Anschlußzwang setzen zu können – eben unter den Zwang des Sich-Beziehens auf Beziehungen von Theorie und Gegenstand. Nach allem, was gesagt ist, sollte klar sein, daß auf diese Weise keine Präferenz für sei es Erhaltung, sei es Änderung des Gegenstandes selbst begründet werden kann.

Mit der Modalisierung wissenschaftlicher Kommunikation durch die Bereitschaft, Kritik zu geben bzw. zu akzeptieren, ist rein faktisch natürlich weder eine Erfolgsgarantie verbunden noch auch nur das ausgeräumt oder neutralisiert, was das Wissenschaftssystem als Eigenperspektive in den Selbstthematisierungsprozeß der Gesellschaft einbringt. Wie für jedes Teilsystem der Gesellschaft, so ist auch für die Wis-

51 In diesem Kontext fallen sowohl der Empirie als auch der historisch-exakten Quellenanalyse wichtige Funktionen der Irritierung und Störung von Vergegenständlichungen zu, die mit dem Konzept der »Falsifikation« nur unzulänglich, weil zu hypothesenspezifisch, formuliert worden sind. Ähnliches gilt für Gehalte an »Realitätserfahrung«, die auf schwer kontrollierbare Weise in soziologische Theoriebildung eingehen. Siehe dazu Alan Dawe, »The Role of Experience in the Construction of Social Theory: An Essay in Reflexive Sociology«, *The Sociological Review* 21 (1973), S. 25-55.

senschaft eine reduktive, die Umwelt verkürzt wiedergebende Perspektive Bedingung der eigenen Leistung. Im Falle der Wissenschaft dürfte die stärkste Wahrnehmungsverzerrung darin bestehen, *daß der Vereinheitlichungsgrad, das heißt die Systematizität der Gegenstände, überzeichnet wird.* Wir hatten bereits von einer Tendenz zur »Überidentifikation« gesprochen. Nicht zufällig hat der Begriff »System« seine neuzeitliche Karriere als Bezeichnung für die Ordnung und Darstellung von Erkenntnissen begonnen. Der wissenschaftliche Beitrag zur Selbstthematisierung des Gesellschaftssystems hat immer zu einer Einheitsüberschätzung geführt; man denke nur an den Versuch von Karl Marx, die bürgerliche Gesellschaft allein aus der Bewegungslogik des Kapitals zu begreifen und alle anderen Gesichtspunkte zu marginalisieren. Solche Einheitsvorgaben sind unaufhebbare (wohl aber durchschaubare), operativ notwendige Vorurteile, die jedoch bewußtgemacht und gleichsam diskontiert werden können. Und genau darin kommt die Differenz von Umwelt und begriffenen Gegenständen zum Ausdruck.

Durch die Systemtheorie wird nun dieses Vorurteil selbst zum Thema gemacht und damit möglichen Kontrollen unterworfen. Dies jedenfalls ist die Strategie, die die Systemtheorie verfolgt: die Systematizität ihres Gegenstandes als Prämisse einzuführen und im Ausbau der Forschung sich durch einen Prozeß der Abstraktion und der Komplexierung die konkrete Wirklichkeit umweltadäquat zu rekonstruieren. Diese Strategie erfordert, soll sie reflektiert gehandhabt werden, daß die Wissenschaft sich selbst als System-in-einer-Umwelt begreift und ihre Gegenstandsprojektion vor diesem Hintergrund zur Kritik stellt. Und zugleich führt diese Selbstthematisierung des Wissenschaftssystems in bezug auf die eigene Umwelt im Falle der Gesellschaftstheorie dazu, daß im Gesellschaftsbegriff Umwelt der Wissenschaft und Einheit eines umfassenden Systems verschmelzen. Die Umwelt ist die Gesellschaft. Für die Gesellschaftstheorie ist, mit anderen Worten, die Selbstthematisierung des Wissenschaftssystems nicht unabhängig zu denken von der Selbstthematisierung des Gesellschaftssystems und umgekehrt. Aber beides fällt nicht zusammen und wird auch nicht in einer höherwertigen Synthese aufgehoben. Denn jene Zweiheit der System/Umwelt-Referenzen ermöglicht es gerade, den Prozeß der Selbstthematisierung auf jene Reflexionsstufe zu bringen, auf der das Thematisieren selbst zum Thema wird. Oder kürzer formuliert: Reflexive Reflexion ist nur in einer funktional differenzierten Gesellschaft möglich.

Mit einem Programm wissenschaftlicher, gesellschaftstheoretischer Selbstthematisierung der Gesellschaft ist also keine Koinzidenz von Wirklichkeit und Wahrheit intendiert. Auch ist noch nicht die besondere anwendungsbezogene Leistung der Wissenschaft in Anspruch genommen, die als Partner andere Teilsysteme der Gesellschaft voraussetzt. Auf der Ebene der Prozesse, die Selbstthematisierungen entwerfen und kontrollieren, geht es zunächst nur um Formen der Identifikation, also um das Prozessieren von Kontingenz und Negierbarkeit. Genau das soll der Rückbezug auf Wissenschaft garantieren: die Möglichkeit der Negation, der Kritisierbarkeit, der anschließenden Transformation aller Gesellschaftsbegriffe und aller gesellschaftsbezogenen Aussagen im Teilsystem Wissenschaft offenzuhalten, *ohne daß dies die Identität der Gesellschaft mit sich selbst oder ihre Identität als Umwelt des Wissenschaftssystems in Frage stellte.*

5. Weltgesellschaft als System: Theoriegeschichtliche, systembezogene und reflexionslogische Abgrenzungen

Die Thematisierung der Selbstthematisierung kann dazu verführen, das gesamte theoretische und methodische Programm der Systemtheorie erneut darzustellen oder gar alle inhaltlichen Erkenntnisse über die Gesellschaft, die dieses Programm stützen, hier wieder einzuspiegeln. Das wäre aber nur eine Wiederholung von bereits Gesagtem im Modus einer höheren Stufe der Reflexivität, die wir uns ersparen und durch gedankliche Bezugnahme ersetzen können. Andererseits hat die Thematisierung von Selbstthematisierungen nur einen eigenen Sinn, wenn auch auf einer so weit zurückgenommenen Sinnebene bereits Entscheidungen fallen, das heißt Negationen geleistet, Möglichkeiten ausgeschlossen werden können. Jede Stufe der Reflexivität hat einen ihr zugeordneten Negationsbereich, dient also zugleich als eine spezifische Ebene der Kontrastierung.[52] Die Systemtheorie muß also, will sie sich als Reflexionslogik anbieten, angeben können, was sie auf dieser Ebene der Betrachtung ausschließt.

Sie kann dies tun in der einfachen Form eines historischen Vergleichs mit vorliegenden Selbstthematisierungen des Gesellschaftssystems. Dieser Vergleich erzwingt, will er nicht ein bloßes Nebeneinanderstellen bleiben, den Übergang zu einer höheren Stufe der Reflexivität – eben zum Thematisieren von

52 Als »level of contrast« oder »contrast set« im Sinne von Charles O. Frake, »The Ethnographic Study of Cognitive Systems«, in: Thomas Gladwin (Hg.), *Anthropology and Human Behavior*, Washington, D. C., 1962, S. 72-85 (78ff.). Siehe auch Charles O. Frake., »The Diagnosis of Disease Among the Subanun of Mindanao«, *American Anthropologist* 63 (1961), S. 113-132.

Selbstthematisierungen. Und er erzwingt die Rekonstruktion der historischen Vorlagen, so daß sie vergleichbar sind untereinander und mit der Theorie, die sie rekonstruiert. Diese Aufgabe löst die Systemtheorie durch das Konzept der Rückprojektion funktionaler Primate, durch die Aufklärung und Kritik der Hypostasierung spezifischer Zentralfunktionen. Diese Kritik ist nur systemtheoretisch möglich, weil sie die Theorie der Systemdifferenzierung voraussetzt. Sie ist also selbstimplikativ angelegt. Sie leistet keine a priori geltende Deduktion der Systemtheorie, die zugleich die Richtigkeit anderer Theorien ausschließt; sie zeigt nur die Befähigung der Systemtheorie, ebendiese Rekonstruktion zu leisten, und diskriminiert Gesellschaftsbegriffe, die dies nicht können.

Dieser erste Überlegungsgang liegt hinter uns. Wir können festhalten, daß die Identifikation der Weltgesellschaft als System nicht auf einer Rückprojektion besonderer Funktionsprimate beruht, vielmehr deren historische Variation mitsamt den Gründen dafür zur Darstellung bringt. Damit stellt sich die Frage, welche Funktion denn die Identifikation der Weltgesellschaft als System erfüllt, wenn es keine spezifisch politische oder keine spezifisch ökonomische Funktion ist. Darauf antwortet der Doppelsinn des Begriffs der Weltgesellschaft: daß sie (heute) das einzige System in der Welt ist, das Welt konstituiert.

Der Ausschließungseffekt dieser Funktionsangabe wird deutlich, wenn wir sie umformulieren: Die Weltgesellschaft identifiziert sich selbst als dasjenige Sozialsystem, das kein anderes Sozialsystem mehr über sich oder mehr um sich hat. Kein anderes mehr über sich – das ist das klassische *superiorem non recognoscens*; kein anderes mehr um sich – das verweist auf die soziale Leere und Kommunikationsunfähigkeit der Umwelt des Weltgesellschaftssystems, auf die Schärfe seiner Grenzen und auf einen neuartigen, gleichsam egozentrischen Typ der Verantwortlichkeit gegenüber einer heterogenen Umwelt.

Weltgesellschaft als System – das setzt also voraus, daß es kein die Gesellschaft transzendierendes, umfassendes Gesamtsystem gibt, das die Welt für die Gesellschaft schon vorkonstituiert. Weder ein transzendentales Bewußtsein noch die Sprache werden als Supersystem oder als einfacher Faktor oder Träger des sinnkonstituierenden Prozesses vorausgesetzt. Im Unterschied zu noch geläufigen Annahmen bezeichnet auch der Begriff der Menschheit kein solches Gesamtsystem, sondern kann allenfalls noch als Gattungsbegriff dienen. Er fällt als Systembegriff – und damit als Thema der Reflexion von Identität – deshalb aus, weil er alle Ebenen des Umweltkontaktes von Systemen (elektrisch/physisch/organisch/wahrnehmungsmäßig/sinnhaft) am Exemplar Mensch gleichsam quer zum Aufbau der Systemtypen aggregiert und damit nur anschauliche, nicht aber systemspezifische (= umweltkontaktspezifische) Identität zur Reflexion bringen kann.[53]

Anders formuliert: Der Begriff des Menschen ist ein für Zwecke der Systemanalyse zu konkret und zu umweltdiffus gefaßter Elementbegriff. Der Vorschlag, Weltgesellschaft als soziales System zu identifizieren, setzt demgegenüber die Vorteile größerer analytischer Tiefenschärfe als Argument von nicht nur wissenschaftlicher, sondern gesamtgesellschaftlicher Relevanz und nennt als Grund dafür die allgemeinen Vorteile höherer Abstraktion bei zunehmender Größe und

53 Die alteuropäische Lösung für dieses Problem war bekanntlich: den Menschen vornehmlich (aber nicht ausschließlich!) mit denjenigen Merkmalen in Betracht zu ziehen, die ihn vom Tier unterscheiden. Das entsprach der allgemeinen Pars-pro-toto-Technik einer Denkweise, die mit dem Schema vom Ganzen und seinen Teilen operiert, ohne dessen logische Probleme lösen zu können.

Komplexität. Bleibt man bei »Menschheit« als zentralem Reflexionsthema gesellschaftlichen »Lebens« (wie man dann sagen muß) und bei »Gattungsgeschichte« als Kontext der Erzeugung von Variationen, zwingt der ganz unspezifische Charakter von Systemproblemen, die damit involviert sind, zur Einführung normativer Vereinfachungen, für die Konsens zu beschaffen schwerfällt. Das führt im Effekt sehr rasch zu einer Repolitisierung des Gesellschaftssystems, zu einer Wiedererrichtung der Rückprojektion des funktionalen Primats der Politik, da die Politik über spezielle Alternativen für die Herstellung von Konsens verfügt, nämlich über Gewalt.

Daß die Systemtheorie theoriegeschichtliche Ausschließungseffekte hat und sich gegenüber anderen Gesellschaftsbegriffen profilieren kann, dürfte damit hinreichend deutlich geworden sein. Das sind aber nur polemische Bewährungen im Streit der Begriffe und Theorien um Anwartschaft auf gesellschaftliche Relevanz. Da es nicht nur um Selbstthematisierung der Wissenschaft, nicht nur um Reflexion auf Kontinuität/Diskontinuität ihrer Theorietraditionen geht, kann dies allein nicht genügen. Die Reflexion muß sich außerdem an der Identität als abgrenzbar erweisen, die sie intendiert: am Gesellschaftssystem selbst.

Akzeptiert man den Verzicht auf eine weitere, die Gesellschaft als Sozialsystem nochmals umfassende Systemeinheit, dann entfällt nicht nur die normative Fernsteuerung durch Gesichtspunkte, denen die Gesellschaft dient; auch die nur für Teilsysteme geltende Unterscheidung der drei Systemreferenzen von Funktion, Leistung und Reflexion[54] wird, da sie Ordnung durch ein Gesamtsystem voraussetzt, unanwendbar. An den Platz, den innerhalb der Gesellschaft die *institutionalisierte Funktion für das Gesamtsystem* einnimmt, rückt für das

54 Vgl. Teil 4, Kap. III.3.

Gesellschaftssystem selbst die *sinnhafte Konstitution der Welt* als Funktion des Gesellschaftssystems, die keiner Institutionalisierung bedarf, sondern faktisch immer erfüllt wird, sobald es zu sozialer Kommunikation kommt. An die Stelle der *besonderen Output-Leistung* für *bestimmte* andere Teilsysteme tritt die *Garantie einer sozial immer schon geordneten Umwelt* für *alle* Teilsysteme der Gesellschaft, also das Sich-selbst-als-Umwelt-Setzen mit Hilfe eines faktisch realisierten Schemas der Systemdifferenzierung. Die Selbstreferenz schließlich, die auf *Teilsystemebene in der Reflexion auf die je besondere Historik der jeweiligen Symboltraditionen, Theorien, Dogmatiken und deren Ausdifferenzierungsgeschichte* gerichtet ist, kann sich im Falle des *Gesellschaftssystems nur auf die Sozialdimension und deren Ausdifferenzierungsgeschichte* richten. Sozialität ist der besondere Standpunkt und die Selbstreferenz des Gesellschaftssystems.

Mit diesem *allgemeinen* Bezug auf Sozialität ist die Gesellschaft gleichwohl ein *besonderes*, ein wirklich-in-einer-eigenen-Umwelt-existierendes Sozialsystem unter anderen. Sie ist nicht ein bloßer Gattungsbegriff oder die bloße Idee des Sozialen, nicht der Inbegriff aller sozialen Systeme.[55] Sie ist nicht bloß eine zusammenfassende Aussage des Wissenschaftssystems, sondern eine in dessen Umwelt existierende Realabstraktion. Deshalb ist Selbstthematisierung der Gesellschaft etwas anderes als das bloße Herausdestillieren allgemeiner Merkmale. Die Spezialisierung auf Sozialität ist vielmehr ein im Vergleich zu anderen Sozialsystemen auszeichnendes Sondermerkmal, das seine Besonderung durch die beiden Funktionsbestimmungen der intersubjektiven Weltkonstitution und der Garantie einer sinnhaften sozialen Umwelt für alle anderen Sozialsysteme erfährt. Kommunika-

55 Siehe dazu oben, Teil 1, Kap. III.3.

tive Sozialität, Weltkonstitution und Umweltgarantie hängen unlösbar zusammen und bedingen sich wechselseitig; sie lassen sich aber als Referenzen des Gesellschaftssystems zu sich selbst, zur Welt und zu anderen Sozialsystemen unterscheiden und zu referenzspezifischen Orientierungen ausarbeiten. Die Unauflösbarkeit der Verknüpfung hängt mit dem *Allgemeinheitsgrad* dieser Referenzen zusammen, mit dem Bezug auf *jede* sinnhafte Kommunikation, auf Welt *schlechthin*, auf *alle* anderen Sozialsysteme. Die Differenzierungsmöglichkeiten ergeben sich aus der *Nichtidentität der Beziehungspole*, aus der Unterscheidbarkeit von Gesellschaftssystem, Welt und anderen Sozialsystemen. Und genau das ist die Identität des Gesellschaftssystems: das Durchhalten dieser Verknüpfung bei Variation dieser Referenzen. Diese Identität ist das Thema der Selbstthematisierung. Erst auf dieser Grundlage lassen sich gesellschaftstheoretische Analysen führen, die die Identität des Gesellschaftssystems immer schon voraussetzen. Das gilt für die oben gestellte Frage,[56] ob die Gesellschaft sich mehr durch ihre Umwelt oder mehr durch ihre eigene Geschichte bestimmen läßt und wie diese Differenz mit der gesellschaftlichen Evolution variiert. Das gilt erst recht für die Frage, wie die Gesellschaft die wichtigsten Sektoren ihrer eigenen Umwelt – Menschen und sonstige physische oder organische Systeme – miteinander vermittelt und wie diese Vermittlung evolutionär variiert.

Mit einem letzten Schritt der Analyse verschieben wir nochmals unser Interesse an Abgrenzung der gesellschaftsspezifischen Reflexionsbestimmungen. Wir hatten die theoriegeschichtliche Standortbestimmung markiert als Ablösung der Rückprojektionstheorien durch die allgemeinere Systemtheorie. Dadurch wurde deren Allgemeinheit zum Problem.

56 Siehe Teil 4, Kap. IV.4.

Wir hatten sodann auf die spezifische Struktur der Referenzen des Gesellschaftssystems im Unterschied zu anderen sozialen Systemen hingewiesen. Dadurch wurde die Verknüpfung und Unterscheidbarkeit, die Identität und Nichtidentität dieser Referenzen zum Problem. Dieses Problem hatten wir nur formal gelöst mit der These, die Identität dieser Identität-und-Nichtidentität sei ebendie Identität des Gesellschaftssystems. Diese nur dialektische Antwort ist jedoch unbefriedigend im Rahmen einer soziologischen Gesellschaftstheorie, die in konkreteren Theoriebereichen sehr detaillierte Vorstellungen über Systembildung, Evolution, Kommunikation, Sinnstrukturen usw. aufzubieten vermag. Ihre letzte reflexionslogische Selbstbestimmung gewinnt die Gesellschaftstheorie nicht mit dieser eilfertigen Dialektik, sondern mit dem Nachweis, daß die Sinndimensionen der Weltkonstitution sich nicht beliebig systematisieren, das heißt als System realisieren lassen. Und erst dieser Nachweis macht auch die Architektur der Gesellschaftstheorie selbst durchsichtig als eine selbstbegründete, als eine kontingente Notwendigkeit.

Wir greifen zu diesem Zwecke zurück auf die Ausarbeitung des Weltbegriffs mit drei Sinndimensionen (zeitlich, sachlich, sozial) mit je zwei einander komplementär gegenüberstehenden Sonderhorizonten und auf die im Zusammenhang damit formulierten Thesen evolutionärer Variation.[57] Zugleich müssen wir die Scheinsymmetrie des Schemas aufbrechen, denn sie ist lediglich eine Konsequenz zu hoher, von Systembildungen absehender Abstraktion. Die Frage ist jetzt, welche Folgen es hat, daß die Gesellschaft sich als ein Sondersystem speziell für die Sozialdimension ausdifferenziert, ja diese erst eigentlich konstituiert und dadurch die Form von Welt schafft, die als sinnhaft strukturiert erscheinen kann.

57 Vgl. Teil 4, Kap I.3.

Weil schon die Sinndimensionen im allgemeinen nicht unabhängig voneinander konstituiert werden, bleibt auch die Ausdifferenzierung und thematische Identifikation eines spezifisch sozialen Gesellschaftssystems nicht ohne Konsequenzen für die übrigen Dimensionen. Der Zusammenhang von *Sozialdimension* und *Sachdimension* beruht darauf, daß die soziale Erfahrung die sachliche Differenz von Innenhorizont und Außenhorizont am anderen Menschen immer voraussetzt und gar nicht abwerfen kann. Der andere Mensch ist zunächst und ist immer auch als körperliche Sache, als Sachsystem gegeben und kann nur auf dieser Basis durch Zuschreibung eines egoanalogen Innenhorizontes soziale Personalität gewinnen, Alter Ego sein. Es ist daher nie unmöglich und nie unmöglich zu machen, andere Personen wie Sachen zu erleben bzw. zu behandeln.[58] Erst diese Möglichkeit, am anderen sachlich Innen- und Außenhorizont, Zugehöriges und Nichtzugehöriges zu differenzieren, gibt überhaupt die Chance der Ausdifferenzierung spezifisch sozialer Erfahrungen und spezifisch sozialer Reflexivität.

Der Zusammenhang von *Sozialdimension* und *Zeitdimension* beruht darauf, daß die soziale Personalität, nämlich das Alter-Ego-Sein des anderen Menschen und die Kommunikation mit ihm, Gleichzeitigkeit voraussetzt.[59] Da die Kommunikation selbst Zeit braucht, geht es nicht an, daß andere schneller leben als ich selbst und so in die Zukunft ent-

58 Diese Formulierung ersetzt diejenige Kants, die diesen Sachverhalt sehr irreführend mit den Begriffen Zweck und Mittel ausdrückt und besagt, »daß in der Ordnung der Zwecke der Mensch [...] *Zweck an sich selbst* sei, d.i. niemals blos als Mittel von Jemandem [...], ohne zugleich hierbei Zweck zu sein, könne gebraucht werden«, *Kritik der praktischen Vernunft* (hg. von J.H. v. Kirchmann), Leipzig ^{4}1897, S. 158. Das Problem ist gerade, daß das Gegenteil zutrifft!

59 Vgl. hierzu Alfred Schütz, *Der sinnhafte Aufbau der sozialen Welt: Eine Einleitung in die verstehende Soziologie*, Wien 1932, insb. S. 111ff.

schwinden, also ihre jetzige Gegenwart in einer Zeit haben, die für mich Zukunft ist. Die Zeit muß aus Gründen der sozialen Bewußtseinsverschränkung Simultaneität garantieren können und daher für alle gleichmäßig konstituiert sein.[60]

Bei diesen Abhängigkeiten müssen Änderungen in der Auslegung und Handhabung der Sozialdimension sich auswirken auf sachliches Sinnverständnis und Zeitverständnis. Die Negationsverhältnisse innerhalb der Sozialdimension sind einerseits bedingt durch, andererseits nicht ohne Konsequenzen für die Negationsverhältnisse innerhalb der anderen Dimensionen sowie im Verhältnis zu ihnen. Die Ausdifferenzierung und die Steigerung der Eigenkomplexität eines spezifisch sozialen Gesellschaftssystems werden, wenn man auf die zugrundeliegenden Sinndimensionen reflektiert, als Steigerung der Negationspotentiale und als deren Modalisierung in der Form der Kontingenz erkennbar. In der Sozialdimension entsteht und nimmt zu die für sie spezifische doppelte Kontingenz von Ego und Alter. Sie besagt, unter dem hier relevanten Gesichtspunkt der Negation, daß die Negation dessen, was Alter erlebt oder handelt, nicht ohne weiteres auch die Negation des Erlebens oder Handelns von Ego impliziert (denn beide erfahren einander als verschiedene »Subjekte«); und daß ebendeshalb Ego Alter getrost negieren und das Umgekehrte erwarten kann. Diese Erfahrung modalisiert das wechselseitige Verhalten und bringt es

60 Dies ist, das sei zur Vermeidung von Mißverständnissen angemerkt, die Voraussetzung auch für eine übereinstimmende Berechnung von Zeitverschiebungen. Natürlich geht man häufig davon aus, daß die eigene Mitteilung den anderen erst später erreicht, ja vielleicht sogar für jemanden bestimmt ist, der noch gar nicht geboren ist. Aber auch dies setzt gemeinsames Zeitleben voraus in dem Sinne, daß die so anvisierte Zukunft für alle Beteiligten dieselbe ist und von allen gleichzeitig erreicht wird.

unter den Gesichtspunkt der Kontingenz mit der Folge, daß aus der Kontingenz selbst Anschlußoperationen entwickelt und Strukturen gebildet werden, die ihre Relevanz und ihre Kontinuität aus der unverwirklichten Wirklichkeit der Negationsmöglichkeiten beziehen – nicht indem sie sie negieren, wie Dialektiker sagen würden, sondern indem sie sie modalisieren und so zur Selektionssteuerung benutzen.

Genau dies wird im evolutionären Aufbau von Gesellschaft geleistet und transformiert die Sachdimension und die Zeitdimension in sich selbst und in der Beziehung zur Sozialdimension. Die Sachdimension wird ent-sozialisiert und gerade dadurch einer Prüfung an Kriterien der Wahrheit im Sinne intersubjektiv zwingender (in der Sozialdimension nicht negierbarer) Übereinstimmung unterworfen. Wahrheit ist dann keine Funktionsbedingung von Welt mehr. Die Welt kann sozusagen mit provisorisch konzedierter Wahrheit erscheinen, sofern nur im sozialen System Anschlußsicherheit für den Fall von Negationen institutionalisiert ist. Das erfordert Vorgriffe auf die Zukunft mit einer korrespondierenden Freigabe und Disziplinierung von Negationsmöglichkeiten in der Zeit. Darauf kommen wir gleich zurück.

Die Verselbständigung und Potenzierung der negatorischen Bestimmung sachlichen Sinnes gilt für Sinn jeder Art und ermöglicht eine ins Beliebige gehende Dissoziation und Relationierung von Innen- und Außenhorizonten der gegenständlichen Welt, also jene Tiefenschärfe des Auflöse- und Rekombinationsvermögens, von der wir oben gesprochen hatten.[61] Spezialprobleme entstehen im Bereich der »Interpenetration«, in dem Sachdimension und Sozialdimension sich überschneiden, das heißt überall dort, wo Personen als sachlich-sinnhafte Systeme zugleich soziale Systeme konstitu-

61 Siehe Teil 4, Kap. II.7.

ieren und in sozialen Systemen agieren. Insofern stimmt der allgemeine Eindruck, daß man mit Menschen nicht wie mit Sachen verfahren kann.

Allerdings genügt es nicht, dieses Problem zu moralisieren und durch Negationsverbote oder durch Zukunftshoffnungen (Aufhebung der »Entfremdung«) abzufangen. Es ist, mit anderen Worten, keine gesellschaftstheoretisch adäquate Reflexion, das Problem nicht zu wollen; um so mehr, als man sehr wohl erkennen kann, wie es gelöst wird.

Die Lösung erfordert eine bestimmte Rekonstruktion des Negationspotentials für den Fall der Interpenetration. Die Beteiligung der Person am sozialen System wird in ihrem sachlichen Sinn (nicht in ihrer sozialen, sinnkonstituierenden Funktion!) auf mehrere Ebenen verteilt, die relativ unabhängig voneinander variierbare Identifikationsgesichtspunkte des Handelns auseinanderziehen. Sie kann als konkrete, biographisch individualisierte *Person*, als *Rolle*, als *Programm* und als *Wert* zum Orientierungsfaktor werden.[62] Auf diese Weise werden innerhalb der Dimension sachlichen Sinnes Negationsmöglichkeiten so geordnet, daß sie relativ unabhängig voneinander, aber doch mit limitierenden Konsequenzen füreinander (und insofern: mit Erfolg!) einsetzbar sind. Die Rolle zum Beispiel kann die Negation von Personen überdauern und umgekehrt, der einzelne Wert spezifiziert nicht, durch welche Programme und Rollen er in wirkliches Handeln übersetzt wird; aber gleichwohl gehen von jeder Ebene, wenn dort Gesichtspunkte festgelegt und Negationsmöglichkeiten negiert werden, limitierende Konsequenzen aus für das,

62 Auf die gesellschaftsstrukturellen Bedingungen dieser Differenzierung sowie auf ihre nicht unproblematischen Konsequenzen waren wir im Abschnitt »Nebenfolgen funktionaler Differenzierung« (Teil 4, Kap. III.4) bereits eingegangen; das kann an dieser Stelle vorausgesetzt werden.

was auf anderen Ebenen möglich ist. Eine solche Steigerung und Mobilisierung der Freiheitsgrade für Negation innerhalb der Sachdimension bedeutet für deren Verhältnis zur Sozialdimension ebenfalls relativ unabhängige Variabilität. Die laufende »selektive Akkordierung«, die über Konsens und Dissens, über Selektionsübertragung und Konflikt entscheidet, kann und wird sich die Sinnebenen suchen, auf denen sie Sozialität konstituiert; sie ist nicht mit diesen Ebenen schon identisch,[63] sondern profitiert in ihrer eigenen Freiheit von der Möglichkeit, Sinnebenen des Kontaktes und der Einbeziehung von Rücksichten auf den anderen wählen und wechseln zu können.

Analoge Beziehungen bestehen zwischen Sozialdimension und Zeitdimension; allerdings mit Modifikationen, die sich daraus ergeben, daß die Verknüpfung hier nicht durch die Besonderheiten der Interpenetration personaler und sozialer Systeme vermittelt wird, sondern durch die sozial unerläßliche Gleichzeitigkeit des Zeitlebens und seiner beiden Horizonte Vergangenheit und Zukunft. Auch hier werden bei Zunahme sozialer Differenzierung die Negationspotentiale innerhalb der Zeitdimension verstärkt, und zugleich damit löst sich die Zeit als Dimension auch von der Sachdimension, etwa vom Begriff der Kausalität, ab (was die Metapher der »Bewegung« sprengt). Seit Hobbes steht die soziale Relevanz der Zukunft zur Diskussion – als etwas, was nicht durch die

63 An diesem Punkt gehen wir über den sehr ähnlichen Ansatz der Parsonsschen Systemtheorie hinaus. Für Parsons liegt die Antwort auf das Problem der doppelten Kontingenz *innerhalb* dieses Aufbaus mehrerer Ebenen der Interpenetration, also in den Prozeßbegriffen der Institutionalisierung und der Sozialisation. Es wird damit auf ein letztlich psychologisches Fundament gestellt. Europäer haben deshalb mit Recht bemerkt, daß die transzendentaltheoretische Konzeption des Bewußtseins als Subjekt hier ersatzlos verlorengegangen ist.

Vergangenheit natürlich vorgezeichnet ist, sondern durch Imitation der Natur artifiziell herbeigeführt werden muß.[64] Der Zeitmodus des »Alten« oder des »Vergangenen« drückt, diese Auffassung setzt sich an der Wende vom 18. zum 19. Jahrhundert durch, keine Präferenz mehr aus für Kontinuität oder für Wiederherstellung (*revolutio*), präjudiziert also die Zukunft nicht. Vergangenes und Künftiges wird unabhängig voneinander negierbar, und es ist in spezifisch zeitlicher Hinsicht nur noch eine Frage der Entscheidung und des Tempos, ob und wie das eine in das andere transformiert wird. Die Gegenwart, in der alle soziale Gleichzeitigkeit wurzelt, schrumpft dadurch auf eine relativ kurze Spanne zwischen Vergangenheit und Zukunft zusammen, und der Vergangenheit wie der Zukunft wird eine andere, temporal modalisierte Gegenwart unterlegt; sie garantiert durchgehende Züge nur noch im sozial unqualifizierten Modus der »jederzeitigen Setzbarkeit«, der technisch gesicherten Wiederholbarkeit, der Reproduktion.[65] In der kritischen Betrachtung wird gerade dieser Zeitmodus technischer Reproduzierbarkeit dann nicht selten sozial radikal entwertet und den »eigentlich« sozialen Gehalten dichotom gegenübergestellt – etwa in der gruppentheoretischen Unterscheidung von instrumentellen und expressiven Variablen oder, bei Jürgen Habermas, mit der

64 Vgl. dazu auch Bernard Willms, *Die Antwort des Leviathan: Thomas Hobbes' politische Theorie*, Neuwied, Berlin 1970, S. 105ff.

65 Zur Begriffsgeschichte im Problemkontext der neuzeitlich verschärften Thematisierung des Verhältnisses von Kontingenz und Zeit siehe Hans Blumenberg, *Selbsterhaltung und Beharrung: Zur Konstitution der neuzeitlichen Rationalität (Akademie der Wissenschaften und der Literatur in Mainz. Abhandlungen der geistes- und sozialwissenschaftlichen Klasse* (1969), 11), Wiesbaden 1970, insb. S. 36ff. (44), Wiederabdruck in: Hans Ebeling (Hg.), *Subjektivität und Selbsterhaltung: Beiträge zur Diagnose der Moderne*, Frankfurt/M. 1976, S. 144-207.

Dichotomie von Technik und Praxis bzw. Arbeit und Interaktion.

Auch diese Entwicklung setzt durch eine Art Entlastung des Negierens von Implikationen die spezifisch soziale Komponente des Sinnerlebens und sinnhaften Handelns in eigentümlicher Weise frei, setzt sie nicht nur in sachlicher, sondern auch in zeitlicher Hinsicht frei von einem Konsens bzw. Dissens implizierenden Konsistenzdruck. Im Vergleich zu älteren Sozialordnungen wird damit weder Dissens noch Konsens begünstigt, vielmehr nur diese Option freigegeben zur Entscheidung nach Regeln und Konditionen, die im Sozialsystem der Gesellschaft selbst festgelegt sind und geändert werden können.

Diese Beziehungen innerhalb und zwischen den einzelnen Sinndimensionen, die hier nur sehr kursorisch angedeutet werden können, sind für die Gesellschaftstheorie als Reflexionsprobleme relevant, und dies in den drei genannten Hinsichten: als Bedingungen der Weltkonstitution, als Bedingungen der Limitationalität und Mindestordnung der sozialen Umwelt aller sozialen und personalen Systeme und als Voraussetzungen für die Selbstthematisierung des Gesellschaftssystems. Als Reflexionsprobleme sind sie aus zwei (miteinander zusammenhängenden) Gründen relevant, nämlich (1) weil sie die Identität des Gesellschaftssystems auf durchgehende, alle Grenzen des Gesellschaftssystems übergreifende Weltdimensionen beziehen und (2) weil sie uns helfen, die Sackgasse des Bestandsproblems, die schlichte Gegenüberstellung von Identität und Nichtidentität zu vermeiden.

Die durchgehende Relevanz der Sinndimensionen besagt, daß das Gesellschaftssystem, wenn es selbst als Sinn reflektiert werden soll, in diesen Dimensionen identifiziert werden muß, obwohl es die Dimensionen selbst konstituiert. Dies kann in keinem Falle nach dem einfachen Prinzip von »dies und anderes« geschehen. In der *Zeitdimension* beispielsweise genügt es nicht, die Gesellschaft allein als historischen Zeitabschnitt zu begreifen mit der Maßgabe, daß es vorher und hinterher keine Gesellschaft gibt. So richtig diese Aussage ist und bleibt, es muß hinzukommen eine Theorie, die begreiflich macht, wie in dieser Zeit trotzdem erst Zeit als Sinndimension, als Ordnung der Horizonte von Zukunft und Vergangenheit konstituiert wird. Die Kombination beider Anforderungen leistet die *Evolutionstheorie*. Sie bietet dadurch den Artikulationsrahmen für die Selbstthematisierung der Gesellschaft in bezug auf Zeit. In der *Sachdimension* genügt es nicht, die Gesellschaft von dem, was in ihrer Umwelt vorkommt, bloß zu unterscheiden. So richtig dieser Unterschied ist und bleibt, es muß hinzukommen eine Theorie, die begreiflich macht, wie trotz dieser Diskontinuität in der Sachdimension grenzübergreifende Zusammenhänge möglich sind, die ihrerseits mit den Strukturen des Gesellschaftssystems variieren. Die Kombination dieser beiden Anforderungen leistet die *System/Umwelt-Theorie* mit dem Konzept eines nicht beliebig arrangierbaren Komplexitätsgefälles. Sie bietet dadurch den Artikulationsrahmen für die Selbstthematisierung des Gesellschaftssystems in bezug auf den sachlichen Aspekt von Sinn. In der *Sozialdimension* schließlich genügt es nicht, die Elemente des sozialen Systems Gesellschaft nur aggregativ, nur als Menge zu erfassen im Sinne der Bestandteile, die zusammen das System bilden. So richtig es ist und bleibt, daß die Struktur des Systems eine Menge von Elementen voraussetzt, es muß hinzukommen eine Theorie, die begreiflich macht, wie trotzdem eine spezifisch soziale Kontingenz und Selektivität möglich ist. Die Kombination dieser beiden Anforderungen leistet die *Kommunikationstheorie*, und zwar dadurch, daß sie zwischen angenommener (effektiver) und nicht angenommener (bloß verstandener) Kommunikation unterscheidet und den strukturellen Stellenwert der symbolisch generalisierten Kommunikationsmedien herausarbeitet, die unter gegebenen evolutionären Voraussetzungen erst sicherstellen, daß Kommunikation sozialen Erfolg hat auch in Situationen, in denen dies psychologisch zunächst unwahrscheinlich ist. Nur so ist die spezifisch soziale Ordnung des Gesellschaftssystems zu begreifen.[66]

In Theorien, die den Anspruch erheben, auch im Kontext gesellschaftlicher Selbstthematisierung eine Funktion zu erfüllen, muß jeweils eine selbstimplikative Reflexionsstruktur auftauchen. In der Tat hat sich eine solche Argumentationsweise in den drei genannten Theoriebereichen gleichsam als Sorgenpunkt normaler wissenschaftlicher Forschung bereits herausgebildet. Die *Evolutionstheorie* kommt nicht umhin zuzugestehen, daß auch die Bedingungen der Möglichkeit von Evolution ihrerseits evolutionär entstehen. Diese Konsequenz ergibt sich aus der Theoriewendung, die den Evolutionsbegriff nicht mehr als Prozeßbegriff ansieht, sondern ihn mit Bezug auf die Darwinschen Mechanismen rekonstruiert.[67] Vor allem ist das Ausmaß der Differenzierung evolutionärer Mechanismen selbst ein Ergebnis der Evolution. Die *Systemtheorie* kommt nicht umhin zuzugestehen, daß Aussagen über Systemstrukturen und Prozesse sich ständig auf die Differenz von System und Umwelt beziehen müssen, die

66 Diese Ausführungen liefern zugleich diejenigen Argumente nach, die zum vollen Verständnis der oben in Teil 2, Kap. I (S. 265) abgedruckten Skizze erforderlich sind.

67 Damit wird zugleich die ältere Form der Behandlung des Problems der Selbstreferenz aufgegeben, nämlich die Annahme, es sei am *Anfang* des Prozesses gelöst worden, der Anfang (*arché*) sei der *telos*-gebende Grund. So die bekannte Lehre von den Keimkräften der Natur und natürlich die Vorstellung der Schöpfung (Simultanschöpfung) der Welt.

ihrerseits als Differenz nicht unabhängig von den Strukturen, die ein System ausdifferenzieren, vorausgesetzt werden kann. Diese Konsequenz ergibt sich daraus, daß wir das Schema vom Ganzen und seinen Teilen durch eine System/Umwelt-Theorie ersetzt haben. Vor allem die Gesellschaftstheorie muß, um den Weltbezug an der Identität des Gesellschaftssystems sichtbar und in seinen Konsequenzen begreiflich zu machen, diese Identität immer auf die Nichtidentität von Gesellschaftssystem und Umwelt beziehen. Die *Kommunikationstheorie* schließlich kommt nicht umhin zuzugestehen, daß man ohne Kommunikation nicht über Kommunikation kommunizieren kann, so daß Kommunikation methodisch geleistet werden muß, um an das Objekt Kommunikation heranzukommen. Kommunikation über Kommunikation wird deshalb notwendig, weil Kommunikation nur Selektionsofferten anbietet, die abgelehnt werden können. Infolgedessen müssen nicht nur jeweils neue Kommunikationsebenen geschaffen werden, auf denen man über Kommunikationen kommunizieren kann, sondern auch darüber, daß dies so ist, muß man noch kommunizieren können in einer Weise, die wissenschaftlichen Anforderungen genügt.[68]

Solche ohnehin unabweisbaren Probleme der Selbstimplikation weisen zugleich darauf hin, daß ganz unabhängig von der transzendentalphilosophisch beeinflußten, als Dialektik ausgearbeiteten Tradition selbstreferentieller Begründungsarbeit ähnliche Strukturen auf sehr viel breiterer Faktenbasis auch in den empirischen Wissenschaften entstanden sind. Deren Erfahrungen lassen sich für Probleme der gesellschaftlichen Selbstthematisierung aktivieren. Sie zeigen, daß in

68 Siehe z. B. Klaus Krippendorff, »Values, Modes and Domains of Inquiry into Communication«, *Journal of Communication* 19 (1969), S. 105-133 (110): »Communication about Communication presupposes Communication.«

diesen Bereichen der Gesellschaftstheorie diejenigen selbstreferentiellen Strukturen, die für gesellschaftliche Reflexion benötigt werden, ohnehin entwickelt werden müssen.

Diese Überlegungen galten dem grenzübergreifenden Weltbezug selbstreferentieller Strukturen und boten eine der Unterlagen für die These, daß Reflexion nicht begriffen werden kann als Aufgabe, eine Entscheidung über den Systembestand oder über Identität/Nichtidentität herbeizuführen. Der zweite Aspekt des Reflexionsproblems liegt im Verhältnis der Systemidentität zu den Negationsmöglichkeiten, gegen die sie sich profiliert. Reflexion thematisiert die eigene Identität immer nur im Hinblick auf Negationsmöglichkeiten, kann dies aber nicht in der Weise tun, daß sie sich nur die Negation ebendieser Identität vorstellt – und ablehnt. Die zu kontrollierenden Negationspotentiale sind vielmehr solche, die als mit Identität kompatibel gedacht werden müssen. Es sind dies die in allen sinnstiftenden Leistungen implizierten Negationsmöglichkeiten, die Sinn und sinnhafte Selektivität überhaupt erst ermöglichen. Identität konstituiert sich in bezug auf die ihr immanente Negativität. Dies erfordert für alle Reflexionsleistungen die Modalform der Kontingenz,[69] die sich nur über Negation von Negationen bestimmen läßt. Die Gesellschaft setzt ihre Identität als System nicht gegen ihre eigene Nichtidentität, sondern gegen die Kontingenz sinnstiftender Negationspotentiale, und das ist möglich, weil diese Negationsmöglichkeiten nicht beliebig geordnet, vor allem nicht beliebig negiert werden können.

69 Dies nicht zuletzt deshalb, weil bereits der Kontingenzbegriff Negationen, nämlich Negation von Notwendigkeit und Negation von Unmöglichkeit, impliziert.

6. Zusammenfassung

Als Reflexion bezeichnen wir die Thematisierung der Identität eines Systems durch Prozesse dieses Systems selbst. Reflexionsprozesse gewinnen ihr Thema nur – weshalb sonst würde es interessieren? – in Beziehung auf Möglichkeiten der Negation. Alles Weitere entscheidet sich mit dem nächsten Schritt: Es kommt darauf an, wie man diese Aufgabe des Beziehens auf Negationsmöglichkeiten versteht.

Sieht man die Aufgabe einfach darin, sicherzustellen, daß die Identität des Systems begründet, das heißt nicht negiert, nicht als Bestand beseitigt, nicht negativ bewertet wird, kommt es nur darauf an, Ketten von Argumenten genügend weit ins Bekannte und Selbstverständliche zurückzuführen; die Endlichkeit dieser *series substitutionum* garantiert dann (nach Leibniz) die Notwendigkeit der Wahrheit von Aussagen über diese Identität. Wie aber, wenn diese Endlichkeit nicht (oder jedenfalls im Falle des Gesellschaftssystems nicht) erreichbar ist?

Dann wird nach Leibniz die Wahrheit selbst kontingent. Dann ist das, was als Identisches thematisiert werden soll, auch anders möglich. Seine Negierbarkeit wird zum Bestandteil seiner selbst. Die Reflexion kann sich sinnvollerweise nicht mehr darin erschöpfen, ihr Thema davor zu bewahren, daß es selbst negiert wird. Dialektiker würden, vor allem wenn sie den Marxschen Analysen folgen, vielleicht sagen, daß das Reflexionsthema je nach relationierender Perspektive etwas Verschiedenes, zugleich aber auch die Identität ist, die sich im Wechsel der verschiedenen Referenzen als dieselbe durchhält. Dann käme es darauf an, Kontingenz im Aufstieg vom Abstrakten zum Konkreten durch Anreicherung der Referenzen aufzuheben. Wie das genau zu denken wäre, ist freilich durch die (ihrerseits abstrakten) Begriffe des Abstrakten und des Konkreten, die überdies Eindimensionalität ihrer Beziehung vortäuschen, nicht zureichend geklärt. Jedenfalls kann Reflexion auf kontingente, Negierbarkeit implizierende Identität dann nur die Aufgabe haben zu klären, wie gerade dadurch, daß das System als kontingent identifiziert wird und als kontingentes seine Prozesse »modalisiert«, Negationsmöglichkeiten negiert werden.

Schon die Formulierung verrät, daß wir damit zwar den Vorteil gewinnen, Abschlußproblematiken offenlassen zu können, daß wir uns andererseits dafür aber ein komplexes Forschungsprogramm einhandeln. Die dafür notwendigen Ressourcen beziehen wir aus zwei Bereichen, die sich miteinander verknüpfen lassen. (1) Die Gesellschaftstheorie ist in den drei Teilbereichen der Evolutionstheorie, der Systemtheorie und der Kommunikationstheorie auf selbstimplikative Strukturen gestoßen, die im Reflexionskontext als Selbstreferenzen verdeutlicht werden können und die im Einklang mit forschungstechnisch bewährten Konzepten die Reflexionsstufen formulieren, von denen aus das System sich selbst thematisieren kann. (2) Eine genauere Analyse der Sinndimensionen kann zeigen, daß in und zwischen diesen Dimensionen limitationale Verhältnisse bestehen, die beliebiges und folgenloses Negieren ausschließen. Diese beiden Bereiche der Gesellschaftstheorie und der Theorie sinnhafter Weltkonstitution können aufeinander bezogen werden. Dies geschieht zunächst durch Entsprechungsregeln, also durch die Annahme, daß die zeitliche Sinnhaftigkeit des Gesellschaftssystems primär als Evolution, die sachliche Sinnhaftigkeit primär als Differenz von System und Umwelt, die soziale Sinnhaftigkeit primär als Kommunikation zur Reflexion gebracht wird. Dies geschieht sodann durch die Annahme, daß Weltstrukturen und Gesellschaftssysteme ihrerseits evolutionär variieren – also nicht, wie Welt und Bewußtsein, in einer festen Erkenntnisbeziehung stehen, die nach dem binären Schema von Wahrheit oder Unwahrheit zu behandeln ist und entweder richtige oder unrichtige Bewußtseinsinhalte vermittelt, sondern einem Relationstyp folgen, den wir nichtkontingente Verknüpfung kontingenter Sachverhalte genannt hatten. Die Kontingenz der Relation zwischen Weltstrukturen und Gesellschaftsstrukturen ist zumindest geringer als die Kontingenz der beiden Relata je für sich betrachtet. Und genau diese Kontingenzverringerung durch Relationierung ist der Befund, auf den die Reflexion letztlich stößt. Das ist die Modalität, an der Negationen und Nichtnegationen sich orientieren. Das macht es möglich, Systeme zu identifizieren durch Nichtbeliebigkeit der funktionalen Äquivalente, die einspringen, wenn aus dem Repertoire ihrer anderen Möglichkeiten die eine oder andere realisiert wird.

Mit dieser Wendung des Reflexionsthemas von notwendiger (zu begründender, letztlich nicht negierbarer) Identität zu kontingenter (und mittels Kontingenz funktionaler) Identität kommt nicht nur die volle Breite des soziologischen Fachwissens ins Spiel; wir werden auch gezwungen, die Vorstellung aufzugeben, der Bezugspunkt der Reflexion sei Sache des allgemeinen Wissens, sei ein Analogon zu jenem berühmten »Ich denke«, das alle meine Vorstellungen begleitet. Die Faktizität des Gesellschaftssystems ist jedem Alltagsbewußtsein zugänglich, aber das heißt nicht, daß die Thematisierung der Identität des Systems und ihrer Kontingenzfunktion dem Alltagsbewußtsein abverlangt werden könne oder auch nur nach Art einer allgemeinen, totalisierenden Wertidee präsentierbar sei. Das führte wieder zurück zu der unsinnigen Frage, ob die Gesellschaft als ganze anzunehmen oder abzulehnen sei. Reflexionsträger kann, nach dem hier formulierten Programm, nur das Wissenschaftssystem sein; denn nur ein Teilsystem des Gesellschaftssystems kann auf so anforderungsreiche Funktionen spezialisiert werden. Es gehört mit zu den Erfordernissen leistungsfähiger Reflexion, daß sie in Teilprozesse bzw. Teilsysteme ausgelagert werden muß, obwohl, ja gerade weil sie sich auf ein umfassendes Ganzes bezieht. Als Prozeß gesehen, impliziert Reflexion diese Differenz von Thema und thematisierendem System; als System impliziert sie die Differenz von Teilsystem und Gesamtsystem. Und auch hier müssen wir Vorurteile korrigieren, die die Bewußtseinsphilosophie oder ein älterer, interessenbezogener Subjektbegriff nahelegen können: Es ist nicht so, daß das Gesamtsystem seine Einzelaspekte reflektiert, indem es merkt, ich denke, ich habe Interessen. Vielmehr trägt dieses »Merken« als ein Spezialprozeß neben vielen anderen die Reflexion, und deren Thema ist die Zuordnung des Bemerkten zu einem Gesamtsystem. Das Subjekt ist das Objekt der Reflexion; es ist nicht die Reflexion selbst.

Ohnehin haben alle Theorieentwicklungen immer diese beiden Referenzen und immer teils immanente, teils externe Gründe. Teils sind sie durch die Problemstellungen und konzeptuellen Antworten der jeweils vorliegenden Theorien bestimmt und teils durch hinzukommende Erfahrungen mit der Realität. Im besonderen Falle der Gesellschaftstheorie kommt hinzu, daß der Gegenstand dieser Theorie seinerseits ein evoluierendes System, ein Träger evolutionärer Entwicklungen ist, der die Theorie sozusagen mitreißt, gegebenenfalls auch hinter sich zurückläßt. Das macht Theorieentwicklungen kompliziert. Ihre Doppelabhängigkeit von sich selbst und von ihrem Gegenstand befindet sich selbst in Bewegung. Diese Bewegung der Beziehung von Strukturänderungen im Gegenstand und Strukturänderungen in der Theorie kann ihrerseits Gegenstand der Theorie werden, und sie muß es werden, wenn die Theorie auf Begründung oder auf Universalitätsansprüche hin befragt wird.

Das heißt: Gesellschaftstheorie ist, wenn sie überhaupt Evolution mit in Betracht ziehen will, nur als reflexive Theorie möglich, die ihre eigene Theoriegeschichte und ihren eigenen Theoriestatus mitreflektiert. Dies aber geschieht in der Weise, daß sie an ihrem Gegenstand selbstimplikative Strukturen entdeckt und sich mit dieser Entdeckung von *Vorgängertheorien* distanziert, ja diese Entdeckung zu ihrem eigentlichen Thema macht. Im Bereich der Systemtheorie geschieht dies durch Relationierung auf Umwelt; in der Evolutionstheorie dadurch, daß die Prozeßvorstellung durch die Theorie evolutionärer Mechanismen ersetzt wird; in der Kommunikationstheorie dadurch, daß sie die Kontingenz von Annahme und Ablehnung als Grund dafür ansieht, daß über Kommunikationen kommuniziert werden muß. Mit diesem Ansatz werden Gesellschaftstheorien überwunden, die sich auf die Autonomie einzelner Funktionsbereiche stützen mußten und in der Rückprojektion funktionaler Primate ihre totalisierende Perspektive hatten, zugleich den Funktionsbereich und sich selbst hypostasierend. Und erst diese Überwindung berechtigt zu der Erwartung, die Gesellschaftstheorie werde in der Lage sein, für das Gesellschaftssystem, das inzwischen nicht mehr von nur ein oder zwei ausdifferenzierten Zentralfunktionen abhängig ist, die Funktion der Selbstthematisierung zu erfüllen.

Kapitel II

Gesellschaftstheorie als Wissenschaft

1. Gegenstandsverhältnis

Eine systemtheoretische Analyse des Verhältnisses von Gesellschaftstheorie und Gesellschaft, wie sie der Überleitung von erkenntnistheoretischen in wissenschaftstheoretische Fragestellungen entspricht, setzt komplizierter an als eine gegenstandstheoretische Analyse auf sei es »nominalistischer« (bzw. »idealistischer«), sei es »realistischer« Grundlage. Sie setzt komplizierter an, weil sie das Gegenstandsverhältnis der Wissenschaft in eine umfassendere System/Umwelt-Perspektive einbaut. Der Gegenstand der Wissenschaft und die Umwelt der Wissenschaft sind keine kongruenten Gegebenheiten, das hatten wir oben bereits angedeutet.[70] Der Gegenstand ist der konzeptionelle Entwurf eines relevanten Umweltausschnitts, eine konzeptualisierte Sonderumwelt. Daneben gibt es zahlreiche andere Umweltaspekte des Wissenschaftssystems – etwa sein Verhältnis zu den Kapazitäten und den Zufällen des Auftretens von Personen, die Wissenschaft betreiben, sein Verhältnis zur Politik, zur Wirtschaft, zum assoziierten Erziehungssystem, seine Abhängigkeit vom (organisch bedingten) Sequentialisierungszwang der Sprache usw. Die thematisierte, vergegenständlichte Umwelt ist also nur ein Teil der Gesamtumwelt des Wissenschaftssystems; ein Teil, zu dem besondere Beziehungen, eben Beziehungen der Konzeptualisierung und erforschenden Thematisierung, unterhalten werden, die zwar

70 Vgl. oben in diesem Teil, Kap. I.4.

einem eigenen Leistungstypus und spezifischen Anforderungen folgen, gleichwohl aber nicht ganz unabhängig sind von den Beziehungen, die das Wissenschaftssystem zu anderen Umweltausschnitten unterhält, und vor allem nicht unabhängig vom Grade der Ausdifferenzierung des Wissenschaftssystems insgesamt.

Durch Konstitution eines Umweltausschnitts als Gegenstand werden *Themen* und *Adressaten* wissenschaftlicher Kommunikation differenziert – auch dann, wenn sie in der Umwelt des Systems zusammenfallen; auch dann also, wenn man mit dem Gegenstand kommunizieren könnte. Soweit Wissenschaften sich bilden, die ihre Objekte mit ihren Adressaten identifizieren – so die Moraltheorie der »praktischen Philosophie«, die Pädagogik, in gewissem Umfange auch die Rechtswissenschaft –, läuft die Identifikation über normative Konzepte; zugleich bleibt die »Wissenschaftlichkeit« solcher Bemühungen (was nicht auch heißen muß: ihre Berechtigung) umstritten. Auch wenn eine solche Synthese nicht angestrebt wird, bleibt die Differenzierung von Gegenständen (mit denen man auch kommunizieren könnte!) und Adressaten ein Problem der laufenden Forschung und ist als Problem an der Anstrengung des Begriffs und der Methodik erkennbar.

Der vielleicht bedeutsamste Gewinn, den die Vergegenständlichung von Umweltausschnitten einbringt, liegt in der Zeitdimension. In ihren System/Umwelt-Beziehungen bleibt die Wissenschaft in sehr engen Grenzen an die Zeitrelationen der Umwelt gebunden, zu denen sie Beziehungen unterhält: Sie kann nur lebende Personen als Forscher rekrutieren und allenfalls über den Zeitpunkt des Beginns und der Beendigung ihrer Tätigkeit disponieren. Sie wird, wenn überhaupt, auf die politische Relevanz ihrer Konzepte nur im Rahmen dessen Rücksicht nehmen, was im Augenblick politisch bedeutsam ist. Sie hängt vom jeweils gegenwärtigen Zufluß finanzieller Ressourcen ab. Sie wirkt »ideenpolitisch« in ihrer Umwelt unter Umständen schneller, als sie methodisch nach eigenen Kriterien verantworten kann, und kann sich im Verhältnis zur allgemeinen Ideengeschichte nach sehr kurzer Zeit »out of step« finden, noch bevor sie ihre Thesen ernsthaft ins Detail entwickeln und prüfen konnte. Von diesem Zeitdruck macht das Wissenschaftssystem sich mehr oder weniger unabhängig, soweit ihm die Vergegenständlichung seiner Umwelt gelingt. Sie kann Gegenstände thematisieren, die nicht mehr oder noch nicht existieren. Sie kann von Zeitlichkeit gänzlich abstrahieren und ihre Aussagen auf zeitlose Figuren beziehen. Sie kann sich vor allem unabhängig machen von dem Zeitdruck, unter dem der Gegenstand selbst in seinen eigenen Umweltverhältnissen steht; und dies, obwohl sie den Zeitdruck »sehen«, mitvergegenständlichen und in ihren Aussagen über den Gegenstand berücksichtigen kann. Mit alldem gewinnt sie im Vergleich zu ihrem Gegenstand Zeitvorteile und mit den Zeitvorteilen Abstraktionschancen und Arrangierfreiheiten. Sie kann länger an Problemlösungen arbeiten, wenn der Zeitraum, in dem sie das Problem zu lösen hat, nicht identisch ist mit der Frist, die dem Gegenstand für die Problemlösung zur Verfügung steht. Sie kann daher Probleme identifizieren, die die operativen Zeithorizonte des Gegenstandes transzendieren. Sie projektiert mit erweiterten Zeithorizonten Probleme, Funktionen und Strukturen in den Gegenstand, die für diesen selbst latent bleiben müssen, weil es unter den zeitlichen Beschränkungen seiner eigenen Operationen nicht möglich oder jedenfalls nicht rational wäre, sie zu thematisieren.

All dies geschieht freilich im Rahmen der allgemeinen Weltzeit und mit der Maßgabe, daß die den Gegenstand belegenden Evidenzen in den empiriebezogenen Operationen des Wissenschaftssystems antreffbar sein, also in der jeweils gegenwärtigen Umwelt des Wissenschaftssystems auffindbar sein müssen. Die Minimisierung der empirischen Erfordernisse mit Hilfe logischer und konzeptueller Strategien und eine Art Kontinuitätsthese, die besagt, daß einmal realisierte Umwelterfahrungen unter gleichen Bedingungen wiederholbar sind, machen gleichwohl die Wissenschaft auch von diesen zeitlichen Bindungen in hohem Maße unabhängig. Ausnutzbar sind diese Vorteile nur, wenn die Wissenschaft ihre eigene Arbeitszeit, die sich aus ihren System/Umwelt-Relationen ergibt, unterscheiden kann von den Zeiträumen, die für die Prozesse ihres Gegenstandes zur Verfügung stehen – und dies, obwohl ihr Gegenstand Teil ihrer Umwelt ist und als solcher behandelt werden muß. Durch ständige Projektion dieser Mehrheit von System/Umwelt-Referenzen mit je spezifischer Zeitlichkeit in die allgemeine Weltzeit, die die Zugänglichkeit der Systeme füreinander garantiert, wird die Zeit selbst abstrakt, also gegen die Sachdimension differenziert.[71]

Baut man den Gegenstandsbegriff auf diese Weise in eine umfassendere System/Umwelt-Theorie ein, so verlieren die spezifisch gegenstandstheoretischen Kontroversen an Bedeutung. Das gilt namentlich für die fatale Alternative, den Gegenstand entweder nominalistisch oder realistisch, entweder als rein subjektive Konstruktion oder als objektive Gegebenheit begreifen zu müssen.[72] Die einheitliche

71 Das hatten wir im allgemeineren Kontext der Behandlung der evolutionären Veränderung der Sinndimensionen oben (in Teil 4, Kap. I.3) bereits antizipiert.

72 Die Unentscheidbarkeit dieser Alternative zweier möglicher Totalperspektiven, die sich wechselseitig implizieren und sich doch nicht regionalisieren, nicht einschränken lassen, war vermutlich eines der Stimulantien für den Übergang von erkenntnistheoretischen zu wissenschaftstheoretischen Fragestellungen. Durch diesen Übergang wird

Problemstellung, die in der Relation von Gegenstand und Erkenntnis und in der kategorialen Bestimmung übergreifender Invarianzen gesehen worden war, wird aufgelöst in zwei verschiedenartige Beziehungstypen, in deren Relationierung dann das eigentliche Problem liegt: das Umweltverhältnis und das Gegenstandsverhältnis der Wissenschaft. Diese Differenz kontrolliert die Vergegenständlichung.

Formen der Vergegenständlichung spezifischer Umweltsegmente und die davon abhängigen Wissenschaftsprogramme sind somit einerseits durch die Systemgeschichte, andererseits durch eine Vielzahl von Umwelten des Wissenschaftssystems mitbedingt. Der gedankliche Nachvollzug dieser Bedingtheiten läßt sich nicht rein immanent und konzeptionsgebunden in der Gegenstandslogik durchführen. Er erfordert den Übergang zur systemtheoretischen Analyse und eine Sprache, in der Beziehungen zu verschiedenen Umweltausschnitten als strukturabhängig erkannt und auf einen Nenner gebracht werden können (also Begriffe wie: Funktion, Komplexität und Reduktion, Kontingenzverringerung durch Relationierung von Relationen, Bedingungen struktureller Kompatibilität, Absorption strukturell widerspruchsvoller Anforderungen u.ä.). Die strukturellen Invarianzen, die hier zählen, sind nicht solche kategorialer (Gegenstand und Erkenntnis übergreifender), sondern systemtheoretischer (Beziehungen zu verschiedenen Umwelten vermittelnder) Art. Im Verhältnis zum Gegenstand ist diese Metaperspektive bewußt inkongruent gewählt. Inkongruenz heißt nicht etwa Irrelevanz. Gerade durch Inkongruenz erreicht man vielmehr eigentümliche Erkenntnisgewinne;

natürlich das alte Problem nicht gelöst im Sinne einer neu begründeten Option zwischen den Alternativen; es wird nur in der Problemstellung selbst relativiert auf die Sonderbedingungen, die die Wissenschaft selbst für ihre vergegenständlichte Teilumwelt aufstellt.

dies aber nur deshalb, weil es Regeln der Übersetzung einer gegenstandsspezifischen Begriffssprache in die allgemeine Gesellschaftssprache gibt, in der das Wissenschaftssystem sowohl interne Prozesse der Disposition über Gegenstandsverhältnisse als auch sonstige System/Umwelt-Beziehungen artikulieren kann.

Die Bestimmung eines Gegenstandsverhältnisses ist demnach nicht nur direkte Suche nach dem Gegenstand bzw. dessen Konstitution auf Grund von Bedingungen und Absichten der Erkenntnis. Sie setzt vielmehr *methodisch geleitete Erzeugung von Inkongruenzen* im Bereich des Immer-schon-Bekannten, im Bereich der »Lebenswelt« voraus. Hierzu gibt es verschiedene Ausgangspunkte, die sich im weiteren Vorgehen jedoch nicht notwendig wechselseitig ausschließen.

Manche Forscher und vor allem Forschungsprogrammatiker bekennen sich zu dem Versuch, rein »wissenschaftstheoretische« Kriterien für die Herstellung solcher Inkongruenzen zu benutzen und diese, wenn überhaupt, nach Art einer Dogmatik zu praktizieren. Diese Kriterien geben Regeln an für die korrekte Herstellung wissenschaftlicher Sätze, und entsprechend wird Wahrheit im Sinne von Tarski[73] bestimmt als Übereinstimmung verschiedener Satzarten. Sehr anders geht die im eigentlichen Sinne empirische Sozialforschung vor, die ihre Inkongruenzen durch Regeln der Datenbeschaffung und -auswertung erzeugt. Sie kennt allenfalls »theoretische Orientierungen«,[74] die mit der Themenwahl praktisch zusammenfallen und nur wenig Kontakt zueinander unterhalten. Die Be-

73 Alfred Tarski, *Logic, Semantics, Metamathematics*, Oxford 1956.

74 So Reinhard Wippler, »Von theoretischen Orientierungen zu erklärenden Theorien«, Ms., ZiF, Bielefeld 1975 [Druck: Reinhard Wippler, »Die Ausarbeitung theoretischer Ansätze zu erklärungskräftigen Theorien«, in: Karl Otto Hondrich, Joachim Matthes (Hg.), *Theorienvergleich in den Sozialwissenschaften*, Darmstadt, Neuwied 1978, S. 196-212].

griffsentscheidungen stecken fast ausschließlich in den Operationalisierungen.

In diesen beiden Fällen entsteht Inkongruenz planwidrig als Nebeneffekt einer Vorgehensweise, die sich an Normen der Wissenschaftlichkeit orientiert. Sie entzieht sich damit einer methodischen Kontrolle. Genau diese Schwäche sucht die folgende Betrachtungsweise zu überwinden, indem sie inkongruente Perspektiven *problembezogen* wählt und die Erkenntnistechnik bewußt darauf einstellt, durch inkongruente Perspektiven den Gegenstand in einem Horizont anderer Möglichkeiten zu artikulieren.[75] Entsprechend wird Wahrheit – wie übrigens auch in der transzendentalen Phänomenologie[76] – begriffen als konstituiert durch Problematisierung von Selbstverständlichkeiten und als abhängig von der Inkongruenz dieser Problematisierung.[77]

Diese allgemeinen Bestimmungen gelten für jede Wissenschaft, sie gelten *auch für Wissenschaften mit totalisierenden Gegenstandsperspektiven*. Sie gelten auch für systemtheoretisch orientierte Wissenschaften, die mit Systemen auch deren (letztlich unbegrenzte) Umwelt zum Gegenstand haben. Sie gelten sogar für eine Gesellschaftstheorie, die ein Welt konstituierendes, thematisierendes, reflektierendes System behan-

75 In diesem Sinne bringt Kenneth Burke, *Permanence and Change*, New York 1935, die Erkenntnistechnik der großen Sophisten des 19. Jahrhunderts (Marx, Darwin, Nietzsche, Freud) auf die Formel »perspective by incongruity«. Der Erkenntnisgewinn setzt dabei sehr elementare Formen des Lernens voraus, nämlich Enttäuschung und nichtnormative Enttäuschungsverarbeitung.

76 Siehe z. B. Gerhard Funke, *Phänomenologie – Metaphysik oder Methode*, Bonn ²1972, S. 73. Hier, wenn irgendwo, wird im übrigen klar gesehen, daß *Grundlagenforschung* nicht *Wissenschafts*theorie sein kann.

77 Dem entspricht die Theorie der Kommunikationsmedien durch die These, daß Bedarf für Wahrheit nur auftritt, wenn Kommunikationen zu scheitern drohen.

delt und sich selbst dabei nicht als extramundanes Subjekt postuliert (was Erkenntnis über sich selbst ausschlösse), sondern sich als Teilsystem dieses Gesellschaftssystems mitreflektiert.

Solche Vergegenständlichung von Totalsichten wird möglich in einer nicht mehr mythischen oder kosmologischen Form in dem Maße, als zwei Voraussetzungen erfüllt sind: Erstens muß das Wissenschaftssystem im Gesellschaftssystem hinreichend ausdifferenziert sein, so daß es seine wie immer totalisierende Gegenstandsperspektive als Modus der Behandlung einer Sonderumwelt artikulieren kann.[78] Genau dies, daß die Wissenschaft sich selbst als Teil der Gesellschaft erfährt, macht ihr alle Totalentwürfe zu Partialleistungen, die aus anderen Horizonten – im Hinblick auf Vergangenheit oder Zukunft der Systemgeschichte und im Hinblick auf andere Sozialumwelten – relativiert werden können. Und diese mitangezeigte (wenn auch nicht: mitvergegenständlichte) Möglichkeit schlägt ins Theoriebewußtsein durch.

Zweitens muß das Wissenschaftssystem über dieser Lage entsprechende Transferbegriffe verfügen, mit denen sie ihre Umweltbeziehungen in Gegenstandsbezüge übersetzt oder auch umgekehrt Gegenstandserfahrungen in andere, nicht vergegenständlichte Sozialumwelten zurücküberträgt. Dies leistet der Begriff der *Komplexität*, indem er Welterfahrung und gegenstandsanalytisches Potential zugleich appräsentiert. Eine zunächst unbestimmte Erfahrung der Komplexität der Umwelt und jedes Umweltsektors des Wissenschaftssystems kann mit Hilfe einer Analyse der begrifflichen Implikationen von Komplexität in ein gegenstandsfähiges Konzept übersetzt werden, das eben damit dann alle Schwächen von Gegenstän-

78 Hier liegt das Äquivalent zu der bekannten These Husserls, daß eine sich auf die Welt als Ganzes beziehende *epoché* gleichwohl als berufliche Einstellung des Forschers nur während einiger Arbeitsstunden vollzogen werde.

den besitzt und besonders die: den Vereinheitlichungsgrad der Sache zu überrepräsentieren. Denn Komplexität ist die auf den Begriff gebrachte Einheit des Mannigfaltigen.

Komplexität ist somit der Gegenstand par excellence und zugleich der Gegenstand, der sich selbst transzendiert; er verweist auf eine spezifische Weise, ihn als Einheit zu setzen im Vollzug bestimmter Operationen des Wissenschaftssystems. Mit dem Begriff der Komplexität bezeichnet also die Wissenschaft nicht nur ihren Gegenstand, sondern dadurch, daß sie ihn so bezeichnet, auch ihr Gegenstandsverhältnis. In Relation auf die Einheit ihres Leistungsvermögens ist Komplexität dann immer zu komplex. Dies wiederum wird für die Wissenschaft zur Charakterisierung einer Sonderumwelt, von der aus sie auf Themensuche geht, Personen rekrutiert und ihre Leistungsfähigkeit beurteilt, um Ressourcen nachfragt und allgemein: ihre gesellschaftliche Existenz trotz begrenzter, immer wieder enttäuschender Leistungen legitimiert.

2. Bedingungen der Möglichkeit

Die Unabgeschlossenheit dieses in Systemumwelt übersetzbaren Gegenstandskonzepts schließt es aus, von vorweg feststehenden, wissenschaftlicher Disposition nicht mehr unterliegenden, notwendigen Bedingungen der Erkenntnis auszugehen. Auch die Gepflogenheit, solche Bedingungen zwar erst im Vollzuge wissenschaftlicher Analyse zu entdecken, sie dann aber mit dem Status »a priori« auszuzeichnen, wenn man sie nicht wieder wegdenken kann, überzeugt vor diesem wissenschaftstheoretischen Hintergrund nicht mehr.[79] Da-

79 Zur spezifisch neuzeitlichen Denkform des »a priori« und zu seiner (kaum heranziehbaren) Vorgeschichte in älteren Prioritätsbegriffen

mit wird nicht nur, worauf Jürgen Habermas mich immer wieder hinweist, die Kontrolle des konsistenten »Einführens« von Begriffen schwierig, sondern auch die Absicherung von Erkenntnissen schlechthin.

Wenn aber diese Frage offenbleibt: Wie kann die Wissenschaft dann beanspruchen, die Selbstthematisierung des Gesellschaftssystems zu übernehmen? Auch wenn es Gründe dafür gibt, daß das Gesellschaftssystem für seine Selbstthematisierung Wissenschaft in Anspruch nimmt, ist damit noch nicht entschieden, ob und wie das Wissenschaftssystem die damit verbundenen Erwartungen nach eigenen Kriterien erfüllen kann. Selbst der Gesichtspunkt, unter dem diese Frage gestellt werden kann, steht nicht ohne weiteres fest; denn auch er kann wiederum vom Standpunkt des Gesellschaftssystems oder vom Standpunkt des Wissenschaftssystems aus bestimmt werden, ohne daß vorab entscheidbar wäre, daß diese Standpunkte irgendwo konvergieren müßten. Wir müssen daher weit ausholen und beginnen am besten problemgeschichtlich.

Die Frage nach den Bedingungen möglicher Erkenntnis hatte bekanntlich durch das Prämissenbewußtsein der neuzeitlichen Naturwissenschaften eine erste Zuspitzung erfahren. Seit alters war der Gegenstand (πράγμα) gedacht als ein solcher, der nicht sprechen, also auch nichts zusprechen oder absprechen kann; das galt als Bedingung dafür, daß man ihn symbolisieren muß und in seinen Symbolen logisch behandeln kann.[80] Diese Bedingung kann auch so formuliert werden, daß Gegenstände, die geeignet sein sollen, Widersprüche zur Entscheidung zu bringen, nicht selbst über das

siehe die Beiträge (von H. Schepers, G. Tonelli und R. Eisler) unter dem Stichwort »A priori/a posteriori« im *Historischen Wörterbuch der Philosophie*, Bd. I, Basel, Stuttgart 1971, Sp. 462-474.

80 Vgl. Aristoteles, *Categorias*, 12 b 5-16.

Potential zur Negation verfügen dürfen. Gegenstand mit der Fähigkeit zur Negation ist nur die Erkenntnis selbst. Auf diese Weise wurde die Trennung von Gegenstand und Erkenntnis (oder: von Sein und Denken) verschärft bis zur Ausweglosigkeit; zum einen, weil die spezifische Negierfähigkeit und Reflexivität des Erkennens der Natur nicht imputiert werden konnte; zum anderen, weil man einen der Erkenntnis gegenüberstehenden, von ihr unabhängigen Gegenstand annehmen mußte, an dem Widersprüche entscheidbar sind. Parallel dazu wandelte sich aber das Zeitverständnis in Richtung auf eine Punktualisierung der Gegenwart mit der Folge, daß Gegenstände sich nicht mehr über Kausalannahmen als notwendig begründen lassen. All das zusammen führte zur Derealisierung aller Relationen und aller Modalitäten, zu ihrer Rückverlagerung in den Erkenntnisprozeß selbst und zu ihrer transzendentalphilosophischen Neubegründung als Formen der Erkenntnis durch Kant.

Gleichgültig wie man diese Konsequenz metaphysisch interpretiert: eine Erkenntnis der Gesellschaft ist von ihr aus nicht möglich, denn die Gesellschaft ist selbst nichts anderes als die Gesamtheit der Relationen, die in ihr selbst und von ihr zur Umwelt hergestellt werden; und sie erfordert zu ihrer Herstellung und Reproduktion Modalisierungen, weil sie ihre Strukturen auf Selektionen bezieht, die als solche erfahren bzw. antizipiert werden.[81] Nimmt man alle Relationen und alle Modalitäten als Formen der Erkenntnis an, kann die Gesellschaft nicht erkannt werden; sie kann allenfalls Erkenntnis *sein*. Wenn die Gesellschaft aber nur Erkenntnis der

81 Genau diesen Punkt beleuchtet das bekannte Argument Simmels im Exkurs über das Problem: »Wie ist Gesellschaft möglich?«, in: *Soziologie: Untersuchungen über die Formen der Vergesellschaftung*, München, Leipzig [2]1922, S. 21-31, und macht ihn zum Ausgangspunkt seiner Auffassung der Soziologie als Formen- oder Beziehungslehre.

Gesellschaft ist, fehlt ihr der erkenntnisunabhängige Gegenstand, der Widersprüche zur Entscheidung bringen könnte. Es werden beliebige Erkenntnismöglichkeiten möglich, von denen jede ihren Gegenstand erst konstituiert. Die Folge dieser Selbstreferenz in der Struktur der Erkenntnis selbst ist jener Relativismus der Theorieofferten, der wissenschaftlich Interessantes und Fruchtbares bietet (also nicht ohne weiteres als unwissenschaftlich abgelehnt werden müßte), der aber genau vor dem Problem versagt, das ihm von der Gesellschaft gestellt ist: dem Problem der Selbstthematisierung des einen Gesellschaftssystems.

Als späten Ausläufer dieser erkenntnistheoretischen und später »lebensphilosophischen« Relativierung findet man heute einen Theorienrelativismus vor, der alle Erkenntnis als standortgebunden ansieht und daraus den Schluß zieht auf Inkommensurabilität der verschiedenen Theoriesprachen oder Paradigmata. Zwischen solchen Theorien gibt es dann keine Übersetzbarkeit, obwohl sie sich mit Wahrheitsanspruch auf ein und dieselbe Welt beziehen, sondern nur Diskontinuität und abrupte Brüche. Karl Mannheim, C. Wright Mills und Thomas Kuhn gehören zu den prominenten Vertretern dieser Auffassung.[82] Die Schwierigkeiten dieser Konzeption liegen nicht allein in dem offen proklamierten Relativismus und der irrationalen Sprunghaftigkeit des Standpunktwechsels; sie liegen mehr noch in einer (nur implizierten) Überschätzung des Grades an Vereinheitlichung und wechselseitiger Exklusivität, den Theoriekonzeptionen real zu leisten vermögen, denn

82 Vgl. Karl Mannheim, *Ideologie und Utopie*, Frankfurt/M. [3]1952; C. Wright Mills, »Language, Logic and Culture«, *American Sociological Review* 4 (1939), S. 670-680; ders., »Methodological Consequences of the Sociology of Knowledge«, *American Journal of Sociology* 46 (1940), S. 316-330; Thomas S. Kuhn, *Die Struktur wissenschaftlicher Revolutionen*, Frankfurt/M. 1967 (dt. Übers.).

nur dadurch, daß die Systematizität der Theorien überzogen dargestellt wird, wird der Übergang von einer zur anderen im Theorienvergleich oder in der zeitlichen Abfolge unverständlich.[83] Die Lösung des Relativismus wäre vielleicht akzeptabel, wenn es so leistungsfähige Theorien, die sich wechselseitig mit Sicherheit ausschließen können, für den Gegenstand Gesellschaft überhaupt gäbe. Dann könnte man nämlich die Wahl in der Tat dem Zufall überlassen; jede Theorie wäre gut genug. Was es faktisch gibt, sind jedoch nur konkurrierende Prätentionen, die ihre wechselseitige Exklusivität nur behaupten. Und daran scheitert der Relativismus schon vorab, daß er Paradigmata, die seine Voraussetzungen erfüllen, gar nicht vorführen kann.

Gibt es Auswege? Liegt irgendwo ein gedanklicher Fehler vor? Und bis zu welcher Problemstellung muß man zurückgehen, um ihn zu finden und über Alternativen zu befinden?

Die beiden Probleme »Relativismus« und »Inkommensurabilität«, die uns an den referierten Diskussionen aufgefallen sind, müssen sorgfältiger als bisher unterschieden werden. Sie haben aber zunächst eine einheitliche Vermeidungsstrategie ausgelöst, die auf ihre Weise dazu tendiert, den Vereinheitlichungsgrad wissenschaftlicher Erkenntnis zu überschätzen. Die gegen sie vorgetragene Argumentation beruht auf der Suche nach *notwendigen Wahrheiten*, deren Alternativenlosigkeit sichert, daß in ihnen der Gegenstand selbst und die Erkenntnis übereinstimmen. Die Denknotwendigkeit soll dabei die Sachhaltigkeit (= Realität) des Gedachten gewährleisten. Daneben werden in der Tradition kontingente Wahrheiten als denkbar anerkannt (schließlich kann man auch Notwendiges logisch negieren), aber sie behalten einen problematischen

83 Siehe dazu auch die Kritik von Derek L. Phillips, »Paradigms and Incommensurability«, *Theory and Society* 2 (1975), S. 37-61.

Status. Die von Leibniz festgehaltene Alternative lautet zum Beispiel: »Verum est vel necessarium vel contingens, Verum necessarium sciri potest per finitam seriem substitutionum seu per coincidentia commensurabilia, Verum contingens per infinitam seu per incommensurabilia. Explicabile conferemus commensurabili, inexplicabile incommensurabili.«[84]

Ohne bewußten Bezug auf Leibniz erhält dieses Kommensurabilitätserfordernis in der allgemeinen Aktionstheorie von Talcott Parsons eine Neufassung, die wir in ihren Auswirkungen gut überblicken können. Es wird als Erfordernis der *Übersetzbarkeit* begriffen – der Übersetzbarkeit in andere Theoriesprachen oder in eine allgemeinere Theoriesprache.[85] Diese Übersetzbarkeit erfordert nach Parsons den Rückgang auf allgemeinere Theorien, letztlich den Rückgang auf begriffliche Prämissen, die a priori gelten, weil man ohne sie einen Gegenstand wie Handlung oder System nicht angemessen denken könne. Das Resultat liegt in einem wie immer unfertigen Zustande vor, und die Kosten lassen sich abschätzen. Bei allem Arrangiererfolg ist weder zwingend dargetan, daß genau diese und nur diese Konzepte dem Gegenstand gerecht werden; noch erreichen sie hinreichende Beherrschung des Details. Vielmehr drängt sich der Eindruck auf, daß mit zuneh-

84 Siehe: Gottfried Wilhelm Leibniz, *Opuscules et fragments inédits*, hg. von Louis Couturat, Paris 1903, Neudruck Hildesheim 1966, S. 408.

85 Siehe Talcott Parsons, *The Structure of Social Action*, insb. S. 600f., 753ff. Später spricht Parsons auch von »codification«; vgl. Talcott Parsons, Edward Shils (Hg.), *Toward a General Theory of Action*, Cambridge (Mass.) 1951, S. 3. Obwohl Parsons der begrifflichen Ausarbeitung dieser Postulate wenig Aufmerksamkeit schenkt – sie sind für ihn evident –, ist kaum zu bezweifeln, daß sie das zentrale Motiv seiner Theoriekonstruktion bezeichnen. Siehe die Würdigung unter diesem Gesichtspunkt bei Harold J. Bershady, *Ideology and Social Knowledge*, Oxford 1973, wo im übrigen »not commensurable« und »untranslated« gleichbedeutend gebraucht werden (S. 95).

mender Durchkonstruktion und mit zunehmender Annäherung ans Detail auch die nur analytischen Kunstgriffe und Implausibilitäten zunehmen.[86]

Lohnt sich ein neuer Versuch, Relativismus mit generalisierendem Rückgriff auf Denknotwendigkeiten zu bekämpfen? Schon der Gedanke, dasselbe mit immer wieder anderen Arrangements zu wiederholen, bis es (zufällig?) klappt, widerlegt eigentlich die Idee. Ein zweiter Ausweg besteht darin, in der Systemtheorie jeweils nur die für das System relevante, durch es bestimmte Umwelt zu berücksichtigen und dadurch Kommensurabilität zu garantieren. Ein Prototyp dieses Versuchs ist die Psychologie Kurt Lewins, die sich auf die Analyse psychischer Systeme in psychischen Feldern beschränkt und darin autonom zu sein behauptet.[87] Dieser Versuch scheitert jedoch an seinem Umweltbegriff, der darauf angewiesen bleibt, gewisse Strukturen (und seien es: Störungen oder Unordnungen) aus einer vorpsychischen Umwelt zu beziehen.[88] Damit wird für jede Systemtheorie und speziell für die systemtheoretische Soziologie die Frage akut, ob und wie es möglich sein könnte, in jenem Gegenreich der nur kontingenten Wahrheiten – es sollen ja doch auch Wahrheiten sein! –, der unendlichen Vielfalt erforderlicher Erkenntnisschritte, der Inkommensurabilität oder Unübersetzbarkeit und der Unerklärbarkeit Bedingungen möglicher Erkenntnis auszumachen und rationale Methoden zu entwickeln, die die Wissenschaft als ihre eigenen anerkennen kann.

86 Das liegt nicht zuletzt an dem Zwang zur Repetition des AGIL-Schemas auf jeder Ebene der Betrachtung.

87 Siehe Kurt Lewin, »Field Theory and Experiment in Social Psychology: Concepts and Methods«, *American Journal of Sociology* 44 (1939), S. 868-896.

88 Siehe dazu die Kritik der Position Lewins bei Roger G. Barker, »On the Nature of Environment«, *Journal of Social Issues* 19 (1963), 4, S. 17-38.

Ohne daß entsprechende Theorieentwürfe oder Forschungserfahrungen vorlägen, können wir doch einen weiteren Schritt tun, indem wir die Probleme der Relativität und der Inkommensurabilität ihrerseits relativieren; und zwar dadurch, daß wir sie auf das Problem der Komplexität beziehen. Wie eingangs dargestellt,[89] erfordern komplexe Systeme – und so auch theoretisch systematisierte Erkenntnisse – eine Reduktion möglicher Relationen zwischen Elementen. Grundbedingung der Analyse komplexer Systeme ist damit die Möglichkeit, zwischen Elementen und Relationen zu unterscheiden. Diese Unterscheidung können wir uns zunutze machen, um Relativismus und Inkommensurabilität zu relativieren. Die theoriespezifische Relativität aller Wahrheit und ebenso die Inkommensurabilität aller Theoriesprachen und Paradigmen bezieht sich jeweils nur auf die Relationen, die zwischen den Elementen zugelassen werden, nicht jedoch auf die Elemente selbst. Genauer formuliert: Sie bezieht sich auf die *Funktion der Selektion zuzulassender Relationen*, nicht jedoch auf die *Funktion des Elementseins*, die in allen Theoriesystemen das für sie und durch sie Unbedingte repräsentiert.[90] Aller Relativismus hat mithin daran seine Grenze, daß er sich auf Relationierungen bezieht, die Elemente voraussetzen. In dem, was ein Erkenntnissystem in der Funktion von Elemen-

89 Siehe Teil 1, Kap. I.

90 Kant macht sich bezeichnenderweise von dieser Funktion des Elements oder des Einfachen einen »blos negativen Begriff«. Es repräsentiere der Vernunft das Unbedingte zu allem Zusammengesetzten, das in der Realität aber gar nicht angetroffen werden könne. Vgl. »Über eine Entdeckung, nach der alle neue Kritik durch eine ältere entbehrlich gemacht werden soll (1790)«, in: ders., *Kleinere Schriften zur Logik und Metaphysik*, Vierte Abteilung, Leipzig o. J., S. 28f. Das Element repräsentiert in Wahrheit aber die Möglichkeit eines Durchgriffs und weiterer Auflösung, die nur insofern eine negative ist, als sie zur Erkenntnis eines bestimmten Systems nichts mehr beiträgt.

ten verwendet – das können zum Beispiel jene berühmten Protokollsätze oder Basissätze der Objektsprache sein –, muß es daher immer Kommensurabilität voraussetzen können.

Dabei darf allerdings nicht unbeachtet bleiben, daß das theoriegesteuerte Erkenntnissystem selbst darüber disponiert, was es als Element verwendet – ob es zum Beispiel in bezug auf Rollen oder Entscheidungen oder Handlungen oder Ereignisse oder Informationen seine Elementarsätze bildet. Insofern gibt es keine »Protokollsätze«, die ohne Vorbegriff einfach nur feststellen könnten, was ist; sondern die Elementfunktion innerhalb der Erkenntnissysteme setzt begriffliche Vorentscheidungen darüber voraus, in bezug auf welche Einheiten (elektrische Frequenzen, Informationen, Zellen, Kommunikationsakte o. ä.) Elementarsätze gebildet und theoretisch verarbeitet werden können. Und zugleich qualifiziert das Erkenntnissystem die Elemente in immer nur theoriespezifischer (also relativer, inkommensurabler) Weise dadurch, daß es sie als Anknüpfungspunkt für bestimmte Relationen (und nicht für andere) verwendet. Dies sind allgemeine (und nicht etwa: erkenntnisspezifische) Bedingungen des Aufbaus komplexer Systeme. In diesem allgemeinen Sinne sind denn auch Relativismus und Inkommensurabilität total insofern, als Element nicht ohne Relation, Quantität nicht ohne Qualität, Materie nicht ohne Form sein kann. Die spezifische Bedingung systemtheoretischer Erkenntnis ist nun aber gerade die, daß es diese allgemeine Bedingung des Aufbaus komplexer Systeme doppelt, nämlich *an sich selbst und am Gegenstand, zu beachten hat*, und das heißt: Der Ansatz von Elementfunktionen in den Gegenstandssystemen ist für die systemtheoretische Erkenntnis verbindlich und kann nicht sinnvoll unterschritten werden – es sei denn mit Wechsel des Gegenstandes und durch Übergang auf eine andere Ebene der Systembildung. Im Bereich der Relationen kann die Theorie dagegen abweichen von dem, was der Gegenstand an sich selbst realisiert hat, kann für spezifische Erkenntniszwecke Unwesentliches weglassen, also schärfer reduzieren, kann aber auch neue kombinatorische Möglichkeiten oder latente Funktionen und Strukturen thematisieren, die der Gegenstand an sich selbst noch nicht realisiert bzw. noch nicht entdeckt hat.

Quintessenz dieser Überlegungen ist, daß wissenschaftliche Theorieentwürfe die Relativierung des Relativismus und die Rückführung inkommensurabler Selektionen auf kommensurable Elemente selbst vollziehen müssen. In der Art, wie sie diese Aufgabe durchführen, können sie wiederum Relativismen und Inkommensurabilitäten erzeugen – aber dies auf einer höheren Stufe der Nichtbeliebigkeit. Wieweit sie sich in der Bestimmung von Elementen und Relationen der Nichtkontingenz (= Notwendigkeit) nähern, das hängt ab von ihrer Fähigkeit, die Komplexität ihres eigenen Aussagensystems zu erhöhen. Dies alles gilt im Prinzip auch für die Gesellschaftstheorie, will sie Wissenschaft sein, obgleich man die Durchführbarkeit eines solchen Programms an gegenwärtig vorhandenen Theorieansätzen nicht belegen kann. Deren Ungenügen – und nicht nur deren Pluralität – ist symptomatisch für einen Relativismus, der Theorieleistungen erbringen muß, um sich selbst zu relativieren.

3. Selbstreferentielle Theorien

In den vorangegangenen Analysen, zuletzt im Begriff des sich selbst relativierenden Relativismus, stecken Probleme, die wir, obwohl auch sie Bedingungen der Möglichkeit gesellschaftswissenschaftlicher Erkenntnis betreffen, herausziehen und in einem eigenen Abschnitt erörtern wollen. Es handelt sich um

Probleme der Selbstreferenz – diesmal nicht in der Konstitution des Gegenstandes Gesellschaft, sondern in den darüber gebildeten wissenschaftlichen Theorien, ja in der Wissenschaftstheorie selbst. Vorherrschende Auffassung ist, daß man Selbstreferenzen zumindest innerhalb der Wissenschaft aus logischen Gründen vermeiden müsse. Selbstreferentielle Sachverhalte müßten danach in nicht selbstbezügliche Aussagen »übersetzt«, also sozusagen logisch bereinigt werden, bevor sie Wahrheit beanspruchen können. Darin liegt ein Erkenntnisverzicht, der um so mehr ins Gewicht fällt, wenn selbstreferentielle Strukturen des Gegenstandes eine Art autokatalytische Funktion übernehmen und weitere Strukturen aufbauen, die gar nicht verständlich sind, wenn man außer acht läßt, daß sie sich ihrerseits auf selbstreferentielle Sachverhalte, zum Beispiel auf Selbstbewußtsein beziehen.

Dagegen ließe sich immer noch einwenden, daß solche Opfer gebracht werden müssen, weil sie zu den spezifischen Selektions- und Leistungsbedingungen des Wissenschaftssystems gehören. Aber dieses Argument verstrickt sich in das Übel, das es zu vermeiden trachtet: Es ist, da es die Differenz von System und Umwelt argumentativ verwendet, um Normen des Systems selbst zu begründen, selbst selbstreferentiell gebaut. Man kann durchaus zugestehen, daß es innerhalb des Wissenschaftssystems logische Subprogramme gibt, bei deren Verwendung man Selbstreferenzen eliminieren muß, aber das ist dann eine bewußt reduktive Operation, die innerhalb des Wissenschaftssystems nach besonderen Kriterien und mit Bewußthalten des Erkenntnisverzichts und mit Diskontierung des Ertrags vollzogen werden muß.

Im übrigen machen drei Vorgaben, die wir den vorangegangenen Sachanalysen entnehmen, den Einbau selbstreferentieller Strukturen und Prozesse auch in die Wissenschaftstheorie zwangsläufig, nämlich:

(1) *Wissenschaft ist ein soziales System.* Anders wäre die Bewältigung ihrer Erkenntnisaufgaben auf rationale Weise nicht möglich, allein schon aus Gründen der Komplexität.[91] Der Systemcharakter des Kommunikationszusammenhanges der Wissenschaftler ist damit primäre Bedingung der Möglichkeit wissenschaftlicher Erkenntnis. Es gibt keine ihn prinzipiell transzendierende, auf sich selbst gestellte Vernunft. Die Frage kann nur sein – und insofern ist auch diese primäre Bedingung kontingent –, wieweit dieser Systemzusammenhang aus der allgemeinen gesellschaftlichen Kommunikation ausdifferenziert ist und dank Orientierung an besonderen Regeln besondere Leistungen erbringt, die nicht von jedermann erwartet werden können, trotzdem aber Wahrheitswert haben.

(2) *Wahrheit ist keine Eigenschaft von Sätzen, sondern ein binär (Wahrheit/Unwahrheit) codiertes Medium der Kommunikation* mit symbolisch generalisierten Regeln, nach denen Teilnehmer an entsprechend orientierter Kommunikation sich über Selektion von Erleben verständigen. Da die Teilnehmer selbst Umwelt ihres Kommunikationssystems sind und außerdem über weitere Umwelten kommunizieren können, ist diese Erlebnisselektion nie beliebig möglich, auch wenn die Form dieser Nichtbeliebigkeit mit der Evolution variiert.

(3) *Alle Gegenstände wahrheitsorientierter Kommunikation sind selbst Resultat evolutionärer Prozesse.* Nicht nur unter prozessualem, sondern auch unter gegenständlichem Aspekt sind alle Wahrheiten kontingent. Jene Nichtbeliebigkeit kann daher nur in der Relationierung dieser beiden

91 Siehe statt vieler Martin Shubik, »Information, Rationality, and Free Choice in a Future Democratic Society«, *Daedalus* 96 (1967), S. 771-778.

Kontingenzen gesucht werden. Im Falle der gesellschaftlichen Evolution produziert diese beides: die Gesellschaft selbst und deren Erkenntnis. Diese Erkenntnis muß daher, wenn sie Evolution einbezieht, nicht nur die doppelte Kontingenz von Gegenständen und Erkenntnissen erfahren, sondern gerade darin, in der Erkenntnisrelation, sich selbst als kontingent und als evolutionär veränderlich begreifen. Sie kann nicht länger in der alten Weise die *adaequatio intellectus ad rem* von der gegenläufigen, nur für Gott möglichen *adaequatio rei ad intellectum* trennen wie unabhängige und abhängige Variable. Ihre *adaequatio* liegt in der Einsicht, daß die Nichtidentität von Gegenstand und Erkenntnis, von Gesellschaft und von wissenschaftsspezifischer Kommunikation über Gesellschaft, selbst ein Resultat gesellschaftlicher Evolution ist – und daher kontingent, veränderbar, aber gleichwohl nicht beliebig machbar.

In klassischer Sprache formuliert, steckt darin das Ansinnen einer Paradoxie, zumindest einer paradox erscheinenden Umkehrung gewohnter Fundierungsvorstellungen: Die Wahrheit dieser Theorie gründet ihren Universalitätsanspruch und ihre Weltgeltung nicht auf ihre Adäquität zur Welt und nicht auf Regeln der Reflexion und Kontrolle dieser Adäquität, sondern auf ein unter beträchtlichen Reduktionen operierendes Teilsystem, das unter ebendiesen Bedingungen sich selbst erforschen kann. Die Möglichkeit der Reflexion hängt nämlich genau von dieser Art des Vorgehens ab: von der partikularen Referenz aller Universalsichten, aller gesamtgesellschaftlichen und hier sogar aller weltbezogenen Funktionen. Der Reflexionsstil ist dann bestimmt durch den Nachvollzug dieser Bedingung, und Reflexion findet ihren Halt in der selektivreduzierten, gegen Umwelt diskontinuierten Identität des Systems – und nicht in einer totalisierenden Konzeption. Sie wird gestoppt nach Bedarf – und nicht durch die Lösung eines Abschlußproblems, die doch immer nur behauptet werden kann. Das ergibt dann freilich keine affirmative, sondern eine reduktive, keine nette, sondern eine ironische Theorie. Sie nimmt Partikularität als Bedingung für Universalität – so wie Ausdifferenzierung von Systemen als Bedingung für die Konstitution der Welt.

Dies führt dazu, daß Selbstreferenz nicht als Modus der Lösung einer Abschlußproblematik eingeführt werden kann nach dem Modell des Gottesbegriffs oder der Vorstellung des Willens zur Vernunft, der in dieser Intention als »reinen« Willen sich selbst will; sondern daß selbstreferentielle Strukturen und Prozesse in doppelter Weise auftreten: am Gegenstand selbst und in der Wissenschaft. Damit wird das Verhältnis dieser beiden Bereiche als Problem der Relationierbarkeit von Selbstreferenzen zum Thema. Die Frage ist dann: Wie können Komplexe, die sich selbstbezüglich begründen und verändern, zueinander in Beziehung treten? Die Forderung der Gegenstandsadäquität, der letztlich totalen Sinnerfassung, wird dann zurückgenommen und ersetzt durch die Forderung adäquater Erfassung genau dieses Umstandes: daß der Gegenstand – und ebenso Wissenschaft als Gegenstand von Wissenschaft – selbstreferentielle Strukturen und Prozesse aufweist.

Die hieraus sich ergebenden Konsequenzen bestimmen sowohl die Theorie als auch die Methodologie der Wissenschaft von der Gesellschaft. Im Bereich der Methodologie, darauf kommen wir zurück, erfordern sie eine Radikalisierung des Funktionalismus: eine Problematisierung der für den Gegenstand selbst möglichen Problemstellungen. Im Bereich der Theorie erfordern sie ein Aufsprengen klassischer Theorieansätze durch Einbau eines Bezugs auf Weltdimensionen, die zugleich als Dimensionen der Selbstthematisierung des Gesellschaftssystems und als Theoriedimensionen der Wissenschaft fungieren. Das haben wir in den vorstehenden Hauptteilen unserer Untersuchungen zu leisten versucht.

Systemtheorie, Kommunikationstheorie und Evolutionstheorie artikulieren die drei Sinndimensionen, in denen die Gesellschaft sich selbst sachlich, sozial und zeitlich identifiziert und für sich selbst zum Thema, eventuell zum wissenschaftlichen Thema wird. Diese drei Dimensionen sind Weltdimensionen. Sie sind Träger von Kontinuität und Diskontinuität; sie sind Bedingungen der Möglichkeit gezielter, ergiebiger Negationen; sie übergreifen als Weltdimensionen (nicht notwendig jedoch: in der angegebenen Theorieform) Gegenstand und Erkenntnis und sind auch insofern in sachlicher, sozialer und zeitlicher Hinsicht Träger von Kontinuität und Diskontinuität. Als Weltdimensionen sind sie nicht weiter begründbar, vielmehr Bedingung der Möglichkeit aller Begründungen; und nicht weiter erklärbar, vielmehr Bedingung der Möglichkeit aller Erklärungen. Sie sind sozusagen Ersatz-Aprioris – und dies in doppeltem Sinne: durch die (nur) phänomenologische Art ihrer Einführung in die wissenschaftliche Analyse und durch den selbstreferentiellen Begründungsstil, den sie allen Theorien aufzwingen, die sich der Welthaftigkeit dieser Sinndimensionen wirklich zu stellen und zu fügen versuchen.

Daß, theoriegeschichtlich und in der wissenschaftlichen Reflexion gesehen, Systemtheorie, Kommunikationstheorie und Evolutionstheorie stärker auseinandertreten und sich durch Bezug auf sich selbst zu begründen beginnen,[92] hat demnach selbst wieder gesellschaftstheoretisch zu fassende Gründe: Eine evolutionär fortgeschrittene, hochkomplexe Gesellschaft kann ihre Welt nur noch durch Differenzierung

92 Vgl. oben in diesem Teil, Kap. 1, die Abschnitte 4 und 5.

jener drei Dimensionen adäquat konstituieren. Sie muß deshalb, wenn gesellschaftstheoretische Konzepte überhaupt die Funktion der Selbstthematisierung übernehmen und weltadäquat erfüllen sollen, diese entsprechend auseinanderziehen. Wir haben gesehen, daß dies faktisch in mehr oder weniger deutlich bewußtem Umfange bereits geschieht. Nur: Daß dieses Geschehen seinen Grund in der gesellschaftlichen Evolution selbst hat, das kann erst eine Theorie der Weltgesellschaft formulieren. Und erst damit wird das Problem der Selbstreferenz aus einer logischen Verlegenheit, die nach Möglichkeit auszubooten ist durch eine Typentheorie, eine Mehrebenentheorie, durch willkürlich eingeführte unabhängige Variable oder wie auch immer, zum Kernstück der Gegenstandsadäquität soziologischer Theorie; denn durch Ausarbeitung der selbstreferentiellen Strukturen von Systemtheorie, Kommunikationstheorie und Evolutionstheorie erreicht die Gesellschaftstheorie den Anschluß an die Analyse der Weltdimensionen. Dadurch übernimmt sie erst die Funktion, die Gesellschaft in sachlicher, sozialer und zeitlicher Hinsicht zu identifizieren in einer Weise, die sich selbst als historisch relative, späteste und komplexeste Form der Selbstthematisierung reflektiert.

Dieser Umweg über eine gesellschaftstheoretische Analyse der Bedingungen der Möglichkeit gesellschaftstheoretischer Analyse ergibt erste Anhaltspunkte für das wissenschaftliche Programm. Es beruht im Kern auf der Absicht, mit einer Mehrheit selbstreferentieller Forschungsansätze zu arbeiten, die je für sich logisch nichts ausschließen und empirisch gehaltlos sind, die sich aber wechselseitig erfordern und limitieren. Trotz selbstreferentieller Elemente in den einzelnen Ansätzen ist, das haben wir in den Hauptteilen unserer Untersuchung mit exemplarischen Analysen zu zeigen versucht, deren Kombination nicht beliebig möglich, und aus den jeweils anderen Theorien lassen sich Instruktionen entnehmen, die einen primär verfolgten Theorieansatz konkretisieren. Gerade die Unabhängigkeit des selbstreferentiellen Begründungsansatzes, gerade der Verzicht auf deduktive oder reduktive Vereinheitlichung ist Voraussetzung für kombinatorische Gewinne. Wie aber ist diese Bedingung der Möglichkeit kombinatorischer Erkenntnisgewinne zu begreifen, das heißt in der Wissenschaftssprache darzustellen?

4. Limitationalität

Die allgemeinste Bedingung produktiver Kombinatorik und zugleich das äußerste Bezugsproblem wissenschaftlicher Theoriebildung überhaupt nennen wir Limitationalität. Unter Limitation verstehen wir die bestimmende (»qualifizierende«) Funktion einer Negation.[93] Die Negation bestimmt nicht das, was negiert wird, sondern etwas anderes. Limitation ist also eine Relation des Negierten zu etwas anderem; eine Relation, die besagt, daß die Negation des Negierten dem anderen nicht gleichgültig ist, sondern dessen Möglichkeiten einschränkt. Handelt es sich bei einem Löffel nicht um Silber, so ist die Wahrscheinlichkeit, daß es sich um Eisen handelt, entsprechend größer. Limitation bedeutet also nicht (oder nur im Grenzfall strikter Binarität) Festlegung von Bestimmungen, wohl aber Einschränkung der Möglichkeiten, bestimmt zu werden, und insofern Erkenntnisgewinn.

Limitationalität ist die *Kontingenzformel des Wissenschaftssystems* – die Formel, mit der speziell für dieses System

93 Kant führt den Begriff, ohne sich auf eine Definition festzulegen, in der Tafel der Kategorien unter den Kategorien der Qualität auf. Siehe *Kritik der reinen Vernunft*, B 106.

Kontingenz zugelassen, aber in der Form von Beliebigkeit ausgeschlossen wird. Sie hat für die Wissenschaft also diejenige Stellung, die im politischen System die Formeln der Machtlegitimation einnehmen oder im Wirtschaftssystem das Prinzip der Knappheit. Keine wissenschaftliche Theorie kommt darum herum, Limitationalität vorauszusetzen oder explizit einzuführen. Das bedeutet jedoch nicht, daß dies immer auf die gleiche Weise und mit den gleichen Konsequenzen zu geschehen habe.

Die ältere Tradition läßt sich, mit bedeutenden Ausnahmen vor allem biblischer und mystischer Provenienz, kennzeichnen dadurch, daß sie Limitation als *Perfektion* begreift und dabei die Nichtbeliebigkeit des Negierens mit Bezug auf sachimmanente Zwecke oder mit Bezug auf die Realität begründet. Perfektion ist dann vollkommene Angemessenheit (des Mittels) für den Zweck oder ist vollkommene Angemessenheit (des Begriffs) für die Realität. In der griechischen Überlieferung stand daher ein technisch-poietisches Konzept der Perfektion im Vordergrund; die Versuche, dieses Konzept mit der biblischen Überlieferung zu verbinden, führten seit Augustin und vor allem seit Anselm von Canterbury zu einem komparatistischen Perfektionsbegriff, der höher generalisiert war als der alte insofern, als er Stufen der Perfektion (bzw. *excellens*) vorsah, und nur die höchste Perfektion und mit ihr zugleich das Maß der Perfektion der Negation entzog.

Solange Limitation in diesem Sinne als Perfektion begriffen oder aus Perfektion begründet wird, konnte sie nicht als Leistung problematisiert werden – es sei denn als Schöpfung. Im Erfahrungsraum einer differenzierteren, religiös gespaltenen Gesellschaft stößt die neuzeitliche Kritik sich zunächst an der Subjektivität und Vorurteilshaftigkeit derjenigen Prototypen, Zweckbegriffe oder Universalideen, die dem Perfektionsurteil zugrunde liegen.[94] Mit dem Zerbrechen jener Gleichung von Limitation und Perfektion[95] erst wird die Möglichkeit eröffnet, sich Alternativen für die Einführung von Limitation zu überlegen (und damit erst wird es sinnvoll, von Limitatio*nalität* zu sprechen). So unterscheidet sich beispielsweise die neuzeitliche Dialektik von der älteren Gattungslogik dadurch, daß sie Limitationalität nicht mehr durch eine natürlich feststehende Typik der *series rerum* garantiert, sondern sie in die Zeitdimension verlagert und behauptet, Negation könne als Prozeß der Bestimmung des sei es unbestimmt, sei es widerspruchsvoll-bestimmt Vorhandenen keine beliebigen Resultate haben.[96] Die ältere Gattungslogik hatte die Welt selbst entweder als endlich oder doch als endliche Selektion vorausgesetzt. Sie konnte deshalb von einer weltimmanenten Limitationalität ausgehen, die dann über Gattungen und Arten eine konkrete Ordnung der Individuen vermittelt. Das operative Erfordernis der Limitationalität war durch die Realität selbst auf verschiedenen Allgemeinheitsstufen garantiert. Dem entsprach die Spaltung des Negationsbegriffs in *annihilatio* (als Gegenbegriff zu *creatio*) und *privatio* und eine nur

94 Siehe die »praefatio« zu Teil 4 der Ethik von Spinoza (*Opera/Werke*, Darmstadt 1967, Bd. II, S. 381ff.) mit der bekannten Konsequenz, die Realität in ihrer Wesenhaftigkeit Perfektion zu nennen (was den Begriff auf die Funktion eines bloßen *epitheton ornans* herabsetzt). Vgl. auch Hegels Kritik der Perfektionsidee als einer unbestimmten Vorstellung, die (im Gottesbeweis Anselms) das zur Voraussetzung macht, »um was es sich handelt«, in: G. W. F. Hegel, *Vorlesungen über die Philosophie der Religion 2: Vorlesungen über die Beweise vom Dasein Gottes*, Dritter Teil, B (*Werke*, Bd. 17), Frankfurt/M. 1969, S. 211. Es handelt sich aber, für Hegel, um die (dialektische) Einheit von Gedanke und Realität.

95 Eine philosophische Kritik dieser Gleichsetzung findet man bei Martin Foss, *The Idea of Perfection in the Western World*, Princeton 1946.

96 Siehe zu diesem Vergleich auch Wagner, *Philosophie und Reflexion*, S. 108ff.

privative Verwendung der Negation in erkenntnismäßigen Operationen.[97] Solche Prämissen waren gedacht als Grundlagen einer Technik des Sichzurechtfindens mit endlichen Mitteln unter einer begrenzten Zahl von Gegenständen.

Die bürgerliche Philosophie muß immanente und vielleicht auch gesellschaftsstrukturelle Gründe gehabt haben, diese Konzeption zu sprengen. Die Dialektik war, durch Hereinnahme des Zeitmomentes, ein erster Versuch, der sich jedoch der Frage nach den Bedingungen fruchtbarer operativer Verwendung von (nicht mehr nur privativen, sondern kreativen) Negationen ziemlich schutzlos ausgesetzt hat. Die Limitationalitätsgarantie kann jedenfalls nicht allein in der Voraussetzungslosigkeit des Anfangens mit reflexionslogischen Begriffsbestimmungen liegen. Nicht zufällig suggeriert daher Marx aus Analysen mit selbstreferentieller Negativität den Fehlschluß einer negativen Bewertung des Vorhandenen: der kapitalistischen Gesellschaft. Die Limitationalität wird nur unreflektiert garantiert: durch Fokussierung der Gesellschaftstheorie auf Fragen der Wirtschaft oder gar des Eigentums mit der Folge, daß die Negation der kapitalistischen die Bejahung und Herbeiführung der sozialistischen Gesellschaft impliziert und die Theorie, auf diese Alternative fixiert, ihren Universalitätsanspruch verliert.

Im engeren Bereich der neueren Wissenschaftstheorie, vor allem im sogenannten kritischen Rationalismus stellt sich das gleiche Problem. Man könnte »Falsifikation« theoretischer Hypothesen als methodisches Verfahren nicht empfehlen, verbände sich damit nicht die Hoffnung, der Wahrheit, sei es durch Eliminierung falsifizierter Hypothesen, sei es durch

97 Vgl. etwa Thomas von Aquino, *Quaestiones disputatae de veritate*, q. 3, a 4 ad 4: »Falsitas tamen eius principii non cognoscitur nisi per privationem veritatis, sicut caecitas per privationem visus.«

Scheitern von Falsifikationsversuchen, immer also auf dem Umwege über Negationen, näher zu kommen.[98] Das ist aber nur unter der Voraussetzung von Limitationalität der Fall. Diese Voraussetzung impliziert eine Aussage über die Welt, die dem Weltbegriff widerspricht (und zwar im Merkmal der Unendlichkeit). Sie läßt sich daher wissenschaftstheoretisch nicht begründen. Entsprechend haltlos, das heißt ohne Halt an einem Konzept für dieses Grundproblem, ist die Polemik, die der kritische Rationalismus gegen die Dialektik führt.

Auch die funktionale Analyse steht vor dem gleichen Problem; sie kann es aber nach jenen Vorerfahrungen nicht mehr ganz unbedacht als gelöst voraussetzen. Sie kann, da es keine Ausnahmen gibt, einigermaßen sicher sein, daß irgend so ein Ersatz-Apriori, das Limitationalität einführt, notwendig ist; und sie kann Kritikern dialektischer oder kritisch-rationaler Provenienz, die ihr diesen Punkt, diesen Sprung vom Unbestimmten zum Bestimmten oder doch Bestimmbaren vorhalten, entgegenhalten: »Tu quoque!« Aber wie macht man es?

Der Überblick über mehrere (funktional äquivalente) Möglichkeiten, Limitationalität einzuführen, lenkt die Aufmerksamkeit auf eine Frage, die wir vor allem zur Abgrenzung gegen die Dialektik explizit aufwerfen müssen: Wie begründen sich eigentlich selektive Bestimmungen? Solange man Limitationalität schlicht voraussetzt, kann man sagen: durch die Negation anderer Bestimmungsmöglichkeiten. Die (endliche) Negation trägt dann mit der Bestimmungs- auch die Begründunglast. Sie muß in das Bestimmte aufgenommen werden als Moment seiner eigenen Wirklichkeit. Wenn man dagegen Limitationalität nicht mehr schlicht voraussetzt, son-

98 Siehe als Ausgangspunkt einer umfangreichen Diskussion Karl R. Popper, *Logik der Forschung*, Wien 1935 (Tübingen ²1966).

dern als Ordnungsleistung problematisiert, *verlagert sich die Begründungslast auf die Einführung von Limitationalität; auf die Limitationalitätsgarantie.* Erst sie verleiht den Negationen die Fähigkeit zu bestimmen; und nur wenn diese Fähigkeit begründet werden kann, kann auch ihre Leistung im Einzelfall begründet werden. Diese Einsicht hat eine methodisch wichtige Konsequenz, die mit den Ergebnissen einer auf konkreteren Ebenen geführten methodologischen Diskussion konvergiert: Ein Vergleich kann nicht begründen, eine funktionale Analyse kann nicht erklären. Darauf kommen wir weiter unten zurück.[99]

Diese Verschiebung des Begründungsproblems führt nicht etwa ins Allgemeinere (etwa: zum »Begriff« der bestimmten Negation), sondern ins Partikulare; sie führt uns zurück auf das Wissenschaftssystem, das durch Artikulation von Limitationalität sich selbst eine Kontingenzformel gibt. Damit wird, wie immer im Bereich der Kommunikationsmedien, nicht bestritten, daß limitierte Negationen (ebenso wie Wahrheit, Macht usw.) durchgehendes Gebrauchsgut in nahezu allen gesellschaftlichen Prozessen sind. Limitation kommt nicht nur in den wissenschaftsinternen Prozessen vor. Aber ihre spezifische Artikulation für besonders anforderungsreiche Operationen sowie Interpretationen und Entscheidungen über Interpretationen der Form von Limitationalität sind nur für das Wissenschaftssystem nötig und nur durch das Wissenschaftssystem möglich. Nur hier ist absehbar, was davon abhängt, welche Fassung man der Kontingenzformel Limitationalität gibt.

Vor diesem Problem, die Kontingenzformel der Wissenschaft zu interpretieren, findet die funktionale Analyse sich selbst. Sie findet ein Bezugsproblem mit einer Mehr-

99 Siehe die Abschnitte 5 und 6.

heit vorliegender Lösungsvorschläge – genau das ist das sie selbst charakterisierende relationale Schema der Analyse: Die funktionale Analyse bezieht alle Gegenstände auf Probleme; begreift also alles, was sie untersucht, als ein schon gelöstes Problem, das auch anders gelöst werden könnte. Sie setzt dadurch alles, was sie an Wirklichkeiten oder an Möglichkeiten vorfindet, einem Vergleich mit anderen, funktional äquivalenten Möglichkeiten aus. Sie ist eine Technik problembezogenen (nicht: eigenschaftsbezogenen!) Vergleichens. Dabei intendiert sie nicht eine bloße Zusammenstellung des Gleichen und nicht die bloße Induktion übereinstimmender Merkmale an vielen ähnlichen Exemplaren. Sie versucht also keine direkte Generalisierung ausgehend allein von den Merkmalen, die sie an Gegenständen vorfindet; so käme man immer nur zu einer geschlossenen Welt mit einer begrenzten Menge von Eigenschaften. Sondern sie interessiert sich für die Ungleichheit des Gleichen, nämlich für das Ausmaß an Ungleichheit, das in einer spezifischen – ebender problemlösenden – Hinsicht noch als gleich behandelt werden kann. Die Ungleichheit des Gleichen ist sozusagen ihr Expansionsfeld. Im Unterschied zu einer Gattungslogik, die sich für die Gleichheit des Gleichen interessiert, braucht sie deshalb keine geschlossene Welt vorauszusetzen.

Wir werden im folgenden Abschnitt der Frage nachgehen, was ein solches Programm methodisch bedeuten mag. Zuvor muß jedoch geklärt werden, welche Auffassung von Limitationalität, welche Interpretation der Kontingenzformel des Wissenschaftssystems es voraussetzt. Hierfür sind zwei Gesichtspunkte entscheidend, die wir nur noch zusammenfügen müssen: *Selbstbezüglichkeit* und *Nachträglichkeit*.

Unter dem Problemgesichtspunkt der Limitationalität vergleicht die funktionale Analyse sich selbst mit anderen Erkenntnistechniken. Sie entdeckt ihre eigene Abhängigkeit von Prämissen, die Limitationalität garantieren, und kann die Wahl dieser Prämissen auf die Erfordernisse vergleichender Analysen beziehen. Der sozialwissenschaftliche Funktionalismus hatte zunächst »Bedürfnisse« vorausgesetzt, die auf verschiedenartige, aber begrenzte, nicht beliebige Weise erfüllt werden können.[100] Er hatte sodann dieses Konzept generalisiert zu einer allgemeinen Theorie sozialer Systeme oder gar handelnder Systeme schlechthin und sich Limitation durch die Bedingungen des Bestandes solcher Systeme vorgeben lassen.[101] Die Versuche einer Konstruktion solcher Bestandsbedingungen führten bald darauf Talcott Parsons nochmals eine Abstraktionsstufe weiter, nämlich zur Annahme der allgemeinen analytischen Variablen innen/außen und gegenwartsorientiert/zukunftsorientiert, mit deren Hilfe er ein dichotomisierendes Bestimmungsverfahren für Systemfunktionen konstruiert, das auf der Ebene der Systeme selbst zugleich als Differenzierungsverfahren und auf der Ebene des Handelns als Verfahren von »binary choices« im Rahmen allgemeiner Orientierungsmöglichkeiten (»pattern variables«) dargestellt wird.[102] Diesen Bezugsrahmen hatten wir bereits mit Hilfe einer Analyse der Sinndimensionen nochmals erweitert und komplexiert, indem wir der Sachdimension (System/Umwelt) und der Zeitdimension die Sozialdimension selbst in entsprechender Theoriestellung angefügt und die Dichotomisierung auf Horizonte bezogen und damit von dem starren Zwang zur binären Wahl entlastet hatten. Dazu

100 Vgl. namentlich Bronislaw Malinowski, *A Scientific Theory of Culture and Other Essays*, Chapel Hill 1944, S. 67ff., 145ff.

101 Siehe Talcott Parsons, *The Social System*, sowie ders., Shils (Hg.), *Toward a General Theory of Action*.

102 Die übersichtlichste Darstellung ist: Talcott Parsons, »General Theory in Sociology«, in: Robert K. Merton u. a. (Hg.), *Sociology Today: Problems und Prospects*, New York 1959, S. 5-38.

kommt jetzt eine im engeren Sinne wissenschaftstheoretische Kritik des Parsonsschen Funktionalismus:

Die Limitationalitätsgarantie wird in dieser dichotomisierten Form a priori eingeführt und als Denk- und Sachnotwendigkeit schlechthin angesehen. Genau diese Behauptung unkritisierbarer Annahmen ist der Punkt, an dem der Funktionalismus nunmehr Kritik auf sich zieht und seine Annahmen problematisieren muß im Hinblick auf den Duktus der Theorie und das methodische Verfahren, die er damit in Gang bringen, also limitieren will. Erst jetzt wird es nötig, nach der Funktion funktionaler Analyse zu fragen und die Art und Weise, in der Limitationalität eingeführt wird, darauf abzustimmen. Und erst hier – und nicht auf der simplen Ebene der Anerkennung der Tatsache von »Widersprüchen«[103] – wird es sinnvoll, selbstreferentiellen Funktionalismus und selbstreferentielle Dialektik in ihrer Behandlung des Problems der Limitationalität zu vergleichen.

Der zweite Punkt betrifft Nachträglichkeit. Da funktionale Analysen immer an schon gelöste Probleme anknüpfen und deren Lösungen nur reproblematisieren, setzen sie Limitationalität nicht als eine Art Hürde voraus, die genommen werden muß, bevor man anfangen kann, rational zu analysieren; ebensowenig wie sinnhaftes Erleben und Handeln im allgemeinen voraussetzt, daß über den intendierten Sinn entschieden sein muß, bevor man anfängt, zu erleben bzw. zu handeln.[104] Sinn und speziell wissenschaftlicher Sinn impliziert nur, daß man auf das Problem der Limitationalität zurückge-

103 Siehe etwa Pierre L. van den Berghe, »Dialectic and Functionalism: Toward a Theoretical Synthesis«, *American Sociological Review* 28 (1963), S. 695-705.

104 Anders auch hier die bei Notwendigkeiten a priori ansetzende Handlungstheorie; siehe etwa Parsons, Shils (Hg.), *Toward a General Theory of Action*, S. 77.

hen (bzw. durch Kritiker zurückgeführt werden) kann; ferner, daß dies in Abhängigkeit von dem jeweils relevanten Kontext der Problematisierung geschieht und daß ein solcher Rückgang notwendig wird, wenn die Bestimmungsfunktion von Negationen prinzipiell durchdacht und selbstreferentiell gerechtfertigt werden soll.

Selbstbezüglichkeit und Nachträglichkeit sind keine Spezifika der funktionalen Analyse. Sie charakterisieren auch die Dialektik und auch die transzendentale Phänomenologie Edmund Husserls.[105] Für die funktionale Analyse ist lediglich bezeichnend, daß sie mit diesen Begriffen ein Problem konturiert, dem sie sich selbst funktional zuordnet zum Zwecke des Vergleichs mit anderen, nichtfunktionalistischen Lösungsvarianten. Diese werden dabei bewußt inkongruent, nämlich in bezug auf das letzte Bezugsproblem der Wissenschaft dann doch funktional interpretiert. Nur so ist der Vergleich möglich. Nur so kann eine funktionale Theorie im Vergleich mit anderen Theorien ihre eigene Lernfähigkeit testen.

Diese formalen und wissenschaftstheoretischen Aspekte, die Art und Weise des Vorgehens betreffend, lassen sich inhaltlich als Orientierung am Problem der Komplexität ausdrücken. Die funktionale Analyse interpretiert Limitationalität als Komplexität. Mit Komplexität wird, wie oben ausgeführt,[106] die Selbstlimitierung der Welt bezeichnet, die darin besteht, daß bei Zunahme der Elemente nicht mehr alle mit allen direkt verknüpft werden können. Die Realisierung einzelner Relationen durch Prozesse geht also jeweils unter Eliminierung anderer vor sich, und die Negation bestimmter Möglichkeiten verstärkt die Chancen für andere.

105 Siehe dazu besonders Karl Schuhmann, *Die Fundamentalbetrachtung der Phänomenologie: Zum Weltproblem in der Philosophie Edmund Husserls*, Den Haag 1971.

106 Vgl. Teil 1, Kap. I.1.

Wie dies geschehen kann, geschehen wird, geschehen sollte, ist damit noch nicht gesagt. Der Begriff der Komplexität leistet nur eine abstrakte Limitationalitätsgarantie. Mit der begrifflichen Vereinheitlichung wird die Einheit der Mannigfaltigkeit betont; dies aber nicht in der Form eines Gattungsbegriffs oder eines Mengenbegriffs, der alles, was vorkommt, einbegreift, sondern in der Form eines Problems, das jeder selektive Prozeß, der vorkommt, zu lösen hat und das man Reduktion der Komplexität nennen kann.

5. Funktionale Analyse

Während Limitationalität zur *Theoriebildung* führt und *Strukturen* wissenschaftlicher Forschung ermöglicht, wenn man sie als *Komplexität* interpretiert, führt sie zur *Methodenentwicklung* und ermöglicht damit *Prozesse* wissenschaftlicher Forschung, wenn man sie als *Bezugsproblem für vergleichende Analysen* ansieht. Vergleich ist explizite oder implizite Voraussetzung jeder wissenschaftlichen Aussage, und jede Methode orientiert sich an Regeln der Entscheidung über vergleichbare Aussagen zu einem als identisch vorausgesetzten Sachverhalt. Damit gehört es auch zu den Voraussetzungen wissenschaftlicher Aussagen, sie verlören sonst ihren Gegenstandsbezug, daß die Relation der Gleichheit bzw. Ungleichheit in der gegenständlichen Realität selbst vorkommt und nicht eine nur subjektive, psychische, mentale oder wissenschaftsimmanente Aktivität darstellt.[107] Jede Wissenschaft

107 Diese These könnte man im Anschluß an Husserls *Logische Untersuchungen* phänomenologisch begründen. Siehe dazu auch Alfred Brunswig, *Das Vergleichen und die Relationserkenntnis*, Leipzig, Berlin 1910. Ungeachtet dessen bleibt aber auch wissenschaftstheoretisch

wird ihre Kontingenzformel also dadurch methodisieren, daß sie das Problem der Limitationalität als Regel der Vergleichbarkeit interpretiert. (Einen anderen Weg nimmt hier im übrigen die Dialektik, die sagen müßte: als produktive Negierbarkeit interpretiert.)

Jeder Vergleich erfordert eine Überbrückung der Differenz von gleich und ungleich und zu diesem Zwecke eine Zentralperspektive, einen »Gesichtspunkt«, der die Gleichheit des Ungleichen garantiert.[108] Das kann auf sehr verschiedene Weise geschehen.[109] Der Versuch, ungleiche Aussagen, nämlich verschiedenartige Theorien oder Hypothesen, am Gegenstand konkurrieren und durch den Gegenstand entscheiden zu lassen, ist die einfachste und überzeugendste Methodenvorstellung. Die funktionale Analyse geht darüber hinaus und bringt sich selbst damit in vieldiskutierte methodologische Schwierigkeiten. Für den Begriff der Funktion ist zunächst bestimmend, daß er diese Relation auf den Ver-

keine andere Wahl, wenn man zugesteht, daß der Vergleich universeller Aspekt jeder wissenschaftlichen Aussage ist.

108 Man könnte natürlich auch sagen: die Ungleichheit des Gleichen, das heißt das Vermeiden von Tautologien, garantiert.

109 Zum Beispiel hat auf antiken Grundlagen die Rechtstheorie sich im Rahmen der Gerechtigkeitslehre ausgiebig mit der »Gesichtspunktsrelativität aller Gleichheit« beschäftigt. Siehe etwa Hans Nef, *Gleichheit und Gerechtigkeit*, Zürich 1941; Konrad Hesse, »Der Gleichheitsgrundsatz im Staatsrecht«, *Archiv des öffentlichen Rechts* 77 (1951-52), S. 167-224; Werner Böckenförde, *Der allgemeine Gleichheitsgrundsatz und die Aufgabe des Richters*, Berlin 1957, insb. S. 67f., 71ff.; Karl Engisch, *Logische Studien zur Gesetzesanwendung*, Heidelberg ³1963, S. 30ff.; Adalbert Podlech, *Gehalt und Funktionen des allgemeinen verfassungsrechtlichen Gleichheitssatzes*, Berlin 1971, S. 30ff. Siehe ferner etwa Hermann Ulrici, *Compendium der Logik*, Leipzig ²1872, S. 93f.; Edmund Husserl, *Logische Untersuchungen*, Bd. II, Teil 1, Halle ³1922, S. 112f.; Ernst Cassirer, *Substanz und Funktion*, Berlin ²1922, S. 33.

gleichsgesichtspunkt selbst bezeichnet; sodann, aber das ist bereits umstritten, daß er diese Relation als Aspekt der gegenständlichen Wirklichkeit auffaßt, also nicht als Sache frei wählbarer analytischer Intention behandelt. Die funktionale Analyse vergleicht also nicht nur Theorien, sondern setzt Gleichheits-/Ungleichheitsverhältnisse im Gegenstand selbst an, und dies nicht nur in dem Sinne, daß sie verschiedene Gegenstände vergleicht, also ungleiche Theorien in bezug auf Aussagen über Gleichheit/Ungleichheit von Gegenständen konkurrieren läßt, sondern in dem nochmals radikalisierten Sinne, daß sie sich für die als gleich behandelbaren Ungleichheiten eines Gegenstandes interessiert. Jeder Gegenstand, jedes System wird ihr dadurch gleich und ungleich zugleich. Der Gegenstand selbst garantiert die Gleichheit des Ungleichen.

Er garantiert sie durch die Einheit seiner Komplexität, die die gleiche ist, aber nur in der Weise, daß sie Reduktion durch Differenzierung von Perspektiven der Gleichheit und Ungleichheit nahelegt, zum Beispiel Reduktion durch Systemdifferenzierung und Beurteilung der Gleichheit nach Schichtenzugehörigkeit oder nach Funktion. Also etabliert der Gegenstand durch seine Komplexität an sich selbst Perspektiven der Gleichheit bzw. Ungleichheit. Dies kann in der wissenschaftlichen Analyse in einem unmittelbaren Sinne festgehalten und beschrieben werden – eben in dem Sinne, daß man ungleiche Hypothesen über Gleichheiten bzw. Ungleichheiten am Gegenstand zur Entscheidung bringt und auf eine richtige Theorie reduziert. Man stellt dann fest, daß die Chancen für Teilnahme an freiwilligen Vereinigungen schichtenmäßig differieren oder daß Politiker ein Einkommen haben, das höher ist als das Durchschnittseinkommen der Bevölkerung, oder daß die Erhöhung der Ausstattung von Schulen mit Personal und Lehrmitteln für Neger und Weiße gleichermaßen erfolglos ist, jeweils unter Ausscheidung anderer Hypothesen über den gleichen Sachverhalt.

Die funktionale Analyse geht darüber hinaus, indem sie sich um die Aufklärung jener konstitutiven Bedingungen für Gleichheit und Ungleichheit im Gegenstand selbst bemüht. Dies ist möglich, wenn man den Gegenstand als ein Problem identifiziert, das auf verschiedene (ungleiche) Weise gelöst werden kann. Die Auflösung der Gegenstandsvorgabe wird dadurch auf die Spitze getrieben. Die Einheit des Gegenstandes wird auf ein Problem zurückgeführt, das auch anders gelöst werden könnte, und als dieses Problem wird die Komplexität identifiziert, deren Einheit der Gegenstand »ist«.

Mit diesem Rückgriff auf Komplexität als letzte Bestimmung der Einheit von Gegenständen (ob nun System, Umwelt oder Welt) intendiert die funktionale Analyse, und darin liegt ihre eigene Funktion, eine *Maximierung der noch vergleichbaren Ungleichheit über das hinaus, was der Gegenstand für sich selbst als gleich und ungleich konstituiert*. Mit einer solchen Erhöhung der durch Vergleich noch überbrückbaren Heterogenität stellt die funktionale Analyse sich auf bereits hochkomplexe Sachverhalte ein. Zugleich macht diese Steigerungsrichtung ihr das Problem der Limitationalität bewußt, denn es muß irgendwelche Grenzen des noch vergleichbaren Ungleichen geben. Die funktionale Analyse »methodologisiert« somit die Kontingenzformel Limitationalität, indem sie Komplexität als Problem begreift, das auf verschiedenartige, aber nicht auf beliebige Weise gelöst werden kann. Sie kann von da aus alles, was ist, als ein schon gelöstes Problem begreifen, das auch anders gelöst werden könnte, als sedimentierte Komplexität sozusagen. Sie expandiert ins Andersartige, Ungleiche durch Umphantasieren des Gegenstandes selbst in Richtung auf seine eigenen anderen Möglichkeiten und erst sekundär durch Bilden und Testen konkurrierender

Theorien über diese anderen Möglichkeiten des Gegenstandes.[110]

Diesen Transfer von Limitationalität in Operationen wissenschaftlicher Analyse können Problemstellungen aber nur leisten, wenn sie mehr an Struktur enthalten als nur die Notwendigkeit des Limitierens selbst. Der Problembegriff läßt sich formal definieren als spezifizierbare endliche Disjunktion. Gelöste und ungelöste Probleme unterscheiden sich dadurch, daß eine bzw. keine der möglichen Alternativen realisiert ist. Dieser Unterschied ist für den Problembegriff selbst von untergeordneter Bedeutung.[111] Das Problem verschwindet also nicht mit seiner Lösung. Das invariante, für gelöste und ungelöste Probleme identische Moment ist dabei die limitierte Kontingenz, die entweder an realisierten oder an nur möglichen Problemlösungen erfahren wird. Eine Eigentümlichkeit wissenschaftlicher – im Vergleich zu alltäglicher – Problemstellung ist ferner, daß sie reflexiv werden kann: Man kann nicht gut erfragen, was man fragen soll; man kann aber in der richtig gewählten Problemstellung ein

110 Die in diesem Punkte ganz ähnlichen Methodenvorstellungen Husserls über freies Variieren und Umphantasieren der Gegenstände haben ein ganz anderes Ziel, nämlich das Hinführen auf apriorische Denknotwendigkeiten am Wesen der Sache selbst. Vgl. Edmund Husserl, *Erfahrung und Urteil*, Hamburg 1948, insb. S. 409ff. Dazu muß man sich jedoch auf die Voraussetzung einlassen, daß dafür eine endliche »series substitutionum« (Leibniz) erforderlich ist, die wir zumindest für den Fall der Gesellschaft als eines Gegenstandes mit totalisierenden Perspektiven nicht akzeptieren können. Deshalb kommt auf die funktionale Methode die Frage zu, wie sie ihr Variieren des Gegenstandes am Gegenstand selbst begrenzt, ohne diese Grenzen als vorweg (a priori) sicher geltende zu unterstellen.

111 Deshalb ist es auch nicht richtig, daß ein Problem dadurch geklärt werden könne, daß man eine (!) Problemlösung findet. So aber Karl R. Popper, *Objective Knowledge: An Evolutionary Approach*, Oxford 1972, S. 246, m. E. im Widerspruch zu seinem eigenen Problembegriff.

Problem sehen.[112] Dieser Reflexivitätsgewinn ist Folge der Ausdifferenzierung einer besonderen Kontingenzformel für Wissenschaft. *Aber all diese Bestimmungen bleiben als Ausformulierungen des Prinzips der Limitationalität abstrakt.* Sie teilen die Schwäche aprioristischer Ansätze:[113] daß sie in sich selbst keine Angaben über Regeln der Annäherung an die Realität enthalten. Diese können nur *zusätzlich* entwickelt werden und bleiben *im Modus der eigenen Problemorientierung des Forschungsprozesses kontingent.*

Problemorientierung leistet eine Anleitung zum Vergleichen ja nur dadurch, daß sie abstrakt ist. Methodologisch bedeutet dies, daß das, was das Verglichene unterscheidet, nicht aus dem Problem deduziert werden kann (obwohl der Begriff des Problems eine Mehrheit von Lösungsmöglichkeiten impliziert), sondern *in externen Relationen liegen muß*, die hinzugefunden werden müssen. Solche Relationen werden in zwei verschiedenen Hinsichten bedeutsam, die man sorgfältig unterscheiden muß: (1) bei der Konstitution der Bezugsprobleme, im Hinblick auf die funktionale Analysen geführt werden, und (2) bei der Unterscheidung funktional äquivalenter Lösungsmöglichkeiten an Hand ihrer Ungleichheiten. Diese Duplikation externer Bezüge folgt aus der Tatsache, daß die Funktion selbst die Form einer Relation hat.[114]

Nicht jede intendierbare Wirkung ist schon eine Funktion, die ein Problem zu lösen hat. Sie wird zum Problem nur

112 Insofern spricht Llewellyn Gross, »Sociological Theory: Questions and Problems«, in: ders. (Hg.), *Sociological Theory: Inquiries and Paradigms*, New York 1967, S. 3-73, im Abschnitt »Questions about Questions« nicht über Fragen, sondern über Problemstellungen.

113 Siehe dazu auch Willi Oelmüller, »Zu einer nichttranszendentalphilosophischen Deutung des Menschen«, *Philosophisches Jahrbuch* 82 (1975), S. 103-128 (105ff.).

114 Darauf kommen wir in Abschnitt 6 zurück.

dadurch, daß anderes auf das Eintreffen der Wirkung eingestellt ist, so daß beim Ausfall der Wirkung etwas außerhalb des unmittelbaren Wirkungszusammenhanges sich ändert – sei es, daß Folgeschäden eintreten, sei es, daß kompensatorische Maßnahmen ergriffen werden müssen. Probleme sind lokalisierte Interdependenzen: An einem Punkte wird faßbar, daß vielerlei, vielleicht Unübersehbares, anders werden müßte, wenn das Problem nicht gelöst wird. In diesem Sinne »repräsentieren« Probleme Komplexität. Sie wären ohne vorauszusetzende Komplexität keine Probleme, weil nur Komplexität jene externen Bezüge konstituiert und limitiert, die besagen, daß man auf die Lösung eines Problems angewiesen ist.

Fragt man nicht, *ob*, sondern *wie* Probleme gelöst werden, kommen andere externe Relationen der Funktion in den Blick, nämlich jene, die es ermöglichen, verschiedene funktional äquivalente Lösungsmöglichkeiten an ihren unterschiedlichen Realisierungsbedingungen und Nebenfolgen zu unterscheiden. Nicht nur daß, sondern auch wie Probleme gelöst werden, hat Konsequenzen außerhalb des Lösungszusammenhangs selbst. Und auch deren Differenz ist konstitutiv für die Problematik des Problems insofern, als dieses ein Problem nur ist, wenn es auf mehrere Weisen gelöst werden kann.

Erst die Nichtidentität dieser extrafunktionalen Bezüge macht eine Funktion zur Funktion. Methodisch gesehen verfolgt die funktionale Analyse daher die Absicht, solche Nichtidentitäten auseinanderzuziehen und in der Form einer Funktion zu relationieren. Diese Absicht transzendiert nicht nur die gerade gegebene Realität, sondern auch das vorwissenschaftliche Problembewußtsein des Alltags. Sie rekonstruiert die Realität als bereits gelöstes Problem, und sie kann das vorfindbare Problembewußtsein rekonstruieren, indem sie erklärt, weshalb einige der externen Relationen Aufmerksamkeitspräferenz genießen.[115] Insofern bleibt die bekannte Unterscheidung manifester und latenter Funktionen auch bei diesem komplexeren Begriff von funktionaler Analyse erhalten; ja, es wird erst eigentlich verständlich, daß und wie sie sich auf die Anreicherung der Wirklichkeit mit Problemgehalt bezieht.

Funktionen sind nach alldem keine selbstgenügsamen Relationen, keine isoliert erkennbaren Bestandstücke der Wirklichkeit. Genau dies ist der Punkt, an dem es notwendig geworden ist, die kausalgesetzliche Interpretation des Funktionalismus – etwa als Befriedigung anthropologisch vorgezeichneter Bedürfnisse oder als Bewirkung des Bestandes von Systemen – zu korrigieren.[116] Der Funktionalismus

115 Hier wären Forschungen anschließbar, die zu zeigen versuchten, wie Veränderungen des Gesellschaftssystems im Laufe der gesellschaftlichen Evolution das alltäglich mögliche Problembewußtsein transformieren. So scheint die Entwicklung von Kommunikationsmedien generalisierbare, die Entwicklung der Systemdifferenzierung spezifizierbare Problemstellungen zu fördern, ohne daß damit allein schon ein ausgewogenes Verhältnis von Generalisierung und Spezifikation erreicht wäre. Mit einer Steigerung in *beiden* Richtungen, mit zunehmender Generalisierung und mit zunehmender Spezifikation, ist allein noch nicht zu erreichen, daß die externen Bezüge der Relationen zwischen Problemen und Problemlösungen bewußtseins- und motivfähig bleiben. Die vieldiskutierte »Externalisierung von Kosten« durch die »kapitalistische« Wirtschaft ist ein Beispiel dafür. Als übergreifendes Konzept bietet sich deshalb die Hypothese an, daß bei steigender Komplexität die Diskrepanz von manifesten und latenten Funktionen zunimmt und soziologische Aufklärung zum Problem der Probleme wird.

116 Hierzu Niklas Luhmann, »Funktion und Kausalität«, in: ders., *Soziologische Aufklärung 1: Aufsätze zur Theorie sozialer Systeme*, Köln, Opladen [2]1972, S. 9-30. Die Kritik an den Thesen dieses Aufsatzes übersieht zuweilen, daß die Relevanz von Kausalbeziehungen keineswegs geleugnet wird, sondern daß nur das theoretische Interesse rückverlagert wird in die Beziehungen zwischen Kausalbeziehungen.

dirigiert die Analyse nicht in die Richtung einer Erhöhung der Gewißheit, mit der man mögliche kausale Eignungen kennt, sondern, diese vorausgesetzt, in die Richtung der Kontextbedingungen, die verschiedenartige Ursachen oder Ursachenkomplexe als funktional äquivalent erscheinen lassen. Die Frage der Eignung bzw. der Wahrscheinlichkeit des Bewirkens von Wirkungen läßt sich auch hypothetisch beantworten, ohne daß dies die Struktur des funktionalen Arguments tangieren würde. Man kann argumentieren: Gesetzt den Fall, man könnte durch harte Strafen die Häufigkeit bestimmter Verbrechen mindern, gibt es im Hinblick auf dieses Problem funktionale Äquivalente, etwa Beseitigung der Anreize zum Verbrechen oder Erhöhung der Anzeige- und Verfolgungswahrscheinlichkeit? Auch ohne hinreichende Sicherheit über kausale Eignungen erweitert und limitiert die funktionale Perspektive den Gegenstandsbereich, der im Hinblick auf bestimmte Problemstellungen relevant ist. In dieser limitierenden Erweiterung liegt der Erkenntnisgewinn. Und nur mit Hilfe dieser limitierenden, funktionale Äquivalente aufspürenden Analyse ist überhaupt ein theoretisch fundierbares Forschungsdesign möglich. Wenn eine sinkende Verbrechenshäufigkeit zu erklären ist, kann es immer noch sein, daß in der konkreten Situation funktional äquivalente Bewirkungsmöglichkeiten ausscheiden, weil sie real nicht vorliegen. Wenn zum Beispiel die Strafandrohung nicht geändert war, ist es, und das heißt Limitationalität, um so wahrscheinlicher, daß sinkende Anreize der ausschlaggebende Faktor waren (ohne daß *diese* Feststellung voraussetzte, daß man gesichert weiß, ob eine Erhöhung der Strafandrohung bei diesem Verbrechenstyp überhaupt die Häufigkeit hätte beeinflussen können). Dasselbe gilt für ein Planungsdesign, wenn eine Erhöhung des Strafmaßes von vornherein politisch oder sonstwie tabuisiert ist und unabhängig von Fragen etwaige

Eignung ausscheidet. Die weitere Ausarbeitung würde dann einen Wechsel der funktionalen Bezugsprobleme erfordern. Man müßte fragen, welche Probleme dadurch gelöst worden sind, daß man eine Erhöhung des Strafmaßes ausschließt; oder welche Probleme anders gelöst worden sind, so daß der Anreiz zum Verbrechen abnimmt.

Für die Entwicklung komplexerer, theoriegesteuerter Forschungsprogramme ist es, mit anderen Worten, nötig, die Bestimmung von »Element« und »Beziehung« im Theoriekonzept zu verschieben, um bessere Chancen zu gewinnen, Relationen anzuschließen. Darin liegt zugleich ein Schritt der Distanzierung von der alltäglichen, gesamtgesellschaftlich üblichen Kausalorientierung, ein Schritt der Ausdifferenzierung spezifisch wissenschaftlicher Orientierungsweisen. Nicht die Ursachen und die Wirkungen sind die Elemente, die durch möglichst sicherzustellende Kausalbeziehungen verknüpft werden, sondern die Kausalbeziehungen selbst sind die Elemente, deren nichtbeliebige, nur selektiv mögliche Relationen zueinander interessieren. Erst auf diesem Niveau wissenschaftlicher Systemkomplexität lassen sich höhere Ansprüche an theoretische Integration realisieren. Es ist selbstverständlich, daß der Sicherheitsgrad aller empirischen Erkenntnisse abhängig bleibt vom »Funktionieren« der Kausalitäten, also von jenen Primärrelationen: In jedem System haben Elemente eine solche Funktion der Sicherheitsgarantie. Aber das System ist nicht eine bloße Sammlung solcher Elementarsicherheiten, und die empirischen Wissenschaften sind nicht zureichend begriffen, wenn man sie als Bestand der bestätigten (bzw. bisher nicht falsifizierten) Kausalhypothesen begreift. Ihre Ordnungsleistung, das heißt die Ordnung der bei zunehmender Größe immer notwendiger werdenden Eliminierungsleistungen, läßt sich nur fassen auf der Ebene der Relationierung solcher Relationen.

Auf dieser Ebene findet sich die Wissenschaft jedoch – das kann man ablesen am Modell der Optimierungsrechnung oder auch an den Diskussionen des Prinzips der Gerechtigkeit als Mitte aller Wertbeziehungen – mit rationalen Unentscheidbarkeiten konfrontiert. Sie muß, um Entscheidbarkeit zu erreichen, Prämissen zusätzlich einführen, die aus dem Prinzip der Relationierung von Relationen nicht deduzierbar sind. Im Rationalisierungskontext wissenschaftlicher Analyse zeigt sich dies am vieldiskutierten Problem der »funktionalen Erklärung«.

6. Funktion und Erklärung

Es gibt zahllose Wahrheiten, aber nur wenige sind wissenschaftlich bemerkenswert. Das wissenschaftliche Interesse an Wahrheiten wird normalerweise mit dem Begriff der Erklärung bezeichnet. Jedenfalls nehmen wir im folgenden diesen Begriff als Bezeichnung für das Ausarbeitungsprogramm der Wahrheitsfunktion im Bereich der Wissenschaft, bezeichnen mit ihm also die detaillierende Bestimmung der gesellschaftlichen Funktion des Wissenschaftssystems. Das Wissenschaftssystem ist spezialisiert auf die Funktion, Wahrheiten auszuarbeiten, die etwas erklären – nicht einfach Wahrheiten aufzuzeigen, zu benennen, zu rühmen und zu loben.

Was der Begriff der Erklärung genaugenommen besagt und was von Wahrheiten verlangt werden muß, damit sie geeignet sind, etwas zu erklären, ist umstritten. Wir werden uns auf die darüber geführte Diskussion[117] nicht im einzel-

117 Vgl. insb. Wolfgang Stegmüller, *Probleme und Resultate der Wissenschaftstheorie und Analytischen Philosophie*, Bd. I: *Wissenschaftliche Erklärung und Begründung*, verbesserter Nachdruck Berlin u. a. 1974,

nen einlassen können. Ohnehin muß die Gesellschaftstheorie der Wissenschaftstheorie einen beträchtlichen Spielraum für Kontroversen, Unsicherheiten, Unschärfen in der Begriffsfassung und Neubildung von Meinungen konzedieren. An einem Ausgangspunkt aber müssen wir festhalten, weil Klarheit darüber die Voraussetzung ist für einen hinreichend komplexen, analytischen Ansatz: *Der Nachweis einer Funktion ist allein noch keine Erklärung.*[118]

Diese Aussage läßt sich umformulieren – Sie kann auch lauten: *Es ist nicht die Funktion der Funktion, etwas zu erklären.* Überhaupt scheint die funktionale Analyse nicht direkt den Erklärungszielen der Wissenschaft zu folgen, sondern eher die Rationalitätsvorteile des Umwegs oder der Indirektheit zu suchen. Denn die Funktion der Funktion ist es, wie soeben gezeigt, die *Vergleichbarkeit des extrem Ungleichen herzustellen.* Diese Funktion wird durch Erweiterung des Vergleichsbereichs erfüllt. Dabei unterscheidet sich die funktionale Analyse von der bloßen Quantifikation, ihrem wichtigsten funktionalen Äquivalent, dadurch, daß sie andere Gesichtspunkte als nur Zahlen benutzt, um die Vergleichbarkeit des Ungleichen zu limitieren.[119] Dieser Vergleich mit

mit umfangreicher, wenn auch einseitig ausgewählter Bibliographie. Ferner etwa Charles Taylor, *The Explanation of Behaviour*, London 1964; Georg Henrik von Wright, *Explanation and Understanding*, London 1971.

118 Siehe namentlich Carl G. Hempel, »The Logic of Functional Analysis«, in: Llewellyn Gross (Hg.), *Symposium on Sociological Theory*, Evanston, White Plains 1959, S. 271-307, neu gedruckt in: ders., *Aspects of Scientific Explanation and Other Essays in the Philosophy of Science*, New York, London 1965, S. 297-330; Harry M. Johnson, *Sociology*, New York 1960, S. 71ff.; Robert Brown, *Explanation in Social Science*, London 1963, insb. S. 109ff.; Maurice N. Richter, Jr., »Social Functions and Sociological Explanation«, *Sociology and Social Research* 50 (1965), S. 72-77.

119 Dieser Vergleich setzt seinerseits voraus, daß auch Quantifikation die Funktion hat, Ungleiches vergleichbar zu machen, dabei aber beson-

der Vergleichstechnik der Quantifikation bringt nochmals deutlich heraus, daß eine Technik der Einbeziehung des Ungleichen in die Vergleichbarkeit gar nicht die Intention hat, zu erklären – weder in dem einen noch in dem anderen Falle.

Der Verzicht auf Gleichsetzung von Funktion und Erklärung (bzw. von Quantifikation und Erklärung) ist keineswegs ein Verzicht auf Erklärung schlechthin; er läuft keineswegs auf eine Anmeldung der Wissenschaft zum Konkurs hinaus. Aber die Erklärung wird durch den Umweg über die funktionale Analyse erschwert. Sie leistet zunächst eine Destruktion des alltäglichen Erklärens durch Bekanntes, Erwartetes, Gewohntes, und dies im Interesse besonderer Leistungen des Systems Wissenschaft. *Die Kontingenz der zu erklärenden Zustände und Ereignisse muß zunächst in Richtung auf andere Möglichkeiten* (und nicht nur im Sinne des Auffallenden, Abweichenden, Überraschenden) *erweitert werden, damit die Reduktion durch Erklärung Informationswert bekommt.*

Denn Erklärung hat, welchen strengeren Erfordernissen der wissenschaftlichen Akzeptierbarkeit immer sie zu genügen hat, die *Funktion der Kontingenzausschaltung*. Erklärung leistet eine Reduktion dessen, was mit dem zu Erklärenden möglich ist. Die Vergleichbarkeit arbeitet zwar, soweit sie Grenzen hat, im Sinne des Bemühens um Erklärung. Beide setzen Limitationalität voraus. Aber Vergleichbarkeit kann, soweit sie ins Ungleiche expandiert, der Erklärung auch Schwierigkeiten bereiten, ohne daß sie in der Form bloßer Quantifikation oder funktionaler Analyse ausreichende Reduktionsmöglichkeiten bereithielte. Die Fähigkeit zur Auflö-

dere Merkmale der Funktionserfüllung aufweist, die sie von der funktionalen Analyse unterscheiden. Die vielleicht wichtigste dieser Besonderheiten ist, daß Quantifikation die Vergleichsobjekte unbestimmt (unterspezifiziert) läßt bzw. nur logisch bestimmt.

sung kann weiter gehen als die Fähigkeit zur Rekombination. Diese Fähigkeit muß als Antrieb zur Theoriebildung erhalten bleiben. Deshalb ist es prinzipiell nicht möglich, die eigentliche Funktion funktionaler Analyse auf einen Sonderfall komplexer Kausalbeziehungen zurückzuschneiden und sie damit erklärungstechnisch zu normalisieren.[120] Die Differenz der beiden Perspektiven läßt sich nur ausnutzen, wenn man ihre Nichtidentität bewußt hält und den methodischen Operationen zugrunde legt. Dazu sollen im folgenden einige Überlegungen skizziert werden.

Unser Ausgangspunkt ist: Sowohl funktionale Vergleiche als auch Erklärungen erfordern *Relationierungen*. Im Vergleich geht es um nichtidentische Relationen zwischen einem Bezugsproblem und Möglichkeiten zu seiner Lösung. Auch die Erklärung ist eine Relation zwischen einem zu erklärenden Gegenstand und dem, was zu seiner Erklärung dient (*explanandum – explanans*). Für beide Arten von Relationierung gibt es besondere Anforderungen, die zum Teil umstritten sind. Für Erklärungsrelationen fordert eine verbreitete, an Hempel und Oppenheim anschließende Auffassung den Status »nomologischer Hypothesen«, die sich aus einer Theorie logisch deduktiv ableiten lassen.[121] »Nomologisch« heißt dabei soviel wie: gesetzmäßig und daher bei Rekurrenz der Ausgangslage (Randbedingungen, Antezedenzbedingungen) mit Sicherheit wiederholbar. Das impliziert: Neutralisierung

120 Einen solchen Versuch unternimmt Arthur L. Stinchcombe, *Constructing Social Theories*, New York 1968, S. 80ff.

121 Siehe Carl G. Hempel, Paul Oppenheim, »Studies in the Logic of Explanation«, *Philosophy of Science* 15 (1948), S. 135-175, neu gedruckt in: Hempel, *Aspects of Scientific Explanation*, S. 245-290. Vgl. auch Karl R. Popper, »Die Zielsetzung der Erfahrungswissenschaft«, in: Hans Albert (Hg.), *Theorie und Realität*, Tübingen 1964, S. 73-86; Stegmüller, *Probleme und Resultate der Wissenschaftstheorie*, S. 72ff.

der Zeit sowie die oben (im Abschnitt 1) behandelten Leibnizschen Prämissen notwendiger Wahrheiten. Darauf läßt man sich ein, *um Sicherheit wissenschaftlicher Erkenntnis schon auf dieser Ebene der Basisrelationen prästieren zu können.*

Für die nomologische Präzisierung des Erklärungsproblems gibt es gute, auch systemtheoretisch einleuchtende Gründe. Ein wichtiges Argument ist das der Lernfähigkeit: Nur wenn man einfache und empirienah formulierte Erwartungen als Relationen zweiseitig konstant halten kann, kann man hinreichend rasch feststellen, ob etwas der Fall ist oder nicht: Wenn die Herdplatte auf zwölf geschaltet ist, brennt die Milch an; das kann man sowohl an dem Schalter als auch an der Milch feststellen. Eine solche Regel bietet eine sinnvolle Lerninstruktion, sie gibt jedoch die Prämissen nicht vollständig an (die Milch brennt nicht an, wenn man laufend rührt; es könnte Töpfe geben, in denen nichts anbrennen kann, usw.).[122] Vor allem sind aber die sozialwissenschaftlich interessierenden Sachverhalte zumeist nicht derart einfach, ganz zu schweigen von der Tatsache, daß es bisher theoretisch ableitbare Hypothesen dieses Typs gar nicht gibt.[123] Gäbe es nicht schon prinzipiellere Bedenken, müßte es zumindest aus diesen Gründen abgelehnt werden, die funktionale Ana-

122 Ob die Vollständigkeitsbedingung überhaupt erfüllbar ist, ist überdies zweifelhaft. Dazu Stegmüller, *Probleme und Resultate der Wissenschaftstheorie*, S. 147 f.

123 Das hat im übrigen zu einer Aufweichung des Theoriebegriffs geführt, nämlich dazu, daß man auch Ad-hoc-Hypothesen ohne jede Kontrolle durch weitere theoretische Zusammenhänge »Theorien« nennt, wenn sie nur testbar sind. Aber eine solche Sinnverschiebung ist nur ein Ausweichen vor dem bekannten Problem des Mißlingens »hypothetisch-deduktiver« Theoriekonstruktionen. Man müßte daher auf den Grund dieses Versagens zurückgehen und versuchen, die im Theoriebegriff implizierten Leistungen der Generalisierung und Konsistenzsicherung anders zu erbringen, statt sie aufzugeben.

lyse am Erklärungsmodell von Hempel und Oppenheim zu messen.[124]

Auf der bisher skizzierten Überlegungsgrundlage sind Urteile indes auf alle Fälle voreilig und gebunden an dogmatisch eingeführte Ansichten über »richtige« Kriterien der Wissenschaftlichkeit. Wir greifen statt dessen auf systemtheoretische Überlegungen zurück, die wir auf die Wissenschaft selbst anwenden. Deren Ausgangspunkt ist die Nichtidentität von System und Umwelt. Zweifellos hat mit der Ausdifferenzierung der neuzeitlichen Wissenschaft die Diskontinuität zwischen System und Umwelt in einer Weise zugenommen, die einfache Überbrückungsbegriffe diskreditiert. Weder kann man Kategorien zugrunde legen, die für System und Umwelt dieselben sind, also den Realitätsgehalt der Aussagen garantieren, und zugleich forschungstechnisch ausreichende Instruktion aus diesen Kategorien gewinnen; dafür ist die Distanz zu groß und die Eigenrationalität der Wissenschaft

124 So durchgehend Hans Gerd Schütte, *Der empirische Gehalt des Funktionalismus: Rekonstruktion eines soziologischen Erklärungsprogramms*, Meisenheim am Glan 1971, der nicht nur den Funktionalismus, sondern auch empirische Sozialforschung vor der Idee nomologischer Erklärung versagen sieht, ohne daß dieser Befund ihn an der Idee selbst zweifeln läßt. Vgl. ferner Klaus Grimm, *Niklas Luhmanns »soziologische Aufklärung« oder das Elend der aprioristischen Soziologie*, Hamburg 1974. Grimm verkennt im übrigen auch die Eigenständigkeit und Entwicklungsfähigkeit der Erklärungskonzeption Max Webers, die an einen intentionalen Handlungsbegriff gebunden ist und nicht im Nomologismus von Hempel, Popper, Albert, sondern eher in einem pragmatischen Intentionalismus, also bei Anscombe, Taylor oder von Wright, adäquate Nachfolger gefunden hat. Hier läuft die Erklärung unabdingbar über ein subjektives Prinzip der Kontingenzausschaltung. Systemtheoretisch setzte dies jedoch jene oben (in Abschnitt 2 dieses Kapitels) bereits abgelehnte Annahme voraus, daß nur gehandelt werden kann, wenn zuvor über den Sinn des Handelns eindeutig (und für Außenstehende prognostizierbar) entschieden ist.

zu hoch entwickelt. Noch kann man sich die Umwelt der Wissenschaft als einen Komplex von sinnlich zugänglichen, wahrnehmbaren Daten vorstellen, der lediglich innerhalb der Wissenschaft begrifflich und logisch so geordnet wird, daß die Beziehung von Umwelt und System mit der von Empirie und Logik zusammenfällt; denn dafür ist die Eigenrationalität der Umwelt zu hoch entwickelt, besonders natürlich im Bereich der Gesellschaft. Das Scheitern dieser einfachen Modelle erzwingt eine komplexere Rekonstruktion der Umweltbeziehungen von Wissenschaft, und erst in deren Rahmen kann ermittelt werden, wie funktionaler Vergleich und Erklärung zueinander stehen.

Grob gesagt werden wir den Begriff der kategorial gesicherten Identität von Sein und Denken (Gegenstand und Erkenntnis) ersetzen durch das Problem der Relationierung von Relationen. Die Wissenschaft setzt *externe Relationen* zwischen Zuständen bzw. Ereignissen ihrer Umwelt in *Beziehung* zu *internen Relationen* (Erklärungsrelationen). Wir werden in dieser Relationierung eine Funktion der Kontingenzverringerung finden und werden der Relation zwischen empirischen Daten und logisch richtiger Aussagenbehandlung (also dem, was man üblicherweise Verifikation oder Falsifikation nennt) eine Kontrollfunktion zuweisen. Damit ist behauptet, daß keine Wissenschaft das Problem ihrer Umweltbeziehungen unmittelbar in der Form einer logischen Konstruktion empirischer Daten lösen kann, denn diese fallen punktuell und atomistisch, nicht aber relational an; daß aber entsprechende Regeln gleichwohl eine unentbehrliche Funktion der Kontingenzverringerung in bezug auf Beziehungen zwischen externen und internen Relationen übernehmen.

Gewisse Formprobleme in den Beziehungen zwischen Wissenschaft und Umwelt treten nämlich unabhängig von Empirie und Logik auf. Dazu gehört, daß man für die Konstruktion der Umweltbeziehungen überhaupt die (relativ flexible, disponible) Form der Relation wählt; sodann, daß man zwischen *Realrelationen*,[125] die in der Umwelt bestehen, (zum Beispiel Kausalbeziehungen) und *Erklärungsrelationen*, nämlich wissenschaftlichen Sätzen, unterscheidet, die ein Verhältnis zwischen *explanandum* und *explanans* formulieren. Die Unterscheidung selbst kann, wie man seit Tarski betont, nur in der wissenschaftsinternen Sprache formuliert werden.[126] Die *relationale* Struktur *beider* Relationen macht ihre Kongruenz erst interessant, nämlich abhängig davon, daß auf beiden Seiten je mindestens zwei Elemente zur Deckung gebracht werden. Erst auf diese Weise lassen sich interne Relationen heuristisch als Such- und Abtastmuster der Realität verwenden. Es fällt zum Beispiel ein externer Faktor auf, sagen wir: Abnahme des durchschnittlichen Heiratsalters. Man formuliert die Hypothese, daß mit Abnahme des Heiratsalters die Geburtenzahl steigt, und sucht in der Realität den zweiten Faktor. Ob man ihn findet oder nicht, ist allein nicht

125 Wir setzen hier die zumindest für die Soziologie zwingende Annahme voraus, daß Relationen in der Realität bestehen und nicht ein bloßes Artefakt von Erkenntnisoperationen sind. Vgl. dazu oben, in diesem Kap., Abschnitt 1.

126 Auf dieses Spezialproblem bezieht sich die Unterscheidung von Objektsprache und wissenschaftsinterner Sprache, die heute zuweilen wie eine Naturtatsache behandelt wird. Systemtheoretisch bedeutet sie: Nur die Wissenschaft selbst kann ihr eigenes Verhältnis zur Umwelt reflektieren, nicht dagegen die Umwelt (sondern allenfalls: Einzelsysteme in der Umwelt) ihr Verhältnis zur Wissenschaft. Denn die Umwelt ist Identität nur aus der Sicht des Systems. Es kann deshalb zwar externe und interne Primärrelationen geben. Über die zwischen diesen Relationen bestehenden Beziehungen, namentlich über Verhältnisse der Übereinstimmung oder der Kompatibilität kann dagegen nur systemintern entschieden werden, weil dies selbstreferentielle Informationsverarbeitung und die im Vergleich zur Umwelt geringere Komplexität des Wissenschaftssystems voraussetzt.

entscheidend und ist vor allem keine Stopregel für die Forschung. Wenn man ihn findet, bleibt die Nichtzufälligkeit seines Vorkommens zu belegen; wenn man ihn nicht findet, läßt die Erklärungsrelation sich gleichwohl halten, wenn man sein Fehlen erklären kann – hier zum Beispiel durch gleichzeitig zunehmenden Gebrauch empfängnisverhütender Techniken.

Das Relationierungsgefüge wird somit eingeschoben zwischen die Sprache der Daten und die Sprache der logischen Operationen. Bei einer bloß datenbezogenen verwendbaren Logik wäre deren Funktion äußerst reduziert auf eine bloße Vermeidung von Widersprüchen in der Behauptung von Umweltfakten. Das Wissenschaftssystem hätte kaum Möglichkeiten, solche Behauptungen indirekt zu kontrollieren. Es wäre auf Punkt-für-Punkt-Relationen zu seiner Umwelt angewiesen und insofern kein (oder nur ein Grenzfall von) System. Die zusätzliche (und weder aus Daten noch aus der Logik ableitbare) Technik der Relationierung von Relationen macht das Wissenschaftssystem unabhängiger von solchen Punkt-für-Punkt-Beziehungen zur Umwelt und verleiht damit über Prozesse der Abstraktion auch den logischen Konsistenzkontrollen eine größere Reichweite; und erst daraus ergibt sich überhaupt die Notwendigkeit der Ausarbeitung einer eigenen Wissenschaft der Logik mit faktenunabhängigen Kriterien der Richtigkeit.

Dies Verfahren der Trennung und Relationierung von externen und internen Relationen gibt zugleich den Rahmen für die Forderung, die Erklärungsrelationen des Systems müßten in bezug auf die Umwelt diskriminieren; sie dürften nicht mit jeder beliebigen Umwelt kompatibel sein. Das ist, systemtheoretisch gesehen, unerläßliche Bedingung für die Unterscheidbarkeit von System und Umwelt. Die Umwelt muß nicht nur faktisch, sie muß auch in der Sichtweise des Systems, das sich in bezug auf seine Umwelt strukturieren will, unabhängig vom System variieren; denn nur dann kann das System seine (begrifflichen und propositionalen) Reaktionen in Abhängigkeit zur Umwelt selbst konditionieren. In der Wissenschaftstheorie wird dieses Erfordernis durch das Verbot von (irrig oft »tautologisch« genannten) Ad-hoc-Erklärungen normiert, also durch das Verbot von Erklärungen, die mit jeder beliebigen Umwelt kompatibel wären.[127] Ein zu erklärendes Vorkommnis darf sich, mit anderen Worten, weder selbst erklären noch durch ein eigens dafür angefertigtes Erklärungssyndrom erklärt werden, das keine Möglichkeit hat, negiert zu werden. Erst die Technik der Relationierung von Relationen macht eine Norm dieses Typs als Universalregel der Wissenschaft möglich, weil sie zugleich sicherstellt, daß es bei der Konfrontierung interner und externer Relationen Möglichkeiten punktueller Übereinstimmung und Nichtübereinstimmung zugleich geben kann.

Es ist diese Technik der Relationierung von Relationen, die es erfordert, daß man der Logik und den empirischen Daten ihren apriorischen, unbedingten Charakter nimmt und sie auf die Funktion bloßer »constraints« für mögliche Operationen reduziert. Dabei übernimmt die Logik die Repräsentation systeminterner, die Empirie die Repräsentation systemexterner Beschränkungen, und beides mit Bezügen, die generellere Rücksichten zu nehmen haben als die spezi-

127 Popper, *Objective Knowledge*, S. 196f., behandelt im gleichen Zusammenhang auch »essentialistische« Erklärungen – etwa den Versuch, das Hungrigwerden durch das Wesen des Hungers oder durch den Eßtrieb zu erklären. Hier gibt es natürlich reiche Möglichkeiten der Nuancierung und der Abtarnung von Scheinerklärungen, die nicht immer unproduktiv sein müssen. Generell aber dürfte es zutreffen, daß Wesenserklärungen symptomatisch sind für ein gesellschaftlich wenig ausdifferenziertes Wissenschaftssystem.

elle Relationierung bestimmter externer/interner Relationen. Dieser funktionalen Relativierung von Logik und Empirie entspricht, daß auch die nomologische Hypothese an Status verliert: Sie ist nicht mehr selbst Wahrheits- und Sicherheitsträger in dem Sinne, daß die Wahrheit als Eigenschaft von Propositionen festgestellt werden könnte, sondern ebenfalls nur operatives Element im wissenschaftlichen Prozessieren von Informationen.

Welche Funktion hat nun angesichts solcher Relativierungen jene *Doppelung* von System/Umwelt-Beziehungen des Wissenschaftssystems in (1) einen interrelationalen Zusammenhang und (2) einerseits logische (interne), andererseits empirische (externe) Beschränkungen des Möglichen, die – und zwar auch die Empirie! – *generellere* Bedingungen möglicher Relationen freihalten? Erst mit der Beantwortung dieser Frage können wir die Funktion der Erklärung bestimmen.

Den Schlüssel für eine Antwort vermag uns Karl Popper zu liefern. Er schreibt: »The theoretician who is interested in truth must also be interested in falsity, because finding that a statement is false is the same as finding that its negation is true. [...] But the negation of an explanatory theory is not, in its turn, an explanatory theory«.[128] In die hier benutzte Sprache übersetzt, heißt das: Auf der Ebene des allgemeinen Codes von Wahrheit/Unwahrheit sind Wertungen allzu leicht, nämlich durch bloße Negation, umkehrbar. Gerade darin besteht die Funktion dieser binären Codierung. Das ist aber nur tolerierbar, wenn die Präferenz für Wahrheit nicht verlorengeht, sondern systemintern gleichwohl noch praktiziert werden kann, unbeschadet der logischen Symmetrie von Wahrheit und Unwahrheit. Dazu dient die Relationierung

128 *Objective Knowledge*, S. 13f.

der Umweltrelationen auf systeminterne Erklärungsrelationen, die durch die Struktur von Relationalität einen Grad der Spezifikation erreicht, der durch Pauschalnegation nicht einfach aufgehoben werden kann. Denn selbst wenn eine hypothetisch angesetzte Erklärungsrelation in der Umwelt in einzelnen Punkten keine Entsprechung findet, ist damit gerade nicht die Unwahrheit der vermeintlichen Wahrheit schon entschieden, vielmehr nur das Feld für die Rekonstruktion des relationalen Gefüges umstrukturiert. Die erklärende Relationierungstechnik bricht sozusagen das allzu abstrakte Wertungsdual des Wahrheitscodes auf und übersetzt es, ohne es aufzugeben, in operative Bedingungen der Relevanz, an denen sich die stets weiterlaufende Forschung orientieren und über die sie sich stets aufs neue mit der Umwelt in Verbindung bringen kann. In Anlehnung an Popper, aber etwas genauer, müssen wir daher formulieren: Die Negation des Wahrheitswertes einer Erklärungsrelation ist selbst keine Erklärung (für das Nichtvorhandensein der entsprechenden Umweltdaten), sondern nur ein mehr oder weniger gut spezifiziertes Suchmuster für weitere Forschung.

Wissenschaftliche Erklärung kann mithin angesehen werden als eine Technik der Vermittlung zwischen allgemein anerkannten gesellschaftlichen Wertvorstellungen, die in der Form von Wahrheit/Unwahrheit als Kommunikationsmedium fungieren, und den besonderen programmgesteuerten (theoriegesteuerten) Operationen im Wissenschaftssystem selbst. Erklärung leistet, kurz gesagt, den Übergang von der Wertebene zur Programmebene im Wissenschaftssystem – ein Problem, das erst bei einer beträchtlichen Ausdifferenzierung des Wissenschaftssystems auftritt und eine gewisse Lockerung der Beziehungen zwischen Werten (Wahrheiten), Programmen (Theorien), Rollenanforderungen und Persönlichkeitsstrukturen (zum Beispiel Motiven) des Wissenschaftlers voraussetzt. Auch für die funktionale Systemtheorie hat die Forderung nach einsichtigen und korrekten wissenschaftlichen Erklärungen mithin einen verständlichen Sinn, ja eine angebbare Funktion. Und trotzdem, ja gerade deswegen, trifft die übliche Kritik am Funktionalismus, eine Funktionsangabe könne nichts erklären, ins Leere. Sie stimmt mit der entwickelten Selbsteinschätzung des Funktionalismus überein. Das Problem ist: wie man die Beziehungen zwischen funktional vergleichender Analyse und dem Erklärungsprogramm der Wissenschaft zu begreifen hat.

Als erstes ist festzuhalten, daß im Kontext funktionaler Analyse immer *Relationen* verglichen werden, *die eine Erklärungsleistung tragen könnten.* Der Bezug auf Relationen ermöglicht es, Gleichheit und Ungleichheit an ein und demselben Gegenstand festzustellen, nämlich Gleichheit der Funktion für die Problemlösung bei ungleichen Lösungsformen. Im Vergleichskontext werden die Relata als Problem und Problemlösung und die Relationen als Funktionen bezeichnet. Im Erklärungskontext spricht man von Ursachen und Wirkungen oder von der Richtung, in der Variablen ihre Werte in Abhängigkeit voneinander ändern. Die unterschiedlichen Terminologien signalisieren unterschiedliche Richtungen des Interesses und der Frageintention, nicht jedoch Unvereinbarkeiten in der Sache selbst. Als methodische Prozesse werden sowohl Vergleich als auch Erklärung innerhalb des Wissenschaftssystems vollzogen. Die Unterscheidung ist also nicht identisch mit der von Systemreferenz und Umweltreferenz. Auch setzen beide Prozesse die Unterscheidung von Relationen der gegenständlichen Umwelt und Formulierungen (Aussagen über Relationen) des Systems voraus. Die Methodologie muß also für beide Vorgehensweisen im System in bezug auf die Differenz von System und Umwelt, also selbstreferentiell, formuliert werden. Erst innerhalb dieser Gemeinsamkeiten differenzieren sich funktionale Analyse und Erklärung.[129]

Während die funktionale Analyse der Erweiterung noch vergleichbarer, noch bestimmbarer Kontingenzen dient, erstrebt die Erklärung die Reduktion solcher Kontingenzen auf (im Idealfalle) eine bestimmte Relation. Die Ziele liegen in entgegengesetzten Richtungen, widersprechen sich und sind gerade dadurch komplementär. Je offener und alternativenreicher das Bezugsproblem gefaßt werden kann, desto informativer wird eine Erklärung, die zeigen kann, weshalb es unter bestimmten Umständen in einem bestimmten Sinne gelöst wird.

Wir führen die Analyse an Hand eines Beispiels weiter. Probleme, die aus organisch bedingten Tendenzen zum Bevölkerungswachstum für die Gesellschaft resultieren, können

129 Angesichts eines so komplex liegenden Sachverhalts nimmt es nicht wunder, daß es in der wissenschaftstheoretischen Kritik der funktionalen Analyse typisch zu groben Vereinfachungen kommt, die darauf beruhen, daß diese verschiedenen Unterscheidungen nicht auseinandergehalten werden – so wenn Grimm (in *Niklas Luhmanns »soziologische Aufklärung«*), zum Beispiel behauptet, der funktionale Vergleich habe keinen empirischen Gehalt, weil er nichts erklären könne; oder wenn Helmut M. Artus, »Über die Unmöglichkeit von Systemtheorie: Entwurf einer grundsätzlichen Kritik von Funktionalismus und Systemtheorie am Beispiel Niklas Luhmann«, Ms., Münster 1974 [unveröffentlicht], behauptet, der Funktionalismus verkenne die Differenz von Objektsprache und Metasprache. Derartige Kritiken erleichtern sich das Geschäft dadurch, daß sie eine der vielen notwendigen Unterscheidungen dogmatisch einführen und sich durchlaufend an sie halten, andere dagegen vernachlässigen. Eine komplexere Problembehandlung erfordert dagegen die Einführung einer Vielzahl von Unterscheidungen und einen laufenden Wechsel der Perspektiven, wobei nur jeweils diejenigen Gesichtspunkte vorgeführt werden können, die für die gerade behandelte Argumentation am unentbehrlichsten sind.

nach einem von Dumond[130] aufgestellten »choice model« auf drei verschiedene, funktional äquivalente Weisen gelöst werden: (1) durch Limitierung des Nachwuchses vor oder bei der Geburt;[131] (2) Auswanderung von Mitgliedern der Gesellschaft in Territorien, die für sie bessere Lebenschancen bieten; und (3) Intensivierung der Techniken, die die Versorgung (was immer das im einzelnen impliziert) größerer Bevölkerungsmengen ermöglichen. Nur die letztere Variante ermöglicht und erzwingt den Aufbau komplexerer, zunächst geschichteter, dann funktional differenzierter Gesellschaftssysteme, die ihrerseits dann auch für die anderen beiden Lösungsmechanismen neue Varianten erschließen, etwa Techniken der medizinischen Empfängnisverhütung oder Auswanderung nicht in nahrungsreiche, sondern in hochindustrialisierte, arbeitsplatzreiche Regionen. Die verschiedenen funktionalen Äquivalente unterscheiden sich in den jeweils gegebenen Voraussetzungen und in den Folgen. Die Leichtigkeit eines Auswegs kann die Benutzung der anderen hemmen. Ebenso kann umgekehrt die Überlastung oder Ausschöpfung des einen die Suche nach anderen stimulieren.

130 Siehe D.E. Dumond, »Population Growth and Political Centralization«, in: Brian Spooner (Hg.), *Population Growth: Anthropological Implications*, Cambridge (Mass.), London 1972, S. 286-310.

131 Wir halten uns hier an die von Dumond gewählte Fassung. Es wäre aber hinzuzufügen, weil dies charakteristische Eigenarten und Gegenstandsabhängigkeiten der funktionalen Analyse beleuchtet, daß Limitierung *vor* und *bei* der Geburt im Grunde *zwei* Lösungsmechanismen sind, deren Differenz im Laufe der gesellschaftlichen Entwicklung bewußt werden und durch Wertung geregelt werden kann. Ganz deutlich gibt es kulturell bedingte Tendenzen zur Vorverlegung der Nachwuchskontrolle in dem Maße, als dies intentional möglich wird. Behält man die übrigen im Text erwähnten Lösungsmechanismen nicht im Blick, wird man indes kaum zutreffend erklären können, in welchen Gesellschaften die Sensibilitätsschwelle in diesem Teilbereich der Problemlösung durch Nachwuchsbegrenzung in dieser Richtung variiert.

Die Äquivalente sind bei Bedarf kumulativ einsetzbar, wobei Gesellschaftssysteme mit rasch steigenden Bevölkerungszahlen vermutlich alle Äquivalente zusammen verstärkt einsetzen müssen. Das Modell ist informativ auch dann, wenn, wie zumeist, keine Garantie der vollständigen Erfassung aller funktionalen Äquivalente gegeben werden kann; es kann sozusagen auf Zuwachs angelegt sein.

Dieses Beispiel soll nur zeigen, wie unentbehrlich namentlich für die Analyse komplexerer Gesellschaften ein funktional orientierter Vergleich ist. Möglichkeiten anderer Problemlösung müssen theoretisch entworfen und kontrolliert werden. Selbst wenn eine Erklärung ohne diesen Umweg »funktionierte«, selbst wenn man feststellen könnte, daß die steigenden Bevölkerungszahlen der beginnenden Stadtkulturen überall durch Intensivierung der Landwirtschaft ermöglicht wurden, verdankte diese Erklärung ihr Gelingen unkontrollierten Faktoren, die Alternativen ausgeschlossen bzw. ihre Wahl vergleichsweise erschwert hatten; es fehlte in der Theorie die Kontrolle über diejenigen Bedingungen, die gerade diese erklärte Relation nahelegten – zum Beispiel Unmöglichkeit des Abwanderns oder Ausfall älterer Formen der Nachwuchskontrolle beim Übergang von nomadischem oder halbnomadischem zu seßhaftem Leben mit entsprechend erleichterter Kleinkindbetreuung. Ohne Kontrolle dessen, was im erklärten Zusammenhang *nicht* der Fall ist, bleibt die Erklärung selbst im strengen Sinne Zufall.

Auf eine solche Kontrolle will nun freilich auch die Methodologie nomologischer Erklärungen nicht verzichten, und auch sie muß dazu einen Vergleich durchführen. Sie schränkt aber aus logischen Gründen die Vergleichstechnik sehr stark ein. Sie vergleicht die Erklärungsrelation nur mit einem anderen Fall: mit dem genau konträren Fall, der durch eine entgegengesetzte Theorie als kontradiktorisch ausgewiesen wird.

Der Vergleich dient dann nicht der Information über den selektiven Gehalt der Relationen, sondern nur noch dem Testen konkurrierender Theorieangebote. In dieser Begrenzung kommt zum Ausdruck, daß eine solche Methodologie ihre relationalen Aussagen direkt logisch und empirisch zu kontrollieren sucht, ohne deren Kontingenz zu artikulieren.

Nun kann es aber sein und kommt häufig vor, daß es solche genau konträren Fälle nicht gibt und daß sie sich auch nicht herstellen lassen.[132] Dann kann man das Problem nur noch als wissenschaftlich unträtabel zurückweisen, es den Historikern überlassen und sich bei Häufung solcher Erfahrungen auf einen makrosoziologischen Agnostizismus zurückziehen.[133] Es kann ferner sein, daß sich zu konträren

132 Nach Popper müßte in solchen Fällen die Wahrheitsfähigkeit negiert und das Thema der Metaphysik überwiesen werden. Ein solches Vorgehen trüge aber der Möglichkeit nicht Rechnung, daß sich trotz Unfalsifizierbarkeit eine Kongruenz von theoretischen Aussagen und empirischen Beobachtungen herstellen läßt. Vgl. dazu Raymond Boudon, *La crise de la sociologie: Questions d'épistémologie sociologique*, Genf 1971, S. 180ff. Selbstverständlich ist der durch direkte Kongruenz gesicherte Wahrheitswert genauso vorläufig wie der Wahrheitswert von unfalsifizierbaren Plausibilitäten. Der nur hypothetische Charakter wissenschaftlicher Aussagen hängt von diesem Unterschied des direkten und des indirekten Testens nicht ab. Auch ist nicht einzusehen, weshalb die Wissenschaft auf Arbeit an der Erhellung des Sinnes und des Realitätsbezugs von Erklärungsrelationen verzichten sollte, wenn absehbar ist, daß sie ein exaktes Negat theoretisch nicht konstruieren oder empirisch nicht erreichen bzw. herstellen kann.

133 Die von problem- und methodenbewußten Forschern skizzierten Auswege sind zumeist direkt an Problemen der Datenbeschaffung und der Datenanalyse orientiert, weisen zum Beispiel auf Möglichkeiten der Sekundäranalyse hin. Vgl. Erwin K. Scheuch, »Methodische Probleme gesamtgesellschaftlicher Analysen«, in: Theodor W. Adorno (Hg.), *Spätkapitalismus oder Industriegesellschaft? Verhandlungen des sechzehnten Deutschen Soziologentages*, Stuttgart 1969, S. 153-182; Boudon, *La crise de la sociologie*, insb. S. 49ff. Sehr viel schwieriger ist es, die ent-

Fällen, und davon scheint Popper auszugehen, keine kontradiktorischen Theorien konstruieren lassen, deren Ablehnung wie bei einer geschickt gekoppelten Abstimmungsfrage zur Annahme der anderen zwänge. Dann kann man Theorien nur ablehnen, nicht aber annehmen, muß sich also auf die Produktion von Unwahrheiten spezialisieren in der heroischen Hoffnung auf Wahrheit als Abfallprodukt und im Vertrauen auf Limitationalität.

Der Testvergleich ist aber nur der (aus logischen Gründen gewählte) Grenzfall eines Sinnvergleichs. Er testet die Theorie ja nur, wenn er ihren Sinn trifft. Er testet sie an ihrem exakten Negat. Dieses Negat ist in der gesellschaftlichen Wirklichkeit kaum je als der genau gleiche Fall (mit nur umgekehrten logischen Vorzeichen) zu finden bzw. herzustellen, denn dann würde Wahrheit gar nicht erst zum Problem werden. Er tritt nur in der Form mehr oder weniger andersartiger Fälle auf. Diese müssen sich in bezug auf die Testabsicht, also in bezug auf das Problem der Verifikation bzw. Falsifikation, als funktional äquivalent erweisen. Das setzt eine wissenschaftsinterne Abstraktion des theoretischen Problems voraus.

Den soeben skizzierten Engpaß soziologischer Methodologie sucht nun die funktionale Analyse dadurch zu überwinden, daß sie das Vergleichsinteresse erweitert. Sie bezieht es nicht nur auf die Vorbereitung des Testens theoretisch deduzierter einfacher Relationen, sondern auf die Struktur des Gegenstandes selbst. Grundlagen für eine Erweiterung des Vergleichsinteresses über das bloße Testen von theoretisch deduzierten Erklärungsrelationen hinaus kann man empi-

sprechenden Probleme auf der Ebene der Theoriebildung zu reflektieren, ganz zu schweigen von den Problemen der Interdependenz zwischen datenbezogenen Methoden und Theoriebildung, die den eigentlichen Gegenstand wissenschaftstheoretischer Steuerung bilden müßten.

risch nur am Gegenstand gewinnen. Die Annahme ist, daß Gegenstände der Soziologie nur existieren als Kontingenzen, die sich selbst in ihren anderen Möglichkeiten limitieren; und daß diese Realität nicht adäquat konzeptualisiert, geschweige denn erklärt werden kann, wenn man diesen Gegenstandsaspekt unterschlägt und Kontingenz und Vergleichsinteresse nur im Bereich wissenschaftlicher Aussagen ansiedelt. Natürlich ist die Realität jeweils als bestimmte vorgegeben und kann als solche festgestellt werden. Damit bleibt man aber im Deskriptiven stecken. Als Erklärung kann nur gelten, was begreifbar macht, daß und wie der Gegenstand seine Realität aus seinen eigenen anderen Möglichkeiten seligiert.

Ist mithin das Testen nomologischer Erklärungsrelationen nur ein Anwendungsfall einer sehr viel allgemeiner verwendbaren Vergleichstechnik, dann drängt es sich auf, eine Erweiterung der Möglichkeiten wissenschaftlicher Analyse und höhere Gegenstandsadäquität durch Rückgriff auf diese Vergleichstechnik anzustreben. Dazu dient eine Doppelstrategie, deren beide Elemente sich wechselseitig bedingen: Zum einen wird der Problembezug des Vergleichs aus der Theorie (»Ist die hypothetisch angenommene Relation Ausdruck eines allgemeinen Gesetzes oder nicht?«) in den Gegenstand selbst verlagert und dann als Aussagenkomplex über Probleme des Gegenstandes wissenschaftsintern rekonstruiert. Das erfordert es, den Gegenstand als komplexes und kontingentes System zu begreifen – sozusagen als Inkarnation schon gelöster Probleme. Zum anderen wird das theoretische Interesse am Gegenstand aus den Basisrelationen, die verglichen werden, zurückverlagert in die zwischen ihnen bestehenden Relationen. Die Einzelrelationen werden nicht nur unmittelbar in Erklärungsrelationen übersetzt, vielmehr sieht die funktionale Analyse ihre Leistung in der Rekonstruktion der dem Gegenstand zurechenbaren Relationierung von Relationen, nämlich seiner strukturbedingten Selektivität, die bestimmte und nicht andere, gleichfalls mögliche Relationen bevorzugt. Dahinter steht die Vermutung, daß hochkontingente Kausalrelationen, die empirisch vorkommen oder auch nicht vorkommen, sich als Einzelstücke kaum gesetzesförmig fixieren lassen, *gleichwohl aber nicht beliebig relationierbar sind.* Mit anderen Worten: Die Reduktion der Kontingenz hat nicht notwendig die Form des Gesetzes, wohl aber notwendig die Form des komplexen Systems. Ob und unter welchen Umständen nomologisch formulierbare, rekurrent auslösbare Kausalrelationen auch vorkommen mögen: *Die Äquivalenzen und praktischen Substitutionsmöglichkeiten in Systemen sind sehr viel strenger geregelt.* Systeme bauen sich nicht auf aus an sich feststehenden Relationen durch eine Art Kombination gesetzmäßig erzeugbarer Wirkungen; sie festigen vielmehr umgekehrt die Basisrelationen – und unter ihnen nicht zuletzt die Einzelhandlung als Bewirkung einer Wirkung – durch den Systemaufbau, durch präferentielle Selektion mit anschließbaren Weiterungen.[134] Will man Gegenstände dieser Art wissenschaftlicher Erforschung zugänglich machen[135] und in deren Ergebnissen jenen Grad an Sicherheit erreichen, der dem »Organisationsgrad« der Welt entspricht, muß man auf die im Gegenstand angelegte Kontrolle von Relationen durch Relationen, auf die ihm eigene Reduktion von Kontingenz achten, und zwar auch und gerade

134 Das Argument impliziert methodisch wie theoretisch eine Umkehrung der These, daß aus Unsicherem nichts Sicheres entstehen könne bzw. aus Kontingentem nichts Notwendiges. Methodisch befinden wir uns, wenn wir diese Negationen negieren, in der Nähe der Statistik. Theoretisch erfordert das Argument den Einbau der Evolutionstheorie bzw. anderer genetischer Theorien in die Systemtheorie.

135 Man könnte auch formulieren: Will die Wissenschaft die Welt unter der Prämisse aufschließen, daß es sich um solche Gegenstände handele.

dann, wenn der Vergleich erst in der Wissenschaft als bewußtes Verfahren durchgeführt wird. Deshalb ist der Rückgang auf die Systematizität des Gegenstandes methodische Voraussetzung für das Gewinnen von Problemgesichtspunkten, die ein vergleichendes Relationieren von Relationen ermöglichen. *Was im Gegenstand als Reduktion der Kontingenz von Relationen durch Bedingungen der Relationierbarkeit vorliegt, ist für die wissenschaftliche Analyse methodische Bedingung der Möglichkeit des Vergleichs.* Die funktionale Analyse vergleicht den Gegenstand mit seinen eigenen anderen Möglichkeiten, und nur im Anschluß daran kann er in seiner Selektivität erklärt werden.

7. Funktionale Äquivalente und Bezugsprobleme: Risiken der Auflösung

Die Prämissen funktionaler Analyse ähneln in auffallender Weise denen einer Gattungslogik, zumindest auf den ersten Blick. Ebenso wie die Gattungslogik (und wie im übrigen jedes wissenschaftliche Verfahren) setzt die funktionale Analyse Limitationalität voraus. Aber auch abgesehen davon sieht es so aus, als ob die zu lösenden Probleme wie Gattungsbegriffe fungieren, die die Menge ähnlicher Exemplare, nämlich funktionaler Äquivalente, definieren und gegeneinander abgrenzen. Komplexität wäre dann, da alles komplex ist, als oberstes Bezugsproblem die Menge der Mengen funktionaler Äquivalente. Wir hätten nichts gewonnen außer einem terminologisch erzeugten Schein von Modernität.

Bei näherem Hinsehen werden jedoch Unterschiede erkennbar. Sie sind bedingt dadurch, daß die funktionale Analyse höheres Auflösevermögen durch Abstraktion von natürlichen Vorlagen, also auch von gesellschaftlich prätypisierten

Bewußtseinsinhalten, zu erreichen sucht und in diesem Steigerungsinteresse sich auf höhere Risiken einläßt. Da Funktionen Relationen sind, kann man diese Differenz an zwei Stellen fassen, und beides sind Punkte mit charakteristischen Schwierigkeiten für die funktionale Analyse selbst: *Funktionale Äquivalente* schließen sich in der Realisierung wechselseitig nicht aus, sondern können sowohl alternativ als auch kombiniert auftreten. Und *Bezugsprobleme* der funktionalen Analyse sind, obwohl die Feststellung funktionaler Äquivalente und damit die angestrebte Erkenntnisleistung von ihnen abhängt, selbst kontingent und variabel. Es gibt also in der funktionalen Analyse nur kontingente Wahrheiten mit offengelassener Abschlußproblematik. Beide Gesichtspunkte verdienen eine nähere Erläuterung, weil an ihnen sowohl die übliche Kritik als auch die charakteristischen Leistungsmerkmale des Funktionalismus zur Sprache kommen.

Im Begriff der funktionalen Äquivalenz steckt zunächst die Entscheidung einer in der Theorie der Kausalität vieldiskutierten Frage. Der Begriff läßt auch disjunktive Relationen zu, also etwa Ursachen, die auch unabhängig voneinander ein und dieselbe Wirkung bewirken können und deren Kombination die Wirkung nicht verändert – so wie ein Mensch auf verschiedene Weisen getötet, ein Gegenstand auf verschiedene Weisen demoliert, ein Knoten auf verschiedene Weisen geknüpft werden kann. Gegen diesen weiten, Disjunktionen einbeziehenden Begriff ist eingewandt worden, daß die Äquivalenz eine scheinbare sei, nämlich auf einer nichtausreichenden Analyse der Wirkungen beruhe.[136] Daran ist richtig, daß man jedes Ereignis so konkret beschreiben kann, daß alle

136 Zu dieser Diskussion siehe Mario Bunge, *Causality: The Place of the Causal Principle in Modern Science*, Cambridge (Mass.) 1959, S. 122ff., mit weiteren Hinweisen.

Alternativursachen entfallen und nur die in Betracht kommen, die es tatsächlich bewirkt haben: Verschieden geknüpfte Knoten sehen verschieden aus; kriminalistische Technik ermöglicht es, herauszubekommen, mit welcher Maschine der Drohbrief geschrieben worden ist. Irrig ist es jedoch, in dieser Art Konkretisierung Strukturen der Realität oder spezifisch wissenschaftliche Analysemöglichkeiten zu suchen. Dabei verliert man nämlich das aus dem Blick, was man als Selbstabstraktion der Realität bezeichnen könnte – nämlich die Tatsache, daß Folgewirkungen von diesem Grad an Konkretheit nicht mehr abhängen: Es kommt nur darauf an, daß der Knoten hält. Entsprechend gewinnt die wissenschaftliche Analyse nicht, sondern verliert durch zu weit getriebene Konkretisierung Erkenntnismöglichkeiten, die wiederholbare Relationen oder auch übergreifende Wirkzusammenhänge, also Systeme betreffen.

Wenn der Begriff der funktionalen Äquivalenz sowohl konjunktive als auch disjunktive Kombinationen umfaßt, fehlt dem, was er relationiert, nämlich den einzelnen funktionalen Äquivalenten, jene Typenfestigkeit, die auf wechselseitiger Ausschließung beruht. Das bedeutet forschungspraktisch, daß man vom Vorliegen eines Äquivalents weder auf das Vorliegen noch auf das Nichtvorliegen anderer Äquivalente mit Sicherheit schließen kann. Will man diesen Schluß, muß man den Befund so weit konkretisieren, daß er zum historisch einmaligen Ereignis wird. Zwischen diesen beiden Extremen einer allgemeinen Possibilität und historischer Konkretheit liegt das Reich sinnvoller soziologischer Analysen, das wir durch die Prämisse der Limitationalität erschließen.

Unter der Voraussetzung von Limitationalität könnte man auch von alternativen und komplementären Verhältnissen sprechen, in denen funktionale Äquivalente zueinander stehen können. Alternativen sind Disjunktionen, in denen die

Negation der einen Variante für die andere(n) etwas besagt.[137] Komplementäre Verhältnisse liegen vor, wenn eine Konjunktion nicht nur möglich, sondern erforderlich ist, das heißt nicht negiert werden kann, ohne daß die Äquivalente ihre funktionale Eignung verlören. Außerdem ist zu beachten, daß beide Fälle von Äquivalenz sich auch selbst wechselseitig nicht ausschließen, sondern ihrerseits kombinierbar sind. Es gibt also nicht nur diese beiden logisch klaren Typen, sondern Mischformen der verschiedensten Art.[138] Es handelt sich nämlich um funktional äquivalente Formen der Herstellung funktionaler Äquivalenz, und deshalb wiederholt sich, wie für reflexive Mechanismen typisch, das Grundproblem der jeweiligen Funktion: Die Identität der Äquivalente kann nicht aus der bloßen Negation, sondern nur aus der Limitation anderer Äquivalente bestimmt werden, und so schließen auch disjunktive und konjunktive Äquivalenz, wenngleich sie logisch scharf getrennt werden können, in ihrer Funktion der Herstellung funktionaler Äquivalenz einander nicht notwendig aus.

Ein Begriff des funktionalen Äquivalents, der in sich selbst reflexiv gebildet werden und all diese Arrangiermöglichkeiten übergreifen soll, muß hochgradig abstrakt und ergänzungsbedürftig bleiben. Die Differenz von alternativer (disjunktiver)

137 Vgl. dazu Jürgen Rödig, *Die Denkform der Alternative in der Jurisprudenz*, Berlin 1969, S. 12f., 17ff., mit strengeren Vorschlägen für die Formalisierung von Limitationalität am Beispiel des Begriffs der Alternative.

138 Überlegungen dazu hat die Betriebswirtschaftslehre am Problem der (begrenzt möglichen) Faktorensubstitution entwickelt. Vgl. Erich Gutenberg, *Grundlagen der Betriebswirtschaftslehre*, Bd. I, Berlin [10]1965, S. 300, und mit einer für Kriterien (nicht für Faktoren!) ausgearbeiteten Typologie Gérard Gäfgen, *Theorie der wirtschaftlichen Entscheidung: Untersuchungen zur Logik und ökonomischen Bedeutung des rationalen Handelns*, Tübingen 1963, S. 119ff.

und komplementärer (konjunktiver) Äquivalenz, die den Begriff in die Abstraktion zwingt, enthält aber zugleich Instruktionen für Möglichkeiten der Konkretisierung.

Den Leitfaden gibt uns die Überlegung, daß ein System, um im Vergleich zur Umwelt geringere Komplexität erhalten zu können, hinreichende innere Unbestimmtheit (Unterbestimmtheit) seiner Bestimmungen braucht.[139] Im Unterschied zur Unbestimmtheit der Welt, die als Manövrierraum aller möglichen Bestimmungen nie bestimmt werden kann noch bestimmt werden braucht, ist diese Unbestimmtheit der Systeme eine zeitliche im Sinne von Umbestimmbarkeit aller Bestimmungen.[140] Dieses Ermöglichen von stets nur partiellen Umbestimmungen erfordert ein Zusammenspiel von Alternativität und Komplementarität, da jede Änderung Substitutionsleistungen für anderes erbringen und in Systeme einbauen muß. Im übrigen könnte kein System seine Umweltbeziehungen ausschließlich auf entweder alternative oder komplementäre Äquivalenzen stützen, da es weder auf jede Substitutionsmöglichkeit noch auf jede Kombinationsmöglichkeit verzichten kann. Es wird also, das läßt sich systemtheoretisch begründen, erkennbare Formen der Kombination und Differenzierung dieser beiden Möglichkeiten geben; nur fehlen einstweilen auf adäquatem Niveau entwickelte Forschungskonzepte.

139 Eine Ausarbeitung dieses Grundgedankens für den Fall psychischer Systeme bietet die funktionale Psychologie von Egon Brunswik, *The Conceptual Framework of Psychology*, Chicago 1952. Vgl. auch Kenneth R. Hammond (Hg.), *The Psychology of Egon Brunswik*, New York 1966.

140 Es handelt sich also nicht, wie Kritiker eingewandt haben, um die schlichte Paradoxie, die unbestimmte Welt durch ein bestimmtes System bestimmen zu wollen und sodann die Unbestimmtheit des Systems durch die bestimmte Welt. Vielmehr handelt es sich um Unbestimmtheiten verschiedener Qualität, die nur darin konvergieren, daß sie alles, was ist, als Selektion erscheinen lassen.

Eine mögliche Strategie des Vorgehens ist es, von einer kumulativen Verwendbarkeit funktionaler Äquivalente auszugehen, weil dies in höheren Abstraktionslagen der Normalfall ist, und sich sodann über geeignete Fragestellungen bis zu den Entscheidungspunkten vorzuarbeiten, an denen Disjunktivität sich aufzwingt, weil nur entweder die eine oder die andere Lösungsvariante gewählt werden kann. Um es erneut am Problem des Bevölkerungswachstums und des »choice model« von Dumond zu illustrieren: Zunächst kommen Limitierung des Nachwuchses, Auswanderung und Intensivierung der Versorgungstechniken nebeneinander in Betracht. Sie lassen sich kumulativ verwenden. Aber in konkret gegebenen Lagen des Gesellschaftssystems und seiner Umwelt haben diese Alternativen nicht gleiche Chancen. Leichtigkeit der Auswanderung oder eine für Nomadenstämme angesichts der Kleinkindprobleme ohnehin naheliegende Nachwuchslimitierung mögen die Bemühungen um Intensivierung der Naturausbeutung blockieren. In anderen Verhältnissen mag es natürliche oder technologische Grenzen der Naturausbeutung geben, die eine Auswanderung auch unter relativ ungünstigen Umständen attraktiv werden lassen. Die »Kosten«, die Attraktivität, die Organisationsfähigkeit für bestimmte Alternativen variieren sowohl mit den Strukturen des Systems als auch mit seinen Umweltverhältnissen. Mit wechselnden Bedingungen wechselt die Belastungsfähigkeit der einzelnen Lösungsvarianten. Man muß daher über die abstrakte Kenntnis der strukturell bedingten Probleme und Problemlösungsmöglichkeiten hinaus das System und seine Umwelt weiter erkunden, bevor man prognostizieren bzw. erklären kann, welche Problemlösungsmöglichkeiten in welchem Umfange und in welcher Kombination Realisationschancen haben.

Denn die Funktionsperspektive ist zunächst nur die Perspektive der Gleichheit funktionaler Äquivalente. Sie gibt weder Präferenzen für die eine oder andere Lösungsvariante an noch Inkompatibilitäten. Die Ungleichheiten der Äquivalente kommen erst in den Blick, wenn man *extrafunktionale Relationen* in Betracht zieht. Dabei kann es sich um die Ausnutzbarkeit vorhandener Strukturen oder Umweltbedingungen handeln, aber auch um die Fähigkeit, andere Probleme mitzulösen (Multifunktionalität). Abgesehen davon kann es, aber das ist im Begriff der Funktion nicht zwingend angelegt, Möglichkeiten geben, die Lösungsanteile funktionaler Äquivalente zu quantifizieren, also etwa festzustellen, zu welchen Anteilen die Entscheidung offener Konflikte auf dem Rechtswege erfolgt und in welchem Umfange andere Mechanismen (gewaltsame Repression, Schlichtung außerhalb des Rechtswegs u. ä.) einspringen.[141] Ein solches Aufbrechen der Daten würde bedeuten, daß man die Äquivalente als qualitativ gleichwertig ansieht, aber feststellt, daß sie quantitativ in unterschiedlichem Umfange in Anspruch genommen werden. Will man jedoch erklären, weshalb das so ist, muß man auch hier Ungleichheiten, und das heißt immer: extrafunktionale Relationen, berücksichtigen.

In den Funktionen liegt demnach die Grundbedingung aller Substitutionsvorgänge, aller Möglichkeiten, Problemlösungen ganz oder teilweise von einem auf andere Mechanismen zu verlagern; in den extrafunktionalen Relationen liegen dagegen diejenigen Gesichtspunkte, die eine Substitution begünstigen oder hemmen, vorteilhaft oder unvorteilhaft, wahrscheinlich oder unwahrscheinlich machen. Damit ist weder gesagt, daß jedes System nach einer optimalen Kom-

141 Vgl. zu diesem Beispiel Volkmar Gessner, *Recht und Konflikt: Eine soziologische Untersuchung privatrechtlicher Konflikte in Mexiko*, Habilitationsschrift, Ms., Bielefeld 1974 [Druck: Volkmar Gessner, *Recht und Konflikt: Eine soziologische Untersuchung privatrechtlicher Konflikte in Mexiko*, Tübingen 1976].

bination von Lösungsmitteln strebe; und zwar deshalb nicht, weil ein solches Optimum gar kein Optimum wäre: es stellte zu hohe Anforderungen an laufende Kalkulation. Noch ist vorausgesetzt, daß Systemwandel ausschließlich aus Vorgängen funktionaler Substitution bestehe; und zwar deshalb nicht, weil es direkte, mit Systemerfordernissen nicht abgestimmte Einwirkungen der Umwelt auf das System gibt – man denke nur an die kaum zu überschätzende Bedeutung des Todes markanter Kaiser und Päpste für die mittelalterliche Geschichte. Das Spiel funktionaler Substitutionen und Rekombinationen ist nicht (oder nur im Grenzfalle) eine Organisation zielgerichteter Optimierung von Mitteln; aber es bedingt und begrenzt, um mit Eisenstadt zu formulieren, die »capacity for the absorption of change«.[142]

Die funktionale Analyse tendiert, indem sie sich qua Zugehörigkeit zum Wissenschaftssystem von den zeitlichen Beschränkungen ihres Gegenstandes-in-seiner-Umwelt befreit, zur Steigerung des Auflöse- und Rekombinationsvermögens. Sie überzieht damit das Potential, das der Gegenstand an und für sich selbst besitzt. Die Strukturen und Grenzen, die im Gegenstand als Bedingung der Möglichkeit von Prozessen akzeptiert werden, werden ihrerseits funktional analysiert und auf tieferliegende Probleme bezogen. Die Bezugsprobleme der funktionalen Analyse werden von den Problemorientierungen, die der Gegenstand an und für sich hat, abgelöst; sie werden abstrahiert in einer Weise, die zugleich Gegenstände verschiedenster Art vergleichbar macht. Es entspricht der Logik des Funktionalismus, diese Tendenz der Abstraktion von Bezugsproblemen zu forcieren und bis an die Grenzen des Möglichen zu gehen. Aber wo liegen diese Grenzen?

142 So Shmuel N. Eisenstadt, *Tradition, Change, and Modernity*, New York 1973, S. 40f. u.ö.

Die Vermutung, sie würden ins Beliebige verschwimmen,[143] trifft nicht zu. Zwingende Grenzen liegen schon im Begriff der Funktion und in den gegenständlichen Implikationen funktionaler Analyse. Diese setzt, wie gezeigt, Gleichheit und Ungleichheit und die Artikulation von Ungleichheit über jeweils extrafunktionale Beziehungen voraus. Darauf, daß das Verhältnis zwischen den funktionalen Äquivalenten in dieser Gleichheit und Ungleichheit zugleich implizierenden Form geordnet ist, beruht die *asymmetrische Struktur der Funktion*, das heißt der Relation zwischen dem Bezugsproblem und den problemlösenden Äquivalenten. Die Asymmetrie ist, mit anderen Worten, eine solche der Disposition über Gleichheiten und Ungleichheiten: Während das Bezugsproblem nur die Gleichheit der Äquivalente garantiert, sind diese im Verhältnis zueinander und als bestimmbare Elemente der funktionalen Relation selbst immer gleich und ungleich zugleich.

Anhand der beigefügten Skizze läßt sich dieser Sachverhalt wie folgt veranschaulichen:

Die Funktion ist der Gesamtausdruck für die Beziehungen A-1 und/oder A-2 und/oder A-3. A fungiert dabei als Bezugsproblem, 1, 2 und 3 als funktional äquivalente Lösungsmöglichkeiten. Jedes dieser Äquivalente hat eigene extrafunktionale Beziehungen (1-a, 1-b usw.). Weitere Relationen könnten an a, b, c usw. angeschlossen werden, wenn daran ein Interesse besteht, das heißt, wenn die daraus sich ergebenden Ungleichheiten funktionaler Äquivalente für deren Vergleich relevant sind. Die Relationen 1-2, 1-3, 2-3 drücken die funktionalen Äquivalenzen selbst aus, das heißt die Be-

143 So z. B. Rüdiger Bubner, »Wissenschaftstheorie und Systembegriff: Zur Position von N. Luhmann und deren Herkunft«, in: ders., *Dialektik und Wissenschaft*, Frankfurt/M. 1973, S. 112-128 (122ff.).

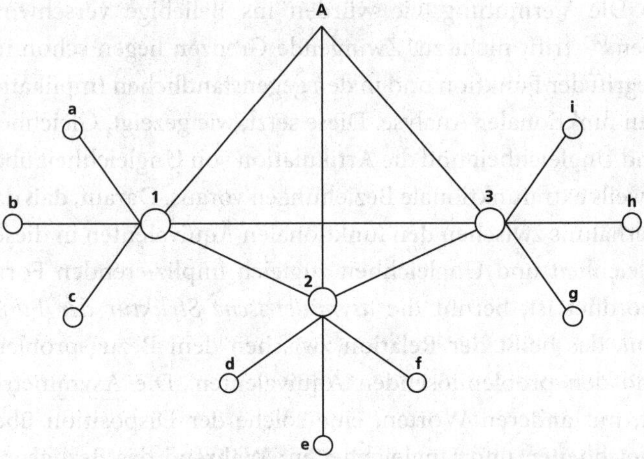

ziehungen, die sich daraus ergeben, daß Problemlösungen kumuliert bzw. füreinander substituiert werden können. Die Funktion und damit letztlich das jeweilige Bezugsproblem »konstelliert« ein solches Gesamtgefüge von Relationen, ermöglicht dessen Zusammenfassung in dieser Form. Das heißt nicht, daß die durch eine solche Funktion relationierten Primärrelationen nicht auch in sich selbst Bedeutung hätten und ermittelt werden könnten, etwa die bloße Eignung der Problemlösung 2, zur Lösung des Problems A beizutragen, oder extrafunktionale Relationen wie 3-i, 2-f. Solche Einzelermittlungen würden sich auf die Faktizität des Bestehens solcher Relationen oder auch auf ihre bedingungsabhängige faktische Möglichkeit beziehen. Aber erst die funktionale Relationierung abstrahiert alle Relata dieses Relationsgefüges in dem Sinne, daß sie sie kontingent setzt und die Selektion dessen, was an ihnen im Hinblick auf eine spezifische Funktion interessiert, reguliert.

An diesem Modell ist zugleich ablesbar, wie Systeme selbst sich durch Binnenabstraktionen ihres Relationsgefüges aus ihrer Umwelt ausdifferenzieren. Die Problemorientierung aktiviert die im System selbst mögliche Selektivität an Hand genau der Probleme, die das System lösen muß, wenn es diskontinuierlich zu einer komplexeren Umwelt bestehen will. Diese in Systemen problembezogen konstituierte Abstraktion wechselt mit den Problemstellungen, denen sie sich verdankt, und kann durch Abstraktion der Bezugsprobleme selbst gesteigert werden. Diese Möglichkeit greift die wissenschaftliche Analyse auf. Sie kann, weil sie selbst von den im System geltenden Zeitbeschränkungen möglicher Problemlösungen unabhängig ist, die im System verfügbaren Möglichkeiten transzendieren.[144] Dabei übersetzt sich der Abstraktionsgewinn in die Selektivität, mit der Relationen erfaßt und aufeinander bezogen werden. Sehr abstrakt formulierte Bezugsprobleme – so etwa das Problem der Übertragung von Selektionsleistungen, das Problem der Einführung von Limitationalität oder gar das Problem der Absorption des Komplexitätsgefälles zwischen Umwelt und System durch selektive Strukturierung von Prozessen – lassen nur entsprechend abstrakt erfaßte Primärrelationen zu. Erst wenn man deren Besonderheit ihrerseits als Bezugsproblem weiterer funktionaler Analysen verwendet, wie wir es zum Beispiel in der Theorie der Kommunikations-

144 Dies Verfahren läßt sich am Beispiel der Psychoanalyse illustrieren, die das psychische System auf ein Grundproblem (z. B. »Libido«) bezogen interpretiert, das im System selbst nicht bewußt ist, und ein entsprechend generalisiertes Verfahren der Substitution von Problemlösungen (Kompensation) unterstellt, über das das psychische System selbst nicht ohne weiteres disponieren kann. Aus diesem Ansatz ergibt sich zugleich das Selbstverständnis dieser Wissenschaft als Praxis. Ebenso wie auf der organischen Ebene »Leben« kann im übrigen »Libido« auch als Generalisierung der internen Relevanz von System/Umwelt-Beziehungen begriffen werden. Vgl. dazu Robert L. Marcus, »The Nature of Instinct and the Physical Bases of Libido«, *General Systems* 7 (1962), S. 133-156.

medien oder in der Theorie der Systemdifferenzierung getan haben, konkretisiert man zugleich das dann in Betracht kommende Relationengefüge. Andererseits ist der Rückgang auf abstraktere Bezugsprobleme erforderlich, wenn man konkreter angesetzten Forschungen eine größere Reichweite geben und die strukturelle Kontingenz auch der Bezugsprobleme im Hinblick auf deren Funktionsäquivalente in die Analyse einbeziehen will.

Mit der Abstraktion und der Problemrelativität steigen die Risiken für alle konkreten Operationen, sei es der Forschung, sei es der Praxis. Als Risikoausgleich dient die Möglichkeit des Wechsels von Problemhinsichten. Diese Möglichkeit ist schon in den Systemen selbst angelegt, sie ist erst recht der wissenschaftlichen Analyse gegeben. Sie ist unverzichtbares Korrelat des Abstraktionsprozesses selbst. Dieser vollzieht keine »schlechte« Abstraktion durch Unbestimmtlassen dessen, was er leistet. Ebenso vermeidet er aber eine Begründung von Bestimmungen, die alle zur Bestimmung benötigten Negationen im »konkret Allgemeinen« absorbierte. Die Form der problemspezifischen Abstraktion ist weder in der einen noch in der anderen Weise zureichend begriffen. Für sie wird Zeit relevant – nicht nur als allgemeine Form der Bewegung des Bestimmens selbst, sondern eben als Offenhalten der Möglichkeit des Wechsels der die Abstraktion selbst ermöglichenden Bezüge.

Als notwendig möglicher kann dieser Wechsel seinerseits nicht ohne Struktur, nicht ohne Formkontinuität, nicht als Sprung in eine andere Welt vollzogen werden. Was sich beim Wechsel der Bezugsprobleme als invariant durchhält, ist zum einen das Feld der Elemente und Relationen, über dem die funktionalen Abstraktionen errichtet werden – sei es als schon »institutionalisierte« oder »internalisierte« Abstraktionen im Gegenstand selbst, sei es erst in dessen wissenschaftlicher

Analyse –, und zum anderen die asymmetrische Struktur der Funktion schlechthin, also des Prinzips der Relationierung von Relationen. Beides zusammen schließt beliebige Problemwahlen aus. Hinzu kommt, daß die Wissenschaft selbst ein Teilsystem in der Gesellschaft ist, daß ihr Gegenstand nur eine ihrer Umwelten ist und daß die übrigen Umwelten beliebige Problemwahlen nicht honorieren, ja wahrscheinlich entmutigen oder gar unterbinden würden. Das bedeutet praktisch, daß die Forschung an die in der Gesellschaft schon fungierenden Problemabstraktionen und/oder an ihre eigenen Theorietraditionen anzuschließen hat. Wer seine Gesellschaftsanalyse unter der Zentralperspektive der Maximierung des Wohlbefindens der Schoßhunde ansetzen würde, würde nicht nur keinen Anschluß an den strukturellen Aufbau seines Gegenstandes finden, sondern vermutlich auch kaum Beifall und kaum Forschungsmittel erhalten.

Wir finden die bei allem Perspektivenwechsel durchzuhaltenden Invarianzen also letztlich in einem methodischen Prinzip, das von Gegenständen, sofern sie Systeme sind, immer schon befolgt und begrenzt realisiert ist und das die Wissenschaft nur in den eigenen Systemkontext Forschung überführt und abstrahiert. Die Invarianzen liegen also nicht, wie in der Theorie Hegels, in der selbstreferentiellen Negativität, die begriffliche Bestimmungen begründet; sie liegen überhaupt nicht auf der Ebene von Begriffsbestimmungen.[145]

145 Manchen Kritikern der funktionalistischen Position, etwa Bubner, scheinen Theorieerfordernisse dieses Typs als unabdingbar vorzuschweben. Käme es darauf an, Begriffe aus Unbestimmtheit in Bestimmtheit zu überführen und das Bestimmte durch Inklusion der zu seiner Bestimmung notwendigen Negationen in es selbst als konkret Allgemeines zu begründen – käme es darauf an, wäre es freilich ein grober Fehler, die Bestimmungsleistung an wechselnden Problemstellungen zu orientieren.

Ebensowenig folgen wir dem »analytischen Realismus« der Parsonsschen Handlungstheorie, die aus denknotwendigen Bestimmungen des Handlungsbegriffs jenes Vier-Funktionen-Schema (AGIL) abzuleiten sucht, das dann als analytische Struktur aller möglichen Handlungssysteme invariant gesetzt, das heißt repetitiv angewandt wird. Die Invarianzen, die jeden Wechsel von Problemstellungen und Themen überdauern und das Thematisierbare formal limitieren, sehen wir vielmehr dort, wo der Gegenstand selbst letzte Bedingungen seiner Möglichkeit hat: in den Erfordernissen komplexer Systeme, sich über asymmetrische Relationierung von Relationen selbst zu abstrahieren.

Kapitel III

Rationalität

Unter dem Titel Rationalität sollen zum Abschluß unserer Untersuchungen Einrichtungen des Gesellschaftssystems erörtert werden, die das Risiko der Selektivität kontrollieren. Der Begriff der Rationalität wird hier nicht definiert als ein Vermögen, das den Menschen vom Tier unterscheidet. Er zielt auch nicht auf eine zu erstrebende Totalität, die wirklich und vernünftig zugleich sein soll, auf einen sich herstellenden Weltzustand, der seine eigene Transzendenz miteinbezieht. Er meint ebensowenig ein universales Prinzip des Richtigen; denn mit Prinzipien dieser Art hat man die Erfahrung, daß sie paarweise aufzutreten pflegen, weil ihre genauere Bestimmung Gegenbestimmungen aus sich hervortreibt: Verstand und Vernunft, funktionelle und substantielle Rationalität, instrumentelle und kommunikative Rationalität. Gleichwohl behält der Begriff auch in unserer Verwendung seinen Universalitätsanspruch – und zwar deshalb, weil wir ihn als Korrelatbegriff zu Selektivität einsetzen und alles Wirkliche als im Horizont der Welt seligiert und daher kontingent unterstellen.

Da Selektion Negationen impliziert und genau darin ihr Risiko hat, beginnen wir mit einer Analyse des Verhältnisses von Sinn und Negation (Abschnitt 1). Erst auf den hier zu legenden Grundlagen können wir uns dann um die Fortschreibung klassischer Modelle der Rationalität auf der Ebene des Handelns bzw. Entscheidens (2) und auf der Ebene der Systembildung und in Richtung auf Weltrationalität (3-5) bemühen. Diese Gliederung differenziert nach Prozeß und Struktur. Negieren sehen wir als denjenigen Prozeß, auf den sich Rationalitätsurteile beziehen. Diese Urteile selbst bringen Anforderungen an die strukturelle Kohärenz von Negationsleistungen zum Ausdruck.

1. Negation

Negation ist mitkonstituierende Bedingung der Möglichkeit sinnhaften Erlebens und Handelns schlechthin. Sie ist nicht nur Requisit des Bestimmens,[146] sondern erst recht Requisit des Unbestimmens, des Auflösens, Infragestellens; sie ist innerhalb dieser Dimension bestimmt/unbestimmt nicht mehr zureichend zu begreifen, weil sie die Dimension selbst schon konstituiert. Ohne Verfügung über die Fähigkeit des Negierens ist kein Sinn, keine Simultanpräsentation von Wirklichem im Kontext anderer (!) Möglichkeiten möglich. Als Implikat von Sinn schlechthin ist Negation überdies jederzeit zugänglich; also nicht nur eine Vorbedingung, die erfüllt werden könnte und damit erledigt wäre, sondern eine durch Sinn ständig mitangezeigte Möglichkeit weiteren Erlebens und Handelns. Rationalität kann nur begriffen werden, wenn man begreift, was diese Zugänglichkeit für das tägliche Leben bedeutet und wie sie symbolisch betreut, wie sie sozusagen verwaltet wird. Das letzte Bezugsproblem der Rationalität ist die Negativität, die Selbstreferenz der Negation, die Nichtnegierbarkeit der Möglichkeit des Negierens.

146 Die *negatio* des »Omnis determinatio est negatio« ist im übrigen *nicht privatio*, sondern sie bestimmt nur dadurch, daß sie etwas negiert, was *nicht zum Wesen der Sache gehört*. Die Bestimmbarkeit dieser Form von Negation setzt also ihrerseits die Bestimmbarkeit des Wesens der Sache voraus; sie würde ohne diesen Anhaltspunkt mit der *privatio* verschmelzen und damit Anlaß geben, diejenigen Probleme aufzuwerfen, denen der Text im folgenden nachgeht.

Um diesem Leitfaden folgen zu können, müssen wir von einer nichttautologischen, funktionalen Bestimmung des Negierens ausgehen.[147] Alles Negieren operiert mit Hilfe einer *provisorischen Duplikation* des Vorhandenen: Man sieht einen Esel; der Esel könnte aber auch kein Esel sein. Ob er Esel oder Nichtesel ist, das ist dann entscheidbar. Ob man entscheiden *muß*, richtet sich nach den Umständen. Wichtiger als der Entscheidungszwang ist das Offenhalten der Entscheidungs*möglichkeiten* durch Duplikation der Welt, was natürlich voraussetzt, daß man nicht jederzeit über alles zugleich entscheiden muß. Die Entscheidung kann (*dank* der vorausgesetzten Duplikation, aber nicht *durch* die vorausgesetzte Duplikation) *konditioniert* werden. Die Konditionen erfolgreichen Entscheidens unterliegen, wenn einmal Sinn mit Negationsmöglichkeiten konstituiert ist, zwangsläufig der Evolution. Sie ermöglichen Lernprozesse. Sie lassen sich generalisieren und dann mit Negationsmöglichkeiten in bezug auf sie selbst formulieren. Auf diese Weise entsteht sinnhaft formulierte Kultur.

Die Dualisierungsstrategie, von der alle Negation ebenso wie alle Position (als Negation möglicher Negationen) sich tragen läßt, ist nicht angewiesen auf die Unterstellung, daß die Welt tatsächlich doppelt vorhanden sei. Es gibt solche Verdoppelungen mit ontischer Prätention, aber sie entwickeln sich eher im Rahmen von moralischen oder professionell spezifizierten Dualen – etwa als Unterscheidung einer guten und einer schlechten, einer leidvollen und einer leidlosen (heilen), einer sündigen und einer erlösten Welt. Solche Dualismen

147 Natürlich setzt auch diese Bestimmung Negation schon voraus, da sie selbst Sinn benutzt, um sich zu artikulieren. Sie vermeidet nur krude Tautologien, die Negation durch Verneinung, Nichtgeltenlassen, Verdrängen oder ähnliches definieren, und versucht, mehr analytisch ausnutzbare Information einzubeziehen.

generalisieren die Bedingungen einer intentional gefundenen Transformationspraxis; sie sind daher durch vorgezeichnete Präferenzen immer schon strukturiert. Die Negation benutzt dagegen ein sehr viel allgemeineres, ungebundenes Kontrastprogramm, das mit einer der bedeutendsten intellektuellen Erfindungen, mit der Kategorie der »Andersheit«, markiert worden ist.[148] In dieser Form hat sie die *Ontologie* konstituiert.[149] Die Ontologie praktiziert den Dualismus von Sein und Nichtsein total und doch weltimmanent. Etwas kann (es selbst oder) etwas anderes sein. Etwas ist es selbst nur, wenn es nichts anderes ist. Dabei ist das andere nicht all das, was sonst noch vorkommt, denn dieses ist jeweils es selbst. Vielmehr dupliziert die kategoriale Erfahrung der Andersheit die Welt in Richtung auf potenzierte Komplexität: Im Modus des Seins ist alles nur es selbst; im Modus der Andersheit ist alles etwas anderes in bezug auf jedes – also jedes ein anderes in bezug auf alles andere, so wie alles andere ein anderes in bezug auf jedes.

Diese Duplikation der gegenständlichen Welt läßt sich querstellen zum binären Schematismus der Wahrheit. *Beide*

148 Die Begriffsgeschichte von »Andersheit« ist bei ihren Hauptförderern Platon und Hegel motiviert gewesen durch Probleme der Kompatibilität, die ein universell praktizierter binärer Code (konkret zunächst: die Negationspraxis der Sophisten) in einer ontologisch interpretierten Welt aufwirft. Durch die Kategorie der stets nur relativ zu begreifenden Andersheit wird das blanke Nichts kosmisiert. Für die philosophische Problembehandlung schien es daher auszureichen, Andersheit zu ontologisieren als Idee, an der die Wirklichkeit partizipiert, oder als eine kategoriale Struktur der Gegenständlichkeit anzusehen, die mit Mitteln der Logik nicht hinterfragt und begründet werden kann, da sie die Ausdifferenzierung der Logik überhaupt erst ermöglicht.

149 Wir nennen mithin »Ontologie« oder »ontologisch« eine Wissenschaft, die mit dem Schematismus von Sein und Nichtsein in der Form operiert, die durch die Interpretation des Nichtseins als Andersheit konstituiert ist.

können *zwei* Zustände annehmen, wahre *und* unwahre Aussagen können sich somit auf Seiendes *und* auf anderes beziehen und damit nach eigenen *und* gegenständlichen Kriterien selektiv verfahren. Um diese Bedingung zu erfüllen, muß strenge Nichtidentität von logischem Widerspruch und Realrepugnanz postuliert werden: Was sich logisch widerspricht, kann sich in der Realität gerade nicht »widersprechen« und umgekehrt.[150] Inkompatibilitäten, Entgegensetzungen, Konflikte in der Realität müssen wissenschaftlich widerspruchsfrei formuliert werden können. Diese kategorialen Vorkehrungen machen, zusammengenommen, die Ausdifferenzierung eines besonderen Kommunikationsmediums für Wahrheit und im Anschluß daran Systembildungen für Wissenschaft möglich. In systemtheoretischer Formulierung heißt dies: Eine Differenz von System und Umwelt wird eingeführt mit der Folge, daß wissenschaftliche Operationen sich auf eine Umwelt richten können, die als Gegenstand der Wissenschaft nicht mit ihr identisch ist. Dabei sichert die Komplexitätspotenzierung im Modus der Andersheit, daß die vergegenständlichte Umwelt auf alle Fälle komplexer bleibt

150 So Immanuel Kant, »Versuch den Begriff der negativen Größen in die Weltweisheit einzuführen«, in: ders., *Kleinere Schriften zur Logik und Metaphysik*, Erste Abteilung, S. 25: Die aufhebende Entgegensetzung sei zweifach: entweder *logisch* durch den Widerspruch oder *real*, d.i. ohne Widerspruch. Mit dieser Unterscheidung ist natürlich das Problem des *Verhältnisses* von logischem Widerspruch und Realrepugnanz nicht gelöst. Darauf gibt es bis heute keine befriedigende Antwort. Wir stellen im Text dieses Problem deshalb nicht als Frage nach der Identität in der Nichtidentität von Erkenntnis und Gegenstand, die die Möglichkeit von Erkenntnis letztlich zu begründen hätte, sondern gehen von lebensweltlich gegebenen Möglichkeiten des Erkennens aus und fragen nach der Funktion jener Schematismen und ihrer Differenzierung für die Steigerung der Erkenntnisleistung in Richtung auf zunehmende Komplexität.

als ein System, das sie mit Hilfe eigener Disposition über Negationen analysiert.

Die ontologische Interpretation des Nichtsein als Anderssein ist in ihrer historischen Kontingenz heute bewußt geworden.[151] Das bedeutet nicht, daß sie als Fehlsteuerung der Metaphysik behandelt und rückgängig gemacht werden könnte. Der mit ihr kategorial gefaßte Komplexitätsgewinn ist gerade für die moderne Gesellschaft unentbehrlich. Eine Kritik der Ontologie ist nur sinnvoll in dem Maße, als sie diese Errungenschaft bewahrt und ausbaut. Vielleicht genügt ein stärkeres Auseinanderziehen der Begriffe und ein entsprechendes Differenzieren von Negationsmöglichkeiten. Man könnte Sein/Nichtsein und Anderssein/Nichtanderssein unterscheiden als verschiedene Formen der Modalisierung von Welt. Die Modalität der Andersheit ermöglicht, erzwingt aber auch höhere Komplexität und Unanschaulichkeit, weil sie alle Bestimmungen relationiert. Man muß daher, statt über »richtiges« Begreifen von Welt zu streiten, fragen, welche Systeme überhaupt in der Lage sind, ihr Weltverhältnis im Modus der Andersheit zu artikulieren. Wir kommen unter Abschnitt 5 auf diese Frage zurück. Zuvor müssen wir einige Probleme eines durch Andersheit vermittelten Negationsgebrauchs aufzeigen und verdeutlichen, wie sie mit dem Problem der Rationalität zusammenhängen.

Die Welt kann nicht als bestimmte ontisch dupliziert werden (Mehr-Welten-Theorien). Wesentliches Erfordernis

151 Beachtenswert ist besonders die Kritik Martin Heideggers an dieser Entwicklung: Sie bringe durch Ontologisierung und Verwissenschaftlichung ursprünglicher Erfahrungen etwas zum Verschwinden, das vordem unter den Titeln Sein und Nichts unmittelbarer gedacht werden konnte. Siehe: Martin Heidegger, *Was ist Metaphysik?*, Frankfurt/M. [5]1949; ders., *Vom Wesen der Wahrheit*, Frankfurt/M. [2]1949; ders., *Platons Lehre von der Wahrheit*, Bern [2]1954.

der »Heterisierung« von Welt ist deshalb, daß die Dualkonstruktion der bestimmten Welt dieselbe Welt als unbestimmte gegenüberstellt (und nicht etwa: einer guten Welt eine schlechte!). Genauer formuliert: In die bestimmte Welt wird eine unbestimmte Welt eingezogen derart, daß von jedem Bestimmten es selbst und anderes als unbestimmt zugänglich ist. Unbestimmtheitsqualitäten sind durchaus außersprachlich erfahrbar an Objekten oder Objektbereichen – Dunkelheit, Ferne, Wasser, Himmel – und werden bei ersten Codierversuchen archaischer Gesellschaften in dieser Form benutzt. Die Totalisierung der Bestimmtheit/Unbestimmtheits-Dichotomie ist natürlich sprachabhängig (obwohl auch die Sprache keineswegs garantiert, daß jeder Term jedes Satzes sinnvoll negierbar ist).[152] Ihre Formulierung setzt sprachlich gefaßte Negationsleistungen voraus (etwa: bestimmt/unbestimmt); ihre begriffliche Fassung mitsamt den dazu nötigen sprachlichen Innovationen war eine Leistung der Philosophie.

Negationen sind in ihrer allgemeinsten Charakterisierung gedankliche bzw. kommunikative Operationen, deren Selektivität durch diese Heterisierung der Welt universalisiert werden. Sie benutzen und reproduzieren, wie immer sie sich drehen und wenden, die Differenz von Bestimmtem und Unbestimmtem. Ihre Funktion liegt zunächst nicht in der Herstellung von Bestimmtheit, die ja immer schon vorgefunden wird, sondern in der Konstitution und Ausnutzung von Selektivität. Dazu generalisiert die Negation ihr Thema (ohne es als identisches, bejahbares, bestimmbares zu eliminieren) im Hinblick auf unbestimmt gelassene andere Möglichkeiten. Als Korrektiv dieses Risikos der Generalisierung muß

152 Hierzu speziell Siegfried J. Schmidt, »Texttheoretische Aspekte der Negation«, *Zeitschrift für germanistische Linguistik* 1 (1973), S. 178-208.

Negierbarkeit der Negation zugelassen werden. Operativ und funktional sind demnach Generalisierung und Reflexivität einander fordernde Korrelate.[153] Diese Grundbedingung fundiert die Einheit aller Negationsweisen. Jede besondere Negationsweise, etwa streng logischer Negationsgebrauch oder Verdammungsnegationen, oder professionelle Dualisierungen, privative Defizienzen gegen positive Erwartungen profilierende Aussagen oder spekulativer Umgang mit dem Nichts, setzen besondere, den Negationsgebrauch beschränkende Bedingungen voraus, die in der jeweiligen Typik der Negation dann durchgehalten werden müssen und nicht, es sei denn unter Verzicht auf den Typus, ihrerseits negiert werden können.[154]

Diesen zweistufigen Problemaufriß legen wir zugrunde, wenn wir uns jetzt der Frage zuwenden, ob es einen spezifisch rationalen (und in diesem Sinne: sonderbedingten) Gebrauch von Negationen gibt. Rationalität bekommt dadurch die spezifische Funktion, zwischen Nichtnegierbarkeiten und Negierbarkeiten zu vermitteln unter Gesichtspunkten, die mit

153 Hierzu näher Niklas Luhmann, »Über die Funktion der Negation in sinnkonstituierenden Systemen«, in: Harald Weinrich (Hg.), *Positionen der Negativität*, München 1975, S. 201-218, Wiederabdruck in: Niklas Luhmann, *Soziologische Aufklärung 3: Soziales System, Gesellschaft, Organisation*, Opladen 1981, S. 35-49.

154 Daß der im Vorstehenden skizzierte allgemeine Bezugsrahmen des Negationsproblems nicht ausreicht, um spezifischere Formen des Negationsgebrauchs abzuleiten und in ihren Besonderheiten zu begründen, ist in mehreren Diskussionsbeiträgen zum Kolloquium VI der Gruppe »Poetik und Hermeneutik« mit Recht hervorgehoben worden. Vgl. Weinrich (Hg.), *Positionen der Negativität*, insb. die Beiträge von Wolfgang Hübener, »Perfektion und Negation«, S. 470-475, Hans Robert Jauß, »Vorselektion der Welt, im Blick auf Rousseau«, S. 506-508, und Wolfgang Iser, »Konträre Leistungen der Negation«, S. 509-511.

dem jeweiligen Entwicklungsstande der Gesellschaft kompatibel sind.[155]

Klassische Theorien hatten den Grund von Rationalität in Nichtnegierbarkeiten gesucht – modaltheoretisch zum Beispiel in Notwendigkeiten, die nicht durch Negation ins Kontingente gewendet werden konnten, oder erkenntnistheoretisch in der *épistémè* selbst, in der in sich selbst zwingenden Erkenntnis. Dann hat sich in einem Prozeß allmählicher Abnutzung der Ideen und Realitätsannahmen und mit zunehmendem Auflösevermögen der Wissenschaft herausgestellt, daß nur die Negierbarkeit selbst das Nichtnegierbare ist. Danach ist selbstreferentielle Negativität der einzig zulässige Reflexionsstop. Entsprechend lösen die Vorstellungen von Rationalität sich aus ihrer Verankerung.

Klassische Theorien der Negation hatten, wenn nicht ausschließlich, so doch überwiegend, Negation privativ begriffen, also auf positiv Vorliegendes bezogen. Ein anderer Negationsbegriff war nur weltbezogen vorstellbar: *annihilatio* als Gegenbegriff zu *creatio*. Dem entspricht eine »technische« Vorstellung von Rationalität, bei der die operative Bemühung gleichsam mit der Natur konkurriert oder koaliert, sie nachahmend, ihr gehorchend, sie auf unwahrscheinliche Erfolge hin überholend. »Téchne liebt Týche und Týche Téchne.«[156] Rationalität bewährt sich dann im Abarbeiten der Schwierigkeiten einer vorausgesetzten Lebenswelt; sie hat kein gegenüber der Natur autonomes Konzept. Auch diese Problemfassung überschreitet die für sie notwendigen Gren-

155 Diese Funktionsangabe schließt es bewußt aus, weitere Evolution oder gar Steigerung des Tempos weiterer Evolution als solche für rational zu erklären.

156 Dies auf Agathon zurückgeführte Zitat überliefert Aristoteles, *Nikomachische Ethik*, 1140 a 19 f.

zen an einem angebbaren Punkt, nämlich mit der These der sinnkonstituierenden Funktion der Negativität.

Beide Entwicklungen, die die Möglichkeiten semantischer Disposition über Negationspotentiale betreffen, sind nicht allein auf Abnutzungserscheinungen bei immer neu ansetzenden Negationsexperimenten zurückzuführen. Sie korrelieren auch mit gesellschaftsstrukturellen Entwicklungen in dem Sinne, daß komplexere Gesellschaften mehr Negationsmöglichkeiten freigeben, mehr Konflikte zulassen und ihre Nichtnegierbarkeiten abstrahieren müssen.[157] In diesem Sinne verändert die Evolution des Gesellschaftssystems mit den Anforderungen an Negationspotentiale zugleich das Bezugsproblem für Rationalität. Die moderne Gesellschaft findet sich jenseits der Schwelle, von der ab nur noch Negierbarkeit nicht negierbar ist. Ein darauf passender Begriff der Rationalität hat noch nicht formuliert werden können. Er ist weder über die Negationssequenzen der Dialektik zu erreichen,[158] noch fällt er einem dadurch in den Schoß, daß man den Nihilismus als heimliches, heute zutage tretendes Telos der ontologischen Metaphysik entlarvt und dies wiederum hypernegiert. Wenn Geschichte mehr ist als Aufbau oder Selbstverbrauch von Philosophie, wenn Geschichte in dem uns interessierenden Bereich Evolution des Gesellschaftssystems ist, müßten Positionen der Rationalität vorbereitet sein, wenn überhaupt jene hochabstrakten Negationspoten-

157 Dieser Trend zur Abstraktion läßt sich auch an gesellschaftspolitischen Dualkonstruktionen ablesen. Dazu Reinhart Koselleck, »Zur historisch-politischen Semantik asymmetrischer Gegenbegriffe«, in: Weinrich (Hg.), *Positionen der Negativität*, S. 65-104.

158 Dieser durch Hegel diskussionsfähig aufbereitete Vorschlag hatte das Problem der Rationalität letztlich als Problem der Identität in der Nichtidentität von Erkenntnis und Gegenstand gesehen und hatte gemeint, *dieses* Problem durch identische Sequenzierung von gegenständlicher und begrifflicher Entwicklung lösen zu können.

tiale freigegeben werden; wenn überhaupt Negationen dieser Art in Wirtschaft und Politik, Religion, Wissenschaft und Rechtsetzung gebraucht und nicht auf folgenlose Spekulation reduziert werden.

2. Handlungsrationalität

Deutlicher und realitätsnäher als im Bereich philosophischer Begriffskontroversen lassen die gesuchten »preadaptive advances« sich im Bereich der Handlungsrationalität beobachten. Sie schließen hier an die technisch-poietisch-instrumentelle Freigabe des Handelns zur Erzeugung von nicht in ihm selbst liegenden Effekten an. Dieses Konzept erlaubt eine *relationale* Formulierung des Sinnes von Handlungen als Bewirken geschätzter Wirkungen. Eine einfache Relation erfordert aber in dem Maße, als die Relata kontingent gesetzt wurden, Kriterien außerhalb ihrer selbst. Deren Kritik hat schließlich dahin geführt, daß *nur die Relationierung von Relationen, die die Kontingenzen einfacher Relationen limitiert, als rational gelten kann.*

Es fällt auf, daß die damit grob skizzierten Begriffsavancen in der Tradition und bis auf den heutigen Tag immer gegenbegrifflich balanciert worden sind. Man konnte sozusagen nicht alles auf eine Karte setzen. Bereits *téchne* hatte eine Mehrzahl von Gegenbegriffen (zum Beispiel *phýsis* und *épistémè*) und schließlich eine Typologie von Wissens- und Handlungsarten geboren. Berühmt geworden ist vor allem die Unterscheidung von *poíesis* und *práxis*, die darauf abstellt, ob das Handeln seinen Sinn hat im Bezug auf etwas anderes oder im Bezug auf sich selbst.[159] Die explizite Temporalisierung

159 Siehe Aristoteles, *Nikomachische Ethik*, 1140 a. Bei Platon finden sich

der Zweck/Mittel-Relation durch den Kausalitätsbegriff der Neuzeit futurisiert dann sozusagen den Bezug auf ein externes Werk und defuturisiert den Gegenbegriff – am deutlichsten in der Parsonsschen Rubrikendifferenz von »instrumental/consumatory«.[160] Andere Autoren bevorzugen die Balancierung durch einen Allgemeinbegriff, der poietisches und anderes Handeln umfaßt.[161] Auch im Bereich der Rationalitätsbegriffe findet man diese Form der Ausbalancierung, so in Max Webers Unterscheidung von Zweckrationalität und Wertrationalität[162] oder in Karl Mannheims Unterscheidung von funktioneller und substantieller Rationalität.[163] Nach vielfältigen Erfahrungen dieser Art kann man resümieren, daß (1) der Präzisierungsvorteil und die größere Stabilität der Begriffsbildung jeweils auf seiten der relationalen (im alten Sinne »technischen«) Handlungsauffassung liegt, während die Gegenbegriffe eher fluktuieren, eher vage und in sich selbst unbestimmbar bleiben und moralischer Impulse zu ihrer Stabilisierung bedürfen; und daß (2) im Effekt diese konzeptuelle Strategie auf eine bloße Sortenbildung hinausläuft *und nicht weiterführt*. Nicht zufällig nimmt diese Art der Problembehandlung, wenn man heute noch an ihr festhält, im Bereich des Gegenbegriffs Züge einer kontrafaktischen Emphase an, so besonders in der Unterscheidung von

entsprechende Unterscheidungen mit noch umgangssprachlich bedingter Wortwahl. Siehe z. B. *Charmides*, 163a ff., wo »ergázesthai« sowohl zu »poíein« als auch (offenbar gleichbedeutend) zu »práttein« in Kontrast gesetzt wird.

160 Vgl. z. B. Parsons, »General Theory in Sociology«.

161 So Kant, *Kritik der Urteilskraft*, § 43, mit der Unterscheidung von »facere/agere«. Siehe auch »bringing about/doing« bei von Wright, *Explanation and Understanding*, S. 64 ff.

162 Vgl. *Wirtschaft und Gesellschaft*, Tübingen ³1947, S. 12.

163 Vgl. *Mensch und Gesellschaft im Zeitalter des Umbaus*, Darmstadt 1958, S. 61 ff.

Technik und Praxis bzw. Arbeit und Interaktion bei Jürgen Habermas. Aus Gründen, die wir sogleich erkennen werden, bleibt diese Emphase hierarchie- und differenzierungsfeindlich.

Diese begrifflichen Unzulänglichkeiten gewinnen an Tragweite gerade dadurch, daß die Gesellschaft selbst durch strukturelle Dispositionen dem individuell entscheidbaren Handeln besondere Relevanz zuschiebt. Wir hatten diese Entwicklung einer gesellschaftsstrukturellen Relevanz individuellen Entscheidens im Kontext fortgeschrittener funktionaler Differenzierung bereits analysiert.[164] Individuelles Marktverhalten, individuelle Glaubensentscheidungen, individuelle politische Option suchen ihr eigenes Räsonnement und die für sie spezifische Rationalität. Die Aggregation all dieser Entscheidungen zu einem Gemeinwohl, zu konkreter Sittlichkeit, zu gesellschaftlicher Rationalität versteht sich dann aber nicht mehr von selbst. Gerade weil Individualität eine soziale Struktur ist, müssen Rationalitätsbegriffe nun auf zwei Ebenen (und nicht nur: als zwei Sorten von Handlungsrationalität) formuliert werden. Hegel hatte genau dieses Problem im Kontext der Wirtschaft gesehen und in die Dialektik von bürgerlicher Gesellschaft und Staat verpackt. Die Soziologie sucht seit Pareto, Durkheim und Parsons einen Begriff sozialer Ordnung, der mit Rationalität und Nichtrationalität auf der Ebene individuellen Handelns kompatibel ist.[165]

Parsons hatte gemeint dieses Problem durch eine Neuanalyse des Handelns und durch Herausarbeitung seiner relationalen Struktur (teils Zweck und Mittel, teils »actor-in-situation«) lösen zu können. Dieser Anregung können wir folgen, denn in der Tat beziehen sich wichtige, in ih-

164 Vgl. oben, Teil 4, Kap. III.2.
165 Siehe besonders Parsons, *The Structure of Social Action.*

rem Realitätsbezug erfolgreiche Interpretationen der Handlungsrationalität auf einen relationalen Handlungsbegriff und korrigieren ihn reflexiv: durch Anwendung auf sich selbst.

Ein erster Anlauf hierzu war bereits in der Antike auf den politisch-rechtlichen Komplex, konkret auf die kontingent gewordenen Entscheidungen des Zuteilens und Ausgleichens von Rechts- bzw. Unrechtszuständen bezogen worden. Für diese Relationierung wurde zunächst das Kriterium der Gleichheit in Aussicht genommen. Das hätte jedoch eine unhaltbare Parallelschaltung der Schematismen Recht/Unrecht und gleich/ungleich erfordert. Das Kriterium der Gerechtigkeit mußte daher formuliert werden als ein solches, das Gleichheit und Ungleichheit sowohl im Recht als auch im Unrecht zuließ. Es mußte den Rechtsschematismus querstellen zum Schematismus Gleichheit/Ungleichheit, so wie auch der logische Schematismus der Wahrheit quergestellt werden mußte zum Schematismus von Sein/Nichtsein.[166] Hierfür bot das Konzept des Maßes als Idee der gleichen Distanz zu allen Extremwerten eine Reformulierung des Gleichheitsprinzips auf der Ebene der Relationierung von Relationen; jedes Anstreben eines Wertes hätte danach bezogen werden müssen auf die Möglichkeit, andere Werte anzustreben. Die die Tradition stärker beherrschende aristotelische Begrifflichkeit mündete dagegen in eine bloße Unterscheidung von Arten und Gesichtspunkten der Gerechtigkeit ein. Erst die Art, in der Hegel den Gedanken des Maßes in die Dialektik von Quantität und Qualität übernimmt,[167] könnte Möglichkeiten eines auf Komplexitätsverhältnisse bezogenen Verständnisses von Rationalität eröffnen.

166 Vgl. oben, S. 1064.

167 Vgl. oben, Teil 1, Kap. I.1 (S. 37f.).

Formal gesehen kann das Problem der Vermittlung zwischen Extremwertungen auch als Problem der wirtschaftlichen Rationalität begriffen werden. Diese Deutung liegt für die moderne Gesellschaft in dem Maße näher, als der monetäre Mechanismus universalisiert wird und alle (zumindest alle ausgleichsbedürftigen) Werte ihre Preise finden. Dann wird es mit Hilfe des Geldes möglich, Alternativen der Wertrealisation als verschiedene Relationen zwischen Aufwand und Ertrag miteinander zu vergleichen und dem Vergleich die optimale Relation zu entnehmen. Die Tendenz zur maximalen Ausbeutung von Ressourcen, die durch die Transformationsleistungen des Geldes gesteigert wird, wird über solche Relationierung von Relationen zugleich wieder in ihre Schranken verwiesen.[168]

Die Rationalisierungserfolge, die im Wirtschaftssystem der neuzeitlichen Gesellschaft, vor allem im Bereich der Produktion erzielt worden sind, beruhen auf Rationalitätskalkülen dieses Typs. Man hat hier also soziologisch wichtige Anhaltspunkte für reales (natürlich nicht: optimales!) Funktionieren. Wir halten diese Modellerfahrungen im Bereich der Wirtschaft für repräsentativ und für generalisierbar.

Die Rekonstruktion der Methodologie funktionalvergleichender Analyse, die wir im vorigen Kapitel versucht hatten, war bereits als Analogie konzipiert. Sie beruhte auf der Überlegung, daß die Wissenschaft zwar mehrere mögliche Erklärungsrelationen vergleichen könne unter der Voraussetzung, daß nur eine zutreffen könne, daß dieses Verfahren aber inadäquat sei, wenn es gelte, Gegenstände zu begreifen, die selbst

168 Wir setzen hier voraus, daß sowohl Maximierungs- bzw. Minimierungsrationalität als auch Optimierungsrationalität geldbedingt expandieren und daß beide Formen ebenso wie ihr Korrektivverhältnis mit dem weniger ausdifferenzierten Wirtschaftsverhalten archaischer Gesellschaften nicht vergleichbar sind.

schon Relationen relationieren, also sozusagen mit ihrer eigenen Kontingenz beschäftigt sind. Die Schwierigkeiten, Gegenstände dieses Typs auf Erklärungsmethoden zu beziehen, die ihrerseits dazu bestimmt sind, unter mehreren möglichen Erklärungen vergleichend zu seligieren, liegen auf der Hand und sind derzeit noch keineswegs befriedigend durchgearbeitet.

Welche Fortschritte in dieser Richtung funktionalistischer Methodologie immer möglich sein werden: sie würden immer nur die Wissenschaftstheorie und ihre Rationalität betreffen. Sie blieben damit gebunden an die spezifische Systemreferenz des Wissenschaftssystems. Sie beträfen die im Wissenschaftssystem und in dessen Gegenstandsumwelt erreichbare Rationalität, also die Gegenstandsrationalität aus der spezifischen Sicht wissenschaftlicher Analyse und Rekonstruktion. Das ist kein Manko, keine irgendwie wertende Abschwächung der Bedeutung von Rationalität (etwa gar: zugunsten von Irrationalität), sondern eine Konsequenz der Einsicht, daß alle Steigerungsleistungen eine systemspezifische Basis haben müssen und gesteigerte Reflexion auf Leistung gesellschaftlich nur in Teilsystemen des Gesellschaftssystems möglich ist.

Der systemtheoretische Ansatz, den wir zugrunde legen, erlaubt es demnach nicht, Rationalität schlechthin als Gegenstandskorrelat wissenschaftlicher Erkenntnis oder als deren Adäquität zu definieren. Die Ausdifferenzierung des Wissenschaftssystems und seine forschungstechnische, ja forschungspragmatische Spezifikation schließen das aus. Wissenschaft als Garant für Rationalität schlechthin zu nehmen wäre ein Rückfall in jene Funktionshypostasierungen, die mit Hilfe von Wissenschaft gerade zu überwinden wären. Handeln wäre danach nur und nur insoweit rational, als es sich nach wissenschaftlichen Erkenntnissen richtet, und die Wissenschaft selbst hätte über Rationalität nicht mehr zu sagen als ebendies.[169] Für den Begriff der Rationalität folgt daraus, daß er ganz verschiedene Funktionssysteme übergreifen muß, eine Generalisierung: *Rationalität muß als strukturelle, nicht nur als kognitive Selbstbeschränkung* (des Handelns, der Systeme, der Welt) *begriffen werden.*

Es bietet sich an, die Analyse der Relationierung des Handelns zurückzubeziehen auf das Kontingenzproblem, das ihr zugrunde liegt, und von da aus den Begriff der Rationalität zu rekonstruieren. Der Ansatzpunkt der rationalisierenden Interpretation ist das zunächst lebensweltlich-phänomenal gegebene Handeln im Sinne einer kompakten, nur pauschal negierbaren Einheit. Die einfache Kontingenz dieses Handelns – es kann vorkommen oder auch nicht vorkommen, erwartungsgemäß oder auch erwartungswidrig vollzogen werden oder auch unterbleiben –, diese einfache, über normatives Erwarten zwar steuerbare, aber nicht eliminierbare Kontingenz wird zunächst dupliziert in eine doppelte Kontingenz. Das Handeln wird damit rekonstruiert als Relation zwischen zwei kontingenten Faktoren, etwa Absicht und Vollzug oder Mittel und Zweck, die beide aus je verschiedenen Gründen vorkommen oder auch nicht vorkommen können. Jeder Faktor hat für sich höhere Kontingenz, die Relation und damit das Handeln als solches dagegen eine geringere. Absichten gibt es viele und Verhaltensweisen auch, das absichtsmäßige Handeln domestiziert dann aber die Möglichkeiten beider Faktoren, indem es aus ihrem Kontingenzbereich, aus ihrer »Andersheit«, unter dem Gesichtspunkt der Relationierbarkeit seligiert. Die Rationalisierung verfolgt mithin ein Verfahren der Erweiterung und Restriktion von Kontingenz

169 Diese Vorstellung, Wissenschaft sei Garant selbst für Handlungsrationalität, ist im Anschluß an Pareto unter anderen von Talcott Parsons vertreten worden. Vgl. *The Structure of Social Action*, z.B. S. 19, 415, 585f., 698f.

und substituiert dieses Verfahren für die pure Konfrontation des Handelns mit seiner Andersheit.

Dieser Begriff von Handlungsrationalität läßt die Prämisse fallen, daß in einer konkreten Situation nur eine einzige Handlung rational sein könne.[170] Statt dessen sieht er Möglichkeiten der Iteration des gleichen Verfahrens vor für den Fall, daß die Kontingenz zu hoch wird oder zu hoch bleibt. Wenn sowohl Mittel als auch Zwecke zu hohe Variationsspielräume haben, muß eine Mehrheit von Relationen konstruiert und als je Kontingentes aufeinander bezogen werden. Verfügt man über ausreichende Entscheidungssicherheit in dieser zweitstufigen Relation, kann man die Kontingenzen der Elementarrelationen bewußt erhöhen und so den Einzugsbereich der Selektivität des Handelns erweitern, die Entscheidung bleibt im Bereich kalkulierbarer Rationalität.

Anhand dieses Problems der »einzig richtigen Handlung« läßt sich, und auch darin folgen wir den Entwicklungen der neueren Entscheidungstheorie,[171] zeigen, daß Rationalitätsprobleme nicht auf einer Ebene allein gestellt und gelöst werden können. Handlungsrationalität läßt sich nicht al-

170 Schon die Scholastik hatte angenommen, daß es immer eine Handlung gebe, die dem Ziele am dienlichsten und somit das Vollkommene sei. In moderner Version würde dies besagen, daß es lediglich eine Frage der analytischen Tiefenschärfe sei, bis man den Punkt erreiche, in dem nur noch eine Handlung als richtig erscheine. Faktisch wird diese Auffassung jedoch nur noch als Axiom im Kontext von Modellkonstruktionen vertreten, und es überwiegt die Meinung, daß es nicht rational sei, sich in Entscheidungsprozessen so zu verhalten, als ob sie zuträfe. Im Text ziehen wir nur das Fazit aus dieser in der Theorie rationalen Entscheidens selbst vollzogenen Entwicklung.

171 Vgl. insb. Herbert A. Simon, *Models of Man, Social and Rational: Mathematical Essays on Rational Human Behavior in a Social Setting*, New York 1957; James G. March, Herbert A. Simon, *Organizations*, New York 1958; Richard M. Cyert, James G. March, *A Behavioral Theory of the Firm*, Englewood Cliffs 1963.

lein durch Umsichtigkeit der Wahl erreichen; sie setzt ermöglichende, vorstrukturierende, den Entscheidungsprozeß entlastende und verkürzende Systeme voraus. Deren Systemrationalität beurteilt sich nach eigenen Kriterien, die mit rationalem und mit nichtrationalem Handeln kompatibel sein mögen.[172] Aber ist Systemrationalität das letzte Wort?

3. Systemrationalität und Weltrationalität

Will man Systeme in einem kritischen, diskriminierenden Sinne als rational bezeichnen, dann genügt es nicht, sich auf den Bestand oder die Erhaltung des Bestandes zu beziehen. Bestand ist nur einfach negierbar. Das reicht für Rationalität nicht aus – weder als Negation noch als Negation der Negation, als Beharrung, Erhaltung, Reproduktion. Ähnlich wie im Falle der Handlung nicht schon das bloße Vorkommen oder Nichtvorkommen, sondern erst die relationale Rekonstruktion dieser Kontingenz Rationalität möglich macht, kann auch ein System Rationalität nur gewinnen bzw. auf seine Rationalität hin nur analysiert werden, wenn und soweit es in seiner relationalen Struktur kontingent gesetzt wird. Dies leistet der Begriff der Komplexität.

Insofern waren die Analysen des Begriffs der Komplexität, mit denen wir unsere Untersuchungen eingeleitet hatten,[173] eine Vorstudie zum Begriff der Rationalität in Anwendung

172 In diesem Sinne resümiert das bereits genannte Hauptwerk von Talcott Parsons, *The Structure of Social Action*, die frühe wirtschaftswissenschaftliche und soziologische Tradition, ohne indes auf Systemebene den Begriff der Rationalität zu verwenden. Vgl. auch Luhmann, *Zweckbegriff und Systemrationalität*; Bell, *The Coming of Post-Industrial Society*, S. 274ff.

173 Vgl. oben, Teil 1, Kap. I.1.

auf Systeme. Mit dem Begriff der Komplexität hatten wir, wie erinnerlich, die Beziehung zwischen den rein quantitativ möglichen und den strukturell seligierten Relationen zwischen Elementen bezeichnet. Komplexität selbst ist danach eine Relation, die Größe und Struktur aufeinander bezieht (oder genauer formuliert: die die größenmäßig und die strukturell möglichen Relationen aufeinander bezieht). Stellt man sich Größe und Struktur als Variablen vor, handelt es sich also auch hier um eine Relation, die keinerlei a priori feststehenden Anhaltspunkte, sondern Kontingentes miteinander verknüpft. Die dafür geltenden Regeln der Nichtbeliebigkeit müssen in einer anderen Beziehung gesucht werden, und zwar in der Beziehung zwischen System und Umwelt.

Vor dem Hintergrund dieses allgemeinen Modells (das für Systeme etwa den Stellenwert hat, der in der Theorie des Handelns der Relation von Mittel und Zweck zufällt) kann man sehen, daß von Systemrationalität nur sinnvoll gesprochen werden kann unter der Voraussetzung, daß die Umwelt das System nicht festlegt. Ergäbe sich aus der Relation zwischen System und Umwelt zwangsläufig, welche Relationen im System aktualisiert werden, wäre die Realität des Systems rational; der Begriff der Rationalität verlöre seine diskriminierende Funktion, er verschmölze mit dem Bestandsbegriff und könnte weggelassen werden.[174]

Begreift man dagegen die Relation zwischen System und Umwelt selbst als auf beiden Seiten kontingent, kann ein Begriff der Rationalität formuliert werden, der an diese Relation und, davon abhängig, an das System bestimmte Forderungen stellt. Nicht alle Zustände, die die Relation annehmen kann,

174 Entsprechend kann man von Handlungsrationalität nur sprechen unter der Voraussetzung, daß die Relation von Mittel und Zweck keine notwendige ist. Das würde Rationalität auf Kausalität reduzieren.

können dann als rational gelten. Ein solcher Rationalitätsbegriff muß in jedem Falle anschließbar sein an das oben in diesem Kapitel unter Abschnitt 1 skizzierte Problem der sinnkonstituierenden Negativität, und er muß ferner die unter Abschnitt 2 gewonnene Einsicht verwerten, daß über Relationierung und Relationierung von Relationen Kontingenz (und damit auch Negierbarkeit) erweitert und reduziert werden kann. Alles Weitere hängt davon ab, wie man die Kontingenz in System/Umwelt-Relationen begreift.

Ähnlich wie im Falle der Handlungsrationalität und aus den gleichen formalen Gründen gibt es hierfür zwei Modelle. Ihre Unterscheidung hängt davon ab, ob man die Unterscheidung von abhängigen und unabhängigen Variablen als fixiert oder als selbst variierbar voraussetzt. Handeln kann, wie oben gezeigt, entweder Maximierungs- bzw. Minimierungsstrategien (Ausbeutungs- bzw. Sparsamkeitsstrategien) verfolgen oder Optimierungsstrategien. Im ersteren Falle wird die Zweckerreichnung maximiert bzw. der Mittelaufwand minimiert, also die eine Seite der Relation fixiert und die andere danach eingerichtet; im anderen Falle wird die Relation selbst in Richtung auf ein Optimum im Vergleich zu anderen Möglichkeiten der Relationierung variiert – was typisch weder einen minimalen Aufwand noch einen maximalen Ertrag einbringt. Diese Alternative läßt sich mutatis mutandis auf die Relation zwischen System und Umwelt übertragen. Wir nennen die beiden Formen der Rationalität, die sich daraus ergeben, *Systemrationalität* und *Weltrationalität*.

Systemrationalität besagt natürlich nicht: maximale Ausbeutung der Umwelt. Und ebensowenig ist Weltrationalität eine optimale Auspendelung der Beziehungen zwischen System und Umwelt. Diese Art Analogie würde einfach das Konzept der Handlungsrationalität auf Systeme als Akteure übertragen und damit die Differenz zwischen Handlung und

System überspringen. Systemtheoretisch muß vielmehr die Relation zwischen System und Umwelt als Relation zwischen Komplexen begriffen werden, als Komplexitätsgefälle. Das Rationalitätsproblem liegt hier nicht, sonst käme man mit den Formen der Handlungsrationalität aus, im Bewirken geschätzter Wirkungen, sondern in der Relationierung von in sich relationalen Komplexitätsverhältnissen. Auch hierfür gilt die allgemeine Regel: daß Relationen geringere Kontingenz haben als die Elemente, die sie aufeinander beziehen.[175]

Von Systemrationalität können wir nur dann sprechen, wenn die Komplexität der Umwelt als gegeben vorausgesetzt wird und das System darauf mit Wachstums- und/oder Strukturierungsleistungen zu reagieren versucht. *Systemrationalität ist adäquate oder umweltentsprechende Eigenkomplexität.* Als Komplexität ist sie *strukturelle Selbstbeschränkung*, da auf Größenzunahme durch strukturelle Selektivität reagiert werden muß. Im Komplexitätsbegriff liegt auch die Erklärung dafür, daß erzwungene Selektivität Freiheit erzeugt mit der Chance, rationalere Lösungen für das Komplexitätsgefälle zwischen Umwelt und System zu finden. Dabei sind für das System diejenigen Lösungen rationaler, die höhere Eigenkomplexität ermöglichen und in ihren Folgeproblemen kontrollieren können.[176] Auf der operativen Ebene des Han-

175 So formulieren im Kontext einer systemtheoretisch-ökologischen Evolutionstheorie zum Beispiel William T. Sanders, Barbara J. Price, *Mesoamerica: The Evolution of a Civilization*, New York 1968, S. 71: »There is an almost unlimited number of possibilities but a limited number of probabilities in the way in which a people may adapt to a given environment.«

176 Für das Gesellschaftssystem mag man hier an die Nebenfolgen funktionaler Differenzierung denken (vgl. oben, Teil 4, Kap. III.4). Für Organisationssysteme definiert Helmut Leipold, *Betriebsdemokratie – ökonomische Rationalität*, Stuttgart 1974, S. 80ff., Systemrationalität geradezu durch das Kriterium der Funktionsstörungen.

delns erlaubt hohe Eigenkomplexität sowohl Eingriffe in die Umwelt als auch selektive Änderung eigener Zustände und beides auf der Ebene der Elemente und Relationen als auch auf der Ebene der Strukturen. Der Fixpunkt liegt in der Voraussetzung der Umweltkomplexität und die Strategie in der Anpassung an sie. Die höhere Eigenkomplexität vermittelt Anpassungsüberlegenheit in der Form eines größeren Reservoirs an Relationierungsmöglichkeiten, über die selektiv entschieden werden kann. Dies meint vermutlich Parsons mit dem Begriff des »adaptive upgrading«.

Erhöhung der Eigenkomplexität ist nicht deshalb rational, weil sie die Chancen der Bestandserhaltung vermehrt; sie ist weder ein Bestandserfordernis noch eine Bestandsgarantie. Es gibt seit alters existierende sehr wenig komplexe Systeme und umgekehrt hochkomplexe Systeme, die längst vergangen sind, weil ihre Komplexität die Abhängigkeiten von der Umwelt überproportional gesteigert hatte. Aber natürlich ist Bestandserhaltung oder Reproduktionsfähigkeit, evolutionär gesehen, Voraussetzung für den Aufbau hochkomplexer Systeme. Stabilität ist einer der erforderlichen evolutionären Mechanismen, der zusammen mit anderen den Aufbau sehr komplexer Systeme ermöglicht. Rationalität ist dagegen der Begriff für die Ausnutzung des evolutionär entstandenen Negationspotentials auf Arten und Weisen, die mit Stabilität nur kompatibel sein müssen, sollen sie möglich sein. Theoretisch gesehen, ist diese Begriffswahl also nicht durch eine Präferenz für die Erhaltung alles Entstandenen bestimmt, sondern letztlich durch den auf Sinn und Negation zugeschnittenen Begriff der Weltrationalität gesteuert.

Schon eine Theorie der Systemerhaltung oder der Systemrationalisierung verwendet den Umweltbegriff nicht schlicht ökologisch (im Sinne einer objektiven Gesamtheit von Umständen), sondern systemrelativ. Wir benutzen den Begriff der *Form*, um diese Systemrelativität zu bezeichnen. Formen sind Relationen, die unter dem Gesichtspunkt der Relevanz für ein anderes System kombiniert sind und sich gegen den Hintergrund anderer Möglichkeiten profilieren, sozusagen Selektionen aus den möglichen Selektionen der Umwelt oder Reduktionen der Umweltkomplexität.[177] Die Komplexität der Umwelt erscheint einem System als Gesamtheit von Formen, die speziell für das Bezugssystem Bedeutung haben. Im Umgang mit kontingent erscheinenden Formen orientiert sich und bewährt sich Systemrationalität. Die Formanalyse, das heißt die Analyse von Formen als Formen, leitet jedoch zu einem anderen Typus der Rationalität über, den wir *Weltrationalität* nennen.

Formanalyse ist nicht schon geleistet (sondern allenfalls vorbereitet), wenn Formen als allgemeine benannt, typisiert und auf ihre Formidee reduziert werden, wie immer »hintergründig« diese Ideen formuliert sein mögen. Über Form als Form kann analytisch erst disponiert werden, wenn die Systemrelativität jeder Umwelt bewußt wird. Das erfordert eine Rekonstruktion der Kontingenz in der Relation von System und Umwelt. Die Relation selbst wird kontingent gesetzt,

177 Siehe eine verwandte Analyse, die aber den Formbegriff auf das System selbst bezieht, bei George H. Mead, *Mind, Self and Society: From the Standpoint of a Social Behaviorist*, Chicago 1934, S. 333. Siehe auch: ders., *The Philosophy of the Act*, Chicago 1938, S. 115f. Das Beispiel Meads ist: Nahrung als Bedeutung (und in meinem Sinne: Form), die ein Organismus in seiner Umwelt *entstehen* läßt dadurch, daß er sie *seligiert*. Marx scheint einen ähnlichen Formbegriff zu verwenden – siehe Werner Loh, »Formenanalyse bei Marx und ihr Verhältnis zur Systemwissenschaft«, *Zeitschrift für Soziologie* 4 (1975), S. 254-272 –, setzt aber die den Begriff ermöglichende Relationierung von Relationen als Struktur von Realität voraus, während der im Text verwendete Begriff auf eine doppelt gestufte Selektivität abstellt, deren Dopplung durch die Differenz von System und Umwelt bedingt ist. Er versucht in gewisser Weise, Mead und Marx zu kombinieren.

nämlich als abhängig von der Wahl einer Systemreferenz. Als systemrelativ reduzierte, auf Formen gebrachte Komplexität ist die Umwelt jeweils Umwelt-eines-Systems; sie ist für das System, dessen Umwelt sie ist, daher nur selbstreferentiell bestimmbar. Eines der Relata, das System, bestimmt das andere dadurch, daß es die Relation bestimmt, in der es zum anderen steht. Nur dadurch erscheint dem System die Umwelt als formierte Komplexität. In der jetzt zur Diskussion stehenden Fassung ist die Kontingenz der System/Umwelt-Relation mithin durch Selbstbezüglichkeit ihrer Bestimmungen bestimmt. Ihre Kontingenz ist in der Weise totalisiert, daß die Reduktion der Komplexität in System und Umwelt wechselseitig voneinander abhängen; daß also die Formverdichtungen der Umwelt selbst bedingt sind durch die Art, wie das System seine Eigenkomplexität ordnet. Auf seiten der Systeme setzt das einen für sie selbst verfügbaren Begriff ihrer Identität, also Fähigkeit zur Selbstthematisierung voraus.

Weltrationalität kann sich danach nur auf das Problem beziehen, wie Systeme ihre Umweltbeziehungen ordnen, unter der Voraussetzung, daß Systemkomplexität und formierte Umweltkomplexität kontingente und variable Zustände sind. Kriterien der Weltrationalität müßten danach wiederum Kriterien für die Relationierung von Relationen sein, und zwar Kriterien für die Relationierung von Komplexitätsrelationen (nicht einfach: Input/Output-Relationen!) zwischen System und Umwelt. Kriterien dafür lassen sich, *und das ist das spezifische, auszeichnende Problem der Weltrationalität*, nicht mehr in Nichtnegierbarkeiten festmachen – weder in einer formalen *mathesis universalis* noch in einer Subjekt genannten Systemreferenz, der man (wer?) sozusagen den hermeneutischen Primat zusprechen könnte. Jeder Versuch dieser Art würde den Prämissen widersprechen, daß Sinn durch Negation und Welt durch Systeme-in-der-Welt konstituiert werden und daß selbstreferentielle Strukturen und Prozesse auch außerhalb der Wissenschaft vorkommen; er würde also in einer Theorie des hier gesuchten Typs nicht unterzubringen sein.

Gleichwohl muß ein Rationalitätsbegriff, soll er überhaupt einen eigenen Sinn haben, auch im Hinblick auf die nur selbstreferentiell bestimmbare Doppelkontingenz von System/Umwelt-Relationen diskriminieren. Er diskriminiert in diesem Fall gegen nur historische Bestimmungen. In selbstreferentiell erfahrenen, also logisch offenen und unabschließbaren Relationen wird zunächst der Zufall, das historische Faktum, zum Bestimmungsfaktor. Eine Gesellschaft, die sich selbstreferentiell thematisiert, erfährt sich eben dadurch zugleich als historisch bedingt. Sie begreift sich als Phase eines Prozesses, der immer schon angefangen hat und insofern Unabänderlichkeiten schon gesetzt, Kontingenzen schon limitiert hat. Nicht logisch, aber faktisch ist dadurch ausgeschlossen, daß jede Möglichkeit aktualisiert wird. Die Gesellschaft hat sich in einer schon vor ihr vorhandenen, durch frühere Evolution eingerichteten Umwelt zu plazieren. Ihre eigene Historizität besteht darin, daß ihr Vermögen, Erleben und Handeln sozial zu kombinieren und auf Umwelt zu beziehen, in evolutionären Sequenzen aufgebaut worden ist, die weder wiederholt noch neu begonnen werden können. Umwelt und System können allenfalls geändert werden. So wird verständlich, daß die neuzeitliche Gesellschaft bei gesteigert selbstreferentieller Reflexion zunächst dazu tendiert, Kontingenz als historische Faktizität und im Kontrast dazu Änderungsbedarf zu erleben und sich selbst als welthistorischen Prozeß zu begreifen.

Ein gegen dieses Syndrom opponierender Begriff der Rationalität steht nicht zur Verfügung. Die universelle Positivwertung von *Kritik* scheint eine Art Ersatzbefriedigung zu gewähren. Kritik richtet sich nur gegen Systemgeschichte und befreit gerade deshalb nicht von nur historischen Bindungen. Gerade die potentesten Kritiker der bürgerlichen Gesellschaft bleiben daher bürgerliche Theoretiker. Ihre Kritik leistet nicht etwa jene Umorientierung des Gesellschaftssystems von Geschichte auf Umwelt, die wir oben erörtert hatten;[178] sie bringt vielmehr jenes Syndrom von Reflexion, Historizität und Änderungsintention nur zum Ausdruck.[179]

Weltrationalität ist etwas anderes als dieses Kritik generierende und reproduzierende Syndrom. Sie müßte aus historischen Bedingtheiten *und* Änderungsintentionen in Umwelten *und* Systemen *seligieren* können. Dafür müßte ein Begriff und ein Verfahren gefunden werden, mit dem man selbstreferentielle Relationen des gekennzeichneten Typs wiederum relationiert. Dieses Desiderat sprengt zugleich die bisher benutzte Form systemtheoretischer Analyse, die die Vorentscheidung über die Wahl einer Systemreferenz voraussetzte als Entscheidung über den Standpunkt totalisierender Reflexion. Auch der Rückgriff auf die Weltperspektive des umfassendsten Sozialsystems Gesellschaft würde nicht ausreichen, wenn gerade diese Perspektive auf Rationalität hin befragt werden soll. Totalisierende Perspektiven dieser Art müßten ihrerseits relationiert werden, und zwar, da es sich bereits um sich selbst und alles erschließende Weltperspektiven handelt, aufeinander relationiert werden. Das erfordert Denkmodelle, die eine Mehrheit von Systemreferenzen berücksichtigen können.

178 Siehe in diesem Teil, Kap I.1.

179 Der Streit der Kritischen Theorie mit dem Kritischen Rationalismus hatte nicht zuletzt das Verdienst, Kritik gegen Kritik zu richten und damit die Universalität des Phänomens vorzuführen. Die Kritik verträgt, wie man daran sieht, durchaus, daß Kritik kritisiert wird.

4. Mehrheit von Systemreferenzen

Wenn Weltrationalität ihr Problem in der Mehrheit möglicher Systemreferenzen hat, so betrifft sie die *Sozialdimension* sinnhaften Erlebens und Handelns. Sie bezieht sich auf Sozialität als Verhältnis zwischen sinnkonstituierenden personalen und sozialen Systemen; und Sozialität heißt, daß diese Systeme sich wechselseitig nicht auf die Form von Sachkomplexen in je ihrer Umwelt reduzieren, sondern miterfassen, daß andere Systeme jeweils eigene Bezugspunkte für den Anbau totalisierender Weltperspektiven sind. Dies ist nicht nur ein politisches Problem, wenngleich es naheliegt, die Anerkennung des anderen, die nicht aus der eigenen Systemlogik folgt, letztlich zu erzwingen. Auch die moralische Formel der wechselseitigen Anerkennung von begründungsfähigen und verallgemeinerungsfähigen Interessen greift zu kurz. Es geht vielmehr um die Behandlung von Negationen in der Sozialdimension, zunächst also darum, dem anderen System-in-Umwelt seine Andersheit zu belassen, auch dann, wenn man selbst in der Umwelt dieses Systems vorkommt. Weltrationalität erfordert mehr als nur Respektierung von Individualität; sie bezieht ihre Selektionsformel auf die Welt als Universalhorizont sich durchdringender Umwelten; nicht das Zusammenbestehen von Freiheiten, sondern das Zusammenbestehen von Umwelten ist ihr Problem.

Angesichts einer Fülle von Orientierungen und Theorieangeboten, die in der Nähe dieser Problemstellung liegen, beginnen wir diesen Abschnitt am besten mit Abgrenzungen.

Von einer Mehrheit von Systemreferenzen kann nicht schon dann gesprochen werden, wenn eine Theorie mehrere Systeme und Beziehungen zwischen ihnen berücksichtigt (Intersystemtheorie).[180] Ebensowenig reicht die Einsicht aus, daß ein und dasselbe konkrete Geschehnis für mehrere verschiedene Systeme zugleich Bedeutung gewinnen kann.[181] Bei diesen Ansätzen wird nicht ausreichend berücksichtigt, daß jedes der Systeme, sofern es überhaupt die eigene Identität reflektiert, sich selbst in einer Umwelt begreift, die mehr umfaßt als nur bestimmte andere Systeme. Sie übersehen, mit anderen Worten, daß Systemreferenzen nicht als Objekte thematisiert werden wie Poleis, Planeten oder Firmen, sondern als Perspektiven der Reduktion von Weltkomplexität. So bleibt diejenige Totalisierung außer acht, die die Kategorie der Andersheit leistet und in die hinein Kontingenzen und Selektionen projiziert werden müssen, sollen sie Anspruch auf Weltrationalität erheben (was die Intersystemtheorie natürlich nicht tut); es bleibt außer acht, daß jedes *andere* System (und ebenso das Bezugssystem selbst als anderes für andere) in doppelter Perspektive bestimmt wird: als System für sich selbst und als Umweltausschnitt in der Perspektive des Bezugssystems.

Soweit Totalisierungen konzipiert werden, tendiert die Philosophie der bürgerlichen Gesellschaft dazu, sie antagonistisch zu interpretieren.[182] Jede Klasse, jede Gruppe kann ihre Welt so begreifen, daß jede andere darin ihren Platz zugewiesen bekommt, wohl wissend, daß die andere ebenso verfährt.

180 Theorieversuche dieses Typs gibt es zum Beispiel in bezug auf organisierte Sozialsysteme. Vgl. Anant R. Neghandi (Hg.), *Interorganizational Theory*, Kent 1975.

181 Vgl. etwa Chester I. Barnard, *The Functions of the Executive*, Cambridge (Mass.) 1938, S. 111f., für die organisatorische Relevanz dieses Sachverhalts. Ferner namentlich Odd Ramsöy, *Social Groups as System and Subsystem*, New York 1963.

182 Vgl. namentlich Jean-Paul Sartre, *Critique de la raison dialectique*, Paris 1972.

Die anspruchsvolle bürgerlich-marxistische Theoriediskussion wird ebenfalls so gespielt, und sie gibt sich selbst als Kritik die Legitimation dafür. Dies einmal durchschaut, wird Totalisierung etwas, was man anderen antut, und zwar, wenn das Umweltverhältnis als Antagonismus definiert ist, mit einer dadurch geprägten Freiheit des Arrangements.[183] Solche Antagonismen erscheinen zwangsläufig, wenn man aus Totalität auf Exklusivität schließt. Dann kann eine Weltperspektive eine andere nur negieren. Aber dieser Schluß selbst wäre zu überprüfen. Keine totalisierende Perspektive kann die andere aus der Welt ausschließen. Jeder Antagonismus konstituiert eine ihn umfassende Welt und wird mit der gegenläufigen Interpretation von Formen historisch. Arbeit etwa kann als Produktionsmittel und als Ausbeutung gesehen werden; aber nach einer Weile weiß man, wer so denkt und wie begrenzt der Ertrag einer solchen Konzeptualisierung ist.

Eine dritte Version postuliert eine allgemeine, standpunktneutrale Formenlehre – als Lehre von den metaphysischen Aufbauelementen der Dinge (*formalitates*), als Gegenstandstheorie oder als Theorie formaler Kalküle, der gelegentlich auch die Kybernetik und hochformalisierte Varianten von Systemtheorie zugerechnet werden. Das Problem der Mehrheit von Systemreferenzen wird hier nicht in der Form des Antagonismus, sondern durch Weglassen aller Systemreferenzen gelöst; es soll sich nicht um Formen-für, sondern um Formen schlechthin handeln. Damit wird, wie der Grundlagenstreit in der Mathematik zeigt, die Begründung der Geltung bzw. Wahrheit zum Problem. Der zumeist bevorzugte Ausweg ist, Formen so zu formalisieren, daß sie ohne semantische Interpretation operativ benutzt werden können und sich in der operativen Bewährung selbst begründen.

183 Siehe oben, Teil 1, Kap. II.9 zum Generalisierungseffekt von Konflikten.

Vor dem Hintergrund einer systemtheoretisch angesetzten Gesellschaftstheorie und im Vergleich mit dem Desiderat, eine Mehrheit von System/Umwelt-Relationen zu relationieren, zeichnet jeden dieser Versuche eine spezifische Einseitigkeit aus. Sie alle verfahren reduktiv, sie verdanken ihre Erfolge einer Strategie des Weglassens. Die Intersystemtheorie läßt die Umwelten weg bzw. reduziert sie auf genau die Systeme, die sie berücksichtigt. Der totalisierende Antagonismus läßt nichtantagonistische Beziehungen zwischen Systemen außer acht und kommt auf diese Weise zu Polarisierungen mit nur zwei Gegnern. Formalismen lassen Systemreferenzen überhaupt weg, indem sie Brauchbarkeit für jedermann postulieren. Daß das Problem der Weltrationalität reformuliert werden muß, wenn man Möglichkeiten weiterer Problembearbeitung gewinnen will, liegt auf der Hand. Reduktion ist nicht als solche zu beanstanden. Aber die Frage ist, ob die vorgeführten Denkmodelle die Möglichkeiten erschöpfen oder ob sich Konzepte entwickeln lassen, die explizit an das Problem der Relationierung von System/Umwelt-Relationen anknüpfen und die erforderlichen Reduktionen bewußter einführen und kontrollieren können.

Überläßt man die Arbeit an Weltrationalität der wissenschaftlichen Forschung, so könnten deren systemspezifische Besonderheiten, deren nichtgeneralisierbare Freiheiten und Abstraktionen eingebracht und ausgenutzt werden. Das gilt besonders für die Universalität des hypothetischen und vorläufigen Charakters der Grundlagen wissenschaftlicher Forschung und für die sozusagen experimentelle Einstellung zum Gegenstand. Forschung, die im Sinne der Relationierung von System/Umwelt-Relationen, also unter Beachtung und Verknüpfung einer Mehrheit von Systemreferenzen, an Weltrationalität arbeitet, müßte sich bewußt die Freiheit nehmen, ihre Erkenntnisverzichte nicht zu prinzipialisieren und nicht zu begründen, sondern sie rein pragmatisch einzuführen. Das Pragma »Systemreferenz« scheint, weil es kein Objekt ist, ein solches Verfahren zu erfordern. Das würde es erlauben, im Unterschied zu einer allgemeinen Formenlehre oder Kalkülistik abzusehen von der Vorweggarantie universeller Geltung und Benutzbarkeit. Statt dessen könnte man zunächst mit Modellen experimentieren, die nur zwei oder drei Systemreferenzen berücksichtigen, aber so ausgewählt sind, daß sie typische Situationen und Erfahrungsbereiche oder auch typische Prätentionen des gesellschaftlichen Lebens abbilden.

Das gilt zum Beispiel für die Interaktion des Lehrens und Lernens, in der Lehrer und Schüler als personale Systeme wechselseitig füreinander Umwelt sind und dies dauerhaft und formenbildend nur sind, weil sie ein soziales System bilden, das sich seinerseits gegen eine Umwelt abgrenzt. Alle diese Umwelten überschneiden sich, was zugleich impliziert, daß die Systeme füreinander nur partiell zugänglich sind. Selbst der Lehrer kann, um bei diesem Beispiel zu bleiben, das Interaktionssystem der Unterrichtsstunde nur partiell erleben und kontrollieren, weil die Umwelt, auf die das Interaktionssystem reagiert – etwa das, was in den Köpfen der Schüler vor sich geht, während sie in den Bänken sitzen –, nicht identisch ist mit der Umwelt, auf die er als Lehrer reagieren kann.

Beispiele dieser Art ließen sich leicht vermehren. Man denke an Interaktionen zwischen Organisationssystemen und Kunden oder Antragstellern.[184] Oder an Ehen, die die

184 Hierzu die Dissertationen Dieter Grunow, *Alltagskontakte mit der Verwaltung*, Diss., Bielefeld 1975 [Druck: Dieter Grunow, *Alltagskontakte mit der Verwaltung*, Frankfurt/M. 1978], und Friedhart Hegner, *Das Verhältnis von Verwaltung und Publikum als bürokratisches Dilemma in den Beziehungen zwischen Organisation, Personal und Publikum: eine dimensionale Analyse des Aufeinandertreffens von Individuen und*

Verschiedenheit der System/Umwelt-Perspektiven der Ehepartner in Einklang bringen müssen mit der Tatsache, daß die Ehe als soziales System auch eine einheitliche Außenumwelt konstituieren muß (obwohl den Ehepartnern verschiedene Aspekte dieser Umwelt in verschiedener Weise zugänglich sind) und daß sie von Systemen in dieser Umwelt als deren Umwelt behandelt wird.

Sicher führen Konstellationen dieser Art zur Entwicklung von »natürlicher Rationalität« in dem Sinne, daß Formen sich abschleifen und bewähren in dem Maße, als sie in einer Mehrheit von System/Umwelt-Perspektiven Stabilität erreichen. Diese natürliche Rationalität illustriert ein Beispiel George Herbert Meads: die Münze, die von allen Personen als rund gesehen und behandelt wird, obwohl sie in der optischen Perspektive jeder Person durchweg elliptisch erscheint. Natur in diesem Sinne ist diejenige Formsynthese, die Perspektiven verschiedener Systeme integriert und dabei den Systemen Korrekturen ihrer Eigenperspektive zumutet, die systemintern noch verständlich, noch leistbar sind und um des Rationalitätsgewinns willen akzeptiert werden. Natürliche Rationalität ist eine Art Weltrationalität. Sie hat jedoch in bezug auf Systemdifferenzierung, Komplexität und Entwicklungstempo Grenzen, die nicht überschritten werden können. Die Schranken werden erkennbar, wenn man fragt, welche Korrekturen und Diskontierungen eigener Perspektiven von personalen und sozialen Systemen verkraftet werden, das heißt in Operationen des täglichen Lebens übersetzt werden können. Daraus ergibt sich die Frage, ob und wie und für wen Weltrationalität über Rationalität hinaus expandieren kann.

formal organisierten Sozialsystemen, Diss., Bielefeld 1975 [Druck: Friedhart Hegner, *Das bürokratische Dilemma: Zu einigen unauflöslichen Widersprüchen in den Beziehungen zwischen Organisation, Personal und Publikum*, Frankfurt/M. 1978].

Parallel zu einer Kritik der Naturformen, zu einer Steigerung des Auflöse- und Rekombinationsvermögens, zur Expansion der Welthorizonte und zur Tieferlegung der in ihnen standhaltenden Strukturen ist im Übergang zur Neuzeit zunächst die Perspektive, dann die perspektivische Totalisierung entdeckt und als Subjekt thematisiert worden. Die den personalen Systemen leicht zugänglichen, hochplausiblen Reflexionsleistungen boten die Möglichkeit, das Subjekt als Bewußtsein und seine Leistung als Erkenntnis zu begreifen. Die Theorieprobleme dieser Problemfassung und ihres Universalitätsanspruchs brauchen wir hier nicht erneut zu diskutieren. Inzwischen sind Kapazitätsprobleme ganz anderen Typs deutlich geworden,[185] und diese sind am Bewußtsein und seinen Erkenntnisleistungen zwar exemplifizierbar, betreffen aber im Grunde jede Art System/Umwelt-Relation personaler und sozialer Systeme. Man kann die Perspektive jetzt ohne Verzicht auf standpunktbezogene Totalisierung für »objektiv« erklären;[186] aber das genügt nicht, denn das Problem der Weltrationalität liegt in der Frage, *wie die angesichts limitierter Kapazität differenten Umweltentwürfe der Systeme zusammen bestehen können in einer Weise, die für jedes (?) System Realisierung von Systemrationalität nach Maßgabe seines eigenen System/Umwelt-Verhältnisses ermöglicht*. Selbst Begriffe wie Form oder Bestimmung (Bestimmbarkeit) gewinnen einen Bezug zu Problemen der Rationalität daher nur im Hinblick auf die Informationsverarbeitungskapazitäten, die ihre operative Verwendung in Anspruch nehmen müßte.

185 Vgl. nur W. Ross Ashby, »Mathematical Models and Computer Analysis of the Function of the Central Nervous System«, *Annual Review of Physiology* 28 (1966), S. 89-106.

186 So George Herbert Mead, »The Objective Reality of Perspectives«, in: Edgar Sheffield Brightman (Hg.), *Proceedings of the Sixth International Congress of Philosophy* 1926, New York 1927, S. 75-85.

Diese Problemstellung läßt es nicht mehr zu, nach einer regulativen Idee oder gar nach einem Verhaltensprogramm zu suchen, das die Annäherung an Weltrationalität, und sei es in Form eines unendlichen Progresses, in Aussicht stellte. Auch Entropie (oder Negentropie) wäre deshalb ein unzutreffender Vergleichsbegriff.[187] Derartige Formulierungen blieben nach unseren eigenen Prämissen ohne Realitätsbezug, da jede Realisation nur über die Wahl einer Systemreferenz erreichbar ist. Gerade das ist das Problem, und die Erkenntnis dieses Problems ist die Ausgangsbedingung der Analyse von Weltrationalität. Diese Sachlage setzt die Philosophie der Versuchung aus, ihre Problemtradition ins Außerweltliche zu extrapolieren.

Aber hier scheint ein Diskontinuieren von Traditionen den Vorzug zu verdienen; denn wer angesichts dieser Erkenntnislage fortfährt, Wesenseigenschaften zu suchen, die dem Endziel der Welt, dem absoluten Sein oder dem transzendentalen, extramundanen Subjekt zugeschrieben werden können, gewinnt damit keine Erkenntnisse über die Realität, sondern legt nur das System der Philosophierenden fest auf eine Art, Realität nicht zu begreifen.

Systemtheoretisch konsequent ist wiederum nur ein pragmatischer Ausweg denkbar, der eine Mehrheit von Systemreferenzen *nur indirekt*, nämlich *nur im Kontext jeweils einer System/Umwelt-Perspektive* aktualisiert. Wir denken dabei vornehmlich, aber keineswegs nur, an das Wissenschaftssystem. Innerhalb einer Systemreferenz läßt sich die Komplexität des Systems und die seiner Umwelt als variabel denken. Somit läßt sich die Regel formulieren, *in jeder*

187 Dazu Parsons, *The Structure of Social Action*, S. 752: »Rationality occupies a logical position in respect to action systems analogous to that of entropy in physical systems.«

Systemreferenz die Umweltkomplexität nach Möglichkeit zu erhöhen; die unnatürliche Regel sozusagen, nach Möglichkeit ein schwieriges Leben zu führen. Im Anschluß hieran könnte man die Rationalität des Handelns begreifen als die Komplexität der wertmäßigen und kausalen Beschränkungen, denen der Entscheidungsprozeß Rechnung tragen kann.[188] Auf der Systemebene stützt diese Regel sich auf die Annahme, daß ein System, das einer komplexeren Umwelt gewachsen ist, zugleich mehr Möglichkeiten hat, Beschränkungen zu berücksichtigen, die ihren Grund genetisch und funktional in anderen Systemreferenzen haben. Gewiß können idiosynkratische Komplexitätsentwicklungen weder theoretisch noch empirisch ausgeschlossen werden. Schon der Begriff einer offenen, unbegrenzt nachgebenden Welt widerspräche der Prämisse, daß eine Steigerung von Umweltkomplexität immer und zwangsläufig zu Formen führt, die auch in anderen Systemreferenzen Sinn ergeben. Es gibt genug »pathologische« Komplexität. Und es gibt Komplexierungen, die durch darauf eingespielte Bezugssysteme festgehalten und tradiert werden, obwohl sie infolge evolutionärer Veränderungen die Eignung verloren haben, anderen Systemen Anknüpfungspunkte für ihre Umweltbeziehungen zu bieten. Auch Umweltkomplexität bietet in sich selbst für das Einzelsystem keine Rationalitätsgarantie. Gleichwohl bietet nur dieser Weg, nur die Steigerung von Umweltkomplexität, eine Möglichkeit, aufs Ganze gesehen die Wahrscheinlichkeit zu erhöhen, daß

188 Wie leicht zu sehen, verhält dieser Begriff der Handlungsrationalität sich neutral gegen die Frage, ob Beschränkungen (»constraints«) im Entscheidungsprozeß als Zwecke oder als Mittel oder als Kosten oder sonstige Nebenfolgen thematisiert werden. Ein Arrangieren des Entscheidungsprozesses mit Hilfe dieser Wertbegriffe dient seinerseits der Steigerung des Komplexitätsvermögens unter Erhaltung der Entscheidbarkeitsgarantie.

Kompatibilität von System/Umwelt-Perspektiven mehr als nur Zufall ist und unter den Bedingungen fortgeschrittener gesellschaftlicher Evolution häufig genug und rasch genug zustande kommt.

Für das Wissenschaftssystem läßt sich aus dieser Analyse die Konsequenz ziehen, Gegenstände unter dem Gesichtspunkt der Komplexität zu thematisieren. Dadurch wird die lebensweltliche Erfahrung unübersehbarer Komplexität, die zunächst in den Bahnen vorgeprägter Möglichkeiten anfällt, in die sie konstituierenden Elemente und Relationen aufgelöst und als kontingent interpretierbar. Sie läßt sich dann im Kontext anderer Relationierungsmöglichkeiten rekonstruieren. Durch Thematisierung von Komplexität wird die Umwelt der Wissenschaft gleichsam superkomplex – eine Welt aller möglichen Komplexitätsverhältnisse. Mit dieser ihrer systemspezifischen Umweltkomplexität (und nicht etwa durch eine Präferenz für höhere Komplexität oder durch ein Theorem, das besagen würde, höhere Komplexität sei als solche rational) optiert das Wissenschaftssystem für Weltrationalität.

5. Konsistenz und Aufschub von Negationen

Zunehmende Komplexität heißt, daß die Zahl der relevanten Elemente bzw. Ereignisse und damit die Selektivität aller strukturell ausgezeichneten Relationierungen zunimmt. Elemente und Relationen, die durch Relationierung selektiv qualifiziert werden, erscheinen als kontingent: als auch anders möglich, als negierbar. Raum und Zeit beispielsweise verlieren ihre natürliche, situativ erscheinende Dinghaftigkeit und werden abstrahiert zu bloßen Schemata der Plazierung, in denen alles, was ist, anders plaziert werden könnte, wenn die Bedingungen andere wären, die es so und nicht anders plazieren. Eine solche Entwicklung überführt die Welt aus dem Modus des Seins bzw. Nichtseins in den komplexeren Modus der Andersheit bzw. Nichtandersheit; sie generalisiert damit die Möglichkeiten der Negation, indem sie auf nichtnegierbare Seinsqualitäten verzichtet, und transformiert versteckte in offene Negationen.

Selbstverständlich kann nicht jedes personale oder jedes soziale System seine Umwelt in diese Richtung und mit diesen Konsequenzen komplexieren. Der Steigerung von Umweltkomplexität sind systemstrukturelle Schranken gesetzt. Neben dem Modus der Andersheit bleibt der Modus des Seins lebensweltlich in Gebrauch. Aber es gibt Systeme – und zwar vor allem die Wissenschaft als Teilsystem der Gesellschaft und daher auch das Gesellschaftssystem selbst –, die umweltoffen genug strukturiert sind, um ihre Umwelt und sich selbst im Modus der Andersheit thematisieren und daher Welt als prinzipiell kontingent erfahren zu können.

Im Modus der Andersheit gebraucht, verlieren Negationen ihren Halt an vorgegebenem positivem Sein. Damit entfällt die Möglichkeit, an Hand der Wesensmerkmale von Seiendem zwischen privativen, das Fehlen solcher Merkmale feststellenden, und schlichten, auf anderes abzielenden Negationen (*privatio* bzw. *negatio extra genus*) zu unterscheiden. Das Seiende wird reduziert auf die Negation seiner Negation, und damit wird *Kohärenz als Selbstbeschränkung im Negationsgebrauch zur einzig möglichen Realitätsgarantie.* Der Seinsbezug wird, mit anderen Worten, durch das Kohärenzpostulat ersetzt, wird zugleich aber auch in die allgemeine Prämisse der Lebenswelt und der Sinnkonstitution übersetzt, die das meint, was jeder Modalisierung und jeder Komplexitätssteigerung vorausliegt.

Historisch und praktisch gründet diese Möglichkeit, Negativität als sich selbst beschränkend zu denken, in einer deutlichen Differenzierung von Sachdimension und Zeitdimension, wie sie sich im Übergang zur bürgerlichen Gesellschaft im 18./19. Jahrhundert durchsetzt. Jeder Sinn impliziert seine Negierbarkeit, schiebt sie aber auf, soweit er als bestimmter erlebt und verarbeitet wird.[189] In dem Maße, als Sachdimension und Zeitdimension auseinandertreten, entsteht die Möglichkeit, Sinnbezüge zu temporalisieren und Verschiedenartiges in einem geordneten Nacheinander zuzulassen. In der Zeitdimension kann man sich wechselnden Beschränkungen aussetzen und so die Zahl tragbarer Beschränkungen erhöhen unter Entlastung von der Notwendigkeit, sie zugleich anwenden zu müssen. Auf diese Weise können Negationsmöglichkeiten sachlicher Art riskant eingeschränkt werden – mit der Maßgabe, daß sie gegebenenfalls später doch noch zum Zuge kommen können. Bewußt gemacht, ermöglicht es den Negationsaufschub, die Sachdimension von Negationen zu entlasten. So darf man als Wissenschaftler riskant kombinierte, ja nach Möglichkeit unwahrscheinliche (informationsreiche) Theorien aufstellen, wenn sie nur falsifizierbar sind. Man kann sich, dem Organisationsmechanismus folgend, auf höchst spezialisierte, unnatürliche Bedingungen der Mitgliedschaft einlassen, wenn sie nur kündbar sind. Die Negationsbeschränkungen, die zur Herstellung sachlicher Konsistenz des Negierens erforderlich sind, können in zeitlicher Hinsicht als bloßer Aufschub des Negierens behandelt werden, so wie umgekehrt Sachstrukturen dazu verhelfen, die

189 Vgl. dazu Lothar Eley, »Negation als soziale Kategorie: Sinn und Funktion der Negation in der Systemtheorie«, Vortrag Hegel-Kongreß, Stuttgart 1975 [Druck: Lothar Eley, »Negation als soziale Kategorie: Sinn und Funktion der Negation in der Systemtheorie«, in: Dieter Henrich (Hg.), *Ist systematische Philosophie möglich?*, Bonn 1977, S. 447-463].

Veränderungen zu erkennen, an denen provisorisch eingeführte Unnegierbarkeiten zerschellen.

Bei sachlicher Konsistenz des Negierens geht es darum, die Negation von etwas zu vermeiden, was man in anderen Zusammenhängen doch braucht. Dies wird in dem Maße wichtiger, als komplexe funktionale und extrafunktionale Zusammenhänge sich auf Negationen bzw. Negationen von Negationen stützen. Durch Konsistenzsicherung, kann man auch sagen, wird der Unbestimmtheitsbezug und die hohe Interferenz von Negationen unter Kontrolle gebracht. Eine sehr weitreichende detaillierte Durchartikulation der Andersheit bedarf einer Absicherung in der Zeitdimension. In dem Maße, als man die Unbestimmtheit des Negierens eliminiert, tritt die Unbestimmtheit der Zukunft an ihre Stelle. Der Zukunftshorizont schluckt gleichsam Negationsmöglichkeiten, die man vermutlich nie brauchen wird, und stellt andere unter spezifischen, gegenwärtig nicht aktuellen Konditionen in Aussicht. Er erfüllt diese Entlastungsfunktion permanent, da die Zukunft, obwohl die Gegenwart chronisch weiterläuft, als Zukunft selbst nie beginnt.

Dies Zusammenspiel von Konsistenz in der operativen Verwendung von Negationen mit Virtualisierung und Aufschub von Negationsleistungen ermöglicht die Einstellung des Gesellschaftssystems auf eine prinzipiell offene Welt von letztlich unbestimmbarer Komplexität. Zukunft wird dadurch in einer ambivalenten Weise zugleich wichtig und unwichtig; sie wird gerade in ihrer Derealisierbarkeit relevant.[190] Sie verheißt nicht das Ende der Zeiten noch das Heil für die, die es

190 Siehe dazu die von Johan Galtung, »Images of the World in the Year 2000: A Synthesis of the Marginals of the Ten Nations Study«, Vorlage für den 7. Weltkongreß der Soziologie, Ms., Varna 1970 [Druck: Johan Galtung, »The Future: A Forgotten Dimension«, in: Helmut Ornauer (Hg.), *Images of the World in the Year 2000: A Comparative*

verdienen, noch die Vermehrung des Glücks. Sie bietet nicht die Aussicht auf Fortschritt in Richtung Weltrationalität, so als ob dies ein Zustand sei, den der welthistorische Prozeß anstrebe und im Laufe der Zeit erreichen werde. Aber sie ist, indem sie aufschiebbare Negationen absorbiert, Korrelat einer gesellschaftlichen Definition der Gegenwart, deren Komplexität und Rationabilität historisch ohne Parallele ist.

Ten Nation Study, Atlantic Highlands 1976, S. 45-120], berichteten Ergebnisse einer empirischen Untersuchung.

Anhang

Editorische Notiz

Im Vorwort zu *Die Gesellschaft der Gesellschaft*, dem letzten von Niklas Luhmann zu Lebzeiten publizierten Buch,[1] finden sich zwei für die werkgeschichtliche Einordnung des hier abgedruckten Manuskripts wichtige Bemerkungen. Zunächst berichtet Luhmann, daß er zu Beginn seiner wissenschaftlichen Tätigkeit an der Universität Bielefeld Ende der 1960er Jahre nach seinen geplanten Forschungen gefragt worden sei. Seine damalige Antwort habe gelautet: »Theorie der Gesellschaft; Laufzeit: 30 Jahre; Kosten: keine.« Zum anderen notiert Luhmann, daß es sich bei dieser am Ende seiner akademischen Karriere vorgelegten Gesellschaftstheorie nicht um den ersten Text dieser Art handele, vielmehr sei die Theorie der Gesellschaft konzeptionell schon weit vor den Monographien zu den einzelnen Funktionssystemen, die er seit Ende der 1980er Jahre publiziert hat, entwickelt worden. Kennern seines Werks war dieser Sachverhalt natürlich aufgrund einer Reihe programmatischer Aufsätze, die Luhmann bereits Anfang der 1970er Jahre veröffentlicht hatte,[2] schon bewußt. Der mittlerweile zugängliche wissenschaftliche Nachlaß zeigt nun aber im Detail die Entwicklung dieses außergewöhnlichen Projekts: Dort finden sich nicht weniger als vier deutlich unterscheidbare Versionen der Gesellschaftstheorie, die in den Jahren 1967-68, 1973-75, 1983-90 und 1989-92 geschrieben worden sind. Luhmanns Selbstauskunft, diese Manuskripte seien im Rahmen der Vorbereitung von Vorlesungen entstanden und über das Stadium nichtpublikationsfähiger Vorfassun-

1 *Die Gesellschaft der Gesellschaft*, Frankfurt/M. 1997, S. 11-15 (11).

2 Siehe insbesondere die Beiträge in: Niklas Luhmann, *Soziologische Aufklärung 2. Aufsätze zur Theorie der Gesellschaft*, Opladen 1975.

gen nicht hinausgekommen,[3] läßt sich dagegen nur für den Startpunkt des gesellschaftstheoretischen Projekts Ende der 1960er Jahre aufrechterhalten:[4] Von diesem in fünf Teilen geplanten Manuskript ist im Nachlaß nur der erste Teil, »Gesellschaft und soziales System«, komplett vorhanden, von den folgenden Teilen (»Soziale Differenzierung«, »Kommunikationsmedien«, »Recht« und »Welt«) dagegen finden sich nur Fragmente. Die beiden Versionen der Gesellschaftstheorie, die in den 1970er und 1980er Jahren entstanden sind, liegen dagegen in weit fortgeschrittenen, mehrfach durchgearbeiteten, nahezu druckreifen Fassungen im Nachlaß vor, so daß die Gründe, die Luhmann letztlich von einer Veröffentlichung abgehalten haben, eigentlich nicht in einem möglichen Entwurfscharakter der Texte liegen können. Vermutlich dürften es eher die grundlagentheoretischen Umstellungen sein, die die Luhmannsche Systemtheorie in dem betreffenden Zeit-

3 Davon ausgenommen sei nur das – nach seinem italienischen Entstehungsort von Luhmann selbst so benannte – San Foca-Manuskript (1989-92), das in einer ins Italienische übersetzten Fassung 1992 veröffentlicht worden ist (Niklas Luhmann/Raffaele De Giorgi, *Teoria della società*, Mailand 1992). Dieser Text diente dann auch als Ausgangsbasis für die schließlich 1997 publizierte deutschsprachige Version der Gesellschaftstheorie.

4 Genau besehen beginnt Luhmann das gesellschaftstheoretische Projekt sogar noch früher: Zum einen kann man schon die Monographie *Grundrechte als Institution. Ein Beitrag zur politischen Soziologie* (Berlin 1965) als einen ersten Beitrag zu einer Theorie der modernen Gesellschaft verstehen; zum anderen liegt im Nachlaß ein Rudiment gebliebener fünfteiliger Entwurf zu einer »Soziologie auf phänomenologischer Grundlage« vor, der vermutlich ebenfalls Mitte der 1960er Jahre entstanden ist und in dem nach den primär sozialtheoretischen Überlegungen mit einem Schwerpunkt auf den Sinn-, Komplexitäts- und Rationalitätskonzepten auch ein abschließender, vier Kapitel umfassender Teil »Theorie der Gesellschaft« vorgesehen war. Ganz offensichtlich griff Luhmann dann bei der ersten expliziten Version der Gesellschaftstheorie 1967/68 auf die Überlegungen dieses Manuskripts zurück.

raum erfahren hat und die eine entsprechende Umarbeitung auch der Gesellschaftstheorie für ihn notwendig gemacht haben.[5]

Das hier nun publizierte Manuskript aus den 1970er Jahren ragt aus der Reihe der gesellschaftstheoretischen Entwürfe in zweifacher Weise heraus: zum einen aufgrund seiner *theoriearchitektonischen Anlage*, zum anderen hinsichtlich seines *soziologischen Informationsgehalts*.

Vergleicht man die theoriearchitektonische Konzeption der verschiedenen Versionen der Gesellschaftstheorie, so zeigt sich zunächst eine erstaunliche Kontinuität in der *grundsätzlichen Theorieanlage*: Seit den 1970er Jahren wird der prinzipielle Aufbau in Form der – an den drei Sinndimensionen orientierten – Kombination einer Kommunikations-, Evolutions- und Differenzierungstheorie sowie einem abschließenden Teil zur Selbstbeschreibung der Gesellschaft bis zur Publikation von 1997 konsequent durchgehalten. Die diesbezüglichen Abweichungen in der vorliegenden Version sind eher marginaler Natur: Der Teil 2 zur Evolution steht im Unterschied zu den späteren Versionen noch vor den Ausführungen zu den Kommunikationsmedien. Teil 4 zum Differenzierungstheorem ist noch mit »Gesellschaft« überschrieben und behandelt in einem ersten Abschnitt Fragen nach der »intersubjektiven Konstitution von Welt« – konzeptionell ähnliche, aber deutlich knappere Überlegungen werden in den späteren Versionen in das (dann neue) er-

5 In der Entwicklung der Gesellschaftstheorie als dem lebenslangen Forschungsprojekt Luhmanns spiegeln sich damit auch die Umstellungen in seiner Sozialtheorie wieder, die ausgehend von einer phänomenologisch orientierten Sinn- und Modaltheorie über eine Theorie umweltoffener Systeme hin zu einer Theorie operational geschlossener Systeme führen, die schließlich durch eine Beobachtungs- und Unterscheidungstheorie angereichert wird.

ste Kapitel[6], »Gesellschaft als soziales System«, vorgezogen; dies gilt auch für das diesen Teil abschließende Kapitel zur Weltgesellschaft. Teil 5 zur Selbstthematisierung enthält eine umfangreiche methodologische Diskussion zum Verhältnis von Funktionalismus und Erklärung, die die Debatte aus den 1960er Jahren weiterführt; davon finden sich in der 1997er Version nur noch Ansätze im Eingangskapitel.

Im Unterschied zu diesen vergleichsweise kleinformatigen Änderungen fällt eine deutliche *konzeptionelle Abweichung* allerdings sofort ins Auge: *Vor* der eigentlichen Gesellschaftstheorie finden sich hier noch zwei umfangreiche Abteilungen, die so in den späteren Versionen nicht mehr vorhanden sind und die als eine Art Prolegomena die *system- und differenzierungstheoretischen Grundlagen* der Gesellschaftstheorie thematisieren. Der Einstieg erfolgt über einen im Manuskript mit »Soziale Systeme« überschriebenen Teil, der in zwei Kapiteln zunächst die Grundbegriffe einer *allgemeinen* Systemtheorie vorstellt und dann auf einer bereits konkreteren Ebene die Grundzüge einer Theorie *sozialer* Systeme entwickelt und die Probleme der Systembildung herausarbeitet. Wie unschwer erkennbar, ist die hier vorgenommene system- und sozialtheoretische Grundlegung der Gesellschaftstheorie dann nach der sogenannten autopoietischen Wende Anfang der 1980er Jahre[7] in Form der kommunikationstheoretisch fundierten, auf operationale Selbstreferenz fokussierten Monographie *Soziale Systeme* aus der eigentlichen Gesellschaftstheorie

6 In der Version aus den 1970er Jahren unterscheidet Luhmann noch fünf *Teile*, die jeweils mehrere Kapitel umfassen, die wiederum in Abschnitte differenziert sind; in den späteren Versionen kommt es dann zu der üblichen Unterteilung des Manuskripts in fünf *Kapitel* und Abschnitte.

7 Siehe Niklas Luhmann, »Autopoiesis, Handlung und kommunikative Verständigung«, in: *Zeitschrift für Soziologie* 11 (1982), S. 366-379.

ausgelagert worden.[8] Daran schließt im Manuskript dann eine Abteilung mit zwei weiteren Kapiteln an, die sich mit der Frage der Unterscheidung verschiedener Typen sozialer Systeme in Form der für Luhmanns Theorie charakteristischen Unterscheidung von Interaktion, Organisation und Gesellschaft sowie der evolutionären Differenzierung dieser verschiedenen Systemebenen beschäftigt. Während der Vorredecharakter der sozialtheoretischen Überlegungen durch die Auskopplung von 1984 bestätigt wird, werden die hier theoriearchitektonisch eigentlich ähnlich prominent gelagerten Überlegungen zur Systemebenenunterscheidung dann in den späteren Versionen in das Differenzierungskapitel selbst integriert, der eigentlichen Gesellschaftstheorie also nicht mehr vorangestellt und damit auch konzeptionell deutlich herabgestuft.[9] Dies ist insofern erstaunlich, da Luhmann in dem hier edierten Manuskript am Beginn dieses Teils formuliert, daß beide – die sozialtheoretische wie die differenzierungstheoretische – Abteilungen »der gestuften Einführung in das Thema: Gesellschaftstheorie« dienen, indem sie eine zunehmende Konkretisierung der Analyseebene vornehmen: von einer allgemeinen Systemtheorie über eine Theorie sozialer Systeme hin zu einer Theorie der Gesellschaft: »Sie entlasten zugleich die folgenden Teile von Ausführungen, die in einen höher abstrahierten Bezugsrahmen gehören«. (S. 24)

8 *Soziale Systeme. Grundriß einer allgemeinen Theorie*, Frankfurt/M. 1984. Die von Luhmann in der 1997er Version gewählte Formulierung, bei der umfangreichen Monographie handele es sich um das »Einleitungskapitel« zur Gesellschaftstheorie (*Die Gesellschaft der Gesellschaft*, S. 11), ist also auch werkgenetisch gedeckt.

9 Siehe dazu ausführlicher: Johannes F. K. Schmidt, »Differenz oder Interdependenz? Das Verhältnis von sozial- und gesellschaftstheoretischer Differenzierung in Luhmanns Theorie der Gesellschaft«, in: *Soziale Systeme* 20 (2015), S. 387-420.

Betrachtet man den umfangreichen Text hinsichtlich seines soziologischen Informationsgehalts, so fällt auf, daß das Manuskript – für Darstellungen mit theoretischem Anspruch eher untypisch –, reich, ja überreich an *gegenständlichen Bezügen* ist. Auch wer Luhmanns publizierte Beiträge zur Gesellschaftstheorie bereits kennt, wird auf viele neue Themen und Überlegungen stoßen. Das gilt etwa für die Art und Weise, in der er den evolutionären Übergang vom animistischen zum humanistischen Verständnis sozialer Beziehungen beschreibt, nämlich als eine stärkere Ausdifferenzierung des Sozialsystems Gesellschaft innerhalb der immer schon sozial konstituierten Lebenswelt, die zugleich engere und weitere Grenzen der sozialen Welt impliziert: engere, weil Tiere, Tote und Feldfrüchte nun nicht mehr als soziale Objekte gelten, und weitere, weil nun auch fernerstehende oder fremde Menschen dazugehören können. Es gilt für seine Angaben über die gesamtgesellschaftliche Funktion älterer Oberschichten, denen er Integrationsleistungen für eine in Ansätzen bereits funktional differenzierte Gesellschaft zuschreibt, sowie für seine These, daß diese Funktion der »interfunktionalen Kommunikation« heutige Oberschichten überfordern würde und daher, vor allem auf der Ebene der Weltgesellschaft, allenfalls noch durch Weltorganisationen erfüllt werden kann. Es gilt für die bislang nichtgelesenen Definitionsversuche für Begriffe wie Publikum oder Publikation, an denen Luhmann vor allem den Gegensatz zu Netzwerken partikularer Beziehungen hervorhebt; ferner für seine hier erstmals auch interaktionssoziologische Behandlung der Protestbewegungen oder für die konfliktsoziologische Perspektive auf Konkurrenzbeziehungen, für die Skizze einer Krisentheorie der funktional differenzierten Gesellschaft und für vieles andere mehr.

Zu vielen dieser Themen gibt es aktuelle Diskussionskontexte, die sie aufnehmen und prüfen könnten. Während es zur Zeit der Manuskripterstellung zu dem Thema der De-Sozialisierung der Natur eigentlich nur einen Aufsatz von Thomas Luckmann gab,[10] wird heute über die Frage nach den Grenzen der sozialen Welt im Anschluß an Bruno Latour intensiv diskutiert. Das Thema der Konkurrenz steht auf der soziologischen Agenda, seitdem es der alten These von den segensreichen Wirkungen des Wettbewerbs gelungen ist, noch einmal eine ganze Generation von Politikern zu überzeugen. Mit dem Gegensatz zwischen Netzwerken und Öffentlichkeiten beziehungsweise Märkten beschäftigen sich soziologische Netzwerkforscher wie Ezra Zuckerman in selbstkritischer Einstellung, und für die Weltorganisationen gibt es Interessen im Überschneidungsbereich von Weltgesellschaftsforschung und soziologischem Neoinstitutionalismus. In all diesen Kontexten könnten Teile des Buches diskutiert werden, und natürlich wünschen seine Herausgeber ihm genau dieses Schicksal.

Das dem Druck zugrundeliegende Manuskript ist zwischen 1973 und 1975 entstanden. Dokumentiert ist dies durch mehrere im Nachlaß vorhandene Fassungen: Von einer von Luhmann eigenhändig erstellten maschinenschriftlichen (undatierten) Erstfassung liegt eine erste, 714 Manuskriptseiten umfassende und durchpaginierte Abschrift durch sein Sekretariat vor, die mit »Juni 1973« datiert ist.[11] Diese Abschrift

10 »On the Boundaries of the Social World«, in: Maurice Natanson (Hg.), *Phenomenology and Social Reality. Essays in Memory of Alfred Schutz*, Den Haag 1970, S. 73-100.

11 In seiner Erstfassung plante Luhmann anfangs noch mit sechs Teilen bzw. Kapiteln: 4. Kapitel: Ausdifferenzierung, 5. Kapitel: Innendifferenzierung – das wurde dann in der realisierten Fassung in ein (entsprechend umfangreicheres) Differenzierungskapitel zusammengezogen.

wurde von Luhmann in der Folgezeit[12] durch etliche teilweise umfangreiche Einschübe ergänzt und erweitert – ein bei ihm übliches Verfahren der Manuskripterstellung, bei dem er selten bereits Geschriebenes wieder grundlegend änderte, sondern in der Regel auf der Basis des bereits Formulierten neue Abschnitte und Passagen ein- und anfügte. Vermutlich Anfang 1975 kommt es allerdings noch einmal zu einer deutlichen Überarbeitung des Einleitungsteils in seinem sozialtheoretischen Abschnitt, und zwar in Gestalt einer Verschiebung des Schwerpunkts vom Sinn- auf den Systembegriff.[13] Eine nochmalige deutliche Ausarbeitung in die dann endgültige Form erfährt dieser einleitende Teil im weiteren Verlauf desselben Jahres – dann auch in seinem zweiten Abschnitt zur Systemebenendifferenzierung; Luhmann bezeichnet diese Fassung in internen Verweisen in den anderen Manuskriptteilen als »Neufassung«. Von den nachfolgenden Teilen – mit Ausnahme von Teil 3[14] – liegen

12 Auf einer im Nachlaß gefundenen Arbeitsnotiz vermerkte Luhmann: »Seminar Gesellschaftstheorie begleitend zur Ausarbeitung des Buches ab WS 1973«. Neben dieser zweisemestrigen, jeweils dreistündigen Veranstaltung in Form einer Vorlesung mit anschließender Übung, die Luhmann im Wintersemester 1973/74 und im Sommersemester 1974 in Bielefeld anbot, hielt er im März/April 1974 eine verkürzte Vorlesung in Wien. Das war ein für Luhmann typisches Verfahren, bei dem er aktuelle Publikationsprojekte mit entsprechenden Lehrveranstaltungen kombinierte.

13 Diese Fassung des Manuskripts lag im Nachlaß Luhmanns selbst nicht vor, wohl aber in dem Jürgen Freses, eines Bielefelder Philosophen und Kollegen Luhmanns, der an dessen Theorieprojekt kontinuierliches Interesse gezeigt hatte. Auf Freses Exemplar des Manuskripts findet sich dessen handschriftliche Notiz, daß diese Fassung aus dem Jahr 1975 stammt.

14 Die Abschrift dieses Kapitels erfolgte – wohl aufgrund der im Luhmannschen Sekretariat notorischen Engpässe bei den Schreibarbeiten – durch das Sekretariat von Karl Eberhard Schorr, einem langjährigen

solche Reinschriften der überarbeiteten Fassungen im Nachlaß nicht vor; aufgrund der manuskriptinternen Verweise, die sich dezidiert auf die später eingearbeiteten Abschnitte in diesen Teilen beziehen und dabei ebenfalls von »Neufassungen« sprechen, kann aber davon ausgegangen werden, daß die entsprechenden Überarbeitungen im zeitlichen Zusammenhang mit der Letztfassung des einleitenden Teils des Manuskripts vorgenommen worden sind, also nur die Sekretariatsabschriften nicht mehr erfolgt sind beziehungsweise im Nachlaß nicht vorliegen. Allein für den abschließenden Teil 5 kann man wegen der dort eher geringen Zahl an nachträglichen Einschüben und mancher noch eher programmatischen Formulierung vermuten, daß die Überarbeitung hier nicht komplett erfolgt ist.[15]

Das Konvolut der Manuskripte ist von Luhmann selbst nicht mit einem Titel versehen worden; einen ersten handschriftlichen Gliederungsentwurf hat er mit »Gesellschaft«

Diskussions- und Publikationspartner aus dem Bereich der Erziehungswissenschaft, mit dem Luhmann seit 1975 an einem Buch zum Erziehungssystem arbeitete, das aber nicht bis zur Druckreife gelangte.

15 Daneben gibt es eine weitere Fassung des Gesamtmanuskripts, die Luhmann 1976 selbst an Kollegen mit der Bemerkung, es handele sich um ein »Vorlesungsskript«, weitergegeben hat (wir danken Gerhard Preyer für diese Information). Diese Version ist aber – trotz einer durchlaufenden Paginierung – eine Textcollage der verschiedenen Fassungen von 1973-75, die vermutlich durch seine Sekretärin zusammengestellt wurde. Ob Luhmann diese Vorlage tatsächlich für seine (erneute) Vorlesung zur Gesellschaftstheorie im Wintersemester 1977/78 verwendet hat, darf man allerdings bezweifeln. Denn für solche Anlässe fertigte er in den 1970er und 1980er Jahren in der Regel noch umfangreiche, aber eben doch stichpunktartige Vorlesungsskripte an. Auch für die o.g. Vorlesungen zur Gesellschaftstheorie von 1973/74 und 1977/78 liegen im Nachlaß solche Skripte vor. Die Faksimiles der verschiedenen Vorfassungen der hier publizierten Gesellschaftstheorie werden ab 2019 auf dem Forschungsportal des Niklas Luhmann-Archivs einsehbar sein ⟨www.niklas-luhmann-archiv.de⟩.

überschrieben, in Arbeitsvermerken spricht er in der Regel nur von der »Gesellschaftstheorie«. Wir haben uns mit Blick auf die dem Text zugrundeliegende Theorieanlage und um diese Version von den anderen unterscheidbar zu machen für den Titel »Systemtheorie der Gesellschaft« entschieden. Für den Druck haben wir einige kleinere editorische Eingriffe am Manuskript vorgenommen: Die das Buch eröffnende Einleitung stammt aus der zweiten Fassung von Anfang 1975, da Luhmann bei der oben erwähnten Neufassung der Prolegomena die sozialtheoretischen beziehungsweise ebenendifferenzierungstheoretischen Kapitel voneinander getrennt, als separate Teile (1.1 und 1.2) ausgearbeitet und entsprechend die Einleitung dann nicht in den sozialtheoretischen Teil übernommen hat. Es ist davon auszugehen, daß diese Einleitung nicht ersatzlos wegfallen sollte, eine überarbeitete oder neu erstellte Fassung davon ist im Nachlaß aber nicht vorhanden. Die Luhmannsche Planung, das Prolegomenon in zwei Teile aufzuspalten, haben wir aus Gründen der Übersichtlichkeit der Gliederungssystematik nicht übernommen. Für die Druckfassung wurden alle von Luhmann angebrachten Ergänzungen und Korrekturen der jeweils vorliegenden Letztfassungen der Teile zugrunde gelegt. Bei dem komplett von Luhmann in einer Überarbeitung ergänzten 2. Abschnitt, »Aggregation und Koordination«, im Teil 4, Kapitel 3 lag im Nachlaß die erste Seite nicht vor. Allerdings hatte Luhmann selbst diesen Sachverhalt bereits vermerkt und eine handschriftliche Notiz mit einer stichpunktartigen Wiedergabe des Inhalts der fehlenden Seite angefügt. Auf Basis dieser Notiz sowie eines gleichnamigen Abschnitts des zeitgleich in Arbeit befindlichen Buches zur Erziehung (s. o., Fn. 14) haben wir die fehlende Textpassage entsprechend ergänzt. Das Manuskript ist aufgrund seiner konzeptionellen Anlage durch eine Vielzahl interner Verweise gekennzeichnet, bei denen Luhmann zum Teil noch nicht die konkrete Textstelle benannt hatte; diese haben wir jeweils nachgetragen. Bei der Fußnotenzählung war eine Anpassung notwendig, da Luhmann aufgrund späterer Einfügungen ganzer Absätze oder Seiten im Original mit einer Kombination von Buchstaben und Zahlen gearbeitet hat beziehungsweise – in seinen Erstfassungen der Ergänzungen, die im Nachlaß nicht in der Reinschrift vorliegen – auch Fußnoten eingefügt hat, ohne ihnen eine Nummer zuzuweisen. In den Literaturbelegen ist die bei Luhmann teilweise übliche abgekürzte Schreibweise bei den Autorenvornamen übernommen worden, wenn in den Originalquellen ebenso verfahren worden ist. Von Luhmann nur in Manuskriptform zitierte Beiträge sind, soweit möglich, durch einen Hinweis auf eine spätere Publikation des jeweiligen Textes ergänzt worden; hinzugefügt wurden bei seinen Aufsätzen die Wiederveröffentlichungen in einem der einschlägigen Sammelbände. Das Sachregister haben wir erstellt. Für den Druck haben wir die damals übliche Rechtschreibung beibehalten; einige der für Luhmann in den 1970er Jahren typischen Bindestrichschreibweisen (etwa bei »Selbst-Thematisierung« oder bei allen Wortvarianten mit »-Code«) sind der später auch bei ihm üblichen Schreibweise ohne Bindestrich angepaßt worden.

Die Edition des Manuskripts erfolgte im Rahmen der Erschließung des wissenschaftlichen Nachlasses Niklas Luhmanns, die an der Fakultät für Soziologie der Universität Bielefeld in Kooperation mit dem Cologne Center for eHumanities erfolgt und durch die Nordrhein-Westfälische Akademie der Wissenschaften und der Künste gefördert wird. Daß die Publikation dieses umfangreichen Manuskripts möglich wurde, ist einer Reihe von Personen zu verdanken: Ganz besonders danken wir Christoph Gesigora für die gewissenhafte Übertragung des Originalmanuskripts sowie dessen kompetente editorische Bearbeitung und Martina Gödel für die intensive technische Betreuung dieses Prozesses. Waltraud Frese, Gerhard Preyer und Johannes Schorr haben uns freundlicherweise verschiedene Manuskriptfassungen, die nicht im Nachlaß vorlagen, zur Verfügung gestellt; Veronika Luhmann-Schröder hat dankenswerterweise ihre Zustimmung zur Publikation des Manuskripts erteilt. Nicht zuletzt danken wir Eva Gilmer vom Suhrkamp Verlag für die wieder einmal verläßliche Unterstützung und kompetente Betreuung.

Bielefeld, im September 2017
Die Herausgeber

Sachregister

Ausführliches Inhaltsverzeichnis